Kohlhammer

Kohlhammer
Studienbücher Theologie

Herausgegeben von

Gottfried Bitter
Ernst Dassmann
Helmut Merklein
Herbert Vorgrimler
Erich Zenger

Band 1,1

Erich Zenger, Heinz-Josef Fabry, Georg Braulik,
Herbert Niehr, Georg Steins, Helmut Engel,
Ludger Schwienhorst-Schönberger, Silvia Schroer,
Johannes Marböck, Hans-Winfried Jüngling,
Franz-Josef Backhaus, Ivo Meyer, Frank-Lothar Hossfeld

Einleitung
in das
Alte Testament

Dritte, neu bearbeitete und erweiterte Auflage

Verlag W. Kohlhammer

Die Deutsche Bibliothek – CIP-Einheitsaufnahme

Einleitung in das Alte Testament / Erich Zenger ... - 3., neu bearb.
und erw. Aufl. – Stuttgart ; Berlin ; Köln : Kohlhammer, 1998
  (Kohlhammer-Studienbücher Theologie ; Bd. 1,1)
  ISBN 3-17-015622-5

Dritte, neu bearbeitete und erweiterte Auflage 1998

Verlagsort: Stuttgart
Umschlag: Data Images GmbH
Satz/Reproduktionsvorlage: Ulrike Stehling, Münster i. W.
Gesamtherstellung:
W. Kohlhammer Druckerei GmbH + Co. Stuttgart
Printed in Germany

Inhalt

Die Abkürzungen folgen dem Abkürzungsverzeichnis von *M.Görg/B.Lang*, Neues Bibel-Lexikon, Zürich 1988ff (= NBL) bzw. der »Theologischen Realenzyklopädie« (= TRE); zu den Abkürzungen rabbinischer Schriften vgl. *G.Stemberger*, Einleitung in Talmud und Midrasch, München [8]1992.

Vorwort

Dieses Buch will in Bedeutung und Entstehung des christlichen Alten/Ersten Testaments als eines Ganzen und seiner Teile einführen. Es ist im deutschsprachigen Raum die bislang erste umfangreiche Einleitung, die den »großen« Kanon des Alten Testaments, wie er in der katholischen Tradition bis heute gültig ist, behandelt; es werden also auch die sog. deuterokanonischen Bücher vorgestellt. Daß das Alte Testament der erste Teil der christlichen Bibel ist, wird ausdrücklich reflektiert. Zugleich wird herausgestellt, daß der größte Teil der alttestamentlichen Schriften als Jüdische Bibel entstanden und als solche im Judentum lebendig ist. Um die beiden Aspekte bewußt zu halten, gebraucht die »Einleitung« die Bezeichnungen Tanach und Erstes Testament.

Bei der Darstellung folgt unser Buch dem Aufbau des christlichen Kanons. Die einzelnen Schriften werden also nicht, wie es die meisten neueren »Einleitungen« tun, nach ihrer mutmaßlichen Entstehungsabfolge, sondern nach ihrer Stellung im Kanon beschrieben. Dieses Verfahren ist zum einen fachwissenschaftlich begründet. Es setzt mit jener Größe ein, die uns vorliegt - und dies ist der Text in seiner kanonischen Endgestalt. Zum anderen beruht das Verfahren auf einer theologischen Entscheidung. Es soll eben eingeführt werden in das Verstehen des Ersten Testaments als Heilige Schrift. Zu diesem Verstehen gehört zwar auch das Wissen um die bisweilen sehr komplexe Entstehungsgeschichte der einzelnen Schriften, dennoch sind z.B. nicht die Priesterschrift oder die deuterojesajanische Redaktion, sondern die Tora und das Buch Jesaja (freilich in ihrem geschichtlich gewordenen Relief) kanonisiert worden. Unsere »Einleitung« versucht, die hermeneutische Dialektik von synchroner und diachroner Fragestellung konsequent und in theologischer Absicht durchzuführen. So folgt die Darstellung in der Regel dem Schema: 1. Aufbau des biblischen Buchs (synchrone Lektüre); 2. Entstehung (diachrone Lektüre); 3. Zeit- und theologiegeschichtlicher Kontext; 4. Schwerpunkte der Theologie; 5. Relevanz für (das Judentum und) Christentum heute.

Von ihrer theologischen Zielsetzung her sucht die »Einleitung« auch das Gespräch mit den anderen Disziplinen der Theologie. Insofern christliche Theologie die mit wissenschaftlichen Methoden verfahrende Darstellung, Erläuterung und Reflexion jüdisch-christlicher Traditionen ist, braucht sie besonders zur Bibel als der Quelle von Glauben und Leben einen fachwissenschaftlich fundierten Zugang. Da sich auf vielen Feldern der Bibelwissenschaft in den letzten Jahren nicht nur einzelne Fragestellungen, sondern grundlegende Forschungsparadigmen verändert haben (z.B. in der Pentateuchexegese mit der Infragestellung der lange gültigen Quellenhypothese, in der Sozial- und Religionsgeschichte Israels mit einer neuen Sicht der historischen Anfänge Israels sowie einer viel differenzierteren Beurteilung des Monotheismus und in der Bibelhermeneutik mit der Wiederentdeckung der Bedeutung des kanonischen Endtextes sowie mit der stärkeren Berücksichtigung der jüdischen Dimensionen des Christentums), ist es für Nichtexegeten schwer geworden, Überblick und Orientierung zu finden. Dieser Situation will unsere »Einleitung« Rechnung tragen - zugleich in der Hoffnung, daß das in den letzten Jahren stiller gewordene Gespräch zwischen der Exegese und den anderen theologischen Disziplinen wieder intensiver werden könnte.

Diese »Einleitung« ist zuallererst als Lehr- und Studienbuch für den universitären Unterricht entstanden. Sie präsentiert deshalb den Stoff gut gegliedert und mit Hilfe zahlreicher Tabellen und Graphiken. Sie will über den derzeitigen Forschungsstand informieren, ohne ein verwirrendes Kaleidoskop aller einzelnen Forschermeinungen zu entwerfen. Das Buch ist so konzipiert, daß es auch zum

Selbststudium und als Orientierung für all jene geeignet sein soll, die sich in eine bibelwissenschaftlich fundierte Lektüre des Buchs der Bücher »einleiten« lassen wollen.

Dieses Werk ist als Gemeinschaftswerk entstanden. Angesichts der Ausdifferenzierung der Forschung ist kein einzelner mehr in der Lage, auf allen Gebieten kompetent zu sein. Damit dennoch kein »Sammelband« entstünde, habe ich der Mitautorin und den Mitautoren strenge Vorgaben gemacht und auch bisweilen stark redigiert, um ein einheitliches Lehrbuch zu erhalten. Ich danke der Kollegin und den Kollegen für ihre Bereitschaft, diese Beschränkung im Dienste der gemeinsamen Sache hinzunehmen.

Das Buch wäre ohne die kompetente und unermüdliche Mitwirkung meiner Münsteraner Mitarbeiterinnen und Mitarbeiter nicht zustande gekommen. So danke ich ganz herzlich Stefanie Fuest, Ulrike Homberg, Benedikt Jürgens, Resi Koslowski (Sekretariat), Ilse Müllner, Johannes Rienäcker (Graphiken), Katharina Töns und Bettina Wellmann. Nur wer selbst ein vergleichbares Opus geschaffen hat, weiß, wie viel Arbeit und Geduld die Erstellung einer reprofertigen Druckvorlage mit derart vielen Tabellen verlangt - von der Findigkeit ganz abgesehen, die immer wieder nötig ist, wenn die PCs ihre schon sprichwörtlichen Überraschungen präsentieren. Wir alle hoffen, daß wir mit dieser »Einleitung« denen, die das Erste Testament tiefer kennenlernen wollen, einen guten Dienst erwiesen haben. Unser Buch will zwar auch selbst gelesen werden, aber vor allem will es dazu verführen, die Bibel als *das Buch der Bücher* zu verstehen und zu lieben. E.Z.

Vorwort zur dritten Auflage

Das Studienbuch hat allseits so gute Aufnahme gefunden, daß es schon nach drei Jahren in dritter Auflage erscheinen kann. Ich danke dem Verlag, daß diese Auflage nun um hundert Seiten erweitert werden konnte (und daß das Buch gleichwohl noch »bezahlbar« bleibt). Manches, was wegen des früher begrenzten Umfangs nicht hinreichend detailliert entfalet werden konnte, kommt nun ausführlicher und forschungsgeschichtlich differenzierter zur Sprache. Dies gilt besonders für den ganzen Bereich des Pentateuch (er ist teilweise neu geschrieben und referiert die in den letzten Jahren sich abermals stark verändernde Forschungssituation), für den Abschnitt über das Deuteronomistische Geschichtswerk und für die Bücher Ps, Weish, Jes, Jer und Ez. Auch die übrigen Beiträge sind, soweit nötig, im Blick auf die neueste Forschung ergänzt. Als hilfreiche Erweiterung sind weiter die Register zu nennen und insbesondere der neue Beitrag »Der Text und seine Geschichte«, der auch (so wohl einzigartig in einer »Einleitung«) den neuesten Forschungsstand zu den biblischen Textfunden in Qumran präsentiert. Ich danke wieder der Mitautorin und den Mitautoren für die großartige Kooperation. Auch diese Auflage wäre abermals nicht möglich gewesen ohne den hohen Einsatz und die fachliche Kompetenz meiner Mitarbeiterinnen und Mitarbeiter: Stefanie Fuest, Therese Hansberger, Benedikt Jürgens, Resi Koslowski (Sekretariat), Barbara Schmitz und Dr. Uta Zwingenberger. Ihnen gilt mein besonderer Dank.

Münster, im November 1998 Erich Zenger

A.   Heilige Schrift der Juden und der Christen

(Erich Zenger)

Literatur: E.Brocke, Von den »Schriften« zum »Alten Testament« - und zurück? Jüdische Fragen zur christlichen Suche nach einer »Mitte der Schrift«, in: FS R.Rendtorff, Neukirchen-Vluyn 1990,581-594; H.von Campenhausen, Die Entstehung der christlichen Bibel, Tübingen 1968; B.S.Childs, Die Bedeutung der Hebräischen Bibel für die Biblische Theologie: ThZ 48,1992,382-390; Ch.Dohmen, Der biblische Kanon in der Diskussion: ThRev 91,1995,451-460 (Lit.); Ch.Dohmen/F.Mußner, Nur die halbe Wahrheit? Für die Einheit der ganzen Bibel, Freiburg 1993; Ch. Dohmen/Th. Söding (Hg.), Eine Bibel – zwei Testamente. Positionen biblischer Theologie, Paderborn 1995; H.Frankemölle, Jüdische Wurzeln christlicher Theologie, Bodenheim 1998; ders. (Hg.), Der ungekündigte Bund? Antworten des Neuen Testaments (QD 172) Freiburg 1998; H.Gese, Die dreifache Gestaltwerdung des Alten Testaments, in: M.Klopfenstein u.a. (Hg.), Mitte der Schrift? Ein jüdisch-christliches Gespräch, Bern 1987,299-328; M.Görg, In Abrahams Schoß. Christsein ohne Neues Testament, Düsseldorf 1993; A.H.J.Gunneweg, Vom Verstehen des Alten Testaments. Eine Hermeneutik (ATD.Erg 5) Göttingen [2]1988; H.Haag, Das Plus des Alten Testaments, in: ders., Das Buch des Bundes, Düsseldorf 1990,289-305; M.Hengel/R.Deines, Die Septuaginta als »christliche Schriftensammlung«, ihre Vorgeschichte und das Problem ihres Kanons, in: M.Hengel/A.M.Schwemer (Hg.), Die Septuaginta zwischen Judentum und Christentum (WUNT 72) Tübingen 1994,182-284; O.Kaiser, Die Bedeutung des Alten Testaments für Heiden, die manchmal auch Christen sind: ZThK 91,1994,1-9; K.Koch, Der doppelte Ausgang des Alten Testaments in Judentum und Christentum: JBTh 6,1991,215-242; ders., Rezeptionsgeschichte als notwendige Voraussetzung einer biblischen Theologie, in: H.H.Schmid/J.Mehlhausen (Hg.), Sola Scriptura, Gütersloh 1991,143-155; N.Lohfink, Eine Bibel - Zwei Testamente, in: Ch.Dohmen/Th.Söding (Hg.), Eine Bibel - zwei Testamente. Positionen biblischer Theologie Paderborn 1995; M.J.Mulder (Hg.), Mikra. Text, Translation, Reading and Interpretation of the Hebrew Bible in Ancient Judaism and Early Christianity (CRI 2.1) Assen/Philadelphia 1988; M.Oeming, Gesamtbiblische Theologie in der Gegenwart. Das Verhältnis von AT und NT in der hermeneutischen Diskussion seit Gerhard von Rad, Stuttgart [2]1987; R.Rendtorff, Wege zu einem gemeinsamen jüdisch-christlichen Umgang mit dem Alten Testament, in: ders., Kanon und Theologie, Neukirchen-Vluyn 1991,40-53; A.M.Ritter, Zur Kanonbildung in der Alten Kirche, in: ders., Charisma und Caritas. Aufsätze zur Geschichte der Alten Kirche, Göttingen 1993,265-280; H.P.Rüger, Das Werden des christlichen Alten Testaments: JBTh 3,1988,175-189; ders., Der Umfang des alttestamentlichen Kanons in den verschiedenen kirchlichen Traditionen, in: S.Meurer (Hg.), Die Apokryphenfrage im ökumenischen Horizont, Stuttgart 1989,137-145; J.A.Sanders, Torah and Canon, Philadelphia [7]1986; ders., From Sacred Story to Sacred Text, Philadelphia 1991; W.H.Schmidt, Das Problem des Alten Testaments in der christlichen Theologie, in: FS H.Donner (ÄAT 30) Wiesbaden 1995,243-251; H.-Ch.Schmitt, Die Einheit der Schrift und die Mitte des Alten Testaments, in: FS F.Mildenberger, Stuttgart 1994,49-66; J.Schreiner, Das Verhältnis des Alten Testaments zum Neuen Testament, in: ders., Segen für die Völker, Würzburg 1987,392-407; O.H.Steck, Der Kanon des hebräischen Alten Testaments, in: W.Pannenberg/Th.Schneider (Hg.), Verbindliches Zeugnis I. Kanon-Schrift-Tradition, Freiburg/Göttingen 1992,11-33; S.Talmon, Heiliges Schrifttum und kanonische Bücher aus jüdischer Sicht. Überlegungen zur Ausbildung der Größe »Die Schrift« im Judentum, in: M.Klopfenstein u.a. (Hg.), Mitte der Schrift? Ein jüdisch-christliches Gespräch, Bern 1987,45-80; G.Theissen, Neutestamentliche Überlegungen zu einer jüdisch-christlichen Lektüre des Alten Testaments: KuI 10,1995,115-136; E.-J.Waschke, Die Einheit der Theologie heute als Anfrage an das Alte Testament - ein Plädoyer für die Vielfalt, in: FS H.D.Preuß, Stuttgart 1992,331-341; E.Würthwein, Der Text des Alten Testaments. Eine Einführung in die Biblia Hebraica, Stuttgart [5]1988; E.Zenger, Das Erste Testament. Die jüdische Bibel und die Christen, Düsseldorf [5]1995; ders., Am Fuß des Sinai. Gottesbilder des Ersten Testaments, Düsseldorf [3]1996; ders., Das Erste Testament zwischen Erfüllung und Verheißung, in: K.Richter/B.Kranemann (Hg.), Christologie der Liturgie. Gottesdienst der Kirchen zwischen Sinaibund und Christusbekenntnis (QD 159) Freiburg 1995,31-56; ders., Das Erste Testament als Herausforderung christlicher Liturgie: BiLi 68,1995,124-136.

I.   Die Bedeutung der Bibel Israels für christliche Identität

1. Fundament des Christentums

Ohne Heilige Schrift gibt es kein Christentum. Die christlichen Gemeinden haben im Gottesdienst von Anfang an biblische Texte als Gottes Wort vorgelesen und ausgelegt. Biblische Texte waren normativ und formativ für christliche Existenz in der Nachfolge Jesu. Sprache und Bilder der Bibel bildeten die kulturelle Matrix der ersten Jüngerinnen und Jünger Jesu. *Diese* Bibel der Christen war bis ins 2.Jh. hinein die *Jüdische* Bibel. Für das Urchristentum war diese Bibel nicht das »Alte Testament« im Sinne einer zweitrangigen oder gar veralteten Offenbarung. Auch als im 2.Jh. die ab der Mitte des 1.Jh. sukzessiv entstandenen spezifisch »christlichen« Evangelien und Apostelbriefe in der Kirche den Rang »Heilige Schrift« erhielten, traten die neuen heiligen Bücher nicht an die Stelle der Bibel Israels. Zwar gab es damals vereinzelte, massiv vorgetragene Versuche, die Jüdische Bibel als für christliche Identität nicht (mehr) relevant oder sogar als im Gegensatz zur Botschaft Jesu stehend zu verwerfen, doch hat die Kirche dieser »Entjudaisierung« ihrer Bibel widersprochen, wohl wissend, daß die Jüdische Bibel das Fundament der Gottesbotschaft Jesu *und* des Bekenntnisses zu Jesus dem Christus ist.

Der Kampf gegen die Jüdische Bibel in der Kirche wurde im 2.Jh. vor allem von Markion, einem aus Kleinasien stammenden Schiffsreeder, geführt. Er war, nicht zuletzt als finanzstarker »Gönner«, in der Kirche Roms sehr einflußreich, ehe es um 144 zum Bruch kam. Danach organisierte er eine eigene »Kirche«, die viele Anhänger fand und bis ins 6.Jh. bestand. Markion war ein christlicher Gnostiker, der die Sünde und das Böse in der realen Welt nicht mit dem vollkommenen Erlöser-Gott, den Jesus verkündet hatte, zusammenbringen wollte und konnte. Die Schöpfung war für ihn das Werk jenes bösen, demiurgischen Schöpfergottes, von dem die Jüdische Bibel handelt. Mit dem jüdischen Gott des Gerichts und des Kriegs hatte nach Markion der Vater Jesu Christi nichts gemein. Daß Markion bei der Verwerfung der Jüdischen Bibel als »Heilige Schrift« nicht stehen blieb, war konsequent. Er konnte in seinem Kampf für die »reine« Christusbotschaft auch solche »neutestamentlichen« Schriften nicht akzeptieren, in denen die jüdische Tradition offenkundig dominierte. Das Resultat war ein kleiner zweiteiliger Kanon, bestehend aus den zehn (freilich von ihm »entjudaisierten«) Paulusbriefen Gal, 1/2 Kor, Röm, 1/2 Thess, Eph, Kol, Phil, Phlm und aus dem Lukasevangelium (als einzigem Evangelium). Mit Blick auf Markion werden in der Forschung alle Tendenzen, die Gültigkeit der Jüdischen Bibel/des Alten Testaments für christliche Identität abzulehnen oder abzuschwächen, als Markionismus bezeichnet. Wo solches implizit oder unreflektiert geschieht, spricht man von latentem oder subtilem Markionismus.

Gerade angesichts der Tatsache, daß der Prozeß der Kanonisierung spezifisch christlicher Schriften als »Heilige Schrift« im 2.Jh. noch im Gange war, war Markions Aktion hinsichtlich der Evangelien und Apostelbriefe weniger spektakulär als es heute erscheinen mag; allerdings hat er den Prozeß der neutestamentlichen Kanonisierung - ungewollt - beschleunigt. Vor allem hat Markion mit seiner Ablehnung der *Jüdischen* Bibel das theologische Problem eines angemessenen christlichen Umgangs mit dem »Alten Testament«, das zuallererst und zugleich die Heilige Schrift der Juden ist, klarer gesehen als manche seiner theologischen Zeitgenossen, die in subtilem Markionismus die Jüdische Bibel typologisch oder allegorisch »entjudaisierten«, um sie kirchlich beibehalten zu können; faktisch geschah dies (fast) immer gegen das Judentum (vgl. z.B. die »Osterpredigt« des Melito von Sardes).

Als die Kirche ihre Heilige Schrift erweiterte, traf sie zwei wichtige Entscheidungen:

1. Sie behielt *alle* Schriften der Bibel Israels bei, und sie stellte die »neuen« Schriften nicht *vor*, sondern *hinter* die Bibel Israels; so entstand die eine, zweigeteilte christliche Bibel.

2. Sie griff nicht in den *jüdischen* Wortlaut des ersten Teils ein, um ihn durch eine Überarbeitung zu christianisieren, auch nicht dort, wo in einem neutestamentlichen Text eine christologisch/christlich motivierte Relecture eines alttestamentlichen Textes vorlag.

Daß die Kirche die Bibel Israels *so* in *ihrer* Bibel beibehielt, entsprach der in den neutestamentlichen Schriften selbst und in den wichtigen Glaubensbekenntnissen der alten Kirche sich aussprechenden Überzeugung, daß die Bibel Israels das unaufgebbare Fundament des Christentums ist. Bei aller Polemik, die das sich profilierende junge Christentum gegen die jüdische Mehrheit entwickelte, die *seinen* Weg nicht gehen wollte, hielten die neutestamentlichen Autoren auch nach der Tempelzerstörung (70 n.Chr.), wie es scheint noch dezidierter als zuvor, daran fest: Christliche Identität gibt es nur, auch für das Heidenchristentum, in der bleibenden Rückbindung an das Judentum (vgl. die liturgischen Traditionen) und insbesondere an die Jüdische Bibel. Selbst als faktisch aus vielfältigen Gründen die Brücken zwischen »Kirche« und »Synagoge« abgebrochen wurden, blieb die Kirche, auch wenn es ihr offensichtlich schwer fiel, dabei: »Nicht du trägst die Wurzel, sondern die Wurzel trägt dich« (Röm 11,18).

2. Auslegungshorizont des Neuen Testaments

Daß das Christentum der Bibel Israels als seines Fundamentes bedarf, ist beinahe auf jeder Seite des Neuen Testament buchstäblich zu greifen. Um die Botschaft vom endzeitlichen Wirken Gottes in und durch Jesus Christus nahezubringen, wird immer wieder »die Schrift« (d.h. die Jüdische Bibel) wörtlich zitiert oder motivlich eingespielt. »Gesetz und Propheten« sind explizierender und legitimierender Horizont für das neutestamentliche Christuszeugnis.

Was die Bibel Israels für den Christusglauben leistet, aber auch was *sie allein nicht* leisten kann, zeigt beispielhaft die Erzählung von den zwei Emmausjüngern am Schluß des Lukasevangeliums (vgl. Lk 24,13-35): 1. Den zwei »blinden« Jüngern rekapituliert der aus dem Tod auferweckte Jesus nicht einfach seine eigene Predigt und seine Wunder, schon gar nicht als das *ganz und gar andere* Handeln Gottes, das im Gegensatz zu seinem bisherigen Handeln an und in Israel stünde. Im Gegenteil: Er betont den tiefen Zusammenhang (die Kontinuität) zwischen »Gesetz und Propheten« und ihm selbst. Pointiert gesagt: Er macht keine Wortexegese von »Gesetz und Propheten«, sondern exegesiert sich selbst von der

Schrift Israels her. 2. Daß die beiden Jünger zum Christusglauben finden, bedarf der lebendigen Begegnung mit dem Auferweckten selbst. Nicht einmal seine Exegese allein hat sie dazu geführt. Als er mit ihnen die jüdische Beraka (d.h. das eucharistische Segensgebet) spricht, werden ihnen die Augen geöffnet. »Die Schrift« ist Voraussetzung und Hilfe für den Christusglauben, aber »die Schrift« führt nicht von selbst zu Jesus als dem Christus.

Mit ihrem ausdrücklichen Rückgriff auf »die Schrift« und durch das subtile Einspielen von Vorstellungs- oder Geschehenszusammenhängen aus der Bibel Israels wollen die neutestamentlichen Autoren nicht »die Schrift« *auslegen*. Ihnen geht es um ein Verstehen und Näherbringen des Christusereignisses als der in ihrer Sicht endgültig entscheidenden Heilssetzung Gottes »von der Schrift her«, d.h. von der als bekannt und autoritativ anerkannt vorausgesetzten Bibel Israels her. Die neutestamentlichen Autoren lassen weder Jesus einen alttestamentlichen Text zitieren noch zitieren sie selbst einen solchen, *um* damit diesen Text verbindlich christlich auszulegen, so als wäre dies der *einzige* Sinn des Textes. Das Problem der jungen Kirche, gerade im Angesicht des lebendigen Judentums, war nicht, wie sie mit der Bibel Israels umgehen sollte. »Man darf nicht sagen, daß das Alte Testament für die ersten Christen aus sich selbst keine Autorität gehabt habe und nur darum übernommen worden sei, weil man sah, daß es ›Christum trieb‹ oder auf Christus zutrieb. Die kritische Frage, auf die Luthers bekannte, viel mißbrauchte Formulierung Antwort gibt, war noch gar nicht gestellt. Die Dinge liegen eher umgekehrt: Christus wird vor den Ungläubigen wohl aus der Schrift gerechtfertigt, aber das entgegengesetzte Bedürfnis, die Schrift von Christus her zu rechtfertigen, ist noch nirgends erwacht« (*H.von Campenhausen*, Die Entstehung 78). Daß die Kirche die Bibel Israels zum ersten Teil ihrer Bibel gemacht hat, hat programmatische Bedeutung: Die Bibel Israels hatte den unbestrittenen Offenbarungsanspruch. Sie hatte kanonische Qualität und Autorität. Auf sie griffen deshalb die Jesusjünger zurück, um ihrer Jesusbotschaft kategoriale Mitteilbarkeit, Überzeugungskraft und Gültigkeit zu geben. Dabei wird nicht das Alte Testament vom Neuen her gelesen, sondern umgekehrt gilt: Das Neue Testament ist vom Alten Testament her geschrieben; *das Neue Testament will im Lichte des Alten Testaments gelesen werden*. In Abwandlung des vielzitierten Wortes des altkirchlichen Schriftgelehrten und Bibelübersetzers Hieronymus »Die Schrift nicht kennen heißt Christus nicht kennen« kann gesagt werden: Das Alte Testament nicht kennen und verstehen heißt Christus und das Christentum nicht verstehen.

3. Altes Testament oder Erstes Testament?

Man kann fragen, ob die grundlegende Funktion des ersten Teils der christlichen Bibel nicht verkannt wird, wenn man ihn traditionell »Altes Testament« nennt. Schon das Neue Testament selbst kennt keine Kategorie »Alte« Schriften als Sammelbegriff für die Bibel Israels. Erst die gezielte Absetzung der Kirche vom Judentum hat diesen Begriff geschaffen. Das ist die Hypothek, die bis heute auf ihm lastet. Voraussetzung für diese Bezeichnung war, daß man die beiden »Testamente« überhaupt als *zwei* Größen empfand, deren Verhältnis zueinander dann näher zu bestimmen war. Dafür waren zunächst sogar die äußeren Bedingungen nicht gegeben. In der Praxis zerfiel die christliche Bibel im frühen Christentum in mehrere Schriftrollen oder Codices; das belegt auch der Sprachgebrauch »*biblia*« = (mehrere) Bücher. Wie sehr die konzeptionelle »Einheit« im Vordergrund stand und daß sie als Einheit von ihrem Anfang her gedacht wurde, belegt die in der frühen afrikanischen Kirche für die *ganze* Bibel verwendete Bezeichnung »*lex*« (= Gesetz/Tora).

Nun *muß* die Bezeichnung »Altes Testament« nicht notwendigerweise negative Konnotationen haben; umgekehrt kann das Prädikat »neu« auch eine negative Qualifikation (z.B. modisch, unerfahren) oder zumindest gegenüber »alt« eine Qualitätsminderung sein (z.B. alter Wein - neuer Wein). So lange »alt« im Sinne von Anciennität (altehrwürdig, kostbar, bewährt) und Ursprung seine positiven Konnotationen behält, kann die Bezeichnung gewiß akzeptabel bleiben, zumal sie selbst »alt« ist. Und wenn man sich bewußt macht, daß dies eine *spezifisch* christliche Bezeichnung ist, die daran erinnert, daß es das Neue Testament nicht ohne das Alte Testament gibt, kann man sie als legitimen Appell an die fundamentale Wahrheit hören, daß die christliche Bibel aus zwei in unterschiedlichen Kontexten entstandenen Teilen besteht, deren Gemeinsamkeit *und* Differenz zugleich (Kontinuität *und* Diskontinuität) festgehalten werden muß. Das Wortpaar »alt-neu« ist dann nicht als Opposition, sondern als Korrelation gemeint. Freilich muß man sich daran erinnern, daß dies eine Bezeichnung ist, die *weder* dem Selbstverständnis des Alten Testaments entspricht *noch* dem jüdischen Verständnis dieser Schriften angemessen ist. Als solche ist sie anachronistisch und, wie die Rezeptionsgeschichte im Christentum zeigt, der Auslöser permanenter Mißverständnisse und fataler Antijudaismen. Deshalb müßte sie eigentlich immer in Anführungszeichen gesetzt - oder durch eine andere Bezeichnung ersetzt oder *zumindest ergänzt* werden. Diese korrigierende Funktion könnte von der Bezeichnung »*Erstes Testament*« ausgeübt werden.

Die Bezeichnung »Erstes Testament« kann sich durchaus biblisch legitimieren. Sie klingt nicht nur im Hebräerbrief an (vgl. Hebr 8,7.13; 9,1.15.18), sie wird auch in der griechischen Übersetzung (Septuaginta) von Lev 26,45 verwendet, wo sie - anders als im Hebr - uneingeschränkt positiv den »ersten« Bund am Sinai als »Bund zur Vergebung der Sünden« (vgl. Lev 26,39-45) im Sinne des gründenden und weiterwirkenden Anfangs meint. Genau *diesen* Aspekt kann die Bezeichnung herausstellen: Der erste Teil der christlichen Bibel ist das *grundlegende Fundament*, das zuerst gelegt wurde und auf dem das im »Zweiten Testament« bezeugte neue Handeln Gottes an und durch Jesus und an denen, die Jesus nachfolgen, so aufruht, daß es dessen erneute und endgültige Aktualisierung ist.

Die Bezeichnung hat mehrere *positive Implikationen*: 1. Sie vermeidet die traditionelle Abwertung, die sich assoziativ und faktisch mit der Bezeichnung »Altes Testament« verbunden hat. 2. Sie gibt zunächst den historischen Sachverhalt korrekt wieder: Es ist gegenüber dem »Neuen«/Zweiten Testament in der Tat als »erstes« entstanden und es war die erste Bibel der jungen, sich formierenden Kirche. 3. Sie formuliert theologisch richtig: Es bezeugt jenen »ewigen« Bund, den Gott mit Israel als seinem »erstgeborenen« Sohn (vgl. Ex 4,22; Hos 11,1) geschlossen hat, als »Anfang« jener großen »Bundesbewegung«, in die der Gott Israels auch die Völkerwelt hineinnehmen will. 4. Als »Erstes« Testament weist es hin auf das »Zweite Testament«. So wie letzteres nicht ohne ersteres sein kann, erinnert auch die christliche Bezeichnung »Erstes Testament«, daß es in sich keine vollständige christliche Bibel ist.

Auch diese Bezeichnung ist nicht ohne mögliche *Mißverständnisse*. 1. Da viele beim Wort »Testament« in der Zusammensetzung »Erstes Testament« die technische Bedeutung »letztwillige Verfügung« assoziieren, werden sie fragen: »Hebt nicht ein Zweites Testament das Erste Testament auf?« Das *kann, muß* aber nicht sein. Es kann ja auch sein, daß das Zweite Testament *das Erste Testament bestätigt* - und den Kreis der »Nutznießer« des Ersten Testaments *erweitert*. Und genau das ist beim »Neuen Testament« als Zweitem Testament der Fall: In ihm wird bezeugt, *daß* und *wie* der Gott Israels, der Schöpfer des Himmels und der Erde ist, durch Jesus den Christus seine Bundesgeschichte »endgültig« auf die Völkerwelt hin geöffnet hat. 2. Einige Kritiker lehnen die Bezeichnung »Erstes Testament« deshalb ab, weil sie das Neue/Zweite Testament relativiere und weil das Wortpaar Erstes/Zweites Testament eine grundsätzlich offene Reihenfolge insinuiere, die die Endgültigkeit des Christusereignisses in Frage stelle. Beides ist nicht gemeint (und ist die simple Verwechslung von *principium* und *initium*). Die Kritiker übersehen, daß das Adjektiv groß geschrieben ist. Es heißt *»Erstes«*, und nicht »erstes« Testament.

Die Bezeichnung »Testament« hat - ob man nun »Altes« oder »Erstes« sagt - vom biblischen und frühkirchlichen Sprachgebrauch her *nicht* die juristische oder umgangssprachliche Bedeutung »Vermächtnis«, sondern meint »Bundesdokument, Bundesbuch« (im weiten Sinn). Konsequent wäre es deshalb, mit der Reformierten Kirche der Niederlande vom »Ersten« und vom »Zweiten Bundesbuch« zu sprechen. Freilich ist »Testament« international verwendbar; deshalb empfiehlt es sich, die Vokabel beizubehalten. Und da die Bezeichnung »Altes Testament« durchaus richtig verstanden werden *kann*, werden in diesem Buch *beide Bezeichnungen* verwendet, um zugleich das Problem bewußt zu halten, das sich in der traditionellen Terminologie verbirgt.

Will man das »Alte Testament« als Heilige Schrift des Judentums kennzeichnen, legt sich die Bezeichnung *Jüdische Bibel* oder das im Judentum üblich gewordene Kunstwort *Tanach* nahe, dessen drei Konsonanten TNK (*k* als *ch* ausgesprochen) die Anfangsbuchstaben der drei Teile der Jüdischen Bibel in deren programmatischer Abfolge (s.u. II.) wiedergeben (T = Tora/Gesetz; N = Nebiim/Propheten; K = Ketubim/Schriften). Auch der Begriff *Miqra* (was, vor allem in der Synagoge, zu lesen bzw. vorzulesen ist) bezeichnet unmißverständlich die Jüdische Bibel als Heilige Schrift der Juden.

Die Bezeichnung *Hebräische Bibel*, die neuerdings ebenfalls als Ersatz für »Altes Testament« verwendet wird, könnte den Tanach bzw. die in hebräischer (und aramäischer: Dan 2,4b-7,28) Sprache vorliegenden Teile des Ersten Testaments bezeichnen, insofern diese *historisch-kritisch* (»neutral«) als Dokument der Religion des biblischen Israel erforscht und gelesen werden, in Absehung von deren Bedeutung für zeitgenössische jüdische oder christliche Identität.

4. Problematische Lese- und Verstehensweisen im Christentum

Als die Kirche sich im 2.Jh. Markions Ablehnung des »jüdischen« Alten Testaments widersetzte, hatte sie gespürt, daß sie mit der Abstoßung des Alten Testaments das Fundament abstoßen würde, auf dem sie selbst steht. Allerdings versäumte es die Kirche damals, tiefer darüber nachzudenken, was es bedeutete, daß sie dieses urjüdische Buch als ersten Teil ihrer Bibel beibehielt. Dieses Defizit führte bald bei nicht wenigen Theologen der Alten Kirche zu der irrigen Vorstellung, daß sie die Kirche als den *eigentlich* und *von Anfang an* von Gott anvisierten Adressaten dieses Buches proklamierten. Sie definierten die Kirche als »das wahre Israel«, in dem die Geschichte Gottes mit »Israel« an das immer schon und einzig intendierte Ziel gelangt sei. Was Gott in der Schrift Israels »eigentlich« offenbaren wollte, weiß und versteht nur die Kirche als das Gottesvolk des Neuen Bundes - das wurde die Meinung der christlichen Theologie bis in unsere Tage, die wir heute als latenten Markionismus erkennen und überwinden müssen.

Latenter und subtiler Markionismus ist am Werk, wo das Alte Testament *prinzipiell* mit neutestamentlich-christlicher »Erfüllungs-« bzw. »Überbietungsbrille« gelesen und gepredigt wird. Wo die theologische Bedeutung und Gültigkeit des Alten Testaments darauf reduziert wird, Vorbereitung und Verheißung jener Wirklichkeit zu sein, die »eigentlich« und »nur« in Jesus Christus offenbar und »da« ist, wird zwar das Alte Testament als »Wort Gottes« nicht überflüssig, aber alles, was weder christologisch noch ekklesiologisch eingelöst ist, wird dann meist marginalisiert, christlich-theologisch uminterpretiert oder antijüdisch diskriminiert. Daß dabei die Juden unter christlicher Besserwisserei bis heute vielfach zu leiden hatten, insofern sie an diesen nach Meinung der Christen nur »vorläufig« gültigen Texten festhielten und insofern sie gerade mit solchen vom endgültigen Offenbarer Jesus Christus doch »aufgehobenen« Worten des Alten Testaments ihre jüdische Existenz begründeten, ist eine besonders schmerzliche Dimension dieses latenten christlichen Markionismus.

Die im einzelnen sehr unterschiedlichen Lese- und Verstehensweisen des Alten Testaments im Christentum lassen sich auf drei Grundmodelle reduzieren:

4.1 Das Kontrastmodell

Die theologische Funktion des Alten Testaments besteht darin, Kontrastfolie zur Christusbotschaft zu sein. Es deckt die in uns allen immer noch lebendigen Sehnsüchte nach irdischem Glück sowie nach Macht und Gewalt und insbesondere den menschlichen Hang zu Selbstrechtfertigung/Selbsterlösung durch die Werke der Gesetze auf; dadurch hilft uns das Alte Testament als »Buch des Scheiterns« (*R. Bultmann*) die Botschaft des Neuen Testaments als Evangelium der Gnade, der Erlösung von Sünde, der Hoffnung auf ein Reich, das nicht von dieser Welt ist, und insbesondere die Kreuzesnachfolge als die *eigentliche* biblische Gotteswahrheit zu erfassen.

4.2 Das Relativierungsmodell

Das Alte Testament ist nur »Dienerin« des Neuen Testaments. Seine Funktion war/ist es, auf die endgültige Offenbarung in Jesus Christus vorzubereiten. Es ist die Verheißung, deren Erfüllung das Neue Testament ist. Es ist Vorausdarstellung, Vor-Bild (Typos) jener Wirklichkeit, die mit Jesus in ihrer Vollendung und Vollgestalt (Antitypos) gekommen ist.

4.3 Das Evolutionsmodell

Das Alte Testament ist der Same, der mit innerer Notwendigkeit zur neutestamentlichen Blüte als dem von Gott von Anfang an einzig intendierten Ziel der Entwicklung hintreibt. Das Neue Testament ist der exklusive Maßstab für das, was in der verwirrenden Vielfalt des Alten Testaments als Offenbarung zu gelten hat. Die in Gen 1 intendierte Schöpfungstheologie erschließt sich beispielsweise erst und nur vollgültig von Joh 1 her. Sogar die eigentliche Offenbarungssprache ist deshalb nicht das Hebräische des Alten Testaments, sondern das Griechische des Neuen Testaments.

Hier ist keine differenzierte *Kritik der drei Modelle* möglich. Allen drei Modellen sind - auf jeweils unterschiedliche Weise - folgende Defizite gemeinsam: 1. Sie entsprechen keineswegs dem Selbstverständnis der Texte des Alten/Ersten Testaments selbst. 2. Sie werden der Komplexität des Alten Testaments nicht gerecht. 3. Sie atmen, gewollt oder ungewollt, den Atem jenes »teaching of contempt«, der ein Aspekt jener fatalen theologischen Judenfeindschaft ist, die *einer* der Auslöser des rassischen Antisemitismus war.

Die im Erschrecken über die Schoa (viel zu) langsam gereifte Erkenntnis der Zusammenhänge zwischen theologisch motivierter Judenfeindschaft und Antisemitismus fordert auch einen neuen christlichen Umgang mit dem Ersten Testament, insofern dieses jener Teil der Juden und Christen gemeinsamen Überlieferung ist, an der sich die nach der Schoa notwendige Erneuerung des christlich-jüdischen Verhältnisses bewähren muß. Zugleich ist dies eine Wiederentdeckung der jüdischen Wurzeln des Christentums, die für kirchliches Leben konstitutiv sind, wie das Zweite Vatikanische Konzil 1965 in der Erklärung »Nostra Aetate« (Über das Verhältnis der Kirche zu den nichtchristlichen Religionen) festgestellt hat:

»Bei ihrer Besinnung auf das Geheimnis der Kirche gedenkt die Heilige Synode des Bandes, wodurch das Volk des Neuen Bundes mit dem Stamm Abrahams geistlich verbunden ist... Deshalb kann die Kirche auch nicht vergessen, daß sie durch jenes Volk, mit dem Gott aus unsagbarem Erbarmen den Alten Bund geschlossen hat, die Offenbarung des Alten Testaments empfing und genährt wird von der Wurzel des guten Ölbaums, in den die Heiden als wilde Schößlinge eingepfropft sind.«

Diesen Abschnitt hat Papst Johannes Paul II. bei seinem historischen Besuch der Großen Synagoge Roms 1986 folgendermaßen kommentiert:

»Der heutige Besuch will einen entschiedenen Beitrag leisten zur Festigung guter Beziehungen zwischen unseren beiden Gemeinschaften; er tut dies unter dem Ansporn des Beispiels so vieler Männer und Frauen, die sich von der einen wie von der anderen Seite dafür eingesetzt haben - und dies immer noch tun -, daß die alten Vorurteile überwunden werden und man Raum gibt für eine immer vollere Anerkennung jenes ›Bandes‹ und jenes ›gemeinsamen geistigen Erbes‹, die zwischen Juden und Christen bestehen... Die jüdische Religion ist für uns nicht etwas ›Äußerliches‹, sondern gehört in gewisser Weise zum ›Inneren‹ unserer Religion. Zu ihr haben wir somit Beziehungen wie zu keiner anderen Religion. Ihr seid unsere bevorzugten Brüder und, so könnte man gewissermaßen sagen, unsere älteren Brüder.«

Von diesem Ansatz her, den die christlichen Kirchen (vor allem Europas und Nordamerikas) in einem großartigen ökumenischen Konsens in den vergangenen drei Jahrzehnten immer wieder bekräftigt und theologisch »fortgeschrieben« haben, werden die drei genannten Modelle der besonderen jüdisch-christlichen Beziehung im Umgang mit der Jüdischen Bibel/dem Ersten Testament vor allem insofern nicht gerecht, als sie die auch für Christen bleibend gültige *jüdische* Dimension der Bibel Israels *und* das Geheimnis dieser Bibel als Lebensquelle des *nachbiblischen* Judentums nicht sehen bzw. anerkennen wollen. Diese Defizite und die Tatsache, daß das Erste Testament als jüdische Wurzel des Christentums wirken will, sind die Ausgangspunkte für das im folgenden skizzierte »Dialogmodell«.

5. Christlich-jüdische Bibelhermeneutik

5.1 Keine systematische Einheit, sondern dramatischer Zusammenhang

Daß die Bibel einerseits »ein Buch«, andererseits eine »Bücherei«, eine ganze Bibliothek ist, hält die Tradition in der Bezeichnung »Bibel« fest. Das ihr zugrunde liegende mittellateinische Wort *biblia* wurde seit dem (9.?) 12.Jh. als femininer Singular mißverstanden, so daß es zur Redeweise »*die* Bibel« kommen konnte. Ursprünglich ist das griechische *ta biblia* eine Pluralbildung, mit der schon Flavius Josephus die jüdische Bibel benannte. Johannes Chrysostomus weitete die Bezeichnung auf das gesamte Alte und Neue Testament aus. Wenn das Neue Testament auf »die Schriften« hinweist, meint es damit manchmal zwar den entsprechenden *Teil* des Ersten Testaments (Psalmen und Weisheitsbücher), oft aber das Erste Testament als Ganzes und zwar in seiner Vielgestaltigkeit.

Zwar sind die sowohl in literarischer wie in theologisch-konzeptioneller Hinsicht so unterschiedlichen biblischen Bücher von der sie sammelnden Tradition in gewisse Ordnungsschemata gebracht worden (s.u. II. und III.). Aber eine »Einheit« mit einer begrifflich oder konzeptionell beschreibbaren Mitte und Systematik bilden weder der Tanach noch das Erste Testament - auch wenn sie als eine einzige Größe, eben »die Schrift« bzw. »die Schriften«, bezeichnet und betrachtet werden. Ihre »Einheit« liegt eher in ihrer Funktion als kanonisches Dokument von Judentum und Kirche denn in ihrem Inhalt.

Die Polyphonie des Ersten Testaments ist von seinen »Arrangeuren« erkannt und als solche akzeptiert worden. Die Vielschichtigkeit und Mehrstimmigkeit ist nicht einfach die (leider) unvermeidbare Folge der Tatsache, daß dieses Opus eine so komplexe und lange Entstehungsgeschichte hat; zumindest wäre es ja möglich gewesen, daß eine glättende Schlußredaktion eine »Einheit« hergestellt hätte (wie wir dies z.B. bei Konzilsdokumenten oder Papstenzykliken kennen). Auch die Tatsache, daß hier so unterschiedliche Formen, Motive und Kompositionstechniken verwendet werden, muß eine fundamentale »Einheitlichkeit« nicht von vornherein ausschließen. Nein: Die komplexe und kontrastive Gestalt des Tanach/Ersten Testaments ist zum größten Teil ausdrücklich gewollt. Daß und wie die Töne, Motive und Melodien, ja sogar die einzelnen Sätze dieser polyphonen Sinfonie (= Zusammenklang!) miteinander streiten und sich gegenseitig ins Wort fallen, sich ergänzen und bestätigen, sich widersprechen, sich wiederholen und sich variieren - das ist kein Makel und keine Unvollkommenheit dieses Opus, sondern seine intendierte Klanggestalt, die man hören und von der man sich geradezu berauschen lassen muß, wenn man sie als Kunstwerk, aber auch als Gotteszeugnis erleben will.

Was die historische Kritik zum Ausgangspunkt ihrer Hypothesen zur komplexen Entstehungsgeschichte der Bibel und ihrer einzelnen Teile gemacht hat und macht, insbesondere bei den sog. Dubletten, Widersprüchen, semantischen und stilistischen Differenzen, darf nicht so mißverstanden werden, als hätten die »Bearbeiter« und die »Redaktoren« die Spannungen nicht bemerkt. Im Gegenteil: Es ist eben das Proprium der Bibel, daß eine solche Komplexität gezielt geschaffen und aus theologischem (!) Interesse beibehalten wurde. Wenn man unbedingt von einer »Einheit« des Ersten Testaments reden will, dann ist dies höchstens eine komplexe, spannungsreiche, unsystematische und kontrastive Einheit. Statt von »Einheit« sollte man vielleicht konsequenter von »Zusammenhang« reden, dessen Vielgestaltigkeit zum Diskurs und zum Streit über/um die *eine*, vielgestaltige Gottes-Wahrheit provozieren will.

Dies gilt analog für das Neue Testament *und* für die christliche Bibel als Ganzes: Daß alle Überlieferungen auf den einen und einzigen Gott Israels bezogen sind, der der Schöpfer der Welt und der Vater Jesu Christi ist, konstituiert ihren dramatischen Zusammenhang - und provoziert den (innerjüdischen, innerchristlichen und jüdisch-christlichen) Streit um die Gotteswahrheit, die sich nur einstellt, wenn man sich auf den leidenschaftlichen Dialog einläßt, den die vielen Stimmen der Bibel miteinander führen. Die Kanonisierung der vielen Stimmen der Bibel ist so der kanonisierte innerbiblische Dialog.

5.2 Der spannungsreiche Dialog der beiden Teile der *einen* christlichen Bibel

Insofern die frühe Kirche das Erste Testament in seiner *jüdischen*, christlich *nicht* bearbeiteten Textgestalt *neben* dem Zweiten Testament beibehalten hat, wird *auch* eine Lese- und Verstehensweise des Ersten Testaments als *in sich* verstehbaren Textes nahegelegt - *etsi Novum Testamentum non daretur* (»als ob es das Neue Testament nicht gäbe«).

Als vorgängig zum und unabhängig vom Neuen Testament gelesene Büchersammlung wird das Erste Testament zur *Herausforderin, Rivalin* und *Kommentatorin des Neuen Testaments*. Sie ist auf bestimmten Lebens- und Glaubensfeldern ihrer neutestamentlichen Konkurrentin überlegen, auf anderen Feldern erhebt sie heilsamen Einspruch gegen allzu vorschnelle Reden des Neuen Testaments und auf wieder anderen Feldern muß sie sich durch das Neue Testament in Frage stellen oder ergänzen lassen. Läßt man beide Testamente als Rivalinnen im Streit um die Gotteswahrheit zu, kann aus ihrer Korrelation und Konfrontation eine neue, produktive Lektüre der einen, zweigeteilten Bibel hervorgehen, die keines der beiden allein und in sich selbst ermöglichen würde.

Das Erste Testament kann seine Rolle als Herausforderin, Rivalin und Kommentatorin des Neuen Testaments natürlich nur spielen, wenn man ihm sein *Eigenwort mit Eigenwert* beläßt - und vor allem, wenn man seine Vielgestaltigkeit und seine Andersartigkeit nicht mit der christlichen Brille übersieht. So wichtig es ist, gegenüber allen alten und neuen Formen des Markionismus die Traditions- und Bekenntniskontinuität vom Alten zum Neuen Testament zu betonen, so notwendig ist es zugleich, die Differenzen gelten zu lassen, damit ein produktiver Streit über das in beiden Teilen sich aussprechende Zeugnis von dem einen und einzigen Gott entstehen kann.

Daß zwischen beiden Teilen unserer Bibel gerade wegen ihrer Widersprüche und Differenzen (die prinzipiell nicht von anderer Art sind als die Widersprüche und Differenzen zwischen einzelnen Schriften im AT bzw. im NT selbst) »nur« ein Zusammenhang und nicht eine Einheit im strengen Sinne besteht, ermöglicht es auch, den Zusammenhang zu sehen, in dem der Talmud mit dem Tanach steht. Zwar ist dieser Zusammenhang strukturell anders zu sehen als der Zusammenhang der beiden Testamente, doch kann ein christlicher Umgang mit dem Ersten Testament sich durch den Blick auf die jüdische Lektüre dieses Teils der christlichen Bibel noch einmal herausfordern lassen.

5.3 Hermeneutik der kanonischen Dialogizität/des kanonischen Diskurses

Den methodisch reflektierten Versuch, die beiden Teile der christlichen Bibel so miteinander zu korrelieren und zu konfrontieren, daß ein produktiver Streit um die Wahrheit entsteht, in den sich der Leser hineinnehmen läßt, könnte man eine *»Hermeneutik der kanonischen Dialogizität«* nennen. Legt man die (vielleicht etwas zu einfache) Unterscheidung zugrunde, wonach es eine autor- und eine leserorientierte Hermeneutik gibt, gehört die Hermeneutik der kanonischen Dialogizität zum Typ der leserorientierten Hermeneutik, insofern sie zwischen Texten der beiden Testamente ein Beziehungsgeflecht bzw. einen Dialog herstellt, der nicht unbedingt von den Autoren, sondern von den Lesern dieser Texte - im Horizont ihrer Glaubensgemeinschaft - intendiert/produziert sein muß. Theologisch gesprochen: Dieses Beziehungsgeflecht erschließt den Sinn der Texte, insofern sie Teile der kanonisierten Bibel sind (die sog. *mens sacrae scripturae*). Während es Aufgabe der historisch-kritischen Exegese ist, den vom Verfasser eines Textes intendierten Sinn zu erforschen (die sog. *mens auctoris*), geht es hier darum, die intertextuell erkennbaren Textbezüge zwischen erst- und neutestamentlichen Texten in einen offenen »kanonischen« Dialog zu bringen. Diese (post-strukturalistische) Methode will den »zitierten«/»eingespielten« ersttestamentlichen Prätexten wieder ihr »Eigenleben« zurückgeben, indem diese in ihrem ursprünglichen Sinn gelesen werden, und ein produktives, kontrastives »Schriftgespräch« zwischen beiden Teilen der einen christlichen Bibel initiieren.

Methodisch hat keiner der beiden Teile einen Vorrang, sondern die Texte gelten als zunächst einmal gleichberechtigte Partner im Streit und im Diskurs, weil sie nun in der *einen* (gleichwohl komplexen) Bibel stehen und als *unterschiedliche* Zeugnisse des *einen* und *einzigen* Gottes gehört werden wollen. Das Neue Testament ist für Christen kein bloßer Zusatz oder Anhang zum Ersten Testament und das Erste Testament ist kein bloßes Vorwort oder nur eine (eigentlich unwichtig gewordene) Vorgeschichte des Neuen Testaments, sondern sie bilden ein polyphones, polyloges, aber dennoch zusammenklingendes Ganzes, das nur als *solches* »Wort Gottes« ist, das vom dramatischen Geschehen der gottgewirkten Erlösung der ganzen Welt kündet, dessen »letzter« und »vollendender« Akt mit dem Messias Jesus Christus verbunden ist.

5.4 Unterschiedliche Leseweisen für Juden und für Christen

Juden und Christen lesen die gleichen biblischen Schriften als »Heilige Schrift«. Die Juden lesen sie als ihren »Tanach«, die Christen lesen sie als ihr »Erstes Testament«. Beide tun das im Horizont ihrer je spezifischen Tradition, auf dem Boden der »mündlichen Tora« (aus Mischna und Gemara bestehender Talmud) bzw. auf dem Boden des Neuen Testaments. Juden und Christen lesen diese »Heiligen Schriften« nicht aus historischem, sondern aus kanonischem Interesse, d.h. um aus ihnen *in ihrer Gegenwart* Gottes berufende und rettende Anrede zu hören - für ein Leben im Dienst der in dieser ihrer gemeinsamen Welt anbrechenden

Gottesherrschaft. Beide hören die Anrede jeweils anders. Und es kommt darauf an, die verschiedene Lesart nicht in Gegnerschaft, sondern in Partnerschaft zu respektieren.

Es ist an der Zeit, daß Juden und Christen das sie Unterscheidende als Chance einer lebendigen Gemeinsamkeit begreifen und akzeptieren. Beide können von und an der jeweils anderen »Lesart« der Heiligen Schriften *lernen*, ohne daß einer den anderen schulmeisterlich und besserwisserisch belehrt (vgl. auch Jer 31,33). Dies setzt voraus, daß dem Tanach und dem Ersten Testament ein bleibender *Eigenwert* zuerkannt wird und daß dieser sich in der jüdischen und in der christlichen Auslegung jeweils unterschiedlich entfalten kann. Diese »Heiligen Schriften« haben gewissermaßen einen *relationalen Eigenwert*, insofern sie *sowohl* auf die rabbinische *wie* auf die christliche Tradition bezogen werden können, ohne daß die eine Relation die andere Relation aufhebt - und ohne daß diese Relationen ihrerseits diesen bleibenden Eigenwert je *voll* ausschöpfen können. Im Gegenteil: Der Tanach und das Erste Testament sind der »Kanon«, dem beide Gemeinschaften, Judentum und Christentum, verpflichtet bleiben und an dessen Wortlaut sich beide Gemeinschaften durch den (prozessualen) Vorgang der Kanonisierung so gebunden haben, daß sie nicht nur *den Text*, sondern vor allem den im Text eingegrenzten *Sinn* weiterüberliefern und unter veränderten gesellschaftlichen und geschichtlichen Bedingungen je neu aktualisieren wollen.

So wird die Kirche und werden die Christen lernen (müssen), ihr ambivalentes Verhältnis zu ihrem Alten Testament, das zwischen Verwerfung und Vereinnahmung hin- und herschlägt, tiefgehend zu erneuern: indem sie dem jüdischen Tanach und dem christlichen Ersten Testament ihren relationalen Eigenwert zugestehen - und deren programmatische Endgestalt wahrnehmen und gelten lassen. Wie diese aussieht und worin ihre innere Dynamik besteht, läßt sich *auch* am unterschiedlichen Aufbau der Jüdischen Bibel und des christlichen Ersten Testaments (s.u. II. und III.) ablesen.

II. Der Tanach: Heilige Schrift der Juden

1. Der dreiteilige Aufbau des Tanach

Das mit den Anfangsbuchstaben der Wörter *tōrāh* »Gesetz«, *nᵉbi'īm* »Propheten« und *kᵉtūbīm* »Schriften« gebildete Kunstwort Tanach (TaNaK) zeigt das Ordnungsschema an, nach dem die Bücher zusammengestellt sind und verstanden werden sollen.

Die nach heutiger Zählung 39 Bücher des Tanach werden bei Josephus als 22 und im 4. Esrabuch als 24 Bücher gezählt. Die Anzahl 24 wird dadurch erreicht, daß 1/2 Sam, 1/2 Kön, Esra/Neh, die 12 »kleinen« Propheten als je *ein* Buch gerechnet werden; die Reduktion auf 22 nimmt darüberhinaus Ri und Rut, Jer und Klgl als je *ein* Buch zusammen. Beide Zahlen betonen die Idee der Vollständigkeit und der Vollkommenheit: 22 ist die Anzahl der Buchstaben des hebräischen Alphabets; 24 ist 2x die Anzahl der 12 Monate bzw. der 12 Stämme Israels.

22

Der TaNaK			
Tora »Gesetz« Epilog: Dtn 34,10-12	Genesis Exodus Levitikus Numeri Deuteronomium	$b^e re' \check{s}\bar{\imath}t$ $\check{s}^e m\bar{o}t$ $wajjiqra'$ $b^e midbar$ $d^e b\bar{a}r\bar{\imath}m$	»am Anfang« »Namen« »er rief« »in der Wüste« »Worte«
Nebiim »Propheten«	Josua Richter 1 Samuel 2 Samuel 1 Könige 2 Könige	Unterteilung »vordere Propheten« (Jos - 2Kön) und »hintere Propheten« (Jes - Mal) seit dem 8.Jh. n.Chr. bezeugt	
	Jesaja Jeremia Ezechiel	die drei »großen« Propheten (Analogie: die Stammväter Israels: Abraham, Isaak, Jakob); Reihenfolge in der Überlieferung schwankend	
Epilog: Mal 3,20-24	Hosea Joel Amos Obadja Jona Micha Nahum Habakuk Zefanja Haggai Sacharja Maleachi	die zwölf »kleinen« Propheten (das Zwölfprophetenbuch »Dodekapropheton«) (Analogie: die zwölf Söhne Jakobs)	
Ketubim »Schriften«	Psalmen Ijob Sprichwörter	es gibt auch die Abfolge Ijob, Spr, Ps; im bab. Talmud steht Rut an erster Stelle vor den Psalmen (Genealogie des Psalmendichters David)	
	Rut Hoheslied Kohelet Klagelieder Ester	5 Bücher als »Festrollen« ($m^e gill\bar{o}t$) seit 6.Jh. n.Chr. belegt: Rut = Wochenfest, Hld = Pesach, Koh = Laubhüttenfest, Klgl = Gedenktag der Tempelzerstörung, Est = Purim; eine andere Reihenfolge ordnet nach dem Festzyklus	
Epilog: 2 Chr 36,22-23	Daniel Esra Nehemia 1 Chronik 2 Chronik	nach anderer Tradition des 11.Jh. n.Chr. steht Chronik an der Spitze der Ketubim, um diesen Teil in Entsprechung zur Tora mit Adam (vgl. 1 Chr 1,1) beginnen zu lassen	

Die *Abfolge der drei Blöcke* entspricht der allmählichen sukzessiven Kanonwerdung. Innerhalb des zweiten und dritten Blocks, bei denen die Überlieferung für die einzelnen Bücher unterschiedliche Abfolgen bietet, ist ebenfalls die wirkliche oder angenommene Entstehungszeit der einzelnen Bücher die Maßgabe ihrer Reihenfolge (das »prophetische« Buch Daniel, das um 165 v.Chr. abgeschlossen ist, wird deshalb erst in den dritten Block eingereiht; vgl. demgegenüber die andere Einordnung im »Ersten Testament«), wenngleich auch systematisierende Gesichtspunkte eine Rolle spielten, vor allem was die Psalmen als Anfangsbuch und die Chronik als Schlußbuch der »Schriften« bzw. der Bibel Israels angeht.

Die gestufte *Abfolge der drei Teile* (auf sie kommt es uns hier an, nicht jedoch auf die in der Überlieferung unterschiedliche Reihenfolge der einzelnen Bücher innerhalb dieser Teile) entspricht ihrem unterschiedlichen kanonischen Gewicht und der unterschiedlichen Verwendung in der synagogalen Liturgie bis heute. Die »*Tora*« ist das Fundament, auf das die anderen beiden Teile bezogen sind. Die Tora wird in der Liturgie im Rahmen einer *lectio continua* (fortlaufende Lesung) beim Sabbatgottesdienst vorgetragen. Die »*Propheten*« gelten als Kommentare zur Tora; für die liturgische Verlesung wurden gezielt solche Abschnitte aus den Prophetenbüchern ausgewählt, die diesen Kommentar-Charakter besonders unterstreichen (Propheten-Haftarot; Plural von »Haftara«). Die »*Schriften*« spielen keine vergleichbar fundamentale Rolle in der synagogalen Liturgie, wenngleich sie - insbesondere die fünf Megillot (Plural von *m^{e}gillāh* »Schriftrolle«) und die Psalmen - auch liturgische Bedeutung haben.

Die Dreiteilung als theologisches Konzept ist älter als der abgeschlossene Kanon, dessen Umfang um 100 n.Chr. allgemein akzeptiert wurde, wobei sich die Diskussionen bzw. die Abweichungen nach 200 v.Chr. nur noch im Bereich der »Schriften« abspielten; wahrscheinlich sind sogar die Psalmen ursprünglich als »prophetisches Buch« an den Kanonteil »Propheten« angeschlossen worden. Die *grundsätzliche* Dreiteilung wird in Sir 38,34b-39,1 (um 190 v.Chr.) vorausgesetzt, wenn der Enkel des Jesus Sirach im Jahr 132 v.Chr. in seiner Einleitung zur griechischen Übersetzung des von seinem Großvater auf Hebräisch verfaßten Buches schreibt:

»Vieles und Großes ist uns durch *das Gesetz, die Propheten und die anderen Schriften, die ihnen folgen*, geschenkt worden. Dafür ist Israel zu loben wegen seiner Bildung und Weisheit. Doch soll jeder, der sie zu lesen versteht, nicht nur sich selbst daran bilden, sondern die Gelehrten sollen auch imstande sein, andere durch Wort und Schrift zu fördern.
So befaßte sich mein Großvater Jesus sorgfältig *mit dem Gesetz, mit den Propheten* und *mit den anderen* von den Vätern überkommenen *Schriften*. Er verschaffte sich eine gründliche Kenntnis von ihnen und fühlte sich dann gedrängt, auch selbst etwas zu schreiben, um dadurch Bildung und Weisheit zu fördern. Wer es sich mit Liebe aneignet, wird es in einem gesetzestreuen Leben noch vermehren. Ihr seid nun aufgefordert, mit Wohlwollen und Aufmerksamkeit zu lesen. Doch mögt ihr Nachsicht üben, wenn wir vielleicht einige der schwer zu übersetzenden Ausdrücke unbefriedigend wiedergegeben haben... Nicht nur dieses Buch, sondern auch *das Gesetz, die Propheten und die übrigen Schriften* weisen keinen geringen Unterschied auf, wenn man sie in der Grundsprache liest« (Sir Prolog).
Den christlichen Bibelleser, der von seinem Vorverständnis herkommt, wird überraschen, daß die Bücher Josua - 2 Könige zu den »Propheten« gezählt werden. So werden sie schon im Sirachbuch beurteilt, wo im »Lob der Väter« (Sir 44-50) Josua und Samuel ausdrücklich als Propheten bezeichnet werden (vgl. Sir 46,1.13.15), wo der Prophet Natan *vor* David genannt wird (vgl. Sir 47,1) und wo Elija und Elischa als die großen Propheten des Nordreichs als die eigentlich entscheidenden Gestalten des Nordreichs gepriesen werden (vgl. Sir 48,1-16). In der Tat kann man die beiden Königsbücher als zutiefst »prophetische Bücher« lesen, insofern in ihnen Propheten (Natan: 1 Kön 1; Ahija aus Schilo: 1 Kön 11,29-39; 14,12.18; 15,29; der Gottesmann aus Juda: 1 Kön 13; Micha ben Jimla: 1 Kön 22; Elija und Elischa [passim]; Jesaja: 2 Kön 19-20; die Prophetin Hulda: 2 Kön 22,14-20) die weichenstellenden »Motoren« der Geschichte sind. Daß sie dabei häufig den in der Tora entfalteten Gotteswillen zum Maßstab ihrer Interventionen machen - zumindest auf der Endtextebene -, bringt sie

mit dem »Propheten Mose« (vgl. Dtn 18,18; 34,10), dem Mittler der Tora, in Verbindung und macht somit noch einmal verstehbar, wieso die Bücher Jos - 2 Kön, in denen sie die Hauptakteurinnen und -akteure sind, von der jüdischen Überlieferung als »Prophetenbücher« gelesen werden.

2. Die hermeneutische Systematik des Tanach

2.1 Programmatische Schlußtexte (Epiloge/Kolophone) der drei Teile

a) Dtn 34,10-12 (»Mose-Epitaph«) ist Schlußtext zur gesamten Tora:

»Niemals wieder ist in Israel ein Prophet aufgestanden wie Mose, den JHWH von Angesicht zu Angesicht kannte. Keiner ist ihm vergleichbar in bezug auf all die Zeichen und Wunder, die er im Land Ägypten an Pharao und all seinen Dienern und seinem ganzen Land getan hat, und in bezug auf alle Machterweise und alle furchterregenden und großen Taten, die Mose vor den Augen ganz Israels getan hat.«

Folgende Aussagen sind wichtig: 1. Die Mosetora ist unvergleichliche, unüberbietbare und ewig gültige Offenbarung und Lebensweisung. 2. Zwar werden »die Propheten« dem Mose unter- und nachgeordnet, aber zugleich wird ihre Hauptaufgabe als Ausleger der (Mose-)Tora sanktioniert. 3. Der Exodus wird in die Unvergleichbarkeitsdimension aufgenommen und so zum »Gründungsgeschehen« der weiteren Geschichte.

b) Mal 3,22-24 ist (geschichteter) Schluß des gesamten Prophetenkorpus:

»Gedenket der Tora des Mose, meines Knechtes,
dem ich geboten habe
am Horeb für ganz Israel
Gesetze und Rechtsvorschriften.
Siehe, ich bin dabei euch zu senden
Elija den Propheten,
bevor der Tag JHWHs kommt,
der große und furchtbare.
Und er wird zuwenden das Herz der Väter zu den Söhnen,
und das Herz der Söhne zu ihren Vätern,
damit ich nicht, wenn ich komme, schlagen muß
das Land mit dem Bann«.

Folgende Aussagen über die Prophetenbücher werden hier gemacht: 1. Die Lektüre der »Propheten« steht im Dienst der »Erinnerung« der Mosetora; nach kanonischem Verständnis ist die Prophetie Aktualisierung der Tora, die als Heilsgabe »erinnert« wird. 2. Die Mosetora ist JHWH-Tora, die *JHWH selbst* geboten hat. 3. Sie ist gebündelt im Deuteronomium, worauf der Doppelausdruck »Gesetz und Rechtsvorschriften« hinweist, der als Rahmung der beiden »Hauptteile« des Deuteronomiums Kap.5-11.12-26 (vgl. 5,1; 11,32; 12,1; 26,16) gesetzt ist. 4. Elija, als Prototyp der Prophetie, ist »Schüler« des Mose par excellence, insofern er nach 1 Kön 19,1-18 »am Horeb« JHWH »gehört« (aber nicht wie Mose »geschaut« hat: vgl. Ex 19-34) hat. Weil er nach 2 Kön 2,1-11 nicht gestorben, sondern in den Himmel entrückt worden ist, kann er wiederkommen, um Israel endgültig zu jener »familiären« Tora-Lerngemeinschaft zu machen, von der Dtn 6,4-9 träumt. 5. Bei der Tora-Auslegung der Propheten geht es um die Beziehung Gott-Israel-Land. 6. Die Prophetie legt die Tora des Mose in eschatologischem Zeitdruck aus im Blick auf den »Tag JHWHs« (Mal 3,23 zitiert Joël 3,4b und spielt den ganzen Kontext Joël 3-4 ein: ganz Israel wird »prophetisch« werden).

c) 2 Chr 36,22-23 (mit dem sog. Kyrus-Edikt) ist programmatischer Schlußtext des dritten Kanonteils »Schriften«, ja des Tanach überhaupt:

> »Im ersten Jahr des Kyrus, des Königs von Persien, sollte sich das Wort JHWHs, das er durch den Mund des Propheten Jeremia geredet hatte, erfüllen. JHWH erweckte den Geist des Kyrus, des Königs von Persien, und Kyrus ließ in seinem ganzen Königreich mündlich und schriftlich verkünden:
> So hat gesprochen Kyrus, der König von Persien: ›Alle Reiche der Erde hat mir gegeben JHWH, der Gott des Himmels. Und er hat mich beauftragt, ihm in Jerusalem in Juda ein Haus [= einen Tempel] zu bauen. Wer unter euch zu seinem Volk gehört, JHWH, sein Gott, wird mit ihm sein, und er ziehe hinauf.‹«

Daß der Tanach mit den Büchern Esra - Neh - 1/2 Chr (zu den Chronikbüchern als Zusammenfassung der Geschichte Gottes mit Israel »von Adam an« s.u. D.VIII.) schließt und nicht in der Reihenfolge 1/2 Chr - Esra - Neh, wie dies der geschehensmäßig-chronologischen Perspektive entsprochen hätte (vgl. dazu die Abfolge im »Ersten Testament«, s.u. A.III.), ist überraschend und zeigt die Absicht eines programmatischen Abschlusses an, der seit dem ausgehenden 1.Jh. n.Chr., also nach der Tempelzerstörung durch die Römer 70 n.Chr. und angesichts des sich noch verstärkenden römischen Drucks auf die Juden in Israel, eine wichtige Hoffnungsbotschaft vermitteln konnte:
1. Israel soll sich daran festhalten, daß schon einmal die katastrophische Not des Gottesvolks, aller Resignation und allem Zweifel zum Trotz, wundervoll zu Ende ging - weil JHWH sich treu bleibt (Anspielung auf die Prophetie des Jeremia) und weil er sogar Weltherrscher, die ihn eigentlich nicht als ihren Gott annehmen, dazu bewegen kann, seinen Geschichtsplan zu erfüllen. 2. Fundament der Hoffnung Israels ist der »ewige« Bund Gottes mit seinem Volk: »Wer zu *seinem Volk* gehört - *JHWH sein Gott* wird mit ihm sein« spielt auf die sog. Bundesformel an (vgl. besonders Lev 26,44f). 3. Das letzte Wort »er ziehe hinauf« greift das altehrwürdige Verbum ꜥālāh »hinaufsteigen« auf, mit dem traditionell der Exodus aus dem pharaonischen Ägypten formuliert ist. An Israel will Gott erweisen, daß er der Gott der Befreiung ist. Und zugleich wird hier Jerusalem und »das Land« als *die* Heilsgabe JHWHs an sein Volk festgehalten.

2.2 Verkettung der drei Teile durch Thema- und Stichwortzusammenhang

Die drei Teile sind an ihren Rändern so aufeinander bezogen, daß dadurch das tora-zentrierte Gesamtverständnis unterstrichen wird.

a) Der Anfang der »Vorderen Propheten« (Jos 1) ist mit dem Schluß der Tora, mit dem Schluß der »Propheten« und mit dem Anfang der »Schriften« verkettet.

Dtn 34,9:

> »Josua, der Sohn des Nun, wurde erfüllt mit dem Geist der Weisheit, denn Mose hatte seine Hände auf ihn gelegt. Und es hörten auf ihn die Kinder Israels *und sie taten, wie JHWH dem Mose geboten hatte.*«

Jos 1,7-8.13:

> (JHWH zu Josua:) »Nur sei mutig und stark, daß *du tust* die Tora, *die Mose, mein Knecht, dir geboten hat.* Weiche weder nach rechts noch nach links von ihr ab, damit du weise bist überall, wo *du gehst.* Das Buch der Tora soll nie aus deinem Mund weichen, du *sollst sie rezitieren bei Tag und bei Nacht,* damit du darauf achtest, und *daß du tust* gemäß allem, was in ihm geschrieben steht, und *dein Weg wird gelingen* und so *wirst du weise sein.*«
> (Josua zu den Stämmen Israels:) »*Gedenket des Wortes, das euch geboten hat Mose, der Knecht JHWHs...*«

Mal 3,22:

»Gedenket der Tora des Mose, meines Knechtes, dem ich geboten habe.«

Ps 1,1-3.6:

»Selig der Mann, der nicht geht...

sondern dessen Lust ist *in der Tora JHWHs,*

und der *seine Tora rezitiert bei Tag und bei Nacht...*

und dem alles, *was er tut, gelingt.*

Ja, JHWH kennt *den Weg* der Gerechten,

aber der Weg der Frevler verliert sich.«

Folgende Aussagen sind bedeutungsvoll: 1. Josua ist der erste, der die Tora des Mose als »Buch« buchstäblich hält; *so* gelingt der Weg in das Land der Verheißung. 2. Das durch Jos 1 und Mal 3,22 gerahmte Prophetenkorpus will aktualisierende »Erinnerung« der Tora sein, die durch Mose als Knecht JHWHs vermittelt, aber zutiefst Wort JHWHs selbst ist. 3. Die Tora ist zuallererst Verheißung/ Evangelium für den Weg ganz Israels (Jos 1) und für den einzelnen (Ps 1). 4. Es kommt darauf an, die Tora auswendig zu lernen und sie zu tun.

b) Der Anfang der »Hinteren/Späteren Propheten« (Jes 1-2) stellt die Tora Israels in das Spannungsfeld Israel - Völker; diese Dialektik wird am Anfang des Psalmenbuchs (Ps 1-2) aufgegriffen.

Jes 1,10-20 Jes 2,1-5	Wort JHWHs und Tora unseres Gottes für Israel (1,18-20: vgl. Mal 3,23f) Tora JHWHs und sein Wort für die Völker: vom Zion aus (Haus JHWHs)
Ps 1 Ps 2	Tora JHWHs für Israel Tora JHWHs für die Völker vom Zion aus (vermittelt durch den messianischen König)

c) Der Schluß des Prophetenkorpus (Mal 3,13-21.22-24) wird im Doppelprolog des unmittelbar angeschlossenen Psalmenbuchs aufgenommen und torabezogen aktualisiert.

Mal 3	Gegensatz: Frevler - Gerechte Eschatologische Perspektive: Gericht JHWHs Rettung: durch Tora
Ps 1-2	Gegensatz: Frevler - Gerechte Eschatologische Perspektive: Gericht JHWHs Rettung: durch Tora

III. Das Erste Testament: Heilige Schrift der Christen

1. Zur Entstehung des umfangreicheren christlichen Kanons

Das *Urchristentum* hat für sein »Altes Testament« keinen anderen Kanon geschaffen, sondern hielt die Bücher für kanonisch, die auch das Judentum, aus dem es hervorging, für kanonisch hielt. Das bestätigen u.a. drei Beobachtungen: (1) Es gibt bei den frühchristlichen Apologeten (Justin) kein einziges Zitat aus »deuterokanonischen« Schriften des Alten Testaments. (2) Melito von Sardes reiste gegen Ende des 2.Jh. »›in den Orient‹, genauer ›an den Schauplatz der Predigten und Taten unseres Erlösers‹, ... um ›über die Bücher des Alten Testaments‹, ihre Zahl und Reihenfolge, genaue Erkundigungen einzuziehen, und berichtet darüber in einem bei Euseb erhaltenen Fragment aus seiner Schrift Ἐκλογαί (›Auszüge‹) ›seinem Bruder Onesimus‹. Die von ihm mitgeteilte Liste entspricht exakt dem hebräischen Kanon [E.Z.: mit freilich anderer Reihenfolge], vorausgesetzt daß die Klagelieder zu Jeremia und Nehmia zu Esra (Esdras) gezählt werden, bis auf das Buch Esther, das hier wie in den meisten griechischen Kanonlisten fehlt« (*A.M.Ritter*, Kanonbildung 273f). (3) Der erste christliche Kommentar der Antike zu einem deuterokanonischen Buch ist »De Tobia« von Ambrosius. Daß die Alte Kirche am hebräischen Kanon der Juden festhielt, auch wenn sie dessen Bücher in griechischer und lateinischer Übersetzung las, zeigt, »daß schlechterdings keine Rede davon sein kann, Christentum und Judentum hätten sich seit ihrem Bruch infolge der Ereignisse des Jahres 70 n.Chr. nichts mehr zu sagen gehabt, sondern seien ein jedes seiner Wege gegangen« (*A.M.Ritter*, ebda. 280).

Erst um 400 ist der gegenüber dem Tanach umfangreichere »Septuagintakanon« von der westlichen Kirche als »Heilige Schrift« anerkannt worden; die östliche Kirche hat sich dem im 7.Jh. angeschlossen. Die Reformatoren schieden alle nicht in hebräischer Textfassung vorliegenden Bücher und Buchteile aus dem Kanon aus. Demgegenüber stellte das Konzil von Trient 1546 fest, daß die in griechischer Sprache vorliegenden Bücher Tobit, Judit, die Weisheit Salomos, Jesus Sirach, Baruch, die Bücher 1/2 Makkabäer als kanonisch gelten sollten, während das Gebet des Manasse und die Bücher 3/4 Esra nicht (mehr) kanonisch sein sollten. Die östliche Kirche entschied sich 1672 für Tobit, Judit, Jesus Sirach und die Weisheit Salomos. Diese Kanonabgrenzung ist bis heute unter den christlichen Kirchen uneinheitlich und wird auch theologisch unterschiedlich beurteilt.

Die Gründe, die überhaupt zur Entstehung eines umfangreicheren christlichen Kanons führten, sind nicht ganz klar.

Die früher vertretene Meinung, die sich zunächst vorwiegend im Raum des griechisch sprechenden Judentums ausbreitende junge Kirche habe eben den in Alexandrien, dem Zentrum des hellenistischen Judentums, entstandenen umfangreicheren Bibelkanon übernommen, wird heute mit gewichtigen Argumenten in Frage gestellt: »Eine genuin *jüdische, vorchristliche* Schriftensammlung in *griechischer* Sprache von kanonischer Geltung, die - auch im Bereich der Geschichtsbücher und Weisheitsschriften - eindeutig und klar abgrenzbar ist und sich durch ihren größeren Umfang von dem hebräischen Bibelkanon unterscheidet, läßt sich nicht nachweisen, und erst recht nicht, daß ein derartiger ›Kanon‹ im vorchristlichen Alexandrien ausgebildet worden sei. Man kann nur davon ausgehen, daß die 5 Bücher der Tora Moses', der sogenannte Pentateuch, unter Ptolemaios II. Philadelphos (282-246 v.Chr.) spätestens gegen Mitte des 3.Jh. v.Chr. ins Griechische übersetzt wurden, ein in der Antike einzigartiges Übersetzungswerk, das der pseudepigraphische Aristeasbrief gegen Ende des 2.Jh. in legendärer Weise 72 Ältesten aus dem palästinischen Mutterland zuschrieb. Von dorther kommt die spätere Bezeichnung οἱ ἑβδομήκοντα, Septuaginta für das ganze griechische Alte Testament, eine Bezeichnung, die erst bei christlichen Autoren bezeugt ist und die selbst wieder in sich fragwürdig ist. Das in der Legende erzählte Unternehmen beschränkte sich ja ausschließlich auf die Übersetzung des *Pentateuch* als des jüdischen Gesetzes. Erst allmählich folgten die Übersetzungen der Geschichts- und Prophetenbücher und der Hagiographen in einem Prozeß, der sich über 300 Jahre bis gegen das Ende des 1.Jh. n.Chr. hinzog. Einige wenige Schriften der Septuaginta sind zudem gar keine Übersetzungen, sondern wurden von vornherein auf Griechisch abgefaßt. Man erhält bei der Betrachtung der Reste des

eigenständigen jüdisch-alexandrinischen Schrifttums sogar eher den Eindruck, als sei die Zahl der anerkannten ›heiligen Schriften‹ in der ägyptischen Metropole wesentlich kleiner gewesen als in dem in
Palästina entstehenden ›hebräischen Kanon‹ pharisäischen Ursprungs und (erst recht) als in der
späteren LXX der Kirche« (*M.Hengel/R.Deines*, Die Septuaginta 183f). Auch die These, der pharisäisch-rabbinische Kanon des Tanach sei als Reaktion auf die Übernahme des »großen« hellenistisch-
jüdischen Kanons durch das Urchristentum entstanden, wird damit sehr unwahrscheinlich (s.u. B.I.3).

Warum die frühe Kirche über den jüdischen Kanon hinaus einige Bücher kanonisierte (übrigens nicht ohne Widerstand: Hieronymus, der die lateinische Übersetzung aus dem hebräischen Urtext revidierte, war *gegen* diese Erweiterung des
Kanons; anders freilich Augustinus), läßt sich durch folgende Erwägungen plausibel machen:

1. Da die frühchristlichen Theologen gegenüber den Juden mit Vorliebe die
griechische Übersetzung des Alten Testaments gerade dann verwendeten, wenn sie
damit eine spezifisch christologische Argumentation verbinden konnten, erhielt der
griechische Text mehr und mehr Bedeutung, zumal ja ohnehin das Neue Testament Texte *auch* in der Septuagintafassung zitierte. Mit der Aufnahme der urjüdi-
schen Bücher, die nicht im Tanach waren (wohl weil sie nicht in hebräischer
Sprache entstanden oder nicht mehr im hebräischen Original vorlagen), wollte sich
die junge Kirche vielleicht als »das wahre Israel« profilieren. Dies dürfte auch
dazu geführt haben, daß die Kirche die umfangreichere griechische Textfassung
der Bücher Daniel und Ester kanonisiert hat.

2. Mit der Kanonisierung dieser spät entstandenen Bücher betonte die Kirche die
heilsgeschichtliche Kontinuität zu den neutestamentlichen Schriften.

3. Letztlich entscheidend dürften ihr ansprechender literarischer Charakter und/
oder ihr hoher katechetisch-pädagogischer Wert als religiöse Erbauungsliteratur
gewesen sein. Möglicherweise waren Tobit, Sirach und die Weisheit Salomos
schon in jüdischen Gemeinden beim Proselytenunterricht verwendet worden.
Gerade weil und insofern sie an Einzelgestalten Lebensparadigmen entfalteten oder
insofern sie eine Art Kompendium der Tradition darstellten, waren sie offensichtlich sehr beliebt - und kamen deshalb in den christlichen Kanon.

2. Der vierteilige Aufbau des Ersten Testaments

Auch wenn die Kirchen der Reformation *im Umfang* zum jüdischen Bibelkanon
zurückgekehrt sind (im Hintergrund stand bei den Reformatoren die Idee von der
veritas hebraica als »Originaltext«), haben sie nicht die Struktur der Hebräischen
Bibel übernommen, sondern die Systematik des griechischen Kanons beibehalten.
Zwar haben in der orthodoxen und römischen Kirche die griechische bzw. die
lateinische Textfassung vor allem in der Liturgie quasi-kanonische Geltung, doch
gilt heute faktisch überall die hebräische Originalfassung als kanonischer Text der
christlichen Bibel.

Die gegenüber dem *Aufbau* des Tanach anders eingeordneten oder zusätzlichen Bücher sind in der
folgenden Tabelle kursiv gesetzt. Die gegenüber dem Tanach *zusätzlichen* Bücher, die in den Kirchen
der Reformation *nicht* als kanonisch gelten (sie werden meist »apokryph« genannt; man sollte sie
besser »deutero-kanonisch«, d.h. kanonisch 2. Grades, nennen), sind kursiv und in Klammern gesetzt.
Die Gegenüberstellung von Tanach und Erstem Testament soll die Unterschiede leichter erkennen
lassen. Das Aufbauschema folgt der sog. Einheitsübersetzung, d.h. der derzeit kirchenamtlichen
Bibelausgabe der röm.-kath. Kirche im deutschsprachigen Raum.

Das Erste Testament	Der Tanach
Tora / Der Pentateuch	**Tora »Gesetz«**
Genesis Exodus Levitikus Numeri Deuteronomium	Genesis Exodus Levitikus Numeri Deuteronomium
Die Bücher der Geschichte	**Nebiim »Propheten«**
Josua Richter *Rut* 1 Samuel 2 Samuel 1 Könige 2 Könige *1 Chronik* *2 Chronik* *Esra* *Nehemia* *(Tobit)* *(Judit)* *Ester (+ Zusätze LXX)* *(1 Makk)* *(2 Makk)*	Josua Richter 1 Samuel 2 Samuel 1 Könige 2 Könige - - - - - - - - - - Jesaja Jeremia Ezechiel Hosea Joel Amos Obadja Jona Micha Nahum Habakuk Zefanja Haggai Sacharja Maleachi
Die Bücher der Weisheit	**Ketubim »Schriften«**
Ijob Psalmen Sprichwörter Kohelet Hoheslied *(Weisheit Salomos)* *(Jesus Sirach)*	Psalmen Ijob Sprichwörter Rut Hoheslied Kohelet Klagelieder Ester Daniel Esra Nehemia 1 Chronik 2 Chronik
Die Bücher der Prophetie	
Jesaja Jeremia *Klagelieder* *(Baruch)* Ezechiel *Daniel (+ Dan 13-14)* Hosea Joel Amos Obadja Jona Micha Nahum Habakuk Zefanja Haggai Sacharja Maleachi	

Das Erste Testament ordnet die gattungsmäßig verwandten Bücher zusammen und reiht so einzelne Bücher teilweise anders ein. Dadurch entsteht insgesamt eine vierteilige, geschichtstheologische Struktur.

2.1 Unterschiede in der Struktur gegenüber dem Tanach

a) Der Teil Ketubim ist weitgehend aufgelöst. Ein Teil der »Schriften«, nämlich die Bücher Rut, 1/2 Chr, Esra und Neh wandern nach vorne und werden historisch richtig eingeordnet. Das Buch Rut steht nun zwischen Ri und Sam (entsprechend der Erzähleröffnung Rut 1,1 »Zu der Zeit, als die Richter regierten...« und dem Schluß des Buches Rut, wonach der Sohn der Noomi der Großvater Davids ist). Die Bücher 1/2 Chr und Esra/Neh werden ebenfalls in die historisch stimmigere Reihenfolge gebracht und führen 1/2 Kön weiter. Ihnen werden die »neuen« Bücher Tob, Jdt und 1/2 Makk in der entsprechenden Reihenfolge ihrer vorausgesetzten historischen Szenerie angefügt. Das im Tanach ebenfalls zu den »Schriften« gehörende Buch Est wird zwischen Jdt und Makk eingeschoben - im Sinn der Gesamtidee dieses neuen Blocks, der nun von Jos - 2 Makk reicht: Es entsteht eine zusammenhängende Geschichte des Volkes Israel im Lande Israel. Die beiden Rahmenbücher Jos und 1/2 Makk erzählen vom Kampf Israels um das verheißene Land (Jos) sowie vom Kampf um die Tora (1 Makk) und um den Tempel als Ort der Gegenwart JHWHs (2 Makk).

b) Hinter diesen Teil der »Geschichte Israels im Lande« steht nun ein Teil der »Schriften«, wobei zwei neue »Schriften« hinzukommen: die Weisheit Salomos und das Buch Jesus Sirach. Außerdem ist die im Tanach gegebene Reihenfolge Ps - Ijob umgedreht: Der neue Block »Lebensweisheit« wird nun mit Ijob eröffnet. Dafür könnten zwei Gesichtspunkte maßgebend gewesen sein. Zum einen hielt man das Buch Ijob für älter als die Psalmen; nicht nur sein »Patriarchenmilieu«, das an Gen erinnert, sondern auch die Tradition, daß Ijob von Mose verfaßt sei, werden zur Vorordnung Ijobs vor das (davidische) Psalmenbuch angeregt haben. Zum anderen dürfte ein theologisches Argument mitgewirkt haben: Schon im Psalmenbuch ist eine theologische Dynamik erkennbar, die von der Klage zum Lob Gottes hinführt; das Psalmenbuch beginnt mit dem breiten Block von Klagepsalmen und wandelt sich zunehmend gegen sein Ende hin in eine Zusammenstellung von Hymnen auf die Gottesherrschaft. Dieser theologischen Dynamik »von der Klage zum Lob« entspricht es, daß das Buch Ijob *vor* das Psalmenbuch gestellt wird.

c) Die »hinteren/späteren« Propheten des Tanach sind ans Ende gestellt, wobei auch hier wieder die aus den »Schriften« des Tanach zu den »Propheten« gehörenden Bücher zeitgeschichtlich entsprechend eingeordnet sind: Die »Klagelieder« werden als Klagelieder des Jeremia gedeutet und dementsprechend eingeordnet; ebenso das dem Baruch, dem »Sekretär« des Jeremia, zugeschriebene »neue« Buch. Auch das Buch Daniel wird nun in den Block »Propheten« aufgenommen und *vor* die zwölf »kleinen« Propheten gestellt - als viertes »großes« Prophetenbuch, aber auch von seiner vorausgesetzten zeitgeschichtlichen Szenerie her (Nebukadnezzar und Kyrus) stimmig nach Ezechiel.

2.2 Die Leitidee des Aufbaus des sog. Septuagintakanons

Da das Aufbauschema des griechischen Kanons nicht in einem einmaligen Entscheidungsakt der Alten Kirche entstanden ist und angesichts der Tatsache, daß die *Einordnung* einzelner Bücher, ja sogar Buchkomplexe und darüberhinaus der *Umfang* des griechischen Kanons im Laufe der Kirchengeschichte nicht selten *unterschiedlich* bestimmt wurden (was hier nicht im einzelnen dargestellt werden kann), wird die Frage, ob der griechische Kanon und damit das Erste Testament gegenüber dem hebräischen Kanon überhaupt und dezidiert eine andere Hermeneutik intendiert, unterschiedlich beantwortet.

Achtet man auf die im Neuen Testament beliebte Formel »Gesetz und Propheten« (z.B. Mt 5,17; Röm 3,21) bzw. »Mose und die Propheten« (z.B. Lk 16,29.31; 24,27) als Bezeichnung für die ganze Bibel Israels, so wird zunächst deutlich, daß auch der griechische Kanon bzw. das Neue Testament an der Vorrangstellung der

Tora festhält. Nimmt man mit *N.Lohfink* an, daß bei der anderen Bücheranordnung der Septuaginta, die die Tora in allen Kanonlisten an erster Stelle beibehält, »nicht mehr am Werk gewesen zu sein scheint als das stärkere griechische Bibliothekarsbewußtsein für literarische Gattungen« (*N.Lohfink*, Eine Bibel 79), blieb für die christliche Leseweise die in der hebräischen Bibel gegebene, das Ganze dominierende *Prae-Position der Tora* unverändert gültig.

Unter Berücksichtigung der Tatsache, daß sich der dreiteilige torazentrierte hebräische Kanon erst ab dem Ende des 1. Jh. n.Chr. im Judentum allgmein durchzusetzen begann, während ein älterer zweiteiliger Kanon aus »Gesetz und Propheten« schon früher breite Akzeptanz hatte, kann man mit *Ch.Dohmen* den Aufbau des griechischen Kanons als *innere* Erweiterung dieses älteren zweiteiligen Kanons aus Tora und Propheten begreifen: »Die Schriften, die z.Zt. der Herausbildung dieser Struktur in Gebrauch waren, werden sozusagen in die vorhandene Großkomposition eingebaut, so daß die *Eckdaten* von *Gesetz* und *Propheten* am Anfang und Ende bestehen bleiben. Als Alternative zu einem dritten Kanonteil, wie dem der ›Schriften‹, wird für das Alte Testament der ursprüngliche Kanonteil Nebiim stark erweitert, indem die weiteren Bücher in ihn integriert werden. ... Etwas vereinfacht lassen sich die beiden verschiedenen Kanonstrukturen von Tanach und Altem Testament auf unterschiedliche inhaltliche Rezeptionen der Tora-Nebiim-Schriften zurückführen. Während der Tanach mit seinem dritten Kanonteil ganz deutlich an der Tora als Ausgangspunkt der ganzen Schrift orientiert bleibt - d.h. sowohl die Propheten (*Nebiim*) als auch die Schriften (*Ketubim*) werden von der Tora her gelesen und verstanden, was der durch die Chronik gesetzte Abschluß verdeutlicht - bildet die Prophetie den Ausgangspunkt der Rezeptionslinie, die im späteren Alten Testament greifbar wird. Die Wirkungsgeschichte zeigt somit, daß die zu Beginn des 2. Jahrhunderts v.Chr. vorliegende Bibel Israels aus *Tora* und *Nebiim* sozusagen von ihrem einen und von ihrem anderen Ende her rezipiert wird. Es ergibt sich daraus folglich eine Art *Tora-Perspektive* und eine *Propheten-Perspektive* für die weitere Aufnahme von Schriften in einen Kanon der Bibel Israels. Von hierher fällt auch neues Licht auf das Faktum, daß sich in der frühen Kirche nicht geradlinig und schnell ein einziger Kanon der Bibel Israels als Altes Testament durchsetzte. Lange noch stehen in der Kirche unterschiedliche Kanones nebeneinander und die Variationsbreite bei der Anordnung der jeweiligen Einzelteile ist sehr groß. ... Die Differenzen, die später zwischen Jüdischer Bibel (Tanach) und christlichem Alten Testament zutage treten, sind folglich nicht einfach auf einen erweiterten Septuagintakanon und eine Umstrukturierung bei dessen Übernahme als Altes Testament zurückzuführen. Vielmehr ist zu sehen, daß bereits in frühjüdischer Zeit und auch unabhängig vom Christentum Unterschiede in bezug auf die Schriften zu notieren sind, die über den Kernbestand von Tora - Nebiim hinausgehen, wobei auch nicht ganz vergessen werden darf, daß auch schon die Erweiterung der Tora um die Nebiim nicht von allen jüdischen Gruppierungen in gleicher Weise anerkannt worden ist (z.B. Samaritaner)« (*Ch.Dohmen*, Hermeneutik 152-154).

Versucht man trotz dieser kanon*geschichtlichen* Divergenzen eine kanontheologische Deutung des ja nicht »zufällig« entstandenen Aufbauschemas, für das sich die »Einheitsübersetzung« entschieden hat und das in der *Makrostruktur* auch den kirchenamtlichen Ausgaben der Kirchen der Reformation zugrundeliegt, bietet sich folgender *Interpretationsvorschlag* an: Am Anfang steht, wie im Tanach, die Tora, d.h. die Erzählung über die »Ur-Offenbarung« Gottes vor Israel am Sinai. Danach folgen die drei Blöcke »Geschichte Israels im Lande« - »Lebensweisheit« - »Prophetie« nach dem geschichtstheologischen Schema von Vergangenheit - Gegenwart - Zukunft:

I	Gen - Dtn	Ur-Offenbarung am Sinai	Tora als Zuspruch und Anspruch
II	Jos - 2 Makk	Geschichte Israels im Lande	Vergangenheit
III	Ijob - Sir	Lebensweisheit	Gegenwart
IV	Jes - Mal	Prophetie	Zukunft

Dieses Schema ist so zu lesen:
Die Bücher Gen - Dtn halten fest, daß die am Sinai geoffenbarte Tora mit ihren beiden Brennpunkten »Gebot der Gottesliebe« - »Gebot der Nächstenliebe« (vgl. Mk 12,28-34 par) die in der Schöpfung grundgelegte und über Israel zu allen Völkern kommende Ur-Offenbarung Gottes ist. Daß die Zehn Gebote als Verkündigung von Gottesrecht und Menschenrecht gemäß der in Gen - Dtn gestalteten »Geschichte« in der Wüste Sinai und vor der Landnahme gegeben wurden, deutet die jüdische Überlieferung selbst so, daß sie nicht nur für Israel, sondern für *alle* Völker das Lebensgesetz sein sollen - gerade für die Christen, die in der Nachfolge Jesu die Tora »erfüllen« sollen (vgl. Mt 22,34-39 im Horizont von Mt 5,17-20). Zum Leben mit dem sich in der Sinai-Tora verheißend *und* fordernd offenbarenden Gott wollen die sich dann anschließenden Teile II-IV hinführen:
Teil II (Jos - 2 Makk) zeigt am Vorbild Israel, wie es einer Gemeinschaft ergeht, die mit dieser Tora lebt, daß und wie dies gelingt, aber auch mißlingt. Dies sollen christliche Bibelleser mit innerer Anteilnahme mit- und nacherleben - als Geschichte ihrer jüdischen Schwestern und Brüder (nicht als ihre eigene Geschichte!) und als Geschichte ihres gemeinsamen Gottes.
Teil III (Ijob - Sir) lädt den Einzelnen ein, mit diesen Weisheitsschriften die wahre, Leben rettende Weisheit zu suchen, nämlich im betenden und meditierenden Hören auf die Tora, die sich in der Schöpfung und in den Weisungen Israels *allen* mitteilt, die sich ihr öffnen.
Teil IV (Jes - Mal) entwirft die Vision von einer Vollendung der Welt und der Geschichte, wenn die Völker zum Zion wallfahren, um dort die große Friedens-Tora JHWHs zu lernen (Jes 2,1-5: kanonischer Programmtext am Anfang von Teil IV) und um so an jener fundamentalen Erneuerung bzw. Wiederherstellung von allem teilzuhaben, die in den Prophetenbüchern der ganzen Erde verheißen ist - freilich nicht an Israel vorbei, sondern durch und mit Israel. Von der Prophetie her, die nun wie in mehreren Strömungen zur Zeit Jesu als eschatologische Verheißung, d.h. als Entwurf eines in sich zusammenhängenden Endzeitdramas gelesen wurde, erhält einerseits sogar die Tora (Teil I) eine spezifisch prophetisch-eschatologische Dynamik unter dem Blick der Naherwartung, andererseits kann das im Neuen Testament bezeugte eschatologische Handeln JHWHs in und durch

Jesus (insbesondere durch das Ostergeschehen) als der entscheidende Akt in dem prophetisch angekündigten Endzeitdrama verstanden werden. So öffnet sich in der christlichen Bibel die Prophetie auf das sich anschließende Neue Testament hin.

3. Erster Teil der einen, zweigeteilten christlichen Bibel

a) Die beiden Teile der *einen* christlichen Bibel sind parallel gebaut:

Grundlegung	Tora	Evangelien
Vergangenheit	Bücher der Geschichte	Apostelgeschichte
Gegenwart	Bücher der Weisheit	Apostelbriefe
Zukunft	Bücher der Prophetie	Johannesapokalypse

b) Die beiden »Eckbücher« Gen und Offb bilden einen universalgeschichtlichen Rahmen, der durch Stichwortaufnahmen unterstrichen ist:

Gen 1-3:

> »Am (Als) Anfang hat Gott geschaffen den *Himmel* und die *Erde*. Die Erde war noch Tohuwabohu: Finsternis war über einem Urmeer und ein Windhauch Gottes wehte über den Wassern. Gott sprach: Es werde *Licht*! Da wurde *Licht*. Gott sah, daß es gut ist. Gott schied zwischen dem Licht und der Finsternis. Gott nannte das Licht Tag, die Finsternis aber nannte er *Nacht*. Es wurde Abend, und es wurde Morgen: ein Tag...
> JHWH-Elohim ließ aus dem Erdboden *allerlei Bäume* wachsen, verlockend anzusehen und mit köstlichen Früchten, in der Mitte des Gartens aber den *Baum des Lebens* und den Baum der Erkenntnis von Gut und Böse. *Ein Strom entspringt* in Eden, der den Garten bewässert; dort teilt er sich und wird zu vier Hauptflüssen...
> Er vertrieb die Menschen und stellte östlich des Gartens von Eden die Kerubim auf und das lodernde Flammenschwert, *damit sie den Weg zum Baum des Lebens bewachten.*«

Offb 21-22:

> »Dann sah ich einen neuen *Himmel* und eine neue *Erde*... Er, der auf dem Thron saß, sprach: Seht, ich mache alles neu... Ich bin das Alpha und das Omega, der Anfang und das Ende. Und er zeigt mir einen *Strom*, klar wie Kristall; *er entspringt* am Thron Gottes und des Lammes. Zwischen der Straße der Stadt und dem Strom, hüben und drüben, stehen *Bäume des Lebens*... Es wird keine *Nacht* mehr geben, und sie brauchen weder das *Licht* einer Lampe noch das *Licht der Sonne*. Denn der Herr, ihr Gott, wird über ihnen *leuchten*, und sie werden herrschen in alle Ewigkeit... Selig wer sein Gewand wäscht: Er hat Anteil am *Baum des Lebens* und er wird *durch die Tore in die Stadt eintreten können.*«

Daß die Vollendung der Weltgeschichte eine Vollendung der in Israel begonnenen und der in Jesus dezidiert auf die Völkerwelt ausgeweiteten Gottesgeschichte ist, wird in Offb 21-22 durch zahlreiche Motiveinspielungen aus der Exodusgeschichte betont (vgl. zu Offb 21,3 besonders Ex 6,7; 29,45f; Lev 26,44f).

c) Mal 3,22-24 als Schlußtext des Ersten Testaments bildet die Überleitung zum Neuen Testament. Der Text wird im Neuen Testament mehrfach zitiert (vgl. Mt 17,10-13; Mk 9,11f; Lk 1,17), um Johannes den Täufer als den in Mal 3,23 für die Endzeit verheißenen Elija zu deuten. Durch Johannes als Elija von Mal 3,23 (wie immer dies im einzelnen zu interpretieren ist) werden das Neue Testament und seine Botschaft vom Messias Jesus Christus mit dem Ersten Testament verzahnt. Zum einen wird damit das Neue Testament kanonisch legitimiert (s.o. I.). Zum

anderen erhält so das Erste Testament die Aufgabe, die eschatologische Heils-
initiative des Gottes Israels in seinem Sohn Jesus Christus in den dramatischen
Horizont seiner Bundesgeschichte mit Israel (vgl. Gen 15; 17; Ex 19-34*; Jer
31,31-34) und mit der ganzen Schöpfung (vgl. Gen 9) zu stellen.

Daß die Einwurzelung des neutestamentlichen Christusbekenntnisses im Ersten
Testament die Voraussetzung für dessen tieferes Erfassen ist, hat Johannes Paul II.
am 11. April 1997 in einer Ansprache vor der Vollversammlung der Päpstlichen
Bibelkommission so auf den Punkt gebracht: »In der Tat kann man das Mysterium
Christi gar nicht vollends zum Ausdruck bringen, wenn man nicht auf das Alte
Testament zurückgreift ... Spricht man Christus seine Verbindung mit dem Alten
Testament ab, dann bedeutet das, ihn von seinen Wurzeln zu trennen und sein
Mysterium allen Sinnes zu entleeren ... Der Christ muß wissen, daß er durch seine
Zugehörigkeit zu Christus ein ›Nachkomme Abrahams‹ geworden ist (Gal 3,29)
und daß er in den edlen Ölbaum eingepfropft wurde, (vgl. Röm 11,17.24) das
heißt, er wurde in das Volk Israel eingegliedert, um so ›Anteil zu erhalten an der
Kraft seiner Wurzel‹ (Röm 11,17). Wenn der Christ diese feste Überzeugung
besitzt, dann wird er nicht mehr akzeptieren, daß die Juden, insofern sie Juden
sind, geringgeschätzt oder, noch schlimmer, schlecht behandelt werden.«

Die Bibel Israels will nicht als historisches Buch über die Geschichte Israels bzw.
über die Vorgeschichte der Kirche gelesen werden, sondern als *theologisches
Buch*. Darauf weist schon der erste Satz hin: »Im Anfang hat Gott Himmel und
Erde erschaffen.« Diese primär theologische Intention des Alten Testaments hat *G.
von Rad*, einer der bedeutendsten Alttestamentler unseres Jahrhunderts folgendermaßen zusammengefaßt: »Das Alte Testament ist ein Geschichtsbuch. Es stellt
eine von Gottes Wort gewirkte Geschichte dar, von der Weltschöpfung bis zum
Kommen des Menschensohns. Es mag nicht überflüssig sein, zu bemerken, daß
auch die prophetischen Bücher ›Geschichtsbücher‹ sind, insofern sie ja nicht
Lehren, Wahrheiten o.ä. vermitteln wollen, sondern eschatologische Geschehnisse
vorausdarstellen.

Wir sehen, wie die Väter Israels durch ein Gotteswort berufen werden und sich in
Befolgung immer neuer Gottesworte wandernd hier und dorthin bewegen; wir
sehen die Verheißung großer Nachkommenschaft in Erfüllung gehen und Israel
zum Volke werden. Wir sehen nun dieses Volk den Weisungen Gottes gemäß
wandern, wir sehen durch Gottes begründendes Wort in ihm Institutionen und
Ämter entstehen. M.a.W.: Wir sehen dieses Volk fortgesetzt getrieben, bewegt,
gestaltet, umgestaltet, vernichtet und wiederauferstehend durch immer neu erge-
hendes Gotteswort.« (*G.von Rad*, Das Alte Testament ist ein Geschichtsbuch, in:
C.Westermann [Hg.], Probleme alttestamentlicher Hermeneutik [ThB 11] München
1963,11).

B.   Der Text und seine Geschichte

(Heinz-Josef Fabry)

Gesamtdarstellungen: D.Barthélemy, Etudes d´histoire du texte de l´Ancien Testament (OBO 21) Fribourg/Göttingen 1978; G.Brooke/B.Lindars, Septuagint, Scrolls and Cognate Writings, Atlanta 1992; B.Chiesa, Textual History and Textual Criticism of the Hebrew Old Testament, in: J.Trebolle Barrera/L.Vegas Montaner (Hg.), The Madrid Qumran Congress (StTDJ 11/1) Leiden 1992,257-272; F.M.Cross, The Development of the Jewish Scripts, in: G.E.Wright (Hg.), The Bible and the Ancient Near East: Essays in Honor of W.F.Albright, Garden City 1961,133-202; ders., The History of the Biblical Text in the Light of Discoveries in the Judaean Desert: HThR 57,1964,281-299; ders./ S.Talmon, Qumran and the History of the Biblical Text, Cambridge MA 1975; F.E.Deist, Towards the Text of the Old Testament, Pretoria 1978; C.Dohmen/G.Stemberger, Hermeneutik der Jüdischen Bibel und des Alten Testamentes (Studienbücher Theologie 1,2) Stuttgart 1996; S.Kreuzer, Altes Testament: 2. Textkritik, in: Proseminar I. Altes Testament, Stuttgart 1998; J.Gnilka/H.P.Rüger, Die Übersetzung der Bibel - Aufgabe der Theologie, Bielefeld 1985; M.Greenberg, The Use of the Ancient Versions for Interpreting the Hebrew Text, in: J.Emerton (Hg.), Congress Volume Göttingen 1977 (VT.S 29) Leiden 1978,131-148; N.Lohfink, Gab es eine deuteronomistische Bewegung? in: W.Groß (Hg.), Jeremia und die »deuteronomistische Bewegung« (BBB 98) Weinheim 1995,313-382; J.Maier, Zwischen den Testamenten (NEB Ergänzungsband 3 zum AT) Würzburg 1990; M.J.Mulder, The Transmission of the Biblical Text, in: ders. (Hg.), Mikra: Text, Translation, Reading and Interpretation of the Hebrew Bible in Ancient Judaism and Early Christianity, Philadelphia 1988,87-132; H.M.Niemann, Kein Ende des Büchermachens in Israel und Juda (Koh 12,12) - Wann begann es?: BiKi 53,1998,127-134; H.Graf Reventlow, Epochen der Bibelauslegung I, München 1990; M.Sæbø, From Pluriformity to Uniformity. Some Remarks on the Emergence of the Massoretic Text: ASTI 11,1977/78,127-137; K.Schmid, Buchgestalten des Jeremiabuches (WMANT 72) Neukirchen-Vluyn 1996; S.Talmon, The Old Testament Text, in: P.R.Ackroyd/C.F.Evans (Hg.), The Cambridge History of the Bible I, Cambridge 1970,159-199; ders., Aspects of the Textual Transmission of the Bible in Light of Qumran Manuscripts, in: ders., The World of Qumran From Within, Jerusalem/Leiden 1989,71-116; E.Tov, Der Text der Hebräischen Bibel. Handbuch der Textkritik, Stuttgart 1997; J.Trebolle Barrera, The Jewish Bible and the Christian Bible, Leiden 1998; E.Ulrich, Horizons of Old Testament Textual Research at the Thirtieth Anniversary of Qumran Cave 4: CBQ 46,1984,613-636; ders, Multiple Literary Editions: Reflections Toward a Theory of the History of the Biblical Text, in: D.W.Parry/S.D.Ricks (Hg.), Current Research and Technological Developments on the Dead Sea Scrolls (StTDJ 20) Leiden/New York/Köln 1996,78-105; B.Volkwein, Die Frühgeschichte des hebräischen Bibeltextes: ThPh 48,1973,514-533; E.Würthwein, Der Text des Alten Testaments, Stuttgart ⁵1988; ders./K.Aland, Handschriften der Bibel, NBL 2,1991,31-41.

»Urtext«: P.de Lagarde, Septuagintastudien (AAWG 37) Göttingen 1891; P.Kahle, Untersuchungen zur Geschichte des Pentateuchtextes: ThStKr 88,1915,399-439; E.Tov, The History and Significance of a Standard Text of the Hebrew Bible, in: M.Sæbø (Hg.), Hebrew Bible/Old Testament (HBOT). The History of Its Interpretation I. From the Beginnings to the Middle Ages (Until 1300), Göttingen 1996,49-66.

»lokale Textfamilien«: W.F.Albright, New Light on Early Recensions of the Hebrew Bible: BASOR 140,1955,27-33; F.M.Cross, The Evolution of a Theory of Local Texts, in: 1971 Proceedings of the International Organization for Septuagint and Cognate Studies, Missoula 1972,108-126; S.Talmon, The Textual Study of the Bible - A New Outlook, in: F.M.Cross/S.Talmon (Hg.), Qumran and the History of the Biblical Text, Cambridge MA 1975,321-400.

»Kanon«: J.Barton, The Significance of a Fixed Canon of the Hebrew Bibel, in: HBOT I, Göttingen 1996,67-83; D.M.Carr, Canonization in the Context of Community: An Outline of the Formation of the Tanakh and the Christian Bible, in: R.E.Weis/D.M.Carr, A Gift of God in Due Season. Essays on Scripture and Community in Honor of J.A.Sanders: JSOT.S 225,1996,22-64; J.Maier, Zur Frage des biblischen Kanons im Frühjudentum im Licht der Qumranfunde: JbBTh 3,1988,135-146; M.Sæbø, Vom ›Zusammendenken‹ zum Kanon. Aspekte der traditionsgeschichtlichen Endstadien des Alten Testaments: JBTh 3,1988,115-134; G.Stemberger, Jabne und der Kanon: JbBTh 3,1988,163-174.

»Septuaginta«: A.Aejmelaeus, What can we Know About the Hebrew Vorlage of the Septuagint?: ZAW 99,1987,58-89; M.Hengel/A.Schwemer (Hg.), Die Septuaginta zwischen Judentum und Christentum (WUNT 72) Tübingen 1994; N.Meisner, Aristeasbrief (JSHRZ II) Gütersloh 1973,35-87; O.Munnich, Le texte de la Septante, in: G.Dovival/M.Harl/O.Munnich (Hg.), La Bible grecque des Septante. Du Judaïsme Hellénistique au Christianisme Ancien, Paris 1988,129-200; J.Schaper, Eschatology in the Greek Psalter (WUNT II/76) Tübingen 1995; A.Sperber, Septuaginta-Probleme (Texte und Untersuchungen zur vormasoretischen Grammatik des Hebräischen) (BWANT 3/13) Stuttgart 1929; E.Tov, The Septuagint, in: J.Mulder (Hg.), Mikra, Philadelphia 1988,161-188; ders., Jewish Greek Scriptures, in: R.A.Kraft/G.W.E.Nickelsburg (Hg.), Early Judaism and Its Modern Interpreters, Philadelphia/Atlanta 1986,223-237; ders., The Text-Critical Use of the Septuagint in Biblical Research (JBS 3) 1981; J.W.Wevers, The Interpretative Character and Significance of the Septuagint Version, in: HBOT I, Göttingen 1996,84-107.

»Samaritanus«: F.Péres Castro, *Séfer Abišaᶜ.* Textos y Estudios del Seminario Filologico »Cardenal Cisneros« 2, Madrid 1959; A.Freiherr von Gall, Der hebräische Pentateuch der Samaritaner, Gießen 1914-1918, ND Berlin 1966; A.Tal, The Samaritan Pentateuch. Edited According to MS 6 (C) of the Shekhem Synagogue, Tel Aviv 1994.

»Qumran«: K.Beyer, Die aramäischen Texte vom Toten Meer, Göttingen 1984; Ergänzungsband 1994; G.J.Brooke, ›The Canon Within the Canon‹ at Qumran and in the New Testament, in: S.E.Porter/C.A.Evans, The Scrolls and the Scriptures. Qumran Fifty Years After, JStP Suppl 26, 1997,242-266; H.-J.Fabry, Qumran: NBL III,1998; ders., Der Psalter in Qumran, in: E.Zenger (Hg.), Der Psalter in Judentum und Christentum (HBS 18) Freiburg 1998,137-163; P.W.Flint, The Dead Sea Psalms Scrolls and the Book of Psalms (StTDJ 17) Leiden u.a. 1997; F.García Martínez, The Dead Sea Scrolls Translated, Leiden 1994; A.Lange/H.Lichtenberger, Qumran: TRE 28,1997,45-79; A.Lémaire, Qoumrân: sa fonction et ses manuscrits, in: E.M.Laperrousaz (Hg.), Qoumrân et les manuscrits de la Mer Morte, un cinquantenaire, Paris 1997,117-149; J.Maier, Early Jewish Biblical Interpretation in the Qumran Literature, in: HBOT I,108-129; ders., Die Qumran-Essener: Die Texte vom Toten Meer I-III (UTB 1862/1863/1916) München 1995f.; ders., Die Tempelrolle vom Toten Meer und das »Neue Jerusalem« (UTB 829) München ³1997; E.Puëch, Qumrân et le texte de l´Ancien Testament (Vortrag auf dem IOSOT-Kongreß in Oslo 1998); E.Tov, A Modern Textual Outlook Based on the Qumran Scrolls: HUCA 53,1982,11-27; ders., Groups of Biblical Texts Found at Qumran, in: D.Dimant/L.H.Schiffman (Hg.), Time to Prepare the Way in the Wilderness, Leiden 1994,85-102; J.C.VanderKam, Einführung in die Qumranforschung (UTB 1998) Göttingen 1998,49-91.143-181.

»Masada, Nahal Hever und Murabbaᶜat«: P.Benoit/J.T.Milik/R.de Vaux, Les Grottes de Murabaᶜât (DJD II) Oxford 1961; H.-J.Fabry, Masada: LThK³ 6,1454f.; S.Talmon, Fragments of Scrolls from Masada: EI 20,1989,278-286; ders., Fragments of a Psalms Scroll - MasPsᵇ: DSD 3,1996,296-314; ders., Fragments of a Psalms Scroll From Masada - MPsᵇ: JSOT.S 154,1993,318-327.

»Genisa«: P.Kahle, Die Kairoer Genisa, Berlin 1962; J.Maier, Bedeutung und Erforschung der Kairoer «Geniza«: JAC 13,1970,48-61; L.Renner, Geniza: NBL 1,1991,790f.

I.   Von den Anfängen bis zur Biblia Hebraica

1. Die Verschriftung der Überlieferungen Israels

Die Textwerdung der altisraelitischen Überlieferungen hat in den unterschiedlichen Genres zu unterschiedlichen Zeiten eingesetzt. Aus mnemotechnischen Gründen wird man für die gesetzlichen Überlieferungen eine frühe, für die narrativen Überlieferungen eine relativ späte Textwerdung ansetzen können. Soziokulturelle Umstände mögen die Dokumentation von Sitten und Gebräuchen, kultische Belange die Bereitstellung von liturgischen Texten (Manualen, Gebeten usw.) bewirkt haben. Das Erziehungssystem schließlich hat die Aufzeichnung aller greifbaren Erfahrungen, des Wissens der Fachleute, der Weisheit der Alten und der Einblicke in umliegende Kulturen, Religionen und Mythologien veranlaßt.

1.1 Das Prinzip der Schriftlichkeit

Das Alte Testament spricht primär aus theologischen Gründen von der Verschriftung seiner Texte: Der Dekalog gilt als von Gott selbst (Ex 31,18; 32,15f; 34,1; Dtn 5,22), das Privilegrecht als von Mose (Ex 34,28) niedergeschriebenes Gesetz; die »Reform des Joschija« wird auf den Fund eines »Tora-Buches« (2 Kön 22,8) oder eines »Bundesbuches« (2 Kön 23,2) im Tempel zurückgeführt; dem König soll beständig eine Abschrift des Gesetzes vorgehalten werden (Dtn 17,18); der Prophet Jeremia will die Weitergabe seiner Worte dadurch sicherstellen, daß er seinen Diener Baruch auffordert, seine Botschaft ein zweites Mal niederzuschreiben (Jer 36,1-4.28.32). Das Prinzip der Schriftlichkeit diente also der Kodifikation, Autorisation und Sicherung der Überlieferungen (*N.Lohfink*) mit dem Ziel der Identitätsfindung und -wahrung in den Trägergruppen oder Gemeinden.

1.2 Materiale und literatursoziologische Bedingungen

Zu beachten sind die materialen und literatursoziologischen Bedingungen der Buchentstehung im alten Israel (*K.Schmid*): seit dem 8.Jh. v.Chr. ist mit der Verschriftung von Überlieferungen zu rechnen, zumal in dieser Zeit auch die epigraphischen (inschriftlichen) und glyptischen (Inschriften auf Siegeln) Belege voll einsetzen (*J.Renz/W.Röllig*). Dies scheint parallel zur soziopolitischen Entwicklung zur Staatlichkeit zuerst im Bereich der Nordstämme Israels (9.Jh. v.Chr.), wenig später dann auch im Südreich Juda (8.Jh. v.Chr.) geschehen zu sein.
Für den Norden signalisieren die Samaria-Ostraca, die Weihe-Inschrift von Kuntilet ʿAgrud und die Bileam-Inschrift von Deir ʿAlla diese neue Kulturstufe, im Süden treffen wir auf den ältesten erhaltenen Papyrus aus dem Wadi Murabbaʿat (papMur 17, ein Brief mit einer Namensliste; DJD II), auf die Siloah-Inschrift, auf Grabinschriften des 8.-6.Jh., auf Ostraca (beschriftete Tonscherben) aus Arad, Meṣad Ḥašavjahû und Lachisch aus dieser Zeit. Für die gleiche Zeit lassen sich in Jerusalem (Tempel, Palast) erste Schreiberschulen ansetzen, denen die Textpflege oblag. Hier wurden primär Einzelverschriftungen (Unikate) der wichtigen Überlieferungen hergestellt, die dann als Urkunden zur Einsichtnahme bereit lagen oder etwaigen Abschreibern als Musterhandschriften dienten. Jedenfalls wird man nicht an eine »Publikation« (im modernen Sinne) für eine breitere Öffentlichkeit denken dürfen. Für die Öffentlichkeit bestimmt war etwa die feierliche Verlesung der Tora alle sieben Jahre (Neh 8). Da solche Texte in der Regel nicht durch einen einzigen Autor autorisiert waren, eher als Niederschrift gemeinschaftlicher Traditionen verstanden wurden, galten sie grundsätzlich nicht als abgeschlossen.
In ähnlicher Weise wird man auch mit der Aufzeichnung prophetischer Verkündigung im Schülerkreis umgegangen sein. Die Verschriftung prophetischer Texte scheint erst nach dem Untergang des Nordreiches Israel (722 v.Chr.) eingesetzt

zu haben, wobei die politische Katastrophe offensichtlich als ein entscheidender Katalysator gewirkt hat. Für die Nordstämme selbst hatte dies jedoch keine positiven Auswirkungen mehr, insofern sich die nach Assyrien deportierten Israeliten im Völkergemisch verloren, »weil sie noch keine identitätsbewahrenden Texte mit in die Fremde nehmen konnten«. Hier hatten die Südstämme einen entscheidenden Zeitvorteil, da sie unter dem Eindruck dieser Ereignisse selbst zu einer »theologischen Identitätsfindung in Form von literarisch-theologischer Positionsbestimmung und Geschichtsaufarbeitung« dem drohenden Untergang entgegenwirkten (*H.M.Niemann*). Die Weiterbearbeitung der Texte durch eine »exilische Umkehrbewegung« (*N.Lohfink*) hat dem Südreich dann das Assimilationsschicksal der Nordstämme ersparen helfen.

Obwohl nirgends explizit so genannt, wird man Jerusalem als das Zentrum der Textpflege ansehen müssen. Hier residierten die offiziellen Dienststellen des Staates, hier lag das kulturell-kultische Zentrum, der Tempel mit seinen Ausbildungsanstalten. Hier lokalisiert das Alte Testament den Buchfund (2 Kön 22,8), die Verbrennung der Prophetenrolle (Jer 36) und die Verlesung der Tora (Neh 8). Entsprechend wird man am Tempel die großen Musterhandschriften aufbewahrt haben, die zur Keimzelle der Kanonisierung wurden. Möglicherweise muß man die Tempelrolle aus Qumran bereits dazu zählen. Der aufgrund des Hellenismus sich anbahnende Kulturwandel hat dann aber auch das Entstehen von »Kleinliteratur« (z.B. das Ester- und das Juditbuch) bewirkt, Schriften, die dann z.T. noch in den dritten Teil des Kanon hinein geraten sind. Daneben wird man aber auch die Existenz anderer Aufbewahrungsorte anzunehmen haben, denn nach Esra 7,14 brachte Esra das Gesetzbuch mit sich. Von Schriftrollen im Privatbesitz erfahren wir erst in makkabäischer Zeit (um 166 v.Chr.) in 1 Makk 1,56ff, von individuellen Bücheranfertigungen in Koh 12,12. Die (historisch kaum wahrscheinliche) Notiz, daß der Makkabäer Judas die in den Makkabäischen Aufständen ausgelagerten Rollen wieder nach Jerusalem zurückbrachte (2 Makk 2,14), zeigt zumindest das Wissen um die Bedeutung Jerusalems als dem zentralen Bibliotheksort im 3.Jh. v.Chr. Die in diesem Zusammenhang in 2 Makk 2,13 gebotene Aufzählung der »Königs- und Prophetenbücher, sowie das des David« deutet den Umfang der aufbewahrten Literatur an. Das Fehlen der Tora in dieser Liste ist auffällig und unklar, wahrscheinlich wurde ihre Existenz bereits als selbstverständlich angesehen (*N.Lohfink*).

1.3 Von der Schriftwerdung zur Kanonwerdung

Über den definitiven Übergang von der literarischen Entstehung des Textes hin zum kanonischen Endprodukt ist man sich noch nicht im Klaren. Sicher ist, daß Schriftwerdung und Kanonwerdung keineswegs identisch sind, aber doch etwas miteinander zu tun haben. Einerseits setzen die über die Literarkritik erschließbaren Quellen und Redaktionen wichtige theologische Impulse, die eine spätere Kanonwerdung des Textes ermöglichen, sie aber nicht bedingen. Die kanonische Letztgestalt ist also nicht Ziel des literarischen Werdeganges, das als solches von vornherein einen prägenden Sog ausgeübt hätte. Umgekehrt ist Kanonwerdung kein literarisches Abschlußphänomen, das einen bereits zum Abschluß gekommenen literarischen Prozeß noch zusätzlich bekrönt. Die »kanonisierenden Kräfte« sind nicht eindeutig zu bestimmen, erst recht nicht zu institutionalisieren. So hat es die häufig genannte »Synode von Jamnia« nicht in dem Sinne gegeben, daß sie eine feierliche Deklaration des Kanon vorgenommen habe; kirchliche Kanonlisten sind Deklarationen *post festum*, insofern die hier als kanonisch benannten Schriften bereits kanonisch sind, es nicht jedoch erst durch die Deklaration werden. Die »kanonisierenden Kräfte« müssen wohl als Summe der literarisch-theologischen Impulse bei der Schriftwerdung (*B.Childs, J.A.Sanders*) einerseits und der akzeptierenden Kräfte der mit den und aus den Texten lebenden Gemeinden (*D.M.Carr*) andererseits verstanden werden. Beide Kräfte mögen sich zeitweise überlagert haben, so daß es zur Ausbildung einer »canonical consciousness« (*M.Fishbane, G.Sheppard*), eines »Zusammen-Denkens« (*M.Sæbø*) kommen konnte. Die Annahme solcher voneinander unabhängiger Kräfte erklärt die Ausbildung paralleler und zugleich unterschiedlicher Kanones.

Auch nach der Verschriftung wurde also an ihnen weiter gearbeitet, insofern Diskussionen den Eintrag aktualisierender Einschübe (marginale Ergänzungen, intralineare Korrekturen oder redaktionelle Ajourierungen) bewirkten, die dann bei Neuabschriften zu homogenen Textbestandteilen (»Fortschreibung«) wurden. Solche interpretierenden Änderungen wurden eher in zeitlich größerer Nähe zur Erstverschriftung vorgenommen, als der Text noch eher »pietätslos« aufgenommen wurde. In späteren Zeiten verschiebt sich dann der Charakter der Änderungen hin zur Modernisierung der Sprache, solange überhaupt das Hebräische noch verstanden wurde. Wiederum später - nach dem Sprachwechsel zum Aramäischen - wird der Ausgangstext starr und formelhaft, weil nun nicht mehr an und mit ihm gearbeitet wird. Die Übersetzungen werden nun zum Medium der kreativen Schriftbegegnung. Aber auch die Inhomogenität der Trägergruppen (Schreiberschulen, theologische Konventikel, Schriftgelehrte) bewirkte eine entsprechende Inhomogenität der Texttransmission und war verantwortlich für divergierende Fortschreibungen und die Existenz verschiedener Textausgaben nebeneinander (z.B. in Qumran). Diese kreative Form der Textüberlieferung (»Textpflege war immer auch schon Sinnpflege«, *N.Lohfink*) wurde durch den Prozeß der Kanonisierung nicht grundsätzlich beendet. Allerdings wurde jetzt wegen des gottesdienstlichen und schulischen Gebrauches eine Vervielfältigung der Schriften notwendig, was wiederum eine Vereinheitlichung und Verfestigung des Wortlautes voraussetzte und bewirkte.

2. Umfang, Bestand und Sicherung der Texte

In den Schriften des Alten Testamentes selbst ist zuerst in den paränetisch ausgeprägten Hinweisen auf die Vorschriften der Tora im Umkreis des Dtn ein verbindliches Schriftenkorpus angezeigt. Diese so gewichteten Schriften gewannen bald autoritativen Charakter, so daß mit der Zeit erste Formen der äußeren und inneren Textsicherung notwendig wurden: Eine *erste* Kanonformel verbietet unmittelbar die Zufügung und Wegnahme von Textbestandteilen (Dtn 4,2; 13,1). Eine *zweite* Kanonformel bezeugt mittelbar die Integrität und den unbedingten Weisungscharakter eines Textes und verbietet das Abweichen »weder nach rechts noch nach links« (Dtn 5,32; 17,20; 28,14; Jos 1,7). Eine *dritte* Kanonformel schließlich argumentiert offenbarungstheologisch, wenn sie die Verbindlichkeit von Schriften von einem festgesetzten Offenbarungszeitraum »von Mose bis Artaxerxes« abhängig macht (Fl. Josephus, ContraAp. 1,37-43). Ähnlich sieht der Talmud das Ende der Offenbarungszeit mit dem Tod der Propheten Haggai, Sacharja und Maleachi gekommen (TSota XIII,2). Die Notiz TJad II,13 spricht gegen Ende des 1.Jh. n.Chr. den Büchern (!) Jesus Sirach und allen seither geschriebenen Büchern eine besondere Sakralität ab, setzt damit also ebenfalls eine zeitliche Limitierung.

2.1 Die Kanonlisten

Erst spät (ca. 190 v.Chr.) ist im Alten Testament die Rede von einem mehr oder weniger genau umgrenzten Schriftenbereich, der als heilige Tradition besondere Aufmerksamkeit erfordert: Sir 38,34-39,1 charakterisiert den Gottesfürchtigen als jemanden, »der das Gesetz des Höchsten erforscht, die Weisheit der Vorfahren ergründet und sich mit den Weissagungen beschäftigt«. Bereits deutlicher ist um 130 v.Chr. im Prolog des Sir-Buches von »Gesetz, Propheten und den übrigen Schriften« die Rede. Etwa gleichzeitig verweist eine essenische Sammlung von Rechtsanweisungen (4QMMT C 17) aus Qumran auf »Buch des Mose, Bücher der Propheten und Psalmen Davids« (vgl. 2 Makk 2,13-15: »Bücher der Könige, der Propheten und die Lieder Davids«), eine Kanonliste, wie sie später auch in Lk 24,27.44 aufgenommen wurde.

Diese relativ geradlinige Entwicklung einer kanonischen Büchersammlung wurde frühestens im 2.Jh. n.Chr. für alle jüdischen Gemeinden festgelegt (22 Bücher: vgl. Fl. Josephus, ContraAp. 1,37-43; 24 Bücher: 4 Esra 14,44-48). Man muß aber davon ausgehen, daß neben der »offiziellen« Linie in weiten Teilen der jüdischen Gruppierungen weit mehr Bücher und Schriften geschätzt und anerkannt waren. Es wird gegenwärtig diskutiert, ob dahinter unterschiedliche Kanon-Konzepte stehen können. Sicher ist jedoch, daß die spezifischen Interessen bestimmter Trägerkreise im Judentum mit der Autorisierung bestimmter Schriften in Verbindung stehen. Als Trends lassen sich erkennen, daß tempelzentrierte Gruppen (Sadduzäer, Samaritaner) sich auf die Tora konzentrierten, während in Gruppen, deren Aktivitäten außerhalb des Tempels lagen (Pharisäer, Essener, Qumran, Urkirche), »extended canones« zu beobachten sind, in denen sich die prophetische Opposition (z.B. Jer in Dan 9,2) artikulieren konnte.

2.2 Die prämasoretische Textsicherung

Diese *erste Phase* der nachbiblischen Texttransmission (Weitergabe der abgeschlossenen biblischen Schriften) wird in der Forschung unterschiedlich terminiert: Sie reicht bis zur Zerstörung des Zweiten Tempels durch die Römer (70 n.Chr.; *E.Tov*) oder bis zum Abschluß des 2. Jüdischen Krieges (135 n.Chr.). Die Textzeugen (Qumran, Masada, καίγε-Theodotion) gehen auf babylonische (*F.M.Cross*) oder eher Jerusalemer Kreise (Pharisäer, Tempel-Priesterschaft) zurück (*E.Tov*) und sind noch recht divergent. Eine spezifizierende Einteilung dieser Phase in »proto-rabbinisch« (bis R. Hillel [30 v.Chr.-10 n.Chr.]) und »rabbinisch« (von R. Hillel bis zur Tempelzerstörung, *F.M.Cross*) ist an den Textzeugen selbst nicht mehr sichtbar zu machen.

Die *zweite Phase* (Zerstörung des Tempels bis 8.Jh. n.Chr.) ist von einem starken Streben nach textlicher Vereinheitlichung bestimmt. Schon gegen Ende des 1.Jh. n.Chr. kommt es zur weitgehenden textlichen Fixierung des Tanach, wobei Umfang, Inhalt und Struktur im wesentlichen festgeschrieben wurden (Fl. Josephus, ContraAp. I,8; BB 14b-15a), sich aber zugleich eine einzige, nämlich die proto-masoretische (dem MT-Text vorauslaufende) Textfassung durchsetzte. Diese vereinheitlichende Tendenz war nicht ausschließlich endogen bedingt, da es den frühen jüdischen Traditionen um Sachvermittlung, weniger um Textvermittlung ging, man also nicht notwendig eines fixierten Textes bedurft hätte. Vielmehr war sie wesentlich von außen angestoßen, insofern das Judentum den Textbestand seiner Hebräischen Bibel auch aus Gründen der Auseinandersetzung (z.B. mit dem frühen Christentum) fixieren mußte. Die vielgestaltige Bibliothek von Qumran zeigt nun zur Genüge, daß mehrere Texttraditionen im Judentum offensichtlich gleichberechtigt umliefen. Die endgültige Dominanz des einen proto-masoretischen Textes erklärt sich nun allerdings weniger aus theologischen als vielmehr aus historischen Gründen. War zuerst die Samaritanus-Tradition durch Abwanderung der Samaritaner als schismatisch ausgeschieden worden, wurde einige Zeit später die LXX-Tradition (d.h. die griechische Übersetzung der Hebräischen Bibel) vom frühen Christentum übernommen und konnte nur durch umfangreiche Revisionen wieder für das Judentum verfügbar gemacht werden. Schließlich fielen in Folge des Unterganges Qumrans auch die qumranischen Sondertraditionen aus, so daß die MT-Tradition als einzige übrigblieb, weil ihre Tradenten die Katastrophe von 70 n.Chr. überlebten. Die Dominanz dieser Texttradition machte sich danach sofort bemerkbar, insofern sie zur Ersetzung nicht-masoretischer Textformen in Masada (**Mas**) und Nahal Hever (**Hev**), zu gelegentlichen interlinearen Korrekturen in Qumran (4QPs^e), zur kritischen Revision bereits existierender griechischer Übersetzungen (Dodekapropheton in Nahal Hever; Rezensionen der LXX) und schließlich zum »standardisierten masoretischen Text« (*textus receptus*) führte. Es blieb aber auch weiterhin im Bewußtsein, daß außerhalb dieser 22 (24) Bücher noch viele weiteren Bücher mit höchster Autorität existierten (4 Esra 14,44-48).

In diesem Spannungsfeld breiter jüdischer Literatur hat das geistige Zentrum in der Zeit zwischen der Zerstörung des Tempels und dem 2. Jüdischen Krieg, die Schule des Rabbi Hillel in Jamnia, sicherlich große Arbeit geleistet. Die hier stattgefundenen Diskussionen und geäußerten Lehrmeinungen - seit *H.Graetz* und *F.Buhl* häufig, aber unzutreffend zur »*Synode von Jamnia*« verdichtet - haben weder den alttestamentlichen Kanon abgeschlossen, noch den masoretischen Text fixiert. Aus dieser Zeit ist lediglich ein Mischna-Beleg erhalten, in dem den Büchern Hohelied und Kohelet eine besondere Sakralität (nicht jedoch Kanonizität) zugesprochen wird, insofern sie »die Hände verunreinigen« (Jad III,2-5). Fast zeitgleich berichtet der Babylonische Talmud eine ähnliche Diskussion um die Bücher Rut und Ester (Meg 7a). Offensichtlich kennt man auch eine große Anzahl von »Bücher der Äußeren«, vor deren Lektüre dringend gewarnt wird. Nach pSanh X,1,28a zählen dazu auch die Bücher des Ben Sirach. In der babylonischen Parallele wird von den »Büchern der *minîm*« (Sadduzäer? Judenchristen?) gesprochen, die diesem Verdikt unterworfen werden. In der Weise der Diskussion hat sich allmählich ein fester Gundbestand herausgebildet, wobei sich in den jüdischen Gemeinden, im gläubigen Volk, die Hochachtung vor bestimmten Schriften herausgebildet hat, den Rabbinen dagegen im Grunde eine feststellende Funktion verblieb (*G.Stemberger*).

In dieser prämasoretischen (den Masoreten vorhergehenden) Zeit wurden Regeln aufgestellt, nach denen die Heilige Schriften anzufertigen sind: Die Häute mußten von reinen Tieren stammen, das Leder mußte nach einem bestimmten Verfahren hergestellt sein; Kolumnenzahl, Zeilenabstand und -länge, Randbreite und Breite der Zwischenräume wurden im Talmud festgelegt.

Man sah zwar die Hauptaufgabe darin, die Heilige Schrift auszulegen (Midrasch) und die Auslegungen zu sammeln. Insgesamt jedoch geriet die Schrift selbst in den Hintergrund, insofern das Hauptinteresse sich jetzt auf die Verschriftung der »mündlichen Tora« verlagerte. Unter dem ruhmreichen Patriarchat der Hillel-Familie (2.-3.Jh. n.Chr.) waren dem Judentum die römischen Bürgerrechte gewährt worden (212). Diese soziale und religionsgesetzliche Herausforderung wurde in einer »auswählenden Redaktion und literarischen Fixierung der sogenannten ›mündlichen Tora‹, der (religions)gesetzlichen Überlieferungen, die man als verbindlich festgelegt wissen wollte« (*J.Maier*) angenommen und umgesetzt. Diese »tanaitische« (pharisäisch-rabbinische) Lehrtradition basierte auf einer Auslegung und Aktualisierung der Tora in der *Halacha* (»Weg«), der übrigen Schriften in ausgestalteten »Erzählungen« (*Haggada*) und wurde in der *Mischna* (»Lehre«) zusammengestellt. Die weiteren Lehrdiskussionen der folgenden Rabbinen-Generation, der »Amoräer« wurde in der *Gemara* (»Vollendung, erlernte Tradition«) kodifiziert und abschließend (im 3.- 6.Jh. n.Chr.) mit der Mischna zum babylonischen und Jerusalemer *Talmud* (»Studium«) zusammengestellt. Damit war eine übersichtliche und kontrollierbare Darstellung der als für die religiöse Praxis und das Rechtsleben verbindlich geltenden Normen geschaffen.

Ein - wenn auch unsicheres - Beispiel dafür, daß bei aller Dominanz der proto-masoretischen Texttradition in den ersten Jahrhunderten n.Chr. doch auch andere Traditionen beachtet wurden, mag die sog. »Severus-Rolle« bieten, die vom römischen Herrscher Severus Alexander (222-235 n.Chr.) erbeutet worden war. In der rabbinischen Literatur wird vielfach aus ihr zitiert, so daß sich mit Hilfe der Zitate dieser alte Textzeuge zum Teil rekonstruieren läßt (vgl. ähnlich die Vetus Latina).

2.3 Die Arbeit der Masoreten

Dann aber legte man - wahrscheinlich aufgrund des argumentativen Druckes (z.B. von Seiten der Karäer), der schriftlichen Tradition gegenüber der mündlichen den Vorrang zu geben - das Hauptaugenmerk darauf, die Sicherung des Textbestandes zu vervollständigen. Die Arbeit der Sicherung des Konsonantenbestandes besorgten in den ersten Jh. n.Chr. die »Korrektoren, Revisoren« (*maggihîm*), dann übernahmen die »Experten der Vokalisation« (*naqdanîm*) die Festlegung der Vokale.

Die Fixierung der Vokalisation durch Punktation geschah (wahrscheinlich um 700 n.Chr.; vgl. die ältesten Texte aus der Kairoer Genisa) zunächst nach unterschiedlichen Systemen: das babylonische (Or = östliche) System verwendete supralineare (oberhalb der Konsonanten angeordnete) Vokalzeichen und differenzierte sich im 8.Jh. in eine ältere »einfache« und jüngere »zusammengesetzte« Form. Auch das ältere palästinische (Occ = westliche) System akzentuierte supralinear. Es wurde abgelöst durch das infralineare (unterhalb der Zeile) tiberische System, das sich bald als maßgebend durchsetzte.

Schließlich fixierten die »Masoreten« (*baʿalê hammasôrah*) den Gesamttext, indem sie den Text abgrenzten, ihn in Abschnitte (Paraschen) unterteilten und bestimmte Lesungen (*Qere*) gegen den geschriebenen Text (*Ketîb*) vorschrieben. Durchgehend haben sie die wachsende Scheu vor dem Aussprechen des Gottesnamens in den Text eingetragen und den Konsonanten *JHWH* (*Ketîb*) die Aussprache *'adônaj* »mein Herr«, *'elôhîm* «Gott« oder *šema'* »Name« unterlegt (*Qerê perpetuum*). In ihrer subtilen Textdurchsicht haben sie Verbesserungen am Text vorgenommen, sie aber angezeigt durch Punkte oberhalb und unterhalb (*puncta extraordinaria*) der entsprechenden Buchstaben und Wörter, durch hochgestellte »aufgehängte« Buchstaben (*litterae suspensae*) und durch weitere Schreiberzeichen. Ihrer Meinung nach falsch eingeordnete Textabschnitte haben sie durch »umgekehrtes Nun« (*Nun inversum*) eingeklammert. »Schreiberkorrekturen« (*tiqqûnê sopᵉrîm*), d.h. inhaltliche Änderungen, wurden nur an wenigen Stellen vorgenommen. Sie wurden genau verzeichnet (*E.Tov*, Text 52ff.219-228).

Daneben sicherten sie den Text ab vor Fehlschreibungen mit Hilfe eines doppelten Hinweissystems, der »kleinen Masora« (**Mp** = *Masora parva*) und der »großen Masora« (**Mm** = *Masora magna*). Die besonderen Merkmale des Textes (Schreibweisen, Doppelungen, hapax legomena, Kuriosa) wurden gekennzeichnet, um sie so vor »Verbesserungen« zu schützen. Der besseren Übersichtlichkeit wegen geschahen diese Textauszeichnungen am Rand (Mp) des Textes, um sie dann in einzelnen Abschnitten am oberen und unteren Seitenrand (Mm) ausführlicher zu entschlüsseln und darzustellen. Die bis ins hohe Mittelalter noch übliche alphabetische Zusammenstellung dieses masoretischen Materials am Ende der jeweiligen Bücher und der gesamten Hebräischen Bibel (Schlußmasora = *masora finalis*) wurde von Jakob Ben Hajjim in der Sammlung *Ochla wᵉOchla* zusammengestellt. Sie wird heute nur noch von Experten verstanden und benutzt.

Die masoretische *Einteilung des Textes in Abschnitte (Paraschen) und Verse* ist ebenfalls ein ausgeklügeltes Instrument der Textsicherung. Sie geht rudimentär bereits auf die talmudische Zeit zurück und findet sich vereinzelt schon in den Handschriften aus Qumran (*J.Oesch, Y.Maori*). Man ließ Sinnabschnitte im Text jeweils mit einer neuen Zeile beginnen, wobei am Ende der Schlußzeile des vorherigen Abschnittes ein leeres Feld verblieb (*parašah pᵉtûhah* = offener Abschnitt). Waren weitere Unterteilungen solcher Abschnitte nötig, so zeichnete man sie durch einen kleinen Leerraum (*parašah sᵉtûmah* = geschlossener Abschnitt) innerhalb der Zeilen an. Diese Unterteilung wird seit dem späten Mittelalter in Kodizes und Bibelausgaben durch die hebräischen Buchstaben פ (*pᵉtûha*) und ס (*sᵉtûmah*) im Text angezeigt. Parallel dazu verlief die Einteilung der Abschnitte in Verse (*pasûq*). Die Verszählung selbst stammt aus der Vulgata-Tradition, die heute noch übliche Einteilung in *Kapitel und Verse* wurde im 13.Jh. von Stephan Langton, dem Erzbischof von Canterbury, vorgenommen und findet sich erstmals in der Pariser Vg-Handschrift.

Völlig anderer Art ist die in den hebräischen Bibelausgaben aufgenommene *Einteilung des Textes in Leseabschnitte*. Eine in Palästina entstandene Einteilung in 452 *sᵉdarîm* »Ordnungen« (סֶדֶר) verteilt den Text der Tora auf einen dreijährigen Lesezyklus. Der Beginn eines *seder* wird mit ס markiert. Daneben entstand in Babylonien eine Einteilung in 54 (53) *parašîm* »Abschnitte« für einen einjährigen Lesezyklus, angezeigt durch ein (פרש) am inneren Textrand.

3. Die alten Übersetzungen

3.1 Die Septuaginta (**LXX, G**)

Den biblischen Originalschriften zeitlich am nächsten steht die Septuaginta. Von dieser griechischen Übersetzung (G = Griechisch) der Hebräischen Bibel - bedingt durch die politische Durchsetzung des Hellenismus nach dem Feldzug

Alexanders - wird im legendarischen Aristeasbrief (ca. 150-100 v.Chr.) berichtet. Danach wurde auf ptolemäische Initiative (?) zuerst der Pentateuch von 70 (*Septuaginta*) Übersetzern in der Mitte des 3.Jh. v.Chr. übersetzt, dann folgten sukzessive bis ca. 130 v.Chr. (Sir-Prolog) auch die anderen Schriften. Mit dieser Übersetzung wurde eine kulturelle Leistung ersten Ranges realisiert: Die jüdische Religion mit ihrem Monotheismus wurde den anderen Kulturen zugänglich, den Juden selbst war ein wichtiges Hilfsmittel zur Wahrung ihrer Identität gegeben. Schließlich ist die Wirkung für die Ausbildung der Urkirche nicht zu übersehen.

Trotz großer Sorgfalt bei der Übersetzung sind deutliche interpretative Tendenzen zu erkennen: Aktualisierung (Jes 10,5ff.; 14,4); dynamisierte Eschatologie (Num 24,7; Jes 62,11) vor allem im Bereich der Psalmen (*J.Schaper*), Betonung der Sterblichkeit des Menschen (Ijob 30,23; Spr 3,13; 20,24) und seine Auferstehungshoffnung (Ps 1,5; Ijob 19,26), vor allem aber der Übergang von *tôrah* »Weisung« zu νόμος »Gesetz«, wodurch dem Gesetz der Juden staatsrechtliche Bedeutung zugesprochen werden soll; dann auch Erleichterungen im Gottesbild (Ex 15,3; Jes 42,13). Die Übersetzung zeigt entsprechend ihrer Herkunft en detail signifikante Ägyptizismen: Ibis (Lev 11,17; Jes 34,11); Flügel des Sonnengottes (Hab 3,5); Schmuck vornehmer ägyptischer Damen (Jes 3,8-24). Die intensivierenden Überarbeitungen des legendarischen Aristeasbriefes bis weit in die Zeit der Kirchenväter hinein signalisiert in aller Deutlichkeit, daß in den letzten Jahrhunderten v.Chr. eine Textversion - in diesem Falle sogar eine Übersetzung - unübersehbaren Anspruch auf Akzeptanz erhebt, wobei demonstrativ eine Rückkopplung mit der jüdischen Gemeinde Jerusalems gesucht wird, der Jerusalemer Hierarchie also ein Primat zugestanden wird.

Die zeitgenössische Wertung der Septuaginta war höchst unterschiedlich: einerseits wurde sie - obwohl Übersetzung - mit dem Original identifiziert (Aristeasbrief, Philo v. Alexandrien), während andere grundsätzlich jede Übersetzung ablehnten (Rabbinen). In der Folgezeit wurde die Septuaginta aus unterschiedlichen Gründen (Übernahme durch das Urchristentum, innerjüdische Gründe: Hebräisch als identitätsstiftende Liturgiesprache) mehreren *Revisionen (Rezensionen)* unterzogen, denen dann auch z.T. andere Texttraditionen zugrundelagen. Insofern ist die Septuaginta ein wichtiger Zeuge für die Rezeption und Auslegung des alttestamentlichen Bibeltextes, eine Quelle zur Erforschung des hellenistischen Judentums und der Diaspora-Situation (*M.Hengel*). Die ältesten erhaltenen vollständigen Septuaginta-Handschriften sind der Kodex Vaticanus (LXX[B]), der Kodex Alexandrinus (LXX[A]) und der Kodex Sinaiticus (LXX[ℵ]) aus dem 4. und 5.Jh. n.Chr.
Eine eigentlich anonyme Rezension aus der Mitte des 1.Jh. v.Chr. (?) - wegen eines charakteristischen Übersetzungsdetails καίγε-Rezension genannt - findet sich bereit in der Zwölfprophetenrolle von Nahal Hever. Sie ist wohl mit der Rezension des **Theodotion** (Θ') gegen Ende des 2.Jh. n.Chr. zu identifizieren und geht eindeutig auf eine von LXX verschiedene Textvorlage zurück. Dieser Rezension steht in Qumran die Handschrift 4QJer[a] (1.Jh. n.Chr.) nahe. Diese Rezension diente den im Folgenden genannten wahrscheinlich als Vorlage.
Die Rezension des **Aquila** (α') um 125 n.Chr. reagierte bereits auf das Urchristentum und erstrebte eine sklavische Nähe (Einfluß von R. Akiba) zur Vorlage, wodurch sich Sinnverschiebungen ergaben.
Die Rezension des **Symmachus** (σ') um 170 n.Chr. ist mehr sprachbewußt, entsprechend freier in der Wiedergabe.

Eine textkritisch relevante Gegenüberstellung dieser Rezensionen mit einer hebräischen Textfassung (1.), mit seiner griechischen Umschrift (2.) und mit der
Septuaginta in der 5. Kolumne (**Quinta**) besorgte **Origenes** (185-254 n.Chr.) in
der Mitte des 3.Jh. in seiner Hexapla.

Die wichtigste posthexaplarische Revision des LXX-Textes besorgte **Lukian**
(**LXX^{Luc}, LXX^L**) um 300 n.Chr., der in manchen Büchern wahrscheinlich eigenen Texttraditionen gefolgt ist (vgl. 4QSam^a), in einigen Bereichen möglicherweise sogar die originale griechische Übersetzung erhalten haben könnte.

Neben Tausenden von eher unbedeutenden Abweichungen zeigt der LXX-Text
gegenüber MT doch eine Reihe gravierender Varianten (unterschiedliche Genealogie in Gen 5; ein zusätzlicher Patriarch in Gen 10,24; ein zusätzlicher Psalm
151 u.v.a.m.), von denen besonders die erheblich kürzere Fassung des Jeremia-
Buches in LXX gegenüber der längeren in MT (s.u. F.III) sowie die abweichende Gestalt von Spr^{LXX} (s.u. E.IV) ins Auge fallen. Nachdem immer schon diese
Varianten konstatiert und beschrieben worden waren, werden ihr textgeschicht-
licher Hintergrund und ihre textkritische Valenz erst recht durch die Qumranfunde deutlich.

Für die wissenschaftliche Arbeit an LXX liegt über weite Teile des Alten Testamentes die »Göttinger Septuaginta« (*Septuaginta. Vetus Testamentum graecum
auctoritate societatis litterarum gottingensis editum*) vor, dem Normalgebrauch
ist die Ausgabe von *A.Rahlfs, Septuaginta, id est Vetus Testamentum graece
iuxta LXX interpretes* (Stuttgart 1935) dienlich.

3.2 Die Targumim (**Tg**)

Mit »Targum« (pl. *targûmîm* »Erklärung, Übersetzung«) bezeichnet man die
Übersetzungen der biblischen Bücher in das Aramäische, das bereits unmittelbar
nach dem babylonischen Exil das Hebräische als Alltagssprache verdrängt hatte.
Solche Übersetzungen wurden sicher schon in vorchristlicher Zeit angefertigt,
wie Exemplare aus Qumran zeigen (vgl. 4Q155[4QTgLev]; 4Q157[4QtgIjob];
11Q10[11QtgIjob]); überkommen sind jedoch nur Abschriften aus den ersten Jh.
n.Chr. Auch hier zeichnen sich eine palästinische und eine babylonische Tradition ab.

Die *palästinischen Targumim* (Tg^P) zeigen noch eine rechte Textvielfalt, da sie nie einheitlich redigiert worden sind. Diese Targumim könnten in die frühchristliche Zeit zurückreichen und deshalb
wertvolle Kenntnisse über das palästinische Judentum der damaligen Zeit vermitteln. Prominenter
Vertreter dieser Tradition ist das *Targum Neophyti I* (Tg^N) auf einer Handschrift aus der Bibliotheca
Vaticana aus dem Jahre 1504, das den gesamten Pentateuch umfaßt. Daneben existiert ein zweites
Pentateuch-Targum, das *Targum Pseudo-Jonathan* (Tg^J= Targum Jeruschalmi I). Es enthält extensi-
ve homiletisch orientierte Midraschim, die darauf hinweisen, daß es stark vom babylonischen Targum Onqelos beeinflußt ist (*A.Diéz-Macho*). Das *Fragmententargum* (Tg^F = Targum Jeruschalmi II)
ist nur in Fragmenten erhalten. Es enthält eine Sammlung midraschischer Auslegungen von Penta-
teuchtexten und wurde spätestens im 7.Jh. n.Chr. abgeschlossen. Schließlich sind Fragmente aus
weiteren Targumen aus der Kairoer Genisa bekannt.

Die *babylonischen Targumim* hatten im Gegensatz zu den palästinischen Targumim einen offiziellen
Charakter. Das *Targum Onqelos* (Tg^O) umfaßt den Pentateuch und wird von der talmudischen Tradition (b.Meg. 3a) mit einem Proselyten namens Onqelos (= der LXX-Revisor Aquila) in Verbindung
gebracht. Es wurde wohl im 5.Jh. n.Chr. nach längeren Revisionsarbeiten abgeschlossen und steht

dem Wortsinn nach der masoretischen Texttradition nahe, kennt aber auch eine Reihe exegetischer Extensionen mit aktualisierenden und erbauenden Absichten. Das *Targum Jonathan* (Tg^L, weil von *P.de Lagarde* nach dem Kodex Reuchlinianus herausgegeben) ist ein stark haggadisch ausgestaltetes Propheten-Targum, das auf den LXX-Revisor Theodotion (= Jonathan) zurückgeführt wird, das aber teilweise in vorchristliche Zeit zurückreicht. War bisher die Existenz eines *Ijob-Targum* aus der talmudischen Literatur (t.Shab. 13,2) bekannt oder aus Ijob 42,17^{LXX} zu erschließen, so stehen seit den Handschriftenfunden von Qumran nun gleich zwei Exemplare (4Q157; 11Q10) aus der 1. Hälfte des 1.Jh. n.Chr. - damit die ältesten überhaupt - zur Verfügung. Der Text steht MT sehr nahe, scheint aber gelegentlich auf eine abweichende Texttradition zurückzugreifen. Er ist leichter zu verstehen als MT und zeigt eine rationalisierende und entmythisierende Tendenz.

3.3 Die Peschitta (**Syr**)

Peschitta, »die einfache (Übersetzung)«, ist der Name für die syrische Übersetzung der Bibel, die nach syrischen Legenden auf Salomo zurückgehen soll, anhand einiger möglicherweise christlicher Elemente aber eher ins 1.-2.Jh. n.Chr. zurückgeht. Aber auch darüber besteht kein Konsens, denn für den Pentateuch und für Jes ließen sich direkte Abhängigkeiten von einer alten palästinischen Targum-Tradition aufweisen. Die hebräische Vorlage von Syr steht MT wesentlich näher als LXX. Im Bereich des Chronistischen Geschichtswerkes hat Syr möglicherweise auf eine eigenständige Texttradition zurückgegriffen. *Würthwein* und *Kahle* verweisen auf die Judaisierung des Herrscherhauses von Adiabene (Tigris) im 1.Jh. n.Chr., für die sich die Anfertigung einer syrischen Bibelübersetzung plausibel machen lasse. Sollte die weitere Forschung diesen Ansatz weiter verifizieren können, dann sollte die Syr in Zukunft intensiver herangezogen werden.

Die ältesten erhaltenen syrischen Bibelhandschriften gehen in das 5.Jh. n.Chr. zurück, die bedeutendste ist der Kodex Ambrosianus (Mailand) aus dem 6./7.Jh. n.Chr., dessen Text als Basis für die Leidener Peschitta-Ausgabe (*The Old Testament in Syriac*, Leiden 1966ff) dient.

3.4 Vetus Latina (**L**) und Vulgata (**Vg**)

Tochterübersetzungen aus LXX sind für die Textgeschichte direkt nicht, für die Textkritik in ganz seltenen Fällen wichtig. Zu nennen sind hier die Vetus Latina (**L, La**) aus dem 3.Jh. n.Chr., die sich direkt von LXX herleitet, aber zusätzlich eine eigene hebräische Texttradition vor sich gehabt haben mag. Der Text der L ist nicht aus eigenen Handschriften bekannt, sondern er muß aus Kirchenväterzitaten (bes. von Tertullian, Cyprian und Ambrosius) erschlossen werden. Basierend auf der im 18.Jh. von *P.Sabatier* zusammengestellten Zitatsammlung wird seit 1947 eine Ausgabe der L erarbeitet: *Vetus Latina. Die Reste der altlateinischen Bibel nach Petrus Sabatier neu gesammelt und herausgegeben von der Erzabtei Beuron*.

In der Vulgata (**Vg**) liegt eine um 400 n.Chr. von Hieronymus angefertigte Übersetzung unmittelbar vom Hebräischen ins Lateinische vor. Entsprechend ist als hebräische Vorlage ein proto-masoretischer Text zwingend zu vermuten. Der Name dieser Übersetzung »die Allgemeine« spiegelt ihre große Popularität wider (*E.Tov*). Damit ist zumindest im christlichen Bereich die lange Dominanz der griechischen Texttradition der LXX ausgesetzt. Allerdings hat Hieronymus in seinen weiteren Arbeiten zu den Propheten gezeigt, daß er auch die griechische Texttradition zu schätzen wußte.

Die klassische Ausgabe der Vg ist die *Biblia Sacra iuxta latinam Vulgatam versionem* (Rom 1926ff) oder mit gleichem Titel Ausgabe von *R.Weber* (Stuttgart ^{2}1975).

4. Das »masoretische Problem«

Die Hauptvertreter des tiberischen Systems sind die Familien des Aaron Ben Ascher und - allerdings weniger bezeugt - des Ben Naftali. Die älteste bekannte Bibelhandschrift ist der von Moshe ben Ascher 895 n.Chr. geschriebene und punktierte Propheten-Kodex aus Kairo (**C, M**^{C}), der das Deuteronomistische Geschichtswerk und die Prophetenbücher (ohne Daniel) enthält. Es folgt der von

Schelomo Ben Buja°a geschriebene und 925 n.Chr. von Aaron Ben Ascher punktierte Kodex Aleppo (M^A), der von Maimonides autorisiert wurde, aber nach einem Brand nur noch zu drei Vierteln (es fehlen Gen 1,1 - Dtn 28,16 und Hld [ab 3,12], Koh, Klgl, Ester, Dan und Esra) erhalten ist. Der aus dem Jahr 1009 n.Chr. stammende Kodex Petropolitanus (L; M^L; früher: Leningradensis B19^A) aus der Sammlung Firkovich ist in Anlehnung an eine Ben Ascher-Handschrift korrigiert und steht deshalb der Ben Ascher-Tradition sehr nahe. Er enthält die vollständige Hebräische Bibel.

Das »masoretische Problem« besteht darin, daß die ältesten bekannten Handschriften um weit mehr als ein Jahrtausend jünger sind als die Edition der biblischen Schriften selbst. Wenn auch die Texte in der Zwischenzeit mit bemerkenswerter Sorgfalt weitergegeben worden sind, so liegt hier doch eine Quelle für viele Abschreibefehler, die die exegetische Methode der Textkritik herausfordert. Zugleich ist die masoretische Texttradition zwar eine alte und an die Abfassung biblischer Schriften nahe heranreichende Texttradition, aber diese Nähe teilt sie mit anderen Texttraditionen. Zudem hat sie sich erst in weit nachbiblischer Zeit durchsetzen können.

5. Biblia Hebraica und Hebrew University Bible

Im Jahre 1906 erschien in Leipzig die Biblia Hebraica (BH¹) auf der Basis der mittelalterlichen (1524f.) Textausgabe des Jakob Ben Hajjim, der sog. Zweiten Rabbinerbibel aus der Druckerei Bomberg in Venedig (Bombergiana), die wiederum auf sephardische Handschriften zurückging, die dem Textbestand der tiberischen Tradition sehr nahe standen. Die 2. Auflage (BH²) aus dem Jahre 1913 führte nur kleine Korrekturen aus. Die **BHK** (= BH³), von *F.Kittel* und *P.Kahle* in den Jahren 1929-1937 in Stuttgart herausgegeben, stützte sich auf den Kodex Petropolitanus (L, M^L), der unmittelbar der Ben Ascher-Tradition entstammte, und versah den Text mit einem völlig neuen Varianten-Apparat.

Die **BHS** (Biblia Hebraica Stuttgartensia = BH⁴), von *W.Rudolph* und *K.Elliger* in den Jahren 1967-1977 herausgegeben, basiert weiterhin auf L (M^L). Sie hat den kritischen Apparat erheblich revidiert und Qumran-Varianten aufgenommen. Zudem bietet sie die Masorah parva (**Mp**) als Marginalie. Durch ein Zahlensystem wird auf die Masorah magna (**Mm**) verwiesen, die von *G.E.Weil* separat publiziert wurde.

Die **BHQ** (Biblia Hebraica Quinta) wird (seit 1998) herausgegeben von *A.Schenker* u.a. und stützt sich wiederum - nach langen und schwierigen Entscheidungsprozessen - grundsätzlich auf L (M^L), wobei Korrekturen anhand tiberischer Texttraditionen im Apparat geboten werden. Die Masorah magna wird oberhalb des Textes angeordnet und in einem angehängten Kommentar entschlüsselt.

Das Hebrew Old Testament Text Project (**HOTTP**) der United Bible Societies (UBS) unter *E.Nida* arbeitet seit 1969 und versteht sich als Instanz zur Klärung textkritischer Fragen. Die Herausgabe eines kritischen Bibeltextes ist m.W. nicht beabsichtigt.

Die **Hebrew University Bible (HUB)** hat den Kodex Aleppo (**A, M^A**) als ältesten greifbaren Textzeugen aus der Ben Ascher-Tradition als Grundlage, dessen fehlende Teile noch vor der Zerstörung faksimiliert worden waren. Sie verzichtet völlig auf Emendationen (Versuche, den Text ohne Rückhalt an Textzeugen zu verbessern). In einem vierfachen Apparat bietet sie die Varianten der alten Übersetzungen, der jüdischen Texte aus der Zeit des Zweiten Tempels incl. Schriften aus der Judäischen Wüste, Varianten im Konsonententext ausgewählter mittelalterlicher Kodizes und Varianten in Vokalisation und Akzentuierung ebda. Zusätzlich übernimmt sie die große und kleine Masorah von **A** (**M^A**). In einem zusätzlichen Anmerkungsteil werden die Varianten der alten Übersetzungen rückübersetzt. Die HUB erscheint seit 1995 in Jerusalem (*M.H.Goshen-Gottstein, S.Talmon, C.Rabin, E.Tov*).

II. Die Texte vom Toten Meer und aus der Genisa von Kairo

Hatte die Bibelwissenschaft bisher mit den Ben Ascher-Kodizes das *Ende* der masoretischen Textfixierung erreicht, so ermöglichen die Texte vom Toten Meer nun Einblick in den *Beginn* der Textfixierung. In einigen Fällen (Sam, Dan) sind die vorgefundenen Handschriften noch der Formulierungsphase der entsprechenden Bücher zuzurechnen oder unmittelbar darauf folgend anzusetzen. Von den ca. 800 Handschriften aus Qumran sind ca. 200 im engeren Sinne als biblische Handschriften zu bezeichnen, die aus der Zeit vom ausgehenden 3.Jh. v.Chr. bis 70 n.Chr. stammen.

Diese - wie die folgende Auflistung allein der biblischen Handschriften zeigt - gut bestückte Bibliothek der essenisch-sadduzäischen Gruppierung - möglicherweise Kultpersonal des Jerusalemer Tempels, das aus Opposition gegen die hellenisierenden Tendenzen am Tempel zeitweise den Tempeldienst verlassen hatte - ist von unübersehbarem Wert für die Klärung der Textgeschichte sowohl der Hebräischen Bibel wie zugleich auch des Alten Testamentes. Die häufig vorzufindende Abwertung ihrer Schriften als »sectarian« (*M.Greenberg; B.Chiesa*) wird der wirklichen Bedeutung dieser Gemeinschaft nicht gerecht.

1. Die biblischen Handschriften von Qumran

1Q1 (1QGen)	1Q5 (1QDtn^h)	1Q8 (1QJes^b)	1Q12 (1QPs^c)
1Q2 (1QEx)	1Q6 (1QJudg[Ri])	1Q9 (1QEz)	1Q71 (1QDan^a)
1Q3 (1QpalaeoLev)	1Q7 (1QSam)	1Q10 (1QPs^a)	1Q72 (1QDan^b)
1Q4 (1QDtn^a)	1QJes^a	1Q11 (1QPs^b)	
2Q1 (2QGen)	2Q6 (2QNum^a)	2Q11 (2QDtn^b)	2Q16 (2QRut^a)
2Q2 (2QEx^a)	2Q7 (2QNum^b)	2Q12 (2QDtn^c)	2Q17 (2QRut^b)
2Q3 (2QEx^b)	2Q8 (2QNum^c)	2Q13 (2QJer)	2Q18 (2QSir)
2Q4 (2QEx^c)	2Q9 (2QNum^d>2Q7)	2Q14 (2QPs)	2Q23 (2QBar?)
2Q5 (2QpalaeoLev)	2Q10 (2QDtn^a)	2Q15 (2QIjob)	
3Q1 (3QEz)	3Q2 (3QPs)	3Q3 (3QLam[Klgl])	

4Q1 (4QGen-Ex^a)	4Q34 (4QDtn^g)	4Q69 (4QpapJes^n)	4Q98b (4QPs^s)
4Q2 (4QGen^b)	4Q35 (4QDtn^h)	4Q69a (4QJes^q)	4Q98c (4QPs^t)
4Q3 (4QGen^c)	4Q36 (4QDtn^i)	4Q69b (4QJes^r)	4Q98d (4QPs^u)
4Q4 (4QGen^d)	4Q37 (4QDtn^j)	4Q70 (4QJer^a)	4Q99 (4QIjob^a)
4Q5 (4QGen^e)	4Q38 (4QDtn^k)	4Q71 (4QJer^b)	4Q100 (4QIjob^b)
4Q6 (4QGen^f)	4Q39 (4QDtn^l)	4Q71a (4QJer^d)	4Q101 (4QpalaeoIjob^c)
4Q7 (4QGen^g)	4Q40 (4QDtn^m)	4Q71b (4QJer^e)	4Q102 (4QProv^a)
4Q8 (4QGen^h)	4Q41 (4QDtn^n)	4Q72 (4QJer^c)	4Q103 (4QProv^b)
4Q9 (4QGen^j)	4Q42 (4QDtn^o)	4Q73 (4QEz^a)	4Q104 (4QRut^a)
4Q10 (4QGen^k)	4Q43 (4QDtn^p)	4Q74 (4QEz^b)	4Q105 (4QRut^b)
4Q11 (4QpalaeoGen-Ex^l)	4Q44 (4QDtn^q)	4Q75 (4QEz^c)	4Q106 (4QCant^a)
4Q12 (4QGen^m)	4Q45 (4QpalaeoDtn^r)	4Q76 (4QXII^a)	4Q107 (4QCant^b)
4Q13 (4QEx^b)	4Q46 (4QpalaeoDtn^s)	4Q77 (4QXII^b)	4Q108 (4QCant^c)
4Q14 (4QEx^c)	4Q47 (4QJos^a)	4Q78 (4QXII^c)	4Q109 (4QQoh^a)
4Q15 (4QEx^d)	4Q48 (4QJos^b)	4Q79 (4QXII^d)	4Q110 (4QQoh^b)
4Q16 (4QEx^e)	4Q49 (4QJudg^a)	4Q80 (4QXII^e)	4Q111 (4QLam[Klgl])
4Q17 (4QEx-Lev^f)	4Q50 (4QJudg^b)	4Q81 (4QXII^f)	4Q112 (4QDan^a)
4Q18 (4QEx^g)	4Q51 (4QSam^a)	4Q82 (4QXII^g)	4Q113 (4QDan^b)
4Q19 (4QEx^h)	4Q52 (4QSam^b)	4Q83 (4QPs^a)	4Q114 (4QDan^c)
4Q20 (4QEx^j)	4Q53 (4QSam^c)	4Q84 (4QPs^b)	4Q115 (4QDan^d)
4Q21 (4QEx^k)	4Q54 (4QReg^a)	4Q85 (4QPs^c)	4Q116 (4QDan^e)
4Q22 (4QpalaeoEx^m)	4Q55 (4QJes^a)	4Q86 (4QPs^d)	4Q117 (4QEsra)
4Q23 (4QLev-Num^a)	4Q56 (4QJes^b)	4Q87 (4QPs^e)	4Q118 (4QChr)
4Q24 (4QLev^b)	4Q57 (4QJes^c)	4Q88 (4QPs^f)	4Q119 (4QLXXLev^a)
4Q25 (4QLev^c)	4Q58 (4QJes^d)	4Q89 (4QPs^g)	4Q120 (4QpapLXXLev^b)
4Q26 (4QLev^d)	4Q59 (4QJes^e)	4Q90 (4QPs^h)	4Q121 (4QLXXNum)
4Q26a (4QLev^e)	4Q60 (4QJes^f)	4Q91 (4QPs^j)	4Q122 (4QLXXDtn)
4Q26b (4QLev^g)	4Q61 (4QJes^g)	4Q92 (4QPs^k)	4Q196 (4QpapTob ar^a)
4Q27 (4QNum^b)	4Q62 (4QJes^h)	4Q93 (4QPs^l)	4Q197 (4QTob ar^b)
4Q28 (4QDtn^a)	4Q63 (4QJes^j)	4Q94 (4QPs^m)	4Q198 (4QTob ar^c)
4Q29 (4QDtn^b)	4Q64 (4QJes^k)	4Q95 (4QPs^n)	4Q199 (4QTob ar^d)
4Q30 (4QDtn^c)	4Q65 (4QJes^l)	4Q96 (4QPs^o)	4Q200 (4QTob?hebr.)
4Q31 (4QDtn^d)	4Q66 (4QJes^m)	4Q97 (4QPs^p)	4Q550 (4QPrEster^{a-e}?)
4Q32 (4QDtn^e)	4Q67 (4QJes^n)	4Q98 (4QPs^q)	4Q551 (4QDanSuz)
4Q33 (4QDtn^f)	4Q68 (4QJes^o)	4Q98a (4QPs^r)	
5Q1 (5QDtn)	5Q3 (5QJes)	5Q5 (5QPs 119)	5Q7 (5QLam^b)
5Q2 (5QReg)	5Q4 (5QAm)	5Q6 (5QLam^a)	
6Q1 (6QpalaeoGen)	6Q3 (6QDtn)	6Q5 (6QpapPs?)	6Q7 (7QpapDan)
6Q2 (6QpalaeoLev)	6Q4 (6QReg)	6Q6 (6QCant)	
7Q1 (7QLXXEx)	7Q2 (7QEpJer)		
8Q1 (8QGen)	8Q2 (8QPs)		
11Q1 (11QpalaeoLev)	11Q4 (11QEz)	11Q7 (11QPs^c)	11Q10 (11QtgIjob)
11Q2 (11QLev^b)	11Q5 (11QPs^a)	11Q8 (11QPs^d)	
11Q3 (11QDtn)	11Q6 (11QPs^b)	11Q9 (11QPs^e)	

Diese umfangreiche Liste darf nicht mißverstanden werden. Die Handschriften sind z.T. sehr kurz, manchmal enthalten sie nur einzelne Versteile. Durch ausgefeilte Technik der Wiederherstellung zerstörter Rollen (*H. Stegemann*) lassen sich oft gute Überblicke über den ursprünglichen Textumfang gewinnen. Zudem vermögen gut erhaltene lange Rollen (7-8 m) wie 1QJes^a; 11QpalaeoLev; 11QPs^a mit umfangreichen Texten vermitteln, wie man sich solche Handschriften vorzustellen hat.

1.1 Die hebräischen Handschriften

Die meisten Handschriften aus Qumran sind in hebräischer Sprache, meistens in »assyrischer« Quadratschrift geschrieben. Dies darf als der normale Standard gelten. Ausgehend von der Beobachtung, daß sich die Schrift (Buchstabenform, Duktus etc.) im Laufe der Zeit ändert, gelang es mit Hilfe der paläographischen Methode (*F.M.Cross*), die Handschriften von Qumran relativ genau zu datieren.

1.2 Die Handschriften in paläohebräischer Schrift

Unter den vielen Bibel-Handschriften aus Qumran sind nur 12 in der sog. paläohebräischen Schrift geschrieben. Da diese Schrift in manchen biblischen (z.B. 4QLev[g]; 11QPs[a]) oder auch nichtbiblischen (z.B. 1QH[a.b]; 4QS[d]) Texten, dann auch in griechischen Übersetzungen (8HevXII gr) zur Auszeichnung des Gottesnamens JHWH verwendet wurde, sah man schon bald in ihr eine Referentialschrift und vermutete, daß den zur Gänze so geschriebenen Rollen besondere Bedeutung zukommen müsse, zumal diese Handschriften mit besonderer Sorgfalt angefertigt worden sind. Dem könnte entsprechen, daß primär Pentateuch-Bücher (Ex/Lev/Num/Dtn) in dieser Schreibweise erhalten sind, dann aber auch ein Ijob-Buch (4Q101 [4QpalaeoIjob[c]]), das in dieser Weise als von Mose stammend und der Tora gleichwertig ausgezeichnet werden sollte. Die paläohebräischen Handschriften von Qumran lassen sich nicht einer bestimmten Texttradition zuordnen; obwohl die meisten MT nahestehen, zeigt sich 4Q22 (4Qpalaeo-Ex[m]) als präsamaritanisch, 11Q1(11QpalaeoLev) sogar als unabhängig. In dieser Hinsicht unterscheiden diese Handschriften sich nicht von den anderen (*E.Tov*, *E.Ulrich*). Entweder will durch die Verwendung dieser Schrift ein bewußtes Anknüpfen an alte Traditionen (Archaisierung in der hasmonäischen Zeit) erreicht werden, oder die Erklärung für die archaisierende Schrift ist im soziologischen Hintergrund der entsprechenden Handschriften zu suchen. Alle diese Schriften stammen aus vorqumranischer Zeit, in der sie wahrscheinlich in sadduzäischen Kreisen tradiert wurden (*E.Tov*), während *K.A.Mathews* sie auf die essenische »Moses mentality« zurückführt. In talmudischer Zeit war diese Schrift in heiligen Texten verboten (b.Sanh. 21b), da sie als die Schrift der »gewöhnlichen Leute«, z.B. der Samaritaner galt (so z.B. das Fragment pap palaeo-Mas 1o[Mas 1039-320]).

1.3 Die aramäischen Handschriften

Die ungefähr 70 aramäischen Handschriften aus Qumran - zusammengestellt in der Ausgabe von *K.Beyer* - entstammen offensichtlich einem eigenen, noch näher zu beschreibenden soziologischen Sektor der Essener und Qumraner. Die Texte werden alle in vorqumranische Zeit (Beginn bis Mitte 2.Jh. v.Chr.) datiert, auch wenn die Kopien z.T. erheblich jünger sind. An biblischen Texten liegen ein Jer-Fragment (4Q71[4QJer[b]]), Daniel-Texte (4Q112-115[4QDan[a-d]]), ein Esra-Fragment (4Q117[4QEsra]) und ein aram. Tobit-Text in 4 Kopien (4Q196-199[4QTob[a-d]]) vor; zu Lev (4Q156), Jes (4Q550[f]) und Ijob (4Q157; 11Q10) sind Targume erhalten. Großen Umfang nehmen die zwischen der Ezechiel-Tradition und der Tempelrolle stehenden Texte mit Entwürfen für ein »Neues Jerusalem« ein. Der Großteil der sonstigen aram. Texte enthält apokryphe Literatur: ein Genesis-Apokryphon, Patriarchen- (Noach) und Priester-Traditionen (Amram, Qahat, Levi), Henoch-Traditionen und das »Buch der Giganten«.

1.4 Die griechischen Handschriften

Aus Qumran sind 8 griechische Bibelhandschriften erhalten (DJD IX, 1992), die mit Ausnahme von 7Q2 (7QpapEpJer) nur Pentateuch-Texte enthalten. Die rekonstruierbaren hebräischen Vorlagen dieser Texte gehen weit auseinander und lassen sich keineswegs auf eine einzige Texttradition zurückführen. Aber auch die griechische Texttradition erweist sich als mehrspurig, da viele Varianten eigenständigen Charakter haben und sich nicht von LXX herleiten lassen (4Q119 [4QLXXLev^a]; 4Q120 [4Qpap LXXLev^b]). Zudem läßt sich in jüngeren griechischen Texten eine im Blick auf den späteren MT korrigierende Hand erkennen.

2. Der Textstatus der biblischen Texte aus Qumran

Die vielleicht älteste Rolle 4Q17 (4QEx-Lev^f) stammt aus der Mitte des 3.Jh. v.Chr., steht im ganzen MT nahe, richtet sich jedoch an einer Stelle mit Samaritanus gegen MT, ist also - wie 4Q22 (4QpalaeoEx^m) - zur präsamaritanischen Texttradition zu rechnen. 4Q52 (4QSam^b, nahe an LXX), 4Q70 (4QJer^a, nahe an MT), 4Q71 (4QJer^b, nahe an LXX) 4Q76 (4QXII^a, unabhängig) und 4Q109 (4QKoh^a, typisch qumranische Schreiberpraxis) stammen aus dem letzten Viertel des 3.Jh. v.Chr. und zeigen damit in aller Deutlichkeit das unmittelbare Nebeneinander aller bekannten Texttraditionen ohne jedes erkennbare Ranking, so daß schon sehr bald *F.M.Cross* die Bibliothek von Qumran als eine Sammlung der damals vorhandenen drei großen Texttraditionen bezeichnen konnte. Diese Einteilung wird aber dem viel komplizierteren Befund nicht gerecht. So zeigt z.B. 5Q1(5QDtn), das ebenfalls zu den sehr frühen Texten aus Qumran gehört, die Spezifika zugleich aller drei großen Texttraditionen, während dann wenig später 5Q2(5QKön), 2Q12(2QDtn^c); 4Q47(4QJos^a) und 11Q1(11QpalaeoLev) Varianten enthalten, die sich keiner der bekannten Texttraditionen zuordnen lassen. *S.Talmon* deutete die textliche Pluriformität mit dem Hinweis, daß die »ongoing literary processes of intra-biblical nature« noch keineswegs abgeschlossen waren. *E.Tov* hat durch eine detaillierte Beschreibung der biblischen Texte aus Qumran die Theorie von den lokalen Textfamilien widerlegt und die Theorie der »textual variety«, der »Vielfalt der Texttraditionen« vorgelegt und die Texte wie folgt strukturiert:

(1) Handschriften mit der sog. Qumran-Orthographie (plene, lange Suffix-Formen), dem MT ähnlich, jedoch mit vielen Schreibfehlern (ca. 25% der Handschriften);

(2) Handschriften aus der protomasoretischen Texttradition (40% der Handschriften);

(3) Handschriften aus der präsamaritanischen Texttradition (also ohne Samaritaner-Ideologie: 5% der Handschriften);

(4) Handschriften, die die hebräische Vorlage für den LXX-Text enthalten könnten oder ihr nahestehen (5% der Handschriften);

(5) Handschriften, die sich keiner dieser Texttraditionen zuordnen lassen, aber auch untereinander weder durchgängige Übereinstimmungs- noch Abweichungsmuster erkennen lassen (25% der Handschriften).

Zusammenfassend lassen sich also die biblischen Texte aus Qumran in mindestens 5 Gruppen (*E.Tov*) einteilen: qumranische (letztlich MT nahestehend), protomasoretische, präsamaritanische, präseptuagintische und eine unabhängige Gruppe. Nicht übersehen werden darf, daß einzelne Texte auch noch Affinitäten zum Targum, zur Peschitta und Vulgata aufweisen (*S.Talmon*).

So wie die protomasoretischen Texte aufgrund ihrer nahezu exakten Übereinstimmung mit dem späteren MT die große Sorgfalt späterer Abschreiber erweisen, geben sie auch umgekehrt Zeugnis für ihre eigene Schrifttreue. Daraus ist zu schließen, daß die Handschriften aus Qumran auch die nicht-masoretischen Texttraditionen zuverlässig bezeugen.

3. Kommentare zu biblischen Texten

Die große Bedeutung der biblischen Texte wird noch dadurch unterstrichen, daß in Qumran eine reichhaltige Kommentarliteratur entwickelt wurde: Mehr als 30 Pescharim, Kommentare primär zu Propheten- (1QpHab; 1Q14 [Mi]; 1Q15 [Zef]; 3Q4 [Jes]; 4Q161-165 [Jes]; 4Q166-167 [Hos]; 4Q168 [Mi]; 4Q169 [Nah]; 4Q170 [Zef]; 4Q253a [Mal]; 5Q4 [Am]; 5Q10 [Mal]) und Psalmentexten (1Q16; 4Q171; 4Q173), aber auch zum Buch Genesis (4Q252-254a) sind erhalten. Die Eigenart dieser Kommentare besteht darin, daß sie den Propheten keine Botschaft für ihre je eigene Zeit beließen, sondern sie ausschließlich auf die unmittelbare eschatologische Gegenwart der Gemeinde bezogen. Ausgedehnte Midraschim (4Q174+177 [4QMidrEschat[a.b]]; 4Q175 [4QTest]; 11Q13 [11QMelch]) waren mehr thematisch orientiert und stellten zu diesem Thema anthologisch alle verfügbaren Bibeltexte zusammen.

4. Die sog. »rewritten Bible«: Pentateuch-Paraphrasen und Tempelrolle

Eine große Gruppe qumranischer Texte macht den Eindruck, sie enthalte Paraphrasierungen biblischer Texte. Dabei handelt es sich um interpretierende Fortschreibungen biblischer Texte vornehmlich im Bereich des *Pentateuch* (4Q158; 4Q364-367; 4Q422; 4Q464). Die gegenwärtige Forschung nennt solche Texte *»rewritten/reworked Bible«*. Eigenart dieser vornehmlich noch aus vorqumranischer Zeit stammenden Schriften ist ihr Entlanggehen an einem biblischen Basistext, wobei sie thematisch jeweils passende Zitate aus anderen biblischen Büchern beiziehen. Im Bereich der Pentateuchtexte ist ein solches Vorgehen unmittelbar vergleichbar mit der späten Pentateuchredaktion R[P] (s.u. C.III). Deshalb wird man solche Texte bereits in der literarischen Entstehungsphase, nicht jedoch erst in der Transmissionsphase des Pentateuch anzusetzen haben; zumindest jedoch sind sie entstanden in einer Gemeinde, für die die Entwicklung des Tora-Textes noch nicht abgeschlossen war. Die genannten Texte stehen ausnahmslos der präsamaritanischen Textform nahe.

In der Nähe eines solchen »rewritten-Bible«-Text steht auch das *Genesis-Apokryphon,* das sich jedoch in paränetischer Absicht recht weit vom Basistext der Patriarchen-Erzählung (Gen 5-15) wegbewegt.

Die *»Tempelrolle«* (11QT) ist - basierend auf den Basistexten Ex/Lev/Num/Dtn - formal als unmittelbar von Gott ausgehende Tora (in der 1. Sg.) gestaltet, die als Globalziel die Absicht verfolgt, alle das Wüstenheiligtum der Israeliten betreffenden Anweisungen des Pentateuch auf den Zweiten Tempel von Jerusalem zu aktualisieren. Da die Quellen der Tempelrolle sicher ins 3.Jh. v.Chr. (und früher?) zurückreichen, müssen sich die aufgenommenen Basistexte des Pentateuch noch in der Formationsphase befunden haben. Bevor man daraus weitreichende Schlüsse ableitet, ist zu bedenken, daß die Tempelrolle weniger auf feste Texttraditionen als vielmehr auf gemeinsame kultische Heiligtums- und priesterlich bestimmte gesetzliche Überlieferungen zurückgriff, die in die Zeit vor der Auseinandersetzung mit dem Hellenismus zurückreichen und in programmatischen Diskussionen im exilisch-nachexilischen Priestertum ihren Ursprung haben können. Dies erklärt die vielen Übereinstimmungen mit den Pentateuch-Paraphrasen, mit 4QMMT und CD, aber auch mit den Traditionen hinter Jubiläen und Henoch. Anderseits sind die textlichen Differenzen zum masoretischen Text etwa des Dtn so massiv, daß dies nicht ohne Rückwirkung auf die Kanon-Theologie bleiben kann. Entscheidend aber ist letztlich der kanonische Anspruch, den die Tempelrolle aufgrund ihrer Formulierung als Gottes unmittelbare Tora erhebt.

Zu nennen sind schließlich noch Texte, die zwar biblischen Texten sehr nahe stehen, diese aber im echten Sinne »fortgeschrieben« haben. Sie zeigen eine deutliche *apokalyptische* Ausrichtung, lassen aber auch erkennen, daß über die biblisch bekannten »Stoffe« hinaus noch zusätzliche Materialien im Umlauf waren. Diese Texte werden in der Qumranologie mit dem Sigel ps (= pseudo) versehen: In aram. Sprache liegen zwei Daniel-Apokryphen 4QpsDan^{a-d} (4Q243-246), in hebr. Sprache fünf Ez- (4Q385-388;391) und fünf Moses-Apokryphen (4Q385a/387a/388a/389/390) vor. In ähnlicher Weise wurde in Qumran auch das Jubiläenbuch (4Q225-227) fortgeschrieben.

5. Der »Kanon« von Qumran

Weder der Begriff »Kanon« noch der Begriff »Bibel« ist für Qumran sicher nachzuweisen. Deshalb ist hier, wie im sonstigen Judentum auch, die Kanonizität einer Schrift nicht über eine explizite Terminologie, sondern höchsten anhand bestimmter Kriterien zu erschließen.

1. Argument: Verschriftung: Allein schon die Tatsache, daß eine mündliche Tradition verschriftet wird, spricht für ihre hohe Wertschätzung, da dem Text auf diese Weise Dauer und Verbreitung zugestanden wird.

2. Argument: Bezeugung und Zitation: Alle Bücher der Hebräischen Bibel mit den Ausnahmen Ester (vgl. aber 4Q550) und Nehemia (vielleicht zum Esra-Buch gezählt) sind in Qumran als Handschriften belegt. Von den sog. deuterokanonischen Büchern sind in Qumran Tobit, Sirach (11Q5; vgl. auch Exemplare in Masada und in der Genisa von Kairo), Dan 13 (Susanna), Ps 151 (11Q5) und Baruch (Bar 6=EpJer [7Q2]) belegt. Viele biblische Bücher werden zudem noch in Form von Zitaten herangezogen, dienen also als Schriftbeweise. Das geschieht aber auch z.B. mit dem Jubiläenbuch (CD 16,2-3 verweist auf Jub; vgl. auch CD 10,7-10 und Jub 23,11). Die weite Verbreitung der Wächter-Geschichte (1 Hen 1-36) sowie des solaren Kalenders in Qumran zeigt die hohe Beachtung des Henoch-Buches (im NT wird Hen 1,9 in Jud 14f. zitiert). Beachtlich sind schließlich die Werke, die anthologisch mit Schriftzitaten arbeiten (4QMidrEschat[a,b], zusammengesetzt aus 4QFlor und 4QCatenaA).

3. Argument: Anzahl der Kopien: Die Gewichtung der einzelnen Bücher könnte aus der Anzahl der erhaltenen Kopien hervorgehen (Ps: 40 Exemplare; Dtn: 29; Jes: 21; Ex: 17; Gen: 15; Lev: 13). Auch die apokryphen Bücher (Pseudepigraphen) sind in Qumran vertreten: Henoch (vielleicht 20, aber mindestens 11 Handschriften; ohne die für die Traditionsgeschichte des NT wichtigen Bilderreden vom Menschensohn Hen 37-71, aber mit dem für den Manichäismus wichtigen Buch der Giganten) und Jubiläen (15 Handschriften); die Testamente der Patriarchen selbst sind nicht belegt, einige Handschriften können aber als Quellenschriften dazu gedeutet werden. Darüber hinaus findet sich eine breite Aufnahme von Patriarchen- und Priester-Tradition (Amram, Qahat) in ungefähr 50 bislang unbekannten Apokryphen. Aber auch essenische Schriften (Sabbatopferlieder, 4QMMT; CD/4-QD) und qumraneigene Regeln (z.B. 1/4QS) sind vielfach kopiert worden.

4. Argument: Interner Anspruch: Von besonderer Bedeutung ist der Anspruch selbst, den eine Schrift erkennbar erhebt, z.B. durch Verwendung autorisierender Formeln (Botenformel: »Spruch Gottes« [CD 19,8]) oder durch die durchgängige Formulierung als mittelbare (Jubiläenbuch) oder unmittelbare Promulgation Gottes in der 1. Sg. (Tempelrolle).

5. Argument: Kommentierung: Das Faktum der Kommentierung in einem Pescher oder Midrasch zeigt an, daß das entsprechende Buch als autoritativ betrachtet wird. In Qumran galt dies besonders für die Prophetenbücher.

6. Argument: Die Kanonlisten: Die in Qumran bezeugten Kanonlisten (z.B. 4QMMT C 10) bezeugen zwar eine Dreier-Struktur der Qumran-Bibel, sagen aber nichts über den exakten Bücherumfang der einzelnen Segmente. Die wenig später entstandene Regel 1QS I 3 spricht nur von Mose und den Propheten. Die Ordnungen und Regelbücher (CD und 1QS) gewähren Einblicke in das Binnenleben der Gemeinden und erweisen die Tora, die Gebetsliteratur und die Weisheitsliteratur als Objekte höchster Wertschätzung. In diesen Bereichen hat Qumran eine Vielzahl eigener Bücher promulgiert (für die Tora die Tempelrolle; für die Gebete die Hodajot und die Sabbatopferlieder, für die Weisheitsliteratur das *mûsar lammebîn* [4Q415-418]).

Nach allem spricht nichts dafür, den Kanon Qumrans mit dem der Hebräischen Bibel für deckungsgleich anzusehen oder ihn sogar auf selbigen zu reduzieren. »Das alles erweckt den Eindruck, als hätten die Leute von Qumran über keine abgeschlossene, genau definierte Liste von Büchern verfügt, die eine Bibel konstituierten. ... Die Gemeinschaft glaubte sicher, daß zu ihrer Zeit die Offenbarung fortschreiten würde; ihr Lehrer galt schließlich als inspiriert« (*J.C.Vander-Kam* 180).

Die *Bedeutung Qumrans für die Textgeschichte* zeigt sich z.B. im Fall des *Jeremia-Buches* (vgl. *K.Schmid*). Hier zeigt die Texttradition eine überraschend deutliche Differenz zwischen MT und LXX, die nun mit Hilfe der Qumrantexte erklärt werden kann. Die LXX-Fassung des Jeremia-Buches ist um ungefähr ein Siebtel kürzer als die MT-Fassung. In Qumran sind 6 Jer-Handschriften belegt (2Q13; 4Q70; 71; 71a; 71b; 72), von denen einige die längere MT-Fassung enthalten, während 4Q71 (4QJer[b]) eindeutig mit der (postulierten hebräischen Vorlage von) LXX zusammengeht. Der kürzere Text zeigt keinerlei Anzeichen, daß Schreiberfehler (Auslassungen, Zeilensprünge etc.) vorliegen, umgekehrt deuten die Eigenarten des längeren Textes in MT an, daß hier eine theologisch motivierte Fortschreibung des Textes stattgefunden haben muß. Damit könnte Qumran die Vermutung bestätigen, daß die kürzere LXX-Fassung tatsächlich ein hebräisches Äquivalent hat, das eindeutig eine frühere literarische Stufe des Jeremia-Buches darstellt. Ein Blick auf die Datierung der Rollen zeigt, daß beide Fassungen tatsächlich nebeneinander existierten: 4Q70 (4QJer[a], um 200 v.Chr., proto-MT), 4Q71 (4QJer[b], 1. Hälfte 2.Jh. v.Chr., nahe an LXX), gleichzeitig mit 4Q72a (4QJer[d], 1. Hälfte des 2.Jh. v.Chr., proto-MT).

In umgekehrter Weise zeigt Qumran für *1 Sam 11* (*A.Lange/H.Lichtenberger*) eine ausführlichere Textfassung, die - obwohl in keiner anderen Texttradition belegt - alle Chancen der Ursprünglichkeit hat. So sind in 4Q51(4QSam[a]) Angaben über die Bedrückung der israelitischen Stämme Ruben und Gad durch die Ammoniter enthalten, die für das Verständnis des ansonsten enigmatischen Textes vom 1 Sam 11 notwendig sind.

Die *Bedeutung Qumrans für die Kanontheologie* zeigt sich im Fall der *Psalmen*. Hier liegt in Qumran eine markante Abweichung vor, die gegenwärtig intensiv diskutiert wird: Die Psalmen-Handschriften erweisen für Qumran einen erheblichen höheren Psalmen-Bestand als in MT und LXX. Über die zahlreichen Handschriften verteilt sind fast alle 150 masoretischen Psalmen bezeugt, zusätzlich noch der aus LXX bekannte Ps 151, die aus der syrischen Tradition bekannten Ps 154 und 155, sowie eine Zions-Apostrophe, ein Hymnus an den Schöpfer (alle in 11Q5 [11QPs[a]]), sowie ein eschatologischer Psalm und eine Juda-Apostrophe (in 4Q88 [4QPs[f]]), die ausnahmslos so mit den biblisch bekannten Psalmen kombiniert sind, daß für sie eine kanonische Wertschätzung vorausgesetzt werden muß. In den meisten Handschriften wird - wenn der fragmentarische Zustand eine Aussage erlaubt - im wesentlichen die masoretische Reihenfolge der Psalmen bestätigt. Markant ist die zunehmende Unsicherheit ab Ps 89, also in den Psalmenbüchern 4 und 5, ein Textbereich, in dem in Qumran die Abfolge der Psalmen auffällig unsicher wird und in den gleichzeitig die eben genannten »apokryphen« Materialien hinein kompiliert sind. Daraus wurde die These abgeleitet, daß die Schriftrollen von Qumran zwei unterschiedliche Versionen des Psalters bewahrt haben: Ab Ps 89 habe sich die Psalter-Tradition getrennt. Die eine Version der meisten Kopien (Ps 89-150) gehöre in die Tradition, die schließlich auf den masoretischen Text hinauslaufen sollte, die andere Version liege in 11Q5 (11QPs[a]) vor und enthalte die Ps 89-151 sowie 10 »apokryphe« Implemente in nicht-masoretischer Abfolge. Die gegenwärtige Diskussion ringt darum, ob 11Q5 als Zeugnis für eine noch bestehende Fluktuation des masoretischen Psalters im 1.Jh. n.Chr. gelten muß, oder ob sie als möglicherweise zu liturgischen Zwecken komponierte »Sonderrolle« überhaupt kanontheologische Relevanz hat (s.u. E.III.2).

6. Die Texte von Masada, Nahal Hever und Murabbaᶜat

Unter den in der herodianischen Festung *Masada* am Toten Meer gefundenen Handschriften befanden sich 13 stark fragmentarische Exemplare mit biblischen Bezügen. Diese Handschriften stammen vornehmlich von der letzten zelotischen Besatzung (66-74 n.Chr.) und bezeugen für Masada das Vorhandensein biblischer Texte von höchstem textkritischen Wert. Als Bibeltexte liegen vor: Gen 46,7-11; Lev 4,3-9; 8-12; Dtn 33; Ez 35,11-38,14; Ps 81,3-85,10; 147; 150. Diese - z.T. noch nicht veröffentlichten - Texte (*S.Talmon*) stehen MT sehr nahe und sind deshalb als Bezeugung der proto-masoretischen Texttradition zu werten. Die Handschrift MasPs[b] (M 1103-1742) wurde in der 2. Hälfte des 1.Jh.

v.Chr. geschrieben und ist kanongeschichtlich insofern interessant, als sie Ps 150 in Schlußstellung zeigt und - gegen 11Q5 (11QPs^a) - offensichtlich einen Psalter mit 150 Psalmen voraussetzt. Die hebräische (!) Sirach-Rolle aus Masada umfaßt Sir 39-44 und ist identisch mit dem Genisa-Text aus Kairo.

Des weiteren stammen aus Masada ein Genesis-Apokryphon (50-25 v.Chr.), ein Josua-Apokryphon, möglicherweise auch ein Ester-Apokryphon (Mas 1m), eine hebräische Fassung des Jubiläen-Buches und eine Abschrift der qumranischen Sabbatopferlieder.

Die Texte aus *Nahal Hever/Wadi Seiyal* (Nahal Se'elim; wenige km südl. von Ein Gedi) entstammen der Zeit des Bar-Kochba-Aufstandes (132-135 n.Chr.). Aus der Doppelhöhle 5/6 sind einige Fragmente mit Num 19,2-4; 20,7-8; 27,2-13; 28,11-12 (5/6Hev/Se 1+2), Dtn 9,5-6.21-23 (5/6Hev/Se 3) und Ps 7-11; 12-13; 15,1-5; 16,1; 18; 22-25; 31 (5/6Hev-Se 4) erhalten. Aus Höhle 8 (»Schreckenshöhle«) stammt ein Dodekapropheton (8HevXII gr) in griechischer Sprache (*E.Tov*, DJD VIII, 1990), das gegenwärtig die älteste vorhandene griechische Zwölf-Propheten-Rolle ist. Da sie exakt der masoretischen Anordnung folgt, steht sie in einem instruktiven Kontrast zur qumranischen Handschrift 4Q76(4QXII^a), dem ältesten qumranischen Dodekapropheton aus der Mitte des 2.Jh. v.Chr., das noch eine abweichende Reihenfolge der einzelnen Propheten kennt.

Unter den mehr als 170 Texten aus *Wadi Murabba^cat* (18 km südl. von Qumran) fanden sich 4 Handschriften mit biblischen Texten ebenfalls aus der Zeit des 2. Jüdischen Krieges (132-135 n.Chr.). Sie enthalten Texte aus Gen/Ex/Num (Mur 1), Dtn (Mur 2), Jes (Mur 3) und aus dem Dodekapropheton (Mur 88), publiziert in DJD II, 1961, die eindeutig aus der proto-masoretischen Texttradition stammen, auch wenn sie kleine Abweichungen enthalten. Der Text ist auffällig konservativ, evident ist die masoretische Abfolge der einzelnen Bücher im Zwölfprophetenbuch. Damit signalisieren diese Texte die zunehmende Fixierung der masoretischen Texttradition im 2.Jh. n.Chr.

7. Die Handschriften aus der Genisa von Altkairo

Wie aus einem Brief des nestorianischen Patriarchen Timotheus I. von Seleukia an den Metropoliten Sergius von Elam (ca. 800 n.Chr.) hervorgeht, sind schon in der Antike Schriftrollen in der Gegend von Jericho gefunden worden. Vielleicht ist das eine von vielen möglichen Erklärungen dafür, daß trotz offizieller Einlinigkeit der masoretischen Texttradition doch noch Relikte anderer Texttraditionen gestreut wurden.

Dies könnte den merkwürdigen Umstand erklären, daß in der Genisa (Kammer zur Aufbewahrung abgenutzter Schriftrollen) der Esra-Synagoge von Fustat (Alt-Kairo) 1896/97 n.Chr. unter weit mehr als 200 000 Fragmenten auch biblische Texte (z.T. noch aus dem 8.Jh. n.Chr.) gefunden wurden, die noch in vormasoretischer palästinischer und babylonischer Vokalisation geschrieben waren. Darunter befanden sich mindestens 5 z.T. sehr umfangreiche hebräische Handschriften des Buches Sirach (vgl. auch Qumran und Masada), eine Kopie der LXX-Rezension des Aquila, syrische Bibelfragmente, Targumim, aber auch die berühmte »Damaskusschrift« (CD = »Cairo-Document«), eine vorqumranische Gemeinderegel aus der Zeit um 100 v.Chr., von der in Qumran weitere 10 Kopien (z.B. 4Q266-273) gefunden wurden. Die Genisa-Fragmente stammen zumeist aus dem 10.-12.Jh. n.Chr. Ihre Bedeutung zentriert sich zu Recht auf den hebräischen Sirach und auf CD, aber sie werfen auch ein Schlaglicht auf die Persistenz nicht-masoretischer Textformen über nahezu ein volles Jahrtausend.

III.   Theorien zur Textgeschichte der hebräischen Bibel

Obwohl bereits die Hexapla des Origenes (3.Jh.) und ähnlich die Complutenser Polyglotte des Kardinals Ximenes von Alcala (1514-1517) einen kritischen Schriftenvergleich ermöglichen sollten, setzte eine kritische Betrachtung des Bibeltextes erst im 17.Jh. mit der Biblia Polyglotta von *B.Walton* (London 1657) ein. Aus der Entdeckung echter Textvarianten entstand das dringende Desiderat, nach dem Ursprungstext der Bibel zu suchen unter der sinnvollen, letztlich jedoch unbewiesenen Prämisse, daß der älteste Text der richtigere sein müsse. Der ebenfalls sinnvollen Ansicht, hinter jedem biblischen Text stehe letztlich ein letztverantwortlicher Autor/Editor/Redaktor, der seinen Text vernünftigerweise in eine einzige Endform gebracht habe, stand die empirische Erkenntnis gegenüber, daß die noch erhaltenen ältesten Zeugen biblischer Texte z.T. erheblich voneinander abwichen. Es wurde diskutiert, ob aus der Kombination beider Erkenntnisse Recht und Pflicht des Exegeten abgeleitet werden können, nach einem festen Regelwerk aus den Varianten der Textzeugen diesen »Urtext« zu rekonstruieren. Diese Diskussion läßt sich im Prinzip auf zwei Grundpositionen (*P.de Lagarde, P.Kahle*) engführen:

1. Die »Urtext«-Theorie von de Lagarde

P.de Lagarde (1884) legte - wie vor ihm *J.G.Eichhorn, G.L.Bauer* und *E.F.C.Rosenmüller* auf die mittelalterlichen Handschriften von MT - sein besonderes Augenmerk nun auf die LXX-Handschriften. Nach ihrer Klassifikation entsprechend ihrer Zugehörigkeit zu den verschiedenen Rezensionen müsse der hinter allen Rezensionen stehende gemeinsame Urtext erschlossen werden können, der auf einen einzigen Übersetzungsvorgang der gesamten hebräischen Bibel zurückgehen müsse. Erst recht müsse dies für MT möglich sein, da die MT-Handschriften bis ins Detail übereinstimmten. Aus den rekonstruierbaren Erstabschriften von MT und LXX lasse sich schließlich ein einziger originaler Bibeltext, der »Urtext«, erschließen, dem ein autoritativer Status zugebilligt werden müsse. Dieses Postulat wurde in der Forschung als »Urtext«-Theorie bekannt und lange Zeit bevorzugt.

In dieser Rekonstruktion der Textgeschichte durch die Vulgärtext-Theorie gelang der bemerkenswerte Aufweis einer Diachronie, die im Samaritanus den alten Vulgärtext in einer popularisierten Form sah, MT als kritische Reduktion dieser Textform wertete und die Vorlage von LXX in einer Mittelstellung zwischen beiden ansiedelte. Die große Leistung dieser Theorie lag im stringenten

Aufweis der absoluten Wertschätzung des MT. Ihn als den »Urtext« zu erweisen, gelang jedoch nicht.

2. Die »Vulgärtext«-Theorie von Kahle

Die Theorie von *P.de Lagarde* war dadurch belastet, daß sie aus der Arbeit mit den Handschriften von LXX, also einer Übersetzung, heraus entwickelt worden war. Außerdem hatte sie den Aristeasbrief als Zeugnis für einen Übersetzungsvorgang gewertet, der das gesamte Alte Testament in einem Zuge in eine einzige Übersetzung hinein transponiert haben sollte. Der Aristeasbrief in seinem Grundbestand behauptet dies jedoch nur für den Pentateuch. Weitergehende Aussagen gehen auf sekundäre und tendenzielle Redaktionen zurück (*M.Hengel*).

P.Kahle (1915; 1941) wertete den Aristeasbrief als Hinweis auf frühere ungenügende Übersetzungsversuche und als Propagandaschrift für eine neue Übersetzung, der er zur Akzeptanz als griechischer »Standardtext« verhelfen wollte, was wiederum das Vorhandensein älterer Texte notwendig impliziert. Im Blick auf MT wies er auf interne Differenzen in den mittelalterlichen Handschriften, auf Varianten in den zwischenzeitlich entdeckten Handschriften der Kairoer Genisa und auf divergierende biblische Zitate im Talmud. Danach hielt *P.Kahle* es für ganz unwahrscheinlich, daß es für die Hebräische Bibel als ganze einen einzigen ursprünglichen Text gegeben haben könnte. Die erkennbaren Divergenzen wertete er als direkte Folge einer pluralen Quellensituation, die Vereinheitlichungstendenzen als Hinweis auf die Existenz einer Vermittlungsquelle, die er Vulgärtext(e) nannte. Daraus ergab sich seine Theorie: Eine Mehrzahl biblischer Texte war zu Vulgärtexten (Samaritanus, LXX, MT, 1QJes[a]), Vermittlungsquellen, vereinheitlicht worden, aus denen sich die uns überkommenen Bibelhandschriften entwickelt hatten.

3. Die Theorie der »lokalen Textfamilien« von W.F.Albright/F.M.Cross

Die Auseinandersetzung zwischen *P.Kahle* und *P.de Lagarde* setzte fruchtbare Impulse, insofern in der Folgezeit versucht wurde, die richtigen Elemente beider Theorien zu rezipieren und weiter zu entwickeln. *A.Sperber* (1929) konzentrierte die Kahle'schen Vulgärtexte auf eine nördliche (Samaritanus, LXX[B]) und eine südliche (MT, LXX[A]) Haupttradition. Daraus entwickelten *W.F.Albright* und *F.M.Cross* die weiter ausdifferenzierte Theorie der »lokalen Textfamilien«: Alle Textzeugen lassen sich einigen wenigen Textfamilien zuweisen, die wiederum in bestimmten Gebieten beheimatet sind. In nachexilischer Zeit unmittelbar nach den Schlußredaktionen des Pentateuch und des Deuteronomistischen Geschichtswerkes entstanden diese Textfamilien in Israel/Palästina, in der babylonischen Gola und schließlich auch in Ägypten. Ausgehend von Israel/Palästina spaltete sich zuerst der ägyptische Texttyp des Pentateuch und des Jer-Buches ab, die von da an eine eigene Entwicklung durchliefen. Getrennt von beiden entwickelte sich in der babylonischen Gola eine eigene Textfamilie, die erst im letzten Jh. v.Chr. nach Israel/Palästina zurückgeführt wurde, um hier zur Grundlage kritischer LXX-Revisionen zu werden. Die großen Differenzen zwischen den einzelnen Texttraditionen lassen sich z.T. nur so erklären, daß die einzelnen Familien einige biblische Bücher in unterschiedlichen Entwicklungsstadien vorgefunden und sie entsprechend übernommen (z.B. Jer, Chr, Esra) haben. Die Weitergabe (Transmission) der Texte startete bereits, obwohl die literarische Genese dieser Bücher noch nicht abgeschlossen war.

3.1 Die palästinische Textfamilie

In Israel/Palästina entstand die Hebräische Bibel. Unmittelbar nach der Abfassung und Schlußredaktion der alttestamentlichen Texte selbst zwischen dem 5. und 3.Jh. v.Chr. begann die Transmission dieser Texte. Für die *palästinische Textfamilie* charakteristisch ist ein relativ ausschweifender, »expansionistischer« und glossenreicher Text, der auf Harmonisierungen bedacht ist. Der Textbestand dieser Familie ist nicht randscharf abzugrenzen. Er umfaßt nach *F.M.Cross* den Samaritanischen Pentateuch, den sehr spät entstandenen masoretischen Text der Chronik (Chr^{MT}) und einige frühe Texte aus Qumran.

Der *Samaritanische Pentateuch* (Samaritanus) kann als einer der ältesten Textzeugen gelten, auch wenn er selbst uns nur in Handschriften, z.B. in der Abischaᶜ-Rolle (in paläohebräischer Schrift) der samaritanischen Gemeinde aus Sichem/Nablus frühestens aus dem 11.Jh. n.Chr. bezeugt ist. Daneben kannten die Samaritaner eine eigene Textversion des Buches Josua und ein weiteres historisches Buch, das als »Chronik II« bezeichnet wird. Der Text des Samaritanus geht auf einen früheren präsamaritanischen Text zurück, wie er auch in vielen Handschriften in Qumran (z.B. 4QpalaeoEx^m; 4QRP^a) bezeugt ist. Dieser Text ist relativ frei formuliert, verwendet Harmonisierungen, um Spannungen im Text selbst oder Spannungen zwischen alttestamentlichen Texten auszugleichen (vgl. Ex 18,21∥Dtn 1,13; Ex 32,10∥Dtn 9,20), konstruiert - um höherer Text-Kohärenz willen - Rückverweise (Gen 30,36+31,11-13; Dtn 18,18-22) und Entsprechungen von Anordnung und Ausführung (Ex 8,16ff.+19), Aktion und Reaktion (Ex 20,21+Dtn 5,28-31+Dtn 18,18-22).

Der Samaritanische Pentateuch selbst hebt sich von diesen präsamaritanischen Texten nun eindeutig durch eine theologisch-ideologische Prägung ab, die sich historisch verorten läßt: Spätestens seit den Streitigkeiten zwischen Samaritanern und Esra (Fl. Josephus, Ant XI § 312) wird ein Schisma unausweichlich, dessen Datierung mehrheitlich gegen Ende der Perserzeit angesetzt wird. Jedenfalls wissen die Chronik (2 Chr 13,3-18), die Hirtenallegorie (Sach 11,14) und Sirach (Sir 50,25f) bereits von der Abtrennung. Auf diese Streitigkeiten antworten die Samaritaner mit einem aggressiven Identitätsprogramm, indem sie alle Stellen im Pentateuch, die auf den Ort, den Gott sich für seinen Gottesdienst erwählen wird (*jibḥar*), nun explizit als vollzogen ansehen und entsprechend formulieren: Gott hat den Ort erwählt (*baḥar*), und zwar Sichem (heute: Nablus) und den Berg Garizim (*hargarîzîm*, sw. von Sichem: Ex 20,21). Fest lokalisierte Stätten der Patriarchenzeit (Gen 14: Salem; Gen 22: Morijah; Gen 28: Bet-El; Dtn 27,4: Ebal) werden nun mit dem Garizim identifiziert. Die Zählung der Zehn Gebote wird so verändert, daß in den Dekalogen das 10. Gebot (Ex 20,17; Dtn 5,18;

aus Textelementen aus Dtn 11,29a; 27,2b-3a.4a.5-7 und 11,30 kompiliert) einen Tempelbau auf dem Garizim vorschreibt.

Für die Textkritik ist der Samaritanus wertvoll, insofern manche seiner Varianten - so sie nicht eindeutig ideologisch orientiert sind - ein älteres Textstadium als MT wiederzugeben scheinen. Auch die häufigen Übereinstimmungen mit LXX bestätigen diesen Eindruck.

3.2 Die babylonische Textfamilie

Die Texte wurden von Israel/Palästina aus in die babylonische Diaspora gebracht, wo sie tradiert wurden. Sie unterscheiden sich so sehr von denen der palästinischen und ägyptischen Textfamilie, daß man sie einer eigenen Familie zuweisen muß. Als wichtigste Texttradition hat sich in dieser *babylonischen Textfamilie* die von MT ausgebildet. Der Text zeigt bes. im Pentateuch ausgesprochen gute Lesungen, die primären Charakter haben und damit die Eigenständigkeit dieser Texttradition erweisen. Die Texttradition hat ihr auffälliges Kennzeichen darin, daß der hebräische Text in der Regel defektiv geschrieben ist, d.h. weitgehend auf *matres lectionis* verzichtet. Ansonsten ist der Text als knapp und konservativ beschrieben und enthält wenige Hinweise auf Revisionen und Modernisierungen. Trotzdem ist auch er Ergebnis einer kritischen Reduktion einer breiteren Texttradition. Die bleibende Bedeutung dieser Texttradition zeigte sich, als ihr Text zur Zeit des Rabbi Hillel als Grundlage einer Revision der LXX herangezogen wurde. Diese Texttradition muß also bereits in vorchristlicher Zeit wieder nach Israel/Palästina zurückgeführt worden sein. Weite Bereiche der Qumrantexte sowie die Texte aus Masada, Murabbaᶜat und Nahal Hever sind dieser Tradition verpflichtet und zeigen damit ihre Dominanz an. Aus diesem Text entwickelt sich nahtlos im Mittelalter der *textus receptus,* wie er in der Ben Ascher-Familie tradiert worden ist.

3.3 Die ägyptische Textfamilie

Aus Israel/Palästina stammte ebenfalls der Grundtext, der der LXX, der Hauptzeugin der *ägyptischen Textfamilie,* als hebräische Vorlage gedient hat. Der ursprüngliche Text dieser »Old Greek«-Form ist voll und ausführlich und eng verwandt mit den ältesten Texten der palästinischen Familie (ca. 1900 Varianten gemeinsam mit der samaritanischen Texttradition gegen MT, die aber meistens auf Lesehilfen reduziert sind). Die ägyptische Herkunft ist kaum zu bezweifeln, da *W.F.Albright* bereits einen »pre-Septuaginal Egyptian influence« nachgewiesen und *M.Hengel* auf die Angleichungen an ptolemäisches Recht aufmerksam gemacht haben. In Qumran gehören zu dieser Familie die Texte 4QExᵃ und 4QJerᵇ. 4QSamᵃ (3.Jh. v.Chr.) dürfte sogar die direkte Vorlage für LXX gewesen sein.

Der Theorie von den »lokalen Textfamilien« hat der »Urtext«-Theorie die Annahme einer Gleichzeitigkeit verschiedener Texttraditionen entgegengesetzt. Dabei ist es ihr gelungen, die einzelnen Familien zutreffend zu charakterisieren und die geographische Entfernung und soziologische Distanz als textprägende Elemente sichtbar zu machen. Zur Zeit ihrer Formulierung war diese Theorie eindeutig die beste. Aber sie differenzierte zu global und hatte keinen Raum für die Annahme einer gewissen Permeabilität (Durchlässigkeit) der einzelnen Familien zueinander, rechnete also nicht mit Abhängigkeiten und Querbezügen der Familien untereinander. Genau hier liegt der Ansatz der neueren und neuesten Theoriebildung.

4. Neue Ansätze für eine Textgeschichte der Hebräischen Bibel

Die entscheidend weiterführende Argumentation gründet in zweifacher Weise in den Textfunden vom Toten Meer und der Genisa von Kairo.

Zum ersten hat die parallele Existenz von biblischen Büchern in unterschiedlichen literarischen Stadien - vorher schon ansatzweise aus der Differenz von Jer^{MT} und Jer^{LXX} vermutet - gezeigt, daß der »Übergabe-Punkt« der biblischen Bücher zwischen der literarischen Genese und der literarischen Transmission neu bedacht werden muß.

Zum zweiten haben diese Textfunde aufgewiesen, daß sich die bekannten Bibelhandschriften nicht exakt den genannten Textfamilien zuordnen lassen, daß sie vielmehr eine größere Textpluralität dokumentieren und damit eine weiter reichende Differenzierung erzwingen.

4.1 Die Theorie der »Gruppentexte«

In Antwort auf die Theorie von *F.M.Cross* vertrat *S.Talmon* die modifizierte Theorie der »Gruppentexte«. Er ging dabei aus von einem »more consolidated concept of the early text of the Bible«: auf eine primär mündliche Überlieferungsphase (bis ins 6.Jh. v.Chr.) folgten eine erste schriftliche Tradierungsphase (bis ins 3.Jh. v.Chr.), aus der wir keine direkten Zeugnisse besitzen, und eine zweite schriftliche Transmissionsphase (bis Ende 1.Jh. v.Chr.) mit z.T. noch erhaltenen Textzeugen, die dann in die abschließende Phase der »textual standardisation« durch die Rabbinen einmündete. Einerseits lasse das Ergebnis erkennen, daß die ganze Textgeschichte immer schon von »einem Texttyp« (im weiteren Sinne) geprägt war, der sich aber bereits früh aufgrund soziologisch unterschiedlicher Trägergruppen in mehrere Texttypen hinein differenzierte. Die tatsächlich vorgefundene Dreizahl der Texttypen (nur die Samaritaner [Samaritanus], Christen [LXX] und Rabbinen [MT] haben als Trägergruppen überlebt), ist Relikt einer ursprünglich viel größeren Vielfalt. Deshalb ist die Rekonstruktion eines Urtextes unmöglich.

4.2 Die Theorie von der Vielzahl der Texttraditionen (»textual variety«)

Im Gegenzug hat *E.Tov* (und in seinem Gefolge *E.Ulrich*) in seiner Theorie von der »textual variety« (Vielzahl der Texttraditionen) die Annahme von drei Texttypen völlig aufgegeben. Für *E.Tov* ist die Divergenz von Jer^{LXX} und Jer^{MT} der entscheidende Auslöser für seine Theorie, daß LXX, Samaritanus und MT keine Texttypen, sondern Texte sind, die nicht nur in einem synchronen (zeitlich nebeneinander), sondern auch in einem diachronen (zeitlich hintereinander) Beziehungsgeflecht stehen. Das genannte Beispiel zeigt eindeutig, daß sich die Phase der literarischen Genese (Redaktionsgeschichte) nicht mehr eindeutig von der Phase der literarischen Weitergabe (Transmissions- oder Rezensionsgeschichte) des Textes trennen läßt.

Der erste Versuch von *J.Trebolle Barrera* (1980-1982) galt nicht der Textgeschichte der Hebräischen Bibel als ganzer, sondern sollte als Kritik an *M.Noths* Hypothese vom DtrGW verstanden werden. Am Beispiel der LXX-Fassung der Samuelbücher zeigte er, daß der Exeget in einem dreistufigen »Reduktionsverfahren« (von LXX zu LXX*, von LXX* zur hebräischen Vorlage, von dort weiter zum hebräischen Archetyp) zu zwei Texttypen (»basic types of Hebrew text«) vordringen könne, von denen nur einer in der proto-masoretischen Tradition stehe. Inzwischen (1998) scheint *J.Trebolle Barrera* sich ganz der Position von *E.Tov* angeschlossen zu haben.

So schält sich gegenwärtig entsprechend ein Konsens über eine größere Diversität der Textüberlieferung heraus (*M.J.Mulder, E.Tov, B.Chiesa, E.Ulrich, J.C.VanderKam, J.Goldman, H.-J.Fabry*), in der zwar Samaritanus, LXX und MT als Texte auf bestimmte Textfamilien verweisen, die wirkliche Anzahl solcher Texte und Textfamilien aber unbestimmt größer angesetzt werden muß.

4.3 Die Hauptelemente gegenwärtiger Theoriebildung

(1) Die Geschichte eines Textes - dem eine unbestimmt lange mündliche Überlieferung vorausgehen kann - beginnt im klassischen Sinne mit der Übergabe des fertigen Textes durch Autor oder Schlußredaktor an seine Lesergemeinde. Dieses Ereignis ist für die Ansetzung biblisch-exegetischer Methodik von entscheidender Bedeutung, denn:

(a) Die Schlußredaktion eines biblischen Textes gilt als der Schlußpunkt seiner z.T. umfangreichen und komplexen literarischen Genese. Änderungen und Entwicklungen des Textes bis zu diesem Zeitpunkt gelten als beabsichtigt und sind per definitionem Gegenstand der Literar- und Redaktionskritik;

(b) Die Schlußredaktion eines biblischen Textes geht nahtlos in die Texttradition über. Änderungen und Entwicklungen des Textes nach diesem Zeitpunkt gelten als unbeabsichtigt und sind per definitionem Gegenstand der Textkritik.

Diese akademische Definition wird aber in mehrfacher Hinsicht den vorfindlichen Fakten und ihrer Komplexität nicht gerecht:

(a) Es ist keineswegs sicher, ob es für biblische Texte im einzelnen einen solchen Übergabepunkt gilt. Für die Hebräische Bibel als Ganze ist eine solche Sicht sicher ausgeschlossen.

(b) Die Exegese kennt sogenannte »Abschluß-Phänomene« (z.B. Koh 12,12-14 für das Koh-Buch; Ps 1 und 150 für das Ps-Buch u.a.); aber bisher sind nur so wenige gefunden worden, daß sie nicht die Annahme erzwingen, die »Übergabe« eines Textes sei punktuell geschehen.

(c) Uns ist kein einziger Zeitpunkt weder für jedes einzelne biblische Buch noch für den Abschluß der Textentwicklung der Hebräischen Bibel als Ganzer bekannt. Die Kanonlisten nennen zwar für bestimmte Zeiten bestimmte Textumfänge, und aus bestimmten Korrekturen und Textangleichungen läßt sich die Dominanz einer bestimmten Textform datieren. Daraus aber errechnet sich für den Gesamtabschluß alttestamentlicher Textentwicklung nur ein *terminus ad quem*: das Ende des 1.Jh. n.Chr.

(d) Unabhängig davon gab es jedoch schon relativ früh fertige Teiltexte (Privilegrecht, Bundesbuch, Dekalog u.a.) und fertige Teilsammlungen (Erzählkränze, dann Pentateuch; Davidpsalmen u.a.; weisheitliche Kompendien).

(e) Entscheidend ist, daß die absolute Textstabilisierung weder der Kanonisierung vorausgeht noch mit ihr identisch ist, sondern als Folge des kanonisierenden Prozesses angesehen werden muß!

(2) Deswegen geht die gegenwärtige Theoriebildung (z.B. *E.Tov, E.Ulrich*) von dem Ansatz aus, daß eine Schlußredaktion nahtlos in die Texttradition übergeht, ein Text also keinen *Übergabe-Punkt,* sondern einen *Übergabe-Bereich* hat. Dies erklärt zum einen das Nebeneinander von beabsichtigten Textänderungen und unbeabsichtigten Textfehlern. Dieser Übergabe-Bereich kann sich zudem über einen erheblichen lokalen und/oder zeitlichen Raum erstrecken, so daß von derselben Schrift mehrere Kompositionen aus unterschiedlichen Textentwicklungsstadien existieren können, von denen sich schließlich eine - aus welchen Gründen auch immer - durchgesetzt hat. Das erklärt zum anderen das Nebeneinander divergierender Textfassungen. Dabei können frühere Ausgaben möglicherweise in soziologisch (Qumran) oder lokal entfernten Gebieten (Alexandrien) noch lange in Geltung bleiben, obwohl sich offiziell eine andere Fassung durchgesetzt hat.

(3) Die *Frage nach »dem Urtext«* kann nicht mehr gestellt werden, weil von den vorhandenen Textzeugen her und aufgrund der Vielschichtigkeit des Judentums zur Zeit des Zweiten Tempels ein einzelner Ausgangstext weder zu erschließen noch zu erwarten ist. Die Existenz der divergierenden Traditionen in Qumran impliziert je ihren Autoritätsanspruch, beweist aber auch, daß zumindest hier noch kein Standardtext mit exklusivem Verpflichtungscharakter bekannt war. Damit erledigt sich die »Urtext«-Theorie (*P.de Lagarde*). Die ausschließlich der masoretischen Texttradition verpflichteten Masada-Texte beweisen keinen Urtext, sondern nur, daß ab 70 n.Chr. mit der irreversiblen Dominanz einer einzigen Tradition gerechnet werden kann.

(4) Deshalb muß ein Modell für die Textgeschichte der Hebräischen Bibel, das konsensfähig sein soll, grundsätzlich von einer *Pluralität von Texttraditionen* ausgehen. Auch die Theorie von den »lokalen Textfamilien« (*F.M.Cross*) ist durch die Bibel-Handschriften aus Qumran in Frage gestellt worden, insofern Qumran über die bekannten Familien hinaus nicht nur weitere Familien, sondern auch Mischformen zu kennen scheint. Die Textgeschichte zeigt sich als ein breites Flußbett, in dem gleich mehrere Ströme offensichtlich voneinander völlig unbeeindruckt parallel verlaufen, sich gelegentlich berühren und ihre Wasser miteinander vermischen, um sich dann wieder für ein Stück des Weges zu trennen. Seit 300 v.Chr. waren mindestens vier unterschiedliche Texttraditionen im Umlauf, die sich z.T. auch regional zuweisen lassen mögen, in Qumran jedoch konvergieren konnten und damit das Lokalprinzip aufheben. Nun hat Qumran gelehrt, daß eine Vielzahl von Texttraditionen in ein und derselben Gemeinde nebeneinander existieren konnte. Dieser Pluralität wird der Klassifizierungsversuch von *E.Tov* besser gerecht als frühere Theorien.

(5) Die Theorie von den »lokalen Textfamilien« ist - wenn überhaupt - zu ersetzen durch die Frage nach den *Trägergruppen* der einzelnen Texttraditionen. Es lassen sich gelegentlich bestimmte Gruppierungen erkennen, die bestimmte Texttraditionen bevorzugt haben. Während man priesterliche Kreise am Tempel (Sadoqiden) und die Pharisäer als Trägerkreise für konservative Texttraditionen annehmen kann (Proto-MT, Prä-Samaritanus) - ähnlich wird man den ursprünglichen Trägerkreis der samaritanischen Texttradition zu werten haben -, dürften

im Volk eher popularisierende Textausgaben (Kompendien, Nacherzählung, »rewritten Pentateuch«, Pseudo-Jubiläen u.a.) im Umlauf gewesen sein.

In der essenischen Gemeinde sah man sich keiner einzelnen Texttradition verpflichtet, hat vielmehr alle bekannten Traditionen rezipiert (zumindest gesammelt) und offensichtlich auch zusätzlich eine eigene Tradition gepflegt.

Im rabbinischen Judentum setzt dagegen in den ersten Jh. n.Chr. eine sorgfältige Pflege der einzig verbliebenen Texttradition ein. Das Institut der *maggihîm* und die Vorschrift, Abschriften anhand eines *sefær muggah,* einer »korrigierten Rolle« zu prüfen (Pes 112a; pTaan 4.68a), zeigt die vorgeschriebene Sorgfalt. Auf diese Weise entstand ein vollständig fixierter Standardtext als Basis für die Promulgation der Halachot (gesetzliche Auslegungen) des Talmud als Ergebnis, nicht als Ziel der langen Textgeschichte.

(6) Sind damit die Haupttheorien der älteren Forschungsgeschichte wesentlich in Frage gestellt und ist die leitende Suche nach der Einheit einer überzeugenden Bestätigung der Vielfalt gewichen, dann steht letztlich auch die *Dominanz der MT - Texttradition* zur Debatte. Die von *P.Kahle* herausgestellte Zentralstellung des MT war bereits von *E.Tov* relativiert worden, da durch Qumran deutlich geworden war, daß MT eine Texttradition unter anderen darstellt, die wesentlich durch die Koinzidenz der Geschichte das geworden ist, was sie ist. *E.Ulrich* hat die »heilige Scheu« vor diesem Text noch weiter ernüchtert durch seinen Hinweis, daß MT nicht einmal ein Basistext sein kann: er ist kein »Text«, da er nicht über alle Bücher der Hebräischen Bibel hinweg konsistent ist; er ist kein »Text-Typ«, da für seine Herausgabe keine bestimmten Kriterien erkennbar sind. Er ist nur eine Sammlung individuell geprägter Bücher, die alle bereits eine individuelle Vorgeschichte haben. Sie - und nicht MT - sind Gegenstand der Literar- und Textkritik, zu der alle verfügbaren Versionen und Traditionen heranzuziehen und zu analysieren sind.

(7) Die Qumrantexte, bes. die Schriften, die an alttestamentlichen Texten entlanggehen (Pentateuch-Paraphrasen) oder wesentlich aus alttestamentlichen Quellen komponiert (Tempelrolle) sind, sind als Produkte von Redaktionsprozessen biblischer Texte aus der Zeit des Zweiten Tempels anzusehen, die noch später als die sog. »Schlußredaktionen« anzusetzen sind und deshalb prominente Zeugnisse für den kreativen und dynamischen Umgang mit den biblischen Texten in frühjüdischer Zeit sind. Von diesem *rezeptionsgeschichtlichen Aspekt* geht der entscheidende Impuls aus, ein für allemal die Textgeschichte der Hebräischen Bibel viel breitflächiger anzusehen, als dies in den überkommenen Modellen geschah. Die Vielschichtigkeit des Judentums mit seinen diversen Gruppierungen, in denen die These von einer abgeschlossenen Offenbarung nicht akzeptiert und eine kreative Fortschreibung der biblischen Texte gepflegt wurde, eröffnet damit zugleich einen unverstellten Einblick auf die jüdischen Wurzeln des frühen Christentums und die darin sichtbar gewordene kreative Geisteskraft.

C.   Die Bücher der Tora/des Pentateuch

I.   Die Tora/der Pentateuch als Ganzes

(Erich Zenger)

Literatur zum Pentateuch: R.Albertz, Religionsgeschichte Israels in alttestamentlicher Zeit. Teil 2 (ATD.Erg 8/2) Göttingen 1992,495-535; A. und J.Assman, Kanon und Zensur als kultursoziologische Kategorien, in: dies. (Hg.), Kanon und Zensur, München 1987,7-27; J.Assmann, Das kulturelle Gedächtnis. Schrift, Erinnerung und politische Identität in frühen Hochkulturen, München 1992,87-129.293-301; E.Blum, Studien zur Komposition des Pentateuch (BZAW 189) Berlin 1990; F.Crüsemann, Die Tora. Theologie und Sozialgeschichte des alttestamentlichen Gesetzes, München 1992,381-425; P.Frei/K.Koch, Reichsidee und Reichsorganisation im Perserreich (OBO 55) Fribourg/Göttingen [2]1996; O.Kaiser, Der Gott des Alten Testaments. Theologie des AT 1: Grundlegung (UTB 1747) Göttingen 1993,300-353; R.G.Kratz, Translatio imperii. Untersuchungen zu den aramäischen Danielerzählungen und ihrem theologiegeschichtlichen Umfeld (WMANT 63) Neukirchen-Vluyn 1991,225-255; N.Lohfink, Moses Tod, die Tora und die alttestamentliche Sonntagslesung: ThPh 71,1991,481-494; R.Rendtorff, Theologie des Alten Testaments. Ein kanonischer Entwurf. Band 1: Kanonische Grundlegung, Neukirchen 1998,10-85; U.Rüterswörden, Die persische Reichsautorisation der Thora: fact or fiction?: ZAR 1,1995,47-61; J.Sanders, Adaptable for Life: The Nature and Function of Canon, in: ders., From Sacred Story to Sacred Text, Philadelphia 1987,9-39; O.H.Steck, Der Abschluß der Prophetie im Alten Testament. Ein Versuch zur Frage der Vorgeschichte des Kanons (BSt 17) Neukirchen-Vluyn 1991,13-21; J.Wiesehöfer, »Reichsgesetz« oder »Einzelfallgerechtigkeit«? Bemerkungen zu P.Freis These von der Achämenidischen »Reichsautorisation«: ZAR 1,1995,36-46; E.Zenger (Hg.), Die Tora als Kanon für Judentum und Christentum Freiburg 1996.
Kommentare zum Buch Genesis: H.Gunkel (HK) [3]1910; B.Jacob 1934; U.Cassuto 1961ff; E.Speiser (AncB) 1964; W.Zimmerli (ZBK) [3]1967 (1-11); C.Westermann (BK) 1974-1981; 1976 (12-25); G.von Rad (ATD) [10]1976; J.Scharbert (NEB) 1983 (1-11); J.Wenham (WBC) 1987 (1-15) 1994 (16-50); L.Ruppert 1992 (1-11); H.Seebass 1996 (1-11); A.Soggin 1998.
Einzelstudien zum Buch Genesis: N.Cl.Baumgart, Die Umkehr des Schöpfergottes. Untersuchungen zur Komposition und zum religionsgeschichtlichen Hintergrund von Gen 5-9 (HBS 21) Freiburg 1999; M.Bauks, Die Welt am Anfang. Zum Verhältnis von Vorwelt und Weltentstehung in Gen 1 und in der altorientalischen Literatur (WMANT 74) Neukirchen-Vluyn 1997; D.M.Carr, Reading the Fractures of Genesis. Historical and Literary Approaches, Louisville 1996; Ch.Dohmen, Schöpfung und Tod. Die Entfaltung theologischer und anthropologischer Konzeptionen in Gen 2-3 (SBB 35) Stuttgart [2]1966; I.Fischer, Die Erzeltern Israels. Feministisch-theologische Studien zu Genesis 12-36 (BZAW 222) Berlin 1994; H.M.Wahl, Die Jakobserzählungen. Studien zu ihrer mündlichen Überlieferung, Verschriftung und Historizität (BZAW 258) Berlin 1997; M.Witte, Die biblische Urgeschichte. Redaktions- und theologiegeschichtliche Beobachtungen zu Genesis 1,1-11,26 (BZAW 265) Berlin 1998.
Kommentare zum Buch Exodus: M.Noth (ATD) 1959; U.A.Cassuto 1967; B.S.Childs 1974; F. Michaeli (CAT) 1974; J.Ph.Hyatt (NCBC) [2]1980; E.Zenger (GSL) [2]1982; C.Houtman (COT) 1986 (1,1-7,13); 1989 (7,14-19,25); J.I.Durham (WBC) 1987; W.H.Schmidt (BK) 1988 (1-6); 1995ff (7ff); J.Scharbert (NEB) 1989; T.E.Fretheim (Int) 1991; B.Jacob 1997.
Einzelstudien zum Buch Exodus: E.Aurelius, Der Fürbitter Israels. Eine Studie zum Mosebild im Alten Testament (CB.OT 27) Lund 1988; G.Fischer, Jahwe unser Gott. Sprache, Aufbau und Erzähltechnik in der Berufung des Mose (Ex 3-4) (OBO 91) Fribourg/Göttingen 1989; F.L.Hossfeld, Der Dekalog. Seine späten Fassungen, die originale Komposition und seine Vorstufen (OBO 45) Fribourg/Göttingen 1982; E.Oswald, Israel am Gottesberg. Eine Untersuchung zur Literargeschichte der vorderen Sinaiperikope Ex 19-24 und deren historischem Hintergrund (OBO 159) Fribourg/Göttingen 1998; H.Utzschneider, Gottes langer Atem. Die Exoduserzählung (Ex 1-14) in ästhetischer und historischer Sicht (SBS 166) Stuttgart 1996; M.Vervenne (Hg.), Studies in the Book of Exodus. Redaction-Reception-Interpretation (BEThL CXXVI) Leuven 1996; P.Weimar, Die Meerwundererzählung. Eine redaktionskritische Analyse von Ex 13,17-14,31 (ÄAT 9) Wiesbaden 1985; E.Zenger, Israel am Sinai. Analysen und Interpretationen zu Exodus 7-34, Altenberge [2]1985.

Kommentare zum Buch Levitikus: M.Noth (ATD) 1962; K.Elliger (HAT) 1966; G.Wenham (NIC) 1979; W.Kornfeld (NEB) 1983; R.Rendtorff (BK) 1985ff; B.A.Levine (JPS) 1989; J.Milgrom (AncB) 1991 (1-16); J.E.Hartley (WBC) 1992; E.S.Gerstenberger (ATD) 1993; Th.Staubli (NSK) 1996.
Einzelstudien zum Buch Levitikus: H.-J.Fabry/H.-W.Jüngling (Hg.), Levitikus als Buch (BBB 119) Bodenheim 1999; M.Douglas, Reinheit und Gefährdung. Eine Studie zu Vorstellungen von Verunreinigung und Tabu, Frankfurt a.M. 1988; B.Janowski, Sühne als Heilsgeschehen. Studien zur Sühnetheologie der Priesterschrift und zur Wurzel KPR im Alten Orient und im Alten Testament (WMANT 55) Neukirchen-Vluyn 1982; E.Otto, Das Heiligkeitsgesetz Levitikus 17-26 in der Pentateuchredaktion, in: FS H.G.Reventlow, Frankfurt 1994,65-80; A.Ruwe, »Heiligkeitsgesetz« und »Priesterschrift«. Theologiegeschichtliche und rechtssystematische Untersuchungen zu Levitikus 17-26, Diss. Bethel 1998; J.F.A.Sawyer (Hg.), Reading Leviticus. A Conversation with Mary Douglas (JSOT.SS 227) Sheffield 1996.
Kommentare zum Buch Numeri: M.Noth (ATD) 1966; J.Milgrom (JPS) 1990; Ph J.Budd (WBC) 1992; J.Scharbert (NEB) 1992; T.R.Ashley (NIC) 1993; B.A.Levine (AncB) 1993 (1-20); H.Seebass (BK) 1993ff (10ff); Th.Staubli (NSK) 1996; D.T.Olson (OTG) 1997.
Einzelstudien zum Buch Numeri: O.Artus, Etudes sur le livre des Nombres. Récit, Histoire et Loi en Nb 13,1-20,13 (OBO 157) Fribourg/Göttingen 1997; M.Douglas, In the Wilderness. The Doctrine of Defilement in the Book of Numbers (JSOT.SS 158) Sheffield 1993; D.Kellermann, Die Priesterschrift von Num 1,1 bis 10,10 (BZAW 120) Berlin 1970; D.T.Olson, The Death of the Old and the Birth of the New (Brown Judaic Studies 71) Chico 1985; N.Rabe, Vom Gerücht zum Gericht. Revidierte Texte und Literarkritik der Kundschaftererzählung Numeri 13.14 als Neuansatz in der Pentateuchforschung (THLI 8) Tübingen 1994; A.Schart, Mose und Israel im Konflikt. Eine redaktionsgeschichtliche Studie zu den Wüstenerzählungen (OBO 98) Fribourg/Göttingen 1990.
Kommentare und Einzelstudien zum Buch Deuteronomium: s.u. C.III.

1. Die Bücher Genesis, Exodus, Levitikus, Numeri, Deuteronomium

1.1 Der Bücherzusammenhang: Pentateuch, Hexateuch, Enneateuch

Die Bücher Genesis, Exodus, Levitikus, Numeri und Deuteronomium bilden eine Bücherkomposition, die unterschiedliche Bezeichnungen erhalten hat. Während das Judentum mit den Bezeichnungen »*die Tora*« (vgl. Jos 1,7 u.ö.) bzw. »die Tora des Mose« (vgl. Mal 3,22; Esra 7,6 u.ö.) bzw. »Buch der Tora des Mose« (vgl. Jos 8,31; Neh 8,1 u.ö.) sowohl die Ganzheit als auch den Inhalt der Bücherkomposition betont, rückt die aus dem Griechischen kommende Bezeichnung »*Pentateuch*« (ἡ πεντάτευχος βίβλος »das fünfteilige Buch«) stärker die Zusammensetzung aus fünf Büchern bzw. Buchteilen in den Blick.

Zunächst ist allerdings nicht zu übersehen, daß im Pentateuch Geschehensbögen eröffnet werden, die über ihn selbst hinausweisen. So wird die in Ex - Dtn verheißene bzw. befohlene Landnahme erst in Jos erzählt bzw. durchgeführt. In Jos 24, dem letzten Kapitel von Jos, wird mehrfach *so* auf die vorangehenden Bücher zurückgegriffen, daß ein geschehensmäßiger *und* literarischer Zusammenhang Gen - Jos hergestellt wird. Der Geschichtsrückblick, den Josua in Jos 24 gibt, ist nicht nur eine Kurzfassung des Ereigniszusammenhangs Gen - Jos, sondern stellt die in Jos erzählte Landnahme und Landverteilung als Zielpunkt der in Gen eröffneten Heilsgeschichte dar. Auch die in Jos 24,32 erwähnte Bestattung des Josef in Sichem ist die Erfüllung der von Josef selbst in Gen 50,25 den Söhnen Israels auferlegten Verpflichtung (vgl. auch Ex 13,19). Vom Buch Josua aus gesehen bildet Gen - Jos in der Tat einen literarischen Zusammenhang, den die Bibelwissenschaft mit der Bezeichnung *Hexateuch* (das sechsteilige Buch) bezeichnet. Es gibt sogar Linien, die bis in die Königsbücher hinabreichen, was zu der Bezeichnung *Enneateuch* (das neunteilige Buch: Gen - Kön) geführt hat. Diese neun Bücher erzählen die Geschichte Israels von der Schöpfung bis zum Exil - und zwar in einem fortlaufenden, chronologisch geordneten Ereigniszusammenhang. Die einzelnen Bücher sind auch nicht durch entsprechende »Buchtitel«, wie sie z.B. über den Prophetenbüchern stehen, voneinander getrennt. So kann man Gen - 2 Kön als einen epochal gegliederten Erzählfluß (Schöpfung - Erzeltern Israels - Exodus - Wüstenwanderung - Landnahme - Richterzeit - Königszeit) lesen, der zusätzlich durch zahlreiche literarische Querverweise verstärkt wird.

Innerhalb dieser weitausgreifenden Erzählbögen »Von der Schöpfung bis zur Landnahme« bzw. »Von der Schöpfung bis zum Exil« ist freilich ebenfalls nicht zu übersehen, daß die fünf Bücher Gen - Dtn als eine in sich abgerundete und gegenüber den nachfolgenden Büchern abgegrenzte Größe markiert sind, was eben in der Bezeichnung *Pentateuch* bzw. *Tora* zum Ausdruck kommt. Dies wird am Schluß von Dtn *und* am Anfang von Jos deutlich sichtbar.

Wenn es im sog. Mose-Epitaph in Dtn 34,10-12 heißt:

»Niemals wieder ist in Israel ein Prophet aufgestanden wie Mose, den JHWH von Angesicht zu Angesicht kannte. Keiner ist ihm vergleichbar in bezug auf all die Zeichen und Wunder, die er im Land Ägypten an Pharao und all seinen Dienern und seinem ganzen Land getan hat, und in bezug auf alle Machterweise und alle furchterregenden und großen Taten, die Mose vor den Augen ganz Israels getan hat«,

wird die einmalige Sonderstellung des Mose hervorgehoben, in der ihm sein Nachfolger Josua gerade *nicht* nachfolgen konnte. Diese Differenz zwischen Mose und Josua und damit die Zäsur zwischen Pentateuch und Josuabuch wird gleich am Anfang des Josuabuches unterstrichen. So sehr das Josuabuch in seinem ersten Satz an den in Dtn 34 erzählten Tod des Mose anknüpft und so sehr das Buch sogleich mit einer direkten Gottesrede an Josua beginnt, so wird doch in der Gottesrede Jos 1,7-8 sofort erkennbar, daß das Josuabuch auf das in den vorangehenden Büchern des Pentateuch Dargestellte wie auf ein abgeschlossenes Ganzes zurückblickt. Wenn hier JHWH zu Josua sagt: »*Das Buch der Tora* soll nie aus deinem Mund weichen, du sollst sie rezitieren bei Tag und bei Nacht«, wird Gen - Dtn als eine Größe *sui generis* konstituiert. »Das Buch Josua, so nahtlos es sich ans Deuteronomium anzuschließen scheint, stellt sich dem ganzen Pentateuch zugleich auf eine radikale Weise gegenüber« (*N.Lohfink*, Moses Tod 486).

1.2 Das Profil der Bücher Genesis, Exodus, Levitikus, Numeri, Deuteronomium

Von seinem Umfang her war der Pentateuch für eine einzige Buchrolle der Antike zu lang. Seine Aufteilung in fünf Rollen geschah allerdings nicht nach buchtechnischen, sondern nach inhaltlichen Gesichtspunkten. Während die jüdische Tradition die fünf Bücher nach ihren hebräischen Anfangsworten benennt, haben sich im Christentum die in der griechischen/lateinischen Bibelübersetzung verwendeten Überschriften, die den jeweiligen Inhalt angeben, durchgesetzt (neben den Bezeichnungen 1.-5. Buch Mose):

bᵉreʾšīt »im Anfang«	*šᵉmōt* »Namen«	*wajjiqraʾ* »er rief«	*bᵉmidbar* »in der Wüste«	*dᵉbārīm* »Worte«
Γένεσις Genesis »Ursprung«	Ἔξοδος Exodus »Auszug«	Λευιτικόν Levitikus »das levitische/-priesterliche Gesetzbuch«	Ἀριθμοί Numeri »Zahlen/Zählungen«	Δευτερονόμιον Deuteronomium »das zweite Gesetz/die zweite Ausgabe des Gesetzes«

Jedes dieser fünf Bücher, deren Anfang und Abschluß jeweils literarisch deutlich markiert ist, hat sein eigenes geschehensmäßiges und theologisches Profil.

Das Buch Genesis / Bereschit	
Buchanfang 1,1:	»Am/Als Anfang schuf Gott den Himmel und die Erde«
1,1-9,29	Die sog. Urgeschichte
1,1-2,3	Weltschöpfung 1. Akt: Errichtung der Erde als Lebenshaus
2,4-4,26	Störungen der Schöpfung durch die Ursünde gegen Gott (Adam und Eva übertreten das Gebot Gottes) und gegen den Menschen (Kain erschlägt Abel)
5,1-9,29	Weltschöpfung 2. Akt: Gottes Bund mit der Schöpfung (Noach)
10,1-25,11	Der Abraham-Sara-Zyklus (mit Lot, Hagar u. Ismael, Isaak und Rebekka)
10-11	Die geographische und politische »Bühne« des Geschehens
12-15	Das dominierende Thema: das verheißene Land und seine Gefährdung (programmatische Eröffnung: Gen 12,1-3; Spannungsbogen: 12 → 15)
16-22	Das dominierende Thema: die verheißene Nachkommenschaft und ihre Gefährdung (programmatischer Höhepunkt: Gen 22, Rückbezug nach Gen 12,1-3; Spannungsbogen: 16 → 22)
23-25,11	Tod und Begräbnis Saras und Abrahams (24: Heirat Isaaks und Rebekkas)
25,12-36,43	Der Jakob-Lea-Rahel-Zyklus (mit Laban u. den 12 Söhnen Jakobs)
25,12-28,22	Jakob - Esau (Flucht aus dem Land)
29-31	Laban - Jakob (in der Fremde)
32-36	Jakob - Esau (Rückkehr in das Land)
37,1-50,26	Der Josef-Zyklus
37-45	Josef und seine Brüder (Rettung und Versöhnung)
46-50	Jakob und seine Familie in Ägypten (Josef als »Retter« Ägyptens; Tod und Begräbnis Jakobs im Land; Tod Josefs)
Buchschluß 50,24-26:	Rekapitulation der Erzelternerzählungen und Vorausblick auf den Exodus: »Gott wird sich eurer annehmen (vgl. Ex 3,16), und er wird euch hinaufführen, weg von diesem Land in das Land (vgl. Ex 3,8), das er Abraham, Isaak und Jakob mit einem Eid versprochen hat« (vgl. Gen 12,7; 13,14f; 15,18; 26,3; 28,13).

Das *Buch Genesis* erzählt die Ursprünge Israels in zweifacher Weise: 1-9 erzählt als *Urgeschichte* die Schöpfung der Welt in zwei Akten (Schöpfung und Flut); der in Kap.9 vom Schöpfergott mit »allem Lebendigen« geschlossene Bund integriert zugleich die sog. Noachidischen Gebote als grundlegende Tora für alle Völker. Die Urgeschichte stellt die Welt und die Geschichte Israels unter die Dialektik von Heil und Unheil (aus der Perspektive Gottes: Setzung des Lebens - Gericht - rettende Barmherzigkeit; aus der Perspektive der Menschen: Eröffnung von Lebensmöglichkeiten - Verweigerung/Schuld - erneute Zuwendung Gottes) und bietet so zugleich die fundamentale Ätiologie des Lebens. Im Anschluß an die Urgeschichte entfaltet 10-50 in den drei Erzählbögen 10,1-25,11; 25,12-36,34; 37-50 die drei Generationen umfassende *Familiengeschichte* der Erzeltern Israels Abraham und Sara, Isaak und Rebekka, Jakob und Lea/Rachel im Lande der Verheißung; die 12 Söhne Jakobs werden im weiteren Verlauf der Pentateuch-Erzählung zu den Gründungsfiguren der 12 Stämme Israels. Der Erzählbogen endet mit dem Tod Jakobs und seines Sohnes Josef einerseits nicht mehr im Lande der Verheißung, sondern in Ägypten, andererseits wird der Erzählfluß mit dem Auftrag des Josef, seine Gebeine beim Exodus aus Ägypten mit in das den Vätern verheißene Land mitzunehmen, auf eine Fortsetzung hin geöffnet.

Das Buch Exodus / Schemot	
Buchanfang 1,1-9:	Genealogische Liste als Rückblick, neuer König in Ägpyten und Andeutung eines fundamentalen Konfliktes
1,1-18,27	Israel unter dem Pharao: tödliche Bedrohung Israels in Ägypten und wunderbare Führung Israels durch JHWH bis zum Gottesberg
1-6	Unterdrückung Israels durch den Pharao und Verheißung der Rettung an/durch Mose (3-4: Gottesoffenbarung im brennenden Dornstrauch) und der Führung zum Gottesberg
7-11	Ringen JHWHs mit dem Pharao um die Freilassung Israels (10 Plagen)
12,1-15,21	Intervention JHWHs in der Pesach-Nacht, Auszug Israels und wunderbare Rettung vor den ägyptischen Verfolgern am Schilfmeer
15,22-18,27	Israels Weg durch die Wüste zum Gottesberg
19,1-24,11	Gottesoffenbarung am Sinai und Bundesschluß
19-20	Gotteserscheinung am Berg und Verkündigung der 10 Gebote (Dekalog)
20,22-23,33	Übermittlung von Rechtsvorschriften durch JHWH an Mose für das Volk (»Bundesbuch«)
24,1-11	Bundesschluß am Fuß des Berges und Festmahl auf dem Berg im Angesicht JHWHs
24,12-40,38	Israel bei JHWH: JHWH nimmt Wohnung inmitten seines Volkes
24,12-31,18	Auftrag an Mose auf dem Berg zur Errichtung des Heiligtums und zur Einsetzung des priesterlichen Dienstes
32-34	Abfall des Volkes vom Exodus-Gott durch den Kult vor dem Goldenen Kalb, Ringen des Mose um die bleibende Zuwendung JHWHs, Vergebung durch JHWH und erneute Proklamation des Bundes
35-40	Ausführung des Auftrags zur Errichtung des Heiligtums durch das ganze Volk und Inbesitznahme des Heiligtums durch den »Sinai-Gott« (die Wolke über dem Sinai läßt sich im Heiligtum nieder): das Heiligtum wird zum »mitgehenden« Sinai
Buchschluß 40,34-38:	Rekapitulation und Vorausblick auf den Aufbruch vom Sinai unter Führung des im Heiligtum mitziehenden Exodusgottes

Das *Buch Exodus* erzählt den Anfang der *Volks*geschichte Israels als Herausführung (Befreiung) der zu einem großen Volk gewordenen Nachkommen der 12 Söhne des Jakob. Der erste Erzählbogen 1,1-18,27 entfaltet die Unterdrückung Israels durch den Pharao und die Verheißung der Rettung an/durch Mose (1-6), das Ringen JHWHs mit dem Pharao um die Freilassung Israels (Ex 7-11: die sog. Plagengeschichten), den Auszug aus Ägypten und die wunderbare Rettung Israels am Meer (12-15) und Israels Weg durch die Wüste (15,22-18) hin zum Berg Sinai, wo JHWH sich offenbart, den Dekalog verkündet und mit Israel, durch Vermittlung von Mose, den (Sinai-)Bund schließt (19-24). Im Erzählbogen 24,12-40,38 erhält Mose auf dem Berg Sinai zunächst den Auftrag für Israel zur Errichtung des Zeltheiligtums (»Stiftshütte«) und zur Einsetzung des priesterlichen Dienstes (24,12-31,18), während das Volk unten am Berg unter Führung des Aaron durch die Verehrung des Goldenen Kalbs den Bund übertritt, worauf JHWH schließlich (unter Einsatz des Mose) den Bund erneuert und seine Vergebungsbereitschaft (Erneuerung des Bundes) verkündet (Ex 32-34). Nun erst folgt die Ausführung des dem Mose auf dem Berg gegebenen Auftrags (35-40): als das Heiligtum errichtet ist, zieht die über dem Berg Sinai als Zeichen der Gegenwart JHWHs ruhende Wolke hinunter über das Zeltheiligtum (Offenbarungszelt), das nun zum »mitgehenden« Sinai werden kann.

Das Buch Levitikus / Wajjiqra

Buchanfang 1,1:	»Und es rief zu Mose, und es redete JHWH zu ihm aus dem Zelt der Begegnung heraus folgendermaßen«: Rückbindung an den Schluß des Buches Exodus (»Zelt der Begegnung«) und Kennzeichnung der durch Redeeinleitungsformeln gegliederten Gottesrede (fast das ganze Buch Lev ist Gottesrede = »Sinaioffenbarung«)
1,1-7,38	Opfervorschriften (die Opfer dienen der »Kommunikation« mit der Gottheit und auch unter den Opfernden; besonders wichtig sind die Opfer, die der Wiederherstellung der Heiligkeit [»Sühne«] dienen)
8,1-10,20	Priesterliche Dienste (narrativ eingebunden: Einsetzung/»Weihe« Aarons und seiner Söhne) als besonderer Dienst an der Heiligkeit Israels (vgl. 10,10)
11,1-15,33 11,44-45	»Reinheit« im alltäglichen Zusammenleben Aufforderung zur Heiligung mit Begründung durch Selbstvorstellungsformel in Verbindung mit der Bundesformel: vgl. 20,25-26
16,1-17,16	Gabe der kultischen Sühne durch den versöhnungswilligen Gott (Die *kompositionelle* Zusammenordnung von 16 *und* 17 wird durch folgende Beobachtungen gestützt: (1) Beide Kapitel sind durch topographische Angaben aufeinander bezogen: »Eingang des Offenbarungszeltes« 16,7; 17,4.5.6.9 sowie »in das/im Lager« 16,26; 17,3 bzw. »außerhalb des Lagers« 16,27; 17,3. (2) In beiden Kapiteln spielt das Motiv »Blut« eine zentrale Rolle. (3) Beide Kapitel sind durch die Wendung »entsühnen« verbunden. (4) Beide Kapitel sind durch die eröffnenden Redeeinleitungsformeln 16,1-2 und 17,1-2 aufeinander hingeordnet).
18,1-20,27 20,25-26	»Heiligkeit« im alltäglichen Zusammenleben (19,17-18,34 Gebot der Feindes- und Fremdenliebe) Aufforderung zur Heiligung mit Begründung durch Selbstvorstellungsformel in Verbindung mit der Bundesformel: vgl. 11,44-45
21,1-22,33	Priesterliche Dienste als besonderer Dienst an der Heiligkeit Israels (vgl. 22,31-33)
23,1-26,46	Festvorschriften (23: liturgischer Jahreskalender; 25: besondere »Fest-Zeiten«; 26: Segen und Fluch mit abschließender Verheißungsperspektive)
27,1-34	Auslösung von Personen und Gegenständen, die Gott durch ein Gelübde versprochen waren (Nachtrag zur Endkomposition: eingebunden durch die Schlußformel 27,34 als Wiederholung des »ursprünglichen« Buchschlusses 26,46)
Buchschluß 26,46 (bzw. 27,34; s.o.):	»Dies sind die Gesetze und die Rechtsvorschriften und die Weisungen, die JHWH gegeben hat für das Verhältnis zwischen ihm und zwischen den Kindern Israels am Sinai durch Mose«: Rückblick und Abschlußnotiz

Das *Buch Levitikus* entwirft die von JHWH »mitten aus dem Offenbarungszelt« (1,1) verkündete levitische/priesterliche Grundordnung Israels als »heiliges Volk« (vgl. Ex 19,5f). Die Systematik dieser Verfassung Israels durchschreitet in konzentrischen Kreisen die Lebensbereiche in einem spannungsreichen Ineinander von kultischen und ethischen Regelungen.

Das Buch Numeri / Bemidbar	
Buchanfang 1,1:	»Es redete JHWH zu Mose *in der Wüste Sinai im Zelt der Begegnung* am 1. Tag des 2. Monats im 2. Jahr nach dem Auszug aus Ägypten«: gegenüber Lev veränderte Ortsangabe (»in der Wüste Sinai«) und Zeitangabe, zugleich Rückblick auf das Buch Exodus 1,5-14: Genealogische Liste, analog der das Buch Exodus eröffnenden Liste Ex 1,1-5 (mit kleinen Differenzen)
1,1-10,10 1-4 5,1-10,10	Auftrag zur Einsetzung der organisatorischen Institutionen des JHWH-Volks »Äußere« Ordnung der Lagergemeinschaft nach Stämmen gegliedert, um das Zeltheiligtum herum (1,3ff: Erste Volkszählung: Feststellung der Männer über 20 Jahre) »Innere« Ordnung der Lagergemeinschaft
10,11-21,35 10,11f 10,11-12,16 13,1-20,13 20,14-21,35	Konfliktreicher *Weg durch die Wüste*, unter Führung durch die »Sinai-Wolke« des Zeltheiligtums bis zu den Gefilden von Moab Markierter Neueinsatz: Zeitangabe (Rückgriff auf 1,1), Signal der Wolke, Aufbruchsnotiz Vom Sinai bis in die Wüste Paran (Konflikte 11-12: Manna und Wachteln; Auflehnung Mirjams und Aarons) In Kadesch und Umgebung (13-14: Verleumdung des verheißenen Landes [»Kundschaftergeschichte«] [14,29: Ankündigung des Gottesgerichts gegen alle Männer über 20 Jahre, vgl. 1,3ff]; 16: Auflehnung Korachs, Datans und Abirams; 20,1-13: die Wasser von Meriba) Von Kadesch bis in die Gefilde von Moab (Tod Mirjams und Aarons; Konflikte mit feindlichen Königen)
22,1-36,13 22,1-24,25 25-31 32-36	*In den Gefilden von Moab*, jenseits des Jordan bei Jericho Der Segen des Bileam über Israel (Auseinandersetzung mit Balak, dem König von Moab) Sünde mit Baal-Pegor und Neuordnung der Lagergemeinschaft (26: Zweite Volkszählung mit der Feststellung, daß alle Männer, die den Exodus miterlebten und der Sünde verfielen, gestorben waren, mit Ausnahme von Mose, Josua und Kaleb) Landzuweisung im Ostjordanland an einige Stämme
Buchschluß 36,13:	»Dies sind die Gebote und die Rechtsvorschriften, die JHWH geboten hat durch Mose zu den Kindern Israels in den Gefilden von Moab am Jordan bei Jericho«: Rückverweis auf die Buchschlüsse Lev 26,46; 27,34 (s.o.) und Vorverweis auf den Buchanfang Dtn 1,1-5 (s.u.)

Das *Buch Numeri* erzählt Israels Aufbruch vom Sinai, wieder durch die Wüste, bis an die Grenze des Verheißenen Landes, in drei Teilen: 1,1-10,10 formiert sich Israel als »heilige« Lagergemeinschaft für den Aufbruch (1-4: Gliederung des Lagers nach Stämmen geordnet, um das Zeltheiligtum herum; 5,1-10,10: »innere« Ordnung des Lagers); 10,11-21,35 (markierter Neueinsatz 10,11f: Zeitangabe, Signal der Wolke, Aufbruchsnotiz) erzählt den konfliktreichen *Weg durch die Wüste* bis zu den Gefilden von Moab, unter Führung durch »die Wolke«; 22,1-36,12 erzählt von Konflikten und ihren Lösungen *in den Gefilden von Moab*. Vor allem im dritten Teil sind in die Erzählungen zahlreiche gesetzliche Regelungen verwoben, die ihrerseits wieder auf entsprechende Anweisungen im ersten Teil zurückblicken, wodurch das Buch als Kompositionsbogen betont wird.

Das Buch Deuteronomium / Debarim	
Buchanfang 1,1-5:	»Dies sind die Worte, die geredet hat Mose zu ganz Israel jenseits des Jordan ... Es war im 40. Jahr, im 11. Monat, am 1. Tag des Monats. Mose redete zu den Kindern Israels gemäß allem, was ihm JHWH für sie geboten hatte ... Jenseits des Jordan im Lande Moab begann Mose diese Weisung (Tora) aufzuschreiben.« Neueinsatz gegenüber den vorangehenden Büchern, wo Subjekt der Redeeinleitungsformeln meist JHWH ist, nun mit Mose als Sprecher: das Buch Dtn ist überwiegend eine Sammlung von Mosereden (sein »Testament«). Rückbezug der Datierung auf den Exodus. Topographische Situierung gibt sich als Fortsetzung des Schlusses von Num, freilich mit kleinen Differenzen (s.o.)
1,1-4,43	Rückblick auf die 40jährige Wanderung vom Horeb (= Berg Sinai) bis nach Moab (Zusammenfassung von Ex und Num), kulminierend in einer Paränese über das Leben im verheißenen Land (Entfaltung des Bilderverbots: 4,1-40) (*Überschrift: »Dies sind die Worte«*)

4,44-28,68
  4,44-49
 	
  5-11
 	
  12,1-26,16
 	
  26,17-19
  27-28
	Gesetzeskodex/Vertragstext
	Einleitung mit *Überschrift* und »Inhaltsangabe«: »Und *dies ist die Weisung (die Tora)*, die Mose den Kindern Israels vorgelegt hat. Das sind *die Satzungen* (5-11), die *Gesetze* und *Rechtsvorschriften* (12-26,16)...«
	Dekalog und Paränese über das Hauptgebot (Fremdgötterverbot bzw. Gottesliebe)
	Einzelgesetze (12,1-16,17: Kult- und Sozialrecht; 16,18-18,22: Verfassungsrecht; 19-25: Straf- und Zivilrecht; 26,1-15: »Liturgischer Anhang«: Darbringung der Gaben des Landes am Heiligtum [Rückbezug nach 12,10f])
	Protokoll eines Bundes- bzw. Vertragsabschlusses
	Fluch und Segen

28,69-32,52
  28,69
  29-30
 	
  31
  32
	Proklamation des »Moab-Bundes« auf der Basis von Dtn 5-28
	Überschrift: »Und *dies sind die Worte des Bundes ...*«
	Agendarische Notizen über den Bundes- bzw. Vertragsabschluß und theologische Würdigung des »Bundestextes«
	Einsetzung Josuas zum Nachfolger des Mose
	Das sog. Moselied als poetische Zusammenfassung von Dtn 1-28

33-34	Segen des sterbenden Mose über die 12 Stämme, Tod des Mose und Begräbnis durch JHWH (33,1 *Überschrift*: »Und *dies ist der Segen, ...*«)
Buchschluß (bzw. Schluß des Pentateuch) 34,10-12:	Der sog. Moseepitaph (= würdigende »Grabinschrift«), der Moses Einzigartigkeit herausstellt

Das *Buch Deuteronomium* spielt szenisch in den Gefilden von Moab und präsentiert narrativ die Ereignisse am Todestag des Mose, 40 Jahre (!) nach dem Auszug aus Ägypten (1,3; 32,48); das Buch schließt mit dem Tod des Mose und mit 34,10-12 als Kolophon des ganzen Pentateuch (s.o. A.II.). Der erzählerische Rahmen bietet, gegliedert durch entsprechende Überschriften, vier Redeblöcke (1-4.5-28.29-32.33). Es ist gewissermaßen das »Testament« des Mose. Als Erzählung des *einen* Deuteronomium-Tages und als viergliedrige Redenkomposition mit dem Akzent auf der Tora/dem Gesetz des Mose (5-28) ist das Buch eine in sich geschlossene Einheit. Durch seine Inszenierung als »zweites Gesetz« bzw. als (nach der Bundschließung am Sinai/Horeb weitere) Bundschließung in Moab verweist es einerseits auf die vorangehenden Bücher Ex-Num. Andererseits schlägt es durch den häufig wiederholten Hinweis auf das »den Vätern verheißene Land« den Bogen zum Buch Gen zurück.

2. Das Programm der pentateuchischen Endkomposition

2.1 Der übergreifende Zusammenhang

a) Der Pentateuch kann zunächst einmal *als Biographie des Mose* gelesen werden: Mose ist von Ex bis Dtn der Hauptakteur (Ex 2: Geburt; Dtn 34: Tod); 34,10-12 ist geradezu sein Epitaph (Grabinschrift). Gen ist dann die Geschichte seiner Vorfahren im weiteren Sinn (vgl. Ex 6,14-25). Von diesem Ansatz her heißt der Pentateuch ja auch »(Buch der) Tora des Mose«.

b) Auf der Erzählebene läßt sich der Pentateuch als der spannungsreiche *Weg Israels in das Land der den Erzeltern gegebenen Verheißung* lesen, der mit Abrahams Herausrufung mitten aus der Völkerwelt beginnt und mit einem »offenen Schluß« an der Grenze zum Gelobten Land endet - aber mit dem Auftrag, in das Land zu ziehen. Diesen leidens- und konfliktreichen Weg erzählt der Pentateuch als dramatische *Biographie Israels*:

Genesis	Exodus	Levitikus	Numeri	Deuteronomium
Weltschöpfung und Verheißung des Landes	Von Ägypten durch die Wüste zum Sinai	AM SINAI	Vom Sinai durch die Wüste nach Moab (an die Grenze des Verheißenen Landes)	Weisungen für das Leben im Lande der Verheißung

———————— **Israel auf dem Wege** ————————→

Das »Land der Verheißung« bildet die motivliche Klammer, durch die Abraham und Mose, die beiden Protagonisten dieses Weges, auch textlich verbunden sind:

Gen 12,1.7:	Dtn 34,1.4:
»JHWH sprach zu Abram: Geh weg aus deinem Land... in *das Land*, das ich dich *schauen lasse*... JHWH erschien Abram und sprach: *Deinen Nachkommen werde ich dieses Land geben.*«	»Mose stieg hinauf auf den Nebo... und JHWH *ließ ihn schauen das* ganze *Land*... JHWH sprach zu ihm: Das ist das Land, das ich Abraham, Isaak und Jakob versprochen habe mit dem Eid: *Deinen Nachkommen werde ich es geben. Ich* habe es dich mit deinen Augen *schauen lassen.*«

Die Landverheißung als *Eid an die Erzväter* ist sogar das einzige Thema, das sich wie ein roter Faden durch alle fünf Bücher Gen - Dtn zieht (Gen 12,7; 13,15.17; 15,7.18; 17,8; 24,7; 28,4.13; 35,12; 48,4; 50,24; Ex 13,5.11; 32,13; 33,1; Lev 18,3; 19,23; 20,24; 23,10; 25,2.38; Num 11,12; 14,16.23; 32,11; Dtn 1,8.35; 6,10.18.23; 7,13; 8,1; 10,11; 11,9.21; 19,8; 26,3.15; 28,11; 30,20; 31,7.20f; 34,4). Und umgekehrt gibt es in Jos - 2 Kön keinen expliziten Rückverweis auf die den Erzeltern eidlich zugesprochene Landverheißung. Auch dies bestätigt die These vom Pentateuch als einem kompositionell abgerundeten Ganzen.

c) Die fünf Bücher sind chiastisch/spiegelbildlich um das Buch *Levitikus als theologischem Zentrum* angeordnet.

Genesis und *Deuteronomium* bilden den *äußeren Rahmen*:

Genesis	Deuteronomium
Weltschöpfung und Verheißung des Landes	Weisungen für das Leben im Lande der Verheißung
Auftrag zum Gehen in das Land	Auftrag zum Gehen in das Land
Schluß 49-50: Segen Jakobs über 12 Söhne Tod Jakobs Begräbnis Jakobs im Lande der Verheißung	Schluß 33-34: Segen des Mose über 12 Stämme Tod des Mose Begräbnis des Mose durch JHWH (»im Himmel«)

Exodus und *Numeri* bilden den *inneren Rahmen*. Sie sind durch zahlreiche gleiche Geschichten parallelisiert; der Sinai ist nahezu eine Art Wasserscheide (das Schreien nach Brot und Wasser ist vor dem Sinai »legitim«, nach dem Sinai führt es zur Sünde):

Exodus		Numeri	
Ägypten → Wüste → Sinai		Sinai → Wüste → Moab	
12	Pesach	9,1-14	Pesach
16	Manna + Wachteln	11	Manna + Wachteln
17	Wasser aus dem Felsen	20	Wasser aus dem Felsen
18	Amtseinsetzung	11	Amtseinsetzung
32	Götzendienst (»Baal«)	25	Götzendienst (»Baal«)
Bedrohungen		Bedrohungen	
von außen:	von innen:	von innen:	von außen:
Ägypten	»murren«	»murren«	Moab
Amalekiter	Götzendienst	Götzendienst	Midianiter
sechs Wandernotizen (»sie brachen auf von... und lagerten in...«) 12,37; 13,20; 14,1f; 15,22; 16,1; 17,1		sechs Wandernotizen (»sie brachen auf von... und lagerten in...«) 10,12; 20,1; 20,22; 21,10-11; 22,1; 25,1	

Im *Zentrum* der Komposition erzählt und begründet das Buch *Levitikus* die Konstitution Israels als heiliges Volk, in dessen Mitte der heilige JHWH gegenwärtig werden und wirken will. Die konzentrische Einbindung von Lev wird durch die Korrespondenz der beiden Textbereiche Ex 25-40 und Num 1-10 unterstrichen, die sich wie eine Klammer um Lev legen. Anders als das Buch Lev, das die *bleibend-gültige* Haus- und Lebensordnung des heiligen Gottes für sein heiliges Volk Israel entwirft, bieten Ex 25-40 und Num 1-10 »*situationsbezogene* Instruktionen, die auf *einmalige* Realisierung ... gerichtet sind« (*E.Blum*, Studien 301): in Ex 25-40 geht es um die »baulichen« und in Num 1-10 um die »organisatorischen« Institutionen, die die Voraussetzungen für Israels Leben als heiliges Volk sind.

Ex 25-40*	Levitikus	Num 1-10*
»bauliche« Voraussetzungen	Hausordnung des heiligen Gottes für sein heiliges Volk	»organisatorische« Voraussetzungen

2.2 Die Tora/der Pentateuch als »Gründungsurkunde Israels« (*R.Rendtorff*)

Der Pentateuch erzählt die Ursprungsgeschichte Israels und hält so die entscheidenden formativen und normativen Grundlagen der Existenz Israels fest: die Erwählung Israels aus Gnade durch den *einen* und *einzigen* Gott, die Zusage des Landes, die Befreiung aus der ägyptischen Knechtschaft und die Gabe einer kultischen und ethischen Lebensordnung. Der Pentateuch erzählt den dramatischen Weg, auf dem Israel bis zu dem Punkt gelangt, an dem das Leben im verheißenen Land und nach den für dieses Leben gegebenen Ordnungen beginnen kann. An diesem Punkt bricht die Erzählung den Weg Israels bedeutungsvoll ab.

Der Pentateuch stellt diesen Weg Israels in einen *großen Rahmen*: Die Urgeschichte Gen 1-9, mit der der Pentateuch beginnt, entwirft nicht nur den welt- und menschheitsgeschichtlichen Horizont für die ab Gen 10 erzählte Geschichte Gottes mit seinem Volk Israel. Gen 1-9 steckt zugleich den theologisch-hermeneutischen Rahmen ab, der dann mit der in Gen - Dtn erzählten Ursprungsgeschichte Israels ausgefüllt wird. Es ist zum einen die mit der Schöpfung konstituierte Lebensordnung der unterschiedlichen Lebensräume und Lebenszeiten für die unterschiedlichen Lebewesen. Und es ist zum anderen die in der Urgeschichte, insbesondere in den Erzählungen über die Sintflut, narrativ vermittelte Theologie vom barmherzigen Gott, der einerseits die Sünde nicht bagatellisiert und der andererseits die Sünder »nach der Flut« künftig am Leben läßt, weil er das Leben liebt. Das ist die Botschaft von Gen 1-9: Die Schöpfung und alles Leben in der Schöpfung lebt nur aus der Barmherzigkeit Gottes, der sein Ja zum Leben durchhält - gerade angesichts der Sünde aller Lebendigen.

Vor diesem Hintergrund und auf diesem Fundament *wird Abraham berufen*. Mit ihm beginnt im biblischen Sinne die Geschichte Israels. In gewisser Weise wiederholt sich hier, was mit und an Noach geschah: Gott erwählt sich aus der Menschheit einen Menschen bzw. eine Familie, um mit diesen seine eigene Lebensgeschichte weiterzugehen. Von da an ist dieser kleine Ausschnitt aus der Menschheitsgeschichte das zentrale Thema des Pentateuch (und der ganzen Bibel Israels). »Aber die Völker bleiben dabei immer im Blick, und sie sollen an dem Segen, den Abraham von Gott empfängt, Anteil haben (Gen 12,3). Für den Leser dieser Anfangsgeschichte Israels ist dabei keinen Augenblick zweifelhaft, daß der Gott, der Abraham beruft und führt, kein anderer ist als der *eine,* von dem allein seit der Erschaffung der Welt die Rede ist. Später im Deuteronomium wird dieser Zusammenhang ausdrücklich formuliert: ›Siehe, dem Herrn, deinem Gott, gehören der Himmel und der Himmel des Himmels, die Erde und alles, was auf ihr ist. Nur deinen Vätern hat sich der Herr liebend zugewandt und hat ihren Samen nach ihnen, euch, aus allen Völkern erwählt, wie es heute ist‹ (Dtn 10,14f). So ist dieses erste konstituierende Element der Existenz Israels schon mit der ersten Anrede Gottes an Abraham gesetzt: Der *eine* Gott hat Israel [aus den Völkern] erwählt« (*R.Rendtorff*, Theologie 83f).

Mit der Erwählung Abrahams ist als zweites konstitutives Element der Existenz Israels von Beginn an die *Zusage des Landes* im Blick. »Allerdings erscheint es in einer sehr viel weniger eindeutigen Form als das erste. Gott spricht schon in den ersten Worten, die er an Abraham richtet, von dem ›Land, das ich dir zeigen werde‹ (Gen 12,1). Aber wenig später, als Abraham dieses Land zum ersten Mal durchzieht, lautet die Zusage: ›Deinen Nachkommen werde ich dieses Land geben‹ (V.7). Gelegentlich heißt es zwar auch unmittelbarer: ›dir will ich es geben‹ (13,17), aber in der ganzen Vätergeschichte bleibt eindeutig, daß das Land den Vätern [und Müttern] noch nicht gehört ... und schließlich verlassen sie es für eine ungewisse Zukunft. Doch das Thema des verheißenen Landes bleibt präsent und tritt sofort wieder in den Vordergrund, als Gott erneut einen einzelnen beruft, um seine Geschichte mit Israel fortzuführen: Mose. Zunächst ist nur die Rede von einem ›schönen und weiten Land, in dem Milch und Honig fließen‹, in das Gott die Israeliten aus der ägyptischen Fronknechtschaft heraus führen will (Ex 3,8). Aber dann wird in feierlicher Gottesrede der Zusammenhang mit den Vätern hergestellt, mit denen Gott ›einen Bund geschlossen‹ hat, ›ihnen das Land Kanaan zu geben, das Land ihrer Fremdlingschaft, in dem sie als Fremde gelebt haben‹ (6,4). Vom Augenblick des Auszugs aus Ägypten an ist das Land dann ständig gegenwärtig als Ziel der schier endlosen Wanderung durch die Wüste. Aber es bleibt ein noch unerreichtes Ziel« (*R.Rendtorff*, ebda. 84), und am Schluß des Pentateuch darf Mose das Land nur noch mit seinen Augen betreten, ehe er stirbt. So ist die im Pentateuch erzählte Ursprungsgeschichte Israels eine *Geschichte der unerfüllten Verheißung* des Landes. Der oben herausgestellte Verheißungsbogen Gen 12,7 → Dtn 34,4 (s.o. 2.1) gibt dem Pentateuch, zumal diese Verheißung in Dtn immer wieder als »Eid Gottes« rekapituliert wird (20mal; vgl. Dtn 34,4), eine geradezu prophetische Perspektive. Dies kommt auch darin zum Ausdruck, daß Mose am Schluß des Pentateuch als einzigartiger »Prophet« proklamiert wird (Dtn 34,10-12). Als »prophetisches« Buch öffnet sich der Pentateuch an seinem Ende so auf die großen Landverheißungen der Prophetenbücher Jes-Mal.

Der im Pentateuch erzählte Weg an die Schwelle des verheißenen Landes wird unterbrochen durch den Aufenthalt am Sinai. Hier ist Israel, wie Ex 19,4 sagt, »bei Gott«. Hier wird Israel zum heiligen, priesterlichen Volk geweiht (Ex 19,5; 24,8). Hier nimmt Gott inmitten Israels Wohnung, denn, so sagt Ex 29,46, er hat Israel eigens deshalb aus Ägypten herausgeführt, »um in seiner Mitte zu wohnen« (Ex 29,46). Was dies für Israel bedeutet, was ihm damit geschenkt ist und wie dieses Geschenk bewahrt werden kann, reflektiert das Buch Levitikus. Nach dem mühsamen Weg durch die Wüste und nach dem von Israel selbst verschuldeten Wüstenaufenthalt von vierzig Jahren, nach dem Tod der sündigen Exodusgeneration, der gleichwohl nicht das Ende Israels gebracht hat, rekapituliert Mose vor seinem Tod die am Sinai gegebenen *Gottesgebote* und erläutert sie für das Leben im verheißenen Land. Diese letzte große Verkündigung des Mose im Buch Deuteronomium ist es, auf die der Pentateuch letztlich zuläuft. Durch sie wird er selbst als ganzer zur Tora.

2.3 Die Tora/der Pentateuch als Geschichte und Gesetz

Die vielen literarischen Formen, die im Pentateuch versammelt sind, lassen sich, gewiß vergröbernd, auf zwei Grundformen reduzieren: erzählende/narrative und gebietende/regulative/appellative Texte. Die überwiegende Mehrheit der rechtlichen, kultischen und ethischen Regulative (*ius, fas, ethos*) ist, teilweise in der Gestalt strukturierter Rechtskorpora (Ex 21-23: das sog. Bundesbuch; Lev 17-26 das sog. Heiligkeitsgesetz; Dtn 5-28: das »zweite Gesetz«), unmittelbar oder mittelbar mit dem Sinai als Ort der Gottesoffenbarung und der Konstitution Israels als Gottesvolk verbunden. Andere regulative Texte sind in die Erzählungen über den Weg Israels aus Ägypten durch die Wüste zum Sinai (Ex 12-18) und über den Weg Israels vom Sinai durch die Wüste zu den Gefilden Moabs (Num 10-36) verwoben.

Schon ein kurzer Blick auf das Buch Numeri zeigt das Gewebe von legislativen (L) und narrativen (N) Texten: 1,1-10,10 (L); 10,11-14,45 (N); 15 (L); 16-17 (N); 18-19 (L); 20-25 (N); 26,1-27,11 (L); 27,12-23 (N); 28-30 (L); 31,1-33,49 (N); 33,50-36,13 (L). Sogar das Buch Levitikus als Verfassungsentwurf Israels ist ein subtiles Ineinander von erzählenden und gebietenden Texten. Rechtliche/ethische/kultische Texte sind auch in die urgeschichtliche Schöpfungserzählung Gen 1-9 (vgl. 9,3-6: die sog. Noachidischen Gebote als Tora/Gesetz für die Völker) und in die Abrahamerzählung (z.B. Gen 17: Gebot der Beschneidung) integriert. Zählt man im Pentateuch die Verteilung von »Geschichte« und »Gesetz« nach Kapiteln, so ergibt sich ein ungefähres Verhältnis von 50:50.

Schon diese wenigen Beobachtungen unterstreichen: Der Pentateuch hat eine dialektische Struktur von Geschichte und Gesetz. Das »Gesetz« wächst jeweils aus der »Geschichte« heraus und will zugleich die Dynamik der »Geschichte« schützen und offenhalten. Beispielhaft läßt sich dieses dynamisierende Ineinander von »Geschichte« und »Gesetz« (d.h. von Wirken und Willen Gottes) an der Struktur der biblischen Zehn Gebote (Ex 20,2-17∥Dtn 5,6-21) ablesen. Grundlegend ist die am Anfang (Ex 20,2 = Dtn 5,6) als »Basis-Satz« genannte Befreiung Israels aus Ägypten (»Geschichte«); Intention der dann folgenden Gebote/Verbote (»Gesetz«) ist die Bewahrung und Bewährung dieser gottgewirkten und gottgewollten Freiheit, damit die Befreiungsgeschichte weitergeht. Ähnlich fundamental ist das Ineinander von Geschichts- und Willensoffenbarung JHWHs in der sog. Kinderkatechese Dtn 6,20-25 erläutert. »Die Gesetze erhalten ihren Sinn durch die Geschichte. Nur wer den Auszug aus Ägypten nicht vergißt, weiß, daß das Gesetz Freiheit bedeutet, und vermag es zu befolgen« (*J.Assmann*, Das kulturelle Gedächtnis 296).

Angesichts dieses Doppelcharakters der »Tora« als Geschichte (*Evangelium*) und Gesetz (*Lex*) ist der bisweilen von christlichen Theologen, insbesondere der reformatorischen Tradition, der Tora bzw. dem Judentum gemachte Vorwurf »der Gesetzlichkeit« bzw. der »Selbsterlösung durch das Halten des Gesetzes« als fundamentales und zugleich fatales Mißverständnis zu beurteilen: »Der von Israel geforderte Gehorsam gegen das Gesetz ist nicht die Begründung, sondern die Bewährung seiner Existenz als des Volkes Gottes und Antwort auf die Liebe, mit der es Gott zuerst geliebt hat. Er bewirkt auch nicht die Erlösung, sondern er bewegt Gott dazu, Israel in seiner Barmherzigkeit zu erlösen« (*O.Kaiser*, Der Gott des Alten Testaments 351). Diese in der versöhnungswilligen Barmherzigkeit JHWHs gründende Spannung von Geschichte und Gesetz prägt die Makrostruktur des Pentateuch/der Tora:

Genesis	Exodus	Levitikus	Numeri	Deuteronomium
Geschichte →	Geschichte →	Gesetz →	Geschichte →	Gesetz
(als *Verheißung*)	(Gericht↔Rettung)	(SINAI)	(Gericht↔Rettung)	(als *Verheißung*)
Gen 1-9		Lev 16f		Dtn 30-33

Fundament:\
Schöpfung

Mitte:\
Versöhnung

Perspektive:\
Tod – Leben

3. Der geschichtliche Kontext der formativen Redaktionen der Tora

3.1 Promulgation der Tora im Kontext der persischen Politik

Daß die skizzierte Endkomposition des Pentateuch kein reines Zufallsprodukt sein kann, sondern auf planvolle literarische Arbeit zurückgeht, ist weitgehender Konsens der Forschung. Wann, wie und durch wen die Endkomposition zustandekam, ist freilich nur annähernd zu beschreiben. In den letzten Jahren fand die Auffassung viel Zustimmung, daß *die entscheidende Etappe* von der persischen Reichspolitik begünstigt wurde und mit den Aktivitäten der persischen »Reichskommissare« Nehemia und Esra in Verbindung steht. Über die Präzisierung dieser Auffassung gehen die Meinungen freilich auseinander.

(1) Der zeitgeschichtliche Kontext

Daß der Pentateuch erst in nachexilischer Zeit seine Formierung erhielt, ergibt sich aus der Entstehungsgeschichte der in ihm integrierten Bestandteile (das vor-priesterschriftliche Werk, das priesterschriftliche Werk, das Deuteronomium), deren Wachstum bis in diese Zeit reicht (s.u. C.IV.-VI. sowie D.II.). Daß der Pentateuch im wesentlichen seine jetzige Gestalt zwischen 450 und 400 v.Chr. erhalten hat, legt sich vor allem aus fünf Gründen nahe: 1. Im Pentateuch sind keine Einflüsse des Hellenismus oder Spuren der Auseinandersetzung mit ihm zu erkennen. 2. Die kultische/religiöse Trennung der Samaritaner von der Bindung an Jerusalem wird gewöhnlich (wenn auch nicht unumstritten) in die Zeit kurz vor das (den Hellenismus »begründende«) Auftreten Alexanders des Großen in dieser Region (ab 330 v.Chr.) datiert. »Da die Samaritaner aber dabei den Pentateuch als heilige Schrift ihrer Kultgemeinschaft übernehmen, muß auch die Bildung des Pentateuch als Sondergröße von maßgeblichem, richtungweisendem Rang noch in die Perserzeit fallen, als Samaria kultisch gemäß persischem Willen noch an Jerusalem gebunden war und persischerseits kein eigenes Zentralheiligtum zugestanden bekam« (*O.H. Steck*, Abschluß der Prophetie 19). 3. Die spätestens gegen Mitte des 3.Jh. abgeschlossene Übersetzung der Tora ins Griechische (s.o. A.III.1.) setzt voraus, daß die Tora inzwischen allseits, auch in der ägyptischen Diaspora, akzeptiert war. 4. Die Bücher Esra/Neh setzen »die Tora des Mose« als normative Größe voraus (vgl. Esra 3,2; Neh 10,30; 13,1; Neh 10 kommentiert Texte aus Ex - Dtn, setzt also den Pentateuch voraus). 5. Geht man davon aus, daß die um 400 v.Chr. anzusetzende Schlußredaktion des Dtn im Zusammenhang mit der Einfügung des Dtn in den Pentateuch bzw. mit der gezielten Abgrenzung des nunmehr fünfgegliederten Zusammenhangs Gen - Dtn von den »Vorderen Propheten« Jos -2 Kön (s.u. C.II.6 und C.IV.2) steht, legt sich für die Fertigstellung der *Endkomposition des Pentateuch* (s.u. C.III.) der Beginn des 4.Jh. nahe.

Die Formierung der Tora gehört in den Prozeß der Neukonstitution jüdischer Identität nach dem Ende der Eigenstaatlichkeit, das 586 v.Chr. durch die (neu)babylonische Eroberung Jerusalems, die Zerstörung des Tempels und die Deportation der politischen und priesterlichen Oberschicht nach Babel (»Gola«) ausgelöst wurde. Die aktive Neuformierung wurde dadurch angestoßen, daß bereits die Babylonier eine »Land- und Sozialreform« durchsetzten, indem sie die Ländereien der deportierten Oberschicht an die arme Unterschicht verteilten und die Reformversuche zur Bildung einer »neuen« Gesellschaftsordnung unter Verzicht auf hierarchische Strukturen förderten (Sitz des neuen auf die Sippenstrukturen setzenden Gemeinwesens war die nördlich von Jerusalem gelegene Kleinstadt Mizpa). Die Rahmenbedingungen änderten sich, als Kyrus von Persien 538 v.Chr. Babylon eroberte und das persische (achämenidische) Weltreich errichtete. Kyrus und seine Nachfolger setzten für den Aufbau und die Stabilisierung ihres Weltreichs stärker als vor ihnen die (Neu-) Assyrer (diese hatten das Nordreich Israel 722 v.Chr. in ihr Weltreich integriert) und die (Neu-) Babylonier auf die lokalen Kräfte. Die persischen Großkönige versuchten ein ausbalanciertes System von lokaler Autonomie der Provinzen und zentraler Reichsgewalt zu entwickeln. Auch ihre Religionspolitik stand unter diesem doppelten Programm: einerseits ließen sie, soweit es ihnen politisch nützlich schien, den unterworfenen Völkern ihre gewachsenen religiösen Überlieferungen und ihre Kultzentren, andererseits aber banden sie diese Kultzentren geschickt in ihr Stabilisierungs- und Kontrollsystem ein. Wann diese neue persische Religionspolitik für die deportierten Judäer und für das Mutterland Israel, das zunächst einem persischen Beamten, der in Samaria (!) residierte, unterstellt war, spürbar zu greifen begann und wie es im einzelnen schließlich zur Errichtung einer eigenen (Unter-)Provinz Juda (Jehud) mit Jerusalem als Zentrum kam, ist schwer auszumachen. In jedem Fall führte die Rückkehr der Deportierten (»Gola«) einerseits zu schweren Konflikten, weil die Rückkehrer im Zusammenwirken mit der persischen Administration ihre Eigentumsansprüche gegen die im Lande Verbliebenen (»Altjudäer«) durchsetzten. Andererseits brachen unter den Rückkehrern selbst »ideologische« Konflikte über die Neukonstitution insofern aus, weil die einen auf eine stark tempel- und priesterorientierte Ordnung und die anderen (unter Berufung auf die prophetischen Traditionen) auf eine volksorientierte Struktur setzten. Es scheint, daß der von den Persern autorisierte *Nehemia* eine Befriedung der rivalisierenden Gruppen nicht zuletzt damit durchsetzte, daß er dem Gebiet die organisatorische Struktur einer persischen Provinz mit der Hauptstadt Jerusalem gab. Mit dieser politischen »Befriedung« schuf er die *Voraussetzung* für die Schaffung jenes Kompromißdokuments, das dann *Esra* promulgieren konnte. Die wichtigen Etappen der Re- bzw. Neuformation Israels können so zusammengefaßt werden:

Nach 586	Von Babyloniern initiierte Land- und Sozialreform; Mizpa als Zentrum eines (von den Babyloniern abhängigen) »neuen« Gemeinwesens
Ab 538	Rückkehrschübe aus der Gola; Beginn der Konflikte zwischen »Altjudäern« und Rückkehrern (»Gola«)
520-515	Tempelbau (Serubbabel und Jeschua: vgl. Esra 3,6-6,22): monumentale Rehabilitierung des Gottes JHWH
445	Wiederaufbau der Stadtmauer von Jerusalem durch Nehemia (vgl. Neh 1-7) und Errichtung der Provinz Jehud: monumentale Rehabilitierung der Stadt Jerusalem und ihrer Region; »Befriedung« der Konfliktparteien durch Nehemia
398	Feierliche Promulgation der Tora durch Esra in Jerusalem (vgl. Esra 7; Neh 8-10); öffentlich-rechtliche Anerkennung der jüdischen Religion innerhalb der Religionen des persischen Weltreichs

Die zeitgeschichtliche Einordnung des *Esra* und insbesondere der Zusammenhang seines Wirkens mit dem Wirken von Nehemia ist in der Forschung kontrovers, was u.a. an der Angabe Esra 7,7-9 liegt (Esra *im 7. Jahr des Königs Artaxerxes*: falls damit Artaxerxes I. gemeint wäre, ergäbe sich das Jahr 458 v.Chr.; falls damit Artaxerxes II. gemeint ist, ergibt sich das Jahr 398 v.Chr.). Für die oben (im Anschluß an die Forschungsmehrheit, aber im Gegensatz zur Darstellung in Esra/Neh) vertretene Reihenfolge Nehemia (445 v.Chr.) → Esra (398 v.Chr.) lassen sich folgende Beobachtungen anführen: 1. Die Redaktion von Esra/Neh zeigt insgesamt kein besonderes Interesse an chronologischer Präzision. Ihr Interesse liegt in der thematischen und ideologischen Konzeption. Wegen seiner Bedeutung wird Esra »zeitlich« vor Nehemia gesetzt. Die Redaktion stellt ihn als »neuen« Mose eines »neuen« Exodus dar (vgl. Esra 7); seine Genealogie wird auf Aaron, den Stammvater aller Priesterschaft, zurückgeführt (vgl. Esra 7,1-5). 2. Esras Wirken setzt eine wiederhergestellte und wiederbesiedelte Stadt Jerusalem als Zentrum der Region (Provinz) voraus - eben die Situation, die Nehemia schuf. Die Abfolge der Aktivitäten Nehemia → Esra ist auch aus der Perspektive persischer Reichspolitik plausibler.

(2) Die These von der sog. Reichsautorisation der Tora

Wie es zu der die formative Redaktion des Pentateuch wesentlich vorantreibenden Promulgation eines jüdischen Gesetzes durch Esra kam, ist durch die Thesen von *E.Blum* (»Komposition des Pentateuch«), *P.Frei* (»Reichsautorisation«) und *R.G.Kratz* (»Translatio imperii«) in den letzten Jahren sehr pointiert erklärt worden. »Die genannten Forscher können nämlich anhand paralleler Vorgänge in anderen persischen Reichsteilen zeigen, daß die Perser ihr Riesenreich als einen in Länder und Völker gegliederten Organismus betrachteten, der seine Mitte im Großkönig und in der Einheit des persischen Reichsgesetzes hat. Dieses Reichsgesetz ist als solches nicht kodifiziert, sondern besteht de facto aus der Vielzahl aller nationalen und regionalen Gesetze, Gesetzescorpora und Einrichtungen (Tempel), sofern sie juristisch von den Persern über das Institut der von *Frei* so genannten ›Reichsautorisation‹ zum persischen Reichsrecht erhoben waren. Oder mit den Worten von *Kratz*: ›Jedes einzelne Volk im Perserreich hält sich an persisches Reichsrecht, befolgt persisches Gesetz, wenn es seine eigenen, von der Reichsverwaltung autorisierten Gesetze befolgt‹« (*O.H.Steck*, Abschluß der Prophetie 14). Daß das von den Persern praktizierte Verfahren der »Reichsautorisation«, wodurch lokales/partikulares Recht gleichzeitig als persisches Reichsrecht anerkannt wurde, auch im Hintergrund der von Esra bei den Persern erwirkten Anerkennung der jüdischen Tora stand, kann man nach Meinung dieser Autoren aus dem in Esra 7,12-26 in aramäischer Sprache (offizielle Sprache des Perserreichs!) überlieferten königlichen Beglaubigungsschreiben (das sog. Artaxerxes-Reskript) erschließen, das Esra bei seiner Mission nach Jerusalem mit sich führt. Dies ist gewiß nicht der amtliche Originaltext, sondern eine aus späterer jüdischer Sicht gestaltete Beschreibung des *status quo* und seine theologisch deutende und legitimierende Glorifizierung, aber es fügt sich inhaltlich und juristisch so passend in das von *P.Frei* und *R.G.Kratz* von nichtbiblischen Quellen her erarbeitete Gesamtbild ein, daß es den Vorgang selbst gut *illustriert*. Anfang und Schluß des Schreibens sind vor allem aufschlußreich:

»[12]Artaxerxes, der König der Könige, wünscht dem Priester Esra, dem Schriftkundigen im *Gesetz des Gottes des Himmels*, alles Gute. [13]Das ist es, was ich befehle: Jeder in meinem Reich, der zum Volk Israel oder seinen Priestern und Leviten gehört und gewillt ist, nach Jerusalem zu gehen, darf mit dir ziehen. [14]Denn du bist *von dem König* und seinen sieben Räten *ausgesandt* und sollst nach dem *Gesetz deines Gottes, das in deiner Hand ist*, untersuchen, wie es in Jerusalem steht... [23]Alles was der Gott des Himmels befiehlt, soll man mit frommem Eifer liefern *für das Haus des Gottes des Himmels, damit nicht ein* Strafgericht *das Reich des Königs* und seiner Söhne trifft... [25]Du aber, Esra, bestelle *Rechtskundige und Richter*, nach dem *weisen Gesetz deines Gottes, das in deiner Hand ist*; sie sollen *dem ganzen Volk im Gebiet jenseits des Stroms* Recht sprechen, allen, die das Gesetz deines Gottes kennen; wer es aber nicht kennt, den sollt ihr es *lehren*. [26]Doch über jeden, der *das Gesetz deines Gottes und das Gesetz des Königs* nicht befolgt, halte man streng Gericht und *verurteile ihn* je nachdem zum Tod, zum Ausschluß (aus der Gemeinde), zu einer Geldstrafe oder zu Gefängnis.«

Folgende Aussagen über die Aktion Esras und über die Formierung des Pentateuch/der Tora sind wichtig: 1. Das Gesetz, das Esra promulgiert, ist jüdisches Gesetz (»Gesetz deines Gottes«), das vom König *als* persisches Reichsgesetz autorisiert wird (»Gesetz des Königs«). 2. Die Promulgation und die Befolgung dieses Gesetzes durch »das ganze Volk« der Juden in der Provinz Transeuphratene geschehen im Interesse des persischen Reichs (V.23). 3. Die Promulgation geschieht am kultischen Zentrum der JHWH-Religion. »Gesetz« und »Tempel« werden hier in ein gegenseitiges Bedingungsverhältnis gestellt; das Gesetzbuch ist ein »heiliges Buch«. 4. Jüdische Identität wird künftig durch den Bezug auf dieses »Heilige Buch«

konstituiert. 5. Es handelt sich nicht um ein bis dahin unbekanntes Gesetz oder um ein erst von Esra zu schaffendes Gesetz, sondern um ein bereits vorhandenes Werk (»das in deiner Hand ist«). Deshalb ist auch anzunehmen, daß die Aktion Esras nicht als Oktroi von außen, sozusagen als Machtausübung der Gola gegenüber dem Mutterland, realisiert wurde, sondern in Abstimmung mit den einflußreichen Kreisen der judäischen Selbstverwaltung (Priesterkollegium und Ältestenrat). 6. Die Befolgung des Gesetzes wird als Ausdruck jüdischer Loyalität gegenüber der persischen Oberherrschaft beurteilt; die Nicht-Befolgung wird juristisch verfolgt und bestraft (V.26). 7. Es ist nicht nur Grundlage für richterliche Entscheidungen, sondern für jüdische »Lehre« (V.25).

Die Frage nach *Herkunft, Inhalt und Umfang des Gesetzes*, das Esra promulgiert hat, ist kontrovers. Nach Meinung des Redaktors von Esra 7 war es schon der Pentateuch (vgl. Esra 7,6: »Esra war ein Schriftgelehrter, kundig im *Gesetz des Mose*, das JHWH, der Gott Israels, gegeben hatte«). In der Forschung werden (aus verschiedenen Gründen) folgende Identifikationen vorgeschlagen: (1) Das Deuteronomium bzw. das in Dtn integrierte Gesetz Dtn 5-28; (2) das »Heiligkeitsgesetz« Lev 17-26; (3) die »Priesterschrift« in einer erweiterten Gestalt (P^x und Heiligkeitsgesetz); (4) der Pentateuch in seiner Endgestalt; (5) ein nicht mehr erhaltenes/identifizierbares Gesetzeswerk.

Von den außerbiblischen Quellen zum Verfahren der persischen Reichsautorisation her kommt streng genommen keines der in der Forschung dafür genannten biblischen Rechtskorpora in Frage, da sich die Reichsautorisation nur auf Einzelregelungen und meist auf kultische Fragen bezog. Geht man von Esra 7,12-26 aus und versucht, die in diesem Text bezeugte Promulgation von der in der angenommenen Reichsautorisation erkennbaren Rechtspolitik der Perser her zu verstehen, legt sich als diskutable These nahe: Die unterschiedlichen jüdischen Gruppierungen haben im Pentateuch ihre Auffassungen zusammengestellt durch die persische Zentralregierung (unter Mitwirkung des Nehemia?) anerkennen lassen, um so ihren jüdischen *way of life* sicherzustellen. Die Aktion des Esra war im Horizont dieser Hypothese der Abschluß der jüdischen Bemühungen, von den Persern eine relative Autonomie zu erhalten. Daß dann das sog. Artaxerxesedikt ein *»Schutzbrief« für den Pentateuch* war, ist immerhin denkbar.

(3) Infragestellung der These von der sog. Reichsautorisation

Daß die entscheidende Phase der *Formation des Pentateuch* zwischen 450 und 400 v.Chr. in erster Linie aus dem Verlangen nach persischer Reichsautorisation der jüdischen Tora zu erklären sei, ist neuerdings mit gewichtigen Argumenten *bestritten* worden (u.a. *J.L.Ska, E.Otto, U.Rüterswörden, H.-C.Schmitt, J.Wiesehöfer*): (1) Die dafür bemühten Dokumente seien im einzelnen sehr unterschiedlich; keines scheint eindeutig zu belegen, daß ein lokales Recht wirklich persisches Reichsrecht war. (2) Die im Pentateuch integrierten »Rechts- bzw. Gesetzeskorpora« seien untereinander so stark divergierend, daß sie deshalb kaum von den Persern als verbindliches Reichsrecht akzeptiert werden konnten (»was galt denn nun im Einzelfall?«); diese Divergenz widerspreche auch dem persischen Konzept von »Gesetz« , das strenge buchstäbliche Eindeutigkeit forderte. (3) Im Pentateuch selbst werde nirgends ein Bezug auf die persische Autorisation sichtbar; das Mose-Tora-Konzept stehe eher in Konkurrenz zur Idee einer persischen Autorisation. (4) Der Pentateuch sei wegen seiner vielen Erzählpassagen und seines Umfangs als »Reichsrecht« wenig geeignet. (5) Der Pentateuch enthalte eine Reihe von Texten, die wegen ihrer Vorstellung eines israelitischen Großreichs kaum von den Persern als »Reichsrecht« autorisiert worden wären (vgl. z.B. die Verheißung einer Ausdehnung Israels »bis an den Euphrat« in Gen 15,18).

(4) Die Endformation als primär innerjüdischer Vermittlungsprozeß

Angesichts der skizzierten Probleme der These von der persischen »Reichsautorisation« mehren sich die Stimmen, die die Endformation des Pentateuch wieder *stärker* als *innerjüdisch motivierten* gesellschaftlichen *und* theologischen *Vermittlungsprozeß* begreifen, der sich um eine Definition der Identität Israels jenseits des bloßen pluralistischen Nebeneinanders unterschiedlicher Gruppierungen und Strömungen bemüht habe (*H.-C.Schmitt*). Hier seien bereits jene literarischen Techniken am Werk, die später zum Proprium jüdischer bzw. rabbinischer Schriftgelehrsamkeit wurden (*E.Otto*). Im Prozeß der *gesellschaftlichen bzw. politischen* Vermittlung der miteinander rivalisierenden Gruppen (»Altjudäer« gegen »Rückkehrer«; prophetisch orientierte gegen priesterlich orientierte »Rückkehrer«; Streit um Landbesitz *und* um theologische

Kompetenz) würde dann *Nehemia* eine wichtige Rolle gespielt haben, während man *Esra* mit der *theologisch und juristisch* relevanten Promulgation des Pentateuch als fünfteiliger *Mose-Tora* in Verbindung bringen könnte. Nehemia hätte nach dieser Sicht der Dinge (vgl. *W.Oswald*, Israel am Gottesberg 224-237) mit seiner (im Zusammenhang mit der Errichtung einer persischen Provinz Jehud stehenden) gesellschaftlich-politischen Befriedung den Weg dafür geebnet, daß dieser Prozeß sich *dann* auch literarisch in der redaktionellen Zusammenarbeit der von den rivalisierenden Gruppen für ihre jeweilige Position reklamierten Texte niederschlug. Der nächste Schritt wäre dann als theologische und juristische Sanktionierung dieses Kompromißtextes durch eine abschließende Redaktion vorstellbar, wodurch die Mose-Tora entstand, die dann durch Esra feierlich als solche in Kraft gesetzt worden wäre (s.u. C.II.6).

3.2 Der Pentateuch als theopolitisches Kompromißdokument und als »Mose-Tora«

In der Theologie des nachexilischen Israel waren - sehr vergröbernd gesprochen - zwei (im einzelnen noch weiter zu differenzierende) *Hauptströmungen* besonders einflußreich: 1. die *theokratische* Richtung; 2. die *eschatologische* Richtung. Ihre Propria und ihre Differenzen lassen sich plakativ an ihrer unterschiedlichen Deutung der frühnachexilischen Geschichte Israels im Kontext des persischen Weltreichs (Ende des Exils, Tempelbau und Tempelweihe, Etablierung Jerusalems als relativ autonomes Zentrum der jüdischen Religion) ablesen. Die *theokratische Richtung* deutet dies prinzipiell so, »daß das Heil Israels bereits wieder gegenwärtig ist, insofern die weltweite Perserherrschaft als das präsentische Gottesreich und Tempel und Tempelkult in Jerusalem als Realisation dieses Heils angesehen werden - universale, mittelbar durch die Perser ausgeübte Gottesherrschaft. Erwartungen bezüglich vervollständigender Züge solchen Heils richten sich in diesem Rahmen auf die Weltherrschaft JHWHs im Perserreich und auf politische Mittel. Was dieser Position fehlt, ist der eschatologische Vorbehalt und die Erwartung einer durchgreifenden Wende für Israel jenseits der Perserherrschaft, die JHWH unmittelbar herbeiführen wird. Das unterscheidet die theokratische Konzeption, die prophetische Erwartungen als bereits realisiert ansieht, von *eschatologischen Positionen*. Und zwar zum einen von der eschatologischen Position der dtr. Tradition [s.u. C.IV. und D.II.], die die Perserzeit als Erleichterung nach wie vor andauernden Gerichts über Israel einschätzt und auf eine - zeitlich ganz offene - Segenswende wartet, wie sie JHWH für Israel und gegen die Völkerwelt herbeiführen wird. Und zum anderen von der eschatologischen Position prophetischer Tradition, die die Perserzeit als Anzeichen sich wendenden Heils... ansehen kann, das aber zu umfassendem Durchbruch erst gelangt, wenn jenseits der Perserherrschaft JHWH selbst und unmittelbar seine Königsherrschaft auf Zion ausüben wird« (*O.H.Steck*, Abschluß der Prophetie 15f Anm. 13).

Beide Richtungen, die in Juda von unterschiedlichen Trägergruppen favorisiert werden (Priesterschaft: theokratische Richtung; Laienkreise: eschatologische Richtung; selbstverständlich sind Überschneidungen möglich), sind im Pentateuch, sowohl in seiner narrativen wie legislativen Struktur, so nebeneinander gestellt, daß man von einem spannungsreichen Kompromiß reden kann. In den erzählenden Partien rivalisieren zwei Betrachtungsweisen der Ursprungsgeschichte Israels. Zum einen betont die priesterliche Sicht (s.u. C.V.), daß mit der Schöpfung und mit dem Wirken Gottes »von Abraham bis Mose« die grundlegenden Heilsordnungen ein für allemal gesetzt sind und daß es wesentlich darauf ankommt, durch ein diesen

Ordnungen entsprechendes Leben das Heil anzunehmen. Demgegenüber deutet die prophetisch inspirierte (»jehowistische«/deuteronomische/deuteronomistische: s.u. C.III. und VI.3) Sicht die Ursprünge Israels als den Anfang einer dynamischen und immer unter der Spannung von Gericht - Rettung stehenden, grundsätzlich offenen Geschichte Gottes mit Israel und mit der Völkerwelt. Auch im legislativen Bereich setzen beide Strömungen unterschiedliche Akzente. Dies läßt sich besonders markant in den drei im Pentateuch integrierten (im Detail vielfältig miteinander verwandten) »Grundordnungen« Israels Ex 20-23 (Dekalog und Bundesbuch), Lev 1-26 (besonders Lev 17-26: »Heiligkeitsgesetz«) und Dtn 5-28 ablesen. Die in die Mitte des Pentateuch gesetzte priesterliche Grundordnung definiert Israel als heilig-reine Gemeinde durch stärker kult- und sakralrechtliche Kategorien. Dagegen entwerfen die beiden (als Rahmung) davor und danach gesetzten Grundordnungen Ex 20-23 bzw. Dtn 5-28 (an deren Spitze jeweils der »ethische Dekalog« Ex 20* bzw. Dtn 5* steht, der in abgewandelter Form auch in Lev 19 begegnet) das Ideal eines »brüderlichen« (geschwisterlichen) Volkes (inspiriert am Ideal einer Familie), das in einem permanenten Reformprozeß aktualisiert werden muß.

Als *theologisches Kompromißwerk* war der Pentateuch »mit verschiedenen Augen lesbar. Die Theokraten fanden in ihm an exponierter Stelle zu Anfang die grundlegenden, ewig-gültigen Bestimmungen der Welt- und Israel-Ordnung, die sie in der Existenz Judas mit seinem Tempel in Jerusalem in der Gegenwart im Rahmen des Perserreiches verwirklicht sahen. Aber die dtr. geprägten Menschen fanden ihre Ordnungen und Geschichtsperspektiven auch integriert und belassen und konnten wie die prophetischen Kreise für ihre sehr viel weiter reichenden Hoffnungen auf eine Heilswende jenseits der Perser in den Verheißungen der Genesis und des Dtn Anhalt finden« (*O.H.Steck*, Abschluß der Prophetie 18f). Die Bezeichnung »Kompromiß« darf freilich nicht verdecken, daß beiden Richtungen (bzw. ihren unterschiedlichen gesellschaftlichen/institutionellen Trägergruppen) die grundlegende Option gemeinsam war, daß sie die Rekonstituierung jüdischer Identität in den Anfängen Israels »von Abraham bis Mose« und nicht in Überlieferungen der staatlichen Zeit suchten - und daß dabei Mose die gemeinsame Deutefigur werden sollte.

Als Dokument, das die miteinander rivalisierenden Strömungen in einer allgemeinverbindlichen Gründungsurkunde integrierte und zur *Kompromißsuche* verpflichtete, ist der Pentateuch der konsequente Versuch, jüdische Identität zu konstituieren und zu sichern. Er präsentiert sich selbst als Tora, die Gott durch Mose für *ganz Israel* gegeben hat. Mose als Interpret der JHWH-Offenbarung wurde dabei zur Vermittlungsfigur der unterschiedlichen Gruppen und Lebenskontexte. Die Tora blickt nicht nur auf Judäa, sondern auch auf die Juden in der Diaspora. Deren jüdische Existenz ist beispielsweise in den Erzelternerzählungen und in der Josefsgeschichte der Genesis legitimiert; auch die miteinander konkurrierenden »Rechtskorpora« ermöglichen es, jüdische Existenz außerhalb des Landes der Verheißung - wenn auch mit Blick auf dieses - zu definieren.

In nochmals anderer Perspektive kann man den Pentateuch als einen sozialpolitischen und gesellschaftsutopischen Kompromiß begreifen. Er strebte durch die Vielzahl seiner sozialen Schutzbestimmungen eine Balance zwischen den verschiedenen gesellschaftlichen Klassen in Juda (aristokratische Ober- und Mittelschicht, Tempelpersonal, Kleinbauern, Lohnarbeiter, Besitzlose) an. Er forderte gegenüber den Ansprüchen der priesterlichen und laikalen Amtsträger (Priesterkollegium, Ältestenrat) deren Ausgleich untereinander (vgl. beispielsweise das Programm einer bipolaren Ämterstruktur von Laien und Priestern beim Bundesmahl auf dem Gottesberg Sinai in Ex 24,9-11). Vor allem stellte er deren Machtgebaren das egalitäre Konzept des »heiligen Volkes und des Königreichs von Priestern«, das vom *ganzen Volk* gelten sollte, entgegen (vgl. den Kontrast zwischen Ex 19,5f; Num 16,3 und Num 16,4ff).

4. Die Tora als kanonisches Buch

Die besondere Bedeutung des im 4.Jh. v.Chr. abgeschlossenen Pentateuch (in späterer Zeit kommen u.a. noch einige Änderungen im chronologischen System der Erzählung hinzu) liegt darin, daß er nunmehr als »kanonischer Text« galt. Die »Kanonisierung« umfaßt zwei voneinander zu unterscheidende Vorgänge/Aspekte. 1. Die »Kanonwerdung« (*canonical process*) ist ein länger dauernder Prozeß, in dem ein Text sukzessiv seine definitive sprachliche Gestalt und seine Autorität/Akzeptanz erhält. 2. Die »Kanonschließung« ist der Akt, durch den dem Text allgemeinverbindlich seine normative Funktion zuerkannt wird; in der Regel geschieht dies durch eine letzte Textbearbeitung und durch Publikation bzw. Archivierung eines oder mehrerer Modellexemplare(s). Nach der Kanonschließung wird der kanonische Text nicht mehr »fortgeschrieben«, sondern nur noch »abgeschrieben«.

Das Judentum hat die Kanonisierung allerdings nicht mit dem Begriff Kanon verbunden. Das Wort Kanon (κανών, griechisches Lehnwort nach dem semitischen/hebräischen *qānœh* »Schilfrohr«), das ursprünglich aus der Baukunst kommt (Meßstab/Maßstab) und dann die Idee des Ideals/der Norm in Kunst und Literatur, Ethik und Politik zusammenfaßt und schließlich die Liste/den Katalog »verbindlicher Bücher« (für unterschiedlichste Bereiche des öffentlichen Lebens und der Kultur) bezeichnete, wurde erst im 4.Jh. christlicherseits mit der Bibel in Verbindung gebracht. So heißt es in einer Bestimmung des Konzils von Laodizea in Kleinasien (um 360 n.Chr.), »daß man in der Kirche nicht die ›gewöhnlichen‹ Psalmen und nichtkanonische (ἀκανωνιστά) Bücher vorlesen darf, sondern allein die kanonischen (τὰ κανωνικά [βίβλια]) Bücher des Neuen und Alten Bundes«. Das Judentum bezeichnete »kanonische« Bücher meist als solche, »die die Hände verunreinigen«, d.h. sie sind unberührbar wie heilige Gegenstände. Der Ausdruck bezog sich ursprünglich auf die maßgeblichen Musterexemplare am Tempel, die als »heilige« Exemplare unter Beachtung ritueller Regelungen hergestellt und nur von »rituell geheiligten« Personen gebraucht (verlesen) werden durften. Diesen Aspekt betont auch die Bezeichnung »Heilige Schrift(en)«.
Gerade unter Berücksichtigung der Kanonwerdung der Tora, die entscheidend mit der Promulgation des joschijanischen Deuteronomiums als »Staatsgrundgesetz« (vgl. 2 Kön 23,1-3) beginnt (s.u. C.IV.), läßt sich das Spezifikum kanonischer Texte anhand der Unterscheidung »klassischer«, »heiliger« und »kanonischer« Texte folgendermaßen klarmachen (im Anschluß an *J.Assmann*):
1. *Klassische Texte* sind konstitutiv und wertverkörpernd für die kulturelle Identität einer bestimmten Epoche oder Gruppe/Schule/Bewegung/Strömung. Die jeweils vollzogene Unterscheidung zwischen »klassischen« und »nichtklassischen« Texten gilt nicht notwendigerweise als allgemeinverbindlich. Andere Epochen oder andere Schulen wählen anders aus. Die Kriterien der Auswahl liegen in einem breiten Spannungsbogen von der Ästhetik bis zur Ethik; entscheidend ist der Vorbildcharakter, den klassische Texte ausüben, weshalb solche Texte öfter als andere gelesen, zitiert und imitiert werden und so als eine Art »Klassiker« einer Kultur(epoche) gelten.
2. *Heilige Texte* sind »eine Art sprachlicher Tempel, eine Vergegenwärtigung des Heiligen im Medium der Stimme. Der heilige Text verlangt keine Deutung, sondern rituell geschützte Rezitation unter sorgfältiger Beobachtung der Vorschriften hinsichtlich Ort, Zeit, Reinheit usw.« (*J.Assmann*, Das kulturelle Gedächtnis 94). Vor allem verlangen heilige Texte wortlautgetreue Überlieferung und wortlautgetreue Rezitation.
3. *Kanonische Texte* formulieren allgemeinverbindlich die normativen und formativen Werte einer Gemeinschaft. Sie setzen eine (stillschweigend oder ausdrücklich vollzogene) Zensur anderer Texte voraus, die als nicht verbindlich bzw. geradezu als verwerflich/häretisch abgelehnt werden; dieser Vorgang der Zensur in der Doppelbewegung von Einzäunung des Ausgewählten und von Ausgrenzung der Alternativen kann als »Kanonwerdung« bezeichnet werden. Kanonische Texte setzen auch die Festlegung ihres Wortlauts voraus, der als sakrosankt und nicht mehr fortschreibbar gilt. Dieser Akt der »Kanonschließung« zielt freilich nicht primär darauf, daß der Wortlaut als solcher, sondern der in und mit ihm formulierte Werte- und Sinnkanon *für das Leben* der Mitglieder der kanonisierenden Gemeinschaft festgelegt wird. Kanonische Texte als *Sinn- und Wertekanon* einer Gemeinschaft verlangen deshalb nicht nur die Institution der *Textpflege* (Unantastbarkeit und Ästhetik der Textgestalt: »heilige Bücher«), sondern vor allem die Institution der *Sinnpflege*, damit sie bei wachsendem zeitlichen/kulturellen/gesellschaftlichen Abstand nach der Kanon-

schließung die von ihnen erwartete fundierende Funktion »textgemäß«, d.h. sinngemäß erfüllen können. Kanonische »Texte wollen beherzigt, befolgt und in gelebte Wirklichkeit umgesetzt werden. Dafür bedarf es weniger der Rezitation als der Deutung. Auf das *Herz* kommt es an, nicht auf Mund und Ohr. Der Text spricht aber nicht unmittelbar zum Herzen... Daher verlangt der Umgang mit kanonischen Texten den Dritten, den Interpreten, der zwischen Text und Adressaten tritt und die normativen und formativen Impulse freisetzt, die in der Textoberfläche eingeschlossen sind. Kanonische Texte können nur in der Dreiecksbeziehung von Text, Deuter und Hörer ihren Sinn entfalten« (*J.Assmann*, Das kulturelle Gedächtnis 95). Die Kanonisierung eines Textes ist nicht das Ende seiner Produktivität, sondern der Auslöser einer nicht mehr textimmanenten, sondern textexternen, aber gleichwohl textbezogenen Produktion *neuer Texte*, die den kanonischen Text aktualisieren. Die Hauptform dieses produktiven Umgangs mit einem kanonischen Text ist das Phänomen des *Kommentars*, das wie die Zensur konstitutiv zum Begriff des Kanons gehört. Der kanonbezogene Kommentar »erfüllt vor allem zwei Funktionen: er dient einerseits der Umsetzung von Text in Leben, der Freisetzung des weltdeutenden, handlungsorientierenden und lebensformenden Anspruchs in ständig veränderten Erfahrungshorizonten, und er dient andererseits als Legitimationsbasis von Innovation, die sich im Bannkreis eines Kanons immer nur in der Form des Kommentars äußern darf« (*A.* und *J.Assmann*, Kanon 14). Es gibt aber auch andere Formen des kanongemäßen Umgangs mit dem kanonischen Text: Er kann als Denkprinzip vorausgesetzt werden, ohne daß auf ihn explizit oder implizit verwiesen wird. In summa: Der Kanon ist ein Potential kreativer Energie, die sich *kanongemäß* entfaltet. In biblischer Sprache: Der Kanon ist nicht toter Buchstabe, sondern gebündeltes Sinnpotential, eben Geist, der lebendig werden und bleiben soll.

Die Tora als »Kanon« realisierte in Israel einerseits das Phänomen der monotheistischen Zensur und der Unterordnung der Prophetie unter die Tora; andererseits kanonisierte er als integratives Kompromißdokument schon *in sich selbst* jene Sinnpflege, die zum Wesen des Kanon gehört. So war es nicht nur konsequent, daß als nächster Schritt die Kanonisierung der Prophetenbücher *so* erfolgte, daß sie als (kanonische) Kommentare zur Tora *verstanden* wurden selbst bzw. gerade dort, wo sie dem Wortlaut der Tora widersprachen, und daß dann weiterhin »die Schriften« als torabezogene Aktualisierungen betrachtet und »kanonisiert« wurden.

Daß die Kanonisierung *der Tora* neue Texte und vom Wortlaut der Tora abweichende, aber ihrem Sinn und Geist entsprechende Verhaltensweisen (»Halacha«) geradezu »produzierte«, läßt sich im weiten Feld der frühjüdischen Literatur erkennen. Folgende Beispiele können dies illustrieren: (1) Neh 10 als ausdrücklich sich selbst präsentierende Aktualisierung »der Tora des Mose«; (2) 1 Makk 2,39-41: weil es »Sinn« und »Ziel« des Sabbatgebotes der Tora war, Israel als »Gottesvolk« zu konstituieren, war es »kanongemäß«, daß die Makkabäer dieses Gebot »übertraten«, um Israel zu retten und damit die Tora am Leben zu erhalten; (3) die Bergpredigt Mt 5-7 als apokalyptische Halacha Jesu zur Tora des Mose (vgl. das Motto Mt 5,17-20).

Daß die Tora als Kanon gerade nicht den Abschluß der Offenbarung bewirken will, läßt sich schon im Dtn selbst ablesen, und zwar zum einen in dessen dynamischem Offenbarungsverständnis, wonach die Mosetora sich als auf Zukunft zielende Aktualisierung der JHWH-Offenbarung präsentiert, und zum anderen in der spezifischen Ausprägung der im Dtn zweimal gesetzten sog. Kanonformel (Dtn 4,2; 13,1). Vor allem die kontextuelle Einbindung der Formel Dtn 4,2 in den Abschnitt Dtn 4,1-4 unterstreicht, worum es bei der Kanonisierung geht: (1) Der Kanon will ein Wegweiser für *das Leben* sein. (2) Der Kanon soll vor allem der Praxis dienen, wie der auf die Kanonformel folgende Infinitiv »um zu achten auf die Gebote...« unterstreicht. Die Kanonisierung schreibt nicht den Buchstaben fest, sondern die Sinnrichtung der Offenbarung. Als kanonischer Text ist die Tora »adaptable for life« (*J.A.Sanders*).

II. Die Entstehung des Pentateuch

(Erich Zenger)

Forschungsüberblicke: A.H.J.Gunneweg, Anmerkungen und Anfragen zur neueren Pentateuchforschung: ThR NF 48,1983,227-253; 50,1985,107-131; P.Haudebert (Hg.), Le Pentateuque. Débats et recherches (LeDiv 151) Paris 1992; C.Houtman, Der Pentateuch. Die Geschichte seiner Erforschung neben einer Auswertung, Kampen 1994; E.Nicholson, The Pentateuch in the Twentieth Century. The Legacy of Julius Wellhausen, Oxford 1998; E.Otto, Kritik der Pentateuchkomposition: ThR 60,1995,153-191; ders., Neuere Einleitungen in den Pentateuch: ThR 61,1996,332-341; ders., Brückenschläge in der Pentateuchforschung: ThR 63,1998 (im Druck); A.de Pury (Hg.), Le Pentateuque en question, Genf [2]1989; B. Seidel, Entwicklungen der neueren Pentateuchforschung im 20. Jahrhundert: ZAW 106,1994,476-485; J.L.Ska, Introduzione alla lettura del Pentateuco, Rom 1998.
Einzelstudien: J.Assmann, Das kulturelle Gedächtnis. Schrift, Erinnerung und politische Identität in frühen Hochkulturen, München 1992; J.Blenkinsopp, The Pentateuch (ABRL) New York 1992; E.Blum, Die Komposition der Vätergeschichte (WMANT 57) Neukirchen-Vluyn 1984; ders., Studien zur Komposition des Pentateuch (BZAW 189) Berlin 1990; D.J.A.Clines, The Theme of the Pentateuch (JSOT.S 10) Sheffield 1982; Ch.Dohmen, Wenn die Argumente ausgehen. Anmerkungen zur Krisenstimmung in der Pentateuchforschung: BiKi 53,1998,113-117; I.Fischer, Die Erzeltern Israels. Feministisch-theologische Studien zu Genesis 12-36 (BZAW 222) Berlin 1994; F.-L. Hossfeld, Der Pentateuch - Anfang und Basis des Alten Testaments: BiKi 53,1998,106-112; O.Kaiser, Der Gott des Alten Testaments 1 (UTB 1747), Göttingen 1993,157-186; E.A.Knauf, Audiatur et altera pars. Zur Logik der Pentateuch-Redaktion: BiKi 53,1998,1128-126; M.Noth, Überlieferungsgeschichte des Pentateuch, Stuttgart [3]1948; G.von Rad, Das formgeschichtliche Problem des Hexateuch, in: ders., Gesammelte Studien zum Alten Testament (ThB 8) München 1958,9-86; R.Rendtorff, Das überlieferungsgeschichtliche Problem des Pentateuch (BZAW 147) Berlin 1977; M.Rose, Deuteronomist und Jahwist. Untersuchungen zu den Berührungspunkten beider Literaturwerke (AThANT 67) Zürich 1981; L.Ruppert, Die Aporie der gegenwärtigen Pentateuchdiskussion und die Josefserzählung der Genesis: BZ 29,1985,31-48; K.Schmid, Erzväter und Exodus. Untersuchungen zur doppelten Begründung der Ursprünge Israels innerhalb der Geschichtsbücher des Alten Testaments (WMANT), Neukirchen 1999; W.H.Schmidt, Plädoyer für die Quellenscheidung: BZ 32, 1988,1-14; ders., Elementare Erwägungen zur Quellenscheidung im Pentateuch, in: J.A.Emerton (Hg.), Congress Volume Leuven 1989 (VT.S 43) Leiden 1991,22-45; J.van Seters, Abraham in History and Tradition, New Haven 1975; ders., Prologue to History. The Yahwist as Historian in Genesis, Louisville 1992; J.Wellhausen, Die Composition des Hexateuchs und der historischen Bücher des Alten Testaments, Berlin 1963; P.Weimar, Untersuchungen zur Redaktionsgeschichte des Pentateuch (BZAW 146) Berlin 1977; N.Whybray, The Making of the Pentateuch (JSOT.S 53) Sheffield 1987.

Mit der Promulgation der Tora/des Pentateuch durch Esra kam der durch mehrere Jahrhunderte lebendige Prozeß der Traditionsbildung über die Ursprünge Israels zu einem literarisch fixierten Abschluß der Endkomposition, an der danach nur noch punktuell weitergearbeitet wurde. Schon die im vorangehenden Abschnitt sichtbar gewordene Eigenart der Tora als Kompromißdokument läßt vermuten, daß die kanonische Traditionsbildung sehr komplex verlaufen ist. Über diesen Prozeß haben wir keine Nachrichten. Er muß von der Forschung aus der vorliegenden Textgestalt des Pentateuch erschlossen werden, und zwar in der Kombination von Rückschluß- und Analogieverfahren. Dabei ist zu fragen, wie es zu den in der Endkomposition des Pentateuch vorliegenden Eigenheiten gekommen sein kann; zur Beantwortung dieser Frage werden vergleichbare literatur- und religionsgeschichtliche Vorgänge in Israel und in Israels Umwelt herangezogen.

Die Traditionsbildung kann man sich (mit *J.Assmann*) als lebendigen Fluß vorstellen: »Er verlagert sein Bett und führt bald mehr, bald weniger Wasser. Texte geraten in Vergessenheit, andere kommen hinzu, sie werden erweitert, abgekürzt, umgeschrieben, anthologisiert in wechselnden Zusammenstellungen. Allmählich prägen sich Strukturen von Zentrum und Peripherie heraus. Gewisse Texte erringen aufgrund besonderer Bedeutsamkeit zentralen Rang, werden öfter als andere kopiert und zitiert und schließlich... zum Inbegriff normativer und formativer Werke« (*J.Assmann*, Das kulturelle Gedächtnis

92). Daß wir nichts über die vergessenen oder gezielt ausgeschiedenen Texte wissen, ist eine unüberwindbare Grenze aller Theorien über den kanonischen Prozeß. Hinzu kommt das Problem des ungeklärten Verhältnisses von mündlicher zu schriftlicher Überlieferung. Zwar ist in den letzten Jahren durch archäologische und kulturvergleichende Forschung unser Wissen über die technischen und soziologischen Voraussetzungen einer in Israel ab dem 8.Jh. breiter um sich greifenden Schriftkultur (Papyrusrollen, Schreiberschulen, ausgebautes Verwaltungs- und Ausbildungswesen am Königshof bzw. im Umfeld des Tempels; rudimentäre Lesefähigkeit der Ober- und Mittelschicht bei weitgehendem Analphabetismus der Gesamtbevölkerung) gewachsen (s.o. B.I.1.2), doch ist dieses Wissen immer noch so begrenzt, daß es zur Theoriebildung über die Entstehung des Pentateuch ebenfalls nur sehr bedingt herangezogen werden kann.

Für die *historische* Forschung ist die Rückfrage nach der Entstehung des Pentateuch und die Theoriebildung darüber, mag diese noch so unsicher sein, unverzichtbar. Die kritische Pentateuchforschung ist auch *theologisch* bedeutsam und unerläßlich. Insofern sie erhellen will, wie der Pentateuch entstanden ist, trägt sie zu seinem tieferen Verständnis bei. Zwar muß der Vorwurf, der wiederholt von jüdischer und von christlicher Orthodoxie gegen die Pentateuchkritik erhoben wurde, sie zerstöre den kanonisierten theologischen Charakter der Tora/des Pentateuch, ernstgenommen werden. Er macht darauf aufmerksam, daß die historische Fragestellung nur *einen* Aspekt der Tora in den Blick nimmt. Aber auch dieser Aspekt ist von großer theologischer Bedeutung: (1) Gegenüber einem fundamentalistischen (»wortwörtlichen«) Verständnis des Pentateuch, das die bestehenden Widersprüche im Text selbst und dessen kulturgeschichtlichen Abstand zur Moderne (den »garstigen historischen Graben«) nicht wahrhaben oder vernunftwidrig »erklären« will, ermöglicht die geschichtliche Einordnung eines jeweiligen Textes/Textkomplexes eher eine angemessene Auslegung. (2) Insofern die Pentateuchkritik die Entstehung des Pentateuch als jahrhundertelanges, komplexes Ringen um die je aktuelle Bedeutung der zentralen Traditionen Israels zu begreifen sucht, wird diese Entstehungsgeschichte als faszinierende Geschichte der Gott-Suche Israels sichtbar. Zugleich wird deutlich, daß die biblische Gotteswahrheit einerseits immer nur in Annäherung erreichbar ist und daß sie sich andererseits unter veränderten geschichtlichen Bedingungen je neu bewähren und bewahrheiten muß.

Die Pentateuchkritik im engeren Sinn ist erwachsen aus der Aufklärung und aus der gegenüber einem allzu engen Dogmatismus entstandenen historischen Kritik. Sie ist das zur Zeit schwierigste Feld der exegetischen Forschung. Seit der Mitte der 70er Jahre ist der damals weithin akzeptierte Grundkonsens der Forschung (bei freilich vielen Divergenzen im Detail) zerbrochen. Deshalb ist es wichtig, zunächst die Probleme in der überlieferten Endgestalt des Pentateuch wahrzunehmen, die eine (wie immer im einzelnen durchgeführte) Theorie über das Wachstum des Pentateuch fordern. Danach sollen kurz die Geschichte der Pentateuchkritik und die derzeitigen Forschungstrends referiert werden, wobei die hier getroffene Option für *ein* Modell näher erläutert und begründet wird.

1. Indizien für einen vielschichtigen Entstehungsprozeß

Daß der Pentateuch nicht von einem einzigen Verfasser, in einem einzigen Formulierungsprozeß und als ein von Anfang bis Ende konsequent durchgeführtes Werk entstanden sein kann, ist Konsens der kritischen Pentateuchforschung. Sie arbeitet vor allem mit der Methode der Literarkritik. Diese überprüft die literarische Einheitlichkeit und Kohärenz eines Textes. Stellt sie sachliche und terminologische Spannungen bzw. Widersprüche, Wiederholungen und Doppelungen, syntaktische Brüche und konkurrierende Vorstellungen fest, schließt sie auf unterschiedliche Herkunft der entsprechenden Textteile. Im folgenden werden paradigmatisch solche literarkritisch relevanten Beobachtungen katalogisiert; ein Teil von ihnen gehört zu den klassischen Beobachtungen der Pentateuchkritik.

1.1 Wechsel von Gottesname, Gottesbezeichnung und Gottestitel

Mit der Beobachtung, daß vor allem in den Erzählungen der Gen ein auffallender Wechsel des Gottesnamens JHWH und der Gottesbezeichnung Elohim (= Gott) bzw. mit bestimmtem Artikel ha-Elohim (= die Gottheit) vorliegt, der nicht als gezielte stilistische oder theologische Gestaltung erklärt werden kann, sondern auf unterschiedliche Herkunft der jeweiligen Textteile hinweist, setzte im 18.Jh. die »moderne« Pentateuchforschung ein. Diese Beobachtung, die jedoch nicht mechanistisch angewendet werden darf (was bisweilen geschah), wurde durch die Erkenntnis ergänzt, daß auch die unterschiedlichen Gottestitel (z.B. El Eljon »der Höchste Gott«: Gen 14,18f; El Schaddaj »der Allmächtige Gott«: Gen 17,1; El Olam »der Ewige Gott«: Gen 21,33) und Erscheinungsweisen Gottes (z.B. »der Bote JHWHs«: Gen 21,11.15; »die drei Männer« = »JHWH« = »JHWH und seine zwei Boten«: Gen 18-19) nicht so planvoll im Text auftreten, daß sie auf ein und denselben Autorenkreis zurückgehen können.

Schon eine schnelle Lektüre von Gen 1-23 (»Urgeschichte« und »Abraham-Sara-Erzählungen«) macht das Problem sichtbar: die Weltschöpfungsgeschichte Gen 1,1-2,4a verwendet konsequent Elohim; die Paradies-Erzählung Gen 2,4b-3,24 hat durchgängig JHWH Elohim (Gen 3,1-5 setzt nur Elohim, um im Gespräch zwischen Schlange und der Frau den Gottesnamen JHWH zu vermeiden); die Kain-Abel-Geschichte Gen 4 verwendet JHWH; die Genealogie Gen 5 beginnt in 5,1 mit Elohim und wechselt dann in Gen 5,29 zu JHWH; die Sintfluterzählung Gen 6-9 mischt JHWH und Elohim, wobei fast identische Aussagen einmal mit Elohim und einmal mit JHWH gebildet sind (Gen 6,22; 7,5: »Und Noach tat gemäß allem, was ihm Elohim/JHWH geboten hatte«); in Gen 11-16 wird von JHWH erzählt; die Verheißung eines Sohnes an Abraham in Gen 17 beginnt in 17,1 mit JHWH und El Schaddaj und ist dann konsequent mit Elohim weitergeführt; Gen 18-19 mischt zunächst JHWH, »die drei Männer«, »JHWH und seine zwei Boten« und wechselt dann in 19,29 zu Elohim; auch Gen 20 verwendet Elohim bzw. ha-Elohim; Gen 21-22 mischt wieder JHWH und Elohim bzw. ha-Elohim (22,11.15 setzt »Bote JHWHs«); die Erzählung über Saras Tod und Begräbnis hat nur Elohim.

1.2 Doppelungen und (zugleich) Spannungen zwischen aufeinanderfolgenden Erzählungen

Wer in Gen 1 mit der Lektüre des Pentateuch beginnt und diesen als eine zusammenhängende stimmige Erzählung lesen will, wird vielfach darüber irritiert sein, daß ähnliche Geschichten zweifach oder gar dreifach erzählt werden und zwar so, daß sie teilweise in Widerspruch zueinander stehen oder im »Wiederholungsfall« nicht erkennen lassen, daß die Geschichte vorher schon einmal erzählt wurde. Aus der Fülle der Möglichkeiten müssen hier zwei »klassische« Beispiele genügen.

a) Die Erzählungen über die Schöpfung Gen 1,1-2,4a bzw. Gen 2,4b-3,24

(1) Die Geschichten widersprechen sich in ihrer Gesamtszenerie und in der Abfolge der erzählten Ereignisse.

Gen 1 inspiriert sich am Bild einer (jährlich) überschwemmten Flußebene (vgl. den Nil in Ägypten oder Eufrat und Tigris in Mesopotamien), aus der die Erdscheibe auftaucht, auf der Vegetation zu sprossen beginnt und die schließlich bevölkert wird, zunächst mit Tieren und dann mit Menschen, die wie die Pflanzen und Tiere als Gattung gleichzeitig männlich und weiblich geschaffen werden, wobei die Erzähler an eine (nicht näher bestimmte) Mehrheit von Menschen denken, denen die gesamte bewohnbare Erde als Lebensraum übergeben wird.

Gen 2-3 setzt dagegen mit der trockenen Steppe oder dem völlig ausgetrockneten Ackerboden als »Chaos vor der Schöpfung« ein (so als hätte es die Wasserfülle von Gen 1 nie gegeben!). Erst ein Grundwasserstrom, wie er in Oasenlandschaften in Wüstenumgebung wahrnehmbar ist (vgl. Jericho), und/oder ein Regen, wie er im Bergland von Efraim und Juda fällt und den Boden in ein blühendes Paradies verwandelt, ermöglichen es hier, daß JHWH Elohim mit der Schöpfung beginnen kann. Er formt zunächst aus dem befeuchteten Boden eine Menschenfigur und macht sie durch Anhauchen mit seinem eigenen Atem lebendig. Für dieses eine Exemplar von Mensch legt JHWH Elohim dann einen köstlichen Garten an, setzt den Menschen (wie eine Spielfigur) hinein und weist ihm die Früchte auf den Bäumen dieser Oase als Nahrung zu. Damit dieser eine Mensch sich nicht so einsam fühlt, formt JHWH Elohim aus dem feuchten Erdboden eine Reihe von Tieren und führt sie dem Menschen zu. Als dieser sich offensichtlich immer noch einsam und letztlich nicht lebensfähig empfindet, läßt JHWH Elohim einen mythischen Tiefschlaf über ihn fallen und baut aus der Rippe der Menschenfigur, nach Art eines altorientalischen Kunstwerks, eine Frau und führt die beiden zusammen - und nun erst gibt es Mann und Frau als zwei lebensfähige Menschenexemplare. Beide müssen freilich die Oase verlassen, um den Boden draußen »im Schweiße des Angesichts« zum Lebensraum zu machen - so, als hätte es die Schöpfung von Gen 1 nie gegeben, wo es doch heißt, daß Elohim lange vor der Menschenschöpfung bewirkt hat, daß die Erde »junges Grün hervorbrachte, alle Arten von Pflanzen, die Samen tragen, alle Arten von Bäumen, die Früchte bringen mit ihrem Samen darin« (Gen 1,12).

(2) Gen 1 und Gen 2-3 stehen auch durch ihre unterschiedlichen Gottesbilder unvermittelt nebeneinander.

Während der Schöpfergott von Gen 2-3, der JHWH Elohim genannt wird, plastisch und anthropomorph gezeichnet ist (man sieht ihn förmlich bei der Arbeit inmitten seiner Schöpfung, man merkt ihm geradezu die Spannung an, als er erst die Tiere und dann die Frau formt, um der Menschenfigur echte Lebensfähigkeit zu geben, er legt wie ein Gärtner den Park an, er geht wie ein König in der Kühle des Abends im Park umher und redet mit seinen Geschöpfen usw.), ist der Elohim genannte Schöpfergott von Gen 1 souverän und transzendent - jenseits von Himmel und Erde (er spricht und es geschieht; als er die Menschen »schafft«, sieht man ihn nicht bei der Arbeit; es wird nicht gesagt, woraus und wie er die Menschen macht; er redet nicht *mit* den Menschen, sondern ruft seinen Segen über sie aus usw.).

Fazit: Die Schöpfungserzählungen Gen 1 und Gen 2-3 stehen wie zwei verschiedene Welt-Bilder bei aller thematischen Gemeinsamkeit so nebeneinander, daß sie kaum die gleiche Herkunft haben können.

b) Die drei Erzählungen über die Preisgabe der »Ahnfrau« durch den Patriarchen Gen 12,10-20; 20,1-18; 26,1-11

(1) Die drei Erzählungen stimmen in den wesentlichen Elementen der Erzählstruktur überein:

Der Patriarch gibt seine schöne Frau (Gen 12 und 20: Abraham und Sara; Gen 26: Isaak und Rebekka) beim Eintritt in den Herrschaftsbereich eines fremden Königs (Gen 12: Ägypten/Pharao; Gen 20: Negev/Abimelech, König von Gerar; Gen 26: Gerar, Philistergebiet/Abimelech, König der Philister) als seine Schwester aus, weil er fürchtet, daß der König die fremde Frau begehren und zu sich nehmen könnte. Der Patriarch ist jeweils bereit, seine Frau, die Trägerin der Verheißungen, preiszugeben - um selbst am Leben zu bleiben und um als »Bruder« reich beschenkt zu werden. Alle drei Erzählungen enden damit, daß die Frau gerettet wird, weil JHWH (Gen 12) bzw. Elohim (Gen 20) eingreift (Gen 12: durch eine Plage; Gen 20: im Traum) oder weil Abimelech die Lüge des Patriarchen selbst entdeckt (Gen 26: der König sieht das Ehepaar bei ihren Zärtlichkeiten).

(2) Die drei Erzählungen haben ihr je eigenes Profil:

Gen 12,10-20 weist drei Spannungsbögen auf: »Anlaß der Erzählung ist die *Hungersnot*, der man durch den Zug nach Ägypten entgehen will... Das zweite Spannungsmoment ist die *Angst des Mannes* um sein nacktes Überleben angesichts seiner schönen Frau. Als Problemlösung wählt er die Verleugnung der Ehebindung, um die Frau frei zu machen für die fremden Männer. Dieser Spannungsbogen wird dadurch gelöst, daß Sara nun tatsächlich in ein neues Eheverhältnis eintritt und die Befürchtungen Abrahams durch ihre Preisgabe abgewendet werden. Das erhoffte Ziel des Wohlergehens wird ausdrücklich als Spannungslösung erzählt. Durch den *Verrat an der Frau* baut sich allerdings der dritte Spannungsbogen auf, der durch die Hilfe JHWHs für die Frau gelöst wird. Dabei werden nicht nur die rechtlichen Verhältnisse wiederhergestellt..., sondern auch der Zug nach Ägypten durch den Landesverweis zu einem Abschluß gebracht. Die Erzählung verwebt diese drei Spannungsbögen miteinander, die Lösung des einen bringt jeweils einen neuen ins Blickfeld. Das Hauptgewicht liegt jedoch am dritten Spannungsbogen. Er wird bereits zu Anfang eingeführt und erst zum Schluß gelöst. Die Preisgabe der Frau und ihre Rettung durch JHWH ist daher als Skopus der Erzählung zu erheben« (*I.Fischer*, Die Erzeltern Israels 136). Im Mittelpunkt von *Gen 20* steht dagegen nicht Sara, sondern Elohim. Er fordert Abimelech im Traum auf, Sara ihrem Ehemann zurückzugeben. Hier greift Elohim nicht nur ein, um Sara als Individuum zu retten, sondern um zugleich die Institution der Ehe zu schützen. In *Gen 26* findet die Preisgabe der Frau (Rebekka) nur in den angstvollen Gedanken des Patriarchen (Isaak) statt. Die Erzählung will aufzeigen, daß JHWH die Frau vor ihrem eigenen Ehemann schützt, der im Ernstfall zur Preisgabe bereit wäre. Der Stoff ist so gestaltet, daß erzählerisch vermittelt wird: »JHWH rettet durch die Bewahrung vor der Gefahr! Durch sein Einschreiten vor jeglichem Geschehen mit der Gutheißung des Zufluchtsortes Gerar steht der Aufenthalt der Erzeltern von vornherein unter seinem Schutz. Rebekka gerät daher erst gar nicht in eine Situation, aus der sie gerettet werden müßte. Der Befehl des Königs V 11 legalisiert auf profaner Ebene das, was JHWH Isaak und Rebekka bereits als Beginn der Wanderung angedeihen läßt, nämlich den Schutz vor jeglichen Übergriffen« (*I.Fischer*, Die Erzeltern Israels 189).

(3) Daß diese Geschichte auf so engem Raum gleich dreimal nacheinander und mit solch unterschiedlichem Profil, das jeweils gut in seinen unmittelbaren Kontext paßt, erzählt wird, läßt sich schwerlich durch Herkunft von ein und demselben Verfasserkreis erklären. Dafür sind sie zu wenig gezielt aufeinander hin erzählt.

1.3 Doppelungen und (zugleich) Spannungen innerhalb eines einzigen Erzählzusammenhangs

Noch weniger ist mit der Annahme eines einzigen Erzählers die in zahlreichen Erzählungen des Pentateuch feststellbare Eigenart zu erklären, daß in ihnen mehrere Erzähl- und Bildebenen so unausgeglichen nebeneinandergestellt sind, daß zwar einerseits ein zusammenhängender Erzählbogen vorliegt, daß aber andererseits - bei genauerem Zusehen - zwei oder drei Erzählungen zu einer einzigen Erzählung voller Wiederholungen und Widersprüche zusammengearbeitet erscheinen. Auch hier werden aus der Fülle möglicher Beispiele wieder zwei »Klassiker« der Pentateuchkritik ausgewählt.

a) Die Erzählung von der Sintflut Gen 6,5-9,17

Gewöhnlich werden folgende fünf *Widersprüche* notiert, die (mindestens) zwei unterschiedliche Erzählebenen/-schichten anzeigen:

(1) Ursache der Flut (6,5: Bosheit aller Menschen; 6,11f: Verderbnis der Erde und allen Fleisches).
(2) Tiere in der Arche (7,2: Sieben reine und zwei unreine Tiere bzw. Tierpaare; 6,19f: je zwei von allem Lebendigen).
(3) Dauer der Flut (7,4.12: vierzig Tage und vierzig Nächte; 7,6; 8,13 = 7,11; 8,14: ein ganzes Jahr).
(4) Art der Flut (7,6; 8,2f: Sturzregen, nach dessen Aufhören das Wasser verläuft; 7,11; 8,1f: Hervorbrechen der Urflut von unten und von oben).
(5) Herausgehen aus der Arche (8,6-12: nach dem »Vogelexperiment«; 8,15-17: aufgrund der Aufforderung Gottes).

Zu diesen Widersprüchen kommt, daß alle wichtigen Etappen des Geschehens zweimal in stilistisch und bildlich variierter Gestalt geboten werden. Die nachstehende Tabelle sammelt die wichtigsten vierzehn *Doppelungen* und ordnet sie in zwei sinnvolle Geschehensfolgen:

(1)	Bosheit der Menschen	6,5	6,11-12
(2)	Entschluß zur Vernichtung	6,7	6,13
(3)	Ankündigung der Flut	7,4	6,17
(4)	Befehl zum Besteigen der Arche	7,1	6,18
(5)	Aufforderung zur Mitnahme einer bestimmten Zahl von Tieren	7,2	6,19-20
(6)	um diese am Leben zu erhalten	7,3	6,19
(7)	Besteigen der Arche mit den Tieren	7,7-9	7,13-16
(8)	Kommen der Flut	7,10	7,11
(9)	Ansteigen der Wasser und Fahrt der Arche	7,17	7,18
(10)	Vernichtung von allem Lebendigen	7,22-23	7,20-21
(11)	Aufhören der Flut	8,2b	8,2a
(12)	Abnahme der Wasser	8,3a	8,3b.5
(13)	Anstoß zum Herausgehen aus der Arche	8,6-12	8,15-17
(14)	Zusage Gottes, nie wieder eine Flut zu schicken	8,20-22	9,8-17

b) Die Erzählung von der Errettung Israels am Meer Ex 14-15

Die Vernichtung des Israel verfolgenden Heeres des Pharao wird in Ex 14 auf dreierlei, wenn nicht gar viererlei verschiedene Weise - und doch als ein einziges Geschehen - erzählt. Am leichtesten erkennbar ist jene Schilderung, nach der Mose durch das Ausstrecken seiner Hand die Wasser spaltet, so daß die Israeliten auf trockenem Boden zwischen den Wassern wie zwischen zwei Mauern hindurchziehen, während das erneute Ausstrecken der Hand des Mose dann die Wasser zurückkehren und über die den Israeliten nachjagenden Ägypter zusammenschlagen läßt. Daneben sind zwei miteinander konkurrierende Vorstellungen auszumachen, in denen JHWH der Hauptakteur ist. Da drängt zum einen JHWH das Meer in der Nacht durch einen starken Wind zurück, so daß der trockene Meeresboden erscheint, auf dem die Ägypter den Israeliten nachsetzen; als dann am Morgen das Meer wieder zurückflutet, fliehen die kopflos gewordenen pharaonischen Truppen direkt in die Meereswogen hinein. Zum anderen steht eine Vorstellung im Hintergrund, wonach JHWH wie ein gigantischer altorientalischer Kriegsgott »erscheint«, die ägyptischen Truppen durch den Gottesschrecken lähmt, ihre Kriegswagen unbrauchbar macht - und schließlich die entmachteten Militärs wie Spielfiguren in die Mitte des Meeres schüttelt. Nicht genug damit: Da wirken auch noch »der Bote Elohims« und die dunkle Wolkensäule mit, indem sie als Trennwand zwischen die Ägypter und die Israeliten treten, gewissermaßen als Schutzwall für die angesichts der übermächtigen ägyptischen Verfolger verängstigten Israeliten; und dann gibt es sogar noch eine Licht-Feuersäule, damit Israel bei seinem nächtlichen Marsch etwas sehen kann. Nimmt man die beiden »Siegeslieder« Ex 15,1-18 und Ex 15,21 hinzu, ergeben sich noch einmal andere Bild- und Ereigniselemente. Jetzt ist es einerseits ein Götterkampf, bei dem JHWH die Feinde Israels als Repräsentanten der falschen Götter im Chaos-Meer vernichtet (Ex 15,1-18). Andererseits ist es ein Kampf, in dem JHWH das Kriegsmaterial zerstört (wenn Ex 15,21 übersetzt wird: »Roß und Wagen warf er ins Meer«), oder ein Sieg über das in der Assyrerzeit (8.Jh.) besonders gefürchtete feindliche Reiterheer (wenn Ex 15,21 übersetzt wird: »Roß und Reiter warf er ins Meer«). Auch wenn es nicht gelingen mag, alle diese Vorstellungen in stimmige Textteile aufzulösen, ist es schlechterdings auszuschließen, daß ein und derselbe Erzähler in einem einzigen »Arbeitsvorgang« Ex 14-15 geschaffen haben könnte.

1.4 Konkurrierende ethische und kultische Regulative/Appellative

Die klassische Pentateuchkritik hat sich überwiegend mit den Erzähltexten in Gen und Ex beschäftigt und von ihnen aus ihre Hypothesen entwickelt. Die Rechts- und Kultüberlieferungen blieben weitgehend unberücksichtigt. Möglicherweise wird sich die Theoriebildung über die Entstehung des Pentateuch in Zukunft verstärkt ihnen zuwenden und von ihnen her ihre Hypothesen entwickeln müssen. Dabei ist zunächst das Verhältnis der drei großen Gesetzeskorpora »Bundesbuch« (Ex 20,22-23,33), »Heiligkeitsgesetz« (Lev 17-26) und »Deuteronomische Gesetzessammlung« (Dtn 12-26) zueinander zu untersuchen; darüberhinaus kommt dem (synoptischen) Vergleich der je zweifach überlieferten Fassungen des sog. ethischen Dekalogs (Ex 20∥Dtn 5; vgl. auch Lev 19) und des sog. kultischen Dekalogs (Ex 23,10-19∥Ex 34,11-26) eine wichtige Rolle zu.

a) Unterschiede bei Einzelbestimmungen in den großen Gesetzeskorpora »Bundesbuch«, »Heiligkeitsgesetz« und »Deuteronomische Gesetzessammlung«

Die drei Gesetzeskorpora haben eine verwandte Gesamtstruktur:

	Bundesbuch	Heiligkeits-gesetz	Deuteronomi-sches Gesetz
Hauptgebot: Opferdarbringung und ihr Ort	Ex 20,22-26	Lev 17	Dtn 12,1-14,21
Soziale und kultische Einzelgebote Ämter (Richter, Priester) Kultische und soziale Einzelgebote	Ex 21,1-23,19	Lev 18-20 Lev 21-22 Lev 23-25	Dtn 14,22-16,17 Dtn 16,18-18,22 Dtn 19-25
Segen und Fluch	Ex 23,20-33	Lev 26	Dtn 27-28

Diese Gesamtstruktur ist im einzelnen unterschiedlich ausgestaltet, entsprechend der theologisch-rechtlichen Hauptidee, die dem jeweiligen Gesetzeskorpus zugrundeliegt (Bundesbuch: Schutz der Freiheit; Heiligkeitsgesetz: Heiligung des Alltags und der Welt; Deuteronomisches Gesetz: Verwirklichung von geschwisterlicher Solidarität). Dennoch ist überraschend, wie stark sich die drei Gesetzbücher bis in Einzelheiten hinein gleichen *und* wie sie sich dabei zugleich in Sprache und Sache unterscheiden.

Die nachstehende Tabelle katalogisiert die wichtigsten Gemeinsamkeiten und Entsprechungen. Sie wählt die Reihenfolge Dtn - Lev - Ex, weil das Dtn die umfangreichste Gesetzessammlung enthält.

	Dtn	Lev	Ex
Opfer für JHWH (allein) an seinem Heiligtum	12	17	20,23-24
Trauerbräuche (Wundritzung, Haare)	14,1	19,27-28	
Essen von Aas	14,21a	17,15	22,30
Kochen von Zicklein in Milch	14,21b		23,19
Brachjahr/Kredithilfe für Arme	15,1-11	25,1-19	23,10-11
Sklavenfreilassung	15,12-18	25,39-55	21,2-11
Festkalender	16,1-17	23	23,14-18
Richterspiegel	16,18-20	19,15-16	23,2-3.6-8
Nichtjahwistische Kultsymbole	16,21-22	26,1	20,24
Fehlerhafte Opfertiere	17,1	22,17-25	
Magie und Orakel	18,9-14	19,26; 20,6	22,17.19
Sodomie		20,23	22,18
Mord/Totschlag und Asyl-Ort	19,1-13		21,12-14
Falsche Aussage vor Gericht	19,16-21		23,1
Talionprinzip (»nur ein Auge für ein Auge«)	19,21	24,18-20	21,23-25
Verfehlung des Sohnes gegen die Eltern	21,18-21	20,9	21,15.17
Nächsten- und Feindesliebe	22,1-4	19,17-18	23,4-5
Vermischung (»Bauernspiegel«)	22,9-11	19,19	
Ehebruch mit verheirateter Frau	22,22	18,20; 20,10	
Beischlaf mit Unverlobter	22,28-29		22,15-16
Blutschande	23,1	18,8; 20,11	
Asylschutz für Fremde	23,16	19,33	22,20
Zinsverbot	23,20-21	25,35-36	22,24
Menschenraub	24,7		21,16
Pfandmaßnahmen	24,10-13		22,25-36
Lohnauszahlung an Tagelöhner	24,14-15	19,13	
Fremde, Waisen, Witwe	24,17-18	19,33-34	22,20-23; 23,9
Verbot der »Nachernte« von Korn, Oli- ven, Trauben	24,19-22	19,9-10	
Falsches Gewicht und Maß	25,13-16	19,35-36	
Darbringung der Erstlingsfrüchte	26,1-11		23,19

Daß die drei Gesetzeskorpora bis in die Einzelformulierungen hinein miteinander zusammenhängen und dennoch aus unterschiedlichen sozialen Kontexten stammen und deshalb nicht auf ein und denselben Verfasserkreis zurückgehen können, ließe sich an jedem der in der obigen Tabelle aufgeführten Sachverhalte aufzeigen. Hier müssen kurze Hinweise zu *drei Beispielen* genügen.

(1) Sklavenfreilassung (Ex 21,2-11; Lev 25,39-55; Dtn 15,12-18)
In den drei Texten geht es um den Rechtsschutz von verarmten Kleinbauern, die in »Personalhaftung« im Status von »Schuldsklaven« ihre Schulden für Darlehen oder Saatgut u.ä. abarbeiten müssen. Die drei Texte berühren sich teilweise bis in den Wortlaut und die »Paragraphenfolge« hinein, unter- scheiden sich aber im Detail sehr deutlich.
Ex 21,2-11 behandelt in zwei getrennten Abschnitten die Rechte des Schuldsklaven (21,2-6) und der (jungen, unverheirateten) Schuldsklavin (21,7-11) mit jeweils unterschiedlichen Schutzbestimmungen.

Der Schuldsklave soll nach 6 Jahren, also im 7. Jahr, freigelassen werden. Will er erklärtermaßen im Status der Abhängigkeit bleiben, wird dies *am Ortsheiligtum* mit dem Ritus der Durchbohrung des Ohres (Ohrring?) besiegelt. Die Schuldsklavin kommt nicht automatisch frei. Will ihr »Herr« sie nicht als »Nebenfrau« legalisieren, soll er sie freikaufen lassen; weist er sie seinem Sohn als »Konkubine« zu, kann sie die Freiheit wählen. Behält er sie als »Nebenfrau«, darf er sie in bezug auf Kleidung, Nahrung und Sexualität nicht vernachlässigen.

Lev 25,39-55 behandelt drei unterschiedliche Formen von (männlicher) Schuldsklaverei. Da der Abschnitt innerhalb der Regelung über das Jobeljahr (Jubiläumsjahr nach Ablauf von 7x7 = 49 Jahren, also 50. Jahr) steht, ist unklar, ob die in Ex 21,2-6 vorgesehene Freilassung im 7. Jahr hier überhaupt gilt. Lev 25,39-43 geht es um israelitische Schuldsklaven bei Israeliten. Sie sollen eigentlich nicht wie Schuldsklaven behandelt werden, sondern wie Lohnarbeiter, d.h. sie sollen bezahlt werden, so daß sie und ihre Familie bei Freilassung nicht vor dem Bankrott stehen. Lev 25,44-46 regelt den Sklavenstatus ausländischer Sklaven und Sklavinnen, deren gegenüber israelitischen Schuldsklaven minderer Status ausdrücklich festgeschrieben wird. Lev 25,47-54 regelt das vorzeitige Loskaufrecht von Israeliten, die sich bei im Lande lebenden reichen Ausländern in Schuldsklaverei begeben mußten.

Dtn 15,12-18 stellt ausdrücklich (abweichend von Ex 21,2-11) männliche und weibliche Schuldsklaven hinsichtlich der Freilassung im 7. Jahr gleich. Hier muß »der Herr« bei der Freilassung dem/der Freigelassenen genügend Tiere, Getreide (Saatgut) und Wein geben, damit der Start in die Freiheit wirtschaftlich gesichert ist. Erklärt der Schuldsklave/die Schuldsklavin nach 6 Jahren die Bereitschaft, beim »Herrn« zu bleiben, wird der Ohrritus (vgl. Ex 21,6) diesmal *auf dem Hof des Großbauern* selbst vollzogen.

(2) Zinsverbot (Ex 22,24; Lev 25,35-36; Dtn 23,20-21)

Das Verbot versucht, die negativen Folgen der ab dem 9.Jh. in Israel aufkommenden »kapitalistischen« Geldwirtschaft (Steuern, internationaler Handel) aufzuarbeiten, und appelliert an die Solidarität innerhalb der Dorfgemeinschaft (Ex 22,24), innerhalb der »Kult- und Glaubensgemeinschaft« (Lev 25,35-36) und innerhalb der als geschwisterlich definierten Größe »Volk JHWHs = Familie JHWHs«. Innerhalb dieser Gruppen soll, wenn Not gegeben ist, Geld (Ex 22,24) bzw. Geld und Getreide (Dtn 23,20f) umsonst geliehen werden (also zinslos); nach Lev 25,35-36 soll »dem Bruder«, ja auch dem Fremden, umsonst geholfen (nicht nur geliehen!) werden. Dtn 23,21 läßt darüberhinaus Zinsnahme bei »Ausländern« ausdrücklich zu (d.h. wohl bei reichen Kaufleuten der internationalen Handelsniederlassungen und Angehörigen der »Besatzungsmächte«).

(3) Das Gebot der Feindesliebe (Ex 23,4-5; Lev 19,17-18; Dtn 22,1-4) in seinem jeweiligen Zusammenhang

Die im folgenden abgedruckten Texte Ex 23,1-9; Lev 19,15-19.33-34; Dtn 22,1-4.9-11 lassen deutlich erkennen, daß die drei Texte sich einerseits in Einzelformulierungen und in der Anordnung der Verbote bzw. Gebote teilweise (wörtlich) entsprechen und daß sie andererseits sowohl in soziologischer als auch theologischer Programmatik stark differieren. Beides zusammen setzt voraus, daß die Texte in literarischer Beziehung zueinander stehen, die aber nicht auf ein und dieselbe Hand zurückgehen kann.

	Ex 23,1-9	Lev 19	Dtn 22
1 2	Du sollst nicht nichtiges Gerücht aufneh-men, nicht erhebe deine Hand gemeinsam mit dem Frevler, um als Gewaltzeuge aufzutreten. Du sollst dich nicht der Mehrheit anschlie-ßen zum Bösen, und nicht sollst du im Rechtsstreit aussa-gen, um der Mehrheit entsprechend das Recht zu beugen, es zu biegen.	19,15-16	vgl. Dtn 16,19f
3	Auch einen Kleinen sollst du nicht verherr-lichen in seinem Rechtsstreit.		
4 5	Wenn du auf das verirrte Rind deines Fein-des oder auf seinen Esel stößt, sollst du es ihm unbedingt zurückbringen. Wenn du den Esel deines Gegners (»Hassers«) unter seiner Last liegen siehst, sollst du ihn auf keinen Fall im Stich las-sen.	19,17-18	22,1 22,4
6 7 8	Du sollst das Recht deines Armen nicht beugen in seinem Rechtsstreit. Von einem Wort des Trugs halte dich fern, und bring nicht den Unschuldigen und den Gerechten ums Leben, denn ich lasse den Frevler nicht als gerecht dastehen. Und Bestechungsgeld sollst du nicht anneh-men, denn das Bestechungsgeld macht Sehende blind und verkehrt die Sache der Gerechten.		vgl. Dtn 16,19f
9	Und einen Fremden sollst du nicht bedrück-en, denn ihr kennt doch die Seele des Fremden, denn auch ihr seid Fremde gewesen im Lande Ägypten.	19,33-34	vgl. Dtn 24,17f

Lev 19,15-19.33-34		Ex 23	Dtn 22
15	Ihr sollt nicht Unrecht tun im Gericht, du sollst das Angesicht eines Kleinen nicht erheben, Und du sollst das Angesicht eines Großen nicht verherrlichen, in Gerechtigkeit sollst du deinen Volks- gesellen richten.	23,1-3	
16	Du sollst nicht als Verleumder unter deinen Volksleuten umhergehen und du sollst nicht gegen das Blut deines Nächsten auftreten. Ich bin JHWH.		
17	Du sollst nicht deinen Bruder hassen in deinem Herzen, sondern du sollst offen zur Rede stellen deinen Volksgesellen, (denn) du sollst nicht seinetwegen Schuld auf dich laden.	23,4-5	22,1-4
18	Du sollst nicht Rache üben und du sollst nicht grollen den Kindern deines Volkes, sondern du sollst deinen Nächsten lieben: er ist wie du. Ich bin JHWH.		
19	Meine Satzungen sollt ihr beobachten. Du sollst nicht zweierlei Art deines Viehs sich kreuzen lassen. Du sollst nicht mit zweierlei Samen dein Feld besäen. Du sollst nicht ein Gewand aus zweierlei Gewebe anlegen.		22,9-11
33	Und wenn bei dir ein Fremder in eurem Lande lebt, sollt ihr ihn nicht unterdrücken.	23,9	
34	Wie ein Einheimischer aus eurer eigenen Mitte soll euch der Fremde bei euch sein. Du sollst ihn lieben: er ist wie du; denn auch ihr seid Fremde gewesen im Lande Ägypten. Ich bin JHWH, euer Gott.		

	Dtn 22,1-4.9-11	Ex 23	Lev 19
1	Du sollst nicht untätig das sich verlaufende Rind oder Lamm deines Bruders sehen, du sollst nicht so tun, als gingen sie dich nichts an, sondern du sollst sie unbedingt deinem Bruder zurückbringen.	23,4	19,17-18
2	Wenn dein Bruder nicht in der Nähe wohnt oder wenn du ihn nicht kennst, sollst du das Tier in deinen Stall tun, und es soll bei dir bleiben, bis dein Bruder es gesucht hat und du es ihm zurückbringen kannst.		
3	Ebenso sollst du es mit einem Esel tun, ebenso sollst du es mit einem Gewand tun, ebenso sollst du es mit allem tun, was dein Bruder verloren hat: was er verloren hat und was du findest. Du kannst nicht so tun, als ginge es dich nichts an.	23,5	19,17-18
4	Du sollst nicht untätig den auf dem Weg zusammenbrechenden Esel deines Bruders oder sein Rind sehen, du sollst nicht so tun, als gingen sie dich nichts an. sondern du sollst sie unbedingt mit ihm zusammen wieder aufrichten.		
9	Du sollst nicht mit zweierlei Pflanzen deinen Weinberg besäen, sonst verfällt das Ganze dem Heiligtum: was du zusätzlich gesät hast und was der Weinberg trägt.		19,19
10	Du sollst nicht pflügen mit Rind und Esel zusammen.		
11	Du sollst dich nicht bekleiden mit Gewebe aus Wolle und Flachs zusammen.		

Hier ist kein detaillierter synoptischer Vergleich möglich. Im Hinblick auf die Pentateuchfrage sind folgende Beobachtungen wichtig:

1. Das Gebot der »Feindesliebe« ist in allen drei Texten sehr konkret formuliert. Es geht nicht um emotionale Sympathie, sondern um Taten der Solidarität und der Hilfe gegenüber Feinden, mit dem Ziel, die Destruktivität von (wie immer entstandener) Feindschaft zu begrenzen oder gar zu beenden, zugleich im Interesse funktionierender Nachbarschaft bzw. interdependenter Gesellschaft (»Nachbarschaftshilfe«). Ex 23,4-5 und Dtn 22,1-4 fordern als Taten der Solidarität (»Liebe«) das Zurückbringen verirrter Haustiere oder das Aufrichten zusammengebrochener Lasttiere, die jeweils zum Existenzminimum eines Kleinbauern

gehören. Auch in Lev 19,17-18 geht es um Begrenzung bzw. Überwindung feind-
schaftlicher Nachbarschaft (»Nachbarschaftshilfe«), sei es durch Abbau von
Feindbildern im eigenen Herzen durch eine offene Aussprache (19,17), sei es
durch Abbau von Haß und Rache durch konkrete Taten »der Liebe« (19,18);
gerade letzteres wird mit dem Ethos der Solidarität und der Erinnerung an das
gegenseitige Angewiesensein aufeinander begründet. 19,18 ist nicht wie üblich
»Du sollst ihn lieben *wie dich selbst*« zu übersetzen, sondern mit *M.Buber*: »Du
sollst ihn lieben: er ist *wie du*«, d.h. hilfsbedürftig und schwach wie du; Bild
Gottes wie du. Die drei Texte setzen im einzelnen unterschiedliche Sozialstruktu-
ren voraus (Ex 23: überschaubare bäuerliche Dorfgemeinschaften, wo einer auf
den anderen angewiesen ist; Lev 19: Israel als sozial geschichtete Volksgemein-
schaft, die sich durch einen gemeinsamen Wertekonsens zusammengehalten weiß;
Dtn 22: eine »Klassengesellschaft«, in der man seinen Nachbarn nicht mehr
unbedingt kennt und wo der Appell an das Bruder-Ethos das Zusammengehörig-
keitsgefühl stärken soll).
2. In Ex 23 und Lev 19 gehen dem Gebot der Feindesliebe jeweils Verbote und
Gebote zum gerechten Verhalten im Rechtsstreit voraus; die Weisungen entsprechen sich teilweise wörtlich. In der Zusammenordnung der Prozeßweisungen mit
den Geboten der »liebenden« Nachbarschaftshilfe trotz bestehender Konflikte ist
in Ex 23 und Lev 19 die Komplementarität von »Gerechtigkeit« und »Erbarmen«
bzw. von »Recht« und »Solidarität« festgeschrieben. In Dtn 22 fehlt diese Idee.
3. Lev 19 und Dtn 22 bringen das Gebot der Feindesliebe jeweils in den Zusammenhang eines dreifachen Vermischungsverbotes (Tiere, Pflanzen, Gewebe).
Diese archaischen Verbote sollen paradigmatisch die schöpfungsgegebene Ordnung
der unterschiedlichen Lebensgestalten schützen. Die Vermischungsverbote wollen
elementare Konflikte (sozusagen das gefährliche Aufeinandertreffen gegensätzlicher Energien) verhindern. Um Konfliktregelung bzw. Konfliktbewältigung geht
es auch beim Gebot der Feindesliebe.
4. Ex 23,9 und Lev 19,33-34 fordern, wieder mit teilweise gleichen Formulierungen, gerechtes und solidarisch helfendes Verhalten gegenüber den Fremden.

b) Der sog. ethische Dekalog Ex 20,2-17 ‖Dtn 5,6-21

Der biblische Text der Zehn Gebote hat besondere Dignität: (1) Er ist zweifach
überliefert. (2) Es ist der einzige Text, den Gott direkt und unmittelbar zum
ganzen Volk spricht. (3) Sein Wortlaut wird von Gott selbst auf die Steintafeln
geschrieben (vgl. Ex 24,12; 31,18; 32,15; Dtn 5,22). Von daher wäre zu erwarten,
daß die beiden Texte wörtlich übereinstimmen, zumindest wenn beide Fassungen
auf denselben Verfasserkreis zurückgehen. Der detaillierte synoptische Vergleich
beider Fassungen muß 17 kleinere oder größere Unterschiede feststellen, die von
den Übersetzungen leider teilweise nivelliert werden. Die auffallendsten Unterschiede sind (vgl. *F.-L.Hossfeld*, Der Dekalog):
(1) Das *Sabbatgebot* ist in Ex schöpfungstheologisch und in Dtn geschichtstheologisch (Erinnerung des Exodus) ausgestaltet.
(2) Die *sozialen Verbote* (Ex 20,13-17; Dtn 5,17-21) unterscheiden sich in den
beiden Fassungen u.a. in ihrer syntaktischen Zusammenordnung und, was die
beiden Begehrensverbote am Schluß betrifft, sowohl in ihrer Reihenfolge als auch

durch das Objekt »Feld«, das nur in Dtn 5,21 steht. Ex 20,13-17 hat sechs unverbundene Kurzsätze (»Du sollst nicht... Du sollst nicht...«). Dtn 5 bildet dagegen eine zusammenhängende Reihe (»Du sollst nicht... *und* du sollst nicht...«), die die sechs Verbote in zwei sachlich parallele Dreiergruppen anordnet, wobei die erste Gruppe den Aspekt des geheimen und die zweite Gruppe den Aspekt des öffentlichen Vergehens betrifft. Die Ex-Fassung hat diese Anordnung in zwei Dreiergruppen nicht; bei ihr steht in den beiden Begehrensverboten zweimal das gleiche Wort für »begehren« (in Dtn 5 sind es zwei unterschiedliche Verben!), und außerdem stellt sie an die erste Stelle »das Haus«, danach folgen »Frau«, »Sklave« usw. Diese auf den ersten Blick »nebensächlichen« Unterschiede (daß »die Frau« in Ex 20,10 *nach* dem »Haus« steht, ist im übrigen keine Einstufung der Frau als »Eigentum«; »Haus« ist hier Oberbegriff für »Familie«) hängen mit der unterschiedlichen Kompositionsstruktur der beiden Dekalogfassungen zusammen (s.u.). Die Divergenzen der sozialen Verbote lassen sich so schematisieren:

Dtn 5,17-21: 6 Gebote (Verbote)		
	geheime Vergehen	öffentliche Vergehen
Leben	Mord/Tötung	Falschzeugnis bei Gericht
Zusammenleben	Ehebruch (Störung der Ehe)	Begehren der Frau (mit dem Ziel: Zerstörung der Ehe)
Eigentum	Diebstahl	Verlangen des Hauses...

Ex 20,13-17 : 5 Gebote (Verbote)	
Leben	Mord/Tötung
Zusammenleben	Ehebruch
Eigentum	Diebstahl
Leben	Falschzeugnis bei Gericht
Zusammenleben	Begehren des »Hauses« (Frau, Sklaven, Tiere...)

(3) Vom hebräischen Text her muß man in der Dtn-Fassung das *Fremdgötterverbot* und das *Bilderverbot* streng genommen als *ein einziges* Verbot lesen, das alle Formen der Verehrung fremder Götter bekämpft. In der Ex-Fassung sind *zwei* Verbote gemeint: Verehrung fremder Götter und Verbot von JHWH-Bildern. Während die Selbstvorstellung JHWHs in Dtn 5,6 als erster Satz des »großen Hauptgebots« Dtn 5,6-10 zu lesen ist, fungiert diese Selbstvorstellung im Ex-Dekalog als Überschrift über den ganzen Dekalog. Der Ex-Dekalog ist gezielt als Zusammenstellung von zehn Geboten komponiert. Die Dtn-Fassung ordnet kompositionell die Verbote/Gebote zu 5 Abschnitten zusammen:

Ex 20,2-17		Dtn 5,6-21		
20,2	Überschrift	5,6-10	Ich... JHWH (1.Person)	lang
20,3	Fremdgötterverbot			
20,4-6	(JHWH-)Bilderverbot			
20,7	JHWH-Namensmißbrauchverbot	5,11	JHWH in 3. Person	kurz
20,8-11	Sabbatgebot	5,12-15	JHWH in 3. Person	lang
20,12	Elterngebot	5,16	JHWH in 3. Person	kurz
20,13	Tötungsverbot	5,17-21	kein Bezug auf JHWH	lang
20,14	Ehebruchverbot			
20,15	Diebstahlverbot			
20,16	Falschzeugnisverbot			
20,17	Begehrensverbot			

c) Der sog. kultische Dekalog Ex 23,10-19 //Ex 34,11-26

Wer die Sinaigeschichte von Ex 19 an gelesen hat und in Ex 34,1 auf die Ankündigung stößt »JHWH sprach zu Mose: Hau dir zwei steinerne Tafeln zurecht wie die ersten! Ich werde darauf die Worte schreiben, die auf den ersten Tafeln standen, die du zerschmettert hast«, erwartet, daß auf diese Tafeln die Zehn Gebote von Ex 20 geschrieben werden. Doch Ex 34,11-26 bietet dann eine Zusammenstellung von Verboten und Geboten, die *nur* mit der Alleinverehrung JHWHs zu tun haben (Fremdgötterverbote, Opfervorschriften, Kultkalender); selbst der Wortlaut des Fremdgötter- und Götzenbilderverbots unterscheidet sich von den entsprechenden Verboten des »ethischen Dekalogs«. Doch nicht genug damit: Ex 34,11-26 hat eine Parallele in Ex 23,10-19 - mit teilweise wörtlichen Entsprechungen, aber auch mit bedeutsamen Unterschieden. Und weiter: Diese beiden »kultischen Dekaloge« berühren sich mit dem 2. Teil des »Bundesbuchs« (s.o.) und mit dem 1. Teil der »Deuteronomischen Gesetzessammlung« (s.o.).

Auch diese Hinweise bestätigen: Die geradezu verwirrende Vielfalt von »Dekalogen« und »Gesetzen«, die JHWH am Sinai/Horeb gegeben und aufgeschrieben hat, ist Indiz für eine komplexe Entstehungsgeschichte des Pentateuch, zumal wenn bedacht wird, daß diese »Dekaloge« und »Gesetze« auch noch jeweils in einem zu ihnen passenden Erzählrahmen stehen.

1.5 Unvermittelter Wechsel von Sprache, Stil und Vorstellungswelt

Gewiß kann ein und derselbe Autor kunstvoll variieren. Wie das Buch Kohelet zeigt (s.u. E.V.) können im Ersten Testament geradezu collagenartig unterschiedliche literarische Formen von *einem* Autor zusammenkomponiert werden, aber dies ist ein Phänomen der »Spätzeit«. Der häufige Wechsel im Pentateuch von plasti-

scher Erzählung zu ausgefeilter Rhetorik in theologischer Fachsprache bei aufeinanderfolgenden Erzählungen (vgl. das oben zu Gen 1 und Gen 2-3 Ausgeführte),
die Vorliebe mancher Passagen für Jahreszahlen oder genaue Maßangaben, aber
auch der Wechsel von Begriffen (z.B. »Bund schließen zwischen bzw. mit«,
»Bund errichten, geben für«) sind starke Argumente für unterschiedliche Ver-
fasserherkunft. Dies ist vor allem dann anzunehmen, wenn unvereinbare Widersprüche vorliegen, wie die folgenden drei Beispiele zeigen:
(1) Gottes Beziehung zu dem Ort Bet-El
Nach Gen 28,10-22 »wohnt« Gott in Bet-El (vgl. 28,16). Nach Gen 35,1-15 muß
Gott herabsteigen, um Jakob zu »erscheinen«; dementsprechend steigt er nach dem
Gespräch wieder zum Himmel auf (vgl. 35,13).
(2) Offenbarung JHWHs an die Erzväter Israels
Gemäß Ex 6,2f stellt sich Gott dem Mose erstmals mit seinem Namen JHWH vor:
»Ich bin JHWH. Ich bin Abraham, Isaak und Jakob als El Schaddaj erschienen,
aber unter meinem Namen JHWH habe ich mich ihnen nicht zu erkennen gegeben.« Dies steht in unauflösbarem Gegensatz zu der langen Kette von Textteilen
im Buch Genesis, die ausdrücklich von einer Selbstvorstellung Gottes als JHWH
bzw. von einer Verehrung JHWHs unter seinem Namen durch die Erzväter reden
(vgl. nur Gen 12,8; 13,18; 15,7; 22,14; 28,13 u.ö.).
(3) Verhältnis JHWH - Mose
Während es in Ex 33,11 heißt, JHWH habe mit Mose »von Angesicht zu Angesicht« geredet, »so wie Menschen miteinander reden«, antwortet JHWH (kurz
danach!) in Ex 33,20.23 auf eine entsprechende Bitte des Mose: »Du kannst mein
Angesicht nicht sehen; denn kein Mensch kann mich sehen und am Leben bleiben... Du wirst nur meinen Rücken sehen; mein Angesicht aber kann niemand
sehen.«

1.6 Das literarische Grundproblem

Zwar haben wir oben unter C.I. die planvolle Komposition der Endgestalt der
Tora/des Pentateuch beschrieben. Aber dies war ein Blick aus weiter Ferne. Aus
der Nähe betrachtet ist alles viel komplizierter. Den meisten BibelleserInnen, die
mit der aufmerksamen und geduldigen Lektüre des Pentateuch von vorne beginn-
nen, wird es nicht anders ergehen, als es schon *Johann Wolfgang Goethe*, der mit
dem Alttestamentler *Johann Gottfried Eichhorn* befreundet war, in den »Noten
und Abhandlungen« zu seinem »West-Östlichen Diwan« festgestellt hat: Ab der
Mitte des Buches Exodus sehen wir »den Gang der Geschichte ... überall gehemmt
durch eingeschaltete zahllose Gesetze, von deren größtem Teil man die eigentliche
Ursache und Absicht nicht einsehen kann, wenigstens nicht, warum sie in dem
Augenblick gegeben worden, oder, wenn sie späteren Ursprungs sind, warum sie
hier angeführt und eingeschaltet werden. Man sieht nicht ein, warum bei einem so
ungeheuren Feldzuge, dem ohnehin so viel im Wege stand, man sich recht
absichtlich und kleinlich bemüht, das religiöse Zeremonien-Gepäck zu vervielfälti-
gen, wodurch jedes Vorwärtskommen unendlich erschwert werden muß. Man
begreift nicht, warum Gesetze für die Zukunft, die noch völlig im Ungewissen
schwebt, zu einer Zeit ausgesprochen werden, wo es jeden Tag, jede Stunde an

Rat und Tat gebricht, und der Heerführer, der auf seinen Füßen stehen sollte, sich wiederholt aufs Angesicht wirft, um Gnaden und Strafen von oben zu erflehen, die beide nur verzettelt gereicht werden, so daß man mit dem verwirrten Volke den Hauptzweck völlig aus den Augen verliert.« Das literarische Hauptproblem des Pentateuch ist, wie Goethe zu Recht hervorhebt, die Gesamtanlage, und zwar in zweifacher Hinsicht:

(1) Das Verhältnis von Geschichte und Gesetz ist im Ganzen und im Detail so unsystematisch, daß es nur als ein wie immer zu erklärendes längeres Zusammenwachsen verschiedener Textkomplexe historisch und literarisch verstehbar wird.

(2) Erzählstil und Erzähltechnik sind so vielgestaltig, daß sich dies nicht als Kunstgriff eines einzigen Erzählers oder eben als durch den jeweiligen Gegenstand bedingte Vielfalt erklären läßt.

Über dieses Grundproblem und die vielen Detailprobleme, auf die wir oben beispielhaft hingewiesen haben, dürfte es kaum Dissens geben. Der wissenschaftliche Streit geht allerdings darüber, *wie* diese Beobachtungen möglichst sach- und textgemäß in eine Entstehungstheorie umgesetzt werden können. Daß die Forschungsmeinungen darüber auseinandergehen (müssen), wird niemand verwundern. Die Vielfalt der Hypothesen hat mit zwei Merkmalen von Theoriebildung überhaupt zu tun: (1) Entscheidet man sich für ein »Basismodell« (wie in der Physik die Erklärung nach dem Wellen- oder Teilchenmodell bzw. in der Kombination beider Modelle), hat dies methodische Konsequenzen für die Details der Theorie. (2) Die Option für ein bestimmtes Basismodell ist abhängig von der Gewichtung der Beobachtungen, die meist unterschiedlich vorgenommen wird.

2. Die drei Basismodelle der Entstehungshypothesen

Die Vielzahl der seit den Anfängen der Pentateuchkritik bis heute vertretenen Hypothesen lassen sich auf drei Basismodelle (bzw. Kombination dieser Modelle) reduzieren.

2.1 Die Grundschrifthypothese (Ergänzungshypothese; Fortschreibungsmodell)

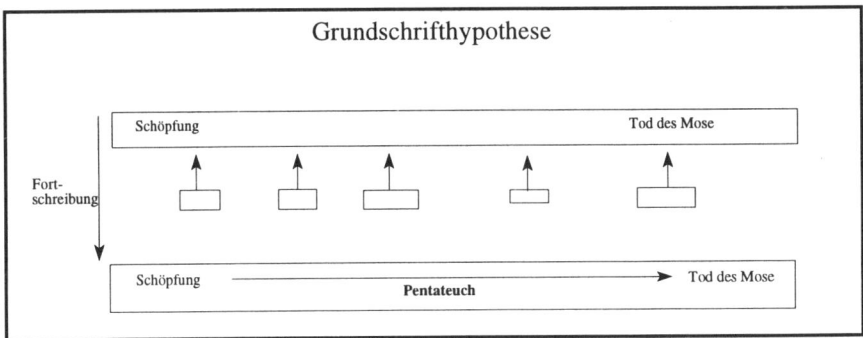

(1) Der Pentateuch geht in seiner Hauptsubstanz auf ein einziges Werk (»Grundschrift«) zurück.

(2) Diese einzige Basis-Urkunde (»Von der Schöpfung bis zum Tod des Mose«) wurde im Laufe der Überlieferung mehrfach und punktuell erweitert (»fortgeschrieben«), und zwar durch Aufnahme schriftlich oder mündlich gegebener Teiltexte oder durch aktualisierende, interpretierende Eintragungen.

2.2 Die Quellenhypothese (Urkundenhypothese; Schichtenmodell)

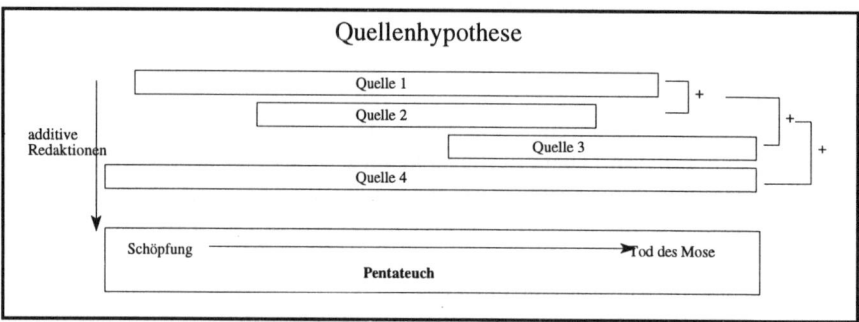

(1) Der Pentateuch ist aus mehreren (meist wird angenommen: vier) ursprünglich selbständigen »Quellen«schriften entstanden, die in ihrem Inhalt jeweils eine im einzelnen unterschiedlich umfangreiche (in der Graphik durch die unterschiedliche Länge von »Quelle 1«, »Quelle 2«... angedeutet) Gesamtdarstellung von der Schöpfung bzw. von Abraham bis zum Tod des Mose bzw. bis in das Ostjordanland bieten (»Minipentateuchs«).

(2) Die Quellen (Urkunden, Dokumente) sind zu unterschiedlicher Zeit, an unterschiedlichen Orten und mit unterschiedlicher literarischer Technik sowie Aussageabsicht entstanden.

(3) Die Quellen wurden durch mehrere additive Redaktionen sukzessiv zum fertigen Pentateuch zusammengearbeitet; ob und inwieweit die Redaktoren nochmals eigene Textteile eingefügt haben, wird unterschiedlich beurteilt.

(4) Anstoß zur Zusammenarbeitung der Quellen waren epochale, meist katastrophische Ereignisse der Geschichte Israels, die dazu drängten, die vorhandenen Überlieferungen zu bündeln, sei es um die Quellen zu retten, sei es um in konzentrierender Grundlagenbesinnung die katastrophische Situation zu bewältigen. So wird meist angenommen, daß die erste Zusammenarbeitung von Quellen nach dem Untergang des Nordreichs (722 v.Chr.) erfolgte; einen weiteren Redaktionsschub löste die Zerstörung Jerusalems (586 v.Chr.) aus; die letzte(n) Redaktion(en) wird/werden mit der Neukonstituierung Israels (5.Jh. v.Chr.) in Verbindung gebracht.

2.3 Die Erzählkranzhypothese (Fragmentenhypothese; Blockmodell)

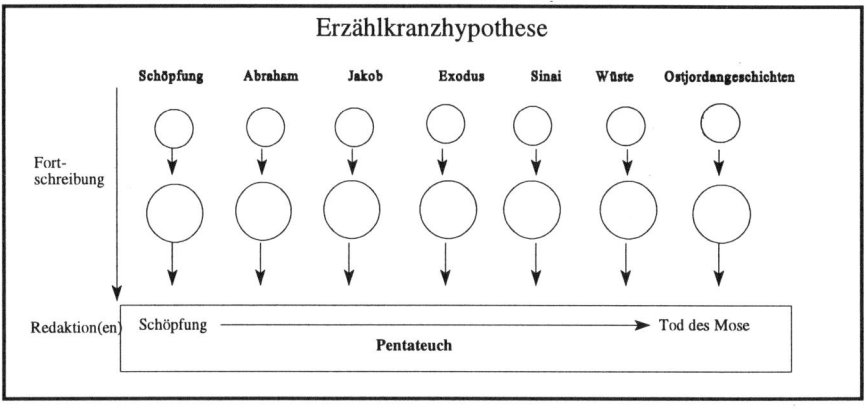

(1) Die ursprünglich selbständigen Teile, aus denen der Pentateuch zusammengestellt ist, boten nicht den großen Erzählbogen von der Schöpfung (von Abraham) bis zum Tod des Mose, sondern konzentrierten sich um einzelne Themen bzw. Hauptgestalten des späteren Pentateuch (Schöpfung und Flut, Abraham, Jakob, Exodus, Sinai, Wüstenwanderung, Geschehnisse im Ostjordangebiet).

(2) Diese Erzählkränze hatten über Jahrhunderte hinweg ihre je eigene Wachstumsgeschichte (»Fortschreibung«).

(3) Die (erste) Zusammenarbeitung der thematisch begrenzten Erzählkränze (»Blöcke«) zu dem übergreifenden Erzählzusammenhang »Von der Schöpfung bis zum Tod des Mose« erfolgte durch eine Redaktion erst spät, im Exil bzw. in frühnachexilischer Zeit.

(4) Möglicherweise hat dieses späte Werk noch (eine) weitere Redaktion(en) erfahren.

3. Wichtige Etappen der kritischen Pentateuchforschung

3.1 Kritik am Inhalt des Pentateuch und an der mosaischen Verfasserschaft

Bis zum 17.Jh. galt der Pentateuch in Judentum und Christentum als Werk des Mose und als Wort Gottes. Was dieser »dogmatischen« Annahme zu widersprechen schien, wurde über die Jahrhunderte hinweg immer wieder von »Häretikern« (z.B. die Gnostiker, die Markioniten, die Manichäer der alten Kirche; der jüdische Apostat Chiwi al-Balkhi im 9.Jh. in Afghanistan), von hochgebildeten heidnischen (z.B. Celsus im 2.Jh. und Porphyrius im 3.Jh.) und muslimischen Polemikern (z.B. Ibn Chazm im 11.Jh. in Cordoba) vorgetragen (problematisches Gottesbild, Anthropomorphismen, chronologische Irrtümer, sachliche Widersprüche) und meist mit der theologischen Ablehnung des Alten Testaments bzw. der inkriminierten Teile beantwortet. Die jüdische und christliche Orthodoxie reagierte darauf mit einem Instrumentarium verschiedener Auslegungsmethoden, die einen »tieferen« geistlichen Sinn verteidigten und mit allegorischen, übertragenen Bedeutungen die Probleme zu lösen versuchten. Vereinzelt wurden die Anfragen an die mosaische Verfasserschaft des *ganzen* Pentateuch, vor allem hinsichtlich der Erzählung über den Tod des Mose in Dtn 34, hinsichtlich der Erzählungen der Genesis, die ja »vor Mose« spielten, und hinsichtlich einzelner Notizen, die offenkundig die Zeit *nach* Mose im Blick haben (z.B. Gen 12,6: »*damals* waren die Kanaaniter im Lande«; diese Notiz setzt voraus, daß das zur Zeit der Niederschrift von Gen 12,6 nicht mehr der Fall war: diese Situation trat aber erst nach Mose ein!), mit Ansätzen einer historisch-kritischen Erklärung beantwortet. Z.B.: Mose hätte »Quellen«

zur Verfügung gehabt, die Erzählung über seinen Tod sei erst von Josua hinzugefügt worden, einzelne Notizen seien spätere Ergänzungen; der Pentateuch sei streng genommen nur »mittelbar« das Werk des Mose: das Original sei bei der Tempelzerstörung 586 v.Chr. verbrannt, erst Esra sei durch Gott wieder dazu inspiriert worden, den verlorengegangenen Text an fünf Schreiber zu diktieren.

3.2 Die Anfänge der neuzeitlichen Pentateuchkritik

Mit Anbruch der Neuzeit wuchs das Interesse am Pentateuch als einem geschichtlichen Buch. Die Humanisten waren verstärkt am Urtext interessiert. Die Reformatoren betonten, in Absetzung vom kirchlichen Lehramt, den buchstäblichen Sinn des Textes, den sie auch in dessen historischem Kontext suchten. Das neue Interesse führte bei den Reformatoren freilich nicht zur Kritik an der mosaischen Herkunft des Pentateuch; lediglich *Andreas Bodenstein* (gewöhnlich nach seinem Geburtsort Karlstadt genannt) meldete in der 1520 in Wittenberg erschienenen Schrift »De canonicis scripturis Libellus« massive Zweifel an. Das ändert sich im 17.Jh. mit mehreren Publikationen, die teilweise Stürme der Entrüstung und Ächtung ihrer Autoren hervorriefen. 1651 bezweifelte der englische Philosoph und Deist *Thomas Hobbes* in seinem staatspolitischen Werk »Leviathan« die mosaische Autorschaft für den größten Teil des Pentateuch; von Mose könne freilich das deuteronomische Gesetz Dtn 11-27 stammen, das vom Priester Hilkija bei der Tempelrenovierung wiederaufgefunden worden sei (vgl. 2 Kön 22-23). Vier Jahre später veröffentlichte der französische Protestant *Isaak de la Peyrère* ein Buch über die »Prae-Adamiten«, in dem er Naturwissenschaft und Bibel »versöhnen« wollte - auch durch eine Theorie über nicht-mosaische Teile des Pentateuch; das Buch wurde 1656 in Paris öffentlich verbrannt, er selbst wurde in Brüssel inhaftiert und zum Widerruf gezwungen. 1670 folgte der »Tractatus theologico-politicus« des in Amsterdam geborenen Juden *Baruch Spinoza*; auch dieses Buch, das ohne Angabe des Verfassernamens und mit falscher Angabe des Erscheinungsorts (angegeben war Hamburg, in Wirklichkeit erschien es in Amsterdam) erschien, löste allseits scharfe Ablehnung aus. Spinoza selbst wurde aus der synagogalen Gemeinschaft ausgeschlossen, zweimal entkam er in letzter Minute einem Mordanschlag. Zwar schließt Spinoza nicht aus, daß Mose als »Schriftsteller« und »Gesetzgeber« wirkte, aber der uns vorliegende Pentateuch sei so komplex und heterogen, daß er erst die von Esra besorgte Zusammenstellung bzw. Redaktion vieler Sammlungen und Überlieferungen sei. Spinozas Buch wurde, trotz Verbots, bald zu einem der damals meistgelesenen Bücher. Als »Paukenschlag« der Pentateuchkritik muß man das 1678 von dem französischen Oratorianer *Richard Simon* vorgelegte umfangreiche Werk »Histoire critique du Vieux Testament« bezeichnen, das bei seinem Erscheinen zwar das »Nihil Obstat« des Generalsuperiors des Oratoriums und der Theologischen Fakultät der Sorbonne hatte, aber sogleich auf Intervention des mächtigen Beraters von Ludwig XIV., des Bischofs Bossuet, beschlagnahmt und verboten wurde. 1685 erschien dann eine Neuausgabe in Rotterdam sowie mehrere lateinische und englische Übersetzungen dieses scharfsinnigen, beobachtungsreichen Werks, mit dem Richard Simon, der den Widerstand und die Entrüstung nicht begreifen konnte, da er sich doch mit Spinoza und den protestantischen Bibelkritikern kritisch auseinandergesetzt hatte, als Begründer der historisch-kritischen Bibelwissenschaft gelten kann. Simon beschrieb detailliert die Divergenzen zwischen den einzelnen Rechtskorpora und die Widersprüche, Doppelungen und Sprach-unterschiede in den Erzählungen des Pentateuch, mit der Konsequenz, daß all dies unmöglich auf einen einzigen Verfasser zurückgehen könne. Er nahm daher an, daß Mose bei seiner Arbeit auf ihm vorgegebenes Material zurückgriff, daß er selbst eigene Textteile verfaßte, daß *nach* Mose, vor allem in »Schreibschulen« weitergearbeitet wurde - bis Esra schließlich dem Pentateuch seine heutige Gestalt gab.

3.3 Die Entstehung der klassischen Pentateuchhypothesen im 18. und 19.Jh.

Der unaufhaltsame »Siegeszug« der kritischen Pentateuchtheorien setzte mit der künftighin für alle Theorien wichtigen Beobachtung ein, daß der Wechsel von Gottesname JHWH und Gottesbezeichnung Elohim auf unterschiedliche Herkunft der entsprechenden Textteile hinweisen müsse. Dieses Kriterium wurde erstmals 1711 von dem evangelischen Hildesheimer Pfarrer *Henning Bernhard Witter* in seinem Gen 1,1-17,27 kommentierenden Buch »Jura Israelitarum« für die Erklärung der Differenz zwischen Gen 1,1-2,3 und Gen 2,5ff angewendet. Witter ging (mit anderen Autoren seiner Zeit) davon aus, daß Mose bei seiner Erstellung des Pentateuch auf archaische Gedichte zurückgriff; eines von ihnen sei das alte Schöpfungsgedicht Gen 1,1-2,3. Witters Entdeckung hatte zunächst keine Wirkungsgeschichte. Sie wurde allerdings 40 Jahre danach erneut gemacht, und zwar von *Jean Astruc*, Sohn eines christlichen Zweigs einer bedeutenden jüdischen Familie, Professor der Medizin in Toulouse bzw. Montpellier und Leibarzt Ludwigs XV. Mit seiner anonym 1753 in Brüssel erschienenen (tatsächlich jedoch in Paris gedruckten) Schrift »Vermutungen über die authentischen Überlieferungen, deren sich Mose bei der Abfassung der Genesis bediente« wollte er gegen die Angriffe von Hobbes, de la Peyrère, Spinoza u.a. die traditionelle Position der mosaischen Verfasserschaft verteidigen. Die von diesen Autoren herausge-arbeiteten Unebenheiten und Widersprüche müssen nach Astruc nicht zu einer Ablehnung der mosai-schen Authentizität der Genesis führen, sondern sie seien Hinweis auf die schriftlichen Quellen, die Mose zusammengearbeitet habe. Ausgehend vom Wechsel des Gottesnamens teilte er die Genesis in die zwei Hauptquellen A (Elohim) und B (JHWH) sowie (wegen Differenzen in Sprache und Vor-stellungswelt bzw. wegen Dubletten) in zehn weitere Nebenquellen (C-M) auf. Vermutlich angestoßen durch Astrucs Beobachtungen (wenn auch von ihm selbst erst später zugegeben) hat ab 1779 der Begründer der kritischen »Einleitungswissenschaft« *Johann Gottfried Eichhorn*, Professor in Jena, die These von 2 Hauptquellen (Elohim-Quelle und Jehova-Quelle) und mehreren fragmentarischen Neben-quellen auf das ganze Pentateuch aufgeweitet, wobei er ihre Zusammenarbeitung (immer noch) Mose zuschreibt. Den entscheidenden Schritt zur »klassischen« Pentateuchtheorie vollzog dann *Carl David Ilgen*, Eichhorns Nachfolger in Jena, mit seiner 1798 vorgelegten Untersuchung »Die Urkunden des Jerusalemischen Tempelarchivs in ihrer Urgestalt als Beytrag zur Berichtigung der Geschichte der Religion und Politik aus dem Hebräischen mit kritischen und erklärenden Anmerkungen, auch man-cherley dazugehörigen Abhandlungen. Theil 1: Die Urkunden des ersten Buchs von Moses« (es erschien nur der 1. Teil). Ilgen teilt die Genesis in *drei* ursprünglich vollständige und homogene Werke auf (die ihrerseits aus mehreren, insgesamt 17 Quellen geschöpft haben), außerdem deutet er bereits an, daß das Deuteronomium als ein eigenständiges Werk entstanden sei. Damit liegt erstmals im Ansatz die 4-Quellen-Theorie vor, die man auch als »ältere Urkundenhypothese« bezeichnet. Die Theorie Ilgens fand zunächst kaum ein Echo. Sie wurde fünfzig Jahre danach (unabhängig von Ilgen?) erneut propagiert und weiter entfaltet durch *Hermann Hupfeld* (»Die Quellen der Genesis und die Art ihrer Zusammensetzung von neuem untersucht«, Berlin 1853) und seinen Schüler *Eduard Riehm* (»Die Ge-setzgebung Mosis im Lande Moab«, Gotha 1854). Sie unterscheiden 4 Quellen: (1) Eine mit Gen 1 beginnende erste elohistische Schrift (»Urschrift«); sie ist die älteste Schrift und bietet eine fortlaufende Erzählung von der Schöpfung bis zur Landverteilung. (2) Eine jüngere, zweite elohistische Schrift mit Patriarchengeschichten. (3) Eine nochmals jüngere, jehovistische Schrift, die wie die »Urschrift« mit der Schöpfung beginnt und sich vor allem durch die Verwendung des Gottesnamens JHWH (damals als Jehova gelesen, deshalb »jehovistisch«) abhebt. (4) Das Buch Deuteronomium. Diese Form der Urkundenhypothese heißt meist »Neuere Urkundenhypothese«.

3.4 Zwei fundamentale Erkenntnisse für die Datierung der Quellen bzw. Über-lieferungen (*W.M.L.de Wette* und *J.Wellhausen*)

Für die Datierungsdiskussion sind bis heute zwei fundamentale Erkenntnisse der Pentateuchforschung des 19.Jh. bestimmend; sie hängen mit der Frage nach der zeitlichen Herkunft der »gesetzlichen« Partien des Pentateuch zusammen.
(1) Schon 1805 zeigte *Wilhelm Martin Leberecht de Wette* mit seiner »Dissertatio critica exegetica qua Deuteronomium a prioribus Pentateuchi libris diversum, alii cuiusdam recentioris auctoris opus esse monstratur« auf, daß der Kern des Buches Deuteronomium mit der in 2 Kön 22-23 erzählten Kultzen-tralisation des Königs Joschija, die im Jahre 622 anzusetzen ist, in Verbindung stehen muß. Damit war ein erster Fixpunkt für die historische Einordnung anderer Überlieferungen gegeben, je nachdem ob diese z.B. noch mehrere Heiligtümer voraussetzten oder schon in die Wirkungsgeschichte der joschija-nischen Reform gehörten.
(2) In Aufnahme entsprechender Arbeiten von *Eduard Reuß* (1804-1891), *Karl Heinrich Graf* (1815-1869) und *Abraham Kuenen* (1828-1891) setzte *Julius Wellhausen* ab 1876 mit seinen bahnbrechenden Arbeiten »Die Composition des Hexateuchs« und »Prolegomena zur Geschichte Israels« die wohl wichtigste Revision im damals gültigen Bild der Religions- und Literaturgeschichte Israels durch. Während bis dahin die mit Gen 1 beginnende »Elohim-Quelle« und die in ihr entworfene priesterliche Kult-Ordnung vom Sinai als die älteste (nach manchen immer noch »mosaische«) Überlieferung galt,

wies Wellhausen durch den Vergleich dieser kultgesetzlichen Regelungen insbesondere mit den Schriftpropheten, aber auch mit dem Deuteronomium nach, daß die von ihm Q (= liber quattuor foederum = Buch der vier Bundesschlüsse) genannte Priesterschrift die jüngste Pentateuchquelle sei und in jedem Fall jünger sein müsse als die Prophetie (»lex post prophetas« = das »mosaische« Kultgesetz müsse jünger sein als die Propheten, da es in diesen noch nicht erkennbar sei). Als Reihenfolge der 4 Quellen galt nun: J (= Jahwist: 9.Jh.) → E (= Elohist: 8.Jh.) → D (= Deuteronomium: 7.Jh.) → P (= Priesterschrift: 6.Jh).

3.5 Die neuen Einsichten der form- und überlieferungsgeschichtlichen Forschungen von *H.Gunkel*, *M.Noth* und *G.von Rad*

Mit der »Wellhausen-Theorie« war ein Ergebnis erreicht, hinter das die kritische Forschung nicht mehr zurück kann. Andererseits bot sie den Ansatz, nun erneut »hinter« die ältesten Quellen zurückzufragen - nach den Anfängen der mündlichen Überlieferungen, die in den schriftlichen Urkunden gesammelt worden waren. *Hermann Gunkel, Martin Noth* und *Gerhard von Rad* als die wichtigsten Repräsentanten dieser form- und überlieferungsgeschichtlichen Forschung haben vor allem drei neue Einsichten erarbeitet:

(1) Am Anfang der Überlieferungsbildung stehen kleine Erzählungen mit je unterschiedlichem »Sitz im Leben«.

(2) Die einzelnen Überlieferungsthemen (Abraham, Exodus, Sinai usw.) haben ursprünglich unterschiedliche regionale und geschichtliche Herkunft bzw. Haftpunkte.

(3) Die Zusammenbindung der ursprünglich jeweils eigenständigen Überlieferungsthemen sei im vorstaatlichen Kult erfolgt. Die älteste Quelle J sei der literarische Ausbau dieser kultischen Überlieferung.

Wie sehr die »Wellhausen-Theorie« auch für die »Formgeschichtler« beinahe dogmatische Gültigkeit hatte, bestätigt *Hermann Gunkel* 1917 in der Einführung zur 3. Auflage seines 1901 erstmals erschienenen Genesiskommentars: »Die Unterscheidung dieser drei ›Quellenschriften‹ der Genesis ist ein gemeinsames Ergebnis der alttestamentlichen Wissenschaft, an dem anderthalb Jahrhunderte gearbeitet haben. Seit dem Erwachen der modernen protestantischen Wissenschaft von der Bibel hat man die kritischen Fragen an der Genesis mit besonderer Vorliebe behandelt. Ein bewunderungswürdiger Aufwand von Fleiß, von Scharfsinn, von genialer Auffassungskraft ist an diese Arbeit verwandt worden; und ein Werk ist als Ergebnis zustande gekommen, auf das die Nachkommen stolz sein dürfen. Man vermag gegenwärtig die Quellenschriften in vielen Fällen bis auf den Vers, in einigen bis auf das Wort zu bestimmen, wenn auch natürlich manches immer im unklaren bleiben wird. Die letzte entscheidende Wendung in der Geschichte der Kritik der Genesis ist durch Wellhausen geschehen, der uns in seinem Meisterwerk ›Prolegomena zur Geschichte Israels‹ gelehrt hat, die Quellen der Genesis chronologisch zu bestimmen und in den Gesamtverlauf der Religionsgeschichte Israels einzusetzen« (*H.Gunkel*, Genesis, LXXXI).

Zwar gab es vor *Wellhausen* noch andere Theorien, die sich stärker am »Grundschriftmodell« oder am »Erzählkranzmodell« (s.o. 2.) orientierten, und auch nach *Wellhausen* gab es in diesem Jahrhundert verschiedene Revisionsversuche (u.a. Ablehnung von »E« als selbständiger Quelle), dennoch kann gesagt werden: Die Wellhausentheorie blieb das klassische Pentateuchmodell bis in die 70er Jahre des 20. Jahrhunderts. Es gab lediglich bei einigen Autoren eine Präzisierung in der sog. »Neuesten Urkundenhypothese«, die die älteste Quelle J nochmals zu unterteilen suchte in L (= Laienquelle) + J bzw. N (= Nomadenquelle) + J bzw. $J^1 + J^2$.

4. Das traditionelle Vierquellen-Modell

Das klassische Vierquellen-Modell, das geradezu unhinterfragte Gültigkeit hatte, auch in religionspädagogischen Handbüchern und in den »Einführungen« zu den kirchenamtlichen Bibelausgaben (vgl. z.B. die [katholische] »Einheitsübersetzung« oder die [evangelische] »Stuttgarter Erklärungsbibel«), wird von dem Bonner Alttestamentler *W.H.Schmidt* in seiner »Einführung in das Alte Testament« folgendermaßen präsentiert und vertreten (vgl. S.112):

J Jahwist	etwa 950 v.Chr.
	(Zeit Salomos, vor der sog. Reichstrennung 926 v. Chr.)
E Elohist	um 800 v.Chr.
	(vor der sog. Schriftprophetie, bes. Hosea)
D (Ur-)Deuteronomium	etwa 7.Jh. v.Chr.
	(Anfänge vor Joschijas Reform 622 v.Chr.; später umfangreiche Erweiterungen)
P Priesterschrift	um 550 v.Chr.
	(Exil; Ergänzungen in nachexilischer Zeit)

Während die beiden letzten Punkte dieses Modells durchaus einen relativ breiten Forschungskonsens (mit gewiß unterschiedlichen Einzelakzenten) haben und deshalb an dieser Stelle nicht eigens erläutert werden (vgl. dazu unten C.IV. und C.V.), sind die ersten beiden Punkte derzeit höchst strittig (s.u. 5.1). Da es sich gleichwohl um »klassische« Forschungspositionen handelt, sollen sie im Rückgriff auf *W.H.Schmidt*, einen ihrer (wenigen) derzeitigen »Verfechter«, kurz erläutert werden.

4.1 Das jahwistische Werk in der Sicht von *W.H.Schmidt*

Der literarische *Anfang* von J als dem frühesten Geschichtswerk Israels liegt in der mit Gen 2,4b beginnenden Schöpfungs- bzw. Urgeschichte (Paradieserzählung, Kain und Abel, Sintfluterzählung, Turmbau zu Babel. Es folgen die »Vätergeschichten« (Abraham, Isaak, Jakob, Josef) und die »Volksgeschichte« (Exodus, Sinai, Weg durch die Wüste hin zum verheißenen Land). Womit (bzw. wo) J endet, ist unsicher. Auf Grund der für J so wichtigen Perspektive des Landes als der entscheidenden Heilsgabe JHWHs an Israel muß J mit einer Landnahmeerzählung geschlossen haben. Während einige Forscher das ursprüngliche *Ende* von J in Ri 1 oder im Josuabuch suchen, favorisiert *W.H.Schmidt* den Vorschlag von *M.Noth*, die ursprüngliche jahwistische Landnahmeerzählung sei bei der Einarbeitung von J in den Pentateuch weggefallen. Im Pentateuch finden sich die letzten J-Texte in Num 22.24 (Bileamgeschichte) sowie Num 25 und 32.

Für die *Frühdatierung* von J um 950 v.Chr. (Zeit Salomos) werden u.a. folgende Beobachtungen angeführt:

(a) Das neu entstandene Königtum Davids und Salomos ist als Auslöser einer geschichtstheologischen Vergewisserung bzw. Ortsbestimmung durchaus plausibel; (b) der politische Horizont der in J erzählten Geschichten ist die Völkerwelt, in der das entstehende davidisch-salomonische Großreich - teils kriegerisch, teils friedlich - seine Gestalt und Identität fand (Kanaanäer: Gen 9,18ff; Philister: Gen 26; Aramäer: Gen 29ff; Ammon und Moab: Gen 19; Num 22.24); (c) die Beschreibung des Frondienstes Israels in Ägypten inspiriert sich an den Verhältnissen des staatlichen Frondienstes, den Salomo für seine Großbauprojekte eingerichtet hatte (vgl. Ex 1,8-12 mit 1 Kön 9,15.19); (d) der programmatische J-Text Gen 12,1-3 redet von Israel als »einem großen Volk«; die nach Salomo erfolgte Reichsteilung in die Teilstaaten Juda (Südreich) und Israel (Nordreich) ist also noch nicht im Blick; (e) mehrere J-Texte (vor allem im Bereich der Urgeschichte) sind Reflex der sog. salomonischen Aufklärung: »Tatsächlich ist der Jahwist von hoher Geistigkeit geprägt, die Nähe zur Weisheit verrät ... Gibt die Urgeschichte nicht gerade eine erzählerische Antwort auf die weisheitliche Frage (Ps 8,5 u.a.): Was ist der Mensch?« (78).

Das starke Interesse der Erzählungen an Überlieferungen, die im Süden spielen (Abraham in Mamre, Sodom und Gomorra, Isaak in Gerar) und den Stamm Juda (Gen 38; Juda als Wortführer in der Josefsgeschichte) herausstellen, spricht für *Herkunft* von J aus diesem Bereich. Da spezifische Jerusalemvorstellungen fehlen, wohingegen die bäuerliche Lebenswelt vor allem in der Urgeschichte thematisiert ist, dürfte J aus dem bäuerlichen Landjudäertum stammen.

Die *theologische Leistung* von J ist singulär: »Unter den Quellenschriften des Pentateuch hat man der jahwistischen Schicht wohl mit Recht den höchsten Rang zuerkannt: In ihr ist ›das theologisch Belangreichste enthalten, das in der Pentateucherzählung überhaupt ausgesagt wird‹ (*M.Noth*) - einerseits die radikale Einsicht in die menschliche Schuld (Gen 6,5; 8,21), andererseits die Verheißung von Segen über ›alle Sippen der Erde‹ (12,3). Die jahwistische Darstellung ist zugleich das älteste bekannte Geschichtswerk von so erheblichem verschiedene Epochen übergreifenden Umfang, wenn auch der alte Orient schon die Verbindung von Urgeschichte und Geschichte, von Erzählungen aus der Zeit vor und nach der großen Flut, kannte. Der Jahwist ist ›der erste, der den Gedanken einer einheitlichen Weltgeschichte erfaßt hat, in deren Rahmen das Geschehen in Israel eine ganz bestimmte - und zwar eine entscheidende - Funktion besitzt‹ (J.Hempel)« (76). In den J-Texten tritt JHWH als alleiniger und machtvoller Gestalter der Geschichte Israels und der Völker hervor. Insofern ist J nicht nur eine geschichtstheologische Ätiologie Israels inmitten seiner Nachbarvölker und seines Segens-Auftrags für diese, sondern zugleich eine (religionsgeschichtlich singuläre) »Göttergeschichte« über den einen JHWH (Formulierungen E.Z.).

4.2 Das elohistische Werk in der Sicht von *W.H.Schmidt*

Innerhalb des Pentateuch läßt sich eine Reihe von Textstücken erkennen, die sprachlich und theologisch so viele Gemeinsamkeiten haben, daß sie am ehesten als Bestandteile eines eigenständig entstandenen Erzählwerkes erklärt werden. Solche *Merkmale* sind u.a.: (a) Verwendung der Gattungsbezeichnung »Elohim« - »Gott« als Gottesname statt des für J charakteristischen Tetragramms JHWH; (b) Gott tritt nicht (wie bei J) als sichtbarer Akteur auf (JHWH »erscheint«, »steigt herab« u.ä.), sondern er ruft (d.h. er wird nur als Stimme gehört), er offenbart sich im Traum, er sendet seinen Boten (»Engel«), d.h. Gott rückt hier ferner; (c) Gott erprobt die »Gottesfurcht« (vgl. Gen 22,1; Ex 20,20), die Gottesfurcht der Hebammen im Widerstand gegen den Pharao steht beispielhaft am Beginn des Exodus (vgl. Ex 1,17.21). (d) Stileigentümlichkeiten wie die Vorliebe für das formalisierte

Gespräch (Ruf Gottes mit doppelter Nennung des Namens des Gerufenen und dessen Antwort »Siehe, hier bin ich«: vgl. Gen 22,1.7.11; 31,11; 46,2; Ex 3,4b). Entgegen dem Vorschlag, diese Texte »nur« als eine (redaktionelle) Bearbeitungsschicht von J zu erklären, meint *W.H.Schmidt*, daß die angedeuteten Merkmale »entschieden für die ursprüngliche Eigenständigkeit des Elohisten sprechen ... E scheint ursprünglich nicht auf J bezogen und von ihm abhängig gewesen zu sein, was bei einer Überarbeitungsschicht der Fall sein müßte; auch lassen sich zwischen den elohistischen Textpartien ja Zusammenhänge aufspüren« (88).

Allerdings ist E nur fragmentarisch erhalten. Da im Bericht der Urgeschichte Gen 1-11 keinerlei E-Spuren erkennbar sind, ist anzunehmen, daß E mit der Abrahamgeschichte *begonnen* hat. Als Einsatzpunkt von E wird zwar verschiedentlich Gen 15 vorgeschlagen, »aber dieses Kapitel vereint ältere und jüngere Traditionen, so daß die Quellenzugehörigkeit seiner Textteile umstritten bleibt ... Selbst wenn in Gen 15 ein elohistischer Faden zugrunde liegt, ist sein eigentlicher Anfang - im Gegensatz zur volltönenden Einleitung der Priesterschrift Gen 1 und des Jahwisten Gen 2,4bff - nicht mehr enthalten. Setzte der Elohist ursprünglich mit einer Vorstellung Abrahams ein?... Auch das *Ende* des elohistischen Geschichtswerks wird verschieden bestimmt. Teils wird es in Jos 24, teils in Dtn 31ff gesucht. Den letzten größeren elohistischen Text findet man gewöhnlich in der Bileamperikope Num 22f« (88f).

Angesichts der fragmentarischen Rekonstruktion von E sind *Datierung und Herkunftsmilieu* nur annähernd zu bestimmen. Das starke Interesse an den Nordreichheiligtümern Bet-El und Sichem, bei gleichzeitigem Fehlen spezifischer Südreichüberlieferungen (z.B. Abraham-Lot-Sagenkranz), aber der Überlieferungszusammenhang mit dem Nordreich-Propheten Hosea, der E aufnimmt (vgl. Ex 3,14 mit Hos 1,9; und Ex 3,10ff mit Hos 12,14) sprechen für eine Herkunft aus dem Nordreich. Da E noch nicht die tödliche Assyrergefahr erkennen läßt, ist die Datierung um 800 v.Chr. wahrscheinlich.

»Der literarische Sachverhalt, daß der Elohist keine Urgeschichte aufweist, hat zugleich sachliche Bedeutung. Ihm fehlt die universale Ausrichtung des Jahwisten. Jahwe ist nicht schon seit der Schöpfung am Werk, sondern offenbart sich erst bei Moses Berufung (Ex 3). Darf man aus diesem argumentum e silentio schließen, daß E ausschließlicher mit dem Volk Israel und der ihm zuteil gewordenen Sonderstellung beschäftigt ist, so findet diese Folgerung in dem Spruch Bileams ihre Bestätigung: ›Siehe ein Vok, das abseits wohnt, sich nicht zu den Völkern rechnet‹ (Num 23,9). In diesem Wort scheint ein frühes Zeugnis für Israels Selbstverständnis vorzuliegen: Es ist kaum nur räumlich, sondern auch wesensmäßig von den Völkern geschieden - unter dem Segen Jahwes (Num 23,8.10.20ff). Dennoch darf man dem Elohisten kaum Partikularismus vorwerfen, da sich bei ihm auch gegenläufige Tendenzen finden (vgl. Gottes Gespräch mit dem fremden König Gen 20,3ff)« (91f). Wenn E statt des Tetragramms die Gattungsbezeichnung »Elohim« = Gott als Gottesnamen verwendet, betont er »Gottes Transzendenz und damit indirekt wohl auch einen gewissen Universalismus des eigenen Glaubens ...: Jahwe, der Gott des einen Volkes, ist Gott schlechthin« (92). Diese Transzendenz Gottes zeigt sich auch in der gegenüber J zurücktretenden Unmittelbarkeit bzw. Sichtbarkeit seines Handelns. Dem entspricht die Betonung der »Gottesfurcht« als Antwort des Glaubensgehorsams. »Gegenüber der jahwistischen Erzählweise wirkt darum die elohistische Darstellung insgesamt theologisch reflektierter« (93).

4.3 Die Redaktionsgeschichte des Pentateuch nach *W.H.Schmidt*

Die Zusammenarbeit der vier »Quellenschriften« zum schlußendlich vorliegenden Pentateuch war kein bloß mechanisch-additiver Vorgang, sondern ein mehrstufiger Redaktionsprozeß, der mit Textänderungen, Umstellungen, Erweiterungen und Auslassungen verbunden war. In wie vielen Einzelstufen die Redaktion stattfand, ist unsicher. Nach *W.H.Schmidt* muß man mindestens folgende *drei Redaktionen* auseinanderhalten:

R^{JE} = Die Redaktion, die die älteren Quellenschriften J und E verband.
Diese Kombination, die nach dem Untergang des Nordreichs (722 v.Chr.) entstand, ist so geschickt vorgenommen worden, daß es streckenweise nicht möglich ist, J und E wieder überzeugend zu trennen. So spricht man (seit *J.Wellhausen*) auch von einem jehowistischen, d.h. jahwistisch-elohistischen, Werk J/E.

R^P = Die (entscheidende) Redaktion, die in nachexilischer Zeit den Jehowisten J/E mit der Priesterschrift P verband bzw., genauer gesagt, J/E in P einarbeitete.

$R^{D(tr)}$ = Die Redaktion, die Texte, Sätze oder auch Satzteile einfügte, die in Wortwahl, Stil und Thematik dem Deuteronomium nahestehen, und so die Quellenschriften mit dem Dtn bzw. deuteronomistischen Geschichtswerk Dtn - Kön verband. Ob nun diese Redaktion vor (Alternative 1) oder nach (Alternative 2) Einarbeitung der Priesterschrift erfolgte, ist umstritten.

Die Alternativen des von *W.H.Schmidt* vorgestellten Quellen-Modells lassen sich in folgende zwei Skizzen umsetzen:

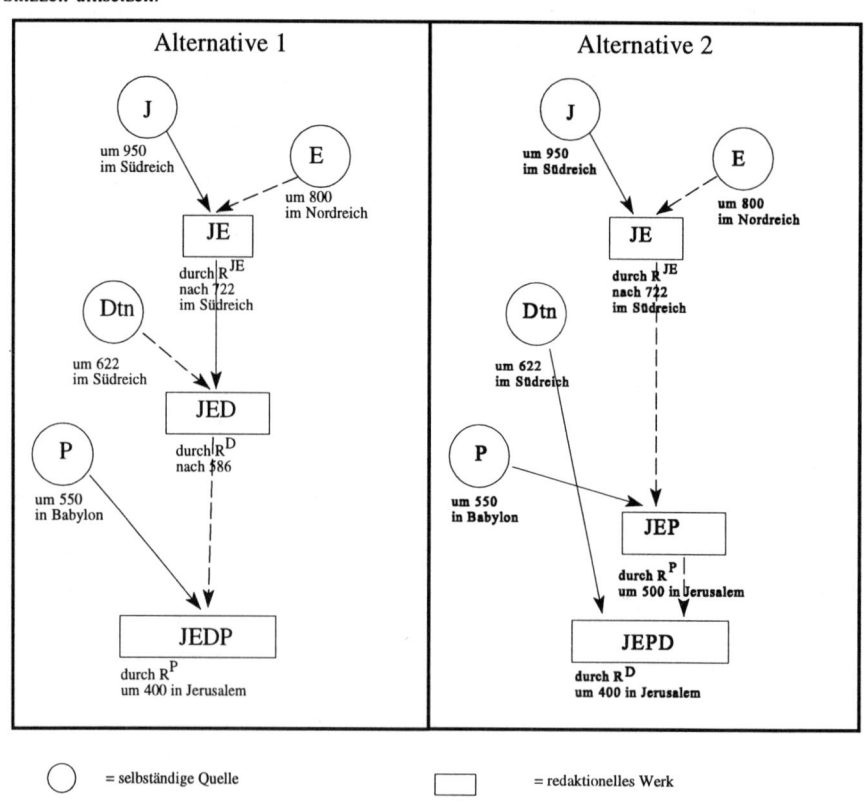

112

5. Zur aktuellen Forschungslage

Die Pentateuchforschung, einst Glanzstück der kritischen Bibelwissenschaft, ist das derzeit wohl schwierigste und kontroverseste Feld der Exegese. So kommt es darauf an, zunächst die Fragen und die Probleme zu erfassen, die sich in den letzten 20 Jahren gegenüber dem *klassischen* Quellen-Modell erhoben haben. Erst danach lassen sich die Trends verstehen, die im beinahe unüberschaubaren Spektrum derzeitiger Hypothesenbildung, aber auch im radikalen Hypothesenverzicht sichtbar werden.

5.1 Anfragen an das klassische »Vierquellen-Modell«

(1) Aporien des Modells bei der konkreten Durchführung

Die Kritiker des Quellen-Modells weisen seit den 70er Jahren immer wieder darauf hin, daß es die Probleme, die es zu lösen vorgibt, de facto nicht hinreichend löst. Das Quellenmodell greift am ehesten in Gen und in der ersten Hälfte von Ex - von wo aus es auch entwickelt wurde; danach läßt es uns weitgehend im Stich. *M.Noth* gibt das in seinem Numeri-Kommentar offen zu: »Nimmt man das 4. Mosebuch für sich, so käme man nicht leicht auf den Gedanken an ›durchlaufende‹ Quellen, sondern eher auf den Gedanken an eine systematische Zusammenstellung von zahllosen Überlieferungsstücken, sehr verschiedenen Inhalts, Alters und Charakters.« Aber weil es »zu dem größeren Ganzen des Pentateuch gehört«, sei es »gerechtfertigt, mit den anderwärts gewonnenen Ergebnissen der Pentateuchanalyse an das 4. Mosebuch heranzutreten und die durchlaufenden Pentateuch-›Quellen‹ auch in diesem Buch zu erwarten, selbst wenn, wie gesagt, der Sachverhalt im 4. Mosebuch von sich aus nicht gerade auf diese Ergebnisse hinführt« (*M.Noth*, ATD 7,8). Wenn über die Hälfte des Textbestands mit dem Vierquellen-Modell nicht bearbeitet werden kann, führt sich dann nicht die Hypothese selbst ad absurdum?

Problematischer noch: Sieht man genau hin, war der Konsens der Anhänger des Quellen-Modells im Detail sehr gering. Was auf die Quellen J, E und P aufgeteilt wurde, war von Exeget zu Exeget im einzelnen sehr verschieden; ebenso gab es gravierende Differenzen über Entstehungszeit, geistige Heimat und theologische Programmatik. Vor allem über die Existenz und den Umfang von E wurden die Zweifel immer stärker. Auch viele traditionelle »Basistexte« der ältesten Quelle J (wie z.B. Gen 12,1-3; Ex 3) wird heute kaum noch jemand als »alt« oder vorexilisch datieren wollen. Auch die Verklammerung der »Urgeschichte« Gen 2,4b-8,22 (bzw. 11,10) mit der »Heilsgeschichte« Israels ist kaum so früh vorstellbar, wie die salomonische J-Hypothese dies annimmt, zumal die bäuerliche Welt der Urgeschichte aus einem anderen Milieu stammt als beispielsweise die Erzelternerzählungen. Wenn die Divergenzen bei den Vertretern des gleichen Modells so gravierend sind, muß dann nicht das Problem im »Modell« selbst liegen?

(2) Methodische Schwächen des Modells

Insofern die Quellentheorie mit der literarkritischen Methode die Texte bis in Halbverse hinein bestimmten Quellen zuwies, arbeitete sie oft mit einem mechanistischen Verfahren, das sowohl hinsichtlich der Kriteriologie als auch hinsichtlich des vorausgesetzten Überlieferungsverständnisses heute weitgehend abgelehnt wird. Dies gilt freilich weniger mit Blick auf *Wellhausen* selbst, der vor allem für die älteren Quellen mit einem offeneren Überlieferungsprozeß rechnete. Das mechanistische Quellenmodell, das für den Pentateuch entwickelt wurde, ist auch forschungsgeschichtlich insofern problematisch, als für keinen anderen Textbereich der Hebräischen Bibel ein analoges Theoriemodell vorgelegt wurde. Problematisch erscheint auch die methodische »Kopflastigkeit« des Modells, weil es nur in Gen und Ex 1-18 begrenzt praktikabel erscheint und ab Ex 19 weitgehend versagt.

(3) Besondere Problematik von E

Besonders problematisch ist die als eigenständiges Werk postulierte bzw. rekonstruierte Quelle E. Sie ist auch nach Meinung der Vertreter der traditionellen Vierquellentheorie deren *schwächstes Element,* und zwar aus folgenden Gründen:

(a) E ist aus dem vorliegenden Pentateuchtext nur noch fragmentarisch rekonstruierbar.

(b) Umstritten bzw. nicht mehr auffindbar ist ein programmatischer Anfang von E (meist wird er in Gen 15 gesucht).

(c) Im Vergleich zu J ist kein fortschreitender Erzählzusammenhang erkennbar; die deshalb von manchen Autoren vertretene These, E habe nur mehrere »Geschichtsbilder« nebeneinandergestellt (nach Art gotischer Flügelaltäre), macht aus dieser Not zwar eine Tugend, aber die dabei rekonstruierten »Bilder« sind von so unterschiedlicher Größe und theologischer Technik, daß man sie kaum ein und demselben Autor zuweisen kann (s.u.).

(d) Seit den 80er Jahren mehren sich die Stimmen, die dem für die E-Hypothese zentralen Text von der Erprobung Abrahams Gen 22 sein hohes Alter absprechen und den Text als Auseinandersetzung mit der Katastrophenerfahrung des Exils verstehen; mit der Spätdatierung eines so wichtigen Textes fällt die ohnedies textlich knapp abgestützte Theorie praktisch zusammen. Gen 22 weist im übrigen auf das Südreich bzw. Jerusalem als Entstehungsort der Erzählung hin.

(e) Die bemühte Traditionskette Elija → E → Hosea ist, was Elija angeht, historisch kaum beweisbar, da wir über Elijas Botschaft fast nichts wissen; was die angebliche Nähe zum Propheten Hosea angeht, wird man angesichts der jüngeren Diskussion um die Entstehung des Buches Hos (s.u. F.VII.1) ebenfalls sehr skeptisch sein müssen. Falls hinter der Verwendung der Gottesbezeichnung Elohim anstelle des Gottesnamens JHWH das Bemühen um eine Universalisierung steht, ist eine so frühe Datierung vor dem Hintergrund der neueren Monotheismusdiskussion nur schwer einsichtig zu machen; sie paßt eher in die Exils- oder Nachexilszeit (vgl. auch die sog. elohistische Redaktion im Psalter; dazu S. 314).

(f) Daß es E-Textteile im Pentateuch gibt, die sich durch ihr theologisches und sprachliches Profil von dem übrigen vor-priesterschriftlichen Textbestand, aber auch von den priesterschriftlichen E-Texten absetzen, ist die der E-Hypothese zugrundeliegende richtige Beobachtung. Sie kann aber textgemäßer in die Hypothese umgesetzt werden, daß diese E-Texte bzw. E-Notizen auf *punktuelle Fortschreibungen* aus unterschiedlicher Zeit zurückgehen.

(4) Fragwürdigkeit der vorausgesetzten Religions- und Sozialgeschichte

Zumindest hinsichtlich der Frühdatierung der ältesten Quelle J als einer Gesamtdarstellung von der Schöpfung bis vor die bzw. gar bis zur Landnahme, aber auch hinsichtlich der Theologie von E sind die diese Auffassungen tragenden geschichtlichen Säulen im letzten Jahrzehnt weitgehend erschüttert bzw. umgestürzt worden. Die in J vorausgesetzte Monolatrie (Alleinverehrung JHWHs) und die für E proklamierte Theologie der Gottesfurcht sind angesichts der neueren Monotheismusdiskussion kaum noch in der für J und E traditionell vorgeschlagenen Epoche plausibel. Auch daß eine so umfassende Geschichtstheologie, wie sie J zugesprochen wird, schon in so früher Zeit möglich sein kann, wird mehr und mehr bezweifelt, zumal es im Israel des 10.Jh. noch gar nicht jenen »Staat« gegeben hat, der angeblich durch J legitimiert worden wäre. Und schließlich stellt sich die Frage, ab wann überhaupt die kulturgeschichtlichen Voraussetzungen (Schrift- und Lesekultur) für die erste »Quelle« gegeben waren; daß dies schon im 10. oder 9.Jh. in Israel der Fall war, wird weithin bestritten.

5.2 Folgerungen aus der neueren Kritik am Vierquellen-Modell

In der Diskussion der letzten Jahre zeichnen sich folgende *Konsenspunkte* ab:

(1) Gegenüber allen allzu mechanistischen Textzerstückelungen ist der lebendige Überlieferungsprozeß stärker zu bedenken. Dies führt bei einer Gruppe von Exegeten dazu, neben den »Quellen« die »Redaktionen« als weitere Gestaltungskräfte mit je eigenem sprachlichen und theologischen Profil herauszuarbeiten. Bei einer anderen Gruppe führt dies zum Abschied vom Quellenmodell überhaupt und zur Revitalisierung des Erzählkranz- bzw. Grundschriftmodells.

(2) Die Theorie muß künftig stärker als bisher die einzelnen Wachstumsstufen des Pentateuch mit der gesamten alttestamentlichen Literaturgeschichte zusammenbringen; dabei müssen auch die bislang zu wenig beachteten Rechtskorpora (Bundesbuch, Heiligkeitsgesetz, Deuteronomisches Gesetz; s.o. II.1) stärker berücksichtigt werden. Insbesondere müssen die späten Phasen der Formierung des Pentateuch stärker im Zusammenhang des Wachstums der Bücher Jos-2 Kön gesehen werden. Da freilich auch hierüber die Meinungen der Forschung stark divergieren (s.u. D.II.), wird die Hypothesenbildung dadurch nicht einfacher.

(3) Zumindest in methodischer Hinsicht besteht weitgehende Einigkeit darüber, daß die Datierung des ersten übergreifenden Geschichtswerkes (d.h. jenes Werkes, das erstmals die Erzelternüberlieferung mit der Exodus-Landnahmeüberlieferung zusammenbindet) eine entscheidende Weichenstellung für die jeweilige Pentateuchtheorie bedeutet. Daß ein solches Werk nicht in der frühköniglichen Zeit denkbar ist (wie die traditionelle Vierquellentheorie annahm bzw. annimmt: vgl. *W.H.Schmidt*, *L.Schmidt*, aber auch *P.Weimar* u.a.), ist ziemlich breiter Forschungskonsens. Über die genauere Datierung gibt es zwei Positionen: *Entweder* wird das erste Geschichtswerk in die (spät-)vorexilische Zeit (7.Jh.) angesetzt (Spätdatierung des »J«), wie das auch in diesem Studienbuch der Fall ist, *oder* es wird exilisch/frühnachexilisch datiert. Gemeinsam ist beiden Datierungsvorschlägen der *methodische* Ansatzpunkt, daß ein solches Werk am ehesten als Reaktion auf eine tiefgreifende Geschichtskrise Israels entstanden sein kann, also *entweder* als Reaktion auf den Untergang des Nordreichs 722 und die auch danach für das Südreich andauernde assyrische Bedrohung *oder* als Reaktion auf den Untergang des Staates Juda 586 und dessen Folgen.

(4) »Archimedischer Punkt« (*E.Otto*) für eine relative Chronologie der »Textschichten« (mögen sie als »Quellen« oder als »Grundschrift« oder als »Erzählkränze« bestimmt werden) ist der Kernbestand des Dtn, der wegen seiner nachweisbaren Aufnahme neuassyrischer Texte (s.u. C.IV.) in das 7.Jh. datiert werden muß.

(5) Ein gewisser Konsens besteht hinsichtlich der auf eine priesterliche Theologie zurückgehenden Textschicht »P« im Pentateuch, die zwischen 550 und 400 anzu-

setzen ist; die Diskussion darüber, ob diese »Schicht« einheitlich ist oder auf unterschiedliche Verfasserkreise zurückgeht und ob es sich dabei um eine »Quelle«, also um ein ursprünglich eigenständiges Werk, oder um eine »Redaktionsschicht« handelt, ist derzeit offen (s.u. C.V.). Dennoch erscheint es angesichts des Basis-Konsenses über »P« sinnvoll, eine methodische Priorität der Herauslösung der P-Texte dahingehend einzuräumen, daß zwischen »priesterlichen Schichten« und »nicht-priesterlichen Schichten« unterschieden wird.

(6) Stärker als früher wird neuerdings mit Texten gerechnet, die von der sog. Pentateuchredaktion (s.u.C.III.) selbst stammen. Es ist anzunehmen, daß sich diese Redaktion eben nicht nur als Zusammenarbeitung der dieser Redaktion vorgegebenen Werke vollzog, sondern als produktive, vielgestaltige Fortschreibung, die sowohl harmonisierende Verbindungstexte als auch eigene Programmtexte schuf.

5.3 Derzeitige Trends der Hypothesenbildung

Auf der Suche nach einem Ausweg aus der Forschungskrise, deren stimulierende Kraft nicht zu verkennen ist, werden derzeit recht unterschiedliche Wege beschritten:

(1) Verzicht auf die diachrone Fragestellung

Angesichts des unübersehbaren Dissenses aller entstehungsgeschichtlich interessierten Forschungspositionen und zutiefst bestimmt von methodischer Skepsis gegen das traditionelle Verfahren der Literarkritik plädieren nicht wenige Forscher, vor allem im amerikanischen und angelsächsischen Raum, dafür, künftig verstärkt die lange Zeit vernachlässigte synchrone Interpretation des *vorliegenden* Endtextes des Pentateuch zu betreiben.

Ob freilich angesichts der oben angedeuteten literarischen Komplexität des Endtextes eine *naive* synchrone Interpretation überhaupt möglich ist, ist fraglich.

(2) Vermehrung der Wachstumsstufen durch Annahme zusätzlicher »Quellen«, Vorlagen und Redaktionsschichten (*L.Ruppert, P.Weimar*)

Angesichts der Infragestellung der Einheitlichkeit der klassischen Quellen J E P, angestoßen durch die Erkenntnis, daß viele Textteile des Pentateuch keiner der klassischen Quellen zugewiesen werden können, im Bemühen, den Überlieferungsprozeß selbst stärker in den Blick zu nehmen - und im Vertrauen auf die Möglichkeit einer textarchäologischen Rekonstruktion auch subtilster entstehungsgeschichtlicher Vorgänge versuchen einige Autoren, der Komplexität durch Vermehrung der (gegenüber dem traditionellen Vierquellen-Modell »ausgedünnten«) »Quellen«, die ihrerseits wieder kleinere Vorlagen aufnahmen, und durch den Ausbau von Redaktionsschichten gerecht zu werden.

Ob die dabei postulierten komplizierten Prozesse überhaupt sozial- und theologiegeschichtlich plausibel sind und ob sie der methodischen Skepsis gegenüber der praktizierten »subjektiven« Literarkritik standhalten können, wird von den meisten Forschern derzeit bezweifelt.

(3) Der Tetrateuch Gen-Num als (später entstandene) »Vorgeschichte« zu Dtn - 2 Kön (*M.Rose, J.van Seters, N.Whybray u.a.*)

Da das von Gen und Ex 1-15 her entwickelte Quellenmodell sich gerade im übrigen Pentateuch als besonders problematisch erwiesen hat, sucht eine Reihe von

116

Forschern einen neuen Ausgangspunkt der Theoriebildung. Als solcher gilt ihnen das um 560 vorliegende »Deuteronomistische Geschichtswerk« (= DtrG), das aus den Büchern Dtn - 2 Kön besteht. Da nun gerade der Anfang dieses Werks, nämlich Dtn 1-3, aber auch wichtige Teile aus Dtn 5-11 und die das DtrG insgesamt prägende »Sündentheologie« in den nicht-priesterlichen Texten der Bücher Gen, Ex, Num mit etwas veränderter Akzentuierung vorkommen, nimmt diese Forschungsrichtung an, die nichtpriesterlichen Teile des Pentateuch seien als exilisch-nachexilischer »Vorbau« des DtrG geschaffen, und dann nochmals durch priesterliche Texte erweitert worden.

Ob diese Forschungsrichtung das Abhängigkeitsverhältnis zwischen Dtn und den Paralleltexten in Ex und Num richtig bestimmt und ob sie der Komplexität der nicht-priesterlichen Schichten in Gen - Num gerecht wird, muß bezweifelt werden.

(4) Der Pentateuch als späte Komposition von umfangreichen Erzählzyklen bzw. »Pentateuchteilen« (*R.Rendtorff, E.Blum, R.Albertz, D.M.Carr u.a.*)

Die Vertreter dieser Forschungsrichtung betonen vor allem folgende Eigenheiten des Pentateuch:

(a) Die einzelnen Bücher des Pentateuch und sogar größere Buchteile haben ein stark individuelles sprachliches und theologisches Profil: z.B. ist das Buch Genesis stark von einer Verheißungstheologie bestimmt, die im Buch Exodus nicht erkennbar ist. Das spricht gegen die vom Quellenmodell vorausgesetzte übergreifende Verfasserschaft; eher ist anzunehmen, daß die einzelnen Bücher bzw. Buchteile ihre je eigene Entstehungsgeschichte hatten, ehe sie schließlich im Pentateuchzusammenhang verbunden wurden.

(b) Der gleichwohl erkennbare übergreifende Zusammenhang zwischen den einzelnen Pentateuchteilen hat ein sprachliches und theologisches Gepräge, das verwandt ist mit dem in der Exilszeit entstandenen Deuteronomistischen Geschichtswerk (DtrG: Dtn - 2 Kön 25). Deshalb ist anzunehmen, daß die entsprechende Komposition der vorgegebenen Einzelteile von Gen - Num von DtrG inspiriert ist; diese Komposition, die noch kein »priesterliches« Kolorit hat, heißt K^D = deuteronomistische Komposition.

(c) In der Endkomposition des Pentateuch sind auch deutlich Spuren priesterlicher Theologie festzustellen. Ob diese P-Texte als eine eigenständige Komposition, angestoßen durch K^D und zugleich als dazu kritische Gegenposition, entstanden sind (so *E.Blum* und *R.Albertz*), weshalb sie K^P = priesterliche Komposition genannt wird, oder ob die P-Texte nur eine Redaktionsschicht sind (so *R.Rendtorff*), ist in dieser Forschungsrichtung kontrovers. Falls K^P als eigenständiges Werk verstanden wird, wird die Entstehung der Endgestalt des Pentateuch dann durch einen weiteren redaktionellen Akt, in dem K^P in K^D eingebaut wurde, erklärt.

Ob K^D als erste übergreifende Komposition so spät angesetzt werden kann, muß bezweifelt werden. Das Modell läßt die Entstehung des Dtn und dessen Verhältnis zu den Paralleltexten (Dtn 1-3 ‖ Num 11.13-14; Dtn 9-10 ‖ Ex 32-34) weithin unberücksichtigt; auch das Verhältnis von K^D zu K^P müßte intensiver geklärt werden.

(5) Die exilische Priesterschrift als erste »Pentateuchquelle« und die Pentateuch-redaktion als »eigentlicher Autor« des Pentateuch (*E.Otto*)

Nach *E.Otto* war das früheste die Erzeltern- und die Exodusüberlieferung zusammenbindende Werk (s.o. 5.2 Punkt [3]) die vor der Tempelweihe 515 v.Chr. entstandene Priesterschrift, die von der Weltschöpfung (Gen 1) bis zur Kultgründung am Sinai (Ex 29) reichte. Der Pentateuch selbst, der sich jüdischer Schriftgelehrsamkeit verdankt, die vor allem einen Ausgleich zwischen P und Dtn intendierte, knüpfte an die nach der Gründung des Zweiten Tempels entsprechend erweiterte P-Konzeption an, baute aber im Sinne des Dtn die kultorientierte Sinaioffenbarung von P zur umfassenden Gesetzes-offenbarung für die nachexilische Gemeinde um, indem sie zusätzlich den Dekalog Ex 20, das Bundesbuch und das Heiligkeitsgesetz einfügte. Diese P und Dtn zusammenfügende Pentateuch-redaktion erweiterte die bei P nur knappe Vätererzählung durch einen zusätzlichen Abrahams- und Jakobskreis. Darüberhinaus integrierte sie eine vorexilische Exodus-Erzählung (die in Auseinander-setzung mit der neuassyrischen Königsideologie die israelitische »Bundestheologie« geschaffen hatte). Außerdem korrigierte diese Pentateuchredaktion den P-Bericht gelungener Schöpfung von Gen 1 durch die Einfügung von Gen 2-3 und spannt so zugleich einen aussagestarken Bogen von der Schöpfung bis zum Versöhnungstag einerseits (Lev 16) sowie von da bis zum Tod des Mose andererseits (Dtn 34). Die so entstandene *Pentateuchkonzeption* gab dann den Anstoß zu weiterer redaktioneller Tätigkeit, die zum einen die Verbindung des Pentateuch zum Buch Josua intensivierte (»Hexateuchredaktion«) und zum anderen auch stark »nachpentateuchisch« in die Gestaltung des Dtn eingriff (u.a. durch Einfügung von Dtn 4).

Ob eine Pentateuchredaktion, die derart viele Aufgaben erfüllen mußte, der Komplexität des Pentateuch wirklich gerecht wird, müßte erst noch im Detail *und* im Ganzen aufgewiesen werden.

(6) Entstehung des Pentateuch durch Ausgrenzung von Gen - Dtn aus dem erst-mals als übergreifendes Geschichtswerk entstandenen Textzusammenhang Gen - 2 Kön (*K.Schmid*)

Der für den Pentateuch konstitutive *Text*zusammenhang von Erzvätergeschichten und Mose-Exodus-Geschichte wurde erstmals in nachexilischer Zeit von einer Redaktion geschaffen, welche die ihr vorgegebenen, unabhängig voneinander entstandenen »Ursprungsgeschichten« Gen 12-49 sowie Ex - 2 Kön mit der frühnachexilisch entstandenen Priesterschrift zu einem »Großgeschichtswerk« Gen - 2 Kön zusammenarbeitete. Der so gebildete Geschichtsbogen »Von der Schöpfung bis zum Exil« inspirierte sich konzeptionell u.a. an der persischen Behistun-Inschrift und darüberhinaus mit ihrer Zweiteilung der Geschichte in Heilszeit (Gen - Jos) und Unheilszeit (Ri - 2 Kön) an entsprechenden persischen Konzepten. »Die perserzeitlichen Schriftgelehrten haben sich nicht auf punktuelle Fort-schreibungen und Nachdeutungen der ihnen überlieferten Texte beschränkt, sondern es waren zualler-erst sie, die für die Entstehung des früher für uralt gehaltenen Geschichtsbildes der dem Pentateuch vertrauten Themenabfolge der Geschichte Israels verantwortlich zu machen sind« (*K.Schmid*, Erzväter 285). Die Formierung des Pentateuch Gen - Dtn geschah um 400 durch Ausgrenzung aus dem Textkontinuum Gen - 2 Kön. Die damit gegebene Ausgrenzung der in Jos erzählten Landnahme hat diese eigentliche Pentateuchredaktion dadurch kompensiert, daß sie nun durch redaktionelle Einschübe die Landverheißungen in Gen - Dtn intensivierte und so den Pentateuch insgesamt zu einem prophe-tisch akzentuierten (vgl. Dtn 34,10-12) Buch der Landverheißung machte: »Im Pentateuch liegt nicht vergangene Heilsgeschichte vor, sondern der Pentateuch weist mit den Landverheißungseiden selbst eine eminent prophetische Substanz auf, und zwar dergestalt, daß Dtn 34,10 alle späteren ›Propheten‹ - von Josua bis Maleachi - qualitativ von Mose absetzen kann« (*K.Schmid*, ebda. 309). *Diese* Redak-tion des Pentateuch bedeutet sachlich eine »Reprophetisierung« von Gen - Dtn.

Ob die Vielgestaltigkeit der in Ex - 2 Kön zusammengestellten Texte bei dieser Hypothese genügend reflektiert ist und ob insbesondere die als nachexilische Brückentexte gedeuteten Texte Gen 15; Ex 3; Jos 24 *so* wirklich richtig gedeutet werden, erscheint fraglich.

Insbesondere ist zweifelhaft, ob die Verheißungstheologie, die in der Tat eine *differentia specifica* von Gen im Vergleich mit Ex - Num darstellt, so einlinig bzw. einschichtig nivelliert werden kann, wie *K.Schmid* dies tut.

6. Die in diesem Studienbuch vertretene Pentateuchtheorie

In *diesem Studienbuch* wird eine Kombination von Block-, Quellen- und Fortschreibungsmodell (»Münsteraner Pentateuchmodell«: *E.Zenger, Ch.Dohmen, F.-L.Hossfeld*) vertreten, die für die frühen Phasen der Überlieferung das Erzählkranzmodell annimmt und ab 700 mit einem redaktionsgeschichtlichen Zwei- bzw. Dreiquellenmodell arbeitet. Dieses Modell, das in der derzeitigen (geradezu verwirrenden) Forschungslandschaft eine Art »Mittelposition« darstellt, stimmt in wesentlichen Punkten (jedoch abweichende Datierungen) mit der Pentateuchtheorie überein, die von *O.Kaiser* und *H.C.Schmitt* vertreten wird. Die wichtigsten Eckdaten dieser Pentateuchtheorie, die auch den Abschnitten C.III.-VI. zugrundeliegt, lassen sich stichwortartig so zusammenfassen (vgl. die Graphik S.120):

(1) Der Pentateuch ist aus *drei Überlieferungsströmen* (»Quellen«) entstanden (nichtpriesterliche Texte = »J«, priesterliche Texte = »P«, deuteronomische Texte = »D«), die ihre je eigene Geschichte durchlaufen haben, ehe sie so zusammengeflossen sind, daß der Pentateuch entstand.

(2) Die *Anfänge der Überlieferungsbildung* bleiben für uns weitgehend im Dunkel. Doch ist anzunehmen, daß die beiden literarischen Grundformen des Pentateuch, Erzählung und Rechtssatz, in vielgestaltiger Einzelausprägung eine lebendige Überlieferungsgeschichte (als Stammes-, Helden-, Heiligtums- und Ortssagen bzw. als Sprüche und Sätze des Sippenethos) hatten, ehe sie in kleineren oder größeren Erzählzyklen, Ritual- und Rechtssammlungen zusammengeschlossen wurden. Wieweit hier vor- und nichtjahwistische Überlieferungen weiterlebten, ist schwer auszumachen; doch ist mit der Transformation alter Überlieferungen unbedingt zu rechnen (z.B. Gen 18-19: Besuch der drei »Götter« bei Abraham; Vernichtung der Stadt Sodom durch den Sonnengott Schemesch-JHWH; Gen 28: der Traum Jakobs von der Himmelsleiter in Bet-El = Gotteshaus; Ex 4,24-26: der nächtliche Überfall auf Mose und die Beschneidung des »Blutbräutigams«; Num 16: die Erzählung vom Wüstenschlund, der die Rotte Korach frißt).

(3) Die *erste übergreifende Geschichtsdarstellung* entstand unter dem Einfluß der Propheten Amos, Hosea und Jesaja im 7.Jh. als Reflex auf den Untergang des Nordreichs 722, auf die Rettung Jerusalems aus assyrischer Bedrohung 701 und die gleichwohl andauernde Abhängigkeit (Vasallität) des Südreichs Juda von der assyrischen Großmacht. Man kann diese Schrift in Anlehnung an *Julius Wellhausen* »jehovistisches Geschichtsbuch« nennen (eine Art spätdatierter J) oder treffender *Jerusalemer Geschichtswerk* (»JG«), weil es in Jerusalem und aus Jerusalemer Perspektive konzipiert wurde. Von seinem prophetisch-priesterlichen Verfasserkreis wurden bis dahin einzeln entstandene Erzählzyklen über die Anfänge Israels (Abraham-Jakob-Zyklus; Josefsnovelle; Exodusgeschichte; Landnahmezyklus) zu einem geschichtstheologischen Werk zusammengestellt, das erstmals den Geschichtsbogen von Abraham über Jakob sowie Mose und Josua bis hin zur Landnahme auszog (Gen 11,26 - Jos 24*). Dieses Geschichtswerk kann man als *erste »Quelle«* verstehen.

(4) Als *zweite »Quelle«* kann der Überlieferungsstrom betrachtet werden, der im Pentateuch in der Gestalt des Buches *Deuteronomium* abgrenzbar ist. Die älteste Phase des Dtn ist eine Gesetzessammlung ohne erzählerische Einbindung. Diese

119

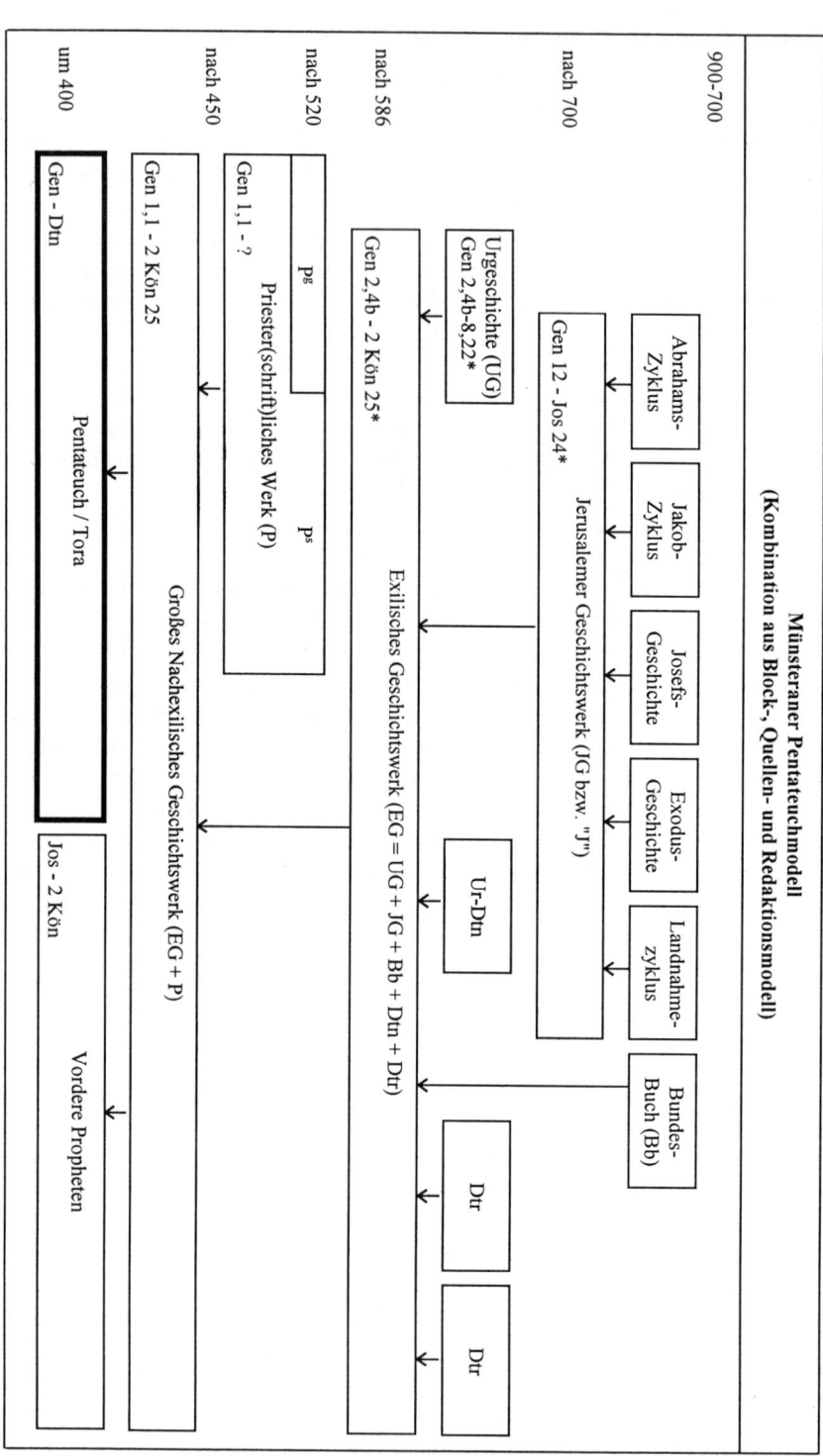

Münsteraner Pentateuchmodell
(Kombination aus Block-, Quellen- und Redaktionsmodell)

900-700	Abrahams-Zyklus · Jakob-Zyklus · Josefs-Geschichte · Exodus-Geschichte · Landnahme-zyklus · Bundes-Buch (Bb)
nach 700	Gen 12 - Jos 24* — Jerusalemer Geschichtswerk (JG bzw. "J") · Ur-Dtn · Dtr · Dtr
nach 586	Gen 2,4b - 2 Kön 25* — Exilisches Geschichtswerk (EG = UG + JG + Bb + Dtn + Dtr)
nach 520	Urgeschichte (UG) Gen 2,4b-8,22* · Pg · Ps — Priester(schrift)liches Werk (P)
nach 450	Gen 1,1 - ? · Gen 1,1 - 2 Kön 25 — Großes Nachexilisches Geschichtswerk (EG + P)
um 400	Gen - Dtn — Pentateuch / Tora · Jos - 2 Kön — Vordere Propheten

ist in der Zeit des Königs Hiskija (um 700) entstanden und heißt deshalb Hiskijanisches Dtn. Es inspirierte sich zunächst am alten Bundesbuch Ex 20,22-23,33* (das Sternchen bedeutet, daß nicht der ganze mit den Zahlen bezeichnete Textbestand gemeint ist) und ist darüber hinaus theologisch mit dem Jerusalemer Geschichtswerk (JG) verwandt. Dieses Hiskijanische Deuteronomium wurde unter Joschija erweitert und erhielt einen geschichtstheologischen Rahmen (Dtn 1 - Jos 22*).

(5) Die Katastrophe von 586 löste intensive Reflexionen über die Ursachen des Unheils und über die bleibenden Fundamente der bisherigen »Heilsgeschichte« aus. Eines der Ergebnisse dieser Reflexionen war eine großangelegte Deutung der Geschichte »von den Anfängen bis zum Exil«. Das nun in einem längeren Redaktions- bzw. Fortschreibungsprozeß entstandene »Exilische Geschichtswerk« stellte mehrere bis dahin eigenständige »Schriften« zusammen: (a) die spätvorexilische Urgeschichte Gen 2,4b-8,22*; (b) das Jerusalemer Geschichtswerk; (c) das Bundesbuch; (d) das spätvorexilische Dtn; (e) die Erzählungen über die Zeit der Richter und der Könige (Ri, Sam, Kön). Die Besonderheit des Exilischen Geschichtswerkes liegt einerseits in ihrem gewaltigen Geschichtsbogen und andererseits in ihrem Bemühen, die Geschichte unter der für die *deuteronomistische Theologie* typischen Perspektive des Gehorsams bzw. Ungehorsams gegenüber dem Gottesgesetz zu beurteilen.

(6) Eine weitere, *neue übergreifende Geschichtsdarstellung* entstand um 520 im Exil in Babylon. Wegen ihrer priesterlichen Sprache und Theologie heißt sie *Priesterliche Grundschrift* P^g. Sie ist teilweise als Gegenentwurf zum *Exilischen Geschichtswerk* der nicht-priesterlichen Theologie konzipiert, teilweise inspiriert sie sich an der Theologie der Propheten Ezechiel und Jeremia sowie dem Werk des Deutero-Jesaja (s.u. F.II.). Das priester(schrift)liche Werk, das man als *dritte* »Quelle« bezeichnen kann, kam mit den Rückkehrern aus dem Exil nach Jerusalem und wurde mit kultischen Materialien weiter angereichert (P^s = erweiterte Priesterschrift; s = supplementum/Ergänzung; von manchen auch als »sekundär« gelesen); dabei wurde auch das Heiligkeitsgesetz Lev 17-26 eingefügt.

(7) Im Bemühen um einen Ausgleich der miteinander konkurrierenden deuteronomistischen und priesterlichen Theologie sowie als Folge der von Nehemia im Zusammenhang mit der Errichtung der Provinz Jehud herbeigeführten Befriedung der unterschiedlichen Gruppen (s.o. C.I.3) wurden nach 450 v.Chr. das Exilische Geschichtswerk und das priesterliche Werk zu einem *Großgeschichtswerk Gen 1 - 2 Kön 25* zusammengearbeitet. Auf diese Redaktion gehen zahlreiche Texte zurück, die in sprachlicher Hinsicht deuteronomistisch-priesterliche Mischtexte sind und die zugleich neue theologische Akzente setzen.

(8) Um 400 v.Chr. wurde aus dem Textkontinuum Gen 1 - 2 Kön 25 (»Enneateuch«) der *Pentateuch* Gen-Dtn als eigenständiges Werk ausgegrenzt und von Esra als »*Tora*« feierlich promulgiert. Auf diese Stufe der Textentstehung geht die Fünfteilung des Pentateuch und insbesondere sein Schluß Dtn 34,10-12 (»Mose-Epitaph«) zurück. Durch die Abgrenzung von Gen - Dtn entstand zugleich der Block »Vordere Propheten« Jos - 2 Kön (s.o. A.II).

(9) Auch nach der Promulgation der Tora wurde an ihr punktuell *weitergearbeitet*. So wurde noch in der Makkabäerzeit (Mitte 2.Jh. v.Chr.) ein chronologisches System eingetragen, das so angelegt ist, daß nach ihm die im Jahre 164 v.Chr.

erfolgte makkabäische Wiedereinweihung des Tempels im Jahre 4000 *a creatione mundi* fiel. Auch die Erzählung Gen 14 über die Begegnung zwischen Abraham und Melchisedek dürfte durch eine »nachpentateuchische« Fortschreibung eingefügt worden sein.

III. Die sog. Pentateuchredaktion
(Erich Zenger)

Literatur: Ch.Dohmen, Der Sinaibund als Neuer Bund nach Ex 19-34, in: E.Zenger (Hg.), Zur Bundestheologie der beiden Testamente (QD 146) Freiburg 1993,51-83; W.Groß, Zukunft für Israel (SBS 176) Stuttgart 1998,71-137; W.Oswald, Israel am Gottesberg (OBO 159) Fribourg/Göttingen 1998,202-237; E.Otto, Die Pentateuchredaktion im Buch Exodus, in: M.Vervenne (Hg.) Studies in the Book of Exodus (BEThL 136) Leuven 1996,61-111; K.Schmid, Erzväter und Exodus (WMANT) Neukirchen-Vluyn 1999,250-287; H.C.Schmitt, Die Suche nach der Identität des Jahweglaubens im nachexilischen Israel. Bemerkungen zur theologischen Intention der Endredaktion des Pentateuch, in: J.Mehlhausen (Hg.), Pluralismus und Identität (VWGTh 8) Gütersloh 1995,259-278; G.Steins, Die ›Bindung Isaaks‹ im Kanon. Grundlagen und Programm einer kanonisch-intertextuellen Lektüre von Gen 22,1-9 (HBS 19) Freiburg 1999.

1. Das literarische Problem

Auf den ersten Blick scheint die Bezeichnung »Pentateuchredaktion« eine ziemlich präzise Phase der Entstehung des Pentateuch, nämlich die Endphase der Entstehung dieses fünfteiligen Textkomplexes auszudrücken. Nach dem oben in II.6 skizzierten »Münsteraner Pentateuchmodell« ist damit also jene Phase gemeint, die Gen 1 - Dtn 34 aus dem Textzusammenhang Gen - 2 Kön ausgrenzte und zur fünfteiligen Tora machte.

Dies ist freilich *nicht* der übliche Sprachgebrauch. Meist wird mit »Pentateuchredaktion« jener Prozeß bezeichnet, der die priesterlichen Texte mit den nichtpriesterlichen Texten zu jener Kompromiß-Komposition zusammenstellte, die den nun vorliegenden Text makrostrukturell bestimmt. Die Mehrzahl der Forscher nahm dabei an, daß *diese* Pentateuchredaktion vorwiegend in *priesterlicher* Perspektive geschah (»Priesterliche Redaktion«). Andere Autoren insistieren dagegen darauf, daß die »Schlußredaktion« eher aus »nicht-priesterlicher« bzw. sogar »anti-priesterlicher« Pespektive (»prophetisch«, »spätdeuteronomistisch«, »weisheitlich«) erfolgte. Wieder andere Exegeten betonen (wie auch dieses Studienbuch), daß die Redaktion mehrere Perspektiven gezielt nebeneinanderstellte (ausgleichend *und* kontrastierend).

Schon diese Divergenz der Positionen macht deutlich, daß das Phänomen der »Schlußredaktion« offensichtlich schwer zu erfassen und zu beschreiben ist. Immerhin müssen die folgenden zwei Beobachtungen ernst genommen werden:

(1) Es gibt im Pentateuch eine Reihe später Texte, die einerseits als redaktionell zu gelten haben und die andererseits in sprachlicher Hinsicht eine *Mischung* aus priesterlicher und deuteronomistischer Theologie sind. Die These einer einseitig dominierten Pentateuchredaktion ist damit wenig wahrscheinlich.

122

(2) Die Texte, die im Zusammenhang der sog. Pentateuchredaktion eingefügt bzw. verfaßt wurden, sind untereinander so unterschiedlich, daß sie kaum auf eine einzige Hand zurückgehen können. *W.Groß* charakterisiert mit Recht die derzeitige Forschungslage folgendermaßen: »Über die literarischen Techniken und die äußeren Umstände der Pentateuchredaktion ist wenig bekannt. Wenn alle zur Zeit dieser Redaktionsstufe zugewiesenen Texte in einem Arbeitsgang geschaffen worden wären, müßte man dem Pentateuchredaktor bzw. seinen Mitarbeitern geradezu chamäleonartige Fähigkeiten in der Anpassung an die jeweiligen, sehr unterschiedlichen Kontexte und außergewöhnliche Variationen in Terminologie wie literarischer Technik zuerkennen. Handfeste Kriterien zur Unterscheidung zwischen der Pentateuchredaktion und noch jüngeren theologischen bzw. termino-logischen Ausgleichsversuchen gibt es bisher nicht« (*W.Groß*, Zukunft 71).

Auf keinen Fall kann man die »Endgestalt« des *Pentateuchtextes* auf die »Penta-teuchredaktion« zurückführen, wenn man darunter den nunmehr vorliegenden hebräischen Text der masoretischen Überlieferung oder auch die rekonstruierbare »Endfassung« von Gen - Dtn versteht (vgl. dazu oben B.III.). Immerhin ist unbestreitbar, daß auch nach der Formierung und Promulgation des Pentateuch als »Mose-Tora« redaktionell weitergearbeitet wurde.

Angesichts dieser literarischen Problematik und unter Beachtung des Forschungs-defizits zum ganzen Komplex »Pentateuchredaktion« erscheinen folgende Per-spektiven sinnvoll:

(1) »Pentateuchredaktion« *im engen Sinne* ist jene makrostrukturell orientierte Bearbeitung, die Gen - Dtn zur fünfteiligen Mose-Tora machte und in dieser Absicht kleinere oder größere Textabschnitte einfügte.

(2) »Pentateuchredaktion« *im weiteren Sinne* ist jener komplexe Vorgang, der die *Endkomposition* des Textzusammenhangs Gen - Dtn schuf und zwar als Kompro-miß aus priesterlicher (theokratischer) *und* deuteronomistischer (eschatologischer) Theologie.

Ob man im konkreten Fall freilich diese Zweiteilung immer durchhalten kann, erscheint fraglich. Da die Forschung hier von einem auch nur schemenhaften Konsens weit entfernt ist, sollen im folgenden nur einige Texte kurz erläutert werden, an denen gleichwohl literarische Technik *und* theologische Programmatik der sog. Pentateuchredaktion sichtbar werden.

2. Theologische Perspektiven der Redaktion

(1) Die gewiß offenkundigste von der »Pentateuchredaktion« (im engeren Sinne) eingestiftete Perspektive ist die Akzentuierung des Textzusammenhangs als »Mose-Tora«. Sie konkretisiert sich auf zweifache Weise:

(a) Wie in dem von dieser Redaktion stammenden »Mose-Epitaph« klar herausge-stellt wird, ist Mose als Offenbarungsempfänger und als Mittler der Tora, den JHWH von Angesicht zu Angesicht kannte, eine letzte Autorität, der »Glauben« verdient und dem sich *alle* unterordnen müssen. Diese Perspektive hat die Penta-teuchredaktion mehrfach in den Text eingetragen (vgl. z.B. Ex 19,9; 34,29-35; Num 11,16-17.24-25). Die Tora des allen Propheten überlegenen Mose wird damit zum »Wort Gottes« schlechthin.

(b) Dieser durch Mose vermittelten »Tora« kommt deshalb geradezu heilende und rettende Kraft zu. Auch diese Perspektive schafft die Pentateuchredaktion durch kleine Eintragungen (sie macht z.B. Abraham zum Lehrer der Tora: Gen 18,19; sie gestaltet das Wasserheilungswunder Ex 15,22-26 zu einer Zeichenhandlung um, die Mose als Medium des sein Volk durch die Tora heilenden Gottes erweist) oder durch eigens verfaßte theologisch reflektierte Texte (z.B. Gen 22 als »Sinaiprolepse« [vgl. *G.Steins*, Die Bindung Isaaks] oder Ex 19,3-8 als Berufung Israels zum »Königreich aus Priestern und zur heiligen Nation« *im Hören* auf die Tora).

(2) Sowohl in der deuteronomistischen als auch in der priesterlichen Theologie wird die besondere Beziehung JHWHs zu Israel mit der Kategorie *bᵉrīt* »Bund« bezeichnet und theologisch reflektiert. Etwas vereinfacht kann die Differenz zwischen den beiden Bundeskonzeptionen folgendermaßen auf den Punkt gebracht werden: Die deuteronomistische Bundestheologie deutet den Bund nach dem Modell wechselseitiger Vertragsverpflichtung und stellt Israel als Vertragspartner unter Segen (bzw. Heil) oder Fluch (bzw. Gericht) in Abhängigkeit von Israels »Bundestreue«. Der Bund ist gewissermaßen »konditioniert.« Dieser Bund wurde am Sinai geschlossen; die vielen mit dem Sinai verbundenen Gesetze und Gebote sind die Bundesverpflichtungen, an deren Befolgung oder Nichtbefolgung sich Israels konkrete Geschichte entscheidet. Dem steht die priesterliche Bundetheologie gegenüber. Sie ist ein reiner Gnadenbund, den JHWH bereits dem Abraham als einen »ewigen« und durch Israels Untreue *nicht* zerstörbaren Bund »gegeben« hat. Beide Bundeskonzepte haben nicht nur ihr jeweils spezifisches Profil. In historischer Betrachtungsweise muß man vielmehr feststellen, daß das priesterliche Bundeskonzept ausdrücklich als Gegenentwurf zum deuteronomistischen Bundeskonzept entstanden ist. Beide Konzepte haben ihre Stärken und Schwächen - und es ist die theologische Leistung der Pentateuchredaktion, daß sie eigene Texte für den Pentateuchzusammenhang geschaffen hat, die eine Synthese zwischen beiden versuchen (z.B. Ex 19,3-9; 34,9-10; Lev 26,40-45; vgl. dazu *Ch.Dohmen*, Der Sinaibund; *W.Groß*, Zukunft).

(3) Die Abtrennung von Gen - Dtn von der in Jos erzählten Landnahme hatte für den ab Gen erzählten Geschehenszusammenhang zur Folge, daß nun das Ziel des Weges in das verheißene Land nicht mehr erreicht wird. Dieses »erzählerische« Defizit kompensierte die Pentateuchredaktion mit einer durch entsprechende Zusätze herbeigeführten Verstärkung des *Verheißungsaspektes*, der für die Beziehung JHWH-Israel-Land konstitutiv ist. Dabei werden abermals deuteronomistische und priesterliche Theologie miteinander verbunden, wenn die Landverheißung als ein den Erzvätern gegebener Eid Gottes betont wird (vgl. die auf die Pentateuchredaktion zurückgehende Textlinie Gen 50,24; Ex 32,13; 33,1; Lev 26,42; Num 32,11; Dtn 34,4). Die Idee vom »Eid« ist deuteronomistisch, die Vorstellung von den Erzvätern als den hinsichtlich des Landes entscheidenden »Gründungsgestalten« Israels ist priesterlich. Daß nach der Pentateuchredaktion Mose mit dem *Blick* auf das verheißene Land stirbt (vgl. Dtn 34), unterstreicht diese für die Pentateuchredaktion fundamentale Perspektive, daß die Geschichte Israels (und der ganzen Schöpfung) aus der Treue des zu seiner Verheißung stehenden Gottes JHWH lebt.

124

IV.   Das Buch Deuteronomium

(Georg Braulik)

Kommentare: S.R.Driver (ICC) 1895 (=³1902); A.Bertholet (KHC) 1899; F.de Hummelauer (CSS) 1901; E.König (KAT) 1917; G.A.Smith (CB) 1918; C.Steuernagel (HK) ²1923; H.Junker (HSAT) 1933; ders. (EB) 1955; P.Buis/J.Leclercq (SBi) 1963; G.von Rad (ATD) 1964 (=⁴1984); P.Buis (VSal.AT) 1969; J.Wijngaards (BOT) 1971; A.Phillips (CBC) 1973; P.C.Craigie (NICOT) 1976; A.D.H.Mayes (NCeBC) 1979; G.Braulik (NEB) I 1986, II 1992; C.J.Labuschagne (PreOT) I AB 1987, II 1990; L.Perlitt (BK) 1990ff; D.L.Christensen (WBC) I 1991 (ausführliche Bibliographie!); M.Weinfeld (AncB) 1991; M.Rose (ZBK) 1994; E.Nielsen (HAT) 1995; J.H.Tigay (JPSTC) 1996.

Forschungsüberblicke: S.Loersch, Das Deuteronomium und seine Deutungen. Ein forschungs-geschichtlicher Überblick (SBS 22) Stuttgart 1967; H.D.Preuss, Deuteronomium (EdF 164) Darmstadt 1982 (dazu N.Lohfink: ThLZ 108,1983,349-353); ders., Zum deuteronomistischen Geschichtswerk: ThR 58,1993,229-245 (zum Dtn); Th.Römer, The Book of Deuteronomy, in: S.L.McKenzie/M.P.Graham (Hg.), The History of Israel's Traditions: The Hereditage of Martin Noth (JSOT.S 182) Sheffield 1994,178-212; N.Lohfink, Deuteronomium und Pentateuch. Zum Stand der Forschung, in: Studien zum Deuteronomium und zur deuteronomistischen Literatur III (SBAB 20) Stuttgart 1995,13-38.

Aufsatzsammlungen: G.Braulik, Studien zur Theologie des Deuteronomiums (SBAB 2) Stuttgart 1988; ders.(Hg.), Bundesdokument und Gesetz. Studien zum Deuteronomium (HBS 4) Freiburg 1995; ders., Studien zum Buch Deuteronomium (SBAB 24) Stuttgart 1997; F.García Martinez u.a. (Hg.), Studies in Deuteronomy. FS C.J.Labuschagne (VT.S 53) Leiden 1994; N.Lohfink (Hg.), Das Deuteronomium: Entstehung, Gestalt und Botschaft (BEThL LXVIII) Leuven 1985; ders., Studien zum Deuteronomium und zur deuteronomistischen Literatur I (SBAB 8) Stuttgart 1990; ders., Studien zum Deuteronomium und zur deuteronomistischen Literatur II (SBAB 12) Stuttgart 1991; ders., Studien zum Deuteronomium und zur deuteronomistischen Literatur III (SBAB 20) Stuttgart 1995; L.Perlitt, Deuteronomium-Studien (FAT 8) Tübingen 1994; T.Veijola (Hg.), Das Deuteronomium und seine Querbeziehungen (SFEG 62) Göttingen 1996; M.Vervenne/J.Lust (Hg.), Deuteronomy and Deuteronomic Literature. FS C.H.W.Bre-kelmans (BEThL CXXXIII) Leuven 1997.

Einzelstudien (seit 1978): R.Achenbach, Israel zwischen Verheißung und Gebot (EHS.T 422) Frank-furt/M. 1991; E.Aurelius, Der Fürbitter Israels. Eine Studie zum Mosebild im Alten Testament (CB.OTS 27) Stockholm 1988; G.Barbiero, L'asino del Nemico. Renuncia alla vendetta e amore del nemico nella legislazione dell'Antico Testamento (Es 23,4-5; Dt 22,1-4; Lv 19,17-18) (AnBib 128) Rom 1991; S.Beyerle, Der Mosesegen im Deuteronomium. Eine text-, kompositions- und formkritische Studie zu Deuteronomium 33 (BZAW 250) Berlin/New York 1997; G.Braulik, Die Mittel deuteronomi-scher Rhetorik erhoben aus Deuteronomium 4,1-40 (AnBib 68) Rom 1978; ders., Die deuteronomi-schen Gesetze und der Dekalog. Studien zum Aufbau von Deuteronomium 12-26 (SBS 145) Stuttgart 1991; J.Buchholz, Die Ältesten Israels im Deuteronomium (GTS 36) Göttingen 1988; U.Dahmen, Leviten und Priester im Deuteronomium. Literarkritische und redaktionsgeschichtliche Studien (BBB 110) Bodenheim 1996; J.C.Gertz, Die Gerichtsorganisation Israels im deuteronomischen Gesetz (FRLANT 165) Göttingen 1994; R.Gomes de Araújo, Theologie der Wüste im Deuteronomium (ÖBS 17) Frankfurt/M. 1998; B.Halpern/D.W.Hobson (Hg.), Law and Ideology in Monarchic Israel (JSOT.S 124) Sheffield 1991; M.Keller, Untersuchungen zur deuteronomisch-deuteronomistischen Namens-theologie (BBB 105) Weinheim 1996; D.Knapp, Deuteronomium 4. Literarische Analyse und theologi-sche Interpretation (GTA 35) Göttingen 1987; T.A.Lenchak, »Choose Life!« A Rhetorical-Critical Investigation of Deuteronomy 28,69-30,20 (AnBib 129) Rom 1993; B.M.Levinson, Deuteronomy and the Hermeneutics of Legal Innovation, New York/Oxford 1997; N.Lohfink, Die Väter Israels im Deuteronomium. Zu einem Buch von Thomas Römer (OBO 111) Fribourg/Göttingen 1991; W.S.Mor-row, Organization and Redaction in Deuteronomy 14:1-17:13 (SBL.MS 49) Atlanta/Georgia 1995; E.Otto, Vom Bundesbuch zum Deuteronomium. Die deuteronomische Redaktion in Dtn 12-26, in: G.Braulik/W.Groß/S.McEvenue (Hg.), Biblische Theologie und gesellschaftlicher Wandel. FS N.Loh-fink, Freiburg 1993,260-278; C.Pressler, The View of Women found in the Deuteronomic Family Laws (BZAW 216) Berlin/New York 1993; E.Reuter, Kultzentralisation. Entstehung und Theologie von Dtn 12 (BBB 87) Frankfurt/M. 1993; Th.Römer, Israels Väter. Untersuchungen zur Väterthematik im Deuteronomium und in der deuteronomistischen Tradition (OBO 99) Fribourg/Göttingen 1990;

U.Rüterswörden, Von der politischen Gemeinschaft zur Gemeinde. Studien zu Dt 16,18-18,22 (BBB 65) Frankfurt/M. 1987; P.Sanders, The Provenance of Deuteronomy 32 (OTS 37) Leiden 1996; C.Schäfer-Lichtenberger, Josua und Salomo. Eine Studie zu Autorität und Legitimität des Nachfolgers im Alten Testament (VT.S 58) Leiden 1995; D.Skweres, Die Rückverweise im Buch Deuteronomium (AnBib 79) Rom 1979; J.-P.Sonnet, The Book within the Book. Writing in Deuteronomy (BIS 14) Leiden 1997; H.U.Steymans, Deuteronomium 28 und die adê zur Thronfolgeregelung Asarhaddons. Segen und Fluch im Alten Orient und in Israel (OBO 145) Fribourg/Göttingen 1995; M.Weinfeld, Deuteronomy and the Deuteronomic School, Oxford [2]1990; I.Wilson, Out of the Midst of the Fire. Divine Presence in Deuteronomy (SBL.DS 151) Atlanta/Georgia 1995; K.Zobel, Prophetie und Deuteronomium. Die Rezeption prophetischer Theologie durch das Deuteronomium (BZAW 199) Berlin/New York 1992.

1. Namen, literarische Gattung, Aufbau

Unter dem *Namen* »das fünfte Buch Mose« beschließt das Dtn den Erzählbogen des Pentateuchs und verweist auf Mose als das Prinzip seiner Einheit (vgl. z.B. die Gipfelschau in Gen 13,14-18 mit Dtn 34,1-3.4 oder den Exodus samt der Plagen-erzählung mit Dtn 34,11f). Im Judentum wird es nach den Anfangsworten meist *d⁽e⁾bārīm* »Reden« genannt. Der Name »Deuteronomium« geht auf die Übersetzung der Vg und LXX (δευτερονόμιον) von Dtn 17,18 (vgl. Jos 8,32) zurück, wo eigentlich »Abschrift dieser Tora« (für den König) steht, und interpretiert das Buch als »zweites Gesetz«, das nach der Gesetzgebung am Sinai nun im Land Moab promulgiert wird.

(1) Das Dtn präsentiert sich als *Erzählung* der Ereignisse vor dem Tod des Mose (32,50; 34,5.7), eventuell an seinem Todestag (32,48). Es ist der 1.11.40 nach dem Auszug aus Ägypten (1,3), mit dem einmal der Zeitstruktur des Pentateuchs zufolge die liturgische Vorbereitung auf das erste Pascha im Verheißungsland (Jos 5,10) begonnen hat. Der Bucherzähler stellt allerdings fast immer nur fest, Mose habe die folgenden Worte gesprochen. Er läßt den Großteil der erzählten Ge-schichte seinen Mose vortragen. Genau genommen verbindet das Dtn allerdings nicht nur erzählende und erzählte Rede, sondern zwei Bücher: das rahmende Dtn und das Tora-Buch, das Mose innerhalb der Erzählung des Dtn schreibt (31,9.24). Die Erzählfolge deckt sich in den Mosereden nicht mit der Ereignisfolge, der »Fabel«. In 1-3 wird z.B. schon die Wüstenzeit behandelt, in 5 erst die Horeb-ereignisse. Auch der Erzähler selbst hält sich nicht immer an die Ordnung der Fabel. Die Versammlung von 29,1 scheint z.B. mit der von 5,1 identisch zu sein. Daß sich der Textverlauf so weit von der Fabelfolge entfernt, hängt mit der höchst komplizierten Wachstumsgeschichte des Dtn zusammen. 5-30 ist vielleicht deshalb als eigene Größe gestaltet, weil das eigentliche Bundesdokument trotz aller hinein-gekommenen Texte in seiner Eigenart bestehen bleiben sollte.

(2) Unter dem narrativen Grundmuster des Buches kommt eine andere umfassende literarische Form zum Vorschein: das Dtn als eine *Sammlung von Reden*. Es sind die letzten Worte des Mose - nur in 31 und 34 gibt es auch Gottesreden -, gewis-sermaßen seine »Abschiedsreden« oder sein »Testament«. Die »archivierten« Texte sind mit vier »Überschriften« versehen. Sie nennen die »Textgattung« der ihnen zugeordneten Dokumente: »Worte« (1,1), »Tora« (4,44), »b⁽e⁾rīt-Worte« (28,69), »Segen« (33,1). Daran schließen sich Bemerkungen über die Vortrags-weise, Adressaten und Ursprungsumstände an, ferner eine oder mehrere Rede-

einleitungen. Dieses Überschriftensystem gliedert das Buch in vier Teile. Nur die Passagen über den Tod des Mose in 32,48-52 und 34 werden von ihm nicht erfaßt.

1-4	Rückblick auf die Wanderung vom Horeb nach Bet-Pegor (1,6-3,29); Paränese zu Möglichkeiten und Gefahren im Verheißungsland (4,1-40)
5-28	Historische Legitimierung der Gesetzgebung am Horeb und Paränese des Hauptgebots ausschließlicher Jahweverehrung (5-11)
	Einzelgesetze (12-26,16), inbesonders der Kulzentralisation, eines gewaltenteiligen Staatskonzepts und einer Sozialutopie (12-26,16)
	Protokoll eines Bundes-/Vertragsabschlusses (26,17-19)
	Aufträge für die Zeit nach dem Jordanübergang (27)
	Segen und Fluch (28)
29-32	Agendarische Notizen über den Bundes-/Vertragsabschluß (29-30) und die Einsetzung Josuas (31)
	Moselied (32)
33	Mosesegen
34	Tod des Mose

(3) Das Schwergewicht dieser viergliedrigen Redenkomposition liegt auf der »Tora«. Tatsächlich ist das Dtn seiner Substanz nach *Gesetz*. Auch die Struktur von 5-28 läßt sich mit der Struktur einiger altorientalischer Gesetzeskodizes vergleichen.

Kodex Hammurapi	Dtn Gesetz	
Prolog	5-11	»Prolog«
Gesetze	12-26	Gesetzeskorpus
Epilog (mit Segen und Fluch)	28	Epilog (Segen und Fluch)

26,17-19 hat in diesem Schema keine Funktion, sondern ist nur Übergang. 27 enthält zwar keine immer geltenden Gesetze, stellt aber im Rahmen eines künftigen Rituals dem Dekalog vom Anfang von 5-26 nun am Ende der Gesetze den »sichemitischen Dodekalog« (27,15-26) als Kontrapunkt gegenüber.
Ein Kodex kreist um vielfältige, das ganze Leben regelnde Gesetze. Tatsächlich wird die Promulgation von *ḥuqqīm ūmišpāṭīm* »Gesetzen und Rechtsvorschriften« - angekündigt in 4,45; 6,1; 12,1 und als abgeschlossen erklärt in 26,16 -, in 5-11 einleitend grundgelegt und in 12-26 durchgeführt. Ein Rahmungssystem mit Hilfe des Doppelausdrucks »Gebote und Rechtsvorschriften« in 5,1; 11,32; 12,1; 26,16 unterstreicht das. Ein vergleichbares Rahmungssystem gliedert durch *miṣwōt* »Gebote« in 28,1.13 und 28,15.45 das Schlußstück in Segen und Fluch. Im Korpus selbst lassen sich drei Gesetzesblöcke und ein Anhang unterscheiden:

12,2-16,17	»Privilegrecht JHWHs« (von Sozialregelungen durchwobenes liturgisches Recht)
16,18-18,22	»Verfassungsentwurf« für Israel (gewaltenteilig konzipierte Ämtergesetze)
19-25	»Straf- und Zivilrecht« (verschiedenen Inhalts)
26,1-15	»Liturgischer Anhang«

Die Einzelgesetze dieser Gesetzesblöcke werden nach Prinzipien systematisiert, die auch sonst im Alten Orient bei Rechtskodifikationen allgemein üblich waren, einer modernen europäischen Gesetzesdisposition allerdings fremd sind. Charakteristisch sind etwa die Gliederung des Rechtsstoffes nach Sachgebieten (z.B. 12,4-28; 13,2-19), die Verknüpfung durch Grenzfälle der aufeinanderfolgenden Bereiche (z.B. 12,29-31), Gegenüberstellung von Fall und Gegenfall (z.B. 19,1-10 und 11-13), Reihung der Gesetze nach der sozialen Stellung der betroffenen Personen (z.B. 22,13-29) oder nach dem zeitlichen Ablauf von Ereignissen (z.B. 16,1-17). Überall kann es zur Attraktion von thematisch verwandtem Gesetzesmaterial kommen, d.h. zu einer durch Stichworte oder Gedankenassoziation ausgelösten Einfügung, um eine Sache möglichst an einer Stelle vollständig abzuhandeln. Nach solchen Digressionen wird zum Hauptthema zurückgesprungen. Diese Ordnungsgrundsätze dienen auch dem Auswendiglernen. Mehr als sonst im Alten Orient werden im Dtn auch ganze Gesetzesgruppen durch verschiedene stilistische Techniken wie Stichwortverkettung, Rahmung, A-B-Schema und palindromischen Aufbau (Ringkomposition) zu einer rhetorischen Einheit geformt. Das hängt vielleicht damit zusammen, daß diese Texte als »Bundesrecht« für den öffentlichen Vortrag (31,9-13) und die ständige Rezitation in der Familie (6,6f) bestimmt waren.

Die »Tora« 5-28 läßt sich aber zugleich von der *Form eines »Bundes-«*, d.h. *»Vertragstextes«* her verstehen - wie auch die Bezeichnung von *5-28 als sefær hattōrāh* »Tora-Buch« mit *sefær habbᵉrīt* »Bundes-Buch« im dtr Sprachbereich austauschbar ist, wenn der Kontext von einem Bundesschluß handelt (2 Kön 22f). Einem Vertrag geht es vor allem um die Sicherung der Loyalität gegenüber dem Partner.

Als Modell kommt der »hetitische« Typ von Vasallenverträgen in Frage. Sein Grundschema und die Entsprechung im Dtn:

Hetitische Vasallenverträge	Kernstück des Dtn
1. Präambel 2. historischer Prolog 3. Grundsatzerklärung 4. Einzelbestimmungen 5. Liste göttlicher Vertragszeugen 6. Segen und Fluch	5-11 historischer Prolog und Grundsatzerklärung 12-26 Einzelbestimmungen 28 Segen und Fluch

Präambel und Götterzeugenliste entfallen im Dtn aus je eigenen Gründen. Das Vasallenvertragsschema findet sich aber auch in kleineren Textbereichen, nämlich in der redaktionellen Form von 5-8 und 9-11 (und außerhalb der »Tora« in 4 und 29f).
26,17-19 – kein Bundesschluß, wohl aber seine juristische Kommentierung – interpretiert 5-28 ausdrücklich als Vertragsurkunde. Der Text resümiert rechtsgültig die spiegelbildlichen Erklärungen der beiden Bundespartner, in denen JHWH und Israel sowohl die eigene »Leistung« als auch die des Partners zusammenfassen. Sie erwecken zwar den Eindruck paritätischer Vertragsvorstellungen, doch setzt JHWH allein den Inhalt der fälschlicherweise so genannten »Bundesformel«. Er allein bewirkt die Gott-Volk-Beziehung. Israel bringt als seine »Bundesleistung« den Gehorsam gegenüber dem Gesetz JHWHs ein. Diese beiden Selbstverpflichtungen werden von Mose in 26,17-19 gewissermaßen notariell protokolliert und dann in den Erklärungen in 27,1 zusammen mit den Ältesten für Israel und in 27,9 zusammen mit den Priestern für JHWH öffentlich vollzogen. Zu diesem »Bundesschluß« gehört auch der Symbolakt des Schreitens zwischen den gehälfteten Tieren (29,11). Diese Bundeszeremonie in Moab wird durch die Amtsnachfolge Josuas notwendig und hat nichts mit einer Bundeserneuerung zu tun. Das gilt auch für die öffentliche Verlesung der Tora als des Bundestextes am Laubhüttenfest jedes Brachjahres durch die Priester und alle Ältesten (31,9-13), die das Wissen um den Bund lebendig halten soll.

Als Erzählung und als viergliedrige Redenkomposition mit dem Akzent auf der »Tora« des Mose steht das Dtn in sich selbst. Dagegen verweist die Bezeichnung »Deuteronomium«, also »zweites Gesetz«, auf die *Beziehungen (und Unterschiede) dieses Schlußbuches des Pentateuchs* zu den Gesetzeskorpora (und Erzählungen) der vorausgehenden Bücher. Die Rolle Josuas und der Könige (Jos 8,32; Dtn 17,18) zeigt zugleich, daß das Dtn als Auftakt der Geschichte Israels in seinem Land sehr stark auf die anschließenden »Vorderen Propheten« des hebräischen Kanons hin orientiert ist. Die narrative Analyse zeigt, daß die Amtsübergabe von Mose an Josua die Handlung des Buches sogar von Anfang bis Ende bestimmt und daß diese Aktion der eigentliche Anlaß für das große Mittelstück, den Moabbundesschluß, ist. Dieser Führungswechsel und der Bundesschluß auf der Grundlage des Gesetzes, den er bedingt, bilden das innere Einheitsprinzip des Dtn. Das Dtn muß also innerhalb des großen Zusammenhang der Bücher Genesis bis Könige gelesen werden. Das gilt auf der kanonischen Textebene, aber ebenso entstehungsgeschichtlich. Denn das Dtn greift auf zu seiner Abfassungszeit schon vorhandene Texte des Pentateuchs und der Geschichtsbücher zurück und gibt ihnen dabei eigene Akzente und Deutungen von höchster Autorität, aus dem Mund des todgeweihten größten aller Propheten (34,10).

2. Entstehung

2.1 Kriterien und Modelle einer diachronen Analyse des Dtn

(1) Das komplexe Aussagensystem des kanonischen Dtn läßt sich nur aus historischer Tiefe verstehen. Doch gibt es unter den Bibelwissenschaftlern über den Werdegang des Buches sehr divergierende Auffassungen. Es besteht nicht einmal Einmütigkeit über die *Unterscheidungskriterien*, die für eine Literar- und Redaktionskritik gelten.

a) In der Anrede Israels *wechselt der Numerus*: Einmal sagt Mose »du«, dann wieder »ihr«. Die singularische und pluralische Anrede kann sogar im gleichen Satz mehrfach umspringen. Zeigt das verschiedene Schichten an (so daß z.B. dem ursprünglich singularischen Dtn pluralische Abschnitte hinzugefügt und diese wieder durch singularische Stücke ergänzt worden wären)? Aber selbst wenn das für ältere Teile des Dtn zutreffen sollte: Können spätere Verfasser den »Numerusmischung« nicht als typisch dtn Stil betrachtet und in ihren eigenen Texten imitiert haben, so daß dort trotz »Numeruswechsels« keine verschiedenen Schichten vorliegen? Der Numeruswechsel könnte dann z.B. dazu gedient haben, thematische Höhepunkte rhetorisch herauszuheben oder Gliederungen zu signalisieren (z.B. in 4,1-40).

b) Die *theologischen Schlüsselwörter* sind nicht gleichmäßig über das Buch verteilt. Weist das darauf hin, daß im Dtn Texte verschiedenster Herkunft zusammengefügt sind? Dann wäre die Sprachstatistik ein gutes Hilfsmittel. Aber konnten nicht spätere Schichten die typischen Formulierungen älterer Schichten aufgreifen, so daß sich im Sprachgebrauch die Grenzen verwischen?

c) In 12-26 gibt es *mehrere Formen von Gesetzen*: apodiktische, kasuistische, Gesetze mit historisierender Gebotseinleitung (z.B. 12,29-31) oder mit bestimmten Formeln (wie »Du sollst das Böse aus deiner Mitte wegschaffen«, z.B. 13,6). Gehörten sie ursprünglich zu getrennten, in sich formal einheitlichen Gesetzessammlungen, oder konnten solche Formen schon immer gemischt auftreten?

d) Gibt es unterschiedliche theologische Ansätze, *unterschiedliche »Kerygmata«*, an deren Unvereinbarkeit man verschiedene Schichten erkennen kann? Aber wie weit lassen sich überhaupt nur vom Inhalt her historische und gesellschaftliche Zuordnungen machen?

Wenn man Theorien über das Werden des Dtn entwirft, kann man auch mit verschiedenen *Ausgangsvorstellungen* arbeiten.

a) Soll man mit *relativ wenigen Redaktionsprozessen* rechnen oder mit einem langen und *komplizierten Erweiterungs- und Kommentierungsprozeß*?

b) Viel hängt davon ab, in welchem Ausmaß man bei Literatur vom Typ des Dtn *logische Geschlossenheit* erwartet und in welchem Ausmaß man schon bei der Abfassung mit einer juristisch-interpretativen Auflösung anscheinender Widersprüche rechnen darf, die allein durch die systematische Komposition zum Ausdruck kommt.

c) Waren einmal mehrere Parallelausgaben des dtn Gesetzes im Umlauf, die nachträglich vereinigt wurden (z.B. *J.Wellhausen* [1-4.12-26.27 und 5-11.12-26.28-30]; *C.Steuernagel*)? Wurden verschiedenartige Textblöcke redaktionell zusammengebaut (so z.B. *M.Noth* [4,44-30,20 wurden vom Dtr um 1-3 (4) und 31*.34* erweitert])? Gab es einen Grundtext, zu dem dann immer neue Erweiterungen und Legalinterpretationen hinzugefügt wurden (an diese »Fortschreibungen« denkt man heute am liebsten)? Müssen beim Fortschreibungsmodell der Grundtext bzw. andere Vorstadien erhalten geblieben sein (nach *N.Lohfink* läßt sich das z.B. in Dtn 12 zumindest nicht nachweisen)? Die Grundtypen der Pentateuchmodelle kehren also wieder: Urkunden-, Fragmenten- und Ergänzungshypothese (s.o. C.II.2).

Zu den methodologischen Unsicherheiten kommt nicht selten eine *textkritische* Sorglosigkeit der Exegeten gegenüber LXX und *Samaritanus*. Ferner gibt es noch zu wenige *synchrone* Untersuchungen der Rechtstexte des Dtn, das in einer Art Schlußbearbeitung juristisch durchsystematisiert und sprachlich poliert worden sein dürfte.

(2) Trotz großer Unsicherheiten und einer Vielfalt von Theorien zum Dtn wurden bei ihrer Ausarbeitung zahlreiche Beobachtungen von bleibendem Wert gemacht und wächst in einigem auch ein *gewisser Konsens*.

So wird immer häufiger damit gerechnet, daß nicht nur in den Rahmenkapiteln (1-4 und 29-32), sondern auch in den zentralen Teilen nachjoschijanische dtr Erweiterungen und Bearbeitungen vorliegen, die mit verschiedenen Ausgaben des DtrG (zumindest einer vorexilischen Königsgeschichte bis Joschija und ihrer exilischen Neuausgabe) zusammenhängen. Hier greifen die Untersuchungen des Dtn und des DtrG ineinander (s.u.). Wenn es eine erste, bei Joschija gipfelnde vorexilische Ausgabe des DtrG gegeben hat, könnten 1-3 und vieles in 29-31 (32?) zu ihr gehören. Falls das Ur-Dtn als JHWH-Rede stilisiert war, ist auch die Historisierung des dtn Gesetzes als Rede des Mose bei seinem Einbau in diese Geschichtsdarstellung anzunehmen. In den Gesetzen selbst wurden verdeckte Vorverweise auf die spätere Geschichte angelegt (z.B. 12,9f; 25,17-19). Ebenso sind die geschichtlichen Rückblicke in 5 und 9f kaum vor dieser ersten Ausgabe des DtrG denkbar. Eine erste exilische Ausgabe des DtrG enthielt wohl manches aus 28 und 29, aber auch das königskritische System der Ämtergesetze in ihrer jetzt in 16,18-18,22 vorliegenden Fassung. Spätexilisch dürften 4,1-40 sowie vieles in 7-9 und 30 sein. Die Redigierung des in 19-25 gesammelten Materials stammt vermutlich erst aus nachexilischer Zeit.

2.2 Sprache des Buches und Milieu seiner Verfasser

Die *Sprache* des Dtn ist hochrhetorische Kunstprosa. Sie liebt den wogenden Rhythmus weit gespannter, eingeschachtelte Nebensätze überbauender Perioden, kennt eine Art Prosametrum, arbeitet mit aufeinander abgestimmten Wortmengen, geprägten Wendungen und häufigen Assonanzen. So entsteht ein Eindruck der Harmonie und Feierlichkeit von suggestiver Kraft. Stichwortwiederholungen und Leitwortsysteme strukturieren die einzelnen Textkomplexe und verklammern sie mit anderen. Motivationen und Begründungen werben um den Hörer, es wird höchst rational argumentiert, die zentralen theologischen Themen werden durch regelmäßig wiederkehrende Formeln im Bewußtsein präsent gehalten. Diese Formeln spielen oft auf ältere und wichtige Texte an, setzen sie als bekannt voraus und rufen sie wohl als ganze in Erinnerung. Zu den Vorstufen der dtn Formelsprache gehören auch viele der sogenannten »dtr« Zusätze in Gen bis Num. Das Dtn selbst enthält Rückverweise auf solche Texte. Die »dtr« Zusätze imitieren also nicht - wie man oft angenommen hat - in der Spätzeit die Redeweise des Dtn, sondern sind zum Teil »proto- bzw. prä-dtn«. Die dtn/dtr Sprache und Theologie dürften deshalb bei der Redaktionsarbeit, die den vorpriesterlichen Tetrateuch (s.u. C.VI.3) schuf, ihren Anfang genommen haben, am ehesten *im Jerusalem der Zeit Hiskijas.*

Verschiedenes deutet darauf hin, daß die *Verfasser* des Dtn in den literarisch wie theologisch und juristisch kompetenten Kreisen der Jerusalemer Führungselite zu suchen sind. Sie trugen die vorwiegend kultisch und politisch ausgerichtete Reformbewegung, die Israel zu seiner ursprünglichen Identität zurückführen wollte. So waren bei der Auffindung des »Torabuches« (2 Kön 22f) der Hauptpriester Hilkija und der Kanzler Schafan, die beiden wichtigsten Beamten des Königs, maßgeblich beteiligt; später war der Prophet Jeremia mit der Schafanfamilie (vor allem mit Gedalja) verbunden. Ferner zeigt die Prosa des Dtn auch Bezüge zum höfischen Redestil und zur Sprache der Weisheitsliteratur, wie sie wohl vor allem in der höheren Beamtenschaft gepflegt wurde. Beziehungen zu einer Weisheitsschule oder gar einem Stand von Weisen lassen sich daraus aber nicht ableiten. Dazu kommt eine inhaltliche wie formale Nähe zur Rhetorik neuassyrischer Rechtstexte, vor allem von Vertragstexten (s.u. 3). Diese wurden oft so formuliert, daß sie in öffentlichen Zeremonien vorgetragen werden und auf die Zuhörer wirken konnten. Auch die älteren Teile des Dtn dürften (wie sie es beanspruchen) wörtlich fixierte Rechtsdokumente und liturgische Texte zugleich gewesen sein, die in der ausgehenden Königszeit in kultischer Versammlung vor Israel vorgetragen werden sollten. Spätere Schichten des Dtn (z.B. 4,1-40) mögen zu rein literarischen Zwecken verfaßt worden sein. Sie haben den vorgegebenen Stil des Dtn weitergepflegt. Einer Gattung »(levitische) Predigt« läßt er sich nicht zuordnen.

2.3 Innerbiblisch auffindbare Voraussetzungen des Dtn

Das Dtn setzt von Anfang an das »*Bundesbuch*« (und zwar auch in dessen scheinbar dtr Schichten) oder eine damit verwandte Gesetzessammlung voraus. Das zeigt das Verhältnis des Altargesetzes Ex 20,24-26 zu den ältesten Texten in Dtn 12. Die eigentliche Reform des Bundesbuchrechts erfolgt aber erst in 15* und 19-25, die von der spätesten Redaktion des Dtn stammen. Vorausgesetzt wird ferner eine Fassung des »Privilegrechts JHWHs«, die oft als *kultischer Dekalog* bezeichnet wird und in Ex 34,10-26 am besten überliefert ist. Sie ist (natürlich in einer uns nicht mehr erhaltenen Variante) die Basis der ältesten Schicht: der Festgesetze von 16 und damit wohl auch der »Zentralisationsgesetze«. Die Bezüge zu Ex 34 sind - im Gegensatz zum Bundesbuch - auf 12,2-16,17 und 26,1-11 beschränkt. Vorausgesetzt sind in allen Schichten des Dtn auch die *alten Pentateucherzählungen* über Exodus, Sinai und Wüstenwanderung und in jüngeren Schichten die *Darstellung von Jos - 2 Kön*; schließlich *Gesetzessammlungen*, die uns außerhalb des Dtn nicht mehr erhalten sind.

Eine Vorgabe von höchster Autorität für das Dtn bildet der sog. »*ethische Dekalog*« (in 5,6-21 zitiert). Er trat erst zu einem bestimmten Zeitpunkt in den Horizont des Dtn, prägte dann aber Theologie, Aufbau und Sprache des Dtn entscheidend.

So sind 4,15-20; 6,10-15; 7,8-11; 8,7-20; 13,2-19 paraphrasierende Kommentare des ersten Gebots aus verschiedenen Situationen und Zeiten. 5.9f und 28,69 entwickeln die Theorie, daß JHWH beim Bundesschluß am Horeb nur den Dekalog verkündet hat, während er die einzelnen Gesetze dem Mose allein mitteilte, der sie dann in Moab promulgierte. Nach 5,29-31 und 4,14 sind die »Gesetze und Rechtsvorschriften« nichts anderes als die Konkretisierung des Dekalogs. Tatsächlich enthält eine Reihe von Gesetzen Einzelrecht zu fast allen Dekaloggeboten. In einem späten Redaktionsstadium wurde der Dekalogaufbau sogar zum Dispositionsprinzip für das dtn Gesetz (s.u.). Auch was später die Propheten Israel als JHWH-Wort mitzuteilen haben, wird nach 18,16-18 nur weitere Dekalogauslegung sein. Sprachlich entstammen einige der häufigsten stereotypen Wendungen des Dtn dem Dekaloganfang. Die Fassung des Dekalogs, die jetzt in 5,6-21 zitiert wird, dürfte allerdings textgeschichtlich sehr jung sein: Sie ist um den Sabbat herum aufgebaut, doch der spielt im Dtn sonst noch keine Rolle.

Nicht zuletzt haben auch Prophetenworte, vor allem des Hosea, Amos und Jeremia, das Dtn beeinflußt.

2.4 Entwurf einer literarischen Geschichte des Dtn

(1) Vom Dtn wird man zum ersten Mal reden können, als das Privilegrecht des »kultischen Dekalogs« mit der Forderung verbunden wurde, den Opferkult für JHWH auf einen einzigen Ort zu beschränken, auf die »Stätte, die JHWH auswählen wird«. Diese Formel dürfte aus der Altarformel Ex 20,24 entwickelt worden sein und von Anfang an Jerusalem, das schon früher als »erwählt« galt, (genauer: seinen Tempel – s. »*die* Ruhe« in 12,9 mit literarischer Referenz auf 1 Kön 8,56) gemeint haben. Die Einzigkeit des Kultorts wird im Dtn nirgends mit der Alleinverehrung JHWHs oder der Einzigkeit Israels begründet. Von der »*Kultzentralisation*« handeln im Endtext des Dtn jetzt folgende Gesetze: 12,4-7.8-12.13-19.20-28; 14,22-27; 15,19-23; 16,1-8.9-12.13-15.16f; 17,8-13; 18,1-8; 26,1-11; 31,9-13. Ihre historische Zuordnung ist diskutiert. Aber der Grundbestand dürfte eine Opferzentralisation unter Hiskija von Juda (725-697 v.Chr.) reflektieren und nachträglich legitimieren. Hiskija suchte die Landbevölkerung vor einem zu erwartenden assyrischen Angriff, dem in offener Feldschlacht nicht widerstanden werden konnte, zu schützen und siedelte sie in die befestigten Städte um. Dazu mußte die feste Bindung der bäuerlichen Großfamilie an ihren Boden und den Kult ihrer Ahnen aufgelöst werden. Diesem Zweck dürfte auch das Zentralisationsanliegen (vgl. 2 Kön 18,4.22, möglicherweise auch die Zerstörung des Hörneraltars von Tel Scheba und die baulichen Veränderungen am JHWH-Heiligtum von Arad) gedient haben. Von einem damit verbundenen sozialen Anliegen erzählt die dtr Geschichtsschreibung nichts. Eine weitere Stufe der Zentralisation, nämlich die Zerstörung aller Heiligtümer im Lande, hat dann vielleicht schon vor Joschija von Juda (640-609 v.Chr.) begonnen. Er hat jedenfalls eine Kultstättenzerstörung durchgeführt (2 Kön 23,4-20). Zur Legitimation brauchte er mehr als das Gesetz der Opferzentralisation. Er griff wohl vor allem auf die alte privilegrechtliche Vorschrift zurück, Heiligtümer anderer Götter (zu denen dann auch synkretistisch gewordene JHWH-Heiligtümer gerechnet wurden) vollständig zu vernichten (vgl. Ex 34,13; 23,24; Dtn 7,5; 12,2f).
(2) Joschija hat 622 v.Chr. das (damalige) Dtn zur Basis einer eidlichen Selbstverpflichtung gemacht. In 2 Kön 22f ist ein Text verarbeitet, der wohl noch zu Lebzeiten Joschijas abgefaßt wurde und trotz aller Stilisierung im Kern historisch verläßlich ist (22,3-12.13*.14.15-20*; 23,1-3.21-23). Ihm ist zu entnehmen, daß »das« Tora-Buch, also ein schon zuvor bekanntes offizielles Dokument, im Tempel »wiedergefunden« wurde. Schon das Erzählgefüge Dtn - 2 Kön zwingt dazu, es mit dem Dtn zu identifizieren. Das Bundesbuch (Ex 20,22-23,33*) kommt

dafür z.B. wegen der vorausgesetzten Anliegen von Kultzentralisation und zentralisierter Pesachfeier wohl nicht in Frage. Vielmehr handelte es sich um eine nicht allzu umfangreiche Vorstufe von Dtn 5-28, die nach paränetischen Texten vor allem Kultgesetze und Segen-Fluch-Sanktionen, jedoch wahrscheinlich keine Sozialgesetze enthielt. Dieses Ur-Dtn war als JHWH-Gesetz (s. 6,17; 28,45; vgl. 2 Kön 22,19 »ich habe gesprochen«) und noch nicht als von Mose promulgiertes Gesetz formuliert. Es war reines Gesetz, ohne narrative Einbettung. Zu seiner Beobachtung verpflichteten sich Joschija und das Volk in einer Eideszeremonie. So wurde das Dtn (spätestens hier) zur »Bundesurkunde« und zugleich zum »Staatsgrundgesetz« (2 Kön 23,1-3; vgl. V.3 mit Dtn 6,17). Die neue Ordnung wurde durch ein Pascha nach dtn Anweisung gefeiert (2 Kön 23,21-23). Die in 23,4-20 erzählerisch dazwischengeschobene Kultreinigung Joschijas ist vom Torafund sachlogisch und zeitlich unabhängig. Ihrer vorexilischen Überlieferung zufolge dürften nicht nur synkretistische Ingredienzien des JHWH-Kults beseitigt, sondern auch zum Großteil assyrische Kulte abgeschafft worden sein.

(3) In dem Maß, in dem Assurs Macht im Westen zerfiel, konnte Joschija an territoriale Ausdehnung nach Westen und Norden denken. Ihm muß die Wiedergewinnung des Gebietes des alten Zwölfstämmevolkes vorgeschwebt haben. Als propagandistische Vorbereitung dieser Politik und als das vielleicht wichtigste Werk der aus einer nationalen und kultischen Restaurationsbewegung stammenden Literaturproduktion ist wohl die erste, noch vorexilische Gestalt des DtrG entstanden. Eine »joschijanische Landeroberungserzählung« (N.Lohfink), die dem Grundstock von Dtn 1 - Jos 22 entspricht, hat einerseits den territorialen Anspruch Israels historisch begründet, andererseits durch die Rückblenden auf die Horebereignisse in Dtn 5 und 9f auch eine Ätiologie des dtn Gesetzes als der Gesellschaftsordnung für das Leben im Verheißungsland in Israels Urzeit festgemacht. Die Urkunde von 622 wurde jetzt als Moserede beim Moabbund (in Zuordnung zum Horebbund) gefaßt. Zugleich wurde das Dtn zum Maßstab der gesamten Geschichte Israels.

(4) Joschijas Tod vor Megiddo (609 v.Chr.) beendete alle seine Projekte. Seine Nachfolger führten seine religiöse Reform nicht weiter. 586 v.Chr. erlag Juda dem Ansturm der Neubabylonier. Jerusalem samt dem Tempel wurde zerstört, ein Großteil der Bevölkerung deportiert. Die dtr Literatur erhielt dadurch fast automatisch ganz neue Akzente: Israel selbst war an der Katastrophe schuld, es hatte den Ausschließlichkeitsanspruch JHWHs auf sein Volk mißachtet und nicht nach der im Bund übernommenen Sozialordnung gelebt. Dies wird in den exilischen Neubearbeitungen des DtrG weiter durchdacht und hinterläßt tiefe Spuren im Dtn.

Israels Schuld am Verlust seines Landes wird z.B. in 29,21-27 bewußtgemacht. Eine bestimmte dtr Schicht unterstreicht, daß schon die Inbesitznahme des Verheißungslandes an den Gebotsgehorsam gebunden war (z.B. 6,18f; 11,8b.22-25). Weitere Bearbeitungsschichten der Exilszeit in 4,1-40; 7-9* und 29-30* gelangen zu einer veränderten Bundestheologie. Sie bindet, zum Teil unter Rückgriff auf die Tradition vom Bund mit Abraham und den Erzvätern (vgl. Gen 15,18; 17), JHWHs Bundeszusage nicht mehr an den Gehorsam Israels (4,31; 7,9; 9,5; 30,6). Die Wüsten-Wunder-Erfahrung wird zum Paradigma des Lebens im Land (8; 29,4-6a). Über allem steht reine Gnade.

So konnte man auch neu das zukünftige Leben im wiedergewonnenen Verheißungsland bedenken. In Übereinstimmung mit der dtr Theorie des Königtums in 2 Sam 8 und 12 wurde der gewaltenteilige Verfassungsentwurf von Dtn 16,18-18,22 formuliert. Konkrete Bedürfnisse der exilischen und nachexilischen Gemeinden führten in 19-25 zu einer massiven Erweiterung des legislativen Materials. Diese

Gesetze stammen mindestens teilweise aus alten Rechtstraditionen, u.a. aus dem Bundesbuch und dem Heiligkeitsgesetz. Hier wird das Dtn eigentlich erst im vollen Sinn zu einem *Gesetzbuch*. Ob es die heimgekehrte Gola tatsächlich als geltendes Recht betrachtet hat, bleibt allerdings unsicher. Der dtn Kodex wird im Zusammenhang mit der Redigierung von 19-25 der Abfolge der Gebote des Dekalogs entsprechend systematisiert. Als literarische »Vorbilder« dieser »dekalogischen Redaktion« dürften der Gemeindekatechismus in Lev 19 und die katechismusartigen Reihen in Ez 18 gedient haben.

1. Gebot:	12,2-13,19	*5. Gebot*:	19-21; 22,1-12 Überleitungstext
2. Gebot:	14,1-21		vom 5. zum 6. Gebot
3. Gebot:	14,22-16,17	*6. Gebot*:	22,13-23,15
		7. Gebot:	23,16-24,7
4. Gebot:	16,18-18,22	*8. Gebot*:	24,8-25,4
		9. Gebot:	25,5-12
		10. Gebot:	25,13-16

In nachexilischer Zeit ist mit der Einfügung von Dtn 27 (ohne V.1 und 9f, die zur joschijanischen Bundesurkunde gehören) und 11,29f zu rechnen. Vielleicht hängt sie mit zeitweisen Annäherungen zwischen Jerusalem und Samaria zusammen, die zwar nicht von Dauer waren, aber ihre Spuren hinterließen. Auch Ansprüche der Leviten fanden ihren Niederschlag (z.B. 10,8f).

(5) Wohl zu Beginn des 4.Jh. v.Chr. wurde das Dtn von den ihm folgenden Büchern gelöst und markierte nun als fünftes Buch des Pentateuch dessen Abschluß (s.o. C.II.6. und C.III.). Die meistens P zugerechneten oder zumindest davon beeinflußten Traditionen über den Tod des Mose in 32,48-52 und 34,1a*.7-9 wurden dabei auf den neuen dtn Zusammenhang zugeschnitten, ganz neu kamen 1,3 und der Mose-Epitaph 34,10-12 hinzu. Auch der alte, später überarbeitete »Mosesegen« (Dtn 33) wurde wohl erst jetzt als Gegenstück zum »Jakobsegen« (Gen 49) eingesetzt. Erst hier ist auch der zeitliche Ort des umfassenden Überschriftensystems. Tiefe Eingriffe erlaubte man sich nicht mehr: Erzählerische und juristische Wiederholungen oder Widersprüche zwischen Ex - Num und Dtn wurden nicht harmonisiert. So gibt sich das Dtn im Gegensatz zu dem, was jetzt davorsteht, weiter als die erste mosaische Gesetzgebung nach der Verkündigung des Dekalogs am Horeb. Es dürfte zwar die literarisch jüngste innerhalb der anderen Gesetzgebungen des Pentateuchs sein. Der Rang seines Gesetzgebers, die zeitliche Abfolge und die Promulgationsnotizen, die z.B. beim Heiligkeitsgesetz fehlen, räumen ihm aber hermeneutisch das entscheidende letzte Wort ein. Bücher wie Ijob, Spr und Rut bezeugen seine hohe »kanonische« Autorität, die jedoch eine kritische (jetzt innerbiblische) Auseinandersetzung durchaus zuließ.

(6) Nun beginnt die *Textgeschichte*. Den am wenigsten veränderten Text bietet die masoretische Überlieferung (M), an die sich die EÜ deshalb fast durchgehend hält. Die wichtigsten Stellen, wo andere Textzeugen als M den besseren Text haben, sind 27,4 und 32,8.43. In diesen Fällen ist mit bewußter Textänderung innerhalb der (proto)masoretischen Texttradition zu rechnen.

(7) Von besonderem Interesse für die *frühe Nachgeschichte* des Dtn ist die »Tempelrolle« von Qumran (s.o. B.II). Sie ist noch vor der Qumrangemeinde entstanden, wobei ihre Quellen teilweise in die Formatierungsphase des Pentateuchs zurückreichen, während ihre Endredaktion in der makkabäischen Zeit anzusetzen sein dürfte. In ihrem Grundkonzept entspricht sie dem Aufbau des Gesetzeskorpus

12-26. Sie verwandelt aber alles in Gottesrede und verlegt es hinter Ex 34 an den Sinai. Damit löst sie Probleme der Rechtsabstimmung und Rechtsentwicklung, die bei der Pentateuchredaktion offengeblieben waren. Sie ist aber nicht mehr kanonisch geworden.

3. Der theologiegeschichtliche Kontext

Hier kann nur die für das Dtn wichtigste theologiegeschichtliche Linie, die *Entwicklung des Bundesdenkens* unter bestimmten politischen, sozialen und religiösen Strukturen, nachgezogen werden, während anderes wie z.B. die Aufnahme des Gedankengutes Hoseas oder das Verhältnis zu Jeremia unberücksichtigt bleiben muß.

Wissenssoziologisch gesehen ist das dtn Phänomen die theologische Antwort auf eine *Identitätskrise Judas als der Gesellschaft JHWHs.*

Das Südreich war im 7.Jh. Vasallenstaat des neuassyrischen Reiches. Das bedeutete wirtschaftliche Ausbeutung durch Tributleistungen, außenpolitische Unselbständigkeit und massive kulturelle wie religiöse Einstrahlung in alle Lebensbereiche. Dadurch verlor der JHWH-Glaube seine gesellschaftliche Plausibilität. Alte religiöse Unterströmungen lebten wieder auf, der eigene Glaube wurde durch fremde Denk- und Handlungsmuster Assurs überlagert, die emotionale Bindung an die eigene authentische Tradition verblaßte. Auf diesen Kulturschock antwortete Joschija mit einer konstruktiven Restauration. Als Stützstrukturen dieser »konservativen« Reform dienten die Zentralisation des Kultes im Tempel von Jerusalem und ein System theoretischer Schulung (s.u. »Lerngemeinde«) mit dem Dtn als »Lehrbuch des JHWH-Rechts«.

Das Dtn ließ die jahwistische Sinnwelt von einst wieder einsichtig, farbig und attraktiv werden.

(1) Es systematisierte die vielfältigen Überlieferungen Israels auf vierfache Weise (wodurch zum ersten Mal »Theologie« im strengen Sinn entstand):
- Geschichtssystematisierung in »Kurzformeln des Glaubens« (»kleines historisches Credo« 26,5-10; »katechetisches Credo« 6,20-25)
- ethische Systematisierung im »ethischen Dekalog« (5,6-21)
- theo-logische Engführung (JHWH ist Volksgott)
- sprachliche Vereinheitlichung (dtn/dtr Klischeesprache).

(2) Zugleich wurde das Dtn als Dokument der eigenen Identität und Unabhängigkeit in Form eines »Vertrags« zwischen JHWH und Israel stilisiert und mit einem eigenen Ritual von Vertragsabschluß (vgl. 2 Kön 23,1-3) und Vertragsverlesung (vgl. Dtn 31,9-13) versehen. Doch dürften schon ältere israelitische Traditionen, vielleicht auch Rituale, das Gottesverhältnis Israels als »Vertrag« dargestellt haben. Dafür sprechen
- das Jerusalemer Königszeremoniell (2 Kön 11,17)
- die Gilgaltradition (Ex 34*)
- die Tradition des Dekalogs (er wird im Dtn wie selbstverständlich als *bᵉrīt* »Bund« bezeichnet)
- Hos 8,1 (vgl. 6,7).

Man griff zur *Vertragskategorie*, weil sie in der überlegenen neuassyrischen Kultur dominant und prestigeträchtig war.

Ein ausgebautes Lehens- und Vertragswesen, damit verbundene prächtige Eideszeremonien, hochrhetorische Texte und Inschriften hielten das assyrische Machtsystem zusammen und gaben ihm Glanz. Vielleicht ist sogar die Idee eines Vertrages von König und Bevölkerung mit dem Gott Assur oder der Göttin Ischtar auf einer Tontafel des Britischen Museums belegt (ein Gottesbund ist jedenfalls in Bauinschriften sabäischer Könige aus dem 8. und 7.Jh. v.Chr. bekannt).

In Jerusalem, das nur wenige Kilometer von der Reichsgrenze Assurs entfernt lag, wurden im Staatsarchiv unter den diplomatischen Noten höchstwahrscheinlich auch die *Thronnachfolgevereidigungen Asarhaddons* verwahrt. Jedenfalls hat Dtn 28,20-

44, das einheitliche Kernstück des dtn Segen- und Fluchkapitels, aus ihnen bestimmte Eidesflüche (VTE §56 und 38A-42, 63-65) literarisch direkt übernommen (vgl. auch entsprechende Motive in Dtn 13). Das kann nicht vor 672 v. Chr., dem Jahr des Loyalitätsschwures auf den irregulären Thronfolger Asarhaddons, und nicht nach 612 v. Chr., dem Fall Ninives und Ende der Loyalitätsbindung Judas an das neuassyrische Reich, erfolgt sein. Mit dieser Rezeption eines außer-atl. Textes und ihrer Datierung ist ein absoluter chronologischer Fixpunkt in der Literaturgeschichte des Dtn, ja ein Angelpunkt des Pentateuchs, gegeben. Über die Passagen aus den Nachfolgeverträgen Asarhaddons hinaus glich die Struktur des Dtn, das Joschija 622 v. Chr. zur Grundlage des Gottesbundes machte, auch sonst assyrischen Verträgen mit ihren Stipulationen und Eidesflüchen. Als diese Bundesurkunde noch zu Lebzeiten Joschijas in die dtr Landeroberungserzählung eingebaut wurde (Grundstock von Dtn 1 bis Jos 22), hatten auch der nun hinzugetretene historische Prolog, der Hinweis auf den zu leistenden Eid und die Nachfolgeregelung für Josua ihre formalen Entsprechungen ebenfalls in assyrischen Verträgen. Allerdings dürfte das ihnen fehlende Element des Segens aus westlichen Vertragstraditionen übernommen worden sein, wo es sich im aramäischen Vertrag von Sefire (8.Jh. v.Chr.) wie schon zuvor in den hetitischen Vasallitätsverträgen des 2.Jt. v.Chr. findet. Indem die Theologen die Israel eigenen Traditionen in Vertragsform gossen, nahmen sie ihnen das Altmodische und Überholte, das ihnen in den Augen der Judäer anhaftete, und machten sie wieder verständlich und akzeptabel.

Was zunächst hilfreich war, wurde allerdings zum Problem, als die Katastrophe des Exils bewies, daß das Unheil seinen Lauf so genommen hatte, wie es in den Fluchsanktionen des Vertrags vorherbestimmt war. DtrG versuchte, durch die Darstellung der Sündengeschichte (prospektiv im Dtn, retrospektiv in den folgenden Büchern) und durch die Symptome diagnostizierenden Begriffe wie den Abfall zu fremden Göttern oder die Ablehnung der Greuel der Völker, eine Gesamttheorie über den Vertragsbruch Israels zu vermitteln. Das diente zwar einer Klärung und einer gewissen Festigung der Glaubenswelt. Aber die entscheidende Frage war doch, ob es für Israel wieder Zukunft geben würde. Die Logik eines zweiseitigen Vertrages, wie sie der »Horebbund« enthielt, bot keinen Ansatz zu einem Neubeginn durch das schuldig gewordene Israel. Hoffnung konnte nur vom göttlichen Vertragspartner kommen. Er wird deshalb nicht nur aller Anklage der Vergangenheit enthoben, sondern auch ganz allein mit der Zukunft Israels betraut. Die in der späteren Exilszeit entstandenen Texte des Dtn bleiben zwar traditionsbewußt der alten Begrifflichkeit und dem Vertragsmuster verpflichtet (s. 4,9-31 oder 29f), spiegeln aber die Auseinandersetzung mit anderen theologischen Denkbewegungen der Exilszeit (4 und 7-9 z.B. mit P^g, 7 mit Ez, 30 mit Jer) wider. Das Vertragsverhältnis wird jetzt so akzentuiert, daß JHWHs Treue über den Abfall Israels hinausreicht, nicht nur in einem einzigen Gnadenakt, sondern grundsätzlich. Gottes Treue braucht nicht mehr dem Verhalten seines Volkes zu entsprechen, weil sie ihren Maßstab letztlich an seiner Treue zu sich selbst nimmt. JHWHs Erbarmen ist umfassender als seine Vergeltung, und seine Gnade währt für alle Geschlechter. Das Gottesverhältnis Israels wird deshalb nicht mehr vom zweiseitigen, also Gott

und Volk verpflichtenden Horebbund bestimmt, sondern vom Landverhei-
ßungsschwur JHWHs an die Väter, einer Zusage, die nur JHWH selbst bindet. Zugleich wird die Wurzel allen Unheils, daß nämlich Israel das Hauptgebot des
Gottesbundes übertritt, theoretisch beseitigt: ein Abfall zu anderen Göttern erübrigt
sich, weil es außer JHWH keine anderen Götter gibt (4,35.39). Dieser juristisch
wie rational stringente Monotheismus wird dann bei *Deuterojesaja* außerhalb des
Bundesdenkens breit entfaltet.

4. Schwerpunkte der Theologie

Das Dtn wird oft als »*die Mitte des Alten Testaments*« bezeichnet, weil es die
zeitlichen und sachlichen Orientierungspunkt für die atl. Literatur- und Religions-
geschichte darstellt und das Verständnis des Rechts, der Geschichte und der
Prophetie Israels nachhaltig bestimmt hat. Es erfüllt eine Schlüsselrolle bei der
Entstehung des atl. Kanons, ja bildet den »Kristallisationspunkt« und mit dem
Begriff der Tora sogar den »Kern im Kern« des Kanons.

Das Dtn stellt *die erste große theologische Synthese* in Israel dar. Sie systematisiert die verschiedenen
Traditionen erstmals unter dem Leitgedanken der Verpflichtung Israels auf den ausschließlichen Dienst
für seinen Gott JHWH und des Verhältnisses Gott-Volk nach Art eines Lehensverhältnisses zwischen
dem Herrn und denen, die sich ihm durch einen Vertrag (»Bund«) anvertraut haben. Das Dtn entwirft
eine Gesellschaft, in der alle Lebensbereiche in dieses Gottesverhältnis hineingezogen werden.

Das Dtn reflektiert über *zentrale theologische Themen*: die »Ursünde« des Unglaubens und vierzig
Jahre Wüstenwanderung als Strafe (1-2); den bildlosen, einzigen Gott (4); den Dekalog, seine Mitteilung in Theophanie und seine katechetische Vermittlung (5); das »JHWH allein« und das Hauptgebot der Gottesliebe bzw. Gottesfurcht (6); Erwählung und Vernichtungsweihe (7; 20); das Land und die
reine Gnade (8; 9,1-7); den Kult und das Zentralheiligtum (12); die Versuchungen zum Abfall:
religiöser Glanz, intime Bindung, öffentlicher Meinungsdruck (13); eine Gesellschaft ohne marginale
Schichten (z.B. 15,1-18; 24,10-15); den gewaltenteiligen und der Tora dienenden Staat (16,18-18,22);
die Öffnung des Rechtsraums Familie auf die Ältestengerichtsbarkeit hin (21,18-21; 22,13-21; 25,5-10);
Credo und Bund (26,5-10.17-19; 29,1-14; 30,1-14); den Fluch als Bitte an Gott, sein Recht durchzusetzen (28).

Im folgenden können nur zwei Themenbereiche des Dtn ein wenig ausgeführt
werden – seine »*Ekklesiologie*« und seine *Kriegsideologie*.

Beide hängen mit der *Ausweitung des Sakralen* zusammen. Einerseits konzentriert es sich jetzt nicht
mehr im Opfer, sondern im festlich als Jahwevolk versammelten Israel (7,6; 14,2.21; 26,19) und diese
Gesamtheiligkeit Israels haftet auch an seinem Land (z.B. 21,1-9.22f; 24,1-4; 25,13-16). Andererseits
manifestiert sich das Heilige in der militärischen »Jahweversammlung« (23,2-9.10-15). Das führt zur
»Vernichtungsweihe« der »sieben Völker« Kanaans (z.B. 7,3-5.25f; 20,15-18), aber auch einer zum
Kult anderer Götter abgefallenen israelitischen Stadt (13,13-19), die als dem Sakralen entgegenstehende
»Greuel« beseitigt werden müssen.

4.1 Vom heiligen Kult zum heiligen Volk

Das Dtn bildet *die* atl. »Theologie des Volkes Gottes«, die Theorie für die gesellschaftliche Innenseite
einer »Zivilisation der Liebe« – oder modern formuliert: eine Art ekklesiologischer Systematik. Das
Gottesvolk des Dtn verwirklicht sich vor allem (1) beim gemeinsamen Lernen des Glaubens, (2) in der
Freude des Festes »vor JHWH« und (3) durch die Ethik der Geschwisterlichkeit.

(1) Das Dtn betrachtet sich selbst als »*Lehrbuch*« *(Tora) des JHWH-Rechts.*

Mose ist sein von JHWH beauftragter, archetypischer Lehrer (5,31; 6,1). Das Dtn
entwickelt eine neuartige Form kollektiver Mnemotechnik, durch die Israel zur

Gesellschaft JHWHs sozialisiert werden soll. In ihr wird das Glaubenswissen und damit auch die eigene Identität als »Volk JHWHs« in der Familie und in der Versammlung Israels im einzigen Heiligtum weitergegeben. 6,6-9 und 11,18-21 mahnen zur Aneignung des allgegenwärtigen Gesetzes mit den Wiederholungsmethoden der Schule. Für besondere Situationen stellt das Dtn »Kurzformeln des Glaubens« zur Verfügung: das »katechetische Credo« 6,21-25 für die Begründung des Gebotsgehorsams der Eltern gegenüber der jungen Generation und das sogenannte »kleine historische Credo« 26,5-10 für die Wallfahrt der Familie zum Erntedank nach Jerusalem. Am Laubhüttenfest jedes siebten Jahres, wenn alle Schulden erlassen sind und die Egalität der Exodusgeneration wieder da ist, sollen nach 31,10-13 die Priester und Ältesten im Tempel von Jerusalem dem versammelten Volk die Tora vortragen. Wenn dann ganz Israel dieses öffentliche Lernritual im Hören und Wiederholen des Textes mitvollzieht, lernt es wie in der Ursituation am Horeb und im Land Moab »JHWH fürchten« und wird als seine Gesellschaft im kollektiven Bewußtsein neu geboren. Diese lebendige Glaubenserfahrung darf in Israel niemals aufhören (4,10). Das Moselied 32,1-43 schließlich ist eine regelmäßig zu rezitierende Vorausbelehrung für den denkbaren Abfall Israels und die daraus folgende Katastrophe, aber auch für das Erbarmen JHWHs. Auch die Institutionen, die für das Leben im Verheißungsland von den Ämtergesetzen (16,18-18,22) entworfen werden, sollen letztlich nur der Tora dienen und ihre Wirksamkeit sichern.

(2) Die aus dem Gotteswort wachsende Gesellschaft findet ihre reinste Selbstdarstellung in »Fest« und »Feier«.

Das Dtn spricht nur beim Fest von der Freude. Sie entzündet sich beim geschwisterlichen Mahl »vor JHWH«. Die Liturgie des Festes ist, im Vergleich zum archaischen Sacrum und Ritual, in rationales und humanisierendes Licht getaucht. Wenn Israels Familien ihre Opfer (z.B. 12) und Abgaben (z.B. 14,22-27) zum einzigen Heiligtum bringen oder dort das Wochenfest bzw. das Laubhüttenfest (16,9-12 und 13-15) begehen, dann gelangen sie beim gemeinsamen Gebet und Mahl zur vollkommenen Freude vor ihrem Gott. Weil alle Glieder Israels beisammen sind, ohne daß es soziale Unterschiede gäbe, verwirklicht sich realsymbolisch bereits eine geschwisterliche Gesellschaft. In ihr darf die Frau wie der Mann die Opferliturgie ihrer Familie leiten; in ihr gibt es auch keine Armen mehr. Das Dtn holt die gesamte Weltwirklichkeit der Gesellschaft Israels ins Sakrale hinein. Sie ist ein »heiliges Volk« (7,6; 14,2; 26,19).

Den beiden mit der Ernte verbunden »Festen« steht als zweiter Liturgietyp die »Feier« des Pascha gegenüber. Erst das Dtn hat es zum gemeinsamen Ritus des ganzen Volkes gemacht (vgl. 2 Kön 23,21-23). Es umfaßt auch das altisraelitische Fest der ungesäuerten Brote. Die Leidensgedächtnisfeier des Pascha vergegenwärtigt im gemeinsamen Opfermahl kultdramatisch die Not des nächtlichen Auszugs aus Ägypten. Durch das Essen der ungesäuerten Brote, der Speise der Bedrängnis und des Unterwegsseins, wird auch das schon im Verheißungsland lebende Israel wieder zum Volk des Exodus.

(3) Die Liturgiereform des Dtn bildet den Gipfel einer umfassenden *Gesell-schaftsreform.*

Die »Bruder«-Ethik, wie die Feste sie vorwegnehmen, gilt auch der Frau - das Wort »Bruder« hat im Dtn, wie 15,12 zeigt, keinen geschlechtlich spezifizierenden Klang. Das Ideal der *»Brüderlichkeit«*, das im Dtn wie nirgends sonst im AT entfaltet wird, knüpft an die vorstaatliche Stammesgesellschaft Israel an, die durch Verwandtschaftsstrukturen und ein hohes Egalitätsbewußtsein zusammengehalten wurde. Der Skandal der Klassenbildung, der mit der Monarchie entstanden ist, wird deshalb beim König angegangen. Falls Israel überhaupt einen König will, darf er sein Herz nicht über seine »Brüder« erheben (17,20). Darüber hinaus entwirft das Dtn anstelle eines hierarchisch aufgebauten Staates einen gewalten-teiligen. Auf dem Weg über die »Bruder«beziehungen heben die Ämtergesetze jede Distanz zwischen oben und unten auf (17,15; 18,7.15). Das Negative einer geschichteten Gesellschaft tritt auch am anderen Ende der sozialen Skala hervor. Die Sozialgesetzgebung des Dtn beseitigt deshalb durch eine Versorgungsgesetz-gebung die Armut der bodenbesitzlosen Fremden, Waisen und Witwen sowie der Leviten. Wo in dieser ohne Arme konstruierten Welt (15,4-6) dennoch Armut aufbricht (15,11), muß sie sofort beseitigt werden. Dabei appelliert das Dtn an die »Brüderlichkeit«. Daneben verweisen verschiedene Humanitätsbestimmungen in 15* und 19-25 ausdrücklich auf das »Bruder«verhältnis (15,12-18; 19,18f; 22,1-4; 23,8.20f; 24,7.14; 25,3.11). So überholt die »Brüderlichkeit« jegliches »Recht« und macht aus ganz Israel einen Raum, in dem jenes Verhalten gilt, das eigentlich nur im Innenraum einer Familie zu Hause ist. Die eine ganze Gesellschaft um-fassende »Bruder«liebe ist möglich, weil sich JHWH diesem Israel als sein einziger Gott geschenkt hat und es aufruft, ihn als Gesellschaft (»Höre, *Israel!* JHWH, *unser* Gott, ...« , 6,4) aus ganzem Herzen zu lieben (6,5). Dieser *amor ex auditu* ist die Wurzel der ganzen dtn Paränese.

4.2 Die Metaphorisierung der Kriegstheologie

Die kompromißlos-gewaltsame Landeroberung, die das Dtn erzählt und befiehlt, ist ein ideelles Konstrukt. Es steht als Sinnbild für die im Glauben geforderte Konsequenz, Gott sein Werk in der Geschichte freizugeben. Eine typologische Anwendung der Völkervernichtungsanweisungen wird nicht nur für Kriege nach der Landnahme, sondern ebenso für die Heimkehr Israels aus einem künftigen Exil ausdrücklich ausgeschlossen.

Einen Feldzug des Zwölfstämmevolkes mit vollständiger Landeroberung und Ausrottung der Gesamt-bevölkerung Kanaans, dessen Theorie das Dtn entwirft und deren Durchführung das Buch Jos berichtet, hat es historisch nie gegeben. Das Bild vom grausamen sakralen Vernichtungskrieg gegen die Landes-bewohner systematisiert, generalisiert und manipuliert bewußt ältere Traditionselemente – z.B. Nachrichten über Siege mit Beuteverzicht und Vernichtungsweihe von Mensch, Vieh und Sachgütern an die Gottheit, den sogenannten Kriegs-*ḥæræm*; Listen von bereits untergegangenen, teilweise sagenhaften Völkern; Verheißungen des Landes mit Vertreibung seiner Völkerschaften. Einzelne Motive der Metaphorik, z.B. die kriegerische Terrordrohung, dürften auch von der Sprach- und Bildwelt neuassyrischer Kriegspropaganda angeregt worden sein. Eine »historische« Rekonstruktion der Anfänge Israels war nicht intendiert, vielmehr war das Völkervernichtungsgebot schriftstellerisch von Anfang an *parabolisch-spirituell* gemeint. Denn es stammt frühestens aus der Zeit Joschijas, als die Völker, denen es galt, nicht mehr existierten. Israel hatte damals, im ausgehenden 7. Jahrhundert, den Großteil seines Land schon wieder verloren. Das *ḥæræm*-Konzept sollte insinuieren: Das ganze Land gehört euch und Gott würde es euch lassen bzw. das verlorene Land wieder verschaffen, wenn ihr ihm nur radikal vertraut. Er ist siegreich über alle, die sich ihm entgegenstellen, zugunsten von allen, die ihm glauben und gehorchen. Ähnliches gilt für das Buch Jos, das mit dem Dtn auf dieser entstehungs-geschichtlichen Stufe (der dtr Landeroberungserzählung) eine Einheit bildete. Wie die Landnahme nach der Kundschaftererzählung wegen des Unglaubens Israels anfangs mißlang (Dtn 1,32; vgl. 9,23f), so gelang sie unter Josua, war aber reines Geschenk Gottes (zusammenfassend Jos 21,43-45). Die Radikalität der dabei geschilderten Kriege ist schon nach dem ursprünglichen Sinn des Josuabuches nicht historisch verstandene Behauptung einer Kriegstechnik der verbrannten Erde am Anfang der Geschichte Israels, sondern narratives Symbol für die Radikalität des Gottvertrauens Israels. Die Kriegsmetaphorik dieser Glaubensunmittelbarkeit zu Gott, in der Israel in der Anfangsperiode sein Land, d.h. sein Glück, gewann, bildet später auch das leuchtende Gegenbild zu der nach Jahrhunderten staatlicher Existenz gescheiterten Geschichte.

Noch ehe Mose den *heræm*-Krieg gegen die ostjordanischen Amoriterkönige rekapituliert, relativieren Zwischenbemerkungen des Bucherzählers die folgenden Eroberungskriege und Völkervernichtungen JHWHs und Israels zu weltgeschichtlich gewöhnlichen Phänomenen: Auch die Nachbarn Israels (2,12.23) und JHWH auf ihrer Seite (2,21.22) haben schon die jeweiligen Vorbewohner ausgerottet.

Nach der Auffassung von *Dtn 7* ist der *heræm* eine Konsequenz der Zuneigung JHWHs zu Israel, zu dem, was zwar arm, klein und machtlos, aber von ihm erwählt ist, um das Werkzeug seines Ge-schichtshandelns in der Welt zu sein. Hinter dem Gebot zur Vernichtungsweihe der sieben mächtigen Völker des Verheißungslandes steht die gemeinorientalische Auffassung vom Krieg als göttlichem »Gericht« in der Geschichte. Der universalistisch-theologische Ansatz dieser Vorstellung macht deutlich, daß hier keine rassistischen oder nationalistischen Tendenzen gerechtfertigt werden, und daß es eigentlich nicht um menschliches Handeln geht, sondern um die Souveränität göttlichen Welthan-delns, dem Israel bis zum Äußersten vertrauen soll.

In *9,1-6* ist die Eroberung des Westjordanlandes nur Darstellungsmittel einer streng theologischen Argumentation über Gnade und Verdienst. Sie nivelliert das Unrecht der Kanaanäer angesichts der Halsstarrigkeit Israels. Es gibt deshalb für beide keinen Rechtsanspruch auf das Land. Wenn Israel es trotz seines ständigen Versagens erhält, dann allein aufgrund der Treue JHWHs zu dem Eid, den er den Patriarchen geschworen hat, das heißt als Geschenk reiner Gnade.

Das Kriegsgesetz *20,10-20* unterscheidet deutlich zwischen späteren Kriegen und dem einmaligen bevölkerungsvernichtenden Eroberungskrieg unter Josua (20,15-18). Es zählt die kanaanäischen Vorbewohner namentlich auf (20,17) und lehnt eine spätere Vernichtungsstrategie gegen andere Völker ausdrücklich ab. Wäre die Ausrottung der Kanaanäer realistisch gemeint gewesen, hätte das Gesetz eine gegenstandslose Forderung erhoben. Es hat also schon die ersten Adressaten des Dtn zu etwas anderem als zum Vernichtungskrieg verpflichtet. Zugleich schließt das Dtn eine typologische Anwendung der Völkervernichtungsbefehle für alle Zukunft aus.

29,21-27 blickt auf das Exil voraus. Dann wird überhaupt jeder Gegesatz zu den anderen Völkern schwinden. Wenn sie nach dem Grund dieser Katastrophe fragen, werden sie in ihrer Antwort zu-sammen mit Israel ein Glaubensbekenntnis zu JHWH, dem Gott Israels, ablegen, der in Geschichte sein Recht durchgesetzt hat. Was einst die sieben Völker Kanaans so gefährlich gemacht hat – daß sie nämlich Israel zum Abfall von seinem Gott verleiten würden – ist jetzt ins Gegenteil gewendet. Die anschließende Heimkehrprophetie von *30,1-10* erwähnt für die Herausführung der Exilierten aus den Völkern im Gegensatz zum Exodus aus Ägypten keine göttliche Gewalttätigkeit mehr. Vor allem aber fehlt dort, wo sie von der neuerlichen Inbesitznahme des Verheißungslandes spricht, jede Völkerver-nichtungsaussage. Die Sammlung Israels und seine Heimkehr ins Verheißungsland dürfen mit keiner Gewalttätigkeit Israels verbunden sein. Das gilt grundsätzlich.

5. Relevanz

Die im Dtn entworfene Gesellschaft gehört in die Vorgeschichte der Kirche des NT. Es ist nicht verwunderlich, daß so verschiedene ntl. Theologien wie die der Synoptiker, der johanneischen Schriften oder der paulinischen Briefe sich darin treffen, daß sie in ihren zentralen Aussagen gerade auf das Dtn zurückgreifen. Wiederum können im folgenden nur einige Beispiele genannt werden.

Die *Jerusalemer Urgemeinde* wird in Apg 2-5 besonders *vom Modell des dtn Got-tesvolkes* her charakterisiert. Apg 3,22f belegt mit Dtn 18,15.18f, daß der Messias

Jesus der von Mose verheißene »Prophet« ist und daß nur derjenige, der auf ihn hört, im Volk Gottes bleibt. Vor allem wird Apg 4,34 zufolge nach der Ausgießung des Gottesgeistes am Wochenfest das Programm der dtn Gesellschaftsordnung von Dtn 15,4 verwirklicht: in dem von Jesus gesammelten messianischen Israel gibt es keine Armen mehr. Beim geschwisterlichen Mahl strahlt seine Festfreude auf (Apg 2,44-46). Moderne Pastoraltheologien bestimmen gern mit Hilfe der Sammelberichte über das Gemeindeleben der Urkirche Apg 2,42-47; 4,32-35 die *Selbst- und Grundvollzüge der Kirche* unter den vier Perspektiven »Didaskalie«, »Liturgie«, »Koinonie« und »Diakonie«. Wenn man von ihnen her ins AT zurückfragt, stößt man vor allem auf das Dtn, wo sie zum ersten Mal auf eine bestimmte Weise systematisiert worden sind (s. dazu das »Gottesvolk als Lerngemeinde«, die »Theorie des Festes«, die »brüderliche Gesellschaft« und die »Welt ohne Arme«).

Das *šᵉmaᶜ jiśrāʾel* (Dtn 6,4f) enthält »Grunddogma« und »Grundnorm« des JHWH-Glaubens. Es fordert das kollektive Du Israels (»Höre, Israel!«) und erst darin auch den einzelnen Israeliten auf, JHWH zu lieben. Israel soll seinen Gott dadurch lieben, daß es seine Sozialordnung, das dtn Gesetz, verwirklicht (z.B. 7,9; 11,1). Denn nur durch diese gesellschaftliche Liebe kann jener Raum entstehen, in dem das Sozialgefüge nicht mehr gewaltgestützt und nach Klassen geschichtet, sondern von geschwisterlichen Strukturen bestimmt wird. Diese Liebe gilt JHWH allein. Denn andere »Götter« stehen für andere, letztlich inhumane gesellschaftliche Systeme. Israels Liebe zu seinem »Einzigen« und damit seine »Zivilisation der Liebe« kommt aus dem Hören (»amor ex auditu«). Sie ist in der dtn Tora institutionalisiert. Jesus hat dieses Grundprinzip des Gottesbundes - »als Volk, *als Kirche Gott lieben*« - nach Mk 12,28-30 als das »erste Gebot von allen« erklärt. Vor allem Joh betont dieses Hauptgebot der »Liebe zu Gott« (Joh 5,42) oder zu Jesus (Joh 8,42) und seinen Zusammenhang mit dem »Halten der Gebote« (Joh 14,15.21.23f; vgl. 1 Joh 5,2f).

Die Tora als konkrete Gestalt des Heils, besonders als Entwurf seiner gesellschaftlichen Dimension, bleibt das Herzstück auch des »neuen Bundes« (s. Jer 31,33 und vgl. Dtn 30,1-14). Sie wandelt sich zwar in Einzelheiten - das zeigt schon die Novellierung von Gesetzen innerhalb des Dtn -, damit der gesellschaftliche Wille Gottes für sein Volk, seine Alternative zu den Gesellschaftsentwürfen einer aus der Schöpfungsordnung herausgefallenen Welt, gleich bleibt. Doch verkündet auch die Bergpredigt (Mt 5-7) keine neue Tora, sondern radikalisiert die Tora vom Sinai. Ihre vollkommene Erfüllung (vgl. 5,48) - die »größere Gerechtigkeit« (5,20) - findet sie in der Nachfolge Jesu (Mt 5,17-20).

Die *paulinische Gesetzestheologie und Rechtfertigungslehre* haben in Gedankenführung, Zitation (z.B. Dtn 30,12-14 in Röm 10,6-9, vor dem Horizont von Dtn 30,1-10 eine berechtigte Zitation) und Begriffsbildung (z.B. »eigene Gerechtigkeit« Röm 10,3, vgl. Dtn 9,4) vor allem im Dtn ihre Voraussetzungen. Seine Bearbeitungsschichten entwickeln bereits die Dialektik zwischen »Gesetz und Evangelium«. Als das Neue des NT trägt Paulus in sie das Christusfaktum als konkrete Gestalt des Heilshandelns Gottes ein und holt (im Anschluß an andere atl. Texte) auch die Völker in die Gottesvolk-Dimension der Rechtfertigung.

V. Das priester(schrift)liche Werk (»P«)

(Erich Zenger)

Literatur: E.Blum, Studien zur Komposition des Pentateuch (BZAW 189) Berlin 1990; G.Braulik, Die dekalogische Redaktion der deuteronomischen Gesetze. Ihre Abhängigkeit von Levitikus 19 am Beispiel vo[...]-12; 24,10-22 und 25,13-16, in: ders., Bundesdokument und Gesetz. Studien zur [...]S 4) Freiburg 1995,1-25; F.M.Cross, The Priestly Work, in: ders., Canaanite [...]pic, Cambridge 1973,293-325; F.Crüsemann, Die Tora, München 1992,323-3[...]eming, Biblischer Kanon, warum und wozu? (QD 137) Freiburg 1992; K.Elliger, S[...]er priesterlichen Geschichtserzählung, in: ders., Kleine Schriften zum Alten Testa[...]1966,174-198; Ch.Frevel, Mit Blick auf das Land die Schöpfung erinnern. Ei[...]Priestergrundschrift, 1999; W.Groß, Zukunft für Israel (SBS 176), Stuttgart 19[...]. Exil und Identität. Beschneidung, Passa und Sabbat in der Priester-schrift (BBE[...]B.Janowski, Sühne als Heilsgeschehen. Studien zur Sühnetheologie der Priesters[...]PR im Alten Orient und im Alten Testament (WMANT 55) Neukirchen-Vluyn 1982;[...]Schöpfung. Schöpfungstheologische Aspekte der priesterschriftlichen Heiligtumsk[...]Gottesgegenwart in Israel. Beiträge zur Theologie des Alten Testaments, Neukirchen-V[...]; I.Knohl, The Sanctuary of Silence. The Priestly Torah and the Holiness School, Minneapolis 1995; K.Koch, P - kein Redaktor! Erinnerung an zwei Eckdaten der Quellenscheidung: VT 37,1987,446-467; M.Köckert, Das Land in der priesterlichen Komposition des Pentateuch, in: D.Vieweger/E.J.Waschke (Hg.), FS S.Wagner, Neukirchen-Vluyn 1995,147-162; F.Kohata, Jahwist und Priesterschrift in Exodus 3-14 (BZAW 166) Berlin 1986; Th.M.Krapf, Die Priesterschrift und die vorexilische Zeit. Yehezkel Kaufmanns vernachlässigter Beitrag zur Geschichte der biblischen Religion (OBO 119) Fribourg/Göttingen 1992; N.Lohfink, Die Priesterschrift und die Geschichte: VTS 29,1978,183-225; S.E.McEvenue, The Narrative Style of the Priestly Writer (AnBib 50) Rom 1971; E.Otto, Forschungen zur Priesterschrift: ThR 62,1997,1-50; S.Owczarek, Die Vorstellung vom Wohnen Gottes inmitten seines Volkes in der Priesterschrift. Zur Heiligtumstheologie der priesterschriftlichen Grundschrift (EHS XXI-II/625) Frankfurt 1998; L.Perlitt, Priesterschrift im Deuteronomium?: ZAW 100 Suppl.,1988,65-88; Th.Pola, Die ursprüngliche Priesterschrift. Beobachtungen zur Literarkritik und Traditionsgeschichte von P^g (WMANT 70) Neukirchen/Vluyn 1995; L.Schmidt, Studien zur Priester-schrift (BZAW 214) Berlin 1993; O.H.Steck, Aufbauprobleme in der Priesterschrift, in: FS K.Koch, Neukirchen-Vluyn 1991,287-308; M.Vervenne, The ›P‹ Tradition in the Pentateuch: Document and/or Redaction?, in: C.Brekelmans/J.Lust (Hg.), Pentateuchal and Deuteronomistic Studies (BETL 94) Leuven 1990,67-90; P.Weimar, Sinai und Schöpfung. Komposition und Theologie der priesterschriftli-chen Sinaigeschichte: RB 95,1988,337-385; E.Zenger, Gottes Bogen in den Wolken. Untersuchungen zu Komposition und Theologie der priesterschriftlichen Urgeschichte (SBS 112) Stuttgart ^{2}1987.

1. Merkmale der priesterlichen Literatur

»Wer vom Deuteronomium herkommt [s.o. C.IV.], muß sich zuerst einmal mit der nüchternen Strenge auseinandersetzen, mit der die Priesterschrift ihre Stoffe vorlegt. Das Deuteronomium hat etwas Herzandrängendes; aber es kommt auch dem Verstand dadurch entgegen, daß es fortgesetzt aufs bereitwilligste erklärt. Mit einem Wort: es ist völlig auf seinen Leser oder Hörer und auf dessen theologi-sches Fassungsvermögen eingestellt. Bei der Priesterschrift fehlt dieser lebendige Deutungswille ganz« (*G.von Rad*, Theologie des Alten Testaments I, München ^{4}1962,245). Ihr Deutungswille liegt in ihrer unverwechselbaren Sprache und ihrem theologisch ordnenden, konstruierenden Denken. Priesterschriftliche Texte können wegen ihrer starken formalen wie inhaltlichen Besonderheiten auch vom »Laien« erkannt werden.

1.1 Vorliebe für Formeln, stereotype Formulierungen und Wiederholungen

Paradigmatisch läßt sich der formelhafte, konzentrierte und wiederholende Stil in der Schöpfungserzählung Gen 1,1-2,4a ablesen. Die Darstellung der ersten beiden Schöpfungstage kann dies verdeutlichen:

(1,3)	Und Gott sprach:	Redeeinleitungsformel
	Es werde Licht!	Anordnung der Ersterschaffung
	Und es wurde Licht.	Ersterschaffung durch Wort Gottes
(1,4)	Und Gott sah das Licht, wie gut es war (ist).	Billigungsformel
	Und Gott schied zwischen dem Licht und zwischen der Finsternis.	Trennung
(1,5)	Und Gott berief das Licht als Tag, und die Finsternis berief er als Nacht.	Benennung
	Und (danach) wurde es Abend, und es wurde Morgen: ein Tag.	Tagesformel
(1,6)	Und Gott sprach:	Redeeinleitungsformel
	Es sei eine Ausdehnung inmitten der Wasser, so daß sie (andauernd) scheidet zwischen Wassern und Wassern.	Anordnung der dauernden Daseinsgestalt
(1,7)	Und Gott machte die Ausdehnung, so daß sie schied zwischen den Wassern, die unterhalb der Ausdehnung (sind), und zwischen den Wassern, die oberhalb der Ausdehnung (sind).	Ersterschaffung durch Tun Gottes
	Und dementsprechend geschah es:	Entsprechungsformel
(1,8)	Und Gott berief die Ausdehnung als Himmel.	Benennung
	Und (danach) wurde es Abend, und es wurde Morgen: zweiter Tag.	Tagesformel

1.2 Zurücktreten des plastischen Elements bei Handlungsabläufen und bei der Charakteristik von Personen

Gegenüber der nicht-priesterlichen Erzählung über die Erschaffung des ersten Menschenpaars Gen 2,4b-24, in der man die einzelnen Handlungen und Überlegungen des Schöpfergottes buchstäblich miterlebt, konstatiert P nur das Geschehen selbst, ohne auch nur ein Wort über Art und Weise der Handlung zu verlieren: »Und Gott (Elohim) schuf den Menschen als sein Bild, als Gottesbild schuf er ihn, männlich und weiblich schuf er sie« (Gen 1,27).

Anders als die nicht-priesterlichen Erzählungen verzichtet P auf die Beschreibung der Szenerie eines Geschehens und der dabei auftretenden Figuren. Während man z.B. in Gen 18 sieht, wie Abraham in der gleißenden Mittagshitze vor seinem Zelt sitzt, scheinbar die Augen geschlossen hält und doch wahrnimmt, wie da in der Ferne drei Gestalten auftauchen usw., setzt P ihre Parallelerzählung von der Verheißung der Geburt Isaaks nur mit der für P charakteristischen Altersangabe (s.u. 1.3) ein, ohne irgend etwas anzudeuten über Ort und Umstände des Geschehens: »Als Abram 99 Jahre alt war, erschien ihm JHWH und sprach zu ihm...« (Gen 17,1). Ähnliches zeigt der Vergleich der Doppelüberlieferung von der Gottesoffenbarung an Mose mit der Ankündigung des Exodus. Während Ex 3,1-6 erzählt, wie Mose mit seiner Herde unterwegs ist und plötzlich einen brennenden Dornstrauch sieht, beginnt die entsprechende P-Erzählung: »Und Gott redete mit Mose und sprach zu ihm: Ich bin JHWH...« (Ex 6,2).

1.3 Vorliebe für Elemente, die eine Ordnung der Welt, der Geschichte und des Lebens insinuieren

Mit einem zusammenhängenden Netz chronologischer Angaben (häufig: Jahreszahl, von der Schöpfung an gerechnet, Monat und Tag) gibt P dem erzählten Gesamtgeschehen eine gewissermaßen vom Schöpfergott eingestiftete Ordnung (»allen chaotischen Erfahrungen zum Trotz«). Daneben werden mit Zahlenangaben aller Art tiefsinnige theologische Aussagen gemacht (z.B. Gen 7,6.11; 8,13: die Wasser der Sintflut sind am 1.1. des 601. Jahres, ein Jahr nach ihrem Hereinbrechen, von der Erde weggetrocknet, d.h. mit dem Ende der Flut beginnt ein neues Jahr bzw. eine *neue* Weltzeit; auch das Zeltheiligtum, das die Israeliten am Sinai in der Wüste errichten, wird gemäß Ex 40,17 am 1.1. des 2. Jahres des Exodus, also genau ein Jahr nach dem Beginn des Exodus [vgl. Ex 12,41] vollendet, d.h. damit beginnt die *neue* Zeit Israels *und* damit ist die Schöpfung an ihr »Ziel« gekommen). Mit Zahlenangaben werden Ereignisse miteinander verwoben, z.B. die aus der Sintflut rettende Arche und das am Sinai errichtete Heiligtum (vgl. Gen 6,15f; Ex 26,15ff: die Arche ist zehnmal so lang wie der Holzbau des Heiligtums, nämlich 300 Ellen gegenüber 30 Ellen; da die Arche in drei Etagen eingeteilt werden soll, die dann je 10 Ellen hoch sind, entspricht die Höhe einer Etage der Höhe des Holzbaus des Heiligtums).

P liebt entsprechend ihrer Theologie, wonach das Leben unter dem Segen des Schöpfergottes steht, Stammbäume bzw. Genealogien (z.B. Gen 5; 11,10-26), Völkertafeln (z.B. Gen 10,1-32*) und Listen von Tieren (z.B. Lev 11).

1.4 Interesse an kultischen und rituellen Phänomenen

Typisch für P-Texte ist nicht nur das große Interesse an klassischen »priesterlichen« Themen wie Opferritualen, Vorschriften für den priesterlichen Dienst, Regelungen für kultische Reinheit bzw. Unreinheit. Der gesamte theologische Entwurf ist kultisch imprägniert: Die Verheißung des Sohnes an Abraham kulminiert in der Gabe der Beschneidung als Zeichen des Bundes (Gen 17). Am Sinai übergibt JHWH dem Mose nicht die Tafeln mit den Zehn Geboten, sondern er zeigt ihm das Modell des Heiligtums, das die Israeliten als »mitwandernden Sinai« errichten sollen. Daß Noach am Ende der Flut, anders als in der nicht-priesterlichen Pentateuchüberlieferung, kein Opfer darbringt, ist mit der P-Vorstellung, wonach der Kult erst am Sinai gestiftet wurde, kohärent.

1.5 Schema Auftrag-Ausführung bzw. Ankündigung-Erfüllung

Die P-Texte entfalten eine geradezu sakramentale Worttheologie: Gott oder Mose sprechen - und es geschieht unverzüglich (vgl. Gen 1,3: »Gott sprach: Es werde Licht. Und es wurde Licht«; Ex 14,15-16.21: »JHWH sprach zu Mose: Hebe deinen Stab hoch, strecke deine Hand über das Meer und spalte es... Mose streckte seine Hand über das Meer, und die Wasser spalteten sich«). Oder P hält ausdrücklich fest: »Und JHWH tat..., wie er geredet hatte« (z.B. Gen 17,23). Analog wird von den menschlichen Akteuren gesagt: »Und N.N. tat genau, wie JHWH geredet hatte«.

1.6 Vorliebe für theologische Fachsprache

P ist nicht nur daran erkennbar, daß vor allem Gott lange, theologisch argumentierende Reden hält (insgesamt ist für P das Übergewicht der direkten Rede vor der erzählten Handlung typisch), selbst die Erzählungen sind meist narrative Explikationen theologischer Fachbegriffe (z.B. entfaltet die Abraham-Erzählung das Stichwort *bᵉrīt* »Bund«; die Jakob-Erzählung gestaltet das theologische Thema »Segen«; die Plagen- und Meerwunder-Erzählung, die Manna-Erzählung und die Sinai-Erzählung stehen unter dem Leitwort *kābōd* »Herrlichkeit«; vgl. die Graphik zur Gesamtanlage von P^g S. 154).

2. Die priesterliche Grundschrift (P^g)

2.1 Die neuere Diskussion um den literarischen Charakter der P-Texte

(1) Das Problem der literarischen Einheitlichkeit: P^g und P^s

Seit *J. Wellhausen* die Priesterschrift, die *Th. Nöldeke* 1869 mit seinem Werk »Die sog. Grundschrift des Pentateuchs« textlich abgegrenzt und noch als »Grundschrift« (d.h. älteste Quelle) bestimmt hatte, im Jahre 1876 als jüngste »Quelle« beschrieben hatte, ergab sich schnell ein breiter Konsens über den P-Anteil im Pentateuch. Doch wurde bald erkannt, daß sich die ausgegrenzten P-Texte nur mühsam zu *einem* literarisch und theologisch kohärenten Werk zusammenfügen. Dies führte zu der wichtigen Hypothese, daß innerhalb der P-Texte mindestens zwei Gruppen zu unterscheiden sind, deren Zusammenbindung mit einer Art Ergänzungshypothese erklärt wurde: Als erstes entstand die sog. priesterliche Grundschrift (P^g); diese wurde dann durch sekundären Zuwachs (P^s) ausgebaut und bearbeitet. Die Unterscheidung zwischen P^g und P^s ist bis heute weitgehend akzeptiert. Sie wird freilich im einzelnen sehr unterschiedlich durchgeführt. Bei Autoren, die eine möglichst stringent komponierte Priestergrundschrift suchen und darüberhinaus davon ausgehen, daß P^g eine Erzählung sein muß, und die deshalb alle kultisch-rituellen Einzelvorschriften u.ä. auf P^s zurückführen, reduziert sich P^g zu einer Komposition von Reden, die in Erzählnotizen eingebunden sind. Autoren, die eine derart skeletthafte Rekonstruktion ablehnen und deshalb mit einer umfangreicheren P^g rechnen, erklären dann die in dieser P^g unübersehbaren Spannungen und Unausgewogenheiten entweder traditionsgeschichtlich (P^g als Produkt eines jahrhundertelangen lebendigen Überlieferungsvorganges) oder literargeschichtlich (P^g als Aufnahme mehrerer bereits schriftlich fixierter Vorlagen) oder wissenssoziologisch (P^g als Aufnahme von Wissensmaterialien und geprägten Vorstellungsmustern). Es kann bezweifelt werden, ob es wirklich gelingt, den Wortlaut von P^g bis ins Detail zu rekonstruieren. Vor allem im Bereich der Sinai-Erzählung und der Wanderung durch die Wüste bis an die Grenze des verheißenen Landes (also: 2. Hälfte des Buches Exodus, die Bücher Levitikus und Numeri) erweist sich die Trennung zwischen P^g und P^s de facto als kaum durchführbar (wenn nicht gar unmöglich), was die Entscheidung über den genauen Umfang und besonders über das ursprüngliche Ende von P^g sehr schwer macht. Gerade hinsichtlich des ursprünglichen Schlusses der P^g herrschen deshalb starker Forschungsdissens und methodische Skepsis (s.u.).

(2) Ursprünglich selbständiges Werk oder (nur) Redaktionsschicht?

Im Zusammenhang mit der neueren Kritik am Vierquellen-Modell (s.o.C.II.4 und 5) gibt es auch Zweifel an P als einer primär selbständigen Schrift (»Quelle«). Stattdessen wird vorgeschlagen, die P-Texte, deren sprachliches und theologisches Eigenkolorit durchaus unterstrichen wird, als eine priesterschriftliche Redaktionsschicht im Pentateuch zu begreifen, die eigene Textkomplexe geschaffen und/oder »Exzerpte« aus priesterlicher Überlieferung in eine vor-priesterschriftliche Pentateuch-Erzählung eingearbeitet hat. Nach Meinung wieder anderer Autoren ist P sogar erst die eigentliche Redaktion, die die vor ihr unverbunden überlieferten Erzählkränze zu einer zusammenhängenden Gesamtdarstellung von der Schöpfung bis zum Tod des Mose verbunden hat.

Die Argumente, die gegen die ursprüngliche literarische Selbständigkeit von P^g vorgebracht werden, lassen sich auf drei Grundfiguren reduzieren:
1. Im Vergleich zur vor-priesterschriftlichen Gesamtdarstellung fehlen in P^g wichtige Erzählstoffe und theologische Themen (z.B. das Thema Ursünde in Entsprechung zu Gen 3-4, die Jakob-Esau-Rivalität, eine Josefgeschichte), so daß man geradezu von Lücken sprechen müßte, wollte man P^g als eigenständiges Werk betrachten. Vor allem im Bereich der Sinaiüberlieferung wiege das Fehlen einer Erzählung über die Konstitution des Sinaibundes schwer, weil P^g im Zusammenhang mit der Errichtung des Heiligtums die aus der Bundestheologie stammende »Bundesformel« (Ex 29,45: »Ich will ihnen Gott sein/werden«) zitiere.
Gegen dieses Argument ist zu sagen: P^g will nicht einfach eine variierende Wiederholung der vor-priesterschriftlichen Darstellung sein, sondern ist ein Entwurf mit eigenen Akzenten - auch mit einer eigenen generalisierenden Ursündentheologie im Prolog der Sintfluterzählung (vgl. Gen 6,11-13) und einer sich anders profilierenden »neuen« Bundestheologie.
2. Es gibt eine Reihe von kurzen Sätzen und Notizen, die zwar typisch priesterlich sind, aber gleichzeitig unbestreitbar als strukturierende Überschriften über nicht-priesterschriftlichen Texten stehen. Außerdem hängen sich P-Texte semantisch öfter an vorangehende Nicht-P-Texte an (z.B. Ex 6,7 P: »Frondienst« nimmt Ex 5,4f auf). Beides spreche eindeutig dafür, daß P eine Redaktionsschicht sei.
Gegen dieses Argument ist zu sagen: Die »redaktionellen« P-Texte gehen meist auf jene Redaktion zurück, die die Priesterschrift und die nicht-priesterschriftliche Darstellung zusammengearbeitet hat; sie sind also gar nicht Teil von P^g gewesen. Die Aufnahme von Formulierungen aus Nicht-P-Texten hängt damit zusammen, daß P^g nicht im luftleeren Raum entstanden ist und daß P^g in manchem eine gezielte Neu- und Gegendarstellung zum vor-priesterschriftlichen Geschichtswerk (s.u. C.VI.3) sein will (in Aufnahme und Ablehnung!).
3. Der P^g-Text hat eine sehr unterschiedliche Erzähldichte. Da gibt es breit ausgeführte Erzählungen und Reden (vgl. Gen 1 und Gen 17) neben sehr dünnen, geradezu fragmentarischen Notizen. Dies sei eher Kennzeichen für eine redaktionelle Schicht als für ein eigenständiges Werk, vor allem im Vergleich mit der nicht-priesterschriftlichen Darstellung.
Zu diesem Argument ist zu sagen: Aus der nicht-priesterschriftlichen Darstellung darf kein Gattungspostulat konstruiert werden. P^g kann durchaus in literarischer Hinsicht eigene Wege gehen; die fehlende Dramaturgie und Plastizität ist ohnedies ein Kennzeichen des priesterlichen Stils (s.o. 1.2).

Gewichtiger als das kritische Abwägen dieser drei Argumente sind allerdings die Argumente für die ursprüngliche literarische Selbständigkeit von P^g:
1. Es gibt eine Reihe von P-Texten, die ihre geschehensmäßige und theologische Komposition *nur* dann erkennen lassen, wenn sie losgelöst von ihrem *jetzigen* literarischen Kontext als *in sich* zu lesender Textzusammenhang genommen werden. Beispiele dafür sind der Textzusammenhang Ex 2,23-25; 6,2-8 und die fünfteilige Plagengeschichte von P^g, die als Textfolge gelesen eine planvolle Steigerung ergibt, die im jetzigen Kontext, wo die fünf Szenen auseinandergerissen

sind, nicht deutlich sichtbar wird. Das schließt aus, daß diese Texte redaktionell für ihren jetzigen Zusammenhang geschaffen wurden.

2. Das durchlaufende Ineinander von nicht-priesterlichen und priesterlichen Textteilen in der Flutgeschichte Gen 6-9 und in der Meerwundergeschichte Ex 14 läßt sich nicht mit P als Bearbeitungsschicht erklären. Die herauslösbare P-Schicht ist in sich so stringent komponiert, daß sie als kunstvolle eigenständige Erzählung lesbar ist. Außerdem sind selbst in Nebenzügen der P-Erzählung derart massive Spannungen zum Nicht-P-Erzählfaden auszumachen, daß kaum vorstellbar ist, ein Bearbeiter hätte solche Spannungen, die vom theologischen Duktus her nicht notwendig sind, eingetragen. Diese Einzelheiten müssen sich bereits in dem *Text* befunden haben, den er einarbeiten wollte. Dann aber drängt sich auf: P ist ein vorgegebener, eigenständiger *Text*, der von einer Redaktion mit dem Nicht-P-Text zusammengearbeitet wurde.

3. Wichtige theologische Eigenheiten von P sind durch den Zusammenhang, in dem die P-Texte jetzt stehen, nur schwer erkennbar oder sogar nivelliert. Sie treten erst in ihrer Prägnanz hervor, wenn P^g als eigenständiges Werk mit profilierter Struktur gelesen wird. Dies gilt z.B. für die spezifische Bundestheologie von P^g, die sich gegenüber den Nicht-P-Texten durch zwei Besonderheiten auszeichnet: P^g vermeidet die Wendung »Bund *schließen* zwischen/mit« (Aspekt der Zweiseitigkeit; Vertragsbund) und gebraucht nur »Bund *geben*« bzw. »Bund *errichten*« (Aspekt der Einseitigkeit; Gnadenbund); darüberhinaus vermeidet P^g im Bereich der Sinaitheologie das Wort »Bund«, das dort häufig in Nicht-P-Texten steht. Diese theologisch höchst relevanten Besonderheiten werden nur gesehen, wenn die P-Texte aus ihrem jetzigen Kontext gelöst werden.

4. Es gibt zwischen P-Texten und Nicht-P-Texten, die über das gleiche Thema reden, so massive Widersprüche, daß schlechterdings nicht vorstellbar ist, daß sie von einer P-Redaktion ausgelöst sein können, sondern eben dadurch zustandekamen, daß *vorgegebene, eigenständige* Texte zusammengearbeitet wurden. Dies gilt z.B. für das Verhältnis von Gen 1 (P) zu Gen 2,5-7. Wer in Gen 1 gelesen hat, daß die Erde voller Pflanzen und Bäume ist und daß die Menschen erschaffen sind, kann nur voller Erstaunen lesen, wie dies alles nach Gen 2,5 noch nicht da ist: »Es gab auf der Erde noch keine Wildpflanzen. Und es gab noch keine Kulturpflanzen... und es gab noch keine(n) Menschen, um den Boden zu bedienen.« *K.Koch* kommentiert diesen Sachverhalt mit Recht folgendermaßen: »Wenn 1,1-2,3(4a) mit keiner anderen Absicht abgefaßt wäre, als der, einen korrigierenden Vorspann zur JE-Schöpfungserzählung zu geben, warum hat dann der Priester nicht den mißverständlichen Anfang von 2,4b-7 aus seiner Vorlage gestrichen und erst mit 2,8 eingesetzt? Solche ›Beschneidung‹ des JE-Materials geschieht doch später mehrfach! Durch eine Auslassung wäre der Übergang glatt verlaufen, kein Leser würde das Zwischenstück vermissen... Bis zum Beweis des Gegenteils wird es dabei bleiben müssen, daß der priesterliche Text von 1,1ff als eine eigene Schrift konzipiert worden ist« (*K.Koch*, P - Kein Redaktor 460f).

2.2 Die Diskussion um das ursprüngliche Ende von P^g

Daß der Anfang von P^g in Gen 1 vorliegt, ist unbestritten. Umstritten ist jedoch, wo ihr ursprüngliches Ende zu suchen ist. Da neben dem Anfang eines Werkes vor allem sein Schluß für die Gesamtinterpretation entscheidend ist, ist diese exegetische Kontroverse keine Randfrage. Je nachdem, wo dieses Ende von P^g »gefunden« wird, verändert sich die Auffassung über Aufbau und Programm von P^g. Die derzeit miteinander konkurrierenden Auffassungen lassen sich auf drei Grundfiguren reduzieren:

1. P^g erzählte in ihrem Schlußteil die Landnahme unter Josua, d.h. das ursprüngliche Ende ist in Jos zu suchen.

2. P^g endete an der Schwelle zum verheißenen Land, und zwar mit dem Hoffnungsbild, daß Mose vor seinem Tod das verheißene Land aus der Ferne »mit den Augen betreten« (sehen) durfte, d.h. das ursprüngliche Ende ist am Schluß von Dtn zu suchen.

3. P^g endete am Sinai mit der Realisierung der verheißenen Gottesgegenwart inmitten Israels und der damit gegebenen Bekräftigung der an Abraham für Israel ergangen Landzusage, d.h. das ursprüngliche Ende ist im Bereich von Ex-Lev zu suchen.

Im Hintergrund dieser unterschiedlichen Auffassungen steht eine seit der Mitte des 20.Jh. kontroversen Diskussion über die Frage nach dem eigentlichen »Thema« bzw. »Ziel« der Priestergrundschrift. Den Anstoß zu dieser Kontroverse gaben *M.Noth* und *K.Elliger*.

In seinem 1948 erschienenen Grundlagenwerk zur Pentateuchforschung »Überlieferungsgeschichte des Pentateuch« stellte *M.Noth* fest, daß P^g »auf eine bevorstehende Landnahme gar nicht ausgerichtet ist, sondern mit der Darstellung der am Sinai eingesetzten, nunmehr sogleich gültigen und nicht erst auf eine spätere Landnahme abgestellten Ordnungen ihr eigentliches Ziel erreicht« (8). Deshalb muß »das Wesentliche der Theologie von P in der Sinaierzählung gesucht werden. Was in P hinter der Sinaierzählung noch kommt, stellt nur noch die Weiterführung der überlieferten Pentateucherzählung bis zum Tode Moses dar und bedeutet für die Theologie von P kaum noch etwas Wesentliches« (262 mit Anm. 634). *Noth* selbst hat also zwar an Dtn 34 als *faktischem* Ende von P^g festgehalten, aber ihr *eigentliches* Ende in der Sinaierzählung gesehen. Die derzeitigen Vertreter der oben unter (c) zusammengefaßten Position sehen das faktische Ende in diesem »eigentlichen Ende«, d.h. sie ziehen aus den *theologischen* Beobachtungen *Noths* die entsprechenden *literarischen* Konsequenzen.

In unmittelbarem Widerspruch zu *Noth* beschrieb 1952 *K.Elliger* in seiner für die P-Forschung bis heute grundlegenden Studie »Sinn und Ursprung der priesterlichen Geschichtserzählung« die für P^g charakteristische Spannung zwischen dem Thema »Land« und dem Thema »Gottesnähe/Gottesgegenwart« folgendermaßen: »Bei P^g liegt der *Höhepunkt* [Hervorhebung: E.Z.] in der Mitte [E.Z.: am Sinai]; dann erfolgt die Peripetie, und die Linie führt abwärts [E.Z.: vom Sinai in Richtung »Verheißenes Land«]. Eins ist freilich merkwürdig, daß da von Anfang an ein ... Ziel bezeichnet wird, das dem Wanderer immer wieder in der Ferne erscheint, das er aber nie erreicht. Dadurch bleibt die Darstellung am Schluß merk-

würdig geöffnet. Man hat zwar gemeint, als den Skopus der priesterlichen Geschichtserzählung das Wohnen Gottes bei seinem Volke erkennen zu sollen, so
daß das Ziel bereits am Sinai erreicht wäre ... Die Meinung des P^g ist es nicht. Bei
ihm erscheint ... als das *eigentliche Ziel* (Hervorhebung: E.Z.), als Inbegriff der
göttlichen Geschichtslenkung der Besitz des Landes Kanaan als der materiellen
und ideellen Basis, auf der das Leben des Volkes und selbstverständlich der
Kultus als wichtigste Funktion sich erst richtig entfalten kann« (129). Die oben
unter (b) zusammengefaßte Position folgt dieser These *Elligers*. Die unter (a)
aufgeführte Position schließt sich einerseits *Elliger* darin an, daß P^g wegen der für
sie konstitutiven »Landperspektive« keinesfalls am Sinai enden kann, sie geht
andererseits aber darin über *Elliger* hinaus, daß sie das Paradox der »Wander-
schaft«, die das Ziel vor Augen hat, aber es nicht erreicht, insofern auflöst, als sie
P^g bis in das Buch Josua hineinführt. Die derzeit kontroverse Forschungslage kann
im folgenden nur knapp skizziert werden:

(1) Die These vom Schluß der P^g in Dtn 34,1aα.7-9 (*J.Wellhausen, K.Elliger*)

Daß die mit Gen 1,1-2,4a eröffnete P^g mit dem Text Dtn 34,7-9 ursprünglich geendet habe, hat
K.Elliger begründet. Die meisten Arbeiten der letzten Jahre orientieren sich an der Abgrenzung des
Textbestandes, den *K.Elliger* 1952 wie folgt vorgeschlagen hat: »Gen 1,1-2,4a; 5,1-28.30-32; 6,9-22;
7,6.11.13-16a.17a.18-21.24; 8,1.2a.3b-5.13a.14-19; 9,1-17.28f; 10,1-4a.5aβ-7.20.22f.31f; 11,10-27.31f;
12,4b.5; 13,6.11b.12abαβ; 16,1.3.15f; 17,1-27; 19,29; 21,1b-5; 23,1-20; 25,7-11a.12-17.19f...26b;
26,34f; 27,46-28,9...; 31,18aβγδb; 33,18a; 35,6a.9-13.15.22b-29; 36,1-14; 37,1f...; 41,46a...; 46,6f;
47,27b.28; 48,3-6; 49,1a.28b-33; 50,12f; Ex 1,1-5.7.13f; 2,23aγb.24f; 6,2-12; 7,1-13.19.20aα.21b.22;
8,1-3... 11aδb.12-15; 9,8-12; 12,1.3-14.28.40f; 14,1-4.8a.10aβγ.15-18.21aαb.22f.26.27aα.28f; 15,27;
16,1-3.6f.9-13a... 14bα... 16aβγ-20.22-26.31a.35b; 17,1abα; 19,1.2a; 24,15b-18a; 25,1-27,19; 28,1-41;
29,1-37... 42b-46; 31,18; 35,1a.4b-10.20-29. | [30-33]; 36,2. [8-38; 37,1-24; 38,1-7.9-20; 39,1-31]
32.43; 40,17.33b.34 [35]; *Lev* [8,1-10aα.12-36]; 9,1-24; *Num* [1,1-47; 2,1-34; 3,14-51; 8,5-10.12-
15a.20; 9,15-18]; 10,11f; 13,1-3a.17aβ.21.25.26a.32; 14,1a.2.5-7.10.26-29aα.35-38;
20,1aα.2.3b.4.6f.8aβγbβ.10.11b.12.22.23aα.25-29; 21,4aα; 22,1b; 27,12-14a.15-23; *Dtn* 34,1a. ... 7-9.«
Für diese Position lassen sich folgende Beobachtungen anführen:
1. Im Verlauf der P^g ist mehrfach der in Dtn 34,7f konstatierte Tod des Mose vorbereitet, insbesondere
wird er von der Einsetzung des Josua zum Nachfolger des Mose erzählerisch »gefordert« (Num 27,12-
23). Die Doppelszene »Einsetzung des Nachfolgers und Tod des Helden« (Mose und Josua) entspricht
der vorher ebenfalls in P^g erzählten Szene »Einsetzung des Eleasar zum Nachfolger des Aaron und Tod
des Aaron« (Num 20,22-29).
2. Dtn 34,9 »Und die Kinder Israels hörten auf ihn (Josua) und sie taten, wie JHWH dem Mose
geboten hatte« ist eine Schlußnotiz, die den Bogen zurückschlägt bis nach Ex 6,9, aber auch strukturell
auf die P-Texte Gen 6,22; 50,12; Ex 7,6; 12,28; 39,32.43 anspielt.

(2) Die Infragestellung der priesterschriftlichen Herkunft von Dtn 34,7-9 (*L.Perlitt,
Ch.Dohmen*)

Die lange allgemein akzeptierte Zuweisung von Dtn 34,7-9 an P ist neuerdings durch *L.Perlitt*
(»Priesterschrift im Deuteronomium?«) und *Ch.Dohmen* (»Kanon«) in Frage gestellt bzw. bestritten
worden, und zwar mit folgenden drei Beobachtungen:
»1. läßt sich sogenannte P-Sprache mit Sicherheit nicht in geschlossenen Textteilen in Dtn 34 (VV.7-9)
nachweisen;
2. fehlen textimmanente Kriterien für die Ausgrenzung der entsprechenden Verse 7-9 aus dem näheren
Kontext des Kapitels;
3. bleibt bei der klassischen Zuweisung die Schwierigkeit bestehen, daß der eigentliche Todesbericht
(V.5) nicht auf die Priesterschrift zurückgehen soll, so daß für diese ›beinahe nur noch die Tränen der
Israeliten‹ (*L.Perlitt*) übrigbleiben« (*Ch.Dohmen*, Kanon 60).

Folgt man diesen Beobachtungen, muß man Dtn 34,1-9 als einen nachpriesterschriftlichen Text beurteilen, der von einer Redaktion gezielt für seinen jetzigen Kontext als Schluß des Pentateuchs (zusammen mit Dtn 34,10-12) geschaffen wurde. Dann stellt sich freilich die Frage, wo der ursprüngliche Schluß von P^g zu suchen sei. Falls P^g mit dem Tod des Mose geschlossen hat (s.o.), müßte man annehmen, daß der ursprüngliche Schlußtext von der Redaktion durch Dtn 34,1-9 ersetzt worden sei. *Perlitt* selbst tendiert in eine andere Richtung, wenn er (ohne sich festzulegen) zur »Frage nach dem Ende der Priesterschrift« sagt: »Mit dieser Frage quält sich mit sympathischer Offenheit auch R.Smend herum, wenn er (auf Grund der Landverheißung an die Väter) in P einerseits ›die negativen Erfahrungen und die positiven Hoffnung des Exils reflektiert findet‹, andererseits dann aber doch konstatieren muß, was mir mehr einleuchtet: ›Aufs Ganze gesehen steht das Thema (Land) in P am Rande, nicht in der Mitte; schon in P^g ist die Sinaiperikope der eigentliche Skopos‹ [Zitat aus: *R.Smend*, Die Entstehung des Alten Testaments 58]. Bezweifelt man ... noch entschiedener ein priesterschriftliches Interesse an der Landnahme, dann ist es eben nicht verwunderlich, daß dieses von der dtr Schule entwickelte und breit ausgeführte Thema unter priesterschriftlichen Einflüssen nur noch mit Farbtupfern versehen zu werden brauchte« (Priesterschrift 86f).

(3) Das Ende von P^g in Ex 40,16.17a.33b (*Th.Pola* 1995)

In seiner 1995 erschienenen Studie »Die ursprüngliche Priesterschrift« führt *Th.Pola* eine literarkritische Analyse der Sinaiperikope durch, die für P^g einen minimalen Textbestandteil und zugleich das ursprüngliche Ende herauskristallisiert: »Das Ergebnis der literarkritischen Beobachtungen ergibt als P^g-Stiftshüttenperikope und zugleich als Ende der P^g: Ex 19,1; 24,15b-18aα; 25,1.8a.9; 29,45f; 40,16.17a.33b« (ebd. 343). P^g erzählt hier also nur, wie Mose von JHWH im Wolkendunkel einen knappen Auftrag zum Bau des Heiligtums erhält, wobei JHWH diesem Heiligtum die Zusage seiner dauernden Einwohnung gibt. Mit einer abermals ganz knappen Ausführungsnotiz schließt dann P^g. Der Berg Sinai und das an ihm errichtete Heiligtum ist nach *Pola* Chiffre für den Zion und das Zionsheiligtum. Der Zion *ist* das Ziel der Landverheißung an die Väter und das Ziel des Exodus. Deshalb kann P^g auch nicht von einem Aufbruch weg vom Sinai = Zion erzählen.

Für diese freilich bereits in textlicher Hinsicht problematische Position (Frage: Ist das wirklich ein Text oder ist es eher eine Art Textgerippe?) führt *Pola* u.a. folgende Gründe an:

1. Die traditionell der P^g in Lev-Num zugewiesenen Texte sind als P^g-Texte fraglich (s.o.).

2. Zwischen der Schöpfungsgeschichte von P^g und der oben rekonstruierten Sinaierzählung gibt es auffallende Bezüge; sie entsprechen sich gewissermaßen als Anfang und als Ende von P^g.

3. Als Endpunkt der Offenbarungs- und Heilsgeschichte wird der Zion vor allem in Ez 20 reflektiert; dieses ezechielische Geschichtskonzept steht im Hintergrund von P^g.

(4) Das Ende von P^g in Lev 9,23-24 (*E.Zenger* 1995)

Während *E.Zenger* in seiner Studie »Gottes Bogen« (1983.[2]1987) die traditionelle These von Dtn 34,1aα.7-9 als Schluß der P^g und (im Anschluß an *P.Weimar*) deren strukturelle Zweiteilung (Gen 1,1 - Ex 1,7; Ex 1,13 - Dtn 34,9) vertrat, legte er in der 1. Auflage dieses Studienbuchs 1995 die These von Lev 9,23-24 als ursprünglichem Ende von P^g vor. Nach dieser Auffassung erzählt die Priesterschrift in ihrer Sinaiperikope breit vom Auftrag JHWHs an Mose auf dem Berg zum Bau des Heiligtums (verbunden mit der großen Zusage der Gottesgegenwart in diesem Heiligtum), vom Bau dieses Heiligtums durch das Volk, von der Inbesitznahme des Heiligtums durch JHWH im Zeichen der Wolke, die vom Sinai auf das Heiligtum übergeht, und schließlich vom ersten Opfer durch Mose und Aaron am Heiligtum, das von JHWH mit einer Theophanie beantwortet wird, worauf das Volk mit Proskynese und liturgischem Jubel reagiert.

Für diese These lassen sich u.a. folgende Beobachtungen anführen:

1. Der Sinai ist der Höhe- *und* Zielpunkt der von P^g erzählten »Gründungsgeschichte« Israels: In Ex 19 - Lev 9 erfüllt sich die in Gen 17,7f; Ex 6,7; 29,45-46 verheißene Gottesgegenwart mitten in seinem Volk. *Diese* Erfüllung ist zugleich die Bekräftigung der noch unerfüllten Linie der den *Erzvätern* (nicht der Exodusgeneration) gegebenen Landverheißung, die als »*ewige* Bundesstiftung« (Gen 17,7) eine bleibende Offenheit hat.

2. In Lev 9 gibt es mehrere Rückbezüge auf zentrale Texte von P^g, die die Schlußposition von Lev 9 hervorheben (vgl. besonders das Motiv von der Gotteserscheinung: Gen 17,3.17; Lev 9,24; der Kontrast

zwischen dem Murren/Klagen des Volkes in Ex 16,2.7.8 [Anfang der P^g-Sinaiperikope] und dem Jubel des Volkes in Lev 9,24 [Abschluß der Sinaiperikope]; vgl. dazu auch unter 2.4 S. 158).

3. Die in Num und Dtn für P^g reklamierten Texte sind zwar priesterliche Theologie, stammen aber eher von P^s oder sind wie Dtn 34 eine Mischung aus deuteronomistischer und priesterlicher Sprache.

(5) Das Ende von P^g in Ex 29,46 (*E. Otto* 1997)

Die bislang rigoroseste Reduktion der P^g hat *E. Otto* 1997 vorgelegt und seinen Vorschlag inzwischen ausgebaut. Auch *Otto* zweifelt wie *Pola* und *Zenger* an der Nachweisbarkeit von P^g-Texten in Num und Dtn und ist wie diese der Meinung: »Daß das Ende von P^g als Quelle in der Sinaiperikope zu suchen ist, sollte eine für die weitere Forschung wichtige Einsicht sein« (Forschungen 96). Den Abschlußtext von P^g sieht *Otto* in der zentralen Verheißung der Gottesgegenwart im Heiligtum bzw. im Kult Ex 29,42-46, die in der Tat unübersehbar zahlreiche Linien der vorangehenden P^g-Erzählung bündelt. Ausgehend von Ex 29,42-46 weist *Otto* im Bereich von Ex 25-29, abweichend vom Mehrheitskonsens der Forschung, einen großen Textanteil der P^g zu, wodurch er (anders als *Pola*) einen »wirklichen« Textzusammenhang erzählt. Von dieser Abgrenzung her (deren Hauptproblem gewiß darin besteht, daß die in Ex 25-29 von JHWH gegebenen Aufträge keinerlei Ausführungen erfahren und daß sich die in Ex 29,42-46 gegebene Verheißung nicht erfüllt) bestimmt *Otto* die Funktion dieser kurzen *exilischen* P^g als »Legitimation der Aufgabe der aaronidischen Priester in einer an den Sinai zurückprojizierten Heiligtumsätiologie« (Forschungen 35).

(6) Das Ende der P^g in Jos 18,1; 19,51 (*N. Lohfink* 1978)

Daß P^g erst in Versen des Buches Josua seinen Abschluß fand, vertritt u.a. *N. Lohfink*. Als Verse im P-Stil, die, über das Josuabuch verstreut, aus dem Endstück von P^g stammen könnten, nennt er Jos 4,19; 5,10-12; 14,1f; 18,1; 19,51. Er führt dafür zwei untereinander zusammenhängende Gründe an:

1. Der Schöpfungssegen in Gen 1,28 sei ein programmatischer Vorentwurf der P^g und ziele auf Jos 18,1; 19,51.

2. Die Heiligtumstheologie der P^g komme erst in Jos 18,1; 19,51 zu ihrem intendierten Abschluß. Nach *N. Lohfink* werden die beiden Themen Heiligtum (»Offenbarungszelt/Begegnungszelt«) und Land, denen in der P^g eine zentrale Rolle zukommt, überhaupt erst in Jos 18,1 an ihr Ende gebracht: »Einerseits wird das heilige Zelt im Lande an einem festen Ort aufgeschlagen, in Schilo. Andererseits wird festgestellt, daß das Land von den Israeliten in Besitz genommen wird. Dafür wird aber nun nicht das Verb *jrš* verwendet, sondern das seltenere *kbš*. Dieses stand als eine Art Programmwort unmittelbar nach der Schöpfung der Menschen in Gen 1,28: ›Seid fruchtbar, vermehrt euch, erfüllt die Erde und nehmt sie in Besitz (w^{e}kibšuha)!‹ In Jos 18,1 lesen wir nun, nachdem das Wort in der gesamten P^g zwischendurch niemals gebraucht wurde, w^{e}ha'aræs nikb^{e}šah lipnêhæm, ›und das Land war in Besitz gegeben vor ihnen‹. Alle anderen Aussagen von Gen 1,28 waren im Gang der Erzählung aufgegriffen und erfüllt oder weitergeführt worden. Jede Erfüllung war auch durch Erfüllungsnotiz konstatiert worden. Nur die Besitzergreifung der Erde stand noch erzählerisch aus. Hier wird sie zwar nicht für die ganze Menschheit konstatiert, doch für das Volk Israel, auf das sich die Erzählung in ihrer zweiten Hälfte ja eingeschränkt hatte. Am Beispiel Israel zeigt sich auch die Wahrheit dieses Elements des Gotteswortes bei der Schöpfung. Hier ist nun der letzte am Anfang ausgezogene Bogen an sein Ende gekommen. Allein diese Wahrnehmungen genügen, in Jos 18,1 noch mit der Hand von P^g zu rechnen« (*N. Lohfink*, Die Schichten des Pentateuch und der Krieg, in: ders. [Hg.], Gewalt und Gewaltlosigkeit im Alten Testament [QD 96] Freiburg 1983,81f); Jos 19,51 sei dann eine sehr passende Abschlußnotiz. Beide Begründungen sind freilich nicht unproblematisch:

1. Gen 1,28 kann kaum als »Kurzfassung« von P^g gelten, weil hier wichtige Theologumena von P^g (Thema Gottesnähe: »Ich will euch zum Gott werden« Gen 17,7; Ex 6,7; 29,45; Schlüsselwörter *b^{e}rît* »Bund« und *kābôd* »Herrlichkeit«) nicht angesprochen werden. Die Bestimmung der Funktion von Gen 1,28 im Entwurf der P^g hängt davon ab, wie der Aufbau der P^g gesehen wird. Geht man von der Annahme aus, daß P^g aus den beiden Teilen »Welt-Menschen-Kreis« (Gen 1,1-11,26*) und »Israel-Kreis« (Gen 11,27 - Lev 9,24 bzw. Dtn 34,9 [?]) besteht, ist Gen 1,28 zunächst nur Programmwort für Gen 1-11* (Entstehung der Völker = »Mehrung«; Verteilung der Völker über die ganze Erde = »Inbesitznahme der Erde«). In Gen 17 wird dann Gen 1,28 erneut programmatisch aufgegriffen, aber mit neuen israelspezifischen Themen erweitert (*b^{e}rît* »Bund«, Gottesnähe: »Ich will ihnen Gott werden/sein«; »ich werde ihnen das Land geben«). Die Erfüllung dieses in Gen 17 verheißenen

151

»Programms« wird dann durch Wiederholung von Elementen aus Gen 17 im weiteren Verlauf der P[g] konstatiert; lediglich das Thema »Landgabe« bleibt offen (dazu s.u.).

Die folgende Tabelle läßt diese Struktur gut erkennen und zeigt zugleich die Problematik der Argumentation von *N.Lohfink*:

	fruchtbar sein	wimmeln	zahlreich sein	sehr, gar sehr	die Erde füllen	die Erde in Besitz nehmen	herrschen, König sein	Bund	Gottesnähe	Land
Gen 1,28	V		V		V	V	V			
Gen 9,1-7	V	V	V		V					
Gen 9,8-15								V/E		
Gen 17	V		V	V			V	V	V	V
Gen 28,3	V		V							
Gen 35,11	V		V				V			V
Gen 47,27	E		E	E						
Gen 48,4	V		V							V
Ex 1,7	E	E	E	E	(E)					
Ex 6,2-8								E	V	V
Ex 29,43-45									V	
Ex 40,17.34									E	
Lev 9,23f									E	

Legende: V = Verheißung, Imperativ   E = Erfüllung

2. Jos 18,1 zeigt nicht die für P[g] spezifische Heiligtumstheologie. Zwar steht dort die für P charakteristische Bezeichnung »Offenbarungszelt/Zelt der Begegnung«, aber es fehlt das so wichtige Element vom Erscheinen der Herrlichkeit JHWHs; gerade dieses Element wäre aber zu erwarten, wenn Jos 18,1 »programmatischer« Abschluß der P[g] sein sollte (vgl. demgegenüber Lev 9,23f).

(7) Das Ende von P[g] in Dtn 32,48-50.52; 34,1*.5*.7a.8 (*Ch.Frevel* 1998).

In kritischer Auseinandersetzung mit den oben skizzierten Positionen von *L.Perlitt, Th.Pola, E.Zenger, E.Otto* und *N.Lohfink* hat *Ch.Frevel* in seiner 1998 vorgelegten Bonner Habilitationsschrift »Mit Blick auf das Land die Schöpfung erinnern« die These verteidigt, daß in der Kompositionsstruktur der P[g] das Thema des verheißenen Landes so zentral ist, daß P[g] auf keinen Fall am Sinai enden kann. *Frevel* sieht den Tod Moses und Aarons außerhalb des Verheißungslandes in Num 13*P[g] implizit angekündigt, so daß eine erzählerische Realisierung unbedingt erforderlich ist. Diese liegt nach *Frevel* für Aaron in Num 20,23a*.24aα.25-29 und für Mose in Dtn 1,3a; 32,48-50.52; 34,1*.5*.7a.8 vor. Gegenüber der traditionellen Auffassung gehört nach Meinung von *Frevel* Dtn 34,9 nicht mehr zu P[g], da die Nachfolge in der Person Josuas einerseits sprachlich und konzeptionell an Num 27 (P[s]) anknüpft und vor allem in das Josuabuch hinüberweist (»Hexateuch«, dazu s.o. C.I.1), andererseits der »priestergrundschriftliche« Mose als durch die Offenbarung qualifizierte Gründungs- und Mittlerfigur einmalig ist und somit keinen Nachfolger haben kann. Der Vergleich mit der Sterbeszene Abrahams (Gen 25,7) und Aarons (Num 20,29) zeigt für *Frevel*, daß der mit dem *Ende* der Trauer um Mose hoffnungsvoll offene Schluß in Dtn 34,8 priesterschriftlicher Sprach- und Erzähltechnik entspricht.

2.3 Theologie- und zeitgeschichtlicher Kontext

(1) Das Problem einer vorexilischen Herkunft

Daß die in P[g] *vorausgesetzten* Vorstellungen und Rituale und daß insbesondere die in P[s] *aufgenommenen* und kommentierten Rituale auf *vorexilische* Überlieferungen bzw. kultische Praxis zurückgehen, ist unbestreitbar. Zu dieser Perspektive hat vor allem die jüdische Bibelwissenschaft (*M.Haran, A.Hurvitz, Y.Kaufmann, I.Knohl, J.Milgrom*) bedeutsame Forschungen vorgelegt (vgl. den Forschungsbericht bei *Th.M.Krapf,* Priesterschrift). Daß freilich die hier zur Debatte stehende »Priestergrundschrift« vorexilisch sein *kann*, ist wenig wahrscheinlich.

(2) Die These von der *frühnachexilischen* Entstehung um 520 v.Chr. in Babylon

Angesichts der bereits von *J.Wellhausen* begründeten Erkenntnis, daß P später sein muß als das Programm der joschijanischen Kultzentralisation, und in Anbetracht des eindeutig monotheistischen Gottesbildes der P^g kommt frühestens eine exilische Datierung in Frage. Die sprachliche Nähe zur deuteronomistischen Theologie (Bundestheologie), zu Ezechiel (Konzept der »Herrlichkeit JHWHs« in Verbindung mit dem Heiligtum) und zu Deutero-Jesaja (Verbindung von Schöpfungstheologie und Heilsgeschichte, Schöpfungsbegriff *bārā'* »schaffen«) spricht freilich eher für *spätexilische/ frühnachexilische Zeit*. Versteht man das starke Interesse von P^g am Heiligtum nicht als Ätiologie der nachexilischen Kultgemeinde mit dem 515 wiedererrichteten Jerusalemer Tempel als Zentrum (s.u.), sondern als kritisch-utopischen Beitrag zur Diskussion um den noch nicht vollendeten Tempelbau, legt sich eine Datierung um 520 v.Chr. nahe (vgl. auch die Verwandtschaft von P^g und Hag; s.u. F.VIII.10). Als Entstehungsort und -milieu sind Priesterkreise im Exil anzunehmen, die mit P^g eine Grundlagenreflexion in der Gottes- und Geschichtskrise des Exils durchführen, wobei sie sich bei ihrer schöpfungstheologischen Grundlegung in Gen 1-11* zugleich kritisch mit den babylonischen Schöpfungs- und Sintflutmythen auseinandersetzen (Aufnahme und Umdeutung). Zugleich bieten sie mit ihrem Konzept vom »Zeltheiligtum«, das vom Volk unter Inspiration des Gottesgeistes als Heiligtum für *alle* errichtet wird, einen Gegenentwurf zur staatsbezogenen Tempeltheologie der Königszeit.

(3) Die These von der Entstehung im 5.Jh. in Jerusalem

Autoren, die in P^g keinerlei utopisch-eschatologische Perspektiven sehen, sondern die P^g als anti-eschatologische Beschwörung der vom Schöpfergott ein für allemal gesetzten und in der Geschichte Israels zum Durchbruch gekommenen Heilsordnungen betrachten, kommen dadurch zu einer jüngeren Datierung von P^g. *L.Schmidt* z.B. faßt seine Argumente für eine Entstehung der Priesterschrift »erst in frühnachexilischer Zeit« so zusammen: »In seiner Sinaiperikope schreibt P eine Ätiologie Israels als Kultgemeinde. Sie hat ihr Zentrum in dem Zelt der Begegnung. Zu dieser Kultgemeinde ist Israel bereits am Sinai geworden. Das spricht dafür, daß P hier kein Programm für die Zukunft entwirft, sondern Bestehendes begründet. Auch in ihrer Schöpfungsgeschichte (Gen 1,1-2,4a) und im Bericht von der Stiftung der b^{e}rît [Bund] Gottes mit Noah (Gen 9,1-17) stellt die Priesterschrift dar, wie es zu den Ordnungen gekommen ist, die zur Zeit des Verfassers bestehen. Es ist also für die Priesterschrift charakteristisch, daß in ihr berichtet wird, wie die Ordnungen, die jetzt existieren, entstanden sind. Dann setzt P aber in seiner Sinaiperikope den zweiten Tempel voraus. So wie einst Israel am Sinai zu einer Kultgemeinde wurde, die im Zelt der Begegnung ihr Zentrum hatte, ist Israel jetzt eine Kultgemeinde, deren Mitte der zweite Tempel ist. Auch die Bedeutung, die bei P dem Sabbat zukommt, spricht ... dagegen, daß die Priesterschrift noch in der Exilszeit entstanden ist. Damals wurde zwar der Sabbat für die Israeliten zu einem Bekenntniszeichen. Er erhält jedoch bei P eine einzigartige Würde, weil er hier in der Schöpfungsgeschichte verankert wird (Gen 2,1-3). Das setzt doch wohl eine längere Entwicklung voraus, die schwerlich noch in der Exilszeit abgeschlossen war« (*L.Schmidt*, Studien zur Priesterschrift 259). Auch die am Schluß der Priesterschrift festgeschriebene Ämterteilung in der doppelten Spitze Josua (Nachfolger des Mose) und Eleasar (Nachfolger des Aaron) sei am ehesten aus der Abhängigkeit der P^g von der Ankündigung Sacharjas zu erklären, der für die kommende Heilszeit die beiden Ämter eines messianischen Herrschers *und* eines Hohenpriesters vorsah (vgl. Sach 4). Später als in die erste Hälfte des 5.Jh. dürfe man P^g freilich nicht ansetzen, da sie durch P^s noch vor der Einarbeitung in den dann fertigen Pentateuch durch P^s erweitert worden sei.

2.4 Schwerpunkte der Theologie von P^g

(1) Die Gesamtanlage als theologisches Programm

Von den in der Forschung erarbeiteten unterschiedlichen Bauplänen von P^g (z.B. *N.Lohfink*: Gliederung in 10 ungleich große Teile durch die Toledot-Formeln; *J.Wellhausen, W.H.Schmidt*: Gliederung in die vier Perioden »Schöpfung«, »Flut«, »Zeit Abrahams«, »Mosezeit«; *P.Weimar*: Gliederung in die zwei Teile Gen 1,1-Ex 1,7; Ex 1,13-Dtn 34,9) erscheint die besonders von *O.H.Steck* vorgeschlagene *Zweiteilung »Welt/Menschen-Kreis«* (Urgeschichte der Völkerwelt) und *»Israel-Kreis«*

(Urgeschichte Israels) am plausibelsten. Das Aufbauschema von P^g läßt sich demnach vereinfacht so darstellen:

Komposition	Gottesbezeichnung	Theologische Schlüsselwörter
Schöpfung (1. Akt)	Elohim (Gott)	Elohim SEGNET die Menschen und übergibt ihnen die Erde
Flut (Schöpfung 2. Akt)	Elohim (Gott)	Elohim SEGNET die Menschen und errichtet/gibt seinen BUND (*b^{e}rīt*) und übergibt ihnen die Erde
Abraham	Elohim als El-Schaddai (der Allmächtige)	El Schaddai gibt/errichtet seinen BUND (*b^{e}rīt*) und SEGNET Abraham und dessen Samen (Gen 17,7-8: Inhalt der *b^{e}rīt*: Verheißung der Gottesgegenwart und der Landgabe)
Jakob	Elohim als El-Schaddai (der Allmächtige)	El Schaddai SEGNET Jakob und dessen Samen (Gen 35,12: Erneuerung der Landverheißung)
Exodus	JHWH	JHWH gedenkt seines BUNDES und schafft sich HERRLICHKEIT (*kābōd*)vor den Göttern Ägyptens (Ex 6,2-8: Wiederholung der *b^{e}rīt*-Verheißung von Gen 17,7-8)
Sinai	JHWH	JHWHs schöpferische HERRLICHKEIT (*kābōd*) erscheint und läßt sich nieder inmitten seines ganzen Volkes (Ex 29,645-46; 40,34f; Lev 9,23f: Erfüllung der Gottesgegenwart, zugleich als Bekräftigung der den Vätern gegebenen Landverheißung)

Zieht man die P^g bis zum Tod des Mose (Dtn 34*, s.o.) aus, muß diese Kompositionsstruktur folgendermaßen weitergeführt werden (vgl. *E.Zenger*, Gottes Bogen 141):

Komposition	Gottesbezeichnung	Theologische Schlüsselwörter
Unterwegs zum verheißenen Land	JHWH	JHWHs richtende und die Landverheißung erneuernde HERRLICHKEIT (*kābōd*) führt Israel an die Schwelle des Landes (Num 13,2: Bekräftigung der Landgabeverheißung durch JHWH) (Dtn 32,49: Bekräftigung der Landgabeverheißung gegenüber dem sterbenden Mose, der das Land zeichenhaft »mit den Augen« betreten darf)

Die beiden Teile stehen nicht unverbunden nebeneinander, sondern die »Urgeschichte Israels« gründet in der »Urgeschichte der Welt«, was dadurch angezeigt wird, daß beide Teile vielfältig miteinander verwoben sind (vgl. vor allem die Aufnahme des Gen 1,28; 9,1-7 ausgesprochenen »Schöpfungssegens« in der dem Abraham in Gen

154

17 gegebenen Bundesstiftung, die einerseits eine Explikation des Noachbundes Gen 9,8-15 ist: s.o. die Tabelle S. 152; vgl. ebenso das 6/7-Tagesschema von Gen 2,1-3 in der Sinaigeschichte, s.u. die Skizze S. 158) und andererseits mit den beiden in Gen 17,7-8 entworfenen Perspektiven der besonderen Gottesnähe *und* der Landgabe der Geschichte Israels eine bleibende Verheißungsdramatik gibt.

(2) Der Aufbau der Urgeschichte der Welt Gen 1,1-11,26

Schöpfung (1,1 - 2,4*)
    Erstellung der Erde als Lebenshaus und
    Übergabe an die geschaffenen Wesen

    »Gott schuf Menschen als...«

Genealogie (5,1 - 31*)   *»Gott schuf Menschen als...«*
    Von Adam bis zu Sems Geburt
    (lebte - zeugte - lebte - zeugte - starb)

    »Und Noach zeugte Sem, Ham und Jafet«

Flut (6,9 - 9,29*)   *»Und Noach zeugte Sem, Ham und Jafet«*
    Wiederherstellung der Erde als Lebenshaus
    und Übergabe an die geretteten Lebewesen

    »...nach der Flut«

Völkertafel (10,1 - 32*)   *»...nach der Flut«*
    Inbesitznahme der Erde durch die Völker

    »...nach der Flut«

Genealogie (11,10 - 26*)   *»...nach der Flut«*
    Von Sem bis zu Abrahams Geburt
    (lebte - zeugte - lebte - zeugte)

Die Erzählungen über die Schöpfung und über die Flut sind die beiden theologischen Kontrapunkte: Gen 1 zeichnet die Welt, wie sie von Gott her konzipiert ist; Gen 6-9 beschreibt, wie die Welt faktisch ist, nämlich vom Chaos bedroht - und gleichwohl vom Schöpfergott vor dem Versinken ins totale Chaos bewahrt, weil er der Schöpfung seinen Lebensbund geschenkt hat (der Bogen als Bundeszeichen für Gott und alles Lebendige). Gen 1,1-2,4a ist die Utopie des Schöpfergottes angesichts der Realität, die in Gen 6-9 durchschlägt. Gen 1,1-2,4a erzählt den Ursprung/den Anfang der Welt als ihr eigentliches Ziel. Als Instrument zur Verwirklichung dieses Ziels hat der Schöpfergott Israel erwählt, mit dessen »Stammvater« Abraham er in Gen 17 den Noachbund erneuert und zugleich seine besondere Nähe verheißt, die sich dann beim Bau des Zeltheiligtums am Sinai ereignet, nicht als Ende der Geschichte, sondern als Beginn seiner Gegenwart in der Welt, die diese *ganz* durchdringen und verwandeln will - hin auf jenes Ziel, das in Gen 1,1-2,4a entworfen ist.

Die beiden Genealogien Gen 5,1-32* und Gen 11,10-26* illustrieren den Mehrungssegen des Schöpfergottes, unter den er in Gen 1,28; 9,1 die Schöpfung gestellt hat. Die Völkertafel Gen 10,1-32* illustriert die im Schöpfersegen Gen 9,1 anvisierte Inbesitznahme der ganzen Erde. Schon hier lenkt P^g den Leser auf Israel hin, dem ihr Interesse gilt. Das geht aus dem Aufbau von Gen 10 hervor: Der Stammbaum Sems steht an letzter Stelle, obwohl Sem der älteste Sohn Noachs ist. Auf Sems Nachkommenschaft läuft die Urgeschichte der Völkerwelt hin, wie die Genealogie 11,10-26* zeigt, die mit der Geburt Abrahams schließt. Abraham ist so vom Zusammenhang her ein Nachkomme Noachs, der noch in der Ur-Zeit geboren ist. Auch die chronologischen Angaben in Gen 11,10-26* stellen die Geburt Abrahams in den Horizont der Urgeschichte, denn alle Väter ab Noach, im ganzen 10 (!) Generationen, konnten zugegen sein, als Abraham das Licht der Welt erblickte. Somit kann die auf Abraham hinlaufende Urgeschichte Gen 1,1-11,26 mit Recht auch als Urgeschichte Israels gelesen werden.

(3) Die Ur-Geschichte der Welt als Voraussetzung der Geschichte Israels

Angesichts des leidvollen Zerbrechens der jahrhundertelang tragenden Ordnungen Israels, die noch die deuteronomische Bundes-Theologie sowohl auf JHWHs als auch auf Israels Tun aufruhen ließ, sucht P^g nach Fundamenten, die durch die Katastrophe von 586 v.Chr. nicht zerstört werden konnten. P^g findet dieses Fundament in der dezidiert vor-staatlichen Gründungsgeschichte des JHWHvolks. Auf dieses Fundament möchte P^g die Zukunft des JHWHvolks als einer nach-staatlichen Gesellschaft unter außenpolitischer und militärischer Fremdherrschaft bauen. Um die vor-staatliche Ursprungsgeschichte Israels als (quasi-mythische) Daseinslegitimation des realpolitisch bedeutungslos gewordenen JHWHvolks herauszuarbeiten, vollzieht P^g eine gewaltige Reduktion der Geschichte. Literarisch führt dies zu der beschriebenen zweiteiligen Makrostruktur (Welt/Menschen-Kreis und Israel-Kreis). Theologisch bewirkt es zunächst die Anbindung der *gesamten* Geschichte Israels an die dem *Abraham* gegebene Bundeszusage (»Gnadenbund«) des Schöpfergottes, er wolle Abrahams und seines Samens Gott werden und ihnen »das Land der Fremdlingschaft, das ganze Land Kanaan, zu ewigem Besitz geben« (Gen 17,7f). Den ersten Teil dieser Zusage löst der Schöpfergott am *Sinai* ein: seine »Herrlichkeit« läßt sich nieder inmitten seines im Exodus geschaffenen Volkes. Und diese »Erfüllung« bedeutet zugleich die Bekräftigung der noch unerfüllten Verheißung des Landes. Daß die Zusage der Gottesgegenwart und des Landes, die für Israel Rettung aus dem Tod (Ex 1-14*), Gabe des Lebens (Ex 16*), soziale Gemeinschaft (Ex 19-40*) und Gemeinschaft mit Gott (Lev 9*) bedeutet, durch die Sünde Israels nicht hinfällig wird, ist der offene Schluß, mit dem P^g ihre zweifelnden Zeitgenossen zum Aufbruch in das Land des Lebens (vgl. Gen 17,8; Ex 6,4.8) aufrufen will. Um Israels Geschichte als spannungsreichen und gefährdeten, aber gleichwohl ein für allemal gebahnten Weg zum Leben einzuprägen, verzichtet P^g darauf, die Helden und Anti-Helden ihrer Geschichtsdarstellung als plastische Akteure in unverwechselbaren Szenerien auftreten zu lassen. Statt dessen reduziert sie die Akteure zu theologischen Sinnträgern, an denen die elementaren Strukturen menschlichen Lebens offenbar werden sollen. Das der P^g bisweilen vorgeworfene Erstarren der Sprache und der Erzählung ist die

Konsequenz der Entscheidung, die Anfangsgeschichte Israels als eine präfigurative und normative Setzung zu beschreiben, auf die das verwirrte Israel des 6.Jh. bauen kann.

Während in der deuteronomischen Theologie Mose als menschlicher Hauptakteur und als entscheidender Sinnträger der Gründungsgeschichte Israels gezeichnet wurde, rückt P^g Abraham in jene Anfangsposition, die diesem die vorpriesterschriftliche Geschichtstheologie gegeben hatte (s.u. C.VI.3). Doch P^g gibt dem Abraham als dem Vater Israels, ja als dem Ursprung von Völkern und Königen (Gen 17,6), ein gegenüber der vorpriesterschriftlichen Theologie verändertes Fundament. Ist für diese Abraham als »Mann des Segens« eine Gegengestalt zu dem in der Urgeschichte vielfältig aufgebrochenen Fluch, so ist in der Sicht von P^g der dem Abraham zugesprochene Segen eine Explikation des Segens, der bereits allen Menschen bei der Erschaffung (Gen 1,28) und dem Noach nach der Rettung aus dem tödlichen Chaos (Gen 9,1-7*) gegeben wurde. Die Gründungsfigur Abraham gründet ihrerseits in (Adam und) Noach. Abraham ist nicht eine Gegenfigur zur Urgeschichte, sondern ihre Entfaltung.

Die unzerstörbare Lebensgeschichte Israels gründet also in der Urgeschichte der Schöpfung: Weil der Schöpfergott als guter König seiner Erde diese nicht sich selbst und ihrem Untergang überlassen will, kann Israel auf die dem Abraham gegebene und am Sinai Wirklichkeit gewordene Verheißung setzen. Israels Geschichte ist ein konstitutiver Teil der »Lebensgeschichte von Himmel und Erde« - und deshalb nicht auf Tod, sondern auf Leben hin angelegt. Diese »Lebensgeschichte von Himmel und Erde« (Gen 1,1) ist gewiß ein dramatischer, vom Chaos bedrohter Prozeß, wie die Urgeschichte in Aufnahme und kosmischer Ausweitung der Fluttradition einschärft. Aber in diesen dramatischen Prozeß hinein, in dessen Strudel Israel im 6.Jh. massiv gestoßen wurde, hat der Schöpfergott »seinen Bogen« gesetzt. Als »Leuchtfeuer« seiner Königsherrschaft steht der Bogen der »Herrlichkeit« JHWHs über der Geschichte Israels. Angesichts der schöpfungswidrigen Bedrohung des Lebens durch die Lebewesen selbst verkündet der Gottesbogen inmitten der Gewitterwolken das entschiedene Ja des Schöpfergottes zum Leben. So ist der Gottesbogen Metapher für die theologische Wahrheit: Gott will und wirkt das Heil der Schöpfung - und sei es durch Gericht. Der erste Satz (Gen 1,1), mit dem P^g ihr Werk wie mit einem Motto beginnt, formuliert demnach bündig das Fundament, auf welches das nach-staatliche Israel seine Hoffnung setzen kann: Wer in der Schöpfermacht des lebendigen Gottes gründet, braucht ob der scheinbaren Übermacht der Geschöpfe nicht zu resignieren; der den Anfang des Lebens gesetzt hat, gibt dieses Leben nicht aus seiner Hand.

(4) Die utopische Perspektive der Sinaigeschichte Ex 16,1 - Lev 9,24*

Die Sinaigeschichte der P^g erzählt in drei Etappen (vgl. die Graphik S. 158) die Erfüllung der in Gen 17,7 gegebenen Zusage, JHWH wolle Gott Israels werden - und zwar als Erscheinen der »Herrlichkeit JHWHs« (*kābōd* JHWH) inmitten des im Exodus »geschaffenen« Gottesvolks Israel. Im Zentrum der Sinaigeschichte steht das Erscheinen der Herrlichkeit JHWHs als Erfüllung der von JHWH feierlich dem Mose gegebenen Zusage: »Dort (d.h. im Heiligtum) werde ich den Israeliten begegnen, und es wird geheiligt werden durch meine Herrlichkeit. Und ich werde das Begegnungszelt und den Altar heiligen. Und ich werde inmitten der Israeliten wohnen

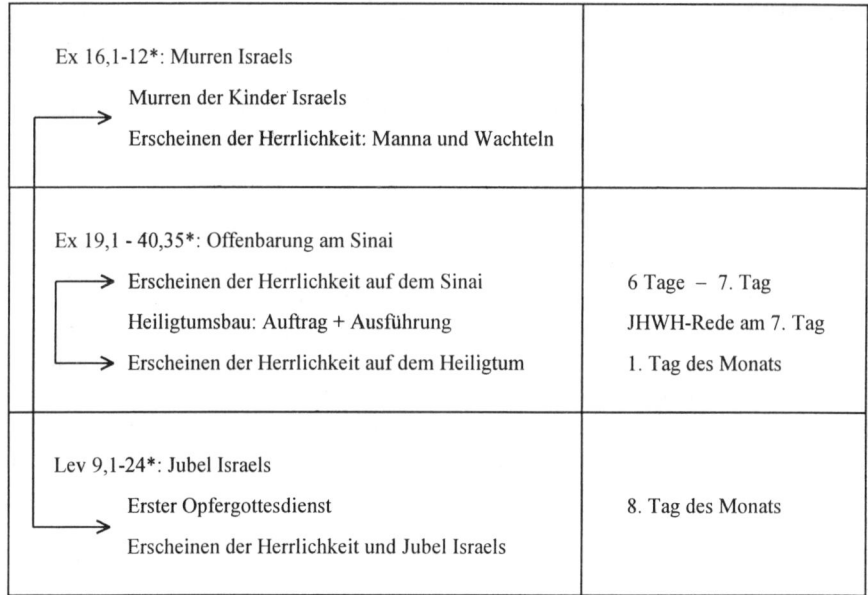

Ex 16,1-12*: Murren Israels Murren der Kinder Israels → Erscheinen der Herrlichkeit: Manna und Wachteln	
Ex 19,1 - 40,35*: Offenbarung am Sinai → Erscheinen der Herrlichkeit auf dem Sinai Heiligtumsbau: Auftrag + Ausführung → Erscheinen der Herrlichkeit auf dem Heiligtum	6 Tage – 7. Tag JHWH-Rede am 7. Tag 1. Tag des Monats
Lev 9,1-24*: Jubel Israels Erster Opfergottesdienst → Erscheinen der Herrlichkeit und Jubel Israels	8. Tag des Monats

und ich werde ihnen Gott sein. Und sie werden erkennen, daß ich JHWH ihr Gott bin, der sie aus dem Land Ägypten herausgeführt hat, um in ihrer Mitte zu wohnen. Ich bin JHWH ihr Gott« (Ex 29,43-46*). Diese Rede ergeht an Mose am 7. Tage, seit Israel am Sinai angekommen ist, wie in Ex 24,15b-18* erläutert wird: »Und die Wolke bedeckte den Berg, und die Herrlichkeit JHWHs ließ sich nieder auf dem Berg Sinai, und die Wolke bedeckte ihn sechs Tage lang, und er rief Mose am siebten Tag mitten aus der Wolke, während die Erscheinung der Herrlichkeit JHWHs wie verzehrendes Feuer auf dem Gipfel des Berges vor den Augen der Israeliten war, und Mose ging mitten in die Wolke« - und dann redete JHWH mit ihm, wobei er ihm den Auftrag zum Bau des Begegnungszeltes gab. Mit dem 6/7-Tage-Schema schlägt P^g den Bogen von der Sinaigeschichte zur Utopie der Schöpfungsgeschichte Gen 1,1-2,4a zurück, die in der Heiligung des 7. Tages als Tag der Vollendung der Schöpfung kulminierte. Die Bedeutung des 7. Schöpfungstages und damit Sinn und Ziel der Weltschöpfung überhaupt werden erst am Sinai geoffenbart, insofern »erst hier die in der Schöpfung grundgelegte *Hinwendung Gottes zur Welt* zur Entfaltung kommt - und zwar als *Hinwendung JHWHs zu Israel* oder mit den Worten der Priesterschrift: als ›Wohnen‹ (*šākan*) JHWHs inmitten der Israeliten. Erst vom Sinai her wird also erkennbar, was mit Gottes Schöpfungshandeln ›am Anfang‹ intendiert war und d.h.: wozu Gott die Welt erschaffen hat: nämlich dazu, *Gemeinschaft mit dem Menschen/Israel* zu haben... Am Sinai wird also Israel das schöpfungstheologische Geheimnis des siebten Tages aufgedeckt, weil in der kultischen Präsenz des im ›Begegnungszelt‹ einwohnenden Sinaigottes (Ex 24,15b-18aα/40,34f) und in der Feier des ersten Opfergottesdienstes (Lev 9,1-24*) die Schöpfungsabsicht Gottes, Gemeinschaft mit den Menschen zu haben, für Israel konkret erfahrbare Wirklichkeit wird... Mit dem ›siebten Tag‹ von Ex 24,16b-18aα wird ein Prozeß eingeleitet, der auf die *Verwandlung der Welt als Raum konkret erfahrbarer Gottesnähe* zielt. An Israel wird damit exemplarisch Wirklichkeit, was für die Welt insgesamt noch aussteht - dies ist die Hoffnung der Priesterschrift für die nachexilische JHWH-Gemeinde« (*B.Janowski*, Gottes Gegenwart 238f.244). Von daher ist die Priesterschrift nicht anti-eschatologische Ätiologie einer Kultgemeinde, sondern utopische Vision der Gottesgemeinschaft - im Widerspruch zur bedrohlichen Erfahrung des geschichtlichen und kosmischen Chaos in dessen vielen Gestalten und Konkretionen.

3. Die Erweiterungen von P^g durch P^s und das Heiligkeitsgesetz (Lev 17-26: P^H)

Die als Erzählwerk konzipierte P^g wurde *sukzessiv* vor allem durch kultisch-legislative, aber auch ethische Vorschriften angereichert. Dadurch trat der utopische Charakter von P^g in den Hintergrund. P wurde nun mehr und mehr zur Legitimation der nachexilischen Tempelgemeinde und ihrer Lebensvollzüge. Die P^s-Bearbeiter zogen dem Aaron den Ornat der nachexilischen Hohenpriester an, und das kritisch-utopische Zeltheiligtum als Ort der Gottunmittelbarkeit verwandelte sich unter den literarischen Fingern der P^s zusehends in den 515 v.Chr. eingeweihten Jerusalemer Tempel mitsamt den immer differenzierter werdenden Opfer- und Reinigungsritualen. Die *theokratische* Utopie der P^g wurde nun zu einer *hierokratischen* Verfassung *iuris divini*. Die beinahe basis-demokratische Vorstellung vom priesterlichen Dienst der *ganzen* Gemeinde Israels für die Völkerwelt wurde überlagert von der Trennung zwischen Priesterschaft und Laien (vgl. den Konflikt Num 16). Andererseits ist nicht zu übersehen, daß P^s in immer neuen Anläufen das Programm der *Gottesnähe* zu konkretisieren sucht und dabei in geradezu halachischer Weise die Dialektik von Sünde und Gnade reflektiert. Da im Bereich der Bücher Ex, Lev, Num große Textanteile auf P^s zurückgehen, ist es eine wichtige Aufgabe künftiger Forschung, diese komplexe Größe P^s literarisch, sozialgeschichtlich und theologisch genauer zu erfassen (bislang ist dies ein kaum bearbeitetes Feld).

Auf P^s geht auch das Konzept einer Ethik der Heiligkeit zurück, das insbesondere im sog. *Heiligkeitsgesetz* Lev 17-26 zusammengefaßt ist. Daß Lev 17-26 ein Werk priesterlicher Theologie ist und innerhalb der priesterlichen Literatur eine relativ selbständige Größe bildet, ist unbestritten. Kontrovers ist die Frage, ob Lev 17-26 als primär eigenständiges Rechtskorpus entstanden und dann sekundär in P eingearbeitet wurde (diese These wurde erstmals von *A.Klostermann* 1877 vorgelegt, auf den auch die Bezeichnung »Heiligkeitsgesetz« zurückgeht, aufgrund der in Lev 19-22 mehrfach vorkommenden Formel »Ihr sollt heilig sein, denn ich JHWH euer Gott bin heilig«) oder ob es gezielt aus unterschiedlichen Materialien als Korpus zum Einsatz in seinen jetzigen literarischen Zusammenhang geschaffen wurde (so *K.Elliger*) oder ob es nie als eigenständige Größe konzipiert, sondern von Anfang an fest mit seinem priesterlichen Kontext entstanden ist (so zuletzt *F.Crüsemann*, Die Tora 324: »Die Versuche, eine Sonderstellung von Lev 17-26 innerhalb der großen Masse der priesterlichen Gesetze durch Widersprüche zu anderen Teilen aufzuweisen, müssen als fehlgeschlagen gelten. ... Inhaltlich und formal ist das Heiligkeitsgesetz vielmehr

auf das engste in die gesamte Sinaigesetzgebung der priesterlichen Schicht eingebunden.«).

Für die Entstehung von Lev 17-26 als ehemals eigenständiges Gesetzeskorpus sprechen
die zum Bundesbuch Ex 20,22-23,33 und zum Deuteronomischen Gesetzeskorpus
Dtn 12-28 analoge Makrostruktur (s.o. S. 93ff) und die zahlreichen sprachlichen
und theologischen Differenzen zu P^g (z.B. Unterschiede in den Pesach-Ordnungen
in Ex 12 und Lev 23; in der Auffassung über das Land als Eigentum Israels bzw.
JHWHs, über den Exodus als Befreiung von Sklaverei bzw. als Versklavung unter
der Herrschaft JHWHs).

Das Verhältnis des Heiligkeitsgesetzes zum Deuteronomischen Gesetz wird meist
so bestimmt, daß die Redaktion von Lev 17-26 das Heiligkeitsgesetz als kritische
Exegese des (älteren) Dtn konzipiert habe (so zuletzt *E.Otto*, Theologische Ethik
233-245). Die Interdependenz zwischen den beiden Gesetzeskorpora wird freilich
viel komplexer und als eine mehrfache gegenseitige Beeinflussung zu bestimmen
sein - vorausgesetzt, man rechnet mit einer mehrstufigen Wachstumsgeschichte sowohl
von Dtn 1-26 (s.o. C.IV.) als auch von Lev 17-26. Es gibt gewichtige Argumente
dafür, daß die letzte Redaktion von Dtn 12-26 sich an Lev 17-26 inspiriert hat
(*G.Braulik*).

In den das Heiligkeitsgesetz durchziehenden Paränesen wird die spezifisch priesterliche
Theologie der Gottesnähe sichtbar: Die Heiligkeit des Gottes JHWH will und muß
sich seinem Volk (und durch dieses der Welt insgesamt) ein-bilden. Daran, daß Israel
heilig ist, wird sichtbar, daß und wie JHWH heilig ist. Damit der heilige JHWH
sich in Israels gelebter Heiligkeit abbilden kann, hat JHWH Israel aus Ägypten
herausgeführt. Ziel des Exodus war nach dem priesterlichen Denken des
Heiligkeitsgesetzes (aber auch der sog. Priesterschrift) die Heiligung Israels: Israel
kann heilig sein, weil und insofern JHWH in ihm Heiligkeit bewirkt. »Heiligen«
meint einen doppelten, komplementären Vorgang. Es meint *einerseits* einen Gegenstand,
einen Ort, eine Zeit, ein Tier oder einen Menschen aus seinen normalen, profanen
Verwendungs- oder Lebenszusammenhängen herausnehmen (»aussondern«), um
sie *andererseits* zugleich in die Nähe Gottes zu bringen, um sie freizumachen für
die Präsenz Gottes.

Die doppelte, komplementäre Dynamik der Heiligung Israels durch JHWH kommt
im Heiligkeitsgesetz sprachlich dadurch zum Ausdruck, daß sich in ihm Verbote
(Aspekte der Absonderung von allem Wider-Göttlichen) und Gebote (Aspekt der
Gottesnähe) vermischen. Die Ethik des Heiligkeitsgesetzes ist keine bloß negative
Ethik (du sollst nicht, du darfst nicht), sondern sie ist eine entschieden positive Ethik,
die zur Tat drängt.

Das Grundprinzip der priesterlichen »Heiligkeitsethik« ist das Prinzip der Nachahmung:
JHWH ist heilig, deshalb soll Israel als *sein* Volk heilig sein. Doch hält diese Theologie
unübersehbar an der Transzendenz des heiligen Gottes fest, dessen Heiligkeit in *keinem*
Menschen voll gegenwärtig werden kann. Deshalb lautet die Leitidee dieser Theologie
auch nicht: »Seid heilig, *wie* ich heilig bin«, sondern: »Seid heilig, *denn* ich bin
heilig.« Israel *kann* heilig sein, weil JHWH als der Heilige Israel Anteil an seiner
Heiligkeit gibt:

»Ihr sollt auf meine Gebote achten und sie befolgen:
Ich bin JHWH.
Ihr sollt meinen heiligen Namen nicht entweihen.
Ich will mich inmitten der Kinder Israels als heilig erweisen:
Ich bin JHWH,
der euch heiligt (geheiligt hat),
der euch herausführt (herausgeführt hat) aus dem Land Ägypten,
um für euch Gott zu sein.
Ich bin JHWH« (Lev 22,31-33).

Mit *F.Crüsemann* läßt sich das Proprium des sich im Heiligkeitsgesetz (und in der Priesterschrift) zu Wort meldenden priesterlichen Denkens (im Anschluß an *W.Zimmerli*) folgendermaßen charakterisieren: »›Heiligkeit ist nach alledem eine nicht zuerst vom Volk oder den Priestern zu erwerbende Eigenschaft, sondern eine zuvor durch Jahwes Tat der Herausführung seines Volkes, die zugleich eine Tat der Aussonderung ist, selber geschaffene Qualität Israels und seiner Priester. Die in dieser Tat geschehene Eigentumserklärung ist die Grundlage für die Heiligkeitsforderung.‹ Auf dieser beruhen alle ethischen und rechtlichen Aussagen der priesterlichen Gesetzessammlung. Und das gilt durchgängig ... Die Texte des Heiligkeitsgesetzes werden durch ein immer wiederkehrendes ›Ich bin JHWH‹ durchzogen. Es verweist als ceterum censeo auf die grundlegende Beziehung zwischen Gott und Volk.
Mit dieser priesterlichen Theologie wird also der Exodus anders verstanden, als es in der vorexilischen Literatur geschehen ist. Nicht der soziale, rechtliche oder politische Status Israels ist damit bezeichnet, sondern allein seine Nähe zu Gott. Zwar war der Begriff der Heiligkeit auch schon in den älteren Rechtstexten verwendet worden, aber dort hatte er ausschließlich Bezug zu kultischen Themen, wie Speiseverboten oder Trauerriten. Im Heiligkeitsgesetz wird er weit darüber hinaus zum Schlüssel für alle Rechtsfragen gemacht. Nicht die Existenz freier oder grundbesitzender Kreise wird mit dem Exodus gekennzeichnet, sondern die Trennung von den anderen Völkern und von ihren Sitten und damit die Zuordnung zu Gott selbst, die Nähe zu ihm. Diese Nähe ist die Gestalt der Freiheit, für die der Begriff des Exodus einsteht« (*F.Crüsemann*, Die Tora 352f).

4. Relevanz der priester(schrift)lichen Theologie

Gegenüber den früher beliebten Negativzensuren, wonach die P-Texte ritualistisch, steril und epigonal seien, wird heute die Bedeutung von P, vor allem der Priestergrundschrift, meist hoch veranschlagt, und zwar in vierfacher Hinsicht:
(1) P^g stellt die Geschichte Israels in einen untrennbaren Zusammenhang mit der Welt als Schöpfung JHWHs (vgl. auch die Zweiteilung von P^g: Gen 1,1-11,26*; Gen 11,27 - Lev 9,24). Aus der Sicht Israels bedeutet dies: In der Katastrophe des 6.Jh. darf Israel hoffen, daß JHWH das Ja zu seinem Volk und zum Land Israel als »Lebenshaus« für sein Volk nicht zurücknimmt, solange die Schöpfung lebt. In und mit der Schöpfung als einem trotz aller chaotischen Bedrohungen (vgl. die Sintflutgeschichte) auf heilvolles Leben angelegten Geschehen hat der Schöpfergott Verantwortung auch für sein Volk als Teil dieser Schöpfung übernommen. Das aber bedeutet: Der biblische Gott will und wirkt kein Heil an der Schöpfung vorbei. Es gibt keine Erlösung bei gleichzeitiger Vernichtung der Schöpfung. Es gibt keine Heilsgeschichte neben der Schöpfungsgeschichte oder gar gegen sie. Die P^g entfaltet ein Programm, das in der ökologischen Diskussion einen wichtigen theologischen Beitrag leisten kann: Die Erde ist als Lebenshaus für alle gewollt. Die Zerstörung der Erde ist eine Absage an den Schöpfergott und eine Behinderung des von ihm in der Schöpfung gewollten Heils. Nicht nur der einzelne Mensch ist eingebettet in das Biotop Erde, sondern die Heilsgeschichte insgesamt ist eingebunden in die Erdgeschichte.

(2) Mit ihrer Konzeption, wonach die Errichtung des Heiligtums durch die im Exodus befreiten und zum Gottesvolk geschaffenen Israeliten zugleich das »Ziel« der Schöpfung offenbart, entwirft P die Utopie, daß die Welt insgesamt befreit und verwandelt werden soll zu einem Ort des Lebens in Gottes Nähe bzw. Gegenwart, nicht zuletzt in der gemeinschaftlichen Feier von Fest und Liturgie. Gerade diese soll in der Sicht von P Erinnerung und Feier des Exodus sein - und zwar durch Israel als priesterliches Volk der Freiheit.

(3) Die im Heiligkeitsgesetz, aber auch in den anderen P-Texten konkretisierte Ethik der Heiligkeit bzw. der Heiligung ist mit ihrer Interdependenz von rituellen *und* ethischen Regulativen zunächst für Israel selbst insofern wirkungsgeschichtlich wichtig geworden, als ihre Leitidee die jüdische Halacha bis heute bestimmt. Dabei ist auch die (redaktionell) in P vollzogene schöpfungstheologische Grundlegung dieser Ethik bedeutsam: Indem Israel sich »heiligt«, wird die ganze Schöpfung »geheiligt«. Die allzu oberflächliche christliche Kritik an der »Reglementierung« des jüdischen Alltags hat diesen Aspekt nicht begriffen. Daß an strukturell herausragender Stelle des Heiligkeitsgesetzes das Gebot der Feindes- und der Fremdenliebe steht (Lev 19,17-18.34), sollte nicht als singuläres »highlight« gelesen werden, sondern sollte für Christen Anreiz sein, sich mit diesem ethischen Konzept einer *umfassenden* Heiligung des Lebens in Korrespondenz zum »Heiligen Gott« theologisch ernsthafter auseinanderzusetzen.

(4) Zur priesterschriftlichen Theologie gehört auch Lev 16 als Mitte des Pentateuch. Die hier narrativ-rituell skizzierte Theologie vom Versöhnung stiftenden Gott gehört in die Mitte der jüdisch-christlichen Botschaft. Dabei sollte weniger das »Sündenbock-Ritual« im Zentrum der Verstehensbemühungen liegen als vielmehr die den Ritus im jetzigen Textzusammenhang prägende Theozentrik (Gottes Zusage seiner Versöhnungsbereitschaft). Von ihr her fällt erhellendes Licht auf die Theologie des Sühnetodes Jesu.

VI. Das vor-priester(schrift)liche Werk
(Erich Zenger)

Literatur: N.Cl.Baumgart, Die Umkehr des Schöpfergottes. Untersuchungen von Komposition und zum religionsgeschichtlichen Hintergrund von Gen 6-9 (HBS 21) Freiburg 1999; K.Bieberstein, Josua-Jordan-Jericho. Archäologie, Geschichte und Theologie der Landnahmeerzählungen Josua 1-6 (OBO 143) Fribourg/Göttingen 1995; E.Blum, Die Komposition der Vätergeschichte (WMANT 57) Neukirchen-Vluyn 1984; ders., Studien zur Komposition des Pentateuch (BZAW 189) Berlin 1990; ders., Das sog. »Privilegrecht« in Exodus 34,11-26: Ein Fixpunkt der Komposition des Exodusbuches, in: M.Vervenne (Hg.), Studies in the Book of Exodus (BeThL 126) Leuven 1996,347-366; F.Crüsemann, Die Eigenständigkeit der Urgeschichte. Ein Beitrag zur Diskussion um den »Jahwisten«, in: FS H.W.Wolff, Neukirchen-Vluyn 1981,11-29; W.Dietrich, Die Josephserzählung als Novelle und Geschichtsschreibung. Zugleich ein Beitrag zur Pentateuchfrage (BThSt 14) Neukirchen-Vluyn 1989; Ch.Dohmen, Der Sinaibund als Neuer Bund nach Ex 19-34, in: E.Zenger (Hg.), Der Neue Bund im Alten. Zur Bundestheologie der beiden Testamente (QD 146) Freiburg 1993,51-83; H.Donner, Die literarische Gestalt der alttestamentlichen Josephsgeschichte (SHAW.PH 1976,2) Heidelberg 1976; I.Fischer, Die Erzeltern Israels. Feministisch-theologische Studien zu Genesis 12-36 (BZAW 222) Berlin 1994; M.Köckert, Vätergott und Väterverheißungen (FRLANT 142) Göttingen 1988; Ch.Levin, Der Jahwist (FRLANT 157) Göttingen 1992; N.Lohfink, Die Väter Israels im Deuteronomium (OBO 111) Fribourg/Göttingen 1991,100-110; ders.; Deuteronomium und Pentateuch. Zum Stand der Forschung, in: ders. Studien zum Deuteronomium und zur deuteronomistischen Literatur III (SBAB 20) Stuttgart 1995,13-38; W.Oswald, Israel am Gottesberg. Eine Untersuchung zur Literargeschichte der vorderen Sinaiperikope Ex 19-24 und deren historischem Hintergrund (OBO 159) Fribourg/Göttingen 1998; E.Otto, Theologische Ethik des Alten Testaments, Stuttgart 1994,18-116; ders., Die Ursprünge der Bundestheologie im Alten Testament und im Alten Orient: ZAR 4,1998,1-84; H.H.Schmid, Der sogenannte Jahwist. Beobachtungen und Fragen zu Pentateuchforschung, Zürich 1976; K.Schmid, Erzväter und Exodus. Untersuchungen zur doppelten Begründung der Ursprünge Israels innerhalb der Geschichtsbücher des Alten Testaments (WMANT) Neukirchen-Vluyn 1999; L.Schmidt, Literarische Studien zur Josephsgeschichte (BZAW 167) Berlin 1986,121-297; ders., Väterverheißungen und Penta-teuchfrage: ZAW 104,1992,1-27; H.Ch. Schmitt, Die nichtpriesterliche Josephsgeschichte. Ein Beitrag zur neuesten Pentateuchkritik (BZAW 154) Berlin 1980; ders., Die Hintergründe der »neuesten Penta-teuchkritik« und der literarische Befund der Josefsgeschichte Gen 37-50: ZAW 97,1985,161-179; H.Schweizer, Die Josefsgeschichte. Konstituierung des Textes (THLI 4) Tübingen 1991; L.Schwienhorst-Schönberger, Das Bundesbuch (Ex 20,22-23,33) (BZAW 188) Berlin 1990; J.L.Ska, Introduzione alla lettura del Pentateuco, Rom 1998,209-243; E.Zenger, Wie und wozu die Tora zum Sinai kam. Literarische und theologische Überlegungen zu Exodus 19-34, in: M.Vervenne (Hg.), Studies 265-288 (s.o. Blum).

Daß das Grundgerüst der Pentateucherzählung (der »Proto-Pentateuch«) *vor* der Priesterschrift entstanden ist, die sich ihrerseits davon inspirieren ließ, war seit *J.Wellhausen* weitgehend akzeptierte Auffassung. Bis in die jüngste Zeit bestand auch Konsens darüber, daß dieser Grundstock sogar schon vor den Anfängen des Dtn vorgelegen habe, also spätestens um 700 v.Chr., und zwar in Gestalt der zwei primär eigenständigen Erzählwerke »Jahwist« (J) und »Elohist« (E), die als Reflex auf den Untergang des Nordreichs (722 v.Chr.) im Südreich bzw. in Jerusalem von einem Redaktor R^JE zu einem einzigen Erzählwerk (JE) zusammengearbeitet worden seien (vgl. oben C.II.4). Daß es aber vor 700 v.Chr. *zwei* ursprünglich eigenständige Pentateuch-Geschichtswerke J und E gegeben habe, wird von der überwiegenden Mehrheit der Exegeten mit gewichtigen Gründen bezweifelt bzw. abgelehnt (vgl. oben C.II.5). Nicht wenige Autoren stellen sogar in Frage, daß es in vorexilischer Zeit überhaupt ein Geschichtswerk gegeben hat, das die in Gen enthaltenen Erzelternüberlieferungen *und* die Mose- bzw. Exodusüberlieferungen (Ex-Num) als einen übergreifenden Geschichtsbogen dargestellt habe. Nach diesen Autoren gelten entweder eine exilische Redaktion des Dtn oder gar erst die Priesterschrift als Schöpferinnen dieses »proto-pentateuchischen« Geschichtsbogens. Gegen diese »Spätdatierung« der *literarischen* Ursprungsgeschichte Israels wird hier die These vertreten, daß sie ihre Anfänge im 7. Jh. in einem »vorpriesterschriftlichen Werk« hat, das in der Epoche des Exils eine gewaltige (möglicher-weise mehrstufige) Fortschreibung erfahren hat.

1. Literarische Schichtungen in den vor-priesterschriftlichen Texten

Das nach Herauslösung der auf die Pentateuchredaktion(en) zurückgehenden Texte *und* der P-Texte übrig bleibende Textkorpus ist weder in literarischer noch in vortellungsmäßiger Hinsicht so einheitlich, daß es in einem einzigen Arbeitsgang geschaffen sein kann. Nur wer die Verfasser dieses Textkorpus für Kompilatoren hält, die höchst unterschiedliche Textzusammenhänge wie in einem Archiv mehr oder weniger mechanisch nebeneinanderstellten, kann dieses Textkorpus als ein in der Exilszeit erstmals entstandenes Großgeschichtswerk zu begreifen versuchen. Gegen diese pauschalierende Auffassung sprechen freilich zwei Beobachtungen: *Zum einen* gibt es mehrere weitausgreifende motivliche oder thematische Kom-positionslinien, die für gezielte Redaktionsabsicht sprechen (z.B. die »bundestheo-logische« Linie Gen 15,17-18; Ex 34,27; Jos 24), oder die Notizen über die Über-führung der Gebeine Josefs Gen 50,25; Ex 13,19; Jos 24,32) und *zum anderen* gibt es bei gleichen Themen im Detail derart gravierende Einzelunterschiede, daß auf literarische Schichtung bzw. auf eine komplexe Vorgeschichte dieses Textkorpus geschlossen werden muß. Diese Differenzen fallen vor allem im Bereich des vorpriesterschriftlichen Sinaikomplexes Ex 19-34 auf. Hier können nur *zwei Beispiele* kurz genannt werden:

(1) Nach Ex 24,3-8 hat JHWH mit Israel einen Bund geschlossen auf der Grundlage der Worte, die Mose auf eine »*Bundesrolle*« (»Bundesbuch«) geschrieben und vor dem Volk verlesen hat. Die Worte dieser »Bundesrolle« sind das vorher von JHWH dem Mose übermittelte Rechtsbuch Ex 20,22-23,33. Nach (!) diesem Bundesschluß erhält Mose den Befehl, auf den Berg zu steigen und »*die Tafeln*«, die JHWH selbst beschriftet hat, in Empfang zu nehmen. Als Mose mit diesen Tafeln vom Berg hinabsteigt und den Tanz des Volkes um das Goldene Kalb sieht, zerschmettert er diese Tafeln (Ex 32,15-16.19). In Ex 34,1 erhält er den Auftrag, mit neuen Tafeln, die er selbst aushauen muß, wieder auf den Berg zu gehen, damit sie dort von JHWH erneut mit den Worten, die auch vorher darauf standen, beschriftet würden. Mose führt diesen Befehl aus. Aber dann erhält er in Ex 34,27 von JHWH den Befehl, selbst die Worte aufzuschreiben, die JHWH in Ex 34,10-26 ihm feierlich verkündet hatte. Worauf Mose diese Worte schreiben soll, wird in Ex 34,27 nicht gesagt. In Ex 34,28 ist dann noch einmal von »Bundesworten«, die »er« (Mose oder JHWH?) auf die Tafeln schrieb, die Rede. Und diesmal sind damit, wie der Text sagt, die »Zehn Worte«, d.h. der Dekalog, gemeint. Daß hier unterschiedliche »Bundeskonzeptionen« vorliegen, die nicht von einer einzigen Hand stammen können, liegt nahe.

(2) Nach dem Abfall des Volkes zum Goldenen Kalb und dem dafür angedrohten Strafgericht Gottes versucht Mose als Fürbitter ein Vernichtungsgericht zu verhindern. In Ex 32,7-14 argumentiert Mose in seiner Fürbitte mit dem Hinweis darauf, daß JHWH mit der Vernichtung Israels sein *eigenes* Scheitern im Angesicht der Völker kundtun würde und daß er zugleich sich als ein Gott der Treulosigkeit (angesichts des den Erzvätern gegebenen Schwurs, Israel »das Land« zu geben) erweisen würde. Die Fürbitte hat *vollen* Erfolg: JHWH nimmt seinen Gerichtsbeschluß zurück. In Ex 32,30-34 folgt dann erneut eine Fürbitte des Mose, die das in Ex 32,14 erreichte Ergebnis gar nicht zu kennen scheint. Mose bittet diesmal um Vergebung für die Sünde des Volkes. Aber nun erreicht er nur »Strafaufschub« bis zum »Tag der Heimsuchung« (32,34).

Schon diese beiden Beispiele lassen erkennen, daß das vor-priester(schrift)liche Werk in sich geschichtet ist. Nach unserer Auffassung sind hier mindestens zwei redaktionelle Ebenen erkennbar, deren jüngere mit der Entstehung des »Exilischen Geschichtswerks« Gen 12 - Jos 24* zusammenhängt, das seinerseits eine umfangreiche Erweiterung des in vorexilischer Zeit entstandenen »Jerusalemer Geschichtswerkes« war.

2. Das Exilische Geschichtswerk (»EG«)

Die Zerstörung des Tempels und der Stadt Jerusalem sowie die Deportation der Oberschicht durch die Neubabylonier im Jahre 586, was faktisch das Ende des eigenständigen Staates Juda bedeutete, forderten zu einer tiefgreifenden Reflexion über die Ursachen dieser Katastrophe *und* über mögliche Zukunftsperspektiven heraus. Die Reflexion über die Ursachen führte zu einer vertieften Sicht der

Geschichte unter den Kategorien von Schuld und Unheil, aber auch zu einer Zusammenstellung der von JHWH seinem Volk in seinen Gesetzen angebotenen Wege zum Heil. *Ein* Ergebnis dieser Grundlagenreflexion »im Angesichte Gottes« ist das im Exil entstandene »Exilische Geschichtswerk« (EG), das mehrere bis dahin eigenständige »Schriften« zusammenfügte und miteinander verzahnte. Diese ehemals eigenständigen Werke sind: (a) die spätvorexilische Urgeschichte (Gen 2,4b-8,22*); (b) das Jerusalemer Geschichtswerk (s.u. 3); (c) das Bundesbuch (s.u. 5); (d) das spätvorexilische Dtn (s.o. C.IV.); (e) die Erzählungen über die Zeit der Richter und der Könige (Ri, Sam, Kön; vgl. unten D.II.-IV.VI.-VII.). Die spezifische Theologie dieses Werks läßt sich vor allem in folgenden drei Textkomplexen erkennen:

2.1 Der Einbau der vorexilischen Urgeschichte Gen 2,4b-8,22 in das Exilische Geschichtswerk

Mehrere neuere Arbeiten haben im Gegensatz zur älteren Forschung, die die in Gen 2,4b beginnende vor-priesterschriftliche Urgeschichte als von Anfang an auf eine mit Abraham eröffnete Geschichte Israels hin konzipiert betrachtete, mit gewichtigen Argumenten wahrscheinlich gemacht, daß die Urgeschichte im Umfang von Gen 2,4b-8,22* zunächst als eigenständiger Erzählzyklus entstand und erst später in den Kontext einer Geschichtsdarstellung der Anfänge Israels eingefügt wurde. Nach der hier vertretenen Auffassung geschah dies eben in Zusammenhang der Entstehung des »Exilischen Geschichtswerks«, dessen Verfasser dann auch Gen 9,8-17*; 10* und 11,1-9* als Verbindungs- bzw. Überleitungstexte zur Abrahamgeschichte schufen.

Für die ursprüngliche Selbständigkeit von Gen 2,4b-8,22* sprechen vor allem drei Beobachtungen: 1. Die Urgeschichte selbst ist als in sich geschlossene Erzählkomposition lesbar; es gibt keinen Verweis in ihr über sie hinaus, und umgekehrt wird im vorpriesterschriftlichen Erzählzusammenhang »von Abraham bis Mose« nirgends auf sie eindeutig zurückverwiesen. 2. In inhaltlicher Hinsicht wird »der Mensch« in der Urgeschichte als seßhafter Ackerbauer »definiert« (vgl. Gen 2,5; 3,23), mit festen Bindungen an den »Erdboden« (vgl. die Fluchexistenz von Kain in Gen 4), wohingegen die Geschichte Abrahams, Isaaks und Jakobs die Existenz von Halbnomaden als Ideal entwirft, und selbst das Ziel des Exodus mit der Etikettierung »Land, fließend von Milch und Honig« ist zumindest sprachlich nicht als Überwindung der Fluchdimension von Gen 3-4 gekennzeichnet. 3. Der einzige Klammertext zwischen »Urgeschichte« und »Heilsgeschichte« ist Gen 12,1-4a; gerade er ist in sprachlicher Hinsicht ein »Mischgebilde«, das zwischen den unterschiedlichen Konzeptionen von Urgeschichte und Heilsgeschichte offensichtlich vermitteln soll. Daß Gen 12,1-4a eng mit Gen 2,4b-11,9 verzahnt ist, ist auf Grund der Stichwort- und Motivbezüge unbestreitbar (vgl. die Fluch-Segen-Linie: Gen 3,14-15.17-19; 4,11-12; 8,21; 12,2-3 sowie die Motive vom großen Namen und vom einen Volk in Gen 11,4.6; 12,2). Doch ist Gen 12,1-4a eben eine gezielte redaktionelle Brücke zwischen Urgeschichte und Abrahamgeschichte. Der Abschnitt könnte von jener exilischen Hand stammen, die das »Exilische Geschichtswerk« geschaffen hat. Allerdings gibt es zahlreiche Autoren, die Gen 12,1-4a sogar erst aus nachexilischer Zeit herleiten wollen.

Die Urgeschichte Gen 2,4b-8,22* (Umfang der noch eigenständigen Urgeschichte) bzw. Gen 2,4b-11,9 (Umfang im »Exilisches Werk«) entwirft *einerseits* »eine umfassende Beschreibung der *condition humaine*, der Lebenswelt des Menschen. Und sie tut das aus der Sicht der palästinischen Bauern... Zug um Zug entsteht so ein Bild des bäuerlichen Menschen und seiner Welt, geprägt durch das Handeln Jahwes und der Menschen sowie ihren gegenseitigen Interaktionen. Es ist ein Bild, das keineswegs nur Negatives beinhaltet, wohl aber einen ausgesprochen starken Realitätssinn enthält. Das menschliche Leben ist danach von einer tiefen Ambivalenz geprägt, von den zweifelhaften Folgen der Autonomie und der Gewalt der Sünde, aber auch von den Freuden der Schöpfung, den Tieren, der Frau, dem Wein, dem Schutz auch noch für den Mörder, den stabilen Ordnungen Gottes« (*F.Crüsemann*, Die Eigenständigkeit 27). *Andererseits* ist die Urgeschichte ein geradezu dramatischer Versuch, die verschiedenen Wahrnehmungen JHWHs in dem einen JHWH zusammenzudenken (der gute Schöpfergott, der strafende und der fürsorgliche Gott, der aus Barmherzigkeit rettende Gott, der Gott, der sich angesichts der Bosheit der Menschen göttliche Selbstbeschränkung auferlegt). Diese Multiperspektivität des *einen* JHWH, deren Eigenart gerade im Vergleich mit analogen altorientalischen Überlieferungen aufscheint und die *so* in den »Heilsgeschichts-Erzählungen« nicht gegeben ist, ist schlechterdings in einer frühen Epoche der Religionsgeschichte Israels nicht denkbar. Der theologische Horizont der Urgeschichte in ihrer »Endgestalt« ist dagegen, gerade in ihrer Verschränkung von Sündentheologie und Apologie JHWHs, in der exilischen/ frühnachexilischen Epoche gut vorstellbar.

2.2 Die Sinai-Erzählung des Exilischen Geschichtswerks

Der die vorpriesterschriftliche Sinai-Erzählung prägende Dreischritt Theophanie mit Bundesschluß (Ex 19-24) - Bundesbruch durch Übertretung des Bilderverbots (Ex 32) - Bundeserneuerung durch den vergebungswilligen, gnädigen Gott (Ex 33-34) geht erst auf eine dtr Bearbeitung der Exilszeit zurück. Sie wird greifbar in Ex 24,3-8, wo die dort gegebene »Grunderzählung« über Altarbau und Opfer als Antwort auf die in Ex 19 erzählte Theophanie nun überlagert ist durch eine in dtr Sprache gestaltete Schicht, die von der Niederschrift der dem Mose in Ex 20,22-23,33 von JHWH mitgeteilten »Worte und Rechtsvorschriften« im »Bundesbuch« (*sefær habbᵉrīt* »Urkunde des Bundes«: Ex 24,7) und von dem nach Verlesen dieses Bundesbuches rituell geschlossenen Bund (Ex 24,6-8) berichtet. Durch diese dtr Redaktion wurde das alt-ehrwürdige Bundesbuch am Sinai verortet, analog dem Deuteronomischen Gesetz (Dtn 12-26.28), das ja seinerseits seine »Biographie« als »Neufassung« des Bundesbuchs begonnen hatte. Da das Bundesbuch in seiner dtr Gestalt mit dem (dtr) Bilderverbot Ex 20,23 beginnt, wurde nun die in Ex 32 erzählte Anfertigung und Verehrung des Goldenen Kalbs zur Übertretung dieses Hauptgebots des Bundesbuchs und damit zum Bundesbruch, auf den dann der gnädige Bundesgott freilich mit der Erneuerung des Bundes antwortete - in Ex 34,1.4 erzählerisch entfaltet mit dem Motiv der zu erneuernden Tafeln, auf die nach dem Zusammenhang nun Ex 34,11-26 als Rekapitulation des Bundesbuchs geschrieben wird (vgl. den zu Ex 34,11-26 von der dtr Redaktion deshalb ausdrücklich neu geschaffenen Epilog des Bundesbuchs Ex 23,20-33). Diese

Theologie der Bundeserneuerung war von ihren Verfassern sowohl als exilische Reflexion über die Ursachen des Zusammenbruchs von 586 v.Chr. als auch als Hoffnung stiftende Vision inmitten der Resignation konzipiert.

2.3 Der Einbau des Dtn und die Weiterführung des Geschichtsbogens bis ins Exil

Das »Exilische Geschichtswerk« betrachtete die »Geschichte im Lande« vor allem unter der Perspektive des Gehorsams bzw. des Ungehorsams gegenüber »dem Buch der Tora«, das als Weisung für das Leben im Lande gegeben war (s.o. C.IV.). In der Sicht dieser exilischen Theologen gliederte sich die Geschichte »von den Anfängen bis zum Exil« *fundamental* in eine Epoche des Heils (Gen - Jos) und in eine Epoche des Unheils (Ri - 2 Kön). Maßstab für diese Beurteilung war die Frage, ob insbesondere die Könige, aber auch das Volk die in Dtn fixierte Tora beobachtet hatten. Das insgesamt eher negative Urteil bedeutete freilich nicht, daß die Geschichte Gottes mit seinem Volk Israel damit gescheitert oder gar am Ende sei. Das beschwörende Festhalten der Tora als einer Heilsgabe für das Leben »im Lande« muß vor dem Hintergrund des exilischen Landverlustes im Gegenteil als eine Öffnung der Geschichte auf Zukunft hin gelesen werden (s.u. D.II.).

3. Das Jerusalemer Geschichtswerk (»JG«)

3.1 Die Existenz eines vorexilischen Geschichtswerks

Zwar ist als Folge der Infragestellung des Vierquellen-Modells auch die grundsätzliche Bestreitung eines wie immer gestalteten *vorexilischen* geschichtstheologischen Entwurfs, der die Erzelternüberlieferungen *und* die Exodus-Sinai-Landnahmeüberlieferungen in *einem* Erzählbogen dargestellt hätte, derzeit weit verbreitet. Doch lassen sich *zugunsten der Möglichkeit* bzw. *der tatsächlichen Gegebenheit* eines solchen Entwurfs immerhin zwei gewichtige Erwägungen anstellen:
(1) Das Argument, eine derart breit und reflektiert arbeitende Theologie *der Geschichte* sei, wie z.B. der Vergleich mit der Erzählung von der Thronnachfolge zeige, die »nur« die spannungsgeladene Ereignisfolge darstelle, aber nicht über »die Geschichte« als theologisches Phänomen reflektiere, erst als geistes- bzw. theologiegeschichtlicher »Spätling« denkbar, dürfte zwar prinzipiell richtig sein. In der Tat entstehen die großen geschichtstheologischen Entwürfe als narrative Grundlagenreflexion nach der fundamentalen Erschütterung von 586 v.Chr. wie auch als Versuch, im kulturellen Gedächtnis der Geschichte die gefährdete bzw. zerbrochene Identität zurückzugewinnen. Doch auch der Untergang des Nordreichs 722 v.Chr. und die massive Bedrohung des Südreichs durch die Assyrer waren eine derart intensive Krisen- und Katastrophenerfahrung, daß bereits diese eine intensive theologische Aufarbeitung verlangten. Immerhin sind z.B. die Komposition des Amosbuchs und die Komposition von Hos 4-11 bzw. Hos 12-14 in dieser Zeit im Südreich geschaffen worden - mit der doppelten Absicht, sowohl die Ursachen des Zusammenbruchs des Nordreichs als auch für das Südreich Wege aus der drohenden Katastrophe aufzuweisen (s.u. F.VIII.1 und 3). Setzt man das Jerusalemer Geschichtswerk in die Frühzeit des Manasse (s.u.), also um 690 v.Chr., gehört es in die Nähe dieser prophetisch inspirierten »Reformbewegung«; es läßt sich dann, nicht zuletzt wegen ihres Programmtextes Ex 34,6-7.12-26* (das

sog. Privilegrecht, s.u.) als Dokument des prophetisch-priesterlichen Widerstandes gegen die Politik des Manasse begreifen. Setzt man das Geschichtswerk, nicht zuletzt wegen seiner Transformation des neuassyrischen Vasallitätskonzeptes in die JHWH-Volk-Bundestheologie in die Mitte des 7.Jh., so kann man JG als geschichtstheologischen Programmtext einer konstruktiven Restauration begreifen (s.u.), deren anderer großer Programmtext das joschijanische Dtn war (s.o. C.IV). (2) Das Hauptargument für die faktische Existenz eines übergreifenden Geschichtswerks bereits in vorexilischer Zeit, näherhin im 7.Jh., kann verständlicherweise nicht darin gefunden werden, daß *einzelne* Erzählblöcke (z.B. die »Grundschicht« der Exodus-Erzählung Ex 1-14[*]) von ihrer zeitgeschichtlichen Transparenz und ihrer theologiegeschichtlichen Einordnung her vorexilisch sind, sondern nur, wenn die Zusammenbindung von Erzelternerzählungen (»Väterüberlieferung«) *und* Israelüberlieferung (Exodus - Sinai usw.) als vorexilisch aufweisbar oder wenigstens wahrscheinlich ist. Das Hauptargument dafür liefert die noch in spätvorexilischer Zeit anzusetzende deuteronomistische Gestalt des Dtn (s.o. C.IV.2), insofern die spezifisch dtr Textschicht in Dtn 1-3, Dtn 5 und Dtn 9-10, aber auch Dtn 31 »weite Bereiche aus unseren Büchern Genesis - Numeri kennt und bei ihren Adressaten als bekannt voraussetzt. Kundschaftergeschichte, Wüstenwanderung und Horebgeschehen werden nicht erstmalig erzählt. Auf die Exodusgeschichte wird bis in Details anspielend zurückgegriffen. Der Zusammenhang mit Genesis - Numeri ist greifbar« (*N.Lohfink*, Die Väter Israels 105). *Dieser* Zusammenhang ist im Jerusalemer Geschichtswerk bzw. Jehowistischen Geschichtsbuch gegeben, dessen »Geistesverwandtschaft« mit dem Dtn schon *J.Wellhausen* konstatiert hatte, weshalb die spezifisch jehowistische Sprache und Konzeption in der Forschung auch protodeuteronomisch oder früh- bzw. prädeuteronomisch heißt. Weitere Indizien für ein vorexilisches Geschichtswerk könnten der im frühen Dtn geradezu stereotyp auftretende Verweis auf den »den Vätern« (= Erzvätern) von JHWH gemachten Schwur, ihnen bzw. ihren Nachkommen »das Land« zu geben, sowie das sog. kleine geschichtliche Credo Dtn 25,5b-9 sein, das Erzväterzeit - Exodus - Landgabe zusammenbindet. Da das Credo formgeschichtlich als Zusammenfassung vorgegebener Erzählungen zu erklären ist, setzt es am plausibelsten einen ihm entsprechenden Erzählbogen voraus, also am einfachsten unser JG.

3.2 Umfang und Theologie

Geht man von den im dtr Dtn vorausgesetzten vorpriesterschriftlichen Geschichtstraditionen aus, muß der *Umfang* des JG mindestens von Gen 12[*] bis Num 32[*] (von Abraham bis zur Landzuteilung an die ostjordanischen Stämme) angesetzt werden. Sein ursprünglicher *Anfang* dürfte in *Gen 11,27-32[*]* mit der Vorstellung der *personae dramatis* (Abraham, Sara und die Familie Milkas und Nahors) sowie mit den Themenperspektiven »von der Unfruchtbarkeit Saras zum großen Volk Israel« und »Aufbruch ins Land« zu suchen sein. Beachtet man mehrere kompositionell angezeigte Bögen (vor allem die Notizen über die Überführung der Gebeine Josefs Gen 50,25 → Jos 24,32; die bundestheologischen Weichentexte Gen 15; Ex 34; Jos 24; den Rückbezug von Jos 24,2 nach Gen 11,27-32[*]), dürfte das ursprüngliche *Ende* von JG in *Jos 24,32* gelegen haben.

Was die Verfasser von JG, die nicht nur Redaktoren, sondern theologisch gestaltende Autoren (u.a. in Aufnahme und Bearbeitung vorgegebener Erzählkränze, aber auch durch Schaffung eigener Textteile) waren, im *Bereich der Erzelternerzählungen* eingebracht haben, läßt sich folgendermaßen zusammenfassen:

Diese erste große Geschichtsdarstellung knüpft gleich zu Anfang in Gen 11,29 und dann durch den darauf zurückgreifenden Abschnitt Gen 22,20-24 durch die genealogischen Notizen die beiden ihr getrennt vorgegebenen Abraham- und Jakoberzählungen zusammen, »indem sie die Sippe in Haran vorstellt und eine Genealogie einführt, deren Spitze Rebekka, die Frau des Sarasohnes Isaak und Mutter Jakobs, ist.

12,6-9 und 13,1.3-4.14-17 schreibt sie Verheißungsabschnitte mit generationenübergreifender Reichweite in die Abrahamerzählung ein und stellt diese so unter das Motto der Verheißungen von Nachkommenschaft und Land. Gleichzeitig verknüpft sie damit den in den Südreich-Traditionen beheimateten Erzvater mit im Jakobzyklus relevanten Orten des Nordreichs. Die beiden Abschnitte rahmen jedoch auch die bereits vorhandene Preisgabeerzählung, Gen 12,10ff., wodurch diese die Sinndimension einer Verheißungspreisgabe erhält.

Ein erster schriftlicher Niederschlag von Gen 15* gibt auch der Hagarerzählung von Gen 16 den Anstrich des Kleinglaubens der nun unmittelbar vorausgehenden Erneuerung der Nachkommenschaftszusage gegenüber.

Als Höhepunkt der Geringachtung der Verheißungen im konkreten Leben wird eine zweite Preisgabeerzählung, Gen 20G [G=Grundschicht] in den bereits bestehenden Kontext an einer Stelle eingeschrieben, an der die Geburt Isaaks übers Jahr bereits angekündigt ist.

Zur Verkittung der beiden großen Erzählkreise wird schließlich ein im Abrahamkreis beheimateter Erzählstoff (Gen 26G) auf Isaak und Rebekka, die Eltern Jakobs, übertragen. Gen 26 hat jedoch innerhalb des Rebekka-Isaak-Kreises nicht dieselbe Funktion wie die Preisgabeerzählungen im Sara-Abraham-Kreis. Es geht nicht primär um das Versagen auf menschlicher Ebene angesichts der großen Verheißungen. Vorrangiges Ziel von Gen 26 ist die harmonische Verklammerung der beiden Überlieferungen um die Erzeltern des Südens und des Nordens durch die Schaffung eines verbindenden eigenen Erzählkreises. Dieser handelt nun von der Kindergeneration der Eltern im Süden, festzumachen am Namen Isaaks (Gen 18.21,6), und der Elterngeneration jener des Nordens, wofür der Name der Mutter Rebekka steht« (*I.Fischer*, Die Erzeltern 356).

Einen signifikanten theologischen Höhepunkt setzt JG in Gen 15,1-18*, wo es die in Gen 12,7 voranstehende Landverheißung an Abraham »Deinem Samen *werde ich dieses Land geben*« im Sinne einer privilegrechtlichen Bundestheologie juristisch interpretiert: »An jenem Tage *schloß* JHWH *mit* Abraham *einen Bund* des Inhalts: Deinem Samen *habe ich hiermit dieses Land gegeben*, vom Strom Ägyptens bis zum großen Strom, dem Eufratstrom...« Der juristische Aspekt der Landübereignung an Abraham, der zum Paradigma der gesamten Geschichte Israels wird, ist hier zweifach verdichtet: 1. Die Verbalform im Perfekt der Koinzidenz hat performativen Charakter (»hiermit übergebe ich...«); 2. Die Grenzbeschreibung des übereigneten Landes hat geradezu »Urkundencharakter«. Die Landübereignung ergeht in Gen 15* im Zusammenhang eines Bundesritus, der zwischen Schwurritus und Opferhandlung schwankt, und in dem JHWH, dabei bis an die Grenze des theologisch Zumutbaren gehend, geradezu den Ritus der Selbstverfluchung als Ausdruck der Selbstbindung an diese Landübereignung vollzieht.

Damit schlägt JG einen vielschichtigen Spannungsbogen zur *Sinaigeschichte* Ex 19.24.32*.34*, wo JHWH am/auf dem Sinai wie in Gen 15 mit den Zeichen von Feuer und rauchendem Ofen erscheint und worauf Mose bzw. Israel mit Altarbau und Opfer antwortet und wo, nach der Sünde des Goldenen Kalbs, JHWH abermals im Konzept der privilegrechtlichen Bundestheologie erklärt: »... denn gemäß dieser Worte *habe ich hiermit einen Bund* geschlossen *mit* dir und *mit* Israel« (Ex 34,27). »Diese Worte« sind der unmittelbar vorangehende Text des sog. Privilegrechts Ex 34,6-7.12-14.18-26°, das hier aus drei Teilen besteht (V.6-7: Selbstvorstellung JHWHs, V.12-14°: Fremdgötter- und Bündnisverbot, V.18-26°: Kultordnung als Ausdruck der JHWH-Alleinverehrung). Beide privilegrechtlichen »Bundesschlüsse«, die durch analoge sprachliche Gestaltung aufeinanderbezogen sind, gehören wie die zwei Seiten einer Medaille zusammen: In Gen 15 übereignet JHWH dem Abraham und seinem Samen das Land als Privileg (im Sinne eines Lehens); in Ex 34 formuliert JHWH das Privileg der alleinigen Verehrung, das Israel ihm als Ausdruck der Lehenstreue zurückgeben soll, und definiert zugleich die unaufgebbaren Merkmale der einzigartigen JHWH-Gesellschaft.

Das JG schließt mit einem Erzählzyklus über die *Landnahme*, dessen erzählerische Kristallisationsfigur Josua ist (s.u. D.III.) Seine große *Schlußszene Jos 24°* stellt Israel (d.h. auch bzw. gerade das Israel des 7. Jh.!) in Sichem, wo nach Gen 12,6f die erste Landverheißung für Israel erging, vor die Entscheidung, JHWH oder den fremden Göttern zu dienen (Jos 24,2.14.24; vgl. dazu auch Gen 35,1-7° JG: Entfernung der fremden Götter durch Jakob, ebenfalls in Sichem). Der Entschluß des Volkes für JHWH als den »einzigen« (d.h. für Israel einzigartigen) »Königsgott« wird von Josua durch einen feierlichen Bundesschluß (*berît*) besiegelt und in »Gesetz und Rechtsvorschrift« konkretisiert.

3.3 Zeitgeschichtliche Einordnung

Die Datierung von JG läßt sich am ehesten von der Sinaierzählung her eingrenzen. Dabei sind zwei Beobachtungen von Bedeutung, die Anfang oder (eher) Mitte des 7.Jh. als Entstehungszeit von JG nahelegen.

(1) Angesichts des Untergangs des Nordreichs 722 v.Chr., dessen Ursache JG im Abfall von JHWH sieht (erzählerisch verdichtet in der Erzählung Ex 32 vom Goldenen Kalb), und angesichts der bereits eingetretenen und noch weiter drohenden Land-Wegnahme durch die Assyrer, die ihre Expansionspolitik mit den ihnen vom Reichsgott Assur übertragenen Rechtsansprüchen propagandistisch legitimieren, wird hier ein Gegenkonzept entwickelt: JHWH *hat* Israel »das Land« durch einen Bundesschwur übereignet, *damit* er *dort* als der einzige und wahre Gott Israels verehrt wird (vgl. Gen 35,1-7°). JG ist damit Programmentwurf einer kämpferischen JHWH-Alleinverehrung (»intolerante Monolatrie«; vgl. die Begründung des Fremdgötterverbots in Ex 34,14: »denn JHWH, Eifersüchtiger ist sein Name, ein eifersüchtiger El ist er«; diese Definition JHWHs ist Pendant zu der ebenfalls zu JG gehörenden Gottesnamen-Theologie Ex 3,13-14!). Die stark kult- und sakralrechtliche Ausrichtung des Privilegrechts Ex 34,6-26° des JG hat zwei zeitgeschichtliche Haftpunkte: die wunderbare Errettung Jerusalems, des Ortes des Hauses JHWHs, vor den Assyrern 701 v.Chr. und die mit dem Regierungsantritt des Manasse (699 v.Chr.) offensichtlich zunehmende synkretistische Religionspolitik (2 Kön 21,7: »Manasse stellte *das Kultbild* der Aschera, *das er gemacht hatte,* in dem Haus auf, von dem JHWH zu David und dessen Sohn Salomo gesagt hatte: In diesem Haus und in Jerusalem will ich *meinen Namen* aufstellen...«; vgl. dazu Ex 32,4: »Und Aaron bearbeitete es zu einem *Kultbild* und *machte* es zu einem Kalb aus Gold«). Von daher richtet sich JG als Beschwörung

der Bundes-Geschichte JHWHs mit seinem Volk sowohl gegen die reale bzw. ideologische Bedrohung durch das assyrische Weltreich (vgl. auch die Grenzziehung »des Landes« in Gen 15,18) als auch gegen die tödliche (vgl. Untergang des Nordreichs) Gefahr der eigenen Gottvergessenheit (vgl. Manasse) und wäre *so* in die Frühzeit des Manasse (also ca. 690 v.Chr.) zu datieren.

(2) *E.Otto* hat jüngst herausgearbeitet, daß die von uns JG zugewiesene Sinai-Berit-Konzeption als religionspolemische Transformation des neuassyrischen Vertragskonzeptes verstanden werden kann (bzw. muß): »Daß mit der Motivkombination der Errettung vom Feind durch die Gottheit, Bundesschluß und ritueller Verpflichtung in Ex 14*; 19*; 34* ein neuassyrisch geläufiger Motivkomplex aufgenommen wird, ist nicht zu bestreiten. Aber ... [sie wird] aufgenommen, um sie an dem entscheidenden Punkt umzudeuten: Nicht dem König als Stellvertreter des Gottes Aššur gelten Rettung und Bund und nicht dem König gilt die Loyalität des Volkes und vermittelt durch den König dem Gott Aššur, sondern JHWH als dem rettenden Gott gilt sie unmittelbar. Und so hat nicht der König als ›Leitkanal göttlicher Gnade‹ die rituellen Pflichten zu erfüllen, sondern das Volk ... Neuassyrische Überlieferungen werden übernommen, um ihren Anspruch aus den Angeln zu heben und auf JHWH zu übertragen und so dem Herrschaftsanspruch des assyrischen Königs und mit ihm des Gottes Aššur die Begründung zu entziehen ... Das theologische Motiv eines Bundes der Gottheit mit dem Verehrerkreis ist ... keineswegs genuin judäisch. Das spezifisch Judäische der JHWH-Religion dieser Zeit ist nicht die Bundestheologie als solche, sondern die Revolte gegen die assyrische Herrschafts- und Königsideologie mittels der Bundestheologie. Neu also ist, daß das Motiv des Gottesbundes gezielt eingesetzt wird, um die neuassyrische Königsideologie ins Mark zu treffen, da JHWH, der Gott Israels, unmittelbar dem Volk aus der Not der Feindbedrohung hilft, mit ihm eine *bᵉrīt* schließt und ihm, nicht dem König, rituelle Pflichten auferlegt« (*E.Otto*, Ursprünge 60f). Von dieser Überlegung her wäre JG näher an das joschijanische Dtn heranzurücken, da hier eine analoge Transformation vorliegt, d.h. JG wäre dann eher in der Mitte des 7.Jh. entstanden.

4. JG vorgegebene und von ihm aufgenommene Erzählkränze und Rechtsüberlieferungen

Daß es schon in der frühen und mittleren Königszeit fest formulierte Erzählkränze gab, die von JG erstmals in eine zusammenhängende Geschichtsdarstellung der Anfänge Israels (bzw. des Verhältnisses JHWH-Israel »im Lande«) eingebaut worden sind, zeigt sich an der literarischen Vielgesichtigkeit von JG. Trotz eines erkennbaren übergreifenden Horizontes der Darstellung können die Profilunterschiede der einzelnen Blöcke nicht übersehen werden.

Besonders markant zeigt sich dies in den Gottesbildern: Der Gott des Abraham-Erzählkreises und des Jakob-Erzählkreises ist ein friedlicher/schützender Familiengott, der Gott der Josefsgeschichte ist der im Verborgenen die Welt und das Leben leitende Gott der Gerechtigkeit, der Gott der Exodus- und Sinaigeschichte ist ein kämpferischer, intoleranter Gott, der nicht nur die Feinde Israels, sondern auch Israel selbst mit seinem Göttlichkeitsanspruch konfrontiert. Auch sprachlich heben sich die angedeuteten Blöcke einerseits voneinander ab und sind andererseits durch entsprechende Querverweise stark binnenstrukturiert.

Diese Beobachtungen bieten den Ansatzpunkt zur Rekonstruktion der JG *vorgegebenen Erzählkränze*. Gut erkennbar sind: (1) der im Südreich entstandene Abraham-Sara- und Abraham-Lot-Erzählkranz (Gen 12,10-19,1ff*; vgl. dazu *I.Fischer*, Die Erzeltern 333-343); (2) der im Nordreich entstandene und dann ins Südreich »ausgewanderte« Jakobzyklus (vgl. dazu *E.Blum*, Komposition der Vätergeschichte); (3) die im Norden oder (wahrscheinlicher) im Süden als eigenständige Erzählung entstandene Josefsgeschichte (vgl. dazu *W.Dietrich*, Josephserzählung; *H.Donner*, Josephsgeschichte; *H.-Ch.Schmitt*, Josephsgeschichte; *H.Schweizer*, Josefsgeschichte); (4) die im Nordreich entstandene alte Exodusgeschichte Ex 1-14* (vgl. dazu *P.Weimar/E.Zenger*, Exodus; (5) um die Josua-Figur kristallisierte Sammlung von Erzählungen über die Landnahme (Jos 2-13.24*). Die Sinaigeschichte Ex 19.24.32.34* dürfte eine Schaffung von JG sein, wobei das *sog. Privilegrecht Ex 34* auf einen JG teilweise vorgegebenen Text zurückgeht, da dieser privilegrechtliche Text seinerseits wieder den Anstoß gab zu einer vor JG anzusetzenden Bearbeitung des Bundesbuchs (s.u. 174f).

Die den von JG aufgenommenen Erzählkränzen und Rechtssammlungen vorausliegenden *Einzelerzählungen* sind in ihrem Wortlaut nicht mehr zu rekonstruieren. Daß *ältere Überlieferungen*, die vor die Königszeit zurückreichen, vorauszusetzen sind, ist unbestreitbar. Sie werden dort greifbar, wo die Differenz zur »offiziellen« JHWH-Theologie noch hinter/in den Erzählungen erhalten blieb, wie dies z.B. in der Abraham-Lot-Überlieferung der Fall ist (Gen 18: JHWH erscheint dem Abraham in der Gestalt von drei Männern; Gen 19: JHWH zerstört als Sonnengott Schemesch, d.h. als »Sonne der Gerechtigkeit«, die böse Stadt Sodom). Auch der Kern der JHWH-Überlieferung in Ex 1-15 wird weit zurückreichen; ob das Lied Ex 15,21 deren sprachlich älteste Gestalt ist, ist unsicher.

Die ursprüngliche Eigenständigkeit z.B. eines Abraham-Erzählkranzes und einer Exodusgeschichte aus der Zeit zwischen 1000 und 800 v.Chr. läßt sich an ihren je spezifischen Gottesvorstellungen, ihrem unterschiedlichen literarischen Charakter und ihrem unterschiedlichen politischen Horizont erkennen (vgl. *K.Schmid*, Erzväter und Exodus). Während der Abraham-Erzählkranz eine Zusammenstellung von einzelnen, meist an bestimmten Orten spielenden Erzählungen ist, bietet Ex 1-15* eine zusammenhängende Geschehenskette. Während die Abrahamgeschichte (wie auch die Jakob-Geschichten) das Verhältnis Israels zu Nachbarvölkern (Moab, Ammon, Edom, Aram) reflektieren, spiegelt sich in Ex 1-15* das Verhältnis Israels zum *Staat* Ägypten wider. Während die Gottesvorstellungen der Erzväter inkludierender Natur ist (vgl. *K.Schmid* 126f: »Die Patriarchen kommen auf ihren Wanderungen und Wegen mit einer Reihe von Gottheiten in Kontakt, die sich ihnen unter verschiedenen Namen offenbaren und denen sie an verschiedenen Orten Kultstätten errichten. Für den Leser der Gen ist natürlich klar, daß hinter diesen Gottheiten immer ein und derselbe Gott steht, nämlich JHWH. Für die Akteure der Erzählungen ist dies nicht so deutlich und ihre Unsicherheit hat zweifellos einen religionsgeschichtlichen Hintergrund: Hinter den Erzvätererzählungen stehen Geschichten, die ursprünglich von mehreren und anderen Gottheiten und ihren Heiligtümern als nur von JHWH gehandelt hatten. Die Erzväter erkunden auf ihren Wanderungen eben dasjenige, was der Gang der Überlieferung erbracht hat, nämlich die Identifizierung unterschiedlicher Lokalgottheiten mit dem einen Gott Israels.«), ist die Exodusüberlieferung von einer exkludierenden, geradezu intoleranten Gotteskonzeption bestimmt.

5. Das Bundesbuch Ex 20,22-23,33

Das wegen Ex 24,7 von der Forschung das »Bundesbuch« genannte Rechtskorpus Ex 20,22-23,33 läßt sich auf der Ebene seiner Endgestalt, im Anschluß an *L.Schwienhorst-Schönberger,* folgendermaßen gliedern (zu einer etwas anderen Struktur vgl. *E.Otto,* Theologische Ethik 24):

20,22α	Redeeinleitung	
20,22αβ	Redeauftrag	

20,22b	Hinweis auf ergangene Rede (→ Dekalog Ex 20)	Pl.
20,23	Bilderverbot (Doppelprohibitiv)	Pl.
20,24-2	Altargesetz: Kultort	Sg.

21,1 Überschrift

21,2-11   Sklavenfreilassung (6 Jahre - 7. Jahr)

21,12-17	Todeswürdige Verbrechen (Ausnahme V.13)
21,18-32	Verletzung der körperlichen Integrität
21,33-22,14	Haftungen im Bereich der landwirtschaftlichen und handwerklichen Arbeit
22,15f	Verführung eines nicht verlobten Mädchens

22,17-19	Todeswürdige Verbrechen
22,20-26	Soziale Gebote
22,27-30	Religiöse Gebote
23,1-9	Soziale Gebote

23,10-12   Brachjahr- und Ruhetaggebot (6 Jahre - 7. Jahr)

23,13a	Hinweis auf ergangene Rede	Pl.
23,13b	Fremdgötterverb. (Doppelprohibitiv)	Pl.→Sg.
23,14-19	Festkalender: Kultzeit	Sg.

23,20-33	Epilog

Schon diese Gliederung läßt die bereits oben angesprochene späte Rahmung durch Ex 20,22-23 und Ex 23,20-33 erkennen. Daß der verbleibende Textbestand Ex 20,24-26; 23,1-19 eine mehrstufige Wachstumsgeschichte hat, die *außerhalb* ihres nun in Ex 19-24 gegebenen Erzählzusammenhangs verlaufen ist, ist weitgehender Konsens der Forschung. Umstritten ist, wann und mit welchem Umfang die Karriere dieses »Gesetzesbuches« begonnen hat. *L.Schwienhorst-Schönberger* hat beachtliche Gründe für die folgende *Hypothese* beigebracht:

»Unter literarhistorischem Gesichtspunkt bildet der *kasuistische Teil des Bundesbuches Ex 21,12-22,16*ʼ den ältesten Teil dieser Rechtssammlung. Gattungskritisch gesehen handelt es sich hierbei um ein *kasuistisches Rechtsbuch*, das im Kontext von Rechtsprechung und juristischer Gelehrsamkeit entstanden und überliefert worden ist.

Die beiden Elemente des kasuistischen Rechtssatzes, die ›Tatbestandsdefinition‹ und die ›Rechtsfolgebestimmung‹, gehen - idealtypisch vereinfachend gesprochen - auf die der Rechtsprechung entstammenden Elemente der ›Erzählung eines Rechtsfalles‹ und der ›Formulierung des Urteils‹ zurück. Die Umsetzung der Erzählung eines Rechtsfalles und der Formulierung eines Urteils in einen kasuistischen Rechtssatz und die systematische Zusammenstellung und Ergänzung solcher Rechtssätze zu einem Rechtsbuch führen aber nicht nur über die Rechtsprechung im Tor, sondern darüber hinaus über eine spezifisch juristische Gelehrsamkeit, die ihren institutionellen Ort in einer Art Schreiberschule gehabt haben dürfte. In Kanaan und Israel wird es - ähnlich wie in Syrien und Mesopotamien - solche Schulen gegeben haben. Vermittelt durch ihre kanaanäischen Vorgängerinnen standen die altisraelitischen Schreiberschulen in einer gemeinsamen altorientalischen Tradition. Diese Schreiberschulen waren Orte, an denen Israel die altorientalische Rechtskultur literarisch vermittelt worden ist. So lassen sich die zum Teil engen Berührungen zwischen Bundesbuch und anderen altorientalischen Rechtsbüchern erklären. Die kasuistischen Rechtssätze sind in der Regel nicht abstrakt, sondern in bezug auf einen konkreten Fall formuliert. Um zu verhindern, daß ein durch Zusammenstellung aller nur denkbaren Einzelfälle entstehendes Rechtsbuch unendlich anwächst, haben die altorientalischen und die in ihrer Tradition stehenden altisraelitischen Juristen verschiedene Techniken der Inklusion und Attraktion entwickelt. Dadurch wird deutlich, daß ein kasuistischer Rechtssatz, der auf einen konkreten Einzelfall bezogen ist, in der Regel nicht nur für diesen exakt beschriebenen Einzelfall, sondern auch für analoge Fälle Geltung beansprucht. So weist die Zusammenstellung der einzelfallbezogenen und gleichzeitig einzelfallübergreifenden kasuistischen Rechtssätze im Bundesbuch auf eine die verschiedenen Rechtsbereiche abdeckende Intention hin. Von daher ist es weder notwendig noch vom Textbestand her erforderlich, hinter diesem Rechtsbuch ursprünglich selbständige Teilsammlungen zu vermuten. Um in der Terminologie der Pentateuchtheorie zu sprechen: Ein Ergänzungsmodell (Grundbestand + Erweiterungen) kann die Entstehung des Rechtsbuches besser erklären als ein Fragmentenmodell.

Die Gesetze dieses Rechtsbuches... regeln Fälle, die sich im Rahmen einer seßhaften, vielleicht gerade seßhaft gewordenen, Viehzucht und Ackerbau treibenden, in offenen Dörfern lebenden und auf verwandtschaftlicher Basis egalitär strukturierten Bauern- und Hirtenkultur durchaus ereignen können. Der Geltungsanspruch dieser Gesetze darf aber nicht ohne weiteres mit dem Akt ihrer Promulgation gleichgesetzt werden. Ihr normativer Charakter wird nur wenig größer gewesen sein als der normative Charakter des Gewohnheitsrechts. Mit der Verschriftung des Rechts wächst sein normativer Anspruch, - durchaus vergleichbar mit dem Prozeß der Verschriftung alter Spruchweisheiten. Damit wird zugleich eine Orientierung in der Rechtsprechung gegeben und eine Tendenz zur Rechtsvereinheitlichung gelegt. Es ist also weder notwendig, noch von der Textlage her angezeigt, hinter dem kasuistischen Rechtsbuch eine ›legislative‹ Autorität - sei es die eines Gottes, eines Königs, eines Heiligtums oder eines zentralen Gerichtshofes - in der Geschichte des alten Israel zu suchen.

Eine genaue Datierung des Rechtsbuches ist schwierig. Aufgrund des institutionellen Haftpunktes der in der Tradition der kanaanäischen Schreiberschulen stehenden altisraelitischen Schreiberschulen wird man durchaus damit rechnen können, daß es in seinem ältesten Bestand in die vorstaatliche Zeit zurückreicht. Möglicherweise ging seine rechtsvereinheitlichende Kodifikation mit der Formation des vor- und frühstaatlichen Israel einher. Als rein profanes kasuistisches Rechtsbuch dürfte es bis in das 9./8. Jh. überliefert und fortgeschrieben worden sein.

Das im Kontext von Rechtsprechung und juristischer Gelehrsamkeit entstandene und überlieferte kasuistische Rechtsbuch wurde im Rahmen einer umfassenden Redaktion *theologisiert*. Formales Hauptkennzeichen dieser theologischen Redaktion ist die Stilisierung des durch soziale und sakrale Rechtsvorschriften erweiterten Rechtsbuches als Gottesrede. Auf dieser Ebene wird das profane kasuistische Recht zu einem von Gott *gesetzten* Recht und damit das Rechtsbuch zu einem *Gesetz*buch im engeren Sinne des Wortes. Traditionsgeschichtlich erweist sich die *gottesrechtliche Redaktion als protodeuteronomisch.*« (*L.Schwienhorst-Schönberger*, Das Bundesbuch 415f).

Auf dieser Ebene des Wachstums, das sich auch der Prophetie des 8.Jh. verdankt, gehört das Bundesbuch in die Nähe des JG, das ja seinerseits am Höhepunkt der Sinaigeschichte in Ex 34* das altehrwürdige Privilegrecht aufnimmt, das sich wie eine Art Kurzfassung des sakralrechtlichen Teils des Bundesbuchs liest. Das protodeuteronomische Bundesbuch hat seinerseits das hiskijanische Deuteronomium Dtn 12-26* angeregt (s.o. C.IV.2).

6. Relevanz des Jerusalemer Geschichtswerks

Das Jerusalemer Geschichtswerk hat in einer Stunde der geschichtlichen Erschütterung Israels die Geschichte selbst und die Geschichtserinnerung zu einem tragenden Fundament der Religion Israels gemacht. JG hat wohl erstmals die bis dahin getrennt überlieferten Erzählkreise über die Anfänge Israels so zu einem übergreifenden geschichtstheologischen Entwurf zusammengebunden, daß es Israels Existenz »im Lande« als eine geschichtlich gewordene sowie geschichtlichen Erschütterungen unterworfene Existenz darstellte und daß es andererseits diese geschichtliche Existenz als gemeinsame Geschichte des Gottes JHWH mit seinem Volk Israel interpretierte. Nicht nur *einzelne* okkasionelle Ereignisse wurden als geschichtliches Handeln JHWHs verstanden - das gab es auch in den »historischen« Texten (Annalen, Königsinschriften, Bauinschriften, Chroniken u.ä.) der Umwelt Israels -, sondern die *Geschichte Israels selbst* inmitten der Völkerwelt wurde nun zum Ort und Medium der Konstitution und der Identitätsbewahrung Israels - und der Selbstauslegung (»Offenbarung«) JHWHs. Mit seinem Geschichtswerk schuf JG die normative Erinnerungsfigur für die identitätsstiftende Geschichtskultur Israels. Die zentrale Kategorie, mit der JG die Kette der Einzelereignisse zur »Geschichte« transformiert, ist die (privilegrechtliche) Vorstellung vom Vertrag bzw. Bund (*bᵉrīt*). JG greift dabei eine Kategorie auf, die politisch und theologisch in direktem Zusammenhang mit der diplomatischen Praxis stand, in die auch Israel verwoben war. Schon seit der 2. Hälfte des 2. Jt. war das zwischenstaatliche Vertragswesen zur wichtigen Struktur des Zusammenlebens der kleineren und größeren Staaten des Vorderen Orients geworden. Die assyrische Expansionspolitik machte die Verträge sogar zum konstitutiven Mittel der Politik gegenüber den kleinen Nachbarstaaten. Auch Israel konnte sich dieser juristisch auftretenden Machtpolitik nicht entziehen. Die theologiepolitische Dimension des Vertragswesens bestand darin, daß die »gemeinsamen« Götter der Vertragspartner in eine Art völkerrechtliche Instanz einrückten, denn die Verträge wurden vor den Göttern als Schutzmächten durch Eideszeremonien beschworen. Vertragsbruch der Vasallen gegenüber dem assyrischen Großkönig wurde damit zur »Sünde« gegen die Götter und forderte die Strafexpedition der Assyrer im Namen der göttlichen Gerechtigkeit heraus.

Gegen diese assyrische Vertragsideologie, der sich Manasse anscheinend kompromißbereit zu fügen schien, entwickelten die prophetisch-priesterlichen Oppositionsgruppen, die hinter JG stehen, ihr spezifisch jahwistisches Vertrags-Konzept.

JHWH war nicht mehr nur ein Gott (neben anderen), der als Schutzherr eines Vertrages angerufen würde, sondern nun entstand die Idee eines Vertrages, den dieser Gott selbst mit Israel schloß, »als wäre er der Großkönig von Ägypten oder Assyrien. Dadurch werden zwei völlig neue Größen geschaffen: der Gott als *Herr* und das *Volk* als Subjekt der Geschichte. Einen solchen Vertrag kann man nicht auf Zeit schließen; es ist evident, daß der hier in Anspruch genommene Zeithorizont in Urzeit und Endzeit ausgreift. Im Rahmen dieser neuartigen theokratischen Konstellation entfaltet sich das Konzept der Heilsgeschichte« (*J.Assmann*, Das kulturelle Gedächtnis 256f). In diesem Konzept wird die Geschichte zum Ort der Verwirklichung des Gottesbundes. JG realisiert die für die Religion Israels konstitutive Verschränkung von »Geschichte« und »Gesetz«, die dann zur Grundstruktur des Pentateuch überhaupt wurde. In diesem Sinn kann man JG durchaus das erste »israelitische Nationalepos« (*R.Smend*) und Israels erste große Ätiologie nennen. Als solche ist JG nicht die Legitimation des politischen status quo. Seine ganze Tendenz ist staats- und machtkritisch (vgl. besonders die Exodus-Erzählung als normative Erinnerungsfigur). Auch die Tatsache, daß es seinen Erzählbogen gerade *vor* der Entstehung des Staates abbricht, zeigt, daß es nicht im Dienst der Herrschaftsstabilisierung steht. Insofern JG seinen Programmtext Ex 34[*] (»Privilegrecht«) als Höhepunkt der Exodus-Erzählung (neu) gestaltet, hat es das Proprium des in Israel einzig zu verehrenden JHWH definitiv in seinem rettenden Einsatz für Unterdrückte und vom Tod Bedrohte festgeschrieben. Geschichtserinnerung *und* Geschichte geschehen seit JG in Israel dort und dann, wo Israel seine Identität als Volk der Geretteten und der Retter sucht. Das ist eine bleibende theologisch-politische Vorgabe auch für die Kirche (nach innen und nach außen) *und* für deren gelebte Solidarität mit Israel.

D.   Die Bücher der Geschichte

I.   Eigenart und Bedeutung der Geschichtserzählungen Israels
(Erich Zenger)

Literatur: B.Albrektson, History and the Gods. An Essay on the Idea of Historical Events as Divine Manifestations in the Ancient Near East and in Israel (CB.OT 1) Lund 1967; H.Cancik, Grundzüge der hethitischen und alttestamentlichen Geschichtsschreibung, Wiesbaden [2]1991; J.N.Carreira, Formen des Geschichtsdenkens in altorientalischer und alttestamentlicher Geschichtsschreibung: BZ 31,1987,36-57; H.Gese, Geschichtliches Denken im Alten Orient und im Alten Testament: ZThK 55,1958,127-145; G.Hölscher, Geschichtsschreibung in Israel. Untersuchungen zum Jahwisten und Elohisten (SHVL) Lund 1952; N.Lohfink, Heilsgeschichte. Die Geschichtstheologie eines heilsgeschichtlichen Paradebeispiels der letzten Jahrzehnte, in: ders., Unsere großen Wörter, Freiburg 1977,76-91; H.D.Preuß, Theologie des Alten Testaments. Band 1, Stuttgart 1991,228-258; G.von Rad, Der Anfang der Geschichtsschreibung im Alten Israel, in: ders., Gesammelte Studien zum Alten Testament (ThB 8) München [3]1965,148-188; H.H.Schmid, Das alttestamentliche Verständnis von Geschichte in seinem Verhältnis zum gemeinorientalischen Denken: WuD 13,1975,9-21; R.Schmitt, Abschied von der Heilsgeschichte? Untersuchungen zum Verständnis von Geschichte im Alten Testament (EHS.T 195) Frankfurt/Bern 1982; H.Schulte, Die Entstehung der Geschichtsschreibung im alten Israel (BZAW 128) Berlin 1972; J.van Seters, Der Jahwist als Historiker (ThSt 134) Zürich 1987; R.Smend, Elemente alttestamentlichen Geschichtsdenkens (ThSt 95) Zürich 1968.

Daß hier im Anschluß an die Einheitsübersetzung der zweite Teil des Ersten Testaments »Bücher der Geschichte« genannt wird, soll die Differenz zum Pentateuch herausstellen. Während der Pentateuch »die Anfänge« Israels in ätiologischer und paradigmatischer Absicht so erzählt, daß sogar in literarischer Hinsicht Jahwe als der Gott Israels der Hauptakteur der Geschichte(n) ist, die weitgehend *außerhalb des Landes* spielen (und wo sie, wie in Gen, »im Lande« spielen, tun sie dies im gebrochenen Modus der Verheißung), setzt ab dem Buch Josua die Geschichte Israels im Lande ein. Und diese spielt auf der Bühne der politischen Geschichte des Vorderen Orients, deren israelitische und nichtisraelitische Akteure historische Namen tragen und deren Ereigniszusammenhänge durch die Erzähler selbst in historische Chronologien eingeordnet werden. Anders als im Pentateuch, der seine Geschichtslinie nicht bis in die Zeit der Erzähler auszieht (das nahmen nur einige Forscher wie z.B. *G.Hölscher* und *H.Schulte* an, die ihren Jahwisten als theologisch-politische Geschichtsschreibung verstanden), werden in den meisten »Büchern der Geschichte« die behandelten Epochen so erzählt, daß ihr Zusammenhang mit der Zeit der Erzähler geradezu das Hauptinteresse der Erzählung ist. Die Erzählungen haben meist ein Doppelgesicht: Einerseits werden die erzählten Ereignisse in einer (intellektuellen) Form des kausalen Denkens zu einer größeren Abfolge historischer und politischer Geschehnisse zusammengeschaut; andererseits werden diese Geschehnisse, im einzelnen unterschiedlich intensiv, mit JHWHs Wirken und Geschichtsplan in Verbindung gebracht.
Ob man diese Bücher »Geschichtsschreibung« nennen kann und soll, ist eher fraglich. Die Zweifel haben weniger darin ihren Grund, daß die meisten dieser Bücher schon in literarischer Hinsicht nicht den Maßstäben neuzeitlicher Historiographie entsprechen, weil sie eine bunte, oft recht lockere Aneinanderreihung unterschiedlicher »historischer« Gattungen (Sagen, Tempel- und Hofannalen, Kriegsberichte, Siegeslieder, politisches Testament, Gebete, Vertragstexte, Kurzbiographien u.ä.) sind. In ihnen finden sich sogar Erzählungszyklen integriert, die der Gattung »Geschichtsschreibung« so nahekommen, daß man sie geradezu als Anfang der Geschichtsschreibung überhaupt beurteilt hat (z.B. die Geschichte von der Thronnachfolge Davids). Daß diese Bücher weder für sich genommen noch in ihrem größeren Kompositionszusammenhang gelesen, in den sie teilweise gehören (s.u. D.II.), »Geschichtsschreibung« sind, hängt mit ihrer eigentlichen Absicht zusammen. Es geht ihnen gar nicht darum, die Geschichtszusammenhänge möglichst detailliert und authentisch nachzuzeichnen, sondern sie wollen die erzählten Ereignisabfolgen auf die von ihnen konzipierte *theologische Theorie* der

Geschichte hin transparent machen. Zumindest in den Schlußphasen der Redaktion wollen sie nicht Geschichtsdarstellung, sondern Geschichtsdeutung und Theologie der Geschichte bieten. Am deutlichsten wird dies dort erkennbar, wo die Geschichtsüberlieferungen geradezu zum frei disponiblen »Material« von Geschichtstheologie werden, wie das z.B. in den Büchern Judit und Ester (s.u. C.XI. und XII.) geschieht.

In den »Büchern der Geschichte« wird erkennbar, daß Israel seine spezifische Beziehung zur »Geschichte« hat. Auch wenn man der vor allem durch *G.von Rad* vielfach vorgetragenen These, wonach »die Geschichte« der bevorzugte Ort der Gotteserfahrung und die Geschichte (als *history*/Ereignis und als *story*/Erzählung über das Ereignis) die dem Gott Israels im Grunde *allein angemessene* Kategorie der Offenbarung sei, in dieser Exklusivität nicht zustimmen kann, so ist doch damit Entscheidendes für Israel und zugleich Israel von seiner Umwelt Unterscheidendes gesagt:

1. Die früher oftmals vertretenen Auffassungen, daß JHWH und die Götter der Umwelt Israels sich nur in der Geschichte offenbarten, daß das Zeitverständnis Israels linear und das der Umweltvölker zyklisch sei, daß die Geschichtsschreibung im eigentlichen Sinne zuallererst in Israel entstanden sei, daß »das Alte Testament... ein Geschichtsbuch sei« (*G.von Rad*) und der Glaube Israels immer auf einen göttlichen Selbsterweis in der Geschichte bezogen sei, waren Positionen, deren polemisch-apologetischer oder systematisch-theologischer Ursprung heute auf der Hand liegt. Sie sind durch zahlreiche Arbeiten der beiden letzten Jahrzehnte weitgehend falsifiziert worden, vor allem durch die Monographien von *B.Albrektson* (History and the Gods 1967), *H.Cancik* (Grundzüge der hethitischen und alttestamentlichen Geschichtsschreibung 1976) und *J.van Seters* (Der Jahwist als Historiker 1987). Während *Cancik* aufzeigt, daß alle formalen Elemente, für die traditionell das Erstgeburtsrecht der Geschichtsüberlieferung Israels reklamiert wurde, im wesentlichen schon in der hethitischen Historiographie gegeben sind (vor allem: Darstellung komplexer Handlungen unter einem einheitlichen Gesichtspunkt und nach Kausalzusammenhängen), belegt *Albrektson* überzeugend, daß auch in Israels Umwelt die Götter sich in geschichtlichen Ereignissen, vor allem im Krieg, offenbaren, daß die Götter insbesondere im König als ihrem Repräsentanten die Herrschaft ausüben, daß machtvolles Götterwort sich im privaten und öffentlichen Bereich als Geschehen verwirklicht, daß Götter plan- und zielvoll handeln und sich dabei von Eigenschaften wie Zorn, Erbarmen, Gerechtigkeit leiten lassen. Und *van Seters* weist in seiner Studie nach, wie verwandt Israels »Geschichtsbücher« mit der griechischen und spätbabylonischen Historiographie sind (dieses Ergebnis bleibt gültig, auch wenn man die literaturgeschichtlichen Theorien *van Seters'* nicht akzeptieren kann). Allerdings wird gerade an diesen drei Studien die dreifache Differenz zwischen Israel und seiner Umwelt sichtbar, nach der: (1) »eine Geschichtstheologie... dem Alten Orient ganz fremd war« (*W.von Soden*); (2) eine derart umfangreiche, so weit ausholende Anbindung einer fortschreitenden Geschehenskette an ein und denselben Gott, wie dies im AT der Fall ist, sich im Alten Orient und Ägypten nicht finden läßt; (3) die Geschichtserzählungen Israels meist »das Volk« als Haupt-Akteur der Geschichte im Blick haben (auch dort, wo es sich auf der Oberflächenstruktur des Textes um Königsgeschichte handelt).

2. Israels Geschichtstheologie hat ihre unverwechselbaren Konturen in Epochen geschichtlicher Erschütterungen gefunden. So verwundert es nicht, daß die meisten »Bücher der Geschichte« ihre entscheidende literarische (End-)Gestalt in der Auseinandersetzung mit geschichtlichen Krisenerfahrungen erhalten haben (Untergang des Nordreichs 722 v.Chr.; Exilserfahrung des 6.Jh.; hellenistische Erschütterungen im 3.Jh.; Makkabäerzeit 2.Jh.). Angesichts dieser Erfahrungen entstand Israels Theologie der Geschichte als Meta-Theorie über Bedingungen, Sinn und Ziel von Geschichte überhaupt. Dabei werden nicht einfach Ereignisse gesammelt und erzählerisch nebeneinandergestellt, die als speziell von Gott gewirkte Geschichtsfakten erkannt und im Sinne einer »heilsgeschichtlichen« Fortschrittsgeschichte gelesen werden sollen. Es wird vielmehr ein Zweifaches intendiert: Zum einen geht die Geschichtstheologie Israels davon aus, daß der Gesamtverlauf der Geschichte als eine einzige große Tat Gottes geglaubt werden muß, die seinem tiefsten Wesen entspricht, das er in der für Israels Geschichtserinnerung normativen Exodus-Tat geoffenbart hat. Und zum anderen ist der Exodus als normative Erinnerungsfigur zugleich das geschichtstheologische Kriterium, nach dem die erzählten »Stoffe« ausgewählt und beurteilt werden.

3. Legt man die von C.Lévi-Strauss vorgenommene Unterscheidung »kalter« und »heißer« Gesellschaften zugrunde, wobei »kalte« Gesellschaften solche sind, die so »gefroren« sind, daß sie das Eindringen geschichtlicher Veränderungen gezielt verhindern wollen, während »heiße« Gesellschaften gerade darauf aus sind, die geschichtlichen Widerfahrnisse zum Motor ihrer Entwicklung zu machen, so präsentiert sich Israel in den »Büchern der Geschichte« als Prototyp einer »heißen« Gesellschaft. Israel konzentriert sich geradezu auf die Erinnerung der gesellschaftsverändernden und -erneuernden Geschichtserfahrungen *und* konfrontiert diese kritisch-utopisch mit gesellschaftlichen und politischen Geschehnissen und Zuständen, die den »Sinn« der Geschichte behindern. So ist die Geschichtstheologie Israels eine Form von Widerstand gegen alles, was der Geschichte als Befreiungstat JHWHs widerspricht. Sie will gerade in Zeiten der Erschütterung und der drohenden Gottlosigkeit eine unzerstörbare »Heimat« in der »Geschichte« JHWHs selbst anbieten, die freilich wie die »Luft von einem anderen Planeten« (*H.Marcuse*) erscheinen mag, weil sie die sogenannten Realitäten und den politischen status quo in Frage stellt und die Sehnsucht nach dem »Ziel« der Geschichte wachhält. Genau darum geht es letztlich in den »Büchern der Geschichte Israels«, insofern sie Israels kulturelles Gedächtnis sind. »Mit dem kulturellen Gedächtnis verschafft der Mensch sich Luft in einer Welt, die ihm in der ›Realität des täglichen Lebens‹ zu eng wird. Das gilt auch und gerade von der Erinnerung an die Vergangenheit: ›Die Erinnerung an die Vergangenheit kann gefährliche Einsichten aufkommen lassen, und die etablierte Gesellschaft scheint die subversiven Inhalte des Gedächtnisses zu fürchten... Das Erinnern ist eine Weise, sich von den gegebenen Tatsachen abzulösen, eine Weise der ›Vermittlung‹, die für kurze Augenblicke die Macht der gegebenen Tatsachen durchbricht. Das Gedächtnis ruft vergangenen Schrecken wie vergangene Hoffnung in die Erinnerung zurück‹« (*J.Assmann*, Das kulturelle Gedächtnis, München 1992,85f, mit Zitaten aus *H.Marcuse,* Der eindimensionale Mensch, Darmstadt 1967,117f).

4. Die »Bücher der Geschichte« ziehen aus dem kulturellen Gedächtnis Israels unterschiedliche, teilweise sogar konträre Konsequenzen für die jeweils anvisierte Gegenwart (bzw. Abfassungszeit des einzelnen »Buches«). Die Erinnerung an den eigenen Ursprung »in der Fremde« und an das Erlebnis des Fremd-Seins in Ägypten treibt im Buch Rut dazu, gerade die fremden Frauen und das Verhalten ihnen gegenüber im Horizont der vom Gott Abrahams und Saras intendierten universalen Segensgeschichte (vgl. Gen 12,1-3) zu sehen, während die Bücher Esra und Nehemia die Aufnahme fremder Frauen als Quelle des Unheils bekämpfen (vgl. Esra 13; Neh 10); Rut kann man geradezu als »Gegengeschichte« zu Esra/Neh lesen. Ähnlich lassen sich die Makkabäerbücher und das Buch Judit als miteinander konkurrierende Aktualisierung der Geschichtserinnerung Israels lesen. Dieser unterschiedliche Umgang mit »der Geschichte« macht die Zeit- und Situationsbedingtheit der in der Geschichte sich offenbarenden Gottes-Wahrheit deutlich. Was »wahr« ist, muß sich im gemeinsamen Diskurs mit der Geschichte *und* mit der konkreten Situation erweisen.

II.   Die Theorien über das Deuteronomistische Geschichtswerk (»DtrG«)
(Georg Braulik)

Forschungsüberblicke: H.Weippert, Das deuteronomistische Geschichtswerk. Sein Ziel und Ende in der neueren Forschung: ThR 50,1985,213-249; H.D.Preuß, Zum deuteronomistischen Geschichtswerk: ThR 58,1993,229-264.341-395; Th.Römer/A.de Pury, L´historiographie deutéronomiste (HD). Histoire de la recherche et enjeux du débat, in: A.de Pury/Th.Römer/J.-D.Macchi (Hg.), Israël construit son histoire (s.u.) 9-120.
Einzelstudien: H.Ausloos, Les extrêmes se touchent ... Proto-Deuteronomic and Simili-Deuteronomistic Elements in Genesis-Numers, in: M.Vervenne/J.Lust (Hg.) Deuteronomy and Deuteronomic Literature. FS C.H.W.Brekelmans (BEThL CXXXIII) Leuven 1997,341-366; B.Becking, Jehojachin´s Amnesty, Salvation for Israel? Notes on 2 Kings 25,27-30, in: C.Brekelmans/J.Lust (Hg.) Pentateuchal and Deuteronomistic Studies. Papers Read at the XIIIth IOSOT Congress Leuven 1989 (BEThL XCIV) Leuven 1990,283-293; G.Braulik, Zur deuteronomistischen Konzeption von Freiheit und Frieden, in: Studien zur Theologie des Deuteronomiums (SBAB 2) Stuttgart 1988,219-230; C.H.W.Brekelmans, Die sogenannten deuteronomistischen Elemente in Genesis bis Numeri. Ein Beitrag zur Vorgeschichte des Deuteronomiums, in: G.W.Anderson u.a. (Hg.), Volume du Congrès Genève 1965 (VT.S 15) Leiden 1966,90-96; A.F.Campbell, Of Prophets and Kings. A Late Ninth-Century Document (1Samuel - 2Kings 10) (CBQ.MS 17) Washington/DC 1986; F.M.Cross, The Themes of the Book of Kings and the Structure of the Deuteronomistic History, in: Canaanite Myth and Hebrew Epic. Essays in the History of the Religion of Israel, Cambridge/Massachusetts [4]1980,274-289; W.Dietrich, Prophetie und Geschichte. Eine redaktionsgeschichtliche Untersuchung zum deuteronomistischen Geschichtswerk (FRLANT 108) Göttingen 1972; P.Dutcher-Walls, The Social Location of the Deuteronomists. A sociological Study of Factional Politics in Late Pre-Exilic Judah: JSOT 52,1991,77-94; E.Eynikel, The Reform of King Josiah and the Composition of the Deuteronomistic History (OTS 33) Leiden 1996; R.E.Friedman, The Exile and Biblical Narrative. The Formation of the Deuteronomic and Priestly Works (HSM 22) Chico/CA 1981; B.Halpern, The First Historians. The Hebrew Bible and History, San Francisco 1988; B.Halpern/D.S.Vanderhooft, The Edition of Kings in the 7th-6th Centuries B.C.E.: HUCA 62,1991,1179-244; C.Hardmeier, Umrisse eines vordeuteronomistischen Annalenwerks der Zidkiazeit. Zu den Möglichkeiten computergestützter Textanalyse: VT 40,1990,165-184; H.-D.Hoffmann, Reform und Reformen. Untersuchungen zu einem Grundthema der deuteronomistischen

Geschichtsschreibung (ATANT 66) Zürich 1980; A.Jepsen, Die Quellen des Königsbuches, Halle/Saale 1953 / ²1956; G.N.Knoppers, Two Nations under God. The Deuteronomistic History of Salomon and the Dual Monarchies (HMS 52 und 53) Atlanta 1993 und 1994; A.. Lemaire, Vers l'histoire de la redaction des livres Rois: ZAW 98,1986,221-235; J.R.Linville, Israel in the Book of Kings. The Past as a Project of Social Identity (JSOT.S 272) Sheffield 1998; N.Lohfink, Welches Orakel gab den Davididen Dauer? Ein Textproblem in 2 Kön 8,19 und das Funktionieren der dynastischen Orakel im deuteronomistischen Geschichtswerk, in: U. Struppe (Hg.), Studien zum Messiasbild im Alten Testament (SBAB 6) Stuttgart 1989,127-154; ders., Kerygmata des deuteronomistischen Geschichtswerks, in: Studien zum Deuteronomium und zur deuteronomistischen Literatur II (SBAB 12) Stuttgart 1991,125-142; ders., Gab es eine deuteronomistische Bewegung?, in: Studien zum Deuteronomium und zur deuteronomistischen Literatur III (SBAB 20) Stuttgart 1995,65-142; ders., How the Deuteronomists Wrestled with the Wrath of God (1998; unveröffentlicht); A.D.H. Mayes, The Story of Israel between Settlement and Exile. A Redactional Study of the Deuteronomistic History, London 1983; St.L.McKenzie, The Trouble with Kings. The Composition of the Book of Kings in the Deuteronomistic History (VT.S 42) Leiden 1991; St.L.McKenzie/ M.P.Graham (Hg.), The History of Israel's Traditions. The Heritage of Martin Noth (JSOT.S 182) Sheffield 1994; A.Moenikes, Zur Redaktionsgeschichte des sogenannten Deuteronomistischen Geschichtswerks: ZAW 104,1992, 333-348; E.T.Mullen, Narrative History and Ethnic Boundaries. The Deuteronomistic Historian and the Creation of Israelite National Identity (SBL.Semeia Studies) Atlanta 1993; R.D.Nelson, The Double Redaction of the Deuteronomistic History (JSOT.S 18) Sheffield 1981; F.A.J.Nielsen, The Tragedy in History. Herodotus and the Deuteronomistic History (JSOT.S 251) Sheffield 1997; M.Noth, Überlieferungsgeschichtliche Studien. Die sammelnden und bearbeitenden Geschichtswerke im Alten Testament (SKGG 18,2) Tübingen ³1967 (=Halle/ Saale 1943, 43-266); M.A.O'Brien, The Deuteronomistic History Hypothesis: a Reassessment (OBO 92) Fribourg /Göttingen 1989; B.Peckham, The Composition of the Deuteronomistic History (HSM 35), Atlanta/GA 1985; I.W.Provan, Hezekiah and the Book of Kings. A Contribution on the Debate about the Composition of the Deuteronomistic History (BZAW 172) Berlin 1988; A.de Pury/Th.Römer/J.-D.Macchi (Hg.), Israël construit son histoire. L'historiographie deutéronomiste à la lumière des recherches récentes (MoBi 34) Genève 1996; G.v.Rad, Die deuteronomistische Geschichtstheologie in den Königsbüchern, in: Deuteronomium-Studien (FRLANT 58) Göttingen 1947,52-64; W.Roth, Deuteronomistisches Geschichtswerk/Deuteronomistische Schule, in: TRE 8, 1981,543-552; H.-C.Schmitt, Das spätdeuteronomistische Geschichtswerk Genesis I - 2 Regum XXV und seine theologische Intention, in: J.A.Emerton (Hg.), Congress Volume Cambridge 1995 (VT.S 66) Leiden 1997, 261-279; J.van Seters, In Search of History. Historiography in the Ancient World and the Origins of Biblical Historiography, New Haven 1983; R.Smend, Das Gesetz und die Völker. Ein Beitrag zur deuteronomistischen Redaktionsgeschichte, in: Die Mitte des Alten Testaments. Gesammelte Studien 1 (BhEvTh 99) München 1986,124-137; O.H.Steck, Strömungen theologischer Tradition im Alten Israel, in: Wahrnehmungen Gottes im Alten Testament (ThB 70) München 1982,291-317; W.Thiel, Die deuteronomistische Redaktion von Jeremia 1-25 (WMANT 41), Neukirchen-Vluyn 1973; ders., Die deuteronomistische Redaktion von Jer 26-45 (WMANT 52) Neukirchen-Vluyn 1981; G.Vanoni, Beobachtungen zur deuteronomistischen Terminologie in 2 Kön 23,25-25,30, in: N.Lohfink (Hg), Das Deuteronomium. Entstehung, Gestalt und Botschaft (BETL LXVIII) Löwen 1985, 357-362; T.Veijola, Die ewige Dynastie. David und die Entstehung seiner Dynastie nach der deuteronomistischen Darstellung (AASF B, 193) Helsinki 1975; ders., Das Königtum in der Beurteilung der deuteronomisti-schen Historiographie. Eine redaktionsgeschichtliche Untersuchung (AASF B 198) Helsinki 1977; M.Vervenne, The Question of »Deuteronomic« Elements in Genesis to Numbers, in: F.García Martínez u.a. (Hg.), Studies in Deuteronomy. FS C.Labuschagne (VT.S 53) Leiden 1994,243-268; H.Weippert, Die »deuteronomistischen« Beurteilungen der Könige von Israel und Juda und das Problem der Redaktion der Königsbücher: Bib. 53,1972,301-339; dies., Geschichten und Geschichte: Verheißung und Erfüllung im deuteronomistischen Geschichtswerk, in: Congress Voume Leuven 1989 (VT.S 43) 1991,116-131; C.Westermann, Die Geschichtsbücher des Alten Testaments. Gab es ein deuteronomisti-sches Geschichtswerk? (ThB 87) Gütersloh 1994; H.-W.Wolff, Das Kerygma des deuteronomistischen Geschichtswerks, in: Gesammelte Studien zum Alten Testament (ThB 22) München ²1973, 308-324; E.Würthwein, Studien zum Deuteronomistischen Geschichtswerk (BZAW 227) Berlin-New York 1994.

1. Die entstehungsgeschichtliche und die kanonische Bücherabfolge

Das »Deuteronomistische Geschichtswerk« umfaßte einst die Bücher Dtn, Jos, Ri, 1-2 Sam, 1-2 Kön. Nicht zu ihm gehörte das Buch Rut, das erst im Kanon der griechischen Bibel, der Septuaginta, zwischen den Büchern Ri und 1 Sam eingereiht wurde, weil es historisch nach der von ihm erzählten Zeit dorthin paßt. Doch zerreißt es dort einen ursprünglichen Zusammenhang, den der hebräische Kanon noch bietet. Die Bücherabfolge der Septuaginta wird auch durch die anderen »historischen« Bücher verundeutlicht, die deshalb, weil sie zur Gattung »Geschichtsbücher« gehören, sofort an 2 Kön angeschlossen wurden, aber im älteren hebräischen Kanon erst im dritten Kanonteil, den »Schriften«, stehen. Weil dieses Studienbuch dem Aufbau unseres Alten Testaments folgt, gehen wir im folgenden auf eine ältere Bücheranordnung zurück und erfassen damit eine ursprüngliche literarische Großeinheit. Sie ist noch nicht einmal im hebräischen Kanon des Tanach unmittelbar greifbar. Deshalb wird zunächst dieser entstehungsgeschichtlich wichtige Zusammenhang behandelt und vor allem forschungsgeschichtlich beschrieben, ehe in den nächsten Kapiteln die einzelnen Bücher in ihrer späteren kanonischen Reihenfolge vorgestellt werden.

2. Zur Unterscheidung des »Deuteronomistischen Geschichtswerks« von den »Vorderen Propheten«

(1) In der Hebräischen Bibel gibt es eine klare Trennungslinie zwischen dem Dtn und dem Josuabuch. Sie grenzt die »fünf Bücher Mose«, die Tora, von den »Vorderen Propheten« ab. Die Bücher Jos bis 2 Kön (ohne Rut) werden in diesem Kanon als eine *erste* Auslegung der Tora verstanden. Denn nach dem Prophetengesetz von Dtn 18 wird Israel zur Deutung der ein für allemal gegebenen Tora einen Propheten wie Mose besitzen, also eine göttliche Führung durch die Geschichte. Deshalb heißen diese Bücher auch die »Vorderen *Propheten*«. Sie zeigen, wie Israel im Verheißungsland versuchte, die Tora als seine Gesellschaftsordnung zu verwirklichen, am Ende in Form eines »Nationalstaates«. Das Leuchtendste, was diese Büchergruppe in ihrem Zentrum zu schildern hatte, war die Gestalt eines »Gesalbten«, des Königs David, und seines Reiches. Dieses Experiment von Toraverwirklichung mußte scheitern; deshalb sind es die »Vorderen Propheten«. Sie stehen im hebräischen Kanon einer weiteren Büchergruppe gegenüber, die direkt auf sie folgt und eine Gegenaussage macht: den »Hinteren Propheten«. Diese Bücher bezeugen ein Prophetentum, das den Zusammenbruch des Experiments »Staat«, die Umkehr der Exilszeit und die Verheißung eines ganz neuen, anderen Handelns Gottes an Israel mit einer anderen Verwirklichung der Tora ausspricht - gewissermaßen einer *zweiten* Auslegung der Tora. Beide Auslegungen werden im Synagogengottesdienst der Toralesung als zweite Lesung, als »Haftara«, in jeweils ausgewählten Texten angeschlossen.
Im hebräischen Kanon finden sich auch noch *weitere Auslegungen der Tora*, die aber nicht mehr den Rang der Haftara erreichen. Das heißt, Texte aus diesem

Bereich können nur in Sonderfällen zur eigentlichen synagogalen Lesung verwendet werden, etwa die fünf Fest-»Rollen«, die »Megillot«. Am wichtigsten ist der Psalter, weil er am deutlichsten die Hoffnung auf einen »Gesalbten«, einen »Christus«, der Endzeit ausspricht. Von besonderem Interesse ist auch die ganz neue, stark am Kult orientierte Geschichtsauslegung der Chronik, die sich von den behandelten Geschichtsperioden her ja zu einem großen Teil mit den in den Vorderen Propheten behandelten Epochen überschneidet.

Weil es in den geschichtlichen Darstellungen des hebräischen Kanons letztlich gar nicht um eine möglichst vollständige Information über die abgelaufene Weltgeschichte und Geschichte Israels geht, sondern nur um eine Aufreihung von die Tora kommentierenden Interpretationsmöglichkeiten dieser Tora, haben wir in unserer Bibel nach dem Eintritt des babylonischen Exils keine fortlaufende Geschichtsschreibung mehr über die neubabylonische, persische, hellenistische und römische Epoche. Die damals gemachten Experimente der Toraverwirklichung forderten offenbar andere literarische Betrachtungsweisen als eine Geschichtsdarstellung, wenn sie der späteren Gemeinschaft des Gottesvolkes etwas sagen wollten. Umso interessanter ist natürlich jene Gestalt der *Toraauslegung, die die Form von Geschichtsschreibung angenommen hat.* Und das sind primär die hier zu besprechenden Bücher.

(2) Wir müssen allerdings, um zur ursprünglichen Gestalt dieser Geschichtsdarstellung zu kommen, sogar noch hinter die Größe Vordere Propheten zurückgehen. Erst dann stoßen wir nämlich auf das *»Deuteronomistische Geschichtswerk«.* Dieses Werk gab es als zusammenhängende literarische Realität, bevor der Pentateuch in seiner uns vorliegende Gestalt zusammengefügt wurde. Das beweisen mehrere Erzählstrukturen, die im Rahmenwerk des Dtn beginnen und teilweise direkt in das Grundgerüst des Buches Jos hineinlaufen - z.B. die Darstellung des Übergangs der Führung Israels von Mose auf Josua -, die sich teilweise aber auch in die späteren Bücher fortsetzen. Weil das Dtn alle diese Bücher prägt, spricht man vom »deuteronomistischen« Geschichtswerk. Die Gemeinsamkeiten reichen vom Sprachgebrauch über Inhalte wie JHWHalleinverehrung und Torabeobachtung, bis zu Vorstellungskomplexen (z.B. Gesetze des Geschichtsablaufs, die zu Segen oder Fluch führen) und kompositorischen Schemata (z.B. Verheißung - Erfüllung) auf verschiedenen Ebenen. Als der Pentateuch zur Rechtsbasis der innerhalb des Perserreiches existierenden Tempelgemeinde Jerusalem-Juda komponiert wurde, nahm man auch das Dtn in ihn hinein als jene Gesetzestradition auf, die als Programm der Geschichtsdarstellung bisher deren Anfang gebildet hatte.

(3) Mit dem Dtn als Schlußstück bricht die Tora vor dem Einzug ins Verheißungsland ab. Alles ist offen. Die Geschichte hatte schon zweimal an diesem Punkt begonnen - einmal unter Josua, dann nach der Heimkehr aus dem babylonischen Exil. Das in der Tora Grundgelegte konnte sich auch künftig immer wieder und ganz neu entfalten. Was das DtrG im Anschluß an das Dtn schilderte, war gegenüber solchen neuen Entfaltungsmöglichkeiten jetzt nur mehr eine Art historisch überholtes Alternativbild. Deshalb hat die Tora gegenüber allen ihr folgenden Büchern auch ein ganz anderes Gewicht und die synagogale Lesung beginnt an diesem Punkt wieder von vorn. Die christliche Auslegung und litur-

gische Leseordnung des AT hätte im Blick auf diese *Vorrangstellung der Tora* gegenüber den anderen, sie letztlich nur auslegenden Büchern des AT noch vieles zu lernen.

Die Abtrennung des Dtn auf der kanonischen Ebene und die damit verbundenen Überarbeitungen haben allerdings die Texte so wenig verändert, daß wir auch heute noch die Bücher des DtrG - von *Dtn bis 2 Kön - als literarische Einheit* zusammensehen können. Die Büchereinteilung spielt zwar bei der kanonischen Gestalt dieses Textkorpus eine wichtige Rolle; beim ursprünglichen DtrG kam ihr aber diese Bedeutung noch nicht zu. Außerdem sind die Unterschiede zwischen 1 und 2 Sam wie zwischen 1 und 2 Kön rein buchtechnisch begründet und zählen nicht. Es bleiben somit die fünf Bücher Dtn, Jos, Ri, Sam, Kön, die sich an Einzelgestalten bzw. Zeitperioden orientieren -, nach der Tora also noch ein »Pentateuch«. Sein eigentliches *Problem* lautet: *Kann der Staat zur Gestalt des Gottesvolkes werden?* Dazu wird die Zeit vom Vorabend der Eroberung des Landes bis zum Verlust des Landes geschildert: vom letzten Wort Moses vor seinem Tod und der Einsetzung seines Nachfolgers Josua, der das Land für Israel erobern sollte, bis zum Schicksal des letzten, in babylonischer Gefangenschaft lebenden Davididen um 560 herum.

3. Hauptlinien der Forschungsgeschichte

3.1 Drei wichtige Erklärungsversuche bis M.Noth

(1) Die Pentateuchschichten setzen sich in den Büchern ab Jos fort. So vermutete z.B. *J.Wellhausen* Zusammenhänge verschiedener Erzählungsfäden in Sam und Kön mit J und E. Nach *A.Alt* und anderen widersprechen aber die Erkenntnisse über die ältesten, vielleicht noch mündlichen Erzähltraditionen vor allem in Jos und Ri einer solchen Fortführung der Pentateuchquellen.

(2) Schon *W. M. L. de Wette* (1805) nimmt eine »dtr« (d.h. eine mit dem Dtn zusammenhängende bzw. von ihm beeinflußte) Bearbeitung von Jos - Kön an. Die Bücher selbst gelten als älter. Beeinflußt von *H.Ewald* (1843ff) zeigt *A.Kuenen* (1861; im Anschluß daran *J.Wellhausen*), daß bestimmte Texte im redaktionellen Rahmenwerk der Kön das babylonische Exil voraussetzen (1 Kön 9,1-9; 2 Kön 17,19f; 20,17f; 21,11-15; 22,15-20; 23,26f; 24,2-4; 24,18-25,30), andere dagegen nicht. Er unterscheidet deshalb zwei dtr Redaktionen: eine vorexilische, um 600 v. Chr. herausgegebene Komposition und eine erweiterte, neudeutende Ausgabe des Werkes in der Exilszeit.

(3) Diese Unterscheidung wird vor allem von *G.Hölscher* (1922) bestritten. Er datiert die Redaktion und die meisten Quellen der Kön, aber auch deren Voraussetzung, das Dtn, in nachexilische Zeit.

3.2 Martin Noth (1943)

Noth sieht (a) in den dtr Redaktoren, die bisher recht vage als Sammler und Kompilatoren verstanden wurden, einen einzigen, echten Schriftsteller. Er hat sein Werk so sehr als ganz in sich stehende Einheit konzipiert, daß die Vorstellung, er habe weiterlaufende Pentateuchquellen benutzt, nicht mehr in Frage kommt. Die Abfassung des von ihm geschaffenen »Deuteronomistischen Geschichtswerks« (Dtn 1 - 2 Kön 25) erfolgte (b) erst nach der Zerstörung Jerusalems in Judäa, kurz nach der am Ende berichteten Begnadigung des Königs Jojachin durch Ewil-Merodach von Babylon im Jahr 561 v. Chr. Dieses Werk wollte den Untergang von Staat und Tempel durch den ständigen Ungehorsam und Abfall von JHWH begründen. Es sei eine Art geschichtstheologischer Rechtfertigung Gottes, die bei seinem Zorn ende und insofern auch keine Zukunftshoffnung hätte.

Noth begründet seine Theorie von dem *einen* »Deuteronomisten« vor allem mit 4 Beobachtungsserien:
1. die sich durchziehende eigentümlich stereotype deuteronomische Sprache;
2. die sich durchziehende Periodisierung und Deutung des Geschichtsverlaufs durch eingefügte Reden wichtiger Personen (Josua zu Beginn und am Ende der Landeroberung Jos 1 und 23; Samuel am Übergang von der Richter- zur Königszeit 1 Sam 12; Salomo nach dem Bau des Jerusalemer Tempels 1 Kön 8) und Reflexionen des »Verfassers« (Aufzählung der besiegten Könige Jos 12; Ankündigung der Geschichte der Richter Ri 2,11ff; Fall des Nordreiches 2 Kön 17,7ff);
3. ein durchlaufendes chronologisches System (den Schlüssel bildet 1 Kön 6,1: 480 Jahre zwischen dem Exodus und dem Beginn des salomonischen Tempelbaus);
4. die Konsistenz der tragenden theologischen Ideen.

Noth kann seinen einzigen Deuteronomisten nur durchhalten, indem er die relativ vielen Unstimmigkeiten innerhalb des Werkes entweder als Diskrepanzen im verwerteten und eingearbeiteten Quellenmaterial erklärt oder sie dadurch aufhebt, daß er relativ viele spätere Zusätze zum Geschichtswerk annimmt. Die weitere Forschung setzt gern bei diesen Unstimmigkeiten an.

3.3 Die Theorieentwicklung seit M. Noth

Die Theorie *Noths* wurde - trotz der Skepsis der größeren Kommentare und Einleitungswerke, die das Gewicht der früheren Forschung spürten - sehr schnell und weltweit als selbstverständliche Voraussetzung und Referenzrahmen für die Auslegung der Bücher Jos bis Kön übernommen.

(1) *A.Jepsen* (1939/1953), der unabhängig und parallel zu *Noth* die Königsbücher analysierte, geriet zunächst in den Schatten der These *Noths* vom Dtr, dürfte aber später für ihre kritische Rezeption (z.B. *R.Smend*) anregend gewesen sein.
G.v.Rad (1947) korrigiert *Noths* Kerygma der Hoffnungslosigkeit: Im DtrG wirkt JHWHs Wort nicht nur richtend und vernichtend, sondern in der sich ständig erfüllenden Davidverheißung (Natanorakel 2 Sam 7 - von *Noth* nicht zum dtr Redekorpus gerechnet) auch rettend und vergebend. Ihr verhaltener Messianismus reicht über den Fall Jerusalems hinaus bis zur Schlußnotiz von der Begnadigung Jojachins (2 Kön 25,27-30). Diese Sicht vom Funktionieren der Davidverheißung beruht allerdings auf einer, von *N.Lohfink* als nicht ursprünglich erwiesenen Textgestalt von 2 Kön 8,19 M und ist erst die Sicht der Chr. Die Theorie der Kön ist komplizierter. Doch bleibt es bei einer positiven Wertung des Königtums bis Joschija, wenn auch auf einer anderen theologischen Basis. *H.W.Wolff* (1961) hält zwar die Begnadigung Jojachins nicht für einen hoffnungsvollen Ausblick auf die Restituierung der davidischen Dynastie. Dennoch sei die eigentliche Kerygma des DtrG nicht das Gottesgericht, sondern ein Aufruf zur »Umkehr« im Exil, der von einer »zweiten Hand des dtr Kreises« stamme (Dtn 4,29-31; 30,1-10). Die These *Wolffs* hat einen Prozeß weiterer Schichtendifferenzierung im Dtn und die Reflexion über seine Verklammerung mit dem DtrG eingeleitet. Das von *Wolff* erarbeitete Kerygma aufnehmend betont jüngstens *B.Becking*, daß die Amnestie Jojachins kein Hoffnungsmodell für die Befreiung Israels darstelle. Sie zeige aber, daß die Schlußredaktion des DtrG noch vor dem Ende des babylonischen Exils stattgefunden habe (s. dagegen *J.R.Linville*).

Seit den Sechzigerjahren wird die Theorie *Noths* vor allem von *F. M. Cross* und *R. Smend* sowie deren »Schulen« weitergeführt. Der entscheidende Unterschied zwischen ihnen ist der Ansatz der dtr Grundschrift. Gegenwärtig herrscht besonders im deutschsprachigen Raum eine »polyphone Wissenschaftssituation«.
(2) *Ein joschijanisches Geschichtswerk: F.M.Cross* (1968) knüpft an der Kritik *v. Rads* an. Im DtrG steckt offenbar die Spannung zwischen den zwei Kerygmata. vom Zornesgericht und der vom Untergang des Staates nicht ausgelöschten

Hoffnung. *Cross* verbindet sie mit zwei dtr Redaktionen. Das »triumphalistische« Werk des vorexilischen Deuteronomisten diente königlicher Propaganda: Es war von der Davidsverheißung geprägt und gipfelte in Gestalt und Wirken Joschijas (2 Kön 23,25). Der darauf folgende Textblock wurde erst im babylonischen Exil ergänzend angehängt. Diese exilische Neuauflage reinterpretierte die Geschichtsdarstellung nach der Zerstörung Jerusalems 586 v. Chr und im Licht der Katastrophe. Erst ihr Kerygma war das, was *Noth* in den Blick bekommen hatte. Die *Cross*-These kehrt nicht einfach zur Auffassung der beiden dtr Redaktionen zurück. Denn in Anlehnung an *Noth* ist für *Cross* und jene, die seinem Ansatz folgen, der joschijanische Deuteronomist (Dtr I) in ganz anderem Ausmaß als bei den Autoren vor *Noth* ein wirklicher Schriftsteller. Der exilische Deuteronomist (Dtr II) hat dann nur noch eine neue, veränderte Auflage geschaffen. Wie *G.Vanoni* nachgewiesen hat, zeigt sich der Redaktionsbruch nach 2 Kön 23,25 auch daran, daß in 2 Kön 23,26-25,30 die dtr Phraseologie fast völlig fehlt.

C.Westermann entwickelt eine eher konservative Vorstellung. Sie orientiert. sich an den Büchergrenzen und will möglichst viel an historischem Gehalt sichern. Aus der Erfahrung der historischen Ereignisse mündlich gewachsene Texte wurden jeweils gegen Ende einer Epoche in Vorgestalten der jetzt vorliegenden Bücher schriftlich zusammengefaßt. In exilisch-nachexilischer Zeit wurden diese nebeneinander stehenden Einzelschriften durch verschiedene Hände mit (teilweise dtr) »Deutetexten« überzogen und verkittet. *Westermann* arbeitet in seiner Spätschrift mit einer Art definitorischer Formgeschichte und möchte wieder hinter die ganze Diskussion um das DtrG, das es nie gegeben hat, zurück.

(3) *Ein exilisches Geschichtswerk mit exilischen und nachexilischen Bearbeitungsschichten: R.Smend* (1971) und im Anschluß an ihn z.B. *W.Dietrich, T.Veijola* und *E.Würthwein* bleiben bei *Noths* einheitlichem Werk und der Abfassung im Exil. Sie rechnen aber mit einem geringeren Umfang und erklären die (zum Teil schon von *Noth* registrierten) Unstimmigkeiten mit mehreren, unterschiedlich weit durchlaufenden Bearbeitungen. Der deuteronomistische Historiker (DtrH) verfaßte das Werk als ganzes. Es wurde von einem prophetischen Deuteronomisten (DtrP) erheblich erweitert und von (mehreren) nomistischen Deuteronomisten (DtrN) eigentlich erst richtig mit deuteronomistischer Theologie durchsetzt. Bei den neuesten Arbeiten dieser Richtung wird die Zahl weiterer Siglen fast inflationär. Trotz vieler wertvoller Einzelbeobachtungen hat diese Forschungsrichtung die exilische Datierung der ältesten Fassung des Gesamtwerks durch *Noth* nicht genügend kritisch hinterfragt.

T.Veijola lehnt einen vorexilischen Dtr ab. Gegen *Cross*, der u. a. mit der Vorstellung einer nur vor dem Fall Jerusalems denkbaren Daviddynastie argumentiert, verweist *Veijola* für diesen Gedanken auf nachexilische Schriften wie Chr, Ps 89 und 132, späte Prophetentexte sowie spätere Erweiterungen älterer Propheten. Wie sehr der generelle Theorieansatz auch die konkreten Textanalysen bestimmt, zeigt z.B. die Deutung der dtr Teile der Königserhebung Sauls in 1 Sam 7-12: Während *Veijola* die königsfreundliche Schicht dem exilischen DtrH und die königskritische dem ebenfalls exilischen DtrP zuordnet, gehört die königsfreundliche (zweifellos ältere) Schicht nach *A.D.H. Mayes* zum vorexilischen Dtr I und erst die königskritische (sicher jüngere) zu Dtr II, der exilischen Überarbeitung.

(4) *Noths* Entwurf wird auch auch auf die Position von *Hölscher* hin radikalisiert. Vor allem *H.-D.Hoffmann* (1980) gibt praktisch die Frage nach rekonstruierbaren schriftlichen Quellen auf (sekundär nur 2 Kön 16,10-18; 17,34-41). Er nimmt über alle sachlichen und sprachlichen Differenzen hinweg *ein einziges, aus dem mündlichen Überlieferungsstrom schöpfendes, selbständig durchformuliertes Werk aus nachexilischer Zeit* an. Es stellt eine planvoll komponierte Geschichte der Kultreformen dar, der

zufolge die Reform Joschijas der Nachexilszeit als Modell dienen soll. Dazu muß man aber mit höchster sprachlicher Großzügigkeit und Unausgewogenheiten in Umfang wie Verteilung der Berichte rechnen. Außerdem werden Fakten und Vorgänge der nachexilischen Zeit vorausgesetzt (weil sich ja deren Probleme, nicht aber die der berichteten Fakten, in den Texten spiegeln sollen), für die bis jetzt die Quellen fehlen.

In diese Forschungsrichtung tendieren auch die Auffassungen von *E.T.Mullen* und besonders die von *J. van Seters* und *J.R.Linville,* die mit teilweise umfangreichen nach-dtr Zusätzen rechnen.Ob sich die hellenistische Geschichtsschreibung Herodots sachgerecht mit der ganz anders situierten deuteronomistischen vergleichen läßt (z.B. *J. van Seters*) und ob die hellenistische Tradition sogar DtrG beeinflußt hat (*F.A.J.Nielsen*), bleibt ziemlich zweifelhaft.

(5) Die Diskussion der beiden Globaltheorien hat dazu geführt, daß heute viele Exegeten einen vorexilischen Deuteronomisten annehmen, dessen »triumphalistisches« Werk aus den letzten Jahren Joschijas von Juda in der Darstellung dieses Königs gipfelte. *Cross* hatte seine These auf die Königsbücher beschränkt. *H.Weippert, R.D.Nelson, N.Lohfink* u.a. haben sie auf unterschiedliche Weisen für das ganze DtrG durchgedacht. Sie rechnen auch vor der Joschijadarstellung mit exilischen Hinzufügungen und nehmen wie die Smendschule mehrere Redaktionen an. Diesem Ansatz sind u.a. *R.E.Friedman, A.D.H.Mayes; B.Peckham, B.Halpern, M.A.O'Brien, G.N.Knoppers* und *St.L.McKenzie* verpflichtet. Diskutiert ist auch, welches Material der joschijanische Geschichtsschreiber bereits verarbeitet hat. Vielleicht gab es noch vor der ältesten Stufe des DtrG eine »prophetische Geschichte«, wie sie z.B. nach *A.F.Campbell* in 1 Sam 1,1 - 2 Kön 10,28 bereits im späten 9. Jh. v. Chr. aus Prophetenkreisen des Nordreiches vorlag Damit würde sich ein DtrP erübrigen. Auch eine Vorfassung des Geschichtswerkes aus der Hiskijazeit könnte existiert haben (so z.B. *H.Weippert; B.Halpern-D.S.Vanderhooft; A.Moenikes; E.Eynikel*). Nach *I.W.Provan* reichte es nur bis Hiskija, wurde aber zur Zeit Joschijas abgefaßt. *A.Lemaire* sieht die Königsbücher sogar als Ergebnis von 400 Jahren schriftstellerischer Aktivitäten.

(6) Während die Königsbücher und dann auch die Samuelbücher oft untersucht wurden, fand das Dtn als Teil des DtrG wesentlich weniger Beachtung. *N.Lohfink* (1981) hat es konsequent in die Entstehungsgeschichte des DtrG einbezogen. Er erarbeitet verschiedene »Kerygmata des Dtr«. Er rekonstruiert eine noch unter Joschija verfaßte »deuteronomistische Landeroberungserzählung« (DtrL), die den Grundstock von Dtn 1 bis Jos 22 umfaßt. Sie sollte die Bestrebungen des Königs zur Reichsausdehnung und die Einführung des dtn Gesetzes als eine Rückkehr zum Ursprung legitimieren. Daneben hätte es andere, ungefähr im gleichen Geist und Stil verfaßte Werke gegeben, etwa ein Ri und eine Ausgabe von Sam-Kön (vgl. *I.W.Provan*). Doch hält *Lohfink* auch ein bis Dtn 1 bis 2 Kön 23,25a reichendes joschijanisches Geschichtswerk für möglich, wofür ein Aussagensystem mit dem Ausdruck »Ruhe verschaffen« und mit »der Ruhe«, also dem Tempel (Dtn 12,9 - 1 Kön 8,56), sprechen könnte (*G.Braulik*; vgl. *A.Moenikes*). Jedenfalls hätte die exilische Ausgabe des DtrG die Darstellung zwischen Joschija und dem babylonischen Exil ergänzt, aber auch im Dtn wie an anderen strategisch wichtigen Stellen des Gesamtwerkes Texte eingefügt, die den Untergang des Staates durch die Schuld Israels verständlich machten. Dazu wären später noch einige weitere Bearbeitungen gekommen. So dürfte der DtrN *Smends* seinen Kommentar zu Landbesitz und Völkervernichtung und den Gebotsgehorsam als ihre Voraussetzung nur in Dtn bis Ri eingebracht haben. Darauf hätten dannnoch andere kleinflächige Überarbeitungen mit einer Theologie der reinen Gnade (DtrÜ) bzw. einer Gnade wie Verdienst integrierenden Umkehrtheologie (DtrU) reagiert.

Der unterschiedliche *Gebrauch der Sigel* »dtn« *und* »dtr« könnte daher folgendermaßen vereinheitlicht werden: »dtn« (soweit damit nicht einfach etwas als zum Buchbestand des Dtn gehörend bezeichnet wird) sollte nur für Texte des 622 v. Chr. »gefundenen« Urdtn verwendet werden; »dtr« wären dann alle Texte in Dtn bis 2 Kön, die einer bereits unter Joschija beginnenden Redigierung entstammen.

Weitere terminologische Differenzierungen hat *H.Ausloos* entwickelt.

Die dtr Sprache und Theologie stand von einem relativ frühen Zeitpunkt an allgemein zur Verfügung. Deshalb wurden für fast alle Prophetenbücher, viele Ps und Chr dtr Merkmale behauptet. Das hat manchmal zu einer *»extensiven Deuteronomismusdefinition«* geführt. Eine *dtr* *»Bewegung«* oder *»Schule«* ist jedenfalls zu keiner Zeit nachweisbar (*N.Lohfink*). Von »dtr« sollte man deshalb nur auf der Textbeschreibungsebene reden.

4. Quellenmaterial und Darstellungstendenz der Vorderen Propheten

Die Verfasser der Vorderen Propheten haben die Geschichte von Josua bis zum Fall Jerusalems, wie allgemein anerkannt ist, weder frei erfunden noch frei formuliert, sondern sich dabei auf »Quellen« gestützt, sie ausgeschrieben und in vielen Fällen einfach in ihr Werk aufgenommen. Sie stammen allerdings fast nur aus der staatlichen Zeit. Das DtrG wäre *ohne staatliche Gesellschaftsverfassung*, die diesem Typ von Geschichtsschreibung gewissermaßen das Rohmaterial liefert, *nicht denkbar*. Deshalb ist die »historische« Darstellung des »vor«-staatlichen Israel in unserem Sinn weniger »historisch«. In nachexilischer Zeit bricht die durchlaufende Geschichtsschreibung wieder ab.

Jos verarbeitet u.a. Listenmaterial mit Ort- und Grenznamen sowie ätiologische Einzelerzählungen, Ri z.B. Heldensagen. Bei den *Quellen von Sam und Kön, die den Staat betreffen*, aber noch nicht zum Zweck eines übergreifenden Geschichtswerks verfaßt wurden, kann man drei Arten unterscheiden.

(1) *Dokumente, die zum Funktionieren eines Staates, seinem Selbstvollzug, gehörten* und in Archiven der Administration zur Verfügung standen. Das waren zum Beispiel Listen über die obersten Beamten (1 Kön 4,1-6) oder das Verzeichnis über die verwaltungstechnische Neuordnung der Stammesgebiete durch die »Gaue« Salomos (1 Kön 4,7-19), die wohl auch für die Proklamation gedacht war. Ferner Annalen bzw. Gesamtdarstellungen analytischen Charakters, die zur Schulung des Beamtennachwuchses, aber auch für verschiedene Staat- und Verwaltungsakte dienten: so die »Chronik [wörtlich »Aufzeichnung der Ereignisse der Tage«, das heißt, der Regierungsjahre] Salomos« (1 Kön 11,41), die »Chronik der Könige von Israel« (1 Kön 14,19) und die »Chronik der Könige von Juda« (1 Kön 14,29). Aus ihnen dürfte ein Großteil der in Kön verarbeiteten Informationen stammen. Die Kön sind deshalb für uns eine wichtige Geschichtsquelle. Für den staatlichen Selbstvollzug wichtig waren schließlich auch die Texte, die ein staat- und institutionsbegründendes Ereignis festhielten. In Ägypten diente dazu die Gattung der »Königsnovelle«. Sie könnte das Vorbild für das »Natansorakel« in 2 Sam 7 gewesen sein. Ein anderer, der Funktion nach damit verwandter Text wäre der Basistext von 2 Kön 22-23 über die Auffindung der Tora-Urkunde und die Selbstverpflichtung von König und Volk im 18. Jahr Joschijas von Juda (622/21 v. Chr.). Vielleicht gehört der hier verarbeitete Bundesschlußbericht aber schon zur nächsten Kategorie.

(2) *Texte aus dem Umkreis der staatlichen Propaganda*. Sie sind von höchstem literarischen Niveau, vielleicht der Höhepunkt biblischer Erzählkunst. Zu ihnen gehört die »Ladeerzählung« (1 Sam 4,1-7,1; 2 Sam 6,2-23), mit der die Verlagerung des Zentrums Israels aus dem mittelpalästinensischen Bereich nach Jerusalem durch den davidischen Staat legitimiert wurde. Ferner die alte Erzählung der »Geschichte vom Aufstieg Davids« (1 Sam 16,14 - 2 Sam 5,10), die Sauls Schuld und Versagen, Davids Unschuld und gottgewirkten Erfolg aufzeigte, aber auch den »Gesalbten« JHWHs in eine sakrale Sphäre der Gottunmittelbarkeit rückte und durch seine Unverletzlichkeit auch den Staat tabuisierte, für den er stand. Dem Staat diente auch die literarisch vielleicht großartigste Großerzählung, die »Thronfolgegeschichte« (2 Sam 9-20; 1 Kön 1-2), die zwar königtreu und gewissermaßen nur »hofintern« war, aber durch die Geschichte Salomo kritisierte.

(3) *Texte aus nichtstaatlichen Lebenszusammenhängen, die trotz aller Kritik den Staat als selbstverständlichen Rahmen alles Gesellschaftlichen betrachteten*. Hierher gehört ein ziemlich großer Block von eher volkstümlichen Erzählungen, oft Sagen und Legenden, in deren Mittelpunkt meist ein Prophet steht (Samuel in 1 Sam 1-3, Elija und Elischa in 1 Kön 17 - 2 Kön 8, Jesaja in 2 Kön 19-20).

Der *Horizont der Quellen*, aus denen das DtrG zusammengebaut wurde, war der Staat als gesellschaftliche Problemlösung. Die Perspektive, aus der es in seiner endgültigen Gestalt auf ihn zurückblickte, hat sich nach dem staatlichen Zusammenbruch allerdings geändert. Die dtr Redaktion unterwarf deshalb ihr Material einer eher *staatskritischen Darstellungstendenz*.

5. Das Deuteronomistische Geschichtswerk als theologische Botschaft

Die exilischen Schlußverfasser der dtr Geschichte konnten auf die Zeit, in der Israel staatlich wurde, staatlich existierte und staatlich unterging, nur im Zorn der Geprellten zurückschauen. Ihr Werk war ein »Rückblick im Zorn auf den Staat« (*N.Lohfink*). Trotzdem geht ihnen letztlich gar nicht um den Zorn von Menschen, sondern um den Zorn Gottes, in den Israel hineingeraten war. Dieser »Zorn« war schon vorisraelitisch-ägyptisch ein durchaus positiv besetzter Begriff politischer Theologie: Der herrscherliche Zorn war die politische Leidenschaft zur Durchsetzung des Rechts und zur Rettung der Unterdrückten (*J.Assmann*). Die dtr Historiker versuchen deshalb, das Geheimnis dieses göttlichen Zornes, der sie umgibt, zu ergründen. Ihre entscheidende Frage lautet: »Warum hat JHWH diesem Land so etwas angetan? Warum entbrannte dieser gewaltige Zorn?« (Dtn 29,23) Die Antwort liegt im Abfall Israels zu anderen Göttern und in der Sünde seiner Könige, die es zu den Fremdkulten verführten. Diese Linie durchzieht die Redigierung des ganzen Bücherkomplexes. Sie hat ihren klarsten Ausdruck in zwei Sprachmustern gefunden, in denen das DtrG vom Zorn Gottes spricht: in der »Zornformel« (»der Zorn JHWHs entbrennt gegen ...« oder »JHWH gerät in Zorn«) und der »Kränkungsformel« (ein Mensch oder Israel »hat JHWHs Kränkung provoziert«). Die Rede vom Zorn JHWHs findet sich zwar in allen Büchern des Geschichtswerks, sie tritt aber gehäuft im Dtn und in den Königsbüchern auf; der Zorn wird am Anfang angedroht, während das Ende von seinem Eintreten erzählt. Die Zornformel ist typisch für Höhepunkte formelhafter Beschreibungen des Abfalls Israels von JHWH (z.B. Ri 10,6-7). Sie bedeutet praktisch, daß der Bund gebrochen ist (z.B. Dtn 29,22-27; Jos 23,16; Ri 2,20; 2 Kön 17,15-18), und ist stets mit der Notiz verbunden, daß Gott in einem Gericht eine Strafe verhängt. Die Kränkungsformel ist nicht notwendig mit einer göttlichen Strafe verbunden. Der für sie typische Zusammenhang ist das Urteil über einen König (z.B. 1 Kön 16,26; 22,53-54; 2 Kön 21,6). Angesichts dieser Zornthematik bewahrheitet sich die Interpretation des Geschichtswerks durch *M.Noth*: Rechtfertigung Gottes angesichts des Untergangs Israels. Und doch gibt es in all dem Dunkel einen zarten Lichtschein. Denn in 2 Kön 17, der Schlußzusammenfassung des Bucherzählers für das Nordreich , eigentlich schon für beide Reiche, und dann vor allem in den Königsbeurteilungen in 2 Kön 21-24, also von Manasse an, wird der alte, vorher so eindeutige Begriff des Gotteszorns herunterinterpretiert: aus Vernichtung wird nur Deportation. Der Gotteszorn der alten Formeln hätte Israels Existenz schlechthin und in jeder Hinsicht beendet. Jetzt aber führt er nur mehr dazu, daß Israel von JHWHs Antlitz - wohl vor allem seiner kultischen Gegenwart - »entfernt« (2 Kön 17,18.23; 23,27; 24,3), ja »weggeschleudert wird« : Diese »Exilsformel« meint konkret die Verbannung nach Assur (2 Kön 17,23) bzw. Babylon (2 Kön 24,20). Sie wird, das Ende von 2 Kön vorbereitend, schon in Dtn 29,21-27, der Ansage des künftigen Exils, eingeführt: Nachdem Gottes Zorn über dem Land wie in Sodom und Gomorra gewütet hat, wird Israel »nur« aus seinem Land weggerissen und in ein anderes Land geschleudert.

Alle Ansagen des Zornes Gottes sind - wenn auch in barmherzig abgewandelter Form - in Erfüllung gegangen. Trotzdem ist der Rückblick im Zorn auf eine fehlgelaufene Geschichte, der das Gesamtbild der Vorderen Propheten von ihrem Ende her beurteilt, nicht das letzte, maßgeblich bleibende Wort. Auch im Exil, nachdem Gottes Zorn sich voll ausgetobt hat, gibt es noch immer eine Identität, die »Israel« heißt, selbst wenn diesem Israel alles ihm einst Verheißene aus der Hand gerissen ist. Das DtrG ist so angelegt, daß Mose und Samuel seine eigentlichen Geschichtsdeuter sind. Von Samuel (1 Sam 8 und 12, vgl. das Königsgesetz Dtn 17, 14- 20) wird die Staatsbildung von Anfang an als Weg in die Katastrophe gedeutet, obwohl auch diese Gesellschaftsform für Israel möglich gewesen wäre, wenn es die Tora beobachtet hätte. So bleibt als die einzige, über 2 Könige hinaus uneingelöste Zukunftsaussage nur die Geschichtsdeutung des Mose am Anfang des Werks in Dtn 4 und 30 (und im Moselied Dtn 32). Die Texte gehören zu den spätesten Überarbeitungen und zitieren wörtlich Moseworte, in denen er im Namen Gottes die Zukunft Israels entwickelt. Sie haben deshalb hohe Autorität. Ihre Perspektive umfaßt nicht nur den Abfall und das Exil, sondern auch die Umkehr Israels (Dtn 4,23-31), seine Heimführung und Herzenbeschneidung durch Gott, sodaß es jetzt das Liebesgebot und die ganze Sozialordnung des Dtn halten kann (Dtn 30,1-10). Durch diese unvergleichlich weise und gerechte (dtn) Tora kann Israel Gesellschaft Gottes auch ohne König und Staat sein. Es braucht nicht einmal mehr einen Tempel, denn durch die Tora ist JHWH ihm helfend nahe, wann und wo immer es zu ihm ruft (Dtn 4,6-8). Von solchen Texten her ist jetzt das ganze DtrG mit seiner Botschaft des Zorns zu lesen. Im vorliegenden Kanon ist das umso deutlicher, als das Dtn jetzt ein Teil des Pentateuchs ist und deshalb noch einen höheren kanonischen Rang hat.

Angesichts des kritischen Ringens des DtrG mit der Verschwägerung von Gottesvolk und Staat und den am Ende entwickelten Utopien eines Gottesvolkes als Kontrast-Gesellschaft (zu den staatlich organisierten Gesellschaften) ohne Staat stellt sich die Frage, wie breite Entwicklungen in der christlichen und jüdischen Geschichte - vom theokratischen Staat in Byzanz über das christliche Mittelalter bis zum modernen Staat Israel als quasitheologischer Größe -, wie aber auch der Ansatz so mancher »christlichen Soziallehren« und Befreiungstheologien von den im DtrG niedergelegten Erfahrungen Israels her beurteilt werden müssen.

III.   Das Buch Josua
(Herbert Niehr)

Kommentare: M.Noth (HAT) [3]1953; J.A.Soggin (OTL) 1972; J.M.Miller/G.M.Tucker (CNEB) 1974; R.G.Boling (AncB) 1982; T.C.Butler (WBC) 1983; J.Gray (NCeB) 1986; M.Görg (NEB) 1991; M.Ottosson 1991; V.Fritz (HAT) 1993.
Einzelstudien: A.Alt, Josua (1936), in: ders., Kleine Schriften I, München 1953,176-192; ders., Das System der Stammesgrenzen im Buche Josua (1927), in: ders., Kleine Schriften I, München 1953, 193-202; ders., Judas Gaue unter Josia (1925), in: ders., Kleine Schriften II, München 1953,276-288; A.G.Auld, Joshua, Moses and the Land: Tetrateuch-Pentateuch-Hexateuch in a Generation since 1938, Edinburgh [2]1983; K.Bieberstein, Josua-Jordan-Jericho (OBO 143) Freiburg/Göttingen 1995; R.G.Boling, Joshua, Book of: ABD 3,1992,1002-1015; E.Cortese, Josua 13-21. Ein priesterschriftlicher Abschnitt im deuteronomistischen Geschichtswerk (OBO 94) Freiburg/Göttingen 1990; H.-J.Fabry, Spuren des Pentateuchredaktors in Jos 4,21ff, in: N.Lohfink (Hg.), Das Deuteronomium (BEThL 68)

Leuven 1985,351-356; J.P.Floss, Kunden oder Kundschafter (ATS 16/26) St. Ottilien 1982/86; V.Fritz, Die sogenannte Liste der besiegten Könige in Josua 12: ZDPV 85,1969,136-161; M.Görg, Josua (Person): NBL 2,1992,391f; ders., Josüabuch: NBL 2,1992,392-394; W.T.Koopmans, Joshua 24 as Poetic Narrative (JSOT.S 98) Sheffield 1990; N.Na'aman, The Kingdom of Judah under Josiah: TA 18,1991,3-71; H.M.Niemann, Herrschaft, Königtum und Staat (FAT 6) Tübingen 1993; E.Noort, Das Buch Josua (EdF 292) Darmstadt 1998; M.Noth, Studien zu historisch-geographischen Dokumenten des Josuabuches (1935), in: ders., ABLAK I, Neukirchen-Vluyn 1971,229-280; M.Ottosson, Tradition and History, with Emphasis on the Composition of the Book of Joshua, in: K.Jeppesen/B.Otzen (Hg.), Production of Time, Sheffield 1984,81-106.141-143; H.Rösel, Studien zur Topographie der Kriege in den Büchern Josua und Richter: ZDPV 91,1975,159-190; Ch.Schäfer-Lichtenberger, Josua und Salomo. Eine Studie zu Autorität und Legitimität des Nachfolgers im Alten Testament (VT.S 58) Leiden 1995; L.Schwienhorst, Die Eroberung Jerichos (SBS 122) Stuttgart 1986; P.Weimar, Die Jahwekriegs-erzählungen in Ex 14, Jos 10, Ri 4 und 1 Sam 7: Bib. 57,1976,38-73; M.Wüst, Untersuchungen zu den siedlungsgeographischen Texten des AT I. Ostjordanland (BTAVO B.9) Wiesbaden 1975; K.L.Younger, Ancient Conquest Accounts (JSOT.S 93) Sheffield 1990; H.-J.Zobel, Josua/Josuabuch: TRE 17,1988,269-278.

1. Aufbau

Das Josuabuch erzählt die Eroberung des verheißenen Landes durch die Stämme Israels unter Führung des Josua und die Verteilung des Landes an die Stämme. Nach dem Tod des Mose (Dtn 34,1-6) führt Josua das Volk aus Moab westwärts über den Jordan in das Land Kanaan. Die Inbesitznahme dieses Landes wird als großer militärischer Eroberungszug geschildert.

Das Josuabuch gliedert sich in drei Abschnitte: erster Hauptteil (1,1-12,24), zweiter Hauptteil (13,1-22,34) und Anhang (23,1-24,28). Abgeschlossen wird das Buch mit einer Notiz über Tod und Begräbnis des Josua (24,29-33).

Erster Hauptteil	Zweiter Hauptteil	Anhang	Schlußnotiz
Eroberung des Lan-des 1,1-12,24	Verteilung des Lan-des 13,1-22,34	Abschiedsrede 23,1-24,28	Todesnotiz 24,29-33
Rahmung: 1,1: »...JHWH sprach zu Josua« 12,1.24: die Könige, die vernichtet wer-den	Rahmung: 13,1: »...JHWH sprach zu Josua: Du bist alt und in die Jahre gekommen...« 22,34: »JHWH ist Gott«	Rahmung: 23,1f: Als Josua alt und in die Jahre gekommen war, rief er ganz Israel zu-sammen. 24,28: Josua entläßt das Volk.	
Leitmotive/-wörter: 1,1f.11.15: Land geben 1,15: in Besitz neh-men	Leitmotive/-wörter: 13,7 u.ö.: Land verlosen 13,7f u.ö.: Erbbesitz	Leitmotive/-wörter: 24,14f.24: JHWH dienen	

Die inhaltliche Geschlossenheit des Buches beruht darauf, daß nach Kap.1 Josua und das Volk auf die Tora des Mose verpflichtet werden. Die Einhaltung der Tora garantiert den Landbesitz. In den beiden Hauptteilen des Buches wird gezeigt, wie unter der Führung des JHWH-treuen Josua das Land erobert und verteilt wird. Der Anhang 23-24 lenkt noch einmal zurück auf die Gottesbeziehung Israels. Hier steht nicht die Tora im Vordergrund, sondern die Alternative, JHWH oder den Göttern des Landes zu dienen. Josua verpflichtet das Volk Israel zum JHWH-Dienst durch einen Bundesschluß mit JHWH.

Der *erste Teil* (1,1-12,24) erzählt die Eroberung des verheißenen Landes.

Nach der Aussendung von Kundschaftern überschreitet das Volk Israel unter der Führung des Josua den Jordan und gelangt nach Gilgal bei Jericho (3-5). Die Städte, die sich ihm hier entgegenstellen, werden vernichtet (6-8). Nur die Gibeoniter entgehen durch eine List diesem Schicksal (9). Hieran schließen sich Eroberungszüge in den Süden (10) und in den Norden (11) des Westjordanlandes an.

Text	Strukturmerkmale		Inhaltliche Merkmale
1,1-18	1,2-9:	JHWH-Rede	Auftrag zur Eroberung des Landes;
	1,11-15:	Josua-Rede	Befehl zur Jordanüberquerung
	1,16-18:	Antwort der Listen-führer	
2,1-11,23	2,1:	Aussendung der Kundschafter	Kundschafter (2); Überquerung des Jordan (3-5); Eroberung des Westjordanlandes (6-8); List der Gibeoniter (9); Feldzüge nach Süden (10) und Norden (11)
	11,23:	... Ende des Erobe-rungskrieges	
12,1-24	12,1-8:	Gebietsliste	Aufzählung der von Israel eroberten Gebiete und der besiegten Könige
	12,9-24:	Königsliste	

Der *zweite Teil* (13,1-22,34) erzählt die Aufteilung des nunmehr eroberten Landes unter die Stämme Israels.

Folgende landberechtigte Stämme werden im Ostjordanland mit ihren Gebieten vorgestellt: Ruben (13,15-23), Gad (13,24-28) und der halbe Stamm Manasse (13,29-31), im Westjordanland mit ihren Gebieten Juda (14,6-15,63), das Haus Josef (16,1-17,18), Benjamin (18,11-28), Simeon (19,1-9), Sebulon (19,10-16), Issachar (19,17-23), Ascher (19,24-31), Naftali (19,32-39) und Dan (19,40-48). Außerdem werden Asylstädte zum Schutz vor Blutrache (20) sowie Städte für die ohne Erbgebiet gebliebenen Leviten (21,1-42) benannt.

Text	Strukturmerkmale		Inhaltliche Merkmale
13,1-19,51	13,1-7:	JHWH-Rede	Auftrag zur Landverteilung
	13,8-33:	Stammes- und Städtelisten	Verteilung des Ostjordanlandes
	14,1-19,51:	Stammes- und Städtelisten	Verteilung des Westjordanlandes
20	20,1-6:	JHWH-Rede	Festsetzung der Asylstädte
	20,7-9:	Ausführung	
21	21,1-42:	Städtelisten	Festsetzung der Levitenstädte
	21,43-45:	Abschlußnotiz	
22	22,1-9:	Josuarede	Entlassung der Ostjordanstämme
	22,10-34:	Erzählung	Altar am Jordan

Der *dritte Teil* des Josuabuches (23,1-24,28) bietet zwei Abschiedsreden des Josua. In diesen sich inhaltlich weitgehend doppelnden Reden wird Israel durch Josua vor seinem Tod auf die ausschließliche Verehrung JHWHs verpflichtet. In 23 ergeht eine eindringliche Mahnung an das Volk, sich nicht mit den Bewohnern des Landes zu vermischen, da hierdurch auch der JHWH-Glaube beeinträchtigt würde. Der Abschluß des in 23,16 genannten Bundes wird in 24 geschildert. Israel wird hierin vor die Alternative zwischen JHWH und fremden Göttern gestellt.

Text	Strukturmerkmale		Inhaltliche Merkmale
23	Josuarede		Keine Vermischung mit den Bewohnern des Landes; Verpflichtung des Volkes auf den Bund mit JHWH; Landbesitzgarantie
24	24,2-15:	Josua- und JHWH-Rede	Geschichtsrückblick
	24,16-24:	Dialog zwischen Josua und dem Volk	Alternative: JHWH oder die anderen Götter
	24,25-28:	Erzählung	Bundesschluß Josuas für das Volk

Abgeschlossen wird das Buch mit einer Notiz über Tod und Begräbnis Josuas, über die Beisetzung der Gebeine Josefs und die Bestattung des Aaron-Sohnes Eleasar (24,29-33).

2. Entstehung

Daß das Josuabuch einen längeren Entstehungsprozeß durchlaufen hat, zeigt die Komposition von Eroberung (1,1-12,14) und Verteilung (13,1-22,34) des Landes. Hierbei fällt die sehr summarische Erzählung der Eroberung im Unterschied zur detaillierten Verteilung des gesamten Landes auf.

Folgende Theorien zur Entstehung des Buches sind für die heutige Diskussion bestimmend (s.o. D.II.):

(1) *A.Alt* befreite die Diskussion um die Genese des Josuabuches aus der Annahme des Weiterlaufens der Pentateuchquellen im Josuabuch durch die Erkenntnis, daß in Jos 1-12 eine Sammlung von ätiologischen Lokalsagen vorliegt. Im zweiten Teil des Buches machte er in 13-21 ein System der Stammesgrenzen aus der frühen Königszeit und Städtelisten aus der späten Königszeit aus.

(2) Nach *M.Noth* ist das Josuabuch als Bestandteil des von Dtn bis 2 Kön reichenden Deuteronomistischen Geschichtswerks zu verstehen. Dem in exilischer Zeit arbeitenden Deuteronomisten lagen ätiologische Einzelüberlieferungen und Heldenerzählungen vor, die zwischen 1 und 12 eingeschlossen wurden und mit 23 ihren Abschluß fanden. Dieses deuteronomistische Josuabuch wurde im einzelnen ergänzt und um 13-22 erweitert. Abschließend kam 24 hinzu.

(3) *R.Smend* lenkte die Aufmerksamkeit noch weiter von den Quellen weg und hin zu den Redaktionen des Buches. Den größten Anteil daran schreibt er wie Noth dem Deuteronomistischen Historiker (DtrH) zu. Das Werk des DtrH aus frühexilischer Zeit wurde durch an der Tora interessierte, d.h. nomistische Redaktionen (DtrN) überarbeitet (z.B. 1,7-9; 13,2-6; 23,4f.13.15f).

(4) *M.Görg* rechnet für 1-12 mit einem dreistufigen Werdegang, bei dem ein vordtr Text deuteronomistisch in mehreren Phasen redigiert und später mit nachdtr Kommentierung versehen wird. 13-19 stellen Listenmaterial in einer priesterlichen Bearbeitung dar. Später wurde das Material deuteronomistisch und nachdeuteronomistisch, u.a. auch priesterlich, redigiert. Dieser Redaktion verdanken sich auch 20-22.

Während in 23 die deuteronomistische Redaktion überwiegt, kommen in 24 alle literarischen Hauptphasen des Buches zum Tragen.

Die Frage der Entstehung des Josuabuches ist für die einzelnen Teile gesondert zu stellen.

Die Einleitung des ersten Hauptteils (1,1-12,24) in 1,1-18 ist stark dtr geprägt. Die Grundlage dieses Hauptteils bieten z.T. legendenhafte Erzählungen von der Eroberung einzelner Städte. Diese Erzählungen wurden von Deuteronomisten gesammelt, redigiert und erweitert. Hinzu tritt eine nachdtr Kommentierung.

Im zweiten Hauptteil (13,1-22,34) liegt in 13-19 ein Einschub vor, der auf Listenmaterial der späten Königszeit, welches Ortsnamen und Grenzstellen auflistete, zurückgeht. Als Quelle hierfür wurden Aufzeichnungen aus Jerusalemer Verwaltungskreisen ausgemacht. Das Material wurde durch dtr und priesterliche Redaktionen überarbeitet und ausgeweitet bis 22.

Im Anhang 23-24 ist kein vordtr Quellenmaterial greifbar. Diese Kapitel gehen auf dtr, priesterliche und nachdtr Kreise zurück.

3. Geschichtlicher Kontext

3.1. Die Gestalt des Josua

Historisch ist die Person des Josua (»JHWH ist Hilfe«) nicht greifbar. Berichte über Josua finden sich neben dem Josuabuch im Pentateuch. Hierin wird er als Diener (Ex 24,13; 32,17; 33,11; Num 11,28; Dtn 1,38; vgl. Jos 1,1), Kundschafter (Num 13,16), Feldherr (Ex 17,9-16; Num 32,28-33) und Nachfolger des Mose (Num 27,18-23; Dtn 1,38; 3,28; 34,9) dargestellt. Das Richterbuch kennt Josua als Diener JHWHs (Ri 2,8). Diese Josuadarstellungen haben auf die Josuagestalt des Josuabuches eingewirkt, in dem er ebenfalls in 1-9 die Rolle des Dieners und Nachfolgers des Mose und des Feldherrn einnimmt und in 13-22 als Verteiler des Landes auftritt. Unter historischen Gesichtspunkten ist Josua zu deuten als eine legendäre Gestalt, die in der Zeit vor der Monarchie angesiedelt wird. Entscheidend ist jedoch die geistesgeschichtliche Verortung Josuas, die es erlaubt, ihn als Idealtyp israelitischen *Führertums* zu charakterisieren (*Ch.Schäfer-Lichtenberger*).

3.2. Die Abfassungszeit

Die Abfassung des Josuabuches fällt im wesentlichen in die exilische und nachexilische Zeit. Die ältesten Texte des Buches, enthalten im Listenmaterial aus 13-19, gehen auf die späte Königszeit zurück. Dieser Zeit dürften sich auch die Anfänge der Gestaltung des im Josuabuch auftretenden Josua verdanken, wobei in ihm verschiedene Traditionen zusammengeflossen sind.

Das Zentralthema des Josuabuches ist das Land Israel unter den Aspekten seiner Inbesitznahme und Verteilung unter die Stämme Israels. Eine Verortung dieser Thematik ist in der vorstaatlichen Zeit nicht mehr möglich; auch hierfür ist die exilische Zeit plausibler.

Als nach 586 das Königtum und die Eigenstaatlichkeit Judas verloren waren, erhob sich die Frage nach der Beziehung Judas und Israels zu seinem Land. Aus der Retrospektive wurde diese Frage mittels eines Rückgriffs auf die fiktionale Eroberung des Landes unter dem Mosenachfolger Josua beantwortet. Das Land ist somit ein durch JHWH geschenktes Land. Der Abfall von JHWH, vollzogen durch die Zuwendung zu anderen Göttinnen und Göttern, hat den Verlust des Landes zur Folge. Dies hatte sich 586 erfüllt.

Aufgrund der Exilssituation steht für die Deuteronomisten nicht eine Historiographie der Anfänge Israels in Palästina im Vordergrund. Wichtiger ist die Frage, wie Israel wieder zu seinem Land kommen kann. Beantwortet wird diese Frage im Josuabuch mit der Hinwendung Israels zu JHWH bzw. zu seiner Tora. Des weiteren zeigt sich an der Gestalt des Josua, daß es für die Rückerlangung des Landes kein Königtum braucht, sondern einen der Tora verpflichteten JHWH-Diener.

4. Schwerpunkte der Theologie

(1) Krieg und Gewalt

In keinem anderen Buch des AT ist so häufig von Kriegen, Gewalttaten und von der Vernichtung von Menschen und Tieren die Rede wie im Josuabuch. Wie auch sonst im Alten Orient werden die im Josuabuch erzählten Kriege im Auftrag des Landesgottes geführt. Dieser gibt den Auftrag, ein Land zu unterwerfen und seine Bewohner, falls sie Widerstand leisten, zu vernichten. Israel hat sich seine Landnahme in der vorköniglichen Zeit nach diesem Muster vorgestellt. Hierbei ist nicht zu übersehen, daß das Buch im Moment der größten Ohnmacht Judas nach dem Verlust des Landes 586 konzipiert wurde. In diese Konzeption von der Landeseroberung flossen die leidvollen Erfahrungen Israels und Judas mit der assyrischen und babylonischen Oberherrschaft ein, die in Palästina demonstrierten, wie man ein besiedeltes Land unterwirft.

(2) JHWH-Monolatrie

Im Josuabuch wird die Existenz anderer Götter und Göttinnen und deren Verehrung in Palästina nicht abgestritten. Israel muß sich entscheiden zwischen der Verehrung dieser Gottheiten und dem JHWH-Kult. Beides ist miteinander unvereinbar. Insofern darf Israel nur JHWH als seinen Gott verehren (Monolatrie). Der Kult anderer Gottheiten in Israel wird als Götzendienst und Abfall von JHWH gewertet. Dies würde den Verlust des Landes nach sich ziehen.

(3) Tora und Toragehorsam

Als Nachfolger des Mose tradiert Josua die Tora weiter. Handelt er nach ihr, so soll er Erfolg haben (1,7f). Insofern wird auch das Volk auf die Tora verpflichtet (23,6-8.12f.15f). Wie sich der Ungehorsam gegen die Tora auswirkt, zeigen die Erzählung vom Diebstahl des Achan (7) und vom Altarbau am Jordan (22).

(4) Das Land als Geschenk JHWHs

Israel hat das Land Palästina nicht aus eigener Machtvollkommenheit erobert, sondern als Geschenk JHWHs erhalten. Dafür ist es auf die Tora verpflichtet. Fällt das Volk von JHWH ab, so verliert es auch das Land.

(5) Theologiegeschichtliche Anstöße

Nach Ausweis des Josuabuches ist Israel in Palästina nicht autochthon, sondern es stammt von außerhalb. Das Volk Israel ist das Produkt des Exodus und der Wüstenwanderung und insofern religiös völlig fremd in Palästina. Es soll deshalb auch keinen Bund mit den Bewohnern des Landes schließen. Hiermit wird eine ethnische und religiöse Unterscheidung zwischen Israel und Kanaan grundgelegt, die sich bis zum Exil durch die Darstellung der Geschichte und Religionsgeschichte Israels und Judas hindurchzieht.

5. Relevanz

Die bereits als charakteristisch für das Josuabuch genannten Gewalttaten und Kriege erregen großen Anstoß. Sieht man in den Erzählungen von Gewalttaten und Kriegen zunächst eine Reaktion auf die Erfahrungen der Assyrerzeit bzw. der babylonischen Eroberung Jerusalems und des Untergangs Judas, so wird aus der Perspektive Israels hierin eine Hoffnung erkennbar: Gegen jedes menschliche Machtkalkül können keine irdischen Mächte dem von JHWH geleiteten land- und mittellosen Israel standhalten. Es ist kein Zufall, daß die Idealfigur des Josua als Protagonist auftritt, beinhaltet sein Name doch das theologische Programm des Buches: JHWH ist Hilfe. Das exilierte Israel etabliert Josua als den Anführer einer neuen Landnahme.

"So hat die Theologie des Landes im Josuabuch eine Doppelfunktion. Einerseits zeigt sie die Erfüllung von allem, was im Pentateuch an Landverheißung gesagt worden war. Andererseits bereitet sie durch die Größe der Gabe die Verlusterfahrung des Landes in den Vorderen Propheten vor" (*E.Noort* 24).

IV. Das Buch der Richter
(*Herbert Niehr*)

Kommentare: R.G.Boling (AncB) 1975; J.D.Martin (CNEB) 1975; J.A.Soggin (OTL) 1981; J.Gray (NCeB) 1986; B.G.Webb (JSOT.S 46) 1987; M.Görg (NEB) 1993.
Einzelstudien: M.Bal, Death and dissymetrie. The politics of coherence in the Book of Judges, Chicago 1988; R.Bartelmus, Die sogenannte Jothamfabel - eine politisch-religiöse Parabeldichtung: ThZ 41,1985,97-120; ders., Forschung am Richterbuch seit Martin Noth: ThR 56,1991,221-259; U.Bechmann, Das Deboralied zwischen Geschichte und Fiktion, St.Ottilien 1989; U.Becker, Richterzeit und Königtum (BZAW 192) Berlin 1990; R.G.Boling, Judges, Book of: in: ABD 3,1992,1107-1117; A.Brenner (Hg.), A feminist companion to Judges (The feminist companion to the Bible 4) Sheffield 1993; Ch.Dohmen, Das Heiligtum von Dan: BN 17,1982,17-22; Ch.J.Exum, Was sagt das Richterbuch den Frauen? (SBS 169) Stuttgart 1997; A.J.Hauser, The »Minor Judges« - A Reevaluation: JBL 94,1975,190-200; T.Ishida, The Leaders of the Tribal Leagues: RB 80,1973,514-530; P.Kaswalder, I giudici di Israele: SBFLA 41,1991,9-40; N.P.Lemche, The Judges - Once More: BN 20,1983,47-55; ders., Early Israel (VT.S 37) Leiden 1985; T.F.McDaniel, Deborah Never Sang, Jerusalem 1983; A.Moenikes, Die grundsätzliche Ablehnung des Königtums in der hebräischen Bibel (BBB 99) Weinheim 1995; E.T.Mullen, The »Minor Judges«. Some Literary and Historical Considerations: CBQ 44,1982,185-201; H.-D.Neef, Der Sieg Deboras und Baraks über Sisera: ZAW 101,1989,2849; ders., Deboraerzählung und Deboralied: Beobachtungen zum Verhältnis von Jdc. IV und V: VT 44,1994,47-59; ders., Der Stil des Deborahliedes (Ri 5): ZAH 8,1995,275-293; H.M.Niemann, Die Daniten (FRLANT 135) Göttingen 1985; W.Richter, Die Überlieferungen um Jephtah. Ri 10,17-12,6: Bib. 47,1966,485-556; ders., Traditionsgeschichtliche Untersuchungen zum Richterbuch (BBB 18) Bonn ²1966; ders., Zu den »Richtern Israels«: ZAW 77,1965,40-72; ders., Die Bearbeitungen des »Retterbuches« in der deuteronomischen Epoche (BBB 21) Bonn 1964; H.N.Rösel, Jephtah und das Problem der Richter: Bib. 61,1980,251-255; ders., Die »Richter Israels«, Rückblick und neuer Ansatz: BZ.NF 25,1981,180-203; H.-W.Jüngling, Richter 19 - ein Plädoyer für das Königtum (AnBib 84) Rom

1981; P.Weimar, Die Jahwekriegserzählungen in Exodus 14, Josua 10, Richter 4, 1 Sam 7: Bib. 57,1976,38-73; R.Wenning/E.Zenger, Der siebenlockige Held Simson: BN 17,1982, 43-55.

1. Aufbau

Das Richterbuch stellt die Zeit nach der Inbesitznahme des Landes Kanaan durch die Stämme Israels und vor dem Aufkommen des Königtums dar. Diese Zeit ist nach der Sicht der atl. Historiographie die Zeit der »Richter«, d.h. der Stammesherrscher ($\check{s}of^e\underline{t}\bar{\imath}m$).

Das Buch weist eine Dreigliederung auf: Den als Einleitung konzipierten 1. Teil (1,1-3,6), einen die Richtergestalten darstellenden 2. Teil (3,7-16,31) und einen Einzelepisoden aus dieser Zeit berichtenden 3. Teil (17,1-21,25).

1. Teil	2. Teil	3. Teil
Einleitung 1,1-3,6	Richtererzählungen 3,7-16,31	Einzelerzählungen 17,1-21,25
Rahmung: 1,1: »Nach dem Tod Josuas« 3,6: »...sie dienten anderen Göttern«	Rahmung: 3,7: »...taten, was JHWH mißfiel« 16,31: »...war...Richter in Israel«	Rahmung: 17,6: »...es gab keinen König in Israel; jeder tat, was ihm gefiel« 21,25: »...es gab keinen König, jeder tat, was ihm gefiel«
Leitwörter/-motive: 2,3.11f; 3,6: »Götter« 2,12f: »JHWH verlassen« 2,14f.20: Zorn JHWHs - Not 2,16.18: Klage - Richter - Rettung	Leitwörter/-motive: 3,7-11 u.ö.: Abfall von JHWH - Zorn JHWHs Not - Klage - Richter/Retter - Rettung	Leitwörter/-motive: 17,6; 18,1; 19,1; 21,25: »...es gab keinen König, jeder tat, was ihm gefiel«

Der *Einleitungsteil* 1,1-3,6 dupliziert teilweise die Landnahmeerzählungen des Josuabuches. In 1,1-16 wird fragmentarisch die Landnahme des Stammes Juda erzählt. Auf diese folgt gegen die Tendenz des Josuabuches das sog. »negative Besitzverzeichnis« (*A.Alt*) in 1,17-36 (vgl. 3,1-6), in dem aufgelistet wird, welche Landesteile die Israeliten nicht erobern konnten. Nach dem Tode Josuas (2,6-10; vgl. Jos 24,29f) setzt die Richterzeit ein. Das bei der Gestaltung dieser Zeitepoche angewandte geschichtstheologische Schema wird in 2,11-23 deutlich: Der durch die Hinwendung zur Verehrung anderer Götter bewirkte Abfall Israels von JHWH führt zu einer Bedrängung Israels durch Feinde. In dieser Notsituation läßt JHWH Richter erstehen, die das Volk vor den Feinden retten. Nach dem Tode des Richters fällt Israel wieder von JHWH ab. Mittels dieses Schemas wird erklärt, warum JHWH nicht alle Völker aus dem Lande vertrieb, sondern sie inmitten Israels zur Erprobung seiner JHWH-Treue wohnen ließ (2,20-23). Die einzelnen Völker benennt 3,1-6.

Text	Strukturmerkmale	Inhaltliche Merkmale
1,1-36	Eroberungsbericht 1,1-16: Eroberung des Landes 1,17-36: »negatives Besitzverzeichnis« (vgl. 3,1-6)	Eroberung der Gebiete von Juda, Simeon und der Josefstämme; Nennung der nichteroberten Gebiete
2,1-10	2,1-5: Engelvision 2,6-10: Fremdbericht (vgl. 1,1; Jos 24,29f)	Nichtvertreibung der Völker durch göttlichen Beschluß; Tod des Josua
2,11-3,6	2,11-23: Summarium Schema: Götzendienst - Zorn JHWHs - Not - Klage - Bestellung eines Richters - Rettung 3,1-6: Völkerliste	Charakteristika der Richterzeit Völker in Palästina neben Israel

Der *Hauptteil* 3,7-16,31 handelt von den einzelnen Richtern. Wenn eine ausführliche Erzählung ihrer Taten vorliegt, werden sie als »große Richter« bezeichnet, falls nur eine Notiz über sie existiert, als »kleine Richter«. Die Erzählungen der Taten der sieben »großen Richter« liegen in 3,7-9,57; 10,6-17; 13-16 vor, die Notizen über die sechs »kleinen Richter« in 10,1-5; 12,(7)8-15.

In den Erzählungen über die »großen Richter« sind unterschiedliche Traditionen und Intentionen zu erkennen. Im Falle der Otniël-Erzählung (3,7-11) liegt ein dtr Beispielstück vor, das das in 2,11-23 gegebene Geschichtsschema an einem konkreten Fall exemplifiziert. Damit wird an die Spitze der sonst aus Israel stammenden Richter ein Judäer gesetzt. Der in 3,31 genannte Schamgar ist aus 5,6 zu einem »großen Richter« gemacht worden. Ebenfalls aus dem Deboralied (5) ist die Debora-Erzählung (4) erwachsen. Verschiedene Zufügungen sind auch in der Gideonsüberlieferung (6-8) erkennbar. Mit der Erzählung über Abimelech, den Sohn Gideons (9), liegt keine Richtererzählung vor, sondern der Bericht über den gescheiterten Versuch, ein Königtum zu etablieren. Einen Zwischenstatus nimmt Jiftach ein, da er sowohl zu den »großen« wie zu den »kleinen Richtern« gehört (10,17-12,7). Eigentlich nichts mit den »großen Richtern« hat die Simson-Erzählung (13-16) zu tun. Erst über eine spätere Redaktion wurde Simson den großen Richtern angeglichen (13,1; 15,20; 16,31). Die inhaltliche Konstante aller Erzählungen von den »großen Richtern« besteht darin, daß von ihnen eine Errettung Israels aus Feindesgefahr ausgesagt wird.

Die in 10,1-5; 12,(7)8-15 stehenden Notizen über die »kleinen Richter« sind in sich deutlich homogener als die Erzählungen über die »großen Richter«. Diese Notizen nennen stereotyp Namen, Wohnort, Dauer der Herrschaft, sowie den Tod und den Begräbnisort der »kleinen Richter«. Besondere Rettungstaten werden von ihnen nicht überliefert. Die von ihnen mit dem Syntagma *šfṭ ʾt jśrʾl* ausgesagte Tätigkeit ist nicht auf den forensischen Bereich (»richten«) einzuschränken, vielmehr bezeichnet sie die Ausübung eines Leitungsamtes (»herrschen«,

198

»leiten«). Alle Orte, an denen die »kleinen Richter« auftreten, liegen in Efraim. Durch die Sukzession der »kleinen Richter« wird die Existenz eines gesamtisraelitischen Leitungsamtes im Israel der vorköniglichen Zeit suggeriert.

Text	Strukturmerkmale	Inhaltliche Merkmale
3,7-9,57	Heldenerzählungen 5: Poesie 9,7-15: Fabel	Rettungstaten der großen Richter; Deboralied; Abimelech-Episode; Jotamfabel
10,1-5	Listenmaterial Schema: Person - Ort - Zeitangabe - Bestattung	Leitungstätigkeit der kleinen Richter
10,6-12,7	Heldenerzählung	Rettungstaten des Jiftach
12,8-15	Listenmaterial Schema: Person - Ort - Zeitangabe - Bestattung	Leitungstätigkeit der kleinen Richter
13-16	Heldenerzählung	Leben und Taten des Simson

Die Erzählungen im *3. Teil des Buches* (17-21) entwerfen ein Szenario von den religiösen und sozialen Verhältnissen während der Richterzeit. Es liegen zwei Erzählstränge vor. Kap.17 und 18 haben das Heiligtum des Micha und den Stamm der Daniten zum Thema. Die Intention der Erzählung liegt in der Abwertung des Heiligtums von Dan. Kap.19-21 schildern unter Aufnahme des Motivs der Vergewaltigung von Fremden aus Gen 19 die ungeordneten Rechtsverhältnisse der Zeit und die daraus erwachsenden Schwierigkeiten. Die in dieser Erzählung zum Ausdruck kommende Abwertung der Verhältnisse während der Richterzeit stellt ein »Plädoyer für das Königtum« (*H.-W.Jüngling*) dar. Dementsprechend werden beide Erzählungen zusammengehalten durch die Begründung »Es gab zu jener Zeit keinen König in Israel; jeder tat, was ihm gefiel« (17,6; 21,25; vgl. 18,1; 19,1).

Text	Strukturmerkmale	Inhaltliche Merkmale
17-18	Erzählungen 17,6, 18,1: Es gab keinen König	Mißstände in der Vorkönigszeit: Existenz mehrerer Heiligtümer; die Wanderung der Daniten
19-21	19,1; 21,25: Es gab keinen König	Gewalttat von Gibea; Stämmekrieg gegen Benjamin; Frauenraub durch die Benjaminiter

2. Entstehung

Daß zur vorliegenden Gestalt des Richterbuches ein mehrstufiger Entstehungsprozeß geführt hat, ist an bestimmten Einzelphänomenen und am Aufbau des Buches ablesbar:

1. In 1,2-36 und 2,11-23 findet sich eine doppelte Einleitung in das Buch.
2. Die zusammengehörigen Erzählungen über die »kleinen Richter« in 10,1-5; 12,(7)8-15 werden durch die Jiftacherzählung unterbrochen.
3. Jiftach gehört in die Reihe der »kleinen« (12,7) und der »großen Richter« (10,17-12,6).
4. Die »großen Richter« erhalten ihren Titel *šofeṭ* (2,16-19) von der als *šfṭ* bezeichneten Leitungstätigkeit der »kleinen Richter« (10,1-5; 12,[7]8-15).
5. Otniël wird als judäischer Richter den Richtern aus Israel exemplarisch vorgeschaltet (3,7-11).
6. In 13-16 wird Simson nachträglich durch die Übertragung der Richterformel auf ihn an die »großen Richter« adaptiert (13,1; 15,20; 16,31). Die ursprüngliche Zwölfzahl der Richter wird damit aufgegeben.
7. Die Erzählungen in 17-21 verweisen schon auf die Königszeit; von großen oder kleinen Richtern wissen diese Erzählungen nichts. Das ihnen zugrundeliegende »Plädoyer für das Königtum« (*H.-W.Jüngling*) widerspricht zudem der in 8,22-9,57 geäußerten Kritik am Königtum.

Zur Erklärung dieser Auffälligkeiten wurden im Laufe einer längeren Forschungsgeschichte verschiedene Hypothesen der Entstehung des Richterbuches aufgestellt (s.o. D.II.):

(1) Nach *M.Noth* lagen dem Deuteronomisten (Dtr) die Liste der »kleinen Richter« (10,1-5; 12,8-15) und eine Sammlung von Heldengeschichten vor. In exilischer Zeit kombinierte der Dtr diese Vorgaben und schuf als Grundlage für das spätere Richterbuch den Duktus 2,6-13,1, an den sich 1 Sam 1,1 direkt anschloß. Alles andere stellt eine spätere Hinzufügung dar.

(2) *W.Richter* sah in Ri 3,12-9,55* ein aus der 2. Hälfte des 9.Jh. stammendes Retterbuch aus dem Nordreich. In der Joschijazeit wurde dieses Retterbuch einer doppelten deuteronomistischen Redaktion unterzogen. Die erste Redaktion schuf den Rahmen (3,12.14.15.30; 4,1a.2.3.23f; 5,31b; 6,1.2b.6), die zweite steuerte 3,7-11* als Beispielerzählung bei. Nach 586 wurde das Buch anläßlich seiner Einarbeitung in das deuteronomistische Geschichtswerk redigiert. Hierbei wurden die Zahlenangaben, die Richterformeln und Todesnotizen, die Richterliste (10,1-5; 12,8-15), die Jiftach- und die Simsonerzählung zugefügt.

(3) Nach *R.Smend* und *T.Veijola* finden sich im Richterbuch vor allem DtrH- und DtrN-Hände. Der DtrH-Anteil umfaßt den Nothschen Dtr und 17-21, auf den DtrN werden 2,17.20-3,6; 6,7-10; 8,22f.27b.33-35; 9,16b-19c; 10,10-16 zurückgeführt.

(4) *R.Bartelmus* unterscheidet drei Quellen und zwei Redaktionen: Den Kern des Richterbuches bilden die Stammessagen 3-9. Diese wurden ursprünglich mündlich tradiert und vom Autoren des Retterbuches in königskritischer Absicht zusammengestellt (erste Quelle). Die zweite Quelle bilden die mit der Jiftach-Erzählung in losem Zusammenhang stehenden Listen der kleinen Richter und die dritte Quelle die Simsonerzählung. Durch die erste deuteronomistische Redaktion wurde der Titel »Richter« zum Leitbegriff, und 17-21 wurden als Beispielerzählungen für die Zustände in vorstaatlicher Zeit formuliert. Ein zweiter deuteronomistischer Redaktor bewirkte die Endgestalt des Buches.

(5) Gegen *W.Richter* lehnte *U.Becker* eine vordtr Sammlung von Heldenerzählungen ab. *U.Becker* setzt die Entstehung des Buches in drei Stadien an. In Aufnahme des Ansatzes von *M.Noth* und *R.Smend* ist DtrH der maßgebliche Verfasser des Richterbuchs in seinem ersten Stadium (2,11-16,31*). Das Richterbuch hat in diesem Stadium einen starken antimonarchischen Zug; die Richterzeit stellt hier den idealen Gegenentwurf zum Königtum dar. Das zweite Stadium ist gegeben durch die an diesem Buch vorgenommenen

Ergänzungen vom DtrN bzw. aus seiner Umgebung. Die Schuld des Volkes wird hierin (1,21.27ff; 2,1-5.12ad.13.14a.16b.17.18ad*.19-21*; 3,5f; 8,24-27.33-35; 9,16b-19a.24.56f; 17-18*) stärker betont; der Gegensatz zwischen Richtern und Königen steht nicht mehr so sehr im Vordergrund. Als drittes Stadium ist die Rahmung des Richterbuches durch einen im Umkreis des Pentateuchredaktors zu verortenden Verfasser zu sehen, der eine Kombination von priesterlicher und dtr Sprache pflegt. Auf ihn gehen 1,1-18.22-26; 19-21* zurück. Im Zusammenhang mit dieser Redaktion entsteht auch das Richterbuch als selbständiges Buch, welches nach dem Tod des Josua einsetzt (1,1) und auf das Königtum ausblickt (21,25).

(6) Nach *M.Görg* ist eine dreiphasige Entwicklung festzuhalten: Deuteronomistische Redaktoren verarbeiten vordeuteronomistisches Material unter geschichtlichen, prophetischen und toraorientierten Perspektiven. Dieses wird nachdeuteronomistisch unter Aspekten priesterlicher Provenienz erweitert. In jeder dieser Phasen sind ältere und jüngere Stufen anzusetzen.

Ein Konsens bezüglich der Entstehung des Richterbuches zeichnet sich nicht ab. Dafür sind die Voraussetzungen im Hinblick auf die Genese des Deuteronomistischen Geschichtswerks zu groß. Deutlich ist wohl, daß eine Argumentation mit Quellen aus vorstaatlicher Zeit nicht mehr zulässig ist. Grundsätzlich verschiebt sich die Diskussion um die Entstehung des Richterbuches von der Quellen- zur Redaktionskritik.

3. Geschichtlicher Kontext

Es geht dem Buch der Richter um die Darstellung der zwischen der Eroberung des Landes unter Josua und dem Auftreten des Königtums gelegenen Epoche der Geschichte Israels. Diese wird von den Deuteronomisten als den Hauptredaktoren und Herausgebern des Richterbuches als die Zeit der »Richter« verstanden. Das durch die Elemente »Abfall von JHWH - Notsituation - Klagegeschrei - Sendung eines šofeṭ - Rettung« gebildete Geschichtsschema (2,11-19; 3,7-11) macht die forensische Konnotation unübersehbar. Der šofeṭ verhilft Israel zu seinem Recht, weshalb er auch als mošiaʿ bezeichnet werden kann bzw. seine Tätigkeit als »retten« (jšʿ) qualifiziert wird (2,16.18; 3,9.15). Die Deuteronomisten greifen mit dem Richtertitel einen bewußten Entwurf für die Konzeption eines zentralen Leitungsamtes in Israel vor der Königszeit auf. Vorgegeben sind der als Gouverneur zu verstehende šofeṭ in 2 Sam 15,1-5; 2 Kön 15,1-5 und für die forensische Konnotation das in der Reform des Joschija neu geschaffene Richteramt. Dieses Amt verbinden die Deuteronomisten mit den vordeuteronomistischen Listen 10,1-5; 12,(7)8-15 und transponieren das Richteramt aus der Joschijazeit in die vorkönigliche Zeit. Den Haftpunkt für eine solche deuteronomistische Geschichtskonzeption der vorköniglichen Zeit stellt das Exil dar. Nach 586 erhob sich die Frage, wie das Land ohne die Institution des Königtums weiterhin regiert werden könne. Da die mit dem Königtum gegebene Mittlerschaft zwischen Gott und Menschen nunmehr entfallen war, zeigen die Deuteronomisten, wie auf bestimmte Männer und eine Frau der Geist JHWHs kam und diese zur Leitung und Rettung Israels in Krisenzeiten befähigte. Die Richter regierten das Volk, versahen die Rechtsprechung und nahmen militärische Führungsaufgaben wahr. In der Ausübung der Regierung durch Menschen nichtköniglicher Provenienz liegt für die Deuteronomisten die geschichtliche Analogie zwischen Richterzeit und Exilszeit. Unverkennbar ist dabei die Kritik am Königtum. Die Richterzeit stellt das ideale Gegenmodell zu der bei den Deuteronomisten negativ konnotierten Königszeit dar.

4. Schwerpunkte der Theologie

(1) JHWHs Wirken in der Geschichte
Die Zeit der Richter ist als Zwischenperiode gekennzeichnet: Mose und Josua sind tot, ein Königtum existiert noch nicht. Wie kann Israel ohne eine monarchische Leitung regiert werden? Das Richterbuch zeigt, wie JHWH durch die Vermittlung von ihm beauftragter Menschen in Krisenzeiten in die Geschichte eingreift und die Krise zugunsten seines Volkes wendet.

(2) JHWH-Monolatrie
Die Krisen in der Geschichte Israels werden durch den Abfall des Volkes von JHWH und seine Zuwendung zu anderen Göttinnen und Göttern hervorgerufen. Die Etablierung von Frieden und Heil setzt nach dem Richterbuch eine konsequente JHWH-Monolatrie voraus. In der Kritik am religiösen Abfall des Volkes Israel von JHWH vor der Königszeit wird die deuteronomistische Königskritik, wie sie in den Büchern Samuel und Könige auftritt, bereits präludiert. Für die Exilszeit bedeutet dies, daß nur JHWH Israel Schutz vor seinen Feinden gewähren kann. Schon in vorköniglicher Zeit führte das Verlassen JHWHs zum Untergang, aber die Zuwendung zu JHWH wieder zur Rettung.

(3) Theologiegeschichtliche Anstöße
Die deuteronomistische Geschichtskonstruktion einer der Königszeit vorgelagerten Richterzeit wurde auch anderweitig im AT übernommen (1 Sam 8,1; 2 Sam 7,7.11; 2 Kön 23,22; Rut 1,1).

5. Relevanz

Dem auf den ersten Blick von Kriegen, Grausamkeiten und Burlesken durchzogenen Richterbuch scheint kaum eine theologische Relevanz zuzukommen und es ist deshalb bislang als theologisches Werk nur unzureichend gewürdigt worden. Dagegen ist jedoch zu sehen, daß das Buch durch alle seine Einzelgeschichten hindurch immer wieder von der Rettung des Volkes JHWHs spricht. Denen, die sich vom Götzendienst abwenden und zu JHWH zurückkehren, versagt er seine Rettung nicht.

V.   Das Buch Rut
(Erich Zenger)

Kommentare: P.Joüon 1953 (= [2]1986); W.Rudolph (KAT) 1962; G.Gerleman (BK) 1965 (= [2]1981); E.Würthwein (HAT) 1969; E.F.Campbell (AncB) 1975; J.M.Sasson 1979 (= [2]1989); R.E.Murphy (FOTL) 1981; E.Zenger (ZBK) 1986 (= [2]1992); R.L.Jr.Hubbard (NICOT) 1988; Ch.Frevel (Neuer Stuttgarter Kommentar Altes Testament) 1992; A.Brenner 1993; J.Scharbert (NEB) 1994; K.Nielsen (OTL) 1997.
Einzelstudien: D.R.G.Beattie, Jewish Exegesis of the Book of Ruth (JSOT.S 2) Sheffield 1977; R.Bohlen, Die Rutrolle. Ein aktuelles Beispiel narrativer Ethik des Alten Testaments: TrThZ 101,1992,1-19; ders., Feministische Exegesen der Rutrolle. Versuch eines kritischen Dialogs mit ihren Autorinnen, in: FS H.Feilzer, Trier 1992,13-30; K.Butting, Die Buchstaben werden sich noch wundern, Berlin 1993,21-48; J.Ebach, Fremde in Moab - Fremde aus Moab. Das Buch Ruth als politische

Literatur, in: ders./R.Faber (Hg.), Bibel und Literatur, München 1995,277-304; I.Fischer, Rut - *Das Frauenbuch der Hebräischen Bibel*: rhs 39,1996,1-6; dies., Der Männerstammbaum im Frauenbuch: Überlegungen zum Schluß des Rutbuches (4,18-22), in: R.Kessler u.a. (Hg.), FS E.S.Gerstenberger, Münster 1997,195-213; M.D.Gow, The Book of Ruth: Its Structure, Theme and Purpose, Leicester 1992; R.Jost, Freundin in der Fremde: Rut und Noomi, Stuttgart 1992; A.Meinhold, Theologische Schwerpunkte im Buch Ruth und ihr Gewicht für seine Datierung: ThZ 32,1976,129-137; C.Mesters, Der Fall Rut. Brot - Familie - Land. Biblische Gespräche aus Brasilien, Erlangen 1988; I.J.Petermann, Travestie in der Exegese? Über die patriarchalische Funktionalisierung eines gynozentrischen Bibeltextes - das Buch Ruth und seine Kommentare: DBAT 22,1985,74-117; Ph.Trible, Eine menschliche Komödie, in: dies., Gott und Sexualität im Alten Testament, Gütersloh 1993,190-226; R.Vuilleumier, Stellung und Bedeutung des Buches Ruth im alttestamentlichen Kanon: ThZ 44,1988,193-210; H.H.Witzenrath, Das Buch Rut. Eine literaturwissenschaftliche Untersuchung (STANT 40) München 1975; E.van Wolde, Aan de hand van Ruth, Kampen 1993; Y.Zakovitch, Das Buch Rut. Ein jüdischer Kommentar (SBS 177) Stuttgart 1999.

1. Aufbau

Das Buch Rut gilt als Meisterwerk hebräischer Erzählkunst. Es ist *das* Frauenbuch des Ersten Testaments. Anders als die beiden ebenfalls nach einer Frau benannten biblischen Bücher Ester (s.u. D.XII.) und Judit (s.u. D.XI.) thematisiert das Buch Rut ausdrücklich die soziale Realität von Frauen in einer patriarchalen Gesellschaft. »Es geht um den Überlebenskampf zweier (oder dreier) Frauen in einer patriarchalischen und vor allem für arme Frauen lebensgefährlichen Welt; es geht... um den Einsatz des Körpers in diesem Überlebenskampf. Es geht um Frauen als Opfer, als Verhandlungsgegenstand und als mutig und listig Handelnde; es geht um Frauensolidarität und Frauenrivalität« (*J.Ebach*, Fremde in Moab 278). Daß Rut eine junge *ausländische* Frau ist, die zur Lebensretterin der alten Jüdin Noomi und sogar zur Urgroßmutter des für jüdische Existenz so bedeutsamen König David wird, macht dieses Buch zu einem kämpferischen Frauenbuch, das sich auch mit der einseitig androzentrischen Sicht der Ursprungsgeschichte Israels auseinandersetzt, wenn diese nur die »Patriarchen« als für die geschichtliche Existenz Israels bedeutsam herausstellt. Wegen dieser starken »Frauenperspektive« ist die Vermutung nicht unbegründet, daß das Buch auf einen Verfasserkreis zurückgeht, in dem Frauen und Männer zusammenwirkten.

Das Buch setzt mit einer für die Geschichtserinnerung Israels »typischen« Situation ein. Wie Abraham und Sara (vgl. Gen 12,10-20) und wie die ganze Jakob-Sippe (vgl. Gen 46-47) verläßt in einer Hungersnot eine Familie ihre Heimat Betlehem, um im fremden Moab zu überleben. Die Fremde erweist sich aber als ein Ort des Todes: Zunächst stirbt Elimelech, dann sterben auch die beiden Söhne Machlon und Kiljon, die nach dem Tod des Vaters die Moabiterinnen Orpa und Rut geheiratet hatten. Das Buch Rut erzählt nun, wie die allein übrig gebliebene Witwe Noomi wieder zur Lebensfülle kommt, nämlich durch die Rückkehr nach Betlehem (in das Land der Verheißung) und insbesondere durch ihre moabitische Schwiegertochter Rut. Diese geht mit ihr nach Betlehem (Kap.1), sammelt dort während der Gerstenernte auf dem Feld des Boas in Wahrnehmung des Armenrechts Ähren (Kap.2), legt sich nach der Ernte als Braut geschmückt nachts auf der Dreschtenne zu Boas und bittet ihn um die Ehe (Kap.3). Boas heiratet Rut nach dem Zurücktreten eines ihm vorgeordneten Verwandten »Soundso«, der zwar das Vorkaufsrecht für das Feld der Noomi ausüben, nicht aber das damit verbundene Levirat (»Schwagerehe« von *levir* »Schwager«; s.u.) mit Rut vollziehen möchte. Der aus dieser Levirats-Ehe hervorgehende (erste) Sohn Obed gilt dann als Sohn der Noomi und wird schließlich der Großvater Davids, wie in einer feierlichen Genealogie abschließend herausgestellt wird (Kap.4).

Der einsträngige Geschehensablauf ist in vier Abschnitte bzw. Akte gegliedert (was zugleich durch die traditionelle Kapiteleinteilung angezeigt wird), die vielfältig aufeinander bezogen sind. Im Zentrum steht die Begegnung zwischen Rut und Boas (2. und 3. Akt). Diese Begegnung verändert Boas, der im 4. Akt endlich das tut, was er schon am Ende des 1. Akts hätte tun können: der mitten im Leben »toten« Noomi die »Betlehem«-Dimension (programmatische Bedeutung von Bet-

Lehem als sprechender Name: Haus des Brotes = Haus des Lebens) vermitteln, d.h. ihr und ihrer vom Tod des Aussterbens bedrohten Familie das Weiterleben zu ermöglichen. Dies zeigt der erzählerische Spannungsbogen zwischen 1,1-5 als Exposition (Disäquilibrium: Hunger und Kinderlosigkeit als Formen des Todes) und 4,13-17 als Handlungsergebnis (Aufhebung des Disäquilibriums: Geburt des Sohnes, der als »Löser« zugleich Ernährer der Noomi sein wird) an; dieser Bogen wird durch Stichwortbeziehung zwischen 1,5 und 4,16 (»Kinder«/»Kind«) unterstrichen.

Das Buch ist *symmetrisch-chiastisch aufgebaut:*

Kap.1 Rückkehr der Noomi nach Betlehem	**Kap.2** Rut auf den Feldern des Boas	**Kap.3** Rut auf der Tenne des Boas	**Kap.4** »Lösung« für Noomi in Betlehem
1-5 Eröffnung (Handlung)	1-2 Eröffnung (Gespräch)	1-5 Eröffnung (Gespräch)	1-2 Eröffnung (Handlung)
6-19a Entscheidung der Rut für Noomi (dreifache Gesprächsrunde auf dem Weg nach Betlehem)	3-18 Begegnung zwischen Rut und Boas auf dem Gerstenfeld (Rut wirft sich nieder vor Boas)	6-15 Begegnung zwischen Boas und Rut auf der Gerstentenne (Rut legt sich nieder zu Boas)	3-12 Entscheidung des Boas für Noomi und Rut (dreifache Gesprächsrunde im Tor zu Betlehem)
19b-22 Ankunft in Betlehem (Noomi und die Frauen)	19-23 Deutendes Gespräch Noomi - Rut	16-18 Deutendes Gespräch Noomi - Rut	13-17 Geburt in Betlehem (Noomi und die Frauen)
Noomi	Rut	Rut	Noomi

+

18-22 Genealogie Davids

Kap.2 und 3 sind parallel gebaut. Sie beginnen und enden mit einem Gespräch zwischen Noomi und Rut. Dazwischen findet jeweils eine Begegnung zwischen Rut und Boas statt, deren Höhepunkt am Mittag (2. Akt) bzw. um Mitternacht (3. Akt) liegt. Beide Male bringt Rut der Noomi von dieser Begegnung als Gabe des Boas »Brot« mit. Auch die Abfolge der Schauplätze ist analog: Stadt - Feld - Stadt (2. Akt) sowie Stadt - Tenne - Stadt (3. Akt). Die Parallelität der Kap.1 und 4 zeigt sich am auffälligsten in der Schlußszene, in der beide Male die Frauen von

Betlehem die Deutung des Geschehens geben. In der mittleren Szene der Akte, die jeweils als dreifacher Gesprächsgang abläuft, scheidet immer eine Kontrastfigur aus (1. Akt: Orpa als Kontrastfigur zu Rut; 4. Akt: der namenlose »Löser« Soundso als Kontrastfigur zu Boas). Der Treue-Zusage der Rut zu Noomi in 1,16f entspricht das Bekenntnis des Boas zu Rut und Noomi in 4,9f.

Die vier Abschnitte haben durch entsprechende *Leitworte* ihr je eigenes Profil (Kap.1: »zurückkehren«; Kap.2: »Ähren sammeln, auflesen«; Kap.3: »sich hinlegen/liegen«; Kap.4: »lösen«). Sie werden semantisch zusammengehalten durch die *Leitmotive* Brot, Kind, Güte/Liebe (*hæsæd*) und Tod/Leben. Auf der *Ebene des Ortes* kehrt die Handlung in der jeweiligen Mittelszene der Akte immer näher nach Betlehem als »Haus des Brotes/Lebens« zurück. Die Mittelszene des 1. Akts (1,6-19a) zeigt Noomi und Rut auf dem Weg von Moab nach Betlehem; 2,3-18 spielt auf den Feldern rings um Betlehem, 3,6-15 auf der Tenne am Rande von Betlehem; die Szene 4,3-12 schließlich findet im öffentlichen Zentrum von Betlehem (Stadttor) statt. Auf der *Ebene der Zeit* läuft das Geschehen kontinuierlich ab, wobei die Zeitspanne der einzelnen Akte bis zum Höhepunkt im 4. Akt immer kürzer wird. Auf die zehn Jahre in Moab (1. Akt) folgen die wenigen Wochen der Ernte (2. Akt), wobei die entscheidende Handlung an einem einzigen Erntetag (vom Morgen 2,7 über Mittag 2,14-16 bis zum Abend 2,17) spielt. Danach verdichtet sich im 3. Akt das Geschehen auf eine einzige Nacht auf der Tenne (vom Abend 3,2 über Mitternacht 3,8 bis zum Morgengrauen 3,14), bis das Geschehen schließlich im 4. Akt mit der Rechtsversammlung am Tor in der Frühe des Tages nach der unmittelbar vorangegangenen »Nacht auf der Tenne« ihren angestrebten Höhepunkt findet. Von da an öffnet sich die Zeit in die Zukunft zunächst bis zur Geburt des Sohnes und bis zum Lebensende der Noomi - und schließlich bis in die Zeit Davids, der seinerseits aufgrund des messianischen Kolorits der Erzählung (s.u.) die Rutgeschichte insgesamt zur utopischen Geschichtserinnerung (s.o. D.I.) macht.

Gegenüber der seit *Goethes* entsprechender Bemerkung (»das lieblichste kleine Ganze..., das uns episch und idyllisch überliefert worden ist«) verbreiteten Bestimmung des Buches als »Idylle«, die die gesellschafts- und geschichtskritische Tendenz des Buches übersieht (vgl. das leider klassisch gewordene Urteil *H.Gunkels*: »Das ist eine Geschichte, wie sie das Volk gerne hört: nach Regen Sonnenschein!«) und die Handlungsstruktur der Erzählung nicht genügend beachtet, ist das Buch Rut in literarischer Hinsicht am ehesten als *Novelle* zu kennzeichnen. Mit *A.Jolles* (Einfache Formen, Tübingen [4]1968,192) ist diese eine Gattung, die »bestrebt ist, eine Begebenheit oder ein Ereignis von eindringlicher Bedeutung zu erzählen in einer Weise, daß sie uns den Eindruck eines tatsächlichen Geschehens gibt, und zwar so, daß uns das Ereignis selbst wichtiger erscheint als die Personen, die es erleben.« Die erzählte Geschehenskette folgt der typischen Novellenstruktur Tiefpunkt - Wendepunkt(e) - Höhepunkt, wobei der Wendepunkt wie oft in der Novelle vom Zufall eingeführt wird (vgl. 2,3). Das Ereignis, das erzählt wird, ist in der Tat unerhört: der »toten« Noomi wird in Betlehem durch die Moabiterin Rut ein Kind geboren, das JHWH ihr als »(Er-)Löser« bestimmt hat (vgl. 4,14f). Insofern die Erzählung in der Gestalt der Rut und auch in der des Boas Leitbilder solidarischen Handelns entwirft, die zu entsprechender Lebenspraxis inspirieren wollen, ist Rut eine »weisheitliche Novelle« (vgl. dazu *E.Zenger*, Kommentar 22-25). Beachtet man stärker, daß und wie das Buch Rut auf Erzählungen des Buches Genesis (vgl. besonders Gen 12; 19,30-38; 24; 38) zurückgreift und eine eigene neue »Genesis-Geschichte« komponiert, um in ihr bzw. mit ihr Rechtsfragen, die in der frühnachexilischen Zeit kontrovers waren (Umgang mit Ausländern, Mischehe, Erbrecht von Witwen, Armenrecht, Verpflichtung zum Levirat), auf dem

Boden der Tora (das Buch spielt u.a. auf Lev 25; Dtn 23,3-5; Dtn 25 an) *neu* zu regeln, kann man das Buch als *halachischen* (d.h. die Tora neu auslegenden, aktualisierenden) *Midrasch* verstehen (*I.Fischer, Y.Zakovitch*)

2. Entstehung und theologiegeschichtlicher Kontext

Die Novelle ist von hoher struktureller Konsistenz. Allerdings ist *fraglich*, ob die eröffnende chronologische Notiz (1,1aα) und die Genealogie 4,18-22 mit ihrem Bezug auf David zur ursprünglichen Gestalt des Buches gehören.

Die das Buch eröffnende chronologische Notiz ist aus folgenden Gründen kaum ursprünglich: (1) Zwar ist eine doppelte eröffnende Zeitangabe nicht prinzipiell unmöglich, aber die Näherbestimmung »da die Richter richteten« überrascht mit Blick auf die juristische Szenerie von Rut 4, wo nun ausgerechnet kein »Richter« auftritt, noch das Verbum »richten« verwendet wird. (2) Ohne die Angabe ergibt sich eine Erzähleröffnung, die den Eröffnungen der mit Rut intertextuell zusammenhängenden Geschichten Gen 12,10-20; 26,1ff entspricht. (3) Die allgemein gehaltene Angabe »Richterzeit« korrespondiert mit der Genealogie 4,18-22, die Boas in die vor-königliche Zeit, also die Richterzeit, einordnet.

Drei Gründe sprechen vor allem dafür, daß die Genealogie und der Davidbezug erst sekundär angefügt wurden: (1) Die Position der Genealogie *am Schluß* der Erzählung ist ungewöhnlich. Üblicherweise finden sich Genealogien *am Anfang* einer Erzählung oder eines Erzählabschnitts und führen die handelnden Personen ein. In unserem Fall kommt aus der Erzählung in der Genealogie nur Boas vor; er ist in dieser aber weder Anfangs- noch Zielpunkt. (2) In der Erzählung sind Rut und Noomi die Hauptfiguren. Auch in 4,17 wird der Sohn pointiert als »Sohn für Noomi« bezeichnet; ebenso ist auffallend, daß es in 4,13 nicht dem üblichen Schema entsprechend heißt »und sie (Rut) gebar *dem Boas* einen Sohn«. Die betonte Frauenperspektive der ganzen Erzählung fehlt in der Genealogie; in ihr fehlen nicht nur Noomi und Rut, es wird überhaupt keine Frau genannt (vgl. demgegenüber z.B. die Genealogie Jesu in Mt 1). (3) Im Verlauf seiner kunstvollen Erzählung gibt der Erzähler keinen Hinweis, der *David* als den von Anfang an angezielten Endpunkt erkennen oder auch nur erahnen ließe. »Wenn eine Vorgeschichte der Familie Davids erzählt werden sollte, dann verwundert schon, daß trotz der Ruterzählung die Mutter Davids völlig unbekannt bleibt. Auch die Großmutter wird nicht erwähnt. Letztlich erfährt man über die Familienangehörigen Davids, die im Rutbuch eine Rolle spielen (nach der Genealogie sind das Boas und Obed. Hinzuzunehmen ist Rut als Mutter des Obed), herzlich wenig. Obed wird überhaupt nicht weiter charakterisiert. Welche Rolle sollten Noomi, Elimelech, Machlon und Kiljon haben, wenn es im Rutbuch um die Vorgeschichte Davids ginge? Genau genommen kann die Geschichte also gar nicht als Familiengeschichte der Ahnen Davids verstanden werden, viele Züge der Novelle weisen über diesen einfachen Tatbestand hinaus. Die Erzählung will mehr!« (*Ch.Frevel*, Kommentar 28f).

Wann und mit welcher Absicht die Genealogie hinzugefügt wurde, ist kontrovers. Daß zwischen ihr und der Genealogie Judas in 1 Chr 2,3-15 ein Zusammenhang besteht, ist unbestritten. Da die Genealogie in Rut 4,18-22 im Vergleich zu 1 Chr 2 kürzer ist, wird sie meist als Exzerpt aus 1 Chr 2 gedeutet; dementsprechend rückt die Datierung in das 2.Jh. v.Chr. hinab. Wird das Abhängigkeitsverhältnis umgekehrt gesehen, muß die Genealogie 4,18-22 *vor* der Entstehungszeit der Chronik angesetzt werden. Daß die Rut-Novelle durch 4,17b.18-22 »davidisiert« wurde, hängt mit der Revitalisierung der Davidfigur als einer messianischen Hoffnungsgestalt der nachexilischen Theologie zusammen. Im Buch Rut selbst boten sich mindestens vier Elemente für diese Davidisierung an: (1) Die Geschichte spielt in Betlehem, dem Herkunftsorts Davids. (2) Mit David verband sich in nachexilischer Zeit die Hoffnung auf die Geburt eines »neuen David« (vgl. Mi 5,1). (3) In der nachexilischen Davidtheologie spielt das im Buch Rut wichtige Theologumenon von der *ḥæsæd* (Liebe, Güte, Treue) eine wichtige Rolle (vgl. Ps 89,2f.5.29f.50; Jes 55,3). (4) Als Erzählung von der menschen- und gottgewirkten Geburt des »(Er-)Lösers Obed« (= Diener, d.h. der Gottesherrschaft) ist die *story* transparent für die messianischen Vorstellungen vom »Löser« (vgl. Ps 72,13f).

Ob der ursprüngliche Schluß der Rut-Novelle in 4,17a (»und sie riefen seinen Namen Obed«) oder schon in 4,16 (so *E.Zenger*, Kommentar 11-13) vorliegt, ist kontrovers; wegen der der Androzentrik der Genealogie entgegenstehenden Frauenperspektive in 4,17a dürfte die Entscheidung zugunsten der

Ursprünglichkeit von 4,17a fallen. Von diesen literarkritischen Beobachtungen her ergibt sich 1,1aβ-4,17a als *ursprüngliche Rut-Novelle*.

Neuerdings haben *Y.Zakovitch* und *I.Fischer* gewichtige *Argumente für die ursprüngliche Zugehörigkeit* der Genealogie 4,18-22 und damit für die Einheitlichkeit des Rutbuchs beigebracht:

Die Schlußposition der Genealogie sei zwar auffallend, aber durch literarische Vorbilder bedingt; auch in Gen stehen vergleichbare Genealogien »erst *nach* Abschluß der Geschichte des betreffenden Erzvaters ... Wenn der Stammbaum die Frauenperspektive verläßt, geschieht dies gezielt und hat seinen Grund in den literarischen Gattungen, die der Midrasch verwendet, sowie in der Intention des Buches ... Die Rutgeschichte will die Volksgeschichte der Genesis weitererzählen, und zwar von Juda bis zum Beginn der davidischen Königsdynastie. Dazu ist die Genealogie von Perez zu David *unerläßlich notwendig*. Die literarkritische Ausscheidung der Volksperspektive, welche ... im Männerstammbaum verankert ist, nimmt dem Buch die politische Sinnspitze« (*I.Fischer*, Der Männerstammbaum 205.209). So hat das im 5.Jh. v.Chr. als Ganzes entstandene Buch von Anfang an jene davidisch-messianische Perspektive, die ihr von anderen Autoren erst auf der Ebene der Erweiterung zugeschrieben wird (s.u. 3.2).

Für *Entstehung* des Rutbuchs in *nachexilischer Zeit*, wohl im 5.Jh., sprechen u.a. folgende Gründe:

(1) Rut bietet unter dem theologisch gefüllten Begriff »Er-Lösung« eine kreative Verbindung von Schwagerehe (Levirat) und Vorkaufsrecht/Rückkaufpflicht von Sippeneigentum, beides zugunsten von Noomi und Rut, so daß man von einer »Halacha« zu Lev 25 (Löserinstitution) und Dtn 25 (Levirat) sprechen kann. Diese Art von Umgang mit der Tora ist vorexilisch nicht denkbar.

(2) Die starke Betonung der Familie bzw. des Clans und das Herausarbeiten ihrer fundierenden Rolle für die Gemeinschaft ist als Reaktion auf den Zusammenbruch des Staates plausibel.

(3) Die Motivverbindung von »Rückkehr« aus der Fremde und »Geburt« eines Kindes für die kinderlos gewordene Noomi erinnert an die theologische Metaphorik von Klgl und Jes 40-66.

(4) Das in Rut planvoll betriebene Spiel mit den sprechenden Eigennamen (Elimelech = »Mein Gott erweist sich als König«; Noomi = »Liebliche« oder »liebevoll ist JHWH«; Rut = »Freundin, Nächste, Gefährtin«; Orpa = »die Sich-Abwendende«; Machlon und Kiljon = »Kränkling und Schwächling«; Boas = »in ihm ist Kraft«; Bet-Lehem = »Haus des Brotes«) ist typisch für die nachexilische Literatur.

(5) Die das Buch Rut zentral bestimmende Frauenperspektive ist vorexilisch *so* nicht vorstellbar; dies gilt nicht nur für die Konzeption, daß sich an der Solidarität der »fremden« Frau Rut die »Solidarität« JHWHs offenbart, sondern auch für die Betonung der Frauen in der Ursprungsgeschichte Israels (Rut 4,11f: Rahel, Lea, Tamar).

(6) Die Vielfalt der intertextuellen Bezüge verlangt nachexilische Herkunft: Rut, die Noomi nicht preisgibt, ist eine Kontrastfigur zu Abraham, der seine Frau Sara preisgibt (Gen 12,10-20). Die Moabiterin Rut ist in ihrer Heilsbedeutung eine Korrektur an den moabfeindlichen Texten Gen 19,30-38; Num 25,1-18, in denen gerade Frauen im sexuellen Kontext negativ konnotiert sind.

(7) Falls Rut sich *auch* mit der im 5.Jh. von Rigoristen geforderten Verstoßung fremdländischer Ehefrauen (vgl. Esra 13; Neh 10) polemisch auseinandersetzt, ist die Datierung in dieser Epoche zwingend.

Die früher stärker vertretene Meinung, das Buch sei in *vorexilischer Zeit* entstanden, setzte meist den David-Bezug als ursprünglichen Sinn der Erzählung voraus und datierte deshalb in eine Zeit, in der es die davidische Dynastie noch gab.

Das *Entstehungsmilieu* des Buches ist durch folgende Merkmale bestimmt:

(1) Es zeigt kein Interesse an Kult und Tempel sowie den damit verbundenen Traditionen.

(2) Das plastisch geschilderte Lebensmilieu der bäuerlichen Welt, die Wertschätzung des »Erbbesitzes« und der verwandtschaftlichen Solidarität sind am ehesten verständlich, wenn die Erzählung in eben diesem Milieu entstanden ist; ein städtisches Milieu, gar Jerusalem, ist theoretisch zwar denkbar, doch wäre dann eher eine gezielt anti-städtische Tendenz zu erwarten.

(3) Insgesamt ist eine archaisierende Geisteshaltung nicht zu verkennen. Sie findet sich ähnlich auch in jenen Kreisen, die das Bundesbuch in den Tetrateuch integriert haben (s.o. C.VI.5). Der Rückgriff auf das Milieu der Anfänge Israels und dabei noch einmal auf die Frauen-Überlieferungen (Lea, Rachel, Tamar) ist eine Reaktion auf den Schock, den der staatliche Zusammenbruch des 6.Jh. ausgelöst hat.

3. Schwerpunkte der Theologie

3.1. Die ursprüngliche Rut-Novelle

Das Gesamtverständnis der ursprünglichen Rut-Novelle hängt davon ab, ob der in 4,17b gegebene David-Bezug als sekundär oder als nicht sekundär beurteilt wird. Wird David als Zielpunkt der ursprünglichen Erzählung angenommen und diese dann vorexilisch datiert, wird sie als Legitimation bzw. Apologie der moabitischen Vorfahren Davids, als Propaganda für die davidische Dynastie bzw. für den Anspruch derselben auf das Nordreich oder als Deutung des Königtums überhaupt gelesen.

Wo die Novelle ohne David-Bezug interpretiert wird, zeigen sich in der Forschung unterschiedliche Leseweisen. Sie wird gedeutet als: (1) eine »schöne Geschichte, die die Witwentreue preist« (*H.Gunkel*); (2) eine Empfehlung der *hæsæd* »Treue, Solidarität« als grundlegender Tugend; (3) eine Werbeschrift für die Praxis des Levirats und der Rückkaufpflicht verlorengegangenen Sippeneigentums; (4) eine Protestschrift gegen die nachexilische Abgrenzungspolitik, Ausländerfeindlichkeit und Intoleranz, wie sie vor allem von der Jerusalemer Hierokratie verfochten wurde; (5) eine Oppositionsschrift gegen das Verbot der Mischehen durch Nehemia und Esra mit mehrfacher polemischer Spitze (1. ohne die Mischehe zwischen Boas und Rut hätte es das davidische Königtum nicht gegeben; 2. die Mischehe des Boas ist in der Rutgeschichte intertextuell durch die Bezüge zu Lev 25; Dtn 25 als »toragemäß« gezeichnet; 3. eine rigorose Mischehenpolitik übersieht, daß es beispielhafte Ausländerinnen wie Rut gibt); (6) eine »Frauengeschichte«, an der nicht nur das Versagen der Männergesellschaft dokumentiert wird, sondern die vor allem die große Bedeutung der Frauen für die Geschichte Israels in Erinnerung rufen wolle.

Geht man davon aus, daß die kinderlos gewordene und vom »Tod mitten im Leben« bedrohte Noomi Figuration des exilischen/frühnachexilischen Israel ist, die durch die Solidarität der Rut zur Lebensfülle gelangt, will die Novelle eine *Hoffnungsgeschichte für Israel* sein. Das in der Novelle erzählte Geschehen wird von seinem Ende her eine Geschichte vom Erweis der Gottesherrschaft wie dies der Name Elimelech = »mein Gott erweist sich als König« programmatisch am Anfang andeutet. *Daß* und *wie* JHWH sich als der aus dem Tod rettende König erweist, ist die theologische Pointe der Erzählung. Der Leben gebende Gott will sich offenbaren in Leben gebenden Menschen. Die couragiert und sensibel handelnde Ausländerin Rut ist Paradigma *dieser* Gottes-Wahrheit.

3.2 Die messianische Perspektive der Endgestalt

Durch die auf David hinführende Genealogie 4,18-22 wird zunächst einmal Rut »belohnt«; durch ihre Solidarität mit Noomi rückt sie ein in die große Galerie der Mütter Israels. Zugleich wird das Buch nun zu einem Diskurs darüber, *wie* es zur Geburt des »neuen David« kommt: dadurch daß alltägliche Solidarität und Hilfsbereitschaft praktiziert werden - nach dem Vorbild der Rut. Wenn und wo dies geschieht, darf Israel hoffen, daß der »(Er-)Löser« geboren wird, der Rechtlosen zu ihrem Recht verhilft, und den Armen Lebensfülle schafft.

3.3 Das Buch Rut im kanonischen Zusammenhang des Ersten Testaments und des Tanach

Im *Ersten Testament* steht das Buch Rut zwischen Ri und 1 Sam. Es markiert den Übergang von der anarchischen Epoche Ri 19-21 der Vor-Königszeit (vgl. die Rahmennotizen Ri 19,1; 21,25: »als es noch keinen König in Israel gab«), deren Brutalität sich vor allem in der Gewalt gegen Frauen zeigt, zur neuen Epoche des mit David beginnenden Königtums. Mit seiner Betlehem-Geschichte ist es eine Gegengeschichte zur Betlehem-Geschichte vom Sexualmord an der Frau des Leviten Ri 19-20 (vgl. *I.Fischer*, Gottesstreiterinnen 193: »Als Kontrast zum Schicksal der Betlehemitin wird die in Betlehem fremde Rut gezeichnet, die von Boas geschützt, die Gesellschaft zügelloser Männer meidet und im Haus ihrer Schwiegermutter sicher sein kann«) und zugleich eine programmatische Weichenstellung für die neue Zeit: Wie Israel in Ägypten sein Überleben dem Einsatz und der Tat mutiger Frauen verdankt (vgl. Ex 1-2), so entsteht nach dem Buch Rut das Königtum aus dem entschlossenen Handeln zweier marginalisierter Witwen.

Im *Tanach* ist das Buch Rut als kanonische Auslegung bzw. Aktualisierung des unmittelbar voranstehenden »Lobliedes« auf die »starke Frau« Spr 31,10-31 lesbar, worauf z.B. der Midrasch Leqach Tov ausdrücklich hinweist. Rut heißt in 3,11 »starke Frau« (wie Spr 31,10) - und an ihrer Geschichte konkretisieren sich die in Spr 31 gebündelten Preisungen. Geht man davon aus, daß die »starke Frau« von Spr 31 im Horizont von Spr 1-9 zugleich als Personifikation der »Göttin Frau Weisheit« (weibliche Dimension des Gottesbildes) zu verstehen ist, gilt dies kanonisch Zusammenhang auch von Rut.

4. Relevanz

In der *jüdischen Liturgie* wird das Buch Rut zum Wochenfest gelesen. Dieses wird 50 Tage nach dem Pesachfest gehalten. Es war ursprünglich das die Getreideernte abschließende Dankfest und wurde schon in frühjüdischer Zeit zugleich als Fest der Gabe der Offenbarung (der Tora) am Sinai und als Bundesfest gefeiert. Für die Verlesung des Buches Rut am Wochenfest gibt die jüdische Tradition eine ganze Reihe von Gründen an: (1) Die Handlung des Buches Rut spielt zur Erntezeit (vom Anfang bis zum Abschluß der Gersten- und Weizenernte). (2) David, Ruts Urenkel, ist an einem Wochenfest gestorben (Midrasch Ruth Rabba); von David aber handelt letztlich das Buch Rut. (3) Ruts Bekehrung zum Judentum ist dem Fest angemessen, das die Gabe der Tora feiert. (4) Ruts Treue symbolisiert Israels Treue zur Tora. (5) Die wahre Erfüllung der Tora liegt in der Praxis der Nächstenliebe: gerade davon erzählt das Buch Rut. (6) Nach Lev 23,19-22 gehören Wochenfest und Sorge für die sozial Schwachen aufs engste zusammen. »Dem hat die jüdische Tradition Rechnung getragen und der Lesung des Buches Rut ihren Platz im Pfingstgottesdienst der Synagoge zugewiesen: Rut war die arme Fremde, die vor ihrer Schwiegermutter Naomi hinter den Mähern herging, um Ähren zu lesen« (*W.Zuidema*, Gottes Partner. Begegnung mit dem Judentum, Neukirchen-Vluyn 1983,95).

Im *Neuen Testament* ist das Buch Rut zweimal aufgenommen. Der Stammbaum Jesu in *Lk 3,23-38*, der die Abstammungslinie Jesu von Josef bis zu Adam und von diesem zu Gott zurückführt, hat vermutlich für die Linie von David bis Perez die Schlußgenealogie Rut 4,18-22 als Vorlage verwendet. Im Stammbaum Jesu *Mt 1,1-17*, der Jesus als Sohn Abrahams und als Sohn Davids darstellt, wird die für solche Genealogien charakteristische Androzentrik durchbrochen. Neben 43 namentlich genannten Männern werden nun auch fünf Frauen genannt: Tamar, Rahab, Rut, die Frau des Urija (= Batseba) und Maria. Rut wird hier also zur Stammmutter Jesu. Die früher oft vertretene Auffassung, die vier Frauen seien als »Sünderinnen« aufgenommen, um die Gnade Gottes zu verdeutlichen, die nun in dem aus Maria geborenen Christus personal greifbar wird, ist im Kontext frühjüdischer Tradition nicht belegt bzw. vorstellbar und ist als antijüdisches Konstrukt abzulehnen. Wahrscheinlich klingen zwei Motive zusammen: »Entscheidend dürfte sein: Ohne Tamar gäbe es Perez als Verheißungsträger nicht, ohne Rut gäbe es David nicht, ohne Batseba gäbe es Salomo nicht, ohne Rahab gäbe es keine Landnahmegeschichte. Die jüdische Verheißungsgeschichte würde ohne diese Frauen zusammenbrechen. Daß diese Verheißungsgeschichte dabei gleichsam ›auf krummen Wegen‹ verläuft, gehört hinsichtlich der Auswahl der Frauen sicherlich zur Intention des Matthäus. Insgesamt bringen sie etwas Irreguläres in die Gattung ›Stammbaum‹, der von seiner Gattung her ansonsten auf Normalität, Exaktheit und Legitimität ausgerichtet ist. Diese Durchbrechung des Normalen dürfte aber genau jener Punkt gewesen sein, auf den es Matthäus im Hinblick auf Maria in 1,16 (mit dem erklärenden Kommentar in 1,18-25) ankam. Der vielfach vertretene Hinweis, daß Matthäus diese vier Frauen als Nichtjüdinnen (im Hinblick auf sein universal entworfenes Evangelium) wichtig waren, mag im Rückblick auf das Bekenntnis zu Jesus als ›Sohn Abrahams‹ (1,1) zutreffen, im Kontext von Maria und der Entstehungsgeschichte Jesu ist diese Rolle der Frauen jedoch sekundär« (*H.Frankemölle*, Matthäus. Kommentar 1, Düsseldorf 1994,142). Gerade von Mt 1,5 her erhält also die das patriarchale System durchbrechende Rut eine zusätzliche theologische Empfehlung: Ohne sie und ohne die in ihr offenbar gewordene Praxis solidarischer Liebe gäbe/gibt es kein Anbrechen des Gottesreichs.

So hat das Buch Rut *heute* für Christinnen und Christen besonders eine dreifache Relevanz: (1) Es muß als *Frauengeschichte* gelesen werden, das die *konstitutive* Rolle der Frauen in der Geschichte Gottes mit seinem Volk und mit der Kirche nachdrücklich darstellt - gerade angesichts der in der Erzählung aufgedeckten tödlichen Strukturen einer patriarchalen Welt. (2) Es muß als *Fremdengeschichte* gelesen werden, deren Provokation gerade darin besteht, daß hier »die Fremde« als Retterin und als »die Nächste« (der Name Rut ist als sprechender Name die weibliche Form von *re'a* »der Nächste«) präsentiert wird; im Verhalten zu den Fremden entscheidet sich nach dem Buch Rut das Anbrechen der messianischen Zeit. (3) Es muß als *Hoffnungsgeschichte* gelesen werden, die den Sinn von Geschichte überhaupt aufscheinen lassen will. Die Menschen, von denen das Buch Rut erzählt, sind einfache Leute. Was sie tun, ist nach den Maßstäben derer, die die Weltgeschichte kommentieren, nicht besonders bemerkenswert. Da gibt es weder spektakuläre Ereignisse noch eine außergewöhnliche Konstellation von Gefahren und Möglichkeiten. Es ist eine Alltagsgeschichte, die hier erzählt wird. Der Alltag konfrontiert diese Menschen mit der leidvollen Dimension menschlicher Existenz. Daß sie darin und daran nicht zerbrechen, sondern daß sie darüber zu Subjekten ihrer eigenen Lebensgeschichte werden, die sie in konkreter Solidarität zueinander führt, *weil JHWH mit ihnen ist* - das ist allerdings ein Geschehen, das im Horizont der biblischen Religion erzählungs- und überlieferungswürdig ist. Das erzählte Geschehen wird von seinem Ende her eine Geschichte vom Erweis der Gottesherrschaft wie dies der Name Elimelech = »mein Gott erweist sich als König« programmatisch am Anfang andeutet. *Daß* und *wie* JHWH sich als der aus dem Tod rettende König erweist, ist die theologische Pointe der Erzählung. Der Leben gebende Gott will sich offenbaren in Leben gebenden Menschen. Er läßt ihre Hingabe gelingen - für die, denen die Hingabe Leben bringen soll, *und* für die, die sich hingeben. Die Haltung und die Folgen eines solchen Lebensmodells will der Erzähler an Rut illustrieren: Wer sich selbst gibt, dem gibt Gott. Wer alles hinter sich abbricht und den Exodus aus der Selbstgenügsamkeit wagt, weil er sich von der Lebensnot eines Menschen zur selbstlosen, »unvernünftigen« Solidarität hinreißen läßt, dessen Tun führt in das Kraftfeld des Gottes Israels: wie der Weg der Rut, der für Noomi und ihre vom »heilsgeschichtlichen« Tod bedrohte Familie zur Rettung wird.

VI.   Die Samuelbücher
(*Herbert Niehr*)

Kommentare: K.Budde (KHC) 1902; W.Caspari (KAT) 1926; P.R.Ackroyd (CBC) 1971; J.Mauchline (NCB) 1971; H.J.Stoebe (KAT) 1973/1994; P.K.McCarter (AncB) 1980/1984; F.Stolz (ZBK.AT) 1981; R.W.Klein (WBC) 1983; S.Schroer (NSK-AT) 1992; G.Hentschel (NEB) 1994.

Einzelstudien: D.Barthélemy/D.W.Gooding/J.Lust/E.Tov, The Story of David and Goliath (OBO 73) Fribourg/Göttingen 1986; U.Berges, Die Verwerfung Sauls (fzb 61) Würzburg 1989; B.C.Birch, The Rise of the Israelite Monarchy (SBL.DS 27) Missoula 1976; H.J.Boecker, Die Beurteilung der Anfänge des Königtums in den deuteronomistischen Abschnitten des 1. Samuelbuches (WMANT 31) Neukirchen-Vluyn 1969; C.Conroy, Absalom Absalom! Narrative and Language in 2 Sam 13-20 (AnBib 81) Rom 1978; F.Crüsemann, Der Widerstand gegen das Königtum (WMANT 49) Neukirchen-Vluyn 1978; W.Dietrich, David, Saul und die Propheten (BWANT 122) Stuttgart 1987; W.Dietrich/T.Naumann, Die Samuelbücher (EdF 287) Darmstadt 1995; H.Donner, Die Verwerfung des König Saul (Sitzungsberichte der Wissenschaftlichen Gesellschaft an der Johann Wolfgang Goethe-Universität Frankfurt a.M. 19/5) Wiesbaden 1983,229-260; J.P.Fokkelman, Narrative Art and Poetry in the Books of Samuel I-IV, Assen/Maastricht 1981-1993; D.M.Gunn, The Fate of King Saul (JSOT.S 14) Sheffield 1980; ders., The Story of King David (JSOT.S 6) Sheffield 1978; T.Ishida, The Royal Dynasties in Ancient Israel (BZAW 142) Berlin/New York 1977; G.H.Jones, The Nathan Narratives (JSOT.S 80) Sheffield 1990; J.Kegler, Politisches Geschehen und historisches Verstehen (CThM 8) Stuttgart 1977; F.Langlamet, Les récits de l'institution de la royauté (I Sam, VII-XII): RB 77,1970,162-200; ders., Pour ou contre Salomon?: RB 83,1976,321-379.481-528; T.N.D.Mettinger, King and Messiah (CB.OT 8) Lund 1976; A.Moenikes, Die grundsätzliche Ablehnung des Königtums in der Hebräischen Bibel (BBB 99) Weinheim 1995; P.Mommer, Samuel (WMANT 65) Neukirchen-Vluyn 1991; I.Müllner, Gewalt im Hause Davids. Die Erzählung von Tamar und Amnon (2 Sam 13,1-22) (HBS 13) Freiburg 1997; S.Pisano, Additions or Omissions in the Books of Samuel (OBO 57) Fribourg/Göttingen 1984; G.von Rad, Der Anfang der Geschichtsschreibung im alten Israel, in: ders., Gesammelte Studien zum Alten Testament (ThB 8) München [3]1965,148-188; L.Rost, Die Überlieferung von der Thronnachfolge Davids (BWANT III/6) Stuttgart 1926; F.Schicklberger, Die Ladeerzählungen des ersten Samuel-Buches (fzb 7) Würzburg 1973; H.Seebaß, David, Saul und das Wesen des biblischen Glaubens, Neukirchen-Vluyn 1980; K.A.D.Smelik, Hidden Messages in the Ark Narrative, in: ders., Converting the Past (OTS 28) Leiden 1992,35-58; T.Veijola, David (Schriften der Finnischen Exegetischen Gesellschaft 52) Helsinki/Göttingen 1990; A.Weiser, Samuel. Seine geschichtliche Aufgabe und religiöse Bedeutung (FRLANT 81) Göttingen 1962; A.Wénin, Samuel et l'instauration de la monarchie (1 S 1-12) (EHS.T 342) Frankfurt a.M. 1988; R.N.Whybray, The Succession Narrative (SBT II/9) London 1968; E.Würthwein, Die Erzählung von der Thronfolge Davids - theologische oder politische Geschichtsschreibung? (ThSt 115) Zürich 1974.

Die Samuelbücher stellen laut Zeugnis der hebräischen Handschriften ein einziges Buch dar, wie auch die Schlußmasora hinter 2 Sam 24,25 beweist. Ihre Trennung in zwei Bücher findet sich erstmals in der LXX, die einen kürzeren Text als die Hebräische Bibel bietet. LXX und Vg zählen den Duktus von 1 Sam bis 2 Kön als 1-4 Königtümer. Die Bezeichnung Samuelbücher geht auf eine chronistische und später von den Rabbinen rezipierte Tradition zurück, derzufolge die Geschichte Davids von Samuel, Gad und Natan verfaßt sei (1 Chr 29,29).

Die Abtrennung der Königsbücher von den Samuelbüchern nach 2 Sam 24,25 ist insofern unsachgemäß, als die Thronfolgegeschichte bis 1 Kön 2 reicht. Die Trennung der beiden Erzählwerke nach 2 Sam 24,25 wurde durch die in 2 Sam 21-24 vorliegenden Nachträge motiviert (*K.Budde*). Sie läßt sich bereits in den hebräischen Manuskripten von Qumran nachweisen. Die Unterteilung der Samuelbücher in 1 Sam und 2 Sam findet nach 1 Sam 31, wo der Tod Sauls erzählt wird, statt.

1. Aufbau

Die Samuelbücher sind durch das Danklied der Hanna (1 Sam 2,1-10) und das Danklied Davids (2 Sam 22,1-51‖Ps 18) gerahmt. Sie schildern den Geschichtsablauf von der Geburt des letzten Richters, Samuel, der das Königtum in Israel einführt, über den ersten König, Saul, bis zu dessen Tod und die Herrschaft des David bis kurz vor dessen Tod.

Die Samuelbücher gliedern sich in vier Teile: 1. Die Erzählungen von Samuel und Saul (1 Sam 1-15); 2. Die Geschichte vom Aufstieg Davids (1 Sam 16 - 2 Sam

5.7-8); 3. Die Geschichte von der Thronfolge Davids (2 Sam 6.9-20; 1 Kön 1-2) und 4. Unterschiedliche Nachträge (2 Sam 21-24).

Erster Hauptteil	Zweiter Hauptteil	Dritter Hauptteil
Samuel und Saul 1 Sam 1,1-15,35	Der Aufstieg Davids 1 Sam 16,1 - 2 Sam 5.7-8	Die Thronnachfolge 2 Sam 6.9-20; 1 Kön 1-2
Rahmung:	Rahmung:	Rahmung:
1 Sam 1,1: Geburt Samuels 1 Sam 15,35: Samuel trauert um Saul	1 Sam 16,1: »Wie lange willst du trauern?« 2 Sam 5: David als König von ganz Israel	2 Sam 6,1: David versammelt die Krieger 1 Kön 2,12.46: Die Herrschaft war fest in der Hand Salomos
Leitmotive/-wörter:	Leitmotive/-wörter:	Leitmotive/-wörter:
1 Sam 7,15; 8,1: Israel richten; 1 Sam 8,5f.9.11.20: König als Herrscher/Richter 1 Sam 11,14f; 13,1; 15,35: Saul als König	1 Sam 16,13; 2 Sam 2,7; 5,3: Salbung 2 Sam 5,4f; 2 Sam 7: Königtum Davids und seines Hauses	2 Sam 12,24f: JHWHs Liebe zu Salomo 1 Kön 1,13.30.34.39: Königtum Salomos

Der *erste Teil* (1 Sam 1,1-15,35) schildert den Übergang von der Richter- in die Königszeit. Protagonisten sind Samuel als der letzte Richter und Saul als erster König Israels.

Text	Strukturmerkmale	Inhaltliche Merkmale
1 Sam 1,1-3,21	1,1-28: Fremdbericht (Er-Stil) 2,1-11: Danklied 2,12-3,21: Fremdbericht (Er-Stil)	Verheißung und Geburt des Samuel; Ausbildung im Tempel von Schilo und Berufung durch JHWH
1 Sam 4,1-7,1	Rahmung: 4,1-4: Auszug der Lade 7,1: Rückkehr der Lade	Verlust und Rückkehr der Bundeslade
1 Sam 7,2-12,25	Rahmung: 7,2f: Abschaffung des Götzendienstes Israels 12,25: Androhung des Untergangs Israels	Von der Richterzeit zum Königtum
1 Sam 13,1-15,35	Rahmung: 13,1: Saul wird König 15,35: JHWHs Reue darüber	Sauls Herrschaft und Verstoßung

Der *zweite Teil* (1 Sam 16 - 2 Sam 5.7-8) erzählt, wie der aus dem judäischen Betlehem stammende David an den Hof Sauls kommt und über verschiedene Etappen die Nachfolge Sauls im Königsamt antritt. David vereinigt dabei die Herrschaft über Juda und Israel auf sich.

Text	Strukturmerkmale	Inhaltliche Merkmale
1 Sam 16,1-31,13	Rahmung: 16,1: Trauer über das Königtum Sauls 31,13: Begräbnis Sauls	Salbung Davids; David am Hof Sauls; Ende der Herrschaft Sauls und sein Tod
2 Sam 1,1-5,25	1,1-16: Fremdbericht (Er-Stil) 1,17-27: Totenklage 2,1-5,25: Fremdbericht (Er-Stil)	Bericht über Sauls Tod; Totenklage Davids über Saul; David König von Juda; Einigung mit Israel; David König von Juda und Israel
2 Sam 7,1-8,18	7,5-16: JHWH-Rede 7,18-29: David-Gebet 8,1-14: Fremdbericht (Er-Stil) 8,15-18: Liste	Dynastieverheißung an David; Davids Siege, seine Beamten

Den *dritten Teil* der Samuelbücher (2 Sam 6.9-20) bildet die Geschichte von der Thronnachfolge Davids. In ihrem den Samuelbüchern zugehörigem Teil wird gezeigt, wie die Nachfolge Davids nicht durch eine Revolution angetreten werden kann. In 1 Kön 1-2 wird Salomo als Nachfolger Davids vorgestellt.

Text	Strukturmerkmale	Inhaltliche Merkmale
2 Sam 6	Fremdbericht (Er-Stil)	Überführung der Lade nach Jerusalem
2 Sam 9	Fremdbericht (Er-Stil)	Gnade für Merib-Baal
2 Sam 10	Fremdbericht (Er-Stil)	Aramäer- und Ammoniterkriege
2 Sam 11-12	Fremdbericht (Er-Stil)	David und Batseba; Geburt Salomos
2 Sam 13,1-19,44	Fremdbericht (Er-Stil)	Abschalom und sein Aufstand gegen David
2 Sam 20,1-22	Fremdbericht (Er-Stil)	Aufstand des Scheba
2 Sam 20,23-26	Liste	Beamte Davids

Die Kapitel 21-24 sind als Nachträge bzw. Einschübe in die Thronfolgeerzählung zu verstehen. Das hier versammelte disparate Material enthält die Erzählung von der Rache der Gibeoniter an den Söhnen Sauls (21,1-14), eine Liste der Helden Davids und ihrer Taten (21,15-22), Davids Dankgebet (22∥Ps 18), Davids letzte Worte (23,1-7), eine weitere Liste seiner Helden (23,8-39) und die Episode von der Volkszählung Davids (24).

2. Entstehung

Verschiedene Indizien deuten auf das Vorliegen einer längeren Entstehungsgeschichte der Samuelbücher hin:

1. Die Existenz vordtr literarischer Komplexe:
die Ladegeschichte (1 Sam 4,1-7,1; 2 Sam 6,2-23), die Aufstiegsgeschichte Sauls (1 Sam 7-11*) und Davids (1 Sam 16 - 2 Sam 5.7-8) und die Thronfolgegeschichte (2 Sam 6.9-20 [1 Kön 1-2]).

2. Der königsfreundliche Bericht über die Entstehung des saulidischen Königtums (1 Sam 9,1-10,16; 11) kollidiert mit der Existenz eines königsfeindlichen Berichtes (1 Sam 8; 10,17-27; 12).

3. Es liegen Doppelungen vor: die Verwerfung Sauls (1 Sam 13,7-14‖1 Sam 15), Davids Einführung am Hofe Sauls (1 Sam 16,14-23‖1 Sam 17,55-58); Davids Rolle bei Achisch von Gat (1 Sam 21,11-16‖1 Sam 27,1-7) und Sauls Verschonung durch David (1 Sam 24‖1 Sam 26).

4. Die Gestalt des Samuel wird auf unterschiedliche Weise konzipiert: Als priesterlicher Prophet in Schilo (1 Sam 1,1-4,1), als Visionär aus dem Land Zuf (1 Sam 9,1-10,16) und als Mann aus Rama, der der letzte Richter und Königsmacher ist (1 Sam 7,2-8,22; 10,17-27).

Zur Erklärung der Genese der Samuelbücher geht man von unterschiedlichen Modellen aus (s.o. D.II.):

(1) Auf der Grundlage von *J.Wellhausens* Arbeiten legte *L.Rost* 2 Sam (6)9-20; 1 Kön 1-2 als vordtr Einheit »Geschichte der Thronfolge« und 1 Sam 4,16-7,1*; 2 Sam 6* als Ladeerzählung frei.

(2) *A.Weiser* erschloß hierauf eine vordtr Saulsgeschichte, welche die Elemente Ladeerzählung, Geschichte von Sauls Aufstieg und Thronfolgeerzählung einschließt. Es handelt sich dabei um voneinander unabhängige Quellen, die in davidischer Zeit zusammengestellt und nur wenig dtr überarbeitet wurden.

(3) Nach *M.Noth* ist mit einem Zusammenwachsen ursprünglich disparater Traditionen in vordtr Zeit zu rechnen. Daraufhin erfolgt eine dtr Redaktion durch den DtrG, der in das alte Material nur wenig eingriff.

(4) *R.Smend* und sein Schülerkreis (*T.Veijola, W.Dietrich*) befaßten sich vornehmlich mit den unterschiedlichen Redaktionsschichten der Samuelbücher. *W.Dietrich* eruierte ein »Buch der Prophetengeschichten«, ein »Buch vom Aufstieg Sauls« und ein »Buch von Davids Aufstieg«. Die Zusammenstellung dieser Bücher erfolgte durch den DtrH in frühexilischer Zeit. Durch eine an den Prophetenerzählungen interessierte und diese betonende Redaktion (DtrP) wird ein antiköniglicher Akzent beigesteuert, wobei eine spätere nomistische Redaktion (DtrN) das Königtum sogar ablehnt.

(5) *P.Mommer* unterscheidet in 1 Sam folgende Texte als vordtr: 1 Sam 1-4*.7*.8-14*.16 - 2 Sam 5*. Diese stammen alle aus der Zeit zwischen dem 9.Jh. und 722. Die dtr Redaktion in 1 Sam läßt sich nicht weiter differenzieren.

3. Geschichtlicher Kontext

Als Verfasser der Samuelbücher kommt ein Kreis von Jerusalemer Hofbeamten und Priestern in Frage, der in Übereinstimmung mit den Forderungen des Deuteronomiums Jerusalem als den von JHWH erwählten Platz für das Königtum ansieht. Der Beginn der Abfassung des Werkes ist wegen der deuteronomistischen Redaktion frühestens am Ende der Königszeit anzusetzen. In ihrer Endgestalt sind die Samuelbücher ein Produkt der exilisch-nachexilischen Zeit. Es wird in ihnen die Genese des Königtums in Israel und Juda nachgezeichnet. Dieses Thema wurde nach der Deportation des judäischen Königs Jojachin im Jahre 597 (2 Kön 24,15) virulent. Die Samuelbücher lassen teilweise erkennen, daß die Einführung des Königtums dem Willen JHWHs widersprach. Dies bedeutet für die Situation nach 586, daß das Königtum auch wieder entfallen konnte, ohne die Vermittlung von JHWHs Heil an die Menschen zu beeinträchtigen.

4. Schwerpunkte der Theologie

(1) Kritik am Königtum

Aus der Perspektive nach 586 hat das Königtum durch seinen Abfall von JHWH und durch seine sozialen Veränderungen nichts Gutes bewirkt. Die Zuschreibung des Verlustes des Israel von JHWH zugeeigneten Landes an das Königtum löste eine massive Kritik an dieser Institution aus.

(2) Legitimation des Königtums und des Staates

Dieser Zug findet sich gegenläufig zum ersten in der Aufstiegsgeschichte Davids, die das davidische Königtum und damit überhaupt das Königtum mit den von dieser Institution inaugurierten sozialen Veränderungen verteidigt.

(3) Der messianische König

Nach dem Verlust des Königtums setzte man seine Erwartungen auf einen von JHWH verheißenen Heilskönig. Dieser soll aus dem Hause Davids stammen; seine Dynastie ist unvergänglich (2 Sam 7).

(4) Tempel und Lade

Die religiöse Anbindung des Nordreiches Israel an den Tempel von Jerusalem geschieht über die aus dem Heiligtum von Schilo stammende Lade, die nach mehreren Zwischenfällen als religiöses Symbol der Einheit im Jerusalemer Tempel deponiert wurde.

(5) Göttliche und menschliche Macht

Die Geschichte verläuft unter der Leitung JHWHs. Auch die mächtigen Protagonisten der Samuelbücher, Samuel, Saul und David, haben sich dem unterzuordnen, da sie sonst, wie das Beispiel des Saul zeigt, ihre Machtstellung einbüßen.

(6) Theologiegeschichtliche Wirkungen

Die Samuelbücher bereiten die Konzeption des davidisch-salomonischen Groß-reichs vor. Sie demonstrieren die Ohnmacht des Königtums Sauls und die zuneh-mende Macht Davids und der Davididen. Damit kommt zugleich der höhere Rang Jerusalems vor dem Norden zur Geltung. Die ambivalente Beurteilung des Königtums in den Samuelbüchern bewirkt, daß sich Gegner und Befürworter dieser Institution später auf diese Schriften berufen können.

5. Relevanz

Die literarische Qualität der Samuelbücher fasziniert nicht nur Theologen und Theologinnen, sondern inspiriert auch moderne Autorinnen und Autoren, die diese Stoffe in vielfältiger Weise verarbeiten. Die Faszination der Lektüre beruht zum großen Teil auf den in diesem Erzählkorpus dargestellten Ambivalenzen, die es unmöglich machen, den Text einlinig aufzulösen.

Die Verbindung von Theologie und Anthropologie, die das Wirken Gottes in der Geschichte präsent macht, ist so stark, daß die Erzähler über weite Strecken darauf verzichten, Gottes Handeln explizit zu erwähnen. Die Anfänge des Königtums in Israel werden unterschiedlich beurteilt. Die Basis für auch kritische Bewertungen bildet eine Darstellung, die keinen Ursprung des Königtums im Himmel postuliert, sondern auf die Akzeptanz durch das Volk großen Wert legt. Israel hebt sich durch das Fehlen eines metaphysischen Gottkönigtums von seiner Umwelt ab.

Die schillernde Darstellung des Königtums und seiner Repräsentanten zeigt einen differenzierten Umgang mit Macht und Herrschaft. Einerseits geht die Machtkumulation in den Händen einzelner mit zumindest vorübergehender innenpolitischer Stabilisierung einher und ermöglicht so die Ausdehnung der Reichsgrenzen. Das davidisch-salomonische Großreich kann in seiner Einzigartigkeit zum messianischen Hoffnungsträger werden. Andererseits ist jede Machtzentralisation anfällig für Mißbrauch. Die Ambivalenz findet in der Spannung zwischen Prophetie und Königtum einen Ausdruck. Das königliche Handeln kann durch einen Propheten im Namen Gottes verurteilt werden. Aber auch die Verheißung an die davidische Dynastie (2 Sam 7), die als implizite »Messianologie« begriffen werden kann, kommt aus dem Mund des Propheten. Die Idee des davidischen Königtums wird dann vor allem in den messianischen Strömungen des Judentums weitergetragen (Jes 7,10-16; 8,23-9,6; 11,1-9; Mi 5,1-5; Ps 2; 89; 110; 132), in hasmonäischer Zeit wieder realisiert und auch im NT aufgegriffen.

Politik und Privates sind in der dynastischen Form des Königtums aufs engste verbunden. Das Interesse an Geschichten, die auf den ersten Blick wie »Hofklatsch« wirken, ist ein durchweg öffentliches. Auch hier stellen die Verknüpfungen von Freundschaft, Liebe und verwandtschaftlichen Rivalitäten mit weitreichenden politischen Entscheidungen ernsthafte Anfragen an den Umgang mit der Macht dar.

VII.   Die Königsbücher
(Herbert Niehr)

Kommentare: J.A.Montgomery/H.S.Gehman (ICC) 1951; M.Noth (BK) 1968; J.Gray (OTL) [3]1977; J.Robinson (CBC) 1972; E.Würthwein (ATD) 1977/1984; M.Rehm 1979/1982; M.Cogan/H.Tadmor (AncB) 1988; G.Hentschel (NEB) 1984/1985.
Einzelstudien: R.Albertz, Die Intentionen und die Träger des Deuteronomistischen Geschichtswerks, in: FS C.Westermann, Stuttgart 1989,37-53; W.H.Barnes, Studies in the Chronology of the Divided Monarchy of Israel (HSM 48) Atlanta 1991; N.C.Baumgart, Gott, Prophet und Israel. Eine synchrone und diachrone Auslegung der Naamanerzählung und ihrer Gehasiepisode (2 Kön 5) (EThSt 68) Leipzig 1994; J.Begrich, Die Chronologie der Könige von Israel und Juda und die Quellen des Rahmens der Königsbücher (BHTh 3) Tübingen 1929; H.-Ch.Schmitt, Elisa, Gütersloh 1972; L.Camp, Hiskija und Hiskijabild (MThA 9) Altenberge 1990; F.M.Cross, The Themes of the Book of Kings and the Structure of the Deuteronomistic History, in: ders., Canaanite Myth and Hebrew Epic, Cambridge, Mass. 1973,274-289; G.Fohrer, Elia (AThANT 53) Zürich [2]1968; G.Hentschel, Die Elijaerzählungen

(EThSt 33) Leipzig 1977; St.W.Holloway, Kings, Book of 1-2, ABD 4,1992,69-83; H.-J.Stipp, Elischa-Propheten-Gottesmänner (ATS 24) St. Ottilien 1987; F.Langlamet, Pour ou contre Salomon?: RB 83,1976,321-379.481-528; A.Lemaire, Vers l'Histoire de la Redaction des Livres des Rois: ZAW 98,1986,221-236; C.Levin, Der Sturz der Königin Atalja (SBS 105) Stuttgart 1982; N.Lohfink, Zur neueren Diskussion über 2 Kön 22-23, in: ders. (Hg.), Das Deuteronomium (BEThL 68) Leuven 1985,24-48; Y.Minokami, Die Revolution des Jehu (GTA 38) Göttingen 1989; I.W.Provan, Hezekiah and the Book of Kings (BZAW 172) Berlin/New York 1988; H.Schweizer, Elischa in den Kriegen (StANT 37) München 1974; H.Spieckermann, Juda unter Assur in der Sargonidenzeit (FRLANT 129) Göttingen 1982; O.H.Steck, Überlieferung und Zeitgeschichte in den Elia-Erzählungen (WMANT 26) Neukirchen-Vluyn 1968; S.Timm, Die Dynastie Omri (FRLANT 124) Göttingen 1982; H.Weippert, Die »dtr« Beurteilungen der Könige von Israel und Juda und das Problem der Redaktion der Königsbücher: Bib. 53,1972,301-339; dies., Die Ätiologie des Nordreiches und seines Königshauses (I Reg 11,29-40): ZAW 95,1983,344-375; E.Zenger, Die deuteronomistische Interpretation der Rehabilitierung Jojachins: BZ.NF 12,1968,16-30. S. auch die Literatur zu D.II.

Wie die Schlußmasora nach 2 Kön 25,30 zeigt, stellen die Bücher der Könige eigentlich nur *ein* Buch dar. Die Aufteilung auf zwei Bücher mit der Zäsur hinter 1 Kön 22,54 ist vom Erzählverlauf her nicht gerechtfertigt, da hierdurch die Geschichte Ahasjas von Israel in die Teile 1 Kön 22,52-54 und 2 Kön 1,1-18 unterbrochen wird. Erstmals findet sich diese Aufteilung in der LXX, wo sie durch den Umfang des Buches motiviert war. Sie wurde von hier aus in die Vg und dann erst im 15./16.Jh. in die hebräischen Bibeln übernommen.

1. Aufbau

Die Bücher der Könige setzen ein mit den letzten Tagen Davids (1 Kön 1) und zeichnen über die Thronnachfolge und die Reichsteilung nach Salomos Tod hinaus ein Bild der nunmehr getrennten Reiche Israel und Juda bis zu deren jeweiligem Untergang (Untergang Samarias: 2 Kön 17; Untergang Judas: 2 Kön 25). Die Bücher der Könige enden mit einer Notiz über die Begnadigung König Jojachins im Exil (2 Kön 25,27-30).

Die Königsbücher lassen sich in drei Hauptteile gliedern: Das Königtum Salomos (1 Kön 1-11), die Geschichte der getrennten Reiche (1 Kön 12 - 2 Kön 17) und die Geschichte der Könige von Juda (2 Kön 18-25).

Erster Hauptteil	Zweiter Hauptteil	Dritter Hauptteil
Geschichte Salomos 1 Kön 1,1 - 11,43	Geschichte der getrennten Reiche 1 Kön 12,1 - 2 Kön 17,41	Geschichte der Könige Judas 2 Kön 18,1 - 25,30
Rahmung:	Rahmung:	Rahmung:
1 Kön 1,1: »...König David war alt...« 1 Kön 11,43: Salomo entschlief zu seinen Vätern	1 Kön 12,1: Rehabeam soll König über Israel werden 2 Kön 17,41: Was die Väter taten, tun auch die Kinder	2 Kön 18,1: Hiskija wurde König von Juda 2 Kön 25,30: Jojachin wird begnadigt
Leitwörter/-motive:	Leitwörter/-motive:	Leitwörter/-motive:
1 Kön 1,13.30.34.39: Königtum Salomos; 1 Kön 2,12.46; 9,5: Salomo saß auf seinem Thron; die Herrschaft war fest in seiner Hand.	1 Kön 12,28-30; 13,33f; 15,26.30.34; 16,2 u.ö.: Die Sünde Jerobeams; 1 Kön 12,31; 14,23; 15,14 u.ö.: Der Höhenkult.	2 Kön 18,3; 22,2: Er tat, was dem Herrn gefiel; 2 Kön 21,2.20; 23,32.37; 24,19: Er tat, was dem Herrn mißfiel.

Charakteristisch für die in den Königsbüchern gewählte Art der Geschichtsschreibung ist die Stereotypie bei der Darstellung der judäischen und israelitischen Könige. Diese kommt in dem um die Erzählung der individuellen Taten der Könige gelegten Rahmen zum Tragen. Bei der Darstellung Sauls und Davids tritt dieser Rahmen noch nicht auf. Im Falle des Salomo ist allein der Schluß genannt (1 Kön 11,41-43). Gleichfalls fehlt die Einleitung bei seinem Nachfolger im Norden Jerobeam I. (1 Kön 12,1-14,20) sowie bei Jehu (2 Kön 9,1-10,36), da in diesen beiden Fällen ausführliche Erzählungen zu ihrer Herkunft vorliegen. Der Schlußteil des Rahmens fehlt bei den deportierten Königen (2 Kön 17,4; 23,34; 25,30). Der gesamte Rahmen fehlt bei Atalja (2 Kön 11,1-20). Dieser wird damit die Anerkennung als rechtmäßige Königin von Juda verweigert. Bei einigen Königen werden fast keine individuellen Taten berichtet, Einleitung und Schluß folgen aufeinander mit Verweis auf andere Quellen (2 Kön 14,23-29; 15,1-7.8-12.13-16.17-22.23-26.27-31.32-38 u.ö.). Differenziert nach den Königen Judas und Israels ergibt sich folgendes Modell des Rahmens:

Rahmen der Königsdarstellungen	
Könige Judas	**Könige Israels**
Einleitung: Synchronistische Datierung Alter bei der Thronbesteigung Regierungsdauer Name der Königsmutter Religiöse Beurteilung	*Einleitung*: Synchronistische Datierung Regierungsdauer Religiöse Beurteilung
Schluß: Quellenlage Todesnotiz Bestattung(sort) Nachfolger	*Schluß*: Quellenlage Todesnotiz Nachfolger

Ein zweites Charakteristikum der Königsbücher bildet die Darstellung der Propheten und ihrer Auftritte. Die Propheten (Ahija von Schilo: 1 Kön 11,29-40; 14,1-18; Micha ben Jimla: 1 Kön 22,5-28; Elija: 1 Kön 17-19; 21; 2 Kön 1,1-2,18; Elischa: 1 Kön 19,19-21; 2 Kön 2-9; 13,14-21; Jesaja: 2 Kön 18-20∥Jes 36-38) sind die den Königen von JHWH gesandten Mahner, die den Untergang von König und Land ankündigen. Die Berichte über ihr Auftreten und ihre Wirkung unterliegen einer bestimmten Stereotypie (1 Kön 14,7-11→15,29f; 16,1-4→11f; 21,17-24→2 Kön 9,6-10→9,25-37; 21,10-16→24,1-4).
Die grundlegenden Elemente für die Gestaltung eines prophetischen Auftritts sind:

Wortereignisformel/Botenformel Begründung Drohung Erfüllung

In dieser Gestaltung zeigt sich als theologisches Anliegen der Königsbücher »das Funktionieren des göttlichen Wortes in der Geschichte« (*G.von Rad*).

Der *erste Teil* (1 Kön 1,1-11,43) setzt ein mit Turbulenzen um die Thronfolge Davids. Nachdem Salomo diesen Streit zu seinen Gunsten entschieden hat (1 Kön 1,1-2,46) wird der Ausbau seiner Herrschaft anhand der Aspekte dynastischer Ehen, Ausbau der Verwaltung, Tempel- und Palastbau (3,1-9,28) ausführlich geschildert. Die Weisheit und der Reichtum Salomos werden in 10 betont. Der Bundesbruch Salomos durch die Verehrung fremder Gottheiten und die dadurch von JHWH zugelassene Erhebung politischer Widersacher stellen die letzten Ereignisse vor seinem Tod dar (11).

Text	Strukturmerkmale	Inhaltliche Merkmale
1,1-2,46	Fremdbericht (Er-Stil)	Letzte Tage Davids und Streit um seine Nachfolge; Designation und Thronbesteigung Salomos; Tod Davids und Ende der Gegner Salomos
3,1-9,28	Fremdbericht (Er-Stil) Baubericht 6-7 Gebet 8,22-53	Herrschaft Salomos; Heirat, Weisheit, Tempel- und Palastbau; Tempelweihe; Resümee der Regierung
10	Fremdbericht (Er-Stil)	Salomos Weisheit (Besuch der Königin von Saba) und Reichtum
11	Fremdbericht (Er-Stil)	Salomos Götzendienst; JHWHs Zorn; Gegner Salomos u. sein Tod

Der *zweite Teil* (1 Kön 12,1 - 2 Kön 17,41) hat die Zeit von der Reichstrennung bis zum Untergang Samarias zum Thema. Die Darstellung erfolgt synchron, d.h. die gleichzeitig regierenden Könige Judas und Israels werden wechselweise vorgestellt gemäß der Chronologie ihrer jeweiligen Thronbesteigung. Dieser Teil ist vor allem vom strukturellen Antagonismus Prophetie – Königtum bestimmt, wobei die agierenden Propheten (vor allem Elija und Elischa) als Kämpfer für den Ausschließlichkeitsanspruch JHWHs und als Boten der Umkehr bzw. des Gerichts gezeichnet werden.

Text	Strukturmerkmale	Inhaltliche Merkmale
1 Kön 12,1-16,34	Königschronik	Reichstrennung; Geschichte der Reiche Juda und Israel
1 Kön 17,1-2 Kön 2,18	Prophetenerzählungen	Elija
2 Kön 2,19-8,29	Prophetenerzählungen	Elischa
2 Kön 9,1-17,41	Königschronik	Geschichte der Reiche Juda und Israel bis zum Untergang Israels

Der *dritte Teil* (2 Kön 18,1-25,30) schildert die Geschichte des Königtums Judas von der Regierung des Hiskija bis zum Untergang Judas aufgrund der babylonischen Eroberung. Die herausragenden

Gestalten dieser Zeit sind die Reformatoren Hiskija (2 Kön 18,1-8) und Joschija (2 Kön 22-23). Dagegen werden die zwischen ihnen regierenden Könige Manasse und Amon als Gegenreformatoren aufgebaut (2 Kön 21). Auch die letzten Könige Judas vor dem Untergang fallen wieder hinter Joschija zurück.

Text	Strukturmerkmale	Inhaltliche Merkmale
2 Kön 18,1-20,21	1. Reform: Er tat, was dem Herrn gefiel.	Königtum des Hiskija
2 Kön 21	Gegenreform: Sie taten, was dem Herrn mißfiel.	Königtum des Manasse und Amon
2 Kön 22,1-23,30	2. Reform: Er tat, was dem Herrn gefiel.	Königtum des Joschija
2 Kön 23,31-25,30	Gegenreform: Sie taten, was dem Herrn mißfiel.	Die letzten Könige Judas und der Untergang des Reiches bis zur Begnadigung des Jojachin

2. Entstehung

Mehrere Beobachtungen verweisen auf die Existenz unterschiedlicher Entstehungsstadien der Königsbücher.

(1) Die für die Königsdarstellungen charakteristische Rahmung mit Einleitungs- und Schlußbemerkungen ist für die Könige Judas von Rehabeam bis Jojakim gegeben, für die Könige Israels von Abija bis Hosea.

(2) Nach 2 Kön 23,26 fehlen nomistische Terminologie und dtr Kulttermini sowie eine theologische Reflexion. Die Beurteilungen der letzten vier Könige Judas nach Joschija (2 Kön 23,32.37; 24,9.19) sind auffallend kurz und pessimistisch gehalten, im Gegensatz zu jenen ihrer judäischen Vorgänger.

(3) Die Königsbücher verweisen auf drei in ihnen verarbeitete Quellen: Den *sefær dibrē Šlōmō* (Buch der Begebenheiten Salomos) (1 Kön 11,41), den *sefær dibrē hajjāmīm* (Aufzeichnung der Begebenheiten der Tage = Annalen oder Chronik) der Könige von Israel (1 Kön 14,19 bis 2 Kön 15,26.31) und den *sefær dibrē hajjāmīm* der Könige von Juda (1 Kön 14,29 bis 2 Kön 24,5).

(4) Die Prophetenerzählungen sind von einer gewissen Stereotypie durchzogen, die auf eine gestaltende Hand hinweist.

Eine Vielzahl von Hypothesen zur Entstehung der Königsbücher versucht diesen Beobachtungen Rechnung zu tragen (s.o. D.II.):

(1) Nach *M.Noth* liegt in den Königsbüchern eine Ätiologie des Untergangs von Tempel und Staat vor. Diese war als Geschichte des Königtums und des Abfalls von JHWH konzipiert und lief direkt auf den Untergang hinaus. Verfasser ist der um 550 anzusetzende DtrG, der ein einheitliches Werk geschaffen hat.

(2) *A.Jepsen* arbeitete für die Königsbücher zwei Quellen und drei Redaktionen heraus. Die erste Quelle stellt eine synchronistische Chronik dar (1 Kön 2,16 - 2 Kön 18,1f.8), die von David bis Hiskija reicht. Die zweite Quelle ist ein Annalenwerk von Salomo bis Hiskija (1 Kön 5,27f - 2 Kön 18,14-16). Diese beiden Quellen wurden um 580 von einem Redaktor zusammengefügt, kommentiert und bis zur Verbannung Judas (2 Kön 25,21) fortgeschrieben. Um 550 setzt ein zweiter »nebiistischer« Redaktor die Geschichte der Thronfolge und die Prophetengeschichten hinzu. Der dritte Redaktor ist ein um 500 arbeitender levitischer Redaktor.

(3) *F.M.Cross* unterscheidet zwei Redaktionen in den Königsbüchern. Dtr. I ist der Erzählduktus bis kurz vor dem Tode Joschijas zuzuschreiben (2 Kön 23,25). Er ist ebenfalls in diese Zeit zu datieren. Dtr. II ist um 550 anzusetzen; er trägt die Ereignisse vom Tode Joschijas bis zur Begnadigung Jojachins nach.

(4) *H.Weippert* unterscheidet drei Redaktionen in den Königsbüchern. Die erste deckt die Zeit von Joschafat/Joram bis Ahas/Pekach oder Hosea ab (1 Kön 22,41 - 2 Kön 16,2a.3f;17,1f). Sie wurde von einem Flüchtling aus dem Norden während der Hiskijazeit erstellt. Die zweite Redaktion umschließt die erste in zwei Blöcken: Der erste Block reicht von Rehabeam/Jerobeam bis Ahasja (1 Kön 14,21-22,40), der zweite Block reicht von Hiskija bis Joschija (2 Kön 16,2b;17,7-23,30). In der dritten Redaktion wurden die letzten vier Könige von Juda hinzugesetzt (2 Kön 23,31-25,30).

(5) *I.W.Provan* legt eine erste vorexilische Edition der Königsbücher, die bis zur Zeit des Hiskija reichte, frei. Während des Exils kam es zur Bearbeitung und Erweiterung dieser Grundlage. Anschließend wurden noch Zusätze eingefügt.

3. Geschichtlicher Kontext

Die Verfasser der Königsbücher sind in Jerusalemer Hofbeamten- und Priesterkreisen zu suchen, die inhaltlich mit den zentralen theologischen Forderungen des Deuteronomiums (Kultuseinheit und Kultusreinheit) übereinstimmen und deshalb als Deuteronomisten bezeichnet werden. Diese schufen unter Rückgriff auf vordtr Quellenmaterial (Annalen) ein Werk, welches die Geschichte Israels und Judas von der Thronbesteigung Salomos bis zur Begnadigung des letzten Königs, Jojachin, im Exil darstellt. Dabei wurde das Quellenmaterial nach den inhaltlichen Leitlinien der Deuteronomisten ausgewählt und bewertet.

Was die Datierung der Königsbücher angeht, so gibt es nur wenige Indizien, die zu einer Klärung dieser Frage verhelfen. Das Werk kann nicht vor 561 abgeschlossen worden sein, da es die Begnadigung Jojachins schildert. Wieweit die Redaktionen in die nachexilische Zeit herabreichen ist allerdings ebenso umstritten wie die Frage, ob das Werk bereits in der späten Königszeit unter Joschija oder sogar schon früher unter Hiskija oder erst nach 586 begonnen wurde. In ihrer Endgestalt sind die Königsbücher ein Werk der exilisch-nachexilischen Zeit. Es geht in ihnen um die Ätiologie des Untergangs von Tempel und Staat. Angesichts des Verlusts der Staatlichkeit Judas, welche durch Königtum und Tempel repräsentiert wurde, stellte sich in der Exilszeit die Frage nach den Gründen für diesen Verlust (vgl. Dtn 29,23) sowie die Frage nach den Möglichkeiten des Weiterlebens in der babylonischen und später persischen Provinz Jehud.

Das DtrG ist noch auf dem Wege zum Monotheismus. Die dtr Verfasser und Redaktoren der Königsbücher legen das Maß einer strengen JHWH-Monolatrie an die Regierungen der Könige Israels und Judas an. Neben David können nur Hiskija und Joschija angesichts der dtr Forderung der JHWH-Monolatrie bestehen. Diese Engführung des darstellenden Interesses auf die Religionspolitik ist dafür verantwortlich, daß auf der Basis der Königsbücher keine Geschichte der israelitischen und judäischen Königszeit verfaßt werden kann, da diese nur am Rande in den Blick kommt.

4. Schwerpunkte der Theologie

(1) Kultusreinheit und Kultuseinheit

Den dtr Redaktoren zufolge ist der JHWH-Kult von allen nichtjahwistischen Elementen freizuhalten. Der einzig legitime Ort dieses Kults ist der Jerusalemer Tempel; an allen anderen Heiligtümern darf JHWH nicht verehrt werden.

An diesem Maßstab werden die Könige Judas und Israels gemessen und zumeist verworfen. Denn unter ihrer Herrschaft kommt es in Israel wie in Juda zur Verehrung anderer Gottheiten neben JHWH, die zumeist pauschal als Baal und Aschera bezeichnet werden und als Chiffre für den nichtlegitimen JHWH-Kult stehen. Da der einzig wahre und legitime Kultort im Jerusalemer Tempel zu sehen ist, haben die Könige des Nordreichs keine Chance einer positiven Beurteilung. Das Nordreich ist aufgrund seiner Einrichtung von Kulten in Bet-El und Dan unter Jerobeam (die »Sünde Jerobeams«) von Anfang an dem Untergang geweiht.

Aber auch im Südreich wird das Gebot der Einheit des Kultortes nicht beachtet, sondern durch den Kult an den Höhenheiligtümern ignoriert. Die Reformen der Könige Hiskija und Joschija, die den Kult von allen nichtjahwistischen Elementen reinigen und auf den Jerusalemer Tempel konzentrieren, setzen sich nicht durch. Deshalb ist auch für Juda das Eintreffen des Gerichtes unausweichlich.

(2) Geschichtstheologie

Da entgegen seiner Forderung JHWH nicht allein verehrt wird, sondern die Könige und die Völker Judas und Israels zum Kult von Baal und Aschera sowie anderer Gottheiten abfallen, bricht über sie alle das Gericht herein. Für das Reich Israel wird das mit dem Verharren der Könige und des Volkes in der Sünde Jerobeams begründet. Aber auch im Südreich konnten die Idealkönige David, Hiskija und Joschija trotz ihrer Treue zu Jerusalem als dem einen und reinen JHWH-Kultort das Gericht über den Staat nicht abwenden. Im Unterschied zum Nordreich stellen aber diese Könige sowie die Zusage an die davidische Dynastie (2 Sam 7) und die Begnadigung des Königs Jojachin im Exil (2 Kön 25,27-30) Elemente der Hoffnung dar.

(3) Die Rolle der Propheten

Die Propheten werden von JHWH als Mahner gegen den Abfall vom rechten JHWH-Dienst gesandt. Sie verfügen über Wunderkräfte und ihr Wort trifft ein. Dies gilt auch und vor allem für ihre Voraussage des Untergangs von Königtum und Staat Israels und Judas. Die Buße des Königs kann einen Aufschub des Unheilseinbruchs bewirken (1 Kön 21,17-29; 2 Kön 20,1-11; 22,15-20).

(4) Theologiegeschichtliche Auswirkungen

Da in den Königsbüchern vor allem die Könige aufgrund ihrer religiösen Einstellung und Praxis kritisiert wurden, war es in Zukunft wichtig, die Rolle der Könige einzuschränken. Selbiges geschieht im Verfassungsentwurf des Ezechiel-Buchs (Ez 40-48) und im Königsgesetz des Deuteronomium (Dtn 17,14-20). In diesen Entwürfen untersteht der König den Priestern, bzw. er steht neben dem Hohenpriester (Sach 4,1-14).

Die Konzeption von Propheten als Mahnern und vollmächtigen Verkündern des Gotteswortes, welches in Erfüllung geht, wirkt sich auf die alttestamentliche Prophetenvorstellung aus.

Eine andere Auswirkung zieht die juda- und vor allem jerusalemzentrierte Darstellung der Geschichte Israels nach sich. Bis in die modernen Darstellungen der Geschichte Israels wird kaum erkannt, daß Israel mächtiger und politisch wichtiger war als Juda. Ebenso tritt das Spezifische des israelitischen JHWH-Glaubens, der mit dem judäischen nicht einfach identisch ist, kaum hervor. Des weiteren ist die Rolle des Tempels in den Königsbüchern von theologiegeschichtlicher Relevanz, vertreten diese doch die Ideologie des Jerusalemer Tempels als des allein legitimen JHWH-Heiligtums von Anfang an. Alle anderen Heiligtümer in Juda und Israel haben deshalb als illegitim zu gelten. Trifft dies unter historischem Aspekt zwar auch nicht auf den Ersten Tempel, der als Reichsheiligtum zu verstehen ist, zu, so wurde dieser Anspruch auf den Alleinvertretungsanspruch des Jerusalemer Tempels vor allem in der Zeit des Zweiten Tempels gegenüber den Juden von Elephantine und dem samaritanischen Heiligtum auf dem Garizim wirksam.

5. Relevanz

Die Auslegung der Königsbücher hat vor allem ihre Bedeutsamkeit als Quelle für die Geschichte Israels und Judas in der Königszeit betont. In Anbetracht des deuteronomistischen Interesses, das die Darstellung der Geschichte prägt, wird man allerdings keinen neuzeitlich-objektiven Anspruch an die Historiographie des DtrG legen dürfen. Geschichte wird nicht zur Erforschung der Vergangenheit, sondern mit theologischem Anspruch dargestellt.

Die theologische Brisanz des Werks liegt in der Vehemenz, mit der der JHWH-Alleinverehrungsanspruch dargestellt wird. Er findet in der Forderung nach einem zentralen Heiligtum seinen deutlichsten Ausdruck. So wird Jerusalem als religiöses Zentrum für das gesamte Judentum (Israel und Juda) installiert.

Die narrative Entfaltung des Alleinverehrungsanspruches macht deutlich, wie wenig selbstverständlich die JHWH-Monolatrie selbst in frühnachexilischer Zeit war. Daß die Verehrung fremder Gottheiten in Israel keine Randerscheinung war, sondern sich bis in die Zentren der politischen und religiösen Macht durchtrug, wirft insbesondere die Frage nach einer möglichen Integration anderer Gottheiten als JHWH auf, die nicht nur religionsgeschichtlich, sondern auch theologisch von Bedeutung ist.

VIII.   Die Bücher der Chronik
(Georg Steins)

Kommentare: C.F.Keil 1870 (ND 1990); I.Benzinger (KHC) 1901; R.Kittel (HK) 1902; I.L.Curtis/A.A.Madson (ICC) 1910; J.W.Rothstein/J.Hänel (KAT) 1927; J.Goettsberger (HS) 1939; K.Galling (ATD) 1954; W.Rudolph (HAT) 1955; J.M.Myers (AncB) 1965; F.Michaëli (CAT) 1967; R.J.Coggins (CBC) 1976; H.G.M.Williamson (NCB) 1982; R.L.Braun/R.B.Dillard (WBC) 1986/1987; S.J.de Vries (FOTL) 1989; J.Becker (NEB) 1986/1988; Th.Willi (BK) 1992ff; S.Japhet (OTL) 1993; M.J.Selman 1994; J.A.Thompson (NAC) 1994; W.Johnstone (JSOT.S) 1997.
Synopsen: P.Vanutelli, Libri Synoptici Veteris Testamenti, Rom 1931; A.Bendavid, Parallels in the Bible, Jerusalem 1972; J.Kegler/M.Augustin, Synopse zum Chronistischen Geschichtswerk (BEATAJ 1), Frankfurt a.M. 1984; dies., Deutsche Synopse zum Chronistischen Geschichtswerk (BEATAJ 33) Frankfurt a.M. 1993.
Einzelstudien: P.R.Ackroyd, The Chronicler in his Age (JSOT.S 101) Sheffield 1991; E.M.Dörrfuß, Mose in den Chronikbüchern. Garant theokratischer Zukunftserwartung (BZAW 219) Berlin 1994; P.B.Dirksen, Kronieken in de recente literatuur: NTT 47,1993,6-20; R.K.Duke, The Persuasive Appeal of the Chronicler. A Rhetorical Analysis (JSOT.S 88) Sheffield 1990; M.P.Graham, The Utilization of 1 and 2 Chronicles in the Reconstruction of the Israelite History of the 19th Century (SBL.DS 16) Atlanta 1990; ders. u.a. (Hg.), The Chronicler as Historian (JSOT.S 238) Sheffield 1997; S.Japhet, The Supposed Common Authorship of Chronicles and Ezra-Nehemia Investigated Anew: VT 18,1968,330-

371; dies., The Ideology of the Book of Chronicles and its Place in Biblical Thought (BEATAJ 9) Frankfurt a.M. 1989; dies., The Relationship between Chronicles and Ezra-Nehemiah, in: J.A.Emerton (Hg.), Congress Volume Leuven 1989 (VT.S 43) Leiden 1991,298-313; G.H.Jones, 1 & 2 Chronicles (OTGu) Sheffield 1993; I.Kalimi, The Books of Chronicles. A Classified Bibliography, Jerusalem 1990; ders., Die Abfassungszeit der Chronik. Forschungsstand und Perspektiven: ZAW 105,1993,223-233; ders., Zur Geschichtsschreibung des Chronisten (BZAW 226) Berlin 1995; ders., History of Interpretation. The Book of Chronicles in Jewish Tradition: RB 105,1998,5-41; U.Kellermann, Anmerkungen zum Verständnis der Tora in den chronistischen Schriften: BN 42,1988,49-92; B.E.Kelly, Retribution and Eschatology in Chronicles (JSOT.S 211) Sheffield 1996; R.W.Klein, Art. 1-2 Chronicles, Book of: ABD 1,1992,991-1002; J.W.Kleinig, The Lord's Song. The Basis, Function and Significance of Choral Music in Chronicles (JSOT.S 156) Sheffield 1993; ders., Recent Research in Chronicles: CR.BS 2,1994,43-76; R.A.Mason, Preaching the Tradition. Homily and Hermeneutics after the Exile, Cambridge 1990; M.H.McEntire, The Function of Sacrifice in Chronicles, Ezra and Nehemia, Lewiston 1993; R.Mosis, Untersuchungen zur Theologie des chronistischen Geschichtswerkes (FThSt 92) Freiburg 1973; M.Noth, Überlieferungsgeschichtliche Studien, Darmstadt 1963; M.Oeming, Das wahre Israel. Die »genealogische Vorhalle« 1 Chronik 1-9 (BWANT 128) Stuttgart 1990; K.Peltonen, History Debated. The Historical Reliability of Chronicles in Pre-Critical and Critical Research 2 Bde., Helsinki 1996; K.F.Pohlmann, Zur Frage von Korrespondenzen und Divergenzen zwischen den Chronikbüchern und dem Esra/Nehemia-Buch, in: J.A.Emerton (Hg.), Congress Volume Leuven 1989 (VT.S 43) Leiden 1991,314-330; W.Riley, King and Cultus in Chronicles. Worship and the Reinterpretation of History (JSOT.S 160) Sheffield 1993; A.Ruffing, Jahwekrieg als Weltmetapher. Studien zu Jahwekriegstexten des chronistischen Sondergutes (SBB 24) Stuttgart 1992; M.Sæbø, Art. Chronistische Theologie/Chronistisches Geschichtswerk: TRE 8,1981,74-87; W.M.Schniedewind, The Word of God in Transition. From Prophet to Exegete in the Second Temple Period (JSOT.S 197) Sheffield 1995; G.Steins, Die Chronik als kanonisches Abschlußphänomen. Studien zur Entstehung und Theologie von 1/2 Chronik (BBB 93) Bodenheim 1995 (Lit.!); ders., Torabindung und Kanonabschluß, in: E.Zenger (Hg.), Die Tora als Kanon für Juden und Christen (HBS 10) Freiburg 1996,213-256; ders., Zur Datierung der Chronik. Ein neuer methodischer Ansatz: ZAW 109,1997,84-92; K.Strübind, Tradition als Interpretation in der Chronik. König Josaphat als Paradigma chronistischer Hermeneutik und Theologie (BZAW 201) Berlin/New York 1992; D.A.Talshir, A Reinvestigation of the Linguistic Relationship between Chronicles and Ezra-Nehemiah: VT 38,1988,165-193; J.P.Weinberg, The Citizen-Temple Community (JSOT.S 151) Sheffield 1992; ders., Der Chronist in seiner Mitwelt (BZAW 239) Berlin 1996; P.Welten, Geschichte und Geschichtsdarstellung in den Chronikbüchern (WMANT 42) Neukirchen-Vluyn 1973; ders., Lade - Tempel - Jerusalem. Zur Theologie der Chronikbücher, in: FS E.Würthwein, Göttingen 1979,169-183; Th.Willi, Die Chronik als Auslegung. Untersuchungen zur literarischen Gestaltung der historischen Überlieferung Israels (FRLANT 106) Göttingen 1972; H.G.M.Williamson, Israel in the Books of Chronicles, Cambridge 1977.

1. Aufbau

Der hebräische Titel *dibrē hajjāmīm* (»Begebenheiten der Tage«, »Zeitereignisse«) kennzeichnet das Werk als Geschichtsdarstellung. Die seit Luther übliche Bezeichnung »(Bücher der) Chronik« geht zurück auf Hieronymus, der den hebr. Titel mit »*chronikon* totius divinae historiae« umschreibt. Ein anderes Verständnis signalisiert die Bezeichnung des Buches in der LXX: *paraleipomena*, d.h. »Übergangenes« i.S. von »Nachgetragenes«; dieser vermeintliche Nachtragscharakter hat die Geringschätzung der Chronik vor allem in der christlichen Tradition maßgeblich mitbestimmt. Die Aufteilung auf zwei Bücher geht auf die LXX zurück und ist dann sekundär auch in die hebr. Ausgaben eingedrungen (zur Stellung im Kanon s.u. 3.).

Die in 1/2 Chr erzählte Zeit erstreckt sich »vom Anfang zum (Neu-)Anfang« (*S.Japhet*), d.h. vom Beginn der Menschheitsgeschichte bis zur Ermöglichung des nachexilischen Neubeginns durch das Kyrusedikt. Der Aufbau orientiert sich an der Abfolge der judäischen Könige von David bis zum babylonischen Exil und folgt damit der Hauptvorlage in Sam/Kön.

Dieser »Königsgeschichte« ist ein längerer Abschnitt vorgeschaltet, der seit *Rothstein* gern als »genealogische Vorhalle« bezeichnet wird. Die Bestimmung des Endes dieser mit 1,1 beginnenden ersten größeren Texteinheit ist strittig. Gewöhnlich wird eine Zäsur zwischen den Kap.9 und 10 angenommen; mit der Erzählung vom Ende Sauls (10,1-14) setze die eigentliche Geschichtserzählung ein. Es spricht jedoch einiges dafür, eine größere Zäsur erst *nach* Kap.10 zu setzen: Einerseits ist die Saulerzählung 1 Chr 10 über die Wiederholung des Sauliden-Stammbaums aus 8,29-40 in 9,35-44 an die »Vorhalle« rückgebunden; der Einsatz in 10,1 entspricht der Art, in der auch sonst historische Notizen in die Genealogien der »Vorhalle« eingefügt sind. Andererseits ist die Davidgeschichte als der nächste Hauptteil deutlich abgegrenzt durch die Rahmung des ersten Teils (Kap.11f) in 1 Chr 11,1-3 und 12,39-41 und durch die Wiederaufnahme des Themas von 11,1-3 in der Zusammenfassung der gesamten Daviderzählung in 1 Chr 29,26-28.

Die »Vorhalle« spannt einen Bogen vom Beginn der Menschheitsgeschichte (»Adam« 1 Chr 1,1) bis zur göttlichen Erwählung Davids (1 Chr 10,14), innerhalb dessen Israel unter den Gesichtspunkten von *Genealogie,* aber auch *Geographie* (vgl. die Angaben der Siedlungsgebiete) und *Geschichte* (vgl. die eingestreuten historischen Notizen) beschrieben wird. Die Größe »Israel« wird auch am Einsatz- und am Endpunkt der nachfolgenden Geschichte hervorgehoben (1 Chr 11,1: »*Ganz* Israel versammelte sich...«; 2 Chr 36,23: »Wer unter euch zu seinem *ganzen* Volk gehört...«).

Innerhalb des Hauptteils der »Vorhalle« (2,3-9,1) sind drei Stämme besonders hervorgehoben: Juda und Benjamin in den Rahmenteilen des Abschnitts, Levi im Zentrum. Durch diese Akzentsetzung treten schon in den Eingangskapiteln der Chronik die thematischen Schwerpunkte hervor: David, das Kultpersonal, vor allem die Leviten, außerdem die Familie des Benjaminiters Saul. Das Kultpersonal mit seinen Funktionen wird in 9,10-33 noch einmal behandelt; während 6,16-32 besonders die Musiker als führende Levitengruppe heraushebt, widmet sich 9,17-33 ausführlicher den Torwächtern, die ebenfalls Leitungsfunktionen ausüben und oft zusammen mit den Musikern genannt werden.

Die »genealogische Vorhalle« 1 Chr 1-10	
1,1-2,2	von Adam bis zu den 12 Söhnen Israels/Jakobs
2,3-9,1	Israel als 12-Stämme-Volk
	2,3-4,23　　Juda　　　→　David (vgl. 10,14)
	5,27-6,66　Levi　　　→　Priester, Leviten
	8,1-40　　　Benjamin →　Saul (par 9,35-40)
	(vgl. 7,6-12)
	[9,1a Abschlußnotiz]
9,2-34	die vorexilischen (»früheren«) Einwohner Jerusalems
9,35-10,14	die Familie Sauls (vgl. 8,29-40) und das Ende seiner Dynastie

Ab 1 Chr 11 folgen bis zum Ende in 2 Chr 36 *einzelne Königsgeschichten,* die im narrativen Duktus durch die jeweiligen Abschlußnotizen voneinander getrennt, aber

auch durch die Hinweise auf den Regierungsantritt des Nachfolgers miteinander verklammert sind.

1 Chr 11-29	*David*
2 Chr 1-9	*Salomo*
2 Chr 10-12	Rehabeam (Reichstrennung)
2 Chr 13	Abija
2 Chr 14-16	*Asa*
2 Chr 17-20	*Joschafat*
2 Chr 21	Joram
2 Chr 22,1-9	Ahasja
2 Chr 22,10-23,21	Atalja
2 Chr 24	Joasch
2 Chr 25	Amazja
2 Chr 26	Usija
2 Chr 27	Jotam
2 Chr 28	Ahas
2 Chr 29-32	*Hiskija*
2 Chr 33,1-20	Manasse
2 Chr 33,21-25	Amon
2 Chr 34-35	*Joschija*
2 Chr 36,1-21	die letzten Könige Judas (Joahas, Jojakim, Jojachin, Zidkija) und das Ende des Staates
2 Chr 36,22f	Kyrusedikt (Neuanfang)

Die besondere Ausführlichkeit der David- und Salomogeschichte zeigt, daß diesen Stiftergestalten eine große Bedeutung zukommt; breiten Raum nimmt auch die Darstellung der (überwiegend) positiv beurteilten Könige Asa, Joschafat, Hiskija und Joschija ein.

Die Verbindung zwischen der David- und der Salomogeschichte (1 Chr 11-29 und 2 Chr 1-9) wird durch die Wiederaufnahme von 1 Chr 29,(23-)25 in 2 Chr 1,1 eigens betont; die Geschichte des Tempel*gründers* David (vgl. das Leitwort »gründen« 1 Chr 22,3.5.14 u.ö. [EÜ übersetzt ungenau »bereitstellen«]) findet ihre Fortsetzung und Erfüllung in der des Tempel*bauers* Salomo (vgl. 1 Chr 22.28f). Übergreifende strukturelle Zusammenhänge zwischen den Königsgeschichten werden vor allem durch das Mittel der Parallelisierung oder das der Kontrastierung geschaffen: Die guten Könige »wiederholen« die Taten Davids und Salomos, vor allem deren Einsatz für den Tempelbau und den Kult (vgl. 2 Chr 24.29.35), das Verhalten der schlechten steht dem diametral entgegen (vgl. 2 Chr 26.28.33).

Die interne Gliederung der einzelnen Königsgeschichten erfolgt nach einem einheitlichen Konzept: Gehorsam gegenüber Gott bewirkt Erfolg, Ungehorsam führt zu Mißerfolg und Untergang. Dieses elementare Schema von »Segen und Fluch« oder »Tun und Ergehen« beruht auf der Geltung der Tora als Geschichtsprinzip; Inbegriff der Tora ist das vor allem kultisch interpretierte Hauptgebot. Das ist mehr als ein individualisierter Vergeltungsglaube, der oft als »starres Vergeltungsdogma« mißverstanden und kritisiert wird; es ist der Ausdruck eines auf Analogien und Typologien ausgerichteten Geschichtsdenkens, das Grundstrukturen des göttlichen Wirkens vermitteln will. Dem Chronisten steht mit diesem Schema ein Hilfsmittel für die (Re-)organisation der in Sam/Kön überlieferten Geschichtstraditionen und ihre Ausgestaltung für paradigmatisch-paränetische Zwecke zur Verfügung. In den einzelnen »Königsporträts« ist die Darstellung folgerichtig stark von bestimmten immer wiederkehrenden Schlüsselmotiven geprägt, die bei aller individuellen Ausformung dem Geschichtsbild insgesamt einen schematischen Zug verleihen. Solche stets wiederkehrenden Motive, die den Erfolg eines Königs ausdrücken, sind die Ruhe vor Feinden, militärischer Erfolg, Wohlstand und Bautätigkeiten; deren Gegenteil oder ihr Fehlen zeigt den Mißerfolg eines Königs an (vgl. die Übersichten bei *R.K.Duke*, The Persuasive Appeal 78f; *B.E.Kelly*, Retribution 242f). Ein Teil der Umstellungen, die der Chronist an den vorgegebenen Texten vornimmt, gehen darauf zurück, daß er das Segen-und-Fluch-Schema als in der überlieferten Geschichte wirksam erkennt und in der Erzählung klarer zur Geltung bringen will. Die Darstellung der einzelnen Könige orientiert sich also nicht vorrangig an der Chronologie, sondern am Vergeltungsprinzip, in dem die theologische Basis der Geschichte aufscheint (vgl. die Aufnahme von 2 Sam 5 in 1 Chr 14 *nach* 2 Sam 6‖1 Chr 13). Der Kontrast zwischen Frömmigkeit und Abkehr von Gott und entsprechend zwischen Erfolg und Mißerfolg kann wie z.B. bei Manasse, Rehabeam und Asa den Aufbau eines Abschnitts strukturieren; das Schema drückt sich aber auch in der Abfolge zweier gegensätzlicher Herrscher aus (z.B. Saul und David; Ahas und Hiskija). Die vom Vergeltungsprinzip bestimmte Sicht auf die Geschichte führt auch dazu, daß alle negativen Züge aus dem David- und Salomobild entfernt werden; diese passen nicht zum großen Engagement der beiden Herrscher für den Kult. Die chronistischen Königsgeschichten spielen also auf zwei Ebenen, auf einer stets wechselnden (individuellen) »Oberfläche«, der Erzählung, und in einer am Hauptgebot und dem Vergeltungsprinzip ausgerichteten »Tiefenschicht«, der Deutung.

2. Entstehung

2.1 Das Problem des »Chronistischen Geschichtswerkes«

Die lange Zeit allgemein akzeptierte Auffassung, 1/2 Chr und Esra/Neh hätten ursprünglich *ein* zusammenhängendes Werk *eines* Autors, das sog. »Chronistische Geschichtswerk«, gebildet und seien erst im Zuge der Kanonisierung getrennt worden, ist seit einigen Jahrzehnten heftig umstritten. Das Problem besteht in der Erklärung der vielfältigen Übereinstimmungen und Ähnlichkeiten zwischen beiden Werken angesichts des unbestreitbaren Faktums ihrer getrennten Überlieferung. Mit unterschiedlichen methodischen Ansätzen wird eine Lösung des Problems versucht:

a) Die *linguistische* Debatte (Untersuchungen zum Wortschatz, zur Formenbildung und zur Syntax) hat gezeigt, daß beide Werke der gleichen Epoche in der Entwicklung des Hebräischen angehören; die Frage der gleichen oder getrennnten Verfasserschaft ist auf dieser Basis nicht eindeutig zu entscheiden (*S.Japhet*; *D.A.Talshir*).

b) *Theologisch-konzeptionelle* Berührungen (Interesse an Leviten; Beschreibung des Kultes) *und* Differenzen (Rolle der david. Dynastie; Israel-Verständnis; Vergeltungsschema) zwischen 1/2 Chr und Esra/Neh lassen sich nicht kohärent mit der These eines zusammenhängenden Werkes erklären.

c) *Literarisch-strukturelle* Verbindungen und Ähnlichkeiten zwischen beiden Werken können die starke Behauptung einer ursprünglichen Einheit nicht tragen: Die »Überlappung« in 2 Chr 36,22f und Esra 1,1-3a (Kyrusedikt) läßt sich leicht erklären als Rückgriff der Chronik auf die Vorlage in Esra 1. *W.Johnstone* sieht darin keine bloße Doppelung, sondern eine Neuinterpretation des Ediktes durch Chr. Wenn Esr/Neh der Chr vorangeht, bilden die Edikte in Esra 1 und 2 Chr 36 eine Inklusion, »in der der realisierte Zionismus von Esr/Neh dem eschatologischen Zionismus der Chr gegenübergestellt wird«. Daß in beiden Werken Höhe- und Wendepunkte der Geschichte mit Festen verbunden sind (2 Chr 7.30.35; Esra 3.6; Neh 8), kann durch die Vorgaben in den Vorlagen und das kultische Interesse erklärt werden. Für die einheitliche Gestaltung der chronistischen Königsgeschichten nach dem Vergeltungsschema gibt es dagegen in Esra/Neh keine Entsprechung. Ebenso unterscheiden sich auch die typisch chronistischen Ansprachen (1 Chr 13,2f; 22,6-16.17-19; 28,2-10 u.a.) mit ihrer besonderen Anrede, den Wortspielen und der prophetischen Qualifizierung der Sprecher von den Reden in Esra/Neh. Dem besonderen Gewicht der Reden in 1/2 Chr entspricht in Esr/Neh die Rolle der Dokumente an Wendepunkten der Erzählung.

d) Das deuterokanonische Buch *3 Esra* geht mit 2 Chr 35f, Esra 1-10 und Neh 8 weitgehend parallel. Als Fragment eines größeren Werkes würde es einen ursprünglichen Zusammenhang von Chr mit der Esraerzählung belegen (*K.F.Pohlmann*). Literarische Eigenart und Intention von 3 Esra sind jedoch so wenig geklärt, daß aus 3 Esra in der Debatte um das »Chronistische Geschichtswerk« kein Argument zu gewinnen ist. Es kann sich ebensogut um eine Kompilaton aus 1/2 Chr und Esra/Neh handeln, in der die Geschichte vom Ende Judas und des Tempels durch den Ungehorsam des Volkes (vgl. 3 Esra 1,22) bis zur Wiederherstellung des Tempels und der Anerkennung der Tora erzählt wird.

Die neuere Forschung neigt mehrheitlich dazu, das unstrittige Zeugnis der getrennten Überlieferung von Chr und Esra/Neh zum Ausgangspunkt zu nehmen und die Gemeinsamkeiten mit »offeneren« Modellen als dem eines ursprünglich zusammenhängenden Werkes zu erklären (vgl. *W.Johnstone*; *Th.Willi*), entweder durch die Annahme zweier Werke eines Autors oder eines Verfasserkreises oder durch literarische Abhängigkeiten (Esra/Neh als Quelle für Chr) und nachträgliche redaktionelle Angleichungen (s.u. 2.4).

2.2 Die Textgestalt der Sam/Kön-Vorlagen

Als Hauptvorlage der Chr diente eine Textfassung von Sam/Kön, die von der masoretischen Überlieferung abweicht und der in Qumran belegten Texttradition (4QSam) nahesteht; auf diese Fassung geht auch die LXX-Fassung von Chr zurück. Die Kön-Vorlage des Chronisten weicht jedoch offensichtlich nicht so stark vom masoretischen Text von Kön ab wie die Sam-Vorlage. Beim synoptischen Vergleich ist also zu beachten, daß nicht jede Abweichung der Chr von Sam/Kön auf eine bewußte Änderung durch den Chronisten zurückgeht.

2.3 Benutzung außerbiblischer Quellen?

Für das chronistische Eigengut ist immer wieder die Benutzung außerbiblischer Quellen postuliert worden. Zwei Probleme müssen in diesem Zusammenhang sorgfältig unterschieden werden: einerseits die Frage der Verarbeitung außerbiblischer Texte und andererseits die Bedeutung der zahlreichen ausdrücklichen Quellenangaben in der Chronik.

Die Einsicht, daß auch die historischen Nachrichten z.B. über die Bautätigkeit, die Heeresverfassung und die Feldzüge, die oft als authentische Sonderüberlieferungen betrachtet werden, größtenteils auf den Chronisten zurückgehen (*P.Welten*), mahnt zur Vorsicht bei der Annahme außerbiblischer Quellen. Wird von vorneherein die schriftstellerische Eigenleistung des Chronisten geringer eingestuft, steigt die Neigung, das Maß der Quellenverwertung höher anzusetzen. Vieles bleibt notgedrungen hypothetisch, solange Vergleichsmaterial nicht zur Verfügung steht (vgl. *B.E.Kelly*). Für den Tempelbaubericht 2 Chr 3 läßt sich über den Vergleich mit der Tempelrolle (11QT 5-7) mit einiger Sicherheit postulieren, daß der Chronist neben 1 Kön 6-8 auch einen Text benutzt hat, der mit der Tempelrolle verwandt ist (*G.Steins*).

Die Chronik nennt mehrfach ausdrücklich Quellen für die Geschichte der Könige Israels und Judas (z.B. 2 Chr 16,11; 25,26 u.ö.) und von Propheten verfaßte Quellen (z.B. 2 Chr 26,22 u.ö.); einige der prophetischen Schriften werden als Teilsammlungen der Königsgeschichten vorgestellt (vgl. 2 Chr 24,27).

Entscheidend für die Beurteilung der Quellenangaben ist die Einsicht, daß sie mit den entsprechenden Angaben in 1/2 Kön parallel gehen; nur in 1 Chr 29,29 wird eine Angabe der Vollständigkeit halber ergänzt. Die Erwähnung von Quellen ist folglich im Rahmen des interpretierenden Umgangs des Chronisten mit seinen biblischen Vorlagen zu sehen; es handelt sich nicht um unbekannte authentische außerbiblische Quellen (*M.Noth*; *Th.Willi*). Der Erwähnung prophetischer Schriften liegt die Ansicht zugrunde, daß die Propheten die berufenen »Chronisten« ihrer Zeit waren (vgl. die spätere kanonische Bezeichnung der »Geschichtsbücher« Jos - 2 Kön als »Vordere/Frühere Propheten«).

2.4 Entstehungsgeschichte

Die in der gegenwärtigen Forschung vertretenen Positionen sind entweder redaktionsgeschichtlich oder literatursoziologisch orientiert.

a) redaktionsgeschichtliche Ansätze

Im *Blockmodell* von *F.M.Cross* werden drei Stufen unterschieden: Chr$_1$ umfaßt 1 Chr 10 - 2 Chr 34 + die Vorlage von 3 Esra 1,1-5,65 (= 2 Chr 34,1 - Esra 3,13) und ist als prodavidische Legitimationsschrift vor 520 v.Chr. anzusetzen. Chr$_2$ fügt die Esra-Erzählung in der älteren Fassung an (einschließlich Neh 8), außerdem den aramäischen Textblock Esra 5,1-6,19 und die Erzählung über Serubabel (3 Esra 3,1-5,6); diese Bearbeitung erfolgt nach der Mission Esras (nach 458 v.Chr.) und ist ebenfalls messianisch-monarchisch orientiert. Von Chr$_3$ werden 1 Chr 1-9 und die Nehemia-Memoiren hinzugefügt, monarchische Texte wie 3 Esra 3,1-5,6 werden aus dem kanonischen Werk eliminiert; diese um 400 v.Chr. anzusetzende Bearbeitung verfolgt klerikale Interessen.
Ein *Schichtenmodell* der Entstehung wird in verschiedenen Varianten vertreten: *K.Galling* unterscheidet eine Erstausgabe des chronistischen Werkes um 300 v.Chr von einer um 200 v.Chr. erweiterten Neuauflage, die sich aber theologisch-konzeptionell eng berühren. Der Bearbeiter trägt v.a. Nachrichten über die Organisation des Kultes, über einzelne Unternehmungen der Könige und zahlreiche Ansprachen nach und nimmt die Nehemia-Memoiren in das Gesamtwerk auf. *H.G.M.Williamson* rechnet demgegenüber mit einer um 350 v.Chr. entstandenen Grundschicht und geringeren Ergänzungen in propriesterlicher Absicht (1 Chr 15,4.11.14.24; 23-27 pass; 29,20) Ende des 4.Jh. v.Chr.
M.Noth und *W.Rudolph* vertreten ein *Ergänzungsmodell*; durch die Subtraktion von punktuellen Zusätzen, v.a. aber ausführlicher Nachträge in 1 Chr 1-9 und des Gesamtkomplexes 1 Chr 23-27 läßt sich ein ursprüngliches Werk aus spätpersisch-frühhellenistischer Zeit rekonstruieren. Die Ergänzungen, die bis in die Makkabäerzeit hinunterreichen, lassen sich nicht einer einheitlichen Schicht zuweisen. *Th.Willi* rechnet in Fortführung dieses Ansatzes mit einer Vielzahl von punktuellen Ergänzungen, die alle eine kultische Prägung besitzen und sich von der Intention der Grundschicht als einer Davididengeschichte abheben (vgl. *M.Sæbø*).

b) literatursoziologischer Ansatz

Die Zurückführung auf einen über längere Zeit tätigen Verfasserkreis (»Schule«) kann die Schwierigkeiten einer literar- und redaktionskritischen Rekonstruktion der offensichtlich komplexen Entstehungsgeschichte überwinden. Sowohl die engen thematischen Beziehungen zwischen der Grundschicht und den Erweiterungen (auch die an den Davididen orientierte Grundschicht ist völlig auf den Kult ausgerichtet) als auch der z.T. umfangreiche Bearbeitungsvorgang lassen sich im Rahmen der Schulhypothese leichter erklären (*M.Oeming*).

M.Noth hat an einigen Stellen umfangreiche Weiterentwicklungen des Textes beobachtet und als literarische Zusätze abgetrennt; er bezeichnet diese Art des exkursartigen Textwachstums als »wilde Wucherung«. Sieht man von der negativen Bewertung dieser Erscheinungen ab, läßt sich seine Beobachtung aufnehmen und fortführen. Noths Einsicht in den Wachstumsprozeß führt über das auch von ihm selbst vertretene Ergänzungsmodell und über die vorhandenen Schichtenmodelle hinaus.

Die Bearbeitungen setzen schwerpunktmäßig zum einen bei den Vorbereitungen Davids zum Tempelbau an, zum anderen bei den großen Liturgien (Überführung der Lade 1 Chr 15f; Tempelweihe 2 Chr 5-7; Feste unter Hiskija 2 Chr 29-32 und Joschija 2 Chr 34f). Sie kreisen zwar wie die Grundschicht um das Thema Kult, der Akzent verlagert sich aber im Laufe der Textentwicklung von der Demonstration der Retributionstheologie am Beispiel der Davididen zur Regelung des Kultpersonals, der Betonung der Rolle der Gemeinde und der Behandlung kulttechnischer Einzelfragen. Die Erweiterung im Stile thematischer Fortführungen und Anreicherungen läßt sich am besten verstehen als *literarischer Prozeß*, d.h. als sich über einen nicht zu langen Zeitraum erstreckender zusammenhängender Vorgang der Textgestaltung in einem schriftgelehrten Milieu.

Zwischen den Erweiterungen bestehen Querbezüge, so daß Ebenen im Bearbeitungsprozeß erkennbar werden (*G.Steins*): Der *erste* Bearbeitungsschub zeigt besonderes Interesse am levitischen Kultpersonal; stehen zunächst die gewöhnlichen Leviten im Vordergrund (1 Chr 23f.26*; 2 Chr 8,14f*; 35,2f.6.8-10.14b), so verschiebt sich im Laufe der Entwicklung der Schwerpunkt auf die Musiker und ihre Einteilung in Klassen (1 Chr 6,16-32; 15f*; 25; 2 Chr 5,12), dann zu den speziellen Gruppen der Musiker und Torwächter, die Leitungsfunktionen ausüben (1 Chr 9,17b-33; 15,18*.19-23.27a.28*; 16,38.42; 23-26*; 2 Chr 7,6; 20,19; 23,18*.19; 29,12-15.25-28.30; 30,31b; 31,13-19; 34,12*.13; 35,15). Das dominierende Thema der *zweiten* Bearbeitungsebene bilden die Aufgaben und Leistungen der »Gemeinde« (Leitwort *qāhāl*) und ihrer Oberen, vor allem das Zusammenwirken mit dem König bei der Errichtung und beim Unterhalt des Tempels (1 Chr 28,12-19.21a; 29,1-20.21f*; 2 Chr 29,21a.23f.31-34a.35b; 30,1b-5a.13b.15-17.23-25; 35,17); sie gleicht die Hiskija- und Joschijageschichte aneinander an (vgl. 2 Chr 30 und 35). *Spätere* punktuelle Ergänzungen präzisieren kultrechtliche Einzelfragen im Sinne der Tora (1 Chr 28,17a; 29,21*; 2 Chr 2-5*; 13,10f*; 26,16*.19*; 29,7*.11*.18*.21*.35a; 30,13*; 31,2f*); zu den spätesten Fortschreibungen gehört auch 1 Chr 27.

Das prozeßhafte Verständnis der Entstehung von 1/2 Chr ermöglicht eine genauere Bestimmung des Verhältnisses zu Esra/Neh: Die älteste Textstufe von 1/2 Chr setzt bereits ein Esra/Neh-Buch voraus und benutzt es als Vorlage (z.B. 1 Chr 9 und Neh 11; 2 Chr 36,22f und Esra 1,1-4); Esra/Neh ist insofern für den Chr *eine* Quelle neben anderen, auf die er gelegentlich zurückgreift wie z.B. auf Gen und Jos. Zahlreiche weitere Parallelen zwischen beiden Werken sind darauf zurückzuführen, daß in Esra/Neh (v.a. in Esra 3.6.8 und Neh 10-13) sehr späte Einträge erfolgt sind, die mit den Bearbeitungen in 1/2 Chr zusammenhängen; diese Erweiterungen berühren ausschließlich kultische Belange wie das Kultpersonal, die Opferpraxis und die Feste (s.u. D.IX.).

2.5 Literarische Eigenart

Die Chronik ist nicht nur Auslegung von Sam/Kön, sondern ein eigenständiges Werk; die älteren biblischen Bücher dienen neben außerbiblischen Texten als Quelle. Zugleich setzt die Chronik aber eine große Vertrautheit mit den älteren biblischen Büchern voraus; die Genealogien in 1 Chr 1-9 wären z.B. ohne diese Kenntnis gar nicht verständlich. In diesem Sinne ist die Chronik »*rewritten bible*«, eine »*Nachschrift*« älterer Bücher.

3. Geschichtlicher Kontext

Die Verfasser der Chronik sind im klerikal-schriftgelehrten Milieu des Jerusalemer Tempels (möglicherweise in levitischen Kreisen) beheimatet; die Chronik ist »Literatur von Schriftgelehrten für Schriftgelehrte« (*M.Oeming*).

Da explizite zeitgeschichtliche Hinweise fehlen, ist eine genaue Bestimmung der Entstehungszeit schwierig. Die Datierungsvorschläge schwanken zwischen dem Ausgang des 6.Jh. und der ersten Hälfte des 2.Jh. v.Chr. (vgl. *I.Kalimi*); mehrheitlich wird, vor allem aufgrund der These des »Chronistischen Geschichtswerkes« eine Datierung in die spätpersische oder frühhellenistische Zeit befürwortet. Da Sir 47,8-10 und der griech.-jüd. Historiker Eupolemos (beide 1. Hälfte des 2.Jh. v.Chr.) die Chronik keineswegs zwingend voraussetzen, wie oft behauptet wird, ist auch eine Entstehung im 2.Jh. keineswegs von vornherein ausgeschlossen. Über die Frage nach der Entwicklung des hebräischen Bibelkanons lassen sich wichtige Anhaltspunkte für die Datierung gewinnen (*G.Steins*). Die Bücher der Chronik spielen eine Sonderrolle unter den Büchern des dritten Kanonteils, den »Schriften«: Sie stehen *erstens* nach der ältesten Tradition über die Anordnung der Bücher exponiert am Schluß des dritten Kanonteils (vgl. bBB 14b; Mt 23,35‖Lk 11,51 stellen dem ersten in der Bibel berichteten Mord an Abel den letzten, in 2 Chr 24,21f berichteten an Secharja gegenüber); *zweitens* sind sie als Nachschrift der gesamten heiligen Geschichte des Gottesvolkes vom Anfang der Menschheit (»Adam«) bis zum Ende des babylonischen Exils (»Kyrusedikt«) eine Zusammenfassung der vorangehenden Kanonteile »Tora« und »Propheten«. Berücksichtigt man außerdem noch die Bezüge auf Esra/Neh und die Pss (vgl. 1 Chr 16 u.ö.), wird die hohe Integrationsleistung der Chronik deutlich. Wahrscheinlich ist die Chronik eigens dazu verfaßt worden, im Rahmen der frühmakkabäischen Restauration den Kanon der hebräischen Bibel abzuschließen, damit dieser als Grundlage der Erneuerung jüdischen Glaubens nach der tiefen Krise aufgrund des hellenistischen Kulturdrucks dienen kann. Die Kriegserzählungen reflektieren die große Gefährdung Judas, die Reformberichte zeigen die Notwendigkeit der grundlegenden Erneuerung auf und entfalten den Gedanken, daß nur die Entfernung aller Manifestationen fremder Kulte und die unbedingte Beachtung des Hauptgebotes der Alleinverehrung JHWHs die Bewahrung der Identität Israels gewährleisten kann. Der das gesamte Werk prägende ständige Rückbezug auf die älteren biblischen Bücher und der offenkundige Ausfall hellenistischer Einflüsse haben programmatischen Charakter: Nur in der kompromißlosen Rückbesinnnung auf die *eigene* Tradition gibt es eine Zukunft für Israel. Der in der makkabäischen Restauration von einer Gruppe formierte Bibelkanon wird nicht sogleich allgemein rezipiert; erst nach der Zerstörung des Tempels 70 n.Chr. setzt sich die möglicherweise bereits Mitte des 2. Jh. v.Chr. entstandene Form des dreiteiligen torazentrierten Kanons im Judentum durch.

Gegenüber dem Norden nimmt Chr eine offene Haltung ein; sie hält fest am 12-Stämme-Ideal, auch wenn die gesamtisraelitische Perspektive auf Jerusalem zentriert ist. Nicht die Frontstellung gegenüber den Samariern, sondern die grundsätzliche Gefahr, daß der Einfluß des Hellenismus übermächtig würde, läßt sich als zeitgeschichtlicher Hintergrund annehmen.

Inwiefern der Chronist Verhältnisse der Königszeit getreu schildert oder Zustände seiner Gegenwart auf die Vergangenheit projiziert, ist vielfach schwer zu entscheiden. Gerade in der besonders ausführlich dargestellten Kultordnung spiegeln sich nicht nur die Verhältnisse zur Zeit des Chronisten; viele Details sind als historische Fiktionen zu beurteilen, die ein Bild der davidischen Zeit vermitteln sollen und durch einen schriftgelehrten Umgang mit den Vorgaben der älteren Bücher gewonnen werden. So ist z.B. die Darstellung der Zusammensetzung und Einteilung der levitischen Musiker in »Klassen« gemäß den »Musikhäuptern« Asaf, Heman und Etan (=Jedutun) aus älteren Einteilungen der Leviten (Num 3f u.a.) und den Psalmenüberschriften durch Auslegung gewonnen (*G.Steins*).

4. Schwerpunkte der Theologie

Die chronistische Theologie ist *schriftgelehrte Theologie* im Horizont eines bereits weit vorangeschrittenen kanonischen Prozesses. Sie entfaltet sich im intensiven Bezug auf das Korpus vorgegebener biblischer und anderer Texte, die auch den Rezipienten (bis in den Wortlaut hinein) bekannt sind. Selbstverständlich setzt die Chronik die pentateuchischen Ursprungstraditionen als bleibend gültig voraus, auch wenn sie diese nicht wiederholt. Die narrative Form der Darstellung ist durch den kanonischen Großentwurf Gen - 2 Kön vorgegeben; wie im Pentateuch sind umfangreiche Genealogien, Kultordnungen, Reden und Gebete in den Geschehensablauf eingebettet.

Eine das paränetische Interesse unterstreichende systematisierende Tendenz zeigt sich darin, daß theologische Basiseinsichten kurzformelartig wiederholt werden: Es gilt der die gesamte Darstellung prägende und in den Ansprachen immer wieder neu explizierte *Geschichts- und Glaubensgrundsatz*, daß die Ausrichtung an der Tora, besonders am Hauptgebot, über das Glücken oder Scheitern des Einzelnen und der Gemeinschaft entscheidet (1 Chr 28,9; 2 Chr 7,13-16; 15,2; vgl. Jer 29,12-14 und 2 Chr 20,20; vgl. Jes 7,9 u.ö.). »Gott suchen«, »sich demütigen«, »das Gute, das Rechte und das Wahre tun vor Gott« und Gegenbegriffe wie »Untreue üben«, »JHWH verlassen«, »das Wort JHWHs nicht beachten« durchziehen als Leitworte die gesamte Darstellung. Die Geschichten der Könige exemplifizieren diese Basisstruktur; sie bestimmt auch das spezifisch chronistische Bundesverständnis (2 Chr 15,11-15; 23,16; 29,10; 34,29-33). Im Anschluß an *W.Johnstone* hat *J.W.Kleinig* den spezifisch sakralrechtlichen Referenzrahmen dieser chronistischen Vergeltungslehre herausgestellt: »Was gewöhnlich als Vergeltung eingestuft wird, läßt sich treffender sakralrechtlich verstehen im Rahmen der chronistischen Theologie der Heiligkeit. Respekt vor den heiligen Dingen im Kult und dem heiligen Wort Gottes, vermittelt durch Mose und die Propheten, bringt Segen und Wohlergehen mit sich, während eine sakrilegische Mißachtung Zorn und Untergang nach sich zieht. Das ist so, weil Gottes Heiligkeit niemals neutral ist, sondern immer positive oder negative Konsequenzen für diejenigen zeitigt, die damit in Berührung kommen. ›Vergeltung‹ beruht also nicht auf der Durchbrechung einer moralischen Ordnung, sondern der Verletzung der von Gott eingerichteten sakralen Ordnung. Sie hängt eher von Gottes Heiligkeit in Israel ab als von seiner universalen Gerechtigkeit.«

Die Davididen sind erwählt zu Herrschern über Israel *auf dem Thron JHWHs* (vgl. 1 Chr 17,14; 28,5; 29,23; 2 Chr 9,8; 13,8; anders 2 Sam 7). Diese streng theologische Auslegung der Natanverheißung ermöglicht ein neues Verständnis des Ewigkeitsaspektes der Verheißung: den Königen, schließlich sogar dem Perser Kyrus, wird das Königtum *JHWHs* verliehen. Der Exodus zielt auf die Errichtung des Tempels, die durch die doppelte Erwählung, die Erwählung der Davididen und die der Stadt Jerusalem, vorbereitet wird (2 Chr 6,5-11). Die gesamte Königsgeschichte wird aus der Perspektive des Tempels entworfen. Ein weitergehendes eigenständiges Interesse am Königtum, vor allem die zeitgeschichtlich relevante Frage der Wiederherstellung der davidischen Monarchie und der Eigenstaatlichkeit tritt dahinter zurück.

Der *Tempel* bildet das Gravitationszentrum der chronistischen Darstellung und Theologie. »Das, was... der Tempel darstellt, kann nicht anders ausgesagt werden als in der Wiederholung der alten Erzählungen, die dem Chronisten überliefert sind...« (*P.Welten*). Schritt für Schritt wird seine Errichtung unter David vorbereitet, durch die Eroberung Jerusalems, die Ladeüberführung, die »Entdeckung« des Tempelplatzes als eines heiligen Ortes, die Einsetzung des Tempelbauers Salomo, die Festlegung einer Kultordnung und die Einbeziehung ganz Israels in die Verantwortung für den Bau. Der Tempel steht in einer Kontinuität zu dem von Gott gestifteten »Urheiligtum«, dem am Sinai errichteten Begegnungszelt (Ex 25ff; vgl. 1 Chr 16,37-42; 21,28f; 2 Chr 1,3-6; 5,2-14), und vermittelt die gnädige Gegenwart Gottes, seine Präsenz in Gestalt der »Herrlichkeit« (*kabōd* 2 Chr 7,1-3; ferner 2 Chr 6; 30,8f). Die Errichtung des Tempels leitet eine neue Phase im Verhältnis Gottes zu Israel ein. Der Kult gewährt dem Volk die beständige Möglichkeit der Vergebung (2 Chr 7,13-16 [chron. Sondergut]). »Die göttliche Vergeltung ist daher weder unvermeidlich noch absolut; sie wird gemäßigt durch das Wirken der göttlichen Gnade im Opferkult am Tempel für diejenigen, die Reue zeigen und Vergebung suchen« (*J.W.Kleinig*).

Die für den Tempel uneingeschränkt gültige Kultordnung der Tora (vgl. die häufigen Bezüge auf die Tora, z.B. 1 Chr 15,13; 1 Chr 22,12f; 2 Chr 30,16; 33,8; 35,13 u.ö.) wird durch David, den »Gottesmann« und »neuen Mose«, im Hinblick auf den neu zu errichtenden Dienst der Musiker fortgeschrieben (1 Chr 15; 23-26; 2 Chr 35,3). Diese Auslegung der Tora ist durch Propheten vermittelt und daher göttlich legitimiert (2 Chr 29,25-30; 35,15; vgl. *W.M.Schniedewind*). Hier werden bereits Ansätze einer Theorie der Toraauslegung erkennbar, die die rabbinische Praxis der permanenten Amplifikation und Adaption der Sinaigesetzgebung vorbereiten. Die Tempelliturgie (1 Chr 16) und die großen Wallfahrtsfeste, an denen sich auch die Bewohner des ehemaligen Nordreiches beteiligen, finden besondere Aufmerksamkeit (Pesach- und Mazzenfest 2 Chr 30.35; Laubhüttenfest 2 Chr 7,8-10); das Wochenfest wird schon in chronistischer Zeit als Fest der Erinnerung an die Sinaigesetzgebung begangen (vgl. die Anspielungen auf Ex 19 in 2 Chr 14,5; 15,10.12.14f).

Der Chronist hält konsequent an der Ausrichtung auf »ganz Israel« als dem idealen 12-Stämme-Volk fest und unterstreicht so den grundsätzlichen Anspruch seines Werkes: Seine »Summe des Kanons« (vgl. *W.Johnstone*) legt die Grundlagen der Identität Israels dar; vermittelt durch Beispiele gelungener und mißlungener Frömmigkeit und durch Reden und Gebete, die die Adressaten in besonderer Weise einbeziehen, lädt sie zugleich dazu ein, den vom Kanon vorgezeichneten

Glaubensweg zu gehen. Im Vordergrund steht die Bewährung in der Gegenwart, nicht der Entwurf eines Zukunftsprogramms (Messianismus, Apokalyptik).

5. Relevanz

Die kritische Forschung hat sich vor allem auf die Frage der historischen Zuverlässigkeit und den Quellenwert der Bücher konzentriert (vgl. *K.Peltonen*); nach der theologischen Leistung wurde lange Zeit entweder nicht gefragt oder sie wurde unter dem Einfluß antijüdischer Klischeevorstellungen (Fixierung auf den Kult, Gesetzesfrömmigkeit, starrer Vergeltungsglaube) abwertend beurteilt. Eine unvoreingenommene Wahrnehmung der Besonderheit des Chronisten ist erst in der neueren Forschung zu beobachten (vgl. *J.W.Kleinig*). Die Einsicht in die entscheidende Rolle bei der Kanonbildung kann diesen oft gering geschätzten Büchern neue Bedeutung verleihen. Die Schriftauslegung, die bereits innerhalb der Bibel beginnt und sich literarisch in den Fortschreibungen und der Ausformung des Kanons als eines großen Deutungszusammenhangs niederschlägt, demonstriert die Lebendigkeit und Sinnfülle des Gotteswortes, das Licht wirft auf jede Situation und stets neu zur Verwirklichung der Tora ruft. So kann die Beschäftigung mit der Chronik als Produkt schriftgelehrter Theologie aus der Schlußphase der Kanonbildung Einweisung in und Anleitung zur kanonischen Lektüre der ganzen Bibel Israels werden.

Die Chronik zeigt die Bedingungen der Herausbildung von religiöser Identität unter einem massiven Kulturdruck auf: die Aktualisierung der Tradition, Konzentration auf das Wesentliche und die Bereitschaft zur Unterscheidung. Die auf den ersten Blick wenig aktuell erscheinende kultische Perspektive wird in den Büchern selbst schon dadurch aufgebrochen, daß die Tora, konkret: die prononcierte Orientierung am Hauptgebot, als geschichtsbildende Kraft freigelegt wird.

IX.   Die Bücher Esra und Nehemia
(*Georg Steins*)

Kommentare: E.Bertheau (KeHAT) 1862; C.F.Keil 1870 (ND 1990); D.C.Siegfried (HAT) 1901; A.Bertholet (KHC) 1902; G.Jahn 1909; L.W.Batten (ICC) 1913; G.Hölscher (HSAT) 1923; W.Rudolph (HAT) 1949; K.Galling (ATD) 1954; H.Schneider (HSAT) 1959; J.M.Myers (AncB) 1965; F.Michaëli (CAT) 1967; P.R.Ackroyd (TBC) 1973; R.J.Coggins (CNEB) 1976, F.C.Fensham (NICOT) 1982; D.J.A.Clines (NCB) 1984; H.G.M.Williamson (WBC) 1985; A.H.J.Gunneweg (KAT) 1985/87; F.C.Holmgren (ITC) 1987; J.Blenkinsopp (OTL) 1989; J.Becker (NEB) 1990; R.Cavedo 1991; M.A.Throntveit 1992; A.Jobsen 1997; K.-D.Schunck (BK) 1998ff.
Einzelstudien: R.Bach, Esra 1. Der Verfasser, seine »Quellen« und sein Thema, in: FS H.J.Boecker, Neukirchen-Vluyn 1993,40-60; J.Becker, Der Ich-Bericht des Nehemiabuches als chronistische Gestaltung (FzB 87) Würzburg 1998; J.Blenkinsopp, A theological Reading of Ezra-Nehemiah: PIBA 12,1989,26-36; ders., Temple and Society in Achaemenid Judah, in: P.R.Davies (Hg.), Second Temple Studies, 22-53 (s.u.); D.Böhler, Die heilige Stadt in Esdras α und Esra-Nehemia. Zwei Konzeptionen der Wiederherstellung Israels (OBO 158) Fribourg 1997 (Lit.!); F.M.Cross, Reconstruction of the Judean Restoration: JBL 94,1975,4-18; D.R.Daniels, The Composition of the Ezra-Nehemiah Narrative, in: FS K.Koch, Neukirchen-Vluyn 1991,311-328; P.R.Davies (Hg.), Second Temple Studies. 1. Persian

Period (JSOT.S 117) Sheffield 1991; A.Demsky, Who Came First, Ezra or Nehemiah: HUCA 65,1994,1-21; T.C.Eskenazi, In an Age of Prose. A Literary Approach to Ezra-Nehemiah (SBL.MS 36), Atlanta 1988; ders., Current Perspectives on Ezra-Nehemiah and the Persian Period, in: CR.BS 1,1993,59-86; ders./K.H.Richards (Hg.), Second Temple Studies. 2. Temple and Community in the Persian Period (JSOT.S 175) Sheffield 1994; K.Galling, Studien zur Geschichte Israels im persischen Zeitalter, Tübingen 1964; A.H.J.Gunneweg, Zur Interpretation der Bücher Esra-Nehemia. Zugleich ein Beitrag zur Methode der Exegese, in: J.A.Emerton (Hg.), Congress Volume Vienna 1980 (VT.S 32) Leiden 1981,146-161; ders., Die aramäische und die hebräische Erzählung über die nachexilische Restauration - ein Vergleich: ZAW 94,1982,299-302; K.G.Hoglund, Achaemenid Imperial Administration in Syria-Palestine and the Missions of Ezra and Nehemiah (SBL.DS 125) Atlanta 1992 (Lit.!); S.H.Horn/L.H.Wood, Die Chronologie von Esra 7, Wien 1995; S.Japhet, The Temple in the Restoration Period. Reality and Ideology: USQR 44,1991,195-251; U.Kellermann, Nehemia. Quellen, Überlieferung und Geschichte (BZAW 102) Berlin 1967; ders., Erwägungen zum Problem der Esradatierung: ZAW 80,1968,55-87; ders., Erwägungen zum Esragesetz: ZAW 80,1968,373-385; R.W.Klein, Art. Ezra-Nehemiah, Books of: ABD 2,1992,731-742; E.A.Knauf, Zum Verhältnis von Esra 1,1 zu 2 Chronik 36,20-23: BN 78,1995,16f; K.Koch, Ezra and the Origins of Judaism: JSSt 19,1974,173-97; ders., Der Artaxerxes-Erlaß im Esrabuch, in: FS H. Donner, Wiesbaden 1995,87-98; D.Kraemer, On the Relationship of the Books of Ezra and Nehemiah: JSOT 59,1993,73-92; J.Lust, The Identification of Zerubbabel with Sheshbassar: EThL 63,1987,90-95; K.-F.Pohlmann, Studien zum dritten Esra, Göttingen 1970; R.Rendtorff, Esra und das »Gesetz«: ZAW 96,1984,165-184; U.Rüterswörden, Die persische Reichsautorisation der Thora: fact oder fiction?: ZABR 1,1995,47-61; M.Sæbø, Art. Esra/-Esraschriften: TRE 10,1982,374-386; W.Th.in der Smitten, Esra. Quellen, Überlieferung und Geschichte (StSN 15) Assen 1973; G.Steins, Die Chronik als kanonisches Abschlußphänomen. Studien zur Entstehung und Theologie von 1/2 Chronik (BBB 93) Bodenheim 1995; S.Stiegler, Die nachexilische JHWH-Gemeinde in Jerusalem (BEAT 34) Frankfurt 1994; A.Tångberg, Art. Nehemia/Nehmiabuch: TRE 24,1994,242-246; C.C.Torrey, Ezra Studies, New York 1910 (ND 1970); J.C.VanderKam, Ezra-Nehemiah or Ezra and Nehemiah?, in: FS J.Blenkinsopp (JSOT.S 149) Sheffield 1992,55-75; Th.Willi, Juda - Jehud - Israel (FAT 12) Tübingen 1995; H.G.M.Williamson, Ezra and Nehemiah (OTGu) Sheffield 1987; ders., The Problem with First Esdras, in: FS R.Mason, Macon 1996,201-216.

1. Bezeichnungen und Aufbau

Esra/Neh bilden ein zusammenhängendes Buch; die Abtrennung von Neh geht auf die griechische Überlieferung (Origenes) zurück und wurde angeregt durch die Überschrift Neh 1,1 »Bericht Nehemias, des Sohnes Hachaljas«. In der hebr. Bibel gehören Esra und Neh zu den »Schriften« und stehen in der Regel vor 1/2 Chr, folgen jedoch niemals 1/2 Chr. Die Bezeichnungen und die Anzahl der Esra zugewiesenen Schriften differieren in der Hebräischen Bibel und in den alten Übersetzungen:

Hebräische Bibel	Septuaginta	Vulgata	Moderne Ausgaben
Esra[*]	Esdras β[**]	I Ezrae	Esra
Neh[*]	Esdras γ[**]	II Ezrae	Neh
	Esdras α	III Ezrae	3 Esra [***]
		IV Ezrae	4 Esra [***]

[*]ursprünglich ein Buch: Esra; [**]ursprünglich ein Buch: Esdras β; [***]nicht in deutschen Bibelausgaben; 3 Esra = 2 Chr 35 - Esra 10; Neh 7,72-8,13a + »Wettstreit der drei Pagen« 3,1-5,6 (3 Esra: spätere Kompilation oder ursprüngliches Werk?); 4 Esra = eine Apokalypse

In Esra/Neh sind auf der Ebene des Endtextes in den sechs Hauptabschnitten zwei Themen in einer alternierenden Reihe (A-B, A'-B', A''-B'') miteinander verflochten: der Wiederaufbau des Jerusalemer Tempels und der Stadtmauer einerseits sowie die Verpflichtung auf das Gesetz und die Durchsetzung der übernommenen Verpflichtungen andererseits. In dieser Gründungsgeschichte, die auf die Katastrophe von 586 zurückblickt (vgl. Esra 1,7; 3,12 u.ö.) und in narrativer Form die Bedingungen des Neuanfangs reflektiert, wird so der enge Zusammenhang zwischen den »äußeren« Aspekten des Wiederbeginns und dem, was Israel »im Innersten zusammenhält«, aufgezeigt.

A	Esra 1,1-6,22	**Aufbau des Tempels gegen Widerstände**
1,1-2,70		Rückkehr
	1,1-11	Kyrus-Proklamation und Rückführung der Tempelgeräte
	2,1-70	Heimkehrerliste
3,1-6,22		Tempelbau
	3,1-4,22	Baubeginn und Widerstände
	5,1-6,22	Überwindung der Widerstände und Tempelweihe

B	7,1-10,44	**Verpflichtung auf das Gesetz (Bund)**
7,1-8,36		Esras Mission
	7,1-28	Reise Esras von Babylon nach Jerusalem
	8,1-36	Esras Begleitung
9,1-10,44		Auflösung der Mischehen
	9,1-15	Mischehenproblem
	10,1-44	Versammlung/Bundesschluß/Ausführung

A'	Neh 1,1-7,4	**Aufbau der Stadtmauer gegen Widerstände**
1,1-2,11		Nehemias Mission
2,12-7,4		Mauerbau
	2,12-4,17	Beginn des Aufbaus
	5,1-19	Soziale Spannungen
	6,1-7,4	Fortsetzung des Aufbaus

B'	7,5-10,40	**Verpflichtung auf das Gesetz (Bund)**
7,5-72a		Dokumentation: Erstheimkehrer (= Esra 2)
7,72b-10,40		Bundeserneuerung
	7,72b-9,37	Versammlung/Gesetzesverlesung/Bußgottesdienst
	10,1-40	Bundesdokument

A''	11,1-12,47	**Abschluß der Reorganisation**
11,1-36		Besiedlung von Stadt u. Provinz
12,1-47		Kultpersonal u. seine Versorgung
	12,1-26	Kultpersonal z.Zt. Serubbabels u. Nehemias
	12,27-43	Mauerweihe
	12,44-47	Versorgung des Kultpersonals

B''	13,1-13,31	**Durchsetzung des Bundes**
13,1-3		Prinzipieller Ausschluß der Nichtisraeliten
13,4-29		Einzelmaßnahmen zur Einhaltung der Verpflichtungen
	13,4-14	Reinigung des Kultes von Fremdeinflüssen
	13,15-22	Sabbatobservanz durch Abriegelung der Stadt
	13,23-29	Auflösung der Mischehen
13,30f		Zusammenfassung

Jeder Hauptteil stellt einen entscheidenden Schritt hin auf die Neukonstituierung Israels dar. Auf der Ebene des Endtextes wird alles von der breit ausgestalteten

Bundesschlußzeremonie Neh 7-11 her strukturiert. Mit der Errichtung des Tempels und der Stadt und der Mission Esras sind die Voraussetzungen für die erneute Verpflichtung auf die Tora gegeben. Neh 12 und 13 erzählen von der Realisierung der Bestimmungen. Während die von Gott durch die persischen Könige oder durch Propheten vermittelten Initiativen die Handlung vorantreiben, erweisen sich die Berichte über Widerstände, auf die die einzelnen Schritte der Reorganisation regelmäßig stoßen, als retardierende Elemente im Erzählablauf.

Zwischen den Hauptteilen bestehen Entsprechungen nicht nur auf der thematischen Ebene, sondern auch hinsichtlich der Hauptakteure. Dem Protagonistenpaar Serubbabel und Josua aus der Anfangsphase (Esra 3-6) stehen auf dem Höhepunkt in Neh 7-10 und 11f Esra und Nehemia gegenüber, die hier gemeinsam wirken (Neh 8,9; 10,2; 12,26.36). Im zweiten Hauptteil (Esra 7-10) tritt Esra allein auf, ebenso Nehemia im dritten und im letzten Abschnitt (Neh 1,1-7,4 und Neh 13). Scheschbazzar (Esra 1,8.11; 5,14-16) wird in der Gesamtkomposition zur Randfigur.

Die wichtigsten Klammerelemente zwischen den Hauptteilen sind:

- Der Tempel, dessen Wiederaufbau in Esra 1-6 berichtet wird, ist in Esra 7 - Neh 13 wiederholt im Blick (vgl. Esra 7; Neh 10; 13); in Esra 4,8-23 steht demgegenüber nicht - wie zu erwarten - der Tempel, sondern die Stadt im Mittelpunkt; entfaltet wird dieses Thema erst in Neh 1ff.
- Das Laubhüttenfest wird nach der Wiederaufnahme des Tempelgottesdienstes (Esra 3,4) und ebenso nach dem Vortrag des Gesetzes (Neh 8,13-18) »toragemäß« gefeiert.
- Esras Bußgebet Esra 9,5-15 hat eine Parallele im Bußgebet Neh 9,6-37 (vgl. das Gebet Neh 1,5-11).
- Der Briefwechsel mit Artaxerxes in Esra 4,6-23 gehört chronologisch in die Epoche Esras und Nehemias (s.u. 3.); die Nachricht über den unerlaubten Befestigungsversuch steht in Kontrast zur offiziell geförderten Aktion Nehemias.
- Esra 6,14 nennt neben den Königen Kyrus und Darius in anachronistischer Weise auch bereits Artaxerxes I. und weist damit auf die Epoche Esras und Nehemias voraus (s.u. 3.); Neh 12,47 parallelisiert die Zeit Serubbabels und die Zeit Nehemias (vgl. Neh 12,26).
- Mehrfach wird betont, daß die persischen Könige im Dienst des göttlichen Plans für Juda stehen (Esra 1,1-4; 6,14.22; 7,6; 7,11-28; Neh 1,11; 2,4.8.).
- Das sich neu konstituierende Israel, der »heilige Same« (Esra 9,2), wohnt in der »heiligen Stadt« Jerusalem (Neh 11,1.18); darüber hinaus wird das Thema »Abgrenzung des neukonstituierten Gemeinwesens nach außen« mehrfach aufgenommen (Esra 4,1-3; 6,21; 9f; Neh 2,20; 9,2; 10,29; 13).
- Die ständigen Anfeindungen (Esra 3,3; 4ff; Neh 2,10.19f; 3,33-37; 4,1 u.ö.) können mit der Hilfe Gottes überwunden werden.
- Die Maßnahmen Nehemias in Neh 13 beziehen sich auf Probleme, die bereits in Esra 9f und Neh 10 behandelt wurden.

Trotz der wechselnden Akteure, Themen, Zeiten und Schauplätze entsteht durch dieses dichte Netz von Parallelen, Vorausnahmen und Wiederholungen ein hohes Maß an Geschlossenheit. Dies scheint für die Gesamtkomposition wichtiger zu sein als ein streng chronologischer und thematisch einliniger Aufbau der Erzählung. Die aus einer Zeitspanne von über 100 Jahren ausgewählten Ereignisse werden so in ein Gesamtbild der Reorganisation Israels nach dem Exil integriert. In Esra 4,8-6,18 und 7,12-26 wechselt der Text ins Aramäische, weil - wie in Esra 4,7.11 und 7,11 eigens vermerkt - aramäisch geschriebene Quellen zitiert werden (näheres s. 2.3). Der Sprachenwechsel ist in jüngeren atl Texten nicht singulär (vgl. Dan; s.u. F.VII.).

2. Entstehung

2.1 Entstehungsmodelle

Der komplexe Aufbau von Esra/Neh gibt sich an einigen Stellen deutlich als Ergebnis einer Wachstumsgeschichte zu erkennen:

Die »Heimkehrerliste« Esra 2 wird in Neh 7 wiederholt; auffällig ist, daß die als Archivdokument (vgl. Neh 7,5) zitierte Liste in Neh 7,72; 8,1 »hinübergleitet« in die fortlaufende Erzählung. »Die Liste verwandelt sich aus einem Zitat von Vergangenem in gegenwärtige Wirklichkeit« (*J.Becker*). Zwischen den beiden Bußgebeten in Esra 9 und Neh 9 bestehen Spannungen hinsichtlich der Situation Judas; so beurteilt Neh 9,36f die politische Lage pessimistischer als das Gebet Esras. Eine besondere Nahtstelle ist Neh 7,1-5: Die Frage der Besiedlung Jerusalems wird erst in Neh 11,1 wiederaufgenommen; der Abschnitt Neh 7,5-10,40 geht thematisch in eine andere Richtung. Von der nach Neh 7,1-3 zu erwartenden Mauerweihe wird erst am Ende von Neh 12 erzählt. Unklar ist die genaue Einbindung von Neh 13. Einerseits läßt sich Neh 13 von Neh 10 her als Durchsetzung der Bundesverpflichtungen lesen. Andererseits scheint der Anstoß zu den Aktionen von der Lektüre der Tora (Neh 13,1ff) auszugehen. Die Gesamtkomposition wirft die Frage nach der Genese der Verschränkung zwischen der Tätigkeit Esras und der Nehemias auf, denn obwohl beide Protagonisten in Neh 8 und 12 zusammen auftreten, scheinen ihre Aktionen beziehungslos nebeneinander zu stehen.

In der Forschung werden *unterschiedliche Entstehungsmodelle* vertreten. Sie differieren grundlegend hinsichtlich der Bestimmung von Umfang und Charakter (Herkunft, Alter, Authentizität) der Quellen wie auch der Bearbeitungen (z.B. durch den Chronisten), durch die aus dem Quellenmaterial die vorliegenden Bücher geschaffen wurden (zum folgenden s.a. D.VIII):

a) Nach einem *radikalen Ansatz* (*J.Becker*) stellen auch die im Werk als Quellen eingeführten Texte, vor allem aber die Berichte Esras und Nehemias, literarische Fiktionen des Chronisten dar. Dabei finden jedoch interne Spannungen zu wenig Berücksichtigung; außerdem kann der Chronist nicht als Verfasser von Esra/Neh betrachtet werden (vgl. D.VIII.2.1). Nach der Mehrheitsmeinung jedoch wurde in Esra/Neh vorgegebenes Material verarbeitet, darunter eine »Nehemia-Quelle«.

b) Esra/Neh ist nach *F.M.Cross* in Verbindung mit 1/2 Chr über drei Stufen *in Blöcken gewachsen*; nach *H.G.M.Williamson* ist die Tempelbauerzählung Esra 1-6 insgesamt der älteren (unabhängig von 1/2 Chr entstandenen) Esra-Nehemia-Erzählung (Esra 7 - Neh 13) von jenem Bearbeiter vorgeschaltet worden, der auch für pro-priesterliche Zusätze in 1/2 Chr verantwortlich ist.

c) Das *Schichtenmodell* begegnet in verschiedenen Ausformungen. Nach *W.Th.in der Smitten, U.Kellermann, M.Noth* und *W.Rudolph* hat der Chronist die große Komposition Esra 1 - Neh 13 aus zahlreichen Quellen geschaffen. Der chronistische Entwurf ist durch einen nachchronistischen »listenfreudigen Ergänzer« beträchtlich erweitert worden. *K.Galling* vertritt die These, die Nehemia-Denkschrift sei erst in die zweite, erweiterte Auflage des chronistischen Werkes aufgenommen worden.

d) Mit einer *sekundären Einarbeitung der Nehemia-Denkschrift* im Zuge einer levitischen Bearbeitung des Gesamtwerkes rechnen *K.-F.Pohlmann* und *O.Kaiser*. Diese Redaktion zeichne auch für die Verschiebung des ursprünglichen Schlusses der Esrageschichte, die feierliche Gesetzesverlesung durch Esra, nach Neh 8 verantwortlich. *D.Böhler* hat diese Position übernommen und argumentativ ausgebaut: Das in LXX überlieferte Buch 3 Esra (ohne die Erzählung vom Pagenwettstreit) bezeugt eine ältere Fassung der Erzählung vom nachexilischen Wiederaufbau. Durch zahlreiche Änderungen, die den Wiederaufbau der Stadt Jerusalem Nehemia vorbehalten, wurde diese Erzählung sekundär für die Aufnahme der Nehemiamemoiren präpariert. Auf diese Bearbeitung gehen auch Neh 7 und 9-12 zurück. Das hebr. Esra/Neh-Buch ist demnach nicht die Vorlage für 3 Esra, sondern eine jüngere Fassung der Wiederaufbauerzählung. Daß Neh 8 erst sekundär von Esra 7-10 getrennt und wirkungsvoll an den Schluß der Wiederaufbaumaßnahmen gesetzt worden sei, wird auch im Rahmen anderer Entstehungsmodelle vertreten (*W.Rudolph*: durch den nachchronistischen Ergänzer; *H.G.M.Williamson*: durch den Verfasser der Esra-Nehemia-Geschichte).

e) Nach *A.H.J.Gunneweg* wurde Esra/Neh vermutlich als Fortführung des dtr Geschichtswerkes verfaßt; 1/2 Chr ist als Vorbau erst später entstanden. Beide Werke sind Produkte eines längeren Entstehungsprozesses in einer *chronistischen Schule*.

238

f) *D.Kraemer* und *J.C.VanderKam* stellen die *ursprüngliche Einheit* von Esra und Neh *in Frage*; die These stützt sich vor allem auf die Differenzen zwischen Esra 7-10 und Neh 8-10 und auf die Doppelung der »Erstheimkehrerliste« (Esra 2 und Neh 7). Diese Beobachtungen können jedoch - unter Verzicht auf eine solche These - leichter im Rahmen eines redaktionsgeschichtlichen Modells (s.u. 2.4) erklärt werden.

2.2. Schlüsselprobleme

Die Rekonstruktion der Entstehungsgeschichte muß sich mit vier zentralen Problemen auseinandersetzen:

a) *Verhältnis der Bücher Esra und Neh zu 1/2 Chr*: Die These eines »Chronistischen Geschichtswerkes« kann, wie die neuere Diskussion zeigt, nicht länger als Grundlage der Analyse von Esra/Neh dienen (s.o. D.VIII.). Beide Werke sind getrennt, aber nicht völlig unabhängig voneinander entstanden (vgl. *Th.Willi*).

b) *Verhältnis von Neh 8-10 (bes. Neh 8) zur Esra-Erzählung Esra 7-10*: Die neuere Forschung (*D.R.Daniels*; *D.Kraemer*; *R.Rendtorff* u.a.) hat die Differenzen (Verständnis von »Gesetz«; Rolle der Leviten; Tenor der beiden Bußgebete u.a.) zwischen Neh 8-10 und der Esra-Erzählung Esra 7-10, die gegen eine ursprüngliche Einheit v.a. von Neh 8 und Esra 7-10 sprechen, herausgestellt. Neh (7,5-72+) 8-10 läßt sich am besten als Erweiterung verstehen, die den Toragehorsam, der inhaltlich im »Bundesdokument« Neh 10,30-40 entfaltet wird, neu akzentuiert. Im deuterokanonischen Buch 3 Esra folgt Neh 8 unmittelbar auf Esra 10. Die Frage, ob es sich um eine Vorstufe von Esra-Neh (*D.Böhler*) oder um eine sekundäre Zusammenstellung von Abschnitten aus 2 Chr und Esra/Neh (angereichert durch die Pagenerzählung) handelt (*H.G.M.Williamson*), ist nicht abschließend geklärt.

c) *Wiederholung der »Heimkehrerliste« Esra 2 in Neh 7*: Die beiden »Heimkehrerlisten« stimmen weitgehend überein. Von den drei Möglichkeiten der Abhängigkeit - entweder war Esra 2 Vorlage für Neh 7 oder Neh 7 Vorlage für Esra 2 oder beide stammen aus einer gemeinsamen Quelle - spricht am meisten für die erste Möglichkeit; denn Esra 2 ist besser in den Kontext eingebunden als Neh 7,5-72. Neh 7,5-72 führt nicht Neh 7,4 weiter (die Fortsetzung liegt erst in 11,1 vor), sondern umschreibt mit Hilfe des Rückgriffs auf ein Dokument aus der Anfangszeit (vgl. 7,5b) die Volksversammlung, die sich zur Verlesung der Tora einfindet (Neh 7,66; 8,1f). Die »Heimkehrerliste« Neh 7,5-72 ist im Zuge der Gestaltung von Neh 8-10 aus Esra 2 übernommen worden. Die Heimkehrerlise Neh 7 und die Liste der Unterzeichner des Bundesdokumentes Neh 10 sind wechselseitig aufeinander hin gestaltet worden (*J.Becker*; *G.Steins*), so daß sie einen Rahmen um Neh 7,5-10,40 bilden und diesen inhaltlich zentralen Abschnitt herausheben.

d) *Einfügung der Nehemiamemoiren*: Das Fehlen Nehemias in 3 Esra kann verschieden erklärt werden und spricht nicht zwingend für eine sekundäre Einfügung der Nehemiamemoiren. Ebenso uneindeutig ist das Zeugnis des Josephus (Ant. XI 120-183), der sich zunächst an 3 Esra orientiert und dann einen kurzen Bericht über Nehemia folgen läßt. Auch wenn Josephus sich an einem selbständig überlieferten Nehemiabericht orientiert hätte, bleibt die Rolle der Nehemiamemoiren innerhalb der Redaktionsgeschichte von Esra-Neh zu klären. Gegen eine sekundäre Einfügung der Nehemiadenkschrift läßt sich das enge kompositionelle Verhältnis zur Esraerzählung anführen (*M.Noth*; *A.H.J.Gunneweg*).

2.3 Quellen

Viele Texte (darunter die zahlreichen Listen) werden als Quellen identifiziert; der Quellencharakter, die Herkunft und ursprüngliche Bedeutung sind häufig stark umstritten. Die wichtigsten Quellen sind die aramäischen Urkunden in Esra 4-6; 7 und das Material zu Esra und Nehemia:

a) *Aramäische Urkunden in Esra 1-6*: Im aramäischen Abschnitt 4,8-6,18 sind möglicherweise Briefe als Urkunden rezipiert worden (so *H.G.M.Williamson* u.a.), oder es liegt eine Dokumente als literarisches Stilmittel verwendende aramäische Erzählung über den nachexilischen Wiederaufbau aus jüdischer Sicht vor, auf die der Autor von Esra 1-6 zurückgreift (*A.H.J.Gunneweg*; *O.Kaiser*; *J.Lust* u.a.). Der aramäischen Erzählung geht es um die Legalität der Reorganisation, während die jüngere hebräische Erzählung Esra 1-6 die Auseinandersetzung mit der feindseligen Völkerwelt betont.

b) *Nehemia-Quelle*: Es besteht ein weitgehender Konsens, daß in Neh 1-7*; 11-13* eine »Nehemia-Quelle« - aufgrund der Stilisierung als Ich-Bericht auch »Nehemiamemoiren« und wegen der wiederholten Appellation an Gott auch »Nehemia-Denkschrift« genannt - vorliegt; offen sind Abgrenzung und Intention dieses Dokuments. Um die Intention zu klären, wird auf verschiedene Vorbilder für die »Denkschrift« verwiesen, die jedoch sämtlich nicht eindeutig sind (z.B. altorientalische Königsinschriften; Votiv- bzw. Stifterinschriften; biographische Grabinschriften ägypt. Beamter; prozessuale Rechtfertigungsschriften; Gebete unschuldig Angeklagter). Ob es sich, wie vielfach angenommen, beim »Ich-Bericht« um ein authentisches Dokument der 2. Hälfte des 5.Jh. aus der Feder Nehemias handelt (*K.-D.Schunck*), ist äußerst zweifelhaft (*J.Becker*); dagegen sprechen z.B. die legendenhaften Züge, die schriftgelehrte Prägung und die Nähe zu den biblischen Führungsgeschichten (*O.Kaiser*). Aber auch, wenn es sich um ein pseudepigraphisches Werk handelt, kann der Text als Quelle in einen größeren Zusammenhang integriert worden sein (s.u. 2.4). Einer historischen Auswertung für die Verhältnisse im Juda des 5.Jh. sind damit jedoch Grenzen gesetzt.

c) *Esra-Quelle*: Nach einer minimalistischen Auffassung lag dem Redaktor der Esra-Erzählung nur das aramäische »Beauftragungsschreiben« Esra 7,12-26 vor; eine weitergehende Position betrachtet den Ich-Bericht als Vorlage und den Er-Bericht als Überarbeitung. Der Wechsel zwischen der 1. und der 3. Pers. läßt sich jedoch auch einfach als literarisches Stilmittel (vgl. Tob) oder mit der Anlehnung an den Bericht Nehemias und der Komposition des Buches erklären: Der Beginn der Esra-Erzählung im Er-Stil (Esra 7,1-10) schließt an Esra 1-6 an; ebenso erleichtert der Er-Bericht in Esra 10 den Übergang zum eigens in Neh 1,1 als Ich-Bericht eingeführten neuen Hauptteil Neh 1ff. Welcher historische Quellenwert dem Beglaubigungsschreiben Esra 7,12-26 zukommt, ist schwer zu entscheiden (vgl. *K.Koch*).

d) *Listen*: Besondere Beachtung verdienen die zahlreichen Listen, die nicht ohne weiteres als historische Primärquellen betrachtet werden können, sondern sich schriftgelehrter Arbeit verdanken. Die »Basis-Liste Esra 2« wird sowohl in Esra 8,1-20 und 10,25-43, wie auch in Neh 3,1-32; 7,5-72 und 10,15-28 aufgenommen und an die verschiedenen Kontexte angepaßt (*J.Becker*). Die Liste der Bewohner Jerusalems in Neh 11 greift jedoch nicht auf Neh 7(// Esra 2) zurück, so daß kein Zusammenhang von Neh 7 mit der Besiedlung Jerusalems angezeigt wird.

Die Frage nach historischen Urkunden darf nicht den Blick dafür verstellen, daß die wichtigste Quelle für Esra/Neh die älteren biblischen Bücher, vor allem die Exoduserzählung und prophetische Schriften (Hag; Sach 1-8), sind (*R.Bach*; *A.H.J.Gunneweg*; *J.Blenkinsopp*).

2.4 Ein redaktionsgeschichtliches Entstehungsmodell

Angesichts des gegenwärtigen Forschungsstandes kann die Entstehung der Bücher Esra/Neh mit einem redaktionsgeschichtlichen Modell am besten erklärt werden:
a) Unter Aufnahme von *Quellen* (aramäische Urkunden; Beglaubigungsschreiben Esras; Nehemiamemoiren; Listen) wurde ein *erster, Esra 1,1 - Neh 12,43** umfassender Entwurf geschaffen. Diese *Esra-Neh-Großkomposition* erzählt die

nachexilische Reorganisation (der »heilige Same« in der »heiligen Stadt«, vgl. Esra 9,2 und Neh 11,1.18) in drei Schritten:

Esra 1-6*	Wiederaufbau des Tempels
Esra 7-10*	»Definition« der Gemeinde
Neh 1-12*	Wiederaufbau der Stadt(mauer)

b) Innerhalb der Großkomposition wird durch *Neh 1,4b-11a und Neh 13* die Tätigkeit Nehemias dem Wirken Esras angeglichen. Das mit dieser Erweiterung in die Nehemia-Geschichte eingeführte Thema des Toragehorsams wird in dem *umfangreichen Nachtrag Neh 7,5-10,40* aufgegriffen und ausgestaltet zu einer großen Liturgie der Bundeserneuerung, des Wiedereintritts in den Abrahambund, der sich in der Beachtung der Sinaigesetze konkretisiert. Die Zusätze in Esra 7,6aß.10.11b bereiten die Verlesung der Tora des Mose durch Esra in Neh 8 vor. Die offizielle persische Beauftragung Esras mit einer »Untersuchung« (Esra 7,14) Judas und Jerusalems (und nach Esra 7,25 der gesamten Satrapie Transeuphratene?) auf der Basis des Gesetzes und einer kultischen und politischen Reorganisation wird damit reinterpretiert; das Gesetz ist nicht mehr Instrument der Überprüfung der Verhältnisse in der Provinz, sondern die Vermittlung der Tora des Mose durch Esra, den Schriftgelehrten par excellence, wird zum Ziel seiner Mission.
c) Eine letzte große Bearbeitung in Esra 3*.6*.8*; Neh 8*.9*.10*.11*.12* ist ausschließlich an kultischen Fragen, besonders aber an den Belangen des Kultpersonals interessiert. Sie hebt die Beteiligung der Leviten, vor allem der Musiker und Torwächter an den großen Feiern hervor (s.o. D.VIII.2.4). Auf diese »prolevitische Redaktion« geht jedoch nicht der Einbau der Nehemiamemoiren zurück (*K.F.Pohlmann*; *O.Kaiser*). Die späten redaktionellen Texte, die die Rolle der Leviten betonen, finden sich sowohl in den Abschnitten, die das deuterokanonische Buch 3 Esra und Esra-Neh (MT) gemeinsam haben, als auch im zweiten Teil des Neh-Buches; daher ist also 3 Esra vermutlich von dem bereits mehrfach bearbeiteten Esra-Neh (MT) abhängig.
Auch das Verhältnis von Esra/Neh zu 1/2Chr läßt sich mit einem redaktionsgeschichtlichen Modell erfassen. Beide Werke sind getrennt, aber nicht völlig unabhängig voneinander entstanden: Die Übereinstimmungen zwischen beiden Werken gehen darauf zurück, daß der Chronist einerseits auf Esra/Neh als Quelle zurückgreift (vgl. *E.A.Knauf*) und andererseits beide Werke in einem späten Entwicklungsstadium von den gleichen Händen bearbeitet wurden (vgl. *G.Steins*).

3. Geschichtlicher Kontext

Die politische und soziale Verfassung Judas im 5.Jh. v.Chr. ist schwer in einen Begriff zu fassen; Termini wie »Theokratie« und »Kultgemeinde« berücksichtigen zu wenig die konkreten politischen Aspekte. Der von *J.P.Weinberg* geprägte Begriff »Bürger-Tempel-Gemeinde« hebt die zentrale Rolle des Tempels, aber auch die Bedeutung des Laienelements und der Selbstverwaltungsorgane hervor. »Das Besondere des nachexilischen judäischen Gemeinwesens war, daß es sich keineswegs nur ethnisch, politisch und territorial, sondern auch stark religiös definierte... So war es jetzt möglich, daß eine Gruppe der anderen die Zugehörigkeit zur Gemeinschaft generell absprach und für sich selber den Anspruch erhob, das ›wahre‹ Israel zu sein« (*R.Albertz*). Unsicher ist, wann Juda zur selbständigen Provinz innerhalb der persischen Satrapie Transeuphratene erhoben wurde; wahrscheinlich war spätestens der »Wiederaufbaukommissar« Nehemia auch der erste »Gouverneur der Provinz *Jehud*« (*H.Donner*).

Während die Datierung der Mission Nehemias durch außerbiblische Zeugnisse (Nachweis von Namen aus dem Umfeld Nehemias Ende 5.Jh. in den Elephantine-Papyri) gesichert erscheint (*K.-D.Schunck*), ist die Datierung der Tätigkeit Esras und die Bestimmung des Verhältnisses der beiden Protagonisten zueinander strittig. Ausgangspunkt ist die Beobachtung, daß Esra und Nehemia nach dem vorliegenden Aufbau des Buches einerseits Zeitgenossen sind (vgl. Neh 8,9 und 12,36), sie andererseits aber in ihrer Tätigkeit nicht Bezug aufeinander nehmen (z.B. Neh 13 und Esra 10); außerdem ist es schwer verständlich, daß Esra erst im 13. Jahr seiner Tätigkeit das Gesetz verlesen haben soll (Neh 8). Es gibt drei verschiedene Lösungsansätze (*U.Kellermann*):

- *Esra als chronistische »Erfindung«*: Mit dieser Hypothese würde die historische Rückfrage grundlos. Abgesehen davon, daß starke Gründe für die Annahme der Nichthistorizität Esras fehlen, fällt diese Hypothese mit der Entscheidung gegen ein »Chronistisches Geschichtswerk«. Auch wenn diese Position in der vorgetragenen Form unhaltbar erscheint, macht sie darauf aufmerksam, daß wahrscheinlich ein großer zeitlicher Abstand zwischen den geschilderten Ereignissen und der Abfassung der Bücher besteht (s.u.) und die Darstellung darüber hinaus »frei« mit älterem Material umgeht und eigene (theologische) Intentionen verfolgt; Details der Darstellung dürfen also nicht unmittelbar historisch ausgewertet werden.

- *Umdatierung der Esra-Mission*: Neben der klassischen Datierung 458 v.Chr. (7. Regierungsjahr von Artaxerxes I.) wird eine Spätdatierung 398 v.Chr. (7. Jahr Artaxerxes II.; also *nach* Nehemia) vorgeschlagen; das Nebeneinander der Protagonisten wäre dann unhistorisch. Oder Esras Mission wird um 428 v.Chr. datiert (Textänderung von Esra 7,7: 37. Jahr Artaxerxes I.) und fiele zusammen mit dem zweiten Aufenthalt Nehemias in Jerusalem (vgl. Neh 5,14; 13,6f).

- *Redaktionsgeschichtliche Lösung*: Die Überlegungen zur Redaktionsgeschichte (s.o. 2.4) entschärfen das historische Problem. Werden die Nachrichten über das Zusammenwirken Esras und Nehemias (Neh 7-10; 12) und über den zweiten Aufenthalt Nehemias in Jerusalem (Neh 13) späten, primär theologisch interessierten Bearbeitungen des Textes zugewiesen, entfällt der Druck, das Nebeneinander Esras und Nehemias *historisch* zu erklären. Die Datierungsangaben können auf die Zeit Artaxerxes' I. bezogen bleiben, und die »theologische« Priorität Esras kann beibehalten werden.

Allerdings bleiben große Unsicherheiten in der Datierung der beiden Protagonisten, da in den Elephantine-Papyri nur ein indirektes Zeugnis vorliegt. Ein hartnäckiges Forschungsproblem ist die Abfolge der persischen Könige in Esra 4; hier scheint Artaxerxes I. (465-424) Darius I. (522-486) *voraus*zugehen. Nach der Mehrheitsmeinung wird deshalb der in 4,11-22 zitierte Brief der Gegner Judas an Artaxerxes als prinzipieller Beleg für die Anfeindungen zitiert, ohne daß der Autor Rücksicht auf die richtige Chronologie der Könige nahm. Möglicherweise hat das mehrmalige Vorkommen von Königen mit den Namen Darius und Artaxerxes jedoch später zu Verwirrungen geführt. Erwägenswert ist auch die These, daß der Autor in Esra (wie auch in Dan) von einer anderen (historisch inkorrekten) Abfolge der persischen Könige ausging: Kyros, Xerxes, Artaxerxes I., Darius II., Artaxerxes II. (*C.C.Torrey*; *D.Böhler*). Der Tempel wäre unter dem auf Artaxerxes folgenden König Darius, d.h. Darius II. (423-404) vollendet worden. Vielleicht will der hebräische Text von Esra-Neh durch eine orthographische Variante eine Differenz zwischen einem den Juden feindlich gesonnenen König Artaxerxes (Esra 4) und einem freundlich eingestellten (Esra 7f; Neh 2) andeuten. Dann fiele das Wirken Esras und Nehemias in die Zeit Artaxerxes' II. (404-359).

Im Geschichtsentwurf von Esra-Neh erfolgt die Neuordnung Jerusalems und Judas »von außen«, d.h. in einem aufgrund der starken Stilisierung der Zeugnisse kaum noch *en detail* rekonstruierbaren Zusammenspiel der persischen Zentralregierung mit der babylonischen Exulantenschaft. Nach *J.Blenkinsopp* war die persische Zentralregierung um die Etablierung einer loyalen Elite in der geopolitisch sensiblen Provinz Juda bemüht. Die neue Elite wurde aus den Teilen der Exulantenschaft in Babylonien rekrutiert, die über ein gewisses Ansehen verfügten und sich nicht assimiliert hatten. Als wesentlichen Aspekt eines funktionierenden Gemeinwesens ordnete die Zentrale die Wiedererrichtung des Tempels an und sicherte die Finanzierung aus Mitteln des Reiches und der Satrapie (Esra 1,7f). So entstand schon in den ersten Jahrzehnten der persischen Herrschaft eine »halb-autonome Tempelgemeinde« unter der Führung der Rückkehrer. Es ist anzunehmen, daß mit den Re-Migranten auch die neuen sozialen Strukturen in Juda eingeführt wurden, die sich in der babylonischen Diaspora herausgebildet hatten: »Sie errichteten erneut ihr eigenes Gemeinwesen (*puḥru, qāhāl*), gegliedert nach ›Vaterhäusern‹ mit freien, landbesitzenden Bürgern und Tempelpersonal unter der Führung von Ältesten und der Oberaufsicht eines Vertreters der Zentralregierung, ein Sozialgebilde mit starkem inneren Zusammenhalt, das für Neuzugänge von außen zwar offen war, aber mit Nachdruck seinen Status und seine Privilegien verteidigte ... Damit diese neue Form der Gesellschaftsorganisation funktionieren konnte, mußte sie auf zwei Ziele ausgerichtet sein. Die Immigranten mußten das nach der Deportation an die Landbevölkerung (*dallat hā'āreṣ*) verteilte Land zurückgewinnen, und sie mußten die Kontrolle über den Tempel als soziopolitischen und religiösen Mittelpunkt ihrer Existenz wiedererlangen und sichern. Das Erreichen beider Ziele, von dem die biblischen Quellen berichten, bildet die Grundlage für die besondere Gesellschaftform des sich in der Perserzeit herausbildenden Judentums« (*J.Blenkinsopp*).

In diesem Kontext ist auch die Mission des Esra zu sehen, der im Artaxerxesedikt mit einer »Untersuchung in Juda und Jerusalem« beauftragt wird. Die Untersuchung gilt offensichtlich in erster Linie der Regelung des Kultes und der Funktionstüchtigkeit des Tempels, nicht zuletzt auch der kontrollierten Überbringung und Verwendung der Zuwendung aus den Exulantenkreisen in Babylonien (Esra 7,12-27; V. 25f nach *K.Galling* und *K.Koch* sekundär). »Anscheinend hegen die Exilskreise, die hinter der Mission Esras stehen und sich an die göttliche Wohnung in Jerusalem gebunden wissen, erhebliche Zweifel, ob es im zeitgenössischen Jerusalem hinsichtlich Reinheit und Heiligkeit mit rechten Dingen zugehe und ihre reichen Opfer an die richtige Adresse gelangen! Wenn eigens aus Babylonien ein Priester mit persischer Vollmacht anreisen muß, um die notwendigen Reformen in die Hand zu nehmen, drückt dies ein tiefes Mißtrauen gegen die Jerusalemer Tempelbehörde aus.« (*K.Koch*). Mit der Scheidung der Mischehen (Esra 9f; vgl. Neh 13) wird die Bevölkerung der Provinz *Jehud* im Sinne der Tradition und des National- und Religionsbewußtseins der Exulantenschaft reorganisiert. Diese Züge des Esrabildes sind erst von der jüngeren Forschung hervorgehoben worden. Davon zu unterscheiden ist das lange Zeit dominierende Esrabild der Zusätze in Esra 7 (s.o. 2.4) und Neh 8, mit denen die Rolle Esras neu gefaßt wird: Esra soll die Tora des Mose in Juda zur Geltung bringen; von der *Neueinführung* des Gesetzes verlautet nichts. Die Frage nach dem Gesetz (vgl. *U.Kellermann*), auf das sich der historische Esra bezogen hat, ist zu unterscheiden von der Frage, welches Gesetz der Autor des Esra-Neh-Buches vor Augen hat. Dieser Autor denkt an die »Tora des Mose« (Esra 7,6.10; Neh 8; 10 u.ö.), d.i. bereits der Pentateuch. Über das »Gesetzbuch« des historischen Esra läßt sich keine sichere Angabe machen (s.o. C.I.).

Nach *K.G.Hoglund* stehen die Esra- und die Nehemia-Mission im Kontext der Versuche der persischen Zentralregierung, nach dem ägyptischen Aufstand (460 v.Chr.) und angesichts des zunehmenden griechischen Drucks die westlichen Reichsgebiete durch eine umfassende Neuorganisation stärker in das politische, militärische und ökonomische System des Achaemenidenreiches zu integrieren; es handelt sich nicht um singuläre Maßnahmen gegenüber der jüdischen Bevölkerung. Nehemia erfüllt mit der Befestigung Jerusalems (Stadtmauer und Tempelburg) einen militärischen Auftrag und vermindert mittels wirtschaftlicher Reformen den Druck durch die mit der neuen persischen Politik gewachsene Abgabenlast. Die Reorganisation unter Nehemia wurde vorbereitet (falls Esra *vor* Nehemia wirkte) oder fortgeführt (falls Esra *nach* Nehemia auftrat) durch die Maßnahmen Esras. Mit dem Eintreten gegen die Mischehen tragen beide zu einer klareren Bestimmung der Zugehörigkeit zum jüdischen Gemeinwesen bei. Das Verhältnis des »Wiedergutmachungskommissars« Scheschbazzar (Esra 1) zum »Repatriierungskommissar« Serubbabel (*H.Donner*) bleibt unklar. Scheschbazzar wird in Esra 5,14-16 die Grundsteinlegung des Tempels zugeschrieben; dies steht in Spannung zu den Nachrichten über Serubbabel in Esra 3. Möglicherweise sucht der Autor von Esra 1-6 einen Ausgleich zwischen den unterschiedlichen Traditionen über den Tempelbaubeginn in der aramäischen Quelle Esra 5 einerseits und Hag 1f und Sach 4 (vgl. Esra 5,1f) andererseits.

Ausdrückliche Datierungshinweise fehlen; das Buch ist wahrscheinlich in frühhellenistischer Zeit entstanden (vgl. Esra 6,22: »König von Assur«, d.h. Syrien, und die Erwähnung der griechischen Drachme Esra 2,69). Die Bestimmung des Alters der Quellen hängt davon ab, wieweit sie als authentische Dokumente betrachtet werden. Die Autoren sind in tempelnahen Kreisen in einem schriftgelehrten Milieu zu suchen (vgl. die Nähe zu 1/2 Chr).

4. Schwerpunkte der Theologie

»Das Esra-Nehemiabuch will von uns nicht als historische Quelle, sondern als theologische Deutung der Wiederherstellung des Mittelpunktes des nachexilischen Judentums, Jerusalems und seines Tempels, gelesen werden« (*O.Kaiser*). Unter den verschiedenen Strömungen des nachexilischen Israel dokumentiert Esra/Neh die Position derer, die um eine Ausprägung der Identität Israels *innerhalb* der in der frühhellenistischen Zeit vorhandenen politischen Spielräume bemüht sind. Diachron geht der Blick zurück auf die normative Gründungszeit Israels, synchron fällt die Ausrichtung auf die babylonische Gola auf: Der Neuanfang erfolgt von außen, und er knüpft an die große Zeit des Ersten Tempels an, ohne als bloße Restauration bewertet werden zu können. In der Erzählung von der Wiedererrichtung des Tempels wird dessen Übereinstimmung mit dem Ersten Tempel (vgl. 1 Kön 5,15-8,66) und die Übereinstimmung des Kultes mit der Tora unterstrichen; der Tempel ist das sichtbare Zeichen der heilsgeschichtlichen Kontinuität. In diesem Kontext der Betonung der Kontinuität zur vorexilischen Zeit steht auch die genealogische Definition Israels in den Listen: das wahre Israel sind die Heimkehrer aus dem babylonischen Exil und alle, die sich dieser Gruppe angeschlossen haben.

Die Epoche der Neugründung wird typologisch entschlüsselt als Rekapitulation der Gründungsereignisse Israels: im Exodus aus der Gefangenschaft, im (Wieder-)Einzug in das Land, in der Feier des Pesach, in der Errichtung des Heiligtums, in der Verkündung des Gesetzes, in der Verteilung des Landes bezieht sich der Autor auf die älteren normativen Überlieferungen (*J.Blenkinsopp*; *K.Koch*). Unter einem anderen Blickwinkel erscheint die Epoche der Neugründung zugleich als Erfüllung der prophetischen Verheißungen (vgl. vor allem Jes und Jer; *R.Bach*; *J.Blenkinsopp*). Schriftauslegung wird so zu einem Instrument der Geschichtshermeneutik. Neben dem Tempel als dem sichtbaren Mittelpunkt des »neuen« Israel gewinnen die kanonischen Schriften, vor allem die Tora, zunehmend an Bedeutung als Identität stiftendes und sozial integrierendes Medium. Die aufkommende Praxis des schriftzentrierten synagogalen Gottesdienstes (vgl. Neh 8) dient der kontinuierlichen Präsentation und Aktualisierung dieses Mediums. In der Treue zur Tora (exemplarisch: Ablehnung der Mischehen; Sabbatobservanz; Sorge für Tempel und Kult; Feste) konstituiert sich das Gottesvolk.

5. Relevanz

Im Christentum wurde die Wahrnehmung der Bücher Esra und Neh vielfach verstellt durch das Mißverständnis und die Abwertung der Torafrömmigkeit als Nomismus und den Vorwurf der selbstgenügsamen Fixierung auf die eigene Gruppe (Partikularismus) und auf die Gegenwart (Theokratie; Mangel an Eschatologie). Diese Bücher haben trotz ihrer sehr ausschnitthaften Darstellung der Geschichte das Bild der nachexilischen Zeit stärker als andere geprägt, denn in ihnen zeichnen sich die Orientierungsmarken ab für den Weg Israels in den 600 Jahren der Epoche des Zweiten Tempels - und darüber hinaus bis zur Gegenwart: das Ringen einer politisch abhängigen Gemeinschaft um eine toragemäße Gestalt des religiösen *und* sozialen Lebens (vgl. Esra 10; Neh 5), das Bewußtsein für die historische und theologische Tiefendimension der Gegenwart (vgl. Neh 9), der kreative, auf die Bewältigung der Gegenwart ausgerichtete Umgang mit der Tradition (innerbiblische Anfänge der Schriftauslegung). Die Wiedergewinnung dieser »weltlichen« und gegenwartsbezogenen Dimensionen des Glaubens, vor allem die stärkere Beachtung des zentralen biblischen Themas »Tora«, stellt sich dem Christentum angesichts der Neigung zu einem übermäßig spiritualisierten Erlösungsverständnis als drängende Aufgabe.

X.   Das Buch Tobit

(Helmut Engel)

Text: Tobit, hg. R.Hanhart (Septuaginta: Vetus Testamentum Graecum VIII,5), Göttingen 1983; R.Hanhart, Text und Textgeschichte des Buches Tobit (MSU 17), Göttingen 1984; J.A.Fitzmyer, Tobit, in: Qumran Cave 4, XIV Parabiblical Texts, Part 2 (DJD XIX), Oxford 1995,1-76; ders., The Aramaic and Hebrew Fragments of Tobit from Qumran Cave 4: CBQ 57,1995,655-675.

Kommentare: M.Schumpp (ExHb) 1933; A.Miller (HSAT) 1940; F.Zimmermann (JAL) 1958; J.C.Dancy (CBC) 1972; L.Alonso Schökel (Los libros sagrados) 1973; H.Gross (NEB) 1987; P.Deselaers (GSL.AT 11) 1990; C.A.Moore (AncB) 1996.

Auslegungsgeschichte: J.Gamberoni, Die Auslegung des Buches Tobias in der griechisch-lateinischen Kirche der Antike und der Christenheit des Westens bis um 1600 (StANT 21) München 1969.

Einzelstudien: E.M.Cook, Our Translated Tobit, in: FS M.McNamara, Sheffield 1996, 153-162; R.Degen, Achikar, in: Enzyklopädie des Märchens I,1977,53-59; P.Deselaers, Das Buch Tobit. Studien zu seiner Entstehung, Komposition und Theologie (OBO 43) Fribourg/Göttingen 1982; E.Drewermann, Gott heilt - Erfahrungen des Buches Tobit. Eine psychologische Meditation, in: H.Becker/R.Kaczynski (Hg.), Liturgie und Dichtung II (PiLi 2) St. Ottilien 1983,359-404 (auch in Buchform erschienen unter dem Titel: »Voller Erbarmen rettet er uns« 1985 u.ö.); H.Engel, Auf zuverlässigen Wegen und in Gerechtigkeit. Religiöses Ethos in der Diaspora nach dem Buch Tobit, in: FS N.Lohfink, Freiburg 1993,83-100; J.C.Greenfield, Ahiqar in the Book of Tobit, in: FS H.Cazelles, Paris 1981, 329-336; D.McCracken, Narration and Comedy in the Book of Tobit: JBL 114,1995,401-418; J.T.Milik, La patrie de Tobie: RB 73,1966,522-530; I.Nowell, The Book of Tobit: Narrative Technique and Theology, Ph.D.diss., Washington 1983; M.Rabenau, Studien zum Buch Tobit (BZAW 220) Berlin 1994; L.Ruppert, Zur Funktion der Achikar-Notizen im Buch Tobias: BZ NF 20,1976,232-237; A.Schmitt, Die Achikar-Notiz bei Tobit 1,21-22 in aramäischer (pap4QTobᵃar - 4Q196) und griechischer Fassung: BZ 40,1996,18-38; St.Weitzman, Allusion, Artifice, and Exile in the Hymn of Tobit, JBL 115,1996,49-61.

Darstellungen in Bildern: H.Weskott, Tobias: LCI IV,1972,320-326.

Achikar-Texte: I.Kottsieper, Die Geschichte und die Sprüche des weisen Achiqar, in: Weisheitstexte, Mythen, Epen (TUAT III/2) Gütersloh 1991,320-347; F.Nau, Histoire et sagesse d'Aḥikar l'Assyrien. Traduction des versions syriaques avec les principales différences des versions arabes, arménienne, grecque, néo-syriaque, slave et roumaine, Paris 1909.

0. Textüberlieferung

Die Tobiterzählung ist in mehreren, voneinander verschiedenen Fassungen erhalten, die sich nicht einfachhin aufeinander zurückführen lassen.

– Die älteste Fassung bezeugen die in Qumran gefundenen Fragmente von einer Papyrus- (4Q196) und drei Leder-Hss. (4Q197-199) in aramäischer und einer Leder-Hs. (4Q200) in hebräischer Sprache. Nach dem Urteil des Herausgebers sind nunmehr zwar ca. 42% der *Verse* des aramäischen Buches (und ca. 13% des hebräischen) belegt; wegen der bruchstückhaften Erhaltung bieten die Fragmente aber nur weniger als ein Fünftel des vollständigen *Textes. Fitzmyer* datiert die Hss. auf ca. 100 v.Chr. (4Q199) bis in herodianische Zeit (4Q197.200). Das Aramäisch dieser Hss. sei zwischen der Sprachstufe des Danielbuches und der des Genesis-Apokryphons (1QGenAp), also gegen Ende des 2.Jh. v.Chr. anzusetzen, es sei jedenfalls nicht, wie oft behauptet wurde, das ältere Reichsaramäisch *(Fitzmyer).* Bei dem hebräischen Text handelt es sich wohl um eine Übersetzung aus dem Aramäischen (Begründung bei *Fitzmyer; Cook).*

– Die Edition von *R.Hanhart* gruppiert die erhaltenen *griechischen* Handschriften und die Handschriften der alten Übersetzungen zu drei Hauptfassungen des Textes.

Dabei ist die kürzere Textfassung G^I in den Hss. am weitaus häufigsten vertreten: Die Majuskel-Hss. B (Vaticanus), A (Alexandrinus) und V (Venetus), die meisten Minuskel-Hss. und viele der alten Übersetzungen (syr., sah., aeth., arm.) enthalten sie, auch die Einheitsübersetzung folgt dieser Fassung. Sie ist eine verdeutlichende und durchweg kürzende Bearbeitung der längeren und älteren Textfassung G^{II}. Ob sich für G^I darüber hinaus noch ein eigenständiger Rückgriff auf eine aramäische oder hebräische Vorlage zeigen läßt, bleibt noch zu untersuchen. G^{II} ist erhalten in der Majuskel-Hs. S (Sinaiticus; darin sind 4,7-18 und 13,6-10 ausgelassen), in einem Papyrusfragment (P 910; für 2,2*-8*), in der Minuskel-Hs. 319 (für 3,6-6,16) und vollständig in den altlateinischen Übersetzungen (La). Die dritte Textform (G^{III}: erhalten in den Minuskel-Hss. 106. 107 [44.125.610] nur für den Abschnitt 6,9-12,22 und in syr. Übersetzungen zu 7,11-12,22) kann als sekundäre Textform bestimmt werden, die nach *Hanhart* grundsätzlich G^{II}, darin besonders La, zuzuordnen ist, die aber auch Textelemente von G^I übernommen hat, demnach eine innergriechische Textentwicklung bezeugt. G^{II}, und darin besonders La, steht der aramäischen und der hebräischen Fassung am nächsten.

– Die Vg enthält keine den vorgenannten entsprechende Textform; aus dem Prolog zu seiner Tobit-Übersetzung wird deutlich, daß Hieronymus den ihm vorliegenden altlateinischen Text »verbesserte«, indem er sich einen (nicht erhaltenen) aramäischen Tobit-Text ins Hebräische übersetzen ließ und das Gehörte seinerseits gleich ins Lateinische übertrug. Eine besonders große Nähe zu der Textfassung der Qumranfragmente ist nicht erkennbar.
– Bei der 1878 von *A.Neubauer* herausgegebenen aramäischen Handschrift aus dem 15.Jh. handelt es sich wahrscheinlich um eine mittelalterliche Übersetzung aus dem Griechischen ins Spät-Aramäische; ebenso setzen die vier erhaltenen mittelalterlichen Übersetzungen ins Hebräische bereits die griechische Textüberlieferung voraus *(Hanhart, Fitzmyer)*.

Die folgenden Ausführungen wählen die älteste vollständig erhaltene Textfassung G^{II} (S, La, 319*) als Grundlage; eine vorläufige deutsche Übersetzung dazu bietet *M.Rabenau* 226-247. Die durch stilistische und inhaltliche Veränderungen und Kürzungen bewirkten Umakzentuierungen in G^I und G^{III} können durch einen Vergleich mit G^{II} anhand der Edition von *R.Hanhart* erhoben werden.

1. Aufbau

1,1-2	*Buchtitel:*	Buch der Worte/Geschichte Tobits aus dem Stamm Naftali im assyrischen Exil
1,3–3,17	*Exposition:*	Die Not Tobits und Saras, ihre Gebete und der Heilsplan Gottes
4,1–14,1a	*Hauptteil:*	Die Reise des Tobias in Begleitung des Asarja *(JHWH hilft)*
14,1b-15	*Epilog:*	Die Lebenserfüllung Tobits, Annas und des Tobias

Das Tobitbuch ist geschickt und transparent aufgebaut. Nach dem *Buchtitel* (1,1-2) setzt die Erzählung in Ich-Form ein (zur Ich-Form als literarischem Gestaltungsmittel vgl. die antiken »biographischen« Grabinschriften, den Achikar-Roman, Esra 7,27-9,15, das Buch Nehemia, Dan 7,2-12) mit einer *summa* des Lebens(ideals) der Hauptperson (1,3). Diese Ich-Form wird bis in das *Gebet* 3,1-6, in dessen Wiedergabe Tobit die *Rückblende* auf sein bisheriges Leben (1,4-2,14) gipfeln läßt, weitergeführt und ab 3,7 zugleich mit dem »Kameraschwenk« von

Ninive nach Ekbatana unauffällig aufgegeben. Immer wiederkehrendes καὶ ὅτε (1,4[2x].9.10b.12.15.19b; 2,7b.13), ein τότε (1,22) und drei Zeitbestimmungen (2,1.9.11) gliedern den Lebensrückblick (1,3-3,6) nach seinen Hauptstationen:

1,3		*Zusammenfassende* Charakterisierung von Tobits Lebensweise; sein Wohnort und gesellschaftliches Umfeld
1,4-2,14		*»Biographische« Darlegung* (chronologisch-geographisch):
1,	4-8	Jugend im Land Israel
	9-10a	Eheschließung dort und Geburt des Tobias (im assyrischen Exil)
	10b-11	Nichtteilnahme an heidnischen Mahlzeiten im Exil in Ninive
	12-14	Aufstieg unter Enemassar zum Einkäufer; Geldhinterlegung bei Gabaël in Medien
	15-19a	Geächtetes Wirken (Totenbestattung) zur Zeit Sennacherims
	19b-21	Flucht bis zum Regierungsantritt des Sacherdonos und zur Einsetzung Achikars
	22	Auf Veranlassung Achikars Rückkehr nach Ninive
2,	1-7a	Das unterbrochene Heimkehrmahl am Pfingstfest
	7b-8	Totenbestattung nach Sonnenuntergang
	9-10	Nächtlicher Unfall und Erblindung
	11-12	Die Gattin Anna verdient durch Heimarbeit den Lebensunterhalt
	13-14	Die Auseinandersetzung zwischen Tobit und Anna
3,1-6		*Gebet*

Durch die wiederholte Angabe der *Gleichzeitigkeit* (ἐν τῇ ἡμέρᾳ ταύτῃ/ἐκείνῃ 3,7.10 und ἐν αὐτῷ/ἐκείνῳ τῷ καιρῷ 3,11.16.17), durch die Ähnlichkeit des Leids (»Schimpf anhören müssen« 3,6.10) und des erbetenen Auswegs (Bitte um den baldigen Tod 3,6.10.13) und indem er auch diesen zweiten Erzählstrang 3,7-15 über Sara in Ekbatana in ein *Bittgebet* der Hauptperson münden läßt (3,11-15), verknüpft der Verfasser zwei voneinander weit entfernte Orte (Ninive und Ekbatana) und zwei ganz verschiedene Schicksalsschläge (Erblindung und unüberwindbare Eheverhinderung), die an sich nichts miteinander zu tun haben. Der literarischen Parallelität der Berichte entspricht eine Wirklichkeit, die der Verfasser durch erneuten Wechsel der Erzählebene darstellt: Tobit in Ninive und Sara in Ekbatana werden gleichzeitig *erhört.* Gott verbindet die beiden Menschen und wird ihre Familien zusammenführen, indem er den Rafael sendet, »um die beiden zu heilen« (3,16-17). Im Botenauftrag an Rafael wird dann erzählerisch in Kurzfassung bereits der Verlauf des folgenden Hauptteils des Tobitbuches angekündigt. Der letzte Satz in 3,17 beschließt mit der nochmaligen Hervorhebung der Gleichzeitigkeit und der erneuten Nennung der bisherigen beiden Hauptpersonen die *Exposition* der Erzählung, die demnach folgenden Aufbau hat:

A.	1,3-3,6	Bericht über *Tobit* in einer Selbstvorstellung (Ich-Form) und sein Gebet
B.	3,7-15	Bericht über *Sara* in Ekbatana: ihre Situation und ihr Gebet
C.	3,16-17	Die Erhörung der Gebete beider: die Aussendung des Rafael *(Gott heilt)*

Der durch Exposition (1,3-3,17) und Epilog (14,1b-15) gerahmte *Hauptteil,* die Reise des jungen Tobias (4,1-14,1a), ist deutlich als *Ringkomposition* gestaltet:

A. 4,1-21	Entsendungsplan und Lebenslehre/Testament Tobits für Tobias		
	4,	1-2	Erinnerung Tobits an das bei Gabaël in Rages/Medien hinterlegte Geld
		3-19	*Testament* Tobits für seinen Sohn: Lebenslehre
		3d-4	gegenüber den Eltern;
		5-6a	* gegenüber JHWH: nicht »Unrecht«, sondern »Gerechtigkeit« tun:
		6b-16	Barmherzigkeit/Almosen/Nächstenliebe als Verwirklichung der »Gerechtigkeit«: 6b-11.12-13.14a-c.d.15a.b.16.
		17-18	weitere Mahnungen (Solidarität mit Hinterbliebenen; guten Rat annehmen, der letztlich von JHWH kommt)
		19	* gegenüber JHWH: zu jeder Zeit den Herrn preisen!
		20-21	Hinweis auf das bei Gabaël hinterlegte Geld; Schlußermutigung.

B. 5,1-6,1	Suche eines Reisebegleiters, Vereinbarungen und Abschied		
	5,	1-3	Dialoge: Tobias – Tobit
		4-8	Tobias – Rafael (inkognito)
		9-17	Tobit – Tobias – 'Asarja'
		18-6,1	Mutter (Anna) – Tobit

C. 6,2-7,9a	Die Reise von Ninive nach Ekbatana		
	6,	2-9	Die Nacht am Tigris, der Kampf mit dem Fisch und dessen Verwertung
		10-18	Gespräch über die bevorstehende Begegnung mit Sara (nahe Ekbatana)
	7,	1-9a	Empfang und Begrüßung durch Raguël, Edna und Sara

D. 7,9b-10,13	Die Hochzeitsfeier in Ekbatana		
	7,	9b-17	Heiratsantrag und -verhandlung, Eheschließung, Heiratsvertrag, Fortsetzung des Begrüßungs- als Hochzeitsmahl, Herrichtung des Brautgemachs
	8,	1-9a	Die Hochzeitsnacht
		9b-18	Erstaunen und Lobpreis Gottes wegen seines Erbarmens
		19-21	Der Beginn des vierzehntägigen Hochzeitsfreudenfestes
	9,	1-6	Rafael holt mit Dienern das Geld in Rages bei Gabaël; dieser nimmt die Einladung zur Hochzeitsfeier in Ekbatana an.
	10,	1-7k	Tobits und Annas wartende Sorge um Tobias in Ninive
		7l-13	Der Abschied Tobias' und Saras von ihren Eltern in Ekbatana

C'. 11,1-19	Die Heimreise von Ekbatana nach Ninive		
		1-15	Das Wiedersehen Tobias' mit seinen Eltern, die Heilung der Blindheit Tobits und dessen Lobgebet
		16-19	Der Empfang der Schwiegertochter Sara durch Tobit. Mitfreude aller Juden in Ninive.

B'. 12,1-22	Entlohnungsangebot an den Reisebegleiter und dessen Selbstvorstellung		
		1-5	Würdigung der vielfältigen Verdienste und Leistungen des Begleiters
		6-22	Selbstvorstellung Rafaels. Belehrung. Entschwinden.

A'. 13,1-14,1a	Der Lobgesang Tobits 1-6h.([6i-7.8-])10.11-12.13-14.15-18		

Epilog: 14,1b-15	Die Lebenserfüllung Tobits, Annas und des Tobias		
		1b-2	*Zusammenfassender Überblick* bis zum Lebensende Tobits
		3-11	Die *Letzten Worte* Tobits an seinen Sohn Tobias (und dessen Familie). Tod und Begräbnis Tobits.
		12-15	Das weitere Leben des Tobias bis zu seinem Tode.

Am Anfang und am Ende stehen eine lange Rede Tobits (**A**. 4,3-21 und **A'**. 13,1-18); ebenso entsprechen sich Suche des Reisebegleiters, Vereinbarungen mit ihm und Abschied (**B**. 5,1-6,1) und nach der Heimkehr das Entlohnungsangebot an den Reisebegleiter und seine Selbstvorstellung (**B'**. 12,1-22). Die Darstellungen der Reise von Ninive nach Ekbatana und des Empfangs dort durch Raguël, Edna und Sara (**C**. 6,2-7,9a) und der Heimreise von Ekbatana nach Ninive mit der Heilung Tobits bei der Ankunft und der herzlichen Aufnahme Saras (**C'**. 11,1-19) umgeben das *Zentrum,* die Heilung Saras und die Hochzeit in Ekbatana (**D**. 7,9b-10,13). Einige der durch Zeitangaben, Orts- oder Personenwechsel oder andere Struktursignale abgegrenzten Szenen sind *Bindeperikopen,* d.h. sie bilden den Schluß eines Abschnitts und eröffnen zugleich schon den folgenden, z.B. die Abschieds- und Begrüßungsszenen. Andere sind *Einblendungen:* Während der vierzehntägigen Hochzeitsfeier in Ekbatana holt Rafael das Geld in Rages und bringt Gabaël als Festgast mit (9,1-6), gleichzeitig warten Tobit und Anna voll Sorge auf die Heimkehr ihres Sohnes (10,1-7).

Ein Beispiel solcher Struktursignale: Die zum Eheschließungsverfahren gehörenden Schritte nach der *Brautwerbung* und der Zusage mit Segenswunsch des Brautvaters (7,9b-11) werden jeweils durch καὶ ἐκάλεσεν (Ῥαγουήλ) eingeleitet: die *Eheschließung* durch Übergabe der Braut an den Bräutigam (7,12), die Ausstellung der *Trauungsurkunde* mit Fortsetzung des Begrüßungsmahls als *Hochzeitsmahl* (7,13-14) und die Verabschiedung der Braut aus dem elterlichen Lebensbereich, insbesondere von der Mutter, damit der Bräutigam sie *heimführen* kann (7,15-17).

Der *Beginn* des *Hauptteils* in 4,1 wird durch eine Zeitangabe (ἐν τῇ ἡμέρᾳ ἐκείνῃ) von der Exposition abgesetzt und durch die zeitliche Nähe und eine Erinnerung an in 1,13-14 Erzähltes zugleich mit ihr verknüpft. Mit dem Selbstgespräch Tobits in 4,2 wird die Situation »im Angesicht des Todes« hergestellt, der klassische Ort der *Lebenslehren* und der *Letzten Worte*. Da Tobit seine *Mahn- und Lehrrede* in 4,3-19 im Blick auf seinen als bald bevorstehend gedachten Tod hin hält (Begräbnisanweisung und Fürsorgeaufforderung für die überlebende Mutter; Vermächtnis des bei Gabaël hinterlegten Geldes), klingen auch die Gattungen der *Abschiedsrede* bzw. des *Testaments* an. Wesentliche Elemente davon fehlen allerdings hier: Sie werden erst in 14,3-11 bei der Gestaltung der tatsächlich *Letzten Mahnung* Tobits an seinen Sohn eingesetzt.

Nachdem der Hauptteil der Erzählung mit der Erfüllung des Engel-Auftrags im Hymnus Tobits (13,1-18) zum abschließenden Höhepunkt gelangt ist, berichtet der *Epilog* (14,1b-15) noch über die letzten Jahre von Tobit und Tobias. 14,1b-2 gibt rückschauend eine *summa* des Lebens Tobits, es folgen sein *Testament* an Tobias und dessen Familie und die Todesnotiz (14,3-11) sowie einige Angaben über das weitere Leben des Tobias bis zu seinem Tod.

Durch die Struktur der Erzählung sind einige Texte besonders hervorgehoben (Struktur-Angeln, Schlüsseltexte):

- die summarischen Lebensüberblicke am Anfang und am Ende (1,3 und 14,1b-2),
- die Bittgebete Tobits und Saras (3,1-6 und 3,11-15),
- der Gottes-Auftrag an Rafael (3,16-17),
- die testamentartigen Reden Tobits (4,3-21 und 14,3-11),
- die Gebete im Zentrum (8,5-8.15-17),
- die Engelrede (12,6-22) und der Tobit-Hymnus (13,1-18).

2. Entstehung

2.1 Eine fiktive Diaspora-Erzählung mit jüdisch-jerusalemischer Orientierung

Vom Buchtitel an wird der Leser des Tobitbuches mitgenommen aus dem »Land Israel« in das berüchtigte Ninive im Land der Assyrer, Ort des Exils, der Diskriminierung, der Gottlosigkeit und brutalen Verfolgung, in frühe und ferne Diaspora. Damit niemand das *Fiktive* an dieser Erzählung übersieht, läßt der Verfasser die Hauptfigur, den Vater Tobit, in seinem 112 Jahre dauernden Leben wichtige Ereignisse der Volksgeschichte aus *mehr als drei Jahrhunderten* miterleben: Als er noch klein war, nach dem Tod Salomos, fällt sein Stamm Naftali vom Haus *seines Vaters* David und der auserwählten Stadt Jerusalem ab: Mit diesen Ausdrücken ist für den Leser die *jüdische,* und nicht etwa eine israelitische bzw. samaritanische Perspektive der vorliegenden Erzählung ausreichend verdeutlicht. In Tob 11,17 freuen sich über den guten Ausgang alle *Juden* in Ninive. Im Hymnus Tobits (13,1-18) geht es um *Jerusalem* und die prophetischen Hoffnungen für seine Zukunft, nicht um Samaria; letzteres wird nur in 14,4 innerhalb des Landes Israel neben Jerusalem und dem Tempel als auch verwüstet genannt. Der erwachsen gewordene Tobit wird durch die Assyrer unter Enemassar - dieser Name steht offenbar für Salmanassar V. *und* Sargon II. - nach Ninive deportiert und kann erst im Exil heiraten und einen Sohn zeugen, den er Tobias nennt. Tobit wird als Cousin des berühmten Achikar vorgestellt, der damit literarisch auch *Jude* wird und dessen Karrierehöhepunkt, Fall und Rehabilitation Tobit miterlebt.

Nach einer in seleukidischer Zeit notierten Überlieferung war »zur Zeit des Königs Assur-aḫ-iddina (= Asarhaddon) Aba-Enlil-dari, den die Aḫlamū (=Aramäer) Aḫūqār nennen, der *ummānū* (= Gelehrter, Hofberater)«. Dieser Tradition entsprechen die Angaben am Beginn des Achikarromans in den Elefantine-Papyri, daß Achikar, »der Weise und gewandte Schreiber, Ratgeber von ganz Assyrien, als Siegelbewahrer Sanheribs, des Königs von Assur« (704-681), und später unter dessen Sohn Asarhaddon (680-669) tätig war. Tob 1,22 zeigt in 4Q196 Kenntnis dieser Tradition: »Achikar war Obermundschenk und Herr der Siegelringe und Finanzminister und Wirtschaftsminister schon bei Sanherib, dem König von Assur. Und Asarhaddon bestellte ihn zum zweiten (Mann) bei sich« (s. *A.Schmitt*).

In seinem Hymnus (Tob 13) schaut Tobit über die Zerstörung Jerusalems (im Jahre 587) hinweg in eine erhoffte Zukunft, in der die Deportierten und Zerstreuten, wenn sie sich Gott mit ganzem Herzen zuwenden, auch Gottes Zuwendung erfahren werden *mitten unter den Völkern.*

Außer den assyrischen Königen (Enemassar ermöglicht Tobit eine Geschäftsführerposition und dadurch Wohlstand, der ihm nachfolgende gotteslästerliche Sennacherim verfolgt und ruiniert ihn, dessen Nachfolger Sacherdonos gibt Tobits Vetter Achikar eine leitende Stellung) treten nur Juden auf der Bühne der Erzählung auf, in Ninive wie in Ekbatana und Rages und selbst bei den Reisen. Die nichtjüdische Umwelt bildet nur eine Hintergrundfolie.
Von ihren Speisen ißt Tobit nicht (1,10-11). In seinem Gebet 3,4 sind »die Völker« Publikum der an Israel gemäß Dtn 28,37; Jer 24,9; Ps 44,15 vollzogenen Strafen, in seinem Hymnus werden sie Zeugen des dankbaren Gotteslobs der Israeliten, dem sich in der Endzeit jedoch Menschen aus allen Völkern in einer Prozession zur wiederaufgebauten heiligen Stadt Jerusalem anschließen werden (vgl. Jes 54, 60-62;66). Nichtjuden werden in der Erzählung auch nicht als solche negativ dargestellt: Es bleibt unbestimmt, wer Leichen über die Mauer von Ninive oder auf den Stadtplatz wirft (1,17; 2,3), Tobit denunziert (1,19) oder auslacht (2,8), und wer die Arbeitgeber Annas sind (2,12-13). Nur über Juden möchte der Verfasser seinen Mitjuden erzählen.

2.2 Aufgenommene Motive und literarische Vorbilder

Wesentliche Erfahrungen und Hoffnungen aus der Geschichte Israels und Judas von den Anfängen bis in die Exilszeit sind in die Tobiterzählung einbezogen, literarisch gestaltet und als theologisch relevant gekennzeichnet mit Hilfe des Motiv- und Überlieferungsschatzes der älteren Bücher der Bibel.

In eigenständiger und verschiedener Weise wird neben vielen anderen besonders auf die folgenden Texte Bezug genommen oder angespielt: Ijob 2 (mit beträchtlichen Unterschieden zum Wortwechsel Ijobs mit seiner Frau: Anna verwahrt sich zu Recht gegen die Unterstellungen und Bevormundungsversuche des zum Sozialfall gewordenen blinden Tobit); Gen 24 (Abraham entsendet seinen Knecht, um bei seiner Verwandtschaft um eine Frau für seinen Sohn Isaak zu werben und sie mitzubringen); Gen 29 (Jakob reist zu den Söhnen des Ostens und erhält Labans Töchter zu Frauen); Ex 23,20-23 (über den Begleit- und Schutzengel); Dtn 31-32 (Aufforderung zur Niederschrift und Moselied). Den Bezugstexten in Gen, Ex, Dtn und Ijob ist gemeinsam, daß sie alle in der vorbildlichen Frühzeit ihren Schauplatz *außerhalb des Landes Israel* haben (s. dazu *St.Weitzman*). Außerdem verwendet der Verfasser Jes und Ps, Nah bzw. Jona (über Ninive); Testament-, Lied- und Gebets-Texte in den erzählenden Büchern der Bibel wie Gen 48-49; 1 Sam 2; 1 Kön 8; 1 Chr 16. 17. 29; Esr 9; Neh 9; vgl. Dan 9; Sprichwörter und Lehren, vgl. Spr, Sir.

Auch Märchenmotive (»Die Braut des Unholds«, »Der große Fisch«) werden mit bezeichnenden Veränderungen zur Gestaltung mit herangezogen. Zugleich lehnt sich Tob an den Aufbau einer bestimmten Form des zur Weltliteratur zählenden *Achikar-Romans* an (s. dazu besonders *J.C.Greenfield*).

Der Verfasser von Tob, der bei seinen Lesern Vertrautheit mit dem Achikar-Roman voraussetzen konnte, hat sowohl im Gesamtaufbau wie in Einzelheiten nachahmend und kontrastierend darauf Bezug genommen: Karriere am Königshof; ein (Adoptiv-) Sohn, der mit Hilfe von Weisheitsmahnungen und -lehren erzogen wird, die einige ähnliche Themen enthalten, und zwar in zwei »Portionen«: vor und nach der Untat Nadans – vor und nach der Reise des Tobias. Dabei ist der *Kontrast der Söhne* Nadan und Tobias zentral für das Tobit-Buch. Der Gegensatz wird besonders deutlich an der Sorge um ein würdiges Begräbnis: Tobit hatte, um anderen ein solches zukommen zu lassen, Diskriminierung und Vermögensverlust auf sich genommen, auch seine Erblindung traf ihn in solchem Zusammenhang; am Buchende wird ausführlich erzählt (14,11-13), daß Tobias seine Eltern und Schwiegereltern würdig begräbt. Nach der syrischen Version wünscht sich Achikar besonders im Blick auf sein Begräbnis einen Sohn, die Verurteilung zum Tode ohne ehrenvolle Bestattung trifft ihn darum besonders hart.

2.3 »Erweiterungsschichten« im Tobitbuch?

Entgegen der anhand der Handschriften tatsächlich beobachtbaren Tendenz der späteren Bearbeitungen des Textes, ihn »spannungsfreier« zu machen und zu kürzen (so G^I in der Regel gegenüber G^{II} und 4 Q196-200; später die Vg gegenüber La) wird in zwei neueren Arbeiten (*P.Deselaers; M.Rabenau*) eine gegenteilige Vermutung als Folgerung aus ihrer »Literarkritik« vorgetragen: Eine kurze »Grunderzählung« habe drei sukzessive Bearbeitungen erfahren, die die »Grunderzählung« jeweils z.T. beträchtlich erweitert hätten. Dabei nimmt *Rabenau* bereits berechtigte Korrekturen an den Hypothesen von *Deselaers* vor: Auszugehen ist nicht von der jüngeren Fassung G^I, die ja bereits eine kürzende und glättende Redaktion zur älteren Fassung G^{II} bzw. zu der in 4Q196-200 erkennbaren aram.-hebr. Fassung darstellt. Damit fehlt nun *Deselaers'* Datierungs- und Lokalisierungsversuchen der von ihm angenommenen drei »Erweiterungsschichten« die Grundlage. Aber auch *Rabenau* meint noch, innerhalb des Tobitbuches eine »Grunderzählung« und drei »Erweiterungsschichten«, z.T. mit etwas anderem Zuschnitt als *Deselaers,* herauspräparieren zu können, denen er je eigene Akzentsetzungen und präzise Daten zuordnet (zwischen 147 und 141 die erste Erweiterung, nach 140 die zweite und im letzten Drittel des 2.Jh. v.Chr. die dritte). Zwar können Formulierungen wie »wirkt überladen... es hat den Anschein... läßt sich ohne Schwierigkeit aus dem Text entfernen... gewinnt für die weitere Erzählung keine Bedeutung... schließt nicht nahtlos an... stört die folgerichtige Gedankenfolge... durch die Entfernung von...ergibt sich ein ungestörter Gesamtzusammenhang... die Mitteilung ist entbehrlich, deshalb kann der Halbvers ausgeschieden werden... die Vorankündigung erscheint an dieser Stelle überflüssig... der Übergang ist unorganisch« u.ä. Aufschluß geben über die normativen Vorstellungen des Literarkritikers, aber zum Verständnis einer orientalischen Erzählung und zur Erhellung der Entstehung des Tobitbuches sind sie wenig hilfreich.

Viele der Quellen, die der Verfasser des Tobitbuches benutzte (s.o. 2.2), sind uns ja durchaus bekannt, gelegentlich auch Texte, die diese Quellen weiter ausgestalteten (vgl. z.B. die oft beobachtete Nähe von Tob 5,18–6,1 zu Jub 27,13-18: nicht einmal hier ist direkte literarische Abhängigkeit erforderlich, es genügt zur Erklärung, daß beiden Texten eine entsprechende haggadische Auslegungstradition zu Gen 28 bekannt war). Die mehrfach noch deutlich erkennbaren »Nähte« zwischen den Erzählelementen und -motiven sind nicht Hinweise auf spätere »Einfügungen« in eine »Grunderzählung« (z.B. die Achikar-Notizen, die Auseinandersetzung Tobit-Anna, Rafaels Abschiedsrede und der Tobit-Hymnus in seiner Ganzheit, der Unterschied der Prioritäten religiöser Praxis im »Land Abrahams« gegenüber der in der Diaspora, u.a.). Sie sind vielmehr Spuren der ganz verschiedenen Herkunft der zur Tobiterzählung zusammengefügten Stoffe. So wurde es schon immer für den rätselhaft kurz und »isoliert« erwähnten Hund (6,2; 11,4) angenommen. Niemand hat ihn jemals für »später eingefügt« gehalten, keine Fassung hat ihn wegzulassen gewagt (wohl verlagert G^I seine Erwähnung an die »richtigere« Stelle: ans Ende von 5,17 statt mitten in 6,2).

In welchem Umfang und mit welchem »Interesse« tatsächlich Bearbeitungen und gelegentlich auch Erweiterungen vorgenommen wurden, läßt sich am Verhältnis von G^I zu G^{II} studieren. Das Verständnis sog. »Widersprüche«, von Perspektivenwechseln, »Nachholungen« u.ä. haben inzwischen Untersuchungen zur Erzähltechnik des Buches erheblich vorangebracht (s. z.B. *D.McCracken*).

2.4 Gattung

Im Tobitbuch sind eine Vielzahl von literarischen Formen und Formelementen verwendet (z.B. Gebet, Hymnus, Lebenslehre, Testament). Die Erzählung kreist nicht nur um eine Hauptperson, sondern will Lauf und Verflechtung mehrerer Schicksale in unaufdringlich belehrender Absicht darstellen. Gegenüber anderen, weniger passenden Gattungsbestimmungen, die unterschiedlich wichtige Einzelzüge hervorheben (Midrasch, Lehr-, Familienerzählung, Geschichtsschreibung, Entwicklungs-, Erziehungsroman, Legende, Märchen, Novelle), umschreibt deshalb die Bezeichnung *romanhafte Lehrerzählung* (*P.Deselaers*) die Eigenart des Tobitbuches wohl am besten.

3. Theologiegeschichtlicher Kontext

Da sichere Anhaltspunkte fehlen, läßt sich nur vermuten, wo und wann die vorliegende Tobiterzählung entstand: jedenfalls im aramäisch sprechenden Judentum, in Syrien oder Palästina (nur als Ort der griechischen Übersetzung der Fassung G^I legt sich Ägypten nahe; Mesopotamien ist wegen der vagen geographischen Vorstellungen wenig wahrscheinlich). Die Zerstörungen Samarias (722) und Jerusalems (587) liegen in ferner Vergangenheit, gegenwärtige Erfahrung ist eine weitgestreute *jüdische* Diaspora, die zwar die Sammlung der Kinder Israels im endzeitlichen Jerusalem besingt (13,3-5), an einen tatsächlichen Umzug nach Judäa aber nicht einmal denkt (vgl. 14,12-15). Daß sich im Begräbnisverbot des Königs für hingerichtete Juden (vgl. 1,18-20; 2,8) bereits die Erfahrungen der Konflikte der Makkabäerzeit spiegeln, ist möglich. Die vorliegende Tobiterzählung kann demnach in der späteren persischen oder der hellenistischen Zeit, also im 4.-2.Jh. v.Chr. geschaffen worden sein. Der Herausgeber der Fragmente der Qumran-Fassung von Tobit, *J.A.Fitzmyer,* befürwortet ein Datum in der zweiten Hälfte des 2.Jh. v.Chr. Daß eine samaritanische Vorstufe (aus dem Umkreis der Tobiaden-Familie) zu der vorliegenden jerusalemorientierten Erzählung orthodox überarbeitet wurde (so, in Weiterführung von *J.T.Milik,* auch *M.Rabenau*), ist eine erwägenswerte Hypothese.

4. Schwerpunkte der Theologie

Welches *Verhalten* der Verfasser seinen Lesern als mustergültig nahebringen möchte, läßt er die Hauptfigur seiner Lehrerzählung gleich zu Beginn der Selbstvorstellung in 1,3 überschriftartig vortragen. Diese *summa* wird in dem daran anschließenden Lebensrückblick, in dem auch Infragestellungen, Konflikte und Fehlverhalten nicht übergangen werden, zusammen mit den Gebeten, den testamentartigen Lehrreden und dem Großen Lobpreis, immer weiter veranschaulicht. In drei gewichtige *Leitworte* hinein wird in der *summa* das religiöse Verhaltensideal verdichtet: ὁδοὶ ἀληθείας »Wege der Treue/Wahrheit = zuverlässige Wege«) – δικαιοσύνη/αι »Gerechtigkeit(serweise)«–ἐλεημοσύνας ποιεῖν »Werke der Barmherzigkeit tun = Nächstenliebe verwirklichen«). Jeder dieser Begriffe wird, wie die Gebetsanreden 3,2.11 zeigen, zunächst und ursprünglich *Gott selbst* zugeschrieben und bezeichnet in Entsprechung dazu die Verhaltensantwort des Menschen auf ein solches Geschenk. Ganz selbstverständlich und grundlegend ist im Denken des Verfassers wie in der übrigen Bibel das Erste immer die Gabe Gottes, das εὐαγγέλιον, und nur innerhalb des so geschaffenen Raumes haben Weisung/Gesetz und Verhaltensantwort des Menschen ihren Ort. Im Blick auf die Häufigkeit von ἐλεημοσύνη insgesamt (in der LXX: Tob 22x [17x im Sg. und 5x im Pl.]; Sir 13x; Spr 7x; Jes 4x; Pss 3[4]x; Dtn 2x; Dan[Theod] 2x; Gen 1x) und die Konzentration der Vorkommen auf die Schlüsseltexte des Tobitbuches ist erkennbar, daß es sich um ein zentrales und das ganze Buch prägendes Thema handelt. Der Verfasser bezeichnet offensichtlich mit ἐλεημοσύνην/ας ποιεῖν (»Nächstenliebe verwirklichen«) und εὐλογεῖν τὸν θεόν (»Gott preisen«) die konkreten Handlungen, wie man »auf zuverlässigen Wegen und mit Rechtverhaltenserweisen« (1,3) lebt. In der rückblickenden *summa* Tob 14,2 wird ἐλεημοσύνας ἐποίησεν wiederholt und dazu das in καὶ ἐν δικαιοσύναις von 1,3 Mitumfaßte ausdrücklich gemacht: Gott loben, bekennen, ihm danken.

Es geht also um Verwirklichungen der δικαιοσύνη in Gotteslob und tätiger Nächstenliebe, die der Verfasser als der Vorgabe Gottes entsprechendes Leben in der Diaspora kennzeichnet, vor den Völkern (13,3), im Land der Gefangenschaft (13,6). Als Tobit noch »im Land Israel« war, lebte er nach dem dafür »im Gesetz des Mose Angeordneten«, im Exil aber wird anderes als die Jerusalemwallfahrten und die genaue Entrichtung der Zehntabgaben wichtig: Die Wahrung und Festigung von Identität unter »meinen Brüdern, in meinem Volk, die als Kriegsgefangene ins Land der Assyrer nach Ninive mitgezogen waren«. Dazu dienen »nach außen« Abgrenzungen: das Nichtessen vom »Brot der Völker« (1,10-11) und die Einschärfungen, einen Ehepartner nur innerhalb der Verwandtschaft zu suchen. »Nach innen«, im Umgang der jüdischen Brüder und Schwestern miteinander vor ihrem Gott, gruppiert sich alles um die beiden genannten Dimensionen der »Gerechtigkeit«.

Was mit dem *Gotteslob* gemeint ist, wird durch das Aufschreiben der Erzählung selbst entsprechend dem Engel-Auftrag in 12,20 und durch die die Erzählung stetig begleitenden Gebete, Lehrreden und Mahnungen dem Leser unüberhörbar nahegebracht. In Tob 1,17 (vgl. 4,16) wird stichwortartig ausgefaltet, was in 1,3.16 mit ἐλεημοσύνας πολλὰς ἐποίησα gemeint war: »Meine Brote habe ich den Hungernden gegeben und Kleider den Nackten, und wen ich aus meinem Volk tot und hinter die Mauer von Ninive geworfen sah, habe ich begraben«. Die hier genannte Reihe von *Werken der Barmherzigkeit* hat schon eine jahrtausendealte Vorgeschichte in Mesopotamien und Ägypten. Vgl. noch in der Bibel: Jes 58,6-8; Ez 18,5-9; Sir 3-4; 7,32-35; Ijob 22,6-9; 31,1-40; Mt 25,31-46. Die testamentartige *Lebenslehre* in Tob 4,3-21 stellt in anderer Weise zusammen, was mit den »Verwirklichungen der Gerechtigkeit« (ἐν δικαιοσύναις 1,3) gemeint ist: Nachdem Tobit seinen Sohn um ein ehrenvolles Begräbnis für sich gebeten hat, trägt er ihm als erstes auf, die *Mutter* nicht im Stich zu lassen. Die Begründung der Dankespflicht gegenüber der Mutter im Blick auf die Beschwerden und Gefahren der Schwangerschaft und Geburt ist ein nicht so häufig begegnender Topos der Lebenslehren. Die zweite Mahnung Tobits an seinen Sohn ist, »des Herrn zu gedenken«. Innerhalb der Weisungen sind dann die VV.6b-16, in denen die 8x wiederkehrende ἐλεημοσύνη *Themawort* und *inclusio* bildet, stark hervorgehoben. Die angesprochenen Lebensbereiche zeigen, daß die Übersetzung »Almosen« für ἐλεημοσύνη das Gemeinte nur teilweise erfaßt. Die rechte Gottesverehrung *schließt* in Tob 4 buchstäblich die Nächstenliebe, die soziale Dimension der Gerechtigkeit, *ein!* Als »Schriftbeweis« für die grundlegende Wichtigkeit der ἐλεημοσύνη (Tun der Liebe, Barmherzigkeit) läßt der Verfasser in 4,10 den lehrenden Tobit Spr 10,2b=11,4b zitieren. Auch Rafael greift in seiner Belehrung 12,9 auf dieses Schriftwort zurück und fügt den an anderen Stellen der Heiligen Schrift bezeugten Gedanken hinzu, solches Tun reinige von jeglicher Sünde.

Und bei seinen tatsächlich allerletzten Worten, nach der prophetischen Zukunftsvision über die Hinwendung aller Völker von ihren Götzen zu Gott und über das dauerhafte, sichere Wohnen aller gerettteten Israeliten im »Land Abrahams« (eine einmalige Wendung), »gebietet« Tobit seiner Nachkommenschaft (wie Abraham nach Gen 18,19) nochmals die *summa* aller Mahnungen des Buches, nämlich Gottes- und Nächstendienst, und verweist als anschaulichen Beweis für die Erfüllung der Schriftverheißungen auf den Ausgang des Schicksals Achikars. Der Verfasser des Tobitbuches deutet die »Gerechtigkeit, Rechtheit« Achikars mittels der Gleichung δικαιοσύνη = ἐλεημοσύνη als verwirklicht im Unterhalt Achikars für Tobit (2,10) und sieht darin den Grund für Achikars Rettung, wie es Spr 10,2b=11,4b »Gerechtigkeit rettet vom Tode« verheißen ist. Durch die Formulierung ἐλεημοσύνη (statt δικαιοσύνη LXX) ἐκ θανάτου ῥύεται und die Hinzufügung καὶ οὐκ ἐᾷ εἰς τὸ σκότος ἀπελθεῖν »und läßt nicht in die Finsternis entgleiten« (4,10; vgl. 14,10) hat der Verfasser die Lehre Achikars mit der Heiligen Schrift verbunden bzw. als dort begründet erkannt und zum roten Faden seiner Tobiterzählung gemacht.

Wenn die von Gott bestimmte Zeit dazu erfüllt sein wird, werden alle Kinder Israels, wie die Propheten gesagt haben, heimkehren und im »Land Abrahams« unbehelligt und auf Dauer in beständiger Liebe zu Gott voll Freude leben (14,7) – in der Gegenwart und der nächsten Zeit bis dahin jedoch haben Tobias und seine Familie (und die Adressaten der Lehrerzählung) in der Diaspora zu wohnen, ob in Ninive oder im sichereren Medien, und dieser Gegenwart gelten die Mahnungen Tobits: »Dient Gott in Treue, tut seinen Willen, tragt euren Kindern auf, Gerechtigkeit und Nächstenliebe zu verwirklichen und in Gottes Gegenwart zu leben; preist seinen Namen zu jeder Zeit in Treue und mit aller eurer Kraft!« (14,8-9).

5. Relevanz

Das Tobitbuch ist ein Muster volkstümlicher jüdischer narrativer Theologie. In ruhiger Selbstverständlichkeit werden Märchenmotive, Zaubermittel und internationale Literatur in Dienst genommen, um erzählend, nicht moralisierend oder theoretisch argumentierend die durch die älteren Bücher der Heiligen Schrift tief geprägte Überzeugung auszudrücken, daß Gott Gebete erhört, Menschen in Gefahren auf dem Lebensweg geleitet und ihnen auch im Unglück und in der Diaspora nicht ferner ist als in glücklichen Zeiten und im Heiligen Land. Deshalb erfolgt auch keine Mahnung, baldmöglichst in das »Land Abrahams« zurückzukehren: In der verläßlich verheißenen Endzeit wird der HERR, unser Gott und Vater, alle Menschen aus allen Völkern, die Gerechtigkeit und Liebe gelebt haben, in Jerusalem, das aus Gold und Edelsteinen aufgebaut und vom Licht der Gottesnähe erhellt sein wird, zu einem unablässigen freudigen Lobgesang zusammenführen.

XI.   Das Buch Judit
(Helmut Engel)

Text: Judith, hg. R.Hanhart (Septuaginta: Vetus Testamentum Graecum VIII,4) Göttingen 1979; R.Hanhart, Text und Textgeschichte des Buches Judith (MSU 14) Göttingen 1979.
Kommentare: C.J.Ball (The Holy Bible. Apocrypha I) 1888; A.Miller (HSAT) 1940; G.Priero (La Sacra Bibbia) 1959; M.S.Enslin/S.Zeitlin (JAL) 1972; L.Alonso Schökel (Los Libros Sagrados) 1973; J.C.Dancy (CBC) 1972; E.Zenger (JSHRZ) 1981; C.A.Moore (AncB) 1985; H.Groß (NEB) 1987; E.Haag (GSL.AT 15) 1995.
Einzelstudien: L.Alonso Schökel u.a., Narrative Structures in the Book of Judith (Colloquy 11) Berkeley, CA 1975; P.-M.Bogaert, Le calendrier du livre de Judith et la Fête de Hanukka: RTL 15,1984,67-72; T.Craven, Artistry and Faith in the Book of Judith (SBL.DS 70) Chico, CA 1983; M.Delcor, Le livre de Judith et l'époque grecque: Klio 49,1967,151-179; A.M.Dubarle, Judith: Formes et senses des diverses traditions (AnBib 24/1-2) Rom 1966; ders., Les textes hébreux de Judith et les étapes de la formation du livre: Bib. 70,1989,255-266; H.Engel, Der HERR ist ein Gott, der Kriege zerschlägt. Zur Frage der griechischen Originalsprache und der Struktur des Buches Judit, in: K.-D.Schunck/M.Augustin (Hg.), Goldene Äpfel in silbernen Schalen (BEATAJ 20) Frankfurt a.M.

1992,155-168; A.E.Gardner, The Song of Praise in Judith 16:2-17 (LXX 16:1-17): HeyJ 29,1988,413-422; Y.M.Grintz, Judith, Book of: EJ 10,1971,451-459; E.Haag, Studien zum Buche Judith. Seine theologische Bedeutung und literarische Eigenart (TThSt 16) Trier 1963; M.Hellmann, Judit – eine Frau im Spannungsfeld von Autonomie und göttlicher Führung. Studie über eine Frauengestalt des Alten Testaments (EHS.T 444) Frankfurt a.M. 1992; W.Herrmann, Jüdische Glaubensfundamente (BEATAJ 36) Frankfurt a.M. 1994; C.A.Moore, Judith, Book of: ABD 3,1992,1117-1125; G.W.E.Nikkelsburg, Judith, in: M.E.Stone (Hg.), Jewish Writings of the Second Temple Period, Assen/Philadelphia 1984,46-52; A.D.Roitman, Achior in the Book of Judith. His Role and Significance, in: J.C.VanderKam (Hg.), s.u.,31-45; P.W.Skehan, The Hand of Judith: CBQ 25,1963,94-110; F.Stummer, Geographie des Buches Judith, Stuttgart 1947; J.C.VanderKam (Hg.), »No One Spoke Ill of Her.« Essays on Judith (SBL. Early Judaism and Its Literature 2) Atlanta 1992; J.W.van Henten, Judith as Alternative Leader: A Rereading of Judith 7-13, in: A.Brenner (Hg.), A Feminist Companion to Esther, Judith and Susanna, Sheffield 1995,224-252; E.Zenger, Der Juditroman als Traditionsmodell des Jahweglaubens: TThZ 83,1974,65-80; ders., Judith/Judithbuch: TRE 17,1988,404-408; ders., »Wir erkennen keinen anderen als Gott an...« (Jdt 8,20). Programm und Relevanz des Buches Judit: rhs 39,1996,17-30.

Darstellungen in Kunst und Literatur: B.Bayer, Judith in the Arts: EJ 10,1971,459-461; E.Purdie, The Story of Judith in German and English Literature (Bibl.RLC 39) Paris 1927; J.Seibert, Judith: LCI II,1970,454-458; N.Stone, Judith and Holofernes: Some Observations on the Development of the Scene in Art, in: J.C.VanderKam (Hg.), s.o.,73-93; M.Hellmann, s.o.,166-206.

0. Textüberlieferung

Das Buch Judit ist in zwei wesentlich voneinander unterschiedenen Textformen überliefert: einerseits in der griechischen Fassung und den sich daran anschließenden alten Übersetzungen *(vetus latina,* syr., aeth., sah., arm.), zum anderen in der Fassung der lateinischen Vg und, mit dieser durchweg parallel laufend, in mittelalterlichen hebräischen Hss.

Den vielfach und gut bezeugten *griechischen* Text hat *R.Hanhart* vorzüglich ediert und analysiert. Danach bieten die Majuskel-Hss. B (Vaticanus, 4.Jh.; nah verwandt ist die Hs. 55 und die aeth. Übersetzung), A (Alexandrinus, 5.Jh.; verwandt ist Hs. 542), V (Venetus, 8.Jh.) und in geringerem Maße S (Sinaiticus, 4.Jh.; von dem Blatt mit dem Text 11,13-13,9 ist nur ein Bruchstück erhalten) einen von rezensionellen Überarbeitungen noch wenig beeinflußten Text. Die übrigen griechischen Hss. ordnet *Hanhart* vier Gruppen zu. Dabei schließen sich die altlateinische und die syrische Übersetzung weithin an die »hexaplarisch« genannte Rezension (Hss. 58.583) an. Eine weitere Gruppe, *codices mixti,* enthält je in verschiedenem Umfang unterschiedliche rezensionelle Elemente.

Ein kompliziertes Problem bietet die *Vulgata,* die lateinische Übersetzung des Hieronymus (um 398), die nicht nur um ca. ein Fünftel kürzer ist als die griechische Textform, sondern auch Erweiterungen enthält und insgesamt nur zur Hälfte mit dem griechischen Text genauer übereinstimmt. Hieronymus schreibt zu seiner Übertragung, er habe eine einzige kleine Nachtschicht *(unam lucubratiunculam)* darauf verwendet und mehr sinngemäß als wortwörtlich übersetzt. Die »fehlervolle Verschiedenheit der Handschriften« (gemeint sind wohl die altlateinischen) habe er beschnitten und nur, was er *in verbis chaldaeis* voll verständlich vorgefunden habe, lateinisch ausgedrückt. Um 245 hatte Origenes in seinem Antwortbrief an Julius Africanus zwar geschrieben, die »Hebräer« hätten die Bücher Tobit und Judit nicht in Gebrauch und besäßen sie auch nicht unter den Apokryphen auf

Hebräisch; daraus läßt sich aber wohl nicht folgern, daß der jüdisch-aramäische (»chaldäische«) Text, der Hieronymus 150 Jahre später vorlag und der ihm als zu den Apokryphen bzw. Hagiographen zählend bezeichnet wurde, erst ein »nachorigenisches Produkt« sei (*A.Miller*; so auch *M.S.Enslin*). Den Gewährsleuten des Origenes mögen Schätze der Überlieferung unzugänglich gewesen sein, die den rabbinischen Autoritäten des Hieronymus später bekannt waren. *A.M.Dubarle* hat in mehreren Veröffentlichungen seine Auffassung dargelegt, die mittelalterlichen hebräischen Langfassungen der Juditerzählung (Texte nach Hss. aus dem 11.-14.Jh.) seien weder Übersetzung der Vg noch freie Umformung des griechischen Textes, sondern Übersetzung oder Bearbeitung eines aramäischen Textes, wie er Hieronymus vorlag. Angesichts der durchgehenden Übereinstimmung mit der Vg bei nur wenigen Abweichungen, die z.T. griechischer Sekundärüberlieferung entsprechen (*R.Hanhart*), hat diese These fast keine Zustimmung gefunden. Erst recht ist über die Midraschim, die *A.M.Dubarle* ebenfalls übersichtlich aufgeführt hat, kein Zugang zur Vorlage des Hieronymus mehr zu gewinnen.

1. Aufbau

Durch genaue Beachtung der Inklusionen, Formelwiederholungen und Zeitangaben, der Einführung der neu auftretenden Personen, von Orts- und Szenenwechseln, von Reden und Gebeten mit Einleitungen und Wirkungsbeschreibungen wird ein *drei*teiliger Aufbau des Juditbuches deutlich:

I	Kap.1-3	Nabuchodonosors Macht und Anspruch.
II	Kap.4-7	Macht als Gottesbeweis: Wer ist Gott, Nabuchodonosor oder der HERR?
III	Kap.8-16	Der HERR allein ist Gott: Er zerschlägt die Kriege, Er rettet Israel durch die Hand einer gottesfürchtigen Frau.

Dabei ist II ungefähr doppelt so lang wie I, und III ungefähr so lang wie I+II. II und III beginnen mit καὶ ἤκουσαν/εν (»und sie hörte[n]«) + Zusammenfassung des jeweils vorhergehenden Buchteils. Nabuchodonosor (griech. Namensform für hebr. Nebukadnezzar) tritt nur in I handelnd und redend auf, während sein Repräsentant Holofernes in allen drei Buchteilen tätig ist. Zu Beginn von II wird in 4,1 als Subjekt des καὶ ἤκουσαν die entscheidende Gruppe das erste Mal genannt und eingeführt: οἱ υἱοὶ Ισραηλ (»die Israeliten«). Am Anfang von III tritt in 8,1 mit καὶ ἤκουσεν *Judit* zum ersten Mal auf die Bühne der Erzählung und wird in einem Exkurs ausführlich vorgestellt. Der Erzählfaden wird durch wiederholtes καὶ ἤκουσεν in 8,9 dann wieder aufgenommen.

Wenn man I als *Vorspiel* oder *Prolog* betrachtet, kann man das Juditbuch auch als *zwei*teilig konzipiert bezeichnen (A. Kap.1–3.4–7 und B. Kap.8–16). Die Rollenparallelität und -umkehrung des Nichtjuden Achior als männliche Entsprechung zu Judit gegenüber Holofernes mit den Assyrern einerseits und den Israeliten andererseits (*A.D.Roitman*) verknüpft dann zusätzlich noch formal und inhaltlich die beiden Buchhälften.

Der *erste Buchteil* (bzw. das *Vorspiel)* umschreibt in großen Zügen den Herrschaftsanspruch des »Nabuchodonosor, Königs der Assyrer in der großen Stadt Ninive« gegenüber der gesamten bewohnten Welt (in der Vorstellung eines palästinischen Erzählers und seiner Hörer). Den Auftakt bildet eine militärische Machtdemonstration im Osten gegen König Arphaxad von Medien. Da die Völker im Westen ihn »nur als einen Menschen« betrachten und ihm bei seinem Willkürgewaltakt die Gefolgschaft verweigern, plant Nabuchodonosor einen brutalen Unterwerfungszug, den sein Feldherr Holofernes angefangen von Obermesopotamien über Kleinasien und Syrien bis hin nach Ägypten und Äthiopien führen soll. Ziel ist die Anerkennung Nabuchodonors als einzige Macht und »Gott«. Mit der Errichtung eines Lagers für das Riesenheer am Gebirgsabhang von Juda ist die Situation gegeben, von der aus die folgenden Buchteile erzählt werden.

I. Kap.1–3	Nabuchodonosors Macht und Anspruch
1,1-16	Nabuchodonosors Sieg über Medien; Gefolgschaftsverweigerung im Westen
	1-6 Nabuchodonosor eröffnet den Krieg gegen Arphaxad im Osten
	7-12 Nabuchodonosors Abweisung durch die Völker im Westen (9 Mitte: Jerusalem)
	13-16 Nabuchodonosor vernichtet Arphaxad
2,1-13	Nabuchodonosors Vergeltungsplan gegen alle ihn nicht Anerkennenden
	1-3 Nabuchodonosors Plan im Kronrat
	4-13 Nabuchodonosors Befehl an seinen Oberfeldherrn Holofernes
2,14-3,10	Einberufung, Musterung und Zug des Holofernes-Heeres bis Juda
	14-20 Holofernes beruft sein Heer ein und mustert es
	21-28 Der Zug des Holofernes-Heeres; Wirkungen
	1-5 Die Küstenvölker unterwerfen sich
	6-8 Ziel des Holofernes-Verwüstungszuges: Nabuchodonosor allein ist Gott!
	9-10 Ankunft und Lagerbau am Berglandrand von Juda

Der *zweite Buchteil* entfaltet das Problem der Erzählung: Werden auch die Israeliten wie die anderen Völker ringsum nach anfänglichem Widerstand in der äußersten Not durch Unterwerfung schließlich Nabuchodonosors Anspruch anerkennen, oder werden sie trotz allem ihrem Gott, dem HERRN, die Treue halten und sich auf die Macht des HERRN, sie zu retten, verlassen? Die Kapiteleinteilung entspricht den vier Abschnitten: Umrahmt von Ausmalungen der furchtbaren Notsituation der Israeliten (Kap.4 und 7) beantwortet ein Nichtjude, der Ammoniter Achior, die Frage des Holofernes: »Wer ist dieses Volk?« durch einen dreiteiligen Geschichtsrückblick auf die Rettungstaten ihres Gottes: Nur wenn die Israeliten sich von ihm abwendeten, könnten sie bezwungen werden. Holofernes und sein Heer weisen diese Sichtweise als mit dem Anspruch Nabuchodonosors unvereinbar zurück, der Erfolg werde entscheiden.

II. Kap.4–7	Macht als Gottesbeweis: Wer ist Gott, Nabuchodonosor oder der HERR?
4,1-15	Furcht, Verteidigungsmaßnahmen und Hilfeschrei der Israeliten
	1-5 Reaktion auf das Gehörte: Furcht, Anlage von Festungen
	6-8 Schriftlicher Aufruf zum Pässesperren durch den Hohenpriester Jojakim
	9-15 Hilfeschreien zu Gott und Buße ganz Israels
	[13a Erhörung des Rufens durch den HERRN]
5,1-24	Die Achior-Rede und die Reaktion der Militärs darauf
	1-4 Zorn des Holofernes über das Verhalten der Israeliten
	3-4 Holofernes' Frage an die Kanaanäer über Israel
	5-21 Antwort-**Rede** des Ammoniterführers Achior
	22-24 Murren und Widerrede der Soldaten und Offiziere
6,1-21	Zurückweisung der Empfehlung Achiors; seine Überstellung an die Israeliten
	1-9 Erwiderungsrede des Holofernes
	10-13 Auslieferung des Achior an die Israeliten
	14-21 Achior bei den Israeliten: sein Bericht, Gebete des Volkes
7,1-32	Die Belagerung Betulias; wachsende Not und Verzweiflung in der Stadt
	1-3 Aufbruch des Holofernesheeres und Lagerbezug vor Betulia
	4-5 Erschrecken der Israeliten, Wachsamkeit
	6-7 Vorführen der Belagerungsmacht
	8-16 Rede der kanaanäischen Truppenführer und ihr Rat: Wasser sperren!
	17-18 Völlige Umzingelung Betulias
	19 Hilfeschrei der Israeliten zum HERRN, ihrem Gott
	20-32 34tägige Belagerung und die wachsende Not in der Stadt
	24-28 Klagerede gegen die Ältesten
	30-31 Usijas Fünf-Tage-Ultimatum an Gott

Der *dritte Teil,* die zweite Buchhälfte, ist in seinen drei Großabschnitten (vgl. die Tabelle) ganz bestimmt durch die überragende Gestalt der Judit, ihre Reden, Bitt- und Dankgebete. Zunächst wird Judit »biographisch« vorgestellt, dann tadelt sie in einer prophetisch-theologischen Lehrrede die Verantwortlichen und bewegt sie zum Umdenken. Ihr Großes Gebet läßt die Hörer/Leser ihre auf die Überlieferungen des Volkes Israel gegründete Hoffnung und ihr Vertrauen auf den Israel errettenden Gott erkennen, der durch ihre Hand auch jetzt Hilfe schenken wird (Kap.8–9). Im zweiten Abschnitt wird das Gelingen des Vorhabens der so charakterisierten schönen, klugen und gottesfürchtigen Frau erzählt: Holofernes, der Repräsentant des Vergewaltiger-»Gottes« Nabuchodonosor verliert seinen Kopf – im doppelten Sinn (Kap.10,1–13,10). Der Schlußabschnitt schildert Freude und Dank über die Rettung bei den Israeliten, Verwirrung und Flucht bei den Feinden, und gipfelt im Wechselgesang Judits und des Volkes während der Prozession nach Jerusalem zum Dankfest. Mit einigen Notizen über das lange Leben der hochgeachteten, heldenhaften Witwe und das ihren Tod weit überdauernde Unbehelligtbleiben der Israeliten endet die Erzählung.

2. Entstehung ✓

2.1 Aramäische (oder hebräische) Vorlage und griechische Neufassung

Der griechische Text enthält einerseits, besonders in den narrativen Abschnitten, zahlreiche Elemente in Syntax und Wortwahl, die ihn als Übersetzung aus einem semitischen Original kennzeichnen. Er formuliert aber andererseits, besonders in den Reden und Gebeten, von der LXX und nicht vom hebräischen Text des AT her und verwendet Stilfiguren, die Original- und nicht Übersetzungsgriechisch sind (*H.Engel*). Er stellt demnach wahrscheinlich eine grundlegende Neufassung und theologische Umakzentuierung einer älteren (aramäischen oder hebräischen) Vorlage dar. Da Reden, Gebete und Hymnus den Buchaufbau der griechischen Textfassung entscheidend bestimmen, ist anzunehmen, daß die Umgestaltung der Vorlage noch wesentlich tiefgreifender war als beim Esterbuch (Est^{LXX} fügt mehrere Abschnitte zu Est^{MT} hinzu). Wegen der nur sinngemäßen Übertragung seiner aramäischen Vorlage, die uns nicht erhalten ist, und der eiligen Kürzungen des Hieronymus an den von ihm mitverwendeten altlateinischen Hss. bieten die Vg und die zu ihr parallel laufenden hebräischen Texte kaum eine Hilfe, die ältere (hebräische oder aramäische) Erzählung zu rekonstruieren.

2.2 Verwendete Überlieferungen, Erzählweise und Gattung

Gleich vom ersten Satz des Buches an werden die Hörer/Leser darauf aufmerksam gemacht, daß im folgenden nicht in der Art der Königs-, Chronik- oder Makkabäerbücher oder der entsprechenden Abschnitte im Jesaja- oder Jeremiabuch erzählt wird, sondern eher paradigmatisch wie z.B. im Jonabuch oder wie im Danielbuch.

Der König Nabuchodonosor beansprucht für sich unbedingten Gehorsam (2,5-13), sein Repräsentant Holofernes steigert diesen Anspruch noch zur Behauptung der Göttlichkeit (6,2). In der jüdischen Tradition ist dieser Herrscher des *Neubabylonischen* Reiches (605-562 v.Chr.) der Inbegriff von Feind, Unterdrücker, Zerstörer Jerusalems und des Tempels, Verantwortlicher für die Verschleppung der Bevölkerung nach Babylonien. Durch seine Lokalisierung in *Ninive* (zerstört 612 v.Chr. unter Nebukadnezzars Vorgänger) und die Bezeichnung als »König der Assyrer« werden mit dieser Gestalt im Juditbuch auch die Erinnerungen an das *Neuassyrische* Reich, die brutalste Kriegsmacht des Alten Orients, verbunden, das 722 den Staat Israel und seine Hauptstadt Samaria zerstört und unter Sanherib 701 Juda verwüstet und Jerusalem eingekesselt hatte (2 Kön 18-19; Jes 36-37). Die persischen Namen des Feldherrn Holofernes und des Eunuchen Bagoas, die Bezeichnung von Gouverneuren als Satrapen u.a. verknüpfen zudem noch die Erfahrungen unter der *persischen* Oberherrschaft (z.B. den großen Feldzug des Artaxerxes III. Ochos nach Osten und im Westen über Syrien, Phönizien bis nach Ägypten in der Mitte des 4.Jh. v.Chr.) mit Nabuchodonosor, dem großen Feind. Entsprechend dieser Perspektive werden im großen Schlußhymnus die in 16,3 und in der voraufgehenden Erzählung »Assur/Assyrer« Genannten in 16,10 als »Perser und Meder« bezeichnet. Zugleich aber ist die im Juditbuch beschriebene Situation transparent auf die Not in der *seleukidischen* Zeit unter Antiochos IV. und Demetrius I., bei »Assyrien« soll vielleicht auch Syrien anklingen.

Das Auftreten und Schicksal des Holofernes wird in Entsprechung nicht nur zu Sisera, dem Heerführer des *Kanaanäer*-Königs Jabin von Hazor in der fernen Richterzeit (Ri 4-5), und zum *Philister*vorkämpfer Goliat, der die »Schlachtreihen des lebendigen Gottes verhöhnte« und dem der kleine David mit dessen eigenem Schwert den Kopf abschlug (1 Sam 17), sondern auch und besonders zum seleukidischen General *Nikanor* erzählt, dessen Kopf und rechte Hand als Siegestrophäen in Jerusalem aufgehängt worden waren (1 Makk 7; 2 Makk 15).

Wie der Erzähler in Nabuchodonosor und dessen Repräsentanten Holofernes Überlieferungen von militärisch weit überlegenen Eroberern und Unterdrückern aus vielen Jahrhunderten verdichtet, so stattet er auch die beiden anderen Hauptfiguren seines Werkes, den Ammoniterführer Achior und die schöne, kluge und gottesfürchtige Witwe Judit, mit Zügen von großen Gestalten der Überlieferung aus. Schon durch seinen Namen verweist Achior auf den weisen *Achikar*, Berater und Siegelbewahrer der assyrischen Könige Sanherib und Asarhaddon. Achior erscheint durch seine von der Rettungsmacht des Gottes Israels überzeugte Rede dem Holofernes wie ein (abzulehnender) Prophet (6,2), so wie einst *Bileam* vor Balak (Num 23-24). Zugleich leuchtet in diesem zum festen Glauben an den Gott Israels gelangten Nichtjuden, der so vorzüglich die Geschichte Israels als Spiegel der Treue des Volkes zu seinem Gott erkannt hat, das Proselytenideal jüdischer Mission in der hellenistischen Zeit durch. Nach Vollzug der Beschneidung wurde er »dem Haus Israel hinzugefügt« (14,10). Angesichts des Verbotes in Dtn 23,4, jemals einen Ammoniter oder Moabiter aufzunehmen, ist das eine pointierte Aussage. Vielleicht wird in der Achior-Rede im Abschnitt über die Vorfahren Israels (5,6-9) ihre Abstammung von Chaldäern und ihre Vertreibung aus Chaldäa wegen ihres Religionswechsels so ausführlich dargestellt, um die »richtige« Auslegung dieser Torabestimmung zu zeigen: Ein Proselyt, selbst einer ammonitischer Herkunft, ist kein »Ammoniter« mehr, wie Abraham kein Chaldäer mehr war.

In Judit = der »Jüdin«, der herausragenden Gestalt der Erzählung, vereinigt der Erzähler Züge großer Frauengestalten der religiösen Überlieferung: Wie einst *Mirjam* (Ex 15) nach der Rettung am Meer führt Judit die Frauen bei der Sieges- und Dankprozession an (dazu noch die Männer [Jdt 15,14]) und ist Vorsängerin. Wie die Prophetin und Richterin *Debora,* die den Kampf gegen die Kanaanäer durch Barak leitete und mit ihm das Siegeslied anstimmte (Ri 4-5), gibt Judit dem Heer Anweisungen, wie vorzugehen ist; und wie *Jaël* ist sie es, die den Feldherrn ganz unmilitärisch im Zelt tötet.

Zu den zahlreichen weiteren Anspielungen und Bezugnahmen auf biblische Erzählungen, insbesondere über die Frühzeit (Väter, Exodus, Richter), vgl. z.B. *A.M.Dubarle* (AnBib 24/2,137-156) und *E.Zenger* (JSHRZ 1981,439-446).

Die Darstellungstechnik, eine umfassende Geschichtserfahrung und -deutung in individuellen Begebenheiten und in einer Vielfalt von literarischen Formen, im Zusammenspiel kontrastierender Gestalten und Szenen auszudrücken, entspricht der des antiken *Romans* (*E.Zenger*). Die Bedrohung und Rettung Betulias, Judäas und Jerusalems mit dem Tempel, die Einfügung des Ammoniters Achior in das Haus Israel und die sexuell gefärbte Beziehung Holofernes–Judit werden auf einem weltweiten Hintergrund kunstvoll ineinander verflochten. Zugleich geben aber die zahlreichen Reden und Gebete, die für das Gesamtgefüge des vorliegenden Juditbuches prägende Bedeutung haben, der Erzählung ein ausgesprochen *lehrhaftes* Gepräge. So legt sich wie beim Buch Tobit auch hier nahe, die Gattung des Juditbuches als *romanhafte Lehrerzählung* zu bestimmen.

3. Theologiegeschichtlicher Kontext und Entstehungszeit

Durch den dreiteiligen Abriß der Geschichte Israels, mit dem Achior die Holofernesfrage beantwortet, wer dieses Volk sei, das im Bergland wohnt (5,3), werden die Hörer/Leser in die Zeit geführt, von der die Erzählung handelt: Nach vielen Kriegen, Deportation, Zerstörung des Tempels und Fremdherrschaft über ihre Städte sind sie aus der Diaspora zurückgekommen, haben Jerusalem mit dem Tempel wieder in Besitz genommen und sich im »öden Bergland« angesiedelt (5,18-19; vgl. dazu die Verheißung in Ez 36,33-38 und grundlegend: Ex 15,17). Daß aber nicht nur die Perserzeit im Blick ist, wird aus der Einführungsbeschreibung der »Israeliten« deutlich: Sie waren vor kurzem von der Deportation zurückgekommen, das ganze Volk hatte sich versammelt, und die entweihten Geräte, Altar und (Tempel-) Haus waren geheiligt worden (4,3). Im Esrabuch (Esra 1-6) ist zwar vom Zurückbringen der Geräte aus Babylon, wohin Nebukadnezzar sie 587 mitgenommen hatte, von einer Versammlung des ganzen Volkes und vom Wiederaufbau des Altars und des Tempels die Rede, nicht aber von Heiligung, da sie entweiht waren. Die Erzählung nimmt also Bezug auf die Vorgänge im Jahre

516 v.Chr., um auf die Ereignisse des Jahres 164 v.Chr. zurückzuschauen: Einnahme des Tempelbezirks und der Stadt durch Judas Makkabäus und Reinigung des Tempels, Einführung des ḥanukka-Festes (vgl. 1 Makk 4,36-59; 2 Makk 10,1-10).

Die Handlung im zweiten und dritten Buchteil (Kap.4–16) lokalisiert die »Israeliten, die in Judäa wohnen«, im Bergland, das sich von Jerusalem bis an den Abhang zur Jesreel-Ebene erstreckt. Die Provinz Jehud, der Jerusalemer Tempelstaat, hatte in der Perserzeit nicht diese Ausdehnung. An der Meeresküste (erwähnt werden Sidon, Tyrus, Akko, Jamnia, Aschdod, Aschkelon und Hinterland) wohnen Nichtjuden (2,28-3,8). Damit ist die politische Lage am Ende des 2.Jh. v.Chr. gekennzeichnet, nachdem Johannes Hyrkan (135–104) Sichem mit dem Garizim erobert (nach 129) und Samaria annektiert hatte (um 107 v.Chr.) und bevor Judas Aristobul 104/103 Galiläa judaisierte und Alexander Jannäus die Küstenregion mit Gaza hinzugewann (um 96 v.Chr.).

Auch die Angabe, daß der Hohepriester die administrative und militärische Leitung hatte und ihm in Jerusalem ein Senat (γερουσία) zur Seite stand, weist auf die Hasmonäerzeit nach Judas Makkabäus und Jonatan als Standort des Erzählers. Die Erwähnung des Juditbuches im Clemensbrief (1 Clem 55,3-5; um 96 n.Chr.) bietet einen sicheren *terminus ad quem*.

Bemerkenswert für die Geschichte der Frömmigkeitspraxis, aber für eine genaue Datierung weniger geeignet, ist, was der Erzähler als vorbildlich gottesfürchtiges Verhalten betrachtet (8,2-7; 9,1; 10,5; 11,11-14; 12,2.5-8; 16,18.24): Judit hat innerhalb ihres Stammes Simeon geheiratet (vgl. die hohe Wertung einer solchen Wahl des Ehepartners im Tobitbuch 4,12-13; 6,12-13); von ihrem Fasten sind nur die Sabbate und Neumondtage mit den jeweiligen Vortagen und die Freudenfeste ausgenommen; nie, nicht einmal im Lager der Assyrer, aß sie unreine Speisen; nach dem Tode ihres Gatten blieb sie bis an ihr Lebensende eine hochgeachtete Witwe.

4. Schwerpunkte der Theologie

Auffällig im Juditbuch ist die Häufigkeit der Wörter δύναμις (Macht, Durchsetzungsvermögen, Heer, Streitmacht, 30x), δυνατός (fähig, kräftig, kriegstüchtig, 4x), δυναστεία (Herrschaft, Herrsein, nur in 9,11), ἰσχύς 9x / ἰσχυρός 2x / (κατ)ἰσχύω 3x (Stärke, Kraft, stark [sein]), κράτος 12x / κραταιόω 2x / κραταίωσις 1x / κρατέω 3x (Kraft, Macht, sich bemächtigen).

4.1 Gott und Macht

Am Beginn ihrer ironisch-doppelsinnigen Rede vor Holofernes (11,5-19) beschreibt Judit in bewußt übertreibendem altorientalischem Hofstil den Herrschaftsanspruch Nabuchodonosors, der bereits in der Rede des Königs vor seinem Thronrat 2,5-13 Ausdruck gefunden hatte (vgl. Jes 10,5-14; 14,13f). Seine Macht, verkörpert in Holofernes mit seinem Heer, ist stets verbunden mit Furcht und Schrecken, Gewalt, Versklavung, Verwüstung und Tod. Holofernes hatte den Inhaber dieser bisher alle Widerstände brechenden Macht, vor der niemand retten kann, »Gott« genannt (6,2). Eine solche Verkennung dessen, wer und was Gott wirklich ist, wird in der weiteren Erzählung bloßgestellt.

Eine völlig andere Gottesvorstellung bezeugt Judit in Gebet und Lied und Verhalten: »Deine Macht stützt sich nicht auf große Zahl und deine Herrschaft nicht auf Starke; sondern der Erniedrigten Gott bist du, der Unterlegenen Helfer bist du, Beistand der Schwachen, der Verachteten Beschützer, der Verzweifelten Retter« (9,11). An zwei hervorgehobenen Stellen (9,7 im Großen Gebet Judits und 16,2 im Schlußhymnus) zitiert sie den LXX-Text von Ex 15,3: In der LXX ist die Aussage »JHWH ist ein Kriegsmann/-held« (so der hebr. Text) ersetzt durch κύριος συντρίβων πολέμους: »Der HERR ist einer, der Kriege zerschlägt« (eine ähnliche antimilitärische Umdeutung des hebr. ʾîš milḥāmā geschieht in Jes 42,13 LXX). Von solchen Bekenntnisaussagen her ist die zweite Buchhälfte konzipiert: Gott kämpft nicht, er läßt auch nicht die Israeliten die besseren Soldaten oder überlegen bewaffnet sein, seine Hilfe und rettende Macht paßt überhaupt nicht in militärische

Kategorien, ironisiert diese vielmehr: »Durch die Hand einer Frau« (9,10; 13,15; 16,5-9; unverkennbar wird mit dieser Wendung auf die Ur-Rettungstat beim Exodus »durch die Hand des Mose« bzw. durch die »Hand Gottes« zurückverwiesen, vgl. *P.W.Skehan*), durch das nach militärischen Maßstäben Schwächste und zu Angriff oder Verteidigung Ungeeignetste kann Gott einer verheerenden Weltmacht Einhalt gebieten. Der Anspruch des gewalttätigen Nabuchodonosor und seines »Propheten« Holofernes ist damit als Selbstüberhebung (ὑπερηφανία) aufgedeckt (6,19; 9,9).

4.2 »Macht« und Wesen des Gottesvolkes

Nicht nur die Achiorrede (5,5-21), sondern die gesamte Erzählung beantwortet die Holofernesfrage über »dieses Volk, das im Gebirge wohnt«: »Welche Städte bewohnt es, wie ist die Zahlengröße seiner Streitmacht, worin liegt seine Macht und Kraft, und wer steht über ihm als König, der sein Heer anführt?« (5,3). Wären die dabei zu nennenden Namen und Zahlen die entscheidenden Kriterien von Geltung und Wert, dann brauchte man die Israeliten nicht zu beachten, wie es einhellige Meinung im Holofernes-Heer ist (5,23). Etwas ganz anderes gibt »diesem Volk« Bestand seit den Anfängen, als seine Vorfahren sich in Mesopotamien um der Alleinverehrung des wahren Gottes willen von ihrer Umwelt und Verwandtschaft abkehrten, bei allem Wechsel von Ansiedlung, Umzug und Vertreibung: In Nachfolge der dtr Geschichtsbetrachtung werden Wohlergehen und Katastrophen Israels in Abhängigkeit von seinem Gehorsam gegenüber den Bundesverpflichtungen seines Gottes gesehen. Wie Abweichungen von der Gesetzestreue dem Volk Kriege, Exil und Tempelzerstörung brachten, so wird Gott, wenn sie sich ihm vorbehaltlos anvertrauen, ihr unüberwindbarer Schild gegen jede Macht der Welt sein (5,17-21; 11,10-15).

4.3 Gott versuchen

Auf dem Höhepunkt der Not in Betulia hatten die Ältesten dem Klagen der Israeliten, die in ihrer Verzweiflung keine Hilfe mehr erwarteten, nachgegeben: Wenn innerhalb von fünf Tagen Gott sich ihrer nicht rettend erbarme, würden sie die Stadt und damit den Zugang nach Jerusalem an die Feinde ausliefern (7,19-31). In einer *theologischen Lehrrede* (8,11-27) tadelt Judit diese eidliche Zusicherung als »nicht recht«, weil solches Verhalten Gott *versuche* (vgl. die Bedeutung dieses Motivs in den biblischen Erzählungen über den Wüstenzug Israels: Murren, Nichtannahme der Verheißung, Unglaube, Nichtvertrauen). Es bedeute, *sich an die Stelle Gottes zu stellen* (wer jemandem Fristen setzt, hat ihm gegenüber eine höhere Position oder maßt sie sich an) und Gott zu *prüfen* (beurteilen, ob einer alles richtig und gut macht, d.h. hier die Allmacht Gottes in Frage stellen). Gegenüber dem Versuch der Ältesten, die Anerkennung des HERRN als alleinigen Gottes an die Einhaltung des Fünf-Tage-Ultimatums zu binden, betont die »sehr gottesfürchtige« (8,8) Judit die völlige Freiheit und Souveränität des HERRN, »uns, wann er will, zu schützen oder zugrunde gehen zu lassen ... (in jedem Fall) erkennen *wir* keinen andern als Gott an außer ihm; daher hoffen wir, daß er uns nicht unbeachtet lassen wird« (8,15-20; vgl. den verwandten Gedanken in Dan 3,17-18).

Auch die Notsituation entbinde nicht davon, das Mögliche zu tun und dafür die Verantwortung zu übernehmen; vielmehr sollten sie Gott dafür danken, daß er sie so wie einst die Väter *versuche/prüfe* (8,24-27). Judits Gebet und Hymnus und ihre überlegte Tat veranschaulichen die Lehrrede.

5. Relevanz

Die »vier Ingredienzien: Gott, Macht, Sexualität und Tod« (*C.A.Moore*) erklären gewiß zum Teil die Faszination des Juditbuches. Andererseits haben viele Leser es immer mit gemischten Gefühlen, wenn nicht sogar mit moralischer Entrüstung, betrachtet. Wie kann eine solche Erzählung Bestandteil der Heiligen Schrift sein? Werden hier nicht Täuschung durch doppeldeutige Aussagen (10,12f; 11,5-8.16-19) und die direkt beabsichtigte Tötung eines Menschen als gottgewollte Mittel zur Rettung des Volkes gepriesen?

Diesen Anfragen kann man zunächst innerbiblisch begegnen: Sie sind ebenso z.B. an die Tötung Siseras durch Jaël und andere biblische Erzählungen zu richten. Aber anstelle einer solchen bloßen Frageverschiebung wäre im Blick auf das Juditbuch grundsätzlicher zu erwägen: Ist *militärische* Gegenwehr und Krieg wirklich moralisch besser oder »ehrenvoller« als die *wie auch immer erreichte* Tötung des für Unglück, Ruin und Ermordung vieler Unschuldiger Verantwortlichen, wenn sich nur so verhindern läßt, daß er weiter verwüstet und mordet und andere dazu nötigt? Gebietet der Glaube an den die Menschen liebenden Schöpfergott nur, die unter das Rad des Terrors Geratenen zu verbinden oder zu begraben, und nicht auch, diesem »Rad in die Speichen zu greifen« (*D.Bonhoeffer*)?

Die Tat Judits ist in ein vorbereitendes, begleitendes und danach dankendes *Gebet* eingebettet und wird *Gott* als Rettungstat mit Preis und Dank zugeschrieben (9,10; 13,14f; 14,10; 15,8; 16,2.5). Nirgends im Buch steht diese Zuschreibung jedoch in Konkurrenz dazu, daß die kluge, schöne und gottesfürchtige Frau in eigener Initiative mit allen ihr zur Verfügung stehenden Mitteln handelt und persönlich voll das Risiko ihrer Unternehmung trägt (so ausdrücklich: 13,20; 15,10; vgl. 8,24.32f). Ist vielleicht der Verzicht auf Wunder in der Darstellung (d.h. Gott als einen Faktor *neben* anderen, die die Ereignisfolge beeinflussen, einzuführen) zugunsten der Erzählung von einer Frau, die in grenzenlosem Vertrauen auf den Gott Israels eigenverantwortlich abwägend, erfolgreich und selbstlos (16,19) handelt, das eigentlich Faszinierende an diesem Buch der Heiligen Schrift?

XII. Das Buch Ester

(*Erich Zenger*)

Kommentare: H.Bardtke (KAT) 1963; E.Würthwein (HAT) 1969; C.A.Moore (AncB) 1971; G.Gerleman (BK) 1973; W.Dommershausen (NEB) 1980; A.Meinhold (ZBK) 1983; D.J.A.Clines (NCeB) 1984; J.L.Loader (ATD) 1992.
Forschungsüberblicke: H.Bardtke, Neuere Arbeiten zum Esterbuch. Eine kritische Würdigung: Ex Oriente Lux 19,1965-66,519-549; G.Botterweck, Die Gattung des Buches Esther im Spektrum neuerer Publikationen: BiLe 5,1964,274-292; W.Herrmann, Ester im Streit der Meinungen (BEATAJ 4) Frankfurt a.M. 1986.

Einzelstudien: H.Bardtke, Zusätze zu Esther (JSHRZ I/1) Gütersloh 1973; S.B.Berg, The Book of Esther. Motifs, themes and structure, Missoula 1979; K.Butting, Die Buchstaben werden sich noch wundern, Berlin 1993,49-86; D.J.A.Clines, The Ester Scroll. The Story of the Story (JSOT.S 30) Sheffield 1984; H.J.Cook, The A-Text of the Greek Versions of the Book of Esther: ZAW 81,1969,369-371; W.Dommershausen, Die Estherrolle. Stil und Ziel einer alttestamentlichen Schrift (SBM 6) Stuttgart 1968; M.V.Fox, The Redaction of the Books of Esther (SBL.MS 40) Atlanta 1991; ders., Character and Ideology in the Book of Esther. Studies on Personalities of the Old Testament, Columbia 1991; J.C.H.Lebram, Purimfest und Estherbuch: VT 22,1972,208-222; J.D.Levenson, The Scroll of Esther in Ecumenical Perspective: JES 13,1976,440-452; A.Meinhold, Die Gattung der Josephsgeschichte und des Estherbuches: Diasporanovelle I und II: ZAW 87,1975,306-324; 88,1976,72-93; ders., Theologische Erwägungen zum Buch Esther: ThZ 34,1978,321-333; ders., Zu Aufbau und Mitte des Estherbuches: VT 23,1983,435-445; J.Milik, Les modèles araméens du livre d'Esther dans la Grotte 4 de Qumran: RQ 15,1991/92,321-406; C.A.Moore (Hg.), Studies in the Book of Esther. Selected with a Prolegomenon, New York 1982; L.A.Rosenthal, Die Josephsgeschichte, mit den Büchern Ester und Daniel verglichen: ZAW 15,1895,278-285 (vgl. auch ZAW 17,1897,125-128); S.Talmon, Wisdom in the Book of Esther: VT 13,1963,419-455; E.Tov, The »Lucianic« Text of the Canonical and the Apocryphal Sections of Esther. A Rewritten Biblical Book: Textus 10,1982,1-25; S.A.White, Esther: A feminine Model for Jewish Diaspora, in: P.L.Day (Hg.), Gender and Difference in Ancient Israel, Minneapolis 1989,161-177; R.Zadok, On the Historical Background of the Book of Esther: BN 24,1984,18-23.

0. Textüberlieferung

Das Buch liegt in drei Texttypen vor. Der (ca. 160 Verse umfassende) hebräische Text ist die kürzeste Fassung und ist gegenüber den anderen Fassungen durch sein »Gottesschweigen« charakterisiert, d.h. in ihm wird Gott nicht ausdrücklich erwähnt, weder auf der Ebene der Erzählung noch im Munde der handelnden Figuren. Demgegenüber haben die beiden griechischen Texttypen (eine Langfassung [B = LXX] und eine bereits mit Est 8,17 schließende Kurzfassung [A = »L«, die sog. lukianische Fassung]) umfangreiche Zusätze (in der Langfassung ca. 100 Verse), die mit Buchstaben gezählt werden:

A	1,1a-r	Traum Mordechais, Aufdeckung der Verschwörung
B	3,13a-g	Pogromedikt Hamans
C	4,17a-z	Gebete Mordechais und Esters
D	5,1a-f.2a-b	Esters Gang zur Audienz
E	8,12a-x	Königsedikt zum Schutz der Juden
F	10,3a-l	Deutung des Anfangstraums und Überbringung des Buches nach Ägypten

Diese Zusätze, die in der Vg am Ende stehen, sind nicht nur erzählerische Ausgestaltung, sondern haben eine ausdrücklich theologisierende Ebene, die die Rettung der Juden stark in Motiven der Exodusüberlieferung als Eingreifen des Gottes Israels denkt und die Ester zum Paradigma jüdischer Diasporaexistenz macht. Durch die beiden »Traum«-Zusätze 1,1a-r und 10,3a-k wird die griechische Fassung B kunstvoll gerahmt; das »Traum-Motiv« entspricht nicht nur der »Josef-Figuration« des Mordechai (s.u. 3.), sondern ist in der jüdisch-hellenistischen Epoche sehr beliebt (vgl. Dan). Auch die eingefügten Gebete Mordechais und Esters sind typisch für dieses Milieu, wie auch die Gebete in den Büchern Jdt, Tob und Makk zeigen.

Ob die von *J.T.Milik* rekonstruierten Indizien für eine »theologische« Fassung von Est in Qumran, wo das Buch auffallenderweise bislang nicht belegt ist, zutreffen, ist sehr fraglich.

Der textgeschichtliche Zusammenhang der drei Fassungen wird in der Forschung sehr unterschiedlich gesehen. Meist wird die Linie angenommen: MT → LXX Langfassung (1.Jh. v.Chr.) → »L« Kurzfassung (4.Jh. n.Chr.). Manche Autoren nehmen eine MT und LXX vorausliegende gemeinsame Vorlage an; andere sehen in der mit 8,17 schließenden Kurzfassung die ursprüngliche Gestalt der Erzählung. Streng genommen müßte jede der drei Textformen in sich analysiert und ausgelegt werden. Die EÜ gibt die LXX-Langfassung B wieder. Die Bibeln der reformatorischen Tradition bieten die Übersetzung des hebräischen Textes; die »Zusätze« von B werden dann meist zusammen (mit den anderen deuterokanonischen Büchern; s.o. A.III.2) in einem eigenen Anhang als »Stücke zum Buch Ester« (so Lutherbibel) abgedruckt.

1. Aufbau

Das Buch erzählt die Rettung der Juden durch die (in Ablösung der Waschti) zur Königin aufgestiegene Jüdin Ester und ihren Onkel Mordechai vor einem auf Betreiben des Großwesirs Haman regierungsamtlich verordneten Judenpogrom. Das Geschehen, dessen *erzählte Szenerie* das persische Weltreich unter dem Großkönig Ahaschwerosch (so lautet der Name im MT; gemeint ist Xerxes I. [486-465 v.Chr.]; LXX gebraucht konsequent den Namen Artaxerxes) ist, kulminiert in dem dann von den Juden als Fest ihrer Rettung gefeierten »Purim« (Herkunft und Wortbedeutung unklar: in Est 3,7; 9,24.26 wird »Purim« von dem nichthebräischen Wort *pur* = »Los« aus jenem »Los« hergeleitet, das Haman geworfen hat, um das Datum des Pogroms festzusetzen). Das Buch wird im Judentum an dem im Frühjahr (14. Adar, fällt in den März) gefeierten Purimfest als »Festrolle« gelesen.

Das Esterbuch, das keinen einmaligen historischen Vorgang, sondern die Erfahrung von struktureller Judenfeindschaft »aufarbeitet«, ist eine kunstvoll gestaltete Erzählung. Die *Vorgeschichte* 1-2 entwirft das *theatrum mundi*, führt in drei Akten die handelnden Figuren ein und zeichnet im Großkönig die »chaotische« Gefährdetheit eines politischen Kosmos, der nicht im Horizont der jüdischen Geschichts- (und Gottes-)Erinnerung lebt. Die beiden weitgehend parallel bzw. kontrastierend gestalteten (unterschiedlich umfangreichen) *Hauptteile* 3-7 und 8,1-9,19 erzählen nach dem Rechtsmodell des weisheitlichen Tun-Ergehen-Zusammenhangs die Vernichtung/das Scheitern des Haman als Rettung des Mordechai (3-7) und die Vernichtung/das Scheitern der Judenfeinde im gesamten Reich als Rettung aller Juden (8,1-9,19). Der *Schlußteil* 9,20-10,3 erzählt von der Einsetzung des Purimfestes und klingt mit einer Würdigung des Mordechai aus (10,1-3). Die LXX Fassung B legt um diese Erzählung als Rahmen den Traum des Mordechai (1,1a-b) und seine Deutung (10,3a-k); am Ende dieser Fassung steht ein Kolophon (»Unterschrift«), das die Übersendung des griechischen Esterbuches an die Juden von Alexandria dokumentiert (10,3l).

Der Aufbau des Esterbuches läßt sich folgendermaßen darstellen:

1,1a-r	Traum Mordechais

1,1-2,23	Vorgeschichte

1,1-9	Buchanfang und Gesamtexposition (Äquilibrium/Gleichgewicht)
1,10-22	Waschtis Entthronung (Störung des Äquilibriums)
2,1-18	Esters Aufstieg
2,19-22	Esters Erprobung/Loyalität
2,23	Scheinbare Aufhebung der Störung
	Vorverweise auf den Schluß der Hauptteile und des ganzen Buches:
	2,23 → 7,10 (Motiv: Galgen)
	2,23 → 9,13f (Motiv: Galgen)
	2,23 → 10,2 (»Buch der Ereignisse, Chronik«)

3,1-7,10 1. Hauptteil	8,1-9,19 2. Hauptteil
Vernichtung des Judenfeindes Haman und Rettung des Mordechai	Vernichtung aller Judenfeinde und Rettung aller Juden

3,1-11	Investitur Hamans	8,1-8	Investitur Esters und Mordechais
3,12-14	Erlaß (Judenpogrom)	8,9-13	Erlaß (Widerstand gegen Judenpogrom)
3,15a	Eilboten	8,14	Eilboten
3,15b	Haman und der König	8,15a	Mordechai und der König
3,15c	Reaktion in Susa	8,15b	Reaktion in Susa
4,1-3	Reaktion in den Provinzen	8,16-17	Reaktion in den Provinzen

4,4-17	Gespräch Ester-Mordechai		
5,1-14	Festgelage bei Ester und Triumph des Haman		
6,1-13	Erhöhung des Mordechai		
6,14-7,10	Festgelage bei Ester und Ende des Haman	9,1-15	Ende der Judenfeinde
		9,16-19	Festgelage der Juden

9,20-10,3	Schlußteil: Ergebnis

9,20-28	Purimbrief Mordechais
9,29-32	Purimbrief Esters
10,1-3	Wiederherstellung/Erneuerung des Äquilibriums

10,3a-k	Deutung des Traums Mordechais

10,31	Kolophon

In den skizzierten Handlungsablauf hat der Erzähler eine chiastische Komposition von vier Festgelagepaaren hineinverwoben. Diese Komposition gibt einen wichtigen hermeneutischen Schlüssel für das Gesamtverständnis des Buches.

Festgelagepaar I	1,3	Fest des Königs für das ganze Reich
	1,5	Fest des Königs für Susa
Festgelagepaar II	1,9	Fest der Waschti
	2,18	Fest für Ester
Festgelagepaar III	5,4-8	Fest der Ester für den König und Haman
	6,14-7,8	Fest der Ester für den König und Haman
Festgelagepaar IV	9,18	Fest der Juden in Susa
	9,19	Fest der Juden im ganzen Reich

Die äußeren Festgelagepaare I und IV stehen sich als Kontrast gegenüber; sie repräsentieren unterschiedliche Welt- bzw. Geschichtskonzepte. Die Königsgelage sind Selbstdarstellung von Luxus und imperialer Macht (die sich in der Erzählung dann als ohnmächtig und destruktiv zugleich erweist). Die Feste der Juden sind Feste der Befreiung und echter Gemeinschaft (vgl. das Motiv des gegenseitigen Beschenkens in 9,19).

Auch die inneren Festgelagepaare II und III bilden einen Gegensatz. Gemeinsam ist ihnen, daß sie »Frauenfeste« sind. Während freilich das Festpaar II Demonstration der königlichen Macht ist und die beiden Königinnen Waschti bzw. Ester als »Objekte« bzw. Opfer der Machtpolitik zeichnet, sind die beiden Feste der Ester (Festpaar III) Ausdruck und Vollzug einer »neuen« Rolle der Ester als Retterin, in die sie im Widerstand gegen die destruktive Herrschaft sukzessiv hineinwächst - dadurch daß sie ihre jüdische Identität findet.

Mit dieser Festgelage-Komposition wird zugleich der Schlußteil programmatisch vorbereitet, in dem die Purimfesttage als Fest der Befreiung und der Gemeinschaft eingesetzt werden.

2. Entstehung

Die dreifache Textüberlieferung und die Vielzahl der handelnden Figuren haben immer wieder Hypothesen über die im vorliegenden Buch zusammengearbeiteten, ursprünglich eigenständigen Erzählungen (z.B.: Waschti-Erzählung: Verstoßung einer schönen Königin, die sich ihrem König widersetzt; Mordechai-Erzählung: Rivalität zwischen den zwei Höflingen Haman und Mordechai; Ester-Erzählung: eine schöne Königin rettet ihr Volk aus drohender Gefahr) ausgelöst. Derartige Spekulationen haben jedoch wenig zum Gesamtverständnis beigetragen. Es handelt sich höchstens um Hypothesen über Stoffe, die vom Erzähler kunstvoll so zusammenkomponiert wurden, daß die Komplexität der Figuren und ihrer Rollen für das Gesamtverständnis des Textes unverzichtbar ist. So ist die erzählerische Aufspaltung der Heldenfigur in eine männliche (Mordechai) und weibliche (Ester) Gestalt, wobei letztere noch einmal als Kontrastfigur zu Waschti konzipiert ist, ebenso konstitutiv wie die Dreier-Konstellation Haman - Mordechai - Ester (zur intertextuellen Bedeutung dieser Figurenkonstellationen s.u. 3.). Aus der dichten Konsistenz der Erzählung fällt allerdings die Purim-Ebene heraus. Sie paßt zwar hervorragend *als Ergebnis* in die Handlungsstruktur, aber sie ist im Erzählgefüge selbst zu wenig vorbereitet. Deshalb dürften die Purim-Passagen 3,7; 9,20-32 auf eine Bearbeitung zurückgehen, die die Rettungserzählung zur *Festlegende* (hieros logos) des *Purim-Festes* machte.

Die Erzählung zeigt einerseits eine gute Kenntnis des persischen Milieus, in dem die Haupthandlung spielt. Auch mehrere persische Wörter unterstreichen das persische Kolorit. Andererseits hat die Erzählung einen derart spielerischen und imaginativen Umgang mit geschichtlichen Fakten (vergleichbar dem Buch Judit, s.o. D.XI.), daß auf keinen Fall eine »historische« Erzählung vorliegen kann. »Es erübrigt sich fast, Einzelheiten als Beleg für den ›unhistorischen‹ Charakter des Buches anzuführen. Die Ausleger haben oft hervorgehoben, wie unvorstellbar ein Festmahl unter Teilnahme aller Würdenträger des persischen Reiches wäre (1,1-4), wie absurd ein königlicher Erlaß an alle Männer, in ihrem Haus das letzte Wort zu behalten (1,22), und wie unwahrscheinlich die Veröffentlichung von Erlassen in allen Sprachen des Weltreiches statt in offiziellem Aramäisch (3,12; 8,9) wäre. Diesen Beobachtungen wird gewöhnlich hinzugefügt, daß weder eine Waschti noch eine Ester jemals Königin im Perserreich waren, daß die einzige feststellbare geschichtliche Gestalt des Buches, Ahasveros oder Xerxes I., eine Königin namens Amestris hatte und daß weder Ester noch Waschti als Angehörige des königlichen Harems ›Königin‹ hätten heißen können. Außerdem waren die persischen Könige dazu verpflichtet, ihre Königinnen aus einer der sieben vornehmen Familien auszuwählen. So kommt Ester gar nicht in Betracht. Ein Jude als Wesir am persischen Hof (8,2; 10,3) ist höchst unwahrscheinlich, und ein persischer König, der im eigenen Reich einen Bürgerkrieg genehmigt (8,8; 9,11ff.), völlig undenkbar. Wäre schließlich Mordechai unter den Exulanten gewesen, die 597 v.Chr. aus Jerusalem deportiert wurden (vgl. 2,6), so wäre er im zwölften Jahr des Xerxes (3,7) über 120 Jahre alt gewesen und seine Cousine Ester nicht das schöne junge Mädchen, das den König dazu gewinnen konnte, sie zur Königin zu erheben (2,17)« (*J.A.Loader*, Ester 208).

Angesichts dieser imaginativen Konstruktion einer »weltgeschichtlichen« Bühne, auf der mehrere Handlungsfäden miteinander verwoben sind, und unter Berücksichtigung der vielfältigen Rezeption von Stoffen und Motiven spezifischer Geschichtsüberlieferungen Israels (s.u. 3.) ist das Buch in literarischer Hinsicht weniger eine Novelle (»Diasporanovelle«) oder eine »historisierte Weisheitserzählung« als vielmehr eine (dem Buch Judit vergleichbare) romanhafte Erzählung der hellenistischen Epoche, die im 3.Jh. entstanden sein dürfte (typisch für den Roman der hellenistischen Epoche sind: Komplexität des Handlungszusammenhangs, *theatrum mundi*, erotische Konnotationen, »Weltdeutung«). Gegen die wegen des Perserreich-Kolorits meist vertretene Datierung ins 5./4.Jh. spricht vor allem, daß das zentrale Thema der regierungsamtlichen Judenverfolgung nicht zur persischen Reichspolitik paßt; der Vorwurf gegen die jüdische Tora/Halacha in 3,8 widerspricht allem, was wir über die persische Reichsautorisation partikularer Gesetze wissen (s.o. C.I.3.). Dagegen wurde das Thema in der Epoche der Diadochenkämpfe nach dem Tod Alexanders aktuell.

Als Entstehungsort kommt am ehesten die östliche Diaspora in Frage. Das Esterbuch ist ein »Geschichtsbuch« (s.o. D.I.) der Diaspora: Es reflektiert die Bedeutung des Judentums inmitten einer nichtjüdischen Welt, *und* es aktualisiert die Geschichtstraditionen Israels für jüdische Existenz unter den Bedingungen der Diaspora.

3. Theologiegeschichtlicher Kontext

Der in Est erzählte Konflikt zwischen Haman und Mordechai ist durch intertextuelle Bezüge als Aktualisierung der »Feindschaft« Amaleks gegen Israel gezeichnet, die nach der Tora die Geschichte Israels fundamental bedroht. Die in Ex 17,8-16; Dtn 25,17-19 besprochene »ewige« Feindschaft hat mehrfache Implikationen: die Amalekiter, ein Brudervolk Israels, haben Israel überfallen, als es auf dem Weg zum Sinai war, dem Ort der Begegnung mit dem »wahren Gott«; insofern gilt der Angriff letztlich JHWH selbst, weshalb die Amalekiter in der jüdischen Tradition zur Personifikation der JHWH-Feinde par excellence wurden. Andererseits hält schon Ex 17,8-16 fest, daß es Amalek nie gelingen wird, Israel als Volk JHWHs zu vernichten. Der Bezug auf diesen Ur-Konflikt wird in Est über die Bezeichnung Hamans als »*Agagiter*« (3,1) und Mordechais als »Sohn des Jair, des Sohns des *Schimi*, des Sohns des *Kisch*« (2,5) hergestellt. Diese Kennzeichnungen evozieren den in 1 Sam 15 erzählten Konflikt zwischen Agag, dem König der Amalekiter, und König Saul, dem Sohn des Kisch. Wegen Agag hat nach 1 Sam 15 Saul seine Königswürde verloren, weil er sich in diesem Konflikt zwischen Amalek und JHWH nicht an das Banngebot gehalten hatte; er hatte die »theologische« Dimension dieses Konflikts nicht ernst genommen und sich selbst an diesem Krieg bereichert. Deshalb nahm Samuel im Auftrag JHWHs das Königsamt von ihm und übergab es dem kleinen David, daß er zum Retter seines Volkes werde (1 Sam 16). Dieser Ur-Konflikt der Israel-Feindschaft als JHWH-Feindschaft, der gemäß Ex 17,16 »von Generation zu Generation« aufbricht, ist das Thema des Esterbuchs. Die Figurenkonstellation Agag-Saul-David ist nun überraschend neu aktualisiert. Während Agag in Haman auflebt und Mordechai die Rolle Sauls, freilich positiver als dieser, spielt, tritt Ester als weibliche Figur mit »messianischen« Zügen an die Stelle Davids - und als davidische *Königin* in Opposition zum ambivalenten und destruktiven Modell der imperialen Macht des Ahaschwerosch. »Wenn Esther listig und unerkannt im Verborgenen zur Rettung ihres Volkes Macht entwickelt, gibt sie der erhofften anderen Qualität der Macht eine Gestalt, insofern sie Macht in einer ›anderen‹ Gestalt ausübt. Als Frau - zumal im Harem des Königs Achaschwerosch - agiert sie in einem zweiten Unterdrückungszusammenhang, und setzt auch die Geschichte und Gegenwart von Leiden und Zerstörung ihrer Geschlechtsgenossinnen auf die Tagesordnung. Ihr Königtum bestreitet die Gewalt, die andere zerstört, in jedem Haus. Charakteristisch für Esthers Königtum ist darum Ausbreitung der königlichen Würde auf Mordechaj und auf das ganze jüdische Volk. Sie verwandelt die Feste eines heidnischen Königs in jüdische Volksfeste. Damit greift ihr Königtum vor auf das für Israel kommende Reich, das nicht auf Unterwerfung anderer gegründet ist, sondern in Geschwisterlichkeit königlicher Menschen, Frauen und Männer, entsteht« (*K.Butting*, Die Buchstaben 84).

Die zweite Geschichtsüberlieferung, die im Buch Ester neu aktualisiert wird, ist die *Josefsgeschichte*. Neben vielen Details, in denen das Hofmilieu der Josefsgeschichte und der Estererzählung übereinstimmen, und neben der Grundidee, daß ein am fremden Königshof aufgestiegener Jude nicht nur sein Volk vor dem Tod rettet, sondern das fremde Weltreich erfolgreich verwaltet, ist die in Est vollzogene Aufspaltung bzw. Doppelung der Figur des Josef in die beiden Komplementärfiguren Mordechai und Ester wichtig. Während Mordechai als Figur im Hintergrund agiert, repräsentiert Ester gegenüber »dem Tor« Haman die Figur der »schönen, weisen Frau«, die als Personifikation der Weisheit den Tod besiegt und das Leben mehrt. Als weibliche Joseffigur ist sie eine utopische Identifikationsfigur für alle, die einerseits in der Fremde (Diaspora) leben und die andererseits den Kampf für ihr Überleben *selbst* in die Hand nehmen.

Mordechai ist in der Erzählung darüberhinaus der Idealtyp jüdischer Diaspora-Existenz, der den Kern ihrer Identität im Hauptgebot sieht und deshalb politischen

Mächten die Proskynese verweigert. Darin gleicht Mordechai dem *Daniel* der Daniellegenden Dan 2-6.

Schließlich sind die Bezüge zwischen dem Esterbuch und der *Pesachüberlieferung* nicht zu übersehen. Zwar wird man sich der verschiedentlich vorgetragenen These, Est sei eine gezielte relecture von Ex 1-12 (*G.Gerleman*) nicht anschließen, doch sind die Gemeinsamkeiten zwischen der Pesachüberlieferung und dem Esterbuch nicht zu übersehen: (1) Hamans Anschlag und die folgenden (Fast-)Tage fallen in die Pesach-Tage. (2) Das Purimfest selbst liegt nach dem damaligen Kalender am *14./15.* Adar (März), wie Pesach am *14./15.* Nisan liegt, d.h. Purim ist genau 11 Monate nach Pesach (bzw. einen Monat vor Pesach). Das aber bedeutet: Die im Exodus begonnene Rettung aus Ägypten vollendet sich im Purimfest, wenn das jüdische Volk seine »Ruhe« inmitten der Völkerwelt feiert. M.a.W.: Das in der Diaspora gefeierte Purimfest *ist* das Pesachfest der Diaspora. Für die Juden in der Diaspora geht es nicht um Rettung *aus* der Fremde, sondern um Rettung *in* der Fremde.

4. Schwerpunkte der Theologie

Gegenüber dem ersten Eindruck, das hebr. Esterbuch sei eine nicht-theologische Erzählung, die primär am Judentum als einer ethnischen und nicht als einer religiösen Größe interessiert sei, ist zu betonen: Est ist von der literarischen Technik her und in der beabsichtigten Wirkung auf die Leserinnen und Leser (also in textpragmatischer Hinsicht) ein *hoch-theologisches Buch*, das jenseits einer allzu affirmativen Gottesrede mit seinem »Gottesschweigen« dennoch die urbiblische *Gottesgewißheit* vermitteln will. Seine Theologie liegt nicht in der Oberflächenstruktur des Textes, sondern soll sich bei der Lektüre/beim Hören einstellen, wenn das Buch im intertextuellen Gespräch mit den Geschichtsüberlieferungen gelesen/gehört wird. Das gilt zunächst vom erzählten Geschehen selbst. Wenn die überraschende Rettung *aller* Juden vor dem politisch verordneten Tod so erzählt wird, daß hier zwar die beiden komplementären Hauptfiguren Ester (die Heldin) und Mordechai (Repräsentant der Juden) als Rettergestalten agieren *und* daß im Rettungsgeschehen selbst sich beinahe »wunderbar« ein Akt nach dem anderen fügt, muß der Leser sich fragen, warum sich letztendlich alles so gut fügte.

Es sind besonders zwei Stellen, die dem Leser diese Frage aufgeben und die ihm zugleich, wenn er die Texte im Horizont seiner Tradition liest, die von ihm geforderte Antwort nahelegen. Wenn Mordechai zu Ester sagt: »Wenn du in dieser Zeit tatsächlich schweigen würdest, erstünden den Juden Erleichterung und Rettung von einem anderen Ort her... Aber wer weiß, ob du (nicht) für eine Zeit wie diese zur Königinwürde gelangt bist« (Est 4,14), dann liegt hier ein sehr subtiles Hinweissystem auf Gott vor. Schon die frühe rabbinische Literatur hat das Wort »der Ort« als verhüllende Redeweise für Gott gedeutet, analog dem Wort »Himmel« für Gott in 1 Makk 16,3. So ist Est 4,14 Aktualisierung der urbiblischen Gewißheit, daß Israel nicht vernichtet werden kann und daß ihm (wie beim Exodus und beim Amalekiterüberfall vor dem Sinai) in der Todesnot Rettung zuteil wird - *woher* auch immer. Von diesem Geschichtswissen soll Ester sich leiten lassen. Für sie, so sagt Est 4,14, bietet sich der Kairos, *diese* Gottes-Wahrheit der Rettung Israels durch ihr Tun mitzuwirken.

Die zweite Stelle, die den Leser mit der Gottesfrage konfrontieren will, ist 9,1: »Im 12. Monat, das ist der Monat Adar, an seinem 13. Tag, ...an dem Tag, an dem die Judenfeinde hofften, ihrer Herr zu werden, da trat *eine Wende*/Umkehrung ein.« Wie mit einem Schlag zerreißt das Netz des Todes für die Juden, urplötzlich und allüberall. Wer dies bewirkt, wird nicht ausdrücklich gesagt. Wer die Rettungsgeschichte im Horizont des Geschichtswissens Israels lesen kann, ist gefragt, auch hier den Gott der wunderbaren Rettungen Israels vor seinen Feinden mitzudenken. Darauf weist das Buch besonders in 9,16f hin, wo das Ergebnis der Rettung als »*Ruhe vor den Feinden*« gekennzeichnet wird. Im Erzählgefüge des Buches selbst ist dies die Umkehrung der Absicht des Haman, der den König in 3,8 auffordert, die Juden, weil sie *ihren* Gesetzen gehorsam sind, »nicht in Ruhe zu lassen«, sondern sie zu vernichten. Intertextuell ist »die Ruhe vor den Feinden« die große Heilsgabe JHWHs an sein Volk in der Gestalt »des Landes« (vgl. Jos 21,44; 23,1) und »des Friedens« in der Gottesgemeinschaft, dessen Realsymbol der Tempel war (vgl. 1 Kön 8,56). Das Heilsgut »der Ruhe« sieht Est allerdings nicht »im Lande« und »im Tempel«, sondern in der Fremde, mitten unter den Völkern. Es ruft nicht auf, ins Land oder zum Zion zurückzukehren, sondern seine Botschaft ist: Israel kann Einfallstor der Gottesherrschaft werden - auch bzw. gerade in der Diaspora. Deshalb erzählt das Buch sogar davon, daß »viele von den Völkern sich als Juden bekannten« - angesichts der Bewahrheitung des Geschichtswissens Israels (vgl. Est 8,17).

Das hebr. Esterbuch vermeidet es, das Rettungsgeschehen als Ganzes und seine einzelnen Etappen direkt auf Gott zurückzuführen. Dies entspricht nicht nur der in der Spätzeit des Ersten Testaments immer stärker werdenden Betonung der Transzendenz Gottes, sondern ist das spezifische Gottesverständnis des Buchs. Das »Gottesschweigen« von Est ist sein theologisches Programm, das im Namen Ester als sprechendem Namen (die ursprüngliche Bedeutung ist unklar; vielleicht Herkunft von »Ischtar«) zusammengefaßt erscheint, wenn man ihn mit der talmudischen Tradition von der Gottesaussage des Moselieds Dtn 32,20 her versteht: »Und Gott sagte: Ich will mein Gesicht verbergen (*ʾastīrah*) vor ihnen.« Dtn 32 ist ein »Theodizeepsalm«, der die Katastrophe des Exils als Erfahrung des sich verbergenden Gottes deutet, damit Israel sich auf die Gott-Suche macht. Dieses Sich-Verbergen ist keine Abwesenheit, sondern »Anwesenheit in Verhüllung« (*L.Perlitt*), wie vor allem die ebenfalls im Exil des 6.Jh. entstandene Theologie des sog. Deuterojesaja entfaltet (vgl. besonders Jes 45,15; 54,8). Das Esterbuch ist von daher eine Theodizee-Theologie angesichts der katastrophischen Gefahr jüdischer Existenz »in dieser Welt«. An und in Israels Leid bildet sich das Geheimnis des Sich-Verbergens-Gottes ab, das Israel seine besondere Gottes-Sendung inmitten der Völker gibt - nämlich daß *Rettung* geschieht *für und durch* Israel, wenn es sich von seinem Geschichtswissen leiten läßt.

5. Relevanz

Est ist die Festrolle des Purimfestes und hat als solche Israels Rettungs- *und* Gottesgewißheit inmitten von Verfolgung sowie allen Ausrottungsversuchen zum Trotz lebendig gehalten. Diesen kontrafaktischen Sinn des Purimfestes, an dem sich die Kinder verkleiden und wo die freudige Feier der Zusammengehörigkeit ganz zentral ist, haben die christlichen Kritiker nicht begriffen, die das Buch als nationalistisch, chauvinistisch, gewalttätig, ja unmoralisch verurteilen. Gewiß: »Was hier *erzählt wird*, ist nichts anderes als ein Antisemitenpogrom. Nicht die Juden, sondern ihre Verfolger wurden umgebracht... Wir haben es mit dem typischen Fall einer Gegen-Geschichte (›counter-history‹) zu tun. Die Vergangenheit wird aus der Sicht der Besiegten und Unterdrückten so dargestellt, daß die heutigen Unterdrücker darin eine erbärmliche Figur machen und die heute Besiegten als die einstigen und wahren Sieger erscheinen« (*J.Assmann*, Das kulturelle Gedächtnis 83f).

Die bis in die Gegenwart von christlichen Exegeten propagierten Auffassungen »Ich bin dem Buch [scil. 2 Makk] und Esther so feind, daß ich wollte sie wären gar nicht vorhanden; denn sie judenzen zu sehr und haben viel heidnische Unart« (*M.Luther*) und »Dem Christen hat das Buch Esther religiös nichts zu sagen« (*K.Kuhl*, Die Entstehung des Alten Testaments, München 1953,294) sind ein erschreckendes Urteil über das Christentum selbst, das in der Geschichte vielfach die Rolle des Haman gespielt hat. Für diese dunkle Seite der Kirchengeschichte ist die Lektüre des Buches Ester eine notwendige Gewissenserforschung und die Aufforderung zur Umkehr. Andererseits kann das Christentum aus dem Esterbuch lernen, daß der Gott Israels auch als der Verborgene seinem Volk die Treue hält, *weil* er ein Gott der Rettung ist. Weil und wenn dies für Israel gilt, ist diese Treue-Zusage auch für die Kirche wahr.

XIII.   Die Bücher der Makkabäer
(*Helmut Engel*)

Text: Maccabaeorum libri (Septuaginta: Vetus Testamentum Graecum IX), fasc. 1: Macc. liber I, hg. W.Kappler, Göttingen 1936; fasc. 2: Macc. liber II, hg. R.Hanhart, Göttingen 1959; fasc. 3: Macc. liber III, hg. R.Hanhart, Göttingen 1960; R.Hanhart, Zum Text des 2. und 3. Makkabäerbuches. Probleme der Überlieferung, der Auslegung und der Ausgabe (MSU 7) Göttingen 1961.
Kommentare: F.-M.Abel, Les livres des Maccabées, Paris 1949; S.Tedesche/S.Zeitlin, I Macc (JAL) 1950; dies., II Macc (JAL) 1954; M.Hadas, III+IV Macc (JAL) 1953; A.Penna, I+II Macc (SB[T] 15) 1953; J.C.Dancy, I Macc, Oxford 1954; F.-M.Abel/J.Starcky, I+II Macc (SB[J]) [3]1961; J.R.Bartlett, I+II Macc, Cambridge 1973; C.Habicht, 2 Makk (JSHRZ I,3) 1976; K.-D.Schunck, 1 Makk (JSHRZ I,4) 1980; J.A.Goldstein, I+II Macc (AncB 41+A) 1976/83; W.Dommershausen, I+II Makk (NEB) 1985; H.-J.Klauck, 4. Makkabäerbuch (JSHRZ III/6) 1989; St.v.Dobbeler, 1/2 Makk (NSK.AT 11) 1997.
Einzelstudien: D.Arenhoevel, Die Theokratie nach dem 1. und 2. Makkabäerbuch (WSAMA.T 3) Mainz 1967; B.Bar-Kochva, Judas Maccabaeus. The Jewish Struggle Against the Seleucids, Cambridge 1989; E.J.Bickermann, Der Gott der Makkabäer, Berlin 1937; R.Doran, Temple Propaganda. The Purpose and Character of 2 Macc (CBQ 12) Washington D.C. 1981; ders., The Jewish Hellenistic Historians Before Josephus. III The Book of 2 Maccabees, in: ANRW II 20,1,1987,274-297; A.Enermalm-Ogawa, Un langage de prière juif en grec. Le témoignage des deux premiers livres des Maccabées (CB.NT 17) Stockholm 1987; Th.Fischer, Seleukiden und Makkabäer, Bochum 1980; ders., Heliodor im Tempel von Jerusalem. Ein hellenistischer Aspekt der »frommen Legende«, in: FS S.Herrmann, Stuttgart 1991,121-138; J.Kampen, The Hasideans and the Origin of Pharisaism. A Study in 1 and 2 Maccabees (Septuagint and Cognate Studies 24) Atlanta, Georgia, 1988; U.Kellermann, Auferstanden in den Himmel. 2 Makkabäer 7 und die Auferstehung der Märtyrer (SBS 95) Stuttgart 1979; ders., Zum traditionsgeschichtlichen Problem des stellvertretenden Sühnetodes in 2 Makk 7,37f., in: BN 13,1980,63-83; N.Martola, Capture and Liberation. A Study in the Composition of the First Book of Maccabees (AAbo.A 63/1) Abo 1984; G.O.Neuhaus, Studien zu den poetischen Stücken im 1. Makkabäerbuch (fzb 12) Würzburg 1974; ders., Quellen im 1. Makkabäerbuch? Eine Entgegnung auf die Analyse von K.-D.Schunck: JSJ 5,1974,162-175; O.Plöger, Die Feldzüge der Seleukiden gegen den Makkabäer Judas: ZDPV 74,1958,155-188; G.Schmuttermayr, Art. Makkabäer, Makkabäerbücher, in: LThK[3]VI,1997,1225-1230; K.-D.Schunck, Die Quellen des I. und II. Makkabäerbuches, Halle 1954; ders., Makkabäer/Makkabäerbücher, in: TRE 21,1991,736-745; J.Sievers, The Hasmoneans and Their Supporters. From Mattathias to the Death of John Hyrcanus I (Studies in the History of Judaism 6) Atlanta, Georgia 1990; S.Stein, The Liturgy of Hanukka and the First Two Books of Maccabees: JJS 5,1954,100-106.148-155; R.D.Young, The »Woman with the Soul of Abraham«. Traditions about the

Mother of the Maccabaean Martyrs, in: Amy-Jill Levine (Hg.), Women Like This, SBL Early Judaism and its Literature 1, Atlanta 1991,67-81.

Zur Bezeichnung »Makkabäerbücher«

Unter dem Namen »Makkabäerbücher« sind in LXX-Hss. und in alten Übersetzungen davon *(vetus latina,* syr., arm., kopt. Hss.) vier recht verschiedene Werke überliefert. Das rabbinische Judentum hat keines dieser Bücher in seine Liste der heiligen Schriften aufgenommen. Die beiden ersten Makkabäerbücher (1/2 Makk) wurden seit je in den christlichen Kirchen des Ostens und des Westens gelesen und sind schließlich in das Kanonverzeichnis des Trienter Konzils eingegangen; 3 Makk wurde nur in einigen östlichen Kirchen gelesen; 4 Makk scheint dagegen nirgends kanonisch geworden zu sein trotz seiner Verbreitung auch in Bibelhandschriften und seiner Wertschätzung (die *Menologien* der griechischen Kirche, nach Festtagen geordnete Viten der Heiligen, bieten 4 Makk zum 1. August, dem Gedenktag der Makkabäischen Märtyrer). Die unterschiedliche Beurteilung der Kanonizität spiegelt sich im Umfang der griechischen Bibelhandschriften: Von den großen Majuskelhss. enthalten der *Codex Alexandrinus* A (5.Jh.) und der *Codex Venetus* V (9.Jh.) den Text von 1-4 Makk, der *Sinaiticus* S (4.Jh.) nur 1 und 4 Makk; der *Vaticanus* B (4.Jh.) enthält keines der Makkabäerbücher. Viele Minuskeln bieten den Text von 1-4 Makk, einige 1-3 Makk, wenige nur 1-2 Makk und eine (späte) nur 1.2.4. Makk.

Das *Dritte Makkabäerbuch,* das im Westen lange unbekannt geblieben zu sein scheint (es gibt keine altlateinische, wohl aber eine syrische und eine armenische Übersetzung), ist eine griechisch verfaßte Schrift eines wahrscheinlich ägyptischen Juden, vielleicht aus dem 1.Jh. v.Chr. oder dem Beginn des 1.Jh. n.Chr. Sein Name kommt dem Buch nur uneigentlich zu und stammt aus seiner Stellung in den Handschriften (wo es überliefert ist, steht es immer nach 1/2 Makk). Inhaltlich nimmt das Buch keinerlei Bezug auf Judas Makkabäus oder seine Brüder. Vielmehr werden Verfolgungen von Juden in Ägypten und ihre Rettung daraus nach dem Sieg, den Ptolemaios IV. Philopator bei Raphia 217 v.Chr. über Antiochos III. errungen hatte, und nach seinem Versuch, den Jerusalemer Tempel zu betreten, ausgeschmückt mit Vorgängen wohl aus der Zeit Ptolemaios' VII. und Physkon Euergetes' II. (170-164 und 145-117 v.Chr.) und erzählt nach Art der Festlegende eines Befreiungsfestes der alexandrinischen Juden Anfang Juli, das auch Flavius Josephus kennt (Contra Apionem II, 5).

Als *Viertes Makkabäerbuch* wird spätestens im 4.Jh. n.Chr. eine Schrift benannt, auf die oft auch mit dem Titel »Über die Selbstherrschaft der Vernunft/Urteilskraft« verwiesen wird in Anschluß an ihre häufig wiederholte Leitfrage, ob »die gottesfürchtige Vernunft souveräne Herrscherin über die Leidenschaften ist« (4 Makk 1,1). Als viertes »Makkabäer«-Buch wurde diese »sehr philosophische Rede« (1,1) bezeichnet, weil ihr Verfasser seine These vor allem anhand der Darstellung von Märtyrern der Makkabäerzeit, dem greisen Eleasar und den Sieben Brüdern mit ihrer Mutter, beispielhaft veranschaulicht. Diesen Erzählstoff entnahm der Verfasser von 4 Makk dem Zweiten Makkabäerbuch (Kap.6-7). Zu Aufbau, Gattung, theologischen Themen und Nachwirkung dieses Werkes eines rhetorisch und philosophisch gebildeten, gesetzestreuen hellenistischen Diasporajuden (möglicherweise in Antiochien, 1.Jh. n.Chr.) vgl. den Kommentar mit Einleitung von *H.-J.Klauck.*

Das Erste Makkabäerbuch

0. Textüberlieferung

Der hebräische Urtext des Ersten Makkabäerbuches, der Hieronymus noch vorlag (um 400 n.Chr.), ist uns nirgends erhalten. Origenes (zitiert bei Eusebius) nennt das Buch, mehr als 150 Jahre früher, »Die Makkabäische (Geschichte)« und gibt als (hebräischen) Buchtitel in griechischer Umschrift *Sarbethsabanaiel* an (ähnlich lautet die Überschrift in einer syrischen Handschrift). Dieser Ausdruck wird verschieden gedeutet: »Buch des Hauses Haschmonaj« (*G.Dalman*), »[Buch über den] Aufstand des Gottesheeres (bzw. der Gottessöhne)« (*F.-M.Abel/J.Starcky*), »[Buch des] Fürsten des Hauses Gottes« (*K.-D.Schunck*), »Buch der Dynastie der Gottesstreiter« (*J.Goldstein*), »[Buch der] Fürsten des Hauses der Tapferen« (*W.Dommershausen*).

Alle griechischen Handschriften und die alten Übersetzungen (lat. und syr.) scheinen von einer einzigen ersten griechischen Übersetzung abzuhängen. In seiner Edition stellt *W.Kappler* die griechischen

Textzeugen zu drei Hauptgruppen zusammen: die Unzialen S A V und die Minuskel-Gruppen *q* und *L' (L+l)* und daneben 7 Minuskeln, die einen Mischtext bieten. Wo die griechische Textüberlieferung variiert, bieten die ca. 200 n.Chr. entstandene lateinische Übersetzung und die jüngere der syrischen Übersetzungen eine wichtige Entscheidungshilfe. Ebenfalls große Bedeutung für die Rekonstruktion des ältesten griechischen Textes haben das 12. und 13. Buch der »Jüdischen Altertümer« des Flavius Josephus, der dort die griechische Übersetzung (und nicht den verlorenen hebräischen Urtext) von 1 Makk 1–13 als Hauptquelle benutzt und paraphrasiert (für seine Darstellung der in 1 Makk 14–16 erzählten Vorgänge verwendet Josephus andere Quellen).

1. Aufbau

Eine erste Lektüre des uns vorliegenden (griechischen) Ersten Makkabäerbuches ergibt folgende Grobgliederung:

1-2	Vorspiel
1	Die Entstehung der Krise, aus der die Rettung erfolgen wird
2	*Mattatias'* aktiver Widerstand und sein testamentarischer Auftrag an seine Söhne, sein Werk fortzusetzen

3-16	Die Geschichte von der ersten Generation der Hasmonäer
3,1-9,22	*Judas* befreit den Tempel, wehrt Angriffe auf die Juden ab, schließt einen Freundschaftsvertrag mit den Römern und fällt im Kampf.
9,23-16,24	Die Leistungen *Jonatans* und insbesondere *Simons*
9,23-12,52	*Jonatan* wehrt weitere Angriffe ab und pflegt die Beziehungen zu Rom und Sparta; wechselnde Beziehungen zu den Machthabern in Antiochien.
12,53-16,24	*Simon* befreit Jerusalem von der Bedrohung durch die Akra und das Volk vom Joch der Seleukiden. Er festigt die Beziehungen zu Rom und Sparta. Zeit des Friedens und Wohlstands. Trotz Angriffen von außen und innen geht das Erbe der ersten Generation unangefochten auf Simons Sohn Johannes Hyrkan über.

Bei einer sorgfältigen narrativen Analyse werden einige Abschnitte als »Inseln« im Erzählfluß und als Erweiterungen einer »Grunderzählung« erkennbar (auch das Folgende nach *N.Martola*, Capture and Liberation). Es handelt sich dabei um wohlüberlegte Einfügungen und Nachträge: Kap.8 (Judas wird Bundesgenosse und Freund der Römer); 12,1-23 (Jonatan erneuert das Bündnis mit Rom und die Freundschaft mit Sparta); 14,16-24.25-49; 15,15-24 (Simon erneuert die Freundschaft mit Sparta und das Bündnis mit Rom; Beschluß der Juden und ihrer Priester über die Anerkennung Simons als Hoherpriester und oberste administrative und militärische Instanz); 15,1-14; 15,15-16,24 (Verfolgung Tryphons durch Antiochos VII., die Verschlechterung der Beziehungen Simons zu Antiochos VII. bis zum erfolglosen Kriegszug des Kendebaios; mißlungener Versuch von Simons Schwiegersohn Ptolemaios, durch Ermordung Simons dessen Nachfolger zu werden; Amtsantritt des Johannes Hyrkan, des Sohnes Simons).

Diese Erweiterungen verstärken die Bedeutung der Mitglieder der Mattatias-Familie als nationale Führer. Die gegenüber der Grunderzählung entstandene Gewichtsverlagerung und die Kürze des Schlusses in 16,23-24 vermitteln den Eindruck, im vorliegenden 1 Makk solle der Ursprung einer auserwählten Dynastie und die Geschichte ihrer ersten Generation erzählt werden. Aus der Grunderzählung, der »Geschichte von der Einnahme des Tempels und der Stadt Jerusalem und der Behinderung der Tora-Beobachtung und von der Befreiung aus all dem durch die Taten des Judas und des Simon, der Söhne des Zweiten Pinhas«, wurde durch eine Verschiebung der Akzente infolge der genannten Erweiterungen die Geschichte der ersten Generation der Hasmonäer, »der Familie der Männer, durch die Israel Rettung geschenkt wurde« (5,62). Vielleicht sind aus diesem Interesse an den Leistungen der ersten Generation auch die Texte über die Beziehungen zu Rom und Sparta eingefügt worden.

Die Einfügungen und Nachträge haben zwar dem zweiten Preisgedicht (14,4-15) viel von seiner Funktion als Struktursignal in der Grunderzählung genommen; stattdessen gewinnen 9,23 und 12,53 an Bedeutung (Schilderungen der Not, in der der jeweilige Nachfolger seine Aufgabe beginnt); 9,22 (Schlußnotiz zu Judas) erscheint als parallel zu 16,23-24 (ähnliche Notiz zu Johannes Hyrkan); dennoch verdeckt die erweiternde Umgestaltung die ursprüngliche Struktur der Grunderzählung nur wenig.

Die Grunderzählung beginnt mit einem *Prolog* (1,1-10), der den weltgeschichtlichen Hintergrund umreißt (von Alexander dem Großen zu Antiochos IV. Epiphanes), von dem die im Buch erzählten Ereignisse ihren Ausgang nehmen. Die daran anschließende *Einleitung* (1,11-64) zeigt als Folge des Abfalls maßgebender Juden von Bund und Gesetz (1,11-15) den Einbruch der Katastrophe unter Antiochos IV. Epiphanes in drei Abschnitten. Programmatisch wird dann durch die Eifertat und das Wirken des Mattatias (Kap.2) der Umschwung eingeleitet. *Gerahmt durch Preisgedichte* auf dessen Söhne Judas Makkabäus (3,1-9) und auf Simon (14,4-15) wird in zwei großen Bögen der Kampf um die religiöse und politische Freiheit erzählt, zunächst unter der Führung des Judas (3,10–9,22), dann unter Jonatan und vor allem Simon (9,23–14,3). Dementsprechend läßt sich der *Aufbau der Grunderzählung* im einzelnen so darstellen:

1,1-10	**Prolog: Von Alexander dem Großen zu Antiochos IV. Epiphanes**	
1,11-64	**Einleitung: Der Ursprung des Unglücks**	
	11-15	Der Abfall von Juden
	16-64	Heimsuchungen als Folge des Abfalls
		16-24 1. Antiochos' Plünderung des Tempels
		25-28 *Klagegedicht über Land und Volk Israel*
		29-35 2. Antiochos läßt die Akra bauen und legt Heiden dahin.
		36-40 *Klagegedicht über Jerusalem und den Tempel*
		41-64 3. Antiochos' Angriff auf die Religionsausübung und den Tempel
2-14	**Hauptteil: Die Wiederherstellung der religiösen und politischen Freiheit**	
2	Die Eifertat des Mattatias	
	1-14	Vorstellung des Priesters Mattatias und seiner Familie (7-13 *Klagegedicht des Mattatias*)
	15-70	Rechtes und unrechtes Verhalten in der Verfolgungszeit
		15-28 Mattatias Eifer für das Gesetz
		29-38 Der Untergang von Gesetzestreuen infolge ihrer Passivität
		39-48 Schlußfolgerungen aus dieser Erfahrung; Bildung einer Widerstandstruppe
		49-70 Das Testament des Mattatias und sein Tod

9,23-14,3			Die Befreiung wird fortgesetzt und vollendet unter der Führung *Jonatans* und vor allem *Simons*.
9,23-73			Fortgang der Konflikte unter Demetrios I.
	23-57		Abschluß des dritten Kriegszuges. Jonatan wird zum Führer gewählt. Alkimos stirbt.
	58-73		Der vierte Kriegszug. Niederlage des Bakchides. Ruhe im Land
10,1-11,37			Alexander Balas wird König, nach ihm übernimmt Demetrios II. die Herrschaft; Jonatans Aufstieg
	10,1-66		Alexander Balas stürzt Demetrios I.: Trotz eines umfassenden Privilegienangebotes von Demetrios I. bleiben Jonatan und das Volk auf der Seite Alexanders, der Jonatan zum ›Freund des Königs‹ und zum Hohenpriester ernennt.
	10,67–11,37		Demetrios' II. Weg zur Macht. Bestätigung der Position Jonatans.
		67-89	Thronanspruch Demetrios' II. Jonatan schlägt Apollonios, den von Demetrios II. eingesetzten Gouverneur von Zölesyrien.
		1-19	Ptolemäus VI. vertreibt Alexander Balas aus Palästina, der danach in Arabien ermordet wird; Ptolemäus VI. stirbt drei Tage später; Demetrios II. wird König.
		20-37	Demetrios II. bestätigt Jonatan als Hohenpriester und erkennt seine politische Stellung an.
11,38-14,3			Demetrios II. wird Gegner Jonatans. Tryphon und Antiochos VI. werden Herrscher in Antiochien, Jonatan ihr Vasall. Tryphon ermordet Jonatan. Simon als sein Nachfolger vollendet die Befreiung.
11		38-59	Demetrios II. hält nicht seine Versprechen an Jonatan. Tryphon als Kommandeur Antiochos' VI. nimmt Antiochien; Antiochos VI. bestätigt Jonatan.
		60-74	Jonatan schlägt das Heer Demetrios' II.
12		24-38	Jonatan schlägt noch einmal die Truppen Demetrios II.
12,39–13,32			Tryphon meuchelmordet Jonatan. Simon wird sein Nachfolger. Tryphon ermordet Antiochos VI.
13		33-42	Simon erhält Konzessionen und Friedensvertrag von Demetrios II.
		43-5	Simon erobert Geser und nimmt endgültig die Akra ein.
		53	Simons Sohn Johannes (Hyrkan) wird Oberbefehlshaber.
14		1-3	Demetrios II. zieht in den Osten und wird dort gefangengenommen.
	14,4-15		*Rahmen: Preisgedicht auf Simon*

2. Entstehung

2.1 Quellen

Der Verfasser hat zahlreiche *Dokumente,* die ihm möglicherweise im hasmonäischen Hofarchiv zugänglich waren, in sein Werk aufgenommen: 5,10b-13 (Brief: Hilferuf der Juden in Gilead); 8,23-32 (Urkunde über das Friedensbündnis mit den Römern); 10,18-20 (Schreiben des Alexander Balas an Jonatan: Ernennung zum Hohenpriester und Freund des Königs); 10,25b-45 (Brief Demetrios I. an Jonatan mit Versprechungen); 11,30-37 (Demetrios II. an Jonatan); 12,6-18 (Brief Jonatans an die Spartaner); 12,20-23 (Brief der Spartaner an Onias II.); 13,36-40 (Demetrios II. an Simon); 14,20b-23 (Die Spartaner an Simon); 14,27b-45 (Ehrendekret der Priester und des Volkes für Simon); 15,2-9 (Antiochos VII. Sidetes an Simon); 15,16-21 (Der Konsul Lucius Caecilius Metellus Calvus an Ptolemaios VIII. Euergetes II). Außerdem kannte der Autor, das läßt sich aus 16,23-24 entnehmen, die Annalen der (hasmonäischen) Hohenpriester.

In 1 Makk werden zwei verschiedene seleukidische *Jahreszählungen* verwendet: Bei militärischen und politischen die Seleukiden betreffenden Ereignissen wird nach einer in Antiochien und den makedonischen Gebieten des Seleukidenreiches gebräuchlichen Weise ab dem Herbst 312 v.Chr. gezählt (z.B. 1,10; 10,1; 14,1); innerjüdische, den Tempel und den Gottesdienst betreffende Vorgänge werden jedoch nach einer im Frühjahr 311 mit dem Monat Nisan beginnenden Ära, die auch in Babylonien üblich war, datiert (z.B. 1,54; 4,52; 10,21). Mit dieser unterschiedlichen Datierweise hatte *K.-D.Schunck* (1954; 1991), nach den grundlegenden Vorarbeiten von *E.J.Bickermann*, eine Quellenscheidung und seine Annahme begründet, der Verfasser von 1 Makk habe seiner Darstellung syrische und jüdische Schriften zugrundegelegt (eine seleukidische Chronik und andererseits eine Judas-*Vita*, vielleicht von dem 8,17 erwähnten Eupolemos verfaßt, dazu über Jonatan und Simon die hohepriesterlichen Tagebücher). Demgegenüber hat *G.O.Neuhaus* anhand der durchgängigen zentralen Begriffe und Thematik, der eingeflochtenen poetischen Stücke und der Reden darauf verwiesen, daß 1 Makk als ein Werk aus *einer* Hand zu verstehen ist. Mit Ausnahme der zitierten Dokumente sind jedenfalls alle vermutbaren schriftlichen Quellen vom Verfasser einer durchgreifenden Umformulierung und Einpassung in seine eigene Darstellung unterzogen worden, so daß eine sichere Ausgrenzung von Vorlagen nicht mehr möglich ist. Über Gestalt und Umfang mündlicher Traditionen, die der Verfasser aufgreifen konnte, läßt sich kaum noch etwas Verläßliches feststellen.

2.2 Die poetischen Stücke in 1 Makk

Im Aufbau der Grunderzählung spielen poetische Stücke (1,25-28.36-40; 2,7-13. 49c-68; 3,3-9a.45.50b-53; 4,30d-33.38; 7,17; 9,21.41; 14,4-15: Abgrenzung nach *N.Martola* in Weiterführung von *G.O.Neuhaus*) eine besondere Rolle. Der Verfasser hat diese Stücke in Poesie und gehobener Prosa zur Hervorhebung der Höhe- und Tiefpunkte im Geschichtsverlauf für seine Darstellung selbst formuliert. Er knüpft damit an die alttestamentlichen Geschichtsdarstellungen (Ri – 2 Kön; Chr) an, die ihm als Vorbild dienen.

Bemerkenswert ist das *Fehlen* poetischer Stücke in zwei Textbereichen: in den oben als Erweiterung der Grunderzählung bezeichneten Abschnitten und in der Darstellung *Jonatans*. Während Mattatias ein Klagelied und ein feierliches Testament zugeordnet sind und die Preislieder auf Judas und auf Simon den Hauptteil rahmen, findet sich aus der Zeit Jonatans nur ein Zweizeiler in 9,41 (Anklang an Am 8,10) ohne direkten Bezug auf Jonatan. Spiegeln sich in dieser Zurückhaltung des Verfassers die Bedenken anderer jüdischer Gruppen (bes. der Essener) gegenüber der Übernahme der Hohepriesterwürde durch Jonatan, dessen militärisches und diplomatisches Geschick niemand bestritt, aus der Hand eines zweifelhaft legitimen syrischen Herrschers? Die Nichterwähnung Jonatans im Mattatias-Testament und die Weise der Darstellung in 10,15-21 legt eine solche Vermutung nahe: Auf das knapp eingeleitete Schreiben des Alexander Balas, womit er Jonatan zum Hohenpriester des Volkes und Freund des Königs ernennt, folgt in *einem* Satz (10,21) die Datumsangabe der ersten Amtshandlung Jonatans als Hoherpriester (Laubhüttenfest 152 v.Chr.) und ein Hinweis auf daran anschließende neue Truppenaushebungen und erfolgreiche Rüstungsanstrengungen.

2.3 Die Erweiterungen der Grunderzählung

Es gibt keine hinreichenden inhaltlichen oder stilistischen Gründe, die Nachträge und Ergänzungen (s.o.) einem anderen als dem Verfasser der Grunderzählung zuzuschreiben. Obwohl sie die Struktur des ersten Entwurfs (der Grunderzählung) nicht berücksichtigen, sondern eher verdecken, und keine poetischen Stücke mehr enthalten, entsprechen sie ganz dem Darstellungsinteresse des Verfassers. Das als programmatische Vorausschau auf das Buch gestaltete Testament des Mattatias (2,49-68) war zwar mit dem Bericht über die namentlich genannten Söhne Judas Makkabäus und Simon erfüllt. Die Bezeichnung Simons als »euer Vater« in 2,65 gab aber auch noch Raum für seine Darstellung als erster in der Reihe der Hasmonäer-Dynastie.

3. Theologiegeschichtlicher Kontext und Entstehungszeit

1 Makk ist das einzige Buch der Heiligen Schrift, in dem die Geschichte der Anfänge der hasmonäischen Hohepriester- und Herrscherdynastie aus deren eigener Sicht mit unverhohlener Sympathie erzählt wird. In den Augen des Verfassers ist dies »die Familie der Männer, durch die Israel Rettung geschenkt wurde« (5,62). Wie Gott einst durch die Richter und Könige Israels und Judas sein Volk, das Land und den Tempel vor den Feinden rettete und bewahrte, so hat er sich auch in der jüngsten Vergangenheit durch Judas und seine Brüder als Retter vor Gegnern aus den eigenen Reihen und vor den seleukidischen Heeren erwiesen. Diese offensichtliche Hilfe Gottes, die rechtmäßigen Ernennungen durch mehrere Seleukidenkönige und die feierliche Volkszustimmung sollten alle Bedenken gegen die Legitimität der Hasmonäer als oberste administrative, kultische und militärische Führer (14,41f) ausräumen.

Der Verfasser schreibt *nach* dem Regierungsantritt von Simons Sohn Johannes Hyrkan (134 v.Chr.) und, wie die bewundernde Darstellung der Römer nahelegt, noch *vor* dem Eingreifen des Pompeius (63 v.Chr.), am wahrscheinlichsten gegen Ende der Regierungszeit des Johannes Hyrkan oder in den ersten Jahren des Alexander Jannäus, also um 100 v.Chr. Daß sich in deren Regierungszeit tatsächlich Widerstand gegen die Aufhebung der Gewaltenteilung und die rücksichtslose Durchsetzung der Machtansprüche einer Dynastie aus einer nicht-davidischen und nicht-zadokidischen Priesterfamilie regte, ist auch aus den Qumranschriften erkennbar und bei Flavius Josephus dargelegt.

Ob die Übersetzung ins Griechische schon bald oder erst später erfolgte, ist nicht auszumachen – sie lag jedenfalls Flavius Josephus bei der Abfassung seiner *Antiquitates Judaicae* (fertiggestellt ca. 94 n.Chr.) als von ihm geschätzte Quelle längst vor.

4. Schwerpunkte der Theologie

Als Historiker hütet der Verfasser sich strikt, in seiner Darstellung Gott jemals direkt eingreifen zu lassen, ja überhaupt zu nennen: Er ist kein Akteur neben den politisch und militärisch Handelnden, und doch ist allein dem »Himmel« (so die ehrfürchtige Umschreibung Gottes in 3,18.19.50.60; 4,10.24.40.55; 9,46; 12,15; 16,3) die Rettung zuzuschreiben, die »durch die Hand« des Judas (und seiner Brüder) geschieht (3,6; 4,35; 5,62). In Siegen und Niederlagen, politischen Verhandlungen und Dekreten ist der »Retter Israels« (4,30) wirksam. Die Bittgebete in Notsituationen (3,46-54; 4,30-33; 5,33; 7,40-42; 11,71) und Lobpreis und Dank (4,24.55) der Anführer und des Volkes halten die Realität Gottes beim Leser ständig ausdrücklich präsent.

Der Verfasser gestaltet seine Geschichtserzählung nach dem Muster der großen Ereignisse der Geschichte des Gottesvolkes (z.B. Exodus und Rettung am Meer 4,9; David-Goliat 4,30; Sanherib vor Jerusalem 7,41). Umfassend-programmatisch nennt das Testament des Mattatias die in den bekanntesten Gestalten der Heiligen Schrift verkörperten Ideale (2,49-61), die dann die Darstellung der ersten Generation der Hasmonäer prägen, vor allem den Eifer für die Tora (2,54.58.64.68; 14,14).

5. Relevanz

Der auffälligste Zug der Geschichtsdarstellung in 1 Makk ist seine einseitige, vorbehaltlos pro-hasmonäische Perspektive. Judas und seine Brüder kämpfen ausschließlich für »Israel«, für eine unbehinderte Religionsausübung im Lande und das Ansehen des Volkes (2,67; 3,1.3.43; 14,4-15). Dementsprechend betrachtet der Verfasser die Hasmonäer auch nicht als eine Partei mit starken Eigeninteressen und Machtansprüchen, die mit denen anderer konkurrieren; ihre Anhänger sind für ihn »das Volk«, ihre Kritiker und Gegner dagegen sind (neben den Seleukiden mit ihren Truppen) sämtlich »Gesetzlose, Gottlose« (1,11; 3,5f.8; 6,21; 7,5; 9,23.58.73; 10,61; 11,21.25; 14,14). Aus seinen Quellen wählt er aus, was die Gesetzestreue (selbst bei Kampfvorbereitungen, Beuteunternehmungen und innenpolitischen Auseinandersetzungen), die richtige Auslegung der Tora (Erlaubtheit der Selbstverteidigung am Sabbat) und die rechtmäßige Ämterübernahme in der Gründergeneration und folglich auch der hasmonäischen Priesterfürsten seither aufweist. Was für seine Bewertung der Vorgänge problematisch werden könnte, läßt der Verfasser unerwähnt: z.B. essenische und pharisäische Messias-Konzeptionen, für die eine Trennung der Militärführer- und der Hohepriesterfunktionen unabdingbar war, oder die gestörte Sukzession der Hohepriester, seit dieses Amt unter Antiochos IV. käuflich geworden war (Jason, Menelaos). Nur der Nicht-Oniade Alkimos wird namentlich aufgeführt und als verbrecherischer Amtsinhaber gezeichnet; der unmittelbare Amtsvorgänger Jonatans jedoch und die Auseinandersetzungen bei seiner Ablösung bleiben ausgeblendet.

Daß die Bewertung der Etablierung der Hasmonäer-Dynastie in 1 Makk nicht als *das* Urteil der Heiligen Schrift gelten soll, zeigt die davon verschiedene Einschätzung in anderen ebenfalls kanonischen Büchern (Danielbuch, Susanna-Erzählung, Judit, 2 Makk). Derart relativiert erhält diese parteiliche priesterliche Stimme ihre rechte Bedeutung einerseits als wichtige Nachrichtenquelle über die Makkabäerzeit und zum andern als Anregung, Gottes Wirken auch in der nahe vergangenen und das Heute prägenden Geschichte zu suchen, nicht weil alles Geschehene einwandfrei und lobenswert wäre, sondern weil die Glaubenden hoffen dürfen, daß Gott sein Volk trotz aller Sünde und Gewalt von außen und von innen auch in der Gegenwart rettet.

Das Zweite Makkabäerbuch

0. Textüberlieferung

Das Zweite Makkabäerbuch ist, mit Ausnahme der aus dem Hebräischen oder Aramäischen übersetzten zwei Briefe am Buchanfang (1,1-10a und 1,10b-2,18), von vornherein in literarischem Koine-Griechisch verfaßt worden. Es ist in zwei Unzialen (*Alexandrinus* A, 5.Jh. n.Chr. und *Venetus* V, 8.Jh. n.Chr.) und mehr als 30 Minuskeln, dazu in Handschriften der lat., syr. und arm. Übersetzungen und in Zitaten besonders aus dem 6. und 7.Kap. bei griechischen und lateinischen Schriftstellern erhalten. In seiner kritischen Edition ordnet *R.Hanhart* die Handschriften in drei bzw. vier Gruppen zusammen: Unzialen und davon abhängige Minuskeln, Rezension *q*, Rezension des Lukian *L'* und Mischtexte. Für die Herstellung des ursprünglichen Textes stützt er sich vor allem auf die Hss. A 55 347 771. Eine Liste von Stellen, die in der Forschung kontrovers diskutiert wurden (es geht vor allem um das Gewicht der lukianischen Rezension) und bei denen von *R.Hanharts* Edition abweichende textkritische Entscheidungen oder sogar Konjekturen erwägenswert erscheinen, hat *C.Habicht* am Ende seines Kommentars (S. 284-285) zusammengestellt.

1. Aufbau

Die unterschiedliche Schlußtitulierung *(subscriptio)* in den beiden Unzialen macht auf die eigentümliche Gestalt des Buches aufmerksam: »Brief« (so A) bzw. »Kurzfassung (so V) der Taten/Geschichte Judas' des Makkabäers«. Im vorliegenden Buch bildet nämlich eine Kurzfassung (ἐπιτομή) des fünfbändigen Geschichtswerkes des Jason von Kyrene über die Taten des Judas und deren Vorgeschichte den ausführlich erläuternden »Anhang« zu zwei voranstehenden Briefen:

Zwei Fest-Briefe zum »Laubhüttenfest im Monat Kislew« (1,1–2,18):	
1,1-10a	Der Brief der Juden in Jerusalem und Judäa an die jüdischen Brüder und Schwestern in Ägypten
	1 Präskript (Adressaten, Absender, Gruß)
	2-5.6 Segenswünsche, Zusage von Fürbitte
	7-9 Briefcorpus:
	7-8 Rückverweis auf einen Brief vom Jahre 169 Sel. (= 143 v.Chr.)
	9 Aufforderung zur Feier des »Laubhüttenfestes im Monat Kislew«
	10a Datum: Jahr 188 [der Seleukidenära] (= 124 v.Chr.)
1,10b–**2**,18	Der Brief der Jerusalemer, der Judäer, der Gerusia und des Judas an Aristobulos, den Lehrer des Königs Ptolemaios (= VI. Philometor [181-145 v.C.]; aus dem Jahre 164 v.C.?)
1,10b-d	Präskript (Absender, Adressaten, Gruß)
11-17	Das Ende des gottlosen Antiochos (IV. Epiphanes)
18–**2**,15	Aufweis der Kontinuität vom Tempel Salomos zum jetzt zu reinigenden
	18-36 Die Bergung und Aufbewahrung des Altarfeuers über das Exil hinweg und seine Wiederauffindung unter Nehemia (zugleich Entdeckung des Erdöls)
	(24-29 Opfergebet der Priester zur Zeit Nehemias)
	1-8 Überlieferungen über die Aufforderung durch Jeremia, das Feuer mitzunehmen, und wie er Zelt, Lade und Räucheraltar verbarg, unauffindbar bis zur Wiederzusammenführung des Volkes
	9-12 Erinnerung an die Tempelweihe Salomos mit Feuer vom Himmel wie bei Mose und das achttägige Tempelweihfest
	13-15 Die Zusammenstellung einer Bibliothek der Heiligen Schriften durch Nehemia und jetzt in gleicher Weise durch Judas; Einladung zum Bestellen von Kopien der Bücher,die in Ägypten etwa fehlen
2,16-18	Aufforderung an die ägyptischen Juden als Mitglieder des geretteten Gottesvolkes, die Tage der Tempelreinigung, 'Laubhütten- und Feuerfest im Monat Kislew', zu begehen.

Die Kurzfassung der fünf Bücher des Jason von Kyrene wird gerahmt von einem *Proömium* (2,19-32) und einem *Epilog* (15,37-39) des Epitomators (Autor der Kurzfassung). Die Heliodorerzählung (Kap.3) bietet eine (für den Fortgang der Ereignisse folgenlose) *Vorgeschichte*, in der sich aber bereits die Themen und Beobachtungen zeigen, die durch das ganze Buch hindurch wichtig sind: die Bedeutung der Gesetzestreue und des Gebets; die Heiligkeit des Jerusalemer Tempels und sein wirksamer Schutz durch Gott als Zeichen, daß er sein Volk immer retten wird (vgl. 5,19f); Erscheinungen vom Himmel her zugunsten der für ihr Judesein Kämpfenden (vgl. 2,21); die Mitschuld und das Mitwirken von Juden bei Freveln und Entweihungsversuchen des Tempels u.a.

Bei der Darstellung der militärischen Erfolge des Judas geht der Epitomator nicht geographisch oder chronologisch, sondern systematisch vor: Auf die Skizzierung von Einzelaktionen (8,1-7; 10,14-38; 12,1-45; 14,1-15,5) folgt jeweils die Schilderung eines großen seleukidischen Feldzuges (8,8-36; 11,1-12; 13,1-22; 15,6-35) mit einem Sieg der Leute des Judas und/oder Friedensabmachungen als Abschluß. Die beiden Hauptteile der Epitome gipfeln jeweils nach dem (Straf-)Tod eines Feindes der Juden in einem Fest mit dem Beschluß, das Gedenken an diese Rettungstat Gottes für sein Volk auch in Zukunft zu feiern (10,8 und 15,36). So ergibt sich folgende *Gliederung* der Epitome:

2,19-32		*Proömium* des Epitomators

I. Die Wahrung der Heiligkeit des Tempels gegen Heliodor (3,1-40)

3	1-3	Einleitung: Die Friedenszeit unter dem frommen und gesetzestreuen Hohenpriester Onias (III.)
	4-8	Die Entsendung Heliodors nach Jerusalem auf Anstiften des Tempelvorstehers Simeon
	9-23	Freundliche Aufnahme Heliodors; Schmerzreaktionen auf seinen Tempelraubplan
	24-35	Der Schlag gegen Heliodor durch die himmlische Erscheinung, seine Heilung auf Fürbitte des Hohenpriesters; seine Rückkehr zum König
	36-39	Bekenntnis und Zeugnis Heliodors über den tempelschützenden Gott
		3,40 Schlußnotiz zur Heliodorerzählung

II. Die Entweihung des Tempels und seine Wiedereinweihung (4,1-10,9)

4,1-7,42		Die Ausbreitung und das Überhandnehmen der Gesetzlosigkeit; Verfolgung und Martyrien unter Antiochos IV.
4	1-6	Anhaltender Konflikt des Tempelvorstehers Simeon mit dem Hohepriester Onias
	7-22	Onias' Bruder Jason kauft das Hohepriesteramt und führt griechische Gebräuche in Jerusalem ein.
	23-29	Menelaos, der Bruder Simeons, überbietet Jason nach drei Jahren und wird Hoherpriester.
	30-38	Der amtsenthobene Onias wird in seinem Asylort Daphne bei Antiochia auf Anstiften des Menelaos ermordet.
	39-50	Weitere Verbrechen des Menelaos
5	1-27	Bürgerkrieg in Jerusalem im Zusammenhang mit dem Ägyptenzug Antiochos' IV., Tempelberaubung, militärische Besetzung Jerusalems; Flucht des Judas mit einer Gruppe in die Berge
6	1-11	Tempelentweihung und Religionsverfolgung
		6,12-17 Theologische Zwischenreflexion des Epitomators
	18-31	Der Märtyrertod des greisen Schriftgelehrten Eleasar
7	1-41	Das Martyrium der Sieben Brüder und ihrer Mutter vor dem König
		7,42 Schlußnotiz zu diesem Abschnitt

2. Entstehung

Wie der Epitomator in seinem Proömium ausdrücklich angibt, lag ihm das fünf-bändige Werk des anderweitig unbekannten *Jason von Kyrene* vor, das er in einer erbaulichen Kurzfassung hier mit Zwischenüberlegungen (z.B. 4,17; 5,17-20; 6,12-17) und einer seiner Zielsetzung entsprechenden Neuanordnung des Stoffes vorlegt. Jason hatte Zugang zu Dokumenten, das lassen die vier Briefe in Kap.11 erkennen; ob es schon Jason oder erst dem Epitomator zuzuschreiben ist, daß die Briefe jetzt außerhalb ihres historischen Kontextes und ihrer chronologischen Reihenfolge, und damit z.T. gegen ihre ursprüngliche Bedeutung angeführt werden, läßt sich nicht mehr entscheiden.

Im jetzigen Zusammenhang sollen die vier Briefe die positiven Auswirkungen des Sieges Judas' über Lysias anschaulich machen. Historisch sind die vier authentischen Dokumente mit *C.Habicht* so anzuordnen: Der älteste Brief in 11,27-33 war von Antiochos IV. an die γερουσία und die »übrigen Juden« gerichtet (gemeint sind wohl die Menelaos akzeptierenden Kreise). Die Amnestie wurde wahrscheinlich den Anhängern des abgesetzten Hohenpriesters Jason zugesichert, falls sie bis zum 30. Xanthikos [März] 164 v.Chr. nach Jerusalem zurückkommen; 15 Tage sind jedoch kaum eine mögliche Frist zur Waffenniederlegung. Ist das Ausstellungsdatum 15. Xanthikos richtig? In dem Brief nimmt der König von sich aus die Verfolgungsmaßnahmen zurück und sagt sieben Monate vor seinem Tod den Juden Religionsfreiheit zu. Der jetzige Kontext ordnet den Brief Antiochos V. als Absender und Judas und seinen Anhängern als Adressaten zu. Der chronologisch folgende Brief des Lysias an die »Gruppe« der Juden (11,16-21) stammt aus dem Jahre 164 (vor September, noch vor dem Tod Antiochos IV.) und ist an Judas und seine Leute gerichtet. Zeitgleich damit (und nicht bereits Mitte März 164 v.Chr.) dürfte auch der Brief der römischen Gesandten (11,34-38), ebenfalls an den siegreichen Judas und seine Anhänger, abgeschickt worden sein. Der jüngste Brief ist der undatierte (11,22-26) von Antiochos V. bald nach seinem Regierungsantritt (Anfang 163 v.Chr.) an Lysias noch vor dem Feldzug von 2 Makk 13.

Die Märtyrererzählung in Kap.7 dürfte schon Jason, nicht erst der Epitomator (aus dem Diasporajudentum Antiochiens?), vorgefunden und zwischen Kap.6 und 8 eingefügt haben.

Daß Jasons Werk zeitlich noch über das in der Epitome zuletzt erwähnte Ereignis, den Sieg Judas des Makkabäers über Nikanor und die Einführung des Nikanortages (im Jahre 161 v.Chr.), hinausging, ist nicht wahrscheinlich: z.B. paßt zur Siegesverheißung des Jeremia in 15,15f zwar das vorliegende Buchende, nicht aber die im folgenden Jahr (vgl. 1 Makk 9) erlittene Niederlage und der Tod des Judas. Die Angaben in den ersten Zeilen des Proömiums: »Die Ereignisse um Judas den Makkabäer und dessen Brüder ... und die Kriege gegen Antiochos IV. Epiphanes und dessen Sohn Eupator (Antiochos V.)« bezeichnen nicht einen genauen Zeitrahmen – er würde in Kap.3 (die Heliodorerzählung spielt unter Seleukos IV.) und ab Kap.14 überschritten (Nikanors Expedition geschieht unter Demetrios I.).

Eine gemeinsame Quelle für das Werk Jasons und 2 Makk zu bestimmen, etwa eine Judas-*Vita,* ist nicht gelungen. Ob die nur in Fragmentzitaten erhaltene Schrift des auch Jason als Rom-Botschafter bekannten Eupolemos (4,11) »Über die Könige in Judäa« auch Ausführungen über Judas enthielt, ist ungewiß, auch wenn Eupolemos chronologische Berechnungen bis zum 5. Jahre des Demetrius I. (158/7 v.Chr.) führte. Daß Jason zeitgenössische eigene Nachrichten verwendete, erklärt die Übereinstimmungen und die großen Verschiedenheiten gegenüber 1 Makk ausreichend. Weniger die geographischen, wohl aber die Kenntnisse Jasons über seleukidische Institutionen, Namen und Funktionen von Beamten, haben sich immer mehr als präzise herausgestellt.

Der *Gattung*, den verwendeten Stilmitteln und Topoi nach reiht sich das Werk Jasons, soweit die Epitome dies erkennen läßt, in die zeitgenössische hellenistische Geschichtsschreibung ein. Die Zuteilung zu einer »pathetischen« oder »tragischen« Historiographie, von der 2 Makk das einzige vollständig erhaltene Exemplar wäre, hat sich nicht bewährt. Die dafür als Begründung angeführten »Besonderheiten« finden sich auch bei ausdrücklich dagegen polemisierenden Historiographen wie z.B. Polybios u.a. (*R.Doran*). In seinem Vorwort gibt der Epitomator an, daß er das Jason-Werk vor allem auf Unterhaltung und Nützlichkeit für den Leser hin verkürzt habe. Die Hervorkehrung der *belehrenden* Züge, z.B. die sorgsame Notierung von Spiegelstrafen, mögen damit zusammenhängen: Jason, der seinen Bruder hinterlistig verdrängt hatte, wird selbst hinterrücks verdrängt und kommt in der Fremde um (4,26; 5,8-10); Menelaos stirbt in heißer Asche wegen seiner Verbrechen gegen den Brandopferaltar (13,8); wie der Jüngste der sieben Märtyrerbrüder ankündigt, erleidet Antiochos IV. unter Schmerzen, wie er sie vielen zugefügt hat, den Tod (7,37; 9,6.28); Andronikos, der Mörder des Onias am Asylort, stirbt an der Stelle seines Verbrechens (4,38); der Tempelräuber Lysimachos wird beim Schatzhaus erschlagen (4,42); die Hand, die Nikanor gegen den Tempel erhoben hat, wird in Tempelnähe aufgehängt (15,32-33). Unglück und Züchtigung des Volkes und Unschuldiger dagegen sollen als Zeichen der Erziehung durch Gott betrachtet werden (6,12-17; 7,33; 10,4; vgl. Weish 3,5; 11,9.15–12,27). Zu der erbaulichen Belehrung gehört auch, daß selbst Nichtjuden Gottes Macht anerkennen, wenn sie seine Strafe erfahren: Heliodor 3,28; Nikanor 8,36; Antiochos IV. 9,11; Lysias 11,13.

Möglicherweise verweisen die jeweils einen Abschnitt beschließenden Notizen des Epitomators in 3,40; 7,42; 10,9; 13,26 und 15,37a noch auf die Stoffeinteilung der fünf Bücher Jasons.

Die Epitome kann für sich allein angefertigt worden sein oder von vornherein als »Anlage« zu dem Festbrief-Dokument aus dem Jahre 124 v.Chr., wie es für das Purim-Fest in Est 9,20-32 beschrieben wird (vgl. das griech. Kolophon 10,3 1 = F 11, in dem das ganze vorliegende Esterbuch »Purim-Brief« genannt wird). Der auf das Jahr 164 v.Chr. hin fingierte zweite Brief (1,10b–2,18) könnte bei der Anfügung der Epitome an den Festbrief verfaßt bzw. bei der Archivierung des »Festbriefes (mit Anhang)« ergänzt worden sein. Er stellt einerseits eine Verbindung des berühmten Judas mit Aristobulos her, einem prominenten Alexandriner Juden zur Zeit des Ptolemaios VI. Philometor (181-145) und trägt zum anderen sonst nicht erhaltene Überlieferungen zusammen, die den Charakter von *ḥanukkā* als Feuer-Fest erklären. Die von 2 Makk 9 so verschiedene Darstellung des Todes Antiochos' IV. in 1,11-17 ebenso wie die recht verschiedenen Zukunftshoffnungen (Wiederzusammenführung des Volkes in 2,18 und Totenauferweckung in 7,12 und 14) u.a. zeigen, daß nicht der Epitomator diesen Text verfaßt hat.

3. Theologiegeschichtlicher Kontext und Entstehungszeit

Der voranstehende Brief (1,1-10a) trägt das Datum des Jahres 188 der Seleukidenära (Beginn im Herbst 312 v.Chr.), stammt also aus dem Jahre 124 v.Chr. und verweist zitierend zurück auf einen Brief aus dem Jahre 169 Sel. (= 143 v.Chr.). Ob dieses Dokument hier vollständig oder mit einigen Änderungen im Blick auf die beigefügte Epitome wiedergegeben ist, ist kaum noch entscheidbar. Der zweite Brief schaut in 1,13-17 auf den Tod Antiochos IV. (Ende 164 v.Chr.) zurück und lädt die ägyptischen Juden zur Mitfeier der Reinigung des Tempels am kommenden 25. Kislew ein; da als Absender (neben den Jerusalemern und dem Ältestenrat) »Judas« ohne nähere Bestimmung genannt und von ihm am Ende des Briefes gesagt wird, er habe die durch den Krieg rar gewordenen Schriften wieder gesammelt (2,14), kann nur Judas Makkabäus gemeint sein, der schon im Frühjahr 160 v.Chr. gegen Bakchides fiel. Als Abfassungsjahr dieses Briefes soll also Ende 164 v.Chr. vorgestellt werden. Für den tatsächlichen Zeitpunkt, den Ort und den Autor dieser Zusammenstellung volkstümlicher Traditionen zu dem vorliegenden »Brief« gibt es keine sicheren Anhaltspunkte (möglicherweise nicht viel später als 124 v.Chr.).

Jason von Kyrene dürfte ein Zeitgenosse des Makkabäers Judas (er wirkte 175-160 v.Chr.) gewesen sein und sein Werk auch bald nach den berichteten Ereignissen verfaßt haben. Wann der an mehreren Stellen ausdrücklich hervortretende Epitomator (außer im Proömium und im Epilog z.B. noch in 4,17; 5,17-20 und 6,12-17) seinen Abriß des Jason-Werkes erstellte, läßt sich nicht genauer bestimmen: zweifellos vor der Zerstörung des Tempels 70 n.Chr., gewiß auch noch vor der römischen Zeit (also vor 63 v.Chr.).

Eine Reihe von Beobachtungen zu Akzentsetzungen der Epitome legt es nahe, diese als kritische Aus-einandersetzung mit der Politik des Johannes Hyrkan (134-104 v.Chr.) nach dem Tod Antiochos VII. seit 129 v.Chr. zu betrachten: Gegenüber dessen Militäraktionen durch Söldner zur Gebietserweiterung mit Zwangsjudaisierung der Idumäer, der Zerstörung des Tempels auf dem Garizim u.ä. betont die Epitome immer wieder, daß Judas nur kämpfte, wenn die Juden angegriffen wurden oder Mitjuden an-derswo Unrecht geschah, und daß für seine Siege allein die im Gebet jeweils erflehte Hilfe Gottes entscheidend war und nicht die militärische Macht. Auch die auffallende Zurückhaltung der Epitome gegenüber den Hasmonäern ist, zumal im Vergleich mit 1 Makk, auffällig: Modeïn wird in 13,14 nur als ein Lagerort für Judas' Heer erwähnt (und nicht als Heimatort der Hasmonäerdynastie); Judas' Bruder Simon, der Vater des Johannes Hyrkan und Begründer der Dynastie, wird nur sehr kritisch erwähnt (10,19-22; 14,17), die Heldentat eines anderen Bruders, Eleasar (1 Makk 6,43-46), wird in 13,15 Judas selbst zugeschrieben. Dabei sind die Namen der Brüder des Judas dem Verfasser durchaus bekannt (8,22-23). Daß der »Zorn« Gottes sich wieder in Zuwendung, Schutz und Hilfe gewandelt hat, ist der Grund für die Erfolge und Siege des Judas, das unschuldige Blut der Märtyrer bewirkt die Wende, nicht das militärische Geschick oder die Ausrüstung des Judas (8,2-5.27; 13,17 u.ö.).

Das Zweite Makkabäerbuch in seinem vorliegendem Umfang kann demnach bald nach 124 v.Chr. zusammengestellt worden sein.

4. Schwerpunkte der Theologie

In 2 Makk kommt dem *Tempel* eine überragende Bedeutung zu – nicht als Bau-werk, sondern als Zeichen und Unterpfand der Zuwendung und Treue Gottes zu seinem Volk: »Nicht wegen des Ortes hat der HERR das Volk erwählt, sondern wegen des Volkes den Ort. Deshalb hatte der Ort mit teil an den Unglücksschlä-gen, die das Volk trafen, und teilte auch die späteren Wohltaten; solange der All-herrscher zürnte, lag er verlassen, als aber der große Gebieter sich versöhnen ließ, wurde er mit allem Glanz wieder aufgerichtet.« Untrennbar gehören für den Verfasser toragemäßer Tempelgottesdienst, Freiheit der Stadt Jerusalem von fremder Oberherrschaft, unbehinderte Möglichkeit der Gesetzeserfüllung und gnädige Zugewandtheit Gottes zu seinem Volk zusammen (2,22; 3,1; 8,17; 15,37). Sobald aber durch die Schuld von Mitjuden das Heiligtum verletzt und durch Fein-de »verunreinigt« wird (Kap.[3].4–5), erleidet das Volk Schaden und erfährt den »Zorn« Gottes, der sich erst infolge des zum Himmel schreienden Blutes der Unschuldigen wendet. Deshalb sind die Martyrer in 2 Makk so entscheidend wichtig: Auf das Martyrium der toratreuen Mütter mit ihren Säuglingen, des greisen Eleasar und der Sieben Brüder mit ihrer Mutter hin (Kap.6–7) wendet Gott seinem Volk seine Gnade wieder zu (7,37-38; 8,1-5.27) mittels der daran an-schließenden Erfolge des Judas, durch den Tod des Feindes (Antiochos IV.) und die Wiedereinweihung des Tempels. Der letzte Buchteil läßt auf das Amulettver-gehen jüdischer Soldaten und die Machenschaften des Hohenpriesters Alkimos die martyriumsartige Selbsttötung des vornehmen Razis folgen (14,37-46), und erst danach kommen die Niederlage und der Tod des Nikanor und die Befreiung Jerusalems zustande. Beidemale soll die Einführung eines Festes (*hanukkā* bzw. Nikanor-Tag) die erfahrene Hilfe und Rettung durch Gott im Gedächtnis des Volkes bewahren, die sich so unverkennbar immer wieder *gezeigt* hat (vgl. die Bedeutung von ἐπιφάνεια/ἐπιφανής in 2 Makk 2,21; 3,24-30; 5,4; 12,22; 14,15; 15,13.27.34).

Die Überzeugung von der hilfebereiten Nähe Gottes drücken auch die häufigen Bitt- und Dank*gebete* aus (z.B. 12,38; 14,15; 15,34). Die Wirksamkeit von Gebet und *Fürbitte* wird programmatisch in der Heilung des Heliodor auf die Opferdarbringung des Onias hin (3,31-33) deutlich und im Sieg über Nikanor, der nach der Fürbitte des ermordeten gerechten Onias und des Propheten Jeremia eintritt, wie Judas es im Traum gesehen hatte (15,12-16).

Das Zweite Makkabäerbuch ist wichtig als eines der frühen Zeugnisse für die jüdische *Hoffnung auf die leibliche Auferweckung* der gesetzestreuen Gerechten (7,9.11.14.23.29.36; 14,37-46; vgl. Dan 12,1-3). Diese Hoffnung scheint sogar für verstorbene Sünder zu gelten (12,43-45), denen noch Fürbitten und Entsühnungsopfer zugewandt werden können. Sie ist aber nicht zu einer »Lehre« entwickelt.

5. Relevanz

Die im Zusammenhang mit einem Einladungsbrief an die ägyptischen Juden, auch dort bei ihnen das ḥanukkā-Fest zu feiern, überlieferte Epitome hat uns das Werk eines hellenistisch-jüdischen Historikers, Jason von Kyrene, erhalten, dessen zuverlässige Information in neuerer Zeit Inschriften und Funde immer wieder bestätigen. Einige seiner geographischen Angaben lassen vermuten, daß er Palästina nicht aus eigener Anschauung kannte (*B.Bar-Kochva*). Gegenüber den wenigen Sätzen in 1 Makk 1,11-15 stellen 2 Makk 3–5 sehr viel differenzierter dar, wie der seleukidische König in *innerjüdische* Konflikte hineingezogen wurde und dann bis hin zur Religionsverfolgung Partei ergriff.

2 Makk ist innerhalb der historiographischen Literatur ein Beispiel für jüdische Inkulturation in einer hellenistischen Umwelt. Damals gebräuchliche Motive, Stilelemente und Darstellungstechniken werden darin verwendet, um die gerade vergangene Geschichte in der Perspektive (diaspora-)jüdischer Glaubensüberzeugung zu erzählen. Dabei bewegt den Verfasser auch das apologetische Interesse, die Juden als gute und loyale Bürger zu zeigen, die ausschließlich nach den Gesetzen ihrer Väter leben wollen, die nie von sich aus einen Krieg anfangen und sich nur verteidigen, wenn sie angegriffen werden. Mit dieser Aussagetendenz sind die Briefdokumente in Kap.11 angeordnet und der Brief Antiochos' IV. (9,19-27) formuliert.

Wo jedoch die »griechische Prägung« (4,10) die Toratreue verdrängt und die Werteordnung der Väter verletzt (4,7-22), wird für den selber griechisch gebildeten Verfasser »Griechentum« (Ἑλληνισμός 4,13; τὰ Ἑλληνικά 6,9; 11,24) abzulehnender und zu bekämpfender Gegensatz zum »Judentum« (Ἰουδαϊσμός; vgl. 2,21; 8,1; 14,38). Nicht die Eigenstaatlichkeit ist das Ziel der durch »Epiphanien vom Himmel her« (2,21) unterstützten Verteidigungsunternehmungen – deshalb kann die Darstellung auch mit dem Sieg über den tempelbedrohenden Nikanor enden –, sondern unbehinderte Religionsausübung und Tempeldienst in der befreiten Stadt Jerusalem.

E.   Die Bücher der Weisheit

I.   Eigenart und Bedeutung der Weisheit Israels
(Erich Zenger)

Literatur: J.Assmann, Ma'at. Gerechtigkeit und Unsterblichkeit im alten Ägypten, München 1990; J.Blenkinsopp, Wisdom and the Law in the Old Testament. The Ordering of Life in Israel and Early Judaism, Oxford 1983; M.Gilbert (Hg.), La Sagesse de l'Ancien Testament (BEThL 51) Leuven ²1993; M.Görg, Weisheit in Israel. Wurzeln, Wege, Wirkungen: KatBl 113,1988,544-549; B.Janowski (Hg.), Weisheit außerhalb der kanonischen Weisheitsschriften, Gütersloh 1996; O.Kaiser, Der Mensch unter dem Schicksal. Studien zur Geschichte, Theologie und Gegenwartsbedeutung der Weisheit (BZAW 161) Berlin 1985; H.-J.Klauck, »Christus, Gottes Kraft und Gottes Weisheit« (1 Kor 1,24). Jüdische Weisheitsüberlieferungen im Neuen Testament: WiWei 55,1992,3-22; M.Küchler, Frühjüdische Weisheitsliteratur. Zum Fortgang weisheitlichen Denkens im Bereich des frühjüdischen Jahweglaubens (OBO 26) Fribourg/Göttingen 1979; H.D.Preuß, Einführung in die alttestamentliche Weisheitsliteratur (UB 383) Stuttgart 1987; G.von Rad, Weisheit in Israel, Neukirchen-Vluyn ⁴1992; K.F.D.Römheld, Die Weisheitslehre im Alten Orient. Elemente einer Formgeschichte (BN.B4) München 1989; H.H.Schmid, Wesen und Geschichte der Weisheit (BZAW 101) Berlin 1966; S.Schroer, Die Weisheit hat ihr Haus gebaut. Studien zur Gestalt der Sophia in den biblischen Schriften, Mainz 1996; G.T.Sheppard, Wisdom as a Hermeneutical Construct. A Study in the Sapientializing of the Old Testament (BZAW 151) Berlin 1980; F.-J.Steiert, Die Weisheit Israels - ein Fremdkörper im Alten Testament? (FThSt 143) Freiburg 1990.

1. Weisheit als praktisches Lebenswissen

Mit dem Begriff »Weisheit« wird ein in der Antike, von Mesopotamien bis Ägypten, aber auch von Griechenland bis Rom weit verbreitetes interkulturelles Phänomen bezeichnet, das man praktisches Lebenswissen oder durch Praxis gewonnenes und auf Praxis zielendes Alltagswissen nennen könnte. Weisheit ist nicht einfach Wissen. »Ein Mensch, der viel weiß, ist... noch kein Weiser. Und ein Weiser muß nicht auch ein Vielwissender oder gar Allwissender sein« (*M.Görg, Weisheit* 544). Damit jemand weise ist, braucht er das rechte Wissen und er muß fähig sein, mit diesem Wissen in rechter Weise umzugehen. Der Weisheit geht es um das rechte Wissen vom Leben. Ihr geht es um das Erlernen, Praktizieren und Weitergeben von Lebenkönnen, von Lebenskunst.

Ausgangspunkt aller weisheitlichen Theologie, von der einfachen Verhaltensregel bis zur reflektierten ethischen Maxime, ist die aus Erfahrung gewonnene Überzeugung vom Tun-Ergehen-Zusammenhang, den jeder in seinem Alltag als Grundorientierung menschlichen Handelns kennt, nämlich: daß Gutes tun gut tut (der Gemeinschaft, in der man lebt, und zutiefst dem Guttuenden selbst) und daß Böses tun Schaden anrichtet (für die Gemeinschaft und zutiefst für den Bösen selbst). Die Perspektive vom Tun-Ergehen-Zusammenhang liegt jeder Alltags-Pädagogik zugrunde, die zum Guten motivieren und vom Bösen fernhalten will. Der Tun-Ergehen-Zusammenhang setzt ein Grundwissen von Gut und Böse voraus, und vor allem ein Wissen um die Ordnungen des Guten im Leben des Einzelnen, der Familie, der gesellschaftlichen Gruppen, des Staates und der Völker, ja des gesamten Kosmos. Deshalb verwendet die Weisheit viel Mühe darauf, diese Ordnungen in ihrer Vielschichtigkeit zu erkennen, zu formulieren und zu lehren.

Alle Einzelordnungen sind nach der Lehre der mesopotamischen, ägyptischen und altisraelitischen Weisheit Elemente einer umfassenden Welt- und Schöpfungsordnung, auf die hin die Götter die Welt angelegt und die sie mit lebensförderlicher Kraft ausgestattet haben. Die alles umfassende Lebensordnung umgreift und durchwaltet sogar die Götterwelt. Diese die Götter und die Welt steuernde Urordnung nennen die Sumerer *ME*, die Ägypter *Maat* und die Israeliten *Sᵉdāqāh*. Weisheitliche Lebenskunst besteht darin, die allumfassende Ordnung im *Lebensvollzug* zu erkennen und durch das Tun von »Gerechtigkeit« zu festigen (Axiom: Gerechtigkeit schafft *šālōm* »Heil, Frieden«). Ansatz weisheitlicher Lebenskunst ist nicht eine wie immer sich ereignende Gottesoffenbarung, sondern die auf Lebensbewältigung zielende Vernunft des Menschen; in der späten Weisheitstheologie Israels ist es die göttliche Weisheit selbst, die die Menschen bei ihrer Weisheitssuche inspiriert.

Dennoch ist die Weisheit, in Israel wie in seiner Umwelt, alles andere als eine profane, gar gott-lose Geistesbeschäftigung. Daß die Welt und ihre Ordnungen gut und auf Leben hin ausgerichtet sind, daß Gutes tun das Leben fördern kann und daß der, der das Gute will, letztlich nicht scheitern kann, ist nicht aus naivem Optimismus abzuleiten, sondern gründet in Israel letztlich in dem, was die Weisheit »Gottesfurcht« nennt.

In einem mehrfach in der Weisheitsliteratur Israels zitierten Leitsatz heißt es deshalb: »Die Gottesfurcht ist der Anfang der Weisheit« (Spr 1,7; 9,10; 15,32; Ijob 28,28), was die lateinische Tradition sehr glücklich übersetzt hat: »Timor domini principium sapientiae«, d.h. Gottesfurcht ist das Prinzip, das Grundprinzip der Weisheit. Gottesfurcht ist das der echten Weisheit innewohnende und sie fundamental begründende Prinzip. *Weisheitliche* Gottesfurcht ist nicht Gottesfurcht im Sinne jenes Glaubensgehorsams, der in Gen 22 von Abraham verlangt wird, sondern ist eigentlich Gottvertrauen, nämlich das Vertrauen auf Gott als den, der allen Störungen und Gefährdungen zum Trotz das Ganze durchwaltet und den Lebensweg der Menschen gelingen läßt, die die Lebensordnungen suchen, ihnen entsprechend handeln und sie weitergeben. Gottesfurcht als Vertrauen in die lebensförderliche Mächtigkeit eines guten Gottes ist dann in der Tat das Prinzip, das zur Weisheit führt und zum Tun des weisheitlichen Lebenswissens motiviert. Mit Recht kann man die ältere Weisheit Israels deshalb (im Anschluß an *M.Görg*) als »Theologie der praktischen Vernunft« bezeichnen: die Quelle ihrer Erkenntnis ist die Vernunft, ihre Intention geht nicht primär auf theoretisches Wissen, sondern auf gelingende, gute Lebenspraxis, und ihr Grundprinzip ist ein fundamentales Wissen um Gott als den, der als Schöpfer der Welt das Böse bekämpft und das Gute fördert.

2. Hauptströmungen der Weisheit Israels

Entsprechend den gesellschaftlichen und geschichtlichen Kontexten, in denen die Menschen des biblischen Israel ihr Lebenswissen formulierten, lassen sich drei Grundströmungen weisheitlicher Überlieferung unterscheiden.

2.1 Die Sippenweisheit (»Volksweisheit«)

Israel war weitgehend eine dörflich-bäuerliche Gesellschaft mit einem Ethos, das auf den lebensförderlichen Zusammenhalt der Sippe setzte. Von diesem Ansatz her sind Sprache, Bilder und Inhalte der Sippenweisheit volkstümlich und beschäftigen sich vorwiegend mit dem alltäglichen Sozialverhalten im Zusammenleben der Geschlechter und Generationen und mit dem Schutz der Grundwerte Leben und Freiheit, aber auch mit dem konkreten bäuerlichen Alltag, angefangen von der Beobachtung des Wetters, der Pflanzen und der Tiere bis hin zu Verhaltensregeln bei Aussaat und Ernte, beim Umgang mit Städtern und Fremden. Kulturgeschichtlich gesehen ist die Sippenweisheit nicht nur die älteste Weisheitsüberlieferung Israels, die bis in die vorstaatliche Zeit zurückreicht, sie blieb auch über die Jahrhunderte hinweg die kritisch-sensible Hüterin der Ideale Solidarität und Gerechtigkeit für alle, als sich in den Städten und insbesondere von den Hauptstädten Samaria und Jerusalem aus eine Klassengesellschaft entwickelte, in der die alten Ideale der familiären Solidarität mehr und mehr zerbrachen. Die prophetische Kritik eines Amos und Micha, aber auch die im Dekalog gebündelten Sozialgebote wurzeln im Ethos der Sippenweisheit.

2.2 Die höfisch-städtische Weisheit (»Schulweisheit«)

Auch die Stadtkultur, die in Israel mit der Entstehung der Monarchie und dem damit notwendigen Aufbau eines differenzierten Verwaltungsapparates und der Pflege internationaler diplomatischer, juristischer und wirtschaftlicher Beziehungen verbunden war, schuf und pflegte ihr spezifisches Lebenswissen, das sich mit den Themen und Problemen des städtisch-höfischen Milieus befaßte. Hier wurde die Weisheit buchstäblich in Schulen gelernt, d.h. bei der Erziehung und Ausbildung der Königssöhne und der Beamten. Ihre Sprache und ihre Bilder spiegeln dementsprechend das städtische Lebensmilieu, sie sind kunstvoll und komplex. Ihre Themen reichen von Anstandsregeln bei der Einladung am Hof und von häufigen Warnungen vor Weingenuß und vor Faulheit bis hin zum Berufsethos für Richter, Schreiber und Könige. Ihre Ideale sind auf die Stabilisierung der bestehenden staatlichen Ordnung ausgerichtet und kreisen um Loyalität, Reichtum, Lebensgenuß und Ehre. Die höfisch-städtische Weisheit Israels ist in besonderer Weise interkulturell. Sie studiert und rezipiert die Weisheitsüberlieferungen der Nachbarstaaten, insbesondere die Weisheit Ägyptens. So findet sich beispielsweise im Buch der Sprichwörter ein größerer Abschnitt (22,17-23,11), der eine Übersetzung der ägyptischen Weisheitslehre des Amenemope darstellt. Wir können davon ausgehen, daß an der Jerusalemer Prinzen- und Beamtenakademie ägyptische Weisheitsschriften und ägyptische Poesie, insbesondere ägyptische Liebeslyrik, übersetzt, gelesen und gelehrt wurde.

2.3 Die theologisierte Weisheit

Während sich die Weisheit Israels bis in die Epoche des Exils in ihrem theologischen Ansatz weitgehend innerhalb gemeinorientalischer Vorstellungs- und Ausdrucksmöglichkeiten bewegt, setzt in der nachexilischen Epoche eine zunehmende

Theologisierung der Weisheit ein, die sich an zwei Eigenheiten erkennen läßt:
(1) Die allem zugrundeliegende Urordnung des Lebens wird zunehmend als eine Offenbarungsweise des Gottes JHWH begriffen. Während in der älteren Weisheit die Menschen ermuntert und dazu angeleitet werden, die Weisheit zu suchen und zu lernen, kehrt die jüngere Weisheit die Perspektive um: Sie redet davon, daß die Weisheit ein der Schöpfung und der Geschichte innewohnendes Geheimnis ist, das um Annahme und Aufnahme durch die Menschen wirbt. So wird die Weisheit schließlich personifiziert. Unter ägyptischem Einfluß, aber auch in Fortführung israelitischer Theologumena bildet sich die Vorstellung von *Frau Weisheit* heraus, die als die menschenfreundliche und gute Seite des Gottes Israels die Menschen sucht, liebt, nährt und tröstet (vgl. besonders Spr 8,22-31; Sir 24; Weish 6,22-11,1). In dieser jüngeren Weisheitstheologie ist die Lebenskunst nicht mehr eine Leistung der praktischen Vernunft, sondern eine göttliche Gabe. Die Weisheit wird hier zur Offenbarungsweisheit.

(2) Eine andere Strömung der nachexilischen Weisheitstheologie betrachtet *die Tora* Israels als die größte und eigentliche Weisheitsgabe Gottes. Der Weisheit als dem Geheimnis des alles durchwaltenden Gottes begegnet - das ist die These dieser Strömung -, wer die Tora zur Lebensmaxime macht. Klassisch formuliert findet sich diese Weisheitstheologie bereits in der jüngsten Schicht des Deuteronomiums in Dtn 4,6-8 und vor allem im Sirachbuch (s.u. E.VIII.) sowie in Bar 3,9-4,4 (s.u. F.III.3.). In der rabbinischen Theologie führt dies zu der Vorstellung, daß JHWH als erstes »Schöpfungswerk« die Tora schafft, die dann der Bauplan ist, nach dem er die Welt macht.

3. Die literarischen Formen der Weisheit

Die biblische Weisheit tritt in vier literarischen Grundformen auf: Spruch, Lehrrede, Lehrgedicht, Lehrerzählung; diese weisheitlichen Redeformen begegnen biblisch auch außerhalb der »Bücher der Weisheit« (z.B. in Prophetenbüchern).

3.1 Der Spruch

Der Spruch ist die dichteste Fassung von Erfahrung im Dienst der Lebensorientierung. Er soll helfen, einer Situation das Unerwartete und Bedrohliche dadurch zu nehmen, daß die Situation im Spruch als allgemein übliche und auftretende benannt wird. Der Spruch ist bündig-kurz, meist mit einer Pointe versehen, die als Gedächtnisstütze dient. Seine poetische Grundfigur ist der *parallelismus membrorum*, d.h. die bildliche oder sachliche Verwandtschaft zweier aufeinanderfolgender »Glieder« (Bildreim, Gedankenreim):

> »Wer eine Grube gräbt, fällt selbst hinein,
> und wer einen Stein wälzt, auf den fällt er zurück« (Spr 26,27).

Je nach sprachlicher Gestalt oder Aussageabsicht lassen sich fünf Formen weisheitlicher Sprüche erkennen, die häufig in Reihungen auftreten.

(1) Das *(Volks-)Sprichwort*: Es formuliert, oft drastisch bildhaft, die Lebenserfahrung des Volkes. Es überblickt viele ähnliche Erfahrungen und verdichtet diese, gleichsam als Summe, in einem kurzen Spruch. Zwar ist seine Tendenz lehrhaft, doch formuliert das Sprichwort die Lehre nicht ausdrücklich, sondern überläßt es dem Hörer, selbst aus dem Sprichwort die praktischen Konsequenzen zu ziehen. Es ist meist einzeilig, kann aber auch als zweizeiliger Spruch auftreten. Das Sprichwort bündelt

Erfahrungen im Bereich des alltäglichen Lebens, es dient aber auch dazu, politische Zusammenhänge schlaglichtartig zu deuten.
Beispiele: Spr 9,17; 14,4; Ez 16,44; 18,2.

(2) Der *Wahrspruch* (das Aussagewort): Im Unterschied zum Sprichwort, das den faktisch angezielten Sachverhalt nicht ausdrücklich benennt, wird im Wahrspruch die gemeinte Wirklichkeit angesprochen und meist im erläuternden oder kontrastierenden Vergleich gedeutet. Das Leben wird festgehalten, wie es wirklich ist (wie es in Wahrheit ist: »Wahr-spruch«). Seine Tendenz ist es, vor Illusionen zu bewahren und zu realistischer Alltagspraxis zu befähigen.
Beispiele: Spr 12,4; 14,15; 16,1; 18,2.

(3) Der *Rätselspruch*: Mit seiner Frageform, die sich als eine Art pädagogisches Rätsel präsentiert, will der Rätselspruch zum Nachdenken anregen, um *so* zu dem angezielten Verhalten zu motivieren. In seiner kunstvollen Sprachgestalt, aber auch in den Lebensfeldern, auf die er sich bezieht, zeigt der Rätselspruch, daß er aus dem Milieu der Oberschicht stammt und vermutlich in der schulischen Beamtenausbildung seinen »Sitz im Leben« par excellence hatte.
Beispiele: Spr 23,29-35; 30,4-5.

(4) Der *Zahlenspruch*: Er bietet numeriert eine Reihe von Phänomenen oder Situationen auf, wobei die Zählung ein Stilmittel ist, um das an letzter Stelle aufgezählte Phänomen hervorzuheben. Die Betonung des letzten Gliedes der Reihe wird gewöhnlich schon in der Einleitung angegeben (n..., n+1...).
Beispiele: Spr 6,16-19; 30,18-19.21-23.

(5) Der *Mahnspruch*: Lassen die bisher genannten Sprüche die praktische Konsequenz unausgesprochen, so wird diese im Mahnspruch ausdrücklich formuliert. Er ruft zu einem bestimmten Handeln auf, mahnend oder warnend; häufig fügt er eine Begründung an, die in irgendeiner Weise den Tun-Ergehen-Zusammenhang einschärft. Im Mahnspruch kommt also die pädagogische Absicht der Weisheit voll zum Tragen.
Beispiele: Spr 23,12 (implizite Begründung); 23,19-21 (explizite Begründung); 31,2-9 (eine programmatische Sammlung).

3.2 Die Lehrrede

In ihrer vollendeten Form besteht die adressatenbezogene Lehrrede (der Lehrvortrag) aus drei Teilen. Sie beginnt mit einem Lehreröffnungsruf, der »die Schüler« direkt anreden (»mein Sohn, meine Tochter«) und eine Motivation für die zu vermittelnde Lehre geben will. Diese selbst wird in der Regel im Misch-Stil von Darlegung und mahnender/warnender Anrede vorgetragen; beliebtes Thema ist die Frage nach der Gerechtigkeit und dem Sinn des Lebens angesichts des Glücks der Gottlosen. Als (abschließender) dritter Teil folgt meist (als »Moral aus der Geschichte«) der Hinweis auf die Folgen eines weisheitlichen oder törichten Verhaltens, nicht selten erläutert durch Beobachtungen aus der Natur oder dem täglichen Leben. Die Lehrrede, die in monologischer Form gestaltet ist, kann auch zum kunstvollen Dialog ausgeformt werden, zu einer Art weisheitlichem Lehr- und Streitgespräch.
Beispiele: Spr 1,8-19 (Warnung vor schlechtem Umgang); 5,1-23 (Warnung vor Ehebruch); Ijob 32-37 (monologische Lehrreden); Ijob 3-27 (dialogische Lehrreden).

3.3 Das Lehrgedicht

In dieser (lehrerzentrierten, den Schüler nicht anredenden) weisheitlichen Redeform reflektiert/meditiert der Weise die Grundfragen des Lebens, der Weltwahrnehmung und der Geschichte - auf der Suche nach der verborgenen guten Urordnung. Solche Lehrgedichte finden sich besonders bei Kohelet (s.u. E.V.). Auch im Psalmenbuch gibt es eine ganze Reihe weisheitlicher Lehrgedichte, die sich mit vier »Lebensfeldern« auseinandersetzen: (1) Angesichts der Erfahrung von Leid und Tod meditieren weisheitliche Gebete über den Sinn und das Glücken des Lebens (vgl. Ps 37; 49; 73). (2) Aus der Beobachtung der Schöpfung und ihrer Gesetzmäßigkeiten suchen sie zu Vertrauen im alltäglichen Leben und zu einem grundsätzlichen Ja zu dieser Welt zu motivieren (vgl. Ps 104). (3) Aus der Meditation der Volksgeschichte unter der weisheitlichen Perspektive von Tun und Ergehen wird versucht, einen Sinn dieser Geschichte zu ergründen und die entsprechenden Konsequenzen zu ziehen (vgl. Ps 78; 105; 106). (4) Weisheitliche Poesie meditiert auch über die Tora als wundervolle Lebensweisung des sein Volk und die Welt liebenden Gottes Israels (vgl. Ps 1; 19; 119).

3.4 Die Lehrerzählung

Die Lehrerzählung will an einer partikularen Geschichte eine universale Lebensweisheit bzw. Lebenslehre anschaulich und überzeugend als »wahr« vermitteln. Sie ist eine didaktisch-praktische Beispielgeschichte, die durch ihre Szenerie und die in ihr handelnden Figuren Plausibilität und Motivation zugleich wecken will. Meist steht deshalb eine Idealgestalt im Mittelpunkt, die durch negative Kontrastgestalten zur *persona imitabilis* gemacht wird. Die weisheitliche Lehrerzählung, die zur rechten Praxis anleiten will, kann in unterschiedlicher Form auftreten; und zwar als

(1) Legende (Akzent: die Einzelgestalt; z.B. Ijob in Ijob 1-2; 42, s.u. E.II.)
(2) Novelle (Akzent: das Einzelereignis; z.B. Rut, s.o. D.V.)
(3) Roman (Akzent: Das Menschenleben in einer komplexen Welt; z.B. Tobit, s.o. D.X.)

4. Relevanz

Während die Weisheit als praktisches Lebenswissen in der jüdischen Ethik von großer Bedeutung ist und hohe Wertschätzung genießt, werden in der christlichen Theologie, insbesondere im Horizont der reformatorischen Tradition, immer wieder *Vorbehalte* gegenüber der Weisheit im allgemeinen und einzelnen Büchern der Weisheit im besonderen erhoben. Es wird u.a. gesagt: (1) Die Weisheit sei schon inneralttestamentlich »am Rande«, da in ihr der besondere Bezug zu JHWH und zur Heilsgeschichte fehle. (2) Die Weisheit sei Ausdruck einer bürgerlichen, diesseitsorientierten Religiosität bzw. sie sei weithin profan. (3) Die Mahnungen zum sittlichen Handeln gehörten in theologischer Hinsicht, insbesondere wegen der im Tun-Ergehen-Zusammenhang angelegten Leistungs- und Lohnmentalität, in den Bereich »des Gesetzes«, den Jesus und Paulus doch überwinden wollten. Die optimistische Weisheitsethik stehe vor allem im Gegensatz zur neutestamentlichen Kreuzestheologie und zur Rechtfertigung »allein aus Gnade«. (4) Als besonders problematisch gelten manchen christlichen Theologen die Bücher Koh und Ijob; in ihren Aporien werde das Scheitern weisheitlichen Denkens offenkundig.

Gegenüber derartigen christlichen Abwertungen der jüdischen Weisheitsüberlieferungen ist daran zu erinnern, daß das *Neue Testament* geradezu konstitutiv durch die jüdische Weisheit geprägt ist (vgl. *H.-J.Klauck,* Christus, Gottes Kraft 3-22). Schon die älteste Jesusüberlieferung zeigt ihn als Weisheitslehrer, der wie die ersttestamentlichen Weisheitsbücher redet (vgl. nur die Weisheitsprüche Jesu in Mk 2,17b.19bc; 3,21.24.27; 4,22a.25). Vor allem das Lukasevangelium (vgl. nur Lk 7,31-35) zeichnet Jesus als Boten der Weisheit und als Personifikation der Weisheit, ganz im Horizont der schon beschriebenen »theologisierten Weisheit« (s.o. 2.3). Und selbst Paulus greift auf die *jüdische* Weisheitstheologie zurück, um seine Christologie von Jesus als Weisheit *Gottes* im Gegensatz zur Weisheit dieser Welt zu entfalten (vgl. 1 Kor 1-3).

Für *christliche Existenz* heute könnten die ersttestamentlichen Weisheitsüberlieferungen wichtige Anstöße und Hilfen geben: (1) Die Weisheit wurzelt in einem Grundvertrauen in Schöpfungs- und Weltwirklichkeit und will zu einem grundsätzlichen Ja zum Leben und zum »Genuß« des Lebens motivieren; dies tut sie nicht in blinder Weltverklärung, sondern in konkreter Auseinandersetzung mit der Alltagswirklichkeit. (2) Die Weisheit bemüht sich um eine Multiperspektivität von Welt- und Lebenswahrnehmung und appelliert an die eigene Einsicht, die eigenen Erfahrungen und das eigene Urteil des Individuums. Zugleich hat sie die Gemeinschaft im Blick und argumentiert (meist) mit einem Lebenskonzept, das auf die soziale und geschichtliche Interdependenz der Individuen achtet. (3) Die Weisheit sucht das allen Menschen Gemeinsame herauszustellen. Insofern hat sie als Geistesbeschäftigung ein interkulturelles Pathos; in ihrer menschen- und lebensbezogenen Ethik ist sie, geschichtlich gesehen, eine der Wurzeln der erst in der Neuzeit explizit formulierten Menschenrechte. (4) In ihrer nüchternen, bisweilen skeptischen Art ist sie eine gute Korrektur gegen alle Formen religiöser Überhitzung.

II.   Das Buch Ijob

(Ludger Schwienhorst-Schönberger)

Kommentare: F.Delitzsch (BC) [2]1872; B.Duhm (KHC) 1897; G.Fohrer (KAT) 1963, [2]1989; F.Horst (BK I) 1968; H.H.Rowley (NCeB) 1970; M.H.Pope (AncB) [3]1974; R.Gordis 1978; F.Hesse (ZBK) 1978; A.de Wilde (OTS 22) 1981; A.van Selms 1982; 1983; N.C.Habel (OTL) 1985; H.Groß (NEB) 1986; J.E.Hartley (NIC) 1988; D.J.A.Clines (WBC 17) 1989; Th.Mende (GSL.AT 14/1) 1993; J.Ebach 1996.
Einzelstudien: U.Berges, Der Ijobrahmen (Ijob 1,1-2,10; 42,7-17). Theologische Versuche angesichts unschuldigen Leidens: BZ 39,1995,225-245; W.A.M.Beuken (Hg.), The Book of Job (BETL 114) Leuven 1994; J.E.Course, Speech and Response. A Rhetorical Analysis of the Introductions to the Speeches of the Book of Job (Chaps. 4-24) (CBQMS 25) Washington 1994; K.J.Dell, The Book of Job as Sceptical Literature (BZAW 197) Berlin/New York 1991; J.Ebach, Hiob/Hiobbuch: TRE 15,1986,360-380; G.Fohrer, Studien zum Buche Hiob (BZAW 159) Berlin/New York [2]1983; G.Fuchs, Mythos und Hiobdichtung. Aufnahme und Umdeutung altorientalischer Vorstellungen, Stuttgart 1993; R.Gordis, The Book of God and Man. A Study of Job, Chicago/ London 1965; O.Keel, Jahwes Entgegnung an Ijob. Eine Deutung von Ijob 38-41 vor dem Hintergrund der zeitgenössischen Bildkunst (FRLANT 121) Göttingen 1978; R.Kessler, »Ich weiß, daß mein Erlöser lebt.« Sozialgeschichtlicher Hintergrund und theologische Bedeutung der Löser-Vorstellung in Hiob 19,25: ZThK 89,1992,139-158; C.Kuhl, Neuere Literarkritik des Buches Hiob: ThR.NF 21,1953,163-205.267-317; G.Langenhorst, Hiob unser Zeitgenosse. Die literarische Hiob-Rezeption im 20. Jahrhundert als theologische Herausforderung (Theologie und Literatur 1) Mainz 1984; R.Laurin, The Theological Structure of Job: ZAW 84,1972,86-89; J.Lévêque, Job et son Dieu (2 Bde.) (EtB) Paris 1970; P.van der Lugt, Rhetorical criticism and the Poetry of the Book of Job (Oudtestamentische Studien 32) Leiden u.a. 1995; V.Maag, Hiob. Wandlung und Verarbeitung des Problems in Novelle, Dialogdichtung und Spätfassung (FRLANT 128) Göttingen 1982; Th.Mende, Durch Leiden zur Vollendung. Die Elihureden im Buch Ijob (Ijob 32-37) (TThSt 49) Trier 1990; H.-P.Müller, Das Hiobproblem. Seine Stellung und Entstehung im Alten Orient und im Alten Testament (EdF 84) Darmstadt [3]1995; ders.,

Theodizee? Anschlußerörterungen zum Buch Hiob: ZThK 89,1992,249-279; J.van Oorschot, Gott als Grenze. Eine literar- und redaktionsgeschichtliche Studie zu den Gottesreden des Hiobbuches (BZAW 170) Berlin/New York 1987; ders., Tendenzen der Hiobforschung: ThR 60,1995,351-388; L.G.Perdue/W.C. Gilpin (Hg.), The Voice from the Whirlwind. Interpreting the Book of Job, Nashville 1992; L.Schwienhorst-Schönberger/G.Steins, Zur Entstehung, Gestalt und Bedeutung der Ijob-Erzählung (Ijob 1f; 42): BZ 33,1989,1-24; M.Treves, The Book of Job: ZAW 107,1995,261-272; J.Vermeylen, Job, ses amis et son Dieu (Studia Biblica 2) Leiden 1986; H.-M.Wahl, Der gerechte Schöpfer. Eine redaktionsgeschichtliche und theologiegeschichtliche Untersuchung der Elihureden - Hiob 32-37 (BZAW 207) Berlin/New York 1993; C.Westermann, Der Aufbau des Buches Hiob (CTM 6) Stuttgart 1977; M.Witte, Vom Leiden zur Lehre. Der dritte Redegang (Hiob 21-27) und die Redaktionsgeschichte des Hiobbuches (BZAW 230) Berlin 1994; ders., Philologische Notizen zu Hiob 21-17 (BZAW 234) Berlin 1995; R.Zimmermann, Homo Sapiens Ignorans: Hiob 28 als Bestandteil der ursprünglichen Hiobdichtung: BN 74,1994,80-100.

1. Aufbau

Das Buch Ijob gliedert sich in drei Teile:

I	Prolog	1-2
II	Dialogteil	3-42,6
III	Epilog	42,7-17

Prolog und Epilog sind in Prosa gehalten und bilden den Rahmen um den in Poesie verfaßten Dialogteil.

1.1 Prolog

Der *Prolog* erzählt von einer zweifachen Bewährung Ijobs im Leid und einem sich daran anschließenden Besuch seiner drei Freunde. Er gliedert sich in eine Exposition und fünf Szenen:

1,1-5 Exposition: Ijobs Frömmigkeit und Glück.	
1,6-12 Erste Himmelsszene: Der Satan erhält, nachdem er die Uneigennützigkeit der Frömmigkeit Ijobs in Zweifel gezogen hat, von JHWH die Erlaubnis, den gesamten Besitz Ijobs »anzutasten«.	2,1-7a Zweite Himmelsszene: Nachdem der Satan vor JHWH bezweifelt hat, daß Ijob an seiner Frömmigkeit festhält, wenn er von Krankheit getroffen wird, erhält er die Erlaubnis, ihn unter Verschonung seines Lebens zu »schlagen«.
1,13-22 Erste Prüfung und Bewährung Ijobs: In vier Schlägen verliert Ijob sein Vieh und seine Kinder, ohne sich gegen JHWH aufzulehnen.	2,7b-10 Zweite Prüfung und Bewährung Ijobs: Ijob wird mit Geschwüren geschlagen, hält aber, trotz der Aufforderung seiner Frau, Gott zu verfluchen, an seiner Frömmigkeit fest.
2,11-13 Die drei Freunde Elifas von Teman, Bildad von Schuach und Zofar von Naama besuchen Ijob, um ihn zu trösten und ihre Teilnahme zu bekunden.	

1.2 Dialogteil

Im *Dialogteil* lassen sich die Reden Ijobs und der Freunde in drei Redegänge einteilen:

3	Ijobs Monolog: Klage

1. Redegang	2. Redegang	3. Redegang
4-5 Elifas	15 Elifas	22 Elifas
6-7 Ijob	16-17 Ijob	23-24 Ijob
8 Bildad	18 Bildad	25 Bildad
9-10 Ijob	19 Ijob	26 Ijob
11 Zofar	20 Zofar	– –
12-14 Ijob	21 Ijob	27-28 Ijob

29-31	Ijobs Monolog: Herausforderung Gottes

32,1-6	Vorstellung Elihus
32,7-33,33	Erste Rede Elihus
34	Zweite Rede Elihus
35	Dritte Rede Elihus
36-37	Vierte Rede Elihus

38-40,2	Erste Rede JHWHs
40,3-5	Erste Antwort Ijobs
40,6-41,26	Zweite Rede JHWHs
42,1-6	Zweite Antwort Ijobs

Umstritten ist, ob die erste Rede Ijobs (3) den ersten Redegang eröffnet oder als Monolog für sich steht. Da in Ijob 3 keinerlei Bezug auf die anwesenden Freunde genommen wird, ist letzteres anzunehmen. So bilden Ijob 3 und 29-31 einen Rahmen um die drei Redegänge zwischen Ijob und seinen Freunden. Inhaltlich weist die Abschlußrede Ijobs (29-31) nach vorn. Ijob fordert Gott zu einer Antwort heraus (31,35). Doch zunächst folgen vier Reden des vierten, bisher nicht genannten Freundes, Elihu (32-37). Erst in 38-41 antwortet JHWH dem Ijob aus dem Wettersturm. Läßt man 40,1 zunächst außer acht, dann erfolgt die Antwort JHWHs in zwei großen Reden (38-39; 40,6-41,26), denen sich jeweils eine kurze Antwort Ijobs anschließt (40,3-5; 42,1-6).

1.3 Epilog

Der *Epilog* gliedert sich in zwei Szenen:

42,7-9	JHWHs Urteil über die drei Freunde
42,10-17	Ijobs Wiederherstellung

1.4 Der Gedankengang im Dialogteil

Entgegen der weit verbreiteten Meinung, die Reden des Dialogteils würden sich im

Kreise drehen und dementsprechend keinerlei Gedankenfortschritt erkennen lassen, wird hier die Ansicht vertreten, daß sich trotz mehrfach wiederholender Motive und gleichbleibender Argumentationsmuster in der Abfolge der einzelnen Redegänge ein »Gedankenfortschritt« erkennen läßt. Die in der Abfolge der Reden erkennbare Gesamtbewegung läßt sich beschreiben als ein Prozeß zunehmender Entfremdung zwischen Ijob und seinen Freunden und einer im Ausdruck von Klage und Hoffnung stärker werdenden Hinwendung Ijobs zu Gott, den er zunächst als Richter (9,33-35), dann als Zeuge (16,19-21) und schließlich als Löser (*go'ēl*: 19,25) anruft und den er schließlich zu einer Antwort herausfordert.

In den drei Reden des *ersten Redegangs (4-14)* schreitet Ijob vom Vorwurf gegen Gott (7,20) über die Anklage Gottes (9,14-35) hin zur Aufforderung Gottes, seine Unschuld anzuerkennen (13,23). In den Reden der Freunde läßt sich ebenfalls eine Steigerung beobachten. *Elifas* erklärt Ijobs Leid aus der kreatürlichen Schwäche des Menschen (4,17-21), er appelliert an seine Gottesfurcht (4,6) und legt ihm nahe, sein Anliegen vor Gott zu bringen (5,8). Ijob weist das Ansinnen zurück mit dem Hinweis, daß sich Gott, den er in 7,14-21 erstmals direkt anredet, selbst gegen ihn gestellt habe (6,4). Er wünscht sich, von Gott gänzlich vernichtet zu werden (6,9f) und bringt erstmals seine Enttäuschung über die Freunde zum Ausdruck (6,14-30). Daraufhin schlägt *Bildad* einen schärferen Ton an (8,2). Er stellt sich auf den Standpunkt des zweiseitigen Vergeltungsglaubens (8,20). Ausgehend von dem Grundsatz, daß Gott das Recht nicht beugt (8,3), vermutet er, daß Ijob gesündigt habe und deshalb leiden muß (8,4.6). Würde er sich demutsvoll an Gott wenden, könne er mit seiner Wiederherstellung rechnen (8,5-7). In der Entgegnung beteuert Ijob seine Unschuld (9,21; 10,7), bezichtigt Gott des Rechtsbruchs (9,22f) und stellt die Behauptung auf, Gott würde wie ein Frevler über die Erde herrschen (9,24). Daraufhin greift *Zofar* ihn heftig an (11,1-6). Er belehrt Ijob, daß er Gottes unergründliches Walten nicht durchschauen könne (11,7-10). Eine Wende sei nur zu erhoffen, wenn er das Böse aus seiner Mitte entferne und sich von neuem Gott zuwende (11,13-19). Ijob lehnt die Reden der Freunde scharf ab (12,2-6; 13,1-12), fordert Gott zum Rechtsstreit heraus (13,3.13-28) und bringt in einer abschließenden Klage über das zu Leid und Tod bestimmte Leben des Menschen seine Hoffnungslosigkeit zum Ausdruck (14; vgl. 3).

Die *Reden Ijobs* (16-17; 19; 21) innerhalb des *zweiten Redegangs (15-21)* sind durch die zunehmend stärker werdende Herausforderung Gottes geprägt. Ijob weist die »windigen« Reden der Freunde zurück (16,2-5; 19,2-5), beteuert erneut seine Unschuld (16,17) und ruft Gott, der den zu Unrecht Verfolgten Recht verschafft (16,19-21; 19,23-27), gegen Gott (»Feindgott«, vgl. 13,24; 33,10), der ihn zu Unrecht verfolgt (16,6-14; 19,6-11.21f), um Hilfe und Erbarmen an. Im Gegenzug sprechen die *Freunde* immer deutlicher den Verdacht aus, Ijob selbst sei ein Frevler (15,4-6), indem sie in ausmalenden Bildern das Unglück beschreiben, das den Frevler trifft (15,17-35; 18,5-21; 20,4-29). Ijob dagegen weist im Stil der Parodie (21,7-21) darauf hin, daß nicht die Unschuldigen, sondern die Frevler im Glück leben. Daran zeige sich, daß er, Ijob, der Unglückliche, kein Frevler, sondern ein Gerechter sei.

Im *dritten Redegang (22-28)* beschuldigt *Elifas* Ijob erstmals offen, schwere Verbrechen begangen zu haben, erklärt sein Leid als Strafe für diese Schuld (22,2-11) und fordert ihn zur Umkehr auf (22,21-30). Ijob dagegen beteuert erneut seine Unschuld (23,10-12; 27,2-6) und beklagt die Abwesenheit Gottes (23,8-9), der ihn, würde er ihn richten, für gerecht befinden würde (23,10).

Eine in der Komposition zentrale Stellung nimmt das sehr wahrscheinlich sekundär eingefügte *Lied über die Weisheit (28)* ein, indem es mit seinem vermutlich noch einmal sekundären Schlußvers (V.28: »Die Furcht JHWHs, das ist Weisheit, und das Meiden des Bösen ist Einsicht«) auf den Anfang des Buches (1,1b) verweist und mit seiner theologischen Neubestimmung der Weisheit als einer dem Menschen verborgenen, allein Gott zugänglichen Größe auf die Gottesreden vorausblickt. Gleichzeitig wird Ijob, dem das Lied in den Mund gelegt ist, als Weiser rehabilitiert, indem dem Eindruck entgegengesteuert wird, Ijob würde mit der Zurückweisung der traditionellen Weisheit der Freunde jede Form von Weisheit ablehnen. Mit dem Rückbezug von 28,28 auf 1,1b deklariert Ijob selbst am Ende der Auseinandersetzung mit den Freunden seine anfängliche (1,1b) und nie aufgegebene Haltung der Gottesfurcht (1,22; 2,10; 27,2-6) als (die wahre Form von) Weisheit. Damit nimmt er jene Haltung vorweg, die er am Ende der Gottesreden explizit einnimmt. So vermittelt das Lied über die Weisheit »Ijob den Dulder« aus dem Prolog mit »Ijob dem Rebellen« aus dem Dialog.

In der großen *Abschlußrede (29-31)* stellt Ijob zunächst seine glückliche Vergangenheit (29) der leidvollen Gegenwart entgegen (30). Anschließend beteuert er erneut vor Gott seine Unschuld (31,1-34) und fordert ihn zu einer Antwort heraus (31,35-40). Doch bevor JHWH antwortet, ergreift ein vierter Freund das Wort: Elihu.

In den *Elihureden (32-37)* werden sowohl die Freunde als auch Ijob getadelt. Die Freunde werden getadelt, weil es ihnen nicht gelungen ist, Ijob zu überzeugen (32,1-22). Mit der Position Ijobs setzt sich Elihu sehr differenziert auseinander, indem er seine Aussagen aufgreift (33,8-11.13; 34,5f.9; 35,3) und Punkt für Punkt zurückweist.

Den Vorwurf Ijobs, Gott würde schweigen, widerlegt Elihu in seiner *ersten Rede*: Gott spricht oft zu den Menschen, doch diese achten nicht darauf (33,14-22). Das Leid ist eine Form göttlicher Mahnung mit dem Ziel, den Menschen vom verkehrten Lebenswandel abzuhalten, um sein Leben vor dem Tod zu retten (33,19.29f). In der *zweiten Rede (34)* weist Elihu die Behauptung Ijobs zurück, Gott hätte ihm sein Recht entzogen. Gegen den Vorwurf, Gott würde nicht zugunsten der Unterdrückten eintreten, weist Elihu in der *dritten Rede (35)* darauf hin, daß Gott in seiner unendlichen Souveränität selbst den Zeitpunkt seines Eingreifens bestimmen werde. In der *vierten Rede (36-37)* legt Elihu noch einmal dar, daß das Leid eine Prüfung ist (36,21) und ein Modus göttlichen Rettungshandelns (36,15). Er warnt Ijob, sich dem Bösen zuzuwenden (36,21). Er verweist auf das unerforschliche Geheimnis Gottes (37,23), angesichts dessen die dem Menschen allein angemessene Haltung die der Gottesfurcht ist (37,24).

Im Vergleich mit den drei Freunden fällt auf, daß Elihu stärker nach dem Zweck als nach dem Grund des Leides fragt, wenngleich dieser Aspekt auch den drei Freunden nicht unbekannt ist (5,17f). Die Elihureden führen, besonders in ihrem Schlußteil (36,22-37,24), auf die Gottesreden hin, indem sie die Größe und das Geheimnis Gottes und seines Handelns in besonderer Weise herausstellen. Sie stellen den Versuch dar, das Ijobproblem von der traditionellen Weisheit her unter Anerkennung der ihr durch die Gottesreden gesetzten Grenzen zu lösen.

2. Entstehung

2.1 Altorientalische Paralleltexte

Aus einer Reihe altorientalischer Paralleltexte wird ersichtlich, daß das Ijobbuch kein genuin israelitisches, sondern ein gemeinorientalisches Thema behandelt. Aus der Zeit vom 3.Jt. bis zum 5.Jh. v.Chr. sind uns Texte überliefert, die in unterschiedlicher Form und thematischer Ausrichtung das »Ijobproblem« behandeln. Es ist nicht auszuschließen, daß u.a. über kanaanäische Vermittlung den Verfassern des Ijobbuches solche oder ähnliche Texte bekannt waren. Die Charakterisierung Ijobs als Nichtisraelit (aus dem Lande Uz im Osten: 1,1.3) könnte Reflex oder sogar gezielter Hinweis darauf sein. Die u.a. durch den Rückgriff auf außerisraelitische Verhältnisse (Nilpferd bzw. Flußpferd, Krokodil) in Erscheinung tretende Gelehrsamkeit des (der) Autors (Autoren) weist in die gleiche Richtung.

Als Parallelen zu Ijob werden u.a. folgende Texte genannt (weitere Texthinweise bei *H.-P.Müller*, Das Hiobproblem, 49-57.69-72):

(1) »*Mensch und Gott*« oder der »*Sumerische Ijob*« (ca. 2000 v.Chr.) (ANET 589-591; RGT 169f): Der Text beginnt mit einer Aufforderung zum Gotteslob. Ein namentlich nicht genannter Mann beklagt sein schweres Leid, bittet um Errettung, wird erhört und preist abschließend seinen Gott. Als Grund für das Leid wird u.a. auf die mit der menschlichen Natur als solcher gegebenen (»von Geburt an«) Sündhaftigkeit aller Menschen verwiesen (Z.101-103; vgl. Ijob 4,17-21; 9,2; 15,14-16; 25,4-6).

(2) *Ludlul bel nemeqi* (»*Ich will preisen den Herrn der Weisheit*«), bekannt auch unter der Bezeichnung der »*Babylonische Ijob*« (ca. 12.Jh. v.Chr.) (ANET 596-601; RGT 160-163): Der Text beginnt mit einem Lobpreis Marduks, des »Herrn der Weisheit«. Der Dichter erzählt, wie Gott ihn ohne Grund verlassen

habe, all seine Verwandten und Bekannten sich von ihm abgewandt haben (vgl. Ijob 19,13-22; 29-31), er aber schließlich - durch Träume im voraus angekündigt - durch Marduk Rettung aus seiner Not erfährt.

(3) »*Gespräch eines Leidenden mit seinem frommen Freund*«, bekannt unter den Bezeichnungen »*Babylonische Theodizee*« und »*Babylonischer Kohelet*« (ca. 1000-800 v.Chr.) (ANET 601-604; RGT 157-160): Neben einer Reihe von Motiven ergibt sich als eine Entsprechung zum Ijobbuch vor allem die Form des Dialogs. Ein leidender Gerechter beklagt die Ungerechtigkeit der Welt, während sein Freund im Gegenzug - vergleichbar den Freunden Ijobs - auf die dem Menschen unzugängliche, gottgewollte Ordnung (Z.256; vgl. Ijob 11,7-9) der Welt verweist und den Leidenden auffordert, sich demutsvoll an Gott zu wenden.

(4) Aus der *ägyptischen Literatur* wird auf die *Gattung des weisheitlichen Streitgespräches* (Papyrus Anastasi I, Ende 13.Jh. v.Chr.) (ANET 475-479) verwiesen, ferner auf die sog. Auseinandersetzungsliteratur nach dem Zusammenbruch des Alten Reiches am Ende des 3.Jt.: die *Klage des Bauern* (ANET 407-410), *das Gespräch des Lebensmüden mit seiner Seele* (ANET 405-407), *die Mahnworte des Ipu-Wer* (ANET 441-444).

(5) Aus der *griechischen Literatur* verweist man auf die Auseinandersetzung mit dem menschlichen Leid bei den Tragikern, so u.a. auf den *Prometheus* und die *Perser* des *Aischylos* (525-456 v.Chr.), ferner auf die Dramen des *Euripides* (ca. 480-406 v.Chr.) (vgl. *M.Hadas*, Hellenistische Kultur, Wien 1981,157-165).

(6) Die strukturell und thematisch engste Parallele zum Ijobbuch findet *M.Treves* in *Beothius'* (480-524 n.Chr.) *De consolatione philosophiae*. Literarisches Vorbild beider Werke sind wahrscheinlich die Dialoge des Kynikers *Menippos von Gadara* (4./3.Jh. v.Chr.) (*M.Treves*, The Book of Job 262-266).

2.2 Vorliterarische Gestalt

Ähnlich der Vorgehensweise griechischer Tragiker oder neuzeitlicher Dichter (z.B. *Goethe*, Faust) dürfte der Verfasser der ältesten Form der Ijoberzählung bei der Bearbeitung seines Themas eine volkstümliche Sage aufgegriffen haben. Der älteste Hinweis darauf findet sich in Ez 14,12-23. Zusammen mit Noach und Daniel wird Ijob hier als ein Gerechter angesehen. Der Kontext und die Nennung der Personen Noach und Daniel (gemeint ist die Tradition des »ugaritischen« Daniel) machen es wahrscheinlich, daß die älteste, literarisch nicht mehr faßbare Gestalt der Erzählung so ausgesehen haben könnte, daß Ijob aufgrund seiner möglicherweise im Leid bewährten Frömmigkeit seine Kinder vor dem Tod retten (wie Noach) oder aus der Unterwelt wieder heraufholen konnte (wie Daniel) (so *R.Gordis* 69 mit Hinweis auf Gen 22).

2.3 Literarische Wachstumsgeschichte

2.3.1 Literarkritisch orientiertes Basismodell

Bei einer literarkritisch orientierten Analyse des Ijobbuches wird - trotz zahlreicher Abweichungen im Detail - in der Forschung im allgemeinen mit folgendem Wachstumsprozeß gerechnet:

Der älteste Kern liegt im Grundbestand der Rahmenerzählung vor (1-2; 42,7-17). Die erste umfangreiche Erweiterung geschah durch Einfügung des Dialogteils (3-27; 29-31; 38-42,6). Die Elihu-Reden (32-37) wurden noch einmal später hinzugefügt.

Für die hier angeführte Entstehungshypothese sprechen folgende Beobachtungen:
(1) Spannungen zwischen *Rahmenerzählung und Dialogteil:*
Stilistisch: (a) Die Rahmenerzählung ist - abgesehen von 1,21 - in Prosa verfaßt, der Dialogteil dagegen - abgesehen von 32,1-6 - in Poesie. (b) In der Rahmenerzählung wird der Gottesname JHWH 23x verwendet, die Gottesbezeichnung Elohim 11x. Im weitaus umfangreicheren Dialogteil dagegen begegnet »JHWH« nur 6x: in 12,9b als Zitat von Jes 41,20αβ, ferner als Redeeinleitung der Gottesreden (38,1; 40,1.6) und der Antworten Ijobs (40,3; 42,1). Weiterhin findet sich im Dialogteil einmal »Adonaj« (28,28), dagegen 45x »El«, 41x »Eloah«, 31x »Schaddaj«, 6x »Elohim«.
Sozialgeschichtlich: Der Ijob der Rahmenerzählung wird gezeichnet als patriarchalischer Nomadenscheich (1,3; 42,12), der Ijob des Dialogteils dagegen als sozial hochstehender Städter (29).
Theologisch: Der Ijob der Rahmenerzählung nimmt sein Leid gottergeben an (»Der Dulder«), der Ijob des Dialogteils lehnt sich auf und fordert Gott zu einer rechtfertigenden Antwort heraus (»Der Rebell«).

(2) Für die These, daß die *Elihureden* innerhalb des Dialogteils literarisch sekundär sind, werden neben sprachlichen und stilistischen Beobachtungen vor allem zwei Argumente angeführt: (a) Elihu wird im Unterschied zu den drei anderen Freunden Ijobs in der Rahmenerzählung nicht erwähnt. (b) Die Elihureden unterbrechen den Zusammenhang zwischen Ijobs Ruf zu Gott (31,35) und Gottes Antwort (38,1). *Th.Mende* arbeitet innerhalb der Elihureden eine Grundschicht, drei Bearbeitungsschichten und einige nicht näher zuzuordnenden Glossen heraus. Sie findet darin den Schlüssel zur redaktionsgeschichtlichen Rekonstruktion des gesamten Ijobbuches. Ob man einem poetischen Werk mit einem derart engen Kohärenzverständnis gerecht wird, ist fraglich. *H.-M.Wahl* hält die Elihureden für einheitlich. Falls die Reden später hinzugefügt wurden, ist zu fragen, ob sie die Gesamtaussage des Buches im Sinne der Orthodoxie korrigieren wollen oder ob in ihnen - analog der Position der drei Freunde - eine Theologie zitiert wird, die im Kontext des Buches als unzulänglich dargestellt werden soll.

Es gibt allerdings auch eine Reihe von Argumenten, die dafür sprechen, daß die Elihu-Reden originärer Bestandteil des Dialogteils sind (*N.C.Habel*) oder vom selben Verfasser in einer späteren Phase seines Schaffens hinzugefügt wurden (*R.Gordis* 104-116). Elihu würde dann als Kritiker der Freunde und Ijobs gleichermaßen einerseits auf die Theologie der Gottesreden hinführen, indem er vor allem den Geheimnischarakter Gottes und seines Handelns betont, sie andererseits aber durch den Gedanken der pädagogischen Funktion des Leides ergänzen. Im Unterschied zu den Reden der Freunde werden die Reden Elihus in 42,7-10 weder verworfen noch bestätigt. Ob sie nun originärer Bestandteil des Buches sind oder sekundär hinzugefügt wurden, in jedem Fall nehmen sie für das Gesamtverständnis des Buches eine zentrale Stellung ein. Das häufig anzutreffende Urteil, sie seien eine höchst überflüssige Wiederholung dessen, was die Freunde bereits gesagt haben, wird ihrer Stellung und Funktion im Ijobbuch nicht gerecht.

2.3.2 Weitere literarkritische Differenzierungen

Ausgehend von dem hier skizzierten entstehungsgeschichtlichen Basismodell werden oft weitere *literarkritische Differenzierungen* vorgenommen.

(1) In der *Rahmenerzählung* wird im allgemeinen mit einem zwei- bis dreiphasigen Wachstumsprozeß gerechnet. Zwar gibt es noch keinen Konsens, doch geht die Tendenz der Forschung dahin, die beiden Himmelsszenen als literarisch sekundär anzusehen (*L.Schwienhorst-Schönberger/G.Steins*).

(2) Innerhalb des *Dialogteils* weist der dritte Redegang (22-28) im Vergleich zu den beiden vorangehenden einige Unregelmäßigkeiten auf. Die Rede *Bildads* (25,1-6) ist im Vergleich zu allen vorangehenden Reden sehr kurz. Ferner kommt *Zofar* nicht mehr zu Wort. Man könnte darin eine ursprüngliche Aussageabsicht vermuten, und zwar dergestalt, daß bereits auf formaler Ebene angezeigt werden soll, daß den Freunden am Ende der Auseinandersetzung mit Ijob die Worte ausgegangen sind. Eine solche Bloßstellung entspräche der Zurückweisung ihrer Reden durch Elihu (32,1.3.7-19) und JHWH (42,7-10). Nun gibt es aber einige Beobachtungen, die darauf hindeuten, daß dies wahrscheinlich nicht die ursprüngliche Aussageabsicht des Ijob-Dichters war. Es folgen nämlich im vorliegenden Text drei Reden Ijobs unmittelbar aufeinander, zweimal mit der von den übrigen Redeeinleitungen abweichenden Formulierung »dann setzte Ijob seine Rede fort und sprach«:

26,1: »Da antwortete Ijob und sprach:«

27,1: »Dann setzte Ijob seine Rede fort und sprach:«

28: Lied der Weisheit

29,1: »Dann setzte Ijob seine Rede fort und sprach:«

Auch inhaltliche Gründe deuten darauf hin, daß der 3. Redegang gestört ist. Es gibt zahlreiche Versuche, die ursprüngliche Form des 3. Redegangs zu rekonstruieren (vgl. *M.Witte*). Was Ijob in 27,13-23 sagt, paßt nicht zu dem, was er sonst gesagt hat, wohl jedoch zur Theologie der Freunde. Zwar gehört das *Lied der Weisheit (28)* formal zu der in 27,1 einsetzenden Rede Ijobs. Inhaltliche und formale Gründe sprechen aber dafür, das Lied als spätere Ergänzung anzusehen. Der Ergänzer fügte es in die Rede Ijobs ein, die er mit 29,1 wieder aufnahm. Gleichzeitig wird damit die Abschlußrede Ijobs (29-31) nach vorn auf die Gottesreden hin ausgerichtet.

Innerhalb der Redegänge werden oft darüber hinausgehende literarkritische und redaktionsgeschichtliche Operationen vorgenommen. *M.Witte* rechnet mit einer auf den ursprünglichen Dichter zurückgehenden Grundschicht, einer ersten Erweiterung durch die Elihureden und drei weiteren Redaktionen (Niedrigkeits-, Majestäts- und Gerechtigkeitsredaktion) sowie einigen nicht eindeutig zuzuordnenden Glossen. Einige der Spannungen lassen sich aber auch so erklären, daß man mit ironisierender Zitation rechnet: Ijob zitiert ironisch - allerdings ohne entsprechende Zitateinleitung - die zuvor geäußerten Ansichten seiner Freunde und weist sie auf diese Weise oder anschließend explizit zurück, so z.B. in 12,7-25; 24; 27,7-13 (*R.Gordis* 81-85.98).

(3) Die zahlreichen literarkritischen Analysen der *Gottesreden* lassen sich nach *J. van Oorschot* auf fünf Modelle reduzieren:

(1) Die Gottesreden gehören nicht zum ursprünglichen Bestand der Ijobdichtung. Das Buch schloß ursprünglich mit den Herausforderungsreden Ijobs (29-31) oder mit einer wortlosen Theophanie (vgl. 38,1), der sich eine kurze Reaktion Ijobs (42,5f) anschloß (*F.Hesse*).

(2) Die Gottesreden und die beiden Antworten Ijobs sind einheitlich und gehören zum ursprünglichen Bestand der Ijobdichtung (*V.Kubina*).

(3) Die Gottesreden und die beiden Antworten Ijobs sind - abgesehen von 40,1 (Dittographie [Verdoppelung] und Verschreibung von 40,3) - einheitlich (38,1-39,30; 40,2+40,3-5 und 40,6-41,28+42,1-6) und gehören zum ursprünglichen Bestand der Ijobdichtung (*F.Stier*; *R.Gordis*; *O.Keel*).

(4) Die ursprünglich selbständige Dichtung schloß mit *einer* Gottesrede in 38,1*.2-39,2.5.19.26f. Eine Sekundär-Rezension A habe die Gottesrede gestrichen, eine Sekundär-Rezension B habe sie durch 40,6-14 ersetzt, eine Sekundär-Rezension C habe diese wiederum durch die Elihu-Reden ersetzt, und erst die Endredaktion habe aus den vier umlaufenden Rezensionen den jetzigen MT erstellt (*V.Maag*).

(5) Die ursprüngliche Gottesrede bestand aus 38,1-39,30; 40,15-41,3; 40,2.8-14; ihr schloß sich eine Antwort Ijobs in 40,3-5; 42,2.3b.5f an (*K.Budde*).

Ein echtes Kohärenzproblem stellt im Grunde nur die Redeeinleitung von 40,1 dar. Man kann hierbei entweder von 40,3 her mit einer später korrigierten Dittographie rechnen oder mit der Stilfigur der *inclusio* (38,1/40,3), mit der das Ende der ersten Gottesrede angezeigt werden soll (anders *J.van Oorschot*). Nach *O.Keel* gehen die beiden Gottesreden auf zwei verschiedene Vorwürfe ein: Die erste Gottesrede geht auf den besonders in Ijob 3 erhobenen Vorwurf ein, die Erde sei ein Chaos, indem sie unter Hinweis auf den Schöpfergott (38,4-38) und mit Hilfe des Bildes vom »Herrn der Tiere« (38,39-39,30) die trotz des Vorhandenseins chaotischer Mächte bestehende Ordnung der Welt aufzeigt. Die zweite Gottesrede geht auf den besonders in 9,24 erhobenen Vorwurf ein, die Erde sei der Gewalt eines Verbrechers ausgeliefert, indem sie unter Hinweis auf den von JHWH immer wieder neu geführten Kampf gegen die Frevler (40,9-14) und die das Böse verkörpernden Gestalten von Behemot-Nilpferd und Leviatan-Krokodil (40,15-41,26) die Gerechtigkeit JHWHs aufzeigt.

(4) In der Abfolge der beiden *Antworten Ijobs* liegt eine Steigerung vor. In der ersten

Antwort (40,3-5) bekundet er, nicht mehr so weiterreden zu wollen wie bisher. In der zweiten Antwort (42,1-6) geht er einen Schritt weiter, indem er das, was er bisher gesagt hat, widerruft.

3. Geschichtlicher Kontext

(1) Eine vorexilische Entstehung der Grundschicht der *Ijob-Erzählung* (1,1-21*; 42,12-17*) ist möglich. Wahrscheinlicher aber ist eine frühnachexilische Entstehung derselben. Der »Held« der Erzählung ist ein Nichtisraelit. Eine solche theologische Weite fügt sich in ihrer implizit universal-monotheistischen Tendenz gut in Strömungen exilisch-nachexilischer Theologie ein, wie sie sich u.a. in den Büchern Jona, Rut und Daniel zeigt. In die frühnachexilische Zeit weist auch die durch die Himmelsszenen erweiterte Form der Erzählung, da hier »Satan« (Ankläger) - ähnlich wie in Sach 3,1f - ein dem Menschen feindlich gesinntes Himmelswesen bezeichnet, aber noch nicht wie in 1 Chr 21,1 als Eigenname gebraucht wird.

(2) Die *Ijobdichtung* problematisiert und reflektiert in einer literarisch und sprachlich höchst kunstvollen Form die traditionelle weisheitliche Anschauung vom Tun-Ergehen-Zusammenhang und dürfte demnach nicht zu den frühen Werken jüdischer Weisheitsliteratur zu rechnen sein. Die kritische Auseinandersetzung mit einer traditionellen weisheitlichen Theologie weist in die zeitliche Nähe Kohelets. Die Gleichsetzung von Weisheit und Gottesfurcht in dem sehr wahrscheinlich spät hinzugefügten Vers 28,28 (vgl. 37,24) streift ein Thema, das in der Endredaktion des Sprüchebuches durchschlägt, von Kohelet am Rande und von Jesus Sirach ausführlich behandelt wird, im Ijobbuch selbst aber noch keine zentrale Rolle spielt.

Als weitere Argumente für eine Datierung in die nachexilische Zeit werden genannt: (a) die stark mit Aramaismen durchsetzte Sprache; (b) Ijob 12,9b ist sehr wahrscheinlich Zitat von Jes 41,20aβ; (c) Ijob 14,7-22 weist die möglicherweise neu aufgekommene Ansicht von einem Fortleben des Menschen nach dem Tode zurück und nimmt damit in dieser Frage die gleiche »protosadduzäische« Haltung wie in Kohelet (3,16-22; 9,5-6.10); (d) der Autor war wahrscheinlich mit griechischer Literatur und hellenistischer Kultur (vgl. 9,9.25) vertraut (*M.Treves*).

(3) Den wohl kompliziertesten (und wenig plausiblen) Versuch einer geschichtlichen Verortung der einzelnen Wachstumsschichten hat in jüngster Zeit *Th.Mende* vorgelegt. Sie unterscheidet - abgesehen von einzelnen Glossen - insgesamt sechs literarische Schichten, in denen sich in der unterschiedlichen Profilierung der Ijobgestalt die Leiderfahrung Israels in einer je neuen geschichtlichen Situation artikulieren soll.

Terminus post quem non ist das Ende des 2.Jh. v.Chr., da Aristeas das Buch einschließlich der Elihureden voraussetzt (JSHRZ III.2,296f). Sir 49,9 ist kein sicherer Hinweis auf die Existenz des Ijobbuches, da sich der Text möglicherweise nur auf Ez 14,14.20 bezieht. So wird man die Entstehung des Ijobbuches am ehesten in die Zeit des 5.-2.Jh. v.Chr. ansetzen.

4. Schwerpunkte der Theologie

Es wird kaum möglich sein, die Theologie des Ijobbuches auf *ein* Thema hin zusammenzufassen. Die beiden in diesem Zusammenhang am häufigsten vorgenommenen Bestimmungen, im Buch gehe es (1) um die Frage nach dem rechten Verhalten des Menschen im Leid und (2) um die Frage nach Ursache und Zweck des Leides, erweisen sich für die Darstellung der theologischen Schwerpunkte als hilfreich.

4.1 Das rechte Verhalten im Leid

(1) *Die Rahmenerzählung* sieht in der *gottergebenen Annahme des Leides* durch Ijob die rechte menschliche Haltung im Leid verwirklicht. Aus Ijobs Mund geht kein Wort des Haders und der Klage hervor (1,22). Er nimmt das Leid ohne Frage nach einem Warum und Wozu von Gott an (1,21a). Im tiefsten Unglück vollzieht er den von der Tradition gebotenen Ritus der Trauer (1,20) und spricht einen Lobpreis JHWHs (1,21b). Das traditionelle jüdische und christliche Verständnis des Ijob-Buches haftet vor allem an der Rahmenerzählung, in der Ijob als der fromme Dulder dem Leser als *persona imitabilis* vor Augen gestellt wird.

(2) Im *Dialogteil* wird diese Lösung problematisiert. Er beginnt mit einer großen *Klage Ijobs* (3), die sich bis zur *Anklage Gottes* (9,14-35) hin steigert. Elifas fordert Ijob unter Rückgriff auf die weisheitliche Tradition auf, seine Klage einzustellen (5,1-2; vgl. Spr 29,11). Elifas scheint damit Ijob die Annahme der in der Rahmenerzählung angezielten Lösung des Problems zu empfehlen. Ijob weigert sich, die Haltung des gottergebenen Dulders einzunehmen (6,1-13; 7,11; 10,1). Da der Epilog die »Gottesrede« Ijobs als »recht« bezeichnet und diejenige der Freunde verwirft (42,7f), scheint die *Klage im Leid* vom Ijob-Dichter als eine menschlich legitime Haltung anerkannt zu werden.

(3) In den *Gottesreden* wird Ijob insofern zurechtgewiesen, als er in seinen Klagen den Vorwurf erhoben hatte, die Erde sei ein Chaos (3; 21,7-11) und in die Hand eines Verbrechers (9,24) gegeben. Damit überschreitet er seine individuelle menschliche Erfahrung und erhebt einen quasi göttlichen Anspruch. In den Gottesreden wird Ijob (rhetorisch) gefragt, ob er wirklich die Rolle des Schöpfergottes je eingenommen hat oder je wird einnehmen können (40,9-14). Er wird gefragt, ob er beim Urakt der Schöpfung (*creatio prima*) dabei war und die Gesetze ihrer Erhaltung (*creatio continua*) kenne. Durch die göttliche Rede zurechtgewiesen, gesteht er ein, daß er im Unverstand über Dinge geredet habe, die zu hoch und zu wunderbar für ihn sind (42,3.6). So findet er durch die Klage hindurch in der Begegnung mit JHWH (42,5) zu jener Haltung schweigender Annahme zurück (40,4f), die bereits im Prolog als vorbildhaft dargestellt wurde.

(4) Die Frage nach dem rechten Verhalten im Leid wird im Buch Ijob aber nicht nur an der Figur des Protagonisten thematisiert, sondern auch am Verhalten seiner *Freunde*. Sie sind Vertreter einer weisheitlichen Theologie, die sich auf einen relativ breiten Konsens alttestamentlicher Traditionen stützen kann. Doch in der konkreten Situation des leidenden Ijob versagen sie, weil ihre »Gotteslehre« eine Rede *über* Gott bleibt und nicht im solidarischen Mit-Leiden zu einer (an)klagend, fragend und bittend *an* Gott gerichteten »Rede« wird. Ihre Theologie wird somit zu einem Ausdruck menschlicher Teilnahmslosigkeit, ja zynischer Menschenverachtung. So verdunkeln sie gerade das Antlitz dessen, den sie in ihrer Theologie gegenüber den Anklagen Ijobs so eifrig zu verteidigen suchen.

4.2 Grund und Zweck des Leides

(1) In der möglicherweise *ältesten Form der Rahmenerzählung* (ohne die beiden Himmelsszenen) wird die Frage nach dem Woher und Warum des Leides nicht thematisiert. In der Art der vier Unglücksfälle, in denen vertraute Metaphern göttlichen

Gerichtshandelns aufgegriffen werden (vgl. 1,16: »Feuer Gottes«), deutet sich allerdings an, daß das über Ijob hereinbrechende Unglück von Gott stammt. In 1,21 bekennt Ijob sein Unglück als ein von JHWH gewirktes Unglück und nimmt es als ein solches an.

(2) In der durch die beiden Himmelsszenen *erweiterten Form der Rahmenerzählung* wird die Frage nach Ursache und Zweck des Leides weiter reflektiert. Die narrativ entfaltete Antwort entspricht durchaus dem, was die theologische Tradition dazu sagt (vgl. *Thomas von Aquin*, s.th. I,2,3 ad 1): Gott läßt das Leid zu. Das Leid stammt weder direkt von Gott, noch geht es auf die Initiative Gottes zurück. Initiativ wird der Satan, und er führt es auch durch, allerdings unter Zulassung, aber auch klarer Eingrenzung des Ausmaßes des Leides durch Gott. Die Zulassung des Leides durch Gott hat allerdings den Zweck, eine gegen Ijob gerichtete Anschuldigung zu widerlegen, und zwar die Behauptung, daß die Frömmigkeit Ijobs nicht uneigennützig sei. So wird - so paradox es klingen mag - in der Rahmenerzählung das dem Menschen (Ijob) vom Satan zugefügte Leid von Gott »um der Würde des Menschen willen« zugelassen. Gott zweifelt nicht an der Uneigennützigkeit der Frömmigkeit Ijobs, im Gegenteil: er setzt auf ihn.

(3) In den *Reden der Freunde* lassen sich insgesamt vier Antworten auf die Frage nach Ursache und Zweck des Leides herauskristallisieren:

(a) Leid ist *Folge menschlicher Schuld*. Der Zweck des Leides ist darin zu sehen, daß menschliche Schuld bestraft und gesühnt und der Sünder zur Umkehr gemahnt werden soll (36,10). Diese Erklärung ist Bestandteil des sog. *zweiseitigen Vergeltungsglaubens*, wonach der Fromme für sein Verhalten Lohn, der Frevler hingegen Strafe zu erwarten habe (15,20-35; 18,5-21; 27,7-10.13-23; 36,5-14). Weiter entfaltet wurde diese Ansicht in der *Vergeltungslehre*, bei der man von der Folge auf die Ursache zurückschloß: Der Glückliche hat sittlich gut, der Unglückliche sittlich schlecht gehandelt.

(b) Leid gehört zur *Natur des Menschen*, es ist Folge seiner Kreatürlichkeit (4,17-21; 5,7; 9,2; 15,14-16; 25,4-6). Durch das stoffliche und vergängliche Geschaffensein (»Lehmhaus«: 4,19) ist das Leben des Menschen - unabhängig von jeder sittlichen Verfehlung - mit Leid behaftet.

(c) Leid ist eine Form *göttlicher Erziehung und Zurechtweisung*, durch die der Mensch vor dem Untergang bewahrt wird (5,17-18). Diese Erklärung des Leides greift auf Erfahrungen aus der Erziehung zurück. Wie ein Vater seine Kinder aus Liebe in harte Zucht nimmt (Spr 3,11-12; 13,24; 23,12-14), so ist auch das Leid Zeichen göttlicher Liebe und Sorge um den Menschen. Dieser Standpunkt wird vor allem in den Elihu-Reden eingenommen: Der Mensch »wird gemahnt durch Schmerz auf seinem Lager« (33,19), »um fernzuhalten seine Seele vom Grab« (33,30).

(d) Leid ist eine *Prüfung des Frommen*. Diese bereits in der Rahmenerzählung narrativ entfaltete Ansicht wird auch von den Freunden Ijobs vertreten (36,21). Das Leid ist die Bewährungsprobe des Frommen. Im Leid zeigt sich, ob sein Glaube und seine Rechtschaffenheit echt sind.

Da JHWH im Epilog die »Gottesrede« der drei Freunde verwirft (42,7f), scheint der Ijob-Dichter die von den Freunden gegebenen Erklärungen des Leides zurückzuweisen. So wird man, um die Theologie des Ijob-Dichters zu erfahren, auf die Gottesreden verwiesen.

(4) Die *Gottesreden* (38-40,2; 40,6-41,26) gehen bezeichnenderweise auf die Theologie der drei Freunde in keiner Weise ein. Insbesondere wird der von den Freunden zunächst nur angedeutete, dann offen ausgesprochene Verdacht, Ijobs Sündhaftigkeit sei der Grund für sein Leiden, mit Stillschweigen übergangen. Darin ist eine stilistisch höchst eindrucksvolle Zurückweisung der Theologie der Freunde zu sehen. Ihre Ansichten werden in den JHWH-Reden nicht für der Rede wert befunden. In 42,7-10 schließlich wird die Theologie der Freunde ausdrücklich verworfen.

Die Gottesreden gehen aber auch nicht auf das Leiden Ijobs ein. Inhaltlich werden ihm Erscheinungen in der Natur und Tierwelt vor Augen geführt, die sowohl seinem Erkenntnisvermögen als auch seiner Verfügungsgewalt entzogen sind. Die in der zweiten Gottesrede angeführten Tiere leben in der Wildnis, sie gehören nicht zum Herrschaftsbereich des Menschen. So wenden die Gottesreden Ijobs Blick gewissermaßen von sich selbst ab auf die ihm in der Erfahrung zwar zugängliche, aber in ihren Gründen nicht voll durchschaubare (und seiner Verfügungsgewalt entzogene) Natur. Diese wird als Schöpfung JHWHs vorgestellt. Sie enthält Chaotisches, ist aber kein vollständiges, sondern ein vom Schöpfer ständig neu gebändigtes Chaos. Die dem Chaos immer wieder neu abgerungene Ordnung kann vom Menschen (Ijob) weder hergestellt, noch in ihren Gründen voll durchschaut werden, sie ist wunderbar, schrecklich und erhaben zugleich.

So (er)lösen die Gottesreden - noch vor der expliziten »Wiederherstellung« - Ijob gewissermaßen aus einer in sich selbst verschlossenen Anthropozentrik. Damit entsprechen sie seinem Verlangen nach einer Antwort des Allmächtigen auf erwartbar-unerwartbare Weise. Die hier vollzogene Bewegung läßt sich beschreiben als eine Bewegung von der Anthropozentrik über die Kosmozentrik zur Theozentrik. Versuchten die Freunde vergeblich, Ijobs Haltung direkt zu brechen, so gelingt es den Gottesreden auf indirekte Art, Ijob aus der Verweigerung seines Einverständnisses zu lösen, indem sie ihm das Geheimnis der Schöpfung als Metapher für sein eigenes Leiden vor Augen führen. Seine Fragen und Klagen werden nicht von unbeteiligten Dritten beantwortet, sondern von dem in der Schöpfung geheimnisvoll anwesenden und ihm antwortenden Gott gestillt (42,5).

5. Relevanz

(1) Durch das Buch Ijob wird eine jede Theologie in Frage gestellt, die den Schmerz, die offenen Fragen und die an Gott gerichtete (An-)Klage nicht mehr zulassen kann, weil sie darin ihre Gotteslehre gefährdet sieht. Das Buch Ijob ist ein gegen eine überaffirmative Theologie gerichtetes Plädoyer für den leidenden Menschen und insofern eine besondere Mahnung an die christliche Theologie zu bedenken, daß die Erlösung noch nicht zu ihrem Abschluß gekommen ist. Die Ijobfrage ist für Christen nach wie vor aktuell (anders *F.Hesse*, ZBK 20).

(2) In der Kritik am Verhalten der drei Freunde enthält das Buch eine implizite Weisung zur Solidarität mit den Leidenden. Es kommt nicht darauf an, das Leid zu *ver*stehen, sondern zu *be*stehen.

(3) Im Buch artikuliert sich aber auch die Hoffnung, daß JHWH ein Gott ist, der den Leidenden nicht für immer im Leid beläßt. Die oft als »happy end« karikierte Wiederherstellung Ijobs ist Ausdruck der Hoffnung, daß JHWH sich letztlich als ein Gott erweist, der gerade den zu Tode gequälten Menschen Leben in Fülle erwirken will und erwirken kann.

III.   Das Buch der Psalmen

(Erich Zenger)

Kommentare: F.Delitzsch (BC 4,1) 1859; S.R.Hirsch 1888; F.Baethgen (HK II/2) 1982 (= ³1904); B.Duhm (KHC 14) 1899 (= ²1922); C.A.Briggs/E.G.Briggs (ICC) 1906.1907; H.Gunkel (HK II/2) 1926 (= ⁶1986); H.Schmidt (HAT 1,15) 1934; A.Weiser (ATD) 1935 (= ⁷1966); H.-J.Kraus (BK) 1960 (= ⁶1989); A.Deissler 1963.1964.1965; G.Castellino (SB) 1965; M.Dahood (AncB) 1966.1968.1970; M.Mannati 1966.1967.1968; J.P.M.van der Ploeg (BOT) 1973.1974; L.Jacquet 1975.1977.1979; J.W.Rogerson/J.W.McKay (CBC) 1977; G.Ravasi 1981.1983.1984; P.Craigie (WBC) 1983; L.C.Allen (WBC) 1983; E.S.Gerstenberger (FOTL) 1991; M.E.Tate (WBC) 1990; F.-L.Hossfeld/E.Zenger (NEB) 1993; L.Alonso-Schökel/C.Carniti (Nueva Biblia Espanola) 1993; J.L.Mays (Interp.) 1994; M.Girard, Les Psaumes Redécouverts I-III, 1994.1996; K.Seybold (HAT) 1996.

Forschungsüberblicke: J.Becker, Wege der Psalmenexegese (SBS 78) Stuttgart 1975; D.M.Howard, Jr., Editorial Activity in the Psalter: A State-of-the-Field Survey, in: J.C.McCann, Jr. (Hg.), The Shape and the Shaping of the Psalter (JSOT.S 159) Sheffield 1993,52-70; F.-L.Hossfeld/E.Zenger, Die Psalmen I (NEB) Würzburg 1993,17-25; K.Seybold, Psalmenkommentare 1972-1994: ThR 60,1995,113-130; ders., Beiträge zur neueren Psalmenforschung: ThR 61,1996,247-274.

Einzelstudien zu übergreifenden Fragestellungen: J.M.Auwers, Les Psaumes 70-72. Essai du lecture canonique: RB 101/102,1994,242-257. G.Bader, Psalterium affectuum palaestra. Prolegomena zu einer Theologie des Psalters (HUTh 33) Tübingen 1996; E.Ballhorn, »Um deines Knechtes David willen« (Ps 132,10). Die Gestalt Davids im Psalter: BN 76,1995,16-31; Ch.Barth, Concatenatio im ersten Buch des Psalters, in: FS E.L.Rapp, Meisenheim 1976,30-40; J.Becker, Israel deutet seine Psalmen. Urform und Neuinterpretation in den Psalmen (SBS 18) Stuttgart 1966; G.Braulik, Christologisches Verständnis der Psalmen - schon im Alten Testament?, in: B.Kranemann/K.Richter (Hg.), Christologie der Liturgie (QD 159) Freiburg 1995,57-86; W.Brueggemann, The Message of the Psalms. A Theological Commentary, Minneapolis 1984; ders., Israel's Praise. Doxology against Idolatry and Ideology, Philadelphia 1988; G.Brunert, Psalm 102 im Kontext des Vierten Psalmenbuches (SBB 30) Stuttgart 1996; J.F.D.Creach, Yahwe as Refuge and the Editing of the Psalter (JSOT.S 217) Sheffield 1996; F.Crüsemann, Studien zu Formgeschichte und Danklied in Israel (WMANT 32) Neukirchen-Vluyn 1969; M.Emmendörfer, Der ferne Gott. Eine Untersuchung der alttestamentlichen Volksklagelieder vor dem Hintergrund der mesopotamischen Literatur (FAT 21) Tübingen 1998; H.Gese, Die Entstehung der Büchereinteilung des Psalters, in: ders., Vom Sinai zum Zion. Alttestamentliche Beiträge zur biblischen Theologie (BEvTh 64) München 1974,159-164; H.Gunkel/J.Begrich, Einleitung in die Psalmen. Die Gattungen der religiösen Lyrik Israels (HK II EB) Göttingen 1933 (Nachdruck 1975); E.Haag/F.-L. Hossfeld (Hg.), Freude an der Weisung des Herrn. Beiträge zur Theologie der Psalmen. FS H.Groß (SBB 13) Stuttgart ²1987; M.R.Hauge, Between Sheol and Temple. Motif Structure and Function in the I-Psalms (JSOT.S 178) Sheffield 1995; W.L.Holladay, The Psalms through Three Thousand Years. Prayerbook of a Cloud of Witnesses, Minneapolis 1993; F.-L.Hossfeld/E.Zenger, »Selig, wer auf die Armen achtet« (Ps 41,2). Beobachtungen zur Gottesvolk-Theologie des ersten Davidpsalters: JBTh 7,1992,21-50; dies., »Wer darf hinaufziehen zum Berg JHWHs?« Zur Redaktionsgeschichte und Theologie der Psalmengruppe 15-24, in: FS N.Lohfink, Freiburg 1993,166-182; dies., »Von seinem Thronsitz schaut er nieder auf alle Bewohner der Erde« (Ps 33,14). Redaktionsgeschichte und Kompositionskritik der Psalmengruppe 25-34, in: FS O.Kaiser, Göttingen 1994,375-388; D.M.Howard, The Structure of Psalms 93-100 (Biblical and Judaic Studies 5) Winona Lake 1997; J.Jeremias, Das Königtum Gottes in den Psalmen. Israels Begegnung mit dem kanaanäischen Mythos in den Jahwe-König-Psalmen (FRLANT 141) Göttingen 1987; O.Keel, Die Welt der altorientalischen Bildsymbolik und das Alte Testament. Am Beispiel der Psalmen, Zürich ⁴1984; M.Kleer, »Der liebliche Sänger der Psalmen Israels.« Untersuchungen zu David als Dichter und Beter der Psalmen (BBB 108) Bodenheim 1996; K.Koenen, Jahwe wird kommen, zu herrschen über die Erde. Ps 90-110 als Komposition (BBB 101) Weinheim 1995; ders., Gottesworte in den Psalmen. Eine formgeschichtliche Untersuchung (BThSt 30) Neukirchen 1996; R.G.Kratz, Die Tora Davids. Psalm 1 und die doxologische Fünfteilung des Psalters: ZThK 93,1996,1-34; L.Leijssen (Hg.), Les Psaumes. Prières de l'humanité, d'Israël, de l'Église (TEL 11) Leuven 1990; Ch.Levin, Das Gebetbuch der Gerechten. Literargeschichtliche Beobachtungen am Psalter: ZThK 90,1993,355-381; N.Lohfink, Lobgesänge der Armen. Studien zum

Magnifikat, den Hodajot von Qumran und einigen späten Psalmen (SBS 143) Stuttgart 1990; ders., Psalmengebet und Psalterredaktion: ALW 34,1992,1-22; ders./E.Zenger, Der Gott Israels und die Völker. Untersuchungen zum Jesajabuch und zu den Psalmen (SBS 154) Stuttgart 1994; H.-P.Mathys, Dichter und Beter. Theologen aus spätalttestamentlicher Zeit (OBO 132) Fribourg/Göttingen 1994; J.C.McCann, Jr., A Theological Introduction to the Book of Psalms. The Psalms as Torah, Nashville 1993; ders., The Shape and Shaping (s.o.); M.Millard, Die Komposition des Psalters. Ein formgeschichtlicher Ansatz (FAT 9) Tübingen 1994; P.D.Miller, They Cried to the Lord. The Form and Theology of Biblical Prayer, Minneapolis 1994; D.C.Mitchell, The Message of the Psalter. An Eschatological Programe in the Book of Psalms (JSOT.S 252) Sheffield 1997; S.Mowinckel, Psalmenstudien I-VI, Amsterdam 1961; J.van Oorschot, Nachkultische Psalmen und spätbiblische Rollendichtung: ZAW 106,1994,69-86; J.Reindl, Weisheitliche Bearbeitung des Psalters. Ein Beitrag zum Verständnis des Psalters (VT.S 32) Leiden 1981,333-356; S.Risse, »Gut ist es, unserem Gott zu singen.« Untersuchungen zu Psalm 147 (MThA 37) Altenberge 1995; J.Schreiner (Hg.), Beiträge zur Psalmenforschung. Psalm 2 und 22 (fzb 60) Würzburg 1988; J.Schröten, Entstehung, Komposition und Wirkungsgeschichte des 118. Psalms (BBB 95) Weinheim 1995; R.Scoralick, Trishagion und Gottesherrschaft. Psalm 99 als Neuinterpretation von Tora und Propheten (SBS 138) Stuttgart 1989; K.Seybold, Die Psalmen. Eine Einführung (Urban TB 382) Stuttgart 1986; ders./E.Zenger (Hg.), Neue Wege der Psalmenforschung (HBS 1) Freiburg [2]1995; M.S.Smith, The Psalms as a Book of Pilgrims: Int 46,1992,156-166; ders., The Theology of the Redaction of the Psalter: ZAW 104,1992,408-412; H.Spieckermann, Heilsgegenwart. Eine Theologie der Psalmen (FRLANT 148) Göttingen 1989; F.Stolz, Psalmen im nachkultischen Raum (ThSt 129) Zürich 1983; B.Weber, Psalm 77 und sein Umfeld. Eine poetologische Studie (BBB 103) Weinheim 1995; C.Westermann, Lob und Klage in den Psalmen, Göttingen 1977; N.Whybray, Reading the Psalms as a Book (JSOT.S 222) Sheffield 1996; G.H.Wilson, The Editing of the Hebrew Psalter (SBL.DS 76) Chico 1985; E.Zenger, Mit meinem Gott überspringe ich Mauern. Einführung in das Psalmenbuch, Freiburg [4]1993; ders., Ich will die Morgenröte wecken. Psalmenauslegungen, Freiburg [2]1996 (beide Bände zusammengefaßt: Die Nacht wird leuchten wie der Tag. Psalmenauslegungen, Freiburg 1997); ders., Ein Gott der Rache? Feindpsalmen verstehen, Freiburg [2]1998; ders., Dein Angesicht suche ich. Neue Psalmenauslegungen, Freiburg 1998; ders. (Hg.), Der Psalter in Judentum und Christentum (HBS 18) Freiburg 1998.

1. Bezeichnungen und Aufbau

1.1 Anzahl und Zählweise der Psalmen

Das Psalmenbuch ist eine Zusammenstellung von 150 *poetischen* (d.h. im *parallelismus membrorum* = im Gedanken- und Bildreim gestalteten, s. S. 294 u. 540) *Texten* unterschiedlicher Gattungen, Herkunft und Zeit. Diese 150 Psalmen sind nicht die einzigen Psalmen der Bibel. Es gibt auch in anderen Büchern Psalmen, teils an strukturell herausragender Stelle (z.B. das Siegeslied am Schilfmeer: Ex 15,1-18; das Lied des Mose: Dtn 32; das Lied der Debora: Ri 5; das »Magnificat« der Hanna: 1 Sam 2,1-11; das Abschiedslied des David: 2 Sam 23,1-7; das Danklied der Geretteten: Jes 12; der Psalm des Jona: Jona 2,3-10; das Lied der Judit: Jdt 16); manche Bücher bzw. Buchteile sind durchsetzt von Psalmensprache (z.B. Jes 40-55; Jer; Ijob). Das Buch der Klagelieder könnte man sogar als zweites kanonisches Psalmenbuch bezeichnen.

Zumindest in der Schlußphase der Entstehung des Psalmenbuchs wollte man gezielt eine Auswahl von genau 150 Psalmen schaffen. Das bestätigt die LXX-Fassung, die einerseits mehrere Einzelpsalmen anders zählt als das hebräische Psalmenbuch und die andererseits gleichwohl *so* an der Zahl 150 festhält, daß sie den »Schlußpsalm« Ps 151, den sie als »Überschuß« gegenüber dem hebräischen Psalmenbuch hat, ausdrücklich als »außerhalb der Zählung« stehend kennzeichnet. Auch in Qumran hält man an der Zahl 150 fest, wenn in der Rolle 11 QPs[a] für das letzte Drittel des qumranischen Psalmenbuchs nach 50 Psalmen die noch folgenden Psalmen als »Anhang« konzipiert sind.

Da auch die Vulgata die Psalmen nach der Einteilung der LXX zählt, haben christliche Kommentatoren teilweise bis in die jüngste Zeit diese Zählung beibehalten. Auch die offiziellen Bücher der katholischen Liturgie geben diese Zählung an (meist in Klammern dann die Zählweise der Hebräischen Bibel). Um Verwirrung zu vermeiden, ist zu wünschen, daß sich die Zählweise der Hebräischen Bibel durchsetzt - vor allem wenn ihr Text der Übersetzung in die Landessprachen zugrundegelegt wird.

310

Die unterschiedliche Zählweise kommt dadurch zustande, daß die LXX die Ps 9 und 10 sowie 114 und 115 jeweils als einen einzigen Psalm betrachtet und die Ps 116 und 147 jeweils in zwei Psalmen zerlegt. Das ergibt folgende Differenzen in der Zählung:

MT	LXX	MT	LXX	MT	LXX
1-8	1-8	114/115	113	117-146	116-145
9/10	9	116,1-9	114	147,1-11	146
11-113	10-112	116,10-19	115	147,12-20	147
				148-150	148-150
					151

Als Gedächtnisstütze kann hilfreich sein: Wenn bei einem Psalmenhinweis eine Doppelangabe steht, z.B. Ps 23(22) oder Ps 22(23), bezieht sich die höhere Zahl immer auf die heute übliche Zählung nach der Hebräischen Bibel. Bei Psalmenvertonungen wurde bis in die Neuzeit die Zählung nach der Vulgata/Septuaginta verwendet.

1.2 Die Bezeichnungen

Die *in der christlichen Tradition* üblich gewordene Bezeichnung »(Buch der) *Psalmen*« geht auf die schon in der LXX belegte Übersetzung der am häufigsten (57x) als Psalmüberschrift begegnenden Bezeichnung *mizmōr* = kantilierender Sprechgesang mit Saitenspielbegleitung (ψαλμος von ψαλλειν = die Saiten spielen) zurück; diese auch im NT verwendete Bezeichnung (vgl. Lk 20,42; 24,44; Apg 1,20) steht in der aus dem 4.Jh. n.Chr. stammenden Hs. B (Codex Vaticanus) ausdrücklich als Buchtitel über den 150 Psalmen. Allerdings ist zweifelhaft, ob dies als Aussage über die in biblischer Zeit praktizierte Vortragsweise dieser Texte ausgewertet werden darf; sie ist vermutlich im Zusammenhang mit der »Davidisierung« der Psalmen (s.u.) entstanden (*mizmōr* steht 35x in Verbindung mit »von/für David«) und knüpft an die biblische Tradition von David als »Leierspieler« (vgl. 1 Sam 16,14-23; 18,10) an. Die Bezeichnung »*Psalter*« geht auf das in der LXX für das Saiteninstrument *nebæl* = Standleier (meist, auch in der EÜ, wohl unzutreffend mit »Harfe« wiedergegeben) gewählte ψαλτηριον zurück; das Wort findet sich als Buchüberschrift in der aus dem 5.Jh. n.Chr. stammenden Hs. A (Codex Alexandrinus).

Die *im Judentum* übliche Bezeichnung (*sefær*) *t'hillīm* = »(Buch der) *Lobpreisungen*« (M.Buber: »Preisungen«) ist bereits auf einem Qumranfragment der Höhle 4 (1.Jh. v.Chr.) bezeugt. Auch in dem Prosatext »*David's Composition*« auf der aus dem 1.Jh. n.Chr. stammenden Psalmenrolle 11 QPsᵃ, der zwischen die auf ihr versammelten biblischen und nichtbiblischen Psalmen eingeschoben ist, wird David als Verfasser von 3600 *t'hillīm* »Preisungen« sowie 450 *šīrīm* »Liedern« (*šīr* = chorisches Lied) genannt. Dies ist ein weiteres Indiz für das hohe Alter der Tradition des Buchtitels *t'hillīm*. Wie die redaktionelle Notiz in Ps 72,20 »Ende der Gebete (= *t'fillōt*) Davids, des Sohnes Isais«, die um 300 v.Chr. anzusetzen sein dürfte, nahelegt, ist »Lobpreisungen« eine Gesamtbenennung, die gegenüber der (älteren) Bezeichnung (Bitt-)Gebete (*t'fillōt*) einen neuen theologischen Akzent setzen will, der das Ziel der Bewegung unterstreicht, auf das das Psalmenbuch in seinem letzten Drittel und insbesondere in seinen letzten fünf Psalmen (146-150) und darin noch einmal in seinem letzten Satz (150,6) hindrängt: Das Psalmenbuch als Ganzes ist der vielstimmige Lobpreis JHWHs, der mitten aus den zahlenmäßig überwiegenden Klage- und Bittgebeten erwachsen soll und kann. Die Bezeichnung *t'hillīm* dürfte auch in der bei Philo und Flavius Josephus begegnenden Benennung ὕμνοι »Loblieder« vorausgesetzt sein. Auch Hieronymus sagt ausdrücklich, daß der hebräische Titel des Psalmenbuchs *sephar tallim* sei.

1.3 Hinweise auf eine planvolle Buchkomposition

Auch wenn das Psalmenbuch eine Zusammenstellung von 150 Einzeltexten ist, die gemäß der ihnen jeweils vorangestellten Überschriften als Einzeltexte gelesen werden wollen, ist es dennoch nicht eine mehr oder weniger zufällige Aneinanderreihung von beziehungslos nebeneinander stehenden Einzelgebeten und -liedern (eine Art »Psalmen-Archiv«). Dies wird gegenüber der seit *H.Gunkel* dominierenden gattungsgeschichtlichen Psalmenexegese, die primär an den Einzeltexten interessiert war, in der jüngsten Psalmenforschung mehr und mehr herausgearbeitet (u.a. *J.F.D.Creach, F.L.Hossfeld, K.Koenen, N.Lohfink, J.C.McCann, M.Millard, D.C.Mitchell, G.H.Wilson, E.Zenger*). Die *Psalmenexegese* wird so ergänzt durch die *Psalterexegese*. Das Psalmenbuch wird damit in methodischer Hinsicht ebenso behandelt wie die übrigen Bücher der Bibel. Daß die Einzelpsalmen im Psalmenbuch als Teilelemente von Kompositionsbögen, Teilsammlungen oder sogar im makrostrukturellen Zusammenhang des ganzen Buchs eine theologische Aussage erhalten, die ihren jeweiligen »Einzelsinn« übersteigt, legt sich aus folgenden Beobachtungen zur literarischen Technik der Abfolge der Psalmen nahe:

(1) Zwischen unmittelbar aufeinanderfolgenden Psalmen ergeben sich häufig semantische, kompositionelle und formgeschichtlich relevante Zusammenhänge, die nicht zufällig sein können, sondern von der/den Redaktion(en) intendiert sein müssen. Es sind vor allem die literarischen Techniken der planvollen Anordnung (*iuxtapositio*) und der gezielten, redaktionellen Stichwort- und Motivverkettung (*concatenatio*), durch die die Einzelpsalmen in größere Sinnzusammenhänge gebracht werden. Meist sind beide Techniken zugleich verwendet, um durch die überlegt gestaltete Aufeinanderfolge von Psalmen neue Sinnräume zu konstituieren. Zwei Beispiele sollen dies kurz erläutern (weitere Beispiele in: *E.Zenger*, Der Psalter, 1998,1-57).

Erstes Beispiel: Die *Psalmengruppe 3-14* ist in formgeschichtlicher Hinsicht eine planvoll angelegte und motivlich verwobene Komposition von Klage- und Bittgebeten (Ps 3-7), einem Hymnus als Mitte (Ps 8) und Klage- und Bittgebeten (Ps 9-14), wobei durch Ps 3,9 und Ps 14,7 um die Komposition ein Rahmen gelegt ist (Motive: »Rettung/Hilfe« für JHWHs »Volk«). In den Bittgebeten 3-7 sind paradigmatische *persönliche* Leidenssituationen zusammengestellt, in denen *einzelne* Beter nach dem richtenden, rettenden und heilenden Gott schreien. Zugleich sind die Psalmen durch ein Zeitschema so miteinander verbunden, daß der Morgen bzw. der Tag als die Zeit der Sonne (aufgehende Sonne: Ende der Nacht und Beginn des Lichtes = Leben, Rettung, Gerechtigkeit, Heil) sowie der Abend bzw. die Nacht (mit den Konnotationen von Gefahr, Unheil, Tod) einen übergreifenden Zusammenhang herstellen:

Notsituationen		Zeitschema	
Ps 3:	Feindbedrängnis	Ps 3,6:	Morgen
Ps 4:	Soziale Not	Ps 4,9:	Abend
Ps 5:	Rechtsnot	Ps 5,4:	Morgen
Ps 6:	Krankheit	Ps 6,7:	Nacht
Ps 7:	Feindbedrängnis	Ps 7,12:	Tag

Die Bittgebetsgruppe Ps 9-14 kreist um die *strukturelle* Bedrohung der als soziale *Gruppe* gezeichneten »Armen«, die inmitten einer sie umgebenden feindlichen Welt ihre Hoffnung auf den Gott des Gerichts setzen, der dem Chaos wehrt und die gestörte Lebensordnung wiederherstellt. Zentrum dieser Komposition ist der hymnische Ps 8, der die Menschenwürde der in Ps 3-7 und Ps 9-14 klagenden Verfolgten und Armen im Schöpfergott und Weltenkönig, der zugleich der Gott Israels ist (Ps 8,2.10: »JHWH, unser Herrscher...«), begründet sein läßt. Ps 8 ist der Mittelpfeiler, an dem die beiden Tafelbilder Ps 3-7 und Ps 9-14 hängen. Die Scharniere sind im Text deutlich erkennbar: Ps 7,18 (Schluß des Psalms) wird in Ps 8,2 (Anfang) aufgenommen; Ps 8,10 (Schluß) wird in Ps 9,2f (Anfang) weitergeführt.

Zweites Beispiel: Zwei aufeinanderfolgende Psalmen sind so zusammengestellt, daß sie sich gegenseitig auslegen sollen. Die *Ps 111 und 112* sind so vielfältig miteinander verbunden (alphabetische Akrosticha, gleiche Länge und Struktur, zahlreiche wörtliche Gemeinsamkeiten und motivliche Entsprechungen), daß man sie »Zwillingspsalmen« nennt. Sie wollen als eine kompositionelle Einheit verstanden werden. Ps 111 zeichnet das Bild vom gerechten und barmherzigen Bundesgott. Ps 112 beschreibt den gerechten und barmherzigen Menschen (der Psalm selbst freilich androzentrisch vom »Mann«). Interpretatorisch wichtig ist der Zusammenhang zwischen beiden Texten: Es ist der (auch Gen 1,26-28 zugrundeliegende) Gedanke der *imitatio dei* (Nachahmung Gottes durch den Menschen). Die Beziehung zwischen zwei aufeinanderfolgenden Psalmen kann auch ein kritischer Dialog sein: Die beiden *Königspsalmen 20 und 21* entsprechen in formgeschichtlicher Hinsicht der Abfolge Bitte - Dank; in theologischer Hinsicht erhält das (ältere) martialisch klingende Dankgebet durch die Vorschaltung des königlichen Bittgebetes eine neue, den martialischen Tönen geradezu gegenläufige Perspektive. Eine nochmals andere Form der Zusammenordnung aufeinanderfolgender Psalmen kann so angelegt sein, daß ein Psalm aus dem vorangehenden ein Element aufgreift und breiter entfaltet (z.B. *Ps 105-106*).

Drittes Beispiel: Psalmen unterschiedlicher Gattungen sind nach einem formgeschichtlich bzw. theologisch relevanten Schema gezielt hintereinandergestellt und *zugleich* durch redaktionelle Bearbeitung miteinander verkettet. So sind z.B. die drei *Psalmen 90 91 92* so hintereinander gestellt, daß sie einen fortschreitenden Geschehensbogen bilden. Ps 90 beginnt als Klage über die menschliche Todesverfallenheit sowie als Ausdruck der Angst vor einem unberechenbaren Gotteszorn und gipfelt in der Bitte, JHWH möge durch seine gnädige Zuwendung gewissermaßen die Angst vor seinem Zorn widerlegen und überwinden. Auf diese Bitte antwortet Ps 91 mit einer doppelten Zusage bzw. Verheißung. Im Stil weisheitlicher Belehrung spricht der Psalm dem betenden Du die Gewißheit zu, daß JHWH den, der sich zu ihm flüchtet, vor lebenszerstörerischen Mächten bewahrt. Vor allem aber erklingt in direkter Gottesrede die Verheißung, daß JHWH sich als rettender Gott erweist und daß er so Anteil gibt an der Fülle seines Lebens. Daß diese Zusage kein leeres Wort ist, sondern sich an dem erfüllt, der ihr vertraut, bezeugt dann der Dankhymnus Ps 92, der im Zusammenhang mit Ps 90 und Ps 91 zusätzliche Bedeutungsdimensionen erhält, aber auch seinerseits neues Licht auf die beiden ihm vorausgehenden Psalmen wirft. Ps 92 präzisiert und korrigiert in gewisser Weise die Vergänglichkeitsklage von Ps 90. Dem Protest gegen den allgegenwärtigen Gotteszorn, den Ps 90 in immer neuen Anläufen entfaltet, stellt Ps 92 seine differenzierende Beobachtung entgegen: Es gibt Menschen, die wie das Gras schnell emporsprießen und ebenso schnell verdorren; aber es gibt ebenso Menschen, die bis ins hohe Alter Frucht tragen. Daß Ps 90 als hermeneutischer Eröffnungspsalm der Komposition Ps 90-92 zu lesen ist, wird besonders in Ps 90,13-17 sichtbar. Dieser Abschnitt ist nach Meinung vieler Exegeten eine sekundäre Erweiterung. In unserem Zusammenhang ist wichtig: Dieser Abschnitt bezieht seine entscheidenden Formulierungen aus Ps 91 und Ps 92, d.h. hier liegt eine gezielte redaktionelle Verkettung vor.

(2) Einzelne Psalmen haben eine Funktion in der Makrostruktur des Gesamtpsalters, was auf gezielte »Buchkomposition« hinweist. Dies gilt von den »Rahmenpsalmen« 1 und 2 sowie 146-150, aber auch von den den Psalter wie ein hermeneutisches Netz durchwirkenden (»messianischen«) Königspsalmen und Psalmen vom (Welt-)Königtum Gottes (s.u.).

(3) Die über den Einzelpsalmen stehenden (sekundär hinzugekommenen) *Überschriften* ordnen häufig inhaltlich und formal verwandte Psalmen so zu *Gruppen* zusammen, daß eine sinnvolle Komposition entsteht. Daß hier Indizien einer intendierten Buchkomposition vorliegen, wird dadurch erhärtet, daß die durch Überschriften zusammengeordneten Gruppen noch zugleich ein in formgeschichtlicher Hinsicht aussagekräftiges Schema widerspiegeln. Die Ps 42-49 sowie 84-85.87-88 sind durch die Überschrift »Von den/für die Korachiten« und die Ps 73-83 durch die Überschrift »Von/für Asaf« als zusammenhängende Gruppe gekennzeichnet. In ihrer Reihenfolge bilden sie theologisch relevante Kompositionsbögen:

Komposition	Korachpsalmen 42-49	Korachpsalmen 84-85.87-88
Klage	42/43 (Ich) - 44 (Wir)	84 (Ich) - 85 (Wir)
Antwort (Gottes)	45-48	87
Klage	49 (Ich)	88 (Ich)

Komposition	Asafpsalmen 73-77	Asafpsalmen 78-83
»Lehre«	73	78
Klage	74 (Wir)	79-80 (Wir)
Antwort (Gottes)	75-76	81-82
Klage	77 (Ich)	83 (Ich)

Aber auch die durch Überschriften gekennzeichneten Psalmengruppen sind in der Architektur des Psalmenbuchs kunstvoll angeordnet. So ergibt sich beispielsweise für die Psalmenabfolge 42-88(89) diese konzentrische Reihenfolge:

Korachpsalmen 42-49	Asafpsalmen 50	Davidpsalmen 51-72	Asafpsalmen 73-83	Korachpsalmen 84-89
A	B	C	B	A

(4) Eine ausdrückliche Anweisung, zumindest Teile des Psalmenbuchs als zusammenhängende Meditation zu lesen, wird in der sogenannten *Davidisierung* des Psalters gegeben, die in vierfacher Weise vorliegt:

Erstens werden 73 Psalmen des Hebräischen Psalters (in LXX sind es sogar 83) durch die Überschrift *l‹dāwid* (»im Hinblick auf David« bzw. »von David«) mit dem Leben Davids verbunden (auf der ältesten Stufe, wohl in der Epoche des Exils, meint die Notiz: der Psalm ist zu lesen in Schicksalsgemeinschaft mit dem verfolgten *und* geretteten David; im 5.Jh. wird die Notiz, ausgehend von Ps 51, im Sinne der fiktiven Verfasserschaft Davids verstanden; ab dem 4.Jh. meint die Notiz nicht mehr den »historischen« David, sondern den David der kommenden Heilszeit, so vor allem in Ps 108-110.138-145). *Zweitens* wird in 13 Psalmen die Notiz *l‹dāwid* zusätzlich mit biographischen Angaben zu der in den Samuelbüchern erzählten David-Vita erweitert; auch diese Angaben sind ursprünglich referentielle Verweise auf bestimmte Lebenssituationen Davids als Identifikationsangebote und erst später als Autorenangaben konzipiert. *Drittens* gilt der ganze Psalter als geistliches Tagebuch Davids (die Davidisierung des Psalters führte so zur Poetisierung Davids); das Psalmenbuch kann nun als Meditation der Vita des historischen *und* messianischen David gelesen werden (zur Davidisierung vgl. *M.Kleer*, »Der liebliche Sänger«). *Viertens* gibt der in der LXX als »Nachwort« dem Psalter hinzugefügte Ps 151 (der sich in breiterer Ausführung auch in der DavComp von 11QPsᵃ findet) mit seinem Hinweis, daß der Psalmensänger David zugleich der ist, der den Kampf gegen die »Götzen« Goliat siegreich bestanden hat (vgl. 1 Sam 17), den Psalmen Davids die Qualität, daß einerseits mit ihnen der Kampf gegen das Böse gelingt und daß andererseits die Psalmen Davids vor der Macht des Bösen retten (vgl. auch 1 Sam 16,23; 18,10f; 19,9f: der das Psalmeninstrument »Leier« spielende David vertreibt nicht nur den bösen Geist Sauls, sondern kann auch nicht von dem tödlichen Speer Sauls getroffen werden).

(5) Ob man den »elohistischen Psalter« Ps 42-83 als Hinweis auf planvolle Buchkomposition auswerten kann, hängt davon ab, ob man die Tatsache, daß in diesen Psalmen überwiegend der Gattungsbegriff »Gott« (Elohim) steht, auf eine gezielte Redaktion zurückführt, wofür gute Gründe beigebracht werden können (vgl. dazu: *M.Millard*, Zum Problem des elohistischen Psalters, in: *E.Zenger* [Hg.], Der Psalter, 75-100).

1.4 Die Fünfteilung des Psalmenbuchs

Die 150 Psalmen sind durch die vier doxologischen Schlußformeln Ps 41,14; 72,18-19; 89,53; 106,48, die in literarkritischer Hinsicht allesamt nicht Bestandteil des jeweils vorausgehenden Psalms sind, in fünf »Bücher« gegliedert. Diese fünf Bücher haben ihrerseits eine kunstvolle Architektur, die hier nur angedeutet werden kann (vgl. die Tabelle S. 316). Ps 1-2 und Ps 146-150 bilden einen Rahmen um die fünf Bücher.

Die meisten neueren Bibelausgaben (auch EÜ) zeigen diese Fünfteilung des Psalmenbuchs durch entsprechende Zwischenüberschriften an, die aber weder im MT noch in der LXX stehen. Die doxologischen Formeln stammen zwar wegen ihrer Unterschiedlichkeit (s.o. die Tabelle) kaum von einer einzigen Hand, sondern markieren unterschiedliche Phasen der sukzessiven Zusammenstellung von Teilsammlungen, doch dürfte bereits die Schlußredaktion diese (sich ergebende) Fünfteilung erkannt und ihrerseits unterstrichen haben. Dafür sprechen u.a. folgende Beobachtungen:
(1) Die vier Formeln, die in ihrer Abfolge eine chiastische Komposition (ABB'A') bilden, stehen alle an anderweitig erkennbaren Zäsuren: 41,14 am Ende des ersten Davidpsalters 3-41; 72,18-19 am Ende des zweiten Davidpsalters 51-72; 89,53 am Ende der angehängten und den mittlerweile angewachsenen zweiten Davidpsalter rahmenden Korachpsalmen 84-85; 87-89; 106,48 am Ende der thematisch bestimmten und literarisch gerahmten Psalmenkomposition 90-106.
(2) Im Textkomplex Ps 107-150 fehlt eine doxologische Formel, die den genannten vier doxologischen Formeln entspricht. Als analoger doxologischer Abschluß eines fünften Psalmenbuchs Ps 107-150 wird deshalb von nicht wenigen Autoren der hymnische Psalm 150 gedeutet, andere sehen in der Komposition Ps 146-150 das Finale *sowohl* des fünften Psalmenbuchs *als auch* des Psalters insgesamt. Vieles spricht allerdings dafür, Ps 145 als kompositionellen Schlußpsalm des fünften Buchs zu verstehen, der gezielt für diese Funktion geschaffen wurde. Dabei inspirieren sich die Rahmenverse dieses Psalms, V.1-2 und V.21, so offensichtlich an den doxologischen Schlußformeln (vgl. die Tabelle S. ###), daß auch Ps 145,1-2.21 im Horizont dieses doxologischen Systems zu lesen ist.
(3) Die nach der Doxologie Ps 106,48 noch folgende Halleluja-Aufforderung, die strukturell nachklappt und von der LXX (vereinfachend) an den Anfang von Ps 107 gestellt wird, läßt sich als sekundäres kompositionelles Element lesen, mit dem die Schlußredaktion auf das »Halleluja-Finale« des Psalmenbuchs hinweist (Ps 146-150: alle fünf Psalmen sind jeweils mit Halleluja gerahmt = 10x Halleluja; Ps 150 bringt darüber hinaus im Corpus des Psalms 10x den Imperativ *hall°lû* »lobpreiset«).
(4) Entgegen der Meinung, der erste Hinweis auf die Fünfteilung finde sich erst seit dem 4.Jh. n.Chr. (bei Eusebius von Cäsarea und Epiphanius von Salamis), gibt es gute Gründe, daß schon Origenes in der Mitte des 3.Jh. die Fünfteilung bezeugt: »In fünf Bücher teilen die Juden das Buch der Psalmen«. Er setzt sie als verbreitete Selbstverständlichkeit voraus, was auf Tradition schließen läßt.

Die Strukturierung eines Werkes in fünf Teile bzw. fünf Bücher ist in der jüdischen Überlieferung, wie die Tora, das Buch der Klagelieder und das äthiopische Henochbuch bezeugen, beliebt und programmatisch zugleich. Was die entsprechende rabbinische Kommentierung im schwer datierbaren Midrasch Tehillim (3.-9.Jh. n.Chr.?) darüber sagt, könnte durchaus die Intention der Schlußredaktion des Psalmenbuchs wiedergeben: »Mose gab den Israeliten die fünf Bücher der Tora, und David gab den Israeliten die fünf Bücher der Psalmen«. Die Psalmen sind die Antwort Israels auf die Israel gegebene Tora. Das hat die Schlußredaktion hervorgehoben, indem sie dem Psalmenbuch den Tora-Psalm Ps 1 als »hermeneutischen Schlüssel« vorangestellt und den Psalter zur »Tora Davids« (*R.G.Kratz*) deklariert hat. Zugleich macht diese doxologische Rahmenstruktur den Psalter zur *lobpreisenden* Antwort Israels, die »auf Ewigkeit hin« angelegt ist, d.h. die Psalmen sind die bis zum Ende der Weltzeit vollgültige Antwort Israels (und der Völker) auf das Handeln JHWHs (Perspektive der »Verewigung«: *E.Jenni*).

Architektur des Psalmenbuchs	
1-2 Königspsalm 2	Proömium: Tora + Messias/Zion/eschatologische Gottesherrschaft
3-41	*1. Buch* Davidpsalmen : 3-14.15-24.25-34.35-41
41,14: ?Königspsalm 41	Gepriesen sei JHWH der Gott Israels von Ewigkeit zu Ewigkeit. Amen, ja Amen.
42-72	*2. Buch* Korachpsalmen : 42-49 Asafpsalm : 50 Davidpsalmen : 51-72
72,18f: Königspsalm 72	Gepriesen sei JHWH der Gott Israels, der Wunder tut allein, und gepriesen sei der Name seiner Herrlichkeit in Ewigkeit, und es erfülle seine Herrlichkeit die ganze Erde. Amen, ja Amen.
73-89	*3. Buch* Asafpsalmen : 73-83 Korachpsalmen : 84-89 (86: Davidpsalm)
89,53: Königspsalm 89	Gepriesen sei JHWH in Ewigkeit. Amen, ja Amen.
90-106	*4. Buch* Mosekomposition : 90-92 JHWH-Königtum : 93-100 (titellos) Davidkomposition : 101-106
106,48:	Gepriesen sei JHWH der Gott Israels von Ewigkeit zu Ewigkeit. Und es soll sprechen das ganze Volk: Amen (+ LXX: Amen). Halleluja!

107-145	*5. Buch* A Lobpsalm (Toda) : 107 (Königtum JHWHs)
	         B Davidpsalmen : 108-110
	           Alphabet. Torapsalmen : 111-112
	           Pesach-Hallel : 113-118
	           Alphabet. Torapsalm : 119
	           Wallfahrtspsalmen : 120-137
	           (Zion + David)
	         B Davidpsalmen : 138-145
	         A Lobpsalm : 145 (Königtum JHWHs)

145,1: 145,2: 145,21: JHWH-Königspsalm 145	Ich will dich erheben, mein Gott, o König, und ich will preisen deinen Namen in Ewigkeit und auf immer. An jedem Tag will ich dich preisen und ich will loben deinen Namen in Ewigkeit und auf immer. Das Lob JHWHs soll reden mein Mund und preisen soll alles Fleisch seinen heiligen Namen in Ewigkeit und auf immer.
146-150 JHWH-Königspsalmen	Schluß-Hallel (10x Halleluja) als Hermeneutik des Psalters: Eschatologische Durchsetzung der in Schöpfung und Tora grundgelegten Gottesherrschaft JHWHs

1.5 Der messianische und theokratische Horizont des Psalmenbuchs

Von den Rahmenpsalmen 1-2 und 146-150 her ist offenkundig, daß der Psalter ein Lobpreis der universalen in Schöpfung und Tora grundgelegten *Gottesherrschaft* (vgl. besonders Ps 2,10-12 und Ps 150, aber auch Ps 148) ist, die JHWH *durch seinen* auf dem Zion eingesetzten (*messianischen*) König (vgl. Ps 2) *und durch sein messianisches Volk* (vgl. Ps 149) inmitten der Völkerwelt in einem eschatologischen Gericht durchsetzen will.

Diese messianische Perspektive wird dadurch unterstrichen, daß an makrostrukturell wichtigen Stellen des Psalmenbuchs »Königspsalmen« und »Davidpsalmen« stehen, die einerseits auf einen messianischen König und andererseits auf ein messianisches Volk (»Demokratisierung« der Davidverheißungen) hin gelesen werden können. Makrostrukturell besonders herausragende »messianische« Psalmen sind: Ps 2 (Eröffnung des 1. Psalmenbuchs), Ps 72 (Ende des 2. Psalmenbuchs), Ps 89 (Ende des 3. Psalmenbuchs), Ps 101 (Eröffnung der Davidkomposition 101-106 *nach* der JHWH-Königtum-Komposition 93-100), Ps 110 (Ende der kleinen David-Komposition 108-110) und Ps 144 (Ende der kleinen David-Komposition 138-144, die makrostrukturell 108-110 korrespondiert). Hinzu kommen »Königspsalmen«, die um die Davidverheißungen kreisen, in der Mitte von Teilkompositionen (z.B. Ps 122; 127; 132 jeweils in der Mitte der in Fünfergruppen gegliederten »Wallfahrtspsalmen« 120-134).

Neben der Linie der königstheologischen Psalmen verläuft durch den Psalter eine Linie makrostrukturell auffallender Psalmen, die das Königtum JHWHs (»theokratische Perspektive«) zeichnen: Ps 8; 19; 29; 45-48; 93-100; 145; 146-150.

Beide Linien sind im Psalmenbuch einerseits kompositionell verschmolzen. Dies zeigt sich beispielhaft in der Abfolge der Ps 18-21 (18: Königspsalm; 19: JHWH als Weltenkönig; 20-21: Königspsalmen) und 144-145 (144: Königspsalm; 145: JHWH als Weltenkönig), aber auch in dem programmatischen Eröffnungspsalm 2, wo beide Perspektiven zusammen auftreten. Andererseits bilden die beiden Perspektiven einen fortschreitenden Geschehensbogen. In der Gesamtarchitektur des fünfteiligen Psalmenbuchs markieren die Königspsalmen 2; 41 (wegen der motivlichen Verwandtschaft von Ps 41 mit den Ps 72 und 89 ist 41 auf der Ebene der Redaktion als Königspsalm zu lesen) 72 und 89 eine königstheologische bzw. eine messianische Perspektive, die im 4. und 5. Psalmenbuch so weiter geführt wird, daß das messianische Konzept dem theokratischen Konzept untergeordnet und zugleich in einer eschatologischen Gesamtperspektive vollendet wird, deren Zielpunkt im JHWH-Königspsalm 145 bzw. im Schlußfinale 146-150 entworfen ist. »Es ist die *Vision der universalen Königsherrschaft JHWHs*, der als Retter der Armen das eschatologische Gericht durchführt (Ps 149,5-9) und damit den neuen Himmel und die neue Erde bringt (Ps 150). Diesem Königsgott gilt der Lobpreis, zu dem Ps 150 den neuen Kosmos - ›alles, was Atem hat‹ (V.6) - auffordert und der, wie Ps 145 ... ausführt, seinen Grund in der Güte und Barmherzigkeit dieses Königsgottes hat... Dieser Sicht des barmherzigen Königsgottes entspricht eine Neudefinition Israels als eines Volkes, aus dem JHWH seine Güte und Barmherzigkeit offenbaren will. Es ist ein Israel der JHWH-Treuen, die im Gehorsam zur Tora (Ps 147,15.18) und der Rezitation der Psalmen (vgl. Ps 149,5ff) ihren Lebensweg suchen und finden« (*B.Janowski*, in: *E.Zenger* [Hg.], Der Psalter,1998,404f). Für Israel selbst klingt die eschatologische Perspektive vor allem in den beiden »Schwellenpsalmen« 106 und 107 (Ende des 4. und Anfang des 5. Buchs) an: Die in Ps 106,47 in Anspielung auf die *eschatologischen* Verheißungen der Prophetie (vgl. besonders Sach 9-14) formulierte Bitte um Sammlung Israels aus den Völkern mit dem Ziel des Lobpreises JHWHs wird in Ps 107 aufgenommen und kompositionell mit der in Ps 145.146-150 entfalteten Vision vom Kommen des universalen Gottesreiches verknüpft.

2. Entstehung

2.1 Die Beziehung der Psalmen und des Psalters zum Kult

Daß die Entstehung des Psalters und der in ihm versammelten Einzelpsalmen und Teilsammlungen *im Horizont* der nationalen (»offiziellen«), lokalen und familiären gottesdienstlichen Begehungen erklärt werden muß, ist unbestritten. Das bestätigen auch die babylonischen Psalmen, deren gottesdienstlicher »Sitz im Leben« teilweise in den Texten selbst mitüberliefert ist. Wie eng freilich diese Beziehung gesehen werden kann, ist kontrovers. Es gibt einerseits eine Reihe von Einzelpsalmen, die für den Kult geschaffen und im Kult verwendet wurden (s.u. 2.3). Andererseits gibt es Psalmen, die keinerlei kultischen Bezug erkennen lassen. Vor allem hat die »Schlußredaktion« des Psalters kaum einen gottesdienstlichen »Sitz im Leben«, d.h. der Psalter hat seine Endgestalt weder als »Gesangbuch« für die Teilnahme am Tempelkult noch als »Gebetbuch« für die synagogale Liturgie erhalten. Die schon 1933 im »klassischen« Grundlagenwerk der Psalmenexegese »Einleitung in die Psalmen« von *J.Begrich/H.Gunkel* formulierte Erkenntnis (die zwar von vielen Exegeten bis heute vergessen wurde) ist immer noch richtig: Die Sammlung ist »in der Absicht zusammengestellt worden, ein Andachts- und Hausbuch für den frommen Laien zu schaffen. Der Vorgang ist des Näheren so vorzustellen, daß ein Stamm aus dem Gottesdienst bekannter und vertrauter Lieder mit geistlichen, kultusfreien Psalmen verbunden worden ist« (452).

Die Psalmenforschung des 20.Jh. ist von *H.Gunkels* grundlegender Einsicht bestimmt, daß die überkommenen Psalmen Ausprägungen weniger Grundgattungen sind und als (Wieder-)Gebrauchstexte entstanden sind. Nach Gunkel bilden verschiedene Texte dann eine »*Gattung*«, wenn sie in folgenden *drei Eigenheiten* übereinstimmen: (1) »gemeinsame Formensprache«; (2) »gemeinsamer Schatz von Gedanken und Stimmungen«; (3) Zugehörigkeit zu »einer bestimmten Gelegenheit im Gottesdienst«, d.h. »Sitz im Leben« (ebda. 22f).

Von diesem Ansatz her erarbeitete Gunkel folgenden *Katalog von Psalmengattungen*: (1) »Die Hymnen« (unter Einschluß der »Lieder von Jahwes Thronbesteigung«); (2) »Die Klagelieder des Volkes«; (3) »Königspsalmen«; (4) »Die Klagelieder des Einzelnen«; (5) »Die Danklieder des Einzelnen«; (6) »Kleinere Gattungen«: »Segens- und Fluchworte«, »Das Wallfahrtslied«, »Das Siegeslied«, »Das Danklied Israels«, »Die Legende«, »Die Tora«; (7) Prophetische Gattungen; (8) »Weisheitsdichtung in den Psalmen«; (9) »Mischungen, Wechselgedichte und Liturgien«. Diese Liste wurde nach Gunkel teilweise noch weiter ausdifferenziert, vor allem im Berich der »Klagelieder des Einzelnen« (z.B. Krankenpsalmen, Feindpsalmen, Gebete der Angeklagten, Asylpsalmen) und der »Hymnen« (imperativischer bzw. partizipialer Hymnus, JHWH-anredender Hymnus, Schöpfungshymnen). Ebenso wurde versucht, für die einzelnen Gattungen bzw. Untergattungen möglichst genaue (freilich insgesamt eher problematische) »Sitze im Leben« zu konstruieren (z.b. Festvollzüge und Rituale im Tempelkult, einzelne Phasen der Tempelgerichtsbarkeit und der Ordalpraxis/des Gottesgerichts, Familiengottesdienste bei Krankheit).

Schon zu Lebzeiten Gunkels brach eine bis heute nicht beendete *Kontroverse* darüber aus, ob die nunmehr im Buch überlieferten Einzelpsalmen oder wenigstens die meisten von ihnen für den Kult und von Kultfunktionären verfaßte Texte sind (so der prominente Gunkel-Schüler *S.Mowinckel* und die »Mowinckelianer« bis heute, zuletzt z.B. *E.S.Gerstenberger*), oder ob die Mehrzahl der Psalmen als »geistliche Dichtung« im Umfeld des Tempels bzw. für den »privaten«/»geistlichen« Tempelbesuch entstanden sind, die sich zwar an den ursprünglich im Kult beheimateten »Gattungen« (bzw. deren Formelementen und Sprache) inspirierten, aber selbst nicht mehr als kultische Texte verwendet wurden (so *H.Gunkel, F.-L.Hossfeld, E.Zenger*). Eine Mittelposition geht davon aus, daß die (literarkritisch rekonstruierbaren) »Grundfassungen« der biblischen Psalmen für kultische »Sitze im Leben« verfaßt seien, daß diese sich aber zunehmend von ihrem ursprünglichen »Sitz im Leben« gelöst haben und vor allem beim Vorgang der Zusammenstellung zu Psalmen-Teilsammlungen umgestellt und erweitert wurden (so zuletzt: *K.Seybold*).

2.2 Die Hauptgattungen des Psalters

(1) *Die Klagepsalmen* folgen idealtypisch dem Aufbauschema: Klagende Anrufung des Gottesnamens mit Notschilderung, Bitte um Rettung, Vertrauensbekenntnis bzw. Lobgelübde (Beispiele: Ps 6; 13).

(2) *Die Bittpsalmen* folgen idealtypisch dem Aufbauschema: Einleitende Bitte mit Betonung der Unschuld, zentrale Bitte mit breiter Schilderung der Not, abschließende Bitten mit Blick auf Feinde und Freunde (Beispiele: Ps 5; 17).

Man kann erwägen, ob diese beiden Gattungen nicht letztlich Ausprägungen einer einzigen Grundgattung »Klage« bzw. »Bitte« sind, zumal bereits *H.Gunkel* konstatiert hatte: »Das bedeutendste Stück der Klagelieder ist die Bitte. Sie ist das Herzstück der Gattung, begreiflich, da es das Bestreben des Beters ist, etwas von seinem Gott zu erlangen« (*J.Begrich/H.Gunkel*, Einleitung 218). Daß die im Psalter überlieferten »Klage- und Bittpsalmen«, die die erste Hälfte des Psalmenbuchs dominieren, nicht mehr für konkrete Verwendungssituationen geschaffen wurden, sondern besser als Variationen der ursprünglichen Gattung erklärt werden, läßt sich vor allem an den in diesen Psalmen geschilderten Notsituationen und den damit verbundenen theologischen Reflexionen, die kaum aus der Frühzeit stammen können, ablesen: »Die Leiden der Beter ... erscheinen auf eigenartige Weise zugleich als individuell und allgemein. Sie sind oft als Ausdruck ganz persönlicher Nöte und Leiden formuliert, wirken aber vielfach zugleich fast stereotyp. Dabei ist ein Charakteristikum der meisten Klagelieder, daß die Not, von der sie sprechen, nicht auf einen eindeutig definierbaren Bereich beschränkt erscheint. Sehr häufig sieht sich der Beter von Feinden verfolgt, und nicht selten ist dies der einzige Aspekt des Leidens, der explizit formuliert wird. Oft schließt dies die Isolierung von der bisherigen Umwelt mit ein. Daneben erscheinen Krankheit bis hin zum Tod, Armut und das Bewußtsein von Schuld als weitere Gründe für die Klagen des Beters. Aber häufig verbinden und vermischen sich mehrere der Gründe miteinander ... Auch die ›Feinde‹ des Klageliedbeters erscheinen unter einem doppelten Aspekt. Einerseits sind sie die persönlichen Feinde des Beters, und die Art und Weise, in der sie ihre Feindschaft zum Ausdruck bringen und praktizieren, greift oft tief in das persönliche Leben des Beters ein. Andererseits erscheinen sie geradezu als Repräsentanten einer Gegenwelt, so daß das Gegenüber des Beters und seiner Feinde weit über das Individuelle hinaus den Charakter einer grundsätzlichen Antithese erhält... Dabei steht der Beter als einzelner der Mehrheit der anderen gegenüber, die oft als ›viele‹ bezeichnet werden. Vor allem aber versteht der Beter diesen Konflikt zugleich als Auseinandersetzung über das Verhältnis zu Gott. Er sieht sich selbst zwar nicht einfach auf der Seite Gottes; vielmehr bringt er häufig seine Sündhaftigkeit und Unwürdigkeit zum Ausdruck. Aber er wendet sich an Gott, er rechnet mit der Hilfe Gottes, und er weiß, daß vor Gott die ›Gerechtigkeit‹ gilt, um die er sich nach besten Kräften bemüht. Die Gegner hingegen werden oft als Spötter, ja als Gottesleugner dargestellt, so daß der Konflikt des Beters mit seinen Feinden die Gestalt des Grundsatzkonfliktes zwischen Gerechten und Ungerechten annimmt« (*R.Rendtorff*, Theologie des Alten Testaments. Bd 1, Neukirchen 1998,302). Gerade diese gleichzeitige Konkretheit und Allgemeinheit der Psalmensprache ermöglicht den »Wiedergebrauch« dieser Palmen - bis heute.

(3) *Die Hymnen/Lobpsalmen* folgen idealtypisch dem Aufbauschema: Aufforderung zum Lob JHWHs, Begründung und Durchführung des Lobpreises, meist eingeleitet mit *kī* »denn«, und Ausklang (Beispiele: Ps 113; 117).

(4) *Die Dankpsalmen* folgen idealtypisch dem Aufbauschema: Ankündigung des Dankes (Gottesanrede »Du«), Rettungserzählung (Gottesanrede »Du«) und Einladung an die »Gemeinde«, sich dem Dank an Gott (Rede von Gott »Er« = Bekenntnis) anzuschließen (Beispiele: Ps 30; 116).

Während die Dankpsalmen als Reaktion auf (individuell und punktuell) erfahrene Rettung aus der in den Klage- und Bittpsalmen geschilderten Not zu begreifen sind und als Gattung ursprünglich mit einer familiären Opferfeier am lokalen Heiligtum oder im Jerusalemer Tempel verbunden waren (vgl. die Hinweise auf das sog. Toda-Opfer in Ps 22,26f; 66,13; 116,13-19), feiern die Hymnen die Größe und Unvergleichbarkeit JHWHs, insofern er »König über alle Götter« und guter, fürsorgender König seines Volkes und der ganzen Schöpfung ist, aber auch insofern er den Zion als seinen Wohnsitz und als Ort seines Tempels erwählt hat, von wo aus er das Chaos bekämpft, Recht und Gerechtigkeit wirkt und sein eschatologisches Reich des universalen Friedens errichten wird.

Auch wenn die meisten der überlieferten Psalmen als »nachkultische« Psalmen entstanden sind, haben sie sich an der Gebetsdynamik und an der Formensprache der ursprünglich im Kult entstandenen Gattungen inspiriert und diese kunstvoll variiert, so daß die Psalmenexegese einerseits auf die Erkenntnisse der Gattungsforschung nicht verzichten darf; andererseits darf nicht übersehen werden, daß jeder Psalm seine spezifische Gestalt und seine individuelle »Biographie« hat, die herausgearbeitet werden muß.

2.3 Der Weg zur proto-masoretischen Endgestalt des Psalters

Das uns vorliegende Psalmenbuch ist in mehreren »Schüben« entstanden und zwar durch Aneinanderreihung von Teilsammlungen, die teilweise ihre je eigene Entstehungsgeschichte haben. Als Faustregel kann gelten: Die Abfolge der Teilsammlungen im jetzigen Psalmenbuch entspricht auch ihrem Alter.

Nur wenige Einzelpsalmen bzw. die literarkritisch aus der Endgestalt von Psalmen herauslösbaren »Grundfassungen« stammen aus *vorexilischer Zeit*. Man kann z.B. mit guten Gründen annehmen, »daß die ältesten Psalmtexte die Königspsalmen und Kulthymnen in ihrer *Primärgestalt* sind. Psalmen wie 2˙; 45˙; 72˙; 110˙ oder 24˙; 29˙; 60˙; 93˙ stammen aus der Königszeit. Sie hatten ihren Ort in den Ritualen des königlichen Tempelkults und wurden aus den Archiven gerettet, als die Königszeit an ihr Ende kam« (*K.Seybold*, Psalmen 1996,20). Auch die Grundfassung der Zionshymnen 46˙ und 48˙ dürfte aus (spät)vorexilischer Zeit überlebt haben. Aus der *Exilszeit* könnten z.B. die Volksklagepsalmen 74˙ und 79˙ in ihrer Urfassung stammen. Auch die Klage- bzw. Bittgebete Ps 3-7.11-14 und die Dankpsalmen für die Rettung des Königs 18˙; 21˙ dürften in ihrer Primärgestalt vorexilisch sein.
Die *ältesten Teilsammlungen* lassen sich in den beiden Davidpsaltern 3-41 und 51-72 herausarbeiten. Daß diese Sammlungen bereits als abgeschlossene Kompositionen vorlagen, ehe sie in einer größeren Sammlung zusammengestellt wurden, zeigt sich daran, daß in ihnen *ein* Psalm beinahe wortgleich überliefert ist - jedoch mit gewichtigen Unterschieden, die *kontextuell/gruppenbezogen* bedingt sind (Ps

14 = Ps 53; wichtigster Unterschied: Ps 14,6 ist eine armentheologische Aussage, gemäß dem Kontext der »Armenpsalmen« 11-14 [s.o.]; Ps 53,6 ist eine Rettungszusage vor den »Belagerern«, gemäß dem Kriegs- und Verfolgungskontext der »Davidpsalmen« 52-68; »Armentheologie« tritt im Davidpsalter 51-72 erst in Ps 69-71 auf). Die ältesten Sammlungen entstanden als »davidische Sammlungen« in der Exilszeit als Zusammenstellung von Klage- und Dankpsalmen, weil man im verfolgten »David« eine Hoffnung stiftende Identifikationsfigur suchte.

Daß und wie im *frühjüdischen Tempelkult* Psalmen Verwendung fanden, läßt sich plastisch in 1 Chr 16 und Sir 50,15-21 nachlesen. Die eigentlichen Psalmtexte wurden demnach während des täglichen Opfers und an besonderen Festtagen von einem musizierenden und singenden Levitenchor vorgetragen, dem (zwei) Priester von einem Podium am Rande des Priesterhofs aus (wo der Opferaltar stand) mit Trompetensignalen den Einsatz, die Pausen und das Ende ihres Psalmenvortrags anzeigten. Dieser Levitenchor stand auf den Stufen vom Vorhof der Frauen zum Vorhof der Männer. Die teilnehmende Gemeinde konnte den Chor hier gut sehen und hören; die »Gemeinde« sang in der Regel nur den Refrain oder einen Kurzvers (z.B. »denn seine Huld/Güte währet ewig«, vgl. Ps 135). Die Anzahl der dabei verwendeten Psalmen war freilich klein, und sie orientierte sich nicht an der Abfolge des kanonischen Psalmenbuchs (die »Wochenpsalmen« waren, beginnend mit dem Sonntag als erstem Tag der Woche, die Ps 24; 48; 82; 94; 81; 93; 92). Daß bestimmte Psalmen bei Liturgien, an denen die Gemeinde stärker und unmittelbarer als beim Opferritual beteiligt war, von allen gesungen wurden (z.B. die »Festpsalmen« 50; 81; 95 bei einem »Bundesfest« oder die »Hallelpsalmen« Ps 113-118 am Pesachabend), ist ebenfalls sicher. Kein Zweifel dürfte auch über den chorischen Vortrag von »Volks-klagepsalmen« bei den großen Klage- und Bußliturgien am Tempel (vgl. das Buch der Klagelieder) bestehen.

Aus diesen Hinweisen auf kultische Verwendung einzelner Psalmen kann allerdings *nicht* geschlossen werden, daß das Psalmenbuch als »*Gesangbuch der Zweiten Tempels*« für die Teilnahme am Tempel-kult entstanden sei. Für diesen gab es möglicherweise eigene kleine »Psalmenrollen«, die nach liturgischen Gesichtspunkten ausgewählt und angeordnet waren. Einige der in Qumran (in Fragmenten) gefundenen Psalmenrollen mit unterschiedlicher Psalmenabfolge könnten diese Hypothese bestätigen; zumindest wird von mehreren Qumranspezialisten die liturgische Abzweckung einiger qumranischer Psalmen-Kollektionen vertreten.

Das Psalmenbuch ist auch *nicht* als »*Gesang- und Gebetbuch der synagogalen Liturgie*« entstanden. Leider wissen wir bislang kaum Genaueres über Entstehung und Organisation der Synagogen-Gemein-den und über deren Verhältnis zu den »Ortsgemeinden«. Daß hier die Verhältnisse in Israel und in der Diaspora unterschiedlich waren, ist anzunehmen. Aber selbst in Israel dürfte es unterschiedliche »Synagogenkonzepte« gegeben haben, in denen die verschiedenen Gruppierungen und Bewegungen ihre spezifisch akzentuierte jüdische Identität lebten. Auch wenn die Grundstruktur der Liturgie in den einzelnen Synagogen festgeschrieben gewesen sein dürfte (Schriftlesung, rahmende Benediktionen/ Doxologien, »Höre Israel«), so gibt es doch keinen Hinweis darauf, daß *das Psalmenbuch* zu den gemeinsamen strukturellen Elementen gehörte. Vor allem ist die früher wiederholt vorgetragene Hypothese, die 150 biblischen Psalmen seien für die synagogale Sabbatmorgenliturgie als »Antwort-psalmen« auf die (rund) 150 Lesungen aus der Tora (nach der dreijährigen palästinischen Leseordnung) ausgewählt und angeordnet worden, weder in literarischer noch in historischer Hinsicht begründet. Daß die synagogale Liturgie völlig »psalmlos« war, ist allerdings wenig wahrscheinlich.

2.4 Datierung und »Sitz im Leben« des Psalters

Wann der Psalter seine Endgestalt Ps 1-150 erhielt, ist in der Forschung um-stritten. Während die Meinungen darüber früher stark divergierten (5.-2.Jh. v.Chr.: von der Perserzeit bis in die Makkabäerzeit), tendiert die Forschung heute zu einer *Datierung zwischen 200 und 150 v.Chr.* Für diese Datierung sprechen u.a. folgen-de Gründe:

(1) Die sprachliche und theologische Verwandtschaft der Psalterrahmung Ps 1-2 und Ps 146-150 mit dem um 175 v.Chr. entstandenen Buch Jesus Sirach (s.u. E.VIII). Ob man allerdings die Tatsache, daß Sir 51,12a den als Überleitung zu Ps

149 redaktionell zu drei Stichen/Kola ausgestalteten Vers Ps 148,14 zitiert, als Datierungsargument werten kann, ist fraglich, weil die Authentizität des nur in der mittelalterlichen Handschrift B aus der Kairoer Genisa (s.o. B.II.7) bezeugten Liedes Sir 51,12a-o (in der EÜ abgedruckt) zweifelhaft ist.

(2) Die theologische Verwandtschaft (Toraweisheit, Eschatologie, ethisch-kosmischer Dualismus, Gotteslob) der Psalterrahmung Ps 1-2 und Ps 146-150 mit den zwischen 200 und 150 v.Chr. datierten in Qumran gefundenen nichtessenischen (!) Weisheitstexten »mûsār lammebin« und »Book of Mysteries« (vgl. *A.Lange*, in: *E.Zenger* [Hg.] Der Psalter, 1998,101-136).

(3) Der in der Qumrangemeinde in den Jahren 71 bis 63 v.Chr. entstandene thematische »Pescher« (= Kommentar) 4QMidr.Eschat[a] (frühere Bezeichnung: 4QFlor) kombiniert die Aufeinanderfolge von Ps 1,1 und Ps 2,1f als strukturbestimmendes Leitzitat mit Zitaten aus anderen biblischen Büchern und appliziert sie eschatologisch auf die essenische Gemeinschaft. »Daß der protomasoretische Psalter innerhalb der essenischen Gemeinschaft eine solche Autorität haben konnte, ist am ehesten denkbar, wenn er schon bei ihrer Entstehung 152 v.Chr. mit ihr versehen war« (*A.Lange*, ebda. 106).

(4) Die Datierung wird gestützt durch den (griechischen) Septuagintapsalter. Diese vermutlich im Mutterland (Jerusalem?) um 100 v.Chr. entstandene Psalterübersetzung (vgl. dazu *J.Schaper*, in: *E.Zenger* [Hg.], Der Psalter,1998,165-183) belegt nicht nur (trotz teilweise anderer Zählweise, s.o. 1.1) die Psalmenanordnung des protomasoretischen Psalters, sondern zeigt, daß damals die Anzahl von 150 Psalmen als bewußte Entscheidung feststand.

(5) Die älteste Handschrift, die die Buchgestalt des protomasoretischen Psalters sicher belegt, ist die paläographisch in die 2. Hälfte des 1. Jh. v.Chr. datierte Handschrift *Masada Psalms[b]* (s.o. B.II.6).

(6) Gegen diese Datierung des protomasoretischen Psalters Ps 1-150 spricht nicht die insbesondere im Buchschluß andere Reihenfolge der Psalmen, die in mehreren Handschriften von Qumran (insbesondere 11QPs[a]) belegt ist (s.o. B.II.5). Die Diskussion darüber, ob 11QPs[a] einen neben der protomasoretischen Buchgestalt des Psalters (»Jerusalem-Psalter«) oder gar einen gegen diesen konzipierten »Qumran-Psalter« bezeugt oder ob 11QPs[a] eine für einen spezifischen, liturgischen Zweck geschaffene Sammlung von »kanonischen« und »nicht-kanonischen« Texten ist, ist derzeit offen (vgl. dazu *H.-J.Fabry*, in: *E.Zenger* [Hg.], Der Psalter,1998,137-163). Immerhin läßt sich die in 11QPs[a] erkennbar andere Anordnung der Psalmen durchaus als programmatische Komposition mit spezifischer »Qumran-Theologie« verständlich machen (vgl. *M.Kleer*, Der liebliche Sänger). Sollte 11QPs[a] ein »Qumran-Psalter« neben dem protomasoretischen »Jerusalem-Psalter« sein wollen, bestätigt dies die These, daß der »Jerusalem-Psalter« eine planvolle Komposition ist. Daß sich der (chassidisch-pharisäisch-rabbinische) »Jerusalem-Psalter« dann bei der Kanonisierung im 1.Jh. n.Chr. gegen den »Qumran-Psalter« durchsetzte, ist nicht verwunderlich.

Die unverkennbare Nähe gerade der jüngsten Teile des Psalmenbuchs zur späten Weisheit machen es sehr wahrscheinlich, daß der Psalter seine Endgestalt im Milieu jener *Weisheitsschule* erhalten hat, die in gewisser Distanz zur Tempelaristokratie und zu deren hellenisierenden Tendenzen stand und die mit ihrer Verbindung von Tora-Weisheit, prophetischer Eschatologie und »Armenfrömmigkeit« den Psalter als ein *Volksbuch* für Laien ausgestaltete und verbreitete, das als »fromme« und »konservative« *Kurzfassung* von Tora und Nebiim gelesen, gelernt und gelebt werden konnte.

Im Judentum zur Zeit Jesu war das biblische Psalmenbuch offensichtlich der Grundtext der persönlichen, meditativen Frömmigkeit und messianischen Hoffnungen. Es war das »Lebensbuch« vor allem jener Gruppen, die in den Psalmen »die Armen«, »die Frommen« und »die Gerechten« genannt werden. In den Psalmen suchten und fanden sie Erbauung, Trost, Hoffnung und Lebensweisung. Wieweit diese sog. kleinen Leute die Psalmen selbst lesen konnten und gelesen haben, ob sie ihnen von schriftgelehrten Weisen vermittelt und ausgelegt wurden, ob die Psalmen zum elementaren »Lernstoff« der »Lehrhäuser« (vgl. Sir 51,23) und der Synagogen gehört haben, ob sie in den »Genossenschaften« (*ḥabūrōt*) der pharisäischen Bewegung zentrale Meditationstexte waren - all dies kann man sich vorstellen, ohne es mit Sicherheit beweisen zu können. Diese breite Vertrautheit mit dem Psalmenbuch erklärt, wieso gerade der Psalter nach Ausweis der Zitate im NT das Lieblingsbuch des entstehenden Christentums war. Gut ein Drittel aller ersttestamentlichen Zitate im NT stammt aus dem Psalter. Mit keinem anderen Teil ihres Ersten Testamentes waren die Christen in gleicher Weise vertraut - die Adressaten der neutestamentlichen Schriften ebenso wie ihre Verfasser.

3. Schwerpunkte der Theologie

3.1 Der Psalter ist als *Gebets- und Meditationsbuch* entstanden, das als fortlaufender Zusammenhang gelesen einerseits mitten in Leid und Angst eine umfassende, Hoffnung stiftende Deutung menschlicher Existenz »im Angesicht Gottes« geben will und das andererseits als rezitiertes »Gotteslob« die stellvertretend für Israel und die ganze Schöpfung (vgl. Ps 146-150) gegebene Antwort auf JHWHs Wirken und Gegenwärtigsein in Israel und in der ganzen Schöpfung ist. Gerade von dieser zweifachen Funktion her ist verständlich, daß das Psalmenbuch die Psalmen nicht nach Gattungsgesichtspunkten hintereinanderstellt, sondern die Gattungen gezielt »mischt«: Es ist ein Spiegel der widersprüchlichen Vielfalt des Lebens selbst, das in den sich immer neu und anders einstellenden Konstellationen mit Lob, Klage, Dank, Bitte, Reflexion, Zeugnis u.a. ausgehalten werden soll - in der betenden Zusammenschau des Psalmenbuchs.

3.2 In einer klassisch gewordenen Formulierung hat *Gerhard von Rad* die Psalmen als »Antwort Israels« gekennzeichnet. JHWH hat sich Israel eben nicht als stummes Objekt seines Geschichtswillens erwählt, sondern zum Gespräch. Die Psalmen sind Niederschlag dieses Gesprächs, in dem Israel und der einzelne Israelit im Gegenüber Gottes zum Wir und Ich gefunden haben. Sie sind Israels Antwort auf die erfahrene Zuwendung und auf die erlittene Verborgenheit seines Gottes. Die Antwort zeigt uns, »wie Israel... diese Existenz in der Unmittelbarkeit und Nähe zu Jahwe bejaht und verstanden hat; welche Anstalten es getroffen hat, sich vor sich selbst und vor Jahwe in dieser Nähe zu rechtfertigen oder zu schämen. Sie zeigt uns aber auch, wie Israel in diesem Verkehr mit Jahwe sich selbst offenbar wurde und in welchem Bild es sich sah, wenn es redend vor Jahwe trat« (*G.von Rad*). Die Psalmen führen dieses Gespräch mit und vor Gott häufig in Aufnahme der in der Tora und in den Propheten versammelten Überlieferungen. Deshalb kann man den Psalter sogar als deren betende Aneignung und Aktualisierung verstehen. Das ist auch die in der Rahmung des Psalters herausgestellte Perspektive.

Insofern die Psalmen »Antwort« sind, sind sie zumeist Texte, in denen ein »Ich« oder ein »Wir« redet. Manchmal verschmelzen »Ich« und »Wir« sogar in ein und demselben Psalm (z.B. Ps 40). Die Exegese hat oft diskutiert, ob das »Ich« ein individuelles oder ein kollektives »Ich« ist. Heute wissen wir, daß dies eine eher moderne Unterscheidung ist. Auch wenn der einzelne Israelit »Ich« sagte, wußte er sich eingebunden - gerade im Angesicht seines Gottes, vor dem und zu dem er betete - in das »Wir« des Gottesvolks. Und umgekehrt wußte sich Israel vor dem »Du« seines Gottes als eine Gemeinschaft, deren Leben unteilbar und verletzlich zugleich war wie das eines »Ich«. Darüberhinaus zeigt der Vergleich der Psalmen Israels mit denen seiner Umwelt: Die »Wir-Gebete« sind ein Spezifikum Israels.

3.3 Die Bezeichnung »Buch der Lobpreisungen« (s.o.) und die doxologischen Formeln als kompositionelles Grundraster (s.o.) unterstreichen: Die Psalmen sind *insgesamt ein Lobpreis des Gottes Israels*. Diese Sicht überrascht auf den ersten Blick. Immerhin ist der größere Teil der Psalmen nicht Lob, sondern Klage. Doch erschließt bei genauerem Zusehen gerade diese Gesamtbezeichnung die theologische Bedeutung des Psalmenbuchs. Was, wie und von wem immer in einem Psalm gesprochen wird, preisend oder klagend, immer wurzeln die Worte und Sätze in der Gotteswirklichkeit, daß ER da ist und da sein will inmitten SEINES Volkes. Daß der Gott JHWH nicht der Götze einer leeren (philosophischen oder mathematischen) Jenseitigkeit ist, sondern ein lebendiges Du, ein ansprechbarer Gott, der hört und sich herausfordern läßt, dem man sein Herz ausschütten kann, dem man alles sagen darf (ohne Angst vor Mißverständnissen und Sanktionen), der es sich sogar »gereuen« läßt (vgl. Ex 32,14) - das ist die Grundposition, von der die Psalmen herkommen und die sie zur Annahme und Einübung anbieten. »Daß der Psalter ... trotz seiner zahlreichen Klagepsalmen ein ins Überdimensionale gesteigerter Lobpreis Gottes ist, hat seinen Anhalt darin, daß das ›Loben Gottes‹ eine Grundform von Theologie und nach alttestamentlichem Verständnis sogar die Bestimmung des Menschen ist. Denn im Lobpreis Gottes relativiert sich die Selbstmächtigkeit und Selbstverabsolutierung des Menschen und bringt zum Ausdruck, was der Kern der Gott-Mensch-Beziehung ist: die rettende Zuwendung des barmherzigen Gottes« (*B.Janowski*; in: *E.Zenger* [Hg.], Der Psalter,1998,401). Wie die einzelnen Klagepsalmen in ihrem Aufbau vor der Klage zum Bekenntnis des Vertrauens bzw. zum Gotteslob (s.o.) schreiten, so ist auch der Psalter in seiner Gesamtarchitektur (in den ersten drei Büchern überwiegt die Klage, die letzten zwei Bücher sind vom Hymnus/Lobpreis bestimmt) eine Bewegung von der Klage zum Lobpreis Gottes und insofern »eines der stärksten Zeugnisse vom Rettungshandeln Gottes im Alten Testament« (*B.Janowski*, ebda. 402).

3.4 Die jüdische Tradition hat schon in biblischer Zeit das ganze Psalmenbuch David als Verfasser zugeschrieben. Dieser Vorgang der »*Davidisierung*« (*N.Füglister*) des Psalters, der damit einsetzte, daß in den (sekundären) Überschriften David als Verfasser von Psalmen genannt wurde, und sich darin fortsetzte, daß mehrfach Angaben über Situationen aus dem Leben Davids hinzugefügt wurden, in denen der jeweilige Psalm »beheimatet« war, ist eine theologische Qualifizierung des Psalters: Er ist *das königlich-messianische Buch schlechthin*. Die Psalmen sind die Gebete der messianischen Hoffnung. Solange die Psalmen »Davids« erklingen, bleibt die Hoffnung auf den wiederkommenden »David« wach. »David«, der Psalmendichter und Psalmenbeter, ist die Idealgestalt des vor und mit seinem Gott lebenden Israel. Der Midrasch sagt dies so: »Jeden Abschnitt, den David im Buch der Psalmen gesagt hat, hat er mit Bezug auf sich selbst und mit Bezug auf ganz Israel gesagt« (MidrPss 24,3). Und umgekehrt gilt: Wenn »Israel« die Psalmen spricht, dann ist es, als ob David selbst sie spräche und sänge (vgl. MidrPss 4,1). Dabei ist wichtig, daß die »biographischen« Angaben in den Überschriften nicht den »Helden« und »Krieger« David, sondern den Verfolgten, Leidenden, Sünder und Büßer David als Typus des gottgeliebten und gottliebenden

Israel ausgewählt haben. David in der »Nacht«, voller Sehnsucht nach der »Morgenröte«, ist die messianische Leitfigur, die aus und in den Psalmen gegenwärtig wird. In diese mystische Biographie Davids sollen die Psalmenbeter sich hineinhören und hineinbeten. *So* hat auch Jesus die Psalmen gebetet: in der »Nachfolge« Davids. *So* betet Israel die Psalmen bis heute. Und *so*, Schulter an Schulter mit Israel, in der Nachfolge »Davids« sollen auch die Christen die Psalmen beten. *Mit* Jesus. In der Hoffnung auf das Kommen des Gottesreichs.

4. Relevanz

Die Psalmen gehören zu den großen Dichtungen der Weltliteratur. Sie haben viele Dichter inspiriert. Sie sind das klassische amtliche Gebetbuch der Kirche geworden, insbesondere im kirchlichen Stundengebet und als Antwortpsalmen in der Liturgie. Manche Einzelpsalmen gehören bis heute zu den Lieblingsgebeten von Juden und Christen.

Gleichwohl machen die Psalmen manchen Betern Schwierigkeiten; wieder andere erheben theologische Vorbehalte gegen die Verwendung der »alttestamentlichjüdischen« Psalmen als christliches Gebet. Dazu ist folgendes zu bedenken:

4.1 Häufig wird ein Gegensatz gesehen zwischen Gebetsformularen bzw. »Gebetskonserven« und dem persönlichen, spontanen, einer Situation entspringenden Gebet. Dabei wird nur die zweite Art zu beten als authentisch gewertet. - Die Schrift selbst berichtet uns häufig von situationsgebundenen Gebeten in den Geschichtserzählungen und bei den Propheten. Aber sie übersieht mit ihren kanonisierten Liedern und Gebeten auch nicht, daß der Mensch für das Beten Vorlagen braucht. Es gibt Situationen der Not (der fremden wie der eigenen), sogar Situationen der Freude, die einen Menschen sprachlos machen, wo er dankbar ist, daß die Psalmen ihm das Wort leihen, um das, was ihn bewegt, vor Gott zur Sprache zu bringen. Insofern helfen die Psalmen den Zerstreuten, den Ungeordneten, den Angefochtenen und Stummen, sich auf Gott auszurichten. Die Bevorzugung des spontanen Gebets übersieht, daß Beten nicht nur individuelles Sprechen des Einzelsubjekts mit Gott bedeutet, sondern in kleiner wie großer Gemeinschaft vollzogen werden kann. Dank, Lob und Freude drängen von Natur aus zur Mitteilung. Klage und Not bleiben eher eingeschlossen. Psalmen können häufig der erste Schritt zur Mitteilung an andere sein und diese dadurch zur solidarischen Teilhabe bitten.

4.2 Die Psalmen sind oft Zielscheibe christlicher Nörgelei. Kritisiert wird die »Allgegenwart« von Feinden gerade in den Klagegebeten, die schwerlich die Situation des modernen Beters treffe. In den Verwünschungen der Feinde, in den dringenden Appellen an die »Rache Gottes«, daß er die persönlichen Feinde des Beters richte, komme ein unchristlicher Zug zum Tragen, der das Niveau der christlichen Feindesliebe nicht erreiche. - Solche pauschalen Urteile haben sich daraufhin zu prüfen, ob sie nicht dem seit Markion schwer ausrottbaren Vorurteil Vorschub leisten, der alttestamentliche »Gott der Rache« stehe dem neutestamentlichen »Gott der Liebe« gegenüber - ein Vorurteil, das die Beziehungen zwischen Christentum und Judentum vergiftet hat und das die Einheit der christlichen Bibel von Erstem Testament und Neuem Testament schwer belastet. Zuerst einmal ist hier der Respekt vor der Betroffenheit des Beters in den Psalmen einzufordern, der Opfer ist und/oder auf der Seite der Opfer steht. Er befindet sich in realer Not und bringt sie ungefiltert vor Gott. Der Beter ringt um die Aufhebung seiner verschiedenen Nöte und fordert die Durchsetzung von Recht und Gerechtigkeit jetzt in seinem Leben vor dem Tode. Meist geht es in diesen Psalmen gar nicht um individuelles, sondern um strukturelles Leid und um die Übermacht des Bösen bzw. die scheinbare Ohnmacht Gottes (»Theodizeefrage«). Insofern die »Rache-bzw. Fluchpsalmen« das Offenbarwerden des von Gott verheißenen Heils leidenschaftlich einklagen, kann man sie angemessener »Eiferpsalmen« oder »Gerechtigkeitspsalmen« nennen. Auf diese Weise können Psalmen dem Christen/der Christin dazu verhelfen, konkrete Leiden wahrzunehmen, deren Bekämpfung nicht aufzuschieben und den Glauben an den barmherzigen und gerechten Gott wachzuhalten, der seine Gerechtigkeit aufrichten wird.

4.3 Das kirchliche Festhalten an den »Psalmen Davids« geschieht in Treue zu Jesus dem Psalmenbeter. Ihn stellen die Evangelien, insbesondere die Passionsgeschichte, als den paradigmatischen Psalmenbeter vor, der im Rezitieren und Meditieren der Klage- und Vertrauenspsalmen der jüdischen Tradition (u.a. Ps 22; 31; 42/43; 69) sein Leben und sein Sterben als Weg mit und zu dem Gott Israels gegangen ist, zugleich in der Hoffnung auf jene unzerstörbare und rettende Gottesgemeinschaft, die sich in eben diesen Psalmen ausspricht (vgl. besonders Ps 16). Die neutestamentliche Christologie ist weithin »Psalmen-Christologie«.

4.4 Die frühe Kirche hat das durch Jesus grundgelegte jüdische Fundament für christliches Gebet verstanden und verteidigt. Weder das Neue Testament noch die kirchliche Literatur des 2.Jh. haben eine »neue« christliche Gebet- und Liedersammlung geschaffen. Gewiß gab es in den ur- und frühchristlichen Gottesdiensten das spontane charismatische und enthusiastische Hervorbringen von »Psalmen und Hymnen« (vgl. 1 Kor 14,15.26; Kol 3,16; Eph 5,19), aber diese wurden nicht gesammelt, um Teil der kanonischen Bibel oder der Kirchenordnungen zu werden. Und als offensichtlich unter dem Einfluß Markions die Markioniten einen neuen Gegenpsalter schufen und darin mehrfach Nachahmer fanden, widersetzte sich die Kirche dieser häretisch-gnostischen Hymnendichtung - nicht zuletzt, weil sie in Bildwelt und Stil zutiefst unjüdisch waren und sich von der Gebets-Vorgabe des (Psalmen-)Beters Jesus entfernten. In der Ablehnung christologischer Irrlehren beruft sich schon um 200 v.Chr. der erste lateinische Kirchenvater Tertullian auf die Psalmen Davids, die er den platonisierenden Häretikern als biblische Zeugnisse von der wahren Menschheit Jesu entgegenhält: »Uns leisten dabei auch die Psalmen Beistand, nicht die des Apostaten, Häretikers und Platonikers Valentin, sondern die heiligen und allgemein anerkannten Psalmen Davids. David *singt uns von Christus, und durch ihn singt uns Christus von sich selbst.*« Und zu Anfang des 3.Jh. empfiehlt die syrische Didaskalie denen, die Reichtum und Zeit haben, Bücher zu lesen, die Tora und die Evangelien - und die Psalmen Davids: »Wenn du Hymnen begehrst, so hast du die Psalmen Davids.«

4.5 Indem die Kirche die Psalmen Israels rezitiert, sagt sie ausdrücklich Ja zu ihrer jüdischen Ursprungsgeschichte und zu dem »geistlichen« Erbe, das sie seit ihren Anfängen mit dem Judentum teilt. Wenn die Kirche in ihrer Liturgie die »jüdischen« Psalmen betet, ist dies im Horizont des seit dem Zweiten Vatikanischen Konzil erneuerten christlich-jüdischen Verhältnisses zugleich ein Bekenntnis der Kirche zu ihrer unaufgebbaren Verbundenheit mit dem jüdischen Volk.

IV.   Das Buch der Sprichwörter
(*Ludger Schwienhorst-Schönberger*)

Kommentare: F.Delitzsch (BC) 1873; G.Wildeboer (KHC) 1899; J.van der Ploeg (BOT) 1952; B.Gemser (HAT) [2]1963; R.B.Y.Scott (AB) 1965; H.Ringgren (ATD) 1962, [3]1980; W.McKane (OTL) 1970, [2]1977; R.N.Whybray (CNEB) 1972; O.Plöger (BK) 1984; A.Meinhold (ZBK) 1991; R.N. Whybray (NCBC) 1994; A.Lelièvre/A.Maillot, Ch. 10-18 (LD 1) 1993; Ch. 19-31 (LD 4) 1996.

Einzelstudien: J.Assmann, Ma'at. Gerechtigkeit und Unsterblichkeit im Alten Ägypten, München: Beck, 1990, [2]1995; G.Baumann, Die Weisheitsgestalt in Proverbien 1-9. Traditionsgeschichtliche und theologische Studien (FAT 16) Tübingen, 1996; L.Boström, The God of the Sages. The Portrayal of God in the Book of Proverbs (CB 29) Stockholm 1990; C.V.Camp, Wisdom and the Feminine in the Book of Proverbs (BiLiSe 11) Sheffield 1985; J.Cook, אִשָּׁה זָרָה (Proverbs 1-9 Septuagint): A Metaphor for Foreign Wisdom?: ZAW 106,1994,458-476; J.Fichtner, Die altorientalische Weisheit in ihrer israelitisch-jüdischen Ausprägung (BZAW 62) Berlin 1933; M.V.Fox, The Social Location of the Book of Proverbs, in: M.V.Fox/V.A.Hurowitz/A.Hurvitz/M.L.Klein/B.J.Schwartz/ N.Shupak (ed.), Texts, Temples and Traditions. A Tribute to Menahem Haran, Winona Lake 1996,227-239; H.Gese, Lehre und Wirklichkeit in der alten Weisheit, Tübingen 1958; F.W.Golka, Die Königs- und Hofsprüche und der Ursprung der israelitischen Weisheit: VT 36,1986,13-36; J.Hausmann, Beobachtungen zu Spr 31,10-31, in: FS H.D.Preuß, Stuttgart/Berlin/ Köln 1992,261-266; dies., Studien zum Menschenbild der älteren Weisheit (FAT 7) Tübingen 1995; H.-J.Hermisson, Studien zur israelitischen Spruchweisheit (WMANT 28) Neukirchen-Vluyn 1968; B.Janowski, Die Tat kehrt zum Täter zurück. Offene Fragen im Umkreis des »Tun-Ergehen-Zusammenhangs«: ZThK 91,1994,247-273; Ch.Kayatz, Studien zu Proverbien 1-9. Eine form- und motivgeschichtliche Untersuchung unter Einbeziehung ägyptischen Vergleichsmaterials (WMANT 22) Neukirchen-Vluyn 1966; K.Koch, Gibt es ein Vergeltungsdogma im Alten Testament?: ZThK 52,1955,1-42; ders., Ṣädaq und Maᶜat. Konnektive Gerechtigkeit in Israel und Ägypten? in: J.Assmann/B.Janowski/M.Welker (Hg.), Gerechtigkeit. Richten und Retten in der abendländischen Tradition und ihren altorientalischen Ursprüngen, München 1998,37-64; J.Krispenz, Spruchkompositionen im Buch Proverbia (EHS.T 349) Frankfurt a.M./Bern/New York/Paris 1989; B.Lang, Wisdom and the Book of Proverbs. A Hebrew Goddess Redefined, New York 1986; Ch.Maier, Die »fremde Frau« in Proverbien 1-9. Eine exegetische und sozialgeschichtliche Studie (OBO 144) Fribourg/Göttingen 1995; dies., Die »fremde Frau« in Proverbien 1-9. Eine exegetische und sozialge- schichtliche Studie (OBO 144) Freiburg (Schweiz) 1995; A.Meinhold, Zur strukturellen Eingebunden- heit der JHWH-Sprüche in Prov 18, in: D.Vieweger/E.-J.Waschke (Hg.), Von Gott reden. Beiträge zur Theologie und Exegese des Alten Testaments, FS S.Wagner, Neukirchen-Vluyn 1995,233-245; D.Michel, Proverbia 2 - ein Dokument der Geschichte der Weisheit, in: FS H.D.Preuß, Stuttgart/ Berlin/Köln 1992,233-243; P.J.Nel, The Structure and Ethos of the Wisdom Admonitions in Proverbs (BZAW 158) Berlin/New York 1982; H.D.Preuß, Einführung in die alttestamentliche Weisheitsliteratur, Stuttgart/Berlin/Köln/Mainz 1987; G.von Rad, Weisheit in Israel, Neukirchen-Vluyn 1970, ³1985; D.Römheld, Wege der Weisheit. Die Lehren Amenemopes und Proverbien 22,17-24,22 (BZAW 184) Berlin/New York 1989; A.Scherer, Wort und Wirkung. Eine Untersuchung zur Komposition und Redaktion von Proverbia 10,1 bis 22,16 (WMANT) Neukirchen-Vluyn 1999; H.H.Schmid, Wesen und Geschichte der Weisheit (BZAW 101) Berlin 1966; U.Skladny, Die ältesten Spruchsammlungen in Israel, Göttingen 1962; R.Scoralick, Einzelspruch und Sammlung. Komposition im Buch der Sprich- wörter Kapitel 10-15 (BZAW 232) Berlin 1995; J.M.Thompson, The form and function of proverbs in Ancient Israel, The Hague/Paris 1974; G.Vanoni, Volkssprichwort und YHWH-Ethos. Beobachtungen zu Spr 15,16: BN 35,1986,73-108; C.Westermann, Wurzeln der Weisheit. Die ältesten Sprüche Israels und anderer Völker, Göttingen 1990; R.N.Whybray, The Composition of the Book of Proverbs (JSOTS 168) Sheffield 1994; ders., Yahweh-sayings and their Contexts in Proverbs, 10,1-22,16, in: M.Gilbert (Hg.), La Sagesse de l'Ancien Testament (BEThL 51) Leuven 1979,153-165, Nachtrag ²1990, 411f; ders., The Book of Proverbs. A Survey of Modern Study (History of Biblical Interpretation Series 1), Leiden/New York/Köln 1995.

Zur Septuagintafassung des Sprichwörterbuches: A.J.Baumgartner, Étude critique sur l'état du texte du Livre des Proverbes d'après les principales traductions anciennes, Leipzig 1890; R.J.Clifford, »Observations on the Text and Versions of Proverbs«, in: FS R.E.Murphy, Washington 1997,47-61; J.Cook, The Septuagint of Proverbs. Jewish and/or Hellenistic Proverbs? Concerning the Hellenistic Colouring of LXX Proverbs (VT.S 69), Leiden 1997; G.Gerleman, Studies in the Septuagint, 3. Proverbs (LUA NF 1, 52,3) Lund 1956; M.Küchler, »Gott und seine Weisheit in der Septuaginta (Ijob 28; Spr 8)«, in: FS K.Kertelge, Freiburg 1992,118-143; P.de Lagarde, Anmerkungen zur griechischen Übersetzung der Proverbien, Leipzig 1863; G.Mezzacasa, Il libro dei Proverbi di Salomone. Studio critico sulle aggiunte Greco-Alessandrine (SPIB), Rom 1913; E.Tov, »Recensional Differences between the Masoretic Text and the Septuagint of Proverbs«, in: FS J.Strugnell Lanham, MD 1990,43-56.

1. Aufbau

1.1 Das hebräische Sprichwörterbuch (Masoretischer Text)

Der Aufbau des Buches wird in der Forschung unterschiedlich bestimmt. Die Angaben schwanken zwischen sieben (*O.Eißfeldt*; *O.Kaiser*; *R.Smend*; *R.Rend- torff*), acht (*E.Sellin-G.Fohrer*) oder neun (*A.Meinhold*; *W.H.Schmidt*) Teilen, aus denen sich das Buch zusammensetzen soll. Der Grund für die Unterschiedlichkeit der Angaben liegt in der Vermischung von synchroner und diachroner Analyse und der Anwendung unterschiedlicher Kriterien bei der Herausarbeitung des Aufbaus. Unter Voraussetzung des MT, einer streng synchronen Betrachtungsweise und ausschließlicher Berücksichtigung der im Text selbst vorliegenden Überschriften als Gliederungssignale ergibt sich ein *siebenteiliger* Aufbau (vgl. 9,1: »Die Weisheit hat ihr Haus gebaut, ihre sieben Säulen behauen«):

I.	1-9:	SPRÜCHE SALOMOS, des Sohnes Davids, des Königs von Israel (256 Verse)
II.	10,1-22,16:	SPRÜCHE SALOMOS (375 Verse)
III.	22,17-24,22:	**Worte** von *Weisen* (70 Verse)
IV.	24,23-34:	Auch diese sind von *Weisen* (12 Verse)
V.	25-29:	Auch diese sind SPRÜCHE SALOMOS, welche die Männer Hiskijas, des Königs von Juda, gesammelt haben (138 Verse)
VI.	30:	**Worte** Agurs, des Sohnes des Jake, aus *Massa* (33 Verse)
VII.	31:	**Worte** Lemuels, des Königs von *Massa*, mit denen ihn seine Mutter unterwies (31 Verse)

Die Anordnung der Überschriften läßt ein System erkennen: (1) Die größeren Teile des Buches mit mehr als hundert Versen (Teil I, II, V) sind in der Überschrift jeweils als »Sprüche Salomos« gekennzeichnet. (2) Unter den Überschriften mit der Bezeichnung »Sprüche Salomos« hebt sich die erste in 1,1 noch einmal dadurch ab, daß Salomo hier durch zwei Angaben näher vorgestellt wird: als Sohn Davids und als König von Israel. Daraus kann gefolgert werden, daß die erste Überschrift nicht nur Überschrift des ersten Teils, sondern des ganzen Buches ist. (3) Setzt man aus diesem Grund den ersten Teil von den übrigen Teilen ab, so erhält man eine parallelläufige Abfolge in der Anordnung von großen und kleinen Teilen: g-k-k/g'-k'-k'. (4) Die Überschriften der zusammenstehenden kleinen Abschnitte sind durch gemeinsame Stichworte miteinander verbunden: Teil III und IV durch das Wort »Weise«, Teil VI und VII durch die Ortsangabe »Massa« und die Bezeichnung »Worte«.

Der *erste und siebte* Teil sind durch gemeinsame Motive und Stichworte aufeinander bezogen. Sie bilden den Rahmen des Buches:

I	1,7:	**JHWH-Furcht** (A) ist Anfang der Erkenntnis (B)
	1,20-33:	Rede der personifizierten (Frau) Weisheit
	2:	Lehrprogramm (Alphabetisierendes Akrostichon: 22 Verse)
	3,15:	»Wertvoller ist sie (die Weisheit) als *Korallen*, und all deine Kostbarkeiten kommen ihr nicht gleich.«
	8,1-36:	Rede der personifizierten (Frau) Weisheit
	8,11:	»Ja, Weisheit ist besser als *Korallen*, und alle Kostbarkeiten kommen ihr nicht gleich.«
	9,10:	Beginn der Weisheit (B') ist **JHWH-Furcht** (A')
II-VI	10-30:	»**JHWH-Furcht** ist Weisheitszucht« (15,33a). »Erwirb Weisheit! Was kann besser sein als *Gold*? Ja, das Erwerben von Einsicht ist erlesener als *Silber*!« (16,16)
VII	31,1-9:	Rede einer Königsmutter an ihren Sohn
	31,10-31:	Lob der tüchtigen (V.10a), weisen (V.26) und **JHWH-fürchtigen** (V.30) Frau, die »alle *Korallen* an Wert übertrifft« (V.10b;3,15;8,11) (Alphabetisches Akrostichon: 22 Verse: Spr 2)

Die Bezüge zum ersten Teil des Buches finden sich innerhalb des siebten Teils vor allem im »Lob der tüchtigen Frau« (31,10-31), mit dem das Buch schließt:

(1) In 1,20-33 und 8 wird die Weisheit als eine *Frau* vorgestellt, die in aller Öffentlichkeit eine Rede hält. Damit ergibt sich eine Affinität zur tüchtigen Frau, die - wie es in 31,26 heißt - »ihren Mund in Weisheit öffnet und auf deren Zunge sich liebevolle Weisung (*tōrāh*) findet«. Damit stehen am Anfang und am Ende des Buches weibliche »Gestalten«, die den männlichen Adressaten Orientierung und Anhalt geben sollen (*A.Meinhold*, ZBK 43).

(2) In 3,15 und 8,11 wird gesagt, daß Weisheit wertvoller sei als Korallen. In 31,10 wird dieser Vergleich auf die tüchtige Frau übertragen: »Eine tüchtige Frau, wer findet sie, sie übertrifft alle Korallen an Wert.« Mit dieser Einleitung wird signalisiert, daß das Gedicht über die tüchtige Frau im Horizont der Aussagen über die Weisheit von 1-9 gelesen werden soll.

(3) Frau Weisheit und die tüchtige Frau werden auch dadurch parallelisiert, daß beide als Objekt des Verbs »finden« fungieren: 3,13; 8,17.35; 31,10.

(4) Die Frau von 31,10-31 erweist ihre Tüchtigkeit in der Versorgung und Leitung ihres »Hauses« (31,15.21.27). Das Stichwort »Haus« begegnet auch am Ende des ersten Teils: »Frau Weisheit hat ihr Haus gebaut« (9,1a). Sie läßt es denen, die ihrer Einladung folgen und bei ihr einkehren, zum Haus des Lebens werden (9,4-6).

(6) Mit dem Stichwort »Beute« (31,11) liegt ein Bezug zur ersten Lehrrede vor (1,13): Die Frevler machen Beute auf Kosten des Unschuldigen, die tüchtige Frau dagegen verschafft ihrem Mann auf rechtmäßige Weise Beute und kann von ihrem Gewinn den Armen und Elenden austeilen (31,20).

(7) Spr 1-9 wird durch zwei Aussagen über das Verhältnis von Weisheit und JHWH-Furcht chiastisch gerahmt (1,7; 9,10). Das Motiv begegnet auch in der Mitte des Buches (15,33a). In 31,30 wird die tüchtige Frau schließlich als eine JHWHfürchtige Frau bezeichnet. Daß hier eine gewollte redaktionelle Verknüpfung vorliegt, wird durch die abweichende Lesart der LXX bestätigt, die in 31,30b von der »verständigen« (συνετή = n^{e}bōnāh) Frau spricht, was die ursprüngliche Lesart sein dürfte.

(8) Das Gedicht über die tüchtige Frau ist der Form nach ein Akrostichon (d.h. die Anfangsbuchstaben der Zeilen folgen dem Alphabet) und korrespondiert in dieser Hinsicht mit dem alphabetisierenden Akrostichon der zweiten Lehrrede (2).

(9) Das Gedicht über die tüchtige Frau gliedert sich - wie das gesamte Buch der Sprichwörter - in sieben Teile. Im Zentrum (31,19-20) findet sich die von der Frau verwirklichte Synthese von Fleiß und Barmherzigkeit. So bildet das Gedicht über die tüchtige Frau die Quintessenz des gesamten Buches.
Das Gedicht über die tüchtige Frau (31,10-31) und die Aussagen über Frau Weisheit (1-9) sind wechselseitig aufeinander zu beziehen. Sie bilden den Deuterahmen des gesamten Buches. Die tüchtige, weise und JHWHfürchtige Frau ist eine Form der Inkarnation der präexistenten Weisheit, durch die JHWH die Welt erschaffen hat und deren Freude es ist, bei den Menschen zu sein (8,22-31). Sie ist ein Paradigma gelungener menschlicher Existenz, welche die gute Schöpfungsordnung im Lebenshaus der Menschen verwirklicht.

Daß das »Lob der tüchtigen Frau« gezielt an das Ende gesetzt und auf diese Weise eine Rahmenbildung mit dem ersten Teil beabsichtigt ist, wird indirekt durch die vom MT abweichende Abgrenzung und Anordnung der einzelnen Teile in der *LXX* mit z.T. abweichenden bzw. fehlenden Überschriften bestätigt (s.u.).

1.2 Das griechische Sprichwörterbuch (Septuaginta)

Die Septuagintafassung des Sprichwörterbuches bietet »Sonderbares in Menge, interessant an sich und von großem kritischen Werthe« (*F.Delitzsch*). Sie zählt zu den »freien«, teilweise paraphrasierenden Übersetzungen und weicht zudem durch Textumordnungen, Auslassungen und Zufügungen von der hebräischen Fassung ab.

- Von MT 24,22 an sind große Textblöcke umgestellt (s. Tabelle S. 331). Zugleich unterstreicht das veränderte Überschriftensystem die Urheberschaft Salomos (1,1; 25,1; die Eigennamen Agur [30,1] und Lemuel [31,1] entfallen). In den Kapiteln 15f, 17, 20 und 31 sind einige Verse umgeordnet.
- Die griechische Fassung des Sprichwörterbuches ist trotz zahlreicher Auslassungen (z.B. der Verse MT 1,16; 4,7; 8,33; 16,1.3; 20,14-19) etwa 130 Stichen länger als die hebräische.
Zugefügt sind zusammenhängende Textpartien (z.B. das Lob der Biene in 6,8a-c LXX; die Erweiterung der Warnungen in 9,18a-d; die Sprüche über den König in 24,22a-e), neue Einzelsprüche oder Spruchteile (z.B. 12,11a), sowie mehrere Schriftzitate (z.B. Ps 110,10 LXX in 1,7; Jes 45,23 + Spr 31,26 in 3,16a). Charakteristisch ist die hohe Zahl sogenannter Doppelübersetzungen. Das sind zweifache Wiedergaben von Wörtern (11,13a; 14,30a), Phrasen, Stichen oder ganzen Versen (z.B. 2,21; 14,22; 15,6.18), die sich entweder Verständnisschwierigkeiten der Übersetzer verdanken oder auf eine spätere Rezension zur stärkeren Angleichung an den hebräischen Text zurückgehen. Die Identifizierung und Klassifizierung der Fälle ist nicht immer leicht.
Ob die Umordnungen, Auslassungen und Zufügungen gegenüber dem MT auf einen kreativen Umgang mit dem - weitgehend mit MT identischen - hebräischen Text weisen (*J.Cook*) oder auf eine eigene, nicht zur proto-masoretischen Tradition gehörige Textvorlage deuten (*E.Tov, R.J.Clifford*) ist umstritten. In diesem Kontext sind jüngere Untersuchungen zur bewußt neugestaltenden Komposition des griechischen Textes bedeutsam (zu Spr 15f LXX s. *R.Scoralick*).

Das Maß der Umprägung des Buches in hellenistisch-griechischem Geist ist gleichfalls umstritten. Insgesamt kann man der Übersetzung eine spiritualisierende, religiös-moralische Aussagen unterstreichende und vermehrende Tendenz bescheinigen (vgl. 10,26 MT [Faulheit] und LXX [Gesetzlosigkeit]), doch muß darin kein stoischer Einfluß (*G.Gerleman*) gesehen werden. Der Aufnahme griechischer Redewendungen und Gedankenverbindungen (z.B. in 30,31, der Hahn, der zwischen Hennen herumstolziert; 23,31 »nackter als ein Stößel«; 6,8a-c das Lob der Biene) stehen die Zitate aus der Schrift gegenüber. Spr 2 (bes. V 15-17) ist von einer Warnung vor der »fremden Frau« zu einer Warnung vor »schlechtem Rat« umgeprägt worden. Das wird verschiedentlich als Ausdruck einer Abwehrhaltung gegen den hellenistischen Zeitgeist gelesen (*M.Hengel, J.Cook*). In Spr 8 ist die schillernde Weisheitsgestalt zurückgedrängt (*M.Küchler, J.Cook*). Diese Indizien führen *J.Cook* zu der Annahme eines eher konservativen, jüdische Traditionen aufwertenden Übersetzer(kreise)s im Jerusalem des 2.Jhs. v.Chr., der an wichtigen Stellen auf die Torah verweist, auch wenn er diese nicht mit der Weisheit identifiziert. Die Wahrnehmung der Septuagintafassung des Sprichwörterbuches als einer kreativen Neugestaltung, Fortschreibung und aktualisierenden Umdeutung steht noch an ihrem Anfang.

Die *nachstehende Tabelle* zeigt den gegenüber MT anderen Aufbau der Septuagintafassung von Spr:

		LXX	MT
I.	1-9	SPRÜCHE SALOMOS, des Sohnes Davids, der König war in Israel	Sprüche Salomos
II.	10,1-22,16	–	Sprüche Salomos
III.	22,17-24,22	Den Worten von Weisen nähere dein Ohr und höre *meine* Rede ...	Worte von Weisen
VIa.	30,1-14	*Meine* Worte, Sohn, fürchte ...	Worte Agurs
IV.	24,23-34	Dies aber rate *ich* euch, den Weisen, [von den Weisen] aufmerksam anzunehmen ...	Auch diese sind von Weisen
VIb.	30,15-33		(Zahlensprüche)
VIIa.	31,1-9	*Meine* Worte sind von Gott mitgeteilt, Ausspruch für einen König [eines Königs], den seine Mutter unterwies.	Worte Lemuels
V.	25-29	Dies sind unbezweifelbare ANWEISUNGEN SALOMOS, die die Freunde Hiskijas, des Königs von Juda, niedergeschrieben haben.	Auch diese sind Sprüche Salomos
VIIb.	31,10-31		(Lob der tüchtigen Frau)

2. Entstehung

Kontrovers diskutiert wird die Frage, ob die Spruchweisheit Israels aus der mündlichen Volksweisheit erwachsen ist (*H.W.Wolff*, *E.Gerstenberger*, *C.Westermann*, *J.M.Thompson*, *F.W.Golka*) oder dem Kreise weiser Lehrer in der Schule und/oder Beamter am königlichen Hof entstammt (*G.von Rad*, *H.-J.Hermisson*, *H.D.Preuß*). Wie Parallelen zu afrikanischen Sprichwörtern zeigen, wird man damit rechnen können, daß der ein- und zweizeilige Spruch, wie er sich vor allem in 10-22 und 25-29 findet, im *Volksmund* entstanden und ursprünglich *mündlich überliefert* worden ist. Dies gilt auch für die sog. Hof- und Königssprüche (*F.W.Golka*). Nach *C.Westermann* und *F.W.Golka* gehören die Sprichwörter aus den Themenbereichen Mensch, der Mensch in der Gemeinschaft, Arbeit und Besitz, öffentliches Leben, Weisheit und Torheit zum ältesten Bestand der Volkssprichwörter, die bis in die Vor- und Frühgeschichte der Stämme reichen können. Die Sprichwörter aus den Themenbereichen Gott und Mensch, die Frommen und die Frevler, die bei den afrikanischen Sprichwörtern fehlen, scheinen bereits das Ergebnis einer für Israel typischen theologischen Reflexion der Weisheit zu sein. Die *schriftliche Aufzeichnung* solcher Sprüche geschah im Kreise der Weisen am Hof und in der Schule. Dabei wird man das weisheitliche Material nach übergreifenden Gesichtspunkten geordnet und ergänzt und dabei auch neue Sentenzen und Mahnungen verfaßt und hinzugefügt haben.

Für die *weisheitliche Lehrrede*, die vor allem in 1-9 anzutreffen ist, muß man allerdings mit einem schriftlichen Ursprung im Kreise der Weisheitslehrer rechnen. Ihr ursprünglicher Sitz im Leben ist der Unterricht, wie u.a. durch die Anrede »mein Sohn« (1,8.10.15; 2,1; 3,1.11.21; 4,1[Pl.].10.20; 5,1.7[Pl.]; 6,1.3.20; 7,1.24 [Pl.]; 8,32[Pl.]) deutlich wird. Durch den Prolog (1,2-6) und die Voranstellung der weisheitlichen Lehrreden (1-9) werden die Sprüche der Teile II-VII, die von sich aus weitgehend polysem, heterosituativ und polyfunktional sind (*P.Grzybek*), auf Erziehung und Unterricht hin ausgerichtet.

Die Teile II-VII weisen mit ihren einzelnen Überschriften auf ursprünglich selbständige Sammlungen hin, so daß die Frage nach der Entstehungs*zeit* des Sprüche-Buches nur für die einzelnen Sammlungen getrennt beantwortet werden kann.

Der Grundstock des Buches dürfte in den beiden Teilen II (10-22,16) und V (25-29) vorliegen und aus vorexilischer Zeit stammen. In der eigenständigen Teilsammlung 10,1-15,32 (vgl. *R.Scoralick*) wird eine vorwiegend ländliche, durch Ackerbau (10,5; 12,11a) und Viehzucht (12,10a; 14,4) geprägte Lebenswelt vorausgesetzt. In 16,1-22,16 verschiebt sich der Akzent etwas stärker auf den städtischen Lebensbereich, Handwerk und Handel finden Erwähnung, vor allem wird der Gegensatz von arm und reich reflektiert und die Bedeutung des Rechts hervorgehoben. *U.Skladny* sieht in diesen Kapiteln eine Unterweisung für königliche Beamte, *F.W.Golka* denkt dagegen an einen Bauern- und Kleinbürgerspiegel. *A.Scherer* findet in 10,1-22,16 eine an weisheitlich-didaktischen, ethischen und JHWH-Sprüchen orientierte Redaktion, die er am Königshof lokalisiert und in die Mitte der ersten Hälfte des 8. Jh.s datiert. Die Überschrift 25,1 weist die Zusammenstellung des V. Teils (25-29) in die Zeit Hiskijas (8.Jh.). 25-27 ist der »weltlichste Abschnitt der israelitischen Weisheitsliteratur« (*H.H.Schmid*), nach *U.Skladny* und *F.W.Golka* ein Bauern- und Handwerkerspiegel. Zusammen mit den in 28-29 enthaltenen, stärker religiös geprägten

Königssprüchen und Regeln für Höhergestellte passen sie gut in die Königszeit, so daß nichts gegen die zeitliche Angabe der Überschrift spricht, wenngleich man mit nachexilischer Bearbeitung (28,4; 29,18) rechnen muß.

Der 1. Abschnitt (22,17-23,11) des III. Teils (22,17-24,22) ist eine möglicherweise über eine kanaanäische Zwischenstufe vermittelte Übersetzung der ägyptischen Lehre des Amenemope, die freilich eigene theologische Akzente (22,19.23; 23,11) setzt. *D.Römheld* vermutet auch für 23,12-18 eine ägyptische Quelle. Eine Entstehung des III. Teils in vorexilischer Zeit ist wahrscheinlich.

Der IV. Teil (24,23-34) versteht sich durch seine Überschrift als Anhang zum III. Teil und wird allein schon aufgrund der vorherrschenden Mischformen in den Spruchcharten jünger sein als jener.

Der VI. Teil (30) »stellt ein Summarium späten weisheitlich-theologischen Denkens dar« (*A.Meinhold*, ZBK 495). Er enthält Anspielungen an Einzelgebote des Dekalogs und in 30,5f unter selektiver Rezeption der Kanonformel (Dtn 4,2; 13,1) und leicht modifizierender Zitation von Ps 18,31 (2 Sam 22,31) eine Theologie des Wortes Gottes in Kurzfassung. *A.Meinhold* sieht darin einen Hinweis auf späte Entstehungszeit und denkt näherhin an das 4.Jh. v.Chr.

Aufgrund der Parallelen zu ägyptischen weisheitlichen und mythologischen Texten hält *Ch.Kayatz* die ihrerzeit übliche Datierung des I. Teils (1-9) in die nachexilische Zeit nicht mehr für zwingend (so auch *B.Lang; A.Scherer*). Doch rechnet die Mehrzahl der Forscher nach wie vor mit einer nachexilischen Entstehung (*C.Maier; G.Baumann*). Dabei dürfte allerdings älteres Material aufgegriffen und verarbeitet worden sein. Im Rahmen einer literarkritischen Analyse hat *D.Michel* in Spr 2 einen Grundtext (1-4.9-15.20) herausgearbeitet, der in den VV.5-8 theologisch erweitert, in den VV.16-19 um das Thema der fremden Frau und in den VV.21-22 mit apokalyptischem Gedankengut ergänzt wurde.

Bei der *Endredaktion* des Buches, die in das 4.-3.Jh. zu datieren ist, wurde der I. Teil dem ganzen Werk als Deutehorizont vorangestellt. Gleichzeitig wurde mit dem 2. Abschnitt (31,10-31) des VII. Teils (31) ein Rahmen hergestellt. Da sich Sir 47,17 sehr wahrscheinlich auf Spr 1,6 bezieht, wird man die Endredaktion nicht später als 190 v.Chr. ansetzen dürfen.

Kontrovers diskutiert wird die Frage, ob sämtliche *JHWH-Sprüche* redaktionelle Ergänzungen sind, so daß man im Grundbestand des Sprüche-Buches, insbesondere in 10-29, mit einer rein profanen »älteren Weisheit« rechnen muß (*W.McKane*). Sehr wahrscheinlich gehören die Stellen, die die *JHWH-Furcht* der Weisheit vor- bzw. zuordnen (1,7; 9,10; 15,33; 31,30), zur Endredaktion des Buches. Von daher kann man von einer »Theologisierung der Weisheit« sprechen. Diese Entwicklung kulminiert im Buch Jesus Sirach. Auch die einfachen *JHWH-Sprüche* in den Teilkompositionen scheinen nicht wahllos gestreut, sondern gezielt gesetzt zu sein. »Sie sind überwiegend an den Anfang und/oder das Ende von Kapiteln oder Abschnitten gestellt und markieren auf diese Weise oft Ausgangs- bzw. Zielpunkt der inhaltlichen Aussagen« (*A.Meinhold*, ZBK 38). Von den 55 JHWH-Sprüchen in 10,1-22,16 handelt es sich nach *R.N.Whybray* in mindestens 25 Fällen um eine Interpretation vorhergehender oder folgender Sprüche. Man wird die JHWH-Sprüche allerdings kaum in ihrer Gesamtheit als rein sekundäre Zutaten ansehen können. Wahrscheinlicher ist die Annahme, daß sie teils konstitutiver Bestandteil der einzelnen Teilkompositionen sind, teils - vor allem in der Mitte des Buches (15,33-16,9) - auf das Konto des Endredaktors gehen. Hier zeigt sich offensichtlich der Versuch, das weisheitliche Material auf eine theologische Mitte hin zu zentrieren. Darüber hinaus ist nicht auszuschließen, daß einzelne JHWH-Sprüche ein relativ hohes Alter aufweisen. Die sich in den JHWH-Sprüchen artikulierende Frömmigkeit ist nicht auf die nachexilische Zeit zu beschränken (vgl. *G.Vanoni*). Die Entsprechungen zur ägyptischen Weisheit und den Achikar-Sprüchen machen es unwahrscheinlich, in Israel mit einer gänzlich unreligiösen, schriftlich verfaßten älteren Weisheit zu rechnen. Die redaktionsgeschichtlich zu beobachtende Tendenz der Theologisierung läßt sich als ein Prozeß der theologischen Explikation einer älteren, implizit religiösen Weisheitstradition verstehen.

3. Geschichtlicher Kontext

Von ihrem Selbstverständnis her ist die israelitische Weisheit insofern ungeschichtlich, als es ihr um Einsichten geht, die - im Unterschied zum Wort des Propheten - unabhängig von jeder besonderen geschichtlichen Situation gewonnen worden sind und Gültigkeit beanspruchen. So findet man außerhalb der Überschriften auch keine Hinweise auf einen spezifischen historischen Kontext, der für das Verständnis der einzelnen Sprüche und Spruchkompositionen von Bedeutung wäre. In der Rückführung des Buches (1,1) und einzelner Teile (10,1) auf Salomo und die »Männer Hiskijas« (25,1) mag sich die Erfahrung zu Wort melden, daß der Königshof *ein* Ort gewesen war, an dem die Sammlung von Sprichwörtern initiiert und tradiert worden ist.

4. Schwerpunkte der Theologie

4.1 Tun-Ergehen-Zusammenhang

Die Grundstruktur des weisheitlichen Denkens ist geprägt vom sog. Tun-Ergehen-Zusammenhang, derzufolge es einem Menschen so ergeht, wie er sich verhält: Wer Gutes tut, dem ergeht es gut, wer Schlechtes tut, dem ergeht es schlecht (1,20-33; 10,2; 11,25; 12,3.14.21; 14,11; 21,21; 22,8). Dieser Zusammenhang betrifft die wirtschaftliche (10,4; 11,16; 12,11; 13,4.25; 19,15; 20,13; 24,30-34), soziale (12,24; 19,4.7) und politische (11,14; 14,34f; 16,12; 20,28; 28,12.28; 29,2.4.8.14.18) Dimension des menschlichen Lebens. Die ältere Exegese verstand diesen Zusammenhang als *Vergeltung* im Sinne einer absoluten Straftheorie. Dagegen hat sich *K.Koch* (1955) ausgesprochen. Er betont die immanente Kausalität des Tun-Ergehen-Zusammenhangs (»*schicksalwirkende Tatsphäre*«) und lehnt »die gedankenlose Selbstverständlichkeit, mit der dem Alten Testament ein Vergeltungsdenken unterstellt wird« ab. Kritik am Modell der schicksalwirkenden Tatsphäre konzentrierte sich auf die Frage, ob die Rolle JHWHs hierbei nicht unterschätzt wird. Einige Texte scheinen vorauszusetzen, daß der Zusammenhang von sich aus, gleichsam nach einer immanenten Gesetzlichkeit abläuft (11,5f.17; 26,27f), andere sagen ausdrücklich, daß er von JHWH aufrechterhalten bzw. in Kraft gesetzt wird (2,6-8; 3,33f; 10,29; 12,9; 15,3.9.25f; 16,5; 21,3; 22,12.23; 23,11; 24,12). Neuerdings gibt es Versuche, den Tun-Ergehen-Zusammenhang im Sinne der *konnektiven Gerechtigkeit* (*J.Assmann*) zu interpretieren: Vergeltung wäre im Rahmen der kommunikativen Verfaßtheit der Wirklichkeit als soziale Interaktion zu verstehen, die nicht einfachhin naturgesetzlich gegeben, sondern durch »Füreinander-Handeln« aufrechtzuerhalten ist. In diesem Rahmen hat auch das Eingreifen JHWHs seinen Platz, das zwar erwartbar ist, aber unverfügbar bleibt (*B.Janowski*, 1994; kritisch dazu *K.Koch*, 1998). Das »Füreinander-Handeln« muß erkannt und eingeübt werden. Der Erziehung kommt die Aufgabe zu, diesen Prozeß so früh wie möglich (4,3f; 13,24) zu initiieren und ein Leben lang zu begleiten (3,1-3; 4,1-9.20-27; 7,1-3; 23,12-14). In seiner Endgestalt (1,2-6) und möglicherweise auch in Form einiger Vorstufen gibt das Sprüche-Buch die textliche Grundlage für diesen Prozeß von Bildung und Erziehung ab.

Die Vorstellung vom Tun-Ergehen-Zusammenhang wird häufig, ausgehend von den Büchern Ijob und Kohelet, aber auch aus der Sicht christlicher Theologie (vgl. *H.D.Preuß*) kritisiert. Dabei wird allerdings oft übersehen, daß sich bereits im Sprüche-Buch selbst Korrekturen eines einseitigen, gewissermaßen deterministisch orientierten Verständnisses dieser Vorstellung finden (3,11f). Die Vorstellung vom Tun-Ergehen-Zusammenhang gründet in der Erfahrung, sie ist aber auch Ausdruck einer Hoffnung auf Gerechtigkeit und bis zu einem gewissen Grade »kontrafaktisches Reden« (*R.Scoralick*). Die Emphase, mit der sie im Sprüche-Buch vertreten wird, dürfte vor allem einem pädagogischen Interesse verpflichtet sein.

4.2 Schöpfungstheologie und Gottesfurcht

Die dem Tun-Ergehen-Zusammenhang zugrundeliegende Ordnung gründet in der Schöpfung. Die Theologie des Sprüche-Buches ist vor allem Schöpfungstheologie. JHWH ist Schöpfer der Welt (8,22-31) und des Menschen (14,31; 17,5; 20,12; 22,2; 29,13). Die guten Taten, die Leistung und der Erfolg des Menschen sind letztlich von JHWH ermöglicht (10,22; 16,1.3.9.33; 19,14; 20,24; 21,30f). Die dem Menschen angemessene Haltung gegenüber Gott ist Demut (8,13; 15,33; 16,18f; 18,12; 21,4; 22,4), Vertrauen (3,5f; 16,20; 18,10; 22,19; 28,25) und Ehrfurcht (3,9f; 14,2; 15,16; 19,23; 22,4; 23,17; 24,21; 28,14).

4.3 Ethik von Gottes- und Nächstenliebe

Wenngleich nicht explizit gesagt, so läßt sich in der Anordnung einzelner Sprüche und Spruchkompositionen doch erkennen, daß die Ethik des Sprüche-Buches auf das Doppelgebot der Gottes- und Nächstenliebe zielt (2,5-8.9-11; 3,1-12.21-35; 14,21.27.31; 19,17; 22,9; 30,1-14). Die Nächstenliebe, die die Liebe zum Feind miteinschließt (17,13; 20,22; 24,17.28f; 25,21f), gründet in der Selbstliebe und nimmt Maß an ihr. In der Sorge für sich und für andere (31,19f) sucht sie die rechte Mitte. Die Ethik des Sprüche-Buches warnt vor einem rücksichtslosen Egoismus ebenso (1,10-19; 21,13) wie vor den Gefahren eines unreflektierten Altruismus, der in mangelnder Selbstachtung gründet und in eigener Verwahrlosung endet (6,1-5; 11,15; 22,26f; 27,13).

4.4 Universalismus

Das weisheitliche Denken ist universalistisch ausgerichtet. Es behandelt Probleme des Menschseins überhaupt. Die großen Themen biblischer Geschichtstheologie - Herausführung aus Ägypten, Erwählung und Bundesschluß am Sinai, Offenbarung der Tora - spielen im Sprüche-Buch keine Rolle. Der sich bis in die Phase der Endredaktion des Buches erstreckende Prozeß der Theologisierung hebt die universalistische Ausrichtung nicht auf. Die Weisheit des Sprüche-Buches ist eine - im einzelnen freilich noch genau zu bestimmende - israelitische Ausprägung eines bei vielen Völkern anzutreffenden Denkens.

5. Relevanz

Die theologische Relevanz der sich im Buch der Sprichwörter artikulierenden Weisheit ergibt sich aus ihrem erfahrungsbezogenen Ansatz. In der sorgfältigen Wahrnehmung einer vorgegebenen Ordnung vermag der Mensch eine diese Ordnung selbst umgreifende Wirklichkeit zu vernehmen. Sich ihrem Anspruch zu öffnen ist die Aufgabe eines jeden Menschen. Sie läßt sich nur in einem Prozeß lebenslanger Erziehung und Bildung verwirklichen. Das Buch der Sprichwörter stellt insofern eine besondere Form einer anthropologischen Verankerung der Theologie dar, die im Kontext einer biblischen Theologie nicht übersehen werden darf. In feministisch-theologischer Hinsicht ist die in Spr 1-9 auftretende »Frau Weisheit« von großer Bedeutung für die Frage nach der Integration weiblicher Aspekte im (biblisch inspirierten) Gottesbild.

V.   Das Buch Kohelet

(Ludger Schwienhorst-Schönberger)

Kommentare: C.D.Ginsburg 1861; F.Delitzsch (BC) 1877; E.H.Plumptre (CB) 1881; K.Siegfried (HK) 1898; G.Wildeboer (KHC) 1898; V.Zapletal (Collectanea Friburgensia) 1905; G.A.Barton (ICC) 1908; É.Podechard (ÉB) 1912; P.Udz (SAT 3.2) [2]1921; A.L.Williams (CB) [2]1922; K.Budde (KHC) 1898, (HSAT) [4]1922; A.Allgeier (HS) 1925; H.W.Hertzberg (KAT) 1932; D.Buzy (SB[PC]) 1946; G.C.Aalders (COT) 1948; O.S.Rankin/G.G.Atkins (IB) 1956; H.L.Ginsberg 1961; H.W.Hertzberg (KAT) 1963; R.B.Y.Scott (AB) 1965; K.Galling (HAT) 1940. [2]1969; W.J.Fuerst (CNEB) 1975; A.Lauha (BK) 1978; W.Zimmerli (ATD) [3]1980; N.Lohfink (NEB) 1980. [4]1993; M.A.Eaton (TOTC) 1983; J.A.Loader 1986; G.S.Ogden (NBC) 1987; J.L.Crenshaw (OTL) 1987; G.Ravasi 1988; R.N.Whybray (NCeB) 1989; A.Bonora (GSAT) 1992; R.Murphy (WBC 23A) 1992; J.Vílchez (NBE) 1994; C.-L.Seow (AB 18C) 1997; T.Longman III (NIC) 1998.

Einzelstudien: V.D.'Alario, Il libro del Qohelet. Struttura letteraria e retorica (Supplementi alla Rivista Biblica 27) Bologna 1992; Y.Amir, Doch ein griechischer Einfluß auf das Buch Kohelet?, in: ders., Studien zum antiken Judentum (BEATAJ 2) Frankfurt a.M. 1985,35-50; F.J.Backhaus, »Denn Zeit und Zufall trifft sie alle«. Studien zur Komposition und zum Gottesbild im Buch Qohelet (BBB 83) Frankfurt a.M. 1993; R.Braun, Kohelet und die frühhellenistische Popularphilosophie (BZAW 130) Berlin 1973; G.R.Castellino, Qohelet and his Wisdom: CBQ 30,1968,15-28; F.Ellermeier, Qohelet I, 1. Untersuchungen zum Buch Qohelet, Hertzberg 1967; A.Fischer, Skepsis oder Furcht Gottes? Studien zur Komposition und Theologie des Buches Kohelet (BZAW 247) Berlin/New York 1997; M.V.Fox, Frame Narrative and Composition in the Book of Qohelet: HUCA 48,1977,83-106; ders., Qohelet and his contradictions, Sheffield 1989; H.L.Ginsberg, The Structure and Contents of the Book of Koheleth, in: FS H.H.Rowley (VT.S 3) Leiden 1935,138-149; R.Gordis, Koheleth - the Man and His world. A Study of Ecclesiastes, New York 1951.

[3]1968; O.Kaiser, Beiträge zur Kohelet-Forschung. Eine Nachlese: ThR 60,1995,1-31.233-253; ders., Die Botschaft des Buches Kohelet: EThL 71,1995,48-70; Th.Krüger, Theologische Gegenwartsdeutung im Kohelet-Buch. Habil.Masch., München 1990; ders., Dekonstruktion und Rekonstruktion prophetischer Eschatologie im Qohelet-Buch, in: FS D.Michel (BZAW 241) Berlin/New York 1996,107-129; L.Levy, Das Buch Qoheleth. Ein Beitrag zur Geschichte des Sadduzäismus, Leipzig 1912; N.Lohfink, Koh 1,2 »alles ist Windhauch« - universale oder anthropologische Aussage?, in: FS A.Deissler, Freiburg 1989,201-216; ders., *melek, šalliṭ* und *mošel* bei Kohelet und die Abfassungszeit des Buches: Bib. 62,1981,535-543; ders., Qoheleth 5:17-19 - Revelation by Joy: CBQ 52,1990,625-635; O.Loretz, Qohelet und der Alte Orient. Untersuchungen zu Stil und theologischer Thematik des Buches Qohelet, Freiburg/Basel/Wien 1964; ders., Anfänge jüdischer Philosophie nach Qohelet 1,1-11 und 3,1-15: UF 23,1991,223-244; D.Lys, L'Être et le Temps. Communication de Qohèlèth, in: M.Gilbert (Hg.), La Sagesse de l'Ancien Testament, (BEThL 51) Leuven 1979,249-258; D.Michel, Qohelet (EdF 258) Darmstadt 1988; ders., Untersuchungen zur Eigenart des Buches Qohelet. Mit einem Anhang von R.G.Lehmann. Bibliographie zu Qohelet (BZAW 183) Berlin/New York 1989; J.Y.-S.Pahk, Il Canto della Gioia in Dio. L'itinerario sapienziale espresso dall' unità letteria in Qohelet 8,16-9,10 e il parallelo di Gilgameš Me iii (Istituto Universitario Orientale. Dipartimento di Studi Asiatici. Series Minor LII), Napoli 1996; F.Rousseau, Structure de Qohelet I 4-11 et plan du livre: VT 31,1981,200-217; A.Schoors, The Preacher Sought to Find Pleasing Words. A Study of the Language of Qoheleth, Part 1: Grammar, Leuven 1992; L.Schwienhorst-Schönberger, »Nicht im Menschen gründet das Glück« (Koh 2,24). Kohelet im Spannungsfeld jüdischer Weisheit und hellenistischer Philosophie (HBS 2) Freiburg [2]1996; ders. (Hg.) Das Buch Kohelet. Studien zur Struktur, Geschichte, Rezeption und Theologie (BZAW 254) Berlin/New York 1997; ders., Zehn Jahre Kohelet-Forschung (1987-1997): ThRev 94,(1998),363-376; A.Schoors (Hg.), Qohelet in the Context of Wisdom (BETS 136) Leuven 1998; C.F.Whitley, Koheleth. His Language and Thought (BZAW 148) Berlin 1979; A.G.Wright, The Riddle of the Sphinx Revisited: Numerical Patterns in the Book of Qoheleth: CBQ 42,1980,38-51; R.N.Whybray, The Identification and Use of Quotations in Ecclesiastes: VT 32,1981,435-451.

1. Aufbau

Bei der Frage nach dem Aufbau des Buches Kohelet lassen sich in der Forschung *zwei Grundpositionen* unterscheiden:

(1) Die *erste* vermag keine durchgehende Komposition des Gesamtwerkes zu erkennen, sondern lediglich eine teils zufällige, teils assoziativ vermittelte *Zusammenstellung einzelner Sentenzen* (*K.Galling*), Reflexionen (*F.Ellermeier*) oder Topoi (*O.Loretz*). Diese Forschungsrichtung findet ihren prägnanten Ausdruck in dem vielzitierten Satz von *F.Delitzsch*: »Alle Versuche, in dem Ganzen nicht nur Einheit des Geistes, sondern auch genetischen Fortgang, allesbeherrschenden Plan und organische Gliederung nachzuweisen, mußten bisher und werden inskünftig scheitern« (195).

(2) Die *zweite Position* rechnet mit einer mehrere Texteinheiten oder sogar das gesamte Buch umgreifenden Komposition. Die Mehrzahl der hier anzuführenden Exegeten findet vor allem *in den ersten zwei bzw. drei Kapiteln des Buches* einen planvollen Aufbau, in den Kap.3(4)-12 jedoch eine weitaus schwächer durchgestaltete Komposition oder lediglich eine lose Zusammenstellung einzelner Texteinheiten, womit bezüglich dieses Teils des Buches eine Annäherung an Position (1) vorliegt (*K.Budde, W.Zimmerli, D.Michel*). Es gibt aber auch zahlreiche Versuche, eine das gesamte Buch umgreifende Komposition herauszuarbeiten (*H.L.Ginsberg, G.R.Castellino, A.G.Wright, D.Lys, F.Rosseau, G.S.Ogden, J.A.Loader*). Für den »am besten begründeten Versuch einer Gliederung« hält *D.Michel* den Vorschlag *N.Lohfinks*, der mit einer siebenteiligen, um ein Zentrum hin angeordneten palindromischen Gesamtkonstruktion rechnet (10):

1,2f	Rahmen

	1,4-11	Kosmologie (Gedicht)
	1,12-3,15	Anthropologie
	3,16-4,16	Gesellschaftskritik I
	4,17-5,6	Religionskritik (Gedicht)
	5,7-6,10	Gesellschaftskritik II
	6,11-9,6	Ideologiekritik
	9,7-12,7	Ethik (am Ende: Gedicht)

12,8	Rahmen

Gegenwärtig überwiegen die Argumente, die für einen *planvollen Aufbau* sprechen, und der Trend der Forschung scheint in diese Richtung zu gehen. Ein uneinheitliches Bild bietet sich allerdings, wenn man die verschiedenen Gliederungsvorschläge miteinander vergleicht. Daß hier noch keine Annäherung in Sicht ist, dürfte damit zusammenhängen, daß noch keine Theorie allgemeine Anerkennung gefunden hat, die die Widersprüche im Buch Kohelet zu erklären vermag, so daß viele Texteinheiten höchst unterschiedlich interpretiert werden. Hier wird die These vertreten, daß sich die Widersprüche durch die Annahme erklären, daß Kohelet seine »Philosophie« im kritischen Gespräch mit gegnerischen Ansichten darlegt, die er durch Zitate zu Wort kommen läßt (»Zitatentheorie«, s.u.). Im Rückgriff auf die Zitatentheorie und im Anschluß an die ausführliche Strukturanalyse von *F.J.Backhaus* hat *L.Schwienhorst-Schönberger* folgenden Gliederungsvorschlag gemacht:

1,1			Überschrift
	1,2		Rahmen- und Mottovers (»Windhauch«)
	(I)	1,3-3,22	Darlegung (propositio): Entfaltung und Beantwortung der Frage nach Inhalt und Bedingung der Möglichkeit menschlichen Glücks
	(II)	4,1-6,9	Entfaltung (explicatio): Auseinandersetzung mit einem vorphilosophischen Glücksverständnis: Entwertung traditioneller Werte im Hinblick auf die Bestimmung des höchsten Gutes
	(III)	6,10-8,17	Verteidigung (refutatio): Auseinandersetzung mit alternativen Glücksbestimmungen
	(IV)	9,1-12,7	Anwendung (applicatio): Aufruf zur Freude und zu tatkräftigem Handeln
	12,8		Rahmen- und Mottovers (»Windhauch«)
12,9-14			Zwei Nachworte

2. Entstehung

Will man die näheren Umstände der Entstehung des Buches erhellen, so kommt man nicht umhin, eine Erklärung für die zahlreichen *Widersprüche* zu geben, die sich im Buch finden. Die Erklärungen lassen sich auf drei Grundmodelle reduzieren, die teilweise miteinander kombiniert werden:

(1) Der *literarkritische* Lösungsvorschlag sieht in den Spannungen und Widersprüchen des Buches das Ergebnis seiner literarischen Wachstumsgeschichte.

Der differenzierteste Lösungsvorschlag stammt hier von *C.Siegfried*. Er rechnet mit insgesamt neun Schichten: Einer Grundschrift, dem »Buch des pessimistischen Philosophen«, die sich vor allem in den ersten drei Kapiteln findet, ferner mit vier Glossatoren (einem Epikuräer aus sadduzäischen Kreisen, einem »Weisen«, einem Frommen [Chasid], einer Gruppe von Glossatoren aus dem Umfeld der allgemeinen Spruchweisheit), zwei Redaktoren und zwei Epilogisten. Der extrem literarkritisch orientierte Vorschlag von *C.Siegfried* konnte sich nicht durchsetzen. Gemäßigte literarkritische Positionen, in der Regel mit der Annahme von zwei Ergänzern und einem Herausgeber, vertreten u.a. *G.A.Barton*, *E.Podechard* und *D.Buzy*. *A.Lauha* rechnet mit zwei Redaktoren: Von R[1], einem Schüler Kohelets, stammen 1,1.2; 12,8.9-11, von R[2] stammen die »dogmatischen Korrekturen« 2,26a.b; 3,17a; 5,18; 7,26b; 8,12b.13; 11,9b; 12,12-14. Eine gemäßigt literarkritische Position stellt auch das *redaktionsgeschichtliche* Modell von *A.Fischer* dar. *A.Fischer* sieht in 3,16-12,7 eine nach dem Tod Kohelets vom ersten Epilogisten (12,9-11) besorgte Zusammenstellung von Unterrichtsskizzen und themengebundenen Schultexten. Die redaktionelle Tätigkeit des Herausgebers, der wohl ein Schüler Kohelets war, verstärkt inhaltlich den skeptischen Zug im Denken seines Lehrers. Unabhängig von den Schultexten entstand der Traktat 1,3-3,16, der vollständig auf Kohelet zurückgeht und von diesem als späte Zusammenfassung seiner Lehre konzipiert wurde.

(2) In unterschiedlichen Varianten wird eine *biographische* Erklärung für die Spannungen und Widersprüche im Buch Kohelet gegeben.

Nach *V.Zapletal* »hat Kohelet seine Gedanken aufgezeichnet, wie sie kamen. Es ist also hierin eine Art chronologischer Ordnung. Daraus mag zum Teil folgen, daß hie und da über denselben Gegenstand anscheinend ganz widersprechende Urteile abgegeben werden, ähnlich wie wir öfters über dieselbe Sache zu verschiedenen Zeiten verschieden urteilen« (31). *F.Zimmermann* diagnostiziert mit Hilfe der Psychoanalyse eine für einen Neurotiker typische Zerrissenheit und Unausgeglichenheit der Seele.

(3) Ein *gattungskritischer* Lösungsvorschlag liegt mit dem von *M.V.Fox* und *T.Longman* vertretenen Verständnis des Buches als einheitliche Rahmenerzählung vor. Diesem Modell zufolge stammt das Buch von *einem* Autor, der die Geschichte einer realen oder fiktiven Person namens Kohelet erzählt, die im Corpus des Buches (1,12-12,7) in Form einer langen Rede ausführlich zu Wort kommt. Kohelet und der Buchautor sind also verschiedene Personen mit unterschiedlichen Theologien; gleichwohl kann das Buch als einheitlich angesehen werden.

(4) Ein weiterer Versuch, die Widersprüche und Spannungen des Buches zu erklären, liegt mit der sog. *Zitatentheorie* vor. Erste Ansätze dazu finden sich bereits bei *M.Mendelssohn* (1771) und *F.Hitzig* (1847). *L.Levy* und *R.Gordis* haben sie weiter entfaltet, *N.Lohfink* sowie vor allem *R.N.Whybray* und *D.Michel* differenziert und argumentativ abgestützt.

Die *Zitatentheorie* erklärt die Spannungen und Widersprüche mit der Annahme, daß Kohelet Ansichten *zitiert*, mit denen er sich kritisch auseinandersetzt. Was von den Literarkritikern häufig als eine orthodoxe (religiöse oder weisheitliche) Erweiterung angesehen wird, werten die Vertreter der Zitatentheorie in der Regel als eine von Kohelet zitierte gegnerische Ansicht, die er nicht teilt, sondern kritisiert und zurückweist. Das Problem, mit dem sich die Zitatentheorie konfrontiert sieht, besteht darin, daß die Zitate in der Regel nicht als solche gekennzeichnet und folglich schwer zu erkennen sind. Doch haben sich *R.N.Whybray, D.Michel* und *F.J.Backhaus* um eine differenzierte Kriteriologie zur Herausarbeitung von Zitaten bei Kohelet bemüht.

D.Michel geht davon aus, daß in 1,3-3,15 »ein bewußt als Einheit konzipierter Traktat« vorliegt. Was mit der hier »dargelegten Grundposition nicht übereinstimmt, ist als Anführung fremder Meinungen anzusehen, die Qohelet zitiert, um sich mit ihnen auseinanderzusetzen«. So bestimmt *D.Michel* u.a. 2,13-14a als Zitat, 2,14b-15 als Kommentar Kohelets, ferner: 7,1-6a Zitat, 7,6b-10 Kommentar; 7,11-12 Zitat, 7,13-14 Kommentar; 7,26.28 Zitat, 7,25.27.29 Kommentar; 8,2-5 Zitat, 8,6-8 Kommentar; 10,8-10 Zitat, 10,11 Kommentar.

Die Zitatentheorie ist für das Verständnis des Koheletbuches von fundamentaler Bedeutung. Dies sei an zwei Beispielen gezeigt: (a) Die Aussage von 7,1a (»Besser ein [guter] Name als gutes Öl.«) steht in Spannung zum Aufruf von 9,8b (»An Öl auf deinem Haupt fehle es nicht.«), ferner steht 7,3 (»Besser Kummer als Lachen, denn bei trauriger Miene ist die Einsicht gut!«) in Spannung zu 7,9 (»Eile nicht, mit schnellem Atem Kummer zu empfinden, denn Kummer wohnt in der Brust der Toren!«). Nach *D.Michel* sind die pessimistischen anthropologischen Aussagen von 7,1-6a nicht die Ansicht Kohelets, sondern die von Kohelet zitierten und in 7,6b-10 ihm kritisierten und zurückgewiesenen Ansichten seiner Gegner. (b) 7,26 (»Ich finde dauernd: Bitterer als der Tod ist die Frau. Sie besteht aus Netzen, aus Fangnetzen ihr Herz, aus Fesseln ihre Arme.«) steht in Spannung zum Aufruf von 9,9 (»Genieße das Leben mit einer Frau, die du liebst...!«). Nach *N.Lohfink, D.Michel, L.Schwienhorst-Schönberger* und *A.Schoors* handelt es sich bei 7,26 nicht um die Meinung Kohelets, sondern um eine von ihm zitierte frauenfeindliche Ansicht, die er im Rückgriff auf den Schöpfungsbericht (7,29) zurückweist.

Die Zitatentheorie kann die Spannungen und Widersprüche innerhalb des Buches insofern am plausibelsten erklären, als sie damit gleichzeitig die *gattungskritische Bestimmung* des Buches in eine Richtung weist, die die Beobachtung, daß Kohelet ein kritisches Verhältnis zur traditionellen Weisheit einnimmt, in sich zu integrieren vermag. Bereits *L.Levy* hat die dialogischen Elemente des Buches als »Nachahmung des Stilcharakters der kynisch-stoischen Diatribe« (59) interpretiert. Ebenso erinnert *A.Allgeier* die Form des Buches an die *Diatribe*, »worin ganz ähnlich wie in Koh Rede und Gegenrede wechselt und zwar ebenfalls oft so, daß äußerlich nicht kenntlich gemacht wird, wann die Gegenrede einsetzt und die Antwort beginnt« (11). Zuletzt haben *N.Lohfink* und *L.Schwienhorst-Schönberger* die Form des Buches von der Diatribe her zu verstehen versucht. Der Ursprung dieser Art zu reden ist der Schulvortrag. In der Diatribe steht die Behandlung unterschiedlicher Themen unter einer gemeinsamen Grundidee. Die Grundidee wird häufig am Anfang des Werkes programmatisch entfaltet und anschließend auf unterschiedliche Situationen des alltäglichen Lebens appliziert und anhand vieler von der Tradition vorgegebener Themen und Motive durchgespielt. Ähnlich legt Kohelet im 1.Teil (1,3-3,22) seine Philosophie des Glücks in Grundzügen dar. Im 2.Teil (4,1-6,9) wird sie im Gespräch mit einem vorphilosophischen Glücksverständnis erläutert und vertieft, im 3.Teil (6,10-8,17) im fiktiven Dialog mit Gegnern verteidigt, und im 4.Teil (9,1-12,8) ruft Kohelet seinen Schüler auf, die Lehre anzunehmen.

Vor diesem Hintergrund werden eine literarkritisch oder biographisch orientierte Herleitung der Entstehungsgeschichte des Buches mit Skepsis zu beurteilen sein. Selbst die Erwägung von *D.Michel*, die Aufrufe zur Gottesfurcht (3,6b; 7,18b) als möglicherweise literarisch sekundär zu betrachten, wurde von *N.Lohfink, F.J.Backhaus* und *L.Schwienhorst-Schönberger* zurückgewiesen.

Weitgehender Konsens besteht darin, daß 12,9-11 und 12,12-14 Nachworte von zwei verschiedenen Herausgebern sind. *12,9-11* stammt von einem *ersten Herausgeber,* wahrscheinlich von einem Schüler Kohelets, der mit diesem Nachwort seinen Lehrer in die Tradition der weisheitlichen Überlieferung Israels einführt (vgl. Sir 37,22-26) und seine Worte zu den inspirierten weisheitlichen Schriften gerechnet sehen möchte (12,11). Von diesem Herausgeber stammt sehr wahrscheinlich auch die Überschrift, aber möglicherweise nur in der Form »Worte Kohelets« (1,1*). Ein *zweiter Herausgeber* dürfte - angeregt durch die Königstravestie (1,12-2,26) - die Überschrift durch die Angabe »Sohn Davids, König in Jerusalem« ergänzt haben. Von ihm stammt auch das zweite Nachwort (*12,12-14*). Er greift zentrale Begriffe und Motive des Buches auf, wandelt sie aber in spezifischer Weise um. Die Gottesfurcht und das Halten der Gebote werden miteinander verbunden. Die Ethik wird mit dem Hinweis auf das göttliche Gericht begründet. Hier meldet sich eine Stimme zu Wort, mit der sich Kohelet kritisch auseinandergesetzt hat. Sie verwendet die in der traditionellen Weisheit übliche Anrede »mein Sohn«, die Kohelet vermieden hatte (vgl. 11,9). Vom zweiten Herausgeber stammt sehr wahrscheinlich auch der Hinweis auf das göttliche Gericht in 11,9b. Mit dem zweiten Nachwort wird das Buch in die weisheitlich-theologische Schultradition hineingeholt, aus der Kohelet ausgebrochen war.

3. Geschichtlicher Kontext

Zwei persische Lehnwörter (2,5: *pardēs* = Baumgarten; 8,11: *pitgām* = Botschaft) und eine zum Mischnahebräisch hin tendierende Sprachform mit lexikalischen und grammatikalischen Einflüssen des Aramäischen sprechen für eine *nachexilische Entstehungszeit* des Buches. Eine genauere zeitliche Eingrenzung ist nicht leicht. *C.-L.Seow* datiert das Buch in die persische Zeit (450-350 v.Chr.). Doch eine mögliche Polemik gegen aufkommendes apokalyptisches Gedankengut (7,1-10; vgl. *D.Michel*), eine Terminologie, die zwischen dem in einer übergeordneten Zentrale (Alexandrien?) und dem in einem lokalen Machtzentrum (Jerusalem?) residierenden Herrscher differenziert (*N.Lohfink*), und mögliche hellenistische Einflüsse lassen am ehesten an die zweite Hälfte des 3.Jh. v.Chr. denken. Häufig wird angenommen, Sirach setze sich kritisch mit Kohelet auseinander. Dagegen hat *C.F.Whitley* den Versuch unternommen, Kohelet zeitlich nach Sirach, und zwar in die Zeit zwischen 152-145 v.Chr. zu datieren. Dagegen hat sich vor allem *F.J.Backhaus* ausgesprochen, so daß Sirach als Datierungshilfe vorläufig ausfällt. *Terminus ante quem* dürfte der Zeitpunkt der Abspaltung der Qumrangemeinde vom Jerusalemer Tempelkult sein (ca. 152 v.Chr.), da in Qumran Fragmente des Kohelettextes gefunden wurden, er also hier schon ein gewisses (kanonisches?) Ansehen genoß. Koh 5,7-8 setzt möglicherweise die Einführung und Auswirkungen des ptolemäischen Wirtschafts- und Verwaltungssystems unter Ptolemaios II. (283-246 v.Chr.) in Palästina voraus (Zenon-Papyri). Einige Texte scheinen eine Wirtschaftsweise mit hohen Gewinn- und Verlustmöglichkeiten und den damit einhergehenden sozialen Umschichtungsprozessen anzudeuten (4,1-3.4-6; 5,9-11.12-14). Bezüge zur Makkabäerzeit sind nicht erkennbar. So wird das Buch wahrscheinlich zwischen 250 und 190 v.Chr. entstanden sein.

Bezüglich des *Entstehungsortes* dachten *P.Volz* und *P.Humbert* wegen der im Buch vorausgesetzten Weite des geistigen Horizontes und einiger Anklänge an ägyptische Vorstellungen (1,5.7; 11,1; 12,5) an *Alexandrien*. *L.Levy* nahm im Anschluß an *P.Kleinert* an, Koh 1-7 sei in Jerusalem und Koh 8-12 wegen zahlreicher Anspielungen an den ptolemäischen Königshof (8,2; 10,4.16-19.20; 11,1) in Alexandrien verfaßt. *H.W.Hertzberg* hat dagegen auf das durchgehend im Buch vorausgesetzte israelitische Kolorit (11,4; 12,2.6) hingewiesen, so daß die große Mehrzahl der Exegeten heute *Jerusalem* (vgl. 1,12; 2;7.9; 8,10) als Entstehungsort des Buches annimmt. Im Jerusalem der zweiten Hälfte des 3.Jh. v.Chr. sind - insbesondere in der Oberschicht - sowohl eine noch ungebrochene Offenheit gegenüber der hellenistischen Kultur als auch das Vertrautsein mit alexandrinisch-ägyptischen Traditionen denkbar. Umstritten ist nach wie vor die Frage, ob das Buch unter *hellenistischem Einfluß* entstanden ist und sich in irgendeiner Form mit der hellenistischen Kultur auseinandersetzt (so u.a. *N.Lohfink*), oder aber ob es aus einer rein innerisraelitischen Entwicklung heraus zu verstehen ist (so u.a. *D.Michel*). Gegenwärtig scheint man wieder stärker mit hellenistischem Einfluß zu rechnen. Bezeichnend dafür mag sein, daß *O.Loretz* in seiner Monographie von 1964 jeden griechisch-hellenistischen Einfluß ausschloß und statt dessen mit babylonischem Einfluß rechnete, während er in zwei Aufsätzen aus dem Jahre 1991 offenbar selbstverständlich von griechisch-hellenistischen Einflüssen ausgeht (s.u.). Das Buch dürfte in eine religiös und kulturell nach vielen Seiten hin offene Situation des Frühjudentums gehören, in der dem Hellenismus besondere, wenngleich nicht ausschließliche Bedeutung zuzusprechen ist.

Der *Name des Verfassers* »Kohelet« kommt im Buch insgesamt siebenmal vor. In 1,1.2.12; 12,9.10 wird das Wort wie ein Eigenname gebraucht, in 12,8 jedoch als Appellativum, da es hier mit Artikel steht. Der Form nach ist das Wort ein Partizip Femininum Qal. Aus Esra 2,55.57 und Neh 7,57.59 läßt sich schließen, daß feminine Partizipien ursprünglich eine Funktion oder ein Amt bezeichnen und später als männliche Eigennamen verwendet werden konnten. Ein solcher Vorgang steht möglicherweise auch hinter dem Wort »Kohelet«. Ursprünglich dürfte das Wort eine Funktionsbezeichnung gewesen sein. *J.L.Crenshaw* denkt dabei an das Sammeln von Sprichwörtern. Kohelet wäre demnach ein *»Sammler von Sprichwörtern«* gewesen. In 12,9bß findet sich ein Anhaltspunkt für diese Deutung. Da das Wort *qhl* aber nie im Zusammenhang mit Sprichwörtern verwendet wird, wäre es auch denkbar, daß der Autor unseres Buches einen *Kreis von Hörern* um sich versammelte. Ein solches Versammeln von Menschen außerhalb des gewöhnlichen Schulbetriebes muß wohl etwas Auffallendes gewesen sein, so daß man ihn einfach den Leiter (»Versammler«) eines solchen Kreises genannt hat (*N.Lohfink*). Koh 12,9aß läge auf dieser Linie. Welcher Erklärung des Wortes »Kohelet« man sich auch anschließen mag - ob als *»Sammler von Sprichwörtern«* oder *»Versammler eines Kreises von Hörern«* - in beiden Fällen wird der hiermit gemeinten Person die Funktionsbezeichnung im Laufe der Zeit wie eine Art Eigenname zugewachsen sein. In dem nicht ganz einheitlichen Gebrauch - als Eigenname und als Appellativum - mag dieser Vorgang noch nachklingen. Das Wort dürfte also eine sekundär als Eigenname verwendete Funktionsbezeichnung sein.

4. Schwerpunkte der Theologie

In der Kohelet-Interpretation lassen sich zwei Richtungen unterscheiden.
Die *eine* Richtung betont vor allem die *pessimistischen* Aussagen des Buches. In Kohelet sieht sie den Vertreter einer skeptischen Philosophie oder gar einer Philosophie des Absurden. Sie betont die starke Distanz des Buches zur gesamten alttestamentlichen Überlieferung und vertritt die Ansicht, daß Kohelet - von der Sache her geurteilt - eigentlich nicht in den alttestamentlichen Kanon gehöre (*D.Michel*).
Die *andere* Richtung betont vor allem die *positiven* Aussagen, sieht in Kohelet den

»Prediger der Freude«, weist auf die starken Verbindungen zur alttestamentlichen Schöpfungstheologie hin und sieht im Buch eine kritisch-originelle Weiterführung weisheitlicher Theologie.

Eine argumentativ abgesicherte Position wird man in der gegenwärtigen Forschungslage nur gewinnen, wenn man sich über die literarische Qualität des Buches, insbesondere seine Spannungen und Widersprüche, Klarheit verschafft. Vor dem Hintergrund der hier vertretenen »Zitatentheorie« (Entstehung), der Annahme einer durchdachten Komposition (Aufbau) und der zeitlichen Einordnung in die frühhellenistische Epoche (geschichtlicher Kontext), läßt sich die Theologie des Buches aus dem Spannungsfeld jüdischer Weisheit und hellenistischer Philosophie verstehen.

Das Buch Kohelet beschäftigt sich mit der Frage nach dem Inhalt und der Bedingung der Möglichkeit menschlichen Glücks. In der Auseinandersetzung mit einem vorphilosophischen Glücksverständnis legt Kohelet dar, daß der Inhalt des Glücks nicht identisch ist mit dem Besitz von Gütern (Besitz, Reichtum, Ansehen, große Nachkommenschaft, langes Leben) und der Verwirklichung von Werten (Gerechtigkeit, Gesetzesobservanz, Gottesfurcht), sondern nur gegeben ist im Modus der Glücks*erfahrung*. Mit Hilfe des in der altorientalischen (Gilgamesch-Epos), aber vor allem auch hellenistischen Kultur (u.a. *Euripides*, Alkestis 779-791) bekannten *Carpe-diem*-Motivs entfaltet er seine Philosophie des Glücks nach ihrer inhaltlichen Seite (2,24; 3,12.22; 5,17; 8,15; 9,7-10; 11,9f). Der Mensch kann aber nicht mit Sicherheit und allein aus eigener Anstrengung glücklich werden. Glück ist letztlich eine Gabe Gottes (2,25; 3,13; 5,18). Gott als Bedingung der Möglichkeit menschlichen Glücks entzieht sich der Verfügungsgewalt des Menschen. Die häufig als »Religionskritik« titulierte Texteinheit 4,17-5,6 hat im Kontext der Koheletschen Philosophie des Glücks die Funktion, deutlich zu machen, daß Gott als Geber aller Gaben des Glücks und als derjenige, der die Erfahrung des Glücks selbst noch einmal ermöglicht (5,18), der schlechthin Unverfügbare ist.

In der so entfalteten Philosophie des Glücks steht Kohelet sehr wahrscheinlich in einem Gespräch mit *traditioneller jüdischer Weisheitstheologie* auf der einen und *hellenistischer Philosophie und Kultur* auf der anderen Seite. Mit der Frage nach dem Glück des Menschen greift Kohelet ein Grundmotiv *alttestamentlicher Weisheit* auf. In polemisch-provokativer Zuspitzung weist er jedoch darauf hin, daß die von der Weisheit so sehr betonte Vorstellung vom Tun-Ergehen-Zusammenhang oft mit der Erfahrung nicht übereinstimmt (7,15f; 8,12f-14). Ferner kritisiert er den Anspruch der Weisheit, den Menschen vor jeder Gefahr bewahren zu können (8,5 Zitat; 8,6-8 kritischer Kommentar Kohelets).

Die Frage nach Inhalt und Bedingung der Möglichkeit menschlichen Glücks war aber auch Dreh- und Angelpunkt allen *hellenistischen Philosophierens*. Die hellenistischen Philosophen waren der Ansicht, daß der Mensch allein durch eigene Anstrengung, und zwar durch die Entwertung alles Unverfügbaren, glücklich werden kann. Ihre Philosophie verstanden sie als Einführung und Einübung in die Erfahrung von Glück (vgl. *Epikur*, Brief an Menoikeus 122). Wenn Kohelet in 2,24 betont, daß die Erfahrung von Glück letztlich nicht im Menschen gründet, sondern von Gott ermöglicht ist, scheint er sich aus der Tradition alttestamentlicher Schöpfungstheologie mit der hellenistischen Eudämonologie kritisch auseinanderzusetzen. Glück ist nach Kohelet letztlich eine Gabe und darüber hinaus eine Form der Offenbarung Gottes (5,19; vgl. *N.Lohfink*). Mit dem großen Aufruf zur Freude am Ende des Buches (11,9-12,7) ruft er den »jungen Mann« (11,9) auf, sich dieser Erfahrung zu öffnen.

5. Relevanz

(1) Neben der Weisheit Salomos stellt Kohelet innerhalb des Alten Testaments das Buch mit den stärksten Affinitäten zur Philosophie dar. Es hält einem streng philosophisch orientierten Denkansatz innerhalb der Bibel einen Ort frei und bildet damit ein gewisses Korrektiv gegenüber einer einseitig offenbarungspositivistisch orientierten (biblischen) Theologie.

(2) Der kritisch-eudämonistische Ansatz innerhalb einer anthropozentrischen Fragestellung, die im Horizont einer Kosmologie der ewigen Wiederkehr entfaltet wird, macht Kohelet zum Gesprächspartner antiker und neuzeitlicher Philosophien.

Im Bedenken des menschlichen Lebens als eines Laufs in den Tod weist Kohelet Beziehungen zur modernen Existenzphilosophie auf.

(3) Im Hinweis auf die Grenzen menschlicher Handlungsmöglichkeiten und in kritischer Auseinandersetzung mit einer Mentalität des Habens weist Kohelet seinen Schülern einen Weg in die eigene Erfahrung. Damit wird er zu einem originellen, in der biblischen Schöpfungstheologie verwurzelten Gesprächspartner moderner Anthropologien und Psychologien (*J.L.Moreno, F.Perls, C.Rogers, E.Fromm*) und gleichzeitig ein Kritiker neuzeitlicher (evolutionistischer) Fortschrittsideologien.

(4) Kohelet weist sämtliche Anthropologien und Theologien zurück, die das menschliche Glück ins Jenseits verlegen. Er sieht in der Freude eine Gabe und Offenbarung Gottes. Jede (christliche) Theologie der Auferstehung wird unter Berücksichtigung der Koheletschen Gottesrede darauf zu achten haben, daß sie das »Diesseits« nicht auf Kosten des »Jenseits« entwertet.

VI.   Das Hohelied
(*Ludger Schwienhorst-Schönberger*)

Kommentare: H.Graetz, Schir Ha-Schirim oder das salomonische Hohelied, Wien 1871/Breslau 1885; F.Delitzsch (BC) 1875; K.Budde (KHC) 1898; ders. (HSAT) [4]1923; A.Bea (SPIB 104) 1953; W.Rudolph (KAT) [2]1962; A.Robert/R.Tournay/A.Feuillet (EtB) 1963; G.Gerleman (BK) 1965; E.Würthwein (HAT) [2]1969; M.H.Pope (AncB) 1977; G.Krinetzki (NEB) 1980; ders. (BET) 1981; O.Keel (ZBK) [2]1992; R.E.Murphy (Hermeneia) 1990; H.-P.Müller (ATD) 1992; J.G.Snaith (NCB) 1993; W.Bühlmann (NSK-AT) 1997.

Einzelstudien: E.Bosshard-Nepustil, Zu Struktur und Sachprofil des Hohenlieds: BN 81,1996,45-71; A.Brenner, The Song of Songs (OTGu) Sheffield 1989; dies. (Hg.), A Feminist Companion to the Song of Songs (The Feminist Companion to the Bible 1) Sheffield 1993; K.Butting, Die Buchstaben werden sich noch wundern. Innerbiblische Kritik als Wegweisung feministischer Hermeneutik, Berlin 1994,117-160; D.A.Dorsey, Literary Structuring in the Song of Songs: JSOT 46,1990,81-96; J.Ch.Exum, A Literary and Structural Analysis of the Song of Songs: ZAW 85,1973,47-79; M.V.Fox, The Song of Songs and the Ancient Egyptian Love Songs, Madison/Wisconsin 1985; G.Garbini, Il Cantico dei cantici nel quadro della poesia dell'antico Oriente: Sef 57,1997,51-68; H.Haag, Das heutige Verständnis des Hohenliedes in der katholischen Exegese, in: FS M.M.Delcor, Neukirchen-Vluyn 1985,209-219; H.-J.Heinevetter, »Komm nun, mein Liebster, Dein Garten ruft Dich!« Das Hohelied als programmatische Komposition (BBB 69) Frankfurt a.M. 1988; O.Keel, Hoheslied, in: NBL II,1991,183-191; C.Kuhl, Das Hohelied und seine Deutung: ThR.NF 9,1937,137-167; F.Landy, The Song of Songs and the Garden of Eden: JBL 98,1979,513-528; ders., Paradoxes of Paradise. Identity and Difference in the Song of Songs (BiLiSe 7) Sheffield 1983; H.-P.Müller, Die lyrische Reproduktion des Mythischen im Hohenlied: ZThK 73,1976,23-41; R.E.Murphy, The Song of Songs: Critical Biblical Scholarship vis-à-vis exegetical traditions, in: FS B.W.Anderson, Sheffield 1985,63-69; ders., The Unity of the Song of Songs: VT 29,1979,436-443; M.Nissinen, Love Lyrics of Nabû and Tašmetu, in: FS O.Loretz, Münster 1998,585-634; H.Graf Reventlow/P.Kuhn/U.Köpf, Hoheslied: TRE 15,1986,499-514; H.Schmökel, Heilige Hochzeit und Hoheslied, Wiesbaden 1956; W.H.Shea, The Chiastic Structure of the Song of Songs: ZAW 92,1980,378-396; H.Steinmetz, Sinnfestlegung und Auslegungsvielfalt, in: H.Brackert/J.Stückrath (Hg.), Literaturwissenschaft. Ein Grundkurs, Hamburg [4]1992,475-490; W.G.E.Watson, Some Ancient Near Eastern Parallels to the Song of Songs, in: FS J.F.A.Sawyer (JSOT.S 195), Sheffield 1995,253-271; E.Würthwein, Zum Verständnis des Hohenliedes: ThR.NF 32,1967,177-212.

1. Aufbau

Daß das Hld eine *Sammlung von Liebesliedern* ist, kann als Konsens gegenwärtiger Forschung angesehen werden. Ob die Sammlung aber nach einem übergreifenden Plan konzipiert wurde, ist nach wie vor umstritten. Dabei spielt die Frage nach dem *Gesamtverständnis* des Hld eine entscheidende Rolle. Ein kurzer Blick in die *Forschungsgeschichte* mag dies verdeutlichen:

(1) Die allegorisch-typologische Interpretation des Hld sieht im Verhältnis von Mann (Bräutigam) und Frau (Braut) das Verhältnis von JHWH und Israel bzw. in der christlichen Tradition vor allem das Verhältnis von Christus und seiner Kirche ausgesagt oder angedeutet. Einer der letzten großen Vertreter der allegorisch-typologischen Auslegung, *A.Robert*, sieht im Aufbau des Hld die Darstellung einer fortschreitenden Entwicklung in der Beziehung zwischen Braut und Bräutigam, die er auf die Geschichte Israels hin deutet. Dabei gliedert er das Buch folgendermaßen (18f):

Prolog (1,2-4):	Israel im Exil und seine Hoffnung auf Rückkehr in das Land
1. Gedicht (1,5-2,7):	Israels Sehnsucht auf vollständige Befreiung
2. Gedicht (2,8-3,5):	Ankündigung der bevorstehenden Befreiung
3. Gedicht (3,6-5,1):	Der neue Exodus
4. Gedicht (5,2-6,3):	Wiederaufbau
5. Gedicht (6,4-8,5a):	Höhepunkt des Buches: vollkommene gegenseitige Zugehörigkeit der Liebenden
Schluß (8,5b-7):	JHWH weckt Israel, seine Verlobte, die das Land in Besitz nimmt
Zwei Nachträge (8,8-14)	

(2) Als ein *Drama* verstand *F.Delitzsch* das Hld. Er unterteilte es in sechs Akte:

1,2-2,7:	Der Liebenden gegenseitiges Entbrennen
2,8-3,5:	Der Liebenden gegenseitiges Suchen und Finden
3,6-5,1:	Die Einholung der Braut und die Hochzeit
5,2-6,9:	Die verschmähte, aber wiedergewonnene Liebe
6,10-8,4:	Sulamith, die entzückend schöne, aber demütige Fürstin
8,5-14:	Die Befestigung des Liebesbundes in Sulamiths Heimat

(3) Die *kultmythologische* Deutung wurde zuletzt und am ausführlichsten von *H.Schmökel* vertreten. Er sieht im Hld das Textbuch für die vor allem aus sumerischen Texten des 3. und 2.Jh. bekannte Feier der Heiligen Hochzeit. Er teilt es in drei Szenen ein, muß dabei allerdings den gesamten Textbestand neu ordnen. In der überlieferten Anordnung der einzelnen Lieder sieht er eine gezielte, auf die Kanonisierung des Buches hin angelegte Verschleierung seiner ursprünglichen Gestalt und Funktion.
(4) Die meisten neueren Arbeiten sehen im Hld eine *Sammlung von Liebesliedern*. Umstritten ist lediglich, ob diese ihren ursprünglichen »Sitz im Leben« in einer (siebentägigen) Hochzeitsfeier hatten (*K.Budde*, *W.Würthwein*), oder ob es sich um Lieder handelt, die ganz allgemein der Welt der Liebenden entstammen (*G.Gerleman*, *O.Keel*, *H.-P.Müller*) und bei Gastmählern und Hochzeitsfeiern gesungen werden konnten, aber in ihrer Entstehung und Verwendung nicht darauf einzugrenzen sind. Mit dem heute vorherrschenden Verständnis des Hld als einer Sammlung von Liebesliedern und der weitgehenden Zurückweisung der allegorischen, dramatischen und kultmythologischen Deutung wurde auch die mit diesen Deutungen verbundene Frage nach einer übergreifenden Struktur des Hld obsolet, so daß *O.Keel* sie in seinem Kommentar von 1986 (^{2}1992) ausdrücklich verneint (26f) und *H.-P.Müller* gar nicht mehr darauf eingeht.
Nun haben *J.Ch.Exum*, *W.H.Shea*, *D.A.Dorsey* und *H.-J.Heinevetter* Beobachtungen vorgelegt, wonach das Hld eine die einzelnen Lieder übergreifende *Kompositionsstruktur* aufweist. Die Beobachtungen

sind: szenenübergreifende Motiv- und Stichwortverbindungen, Refrains, eine Vorliebe für Siebener-Strukturen und Chiasmen, reziproke Parallelismen. In den neueren Strukturanalysen gibt es eine Reihe von Konvergenzen in den Grundlinien, aber auch Abweichungen in Einzelheiten. Umstritten ist besonders die Abgrenzung einiger Texteinheiten und die Gewichtung der Bezüge.

J.Ch.Exum und *W.H.Shea* rechnen mit einem sechsteiligen Aufbau, einer äußeren Rahmung und einem Zentrum in 5,1 bzw. 4,16/5,1:

J.Ch.Exum (1973)	W.H.Shea (1980)

A 1,2-2,6
  B 2,7-3,5
    C 3,6-*5,1*
  B' 5,2-6,3
    C' 6,4-8,3
A' 8,4-14
	A 1,2-2,2
	  B 2,3-17
	    C 3,1-*4,16*
	    C' *5,1*-7,10
	  B' 7,11-8,5
	A' 8,6-14

Nach *D.A.Dorsey* besteht das Hld aus einer konzentrischen Anordnung von *sieben Einheiten*, die - mit Ausnahme der letzten - jeweils von der Sequenz »Trennung der Liebenden« - »Ausdruck wechselseitigen Verlangens« - »Zusammensein/Vereinigung der Liebenden« geprägt sind. In der letzten Einheit sind die Liebenden sowohl am Anfang als auch am Ende beisammen:

A 1,2-2,7:	Gegenseitige Liebe und Sehnsucht
B 2,8-17:	Einladung des Mannes an die Frau zur Liebe in der freien Natur
C 3,1-5:	Traum der Frau und Zusammensein der Liebenden
D 3,6-5,1:	Hochzeit: »Eßt, Freunde, trinkt, berauscht euch an der Liebe!« (5,1)
C' 5,2-7,11:	Traum der Frau, Ausdruck gegenseitiger Bewunderung und Zusammensein der Liebenden
B' 7,12-8,4:	Einladung der Frau an den Mann zur Liebe in der freien Natur
A' 8,5-14:	Gegenseitige Liebe und Sehnsucht: »Stark wie der Tod ist die Liebe« (8,6)

Nach *D.A.Dorsey* beginnt jeder Teil mit einem Szenenwechsel und wird durch einen *Refrain* im Munde der Frau abgeschlossen, mit Ausnahme des im Zentrum stehenden vierten Teils, der mit dem an die Liebenden und die Leser gerichteten Aufruf »Eßt, Freunde, trinkt, berauscht euch an der Liebe!« endet. Die Strukturanalysen von *J.Ch.Exum*, *W.H.Shea* und *D.A.Dorsey* verzichten allerdings auf eine Gesamtdeutung des Hld. Hier führt die Arbeit von *H.-J.Heinevetter* weiter. *H.-J.Heinevetter* versucht, Strukturanalyse und Gesamtdeutung miteinander zu verbinden. Er sieht im Hld »eine aus verschiedenen Quellen erstellte Komposition«, die durch die Art der Zusammenstellung des vorgegebenen Materials und seine redaktionelle Akzentuierung und Ergänzung eine programmatische Gesamtaussage enthält. Hld 1,2-2,7 stellt »eine Art Exposition dar, in der in bescheidenen Kleinformen« die wichtigsten Themen (Stadt-Land-Gegensatz, erotisches Selbstbewußtsein der Frau, »Selbstbestimmungsrecht« der Liebe), literarischen Formen (Travestien) und Motive (Töchter Jerusalems, Suchen und Finden, Augen wie Tauben, krank vor Liebe, Weckrefrain) eingeführt werden (96f). Dabei bilden die beiden äußeren Strophen des Einleitungsteils einen Rahmen: 1,2-4 bringt die Liebessehnsucht der Frau zum Ausdruck, 2,4-7 schildert die Erfüllung der Sehnsucht im Zusammensein der Liebenden. Der Einleitung folgen zwei einander entsprechende Hauptteile 2,8-5,1 und 5,2-8,6, wobei 5,1b (»Eßt, Freunde, trinkt und berauscht euch an der Liebe!«) die Mitte des Buches markiert:

Einleitung: 1,2-2,7	I. Hauptteil: 2,8-5,1	II. Hauptteil: 5,2-8,6
1,2-4: *Mann* in »Travestie nach oben« als »Gegenstand« der Sehnsucht und Bewunderung der Frau	2,8-3,5: Lieder der Frau 2,8-17: Erweiterte Türklage. Schluß: Ihre Aufforderung an ihn, zu ihr zu kommen 3,1-5: Nächtliche Stadtszene (Suchen und Finden)	5,2-6,3: Frau und Chor: Türszene und nächtliche Suche
1,5-8: *Frau* in »Travestie nach unten« 1,5-6: Selbstbeschreibung mit Vergleichen/Selbstbeschreibung mit Begründung	3,5: »Ich beschwöre euch, Töchter Jerusalems, bei den Gazellen und Hinden der Steppe: Weckt nicht, stört nicht die Liebe, bis es ihr selbst gefällt!«	6,3: Formel gegenseitiger Zugehörigkeit
1,7-8: Scherzgespräch: Fragen/Antworten	3,6-10(11): Chorisches Element: Festzug	6,4-9: Rezitativisches Element (Mann): Schönheit und Einzigartigkeit der Geliebten (→ 4,1-7)
1,9-2,3: *Gegenseitige* Bewunderung (im Wechsel von Mann und Frau)	4,1-5,1: Lieder des Mannes 4,1-7: Bewundernde Beschreibung 4,8-5,1a: Erweitertes Sehnsuchtslied. Schluß: Ihre Aufforderung an ihn, zu ihr zu kommen.	6,10-8,6: Große Schlußkomposition: Frau, Mann, Chor: Liebe in freier Natur und Liebe in der Stadt 8,4: »Ich beschwöre euch, Töchter Jerusalems: Warum weckt ihr, ja warum weckt ihr auf die Liebe, bevor sie es selbst will?!«
2,4-7: Erfüllendes Zusammensein von *Mann und Frau* 2,7: »Ich beschwöre euch, Töchter Jerusalems, bei den Gazellen und den Hinden der Steppe: Weckt nicht, stört nicht die Liebe, bis es ihr selbst gefällt!«	**5,1b: Aufforderung zum Lebens- und Liebesgenuß**	8,6: »Liebe ist stark wie der Tod.«

Neuerdings rechnet auch *O.Keel* mit einer gewissen Einheitlichkeit des Hld, er warnt allerdings davor, diese zu sehr zu betonen (*O.Keel*, Art. Hoheslied 187): »Das Hld ist keine Programm- und keine Kampfschrift« (ebd. 190).

2. Entstehung

Nach *H.-J.Heinevetter* stellt das Hld eine redaktionelle Komposition mit programmatischer Aussageabsicht dar. Mit Hilfe der literar- und redaktionskritischen Analyse versucht er, Tradition und Redaktion voneinander zu scheiden.

Zu den *größeren redaktionellen Stücken* rechnet *H.-J.Heinevetter*: 1,7f; 2,4-7; 3,1-5; 4,4-7; 4,10f.12a*(»Garten«).13a.b.c*.14b.d.15c.16-5,1; 5,5-9; 6,1-3; 8,1-5.6c-f, zu den *kleineren redaktionellen Ergänzungen* 1,3c.4.c-e.5b.d*(»Salomo«).6a.b.e.11f.16abc*(»sogar«); 2,3; 2,9.10a.12b.14c-f.17; 3,9f; 4,1d.2c.d; 5,10b.12.13a.b.d.15c.d.16a.b.d; 6,4c.5a.b.9b-e.10b-11; 7,1.4-5a.d-7.9-11.13b-d. Zu einer *nachträglichen Bearbeitung*, die das »kritische Potential« des Hld zu glätten versucht, rechnet er 1,1; 3,11 und 8,7-14. Nun weist allerdings 8,11-12 eine königskritische Pointe auf. Von daher fügt sich diese Texteinheit sehr wohl in die von *H.-J.*Heinevetter konstatierte königskritische Tendenz der Komposition ein und ist von daher nicht einer *nachträglichen* königskritischen Redaktion zuzuordnen. Ferner korrespondiert 8,14 mit 2,17b, so daß man der Annahme einer späteren Hinzufügung von 8,7-14 zurückhaltend gegenüberstehen sollte.

Daß die einzelnen Lieder bei ihrer Zusammenstellung redaktionell überarbeitet wurden, wird kaum zu leugnen sein. Eine scharfe Trennung von Tradition und Redaktion aber bleibt sehr hypothetisch und sollte nicht zur Grundlage der Interpretation gemacht werden.

Die einzelnen Lieder lassen sich folgenden *Gattungen* zuordnen, wobei Überschneidungen von Rahmen- und Gliedgattungen möglich sind: Beschreibungslied (1,13f; 4,1-7; 5,9-16), Bewunderungslied (1,9-11; 4,9-11; 6,4-7.10; 7,2-6.7-10; 8,5a), Selbstschilderung (1,5f; 2,1; 8,10), Prahllied (6,8f; 8,11f), Türklage (Paraklausithyron) (2,10-14; 5,2b), Sehnsuchtslied (1,2-4; 2,4f; 7,12f; 8,1f.6f), Rollengedicht (Dialog) (1,7f.15-17; 2,1-3; 4,12-5,1; 6,1-3; 8,8-10.13f), Erlebnisschilderung (2,8-14; 5,2-8; 6,11; 6,12-7,1; 8,5b), Traumschilderung (3,1-5), Situationsschilderung (2,6f; 8,3f), Schilderung eines Hochzeitszuges (3,6-11).

3. Geschichtlicher Kontext

Für die Entstehungszeit des Hld werden im allgemeinen drei Epochen in Erwägung gezogen:
(1) Die *frühe Königszeit*, insbesondere die *salomonische Epoche* (10./9.Jh.) mit ihrem neu erwachten Sinn für das Psychologische (»salomonischer Humanismus«) und ihren regen Beziehungen zu Ägypten, wo es bereits eine reich entwickelte Liebesdichtung gab, ist nach *G.Gerleman* die für die Entstehung des Hld am ehesten in Frage kommende Zeit.
(2) In seinem Hld-Kommentar datiert *O.Keel* die Entstehung der Sammlung in die *Mittlere Königszeit* (8.-6.Jh.). Um 700 v.Chr., zur Zeit des Königs Hiskija (vgl. Spr 25,1), gab es in Juda bedeutende literarische Aktivitäten. Einige Lieder (z.B. 4,8) dürften im Nordreich entstanden und nach dem Untergang Samarias (722 v.Chr.) mit ihren Tradenten nach Juda gelangt sein. Die zahlreichen Aramaismen des Hld sind frühestens gegen Ende des 8.Jh. denkbar. Die altägyptische Liebesliteratur, zu der das Hld die engsten Parallelen aufweist, stand

damals noch in Blüte. Altorientalische Motive erlebten in Israel ebenfalls eine letzte Blütezeit. Die Erwähnung der Oase von En-Gedi allerdings weist auf das Ende des 7.Jh. hin, einige Bezeichnungen für exotische Würz- und Duftstoffe verweisen in die spätvorexilische und frühexilische Zeit.

(3) In die *hellenistische Zeit* (3.Jh.) datieren u.a. *M.V.Fox, H.-J.Heinevetter* und *H.-P.Müller* die abschließende Sammlung und Redaktion. Dafür sprechen »neben den zahlreichen lexikalischen und grammatischen Aramaismen Merkmale einer späten ... Sprachform« sowie ein griechisches (*'appirjōn* »Tragsessel« 3,9 < φορεῖον) und altiranisches Fremdwort (*pardes* »Hain« 4,13 < *pari-daidam H.-P. Müller*, ATD 3). Auch die Bräutigamsbekränzung in 3,11 scheint vor der hellenistischen Zeit nicht bezeugt zu sein (*O.Keel*, Hoheslied, NBL 189). Dabei ist nicht auszuschließen, daß einzelne Stücke des Hld bis in die ältere Königszeit zurückreichen. Der Vorgang der Sammlung und Redaktion der Einzeltexte mag dabei angeregt worden sein durch den Kulturdruck des übermächtigen ägyptischen Alexandria. Die »alexandrinische Dichterschule« (Kallimachos, Appollonios von Rhodos, Theokrit) »pflegte zwar einen völlig anderen Stil und weithin andere Inhalte; der Druck aber, der von einer überlegenen dichterischen Leistung in der bewunderten Metropole ... auf die Provinz ausgeübt wurde, mag gleichwohl dazu beigetragen haben, eigene thematisch vergleichbare Traditionen zu mobilisieren, zu sammeln und einer endgültigen Gestaltung zuzuführen« (*H.-P.Müller*, ATD 3, 4). Auch *O.Keel* rechnet inzwischen damit, daß eine letzte Redaktion in hellenistischer Zeit (3.Jh.) stattfand (Hoheslied, NBL 189).

Umstritten ist, ob die Kanonisierung des Hld sein allegorisches Verständnis voraussetzt. Sehr wahrscheinlich war es umgekehrt: »Die Allegorisierung setzt das kanonische Ansehen des ›profan‹ verstandenen Liedes voraus und ist ohne dieses Ansehen unverständlich« (*O.Keel*, ZBK 16 mit Hinweis auf *W.Rudolph*, KAT 83). Sieht man - mit *H.-J.Heinevetter* - im Hld eine programmatische Komposition, dann ergibt sich eine grundlegende Verwandtschaft mit dem Buch Kohelet (vgl. Hld 5,1 → Koh 9,7-10), dessen Datierung in die hellenistische Epoche heute weitgehend anerkannt ist. Das Hld nimmt - freilich in einer anderen literarischen Form - eine ähnlich vermittelnde Position zur seinerzeit »modernen« hellenistischen Kultur ein wie Kohelet: In der Öffnung gegenüber der in körperlich-erotischer Hinsicht relativ freizügigen hellenistischen Kultur und unter Anregung der in Alexandrien blühenden Bukolik wird das Thema der erotisch-sexuellen Liebe zwischen Mann und Frau im Rückgriff auf altorientalische und ägyptische Motive aufgegriffen. Zugleich wird in kritischer Auseinandersetzung mit den lebensfeindlichen Tendenzen hellenistischer Stadtkultur und möglicherweise ironisierender Distanzierung von königlicher (ptolemäischer) Lebenswelt (*H.-J.Heinevetter*) mit einer gegenüber der Gattung von Liebesliedern gebotenen Zurückhaltung an die Tradition des jüdischen JHWH-Glaubens (8,6) angeschlossen.

4. Schwerpunkte der Theologie

Das im Hinblick auf die Frage nach der Theologie des Hld immer wieder reflektierte Problem läßt sich mit *C.Kuhl* so umschreiben: »Es fehlt im Hld schlechterdings jeder religiöse Gedanke; ja, das ganze Buch ist von der ersten bis zur letzten Zeile so ohne Gott und ohne jede Religion..., daß man um die Frage nicht herumkommt, wie konnte dieses Buch überhaupt kanonisiert und sogar den Megillot zugewiesen werden« (*C.Kuhl*, Das Hohelied 141). Die allegorische und kultische Interpretation des Hld werden oft als ein Versuch kritisiert, der angeblich so profanen Sammlung von Liebesliedern einen theologischen Sinn abzugewinnen, der jedoch vom Text selbst her nicht gedeckt sei. Doch wird man schon allein aus rein literatursemiotischer Sicht die allegorische Interpretation nicht mehr einfachhin als falsch bewerten können. Die Bedeutung eines Textes wird u.a. durch den jeweiligen Kontext mitbestimmt. Durch unterschiedliche Kontextualisierungen gewinnt ein literarischer, und das heißt: ein in gewisser Weise immer »offener Text« unterschiedliche Bedeutungen (vgl. *H.Steinmetz*). Einem Leser, der das Hld im Kontext der Heiligen Schrift liest, in der über weite Strecken vom Verhältnis Gottes zu seinem Volk gesprochen wird und dies auch in Begriffen und Metaphern von Liebe und Ehe (vgl. Hos 2; Jer 2; Ez 16; 23), legt sich ein allegorisch-typologisches Verständnis durchaus nahe. Die Wiedergewinnung der sog. »ursprünglichen Bedeutung« des Hld läßt sich als ein Prozeß der De- bzw. Rekontextualisierung verstehen. *Vor* seiner Aufnahme in den Kanon dürften die Lieder in der Tat als »rein profane« Liebeslieder verstanden worden sein. Die neueren Tendenzen der Forschung versuchen einerseits, an dieser Einsicht festzuhalten, andererseits aber auch, das Hld im kanonischen Kontext auszulegen, ohne dabei auf die traditionelle allegorische Interpretation zurückzugreifen. Zum primären Bezugstext wird dabei die Paradieserzählung (Gen 2f). Die *theologische* Bedeutung des Hld wird dann darin gesehen, daß hier die Liebe, und zwar die erotisch-sexuelle Liebe zwischen Mann und Frau (*amor*), als ein Weg angesehen wird, auf dem eine Rückkehr ins Paradies möglich erscheint. Darauf haben vor allem *F.Landy*, *O.Keel* und *H.-J.Heinevetter* hingewiesen. *F.Landy* hat gezeigt, daß der Garten im Hld nicht nur eine Metapher für die Frau ist, sondern auch den Ort bezeichnet, an dem die Liebenden zueinander finden und ihre Liebe genießen. Die Analogien zwischen dem Garten des Hld und dem von Gen 2f lassen den Gang in den zunächst verschlossenen (4,12), sich dann aber öffnenden Garten und das Genießen seiner Früchte (4,16) als eine Wiederentdeckung des Paradieses verstehen.

O.Keel und *H.-J.Heinevetter* sehen in Hld 7,11b einen Bezug auf Gen 3,16. In Gen 3,16 »werden im Anschluß an den Fluch über die Schlange in Strafsprüchen eine Anzahl menschlicher Nöte als Folgen der ersten Sünde dargestellt. Eine Not der Frau besteht darin, daß sie in ihrer Sehnsucht nach Liebe und nach Kindern nach dem Manne verlangt, dieses in seiner Art einseitige Begehren aber vom Manne dazu benützt wird, seine Herrschaft über die Frau in bedrückender Weise auszuüben«. 7,11 »stellt nun die Aufhebung der Ungleichheit fest, die die Basis solcher Unterdrückung war. Wie ihr Begehren und ihre Leidenschaft auf ihn gerichtet sind, genauso richtet sich seine Leidenschaft und sein Begehren auf sie. Damit ist der fluchähnliche Zustand aufgehoben und die schöpfungsgemäße geschwisterliche Ebenbürtigkeit wiederhergestellt. Die Liebe wird als Rückkehr ins Paradies erfahren« (*O.Keel*, ZBK 232f).

H.-J.Heinevetter sieht in der auf allen Ebenen des Hld präsenten Gegenüberstellung von Tod und Leben, die in dem auf den Redaktor der Sammlung zurückzuführenden Vers 8,6c (»Stark wie der Tod ist Liebe«) kulminiert, die eigentlich theologische Aussage des Hld. Hld 8,6c ist im Kontext von 8,6ab (»Leg mich wie ein Siegel auf dein Herz, wie einen Siegelreif um dein Handgelenk!«) in Richtung von »*stärker* als der Tod ist die Liebe« zu verstehen. In der sich daran anschließenden Metapher (»Ihre Pfeile sind Feuerpfeile, Flammen Jahs«) wird die Liebe als eine göttliche Macht gepriesen, die Tod und Chaos besiegt. 8,6 ist die schöpfungstheologische Grundlage für die Aufforderung zum Lebens- und Liebesgenuß aus 5,1b. Beide Verse korrespondieren auch auf struktureller Ebene miteinander. Der Aufruf zum Lebens- und Liebesgenuß in der Mitte des Buches ist so von der Kompositionsstruktur des Buches her schöpfungstheologisch motiviert.

5. Relevanz

(1) Wo in der alttestamentlichen Literatur die Liebe zwischen Mann und Frau thematisiert wird, geschieht dies vorwiegend im Hinblick auf die Erzeugung von Nachkommenschaft im Kontext einer weitgehend patriarchalisch strukturierten Gesellschaft. Das Hld bildet hier eine Ausnahme. Hier wird die erotisch-sexuelle Liebe zwischen Mann und Frau unabhängig von den durchaus legitimen Ansprüchen der Gesellschaft als eine Macht besungen, die ihren eigenen Gesetzen gehorcht. Die Berücksichtigung des Hld in der Heiligen Schrift mag damit eine biblisch orientierte Anthropologie und Lehre von der menschlichen Sexualität vor einer patriarchalischen Fixierung, einer einseitigen Hinordnung auf die Erzeugung von Nachkommenschaft und einer übermäßigen Beachtung rechtlicher Aspekte bewahren.

(2) Aus literatursemiotischer Sicht (s.o. VI.4) und aus Achtung vor der jüdischen und christlichen Auslegungsgeschichte wird man die allegorisch-typologische Interpretation nicht völlig beiseite schieben dürfen. Sie hat richtig erkannt, daß dem Hld im Kontext der Heiligen Schrift weitere, über seine »ursprüngliche Bedeutung« hinausgehende Sinndimensionen zukommen. Gerade im kanonischen Kontext eröffnet das Hld ein Verständnis für die Vieldimensionalität der Liebe.

(3) Die Liebenden im Hld erfahren sich wechselseitig wie Gott und Göttin (Theomorphie). Die dem Mythos entliehene Sprache ist offensichtlich kein beliebig austauschbares stilistisches Mittel, sondern Ausdruck der Erfahrung, daß der Liebe zwischen Mann und Frau eine göttliche Kraft innewohnt (8,6), die sich gerade auch in der unverwechselbaren Gestalt des Partners zeigt (6,8f; 8,11f). So finden sich im Hld durchaus Ansätze von dem, was die Tradition unter »personaler Liebe« versteht. Insofern kann die Besinnung auf das Hld auch zur kritischen Beurteilung einer seelenlosen Sexualität führen.

VII. Das Buch der Weisheit

(*Silvia Schroer*)

Textausgaben: J.Ziegler (Hg.), Sapientia Salomonis (Göttinger Septuaginta XII/1), Göttingen ²1980; W.Thiele (Hg.), Sapientia Salomonis (Vetus Latina 11/1), Freiburg 1977-85.
Kommentare: C.L.W.Grimm, Das Buch der Weisheit, 1860; P.Heinisch (ExHbAT 24) 1912; J.Fichtner (HAT II/6) 1938; D.Winston (AncB) 1979; D.Georgi (JSHRZ III/4) 1980; Ch.Larcher (EtB.NS 1,3 und 5) 1983.1984.1985; A.Schmitt, Das Buch der Weisheit, 1986; ders. (NEB 23) 1989; G.Scarpat, Libro della Sapienzia (bisher 2 Bände) Brescia 1989.1996; A.Schenker, Il Libro della Sapienzia (Guide Spirituali all'Antico Testamento), Roma 1996; H.Engel (NSK-AT 16) 1998.
Forschungsüberblick mit umfassender Bibliographie: M.Gilbert, »Sagesse de Salomon (ou Livre de la Sagesse)«: DB.S 9, Paris 1986, 58-119.
Einzelstudien: H.Bückers, Die Unsterblichkeitslehre des Weisheitsbuches, Münster 1938; H.Engel, »Was Weisheit ist und wie sie entstand, will ich verkünden.«, in: G.Hentschel/E.Zenger (Hg.), a.a.O.,67-102; P.Enns, Exodus Retold. Ancient Exegesis of the Departure from Egypt in Wis 10:15-21 and 19:1-9 (HSM 57) Atlanta 1997; F.Focke, Die Entstehung der Weisheit Salomos (FRLANT NF 5) Göttingen 1913; G.Hentschel/E.Zenger (Hg.), Lehrerin der Gerechtigkeit (EThS 19) Leipzig 1991; M.Gilbert, La critique des dieux dans le Livre de la Sagesse (Sg 13-15), Rome 1973; H.Hübner (Hg.), Die Weisheit Salomos im Horizont biblischer Theologie (BThSt 22) Neukirchen-Vluyn 1993; J.S.Kloppenborg, Isis and Sophia in the Book of Wisdom: HThR 75,1982,57-84; C.Larcher, Etudes sur le Livre de la Sagesse, Paris 1969; B.L.Mack, Logos und Sophia. Untersuchungen zur Weisheitstheologie im hellenistischen Judentum, Göttingen 1973; U.Offerhaus, Komposition und Intention der Sapientia Salomonis, Bonn 1981; I.Peri, Omnia mensura et numero et pondere disposuisti: Die Auslegung von Weish 11,20 in der lateinischen Patristik, in: A.Zimmermann (Hg.), Mensura. Maß, Zahl, Zahlensymbolik im Mittelalter, Berlin/New York 1983; J.M.Reese, Hellenistic Influence on the Book of Wisdom and its Consequences (AnBibl 41) Rome 1970; S.Schroer, Die göttliche Weisheit und der nachexilische Monotheismus, in: M.-Th.Wacker/E.Zenger (Hg.), Der eine Gott und die Göttin. Gottesvorstellungen des biblischen Israel im Horizont feministischer Theologie (QD 135) Freiburg u.a. 1991,151-182; dies., Die personifizierte Sophia im Buch der Weisheit, in: W.Dietrich/M.A.Klopfenstein (Hg.), Ein Gott allein? JHWH-Verehrung und biblischer Monotheismus im Kontext der israelitischen und altorientalischen Religionsgeschichte (OBO 139) Freiburg Schweiz/Göttingen 1994,543-558; U.Schwenk-Bressler, Sapientia Salomonis als ein Beispiel frühjüdischer Textauslegung (BEATAJ 32) Frankfurt 1993; N.Walter, Sapientia Salomonis und Paulus, in: H.Hübner (Hg.), a.a.O.,84-108; J.Ziegler, Chokma - Sophia - Sapientia (Würzburger Universitätsreden 32) Würzburg o.J.; G.Ziener, Die theologische Begriffssprache im Buche der Weisheit (BBB 11) Bonn 1956.

0. Text

Unter dem Titel »Weisheit Salomos« ist die jüngste jüdische Schrift in den griechischen Bibelhandschriften des Ersten Testaments überliefert. Die Zuordnung zu Salomo, dem Patron der Weisheit, der im Mittelteil des Buches das Wort ergreift, wurde schon von Hieronymus und Augustinus als historische Angabe in Zweifel gezogen, weshalb die Schrift in der lateinischen Überlieferung auch schlicht als »Buch der Weisheit« bezeichnet wurde. Der griechische Text ist ursprünglich, es gab keine hebräischen oder aramäischen Vorlagen. Für die kritische Edition des griechischen Textes von *J.Ziegler* sind Handschriften (ab 4.Jh. v.Chr.), Zitate bei altchristlichen Schriftstellern und alte Übersetzungen maßgeblich (Ergänzungen bei *H.Engel*, NSK-AT 14 und *M.Gilbert*, 58-62). Die ins 2.Jh. n.Chr. zurückreichende Vetus Latina ist wertvoll, da sie gelegentlich einen älteren griechischen Text erkennen läßt als den in den Handschriften erhaltenen.

1. Aufbau

Das »Buch der Weisheit« ist durchgehend in poetischer Sprache gestaltet. Zahlreiche kunstvolle Stilmittel zeigen die literarische Ebenbürtigkeit des Textes mit zeitgenössischen nicht-jüdischen literarischen Werken, doch ist er nicht in griechischen Versmaßen, sondern nach Tradition altorientalisch-biblischer Dichtung im zwei- oder mehrgliedrigen *Parallelismus membrorum* gehalten. Als Ganzes ist die Schrift der im Hellenismus verbreiteten Gattung des *logos protreptikos* zuzuordnen (*J.M.Reese*), d.h. sie wirbt für eine bestimmte Lebensanschauung und konkrete Lebensführung, indem sie lehrt und mahnt. Der eigentliche Erzähler wird selbst nicht greifbar, sondern läßt den legendären Patron der Weisheit, Salomo, auftreten und sprechen. In Form und Inhalt ist damit zugleich ein enger Anschluß an die aus Ägypten stammende und in Israel beliebte Lebenslehre, die ein Weiser an die nächste Generation vermittelt, gegeben. Das »Buch der Weisheit« ist fest in der Tradition israelitischer Weisheitslehren verankert. Im Gegensatz zur älteren Weisheit ist für die Weisen der hellenistisch-römischen Zeit aber der göttliche Wille nicht nur durch Weltbeobachtung, sondern auch durch minutiöse Schriftauslegung ergründbar, die Weisen sind Schriftgelehrte (vgl. Jesus Sirach). Auch innerhalb der Schrift ist ein Rückgriff auf bekannte Gattungen mehrfach festzustellen, z.B. beim *Enkomion* (6,22-11,1), den *Beispielreihen* (Kap.10) und dem sich durch den dritten Buchteil ziehenden Modell der *Synkrisis* (vergleichende Gegenüberstellungen). Trotz der starken Orientierung an Themen und Formen hellenistischer Literatur bezieht sich die Schrift auf Schritt und Tritt auf biblische Traditionen. Anders als Philo von Alexandrien pflegt sie nicht die allegorische Schriftdeutung, greift aber auf ein reiches Repertoire an auslegenden Nacherzählungen der biblischen Texte zurück (*P.Enns*).

Im Aufbau lassen sich *drei Hauptteile* unterscheiden, die jeweils in sich nochmals kunstvoll komponiert sind (vgl. die genaue Verseinteilung im Aufbau-Schema S. 355). Schwierig zuzuordnen ist Kap.10, das formal dem dritten Buchteil näher steht als dem zweiten, jedoch inhaltlich zur Lobrede auf die Weisheit im zweiten Teil gehört.

Der erste Buchteil (1,1-6,21) ist konzentrisch aufgebaut. Den äußeren Rahmen (A-A') bilden Ermahnungen, die Gerechtigkeit zu lieben und Gott zu suchen (A), bzw. Warnungen an die Machthaber und Richter vor dem göttlichen Gericht, dem sie nur durch Weisheit entgehen können (A'). Das Denken und Planen der Gottlosen ist Thema des inneren Rings B-B'. Ihre Einstellung wird zunächst als tiefgreifende Skepsis, Resignation und Zynismus angesichts der Vergänglichkeit des Lebens entlarvt (B). Reuevoll müssen sie am Tag des Gerichts ihren Irrweg einsehen (B'). Das Zentrum (C) bilden Kap.3-4. Mit Bestimmtheit wird entgegen der Lebensphilosophie der Gottlosen daran festgehalten, daß die Gerechten, sogar wenn sie kinderlos bleiben oder frühzeitig sterben, in Gottes Hand sind und ihren Lohn erhalten werden.

Im Proömium (Kap.1) werden wie in einer Ouvertüre schon manche Themen des Buches zum Klingen gebracht. Mahnreden und das rhetorische Mittel der *Diatribe* mit Reden, Einwänden, Widerlegungen, Beispielen, aber auch apokalyptischen Szenarien, prägen den ersten Buchteil.

Der zweite Buchteil (6,22-11,1) ist eine Lobrede (*Enkomion*) auf die Weisheit. Sie beginnt mit dem in sich wiederum konzentrisch komponierten eigentlichen Preislied (*Teil I*). Ihm folgen Salomos Gebet um Weisheit (*Teil II*) und in einem dritten Abschnitt Erzählungen in Form von Beispielreihen über das rettende Wirken der Weisheit (*Teil III*). Im eigentlichen Preislied geht es um die Erfahrungen *des* Weisen schlechthin (Salomo) mit der Weisheit. Der Patron der israelitischen Weisheit betont seine menschliche Herkunft und stellt heraus, daß er die Weisheit erbitten und erwerben mußte. Gott allein verleiht Weisheit. Im Zentrum des *Enkomions* steht ein hymnisches Lob auf ihre Beschaffenheit und ihre Machterweise. Hier wird die Weisheit mit vielen Attributen als eine Emanation Gottes beschrieben. Im darauf folgenden Liebeslied des Weisen (Salomo) auf die Weisheit erscheint sie u.a. als Geliebte, Partnerin und Mystin Gottes. Das ersehnte Zusammenleben mit ihr kann der Weise durch eigene Anstrengung und Leistung nicht erreichen, wodurch die Überleitung zu seinem großen Gebet (*Teil II*) gegeben ist. Der Schlußvers des Gebetes um die Herabsendung der *Paredros* (Throngenossin) Gottes »Sie (die Menschen) wurden durch die Weisheit gerettet« bildet den Auftakt zu *Teil III*, einem hymnischen Rückblick auf das rettende Wirken der Weisheit in der »Menschheitsgeschichte«, das ohne Nennung von Namen an den biblischen Erzählungen aus Genesis und Exodus exemplarisch dargestellt wird.

Der dritte Buchteil (11,2-19,22), umfangmäßig der größte, ist zwar nicht der Gattung Midrasch im engeren Sinn zuzuordnen, trägt aber als Erinnerung und Nacherzählung des Exodus midraschartige Züge. *Sieben vergleichende Gegenüberstellungen* prägen die Form dieses Buchteils, der sich in fünf Abschnitte untergliedern läßt. Das *erste Leitprinzip*, wonach sich Gottes Strafen an den Feinden und Gottes Wohltaten an den Gerechten entsprechen, wird am Beispiel des blutgetrübten Nils und des lebenspendenden Wassers aus dem Felsen demonstriert. Nach einem *zweiten Leitprinzip* gibt es eine Entsprechung zwischen Sünde und Strafe. Bevor diese durch vergleichende Gegenüberstellung veranschaulicht wird, werden zwei Exkurse über fundamentale Fragen eingeschaltet, die sich aus dem Kontext vor allem des dritten Teils der Schrift ergeben: 1. Der strafende Gott ist ein gerechter und menschenfreundlicher Gott, der seine Schöpfung liebt. 2. Gott straft die, die ihn nicht anerkennen wollen und statt dessen Götzen verehren. Der dritte Teil schließt in einer Art Epilog mit Rückblicken und neuen Vergleichen, in denen der Fremdenhaß der ÄgypterInnen als Grund für ein göttliches Strafgericht thematisiert wird. So wie Gott Israel damals beistand, indem er die Gesetzmäßigkeiten der Schöpfung zugunsten seines Volkes umkehrte, steht Gott ihm zu jeder Zeit und an jedem Ort bei (19,22).

Der Aufbau des Buches der Weisheit läßt sich demnach (im Anschluß an *H.Engel*, *Was Weisheit ist* 92ff, hier stark vereinfacht) wie folgt darstellen:

Erster Buchteil: 1,1-6,21 »Liebt Gerechtigkeit«		
A	1,1-15	Ermahnung
B	1,16-2,24	Denken und Planen der Gottlosen gegenüber dem Gerechten; Beurteilung
C	3,1-4,20	Gegenüberstellungen Gerechter-Gottlose
		(Probleme der Benachteiligung, Kinderlosigkeit, vorzeitiger Tod)
B'	5,1-23	Erkenntnis und Selbstbeurteilung der Gottlosen
A'	6,1-21	Ermahnung

Zweiter Buchteil: 6,22-11,1 Enkomion auf die Weisheit		
Teil I	6,22-8,21	Preislied auf die Weisheit
	6,22-25	Einleitung (Proömium)
A	7,1-6	Der Sprecher (Salomo) ist als Mensch allen Menschen gleich.
B	7,7-12	Er erbittet Weisheit und zieht sie allen Gütern vor.
C	7,13-22a	Gott verleiht Weisheit und lenkt. Sie ist Wissen und allumfassende Wissenschaft, Konstrukteurin und Lehrerin.
D	7,22b-8,1	Das Wesen der Weisheit und ihre Machterweise
C'	8,2-9	Gott liebt die Weisheit, lebt mit ihr zusammen. Sie ist Eingeweihte seines Wissens. Mit ihr will Salomo zusammenleben.
B'	8,10-16	Innerer Monolog Salomos über sein Leben mit der Weisheit
A'	8,17-21	Salomo sucht, sich die Weisheit zu nehmen, und fleht zu Gott um sie.
Teil II	9,1-18	Das Gebet um Weisheit
Teil III	10,1-11,1	Das rettende Wirken der Weisheit

Dritter Buchteil: 11,2-19,22 Hymnische Erinnerung an den Exodus		
	11,2-5	Einleitung. Leitprinzip I: Entsprechung von Strafen an den Feinden und Wohltaten an den Gerechten
A	11,6-14	Wasser des Nil - Wasser aus dem Felsen
B	11,15-16,14	Leitprinzip II: Entsprechung Sünde-Strafe
		Exkurs über die Milde Gottes (11,15-12,27)
		Exkurs über den Götzendienst (13,1-15,19)
	16,1-4	Frösche - Wachteln
	16,5-14	Heuschrecken und Fliegen; Schlangen - eherne Schlange
C	16,15-29	Hagel und Unwetter - Brot vom Himmel
D	17,1-18,4	Finsternis - Licht/Feuersäule
E	18,5-19,9	Gegenüberstellung: Tod der Erstgeburt - Tod in der Wüste; Untergang und Tod - unbehinderter Weg durch das Rote Meer
	19,10-22	Epilog: Rückblicke, neuer Vergleich (Fremdenhaß), Schlußsatz

2. Entstehung

Die Einheitlichkeit der Schrift wird heute nur noch selten in Frage gestellt. Zwar sind die Buchteile in Form und Inhalt sehr verschieden, aber sie werden durch Vokabular, Struktur, durchgehende theologische Grundgedanken und Stilmittel sowie Quer- und Rückbezüge mehr als nur oberflächlich zusammengehalten (*M.Gilbert,* 87-91). Obwohl häufig behauptet (zuletzt *H.Engel*), ist damit nicht zwingend bewiesen, daß die Schrift von einem einzelnen (männlichen) Autor niedergeschrieben worden ist. Die Möglichkeit einer kollektiven AutorInnenschaft (*D.Georgi* u.a.) ist diskutabel. Daß das Werk sukzessive entstanden sein könnte, ist ebenfalls denkbar. *Ch.Larcher*, der die drei Hauptteile in zeitlicher Folge den letzten drei Jahrzehnten vor der Zeitenwende zuordnen möchte, löst mit seinem Modell inhaltliche Spannungen chronologisch auf. Zu erwägen ist jedoch, ob diese Spannungen nicht eher das Nebeneinander und den Streit verschiedener Gruppen, sozialer Schichten und Positionen innerhalb der jüdischen Gemeinde von Alexandria dokumentieren. Das Redaktionsprinzip *audiatur et altera pars*, das für den Wachstumsprozeß vieler biblischer Bücher nachweisbar ist, könnte eine Erklärung für den so verschiedenen theologischen Charakter der drei Hauptteile anbieten.

Der erste Buchteil widmet sich dem Thema des gerechten Lebenswandels in einer Welt, die keine Gottesfurcht kennt, sondern sich der Profitsucht und dem Hedonismus ohne soziale Rücksichten verschrieben hat. Der Konflikt zwischen der jüdischen Tradition und den Herausforderungen der hellenistischen Welt ist ein Konflikt *innerhalb* der Gemeinde (vgl. 2,12), bei dem es um Solidarität untereinander, Anpassung an oder Widerstand gegen die Gesetzmäßigkeiten einer ›modernen Welt‹ und um Apostasie geht. In diesem Teil ist die Schrift trotz kleiner Abweichungen im Tenor sehr traditionell. Sie hält am Tun-Ergehen-Zusammenhang in alter biblischer Tradition fest und versucht für Gemeinschaftstreue und Festhalten an den Grundlagen jüdischer Identität zu werben. Die Identität der »Gerechten« wird in Abgrenzung gegen die »Gottlosen« durch ein starkes Erwählungsbewußtsein konstruiert.

Der zweite Buchteil atmet demgegenüber - ebenfalls in gut israelitischer Tradition - den internationalen und inklusiven Geist der Weisheitsliteratur. Man tritt der literarischen, philosophischen und religiösen Welt des Hellenismus in größter Offenheit entgegen. In Gestalt der personifizierten Weisheit wird die israelitische Tradition von Schriftenstudium und Wissen mit der griechischen *Philosophia* und den wissenschaftlichen Disziplinen des Hellenismus sowie mit der Isis-Theologie der GriechInnen in Ägypten (*J.S.Kloppenborg*) in ein interkulturelles Gespräch von höchstem Niveau gebracht, ohne daß die jüdische Identität, verkörpert durch Salomo, den Empfänger der göttlichen Weisheit, dabei aufgegeben würde. Hier könnten die weltoffenen, gut situierten und gebildeten Juden und Jüdinnen Alexandrias das Wort ergriffen haben, deren Anliegen die Inkulturierung ihres jüdischen Erbes war. Möglicherweise suchten diese Kreise - in Konkurrenz zur einflußreichen Isisreligion - auch SympathisantInnen des Judentums durch ihre Sophia-Theologie anzuziehen.

Der dritte Buchteil kreist um das Verhältnis Israels zu den Ägyptern, um wahre Gotteserkenntnis versus Götzenverehrung und Idolatrie. Viel stärker wird hier, wenn auch nun im Blick auf andere Gruppen, wieder das Bedürfnis zu Abgrenzung und Gegenüberstellung im stolzen Bewußtsein besonderer Erwählung spürbar, ja sogar offene Feindseligkeit und Haß. Diese könnten ihren Hintergrund in der als schmachvoll erlebten Gleichstellung von Juden und Ägyptern durch den Kopfsteuererlaß des Augustus (24/23 v.Chr.) oder die Vernichtung der Hoffnungen auf volles Bürgerrecht durch Kaiser Claudius (41 n.Chr.) ausgelöst worden sein. Die Feindschaft zwischen Ägypten und Israel war ein virulenter Mythos, der jederzeit auf beiden Seiten mit unterschiedlichen Sichtweisen reaktiviert werden konnte. Während die Ptolemäer sich der Menschenfreundlichkeit rühmten und den Juden in Alexandria wohlgesonnen waren, könnte das Verhältnis zur einheimischen, sozial nicht gutgestellten ägyptischen Bevölkerung gespannt gewesen sein. Unter der römischen Herrschaft flackerte Antisemitismus bis hin zu Verfolgungen auf. Er hatte weit zurückliegende Gründe darin, daß der israelitische Monotheismus den polytheistischen ÄgypterInnen, aber auch GriechInnen und RömerInnen, nicht nur eine dauernde Provokation sein mußte, sondern zudem noch einen verdrängten Teil der ägyptischen Religionsgeschichte, nämlich die gescheiterte monotheistische Revolution Echnatons, aus der Verdrängung in die Erinnerung rief und entsprechende irrationale Aversionen auslöste (*J.Assmann*, Moses der Ägypter. Entzifferung einer Gedächtnisspur, München/Wien 1998).

Somit wird die differenzierte, zugleich aber idealistische theologische Synthese des Mittelteils, die u.a. mit ihren bildhaften Anleihen bei polytheistischen Vorstellungen (die Sophia als Partnerin Gottes in 8,3 und 9,4) sehr weit geht und sich vielleicht bei konservativeren Kreisen des Synkretismus verdächtig

356

machte, von zwei Teilen umklammert, in denen die exklusiveren Strömungen israelitischer Theologie ihre Fortsetzung fanden. Bedrängt durch Entwicklungen in ihrer nächsten Umgebung verfolgten Einzelne oder Gruppen, deren Denken im ersten und dritten Buchteil laut wird, die Taktik der Identitätswahrung durch die Pflege des Bewußtseins ihrer Erwählung und Andersartigkeit. So bilden die beiden exklusiv-theologisch ausgerichteten Teile eine Klammer um den inklusiv-theologischen Mittelteil. Sie flankieren ihn als wichtigsten vitalen Teil, sie schützen ihn als empfindliches Innenleben, indem sie nach außen Abwehrbereitschaft signalisieren.

3. Zeitgeschichtlicher Kontext

Im »Buch der Weisheit« fehlen jegliche Personen-, Volks- oder Ortsnamen, auch wo deren Identifikation bei Kenntnis der biblischen Schriften auf der Hand liegt. Die Schrift sucht Anonymität, indem sie biblische Traditionen quasi inkognito in griechisch-hellenistische Sprache und Formen verpackt. Der dadurch erweckte Anschein und Anspruch von Allgemeingültigkeit ist für Weisheitsliteratur allgemein charakteristisch, aber in diesem Fall besonders stark ausgeprägt. Die Indizien für eine genaue Datierung und Erhebung der zeitgeschichtlichen Hintergründe sind versteckt.

Daß die Schrift in der hellenistischen Metropole *Alexandria ad Aegyptum* unter griechisch gebildeten Juden und Jüdinnen entstanden ist, ist unumstritten. Sprachlich setzt sie die LXX-Übersetzung der meisten atl. Bücher voraus, kennt aber zudem ein Repertoire an griechischem Vokabular der römischen Zeit. Beeinflussung von oder Bezüge zu Philo von Alexandrien, jüdisch-alexandrischen Schriften wie Pseudo-Aristeas, Testament des Orpheus, Aristobul, Demetrius u.a, aber auch Targumim, Talmud und frühesten Zeugnissen rabbinischer Literatur (*P.Enns*) machen eine Abfassung zur Zeit der Ptolemäer (Ende 2. oder 1. Hälfte 1.Jh. v.Chr.), wie sie früher von manchen angenommen wurde, unwahrscheinlich. Als *terminus post quem* gilt den meisten inzwischen die Machtergreifung des Caesar Octavianus Augustus über Ägypten (30 v.Chr.). Manche gehen aber in die Kaiserzeit des 1.Jh. n.Chr., wie *D.Winston*, der in 5,16-23 Hinweise auf die antijüdischen Ausschreitungen unter Caligula, 37-41 n.Chr., erkennt. *Terminus ante quem* ist der Brief des Kaisers Claudius an die Alexandriner (41 n.Chr.), in welchem sie zwar vor Verfolgungen in Schutz genommen werden, gleichzeitig aber im Ringen um ihr volles Bürgerrecht eine endgültige Absage einhandeln. In jedem Fall sind - vor allem im dritten Buchteil - etliche Anspielungen auszumachen (6,22-25 gegen Mysterienreligionen; 12,3.7 Sehnsucht nach der palästinischen Heimat; 14,16b-22 Auswüchse des Herrscherkultes; 18,9 nationalistische Befreiungsgedanken; 19,13.16 Erfahrung von Fremdenhaß und Verlust des Bürgerrechts), die im Kontext zunehmender Bedrängnis der jüdischen Gemeinden in Ägypten unter der *Pax Romana* eine plausible Erklärung finden würden. Den griechischen Bürgern wurden seit dem Herrschaftsantritt des Augustus in Ägypten noch die römischen Bürger in der Rangordnung vorgezogen. Eine erste Zuspitzung stellte die Einführung der Kopfsteuer für Nicht-Vollbürger unter Augustus dar (24/23 v.Chr.). Aufstiegsmöglichkeiten in der römischen Verwaltung waren zudem an die Erziehung in einem griechischen Gymnasium gekoppelt, dessen Besuch Juden unmöglich war.

Die Forschung zum »Buch der Weisheit« widmet sich seit jeher hauptsächlich literatur- und geistesgeschichtlichen Kontextualisierungsversuchen (dazu unten), während die Frage nach den AdressatInnen der Schrift und ihrer konkreten Situation immer wieder in den Hintergrund gerät. So klar erkennbar der »Sitz in der Literatur, Philosophie usw.« inzwischen ist, so verschwommen bleibt der »Sitz im Leben«. Die Palette der Erwägungen geht von »Schulbuch für junge Männer« (z.B. *M.Gilbert,* 85f; *H.Engel,* NSK-AT 35) bis zu »Trostschrift für an Leib und Leben bedrohte Menschen« (zuletzt *P.Enns; A.Schenker*). Zur Erklärung der Aufnahme in den griechischen Kanon ist die Schulbuchthese allein unbefriedigend, auch wenn das Buch im Unterricht jüdischer Jungendlicher, die das griechische Gymnasium nicht besuchen durften, Verwendung gefunden haben mag. Ursprünglicher dürfte das Ziel der Glaubensvergewisserung und des Zuspruchs in einer Zeit zunehmender Infragestellung und konkreter Verletzungen gewesen sein, zumal an der Wurzel der in vielen Passagen recht apokalyptisch anmutenden Schwarz-Weiß-Malerei doch eher Existenzängste als Simplifizierungsbedarf für Erziehungszwecke (*H.Engel,* NSK-AT 41) zu vermuten sind. Die Tradierung und Kanonisierung der (im Judentum nie rezipierten, völlig bedeutungslosen!) Schrift durch die Kirche (früheste Hinweise auf Kenntnis des Buches evtl. bei Klemens von Rom im Brief an die Korinther, 96 n.Chr.) könnte auf die Vertrautheit und Sympathien von christlichen Gruppen, in denen das ägyptische Judentum aufging, mit ihrem Inhalt zurückzuführen sein (zu den Einflüssen auf ntl. Schriften vgl. *N.Walter; J.Ziegler,* Chokma). Verbindend waren vielleicht über die Jahrzehnte hinweg Erfahrungen mit dem Terror römischer Herrschaft, aber auch dem Haß der ägyptischen Bevölkerung auf die AnhängerInnen einer monotheistischen Religion. *J.Assmann* (Moses der Ägypter) hat gezeigt, daß der Exodus aus Ägypten nicht nur ein Thema Israels und des Judentums war, sondern auch in der ägyptischen Geistes- und Literaturgeschichte ungeheuren Nachhall fand. Das »Buch der Weisheit« (von *Assmann* nicht beachtet) liest sich auf diesem Hintergrund einmal mehr als Apologie gegen zeitgenössische Verleumdungen.

Für die Rekonstruktion des Entstehungsmilieus ist Philos Abhandlung »De vita contemplativa« evtl. ein wichtiges Zeugnis (*S.Schroer*, Die personifizierte Sophia). Philo berichtet über die Gemeinschaft der Therapeuten und Therapeutriden, wohlhabende Juden und Jüdinnen, die das normale gesell-schaftliche Leben (der Stadt) hinter sich ließen und sich in der Gegend von Alexandria in ländlicher Abgeschiedenheit dem Gebet, Schriftenstudium und einem asketischen Leben widmeten. Zur monastisch lebenden Gemeinschaft gehörten auch alleinstehende Frauen. In diesem Aussteigermilieu galt Kinderlosigkeit wie in 3,13ff als achtbare Lebensform und keinesfalls als das größte Unglück eines Menschen, als das es in der israelitischen Tradition angesehen war. Ähnlich wie im »Buch der Weisheit« kommen frauenspezifische biblische Traditionen zur Geltung (Mirjam als Leiterin des Exodus), es wird ein Sophia-Gottesbild gepflegt, und man setzt sich intensiv mit Götzendienst auseinander (VitCont 3-9; vgl. Weish 12-15). Das »Buch der Weisheit« könnte in Kreisen entstanden sein, die mit dem Ideengut monastisch lebender Gruppen wie der Therapeuten sympathisierten, ohne deren radikale Lebensweise zu teilen. Daß und inwiefern die Jüdinnen von Alexandria Einfluß auf die Theologie des androzentrisch fingierten »Buches der Weisheit« hatten, wird weiter zu untersuchen sein. Der zweite Buchteil, der der personifizierten Weisheit gewidmet ist, dokumentiert eine intensive Auseinandersetzung auf hohem Niveau mit dem griechischen Isiskult in Ägypten. Dieser trug nachweislich stark frauenemanzipatorische Züge und dürfte für Jüdinnen ein attraktives religiöses Angebot dargestellt haben.

Das »Buch der Weisheit« ist in zwei ›Welten‹ beheimatet, der jüdischen und der griechisch-hellenistischen. Die Kenntnis der Weltanschauung und der Literatur beider Traditionen prägt die Schrift. Vielfältig und zahlreich sind unmittelbare Rückbezüge auf oder inhaltliche Verwandtschaften mit biblischen Texten, nicht nur des Pentateuch (wie bei Philo von Alexandrien), sondern des ganzen Tanach.

Nicht immer beziehen sich die Schriftauslegungen, besonders im dritten Buchteil, direkt auf den Bibeltext, vielmehr auf einen Fundus an geläufigen, deutenden Nacherzählungen (des hebräischen Textes!), die in Apokryphen, Targumim, Talmud und der frührabbinischen Literatur ebenfalls zu finden sind (*P.Enns*). Obwohl das »Buch der Weisheit« auf die griechische Bibel Bezug nimmt, ist anzunehmen, daß ihre schriftgelehrten VerfasserInnen die hebräische Bibel kannten. Beziehungen zu den jüdischen Schriften der hellenistischen Epoche, u.a. Jubiläen, Henoch, Philo, sind ebenso bedeutend wie die zur giechischen Philosophie (Stoa, Platoniker, Eklektizismus), hellenistisch-römischen Weiheinschriften und Hymnen, Epen (Apollonius von Rhodos, Vergil), Trostschriften, Grabinschriften usw. (ausführliche Quellenverweise in allen neueren Kommentaren).

4. Schwerpunkte der Theologie

4.1 Weisheit und Gerechtigkeit

Das »Buch der Weisheit« steht unter dem programmatischen Aufruf »Liebt Gerechtigkeit« (1,1). Als roter Faden zieht sich das Thema durch die gesamte Schrift. Die Gabe und der Erwerb der Weisheit dient wie das Halten der Gebote (vgl. 6,18) der Gerechtigkeit, die wiederum Unsterblichkeit mit sich bringt (1,15). Im Gerechtigkeitsbegriff der Schrift schillern griechische, ägyptische und biblische Konzeptionen (*H.Engel*, NSK-AT 58-63). Δικαιοσύνη ist im griechischen Verständnis eine erlernbare hohe Tugend, die sich wie das konkrete Recht von der Göttin δίκη herleitet. Sinngemäß ist δικαιοσυνή auch die Entsprechung des hebr. Begriffs ṣædæq/ṣᵉdāqāh (hebr. und griech. Bedeutung in 8,7). Dieser ist nicht zu trennen von der altägyptische *Ma'at*-Theologie. *Ma'at* ist das Prinzip und die Göttin einer rechten und gerechten Weltordnung, die im sozialen (individuellen und staatlichen), kultischen und kosmischen Raum waltet bzw. vollzogen und durch ethisches Wollen realisiert werden muß. Sie spielt u.a. eine bedeutende Rolle im Totengericht. ṣædæq/ṣᵉdāqāh ist einerseits eine von JHWH gestiftete Ordnung, andererseits in Israel vor allem ein soziales Verhalten, das mit Übersetzungen wie Gerechtigkeit, Solidarität oder Loyalität nur unzulänglich erfaßt ist. Schon in Spr 8 spricht die personifizierte Weisheit ausdrücklich als Lehrerin der Gerechtigkeit (Spr 8,8.15.16.18.20). Weisheit ist die Innenseite der Gerechtigkeit, das eine gibt es nicht ohne das andere. Im »Buch der Weisheit« wird Gerechtigkeit, die zu innigster Gemeinschaft mit Gott führt, als realisierbar angesehen, weil sie von Gott selbst kommt. Häufiger als vom Abstraktum (Un-) Gerechtigkeit ist im ersten und dritten Buchteil vom Gerechten und seinem Kontrahenten, dem Gottlosen, die Rede. Als konkrete Kriterien der Einteilung in δίκαιοι und ἀσεβεῖς werden im ersten Buchteil u.a. Nekrophilie, Zynismus, Profitsucht, Hedonismus, soziale Rücksichtslosigkeit, Gewalt, Ehebruch, Hurerei angeführt, während im dritten Teil nicht nur große biblische Gerechte wie Noach u.a. (Kap.10), sondern vor allem die Israeliten als Gerechte erscheinen und die (ägyptischen) Feinde wegen ihres Götzendienstes, aber auch wegen der daraus resultierenden übrigen Greueltaten (14,22-31) den Part der Gottlosen übernehmen.

4.2 Der Tun - Ergehen - Zusammenhang

Nicht zu trennen vom Thema Gerechtigkeit - Gottlosigkeit ist die damit seit je verbundene theologische Frage des Zusammenhangs von Tun und Ergehen, die zur Theodizee führt. Der ganze alte Orient hielt am Axiom dieses Zusammenhangs durch mannigfache Krisen hindurch und mit unterschiedlichen Erklärungen letztlich fest. Für Israel stellte sich in und vor allem auch nach der Katastrophe des Exils, als sich Fälle von sozialem Abstieg freier Israeliten häuften, die Frage nach dem Zusammenhang von Tun und Ergehen am heftigsten. Das Buch Ijob bleibt in der vorliegenden redaktionellen Fassung (Rehabilitierung Ijobs in der Novelle) trotz aller Kontroversen und Differenzierungen im Dialogteil bei der Gültigkeit des Zusammenhangs von gerechtem Tun und gutem Ergehen, während Kohelet den Glauben daran aufgibt. Daß vor allem Weish 2 sich entlarvend und widersprechend auf Positionen Kohelets (oder in weiteren Kreisen verbreitete dieser Art) bezieht, ist wahrscheinlich. Das »Buch der Weisheit« kommt auf den Tun-Ergehen-Zusammenhang wieder zurück, doch greift es dabei erstmals in der israelitischen Tradition zur Idee eines Totengerichts. Nicht zu Lebzeiten erfahren die Gottlosen ihre Strafe, die Gerechten ihren Lohn, sondern nach ihrem Tod. Mit diesem Schritt wird der jahrhundertelang rein innerweltliche Bezugsrahmen israelitischen Glaubens aufgebrochen, wobei vor allem Gedanken Deutero- und Tritojesajas weiterentwickelt werden (Jes 54,1; 56,3-5). Zwar relativieren sich dadurch individuelle Schicksalsschläge wie Kinderlosigkeit, Frömmigkeit als Lebenshaltung wird im Diesseits radikal ›gratis‹, ›umsonst‹ (im Sinne von Ijob 1,9), zugleich wird aber im Keim die Gefahr der Jenseitsvertröstung angelegt.

4.3 Tod und Unsterblichkeit

Das »Buch der Weisheit« tröstet, vor allem im ersten Buchteil, leidende Menschen mit dem Ausblick auf ein Leben jenseits der Todesgrenze. A.Schmitt (bes. 12f) hat aber zu Recht betont, daß im Zusammenhang der Jenseitsvorstellungen (vgl. aber 8,19f) - anders als bei Philo oder Josephus - eigentlich kein griechischer Leib-Seele-Dualismus auszumachen ist. Es geht weder um die Unsterblichkeit der ψυχή noch um eine Auferstehung der Leiber, sondern um die Hoffnung der Gerechten, auch nach dem Tod in Gottes Hand zu sein (3,1.9 u.ö.) und nicht in Vergessenheit zu geraten. Ganz sicher ist damit die traditionelle israelitische Todes- und Scheolvorstellung gesprengt, wie es im Diasporajudentum mit seinen diversen Jenseitsvorstellungen und Eschatologien schon allgemein der Fall war. Im Gegensatz zu anderen läßt jedoch diese Schrift, was die Eschatologie betrifft, vieles recht offen. Man erwartet einen Tag des göttlichen Gerichts, an welchem Gerechten und Gottlosen ihr endgültiger Lohn zugeteilt wird (Bezüge vor allem zu Jes 53; 59), wobei der Gerichtstag als Weltende apokalyptische Züge annimmt (5,17-23). Erstaunlicherweise erteilt die Schrift der verbreiteten und auch bei Kohelet ungebrochenen *carpe diem* - Weltanschauung eine Absage (2,6-9). Der Aufruf, angesichts des immer nahen Todes die Freude des Lebens zu genießen, wird entgegen der ursprünglichen Bedeutung als Verführung zu einer hedonisti-schen Lebensweise angesehen, als Anfang von Gewalt und Genußsucht, ja als eigentlicher Pakt mit dem Tod, dem die anheimfallen, die ihn für das einzig

Zuverlässige halten. Sie werden verlöschen, die Gerechten in Ewigkeit leben. Unvergänglichkeit ist so die Hoffnung derer, die ein Leben in Gerechtigkeit erstreben, und sie ist die vom Schöpfer intendierte Bestimmung des gottebenbildlichen Menschen (2,23).

4.4 Die personifizierte Weisheit

Der Mittelteil der Schrift ist den Beziehungen zwischen Salomo, dem Weisen schlechthin, der personifizierten Sophia und Gott gewidmet. In verschiedenen Frauen- und Göttinnenbildern tritt die *chokmāh* schon in Spr 1-9 und im Buch Jesus Sirach auf. In jeder dieser Schriften übernimmt die Weisheit als Personifikation bestimmte theologische Funktionen (*S.Schroer*, Die göttliche Weisheit). Im »Buch der Weisheit« vermittelt sie zum einen den israelitischen und griechischen Weisheitsbegriff. Zum anderen ist sie als unpolemische, aber selbstbewußt jüdische Antwort auf den stark missionarischen griechischen Isiskult und die Mysterienreligionen (vgl. 6,22-25) konzipiert. In Anlehnung an die ptolemäisch-römische Isis-Königstheologie übernimmt die Sophia die Position der göttlichen Patronin des Herrscherhauses, nicht aber die mütterliche Rolle der Isis (Mutter des Horus/Herrschers). Inhaltlich sind jedoch die Bezüge zu den Attributen der *Allgöttin* und *Allretterin* Isis, wie sie in zahlreichen Aretalogien und Weiheinschriften der späthellenistischen und römischen Zeit gepriesen wird, enger. Isis wurde als Herrin über alle kosmischen und irdischen Mächte, die Wissenschaften, die Seefahrt u.v.a. verehrt. Auf sie hofften die Gefangenen, sie wurde als Urheberin der Gleichstellung von Männern und Frauen gepriesen. Die Aussagen über die Sophia im Buch der Weisheit sind in höchstem Maß von Isis-Mythologumena durchdrungen. So wird die Weisheit immer wieder als Retterin aus allen Gefahren (Gefängnis, Seenot) beschrieben. Sie ist es auch (nicht Mose, der wie in der Pesach-Haggada kaum Erwähnung findet), die Israel aus Ägypten herausführt.

4.5 Der Auszug aus Ägypten oder Idolatrie und Götzendienst

Während der erste Buchteil sich vor allem der Frömmigkeit und Gottlosigkeit im mitmenschlichen Bereich widmet, beschreibt der dritte in aller Ausführlichkeit die religiösen *Greuel* Ägyptens, darunter Herrscherkult, Totenverehrung, Götzendienerei aller Art, worunter die in dieser Zeit tatsächlich verbreitete Verehrung von tiergestaltigen Gottheiten als besonders ekelerregend hervortritt. *Ägypten* ist in dieser Schrift eine Chiffre, in welche das gesamte biblische Erbe der Errettung Israels aus Ägypten, seiner Auserwählung unter den Völkern, seiner Abgrenzung gegenüber *Kanaan* und seiner Götzenpolemik der exilisch-nachexilischen Zeit einfließt. Problematisch an den mythisch aufgeladenen Darstellungen des dritten Teils ist, daß sie den geschichtlichen Wachstums-, Selektions- und Verschmelzungsprozessen, aus denen der JHWH-Monotheismus tatsächlich entstand, nicht Rechnung tragen. So konstruiert sich hier - ganz anders als im Mittelteil - jüdische Identität in absoluter Andersartigkeit und im Bruch mit den Religionen schlechthin. *J.Assmann* (Moses der Ägypter, bes. 17-82) hat mit reichem Quellenmaterial gezeigt, daß in ptolemäischer und römischer Zeit keineswegs nur jüdische Schriften den Exodus erinnerten. In mehr als einem Dutzend variierender

Versionen (nachweisbar u.a. bei Hekaitaios von Abdera, Manetho, Chairemon, Tacitus, Strabo) wurde erzählt, wie eine Gruppe von Aussätzigen oder Juden aus Ägypten vertrieben wurden, weil eine Not im Land herrschte (Seuche), und unter Führung eines Ägypters bzw. Juden namens Mose eine Gegenreligion gegründet wurde. Der Vorwurf der Verunreinigung des Landes durch Götzendienst wurde also beidseitig erhoben.

5. Relevanz

Eine systematische Aufarbeitung der Wirkungsgeschichte der Schrift bei den Kirchenvätern, in kirchlichen Gebeten, aber auch in der mittelalterlichen Ikonographie und Baukunst, für die beispielsweise Weish 9,8ff (Vorbild/Abbild des Tempels) und besonders 11,20 (»Alles hast du nach Maß, Zahl und Gewicht geordnet«) sehr grundlegend wurde, fehlt bisher (vgl. aber *W.Thiele* 448-454; *I.Peri*; *G.Binding*, Der früh- und hochmittelalterliche Bauherr als sapiens architectus, Darmstadt 1996,406-139). Im Anschluß an die theologischen Schwerpunkte der Schrift kann ihre heutige Relevanz an verschiedenen Punkten angebunden werden. Thesenartig einige Beispiele:

(1) Das »Buch der Weisheit« stellt als ganzes die Herausforderung dar, im Gespräch mit der ›modernen Welt‹ und ihren Anschauungen und Gesetzen religiöse Tradition zu bewahren und immer wieder neu zu formulieren, wobei im Zentrum ein *interkultureller und interreligiöser Dialog* steht, nicht die Ausgrenzung der/des Anderen.

(2) Als *zentrale Themen* einer solchen Erneuerung und Übersetzung von Tradition lassen sich aus der Schrift ableiten: a) Die Suche nach einer Bildung und Weisheit, die heute zu einer Welt größerer Gerechtigkeit führt. Weisheitslehren jeder Herkunft und Couleur müssen von ChristInnen daran gemessen werden, ob sie konkret der Gerechtigkeit dienen. b) Das Entlarven aller subtilen und cachierten Formen von Zynismus und Nekrophilie, die in den hochtechnisierten, ausbeuterischen Zivilisationen des Nordens wirksam sind. c) Eine stetige Auseinandersetzung mit der Frage, wo Götzen und Götzenverehrung in unserer Kultur ihr Unwesen treiben, und was wahre Gottesfurcht und Frömmigkeit angesichts dieser Götzenverehrung bedeutet. d) Das Einüben einer bildhaften, nicht ontologischen Redeweise von der einen Gottheit, wie sie im Bild der personifizierten Weisheit beispielhaft entfaltet wird.

(3) Die Schrift ist mindestens teilweise auf dem Hintergrund antisemitischer Ausschreitungen gegen jüdische Menschen in Alexandria zu lesen. Nach Auschwitz wird uns als ihren christlichen EmpfängerInnen die dringende Aufgabe bleiben, die komplexen *Wurzeln des Antisemitismus* zu erforschen. Warum hat das Judentum seine Weigerung, irgendetwas Geschaffenes, Vorläufiges, Innerweltliches als göttlich anzuerkennen, mit Ächtung und sogar millionenfachem Tod bezahlen müssen? Welche gewaltigen kulturellen und religiösen Verdrängungsmechanismen waren und sind hier am Werk, und wie können sie gestoppt oder entschärft werden?

VIII. Das Buch Jesus Sirach

(Johannes Marböck)

Textausgaben u. Konkordanzen: D.Barthélemy/O.Rickenbacher, Konkordanz zum hebräischen Sirach, Göttingen 1973 (hebr., griech., syr.); P.C.Beentjes, The Book of Ben Sira in Hebrew. A Text Edition of all Extant Hebrew Manuscripts and a Synopsis of all Parallel Hebrew Ben Sira Texts (VT.S 68) Leiden 1997; Z.Ben-Hayyim, The Book of Ben Sira, Jerusalem 1973 (Text u. Konk. hebr.); W.Richter, Biblia Hebraica transscripta. BH^t-Ergänzungsband Sirach (ATS 33.16) St.Ottilien 1993; Sapientia Jesu Filii Sirach, hg. J.Ziegler (Septuaginta: Vetus Testamentum Graecum XII,2) Göttingen 1965; G.Sauer, Jesus Sirach (JSHRZ III/15) 1981; F.Vattioni, Ecclesiastico. Testo ebraico con apparato critico e versioni greca, latina e siriaca, Napoli 1968.
Kommentare: R.Smend, Die Weisheit des Jesus Sirach, Berlin 1906; N.Peters (EHAT 25) 1913; C.Spicq (SB VI) 1943; V.Hamp (EB 4) 1959; P.W.Skehan/A.A.Di Lella (AncB) 1987; J.L.Crenshaw (The New Interpreter's Bible 5) 1997,601-867.
Einzelstudien: R.A.Argall, 1 Enoch and Sirach. A Comparative Literary and Conceptual Analysis of the Themes of Revelation, Creation and Judgement (SBL Early Judaism and Its Literature 8) Atlanta 1995; P.C.Beentjes (Hg.), The Book of Ben Sira in Modern Research (BZAW 255) Berlin 1997; R.Bohlen, Die Ehrung der Eltern bei Ben Sira (TThSt 51) Trier 1991; N.Calduch Benages, En el crisol de la prueba. Estudio exegético de Sir 2,1-18, Estella 1997; C.V.Camp, Understanding a Patriarchy: Women in Second Century Jerusalem Through the Eyes of Ben Sira, in: A.-J.Levine (Hg.), »Women like This«, Atlanta 1991,1-39; R.J.Coggins, Sirach (Guides to Apocrypha and Pseudepigraphica) Sheffield 1998; J.Corley, Ben Sira's Teaching on Friendship, Ann Arbor 1997; M.Gilbert, Jesus Sirach: RAC 17,1996,878-906; ders., Siracide: DBS 12,1996,1389-1437; D.J.Harrington, Two Early Jewish Approaches to Wisdom: Sirach and Qumran Sapiential Work A: JSPE 16,1997,25-38; J.Haspecker, Gottesfurcht bei Jesus Sirach (AnBib 30) Rom 1967; R.Hildesheim, Bis daß ein Prophet aufstand wie Feuer. Untersuchungen zum Prophetenverständnis des Ben Sira in Sir 48,1-49,16 (TThSt 58) Trier 1996; M.A.Jolley, The Functions of Torah in Sirach (UMI Diss S) Ann Arbor 1995; H.-W.Jüngling, Der Bauplan des Buches Jesus Sirach, in: FS F.Kamphaus, Frankfurt a.M. 1997,89-105; H.V.Kieweler, Ben Sira zwischen Judentum und Hellenismus: eine Auseinandersetzung mit Th.Middendorp (BEAT 30) Frankfurt a.M. 1992; B.L.Mack, Wisdom and Hebrew Epic. Ben Sira's Hymn in Praise of the Fathers, Chicago 1985; J.Marböck, Weisheit im Wandel (BBB 37) Bonn 1971; ders., Gottes Weisheit unter uns. Studien zur Theologie des Buches Sirach (HBS 6) Freiburg 1995; T.Muraoka u.a. (Hg.), The Hebrew of the Dead Sea Scrolls and Ben Sira (StTDJ 26) Leiden 1997; M.D.Nelson, The Syriac Version of the Wisdom of Ben Sira Compared to the Greek and Hebrew Materials (SBL.DS 107) Atlanta 1988; J.I.Okoye, Speech in Ben Sira with Special Reference to 5,9-6,1 (EHS.T 535) Frankfurt a.M. 1995; R. Petraglio, Il libro che contamina le mani. Ben Sirac rilegge il libro e la storia d'Israele, Palermo 1993; G.L.Prato, Il problema della teodicea in Ben Sira (AnBib 65) Rom 1975; F.V.Reiterer, »Urtext« und Übersetzungen: Sprachstudie über Sir 44,16-45,26 als Beitrag zur Siraforschung (ATS 12) St.Ottilien 1980; ders. (Hg.), Freundschaft bei Ben Sira (BZAW 244) Berlin 1996; H.P.Rüger, Text und Textform im hebräischen Sirach (BZAW 112) Berlin 1970; J.T.Sanders, Ben Sira and Demotic Wisdom (SBL.MS 28) Chico 1983; L.Schrader, Leiden und Gerechtigkeit. Studien zur Theologie und Textgeschichte des Sirachbuches (BET 27) Frankfurt 1994; H.Stadelmann, Ben Sira als Schriftgelehrter (WUNT 216) Tübingen 1980; W.C.Trenchard, Ben Sira's View of Women (BS 38) Chico 1982; O.Wischmeyer, Die Kultur des Buches Jesus Sirach (BZNW 77) Berlin 1995; B.J.Wright, No Small Difference. Sirach's Relationship to its Hebrew Parent Text (SBL.SS 26) Atlanta 1989.

0. Textüberlieferung

Bereits die verschiedenen *Buchtitel*, eine längere und eine kürzere hebräische Form mit Simon als Name des Verfassers (Sir 51,30d; vgl. 50,27 sowie 51,30c) sowie die meist bevorzugte griechische Fassung »Jesus, der Sohn Sirachs, Eleazar von Jerusalem« (50,27), dazu der Titel (liber) Ecclesiasticus in der lateinischen Bibel (bei Cyprian: 3.Jh. n.Chr.), illustrieren die bewegte Überlieferung der Textgestalt einer deuterokanonischen Schrift.

Dabei nimmt Jesus Sirach (rabbinische Kurzform: Ben Sira) als *»Buch an der Grenze des Kanons«* (*H.P.Rüger*) eine besondere Stellung ein; es ist das einzige nichtkanonische Buch, das im Judentum zeitweise wie ein kanonisches behandelt, d.h. zitiert wurde. Die rabbinische Literatur bezeugt eine wechselvolle Geschichte der Verwendung, des Ausschlusses von der öffentlichen Lektüre (R.Akiba: gest. 135 n.Chr.), des neuerlichen Gebrauches und dessen Ende in der Epoche des Talmuds; dies bestätigt auch die Überlieferung des hebräischen Textes. Das vom Judentum übernommene, in der christlichen Kirche beliebte Buch wird, wie auch Weish, Est und Tob, von Origenes für die Unterweisung der Anfänger im Glauben empfohlen. Selbst Hieronymus, der das für ihn zu den Apokryphen zählende Buch nicht übersetzt hat, verwendet es vor allem ab 400 häufig. Die Entscheidung der Kirche des Westens für den Einschluß der deuterokanonischen Schriften auf den Synoden von Hippo (393) und Karthago (397) wurde nach neuerlicher Diskussion 1546 auf dem Trienter Konzil für die röm.-kath. Kirche endgültig festgeschrieben.

Das wechselvolle Schicksal des Buches am Rande des hebräischen Kanons spiegelt sich vor allem in der bewegten, komplizierten *Textgeschichte*. Die Wiederentdeckung des hebräischen Sirach, von dem derzeit ca. zwei Drittel bekannt sind, begann 1896 mit der Identifizierung von Sirachfragmenten aus der Geniza von Altkairo, die sich gegenwärtig auf 6 verschiedene Handschriften verteilen (10.-12.Jh.). Fragmente aus Qumran (2Q18; 11QPs^a: Schlußgedicht Sir 51,13ff) und Masada (Sir 39,27-44,17) bestätigen die Verwendung des Buches im frühen Judentum (1.Jh. v.Chr. - 1.Jh. n.Chr.). In den nahezu 700 Jahren vom 12.-19.Jh. war der Text nur in Übersetzungen (vor allem griech, syr, lat) bekannt. Die nach dem Prolog vom Enkel des Verfassers nach 132 v.Chr. (38. Jahr des Königs Euergetes: Ptolemaios VII.) in Ägypten geschaffene griechische Übersetzung ist in einer kürzeren (Gr I) und einer erweiterten (Gr II) Textform überliefert. Gr I kommt der in Qumran, in Masada sowie in manchen Genizatexten bezeugten älteren hebr. Textform bzw. dem Original nahe, während Gr II einer jüngeren hebr. Textform nahesteht. Für die Arbeit mit dem schwierigen Text, für den auch die syrische und altlateinische Fassung wichtig ist, ist bei der Benutzung von Textausgaben außerdem die Vertauschung von 30,25-33,13a und 33,13b-36,16 in den griechischen Handschriften zu beachten. Der Gebrauch von zwei verschiedenen Textfassungen in der jüdischen sowie der christlichen Tradition stellt vor die Frage, ob in diesem Fall mit zwei kanonischen Fassungen zu rechnen ist.

1. Aufbau

Die 51 Kapitel erwecken den Eindruck einer eher lockeren Sammlung: formal durch eine Vielfalt von Redeformen (weisheitliche Gattungen: Spruch, Lehrvortrag, Lehrgedicht, hymnische Abschnitte, Gebete), inhaltlich durch Aussagen zu allen Bereichen alltäglicher Lebenswelt, durch Reflexionen über Weisheit, Gottesfurcht, Theodizeefragen sowie durch Einbeziehung der Geschichte. Sorgfältig gestaltete größere Einheiten (vgl. u.a. 24; 38,24-39,11; 44-49,16.50; 51,13ff) lassen auch mit einer überlegten Endgestalt rechnen, die freilich, z.T. textbedingt, im Detail schwierig aufzuweisen ist. Die Gesamtkomposition legt durch das zentrale Kap.24 (Selbstlob der Weisheit) und das formal und inhaltlich eigenständige Diptychon 42,15-49.50 zumindest eine *Großgliederung* in 1,1-23,27; 24,1-42,14 und 42,15-51,30 nahe, mit der Eröffnung 1,1-10 (Herkunft der Weisheit - Mitteilung an Gottes Werke und Menschen) und dem Akrostichon 51,13-29 (Rückblick auf die Weisheitssuche) sowie der Unterschrift 51,30 als Abschluß.

Dieser Aufbau läßt sich wie folgt darstellen:

Prolog zur griechischen Übersetzung		
I. Teil **1,1-23,27(28)**	**II. Teil** **24,1-42,14**	**III. Teil** **42,15-51,30**
1,1-10: Programmatische Eröffnung: Ursprung und Ziel des We- ges der Weisheit	24,1-22: Neueinsatz: Lobrede der Weisheit (1.P.) über ihren Weg (Gott-Schöpfung-Israel)	42,15-43,33: Lobpreis der Herrlichkeit Gottes in der Schöpfung (42,15: Aufforde- rung 1.P.Sg.) 44,1-50,25: Lobpreis (44,1: 1.P.Sg.) der Herrlichkeit Gottes in der Geschichte Israels
1,11-2,18: Segen der Gottesfurcht als Weg zur Weisheit	24,23-29: Weisheit als Tora - ihr Segen 24,30-34: autobiographische Notiz	50,27: 1. Unterschrift
Gliedernde Elemente Perikopen über Mühe und Lohn der Weisheitssuche: 4,11-19 6,18-37 14,20-15,10	*Gliedernde Elemente* Suche nach Gott - Gottes- furcht - Tora: 32,14-33,18: 33,16-18: autobiographische Notiz 38,24-39,11: der schriftge- lehrte Weise	*Gliedernde Elemente* Lobpreis und Bitte: 45,25f 50,22-24

Abschluß
22,27-23,6: Gebet um Zucht
der Rede und der Sinne
23,27: Segen der Gottes-
furcht
	Abschluß
	41,14-42,8: Falsche und
	rechte Scham
		Abschluß
		51: 51,1-12: Danklied
		      51,13-29:
		      Akrostichon
		      (1.P.Sg.) über die
		      Weisheitssuche
		51,30: 2. Unterschrift

Zur Gesamtgestalt ist festzustellen, daß die Lehreinheiten ab Kap.24, insbesondere von 38,24 bis zum Schluß des Buches, immer größer, geschlossener und grundsätzlicher werden. Die *gliedernden Gedichte* über Kommen und Gegenwart der Weisheit und über die Begegnung mit ihr sowie die Aussagen über die Gottesfurcht (ausführlich 1,11-2,18; 10,19-24; 19,17.20; 21,6.11; 40,18-27 sowie zahlreiche Einzelworte) sind der Horizont, in den jeweils die Lehreinheiten mit den konkreten Unterweisungen über alle Bereiche des Verhaltens im persönlichen und öffentlichen Leben hineingestellt sind; dabei wird vielfach mit Familie und Haus begonnen (vgl. 3,1-16: Eltern; 7,19-28: Personenkreis im Haus; 25-26: Mann und Frau; 33,19-32: Angehörige, Sklaven).
Teil I (1,1-23,27) und II (24,1-42,14) sind neben Weisheit und Gottesfurcht noch geprägt durch Reflexion über Fragen der Schöpfungsordnung (Theodizee) (u.a.

15,11-18,14; 33,7-15; 39,12-35; 40,1-17; 41,1-13). Ein Spezifikum von Teil II (24,1-42,14) und III (42,15-51,30) ist die ausdrückliche Verbindung der in der Schöpfung gegenwärtigen Weisheit mit der Geschichte Israels, grundsätzlich in der Lobrede (Aretalogie) Kap.24, illustriert und entfaltet im zweifachen hymnischen Lobpreis (Diptychon) von Teil III (42,15-43,33: Schöpfung; 44,1-49.50: Geschichte und Gegenwart). In den Gestalten von Kap.44-49 wird auch das Ideal des schriftgelehrten Weisen von 39,1-11 sichtbar (vgl. 44,1-15). Ist die literarische und theologische Struktur von 1,1-23,27 und 24,1-42,14 sowie der Unterabschnitte (1,1-4,10; 4,11-6,17; 6,18-14,19; 14,20-23,27; 24,1-32,13; 32,13-33,18; 33,19; 38,23; 38,24-42,14) z.T. nur schwierig exakter zu fassen, so ist der Schlußteil ein schönes Beispiel einer Großkomposition der Endgestalt (42,15-43,33; 44,1-49,16; 50.51)

Text	Strukturmerkmale	Inhalt	Parallelen
42,15-43,33	42,15-25: Einleitende Aufforderung zum Lob (1.P.Sg.) mit Zusammenfassung	Größe Gottes und Zweckmäßigkeit seiner Werke	39,12-17
	43,1-25: hymnische Durchführung (beschreibend)	Schönheit und Zweckmäßigkeit der einzelnen Werke	39,18-31
	43,26-33: Abschluß: 43,28: Aufforderung zum Lob - 1.P.Pl.	Unerforschlichkeit und Größe Gottes und seiner Werke	39,32-35
	43,30: 2.P.Pl. 43,33		45,25; 50,22
44,1-49,16.50		Väterlob zusammenfassende Charakteristik der Gestalten	38,34-39,11: Der schriftgelehrte Weise
	44,1-15: Einleitung 44,1: Aufforderung zum Lob (1.P.Sg.) Leitworte: Herrlichkeit, Weisheit, Huld/Frömmigkeit, Segen, Bund 44,1-49,16: Gliederung: 7 Bundesschlüsse von Noach-Erzväter-Aaron-David-Pinhas (44,17-45,24) 45,25: Lobpreis und Segenswunsch	Gestalten der Vergangenheit von Henoch bis Nehemia als Gründung der Gegenwart	
	50: Hymn. Schilderung 50,22-24: Lobpreis und Segenswunsch 50,24: Pinhasbund 50,27: 1. Abschluß	Gegenwart: Hohepriester Simon »Worte Simons« Seligpreisung	45,6-25: Aaron
51	51,1-12: Litaneiform 51,13-29: Akrostichon 51,30: 2. Abschluß	Dankpsalm Rückblick auf die Begegnung mit der Weisheit Mahnung und Unterschrift	

Ein beachtenswerter Alternativvorschlag von *Jüngling* hält ein System von »Ich-Passagen« des Buches für entscheidend und führt zu folgender Gliederung: I: 1,1-24,29 (1,1-16,23; 16,24-24,29); II: 24,30-39,11 (24,30-33,15; 33,16-39,11); III: 39,12-50,26 (39,12-43,33; 44,1-50,26); Epilog: 50,27-29 (Sir 51).

2. Entstehung

Ein längerer Entstehungsprozess des umfangreichen Buches legt sich von verschiedenen Beobachtungen her nahe.

(1) Neben der Vielfalt der Redeformen und Themen spricht bereits die Textgeschichte mit ihren kürzeren und erweiterten Fassungen für ein Wachstum bzw. eine längere Geschichte des Buches.

(2) Größere geschlossene Kompositionen dürften vorerst als selbständige Einheiten entstanden sein; neben den Weisheitsperikopen sind dies u.a. wohl 15,11-18,14; 39,12-35; 42,15-43,33; 44,1-49,16; 50.

(3) Autobiographische Notizen verweisen auf mehrfache Abschlüsse bzw. Fortsetzungen innerhalb des Buches (vgl. 16,24f; 24,30-34; 33,16-18; 39,12-14; die zwei Abschlüsse/Unterschriften 50,27-29 und 51,30).

(4) Offen bleibt die Frage nach den einzelnen größeren Wachstumsstufen. War z.B. Kap.24 von Anfang an Eröffnung eines 2. Teiles, einer Fortsetzung zu 1,1-23,27 (+ 51,13-29), oder schloß es einen ersten Teil ab (1,1-24,29)? Schwierig zu fassen ist auch die Redaktionsgeschichte gegen Ende des Buches, beginnend mit den größeren Einheiten ab 39,12ff.

(5) Größere Teile der Unterweisung Ben Siras sind wohl im »Lehrhaus« (51,29), d.h. für den Unterricht entstanden (als »Lehrzyklen«?).

(6) Die Herkunft von Ben Sira (Authentizität) wird nur für ganz wenige Texte der kürzeren Fassung (Hebr I, Gr I) in Frage gestellt bzw. diskutiert: für das leidenschaftliche Gebet um Rettung Zions 36,1-17 sowie für das abschließende Akrostichon 51,13-29, insbesondere für die nur in HsB erhaltene Litanei 51,12a-o.

3. Geschichtlicher Kontext

Jesus, der Sohn des Eleazar (Ben Sira, griech. Sirach: Panzer?, ist vielleicht Familienname) gehörte nach verschiedenen Hinweisen des Buches dem Jerusalemer Bürgertum an. Das ideale (Selbst-)Porträt des Schriftgelehrten 38,24-39,11 spricht von Muße (38,24), Reisen (39,4; vgl. auch 34,9-11) und öffentlicher Tätigkeit (39,4.10f.). In 51,23.29 lädt der Weise in sein »Lehrhaus«, d.h. in seine Schule. Ob der Anhänger und Verehrer der noch vor den Nachfolgestreitigkeiten amtierenden Hohepriester der Oniadenfamilie (vgl. das Lob Simons Kap.50: wohl Simon II. ca. 220-115 v.Chr.) selber Priester bzw. priesterlicher Tempelschreiber war (vgl. deren Erwähnung im Erlaß Antiochus' III. von 197 v.Chr.: Josephus, Ant XII, 142), muß offenbleiben. Auch wenn das Buch in Qumran gelesen wurde und einige Berührungen mit dem Denken jener ›Gemeinde‹ aufweist (45,25: Verbindung von priesterlichem u. davidischem Bund; Erwähnung Zadoks im diskutierten Psalm zwischen 51,12 und 13), ist der Weise nicht als Vorläufer von Qumran zu bezeichnen; ähnliches gilt für eine Einordnung als Präsadduzäer (trotz Affinitäten in der Eschatologie u. bezüglich des Priestertums). Differenzen bezüglich gemeinsamer Themen wie Schöpfung, Gericht und Offenbarung (vgl. Sir 3,21-24) mit äthHen könnten zeitgenössische Auseinandersetzungen andeuten; dies mag auch für das Lob der amtierenden Hohepriesterdynastie Sir 50,1-24 gegenüber der Kritik in äthHen und TestLev gelten.

Einzige konkrete und weithin akzeptierte Zeitangabe ist der Hinweis im Prolog auf die Übersetzung des Werkes durch den Enkel, der im 38. Jahr des Königs Euergetes (wohl Ptolemaios VIII. Physkon, Euergetes II.: 146-117), d.i. um 132 v.Chr., nach Ägypten kam. Die daraus zu erschließende Abfassungszeit des Buches im ersten Viertel des 2.Jh. v.Chr. ist vielleicht auf die Situation um 175 v.Chr. zu präzisieren: die Bitte um Weisheit und Frieden für das Priestertum (45,26; 50,23) und um Bestand des Pinhasbundes (50,24) für Simon und seine Nachfolger mag bereits auf beginnende Konflikte zwischen Onias III. und Seleukus IV. (vgl. 2 Makk 3: Heliodoraffäre) bzw. in der Folgezeit verweisen, eventuell auch das leidenschaftliche Gebet Sir 36,1-22. Für eine Spätdatierung in die Makkabäerzeit fehlen jegliche Indizien.

Den umfassenderen Kontext für Person und Werk bildet eine bewegte Zeit. Politisch brachte die durch Antiochus III. erfolgte Machtübernahme der Seleukiden den Juden vorerst Vorteile. Der Druck eines römischen Friedensdiktates (Apamea 188 v.Chr.) wirkte sich unter Seleukus IV. jedoch auch negativ auf das jüdische Gemeinwesen aus. Spannungen im Inneren aufgrund wechselnder politischer Optionen der Oniaden und der reichen Tobiaden führten schließlich zur Situation der von Antiochus IV. (ab 175 v.Chr.) geförderten Rivalitäten um das Amt des Hohenpriesters. Jesus Sirach spiegelt nicht nur diese Bewegungen (vgl. 10,8-11; 45,26; 50,23f) wider, sondern auch das Vordringen der Lebens- und Denkweise des Hellenismus von Militärkolonien und Handelszentren bis nach Jerusalem, vor allem in den Kreisen der Tobiadenfamilie. Die Tradition jüdischen Glaubens und Lebens war dadurch herausgefordert. Die »Erziehung zu weisem Verhalten«, niedergelegt in »wohlgeformten Sprüchen« (vgl. 50,27), ist der Versuch einer Antwort Jesus Sirachs in seinem »Lehrhaus«, in vielfältiger Gestalt, auf verschiedenen Ebenen, eine Antwort, die von der geistesgeschichtlichen Stunde her ein Janusantlitz trägt.

4. Schwerpunkte der Theologie

Das Bild des Weisen in 38,34-39,11 bezeugt die Begegnung der Traditionen der Schriften Israels mit den Erfahrungen und dem Wissen der Welt - als Impuls für spezifische Akzente und Schwerpunkte über die Themen überlieferter Spruch- und Lehrweisheit hinaus.

4.1 Akzeptanz und Kritik des Wandels

Beispiele einer unbefangenen Übernahme von Elementen der Kultur der Gegenwart Ben Siras sind u.a. die Empfehlung des Reisens als Quelle von Erfahrung (34,9-11; 39,4; vgl. 51,13), die Ratschläge für Mahl und Symposion (31,12-32,13), Bekanntschaft mit griechischer Literatur (Theognis), mit Ideen der Stoa (vgl. 15,11-17: Freiheit; 22,27-23,6; 38,16-23: Selbstbeherrschung ...), mit ägyptischer demotischer Weisheit (Phibis-Papyrus Insinger), vor allem der interessante Versuch einer Synthese moderner medizinischer Wissenschaft mit Glaube und Frömmigkeit Israels in der Perikope über den Arzt 38,1-15. Manche Themen der Unterweisung sind aber auch von Problemen und Nöten der Zeit angestoßen, etwa der Kommentar zum Elterngebot 3,1-16, Texte über Wert und Kriterien echter Freundschaft (z.B. 6,5-17), Fragen der Erziehung (30,1-13; 41,5-10), Mahnungen zur Vorsicht im Umgang mit Mächtigen und Reichen (9,17-11,6.9; 13), vor allem die Warnung, von der Weisung des Höchsten abzufallen, sich ihrer zu schämen (41,8; 42,2). In der Härte prophetischer Kritik an Ungerechtigkeit gegenüber Hilflosen und Armen vom Gott Israels her in 34,21-27; 35,15-20 läßt Jesus Sirach schließlich alle weisheitliche Zurückhaltung fallen und verteidigt die Untrennbarkeit von Kult und Ethos.

4.2 Weisheit und Tora, Schöpfung und Geschichte - eine »summa« der Tradition

Auch ohne die Leidenschaft Ijobs und die bohrenden Fragen Kohelets ist das Buch ein beachtliches Zeugnis des Ringens um eine Synthese des Glaubens in einer Stunde der Herausforderung.

Vielleicht nimmt der Sirazide Stellung zu Kohelet, wenn er in einer Reihe von »Theodizeeperikopen« Gottes Plan und Ordnung in einer Schöpfung mit polaren Strukturen gegen Einwände verteidigt (15,11-18,14; 33,7-15; 40,1-11; 41,1-13); seine eigentliche Antwort sind Bekenntnis und Hymnus über Zweckmäßigkeit und Güte der Werke Gottes (39,12-35; 42,15-43,33). Die Weiterführung der Weisheitstraditionen, vor allem das große Selbstlob der Weisheit in Kap.24 bietet die Begründung: Weisheit ist nicht nur wie Spr 8,22ff Zuwendung Gottes zur Schöpfung, sondern auch zu Israel (Erwählung, Gegenwart auf dem Zion: 24,7f.10f). Letzte Station des umfassenden Wohnungnehmens der Weisheit ist nach 24,23 die Tora des Mose. Diese erste ausdrückliche Verbindung von Weisheit und Mosetora (vgl. Dtn 4,6f), die in 17,7-14 geradezu als universale Schöpfungsordnung erscheint, stärkt Israels Identität angesichts zeitgenössischer Rede von Weisheit und Weltgesetz (vgl. Stoa). Der Weg der Weisheit Gottes, wie Sir 24 ihn zusammenfaßt, wird vom Schriftgelehrten in zwei großen hymnischen Darstellungen am Schluß entfaltet bzw. illustriert: dem Preis der Ordnung und Wunder der Schöpfung in 42,15-43,33 folgt im sog. Väterlob 44-49.50 anhand von Gestalten der biblischen Geschichte die Feier der von Gott geschenkten Fundamente der Gemeinde Israels der Zeit Ben Siras: dies sind sieben an die Anfänge gestellte tragende Bundesschlüsse von Noach über die Erzväter zu Aaron, Pinhas und David. Bei aller Überzeugung von deren Realisierung in Gestalt und Liturgie des Hohepriesters (Kap.50) bleibt das Buch offen für eine neue Zuwendung Gottes in der Geschichte sowie auf das endzeitliche Heil.

4.3 Gottesfurcht - Wurzel und Praxis der Weisheit

Wurzel der Weisheit im konkreten Alltag, aber auch für das Wirken des Lehrers, ist die Gottesfurcht als umfassende Haltung persönlicher Hingabe des Menschen an Gott; diese prägt nach 38,34 das Bild des schriftgelehrten Weisen und wird in einer Reihe von Texten entfaltet, beginnend mit der programmatischen Gottesfurchtpädagogik 1,11-2,18. Gottesfurcht steht vor und über aller Erfüllung des Gesetzes (vgl. 32,16.22f; 33,1f); sie durchdringt alle menschlichen Beziehungen (vgl. 3,7; 6,15f; 7,29f; 10,19-24; 25,10; 26,3). Sie verleiht auch dem Geringsten seine Würde (10,19-24) und ermöglicht Freiheit von Furcht vor allem, was geringer ist als Gott (vgl. 34,16). Sie ist Vertrauen und Hingabe an den Herrn (2,6-18) und führt durch Erprobung zu Läuterung und Reife. Ihr höchster Ausdruck ist das Gebet (vgl. 15,9f; 17,6-10; 39,5.14c-16.32-35; 43,27-33), wie es auch die Großen Israels (Kap. 44-49) illustrieren (z.B. David 47,5-10).

5. Relevanz

Der Johannesprolog über den Weg des Logos bis hin zum Zeltaufschlagen unter uns (Joh 1,1-14) mag ein erstes Zeugnis der *Wirkung* der großen Synthese vom

Weg der Weisheit Sir 24 sein (vgl. 24,7f.). Neben der Hochschätzung der umfassenden Weisheit für den Alltag in der frühen Kirche ist Jesus Sirach ein bemerkenswertes Beispiel für die ökumenische ›Brückenfunktion‹ deuterokanonischer Schriften: Zitation und Überlieferung des hebräischen Textes erweisen das Buch als Zeugnis authentischer jüdischer Geistigkeit bis ins 12.Jh. Ähnlich überraschend und interessant ist die Beliebtheit des Buches im Luthertum des 16./17.Jh.; dies bestätigen neben der raschen und weiten Verbreitung der Sirachübersetzung Luthers die Praxis eifriger, fortlaufender Sirachpredigten in den Kirchen der Reformation sowie die Verwendung in der Katechese bis zu Reimfassungen (»Syrachische Lieder«). Schönstes Zeugnis dafür sind zwei vom Luthertext zu Sir 50,24-26 (EÜ 50,22f) inspirierte Kirchenlieder: der Text von *M.Rinckart* »Nun danket alle Gott« (1630 oder als Tedeum 1648?) und die geistliche Dichtung von *Paul Gerhard* »Nun danket all und bringet Ehr«.

Für das gegenwärtige Verständnis *(Hermeneutik)* vieler Einzelweisungen ist ihre Situierung in einer Stunde gesellschaftlicher und religiöser Umbrüche zu berücksichtigen. Jesus Sirach verbindet eine starke Verwurzelung in der Tradition, die Option für den Bestand unsicher gewordener politischer und religiöser Ordnungen, mit maßvoller Offenheit für Errungenschaften hellenistischer Kultur. Problematisch für heutiges Bewußtsein sind z.B. die Anweisungen über den Umgang des Mannes mit seinem Hause (Söhne, Frauen, Sklaven) in 33,20-26, insbesondere Aussagen über (das Verhalten gegenüber) Frauen (vgl. 9,1-9; 23,22-26; 25-26; 41,21f.; 42,9-14). Nach *C.Camp* spricht aus diesen Texten kein Frauenfeind, wohl aber das in der Kultur des Mittelmeerraumes dominierende männliche Wertsystem von Ehre/Schande mit den zentralen Bereichen von Besitz, Rede, Haushalt, Sexualität. Jesus Sirachs Aussagen über Frauen spiegelten angesichts vordringender hellenistischer Lebensweise männliche Befürchtungen, in einem letzten noch überschaubaren und zugleich verwundbaren Bereich die Kontrolle und die Ehre zu verlieren.

Andererseits durchschaut der Weise sehr wohl die Ambivalenz der damals mit Macht und Reichtum verbundenen Ehre: Reichtum ist nach 31,8-11 nicht Lohn, sondern Testfall für Rechtschaffenheit. Die Verantwortung für die Armen ist Gebot (29,8f); ein Almosen hat wie auch die Ehrung der Eltern (3,14f) kultische Wirkung; es sühnt Sünden (3,30) und wird als Opfer angerechnet (35,4f). Neben seiner kraftvollen Option für Recht und Gerechtigkeit in 34,21-27; 35,15-20 bleibt auch der Versuch einer allgemein gültigen Formulierung der Tora Israels als Schöpfungsordnung in 17,1-14 und Kap.24 modellhaft bedeutsam, konkret etwa die Vermittlung zwischen Wissenschaft und Glauben von der Schöpfung her in der Arztperikope 38,1-15. Jesus Sirach ist bei aller Erdhaftigkeit seiner Unterweisungen mehr als ein billiger Ratgeber für alle Lebenslagen. Grundlegend und wegweisend vor und in allem Suchen nach dem rechten Verhalten bleibt die Gottesfurcht als Anfang (1,14), Wurzel (1,20) und Fülle (1,16) der Weisheit: »Das Ganze der Weisheit ist Furcht des Herrn, und in jeglicher Weisheit liegt Erfüllung des Gesetzes« (19,20).

F. Die Bücher der Prophetie

I. Eigenart und Bedeutung der Prophetie Israels
(Erich Zenger)

Literatur: J.Blenkinsopp, Geschichte der Prophetie in Israel. Von den Anfängen bis zum hellenistischen Zeitalter, Stuttgart 1998; A.Deissler, Dann wirst du Gott erkennen. Die Grundbotschaft der Propheten, Freiburg 1987; M.Dietrich u.a., Deutungen der Zukunft in Briefen, Orakeln und Omina (TUAT II/1) Gütersloh 1986; J.Jeremias, Das Proprium der alttestamentlichen Prophetie: ThLZ 119,1994,483-494; B.Lang, Wie wird man Prophet in Israel? Aufsätze, Düsseldorf 1980; M.Nissinen, Die Relevanz der neuassyrischen Prophetie für die alttestamentliche Forschung, in: FS K.Bergerhof (AOAT 232) Neukirchen-Vluyn 1993,217-258 (Lit.!); W.H.Schmidt, Zukunftsgewißheit und Gegenwartskritik. Grundzüge prophetischer Verkündigung (BSt 64) Neukirchen-Vluyn 1973; O.H.Steck, Prophetische Prophetenauslegung, in: H.F.Geißer u.a. (Hg.), Wahrheit der Schrift - Wahrheit der Auslegung, Zürich 1992,198-244; M.Weippert, Aspekte israelitischer Prophetie im Lichte verwandter Erscheinungen des Alten Orients, in: FS K.Deller (AOAT 220) Neukirchen-Vluyn 1988,287-319; C.Westermann, Grundformen prophetischer Rede (BEvTh 24) München 1964; ders., Prophetische Heilsworte im Alten Testament (FRLANT 145) Göttingen 1987; H.W.Wolff, Prophet und Institution im Alten Testament, in: T.Rendtorff (Hg.), Charisma und Institution, Gütersloh 1985,87-101.

1. Die Vielgestaltigkeit der Prophetie

1.1 Beobachtungen zur Terminologie

»In den abendländischen Sprachen hat das Wort ›Prophet‹ eine beklagenswerte Bedeutungsverengung erfahren. Man versteht darunter einen Menschen, der ›prophezeit‹, d.h. die Zukunft weissagt. Beigetragen hat zu dieser schiefen Sicht leider auch die christliche Verkündigung, welche die Hauptaufgabe der Propheten zumeist so umschrieb: Gott hat die Propheten zu Israel gesandt, um den Messias zu weissagen. Die Bibel selbst widerlegt diese Behauptung schon dadurch, daß sich bei den Propheten nur wenige messianische Texte finden, dagegen die Gotteszeugnisse die Hauptmasse ihrer schriftlichen Hinterlassenschaft darstellen. Der hebräische Ausdruck für Prophet (nabi) bedeutet nichts anderes als ›berufener Rufer‹, und dessen griechische Wiedergabe mit ›prophétes‹ meint ursprünglich den ›Sprecher der Gottheit vor dem Volk‹. Da man an den Orakelstätten (z.B. in Delphi) zumeist die Zukunft erfragte, gewann der Begriff ›Prophet‹ dann auch den Nebensinn ›Vorhersager‹. Aber ihn zum Hauptsinn zu machen, ist wider die biblische Textlage« (*A.Deissler*, Grundbotschaft 11). Wenn unter dem Oberbegriff »Prophetie« die vielgestaltigen Auftritte von Frauen und Männern in Israel, die im Auftrag JHWHs dem König und dem ganzen Volk, aber auch einzelnen Gruppen und Einzelpersonen ein ihnen intuitiv gegebenes »Wort JHWHs« übermittelten, zusammengefaßt werden, ist dies vom biblischen Sprachgebrauch her eine Vereinfachung. Sie ist freilich schon in der biblischen Überlieferung selbst grundgelegt, denn die »Bücher der Prophetie« sind in *zweifacher Hinsicht eine Auswahl* aus der Prophetie Israels:

(1) In diesen Büchern sind nur Worte der von uns »Schriftpropheten« genannten Gestalten und die Fortschreibung ihrer Worte erhalten. In historischer Hinsicht ist dies eine Begrenzung der Prophetie auf das Umfeld der beiden großen Existenzkrisen Israels, d.h. 2. Hälfte des 8.Jh. (Untergang des Nordreichs 722 v.Chr.; massive Gefährdung des Südreichs und Jerusalems durch die assyrische Bedrohung) und 6.Jh. (Bedrohung und zweimalige Eroberung Jerusalems 597 bzw. 586 v.Chr., Exil, Neuanfang). Über das Wirken von »Propheten« *vor den Schriftpropheten* bieten zwar die »Bücher der Geschichte« unterschiedlich breite Erzählungen und Hinweise (z.B. Ri 4: die Prophetin Debora; 1/2 Sam: Samuel; 1 Kön 17-19.21; 2 Kön 1-2: Elija; 1 Kön 19,19-21; 2 Kön 2-8; 9,1-13; 13,14-21: Elischa; 2 Kön 22,14-20: die Prophetin Hulda), doch sind diese Texte meist nur wenig an den »Gottesworten« dieser Propheten interessiert oder sind eine so späte Überlieferung, daß man sie kaum als historische Quellen auswerten kann. Über die Schriftpropheten selbst geben die nach ihnen benannten Bücher nur ein sehr begrenztes historisches Bild, da diese Bücher nur eine Auswahl ihrer Worte und diese nur in vielfach

bearbeiteter und (in ihrem Geist) fortgeschriebener Gestalt enthalten.

(2) Die Bücher der Prophetie und die der Geschichte lassen erkennen, daß es zeitgleich *neben den Schriftpropheten* in Israel andere »Propheten« gab, die ebenfalls beanspruchen, im Namen JHWHs zu reden. Ihre Anzahl und die Akzeptanz durch ihre Zeitgenossen waren zweifellos größer als die der Schriftpropheten. Sie waren im wesentlichen »Heilspropheten«, d.h. sie dienten der religiösen Stabilisierung des Staates und verkündeten den rettenden Beistand JHWHs. Demgegenüber zeigen die Bücher der Prophetie die Schriftpropheten im wesentlichen als öffentliche Kritiker und als Ankündiger des Gerichts und des Untergangs. Da die Geschichte den Unheilspropheten und nicht den Heilspropheten Recht gab, wurden ihre Worte zum Kern der in den nach ihnen benannten Büchern gesammelten »kanonischen« Prophetie.

Die *Vielfalt der Wörter*, mit denen die Hebräische Bibel die »Propheten« vor und neben den »Schriftpropheten« bezeichnet, und die Tatsache, daß z.B. Amos die Bezeichnungen *nābī'* (der berufene Übermittler eines Gottesworts = Prophet) und *bæn-nābī'* (»Prophetensohn« = Mitglied einer Prophetengenossenschaft s.u.) ablehnte, aber gegen die ihm gegebene Bezeichnung *hozæh* (»Seher«) keinen Einspruch erhob, lassen noch die Vielgestaltigkeit der prophetischen Tätigkeiten in Israel durchscheinen; gerade in der vor und neben der Schriftprophetie bezeugten Prophetie ist Israel Teil seiner Umwelt (s.u.).

Eine alte Bezeichnung ist »Gottesmann« (Samuel; Elischa). Sie impliziert Wunderkraft, insbesondere das Charisma der Heilung (vgl. 2 Kön 5) und der Mantik (Gottesbefragung), und wird offensichtlich nur herausragenden Prophetengestalten der Frühzeit (Führungsfigur innerhalb einer Prophetengemeinschaft) gegeben. Die Bezeichnung fehlt in der Schriftprophetie; in Chr wird sie zum Ehrentitel für große Männer.

Ebenfalls in der Frühzeit belegte Titel sind *ro'æh* und *hozæh* (»Seher/Schauer«), mit denen der durch Vision und Audition ergehende Empfang des Gotteswortes herausgestellt wird; dieser Offenbarungsempfang ist bisweilen mit ekstatischen Erscheinungen verbunden. Als »Seher« gelten Samuel (1 Sam 9,9), Bileam (Num 24), Gad (2 Sam 24,11); vermutlich haben sich auch Amos (vgl. Am 1,1; 7,12; 9,1) und Jesaja (vgl. Jes 29,10; 30,10) als »Seher« verstanden.

Der Titel *nābī'* ist die am häufigsten verwendete Prophetenbezeichnung. Im Singular wird sie für herausragende Gestalten der Frühzeit (Mose, Mirjam, Debora, Samuel, Elija), für einflußreiche Hofpropheten (Natan, Gad) und für die jüngere Schriftprophetie (Jer, Hab, Ez, Hag, Sach) verwendet. Im Plural (*nēbī'īm*) werden damit positiv konnotiert ekstatische Prophetengruppen (um Samuel) und »Ordenspropheten« (um Elischa) sowie negativ konnotiert die Gegner der Schriftprophetie (vgl. u.a. 1 Kön 22; Sach 13,2; Klgl 2,15 und besonders die ca. 30x auftretende Wortverbindung »Priester und Propheten«) und die Baalspropheten (1 Kön 18,19f) bezeichnet.

Daneben gibt es eine ganze Reihe unterschiedlicher Bezeichnungen für die »induktive Prophetie«, die mit Orakeltechniken (Beobachtungen und Ausdeutung der Gestirne und des Vogelflugs, Eingeweideschau, Ölwahrsagung, Traumdeutung u.ä.) arbeitet. Diese prophetische Divination (Wahrsagekunst), die in der Umwelt Israels weit verbreitet war und auch im vorexilischen Israel eine große Akzeptanz gehabt haben dürfte, geriet zunehmend unter das ihnen durch die Schriftprophetie zugesprochene Verdikt der »falschen Prophetie«, zumal sie mit der sich gegenüber der Umwelt immer stärker profilierenden JHWH-Theologie wenig zusammenpaßte.

1.2 Zur Typologie und Soziologie der Propheten Israels

Beachtet man die sozialen und geschichtlichen Kontexte, in denen Israels vielgestaltige Prophetie wirkte, kann man - etwas vergröbernd - folgende Differenzierungen vornehmen:

(1) Die Ordens- bzw. Genossenschaftspropheten

Sie heißen »Prophetensöhne/Prophetenjünger« (vgl. 1 Kön 20,35; 2 Kön 2,3.5.7.15; 4,1.38; 5,22; 6,1; 9,1; vgl. auch Am 7,14) und bilden Prophetengemeinschaften (»Prophetenkonvente«) um Samuel (vgl. 1 Sam 19,18-24), Elija (2 Kön 2,1-18) und Elischa (2 Kön 4). Sie suchen den Kontakt mit der Gottheit durch Ekstase (Musik und Tanz: vgl. 1 Sam 10,5f; 19,18ff; 2 Kön 3,15) und agieren als Heilpraktiker, Erteiler von Gottessprüchen, volkstümliche »Seelsorger«, Wundertäter, aber auch als politische

Unruhestifter (vgl. 2 Kön 9). Sie leben als Bauern und Hirten, treffen sich jedoch zu ihren prophetischen »Sitzungen« bei ihrem Meister in der »Prophetenschule« (vgl. 2 Kön 4,38-41; 6,1-7).

(2) Die Tempel- bzw. Kultpropheten

Ihre Hauptfunktion sind Fürbitte und Gotteszuspruch in kultischem Kontext. Sie haben eine (wie immer geartete) Verbindung zu den Heiligtümern, sie wirken aber auch außerhalb der Heiligtümer im Bereich der familiären Religion (»Krankengottesdienste«). In Jerusalem sind sie der Priesterschaft untergeordnet bzw. gehören zum staatlichen/königlichen Beamtenapparat. In der kritisch gemeinten Wortverbindung »Priester und Propheten« (Mi 3,11; Jes 28,7; Jer 2,8.26 u.ö.) sind meist sie gemeint. Die in 1 Sam 3 erzählte »Famulatur« des jungen Samuel bei Eli am Heiligtum von Schilo spiegelt die Erinnerung an die Art der Ausbildung zum Tempelpropheten wider (Warten auf ein Gotteswort bei der Inkubation, d.h. beim »Tempelschlaf«). In der Tradition der Tempelprophetie stehen die Schriftpropheten Habakuk, Nahum und Joël.

(3) Die Hofpropheten

Sie stehen im Dienste des Königs und seiner Politik, insbesondere durch ihren Gottesspruch in kritischen Situationen wie Krieg und Katastrophen, aber auch bei staatsentscheidenden festlichen Vorgängen wie Inthronisation und Jubiläum eines Königs, Hochzeit des Thronfolgers, Vertragszeremonien. Von ihnen wird erwartet, daß sie den Frieden/das Heil ($\check{s}\bar{a}l\bar{o}m$) sichern und Unheil abhalten (vgl. als klassisches Paradigma: 1 Kön 22). Nach dem Zeugnis der biblischen Tradition wirken auch Frauen als Hofprophetinnen (2 Kön 22,14: Hulda; Jes 8,3: Jesajas Frau; Neh 6,14: Noadja).

(4) Die freien, oppositionellen Einzelpropheten

Sie sind zahlenmäßig gesehen die kleinste und zur Zeit ihres Wirkens die am wenigsten angesehene Gruppe. Wirkungsgeschichtlich sind sie die bedeutendste Gruppe. Mit Ausnahme von Hab, Nah und Joël gehören alle Schriftpropheten des Tanach/des Ersten Testaments zu dieser Gruppe. Ihre traditionsgeschichtliche Wurzel sind die »Seher« der Frühzeit. Zwar verbirgt sich ihre konkrete Biographie in den Büchern, die nach ihnen benannt sind. Auch wird heute mehr und mehr bezweifelt, daß es möglich ist, aus und in diesen Büchern »authentische« Worte dieser Propheten zu rekonstruieren. Dennoch haben die einzelnen Bücher jeweils ein derart spezifisches sprachliches und theologisches Profil, daß man mindestens ansatzweise die jeweilige prophetische »Gestalt« erahnen kann. Sie kommen aus unterschiedlichem soziologischen Milieu (Amos und Micha: Bauern; Jesaja: Weisheitslehrer an der Jerusalemer Akademie; Jeremia und Ezechiel: Söhne angesehener Jerusalemer Priesterfamilien mit der Aussicht auf eine gute priesterliche Karriere), aus dem sie durch ihre spezielle Berufungserfahrung, die allein ihre Legitimation ist, herausgerissen werden. »Sie treten auf, wo die Institutionen faulen. Als Außenseiter sind sie soziologisch meist eher *peripheren* als zentralen Kreisen zuzuordnen. Selbst Jesaja, der dem Hof nahesteht, sieht sich gehindert, ›den Weg dieses Volkes zu gehen‹ (Jes 8,11). Amos ist Ausländer in Bethel und vertritt die Sache der Ärmsten in Israel. Hosea wird im Familienleben prophetisch geschult. Micha tritt aus dem Landstädtchen Moreschet gegen die Führungskräfte der Hauptstadt an. Jeremia lebt vereinsamt und wird sogar von seinen Nächsten verfolgt. Man kann die Geschichte der klassischen Prophetie insgesamt als die Historie eines Martyriums betrachten. Das Auftreten der großen Propheten muß man streng *okkasionell* nennen. Es ist in der Regel weder von einem Festkalender noch von anderen institutionellen Ordnungen bestimmt. Julius Wellhausen verglich es im Unterschied zum ›stetig fortlaufenden‹ Fluß priesterlicher Dienste mit ›einer intermittirenden Quelle‹, ›die aber wenn sie sich öffnet um so gewaltiger sprudelt‹. Die Anlässe können Eruptionen in Natur und Geschichte sein, vor allem Notstände. Aber als das eigentlich Erregende nennen die Propheten selbst das spontane Widerfahrnis des Wortes Jahwes. Wenn Gott nicht spricht, hat auch der Prophet nichts zu sagen. So ist die klassische Prophetie entscheidend bestimmt und begrenzt vom okkasionellen charismatischen Geschehnis des göttlichen Wortes. Es öffnet das prophetische Auge für gegenwärtige Mißstände, weckt klärende Erinnerung an frühere Vorgänge und schärft argumentativ theologisches Denken« (*H.W.Wolff*, Prophet und Institution 92f). Als öffentliche und die Öffentlichkeit suchende Kritiker beanspruchen sie in der Kraft der ihnen zuteil gewordenen Gottesworte eine über allen Institutionen und Einzelpersonen stehende Autorität, die als solche Anlaß permanenter Provokation, Unruhe und Innovation darstellt. Als oppositionelle Einzelkämpfer sind sie zugleich permanentes Opfer von Spott, Marginalisierung und Verfolgung. Die kanonische Akzeptanz erhielten sie alle im nachhinein, als der Gang der Geschichte ihre Botschaft bestätigte und als die Wahrheit ihrer Gottesworte durch aktualisierende Fortschreibung auch für neue Situationen schriftlich festgehalten wurde: so wurden sie zu »Schriftpropheten«.

Aus den Prophetenbüchern lassen sich folgende Merkmale ihres Auftretens ausmachen:

a) Spektakuläre Szenerie (Am 4,4f; 5,21-27; Jes 7; Jer 27-28);

b) kräftige, schockierende und sogar obszöne Bilder (Ez 16; 23; Am 4,1-3; Mi 3,1-3; Jes 1,10-17; 30,15-17; Am 9,1-4);

c) rhythmisch-poetische Sprache, kunstvolle Gedichte und Liedformen (Jes 5,1-7; Am 5,1f; Jes 14,4b-21; Zef 1,7.12f);

d) Zeichenhandlungen, Rollenspiele, Pantomimen und Straßentheater (Jes 20,1-4; Jer 19; Ez 4);

e) Einsatz von »Flugblättern«, »Plakaten« bzw. »Transparenten« und Briefen (Jes 7; Jer 36; Jes 8,1-4; Hab 2,1-5; Jer 39).

(5) Die literarischen Propheten (»Tradenten-Propheten«)

Nach dem heutigen Stand der Prophetenforschung geht kein einziges »Prophetenbuch« auf den Propheten zurück, dessen Namen es trägt. Welche Kreise die mündlich vorgetragenen Prophetenworte, die in der Regel kurze Einzelsprüche waren (s.u.), sammelten und zu übergreifenden Kompositionen zusammenstellten, ist schwer auszumachen. Einerseits gründeten die Einzelpropheten keine »Prophetenkonvente«. Nichts weist darauf hin, daß sie eine prophetische Bewegung im Dienst eines sozialen Reformprogramms initiieren wollten oder daß sie Koalitionen mit anderen Reformbewegungen suchten. Lediglich Jes 8,16 verweist nach Meinung mancher Exegeten auf die Existenz eines prophetischen Jüngerkreises des Jesaja, doch ist dieser Text selbst so rätselhaft (ist von JHWH-Jüngern die Rede?), daß er als Argument nicht trägt. So wird man die früher verbreitete Hypothese von prophetischen »Schülerkreisen« als Redaktoren und Editoren der Prophetenworte nur mit großem Vorbehalt als eine mögliche Erklärung der Entstehung von Prophetenbüchern akzeptieren können. Andererseits ist nicht zu übersehen, daß die einzelnen Prophetenbücher planvolle Kompositionen sind und teilweise wie z.B. das Jesajabuch eine jahrhundertelange Fortschreibung erfahren haben, die bestrebt war, die originalen, okkasionellen Prophetenworte als auch für spätere Generationen weiterhin lebendige und gültige »Worte Gottes« zu überliefern und zu aktualisieren. Man kann den Prozeß »vom Prophetenwort zum Prophetenbuch« als aktualisierende Auslegung kennzeichnen, die folgende Etappen durchlaufen hat (im Anschluß an *O.H.Steck*, Prophetische Prophetenauslegung):

a) Die Erstverschriftung prophetischer Einzelworte hatte nicht das Ziel, den ursprünglichen Auftritt des Propheten zu dokumentieren, sondern wollte die bleibende Gültigkeit der in einem Einzelwort konzentrierten prophetischen Botschaft festhalten. Deshalb ist es nicht verwunderlich, daß wir aus den Prophetenbüchern kaum einen Propheten »im Originalton« rekonstruieren können.

b) »Das zunächst aufgezeichnete Originalgut wurde um weiteres originales oder nicht originales Sammelgut literarisch vermehrt, vor allem aber schon bald durch rezeptive Passagen erweitert, die all dieses aufgezeichnete, älteste Gut unter Aufnahme seiner Formulierungen für eine etwas jüngere Zeit applizieren - in diesem Fall keine integrierten Anonymprophetien und keine Einzelzusätze an Einzeltexte..., sondern keine quantitative Verlängerung des zuerst Aufgezeichneten um neuformuliertes, aneignendes Textgut im unmittelbaren Anschluß zur Erweiterung derselben Schrift« (*O.H.Steck*, Prophetische Prophetenauslegung 209). Diese aktualisierende Fortschreibung der ursprünglichen Prophetie »im Geist und in der Sprache« des jeweiligen Propheten wird im Einzelfall unterschiedlich verlaufen sein (Teilkompositionen, Grundstruktur des späteren Prophetenbuchs), immer aber ging es darum, die als »gültig« akzeptierten Prophetenworte den veränderten Zeitumständen entsprechend um- und fortzuschreiben.

c) Die neuere redaktionsgeschichtliche Forschung an den Prophetenbüchern hat herausgearbeitet, daß die Endgestalt dieser Bücher durch Redaktionen zustandekam, die jeweils diese Bücher *als ganze* betrafen - und zwar immer mit dem Ziel einer »produktiv-rezeptiven Neugestaltung und Erweiterung der Prophetenbücher als Bücher! In den Prophetenbüchern heben sich nämlich auf verschiedenen, aufeinanderfolgenden Werdeebenen Texte jeweils gleichen Profils und Ursprungs heraus, die auf die Prophetenschrift im damaligen Umfang *als ganzer* gerichtet sind und sie als ganze (!) unter neuen Akzenten immer wieder aneignen wollen. Texte, die anders als verschriftete Einzellogien, aber auch Einzelzusätze angesichts der Merkmale literarischer Verweise, Querbezugnahmen, Positionierung im

Ganzen, makrostruktureller Inklusionen der Stellung besonders am Beginn bzw. Ende des Buches offenbar von vornherein für den größeren Zusammenhang einer überlieferten Gesamtschrift geschaffen sind. Texte, die in diesem Ganzen als Leseanleitung und Perspektive fungieren, den gesamten Aussagebestand der Schrift, wie er überkommen ist, wieder mit anderen Augen zu sehen« (*O.H.Steck*, Prophetische Prophetenauslegung 209f).

Hinter dem Wachstumsprozeß der Prophetenbücher steckt demnach die Vorstellung, daß ein einmal ergangenes Prophetenwort, gerade insofern es auf eine geschichtliche Situation bezogen war, dieser Geschichte *so* konstitutiv eingebunden bleibt, daß es die Geschichte weiterhin gestaltend und deutend begleiten will - und *deshalb* aktualisierend fortgeschrieben werden muß. Man kann diese anonymen Propheten, die über die Jahrhunderte hinweg die Botschaft der namentlich bekannten »Schriftpropheten« überlieferten, als *literarische Propheten* oder Tradenten-Propheten bezeichnen. Ihnen darf man keineswegs das prophetische Charisma absprechen, auch wenn sie uns als Einzelgestalten nicht greifbar werden. Vermutlich handelt es sich bei diesen Tradenten-Propheten ohnedies eher um prophetisch inspirierte, schriftgelehrte Gruppen als um Einzelgestalten. Eine Sondergestalt könnte der von der Forschung »Deuterojesaja« genannte Prophet sein, der sich einerseits in Sprache und Theologie am Propheten Jesaja des 8. Jh. inspirierte und insofern Merkmale der Tradenten-Prophetie aufweist, der aber andererseits als profilierte Einzelfigur im babylonischen Exil (6.Jh.) auftrat und möglicherweise sogar von der babylonischen »Polizei« als Unruhestifter hingerichtet wurde (diese »historische« Deutung von »Deuterojesaja« ist freilich nicht unbestritten; s.u. F.II.)

Die auffallendsten Neuakzentuierungen, die die ursprüngliche Prophetie dabei erhielt, lassen sich an zwei Eigenheiten der Prophetenbücher erkennen:

a) Die ursprünglich meist kurzen, situativen Prophetenworte wollen nun im größeren *literarischen* Kontext ausgelegt werden, in dem sie jetzt im Buchganzen stehen. Dies kann man einerseits als Entkonkretisierung bedauern, man kann es aber andererseits als nachträgliche Vertiefung und Universalisierung einer paradigmatischen Einzelsituation begreifen und hochschätzen.

b) Die meisten Prophetenbücher haben von ihrer Komposition her eine *heilseschatologische* Perspektive. Sie geben damit der ursprünglichen Gerichtsprophetie eine heilseschatologische Bedeutung, sei es als Umkehrprophetie sei es als Ankündigung des Heils, das sich im/durch das Gericht vollzieht. Die Dialektik Unheil - Heil wird in den meisten Prophetenbüchern sogar zum prägenden Schema der Komposition, wie sich besonders deutlich an den Büchern Mi und Ez ablesen läßt:

Michabuch					
1,1-2,11	Gericht	3	Gericht	6,1-7,7	Gericht
2,12f	Heil	4-5	Heil	7,8-20	Heil

Ezechielbuch	
1-24	Gerichtsworte gegen Jerusalem und Juda
25-32	Gerichtsworte gegen die Völker
33-39	Heilsworte für Israel
40-48	Vision vom neuen Israel (»Verfassungsentwurf«)

2. Selbstverständnis und Anspruch der kanonischen Prophetie Israels

2.1 Grundformen der prophetischen Überlieferung

Die Prophetenbücher enthalten zum überwiegenden Teil Gottes- und Prophetenworte in direkter Rede. Daneben bieten sie im Erzählstil der 1. oder 3. Pers. Ausschnitte aus der (fiktiven) Biographie des Propheten (1. Pers. = Eigenbericht; 3. Pers. = Fremdbericht).

Die *erzählenden* Passagen stehen im Dienst der Wortverkündigung. Berufungs-, Visions- und Auditionsberichte dienen als Legitimationsausweis; sie finden sich meist am Anfang des Prophetenbuches oder einer Teilkomposition (z.B. Jes 6; Jer 1; Ez 1-3; Am 7-9; Ez 37). Die Erzählungen über provozierende Zeichenhandlungen sollen nicht nur die außerordentliche Bedeutung der prophetischen Botschaft unterstreichen, sondern heben hervor, daß der Prophet durch sein Wirken die von ihm verkündete Botschaft auch herbeiführt.

Die Grundform prophetischer *Rede* der vorexilischen Propheten, an der sich zugleich das Selbstverständnis der Propheten ablesen läßt, ist das *begründete Gerichtswort* bzw. die begründete Unheilsankündigung:

Mi 2,1-3	
Scheltwort (in der Form des Weherufs = Totenklage) = anklagender Schuldaufweis Zeitbezug: Gegenwart Sprecher: der Prophet (= Prophetenwort)	Weh denen, die auf ihrem Lager Unheil planen und Böses ersinnen. Wenn es Tag wird, führen sie es aus, denn sie haben die Macht dazu. Sie wollen Felder und reißen sie an sich, sie wollen Häuser und bringen sie in ihren Besitz. Sie wenden Gewalt an gegen den Mann und sein Haus, gegen den Besitzer und sein Eigentum.
Botenspruchformel	Darum: So hat JHWH gesprochen:
Drohwort = Unheilsankündigung = Strafansage Zeitbezug: Zukunft Sprecher: Ich JHWHs (= Gotteswort)	Seht, ich plane Unheil gegen diese Sippe, daß ihr eure Hälse nicht herausziehen und nicht mehr aufrecht gehen könnt. Ja, es ist eine Unheilszeit.

Das Spezifikum dieser Grundform prophetischer Rede liegt in zwei Eigenheiten: (1) Mit der aus der altorientalischen Diplomaten- und Korrespondenzsprache stammenden *Botenspruchformel* (mit der Formel »So hat N.N. gesprochen/spricht N.N.« werden im Alten Orient amtliche Briefe eingeleitet; mit der Formel leiten »Boten/Botschafter« die Übermittlung eines ihnen gegebenen Wortauftrags ein, vgl. z.B. Gen 32,4-6) deuten die Propheten an, wie sie sich selbst verstehen: als Boten, Abgesandte JHWHs, die ein ihnen von JHWH selbst aufgetragenes Gotteswort öffentlich und quasi-amtlich bekanntzugeben haben.
(2) Die Botenspruchformel steht zwischen der Gegenwartskritik und der Zukunftsaussage. Da letztere durch die Botenspruchformel ausdrücklich als Wort JHWHs gekennzeichnet ist, legt es sich nahe, die Gegenwartskritik als »Eigenleistung« des Propheten (sein ureigenes prophetisches Charisma) zu verstehen. Der Prophet liefert gewissermaßen die Begründung für die Wahrheit des Gotteswortes.
Aus dieser Grundform prophetischer Rede lassen sich folgende Elemente des *prophetischen Selbstverständnisses* ableiten:

(1) Der Prophet ist Überbringer bzw. Bote ihm zuteil gewordener konkreter Gottesworte, die er ungefragt und kompromißlos übermitteln muß.

(2) In der Inspiration und in der Kraft des ihm zugekommenen Gotteswortes hat der Prophet das Charisma der scharfen Gegenwartsanalyse bzw. der schonungslosen Gegenwartskritik.

(3) Der Prophet sucht die Öffentlichkeit für das ihm übermittelte Gotteswort. Seine Adressaten sind der König, die führenden Kreise von Staat und Gesellschaft, die Priester am Jerusalemer Tempel, aber auch das ganze Volk.

(4) Der Prophet ist von seinem Grundimpetus her Kritiker, Visionär und »Protestant«, dessen einzige Legitimation seine Gottunmittelbarkeit ist. Als »Protestant« ist er (bzw. das nach ihm benannte Buch) die notwendige Gegeninstanz zum Amt und zur Institution.

2.2 »Wahre« und »falsche« Prophetie

Prophetie, die aktuell, konkret und kompromißlos Worte JHWHs übermittelt und daraus die Legitimation sogar zur Kritik an allem, was als heilig und richtig gilt, ableitet, erhebt einen Anspruch, der nur in der Kraft der Botschaft selbst liegt. Dabei zeigt sich in der Geschichte Israels, daß die »Schriftpropheten« häufig in Gegensatz zu »den Propheten« traten, die als prophetische Institution am Tempel oder am Hof ebenfalls für sich beanspruchten, ihnen zuteil gewordene »Gottesworte« empfangen zu haben. Die Verfasser und Redaktoren der Prophetenbücher haben dieses Grundproblem der Prophetie überhaupt unter dem Stichwort »falsche Propheten/Lügenpropheten« vielfach reflektiert und geradezu eine Kriteriologie der »wahren« Prophetie entwickelt, die sie besonders in Darstellungen von Prophetenkonflikten zusammengefaßt haben. Sie nennen fünf *Kriterien* der »wahren« Prophetie:

(1) Keine Stabilisierung der Heilsgewißheit, sondern kritische, provozierende Rede (vgl. Mi 2,11);

(2) keine Spur von Selbstsicherheit und Arroganz im Auftreten (vgl. Jer 27f);

(3) wahre Propheten »leben« nicht von ihrer Prophetie und sind deshalb unabhängig und frei (vgl. Mi 3,5; Am 7,10-17);

(4) Korrespondenz zwischen Botschaft und Lebensweise des Propheten (vgl. Jer 23,14);

(5) der Prophet sucht nicht seine prophetische Tätigkeit, sondern ist »berufener Rufer« - oft gegen seinen eigenen Willen (vgl. das Zurückschaudern in den Berufungsberichten Jes 6; Jer 1; Ex 1-3 sowie die sog. Konfessionen des Jeremia Jer 15,10-21; 20,7-18).

2.3 Israels Prophetie im Vergleich mit der Prophetie der Umwelt

Schon die Hebräische Bibel selbst verweist auf Prophetie außerhalb Israels. Num 22-24 erzählt vom ostjordanischen »Seher« Bileam, den wir nun auch aus den in Tell Dēr ʿAllā gefundenen Wandinschriften (9. oder 8.Jh. v.Chr.) kennen. Elija kämpft auf dem Karmel gegen 450 Baalspropheten (1 Kön 18,18) und Jeremia setzt sich anläßlich von Verhandlungen ausländischer Regierungsdelegationen in Jerusalem mit deren prophetischen Begleitern auseinander (vgl. Jer 27,9).

Daß es in der Umwelt Israels Prophetie, vergleichbar der Israels, gab, ist durch zahlreiche Textfunde bezeugt. Allerdings wird man eine Reihe von Texten, die von der Forschung als »Prophetie« bezeichnet und bisweilen zum Vergleich mit Israels Prophetie herangezogen werden, nicht als solche betrachten dürfen. Es handelt sich dabei um die folgenden ägyptischen (1-3) und babylonischen (4-8) Texte: (1) Mahnworte des Ipuwer (englischer Titel: »Admonitions of an Egyptian Sage«); (2) Weissagung des Neferti; (3) Demotische Chronik; (4) Prophetische Rede Marduks; (5) Šulgi-Prophetie; (6) Assur-Text KAR 421; (7) Prophetische Tontafel aus Uruk; (8) Dynastische Prophezeiungen aus der Seleukidenzeit (vgl. dazu die Angaben bei *M.Weippert,* Aspekte israelitischer Prophetie). Alle diese Texte sind *vaticinia ex eventu,* d.h. sie legitimieren ihre Gegenwartsbeschreibung dadurch, daß sie diese als Erfüllung eines früher ergangenen Gotteswortes darstellen. Aber »keiner dieser Texte wird auf ein Offenbarungserlebnis seines Verfassers zurückgeführt... und nirgends ist die Rede vom Auftrag einer Gottheit, die Kunde von der Zukunft einem bestimmten Adressaten oder Publikum zu übermitteln... Ein Adressat oder Auditorium wird, abgesehen von der ›Prophetischen Rede Marduks‹ (wo es sich um Götter handelt) auch gar nicht direkt angesprochen, wenngleich die Texte natürlich Leser voraussetzen (welcher Text täte das nicht)« (*M.Weippert,* Aspekte israelitischer Prophetie 294).

Die Kriterien der Prophetie (intuitiver Empfang eines Gotteswortes verbunden mit dem Auftrag der Gottheit, dieses Gotteswort zu übermitteln) werden hingegen in folgenden Texten bzw. Texthinweisen erfüllt (vgl. die Angaben bei *M.Weippert,* Aspekte israelitischer Prophetie sowie *M.Nissinen,* Relevanz der neuassyrischen Prophetie):

(1) Ca. 30 altbabylonische Briefe aus Mari am mittleren Eufrat (18./17.Jh.) berichten davon, daß männliche und weibliche Propheten die ihnen in einem Offenbarungserlebnis (Traumgesicht, Ekstase, Vision, Audition) zuteil gewordenen Gottesworte (»Gottesbescheide«) meist dem König im Auftrag der Gottheit mitteilen ließen. In der Regel handelt es sich um »Heilsprophetie« (Zusage göttlichen Beistands bei der Regierung und im Kampf gegen die Feinde). Kritische »Gottesbotschaften« tadeln kultische Nachlässigkeit gegenüber den Göttern. Gesellschaftskritik im Stil der »Schriftpropheten« Israels fehlt.

(2) Orakel der Göttin Kititum, einer lokalen Manifestation der Ištar, an den König Ibalpiel II. von Èšnunna (18.Jh.).

(3) In einem hethitischen Pestgebet Muršilis II. (14.Jh.) und in einem Gebet des Königs an die Sonnengöttin Arinna (14.Jh.) finden sich Hinweise auf Worte der Gottheiten, die diese in einem Offenbarungserlebnis einem »Propheten« mitteilten bzw. mitteilen sollten.

(4) Der Reisebericht des Ägypters Unamūn (11.Jh.) erzählt davon, daß in Byblos während eines Opfergottesdienstes ein junger Mann von der Gottheit »ergriffen« und eines Gotteswortes teilhaftig geworden sei, das den König von Byblos aufforderte, Unamūn, der im Hafen von Byblos wartete, zu empfangen.

(5) Die im ostjordanischen Tell Dēr 'Allā gefundenen Wandinschriften bezeugen den Gotteswort-Empfang durch »Schauung« des auch in Num 22-24 erwähnten Bileam.

(6) Auf einer Steleninschrift berichtet der syrische König Zakkur von Hamath, daß er auf sein Gebet hin von seinem Gott »durch Seher« die Zusage der Erhörung und des göttlichen Beistandes erhalten habe.

(7) Aus der Regierungszeit Asarhaddons (681-669) und Assurbanipals (669-629/7) stammen ca. 30 auf Tontafeln geschriebene prophetische Orakel (»neuassyrische Prophetien«), die von männlichen und weiblichen Propheten stammen, welche teils als Tempelfunktionäre arbeiteten, teils profane Berufe (»Laien«) hatten. »Die Texte weisen einige gemeinsame Charakteristika auf, durch die sie sich von der übrigen Omen- und Orakelliteratur unterscheiden. Erstens sind sie alle direkte Gottesrede an eine Einzelperson oder an ein breiteres Publikum, übermittelt von einer meist namentlich genannten Persönlichkeit. Zudem weisen alle Texte mehr oder weniger eindeutig auf geschichtliche Ereignisse hin. Zweitens sind sie mit keiner induktiven Methode wie etwa der Opferschau oder der Astrologie verbunden, sondern verstehen sich ausschließlich als unmittelbarer, nicht-technischer Gottesbescheid« (*M.Nissinen,* Relevanz der neuassyrischen Prophetie 220). Wie die Mariprophetie ist auch die neuassyrische Prophetie »Heilsprophetie« zugunsten des Königs, um dessen Wohlergehen die Götter besorgt sind und dem sie langes Leben und Fortbestand seiner Dynastie zusagen. Wie in Mari gibt es auch prophetischen Tadel für kultische Nachlässigkeit.

Der vergleichende Blick auf die altorientalische und israelitische Prophetie zeigt ein Dreifaches:

(1) Die Gemeinsamkeiten zwischen der skizzierten Prophetie der Umwelt und der Hof- und Tempelprophetie Israels sind unübersehbar. Die altorientalischen Texte bieten die Möglichkeit, die in der Hebräischen Bibel nur nebenbei oder polemisch erwähnte »Heilsprophetie« historisch angemessener zu würdigen.

(2) Vor dem Hintergrund der altorientalischen Prophetie erhalten die oppositionellen Einzelpropheten Israels ein noch schärferes Profil. Vergleichbare radikale Konflikte zwischen Propheten und König bzw. Staat gibt es in altorientalischen Texten bislang nicht. In den wenigen Fällen, in denen dort Kritik geäußert wird, bezieht diese sich auf den Kult, aber nicht auf gesellschaftliche und ethische Fragestellungen. Ebenso fehlt die massive Gerichtsansage, die das Proprium der vorexilischen (Schrift-)Propheten Israels ist. Daß den altorientalischen Propheten das Schicksal des Volkes am Herzen lag, wie dies in Israel der Fall war, ist nirgends zu erkennen.

(3) Zwar wurden altorientalische Prophetensprüche gesammelt und archiviert, aber sie wurden nicht zum Ausgangspunkt einer auch nur ansatzweise vergleichbaren Traditionsbildung, wie sie in der »prophetischen Prophetenauslegung« der Prophetenbücher Israels (s.o.) vorliegt.

3. Die Bedeutung der Prophetie

Das Geheimnis der biblischen Propheten läßt sich auf folgenden Punkt bringen: Ihre unaufhaltsame Wirkmächtigkeit lag und liegt weder in ihrer Person noch in der provozierenden Art ihres Auftretens, sondern in der Wirkmächtigkeit ihrer Botschaft als einer Gottes-Botschaft. In ihnen und durch sie kam und kommt Gott selbst zur Sprache - und zwar als einer, der sich konkret in die menschliche Welt einmischt, mehr noch: als einer, der sein Gott-Sein an die konkrete Welt- und Menschheitsgeschichte gebunden hat. Die biblischen Propheten und ihre Wirkungsgeschichte sind Instrumente seines Wirkens in der Geschichte. Mit den Propheten und durch sie hat der biblische Gott nicht nur einmal geredet oder gar nur so, daß mit ihrem Tod ihre Botschaft überholt oder ungültig geworden sei. Im Gegenteil, das Proprium der biblischen Prophetie besteht darin, daß das prophetische Wort einerseits ungeheuer konkret in eine einmalige Zeitkonstellation gesprochen ist, aber daß dieses Wort andererseits in diesem konkreten Zeitbezug nicht aufging, sondern so paradigmatisch war, daß es auch bzw. gerade für weitere Zeitläufe erneute, ja sogar neue Aktualität erhielt. Diese erneute Aktualität erhielt das prophetische Wort gerade und erst dadurch, daß es verschriftet wurde. Die bleibende Aktualität der biblischen Prophetie ergibt und erschließt sich erst und nur aus den Schriften, die die Propheten ausgelöst haben und die wir deshalb die »Schriftpropheten« nennen. Das ist die vielleicht wichtigste Erkenntnis der neueren Prophetenforschung. Während die Forschung der letzten eineinhalb Jahrhunderte ihre ganze Kraft darauf verwendete, die historische Gestalt der Propheten und ihre authentischen Worte zu rekonstruieren, wissen wir heute, daß dies nicht nur nicht möglich, sondern auch, zumindest in theologischer Hinsicht, nicht nötig ist. Denn das Spezifikum der biblischen Prophetie im Vergleich mit der altorientalischen Prophetie besteht nicht in erster Linie in ihrem historischen Auftreten, sondern in den Büchern, die über sie und über ihre Botschaft reflektiert sowie die bleibende Aktualität ihrer Botschaft immer neu formuliert haben.

Diese Bücher halten fest und stellen ausdrücklich dar, was die Essentials der biblischen Prophetie waren bzw. sind - auch und gerade für die Zeit nach diesen Propheten. Deshalb wurden die okkasionellen Worte der Propheten von ihren Schülern schriftlich festgehalten, zu einem theologischen Gesamtentwurf zusammengestellt und auch nach dem Tod des Propheten, ja sogar über Jahrhunderte hinweg, bearbeitet und aktualisiert, weil diese Schülerkreise bzw. Tradenten der Meinung waren, daß diese *einmal* verkündeten prophetischen Gottesworte auch weiterhin wichtig und gültig seien.

Mit *J.Jeremias* läßt sich die Bedeutung der »Schriftprophetie« so zusammenfassen: Das eigentliche »Rätsel« der biblischen Prophetenworte ... besteht darin, daß diese Worte stets beides zugleich sind: Worte einer ganz bestimmten einmaligen geschichtlichen Stunde, in der unverwechselbare Menschen - ob sie nun Amos, Hosea, Jesaja hießen - zu unverwechselbaren Adressaten gesandt wurden, um ihnen Gottes Wort für diese eine Stunde zu sagen - und zugleich Worte, die keineswegs in dieser einen Stunde aufgingen, sondern nach Meinung der Schüler Bedeutung weit über diese geschichtliche Stunde hinaus besaßen für spätere Generationen. ... Dieses Doppelgesicht macht das Geheimnis der biblischen Prophetenworte aus. Auf der einen Seite liegt auf der historischen Stunde, auf die sich ein Prophetenwort bezieht, hohes Gewicht... Alles liegt daran, daß das Prophetenwort in diese unverwechselbare geschichtliche Stunde hinein gesprochen wird. Aber andererseits gilt ebenso, daß das Prophetenwort weit über diese Stunde hinausreicht. Dazu wird es aufgeschrieben. Weil es Wort des lebendigen Gottes ist, geben es die Schüler weiter an Menschen in anderen geschichtlichen Lagen und in andersartigen Konflikten. Mit dieser Weitergabe wächst der Anspruch des Prophetenwortes. War das mündliche Wort eines Propheten an eine begrenzte Gruppe von Menschen gerichtet, z.B. an eine Berufsgruppe wie Bauern, Richter oder Priester, so erhebt das schriftlich weitergegebene Wort den Anspruch, auch für Leser außerhalb dieser Berufsgruppe zuständig zu sein. Hatte das mündliche Wort eines Propheten eine ganz bestimmte Schuld beim Namen genannt und angeklagt, so erhebt das schriftlich tradierte Wort den Anspruch, auch für Vergehen ganz anderer Art in einer zukünftigen Generation gültig zu sein. Hatte das mündliche Prophetenwort Hilfe in einer ganz bestimmten und einmaligen Not zugesagt, so erhebt das schriftliche Prophetenwort den Anspruch, auch für Nöte ganz anderer Art, die später lebende Menschen erfahren, mit zu gelten. Die Ursprungssituation des mündlichen Wortes erhält durch die Schriftlichkeit Modellcharakter und vermittelt grundsätzlich Erkenntnisse über Gottes Handeln an Israel, die auf neue geschichtliche Stunden übertragbar sind. Dazu muß das Prophetenwort allerdings in eine neue Zeit hinein ›übersetzt‹ werden; es muß für neue Umstände aktualisiert werden. Es muß mit ihm sozusagen das gleiche geschehen, was wir mit ihm heute in der Predigt und im Unterricht tun. Die kritische Wissenschaft hat seit vielen Jahrzehnten, ja seit über zwei Jahrhunderten Spuren dieses

Aktualisierungsprozesses aufgedeckt. Aber erst in neuerer Zeit hat sie die Spuren recht zu würdigen vermocht« (*J.Jeremias*, Das Proprium 492).

Die »Schriftpropheten« sind sowohl Gegenwartskritiker als auch Zukunftsansager. *Als Visionäre* der bereits hereinbrechenden katastrophischen Zukunft (vorexilische Epoche) oder der von Gott beschlossenen heilvollen Zukunft (exilische und nachexilische Epoche) *sind sie Kritiker* der in ihren (und Gottes) Augen verfehlten Gegenwart - und wollen so ihren gegenwärtigen und künftigen Zeitgenossen die Botschaft vom unaufhaltsamen Kommen des Gottesreiches nahebringen. Als Kritiker decken sie auf, wo und warum Israel sich von seiner Sendung entfernt hat. Als Visionäre verkünden sie (bzw. die nach ihnen benannten Bücher in ihrer heilseschatologisch ausgezogenen Endgestalt) eine zukünftige, die bisherige Realität überholende neue Welt. Beidemale stellen sie den *status quo* in Frage. Als Kritiker konfrontieren sie meist die Gegenwart mit der Geschichte, insbesondere als Abkehr von dieser Anfangsgeschichte und als Verweigerung der mit dieser Geschichte gesetzten Möglichkeiten. Als Visionäre bekämpfen sie den Irrglauben, alles werde oder müsse so bleiben, wie es ist. Als Visionäre schauen sie das hereinbrechende Gericht als Folge gegenwärtiger Schuld *und* als Eröffnung neuen Heils. In dieser Dialektik von Gericht und Heil bzw. strafender und rettender Gerechtigkeit Gottes entwerfen die Prophetenbücher jene Gottesträume von einer Zukunft, die allem Augenschein zum Trotz die Geschichte vollenden wird. Damit relativieren sie die Macht der Mächtigen und die Ohnmacht der Ohmächtigen. Die Propheten sind mit ihrem Charisma der Gottunmittelbarkeit das unkalkulierbare Einfallstor der Transzendenz Gottes. Sie waren und sind die notwendige Provokation Gottes in allen Bereichen des gesellschaftlichen und religiösen Lebens.

Nach Joël 3 wird am »Ende der Zeiten« das prophetische Charisma nicht nur über einzelne Propheten, sondern über das ganze Volk ausgegossen. Petrus sieht in seiner ersten Pfingstpredigt (vgl. Apg 2) in der Entstehung der »Kirche« eine Erfüllung dieser Verheißung. Darin wird die prophetische Sendung Israels und der Kirche sichtbar, daß beide auf je spezifische Weise gegenüber den festgefahrenen Institutionen der Weltgesellschaft die Rolle des kritischen, inspirierenden Charismas verwirklichen sollen. Dazu müssen beide freilich die Hochschätzung des Prophetischen neu erlernen.

II.   Das Buch Jesaja
(Hans-Winfried Jüngling)

Forschungsüberblicke: H.Haag, Der Gottesknecht bei Deuterojesaja (EdF 233) Darmstadt 1985; Ch.Hardmeier, Jesajaforschung im Umbruch: VF 31,1986,3-31; R.Kilian, Jesaja 1-39 (EdF 200) Darmstadt 1983; M.A.Sweeney, The Book of Isaiah in Recent Research: Currents in Research: Biblical Studies 1,1993,141-162.
Kommentare: B.Duhm (HKAT) 1892.[4]1922.[5]1968; H.Wildberger (BK) 1965/1972-1982; C.Westermann (ATD) 1966; K.Elliger (BK) 1978; O.Kaiser (ATD) I 1981; II 1973; R.Kilian (NEB) I 1986; II 1994; J.N.Oswalt (NIC) 1986; J.D.W.Watts (WBC) 1986; H.-J.Hermisson (BK) 1987/1991; P.Höffken (NSK) 1993/1998; M.A.Sweeney (FOTL XVI) 1996.

Einzelstudien zum Jesajabuch: J.Becker, Isaias - der Prophet und sein Buch (SBS 30) Stuttgart 1968; U.Berges, Das Buch Jesaja (HBS 16) Freiburg 1998; C.C.Broyles/C.A.Evans, Writing and Reading the Scroll of Isaiah (VT.S LXX 1-2) Leiden 1997; D.Carr, Reaching for Unity in Isaiah: JSOT 57,1993,61-80; R.J.Clifford, The Unity of the Book of Isaiah and Its Cosmogonic Language: CBQ 55,1993,1-17; R.Lack, La symbolique du livre d'Isaie. Essai sur l'image littéraire comme élèment de structuration (AnBib 59) Rome 1973; J.L.McLaughlin, Their Hearts *Were* Hardened: The Use of Isaiah 6,9-10 in the Book of Isaiah: Bib. 75,1994,1-25; R.F.Melugin/M.A.Sweeney (Hg.), New Visions of Isaiah (JSOT.S 214) Sheffield 1996; R.H.O'Connell, Concentricity and Continuity (JSOT.S 188) Sheffield 1994; R.Rendtorff, Zur Komposition des Buches Jesaja: VT 34,1984,295-320; ders., Jesaja 6 im Rahmen der Komposition des Jesajabuches, in: J.Vermeylen (Hg.), The Book of Isaiah (BEThL 51) Leuven 1989,73-82; C.R.Seitz, How is the Prophet Isaiah present in the latter Half of the Book? JBL 115,1996,219-240; O.H.Steck, Bereitete Heimkehr (SBS 121) Stuttgart 1985; ders., Die Prophetenbücher und ihr theologisches Zeugnis, Tübingen 1996; M.A.Sweeney, Isaiah 1-4 and the Post-Exilic Understanding of the Isaianic Tradition (BZAW 171) Berlin 1988; A.J.Tomasini, Isaiah 1.1-2.4 and 63-64, and the composition of the Isaianic Corpus: JSOT 57,1993,81-98; J.van Ruiten/M.Vervenne (Hg.), Studies in the Book of Isaiah. FS W.A.M.Beuken (BEThL 132) Leuven 1997; J.Vermeylen (Hg.), The Book of Isaiah (BEThL 81) Leuven 1989; H.G.M.Williamson, The Book Called Isaiah, Oxford 1994.

Einzelstudien zu Jes 1-39: H.Barth, Die Jesaja-Worte in der Josiazeit. Israel und Assur als Thema einer produktiven Neuinterpretation der Jesajaüberlieferung (WMANT 48) Neukirchen-Vluyn 1977; J.Barthel, Prophetenwort und Geschichte (FAT 19) Tübingen 1997; U.Becker, Jesaja - von der Botschaft zum Buch (FRLANT 178) Göttingen 1997; E.Blum, Jesajas prophetisches Testament. Beobachtungen zu Jes 1-11: ZAW 108,1996,547-568 (Teil I); ZAW 109,1997,12-29 (Teil II); F.J.Conçalves, L'expédition de Senachérib en Palestine dans la littérature hébraique ancienne (EB.NS.7) Paris 1986; S.Deck, Die Gerichtsbotschaft Jesajas: Charakter und Begründung (FzB 67) Würzburg 1991; Y.Gitay, Isaiah and his Audience. The structure and meaning of Isaiah 1-12 (SSN 30) Assen 1991; Ch.Hardmeier, Prophetie im Streit vor dem Untergang Judas (BZAW 187) Berlin 1990; H.-M.Pfaff, Die Entwicklung des Restgedankens in Jesaja 1-39, Frankfurt/Berlin/Bern/New York/Paris 1996; C.R.Seitz, Zion's final Destiny: the Development of the Book of Isaiah: A Reassessment of Isaiah 36-39, Minneapolis 1991; P.D.Wegner, An Examination of Kingship and Messianic Expectation in Isaiah 1-35, Lewiston 1992; J.Werlitz, Studien zur literarkritischen Methode. Gericht und Heil in Jesaja 7,1-17 und 29,1-8 (BZAW 204) Berlin 1992; A.van Wieringen, The Implied Reader in Isaiah 6-12 (BibIntS 34), Leiden 1998; B.Zapff, Schriftgelehrte Prophetie. Jes 13 und die Komposition des Jesajabuches (FzB 74) Würzburg 1995.

Einzelstudien zu Jes 40-55: K.Budde, Die sogenannten Ebed-Jahwe-Lieder und die Bedeutung des Knechtes Jahwes in Jes. 40-55. Ein Minoritätsvotum, Giessen 1900; B.Janowski, Er trug unsere Sünden. Jesaja 53 und die Dramatik der Stellvertretung: ZThK 90,1993,1-24; B.Janowski/P.Stuhlmacher (Hg.), Der leidende Gottesknecht (FAT 14) Tübingen 1996; R.G.Kratz, Kyros im Deuterojesaja-Buch (FAT 1) Tübingen 1991; A.Laato, The Servant of YHWH and Cyrus. A Reinterpretation of the Exilic Messianic Programme in Isaiah 40-55 (CB.OT 35) Stockholm 1992; F.Matheus, Singt dem Herrn ein neues Lied. Die Hymnen Deuterojesajas (SBS 141) Stuttgart 1990; T.N.D.Mettinger, A Farewell To The Servant Songs. A critical examination of an exegetical axiom, Lund 1983; J.van Oorschoot, Von Babel zum Zion (BZAW 206) Berlin 1993; O.H.Steck, Gottesknecht und Zion (FAT 4) Tübingen 1992; ders., Der Gottesknecht als »Bund« und »Licht«: ZThK 90,1993,117-134; J.Werlitz, Vom Knecht der Lieder zum Knecht des Buches: ZAW 109,1997,30-43.

Einzelstudien zu Jes 56-66: I.Fischer, Wo ist Jahwe? Das Volksklagelied Jes 63,7-64,11 als Ausdruck des Ringens um eine gebrochene Beziehung (SBB 19) Stuttgart 1989; K.Koenen, Ethik und Eschatologie im Tritojesajabuch (WMANT 62) Neukirchen-Vluyn 1990; W.Lau, Schriftgelehrte Prophetie in Jes 56-66. Eine Untersuchung zu den literarischen Bezügen in den letzten elf Kapiteln des Jesajabuches (BZAW 225) Berlin 1994; G.Polan, In the ways of justice toward salvation, New York 1986; B.Schramm, The Opponents of Third Isaiah (JSOT.S 193) Sheffield 1995; P.A.Smith, Rhetoric and Redaction in Trito-Isaiah (VT.S 62) Leiden 1995; O.H.Steck, Studien zu Tritojesaja (BZAW 203) Berlin 1991.

Der ungewöhnlich große Umfang des Buches, die Verschiedenheit seiner Themen und der Formenreichtum, mit dem sie sprachlich realisiert wurden, vor allem aber die gravierenden in ihm zutage tretenden sachlichen und formalen Divergenzen haben die kritische Forschung veranlaßt, das kanonische Jesajabuch in drei große Teile zu zerlegen:
(1) Jes 1-39 (übliche Bezeichnung: Protojesaja)
(2) Jes 40-55 (übliche Bezeichnung: Deuterojesaja)
(3) Jes 56-66 (übliche Bezeichnung: Tritojesaja)
Seit *B.Duhm* (1892) nach vorgängigen Plädoyers für eine Zweiteilung des Buches diese Dreiteilung in die wissenschaftliche Debatte über das Jesajabuch eingeführt hat, hat sie sich bis heute als Grundpfeiler der Jesajaexegese behauptet. Dementsprechend werden die drei Teile des Buches als mehr oder weniger in sich geschlossene Einheiten betrachtet und gewürdigt. Das »weniger in sich geschlossen« bezieht sich dabei vor allem auf 56-66. Die Erörterung der Frage, ob das gesamte Buch nach einem Plan aufgebaut ist, galt der Forschung lange Zeit als wissenschaftlich irrelevant. Doch macht in jüngster Zeit eine Forschungsrichtung unübersehbar auf sich aufmerksam, die das Buch in seiner Ganzheit in den Blick nimmt.

1. Aufbau

Der Personenname Jesaja (= Rettung ist/wirkt JHWH) findet sich 16x in dem Buch, das im biblischen Kanon seinerseits diesen Namen trägt. 3x findet er sich in Überschriften (1,1; 2,1; 13,1). Die weiteren Belege stehen in den Fremdberichten 7 (7,3); 20 (20,2.3) und 37-39 (37,2.5.6.21; 38,1.4.21; 39,3.5.8). Die den Namen Jesaja enthaltenden Stücke, die »Überschriften« und der »Erzählstoff«, zu dem außer den Fremdberichten noch die Ich-Erzählungen 6 und 8 zu zählen sind, helfen, der Anordnung des den Hauptbestandteil des Buches ausmachenden Redestoffes auf die Spur zu kommen.
Großflächig läßt sich das Buch in die folgenden Teile untergliedern:

1	Überschrift 1,1: »Schauung Jesajas, des Sohnes des Amoz, die er schaute über Juda und Jerusalem.«
2-12	Überschrift 2,1: »Das Wort, das schaute Jesaja, der Sohn des Amoz, über Juda und Jerusalem.«
13-23	»Aussprüche« Überschrift 13,1: »Ausspruch über Babel, den schaute Jesaja, der Sohn des Amoz.« Sammlung der mit »Ausspruch« (*maśśā'*) betitelten Texte (13,1; 15,1; 17,1; 19,1; 21,1.11.13; 22,1; 23,1; vgl. 14,28; 30,6).
24-27	Textbereich, der durch signifikantes Fehlen der Elemente »Ausspruch« (*maśśā'*) und »Wehe« (*hōj*) ausgegrenzt wird.
28-35	Wehe-Rufe Durch »Wehe« (*hōj*) gegliederter Textkomplex (28,1; 29,1.15; 30,1; 31,1; 33,1).
36-39	Mit Ausnahme des Gebets Jes 38,9-20 auch in 2 Kön 18,13.17-20,19 überlieferter Erzählstoff.
40-55	Durch ein kontrastiv zu 1,1-4 formuliertes Stück (40,1-2: »mein Volk«, »Schuld«, »Sünde«) eingeleiteter vielgestaltiger Komplex von Redestoff.
56-66	Durch die programmatisch in 56,1 eingeführten Wortpaare »Recht-Gerechtigkeit« und »Rettung-Gerechtigkeit« (kontrastiv zu 1,21.26) markierter Redeteil.

Der erste Überblick bestätigt die in der Forschung schon früh bemerkte und in der Auslegung immer wieder berücksichtigte tiefgehende Zäsur nach den Fremdberichten in 36-39. In den Texten von 40 an kommt der Name Jesaja nicht mehr vor. Auch die in 1,1 genannten Namen der judäischen Könige, deren Vorkommen in 1-39 eine chronologische Anordnung der Texte insinuiert (Usija: 6,1; Jotam: 7,1; Ahas: 7,1.3.10.12; 14,28; Hiskija: 36,1 u.ö.), beenden mit der Rede Hiskijas in 39,8 ihre Präsenz im Buch. Statt der judäischen Könige der zweiten Hälfte des 8.Jh. wird in 44,28 und 45,1 an prominenter Stelle der Perserkönig Kyrus genannt. Damit wird der umgebende Text in die Jahre um 540 verlegt. Ebenso weist der Name »Babel« (43,14; 47,1; 48,14.20) den Kap.40ff ihren zeitlichen Rahmen in der babylonischen Krise des 6.Jh. und nicht in der neuassyrischen Krise der zweiten Hälfte des 8.Jh. an. Auch die auf Babel bezogenen Texte 13-14 und 21,1-10 (vgl. 13,1.19; 14,4.22; 21,9) gehören in das 6.Jh.

1.1 Zu Jes 1,1-12,6 (Gerichts- und Heilsworte über Jerusalem/Zion und Juda)

Die Überschrift in 1,1 gilt für 1-39. Das legt die in 1,1 enthaltene Aufzählung der judäischen Könige nahe. Da in ungewöhnlich kurzem Abstand in 2,1 die nächste Überschrift folgt, stellt sich die Frage, wie der Text 1,2-31 einzuordnen ist. Ist 1 als vorangestellte Zusammenfassung des Jesajabuches zu verstehen?

Im Blick auf die durch 1,1 und 13,1 markierten Grenzen kann in dem in 1-12 gebotenen Material eine Ordnung nach dem Schema *Aufweis der Sünde und Ankündigung der Katastrophe Judas/Jerusalems* einerseits und *Ankündigung der Wiederherstellung Judas/Jerusalems* andererseits erkannt werden. Diese Folge erscheint viermal im Bereich 1-11:

I	1,2-20.29-31	Sünde - Katastrophe
	1,21-26; 2,1-5	Wiederherstellung (Zion) - Subjekt: JHWH
II	2,6-4,1	Sünde - Katastrophe
	4,2-6	Wiederherstellung (Zion) - Subjekt: JHWH
III	5,1-8,23a	Sünde - Katastrophe
	8,23b-9,6	Wiederherstellung (König) - Subjekt: König
IV	9,7-10,19.28-34	Sünde - Katastrophe
	10,20-27;11,1-16	Wiederherstellung (König) - Subjekt: König

Die Texte, die »Wiederherstellung« zum Thema haben, sind insofern paarweise geordnet, als in 2,2-5 und 4,2-6 Gott selbst, in 8,23b-9,6 und in 11,1-10 eine messianische Gestalt die heilvolle Zukunft bewirken wird.

Die vierfache Folge wird durch das Danklied in 12,1-6 wirkungsvoll abgeschlossen: Dreimal gebraucht das Danklied das Substantiv »Rettung« (*jᵉšûᶜah*: 12,2.3). Damit dürfte es auf den bisher ebenfalls dreimal genannten Namen Jesaja (1,1; 2,1; 7,3) anspielen.

Die thematisch-sachliche Ordnung nach dem großmaschigen Raster »Sünde/Katastrophe - Wiederherstellung/Bewahrung« wird durch *andere strukturelle Elemente* durchkreuzt bzw. überlagert. Der gesamte erste Teil des Jesajabuches (1-12) kann als *Folge dreier konzentrisch geordneter Textbereiche* angesehen werden (1,2-5,7; 5,8-10,19; 10,20-11,16).

(1) Die konzentrische Ordnung ist am deutlichsten in *5,8-10,19.* Etwa in der Mitte von 1-12 sind Erzählungen so untergebracht, daß ein Fremdbericht (7) von Ich-Erzählungen (6 und 8) gerahmt wird. Der Erzählstoff ist nochmals durch einen doppelten Rahmen von Redestoff zu einer größeren Einheit gebunden. Den äußeren bilden die Weherufe in 5 und in 10, den inneren die einzelnen Strophen des Kehrversgedichtes über die ausgestreckte Hand JHWHs in 5,25(26-30) und in 9,7-20 (10,4b).

(2) Für *1,2-5,7* läßt sich folgende konzentrische Anordnung erkennen: 1,1-31 und 5,1-7 sind die äußere Klammer um 2,1-4,6. Für diese Auffassung sprechen folgende Indizien: (a) 1,2-3 und 5,1-7 entsprechen sich durch die betonte Verwendung des Namens Israel in 1,3 und 5,7 (vgl. ferner 1,4.24 und 4,2). (b) Die in 1,2 angesprochene elterliche Liebe zu Kindern korrespondiert der Liebe des Bräutigams zur Braut in 5,1-4. (c) In 1,21 und 1,27 ist wie in 5,7 von Recht und Gerechtigkeit die Rede. (d) Das Bildwort von der Dirne (1,21) hat in dem vom saure Trauben hervorbringenden Weinberg seine Entsprechung. (e) Wie die Terebinte dürr und der Garten wasserlos sein werden (1,29-30), so wird der Weinberg der Verwahrlosung anheimgegeben und der Regen ihm versagt (5,5-6). (f) Der seltene Imperativ Plural des Verbums »richten« (*špt*) bindet die Stücke 1 und 5,1-7 zusammen (1,17 und 5,5; vgl. noch Sach 7,9; 8,13; Ps 82,3). (g) »Weinberg« wird in 1,8 wie 5,1 metaphorisch verwendet. Der dritte Beleg für das Bildwort in 3,14 führt zur Mitte der Komposition. (h) Die Gottesrede in 1. Pers. führt ebenfalls zum Anfang, zur Mitte und zum Ende des Buchteils (1,2.11-16.24b-26; 3,4.12.15; 5,3-6).

Wenn 1 und 5,1-7 den äußeren Rahmen um den Textkomplex 2,1-4,6 bilden, gewinnt die Überschrift in 2,1 einen guten Sinn. Sie markiert den Einsatz des neuen Rahmenteils. Der durch sie herausgestellte Heilstext 2,2-5 findet seine Korrespondenz in 4,2-6.

Die Korrespondenz der beiden Texte verdeutlicht die Verwendung der Namen *Zion* und *Jerusalem* (2,3 und 4,3.4). Sie kommen in der unmittelbaren Kombination in einem Vers zum erstenmal im Jesajabuch in diesen beiden Texten vor (vgl. weiter 10,12.32; 24,23; 30,19; 31,9; 33,20 u.ö.).

Der Textbereich 2,6-4,1 besteht aus den beiden sich als innerer Rahmen um das Zentrum 3,1-15 legenden Gerichtsworten über den Hochmut der Männer (2,6-22) und den der Frauen (3,16-4,1). Das Zentrum handelt vom Rechtsstreit (*rīb*: 3,13) JHWHs mit seinem Volk (*'am*: 3,12.13.14.15), das zunächst als Jerusalem und Juda eingeführt wird (3,1.8).

Die Heilstexte 2,2-5 und 4,2-5 sind mit dem folgenden bzw. vorangehenden Text über den Hochmut sachlich eng verbunden: Der Heilstext in 2,2-5 spricht von der Beseitigung des Krieges als einer Form des männlichen Hochseinwollens (2,7b.15). Dem Hochsein der Töchter Zions (3,16) und seiner Erniedrigung durch

JHWH korrespondiert der Heilstext 4,2-5, der JHWHs fürsorglich-pflegendes Bad für die Zionstöchter ankündigt (4,3). Gleichzeitig ist der zentrale Text 3,1-15 durch die Stichworte »Mantel - Brot« (V.6-7) in der Perikope über den Hochmut der Frauen wiederaufgenommen (4,1).

(3) In *Jes 10,20-11,16* legen sich die eine Wiederherstellung »Israels« ankündigenden Texte 10,20-27 und 11,1-16 um 10,28-34, der das Heranrücken der Gefahr beschreibt.

Im Überblick sieht die Ordnung in 1-12 so aus:

Überschrift: 1,1

I.   Konzentrischer Textbereich: 1,2-5,7
        Söhne - Israel - Dirne - Recht und Gerechtigkeit: 1,2-31
          Jerusalem - Zion: 2,1-5
              Der Hochmut der Männer: 2,6-22
                   Der Rechtsstreit JHWHs: 3,1-15
              Der Hochmut der Frauen: 3,16-4,1
          Jerusalem - Zion: 4,2-5
        Untreue Geliebte - Israel - Recht und Gerechtigkeit: 5,1-7

II.   Konzentrischer Textbereich: 5,8-10,19
        Wehe-Rufe: 5,8-24
          Kehrversgedicht: 5,25
              Ich-Erzählung: 6
                   Fremderzählung: 7
              Ich-Erzählung: 8
          Kehrversgedicht: 9,7-20
        Weherufe: 10,1-3(4): 10,5-19

III.   Konzentrischer Textbereich: 10,20-11,16
        Der Rest Israels: 10,20-27
          Das Kommen der Gefahr; JHWH beseitigt das Hohe: 10,28-34
        Der Sproß aus dem Baumstumpf - der Rest des JHWHvolkes: 11,1-16

Danklied: 12,1-6

1.2 Zu Jes 13,1-23,18 (Drohworte über/gegen einzelne Völker)

Die Überschrift »Ausspruch für...« gliedert den Text in Worte für Babel (13,1-14,23), Moab (15,1-16,14), Damaskus (17,1-11), Ägypten (19,1-25), die Wüste des Meeres/Babel (21,1-10), Duma/Edom? (21,11-12), Arabien (21,13-17), das Tal der Schauung (22,1-14) und für Tyrus (23,1-18). Syntaktisch abweichend von der neunfachen Einführung, dennoch das Substantiv »Ausspruch« verwendend, findet sich in 14,28-32 noch der Ausspruch für die Philistäa.

Die Aussprüche sind in Gruppen zusammengefaßt, so daß sich die Großabschnitte 13-14, 15-20 und 21-23 ergeben. Anzeigen für die Abschnittsgrenzen sind die beiden sich von ihrer Umgebung durch ihre in der Einleitung gegebene Datierung unterscheidenden Texte 14,28-32 und 20,1-6.

Die Sequenz der Aussprüche in 13-23 stellt sich als ein differenziertes Gefüge dar:

Erster Teil der Aussprüche: 13,1-14,32
Babel: 13,1-22
      König von Babel (*māšāl*): 14,4-23
            Assur: 14,24-27
Philistäa: 14,28-32 (Datierung: 14,28)

Zweiter Teil der Aussprüche: 15,1-20,6
Ausspruch für Moab: 15,1-16,14
Ausspruch für Damaskus und Israel: 17,1-11
      Weheruf für Assur: 17,12-14 (V.14 »Wir«)
      Weheruf für Kusch: 18,1-7
Ausspruch für Ägypten: 19
Bericht einer Zeichenhandlung:
Ägypten und Kusch: 20,1-6 (V.1: Datierung; V.6: »Wir«)

Dritter Teil der Aussprüche: 21-23 Babel: 21,1-10 Duma/Edom: 21,11-12 Arabien: 21,13-17   Jerusalem: 22,1-14.15-19.20-25 (V.1 und V.25: *maśśā'*) Tyrus und Sidon: 23,1-18

1.3 Zu Jes 24-27 (die sog. Jesaja-Apokalypse: Bilder von der Endzeit)

Im Unterschied zum vorangehenden Völkerspruchgut hat 24 nicht mehr konkrete Völker, sondern die Erde überhaupt im Blick (24,1.3.4.5.6.11.13.16.17.18.19.20). Die universale Perspektive bleibt bis 24,23 erhalten. Dann wird die Aufmerksamkeit auf den Berg Zion und Jerusalem gelenkt. Der Ausdruck »Berg Zion« aus 24,23 kehrt als »der heilige Berg in Jerusalem« in 27,13 wieder.

Der meist, freilich irreführend, »Jesaja-Apokalypse« genannte Abschnitt zerlegt sich klar in die zwei Teile 24,1-23 und 25,1-27,13: Es ist JHWH, der die Verheerung und Verwüstung der Erde bewirkt (24,1-23; vgl. auch 26,21). Aber sein souveränes Königtum (24,23) gewährt inmitten der universalen Verwüstung Rettung (*j°šū'ah*: 25,9; 26,1). Der Ort der Rettung ist »der Berg« (25,6.7.10), d.h. der Berg Zion (24,23; vgl. 27,13). Ein thematisch wichtiges Element ist »die Stadt«: Den Kontrast zu »der Stadt der Öde« (24,10.12) und zu der von Gott zerstörten Stadt (25,2; 27,10) bildet die von Gott gerettete Stadt (26,1).

1.4 Zu Jes 28-35 (Gerichs- und Heilsworte über Israel und Juda/Jerusalem)

Der Abschnitt wird durch den *Schrei der Totenklage* »Wehe« (*hōj*: 28,1; 29,1.15; 30,1; 31,1; 33,1) in die folgenden Textgruppen gegliedert:

28,1-29	»Wehe« über Efraim
29,1-14	»Wehe« über Ariel
29,15-24	»Wehe« über das Volk
30,1-33	»Wehe« über die Söhne
31,1-32,20	»Wehe« über Jerusalem
33,1-35,10	»Wehe« über den Verwüster

Das Wort »Wehe« ist in 28-35 jedoch nicht das einzige Struktursignal. Wie in 1-12 ist auch in 28-35 das Alternieren zwischen Jerusalem/Juda geltenden Unheils- und Heilstexten für die Struktur konstitutiv. In mehrfach wechselndem Rhythmus lösen Texte, die eine trostlose Zukunft ankündigen, solche, deren Perspektive für die Zukunft positiv ist, ab. Bei letzteren ist noch einmal zu unterscheiden zwischen solchen, die von der heilvollen Zukunft sehr verhalten sprechen (»Schonung« bzw. »Verschonung«), und solchen, die die Positivität der Zukunft mit kräftigen Bildern ausmalen (»Wiederherstellung«). Der Text 28,1-6 hat eine Doppelfunktion. Er ist einerseits exemplarisch für die Serie in 28-35. Auf engem Raum bringt er den in 28-35 typischen Wechsel der Ankündigungen von Katastrophe und von Wiederherstellung: 28,1-4 und 28,5-6. Andererseits aber hebt der Text sich von seiner Umgebung ab: Durch den unerwarteten Adressaten »Efraim« und das Element »Wehe« (*hōj*) ist das Stück im unmittelbaren Kontext isoliert. Es gewinnt dadurch zusätzlich zur Funktion des Vorentwurfs für 28-35 die eines Trenners im Textablauf. Der mit 28,1-6 eingeführte *Wechsel von Unheils- und Heilstexten* hält sich bis 30,26 durch. Mit 30,27 setzt ein anderer Rhythmus ein. Texte, die Unheil für Assur (30,31; 31,8) und damit implizit Heil für Jerusalem ankündigen, sind um einen Weheruf über die, die nicht auf den Heiligen Israels schauen und JHWH nicht suchen, gestellt. Vom Standpunkt Jerusalems aus betrachtet ergibt sich die Folge Schonung - Katastrophe - Schonung. In 32,1 wechselt der Rhythmus erneut. In hellen Farben wird die heilvolle Zukunft dargestellt. Vier Einheiten sind ihr gewidmet. Sie sind voneinander abgesetzt durch drei Stücke, in denen von der Katastrophe gesprochen wird. Die Kap.32-33 sind durch Leitworte eng miteinander verbunden (»König«, »Recht und Gerechtigkeit«, »wohnen«). Den Abschluß von 28-35 bilden die Kap.34-35 als einander nach Katastrophe für Edom und Rückkehr der Erlösten zum Zion ergänzende Texte.

Katastrophe für Efraim (»Wehe«): 28,1-4
    Wiederherstellung: 28,5-6

Katastrophe für Jerusalem: 28,7-13.14-22
    Schonung: 28,23-29

Katastrophe für Ariel (»Wehe«): 29,1-4
    Schonung Ariels: 29,5-8

Katastrophe für das Volk: 29,9-14.15-16
(»Wehe«: 29,15)
    Wiederherstellung: 29,17-24

Katastrophe für die Söhne (»Wehe«): 30,1-5.6-7.8-14.15-17
    Wiederherstellung: 30,18-26.

    Katastrophe für Assur: 30,27-33
Katastrophe für Jerusalem (»Wehe«): 31,1-3
    Katastrophe für Assur: 31,4-9

    Wiederherstellung: 32,1-8
Katastrophe für die sorglosen Frauen: 32,9-14
    Wiederherstellung: 32,15-20

    Katastrophe für den Verwüster (»Wehe«): 33,1
    Gebet um Wiederherstellung: 33,2-6
    Katastrophe für die Völker: 33,7-12
    Wiederherstellung: 33,13-16.17-24

Katastrophe für Edom: 34
    Wiederherstellung: 35

Das in 28-35 gebotene Spruchgut scheint ferner eine Ordnung nach den Namen Jerusalem und Zion aufzuweisen. Die Kombination der Namen innerhalb eines Verses kommt in Texten vor, die einen größeren Zusammenhang abschließen (30,19; 31,9; 33,20). So ergibt sich eine Bestätigung der vier aufgrund des Rhythmus von Heils- und Unheilstexten festgestellten Großabschnitte 28,(1-6).7-30,26; 30,27-31,9; 32-33 und 34-35.

1.5 Zu Jes 36-39 (Erzählungen über die Rettung Zions und die Heilung Hiskijas)

36-39 bringen Erzählungen über Hiskija aus der Zeit der Belagerung Jerusalems durch die Truppen Sanheribs. Die Thematik kann in der durch Rabschake überbrachten Frage des assyrischen Großkönigs erkannt werden: »Worauf vertraust du, daß du dich so sicher fühlst?« (36,4). Die Erzählungen stehen im Gegensatz zu den Fremd- und Ichberichten 7-8. Dem Unglauben des Königs Ahas wird das Vertrauen des Königs Hiskija gegenübergestellt (36-37). Außerdem zeichnen sie die widersprüchliche Persönlichkeit des Königs Hiskija: Dem in der Krankheit sich ergeben an JHWH wendenden König (38) steht der politisch eigenmächtig handelnde (39) gegenüber. Die auch den Propheten Jesaja betreffenden Erzählungen (37,2.5.6.21; 38,1.4.21; 39,3.5.8) laufen auf ein das babylonische Exil ankündigendes Prophetenwort hinaus (39,6-7). Mit der Antwort des Königs (39,8: »Gut ist die Rede des Herrn«), dem nach der Ankündigung des Exils noch ein für die Dauer seines Lebens währender Frieden verheißen wird, ist ein passender Übergang zu der zu Herzen gehenden Rede, die den in Babylon Exilierten gilt (40,1-2), gefunden.

U.Berges hat neuerdings herausgearbeitet, daß die von der Forschung bislang wenig beachteten Kapitel 36-39 auf der Ebene der Endkomposition die theologisch bedeutsame Mitte des Jesajabuchs darstellen: Sie bündeln in ihrer literarisch kunstvollen Verschränkung der Heilung des todkranken Königs Hiskija *und* der Rettung der tödlich bedrohten Stadt Jerusalem die große Hoffnungsbotschaft der eschatologischen Rettung, die im übrigen Buch in immer neuen Anläufen entfaltet ist.

1.6 Zu Jes 40-55 (Aufforderung zur Heimkehr aus Babel und Verheißung der wundervollen Wiederherstellung Zions)

Der Einsatz des bis zum Ende des Buches reichenden Redestoffes (40,1-2) formuliert im Gegensatz zu 1,4 (vgl. 5,18; 22,14; 30,13), aber in Übereinstimmung mit 33,24 (vgl. 27,9): Dem schuldbeladenen Volk wird die Sünde vergeben. Innerhalb des großen Textabschnitts legt sich die *Abgrenzung* der Kap.40-55 deswegen nahe, weil ein Einleitungsteil (40,1-11: »Prolog«) in einem Schlußteil seine Entsprechung hat (55,8-11: »Epilog«): Das Thema »das Wort Gottes«, am Anfang eingeführt (40,8), wird am Schluß aufgegriffen (55,11). In ähnlicher Weise sind die Kap.56-66 durch das Stilmittel der *inclusio* (56,2-8∥66,18-21) als eigener Teil kenntlich. Gleichzeitig bestehen zwischen 40-55 und 56-66, bes. 60-62, zahlreiche stilistische und sachliche Beziehungen. So werden z.B. Teile des Prologs (40,3-5.8 und 40,9-11) nicht nur in 52,7-10, sondern auch in 62,10-12 aufgenommen.

Der durch Prolog und Epilog begrenzte Text 40-55 spricht von der Vergebungsbereitschaft Gottes. Gott will, daß sein Volk getröstet wird (40,1). Er ist selbst der Tröster seines Volkes (49,13; 52,9; 51,12). Die Rettung seines Volkes (45,8.17; 46,13; 49,6.8; u.ö.) ist so sehr seine eigenste Tat, daß er schlechthin »Retter« heißt (vgl. 43,3.11f; 49,26f).

Für den Aufbau des Ganzen erscheint der in 48,20 gegebene Neuansatz wichtig. Nachdem die Einzigkeit des Schöpfergottes JHWH gegen alle Ansprüche anderer Gottwesen erfolgreich durchgesetzt ist (40,12-48,19), kann zum Auszug aus Babel aufgefordert werden (48,20-55,13). Der neue Auszug wird den Auszug aus Ägypten an Herrlichkeit überbieten. Dem gezielt gesetzten Verbum »ausziehen« (*jāṣa'*) in 48,20; 52,11 und 55,12 kommt dabei eine formal und sachlich wichtige Funktion zu.

Die hymnischen Stücke 42,10-13; 44,23; 45,8; 49,13; 52,9-10 bilden weitere Zäsuren im Textablauf. Sie stehen jeweils am Ende eines Teiles.

Der Aufbau der Kap.40-55 läßt sich folgendermaßen darstellen:

Prolog: 40,1-11

I.   JHWH, der Schöpfergott, ist der einzige Gott und wirkt in der Geschichte: 40,12-48,13
     1. 40,12-42,9
        Abschluß-Hymnus: 42,10-13
     2. 42,14-44,22
        Abschluß-Hymnus: 44,23
     3. 44,24-45,7
        Abschluß-Hymnus: 45,8
     4. 45,9-48,19
 	
II.   Der neue Exodus: 48,20-55,13
     1. 48,20-49,12
        Abschluß-Hymnus: 49,13
     2. 49,14-52,8
        Abschluß-Hymnus: 52,9-10 (‖49,13 und 44,23)
     3. 52,13-55,7

Epilog: 55,10-11.12-13

1.7 Die Texte über den Knecht JHWHs (»Gottesknechtslieder«)

Als Knecht JHWHs wird in 41,8.9 (vgl. auch 44,1.2.21; 45,4; 48,20) Israel/Jakob eingeführt. Dieser Knecht ist verzagt und mutlos. Er ist sündig und bedarf der Vergebung (vgl. 44,21f). Gott redet dem Knecht Israel/Jakob die Furcht aus, hilft ihm, vergibt ihm die Sünden und erlöst ihn. Von der klar als Israel identifizierten Gestalt des Knechtes hebt sich in 42,1-4; 49,1-6; 50,4-9 und 52,13-53,12 ein weiterer »Knecht« ab. Er ist in anderer Weise als der Israel-Knecht Gott nahe und nimmt an dessen Werk in der Geschichte teil. Aufgrund der konzeptionellen Divergenz der beiden als Knechte bezeichneten Gestalten hat *B.Duhm* (1892) die »Gottesknechtlieder« als eigene Schicht aus ihrer literarischen Umgebung gelöst und in sich zu verstehen gesucht. Die von *Duhm* entwickelte literarische Auffassung fand bis heute zahlreiche Anhänger. Doch führte die breite Akzeptanz der Hypothese nicht zu einer allgemein geteilten Interpretation der Gestalt und ihres Verhältnisses zu dem Autor »Deuterojesaja«: Die Figur wurde kollektiv als das ideale Israel gedeutet; sie wurde individuell gefaßt als königliche oder prophetische Gestalt. Skeptiker gegenüber der Möglichkeit, diese Texte überhaupt aus dem deuterojesajanischen Korpus auszugliedern, hat es immer gegeben (vgl. *K.Buddes* Minoritätsvotum 1900), sie sind seit 1975 zahlreicher geworden (*T.N.D.Mettinger* 1983), auch wenn die Verteidiger der Sonderstellung der Lieder noch immer in der Mehrzahl sind.

Angesichts der interpretatorischen Unsicherheiten sind einige Fakten über die Texte, die von dem (vielleicht) anonymen Gottesknecht handeln, festzuhalten:

(1) Die Texte sind palindromisch angeordnet: Zwei Ich-Reden (49,1-6; 50,4-9) werden von zwei Reden über den Knecht gerahmt, deren erste reine Gottesrede (42,1-4), deren zweite durch Gottesrede gerahmte (52,12-15; 53,11b-12) Menschenrede (53,1-11a) ist. (2) Der »anonyme« Knecht trägt in 49,3 den Namen Israel. (3) In 50,4-9 bezeichnet sich das redende Ich nicht als Knecht, sondern als »Schüler«. Erst 50,10, allgemein als Zusatz zum Lied betrachtet, spricht von »seinem Knecht«. (4) Obwohl die vier Texte je eigenes Gepräge haben, bestehen zwischen ihnen feste Bindungen. Unter diesen ist die jeweils deutlicher werdende Rede über das Leiden des Knechtes besonders wichtig (42,4; 49,4; 50,4; 52,13 ff.).

In den vier isoliert gelesenen Texten kann das Geschick eines von Gott zu einer universalen Aufgabe berufenen Menschen erkannt werden. Der *erste Text (42,1-4)* präsentiert den Knecht als ganz in die

Nähe Gottes aufgenommenen Menschen. Mit Gottes Geist ausgerüstet nimmt er seine Aufgabe, das Recht den Völkern zu bringen, wahr. Er tut das auf eine Weise, die gefährdetes Leben schont. Im *zweiten Text (49,1-6)* spricht der Knecht vor einem universalen Auditorium von seiner Berufung durch Gott, seiner Aufgabe für Jakob/Israel und deren Ausweitung für die Völker. Er steht im Dienste des göttlichen Heils für die Enden der Erde. Die Frustration bei dieser Aufgabe thematisiert der Knecht, spricht aber zugleich von seiner Zuversicht in den göttlichen Rechtsbeistand. Im *dritten Text (50,4-9)* ist das redende Ich ein gelehriger Schüler Gottes, der dem ihm zugemuteten Leiden nicht ausweicht, sondern die Hilfe Gottes erhofft. Im *vierten Text (52,13-53,12)* sprechen Gott und eine Gruppe über den Knecht. Entgegen der Erfahrung des das ganze Leben bis zum Tod während den Leidens des Knechtes, was aufgrund des Tun-Ergehens-Zusammenhangs die Menschen als die Schuld des Knechtes hätten deuten müssen, ist der Knecht in die Gemeinschaft Gottes versetzt (Erhöhung). Sein Leiden kommt den Menschen zugute. Es bedeutet die Schuldableistung, die eigentlich den Menschen zugekommen wäre. Kann in den isoliert gelesenen Texten das Geschick des Propheten »Deuterojesaja« selbst erblickt werden, so verändert sich die Perspektive auf diese Texte, wenn sie *im Zusammenhang von 40-55* gelesen werden. Da der Knecht der Lieder ebenso wie der Knecht Israel/Jakob erwählt (42,1‖41,8; 44,2) und vom Mutterleib gebildet ist (49,5‖44,2.24), legt sich die Deutung des Knechts als Israel überhaupt nahe, zumal in 49,3 diese Identifikation ausdrücklich vorgenommen wird. Im Gesamttext von 40-55 kann der erste Text (42,1-4.5-9) dann aber auch auf Kyrus gedeutet werden. Im vierten Text kann der Kontext den Knecht als die Gruppe innerhalb Israels deuten, die den Weg aus dem Exil zum Zion geht. Vorgeschlagen wurde ferner, in dem leidenden Knecht das malträtierte und unerwartet wiederhergestellte Zion/Jerusalem zu sehen.

1.8 Zu Jes 56-66 (Verheißung der inneren Erneuerung der Zionsgemeinde und ihres Verhältnisses zu den Völkern)

Die programmatisch in 56,1 eingeführten Wortpaare »*Recht - Gerechtigkeit*« und »*Rettung - Gerechtigkeit*« werden in 56,1-63,6 erörtert. Die Texte in 63,7-66,24 sind nach der für Gott verwendeten Doppelmetapher »*Vater - Mutter*« geordnet.

Das in 1-35 charakteristische Wortpaar »*Recht und Gerechtigkeit*« (vgl. 1,21.27; 5,7.16; 9,6; 16,5; 26,9; 28,17; 32,1.16; 33,5) findet sich in 40-55 nur in 54,17 in einem abgewandelten Sinn. In 40-55 ist an seine Stelle das Wortpaar »Gerechtigkeit - Rettung« (s⁽dāqah/sædæq - jᵉšūˁah/tᵉšūˁah/jæšaˁ) getreten (45,8; 46,13; 51,5.6.8). 56,1 führt die beiden Wortpaare zusammen. Ebenso verfügt der Abschnitt 59,14-17 das Thema »Gerechtigkeit - Rettung« mit dem Thema »Gerechtigkeit - Recht«. Er hat wie 56,1 dispositionellen Charakter. »Recht und Gerechtigkeit«, in 56,1 als Aufgabe und Thema benannt, wird vor allem in 58,2; 59,9.14 aufgenommen und erörtert. Das Wortpaar »Gerechtigkeit - Rettung« steht als Thema über den Kap.60,1-63,6. Die Kohärenz von 60-62 wird durch die Rede an und über eine Frau in 60 und 62 bestätigt. Der Frau Zion/Jerusalem steht in 63,1 betont eine männliche Figur gegenüber (zæh). Die Rede dieser Gestalt (63,1b-6) erweist sich durch die Wiederaufnahme der Elemente »Kleider« (VV.1-3), »Rache« (nāqām: V.4), »Glut«, »sich entsetzen« (V.5) und »Arm« (V.5), als in die Ich-Rede umgesetzte Parallele zu 59,16-18. Gerechtigkeit und Rettung (s⁽dāqah; rab lᵉhōšīaˁ: 63,1) realisieren sich hier wie dort als »Rache« und Zorneswirken.

Das Stück 63,7-64,11 gedenkt des Erbarmens JHWHs (63,7) und ruft dieses Erbarmen an (63,15). Es ist das Erbarmen des Vaters (63,16; 64,7) und des Erlösers (63,9.16). Es gilt den »Kindern«, »seinem Volk« (63,8). Die hervorgehobene Anrede JHWHs als *»unser Vater«* hat ihre Entsprechung in dem direkten Vergleich JHWHs mit der *Mutter* in 66,13. Der Zusammenhang der Kap.63-66 ist durch die Kontinuität der Thematik »Gottesvolk« in 63,7-64,11 (63,8.11.14.18; 64,8) und 65 (65,2.3.10.18.19.22) gewährleistet. In 66 tritt diesem Thema das Motiv »die Völker« zur Seite (66,8.12.18.19.20). Außerdem entspricht dem Gebet (63,7-64,11) als Rede der Menschen komplementär die Gottesrede in 65-66 (65,1.6.8.13.26; 66,12.19.20.21.23). Die JHWH-Rede (65-66) ist die Antwort auf die Frage, mit das Gebet schloß (64,11). Durch die Aufnahme der Thematik *»JHWH und die Völker«* in 66,18-24 kehrt der Schluß zu 56,1-8 zurück. Doch nicht nur hier: Mit der betonten Rede von »allen Völkern« (kōl haggōjim) kommt ein Thema zu seinem Ende, das in 2,2 begonnen wurde. Daß 2,2b und 3a signifikant von Mi 4,1 abweicht, dürfte damit zusammenhängen, daß bewußt ein Zusammenhang zwischen 2,2 und 66,18, also zwischen Anfang und Ende des Buches hergestellt werden sollte.

Die durch die Themen »*Jahwe und die Völker*« (56,1-8 und 66,18-24) und »*der Arm JHWHs*« (59,16-19 und 63,1-7) gebildeten Rahmungen insinuieren neben der durch die Dispositionsangabe 56,1 angedeuteten linearen Stoffanordnung als weiteres Kompositionsprinzip eine konzentrische Struktur im Großabschnitt 56-66. Sie läßt sich so darstellen:

1.9 Der Buchzusammenhang

Das ganze Buch wird durch besonders auffallende wiederkehrende Stücke zusammengehalten. Das Weinberglied in 5,1-7 hat sein Gegenlied in 27,2-6. Die Motive von 11,6a.7b.9 finden sich mit leichten Variationen in 65,25 wieder. Nicht nur über weite Distanzen im Buch sondern auch in unmittelbar aufeinander folgenden Teilen gibt es zahlreiche Entsprechungen. Das Beziehungsgeflecht der Texte untereinander ist sehr dicht und verleiht dem umfangreichen Buch den Charakter eines Ganzen. Die Begriffe »der Heilige (Israels)« (35x im Buch) und »Zion« (47x im Buch; 17x im Parallelismus zu Jerusalem) haben einheitsstiftende Wirkung und verleihen dem Buch sein unverwechselbares Gepräge.

Einige weitere Beispiele für den übergreifenden Buchzusammenhang:
Der Spruch in 1,2-3, als Gotteswort eingeführt, nennt Themen, Stichwörter und theologische Sachverhalte, die im Korpus des Buches wiederholt aufgegriffen und am Ende des Buches verdichtet zusammengeführt werden: (1) Der Merismus »Himmel und Erde« findet sich als Adressat eines Aufrufes in 44,24 und 49,13 wieder. Gott erschüttert Himmel und Erde (13,13), denn er ist ihr Schöpfer (37,16; 40,22; 42,5; 44,24; 45,12.18; 48,13; 51,16). Seine Schöpfermacht geht soweit, daß er einen neuen Himmel und eine neue Erde erschaffen wird (65,17; 66,22). Der Himmel ist Gottes Thron, die Erde sein Fußschemel (66,1). (2) Die Rede, die zu hören Himmel und Erde aufgefordert werden, spricht von Gottes väterlich-mütterlichem Verhalten gegenüber Söhnen (1,2). Von ungehorsamen Söhnen ist weiter in 1,4 und 30,1.9 die Rede. Gott spricht pointiert von »meinen Söhnen und meinen Töchtern« (43,6) und von »meinen Söhnen« (45,11). Im Gebet wird Gott zitiert, der sein Volk als Söhne, die nicht betrügen, bezeichnet (63,8). Das in 1,2 emphatisch eingeführte Thema »das väterlich-mütterliche Verhalten Gottes« wird in 42,13; 45,10; 49,14-21.22 entfaltet und findet seine abschließende Lösung in der Anrede Gottes als »unser Vater« (63,16; 64,7) und in dem Vergleich Gottes mit einer Mutter (66,13). (3) Auch das in 1,2 eingeführte Verbum »abfallen« (*ps'*) stellt ein wichtiges Element für die Kohärenz des Buches dar: Der am Anfang von Gott beklagte Abfall wird von ihm erneut in 43,27 (vgl. 59,13) festgestellt. Der Name »Abtrünnig vom Mutterleib an« in 48,8 greift die Vorstellung von 1,2 direkt auf. Das Verbum kehrt wieder in 53,12, wenn Gott Zeugnis für seinen leidenden Knecht, der sich unter die Aufrührer zählen ließ und für diese eintrat, ablegt. Im letzten Vers des Buches erscheint das Verbum wieder (66,24; vgl. noch 1,28 und 46,8).
Als weiteres Beispiel sei das Wort »Schuld« (*'āwon*) genannt. Besonders charakteristisch sind die Stellen, in denen die Substantive »Volk« (*'am*) und »Schuld« in unmittelbarer Nähe zusammenstehen. Das Volk wird als schwer mit Schuld belastet eingeführt (1,4). Von der Schuld sprechen dann die Texte noch mehrfach (vgl. 5,18; 22,14; 30,13). Am Ende des ersten großen Buchteils darf das Volk von Schuld befreit auf dem Berg Zion wohnen (33,24). Der zweite Buchteil beginnt mit der Botschaft, daß die Schuld des Volkes und Jerusalems abgetragen ist (40,1-2). Schuld belastet die Geschichte Jakobs/Israels (43,24). Die Last der Schuld schleppt der Gottesknecht (53,11, vgl. VV.5-6). Im Schlußteil des Buches wird noch immer Gott darum angerufen, der Schuld seines Volkes nicht zu gedenken (64,8).

2. Entstehung

2.1 Eckdaten und methodische Optionen

Die beschriebenen Hinweise auf einen Bauplan des gesamten Buches sind nicht in dem Sinne zu interpretieren, als sei das Buch Jesaja als einheitliches Werk entstanden. Viele Beobachtungen zwingen dazu, im Buchganzen das Resultat einer langen Entstehungsgeschichte zu sehen. Allerdings entziehen sich die konkreten Einzelheiten dieser Geschichte unserer Kenntnis. Angesichts der Divergenz der Meinungen ist es gut, einige unstrittige Tatsachen in Erinnerung zu rufen: (1) Von den 21 in Qumran gefundenen Manuskripten des Jesajabuches (2 aus Höhle 1, 18 aus Höhle 4 und 1 aus Höhle 5), zu denen noch ein Manuskript aus Murabaat kommt, ist die vollständige große Jesajarolle (1QJes^a) die bedeutendste und zugleich älteste. Während alle anderen Manuskripte in das 1.Jh v. Chr. und später zu datieren sind, ist die Anfertigung der großen Jesajarolle in der 2.Hälfte des 2. Jh. v. Chr. anzusetzen (alternativ: in der Zeitspanne von 150-125 v. Chr. oder um 100 v. Chr.). Die große Jesajahandschrift belegt, daß in der Mitte des 2. Jh. v. Chr. der Umfang des Jesajabuches festlag. (2) Auch die Zitate und Anspielungen im Neuen Testament bezeugen den heutigen Umfang des Buches. (3) Zu Beginn des 2.Jh. v.Chr. ist das Buch Jesus Sirach Zeuge für den heutigen Umfang des Buches: Sir 48,22-25 spielt auf 1,1, auf 36-39 und 40ff an. (4) Die LXX-Fassung des Jesajabuches läßt in der Mitte des 3.Jh. den heutigen Umfang des Jesajabuches erkennen. Sie dokumentiert hier nicht wie etwa beim Jeremiabuch eine vormasoretische, durch die Jeremiafragmente aus Qumran bestätigte Kurzform des Textes. (5) In der griechischen Fassung von 2 Chron 36,22-23 (∥2 Esdr 1-2) wird ebenso wie im hebräischen Text die Anspielung auf Jes 41,2.25; 44,28; 45,1.13 auf Jeremia bezogen. Könnte diese Zuschreibung, wenn sie schon nicht direkt beweist, daß zur Zeit des Chronisten Jes 40ff mit dem Jeremiabuch verbunden waren, doch anzeigen, daß Jes 40ff noch nicht zum Buch Jesaja gehörte (*B.Duhm*)? Wie läßt sich von diesen Daten der Weg zurück zum Propheten des 8. Jh. verfolgen?

Von diesen Eckdaten her legen sich für die Rekonstruktion der Entstehungsgeschichte des Jesajabuchs zwei *methodische Optionen* nahe: (1) Die Hinweise auf die Autorschaft eines Jesaja (8,1-2.16; 30,8), der in der zweiten Hälfte des 8.Jh. in Jerusalem wirkte, sollten wohl doch nicht in der Weise unterbewertet werden, daß die Gestalt eines Propheten Jesaja völlig verschwindet. Der Tradition sollte nicht von vornherein jeder Wahrheitsgehalt abgesprochen werden. (2) Trotz der schwierigen Überlieferungslage dürfte das neuerdings formulierte methodische Prinzip, nach dem die Beweislast derjenige zu tragen hat, der ein Wort dem Propheten des 8.Jh. zuschreibt, zu weit gehen. Nach wie vor scheint es methodisch richtig, die Beweislast dem aufzubürden, der Texte dem Propheten abspricht.

2.2 Das Problem von Textanteilen, die auf Jesaja selbst zurückgehen (8.Jh.)

Die extremen Positionen, nach denen im jetzt vorliegenden Buch überhaupt kein Wort des historischen Jesaja erhalten ist oder zumindest die Suche nach solchen Worten als irrelevant angesehen wird, werden dem Buch wohl nicht gerecht. Aber auch nach der Vorentscheidung, der traditionellen Zuschreibung von Vision (1,1), Wort (2,1) und Ausspruch (13,1) an einen Mann mit Namen Jesaja ihr Recht zu belassen, bleibt die Bestimmung des Anteils des Propheten an dem überlieferten Textbestand kontrovers. Konsens zwischen Minimalisten und Maximalisten bezüglich des Textteils, der für den Propheten aus der zweiten Hälfte des 8. Jahrhunderts in Anspruch genommen werden kann, besteht lediglich darin, daß solches Gut nur im Bereich von 1-12 und 28-32 gesucht werden kann. Spuren des Propheten Jesaja mögen sich eventuell noch in 14,24 ff. und 17 finden.

Die momentan in der (deutschen) Forschung verbreitete radikale Skepsis bezüglich der dem Propheten des 8. Jahrhunderts zuschreibbaren Texte hat zu Thesen wie der geführt, nach der Jesaja lediglich in dem für Jerusalem und Juda heilstheologisch orientierten Bestand von 8,1.3f.16 zuzüglich des um den Verstockungsauftrag reduzierten Berufungsberichts 6,1-8* zu Worte kommt. Diese schmale Textbasis habe genügt, daß in immer neuen Editionen mit je eigenem Aussageprofil das Protojesajabuch zu seiner heutigen »verwachsenen und unverwechselbaren Gestalt« gefunden habe (*U.Becker 1997*). Die Skepsis gegenüber genuin jesajanischem Gut beansprucht, die wissenschaftliche Kritik auf ihrer Seite zu haben. Tatsächlich jedoch sind die literarkritischen Argumente, die zur Etablierung entsprechender Minimalhypothesen führen, keineswegs zwingend. Gegen den aktuellen Trend erheben sich in jüngster Zeit vermehrt Stimmen, die für einen größeren Bestand jesajanischer Texte im überlieferten Buch plädieren (*M.Sweeney 1996; U.Berges*). Sogar vom »Testament« des Propheten Jesaja, maßgeblich von diesem selbst gegen Ende seiner Wirksamkeit literarisch als Ringstruktur gestaltet, kann gesprochen werden (*E.Blum*).

Auf ein kritisches Minimum reduziert lassen sich die folgenden Texte für den historischen Jesaja in Anspruch nehmen: 1,21-26; 2,12-17; - 6,1 - 8,18*; - 14,28f.31; 17,1-3; 18*; 19* 20; 22*; - 28,1-4.7-18*; 29,1-4.9-10.13-14; 29,15-16; 30,1-5.6-8.12-14.16-17; 31,1.3 (*U.Berges*).

Im Bereich 1-11 können aber auch noch mehr Texte als jesajanisch bestimmt werden: 1,21-26; 2,7.10.12-17; 3,1-7*.12-15.16-24 (3,25 - 4,1[?]); 5,1-7.8-12.18-24a.24b-29; 6,1-11; *7,1 - 8.18; 9,*7-20; 10,1-4.*5-15. 27b*-34; 11,1-5 (*E.Blum*).

Auf der Basis der auf ein kritisches Minimum reduzierten jesajanischen Texte kann die *Periodisierung der Tätigkeit des Jesaja* in die Frühverkündigung (740-736 v. Chr., in 1*; 2* enthalten), die Verkündigung zur Zeit der syrisch-efraimitischen Auseinandersetzung (734-732, in 7-8 enthalten) und die Spätverkündigung (705-701, in 28-32 enthalten), plausibel gemacht und vertreten werden. Bei noch großzügigeren Zuteilungen von Text an den historischen Jesaja ergibt sich das folgende Bild: In die Zeit des syrisch-efraimitischen Krieges (735-732) sind 1,21-26.27-31; 5,1-24; 6,1-11[12-13]; 7,2-17*.20; 8,1-15; 8,16-9,6; 15,1b-16,12; 29,15-24) zu datieren. In die Jahre 724-720 gehören 5,25-30; 9,7 - 10,4; 10,5-34; 14,24-27; 17-18; 19,1-17; 29,1-14. Auf Hiskijas Vorbereitungen zum Aufstand gegen Assyrien und den Aufstand selbst, die Jahre 715-701, nehmen die folgenden Texte Bezug: 1,2-9.10-18; 2,6-19; 3,1-9.12-15; 3,16-4,1; 14,4b-21.28-32; 22,1b-14.15-25; 23,1b-14; 28; 30,1-18; 31; 32,9-14 (*M.Sweeney 1996*).

Über die *Art und Weise der Überlieferung* des *von Jesaja selbst* geformten Gutes lassen sich nur Vermutungen anstellen. Sie schließen sich an die zwar knappen, aber ausdrücklich von Verschriftung sprechenden Vermerke in 8,1; 30,8 an. So ist auch heute noch die Ansicht vertretbar, daß der von ca. 740 bis 701 Jerusalem und Juda mit seinem Wort begleitende Prophet seine Botschaft schriftlich fixierte und einem Kreis von Schülern anvertraute. Bezüglich des genauen Umfangs und der Gestalt des prophetischen Wortes bleibt die Wissenschaft auf Hypothesen angewiesen. Als eine derartige Hypothese hat das 1899/1900 von *K.Budde* eingeführte und seitdem immer wieder diskutierte Konzept der »Denkschrift« des Propheten (*6-8) sich gegen alle Bestreitung behaupten können. Die »Denkschrift« wird ebenso wie die Weherufe in 28,1-4; 29,1-4.15-16; 30,1-5; 31,1.3 als kleine Sammlung jesajanischer Worte aufgefaßt, die den Ansatzpunkt für den weiteren literarischen Ausbau gebildet hat (*J.Barthel*). Auch die Reihe der Weherufe in 5,8-24; 10,1-3 mit dem Weinberglied (5,1-7) als Eingangstext kommt als derartige kleine Sammlung in Betracht. Da ausdrücklich von *Schülern* die Rede ist (8,16), scheint die Annahme der produktiven Weiterüberlieferung in diesem Kreis nicht völlig aus der

Luft gegriffen. Dennoch ist die Existenz einer »jesajanischen Schule«, die für die weiteren Stadien der Entstehungsgeschichte des Buches verantwortlich wäre, wenig wahrscheinlich. Die Frage, ob am Ende des 8. und zu Beginn des 7.Jh. bereits von einem »Jesajabuch« gesprochen werden kann, kann nur mit einem *non liquet* beantwortet werden.

2.3 Die »Assur-Redaktion« in der Joschija-Zeit (7.Jh.)

Im vorliegenden Buch gibt es keine weiteren ausdrücklichen Hinweise auf seine Verschriftung mehr. So sind die Stationen in der Geschichte des Buches aus indirekten Angaben zu erschließen. Als Anhaltspunkte für die Rekonstruktion der Entstehungsgeschichte des Buches gelten die Erwähnungen der Großmächte *Assur* und *Babylon*. Da in manchen Texten der Niedergang des *assyrischen Großreichs* im ausgehenden 7. Jh. v. Chr. vorausgesetzt erscheint (z.B. 14,24-27; 30,27-33; 8,23b-9,6), legt sich eine »Assur-Redaktion« jesajanischer Texte in der Joschijazeit nahe (*Barth*). Die aus dieser Annahme weiterentwickelte Hypothese eines Jesajabuches vom Ende des 7. Jh. erscheint plausibel. Die in diesem Buch schon zu größeren Blöcken zusammengestellten Texte beziehen sich (1) auf die assyrische Strafexpedition gegen das Nordreich Israel und den Niedergang des assyrischen Großreichs. Damit ist verbunden die Ankündigung eines messianischen (königlichen) Retters und die Rückkehr des Nordreichs zum Haus Davids (5-12). Sie enthalten (2) Völkersprüche, an deren Spitze der über Assyrien steht und die in der Ankündigung der Rückkehr der im Jahre 722 Exilierten gipfeln (14-23*.27), (3) Sprüche über Jerusalem mit der Ankündigung eines messianischen Retters (28-32) und (4) die Erzählung der Rettung Jerusalems durch JHWH (36-37). Die Redaktion benutzt jesajanisches Material, formuliert aber stellenweise ganz neue Texte. Ihre Arbeit läßt sich in 7,1-4.10.18-19.21-25; 15,2b; 16,13-14; 20; 23,1a.15-18; 27; 30,19-33; 32,1-8.15-20 erkennen. In 36-37 hat sie eine überarbeitete Fassung des Erzählguts aus 1 Kön 18-19 übernommen (*M.Sweeney 1996*).

Das postulierte joschijanische Jesajabuch endete mit einem geschichtlichen Anhang. Das Jeremiabuch stellt dazu eine Analogie dar. Es schließt ebenfalls mit einem geschichtlichen Anhang, der sein Seitenstück in 2 Kön hat (Jer 52 ‖ 2 Kön 24,18-25,21.27-30). Die Hiskija-Jesaja-Erzählungen in 36-37 und 38-39 sind gegensätzlich einmal als Reflex der Vorgänge um 701 v. Chr. (*C.R.Seitz*), einmal als in der babylonischen Krise der Ermutigung dienende Texte interpretiert worden (*Ch.Hardmeier*). Vertreten wird auch die These, nach der die Hiskija-Jesaja-Erzählungen erst zu einem ganz späten Zeitpunkt (Ausgang des 5. Jh.) in das schon fast vollständig vorliegende Jesajabuch eingefügt worden sind. Sie fungieren nun als kompositorische Mitte des Buches und stellen den Zion als den gegen jeden feindlichen Ansturm der Völker gefeiten Ort und als das rettende Ziel für die Gerechten Israels und der Völker heraus. Die Kapitel 36-37 mit dem Thema »Bedrohung durch Assur« blicken auf die assyrische Zeit (1-32) zurück, Kapitel 39 mit dem Thema »Geandtschaft aus Babylon« weist auf die babylonische Zeit (40 ff) voraus (*U.Berges*).
Die Präsenz Babylons in 13,1.19; 14,4.22; 21,9 (vgl. 23,13) ist jedenfalls Indiz dafür, daß dem (hypothetischen) joschijanischen Jesajabuch noch Texte aus der Zeit nach 538 zugeordnet wurden.

2.4. Die Diskussion über die Entstehung der Kapitel 40-66 und deren Beziehung zu Jes 1-39

Muß mit einem aus dem letzten Drittel des 7. Jh. stammenden Buch 1-39* gerechnet werden, ergibt sich die Frage, wie der Textbereich 40-55, dessen Entstehungszeit auf Grund des in ihm vorausgesetzten Niedergangs der Großmacht Babylon (43,14; 47,1; 48,14.20; vgl. 47,5) und der Erwähnung des Perserkönigs Kyrus (44,28; 45,1) in die Zeit nach 538 v. Chr. anzusetzen ist, und die Kapitel 56-66, die noch später datiert werden müssen, diesem Buch zuzuordnen sind.

Prinzipiell bieten sich zwei Modelle an: (1) Das erste Modell postuliert für 40ff eine ganz eigene Entstehungsgeschichte. In ihm bilden die Kapitel 40ff eine Größe für sich. Ihre Entstehung in mehreren Stufen hat nichts mit dem Komplex 1-39 zu tun. (2) Das zweite Modell rechnet von vornherein mit einem engen Anschluß der Kapitel 40ff an 1-39 in deren Entstehungsphase. Die Kapitel 40ff haben nie selbständig und für sich bestanden, sondern sind als Weiterführung und Ergänzung von 1-35(39) konzipiert worden.

(1) Das Modell der eigenständigen Entstehung von Jes 40-55.56-66

Dieses Modell ist seit dem Kommentar von *B.Duhm* in der Forschung immer wieder vertreten worden und hat in *O.H.Steck* mit seinen neue Gesichtspunkte zur Geltung bringenden Beiträgen in der gegenwärtigen Diskussion einen prominenten Vertreter.

B.Duhm faßte die Vereinigung eines wenig umfangreichen, biographisch orientierten Jesajabuches (6,1-9,6; 20; 36-39; dazu 3,16-4,1; 14,28-32; 29,13f.) mit 40-66 als einen ganz äußerlichen gegen Ende des dritten Jahrhunderts stattfindenden Akt auf. Die Hauptmasse von 40-55 stamme von Deuterojesaja, der um 540 in einem am Libanon, etwa in Phönizien gelegenen Ort geschrieben habe. Später zu datieren seien die Gottesknechtlieder (42,1-4; 49,1-6; 50,4-9; 52,13-53,12). Noch später sei die Abfassung von 56-66 anzusetzen. Die Kapitel seien das Produkt eines einzigen Schriftstellers. Während Duhms Thesen zur Entstehung des ersten Großteils des Buches Jesaja (1-39) in der weiteren Forschungsgeschichte mannigfache Kritik und Modifikationen erfuhr - *H.Wildberger* spricht von der »blühenden Phantasie« Duhms -, blieb doch die Annahme des auf völlig getrennten Wegen sich vollziehenden Werdegangs der Buchteile 1-39 und 40-55.56-66 eine Grundthese der Exegese. Die Frage, warum die großen Texte zusammengefügt wurden, wurde, so sie überhaupt gestellt wurde, nur unbefriedigend mit Hinweisen auf die Praktikabilität von Schriftrollen beantwortet.

Die entscheidende Modifikation innerhalb dieses Konzepts der Entstehungsgeschichte des Buches hat *O.H.Steck* angebracht. Auch nach ihm haben die Großteile 1-34*.36-39 und Jes 40ff ihre je eigene Entstehungsgeschichte: In frühnachexilischer Zeit ist mit einem »ersten Jesaja« zu rechnen (1-11*; 13-34*; 36-39). Ganz unabhängig von diesem Buch ist in den Jahren nach 540 in einem mehrstufigen Prozeß der Komplex 40-55 entstanden, dem in einer weiteren Phase die Kapitel 60-62 zugewachsen sind. Erst in den Jahren nach dem Tod Alexanders d. Großen (323) sind die Textmassen 1-39* und 40-55.60-62* zum Buch »Großjesaja« vereinigt worden. In mehreren Stufen ist noch weiteres Material in den nun gegebenen Zusammenhang eingefügt worden. Die Verbindung zwischen den Großtexten 1-39* und 40ff versteht Steck nun im Gegensatz zur vorangegangenen Forschung als einen sehr überlegten Redaktionsvorgang, dem nichts Mechanisches anhaftet. Als Brückentext zwischen beiden Textkomplexen dient 35. Außerdem hat die Redaktion in beiden Großteilen ihre Spuren hinterlassen (11,11-16; 27,12f; 62,10-12).

Den Anregungen *O.H.Stecks* folgend, literarkritische Vorschläge *J.van Oorschots* aufgreifend und die bisherige Forschung synthetisierend hat *Berges* das Werden des Jesajabuches so konzipiert:

Die Aussprüche eines von 550-539 im Babylon wirkenden *Anonymus* sind im Bereich 40,12-46,11 erhalten (40,12-28*; 41,1-5.8-13.16b-20; 41,21-26.28; 42,5-9; - 42,13-16; 43,1-4.8-13.14-15.16-21; 44,1-3a.4.6-8.21-22; - 44,24 - 45,7*; - 45,11-13*.20a.21; 46,9-11). Seine Worte werden von Schülern gesammelt und durch Hymnen strukturiert (= *Gola-Redaktion*). Sie ist tätig in den Jahren 539-521 noch in der Gola. Sie fordert die Exulanten zum Auszug aus Babel auf (42,1-4.10-12; 44,23; 47,1-11; 48*; 48,20-21). Eine aus der Gola heimgekehrte Gruppe ist verantwortlich für die *erste Jerusalemer Redaktion*, die nach 521 tätig wird. Ihre Texte sind Jerusalem/ Zion orientiert und finden sich in 49,13-52,12 (49,13.14-26*; 50,1-3; 51,9-11.17.19; 52,1-2; 52,7-8.9-10). Sie formuliert den Prolog (40,1-5.9-11) und fordert zum Auszug aus der Diaspora auf (52,11-12). Sie besorgt auch die erstmalige Vernetzung der

Großkomplexe 1-32* und 40-52* miteinander, wobei 33 als Brückentext fungiert. In der Mitte des 5. Jh. wird eine *zweite Jerusalemer Redaktion* tätig. Sie bringt wiederum eigene Texte (40,3aα6-8; 40,29-31; 46,12-13; 50,4-9; 51,1-2.12-16; 54-55*). Sie gipfeln in dem an JHWH-Gläubige aus den Völkern gerichteten Aufruf zum Auszug (55,12-13).

Während der 2. Hälfte des 5. Jh. kommen weitere Texte hinzu: das Edomkapitel 34 und der neue Brückentext 35. Außerdem werden die *tritojesajanischen Kapitel 60-62** angefügt, die ihrerseits in der ersten Hälfte des 5. Jh. entstanden sind. In diese Zeit fällt auch die Einarbeitung der *Umkehr-Redaktion* (56,9-59,21*) aus der zweiten Hälfte des 5. Jh. Am Ende des 5. Jh./Beginn des 4. Jh. folgt die zweistufige *Redaktion der Knechtsgemeinde* (63,1-6; 63,7-64,11; 65 und 56,1-8; 66,1-24). Erst zu diesem Zeitpunkt finden auch die Erzählungen 36-39 in der Mitte des Buches ihren Platz (*U.Berges*).

Gegenüber *O.H.Steck* vertritt *U.Berges* eine Frühdatierung der Redaktion, die Protojesaja und Deuterojesaja in Kontakt miteinander bringt. Sie, die 1. Jerusalemer Redaktion, ist gegen Ende des 6. Jh. anzusetzen. Gegen Ende des 5. Jh. liegt das Jesajabuch als ganzes vor. Der entscheidende Brückentext, mit dem die 1. Jerusalemer Redaktion Proto- und Deuterojesaja verbindet, ist 33. Die letzte These ist eine Anleihe aus der konkurrierenden Konzeption zum Werden von »Großjesaja«.

(2) Das Modell der produktiven Fortschreibung in Jes 40-66

Da sich der Text 40-55 als Gegenrede zu vielen Partien in 1-32 eng an eben diesen Komplex anschließt, ergibt sich die Alternativposition, die in 40-55 eher eine Fortschreibung von 1-32 als ein eigenständiges und in sich stehendes Textkorpus sieht. Als Verbindungstext zwischen der literarischen Hinterlassenschaft Jesajas von Jerusalem und dem Stoff, den Deuterojesaja in 40ff hinzufügte, diente 33, bei dem zwischen dem, was diesem aus der Tradition zukam, und dem, wofür er selbst verantwortlich war, kaum unterschieden werden kann (*H.G.M.Williamson*). Da ferner nicht nur 56-59 sondern auch 60-62 den Text 1-32 voraussetzen, muß damit gerechnet, daß in der Tat das Jesajabuch kontinuierlich zu seinem jetzigen Umfang angewachsen ist. Eine zunächst parallele und jeweils unabhängige Existenz zweier relativ umfangreicher Texte, 1-32(39) und 40-55 (+ 60-62), ist weniger wahrscheinlich.

2.5 Eine (akzeptable) Gesamthypothese (*M.Sweeney*)

Der jüngste Kommentar läßt die Kontroverse bezüglich getrennter oder verbundener Entwicklung der Großkomplexe 1-39 und 40ff weithin auf sich beruhen und bringt das Werden des Jesajabuches auf eine einprägsame Form (*M.Sweeney*). Er rechnet mit vier Hauptstadien in der Komposition des Buches:

(1) Die Endfassung des Buches 1-66, die im Zusammenhang mit den Reformen von Esra und Nehemia steht, ist in die Mitte oder die Endphase des 5. Jh. zu datieren. Die Redaktion ist verantwortlich für 1,1.19-20.27-28; 2,1; 4,3-6; 33; 34; 56-59; 63-66.

(2) Dieser Fassung geht eine Ausgabe des Buches vom Ende des 6. Jh. voran (520-515). Es umfaßte 2-32*; 35-55 und 60-62.

Die Redaktion fügt über älteres Material eigene Texte hinzu: (a) Texte zur Rolle des Zion für Israel und die Völker (2,2-4.5; 4,2; 13,2-22; 14,1-2.3-4a.22-23; 24-26; 35 und 60-62.); (b) Texte mit besonderer Betonung der Heimkehr der Exilierten (11,11-16; 27,12-13; 35,8-10; 40,1-11; 48,17-22; 52,11-12; 54,1-17; 55,12-13; 62,10-12). (c) Texte, die den Perserkönig Kyros nennen (44,24-28; 45,1-7) oder voraussetzen (41,2-3.25; 45,13; 46,11; 48,14-15); (d) hymnische Texte (12; 24-27; 35; 42,10-13; 44,23; 45,8; 48,20-21; 49,13; 51,3; 52,9-10; 54,1-3; 60-62).

(3) Am Ende des 7. Jh. gibt es das »joschijanische Jesajabuch«, das 5-12; *14-23; 27; 28-32; 36-37 umfaßt (s.o.).

(4) Am Anfang der Entwicklung stehen die Worte des historischen Propheten Jesaja aus der zweiten Hälfte des 8. Jh. Sie finden sich in 1*; 2-4*; 5-10; 14-23*; 28-32* (s.o.).

2.6 Fazit

Die verhältnismäßig einfache Konzeption des Werdens des Jesajabuches bei *Duhm* - getrennte Geschichte der Buchteile 1-39 und 40-66; die sehr einheitlichen Konzeptionen von Deuterojesaja, dem er nach Abzug der Gottesknechtlieder und einiger Zusätze noch 75% des Textbestandes in 40-55 zuschrieb, und von Tritojesaja, den er als den einzigen Autor von 56-66 betrachtete - ist hundert Jahre später durch einander widerstreitende, komplizierte Hypothesen ersetzt. Zeichen für die veränderte Forschungssituation ist die sehr differenzierte literarkritische Auflösung der Kapitel 40-55, die über das bisher vertretene Maß beträchtlich hinausgeht (*R.G.Kratz; J.van Oorschot; U.Berges*). Allerdings sind im Zusammenhang mit der literarkritischen Arbeit an 40-55 und der redaktionskritischen Analyse an 56-66 methodische Postulate formuliert worden (*O.H.Steck*), die der unkontrollierten Hypothesenbildung wehren können. Für 56-66 dürfen wohl schon jetzt zwei Ergebnisse verbucht werden: die Aufgabe des Duhmschen Verfassers »Tritojesaja« verbunden mit der Skepsis, Autorenstücke von Redaktionsarbeit exakt trennen zu können, einerseits und die Erkenntnis größerer, gleichwohl diachron zu ordnender Textzusammenhänge andererseits. Letzteres kommt einer Reduzierung literarkritischer Textsegmentierung in diesem Bereich gleich.

3. Theologiegeschichtlicher Kontext

Das Jesajabuch dokumentiert als ganzes die Theologiegeschichte Judas und Jerusalems von der Mitte des 8.Jh. bis zur Mitte des 3.Jh. v.Chr. Hier kann nur auf einige das theologische Nachdenken herausfordernde Ereignisse aufmerksam gemacht werden.

3.1 Die neuassyrische Krise

Von der Person des Jesaja ist uns sehr wenig bekannt. Sein eigener Name, der seines Vaters, Amoz, und die Namen zweier Söhne, Schear-Jaschub und Maher-Schalal-Chasch-Bas, sind uns überliefert. Der Name seiner Frau bleibt unbekannt. Sie wird als »Prophetin« (8,3) eingeführt. Die Namen der judäischen Könige in der Überschrift des Buches (1,1) verlegen die Wirksamkeit Jesajas in die Zeit von 740-690 v.Chr. Die weiteren im Buch gegebenen Datierungen (6,1; 7,1; 14,28; 20,1) fügen sich diesem in der Überschrift gegebenen Rahmen ein. Sein Wirken hat sich auf Jerusalem konzentriert. Jesaja scheint seine Wirksamkeit noch in einer Zeit relativer politischer Ruhe begonnen zu haben. Die Periode brachte für Juda und Jerusalem jedoch nicht nur Prosperität, sondern bedeutete zugleich Verarmung großer Teile der Mittel- und Unterschicht. Auf diese Entwicklung reagierte Jesaja mit seinem sozial- und innenpolitischen Plädoyer für Recht und Gerechtigkeit (1,21-26; 5,1-7.8ff; 10,1-3). Herausforderungen der Epoche sind jedoch vor allem die Verwicklungen für Jerusalem und Juda in der Folge der Großmachtpolitik des neuassyrischen Reiches. Die Auseinandersetzung zwischen Jerusalem und Juda auf der einen Seite und dem Nordreich Israel auf der anderen Seite, das mit Syrien auf der Suche nach neuen Mitgliedern einer antiassyrischen Allianz verbündet war, bringt Jesaja auf die außenpolitische Bühne. In den Jahren 734-732 rät er dem judäischen König Ahas, sich jeder direkten Aktion zu enthalten und stattdessen auf den heiligen Gott zu vertrauen. Die Stellungnahme vom Jahr 734 wird Jesaja bei verschiedenen Gelegenheiten wiederholen. Das Plädoyer für den Glauben gegen jede Form der Bündnispolitik bleibt bis 701 für die Tätigkeit Jesajas bestimmend. Der Fall Samarias und in dessen Folge der Verlust der staatlichen Selbständigkeit des Nordreichs 722 stellen Herausforderungen ganz eigener Art dar. Von ihnen lassen sich jedoch nur geringe Spuren in der literarischen Hinterlassenschaft ausmachen (28,1-4?).

Deutlicher sind die Spuren der Ereignisse der Jahre 705-701 in den Texten. Der König Hiskija stellt die Tributleistungen an Assur ein (vgl. 2 Kön 18,7). Zur Wiederherstellung der vollen Vasallität Jerusalems überzieht Sanherib Juda mit Krieg, erobert alle wichtigen Städte Judas (2 Kön 18,13) und belagert Jerusalem. Allerdings nimmt der Assyrerkönig die Stadt nicht ein. Auch in dieser Krise hat Jesaja seine Stimme erhoben und für den Glauben an Gott geworben (vgl. 28,12.16.17; 30,15). Die Stellungnahmen des Jesaja scheinen jedoch keine weitreichenden Folgen bei den Menschen seiner Generation gehabt zu haben. Seine Worte fanden nur bei wenigen Aufnahme, die sie jedoch weiterüberlieferten, nicht ohne sie den veränderten Situationen anzupassen. Im Geist des Jesaja entstanden auch ganz neue Texte.

3.2 Die Krise des Glaubens im ausgehenden Exil

Die Kap.40-55 setzen eine völlig andere Situation der Hörerschaft voraus. Den direkten und indirekten Zitaten der Reden der Adressaten (vgl. 40,27; 49,14; 40,12.18.25) kann entnommen werden, daß sich eine resignative und verzweifelte Stimmung unter den im Exil Lebenden ausgebreitet hatte. Der Klage über und dem Protest gegen die Zerstörung Jerusalems und des Tempels sowie den Verlust der Eigenstaatlichkeit Judas ist mit der Zeit eine Einstellung unter den Exilierten gefolgt, in der sie die Überlegenheit der babylonischen Religion, Kultur, Zivilisation, Wissenschaft und Politik über die hergebrachten Traditionen des Glaubens an JHWH anzuerkennen bereit waren. Sie erscheinen im Begriff, sich in Babylon einzurichten und der Faszination der babylonischen Hochkultur zu erliegen. Das Wort in 40-55 versucht einerseits mit dem Aufgebot aller zur Verfügung stehenden Mittel der traditionellen Theologie und religiösen Rhetorik, andererseits mit dem Einsatz schöpferischer Kraft zur Formung ganz neuer, ungehörter theologischer Sätze den Glauben an JHWH, den einen Gott, den Schöpfer und Retter, attraktiv zu machen. Konkret werben die Texte dafür, die durch die Politik des Perserkönigs Kyrus eröffnete Möglichkeit der Rückkehr nach Jerusalem wahrzunehmen. Theologisch ist der Auszug aus Babylon ein Auszug, der den aus Ägypten überbietet.

3.3 Die Neukonstituierung nach dem Exil

Die Texte 56-66 scheinen die Auseinandersetzungen zu spiegeln, die bei der gesellschaftlichen Neukonstituierung Jerusalems und Judas in den Jahren nach 520 bis in die Mitte des 5. Jh. aufkamen. Themen sind die verzögerte Realisierung der in so leuchtenden Farben gezeichneten Wiederherstellung Jerusalems und deren Gründe. Das von Gott gewirkte Heil gilt denjenigen, die sich im Tun von Recht und Gerechtigkeit ganz auf JHWH einlassen. Die Scheidung innerhalb Israels zwischen Gerechten, den Knechten JHWHs, und Sündern wird ebenso Thema wie die Zulassung von Nichtisraeliten zum Bund mit JHWH. Bedingung ist die Bekehrung zu JHWH. Völker können so zum Zion kommen und die Herrlichkeit des Herrn sehen. Die gegenüber Nichtisraeliten offene, ihnen Anteil an der Rettung Israels gebende Haltung, wie sie in schließlich über das ganze Buch verteilten Texten zum Ausdruck kommt (2,2ff; 25,6f; 56,1-8; 66,18ff), läßt sich am besten in der Perserzeit verstehen. Die auf Israel konzentrierten Texte (11,11-6; 27,12-13; 35,9b-10) scheinen dagegen auf eine spätere Zeit zu deuten und sind eine Verengung der universalen Perspektive. Die innere Verfassung des Gemeinwesens verzichtet auf das davidische Königtum. Davidische Verheißungen gelten dem nachexilischen Gemeinwesen (55,3). Die Existenz des Tempels in Jerusalem ist vorausgesetzt. Opfergottesdienste gibt es (56,7). Aber ihr Vollzug richtet sich ganz nach der vergleichsweise armen ökonomischen Situation. Die Gegenüberstellung der beiden gottesdienstkritischen Texte 58,3-6 und 1,10ff legt nahe, daß in nachexilischer Zeit Gebets- und Bußgottesdienste in die Position einrückten, die in der vorexilischen Kultkritik die Opfer einnahmen.

4. Schwerpunkte der Theologie

4.1 Der »heilige Gott«

Von 1,4 bis 60,14 fällt das Wort »heilig« (*qādōš*) 35-mal. Es ist ein theologisches Leitwort. Gott erweist sich als heilig, d.h. als der weltüberlegene und machtvolle Herr, vor dessen Majestät der Mensch einbricht und versinkt, und er handelt zugleich engagiert in der Welt. Gott bringt väterlich-mütterlich Söhne hoch. Er umwirbt das Haus Israel wie ein Liebhaber die Braut. Auf den Begriff gebracht: Er ist der dreimal Heilige und zugleich der Heilige Israels. Als der Heilige fordert Gott streng die Entscheidung des Menschen zum Tun des Guten ein.

Die Rede vom Zorn Gottes wird angesichts der Sünde der Menschen in Jerusalem und Juda verständlich. Dennoch verhängt Gott nicht ein absolutes Gericht, sondern drängt Israel zur Wahl des durch den Vollzug von Recht und Gerechtigkeit und den Glauben noch immer möglichen Lebens. Gott schafft über die Sünde Jerusalems hinweg neues Heil. Er läßt bei allem Gericht einen Rest übrig (1,8-9; 30,17). Jesaja wird (wie Amos und Micha) häufig als radikaler Unheilsprophet angesehen. Diese Auffassung führt zur Ausgrenzung zahlreicher Texte als nicht-jesajanisch, da sie nicht unbedingtes Unheil ankündigen. Da der Prophet an sich selbst Sündenvergebung erfährt (6,7), sind Aussagen über die Definitivität der Schuld Jerusalems (22,14) ebenso wie der sogenannte »Vertockungsauftrag« (6,9-10) nicht auf der Linie absolut-radikalen Unheils zu interpretieren, sondern mit Texten, in denen das Gericht Gottes als Läuterungsgericht (1,21ff) verstanden wird, ja sogar eine Alternative für das Verhalten Jerusalems und Judas angedeutet ist, die dem von Gott verhängten und vom Propheten angekündigten Unheil wehren kann, interpretatorisch zu vermitteln. Der Auftrag in 6,9-10 geht wohl nicht dahin, durch die prophetische Botschaft absolute Unempfänglichkeit für eben diese Botschaft zu bewirken, sondern muß wohl aufgrund des Vorgangs der Verschriftung einer ursprünglichen Erfahrung als nachträgliche Interpretation des eigenen prophetischen Wirkens aufgefaßt werden. Die Jerusalemer Öffentlichkeit, der König wie die anderen gesellschaftlichen Eliten der Stadt, begegneten der Botschaft des Propheten mit einer sehr effizienten Immunisierungsstrategie.

4.2 Theologische Anthropologie

Dem hohen Gottesverständnis entspricht eine differenzierte Anthropologie: Sie postuliert für den Menschen, Mann und Frau gleichermaßen, den Verzicht auf das verzweifelte Großseinwollen vor Gott und den Menschen. Der Mensch findet sich nicht durch Selbstbehauptung. Der Mensch erfährt »Ruhe« im Vertrauen auf und Glauben an den heiligen Gott. Aus der »Ruhe« vermag der Mensch dem Erschöpften Ruhe zu verschaffen (vgl. 28,12). Das heißt: Der Glaube ermöglicht den angstfreien Einsatz des Menschen für seinen Mitmenschen. Der Glaube an den heiligen Gott befähigt den Menschen zur Verwirklichung von Recht und Gerechtigkeit. Dieser Verwirklichung verweigern sich jedoch die Stadt (1,21), das Haus Israel und die Männer Judas (5,7). So ist von der schweren Schuld des Volkes zu sprechen (1,4). Sie besteht in der Mißachtung der Rechte der Armen, ihrer brutalen Unterdrückung. Sie besteht aber auch in der Abwehr, Gott in außenpolitischen Fragen Gott sein zu lassen. Verweigerter Glaube bedingt individuelles und gesellschaftliches Scheitern.

4.3 Die Rettungstat des einen Gottes als neue Schöpfung

Schon im Bereich 1-39 wird die Botschaft, die Sünde analysiert und göttliches Gericht ankündigt, immer wieder durchkreuzt durch Texte, die von Gottes unbedingtem Heilswillen sprechen. Der Starke Israels läutert seine Stadt (1,24.25), so spricht noch der Prophet. In exilisch-nachexilischer Zeit sprechen die Texte deutlicher von Gottes Harren, dem Volk sich gnädig und barmherzig zu erweisen (30,18). Die Krankheit, die das Volk am ganzen Leib befallen hat (1,5-6), heilt Gott (30,26), so daß niemand, der auf dem Zion wohnt, mehr von seiner Krankheit sprechen wird (33,24). Die Schuld ist dem Volk vergeben.
Die unbedingte Heilszusage bildet dann den Hauptinhalt der Kapitel 40-55. Den resignierten Menschen im Exil wird Mut zugesprochen, denn Gott vergibt die Sünde, bewirkt die Heimkehr als neuen Exodus und ermöglicht neues Leben. Der Glaube an einen Gott (Monotheismus) wird klar ausgesprochen (vgl. 43,10-11; 45,21-22). In 40-48 findet sich neben Gen 1-2 die breiteste Bezeugung des Schöpfungsglaubens. Der eine Gott ist der Schöpfer Himmels und der Erde. Er ist aber auch in seiner Qualität als Schöpfer tätig, wenn er Israel erwählt. Die Sündenvergebung ist ebenso Wirkung seiner Schöpfermacht wie die Heimkehr zum Zion. Trotz der unbedingten Heilszusage (40-55.60-62) bleibt jedoch Israel herausgefordert, der Sünde entschieden abzusagen und sich auf Gott und den Nächsten einzustellen (56-59).

4.4 Stellvertretendes Leiden

Das Leiden des Knechtes, dessen Identität in der Forschung diskutiert ist - die Gestalt wird kollektiv (= Israel), aber auch induell gedeutet (als prophetische oder königliche Gestalt) -, geht nicht ins Leere. Das Leiden des Knechtes vermittelt Recht für die Völker und Sündenvergebung für viele (Jes 42,1-4; 49,1-6; 50,4-9 und 52,13-53,12).

Sieht man im »Knecht« von Jes 52,13-53,12 eine individuelle Gestalt, läßt sich die Bedeutung seines stellvertretenden Leidens folgendermaßen zusammenfassen: »(1) Die Folgen des eigenen Tuns, die die Wir hätten tragen müssen, aber nicht übernommen haben, werden einem anderen aufgebürdet. Die Initiative dazu geht von JHWH aus (V.6b.10aα): Er läßt einen *fremden Tun-Ergehen-Zusammenhang so am Gottesknecht* zur Auswirkung kommen, daß der eigentlich Schuldige, nämlich Israel, in die Position des Erretteten gelangt - während der Unschuldige daran zerbricht. (2) Indem die Wir das erkennen, bekennen sie die vom Gottesknecht getragene Schuld als ihre eigene. Die im Bekenntnis von V.4-6 vollzogene Schulderkenntnis ist die Voraussetzung für die Zukunft bzw. Rettung Israels, weil sie nicht nur ein von Schuld befreites, sondern *durch Erkenntnis verwandeltes Israel* mit sich bringt. Nur dieses wird als Nachkomme des Gottesknechts (V.10f) in die JHWH-Gemeinschaft zurückkehren. (3) Das vierte Gottesknechtslied beginnt nicht mit der Rede der Wir, sondern mit der Kundgabe des JHWH-Orakels. Dieses Orakel bewirkt bei den Wir *doppelte Einsicht:* zum einen die Einsicht in die Unschuld des Knechts und zum anderen die Einsicht, daß die eigene Schuld durch das Leiden des Knechts getilgt ist. Der Erfolg des Knechts, den die rahmenden JHWH-Reden weissagen (52,13-15; 53,11f), hängt mit dieser doppelten Einsicht zusammen: Israel kehrt zu JHWH zurück, weil es die Bedeutung dieses Todes und mit ihm seine eigene Situation verstanden hat« (*B.Janowski*, Stellvertretung [SBS 165], Stuttgart 1997,90-92).

4.5 Zion/Jerusalem als Ort göttlichen Heils und als Geliebte JHWHs

Der Name Zion findet sich 47x im Buch. Ebenso wie die Gottesprädikation »heilig« steht der Name für ein theologisches Konzept. Die durch die Gegenwart des heiligen Gottes gewährleistete Unverletzlichkeit des Zion bedeutete dem historischen Jesaja den realen Hoffnungsgrund inmitten einer schweren persönlichen und staatlichen Krisensituation (8,17). Der Zion als der Ort, auf dem JHWH wohnt, von dem aus er als König herrscht und auf dem er den davidischen (»messianischen«) König als seinen Mandatar einsetzt, ist nicht für nur »Israel« der Ort göttlichen Heils (49,14ff; 54.55), sondern wird zum Ziel der Wallfahrt der Völker, wo sie die Weisung JHWHs zum Frieden vernehmen (2,3-4), und an dem von Gott üppig bereiteten Festmahl teilnehmen werden (25,6f).

Freilich ist nach der Sicht des Jesajabuchs Zion zutiefst bedroht und gefährdet »wie eine Hütte im Weinberg« (1,18). »Dieser Aspekt prägt das Buch Jesaja weithin. Man könnte es geradezu als das ›Buch der Sorge um Zion‹ bezeichnen. Die Bedrohung Jerusalems erscheint unter ganz verschiedenen Aspekten: teils als Bedrohung von außen durch Feinde, teils aber auch von innen durch das Verhalten der eigenen Bewohner. Hier verbindet sich das Thema ›Zion‹ mit dem von ›Recht und Gerechtigkeit‹, dem anderen großen Thema des Jesajabuches. Dabei zeigt sich, daß die Kritik und Anklage Jesajas gegenüber seinen Mitbewohnern ganz von der Sorge um Zion bestimmt ist. Das wird schon im ersten Kapitel sehr deutlich. Die vehementen Anklagen laufen auf die Hoffnung zu, daß Zion durch Recht und Gerechtigkeit gerettet wird und dann wieder ›Stadt der Gerechtigkeit‹ genannt werden wird (1,26f) und daß schließlich die Völker zum Zion wallfahren werden, um dort Tora zu lernen (2,2-4).

Aber dem steht gegenüber, daß jetzt Recht und Gerechtigkeit fehlen. Dies wird neben vielen anderen Texten im Schlüsselgleichnis vom Weinstock Israel herausgestellt: Was Gott, der Weingärtner, vergeblich sucht, sind Recht und Gerechtigkeit (5,1-7). Umgekehrt steht bei den verschiedenen Erwartungen und Verheißungen eines künftigen Königs stets die Erwartung im Mittelpunkt, daß mit seiner Herrschaft Recht und Gerechtigkeit zur Geltung kommen werden (9,6; 11,3-5; 32,1). Das Programm für die Rückkehrer beginnt mit dem Aufruf, Recht und Gerechtigkeit zu verwirklichen (56,1), und schließlich gipfelt die Schilderung der glanzvollen endzeitlichen Zukunft Zions darin, daß Recht und Gerechtigkeit über ihr aufstrahlen, so daß alle Völker es sehen (62,1f)« (*R.Rendtorff*, Theologie des Alten Testaments, Bd.1, Neukirchen 1998, 184f).

Die Verheißungen der wundervollen Wiederherstellung Zions durch JHWH verbinden sich in Jes 40-66 mit der (neuen) Metapher von der Beziehung Jerusalems als Frau zu JHWH und als Mutter vieler Kinder. Zion als *Ort* wandelt sich zu Zion als *Gestalt*. Dabei ist insbesondere »die Metapher von Jahwe als Eheherrn Jerusalems als Ausdruck der Einzigartigkeit und Beständigkeit dieser Beziehung zu sehen, wie es Jes 54,4-8(10) auch ausdrücklich hervorhebt... Doch ist bezeichnend, daß ... die Vorstellung Zions als Person mit ihrer Stellung als Königin hinsichtlich der Völkerwelt verbunden ist: 52,1f im Blick auf Jes 52,7-10; 49,23; 54,4-8 (vgl. V.5); 60-62; 54,3.10. Damit rückt Zion in der Heilszeit in die Stellung des davidischen Königs gemäß Jerusalemer Sicht ein. Es ist schwerlich Zufall, daß sich die Vorstellung von der Frau Zion in Heilsweissagungen breit nur in einem einzigen Textbereich des Alten Testaments findet - in Deuterojesaja und daran angeschlossenen produktiven Neuinterpretationen in Tritojesaja, in einem Textbereich also, in dem eine messianische Erwartung bewußt ausgeschlossen ist. Es hat den Anschein, daß der Antrieb zur Heilsgestaltung der Figur der Frau Zion damit in Zusammenhang steht - die Stadt tritt als empfangende, handelnde Person auf Erden in die Stellung, die einst der Person des davidischen Königs in Jerusalem zugekommen war, und löst damit unausgesprochen den persischen Großkönig ab, der - wie Persepolis zeigt - eine derartige Weltstellung jetzt in Anspruch nimmt« (*O.H.Steck*, Gottesknecht 144).

5. Relevanz

In der kirchlichen und theologischen Tradition wird das Buch Jesaja besonders wegen seiner messianischen Texte geschätzt; Jesaja gilt als der »Evangelist« des Alten Testaments. Diesem Sachverhalt entspricht die breite liturgische Verwendung von Texten aus dem Jesajabuch während der Adventszeit. Die eschatologischen Texte des Buches bleiben für die Theologie und das kirchliche Leben wichtig. Sie verdeutlichen besonders eindringlich, daß Gott in *dieser* Schöpfung und für die ganze Menschheit das Heil wirken will. Sie machen klar, worauf der göttliche Wille bei der Gestaltung der gesellschaftlichen Wirklichkeit des Menschen aus ist: Das Werk der Gerechtigkeit ist Frieden (32,17).

Darüber hinaus haben die zahlreichen Jerusalem und Juda kritisierenden Texte die wichtige Funktion, Kirche und Gesellschaft je neu auf die in ihnen bestehenden Fehlhaltungen der kriegerischen Durchsetzung eigener Interessen (vgl. 2,7) und der schamlosen Ausbeutung der Armen (vgl. 3,15) aufmerksam zu machen.

Sein energisches, in den verschiedensten Zusammenhängen stetig wiederholtes Sprechen vom heiligen Gott erscheint in einer Zeit der allgemeinen Gefährdung des Humanum besonders relevant. Das Humanum wird nicht dadurch gerettet, daß Gott möglichst human gedacht wird, d.h. auf humane Plausibilitäten reduziert wird. Der heilige Gott in seiner Hoheit, in seiner Strenge und in seinem unbegreiflichen Zorn ist der Garant der Menschlichkeit. Beugt sich der Mensch vor ihm, ist die Bewahrung menschlicher Werte sichergestellt. Der Glaube an den heiligen Gott läßt diesen nicht nur als den strengen, sondern zugleich als den zärtlichen erfahren.

III.   Das Buch Jeremia

(Franz-Josef Backhaus/Ivo Meyer)

Forschungsberichte: W.Thiel, Ein Vierteljahrhundert Jeremia-Forschung: VF 31,1986,32-52; S.Herrmann, Jeremia. Der Prophet und das Buch (EdF 271) Darmstadt 1990.

Kommentare: B.Duhm (KHC) 1901; W.Rudolph (HAT) ³1968; J.Schreiner (NEB) I 1981, II 1984; R.P.Carroll (OTL) 1986; S.Herrmann (BK) 1986ff; W.McKane (ICC) Vol I 1986, Vol II 1996; W.L.Holladay (Hermeneia) Vol I 1986, Vol II 1989; R.E.Clements (Interp.) 1988; W.Brueggemann (ITC) Vol I 1988, Vol II 1991; P.C.Craigie (WBC) I 1991; G.L.Keown (WBC) II 1995; G.Wanke (ZBK) 1995; W.Werner, Jeremia I (NSK-AT) 1997.

Einzelstudien: H.D.Bak, Klagender Gott – Klagende Menschen. Studien zur Klage im Jeremiabuch (BZAW 193) Berlin 1990; W.Baumgartner, Die Klagegedichte des Jeremia (BZAW 32) Gießen 1917; P.-M.Bogaert (Hg.), Le Livre de Jérémie (BEThL 54) Leuven ²1997; A.H.W.Curtis/T.Römer (Hg.), The Book of Jeremiah and Its Reception (BEThL 128) Leuven 1997; Y.Goldman, Prophétie et royauté au retour de l'exil (OBO 118) Fribourg/Göttingen 1992; B.Gosse, Jérémie XLV et la place du recueil d'oracles contre les nations dans le livre de Jérémie: VT 40,1990,145-151; A.Graupner, Auftrag und Geschick des Propheten Jeremia: Literarische Eigenart, Herkunft und Intention vordeuteronomistischer Prosa im Jeremiabuch (BThSt 15) Neukirchen-Vluyn 1991; W.Groß (Hg.), Jeremia und die »deuteronomistische Bewegung« (BBB 98) Weinheim 1995; ders., Zukunft für Israel. Alttestamentliche Bundeskonzepte und die aktuelle Debatte um den Neuen Bund (SBS 176) Stuttgart 1998; Ch.Hardmeier, Prophetie im Streit vor dem Untergang Judas (BZAW 187) Berlin 1990; F.D.Hubmann, Untersuchungen zu den Konfessionen Jer.11,18-12,6 und Jer.15,10-21 (fzb 30) Würzburg 1978; B.Huwyler, Jeremia und die Völker (FAT 20) Tübingen 1997; N.Ittmann, Die Konfessionen Jeremias. Ihre Bedeutung für die Verkündigung des Propheten (WMANT 54) Neukirchen-Vluyn 1981; D.W.Jamieson-Drake, Scribes and Schools in Monarchic Judah. A Socio-Archeological Approach (JSOT.S 109) Sheffield 1991; N.Kilpp, Niederreißen und Aufbauen. Das Verhältnis von Heilsverheißung und Unheilsverkündigung bei Jeremia und im Jeremiabuch (BThSt 13) Neukirchen-Vluyn 1990; B.W.Kovacs/L.G.Perdue (Hg.), A Prophet to the Nations. Essays in Jeremiah Studies, Winona Lake 1984; Ch.Levin, Die Verheißung des neuen Bundes in ihrem theologiegeschichtlichen Zusammenhang ausgelegt (FRLANT 137) Göttingen 1985; R.Liwak, Der Prophet und die Geschichte. Eine literarhistorische Untersuchung zum Jeremiabuch (BWANT 121) Stuttgart 1987; N.Lohfink, Der niemals gekündigte Bund, Freiburg 1989; S.Mowinckel, Zur Komposition des Buches Jeremia, Kristiania 1914; T.Odashima, Untersuchungen zu den vordeuteronomistischen Bearbeitungen der Heilsworte im Jeremiabuch (BWANT 125) Stuttgart 1989; K.-F.Pohlmann, Studien zum Jeremiabuch (FRLANT 118) Göttingen 1978; ders., Die Ferne Gottes. Studien zum Jeremiabuch. Beiträge zu den »Konfessionen« im Jeremiabuch und ein Versuch zur Frage nach den Anfängen der Jeremiatradition (BZAW 125) Berlin 1989; K.Schmid, Buchgestalten des Jeremiabuches (WMANT 72) Neukirchen-Vluyn 1996 (Lit.!); M.Schulz-Rauch, Hosea und Jeremia (CThM 16) Stuttgart 1996; Ch.R.Seitz, Theology in Conflict. Reactions to the Exile in the Book of Jeremiah (BZAW 176) Berlin 1989; K.Seybold, Der Prophet Jeremia. Leben und Werk (Urban TB 416) Stuttgart 1993; H.-J.Stipp, Jeremia im Parteienstreit. Studien zur Textentwicklung von Jer 26.36-43 und 45 als Beitrag zur Geschichte Jeremias, seines Buches und judäischer Parteien im 6. Jahrhundert (BBB 82) Weinheim 1992; ders., Zedekiah in the Book of Jeremiah: CBQ 58,1996,627-648; W.Thiel, Die deuteronomistische Redaktion von Jeremia 1-25 (WMANT 41) Neukirchen-Vluyn 1973; ders., Die deuteronomistische Redaktion von Jeremia 26-45 (WMANT 52) Neukirchen-Vluyn 1981; E.Tov, The Jeremiah Scrolls from Qumran: RQ 14,1990,189-206; H.Weippert, Die Prosareden des Jeremiabuches (BZAW 132) Berlin 1973; U.Wendel, Jesaja und Jeremia (BThSt 25) Neukirchen-Vluyn 1995; E.Zenger, Das Erste Testament. Die jüdische Bibel und die Christen, Düsseldorf 1991.

0. Textüberlieferung

Literatur: D.Barthélemy, Critique Textuelle de l'Ancien Testament, Vol 2 (OBO 50/2) Fribourg/Göttingen 1986; J.G.Janzen, Studies in the Text of Jeremiah (HSM 6) Cambridge/Mass. 1973; J.Y.Min, The Minuses and Pluses of the LXX Translation of Jeremiah as Compared with the Massoretic Text, Diss. Hebrew University, Jerusalem 1977; S.Soderlund, The Greek Text of Jeremiah (JSOT.S 47)

Sheffield 1985; H.-J.Stipp, Das masoretische und alexandrinische Sondergut des Jeremiabuches (OBO 136) Fribourg/Göttingen 1994; E.Tov, The Septuagint Translation of Jeremiah and Baruch (HSM 8) Missoula 1976; A.Rahlfs, Septuaginta. Id est Vetus Testamentum graece iuxta LXX interpretes, Stuttgart ²1979; J.Ziegler, Ieremias, Baruch, Threni, Epistula Ieremiae (Septuaginta – Vetus Testamentum Graecum Vol. XV) Göttingen ²1976.

Das Jeremiabuch begegnet in der Textüberlieferung in griechischer (= G) und in hebräischer (= H) Textgestalt. An dritter Stelle des griechischen und an zweiter Stelle des hebräischen Kanons der (»hinteren«) Propheten finden sich die Überschriften:

G	H
1,1 Die Äußerung Gottes, die erging an Jeremia des Hilkija, von den Priestern, der in Anatot im Land Benjamin wohnte, 2 an den das Wort Gottes erging in den Tagen Joschijas, des Sohnes des Amos, des Königs von Juda im 13. Jahr seiner Königsherrschaft. 3 Und es erging in den Tagen Jojakims, des Sohnes des Joschija, des Königs von Juda, bis zum 11. Jahr Zidkijas, des Sohnes des Joschija, des Königs von Juda, bis zur Deportation Jerusalems im 5. Monat.	1,1 Die Angelegenheiten Jeremias, des Sohnes Hilkijas von den Priestern, welche(r) in Anatot im Land Benjamin (war/en). 2 Was als Wort JHWHs an ihn erging in den Tagen Joschijas, des Sohnes Amons, des Königs von Juda im 13. Jahr seiner Königsherrschaft. 3 Und es erging in den Tagen Jojakims, des Sohnes des Joschija, des Königs von Juda, bis zu Ende ging das 11. Jahr Zidkijas, des Sohnes des Joschija, des Königs von Juda, bis zur Deportation Jerusalems im 5. Monat.

Der griechische Text (gemeint ist die älteste erreichbare Textfassung ohne Rezensionen) ist offenbar sklavische, aber eigenwillige Übersetzung eines komplexen hebräischen Originals (nur noch Jes 40,8 findet sich »Äußerung Gottes« - ῥῆμα τοῦ θεοῦ - bzw. »meine Äußerung« Jes 55,11; »Wort Gottes« bleibt in den Prophetenbüchern singulär). Die beiden Textgestalten unterscheiden sich besonders auffällig bezüglich ihrer Länge, sowie der Position und Reihenfolge der Orakel über die Völker (im folgenden abgekürzt: VO); H bietet einen um ca. 1/7 längeren Text (nach *J.Y.Min* 3097 Wörter). Die Frage der historischen Priorität hat neuen Auftrieb erhalten durch die Ausgrabungen von Qumran, wo sich nicht nur Fragmente fanden, die Vorstufen des masoretischen Textes darstellen, sondern auch solche, die einen Texttyp dokumentieren, wie man ihn bisher mittels Rückübersetzungen als hebräische Vorlage von G hypothetisch postuliert hatte.

So vertreten u.a. *P.M.Bogaert, Y.Goldman, J.G.Janzen, J.Y.Min, H.-J.Stipp* und *E.Tov* eine historische Priorität der hebräischen Vorlage von G hinsichtlich H, so daß G wichtige Beobachtungen und Argumente für die Redaktionsgeschichte von H liefern kann. Während allerdings für *P.M.Bogaert, Y.Goldman, J.Y.Min* und *E.Tov* der differierende Textbefund zwischen G und H im wesentlichen durch eine Redaktion zu erklären ist, gehen u.a. *J.G.Janzen* und *H.-J.Stipp* von mehrfach erfolgten kleinräumigen Fortschreibungen aus.
Dagegen lehnen u.a. *G.Fischer, Ch.Levin, K.Schmid* und *S.Soderlund* eine durchgehende historische Priorität der hebräischen Vorlage von G ab oder verneinen die Existenz einer solchen Vorlage (so *G.Fischer* für Jer 30-31), so daß G nur zum Teil oder gar nicht für die Redaktiongeschichte von H

auswertbar ist. Daraus folgt für die weitere Forschung, daß G und H zunächst je für sich auf ihre Textentwicklung zu untersuchen sind, bevor nach einem möglichen Gabelungspunkt sowie nach Abhängigkeiten zwischen beiden Texttypen gefragt werden kann.

Obwohl das Jeremiabuch in zwei verschiedenen Texttypen vorliegt, wird aus Platzgründen weiterhin vom Jeremiabuch gesprochen, wobei aber punktuell auf wichtige Unterschiede zwischen G und H hingewiesen wird.

Synopse der beiden Text-Traditionen					
H	G	Völkerreihe in H	G	H	Völkerreihe in G
1-24	1-24		1-24	1-24	
25,1-14	25,1-13		25,1-13	25,1-14	
25,15-38	32,15-38	Zornwein für Völker	25,14-20	49,34-39	Elam
			26,2-25	46,1-26	Ägypten
26	33		26,27-28	46,27-28	Heilsver-
27	34				heißung
28	35		27-28	50-51	Babel
29	36		29	47	Philister
30	37		30,1-16	49,7-22	Edom
31	38		30,17-21/22	49,1-6	Ammon
32	39		30,23-28	49,28-33	Kedar/Hazor
33	40		30,29-33	49,23-27	Damaskus
34	41		31	48	Moab
35	42		32,15-38	25,15-38	Zornwein für
36	43				Völker
37	44		33	26	
38	45		34	27	
39	46		35	28	
40	47		36	29	
41	48		37	30	
42	49		38	31	
43	50		39	32	
44	51,1-30		40	33	
45	51,31-35		41	34	
46,1-26	26,2-25	Ägypten	42	35	
46,27-28	26,27-28	Heilsverhei-	43	36	
		ßung			
47	29	Philister	44	37	
48	31	Moab	45	38	
49,1-6	30,17-21/22	Ammon	46	39	
49,7-22	30,1-16	Edom	47	40	
49,23-27	30,29-33	Damaskus	48	41	
49,28-33	30,23-28	Kedar/Hazor	49	42	
49,34-39	25,14-20	Elam	50	43	
50-51	27-28	Babel	51,1-30	44	
52	52		51,31-35	45	
			52	52	

(Kapitel- und Verseinteilung nach *A. Rahlfs*)

Die nachstehende Tabelle nennt die wichtigsten Überschüsse, die H im Vergleich zu G bietet:

2,1f*	Wortempfangsformel und Auftrittsbefehl
7,1f*	Wortempfangsformel, Auftrittsbefehl und Lokalisierung im Tempel
8,10-12*	Wiederholung der Polemik gegen Priester und Propheten nach 6,13-15
10,6-10*	Erweiterte Götzenpolemik und JHWH-Prädikationen
11,7-8*	Rekurs auf vergebliche Angebote an die Väter
17,1-4	Götzendienstvorwurf und Vertreibungsandrohung
25,14	Entsprechend dem Vergeltungsdenken (50,29a) wird Babel, welches viele Völker geknechtet hat, nun selber vielen Völkern dienstbar
27,1	(irrige) Datierung in die Jojakimszeit
27,7	Vorwegnahme der Begrenzung der Gerichtszeit auf drei Generationen
27,13f*	Warnung vor den Falschpropheten
27,18-21f*	Erweiterte Aufzählung Deportierter; Androhung der Konfiskation weiterer Tempelgeräte
29,15-19*	Deportationsandrohung und Begründung für judäische Restbevölkerung gemäß Kap.24
30,10f	Rückkehr- und Beistandszusage für Jakob/Israel
30,22	Verheißung künftiger Zusammengehörigkeit von Gott und Volk
31,37	Weitere Bekräftigung der unverbrüchlichen Zuwendung JHWHs zu seinem Volk
33,14-26	Weitere Verheißungen für Jerusalem, Juda, das Haus David und das Haus Levi
39,4-13	Collage aus Teilen von 52,4-16 und 2 Kön 25,1-12
46,1	Wortereignisformel, die als Überschrift für den ganzen Komplex der Völkersprüche fungiert
46,26	Wiederholte Ankündigung der Auslieferung Ägyptens an Nebukadnezzar; Verheißung einer Wende
48,45-47*	Erweiterung der Klage über Moab in Anlehnung an Num 21,28f und Ankündigung einer Heilswende
49,6	Analoge Verheißung einer Heilswende für Ammon
51,45-48	Aufruf zum Verlassen Babels, Ankündigung der Bestrafung der Götzen, Jubel im Himmel und auf Erden
52,2f	Ergänzung der Beurteilung Zidkijas nach 2 Kön 24,19f
52,15	Ergänzung der Zerstörungsaktionen Nebusaradans um Deportation nach 2 Kön 25,11
52,28-30	Resümierende Notizen über die Zahlen der drei Deportationen

Die jeweilige Einzelanalyse wird zeigen müssen, ob die Überschüsse von H im Rahmen der Textentwicklung von H oder im Rahmen einer (kürzenden) Bearbeitung von G zu suchen sind. Auch die hebräische Vorlage von G bzw. G hat nach der Gabelung der beiden Texttypen eine eigene Textentwicklung durchgemacht, die sich u.a. in Überschüssen zu H zeigt (vgl. *J.Y.Min* und *H.-J.Stipp*, Sondergut 146-151).

1. Aufbau und Profil der beiden Jeremiabücher H und G

1.1 Komplexität des Aufbaus

Auf den ersten Blick scheint *Jer H* einen klaren Aufbau zu bieten, der durch die Abfolge Poesie (Sprüche und Reden) - Prosa (Erzählungen) angezeigt wird.

1-25	Sprüche und Reden gegen Israel und Juda
26-45	Erzählungen mit abschließendem Trostwort an Baruch
46-51	Sprüche gegen die Fremdvölker (Völkerorakel)
52	Erzählung (historischer Anhang = 2 Kön 24,18-25,30)

Manche Autoren sehen im Aufbau auch die für die Prophetenbücher charakteristische Dialektik Unheil - Heil: Unheilsworte gegen das eigene Volk (1,1-25,14) - Unheilsworte gegen die Fremdvölker (25,15-38) - Heilsworte für Juda/Israel (30-33) - Unheilsworte gegen die Fremdvölker als Heilsperspektive für Juda/Israel (46-51).

»Bei genauerem Hinsehen jedoch wird deutlich, daß vor allem die ersten Hauptteile des Buchs ganz unterschiedliches Textmaterial in sich vereinen und daß nur schwer ersichtlich ist, nach welchen Grundsätzen es angeordnet ist. So enthalten die Kap. 1-25 poetische Sprüche verschiedener Gattungen, umfangreichere Prosareden, Gebete sowie Berichte über Visionen und symbolische Handlungen. Die Kap. 26-45 bieten dagegen im wesentlichen Erzählungen über den Propheten ...; in sie eingeschaltet ist mit Kap. 30-31 das sog. ›Trostbüchlein‹, eine Sammlung im wesentlichen heilkündender poetischer Sprüche. Nimmt man die Fremdvölkersprüche (Kap. 46-51) und den historischen Anhang hinzu, dann macht schon die Vielfalt der Textsorten offenkundig, daß die Textentstehung ein langwieriger Prozeß gewesen sein muß« (*G.Wanke*, ZBK 11f).

Auch wenn die Textentwicklung ein komplexer Vorgang ist und in H keine bewußte Endredaktion vorliegt, so sieht neuerdings *K.Schmid* in H eine große, doppelte Inklusion vorliegen: Mit 1,4-10 wird das Völkerthema angeschnitten, welches auf 46,51 verweist, während 1,11-19 Israel zum Thema hat, welches in 2-45 wiederkehrt, wobei in 2-25 der Redeanteil und in 26-45 der Erzählanteil überwiegt. H versteht sich somit als eine »universale Willenskundgabe Gottes« (*K.Schmid*, Buchgestalten 3), indem die prophetischen Aussagen gegen bzw. für Israel umrahmt sind durch die prophetischen Aussagen gegen die Völker mit besonderem Schwerpunkt auf Babel. Für H steht also das Gericht im Vordergrund. Unter Beachtung der *strukturierenden Zwischenüberschriften* ergibt sich für das *hebräische Jeremiabuch* folgende Gliederung:

1. Teil: 1-25	
1-6	»Frühzeitverkündigung« gegen Israel und Juda/Jerusalem
7-10	Verkündigung in der Zeit Jojakims (608-597)
11-13	Szenarien prophetischer Existenz
14-20	(Zeichenhandlungen, »Konfessionen«, Verfolgung des Propheten)
21-24	Verkündigung in der Zeit Zidkijas (597-586)
25	Verkündigung in der Zeit Jojakims (608-597)
2. Teil: 26-45	
26-29	Tempelrede und Auseinandersetzung mit »falschen« Propheten
30-31	Trostbüchlein
32-33	Ackerkauf und Heilsworte
34	Zidkijas Ende und Widerruf der Sklavenbefreiung
35	Vorbild der Rechabiter
36-39	Konflikt mit Jojakim und Zidkija (»Leidensgeschichte des Jeremia«)
40-43	Gedalja und Flucht nach Ägypten
44	Götzendienst der Ägyptenflüchtlinge
45	Heilswort für Baruch
3. Teil: 46-51	
46-51	Die Völkerorakel
Geschichtlicher Anhang: 52	

G bzw. die hebräische Vorlage ist nach dem dreigliedrigen Schema (»dreigliedriges eschatologisches Schema«) aufgebaut - ein Schema, welches sich auch in anderen Prophetenbüchern (besonders Ez und Zef) wiederfindet:
Auf die Gerichtsaussagen in 1,1-25,13 über Juda und Jerusalem folgen in 25,14-32,24 (H: 46-51 + 25,15-38) Gerichtsaussagen über die Fremdvölker, gefolgt von Heilsaussagen für Israel, die mit 37-40 (H: 30-33) eine zentrale Stellung im Textabschnitt 33-51 (H: 26-45) einnehmen. G wird durch den historischen Nachtrag 52 abgeschlossen.
Unter Beachtung der *strukturierenden Zwischenüberschriften* ergibt sich für das *griechische Jeremiabuch* folgende Gliederung:

1. Teil: 1,1-25,13	
1-10	»Frühzeitverkündigung« gegen Israel und Juda/Jerusalem; Verkündigung in der Zeit Jojakims (608-597)
11-17	Szenarien prophetischer Existenz
18-20	(Zeichenhandlungen, »Konfessionen«, Verfolgung des Propheten)
21-24	Verkündigung in der Zeit Zidkijas (597-586)
25,1-13	Verkündigung in der Zeit Jojakims (608-597)
2. Teil: 25,14-32,24	
25,14-32,24	Die Völkerorakel
3. Teil: 33-51	
33-36	Tempelrede und Auseinandersetzung mit »falschen« Propheten
37-38	Trostbüchlein
39-40	Ackerkauf und Heilsworte
41	Zidkijas Ende und Widerruf der Sklavenbefreiung
42	Vorbild der Rechabiter
43-46	Konflikt mit Jojakim und Zidkija (»Leidensgeschichte des Jeremia«)
47-50	Gedalja und Flucht nach Ägypten
51,1-30	Götzendienst der Ägyptenflüchtlinge
51,31-35	Heilswort für Baruch
Geschichtlicher Anhang: 52	

Mit Blick auf die unterschiedlichen Aufbauschemata von H und G empfiehlt es sich, das Profil des Jeremiabuchs von drei für Jer charakteristischen Textkomplexen her nachzuzeichnen: von den Völkerorakeln (1.2), vom Einleitungskapitel Jer 1 (1.3) und von den Konflikttexten (1.4).

1.2 Die Völkerorakel (= VO)

Die unterschiedliche Position der VO sowie die unterschiedliche Reihenfolge der einzelnen Orakel in G und H haben in der Forschung zu unterschiedlichen Erklärungsversuchen geführt; sei es, daß G die ursprüngliche Position der VO bietet (so u.a. *W.Rudolph; W.L.Holladay; B.Huwyler*, wobei die von G gebotene Spruchreihenfolge nicht ursprünglich sein muß), sei es, daß H die ursprüngliche Position der VO bietet (so u.a. *S.Mowinckel, G.Fischer*). In jedem Fall ist zu klären, wie es zu der veränderten Position und der unterschiedlichen Reihenfolge der VO im jeweils anderen Texttyp kommt. Zur Erklärung der internen Anordnung der VO in G kann man für den ersten Teil an ein historisches Nacheinander der Bedeutung der Großmächte Elam-Ägypten-Babel für Israel denken und für den dritten Teil geographische Erwägungen anstellen (Philister-Edom-Ammon-Kedar/Hazor-Damaskus-Moab; die Stellung des letztgenannten bleibt so allerdings unerklärt; neben dem Gewicht der Schlußposition fällt der ungewöhnliche Umfang dieses VO auf). Für H fügt sich die Erstlingsposition Ägyptens an die nun vorausgehenden Worte Jeremias an die Flüchtlinge aus Juda (42-44) an; die Philister in ihrem Vorgelände eröffnen die Reihe der Nachbarn Israels; vor allem aber erhält Babel durch die Schlußstellung besonderes Gewicht. Falls das südmesopotamische Elam für Persien steht, verkörpert Babel apokalyptisch die letzte widergöttliche Macht. Die Spruchsammlung gegen Babel wird 51,60ff ein eigenes »Buch« genannt; wie seinerzeit sein Bruder Baruch Jeremias Worte gegen Jerusalem (H: Israel), Juda und die Völker im Tempel vorzutragen hatte (Kap.36), soll nun Seraja diese Schrift laut vor Babel vorlesen und sie dann zeichenhaft wirksam im Eufrat versenken. Die Neuakzentuierung Babels findet im gesamten hebräischen Jeremiabuch ein vielfaches Echo (nicht zufällig fällt der Name ca. 40x häufiger; Nebukadnezzar wird 20x zusätzlich mit vollem Titel genannt und heißt gar JHWHs »Knecht«).

Die Völkerorakel insgesamt bereiten der Lektüre besondere Schwierigkeiten. Als poetische Texte voller Wort- und Klangspiele widersetzen sie sich fremdsprachlicher Wiedergabe. Sie spielen insbesondere mit Ortsnamen, sowie topographischen und kulturgeographischen Besonderheiten, zu denen uns oft die Hintergrundinformationen fehlen. Sprecher und Sprechrichtung können unerwartet wechseln. Manche Zeilen lassen sich ebensogut als Ausdruck des Entsetzens wie höhnischen Spotts deuten. Vor allem geht uns die Kenntnis der konkreten Konflikt-Situation ab, aus der heraus hier gegen Enttäuschungen aus verratener Nachbarschaft oder gegen die bleierne Schwere erlittener Macht angegangen wird. Auffällig ist das dichte Netz von Anspielungen und Zitaten, durch das innerhalb des Textkomplexes 46-51, aber auch zu VO anderer Prophetenbücher Querverbindungen geschaffen werden (z.B. 48,1-47 zu Jes 15-16; 49,7-22 zu Obd 1-10).

Wie weite Teile beider Jeremiabücher zeigen die VO inhaltlich ein auffällig unvermitteltes Nebeneinander von Drohung und Verheißung (Ägypten erhält 46,26, die Nachbarn Ammon 49,6 und Moab 48,47, sowie Elam 49,39 - in G nur dieses! - die Ankündigung einer Wende; 46,27f steht mitten unter den VO ein Trostwort für den Knecht Jakob; vgl. 50,4.17-20.33f; 51,5.10f.33-36.45-51); formal wechseln häufig Prosa und Poesie. Als jeremianisch wird vor allem das Ägyptenorakel (46,3-12.14-24) eingeschätzt. Neuerdings möchte *B.Huwyler* einen recht großen Teil der VO auf Jeremia zurückführen.

1.3 Das Einleitungskapitel Jer 1 als Programm

Überschrift mit Datierungen	1,1-3
1. Wort JHWHs »an mich«	1,4-10
Vorherbestimmung zum Propheten für die Völker Einwand, Widerrede, Sendung, Redeauftrag Ermahnung zu Furchtlosigkeit, Beistands- und Rettungszusage Wortübertragungsgestus und Deutung Wirkungsbereich und Aufgaben: »Ausreißen und niederreißen, vernichten und einreißen, aufbauen und einpflanzen«	1,5 1,6f 1,8 1,9f
2. und 3. Wort JHWHs »an mich«. Visionspaar mit Frage-Antwort-Deutung	1,11-19
Mandelbaum: JHWH wacht über sein Wort/überkochender Topf: Unheil aus dem Norden Ausführung der Deutung: Feinde aus dem Norden errichten ihre (Richter-)Stühle; JHWH hält Gericht gegen Jerusalem und Judas Städte Aufforderung zu Einsatz und Furchtlosigkeit. Ausstattung zum Dienst: Jeremia als »Gegenfestung« gegen Land, Führungselite, Volk; Konfliktprognose und Beistands-/Rettungszusage	1,11f/1,13f 1,15f 1,17-19

Jer 1 legt vielfältige Spuren ins Buch hinein:
(1) Die komplexe *Überschrift mit Datierungen* qualifiziert die »Angelegenheiten/ Worte Jeremias« als JHWH-Wort und akzentuiert zwei Primärdaten (par 25,3 vgl. 3,8; 36,1): die Herrschaftszeit Joschijas ab dessen 13. Jahr (627; nach 2 Chr 34,3 soll der König 628 mit Kultsäuberungsmaßnahmen begonnen haben; daß kein Wort des Buches eindeutig in die Joschijazeit terminiert werden kann, gibt zu vielfältigen Änderungsvorschlägen und Spekulationen über Jeremias Frühzeitverkündigung Anlaß) *und* die Zeit der Babylonierherrschaft unter Jojakim bis zur Zerstörung Jerusalems unter Zidkija im Juli/August 586. Die kurzen Herrschaftszeiten Joahas/Schallums und Jojachins, sowie die Zeit nach dem Untergang Jerusalems (Kap.40-44) werden übergangen.

In diesem Zusammenhang ergibt sich auch das Problem der Frühzeitverkündigung Jeremias: Der historische Wert der Angabe in 1,3 wird häufig angezweifelt, so daß die sich aus der traditionellen Datierung ergebende vierzigjährige Tätigkeit des Propheten nicht selten als sekundäre Stilisierung verstanden wird, die Jeremia entweder zum Wegbereiter der joschianischen Reform macht (*Ch.Levin*) oder ihn als zweiten Mose versteht (*Ch.R.Seitz*). Der häufig als Beweis für eine Frühzeitverkündigung angeführte Textabschnitt 2-6 wird als eine Komposition verstanden, deren Entstehung komplex und im einzelnen nur schwer nachweisbar ist und deren Sprüche eher die gesamte Wirkungszeit von Jeremia umfassen (*R.Liwak*).
Diejenigen, die eine Frühzeitverkündigung ausschließen, verlegen den Beginn der Tätigkeit von Jeremia unter König Jojakim und damit nach 609.

(2) *»Prophet für die Völker«* (1,5) ist ein singulärer Titel, der erst in der Selbstdarstellung des Paulus als »Apostel für die Heiden« (Gal 1,15ff) ein entferntes Echo finden wird. Die Bezeichnung »Prophet« wird Jeremia gleich von Anfang an wie selbstverständlich zugeschrieben. In keinem der benachbarten Bücher tauchen die entsprechenden nominalen und verbalen Formen »Prophet«, »prophezeien« mit

vergleichbarer Häufigkeit auf (95 bzw. 40x; vgl. Jes: 7/0; Ez: 17/35: Zwölf-Prophetenbuch: 36/10). Während sich in den anderen Prophetenschriften die Belege auf wenige Kapitel konzentrieren, finden sie sich hier immerhin in 33 der 52 Kapitel. 31x wird Jeremia explizit als »der Prophet« bezeichnet (allerdings fehlt diese Apposition in G nicht weniger als 27x!).

Inwiefern erscheint Jeremia als Prophet für die Völker? Zunächst kündigt er ein Aufgebot von Feindvölkern aus dem Norden als JHWHs Gerichtswerkzeuge (1,15, vgl. 4,16; 34,1) an; Völker werden aufgerufen als Zeugen des Urteils (6,18), aber auch der ergangenen gerechten Strafe (22,8; 29,18; 44,8) und schließlich der Begnadigung Judas/Israels (31,10; 33,9); Völker spielen ihre Rolle als »Gastgeberländer« der versprengten Judäer (9,15), als dunkle Hintergrundfolie für die unvergleichliche Weisheit JHWHs (10,7), aber auch als Kontrastexempel für die unvergleichliche Schuld Israels (2,10f; 18,13); sie werden selber Adressaten des Strafgerichts (9,24f; 25,9-1; 30,11; 36,1, angedeutet im Aufbruch des »Völkerwürgers« 4,7, ausgeführt in 25,19-38 und in den Drohreden gegen die Völker 46-51) und dienen als Werkzeuge für JHWHs Gericht an Babel (25,14; 27,7; 50f passim); Gericht und späteres Heil werden insbesondere den Nachbarn Israels (12,14-17) angesagt. Die Unterwerfung von Völkern unter Nebukadnezzar, die Jeremia anzukündigen hat, wird JHWHs schöpfungsweite Herrschaft dokumentieren (Kap.27f). Die grundsätzliche Reflexion über JHWHs Souveränität, aufzubauen oder einzureißen, zu pflanzen oder auszureißen, wird an seinem Umgang mit Völkern thematisiert (18,1-17).

Diese universale Perspektive der Verkündigung geht wohl nicht auf Jeremia selbst zurück, sondern auf eine spätere Interpretation seiner Worte: So rahmen die Sprüche über Völker und Königreiche (1,5.10) das in 1,6-9 im Dialogstil vorkommende »Berufungsschema« und erweisen sich als Produkt späterer Bearbeiter. In dieselbe Richtung weist auch die Beobachtung, daß der redaktionelle, den Völkeraspekt beinhaltende Abschnitt 25,1-14 eine Rahmung mit Kap.1 bildet, so daß die Worte Jeremias in 2-24 aus dieser universalen Perspektive gedeutet werden sollen.

(3) 1,11-15 führt der *Anblick eines Mandelzweiges*, dessen Bezeichnung hebräisch wie »Wachebaum« klingt, zur Eingebung, daß JHWH über der Erfüllung seines Wortes wacht; parallel dazu weckt ein überkochender Topf bedrohlich das Bild heranflutender feindlicher Heere, wobei die Wendung »Unheil gegen alle Bewohner des Landes/der Erde« (1,14) in jeweiliger Abwandlung in 13,13 (»alle Bewohner dieses Landes mit Trunkenheit füllen«), 25,29 (»das Schwert gegen alle Bewohner der Erde«) und 45,5 (»Unheil über alle Sterblichen«) wiederkehrt. 24,1-10 werden Jeremia zwei Körbe mit Feigen ganz unterschiedlicher Qualität als Bilder für die korrumpierten Judäer unter Zidkija und für die nach Babylon Deportierten, an denen JHWH seine Freude habe, gedeutet.

Für 24,1-10 ergeben sich folgende Rückbezüge zu Kap.1: In beiden Fällen liegt die Frage JHWHs vor »Was siehst du?« (1,11a; 24,3a), gefolgt von der Einführung der Antwort Jeremias »und ich sagte« (1,11b; 24,3a). Die Quadriga »aufbauen, nicht zerstören, einpflanzen, nicht ausreißen« (24,6b) liegt auch in 1,10 vor, allerdings erweitert und in anderer Reihenfolge. Ein weiterer Rückbezug ergibt sich durch die Worteereignisformel »und das Wort JHWHs erging an mich, sprechend« in 24,4 zu 1,4.11.13.

13,1-14 bringt ein Gürtel, den das Eufratwasser zerfressen hat, Jeremia zur Erkenntnis, wie sich JHWH Juda vergeblich gewünscht hat: anschmiegsam wie ein Lendenschurz; 18,1-17 wird der Töpfer und seine Art, ein mißratenes Werkstück aufzugeben und neu anzusetzen, zum Anschauungsobjekt für JHWHs Souveränität im Umgang mit seinem »Material«. 13,1-14 und 18,1-17 bilden durch die Wortereignisformel »und das Wort JHWHs erging an mich, sprechend« in 13,3.8 und 18,5 jeweils einen Rückbezug zu Kap.1.

Daneben werden *Auftritte mit Zeichenhandlungen* und ihren Folgen berichtet: 19,1-20,6 das Zerbrechen eines irdenen Krugs; 25,15-29 der Auftrag, Völkern einen Becher zum Trinken aufzunötigen, der sie betrunken werden, taumeln und stürzen läßt; 27f die Übergabe von Jochen und Stricken an die Teilnehmer einer Konspirations-Konferenz gegen Babel bzw. Jeremias Auftritt mit einem Joch auf dem Nacken und der Gegenauftritt Hananjas; 43,8-13 das Einmauern von Basis-Steinen vor dem Haus des Pharao für den Aufbau eines Zeltes Nebukadnezzars. 32,1-44 zeigt eine Aktion, bei der Jeremia von seinem Cousin einen Acker kauft und dabei vor Zeugen beide Ausfertigungen der Kaufurkunde, die private wie die zur öffentlichen Kundgabe bestimmte, Baruch zur verschlossenen Verwahrung übergibt.

Ein *sprechendes Zeichen* für die Botschaft ist vor allem *der Prophet selbst*. Der Verzicht auf Frau und Kinder, auf die Teilnahme an Trauerbräuchen und Freudenfeiern (16,1-9) machen die Züge des kommenden Gerichts an seiner Person ablesbar, und wenn in den überaus häufigen Klagetexten des Buches auch immer wieder der/die Redende - vielleicht absichtlich - undefiniert bleibt (Gott, der Prophet, das Volk, Zitat eines Anonymus, einer Anonyma?), so verkörpert doch immer wieder Jeremia in seiner Person das illusionslos hellsichtige und ebenso wehrlos betroffene, überwältigte klagende Subjekt (Rückbezug durch die Wortereignisformel in 16,1 zu 1,4.11.13). Offengeblieben ist dabei in der Forschung, ob die markantesten einschlägigen Passagen, die *sog. Konfessionen* (11,18-12,6; 15,10-21; 17,12-18; 18,19-23 und 20,7-18) als ursprünglich höchstpersönliche und nur privat aufgezeichnete Texte oder als Elemente weiterreichender, zur Weitergabe bestimmter Einheiten verstanden werden sollen.

Schon 1917 hat *W.Baumgartner* darauf hingewiesen, daß die Komposition der sog. Konfessionen unter dem Einfluß der Gattung der individuellen Klagelieder erfolgt sei. Jeremia habe sich dieser Gattung bedient, sie aber durch die Verarbeitung seiner subjektiven Erfahrung inhaltlich neu gefüllt. *F.D.Hubmann* möchte im Hinblick auf 12,1-5 und 15,15-19 die Klage Jeremias im Rahmen seiner Auseinandersetzung mit prophetischen Gegnern verstehen. Erst durch Bearbeitung hätten die Texte und damit das Geschick Jeremias einen paradigmatischen Charakter erhalten. Nach *N.Ittmann* haben die sog. Konfessionen - trotz aller gattungsmäßigen Vorgaben - eine solche individuelle Gestalt angenommen, daß sie als Selbstzeugnisse des Propheten Jeremia zu gelten haben. Daher schreibt er den sog. Konfessionen eine Schlüsselfunktion für das Verständnis der gesamten Botschaft Jeremias zu. Im Gegensatz dazu sehen u.a. *K.-F.Pohlmann* und *D.H.Bak* in den sog. Konfessionen redaktionelle Deutungen der Verkündigung und der Person Jeremias vorliegen, die zum Zweck der Selbstidentifikation angefochtener Kreise in nachexilischer Zeit verfaßt wurden und daher paradigmatischen Charakter haben.

(4) *»Ausreißen und niederreißen, vernichten und einreißen, aufbauen und einpflanzen«* (1,10) definieren die Aufgaben, zu denen Jeremia als Instrument eingesetzt wird. In den 85 Belegen, in denen diese Verben noch einzeln oder in Gruppen durch das ganze Buch hindurch vorkommen, ist nie der Prophet, wohl aber des öfteren JHWH das ausdrücklich genannte Subjekt.

Jeremia hat JHWHs Wort auszurichten. Dieses Wort ist nach 1,9 in seinen Mund gelegt worden. JHWH droht, »das Wort in deinem Mund zu Feuersglut« zu machen (5,14). Jeremia selbst beteuert: »Kamen Worte von dir, so verschlang ich sie; dein Wort war mir Glück und Herzensfreude« (15,16); doch macht er damit auch die Erfahrung: »Sooft ich rede, muß ich schreien, ›Gewalt und Unterdrückung!‹ muß ich rufen. Denn das Wort des Herrn bringt mir den ganzen Tag nur Spott und Hohn« (20,8). Das Wort könne dem Propheten sowenig ausgehen wie dem Priester die Tora und dem Weisen der Rat (18,18), behaupten Jeremias Gegner, doch er selbst ist überzeugt, sie hätten nicht in Gottes Ratsversammlung gestanden und könnten folglich dem Volk »das Wort« nicht verkünden (23,18.23). JHWHs Wort sei »wie Feuer und wie ein Hammer, der Felsen zerschmettert« (23,29).

Dem Übergewicht der beiden destruktiven Wortpaare in Jeremias Aufgabenheft entspricht die Dominanz der Gerichtsreden im gesamten Buch. Heilsworte bilden den Inhalt des sog. *Trostbuches für Israel Kap.30f*, dessen Kernworte sich vielleicht ursprünglich an das Nordreich gerichtet haben und das erst nachträglich erweitert auch an Juda adressiert worden ist. Heil kündigt auch Kap.33 an, das sich an die Zeichenhandlung und -deutung vom Ackerkauf Kap.32 anschließt.

(5) *»Ich werde mein Urteil sprechen«* (1,16): Was andeutungsweise in Bildern und dann im Klartext als kriegerischer Vorgang angekündigt wird, proklamiert gerichtliches Vorgehen des Richters JHWH im Rahmen eines Strafprozesses. Entsprechend werden die Teilsammlungen der ersten Buchhälfte von Anklagen und Urteilsankündigungen beherrscht.

(6) *»Fürchte dich nicht vor ihnen«* (1,8): Bevor noch überhaupt AdressatInnen ins Blickfeld treten, wird vorausgesetzt, daß es zur Bedrohung des Boten kommt. »Erschrick nicht vor ihnen, sonst setze ich dich vor ihren Augen in Schrecken« (1,17). »Mögen sie dich bekämpfen, sie werden dich nicht bezwingen« (1,19). Das Thema beherrscht das Einleitungskapitel wie das gesamte Buch, und entsprechend sehen die Bilder aus, mit denen die Dienstausstattung umschrieben wird: »Ich selbst mache dich heute zur befestigten Stadt, zur eisernen Säule und zur ehernen Mauer gegen das ganze Land, gegen die Könige, Notabeln und Priester von Juda und gegen die Bürger des Landes« (1,18).

1.4 Die Konflikttexte: der kämpferische und der bekämpfte Prophet

Unter Jeremias Gegnern fallen zwei Gruppen besonders auf: Propheten (und Priester) sowie Könige (und Beamte).

Ein Teil der einschlägigen Worte, die sich an die genannten Kontrahenten richten, wie auch der narrativen Texte, die von Konflikten mit eben diesen Gruppen handeln, sind zu *eigenen Sammlungen* zusammengestellt worden. So sind die Worte von 23,9-32 ganz den Propheten als Kontrahenten Jeremias gewidmet. Doch stehen darüber hinaus polemische Worte gegen sie nicht nur in Zusammenhängen, wo sie unter den Elitegruppen einfach mitaufgezählt sind (2,8.26; 8,1; 13,13), sondern auch - meist gepaart mit den Priestern - in 4,9; 5,31; 6,13; 8,10-12; 14,13-15. In 26-29 sind mehrere Episoden unter dem Gesichtspunkt zusammengestellt worden, daß sie den *Konflikt Jeremias mit den Propheten* dokumentieren sollen:

Jer 26	Jer 27	Jer 28	Jer 29
Propheten/Priester wollen Jeremia beseitigen	Jeremia warnt vor falschen Propheten bei den Völkern und in Jerusalem	Auftritt des exemplarischen Gegenpropheten Hananja	Exilsprophet fordert vom Tempelaufsichtspriester Maßnahmen gegen Jeremia

Mit 26-29 liegt eine komplexe Textentwicklung mit mehrfachen Redaktionen vor (*Th.Seidl*), wobei 29 (Brief Jeremias) eine Sonderstellung einnimmt (vgl. *A.Graupner* und *K.Schmid*). Auffällig ist, daß G in 27-29 einen kürzeren Text bietet als H. Dies kann so gedeutet werden, daß der Kurztext in G sekundär durch Kürzung entstanden ist (*K.Schmid*), u.a. mit der Absicht, Jeremia noch deutlicher von seinen Gegnern, den Falschpropheten, abzusetzten (*A.Graupner*).

Als thematisches Arrangement von Texten zum *Konflikt zwischen Jeremia und König* kann man die *Kapitel 21-24* und *34-38* verstehen.

Zidkija läßt Jeremia konsultieren (vgl. 37,3-8). Bitte und Hoffnung auf Wiederholung der »früheren Wunder« (Exodus und Landgabe). Antwortauftrag: JHWH, der einst Israels Befreiungskriege geführt hat, kämpft nun gegen sein Volk. Wer vom Volk überläuft, rettet sein Leben. Botschaft an das Volk: Überläufer können ihr Leben retten. Wer bleibt, kommt um.	21,1-10
Spruchsammlung über das Königshaus: Zwei generelle Worte über Davidshaus und Hof. Grundforderung: Sorge für das Recht = Schutz der Schwachen; Folgen des Versagens. Gericht. Auftrittsauftrag in der Residenz; Höraufruf an König und Hof; Forderungen und Verheißung; Folgen für den Fall des Bundesbruchs.	21,11-22,9
Spruchsammlung gegen drei Könige *Gegen Schallum/Joahas*: Der von Necho Deportierte ist beklagenswerter als sein gefallener Vater. *Gegen Jojakim*: Wehewort über den Ausbeuter und großmannsüchtigen Palastbauer, Vergleich mit Joschija, Gerichtswort: Tod ohne Klage; Eselsbegräbnis Klageaufruf (an Jerusalem? als Hauptstadt, an die Residenz?). Unheil über die Hirten *Über Jojachin*: Klage Gottes über den Verworfenen ohne Thronfolger	22,10-30 22,10-12 22,13-19 22,20-23 22,24-30
Die »Hirten« (die Könige, aber wohl auch führende Kreise insgesamt, Überleitung zu den Worten über die Propheten); Weheruf und Anklage; Gerichtswort; Wende: Rückführung des Rests; Verheißung neuer Hirten; Verheißung eines neuen Königs; sein programmatischer Name: JHWH - unsere Gerechtigkeit. Überbietung des Exodus (vgl. 16,14f).	23,1-8
Spruchsammlung über die Propheten (und Priester) Anhang: Instruktion über den rechten Umgang mit der Frage nach dem Gotteswort	23,9-32 23,33-40
Vision von den beiden Feigenkörben Heil für die Deportierten von 597, Rückkehr; »aufbauen«/»einpflanzen« (vgl. 1,10), erkenntnisfähiges Herz (vgl. 31,33f; Ez 11,19; 36,26). Zugehörigkeit JHWH + Volk *Unheil für Zidkija, Elite und Volk, völlige Vernichtung*	24,1-10 24,5f 24,8-10

Die Datierung in den Zusammenhang der Prophetenkonsultation durch eine Delegation Zidkijas nimmt den negativen Ausgang der Bemühungen Jeremias voraus, um ihrem Schicksal am Ende (Kap.24) einen hoffnungsvollen Anfang bei den seit 597 Deportierten entgegenzusetzen, bevor im hinteren Rahmen erneut Zidkija Gericht angesagt wird. Offenbar geht es auch in 34-38 um das Gegenüber von

Prophet und König. Die Rahmenstücke 34,1-7 und 38,14-28 sowie dazwischen 37,1-10 konfrontieren Jeremia wieder mit Judas letztem König *Zidkija* (vgl. in der Skizze die schraffierten Kästchen am Rand).

Jeremia tritt vor Zidkija 1. Wort JHWHs: Gericht über die Stadt, Auslieferung des Königs 2. Wort JHWHs: gewaltsamer Tod ist nicht unausweichlich, ehrenvolles Begräbnis noch möglich	34,1-7
Die widerrufene Sklavenbefreiung; Gerichtsadressaten, an prominenter Stelle: *Zidkija*	34,8-22
Das vorbildhaft befolgte Wort: Rechabiter; Datierung (in die Zeit Jojakims, parallel zu 36) Kontrastexempel; erfolgloses Reden JHWHs und der Propheten; Drohwort: das Unheil kommt Begründetes Heilswort für die Rechabiter	35,1-19
Die eklatanteste Gehorsamsverweigerung: Datierung ins 4. Jahr Jojakims (605) *Das vernichtete Buch* Vom König befohlene Verhaftung Jeremias und Baruchs von Gott vereitelt Einleitung zu neuem Wortempfang; Auftrag, eine zweite Rolle zu schreiben Wort über Jojakim; Erweiterung der Adresse auf Jerusalemer und Judäer und erneute Ankündigung des ganzen angedrohten Unheils. Zweite erweiterte Rolle	36,1-32
Zidkija ersucht Jeremia um Fürbitte (vgl. 21,1-10)	37,1-10
Jeremias Ergehen und Verhalten in den letzten Wochen Jerusalems	37,11-40,6
Jeremias Gefangennahme, Mißhandlung und Inhaftierung	37,11-16
Heimliche Konsultationen durch Zidkija, Hafterleichterung	37,17-21
Notabeln betreiben Jeremias Tod	38,1-6
Intervention und Rettung durch Ebed-Melech	38,7-13
Letztes - heimliches - Gespräch Jeremias mit Zidkija	38,14-28
Jerusalem fällt; Collage von Elementen aus 52,4-16 und 2 Kön 25,1-12	39,1-10
Eroberung der Stadt; *Strafe Zidkijas,* Schicksal der Stadt und der Bevölkerung	
Befreiung Jeremias, Anweisung Nebukadnezzars an Nebusaradan	39,11-14
JHWH-Wort mit Rettungszusage an Ebed-Melech (vgl. 21,9; 45,5)	39,15-18
JHWH-Wort an Jeremia: Der oberste General der Eroberer (!) bestätigt Jeremias Drohbotschaft mit ihrer Begründung, löst seine Fesseln und zeigt babylonische Großmut	40,1-6

Berücksichtigt man die redaktionelle Arbeit in H, so kann eine Entwicklung beobachtet werden, die von einem positiven zu einem immer negativeren Zidkija-Bild hinführt: Während in 37,3-38,28 Zidkija getrennt von den »Notabeln« (königliche Beamte adeliger Herkunft, die Jer nach dem Leben trachten) als Bittsteller auftritt und sogar das Leben des Propheten zu schützen versucht, wird diese Sonderstellung Zidkijas in der redaktionellen Überleitung 37,1-2 sowie in 21,1-7 und 34,8-22 ausgeblendet. In 32,1-5 und 34,1-7 wird Zidkija dann als Feind und Verfolger Jeremias porträtiert (*H.-J.Stipp*). G bzw. die hebräische Vorlage greift dieses negative Bild von Zidkija auf und trägt es durch Bearbeitungen auch in die Textstellen ein, die vormals ein positives Bild von Zidkija zeichneten. Vergleiche hierzu 37,18-21 (H) mit 44,18-21 (G).

Neben Texten, in denen die Kritik einem individuellen König (und seinem Hofstaat) gilt, stehen Passagen, in denen die Kontrahenten als Institution gesehen werden (vgl. 1,18; 2,26): die Königsgräber insgesamt sollen geschändet werden (8,1), eine Mehrzahl von Königen müssen den Gerichtsbecher trinken (13,13; 25,17 vgl. 32,32; 44,17.21.21); in einer fingierten Szene aus distanzierter Rückschau kann Jeremia in 17,19 (vgl. auch 19,3) eine Mehrzahl von Königen von Juda zur Aufmerksamkeit rufen.

Der Kreis der attackierten Elite weitet sich, wo *die Hirten* angesprochen werden. Anders als im Ezechielbuch, wo die Belege mit diesem Stichwort sich auf das Kap.34 konzentrieren (Ausnahme: 37,24) und das Thema systematisch abhandeln (Kritik an den Hirten und Klage über die Folgen für die Herde; Ankündigung, daß Gott selbst das Hirtenamt übernehmen werde; Gericht über Schafe und Böcke; Verheißung eines davidischen Hirten), durchzieht das Thema Hirten das gesamte Jeremia-Buch: 2,8 Kritik an der Untreue der Hirten; 10,21 an ihrer Torheit und der Zerstreuung der Herde; 50,6 Klage über Hirten als Verführer; 22,22 Verdikt über die korrupten Hirten Jerusalems; 6,3 und 12,10f Ankündigung von fremden Hirten = Herrschern, die Volk und Land abweiden = zerstören, vgl. 43,8; Nebukadnezzar, JHWHs Knecht (!), wird sein »wie ein Hirte, der sein Gewand laust«, wenn er Ägypten mit zerstörerischem Krieg überzieht; 23,18-22 Gericht über einzelne Könige, verallgemeinert auf die Hirten insgesamt; 25,32-35 Aufruf zur Klage an die vom Weltuntergang bedrohten Hirten; 3,15 Verheißung besserer Hirten für Israel mit Einsicht und Weisheit; 31,10 Ankündigung, daß JHWH selbst seine Herde weiden wird; 33,23f Verheißung neuen, intakten Hirtenlebens (vgl. 31,23f korr Text); 49,17 und 50,43 welcher Hirt (aus Edom bzw. Babel) könnte dem Hirten JHWH widerstehen? Daneben finden sich die meisten Hirtentopoi auch zusammengefaßt in Jer 23,1-4.

2. Entstehung

B.Duhm gesteht im Vorwort seines epochemachenden Kommentars, er habe sich »vor diesem Buch immer mehr gefürchtet als vor irgendeiner anderen alttestamentlichen Schrift« (VII). Der Vergleich der beiden Überlieferungen und die oben vorgestellten Beobachtungen haben den Eindruck unabweisbar gemacht: Das Buch hat einen komplexen Entstehungsprozeß hinter sich.

2.1 Das Jeremiabuch - Dokument einer entstehenden Schriftkultur

Die Erzählung *Kap.36* scheint ein *Vorstellungsmodell* für die Entstehung des Jeremiabuchs anzubieten: Jeremia hat seine bisherigen Worte dem Schreiber Baruch für einen Gesamtvortrag diktiert und nach Vernichtung dieser Rolle eine zweite Fassung auf dieselbe Weise und mit zusätzlichen Worten herstellen lassen. Die Geschichte weiß allerdings nichts von Nachträgen Dritter; sie liefert auch (außer dem Datum) kaum Kriterien, welche erhaltenen Texte dem vermuteten Kernbestand zuzurechnen wären, und die Historizität des Erzählten darf auch nicht fraglos vorausgesetzt werden, denn 36 stellt in seiner Endgestalt bewußt eine Kontrasterzählung zu 2 Kön 22f dar, so daß Jojakim dem idealen König Joschia antitypisch entgegengestellt wird. Die vielfältigen Versuche einer Rekonstruktion der Urrolle haben auch nicht zu einem Konsens geführt. Dennoch bietet 36 eine Hilfe, die Entstehung des Jeremiabuches im Rahmen eines Fortschreibungsmodells zu verstehen.

Man wird *von allgemeineren Überlegungen* ausgehen müssen: Im Jeremiabuch spielt »Geschriebenes« eine auffallend wichtige Rolle. Eine anthropologisch/soziologisch orientierte Archäologie (vgl. *D.W.Ja-mieson-Drake*) kann aufgrund von Ausgrabungen und flächendeckenden Surveys die sozioökonomischen und siedlungspolitischen Rahmenbedingungen soweit klären, daß für Jerusalem ab dem 7.Jh. die Annahme einer schriftkundigen Elite sehr plausibel wird. Jüngere Funde haben sogar Bullen zutagegefördert, die mit großer Wahrscheinlichkeit die Existenz von Zeitgenossen, die im Jeremiabuch namentlich genannt werden, belegen (vgl. *K.Seybold*, Der Prophet Jeremia 14f).

Wenn aber Textproduktion und Textpflege nur auf den kleinen Teil der damals lese- und schreibfähigen Bevölkerung, die auch örtlich in einem kleinen und überschaubaren Milieu (Palast/Tempel) beheimatet ist, beschränkt bleibt, dann fällt auch die Hauptschwierigkeit eines Fortschreibungsmodells für die Entstehung biblischer Bücher und des Buches Jeremia weg, die sich in der Frage auftut, wie denn die weitverbreiteten Schriftrollen ständig geändert werden konnten.

Wie immer die Entstehungsgeschichte des Jeremiabuches und seiner Teile zu beurteilen und die Historizität des darin Berichteten zu bewerten ist, wird man die Nachrichten nicht als pure Anachronismen abtun dürfen, daß Jeremia zu unbekannter Zeit einen Auftrag bekommen habe, hoffnungsvolle Worte für Israels Zukunft niederzuschreiben (30,2), daß er 605 seine bisherigen Vortragstexte Baruch zur Niederschrift diktiert und ihn mit der Verlesung im Tempel beauftragt (36,1-8; vgl. 45,1) und nach Vernichtung des Dokuments durch den König ein erweitertes Duplikat habe anfertigen lassen (36,17f.27f.32), daß er zur Zeit Zidkijas mit der bereits deportierten Oberschicht in Babel korrespondiert (Kap.29) und vom Priester Zefanja einen Antwortbrief eines gewissen Schemaja vorgelesen bekommen habe, der eine Maßregelung des Propheten forderte (29,25.29), und daß er schließlich Baruchs Bruder Seraja, der 594 Zidkija bei seinem *ad limina*-Besuch bei Nebukadnezzar begleitete, eine Niederschrift von Orakeln gegen Babel zur Verlesung und anschließenden Versenkung im Eufrat mitgegeben habe (51,59-64).

Das ganze Buch ist durchzogen von Hinweisen auf die »neue« Schriftkultur: Baruch trägt den Titel »Schreiber« (36,26); als Funktionsbezeichnung für höhere Beamte begegnet das Wort für einen »Schreiber des Heerführers, der die Bürger des Landes auszuheben hatte« (52,25); in der Halle des (Staats-)Schreibers im Palastbezirk versammeln sich 36,12 die Notabeln (nach 36,20f trägt der Ort den Namen »Halle des Schreibers Elischama«); 37,15.20 ist von einem Haus des Staatsschreibers Jonatan die Rede, in dem ein Gefängnis eingerichtet worden sei. Neben »Briefen/Büchern«, »Rollen« (36 passim; 51,60) mit »Spalten« (36,23), »Tafeln« (17,3), »Tinte« (36,18), »eisernem Griffel und diamantenem Stift« (17,1 vgl. 8,1) ist vom Schreibermesser (36,23) die Rede. Mehrfach werden Schriftdokumente erwähnt: 3,8 ein Scheidebrief JHWHs an Israel; 32,10-16.44 Kaufurkunden für Grundstückserwerb.

Könige, ihre Taten und ihr Schicksal werden dokumentiert, und Jojachin soll »als kinderlos aufgeschrieben werden« (22,30). Auch Anweisungen an die Richter oder Gerichtsprotokolle (»das Gesetz JHWHs«) müssen schriftlich vorliegen; der

Prophet kann deshalb kritisieren, der »Lügengriffel der Schreiber« habe JHWHs Willen verfälscht (8,8). Die Weisungen des erneuerten Bundes sollen den Menschen ins Herz geschrieben werden (31,33), aber auch »Judas Sünde wird aufgeschrieben mit eisernem Griffel, mit diamantenem Stift eingegraben in die Tafel ihres Herzens und in die Hörner ihrer Altäre« (17,1). Das anstehende Gericht über das Land und die Völker gilt als schriftlich festgehalten im Jeremiabuch (25,13). Die von Ältesten wörtlich zitierte, über 100 Jahre alte Unheilsdrohung Michas von Moreschet (26,17f) und zahlreiche Anspielungen auf andere frühere Propheten setzen schriftliche Dokumentation voraus (vgl. 2,2 mit Hos 2,17; 3,2 mit Hos 4,13; 4,3 mit Hos 10,12; 6,19 mit Jes 1,2; 6,20 mit Jes 1,11 und Am 5,21; 6,26 mit Am 8,10; 7,9 mit Hos 4,2; 7,22 mit Am 5,25; 17,15 mit Jes 5,19; 22,13 mit Mi 3,10; 31,20 mit Hos 11,8; 46,6 mit Nah 3,9; 48,1-47 mit Jes 15f; 49,7-22 mit Obadja; 50,39 mit Jes 13,20; 51,11 mit Jes 13,17; 51,53 mit Jes 14,13; 51,58 mit Hab 2,13). Angesichts der schwierigen Entstehungsgeschichte dieser Texte ist die Abhängigkeitsrichtung ebenso unklar wie diejenige zwischen 5,28 und Dtn 32,15; 11,4 und Lev 26,12 sowie Dtn 26,17f; 19,9 und Lev 26,29 sowie Dtn 28,53.

2.2 Theorien der Forschung

Der komplexen Entstehungsgeschichte des Jeremiabuches entspricht auch ein komplexes Bild der Forschungsgeschichte. Überblickt man den Zeitraum vom Beginn des 20. Jahrhunderts bis heute, so läßt sich ein Übergang vom Quellenmodell zum redaktionsgeschichtlichen Modell beobachten, wobei letzteres vielfältige und differenzierte Ausgestaltungen erfahren hat. Anhand von *vier Erklärungsmodellen* wird der Verlauf der Forschung skizziert:

(1) Das Quellenmodell:

B.Duhm versuchte in seinem Kommentar von 1901, einen Kernbestand authentischer Jeremiaworte mittels poetischer Kriterien herauszuarbeiten und beließ Jeremia ca. 60 Gedichte mit identischem Metrum. Neben diesen Gedichten sah *B.Duhm* in den *Baruch ben Nerija* zugeschriebenen Aufzeichnungen über das Leben Jeremias eine weitere große Überlieferungsgruppe (»das Buch Baruch«), welche 26-29 und 32-45 umfaßte. Die Gedichte und »das Buch Baruch« erhielten dann noch ergänzende Bearbeitungen (ca. 850 Verse), zu denen auch die Heilsaussagen in 30-33 und die Fremdvölkersprüche in 46-51 gehörten. Das Heranwachsen zum vorliegenden Jeremiabuch verglich *B.Duhm* mit dem Wachsen und dem Ausbreiten eines unbeaufsichtigten Waldes.

In Fortführung der Überlegungen von *B.Duhm* entwickelte *S.Mowinckel* 1914 seine Vierquellentheorie, die nur für die Kapitel 1-45 Gültigkeit beansprucht, da seiner Meinung nach 46-52 nicht zum eigentlichen Jeremiabuch gehören, sondern einen späteren Anhang darstellen. Die vier schriftlichen Quellen setzen sich wie folgt zusammen:

Quelle A = Sprüche und Selbstberichte in 1-25;
Quelle B = Fremdberichte in 19,2-20,6; 26; 28-29 und 36-44;
Quelle C = deuteronomistisch beeinflußte Predigten in
 7,1-8,3*; 11*; 18*; 21*; 25*; 32*; 33-34* und 44*;
Quelle D = nachexilische Sammlung von Heilsworten in 30-31.

Die Quellen A und B sind nach *S.Mowinckel* in aristokratischen Kreisen der ägyptischen Diaspora zwischen 580 und 480 v.Chr. zusammengearbeitet worden, während die Quelle C aus inhaltlich-theologischen Gründen nicht älter als Esra sein kann. Die zeitliche Einordnung der Quelle D ist dagegen schwierig. Nach *S.Mowinckel* muß das vorliegende Jeremiabuch seine Endredaktion vor 165 v.Chr. erfahren haben.

W.Rudolph ist *S.Mowinckel* in der Zuordnung der Texte zu den Quellen A, B und C gefolgt, wobei er allerdings die Fremdvölkersprüche 46,1-49,33 zur Quelle A rechnet. Auch 30-31 bildet keine eigenständige Quelle D mehr, sondern ist weitgehend der Quelle A zuzuordnen. Der entscheidende Wendepunkt - und damit der Übergang von einem Quellenmodell zu einem redaktionsgeschichtlichen Modell - liegt in der Einschätzung von C, dessen Verfasser für *W.Rudolph* der Hauptredaktor des Jeremiabuches ist.

Damit eröffnete *W.Rudolph* eine Forschungsrichtung, die sich u.a. im Konzept der deuteronomistischen Redaktion des Jeremiabuches niederschlägt.

(2) Das redaktionsgeschichtliche Modell:

Zahlreiche und im Ergebnis divergente Arbeiten haben sich den vielfältigen sprachlichen und inhaltlichen Berührungen von Texten des Jeremiabuches und solchen des Deuteronomiums oder des deuteronomistischen Geschichtswerks gewidmet.

Nach Vorarbeiten durch *S.Herrmann* hat *W.Thiel* für das vorliegende Jeremiabuch (mit Ausnahme von 46-51) eine deuteronomistische Redaktion nachgewiesen (Schicht D), die sowohl die poetischen als auch die prosaischen Texte umfaßt. Für *W.Thiel* sind die Beziehungen zwischen dem Jeremiabuch und der deuteronomisch-deuteronomistischen Literatur vornehmlich literarischer Art, so daß für ihn der Sprachbefund das wichtigste Kriterium für den Nachweis einer deuteronomistischen Redaktion bildet. Diese Redaktion hat schriftliches Traditionsgut des Propheten übernommen und durch literarische Entlehnungen aus dem Deuteronomium und dem deuteronomistischen Geschichtswerk angereichert und so aktualisiert. Gleichzeitig hat diese Redaktion durch die Einfügung eigener Texte das Gesamtbild jeremianischer Verkündigung wesentlich verändert (vgl. z.B. die Exodustradition und die Umkehrforderung).

Thiels Ansatz ist breit rezipiert worden und hat vielfältige Differenzierungen erfahren. So stellt z.B. die von *T.Odashima* bezeichnete *vordeuteronomistische Redaktion* eine Zwischenschicht dar, die zwischen jeremianisches Traditionsgut und deuteronomistische Redaktion tritt.

Aufgrund der differenzierenden Forschung am deuteronomistischen Geschichtswerk wurde gegen *W.Thiel* mehrfach der Einwand geäußert, daß seine Schicht »D« weder inhaltlich noch literarisch eine einheitliche Schicht darstelle. So ordnet *K.-F.Pohlmann* 21,1-10 und 24, die *W.Thiel* der Schicht »D« zuordnet, sowie 37-44 einer *golaorientierten Redaktion* zu, die vorgegebene Texte auf die Hauptaussage hin überarbeitet, daß allein die babylonischen Exulanten (= Gola) unter Jojachin die legitime Nachfolge des untergegangenen Israels antreten können. *Ch.R.Seitz* ist, wenn auch mit teilweise anderer Abgrenzung und abweichender

Datierung, zu demselben Ergebnis wie *K.-F.Pohlmann* gekommen.

Für die frühexilische Zeit rechnet neuerdings *Ch.Hardmeier* mit einer tiefen Spaltung in der Anhängerschaft deuteronomistischen Gedankengutes in Juda, die sich durch eine Pro- und durch eine Contra-Haltung zum Propheten Jeremia äußert.

Auch wenn die soziologischen Daten fehlen, um von einer *deuteronomistischen Bewegung* zu sprechen, in deren Kreisen die Redaktoren oder der Redaktor zuhause gewesen sind, spricht manches dafür, daß die bereits erwähnten sprachlichen und theologischen Berührungen mit der übrigen Literatur, die im Bannkreis des Deuteronomiums steht, hauptsächlich auf das Konto der Herausgeber eines exilischen Jeremiabuches gehen.

(3) Das sprachgeschichtliche Modell:

Dieses Modell versucht die Gemeinsamkeiten zwischen dem Jeremiabuch (Prosareden) und dem Deuteronomium und dem deuteronomistischen Geschichtswerk sprachgeschichtlich zu erklären. Der deuteronomistische Sprachstil in Jeremia muß daher kein spätes, nur redaktionell zu erklärendes Phänomen sein, sondern kann als Idiom schon zu Lebzeiten Jeremias vorgelegen haben. Jeremia als Dichter mit origineller Sprache kann (oder muß) sich *gleichzeitig* als »Prediger« im Idiom dieser Zunft, in der sich auch »Deuteronomisten« betätigen, ausgedrückt haben. Unterschiedlicher Sprachstil muß daher nicht auf eine komplexe redaktionelle Textentwicklung mit unterschiedlichen Verfasserkreisen hinweisen. Hier schließen sich - unter Ablehnung einer deuteronomistischen Redaktion - die Überlegungen von *W.L.Holladay* an, der den sprachlichen Unterschied zwischen Prophetensprüchen und Prosareden im Jeremiabuch dadurch zu lösen versucht, indem er die jeremianischen Prosareden als nachträgliche Umformulierungen der Prophetensprüche charakterisiert (»prototype and copies«), wobei in beiden Fällen prophetische Authentizität von ihm nicht in Frage gestellt wird, ist doch Jeremia mit dem deuteronomistischen Sprachstil groß geworden.

Hieran schließt sich auch die Position von *H.Weippert* an, die für die Prosareden des Jeremiabuches keinerlei deuteronomistische Redaktion gelten läßt, so daß die Prosareden als auf den Propheten Jeremia zurückgehende *Kunstprosa* eingeschätzt werden.

(4) Das Modell der kleinräumigen Fortschreibungen:

In Aufnahme von Duhms Bild des wildwuchernden Waldes und als Gegenbewegung zum Quellenmodell und zu einem Redaktionsmodell, welches mit großräumigen Redaktionen rechnet, wurde das Modell der kleinräumigen Fortschreibungen entwickelt. Ein Hauptvertreter ist *W.McKane*, der für die Entstehung des Jeremiabuches das Modell des *rolling corpus* verwendet: Ausgangspunkt sind jeremianische oder nicht-jeremianische *kernels* (= Kerntexte im Umfang eines Verses bis hin zu einer Texteinheit), die in einem sukzessiven, bis in die nachexilische Zeit dauernden Prozeß kleinräumiger Fortschreibungen zu dem Texttyp »heranwachsen«, wie sie uns in G oder H vorliegen. Kleinräumige, prosaische Fortschreibungen greifen dabei nicht selten auf jeremianische Poesie zurück (*reservoir idea*), ohne daß *W.McKane* dabei eine deuteronomistische Redaktion ausschließt. Daran zeigt sich, daß Thiels Modell der deuteronomistischen Redaktion durch *W.McKane* auf differenzierte Weise rezipiert wird. Demselben Modell der Textentwicklung sind auch *Ch.Levin, R.Liwak* und *R.P.Carroll* verpflichtet.

Blickt man abschließend auf die *jüngste Forschungssituation*, so fällt auf, daß *H.-J.Stipp*, der besonderes Augenmerk auf das Verhältnis zwischen G und H legt, sich eher skeptisch gegenüber großräumigen Redaktionen äußert (vgl. seine Kritik an der »Rédaction de la Restauration« von *Y.Goldman*) und eher im Rahmen des Modells kleinräumiger Fortschreibungen von *Revisionen* bzw. *Rezensionen* spricht. Im Gegensatz dazu steht die Hypothese von *K.Schmid*, daß im vorliegenden Jeremiabuch verschieden *Buchgestalten* mit den entsprechenden inhärenten Geschichtskonzepten vorliegen: Ausgehend vom Endtext, deuten die vom Text aufgezeigten Leselinien und Sachbezüge darauf hin, daß im Verlaufe des literarischen Wachstums der Jeremiatext mehrfach großräumige Redaktionen erfahren hat, die den jeweils vorliegenden Text als Buch gestalten. In diesem Zusammenhang übernimmt *K.Schmid* nicht das Modell einer deuteronomistischen Redaktion, da seiner Meinung nach deuteronomistische Spracheigenschaften nicht redaktionsgeschichtlich, sondern traditionsgeschichtlich auszuwerten sind.

2.3 Die Herkunft der Erzählpassagen

Die Erzählungen über Jeremia haben nicht genügend innere Verbindungslinien, daß man von einer Biographie reden könnte. Sucht man mögliche Zeugen, die »unerfindliche« Details weitergegeben haben können, ist zunächst daran zu erinnern, daß die Kunst, Unerfindliches zu fingieren, nicht ganz neu ist. Dann wird man darauf hinweisen dürfen, daß erzählende Passagen des Jeremiabuches eine auffällige Häufung von Personennamen zeigen, die für ereignisnahe Darstellung und echte historische Informationen bürgen können. Man wird sich schlecht vorstellen können, daß beispielsweise jemand nachträglich das Drohwort gegen Jojakim erfunden hat, das nie in Erfüllung gegangen ist (36,23). Unter Jeremias Parteigängern und möglichen Informanten für die Erzählüberlieferungen stößt man auf den Schreiber Baruch ben Nerija (siehe Kap.32,12-16; 36 passim und 45), aber auch auf Ahikam ben Schafan (26,24), sowie den Priester und Tempelaufseher Zefanja ben Maaseja, der nach 29,29 den Antrag Schemajas, Jeremia zu maßregeln, offenbar nicht ausführt, sondern Jeremia vorliest, und der als einziges Mitglied beider Delegationen, die Zidkija zu Jeremia schickte, Augenzeugeninformationen von den beiden Befragungen in 21,1 und 37,3 besaß. Schließlich kann niemand außer dem Kuschiter Ebed-Melech selber die Vorgänge im Zusammenhang der Rettung Jeremias aus der Zisterne 38,7-13 so detailgetreu beschrieben haben (vgl. auch das Rettungswort an ihn 39,15-18).

Keinen namentlich bekannten Tradenten kann man für das Dossier benennen, welches in 40,13-41,15 den Davididen Jischmael ben Netanja und seinen Kampf gegen den von Babel eingesetzten Statthalter Gedalja und seine Leute als terroristischen Attentäter darstellt. Mit Jeremia hat es nichts zu tun und zeigt auch keine prophetische Bewertung der Vorgänge. Achtet man auf die Interessen, die hier zum Zug kommen, kann man ein Stück politischer Zweckliteratur vermuten, eine offizielle Darstellung, mittels derer schwarz auf weiß klargestellt wird, es habe sich beim Mord an Gedalja nicht um eine breitabgestützte Revolte mit davidischen Ambitionen gehandelt, sondern um das Attentat eines Meuchelmörders.

Die Erzählung von Jeremias Verhaftung und Befreiung durch die Babylonier (34,7; 37,3-39,14*) hingegen verrät eine ganz andere Tendenz: mit ihren recht präzisen historischen und topographischen Detailkenntnissen zeichnet sie plausibel Jeremias Leiden während der letzten Monate Jerusalems, die Feindschaft der Kreise, die alles auf die Karte »Widerstand gegen Babel« setzten und keine Wehrkraft-zersetzer tolerieren wollten, die Schwäche des unsicheren Königs und die zuvorkommende Behandlung Jeremias durch die Eroberer. Diese Erzählung war gewiß geeignet, in der Zeit unmittelbar nach der Einnahme und Zerstörung Jerusalems Jeremias Autorität zu stützen und Kooperation mit den Siegern als Überlebenstrategie darzutun (vgl. *H.-J.Stipp*, Jeremia 287f).

2.4 Zur Person Jeremias

Seinen Eigennamen teilt Jeremia mit rund 10 anderen biblischen Trägern. Er ist auch zeitgenössisch auf einem Ostrakon aus Lachisch belegt. Die Namensdeutung ist umstritten. Die Herkunftsangaben lassen ihn aus Anatot, einem Ort wenige km nördlich von Jerusalem, stammen. Seine Bewohner haben ihrem Landsmann nach 11,18-23 das Auftreten als Prophet ausreden, ja ihn sogar umbringen wollen. Nach 32,6-9 lag das Familiengrundstück, zu dessen Erwerb er sich nach 37,11 ins Land Benjamin begeben wollte, in eben diesem Anatot. Dorthin hatte seinerzeit Salomo den Priester Davids Ebjatar verbannt (1 Kön 2,26). Vermutungen über verwandt-schaftliche Verbindungen oder über Zusammenhänge mit dem Schicksal einer Anatoter Priesterschaft zur Zeit der Kultreformen Joschijas müssen aber Spekula-tion bleiben. Als levitischer Priester hätte Jeremia keinen Grund und Boden besitzen können. Priesterliche Prägung seiner Botschaft ist - im Gegensatz etwa zu Ezechiel - nicht erkennbar. Inpflichtnahme, Sendung und Ausstattung Jeremias in 1,4-10 erinnern an Berufungen von Rettern wie Mose (Ex 3f), Gideon (Ri 6), Samuel (1 Sam 9f) und mit dem knappen visionären Element 1,9 an Jes 6 und Ez 1-3.

3. Theologische Schwerpunkte

Aufgrund der komplexen Entstehungsgeschichte des Jeremiabuches ist es wichtig, sich darüber klar zu werden, wie man die theologischen Themen, die in diesem Buch vorliegen, erfassen und auswerten will. Dabei ist zu berücksichtigen, ob man seine Aufgabe vorrangig darin sieht, möglichst viele theologische Aussagen auf den Propheten Jeremia als historische Person zurückzuführen, oder ob man zunächst seine Aufgabe darin sieht, die theologischen Aussagen des Buches im Rahmen seiner Redaktionsgeschichte transparenter darzustellen.

In beiden Fällen schließt sich die alternative Fragestellung an, ob es überhaupt eine »Theologie« i.S. eines relativ geschlossenen Gedankengebäudes gibt, in dem die theologischen Aussagen aufeinander abgestimmt sind und möglicherweise auf ein Hauptthema (»Schlußstein«) zulaufen, oder ob sich das theologische Profil des Propheten Jeremia bzw. des Jeremiabuches eher durch die Eigenart der Verknüpfung und Neuinterpretation von explizit bzw. implizit rezipierten theologischen Aussagen ergibt, ohne daß durch den Propheten bzw. durch das Zusammenspiel der Redaktionen im Buch ein geschlossenes theologisches Gebäude beabsichtigt ist.

Hinzu tritt die Frage, wie sich das theologische Gedankengebäude des Propheten/des Buches bzw. die neuformulierten theologische Aussagen des Propheten/des Buches zu Begriffen und Modellen einer in anderen Bereichen des AT rezipierten bibeltheologischen Systematik verhält bzw. verhalten. Sind solche Begriffe/Modelle überhaupt anwendbar? Wo erfahren sie durch den Propheten/durch das Buch spezifische Änderungen?

Abschließend sei noch darauf hingewiesen, daß das Buch Jeremia in zwei Fassungen (H und G) mit je eigenem theologischen Profil vorliegt, welches jeweils für die andere Buchfassung theologisch relevant werden kann, je nachdem wie die Frage nach der historischen Priorität entschieden wird. Im folgenden werden *theologische Schwerpunkte* des *Buches* Jeremia unter besonderer Berücksichtigung des Verhältnisses von *Theologie und Ethik* einerseits und des Verhältnisses von *Unheil und Heil* andererseits behandelt.

3.1 Theologische und ethische Kritik

Die *theologischen und ethischen Analysen* des Buches sind teils originell, teils stereotyp formuliert. Sehr häufig ist von »Göttern« (meist von »fremden Göttern«) die Rede; sie seien so zahlreich wie Judas Städte (2,28; 11,13). Das schuldhafte Fehlverhalten wird bezeichnet als: nachlaufen, dienen, opfern, Trankopfer spenden, Rauchopfer darbringen, anbeten, bei Göttern schwören, einen Gott/Götter machen, Gott/Götter vertauschen. Die Kehrseite dieser Zuwendung zu Göttern heißt dann: JHWH verlassen, sich von ihm entfernen. Neben diesen gehäuften Formulierungen stehen beziehungsreiche bildhafte Wendungen: »Mich hat es verlassen, den Quell des lebendigen Wassers, um sich Zisternen zu graben, Zisternen mit Rissen, die das Wasser nicht halten« (2,13). »Ihr habt mein Land entweiht und mir mein Eigentum zum Abscheu gemacht« (2,7). »Hat je ein Volk seine Götter gewechselt? Mein Volk aber hat seinen Ruhm gegen unnütze Götzen vertauscht« (2,11). »Wie hast du dich gewandelt zum Wildling, zum entarteten Weinstock!« (2,21). »Wie ein Brunnen sein Wasser sprudeln läßt, so läßt sie - die Stadt Jerusalem - ihre Schlechtigkeit sprudeln. Von Gewalttat und Unrecht hört man in ihr; ständig sind mir vor Augen Leid und Mißhandlung« (6,7). »Vergißt denn ein Mädchen seinen Schmuck, eine Braut ihre Bänder? Mein Volk aber hat mich vergessen seit ungezählten Tagen« (2,32). In diesem Zusammenhang ist auf die enge Relation zwischen dem Verhalten Israels JHWH gegenüber und seinem Ergehen in dem ihm von JHWH geschenkten Land hinzuweisen. Folgt Israel anderen Göttern, prozessiert JHWH gegen sein »auserwähltes« Volk. Er droht mit dem Verlust des Landes und damit der (nationalen) Eigenständigkeit. Dieser theologische Grundgedanke wiederholt sich im Jeremiabuch und wird - je nach Situation - weiter ausgestaltet durch Metaphern wie z.B. durch die Weg-Metapher in 2,23-25.36-37.

Einen wiederkehrenden Charakter hat die Rede von Böses tun, von Abtrünnigkeit, vom Verehren des Machwerks der eigenen Hände, vom Verschmähen (6,19) der Tora/Weisung JHWHs, die man zu besitzen vorgibt (8,8) und glaubt, sie könne dem Priester nicht abhanden kommen (18,18); man »wandelt« (= lebt) nicht in ihr, hat sie verlassen, sie nicht befolgt (16,11), hat Gott (oder seinen Namen) vergessen. 14x ist von Baal (den Baalen) die Rede, in dessen Dienst die Propheten auftreten; seinetwegen haben die Väter JHWH vergessen (23,27), haben ihre Kinder gewöhnt, ihnen nachzulaufen (9,13), auch wenn sie dies explizit bestreiten (2,23), doch das augenscheinliche, »brünstige Treiben im Tal« widerlegt sie; von den Völkern haben sie sich den Schwur bei Baal beibringen lassen (12,16), sie opfern ihm (7,9; 11,17) und erzürnen damit JHWH, sie haben ihm auf Dächern (32,29) und in sämtlichen Gassen Jerusalems Altäre gebaut (11,13); als besonders verwerflich gilt die Kulthöhe Baals im Tal Ben Hinnom, wo man Söhne und Töchter durchs Feuer gehen läßt (32,35; vgl. 19,5). In Fortführung zu Hosea, der »Baal« kultkritisch verwendet, weitet Jeremia den Begriff »Baal« aus, um andere außerkultische Abscheulichkeiten mit einem Schimpfnamen benennen zu können (*M.Schulz-Rauch*).

Die Übergänge zwischen theologischen und ethischen Vorwürfen sind fließend. Das prominente Stichwort lautet hier *šæqær* = Lug, Trug, Verlogenheit. Neben konkreten Situationen, in denen der Gesprächspartner der Lüge bezichtigt wird, bringt der Begriff theologische und ethische Urteile zum Ausdruck: Götzen sind

Trug, d.h. keine Lebenskraft (Atem) ist in ihnen (10,14; 16,19; 51,17); ebenso stehen Höhenheiligtümer samt ihrem Kult als Trug im Kontrast zu JHWH, der retten kann (3,23); doch ihm hat sich Juda unter dem Eindruck des Untergangs des Nordreiches nur trügerisch, nur nach oberflächlichem Anschein zugewandt (3,10). Wer JHWH verläßt und sich auf diesen Trug verläßt, geht zugrunde (13,25). Trügerisch sind aber auch die Empfehlungen, sich auf einen quasi magischen Schutz durch die Anwesenheit Gottes im Tempel zu verlassen (7,4.8), seine Präsenz verträgt sich nicht mit »stehlen, morden, die Ehe brechen, falsch schwören, dem Baal opfern und anderen Göttern nachlaufen« (7,9). Aber auch die »Weisung JHWHs«, auf die man sich beruft, besitzt keine Echtheitsgarantie, kann durch den Lügengriffel der Schreiber zu Lug und Trug korrumpiert werden (8,8). Verlogenheit als eigentliche Signatur der Zeit wird sichtbar in den Meineiden, die geschworen werden (5,2); »Lüge, nicht Wahrhaftigkeit herrscht im Land« und entsprechend »schreiten sie von Verbrechen zu Verbrechen« (9,2). »Jeder täuscht seinen Nächsten, die Wahrheit reden sie nicht. Sie haben ihren Zungen das Lügen perfekt beigebracht, sie handeln verkehrt, zur Umkehr sind sie zu träge« (9,4). Nicht mehr das Recht JHWHs bestimmt eine auf Solidarität gründende Gesellschaftsordnung, sondern Täuschung, Betrug und Gewinn prägen - bei einer falsch verstandenen Tempelfrömmigkeit - als oberste Maximen die Gesellschaft. Daher gelten Jeremia besonders zwei Stände als eklatante Exponenten dieser unsolidarischen Einstellung: Propheten und Priester (6,13; 8,10; 14,10-16).

Jeremias Adressaten werden nicht nur als verlogen, sondern insgesamt als moralisch verkommen hingestellt. Doch ist auch bei diesem Vorwurf eine scharfe Grenze zwischen theologischem und ethischem Urteil kaum zu ziehen. 3,1-13 formuliert in Anlehnung an Hosea kultpolemische Vorwürfe an das Nordreich Israel, einerseits im Klartext und andererseits unter Bildern von Ehebruch und Hurerei einer Frau. Die Anspielung an das deuteronomisch dokumentierte Gesetz, daß eine geschiedene und wiederverheiratete Frau nicht zu ihrem ersten Mann zurückkehren dürfe (Dtn 24,1-4), dient neben drastischen Schilderungen des buhlerischen Treibens, der schamlosen Resistenz gegen alle Strafmaßnahmen und der halbherzigen Umkehr argumentativ dazu, eine ausweglose Situation aufzuzeigen, die Gott in unerhörter Weise überwindet, wenn er Israel trotzdem zur Rückkehr und Schuldanerkennung einlädt.

3.2 Ankündigung von Unheil und Heil

Mehr Platz noch als die Diagnosen des Verhaltens der Adressaten nehmen die Prognosen der zu erwartenden Folgen ein. In manchen Worten und in gewissen Bildern erscheint *das Gericht* als unausweichlich: »Ändert etwa ein Neger seine Hautfarbe oder ein Leopard seine Flecken? Dann könntet auch ihr euch noch bessern, die ihr ans Böse gewöhnt seid« (13,23). »Mein Zorn ist für immer entbrannt« (17,1). »JHWH sprach zu mir: Selbst wenn Mose und Samuel vor mein Angesicht träten, würde sich mein Herz diesem Volk nicht mehr zuneigen. Schaff sie mir aus den Augen, sie sollen gehen« (15,1). Klagen aus dem Exil werden vorweggenommen: »Horch! Die Tochter, mein Volk, schreit aus einem fernen Land: Ist denn JHWH nicht in Zion, oder ist sein König nicht dort?« (8,19). Ein totales Verdikt ergibt sich aus dem Zeichen des im Eufrat-Wasser irreparabel verderbten Gürtels (13,1-12) und aus dem Bildwort, daß jeder Weinkrug dazu da sei, daß schließlich einmal Wein eingefüllt werde, und ebenso alle Bewohner des Landes jetzt dran seien, von Gott abgefüllt, betrunken gemacht zu werden (13,12f). Unerbittlich klingt das Ende dieser Gottesrede: »Ich zerschmettere sie, den einen am andern, Väter und Söhne zugleich - Spruch JHWHs. Keine Schonung, kein Mitleid und kein Erbarmen hält mich ab, sie zu vernichten« (13,14).

Doch läßt sich schnell feststellen, daß dieses Buch nicht nur von überaus harten und bedrohlichen, ausdrucksstarken, aber auch stereotypen Unheilsprojektionen, sondern gleichzeitig von gelegentlich unvermittelt benachbarten, farbigen oder monotonen Gegenvorstellungen und -erwartungen *des Heils* durchzogen wird. Die Subtraktion eines Bestandes von Texten mit konsequent negativen Erwartungen aus dem vorliegenden Buch gelingt aus theologischen und literarischen Gründen nicht, obwohl hier mit größten Anteilen späterer Zuwächse zu rechnen ist. Sie gelingt theologisch nicht: Die Gott zugeschriebenen Ankündigungen werden dem Kalkül der menschlichen Alltagslogik entzogen, wenn etwa nach 3,1-13 Gott das (nach geltenden Gesetzen: vgl. Dtn 24,1-4) Unmögliche schafft: die geschiedene Frau darf zurückkehren. Weil Israel (und Juda) nicht durch eigene Leistung umkehren können/wollen, verzichtet JHWH auf weitere Bestrafungen. JHWH zürnt nicht für immer und ist letztlich gnädig (3,12). Deshalb dürfen Israel (und Juda) zu JHWH zurückkehren.

Heil/Unheil lassen sich in der Vorstellungswelt der Texte nicht säuberlich scheiden. Unheil und Gericht dürfen sich nicht grenzenlos austoben: Jeremia selbst bekommt bei seiner Einsetzung (vgl. Neuberufung 15,20) Rettungszusagen (1,8.19); die Bilder von der »befestigten Stadt und der ehernen Mauer« (1,18) implizieren dabei eine Schutzzone, die über sein Individuum hinausgeht. Explizit begrenzt wird das Gericht über das Land (4,27): »doch völlig vernichten will ich es nicht« (vgl. 5,10.18).

Am deutlichsten eingeschränkt wird die Auswirkung des angekündigten Gerichts dort, wo es zeitlich begrenzt und gar ein »Danach« ins Auge gefaßt wird: 27,7 rechnet mit 3 Generationen Babylonierherrschaft; 25,11f redet von 70 Jahren, wonach Babylon selbst verwüstet werden soll, und 29,10 verbindet mit derselben Frist die Erfüllung des »guten Wortes« (der Heilsbotschaft) der Rückführung. 50,18-20 soll (gemäß 51,59) bereits 594 die Abrechnung JHWHs mit Babylon vorhergesagt und die Rückführung Israels in seine besten Siedlungsgebiete (Karmel, Baschan, Bergland Efraim und Gilead) angesagt haben. Israels Schuld und Judas Sünden sollen dann einem übriggebliebenen Rest vergeben werden. 50,33 sieht sogar schon eine Situation vor, in der die Herrschaftsvölker die Freilassung Israels und Judas verweigern und Gott seine Sache mit Macht an die Hand nehmen muß. 29,12 macht JHWH die Wende davon abhängig, daß man nach ihm ruft, sucht, fragt.

Heilszusagen für die Zeit nach ergangenem Gericht (zunächst an das von Assur zerstörte Nordreich gerichtet, aber im Buch offensichtlich mit erweiterter, Juda und Jerusalem miterfassender Adressierung) finden sich schon in Kap.3: Gnade, nicht mehr Zorn (3,12); einer pro Stadt, zwei pro Sippe werden nach Zion gebracht (3,14); Hirten nach Gottes Herz werden das Volk weiden (3,15; vgl. 23,3). Zur Zeit des Segens (Fruchtbarkeit und Mehrung 3,16) heißt Jerusalem »Thron JHWHs«, hier versammeln sich alle Völker (3,17, vgl. 16,19-21), Juda und Israel kehren gemeinsam ins Erbland zurück (3,18). Der Schwur beim Gott der Herausführung aus Ägypten wird abgelöst durch die Anrufung des Gottes, der aus dem Nordland und allen Ländern der Zerstreuung zurückgeführt hat (16,14; 23,7). Ein davidischer »Sproß« mit dem Namen »JHWH, unsere Gerechtigkeit« wird für Recht, Gerechtigkeit und Sicherheit sorgen (23,5; 33,15f).

Vergleicht man H mit G hinsichtlich der Aussagen über Gott, so betont G (durch Textzufügungen) mehr die Souveränität Gottes (*H.-J.Stipp*, Sondergut) und achtet darauf, anthropomorphe Wendungen, die H für Gott verwendet (Gefühle, Emotionen) nicht oder nicht so stark widerzugeben (vgl. die Beobachtungen von *G.Fischer* zu 30-31).

Im Zusammenhang von Unheil und Heil ist die sog. Trostschrift, die die Kapitel 30 und 31 umfaßt (anders *K.Schmid*: 30-33), besonders wichtig. Während nach *S.Mowinckel* die Sammlung nicht von Jeremia stammt, führt sie dagegen *W.Rudolph* weitgehend auf Jeremia zurück. Im weiteren Verlauf der Forschungsgeschichte ist zu beobachten, daß je höher eine deuteronomistische Redaktion für das Jeremiabuch insgesamt veranschlagt wird, desto eher auch die Trostschrift als Resultat einer deuteronomistischen Redaktion aufgefaßt wird (so vor allem *S.Herrmann* und *W.Thiel*), wobei ein jeremianischer Grundbestand unterschiedlich hoch angesetzt wird. Neuerdings unterliegt ein solches deuteronomistisches Redaktionsmodell der Kritik (u.a. *R.P.Carroll*; *H.-J.Stipp*) und die Entstehung der sog. Trostschrift wird alternativ dazu im Rahmen eines komplexen, kleinräumigen Fortschreibungsmodells verstanden (*K.Schmid*).

Eine Lösung in der Kontroverse, ob ein poetischer Grundbestand der sog. Trostschrift in die umstrittene Frühzeitverkündigung unter König Joschija zu datieren ist (*N.Lohfink*) oder ob die sog. Trostschrift größtenteils erst eine exilische Bildung (*S.Herrmann*; *T.Odashima*) oder insgesamt – bei vorausgesetzter literarkritischer Einheitlichkeit – erst nachexilischen Ursprungs ist (*G.Fischer*), wird die weitere Forschung am Jeremiabuch anbieten müssen.

Besondere theologische Aufmerksamkeit hat immer wieder die Wendung $b^e r\hat{i}t \; h^a d\bar{a}\check{s}\bar{a}$ erfahren, die entweder im Sinne eines »neuen Bundes« (u.a. *G.Fischer*; *W.Groß*) oder im Sinne eines »erneuerten Bundes« (u.a. *Ch.Levin*; *N.Lohfink*; *E.Zenger*) verstanden wird. Nach *W.Groß* liegt die Ursache des »neuen Bundes« in der göttlichen Vergebung des sündhaften Bundesbruchs, der seit dem Auszug aus Ägypten immer wieder betrieben wurde (31,34b), wobei - unter Berücksichtigung der Textstruktur - 31,31-34 vor allem an der Diskontinuität zu dem Bund interessiert ist, den JHWH mit den Vätern beim Auszug aus Ägypten geschlossen hat. Dabei ist JHWHs Handeln völlig unmotiviert, da eine Umkehr der Schuldigen nicht vorausgesetzt wird, so daß *W.Groß* den »neuen Bund« als »reine Gnaden-Berit« charakterisiert. Die Eigenart des »neuen Bundes« besteht darin, daß die Tora nicht auf eine Schriftrolle, sondern *auf das Herz* des geeinten Israels geschrieben wird. Daher kann dieser Bund niemals mehr gebrochen werden.

Die strittige Frage, ob mit »neuer« bzw. »erneuerter Bund« wirklich eine vom Text beabsichtigte, sich gegenseitig ausschließende Alternative vorliegt, oder ob eher aus der Leserperspektive (verbunden mit theologischen Vorentscheidungen) eine Differenzierung in »neu« bzw. »erneuert« für das Adjektiv $h\bar{a}d\bar{a}\check{s}$ vorgenommen wird, die es inhaltlich und in der vorliegenden grammatischen Form gar nicht besitzt (*W.Groß*), kann nur eine Analyse beantworten, die bei textnahen Beobachtungen einsetzt (u.a. Struktur von 31,31-34; Semantik von $h\bar{a}d\bar{a}\check{s}$, unter Berücksichtigung der Wendung, in der das Adjektiv vorliegt), ohne daß ein bestimmtes redaktionelles Entstehungsmodell für das Jeremiabuch (und damit für die sog. Trostschrift) schon stillschweigend vorausgesetzt wird und damit theologische Prämissen für die Wendung $b^e r\hat{i}t \; h^a d\bar{a}\check{s}\bar{a}$ getroffen werden.

Was schließlich die Aussicht auf eine Wende für die Völker anbelangt, fällt auf, daß sie für Ägypten (46,26), Moab (48,47), Ammon (49,6) und schließlich Elam (49,39) jeweils am Ende des einschlägigen Völkerspruchs in ziemlich gleichlautender, knapper Form angesagt wird, aber nur im letztgenannten Fall schon für die griechische Textüberlieferung belegt ist. Für Moab und Ammon ließe sich darauf verweisen, daß sie ja zu den Nachbarvölkern gehören, denen schon 12,14f gemeinsam verheißen wurde, JHWH werde sich ihrer nach der Zeit des Ausreißens erbarmen und jedermann auf sein Erbteil zurückbringen.

4. Relevanz

Jeremia und sein Buch sind vermutlich dem gegenwärtigen jüdischen Bewußtsein präsenter als dem christlichen. Nicht zufällig begegnen Passagen des Buches in den Chroniken der Schoa. Die eindrucksvollsten künstlerischen Gestaltungen des Themas stammen von jüdischen Autoren. *Stefan Zweig* hat durch die Arbeit an seinem sprachgewaltig expressionistischen (aber kaum aufführbaren) Bühnenstück »Jeremia« seine jüdische Identität wiedergefunden. *Leonard Bernstein* schrieb 1942 seine 1. Symphonie unter dem Titel »Jeremiah«. Während die beiden rein instrumentalen Sätze I »Prophecy« und II »Profanation« Pathos und Dramatik zum Zug kommen lassen, gelingt dem damals 24jährigen Komponisten im abschließenden III »Lamentation« eine ergreifend innige Vertonung für Sopran und Orchester von 4 hebräischen Texten aus den Klageliedern. *Elie Wiesels* Kurzportrait »Jeremias oder die Pflicht, auf die Zukunft zu setzen« (in: Von Gott gepackt. Prophetische Gestalten, Freiburg/Basel/Wien 1983,91-118) lebt aus der Tradition des Midrasch. Sein Urteil: »Jeremia spricht uns an als Schriftsteller, vor allem als ein moderner Chronist; seine fixen Ideen sind auch die unseren, ebenso seine großen Themen...: Zweifel an sich und anderen... Einsamkeit... Verzweiflung... Protest... Zeugnis... Und das letzte Thema: Trost. Der gleiche Prophet, der das Leiden mit ansehen mußte, beschreibt auch das Ende des Leidens. Der Chronist der Zerstörung findet auch Worte für den Beginn der Tröstung. Jeremia ist daher der erste - und eloquenteste - jüdische Schriftsteller aller Zeiten.«

Juden in aller Welt wie nach Israel Heimgekehrte berufen sich gerne auf den Propheten aus Anatot, hat er doch einerseits durch den Kauf eines Ackers mitten im Zusammenbruch nach dem Verständnis der Überlieferung den Anbruch einer neuen Heilszeit bezeichnet und vorweggenommen (Kap.32). Andererseits gab er durch seinen Brief an die Verbannten in Babel der jüdischen Existenz in der Diaspora (und Migranten überhaupt) ein theologisches Fundament: »Baut Häuser, und wohnt darin, pflanzt Gärten, und eßt ihre Früchte! Nehmt euch Frauen, und zeugt Söhne und Töchter, nehmt für eure Söhne Frauen, und gebt eure Töchter Männern, damit sie Söhne und Töchter gebären. Ihr sollt euch dort vermehren und nicht vermindern. Bemüht euch um das Wohl der Stadt, in die ich euch weggeführt habe, und betet für sie zu JHWH; denn in ihrem Wohl liegt euer Wohl« (29,5-7).

Das vielleicht berührendste zeitgenössische Echo auf das Jeremiabuch in seiner Komplexität von schonungsloser Analyse gängiger gesellschaftlicher Praxis, Klage, Protest und mystisch-verwegener Hoffnung sind die »Cantiones de circulo gyrante«; *Klaus Huber* läßt hier Texte, die *Heinrich Böll* auf das zerstörte Köln kurz vor seinem Tod geschrieben hat, mit Visionen und sapientialen Einsichten von *Hildegard von Bingen*, sowie Texte aus dem Requiem zusammenstoßen.

Im NT wird Jeremia viel seltener und in weniger Schriften zitiert als beispielsweise Jesaja (rund 4x seltener). In der katholischen Perikopen-Ordnung für gottesdienstliche Sonn- und Feiertagslesungen sind auf drei Jahre hin ganze 10 Jeremiatexte vorgesehen (gegenüber 41 Jesaja-Lesungen). Eine Parole wie 51,5: »Nicht verwitwet sind Israel und Juda von ihrem Gott« wird christlicherseits noch kaum in ihrer Aktualität wahrgenommen.

Während 31,31-34 im AT isoliert steht, scheint die Wendung *bᵉrît hᵃdāšā* im NT wirkungsgeschichtlich mehrfach bedacht zu sein. Ob allerdings das Kelchwort in 1 Kor 11,25‖Lk 22,20 (»neuer Bund« im Blut Christi) von Jer 31 her zu verstehen ist und ob ein Rückbezug von Röm 11,25-27 (Verheißung des »neuen Bundes«) zu Jer 31 vorliegt, wird in jüngster Zeit als eher unwahrscheinlich betrachtet (*W.Groß*). Im Unterschied dazu zitiert Hebr 8,8-12 und 10,15-17 Jer 31,31-34 (G-Fassung), wobei im Rahmen einer gruppenspezifischen Selbstdefinition pointiert auf die Diskontinuität zwischen »neuem Bund« und »erstem Bund« hingewiesen wird.

Im Hinblick auf das jüdisch-christliche Gespräch wird neuerdings bezweifelt (*W.Groß*), daß biblische Bundeskonzepte (speziell das Konzept vom »neuen Bund«) für das nachbiblische Verhältnis von Synagoge und Kirche (Problematik der gemeinsamen Wurzel, der bleibenden und tiefgreifenden Verschiedenheit und der fortwährenden Verwiesenheit aufeinander) eine Lösung anbieten können, die beiden Seiten gerecht wird. Diesem Zweifel liegt freilich eine einseitig historisch orientierte Hermeneutik zugrunde, die der Dramatik der gesamtbiblischen (»kanonischen«) Bundestheologie nicht gerecht wird und die sich in theologischer Hinsicht auf die bloße Kritik beschränkt (*E.Zenger*).

IV.   Die Klagelieder
(Ivo Meyer)

Text: Jeremias, Baruch, Threni. Epistula Jeremiae, hg. J.Ziegler (Septuaginta: Vetus Testamentum Graecum XV) Göttingen ²1976
Kommentare: W.Rudolph (KAT) 1962; O.Plöger (HAT) ²1969; F.Asensio (BAC) 1970; D.R.Hillers (AncB) 1972; H.J.Kraus (BK) ⁴1983; H.J.Boecker (ZBK) 1985; H.L.Ellison (EBC) 1986; H.Groß (NEB) 1986; O.Kaiser (ATD) ⁴1992.
Einzelstudien: B.Albrektson, Studies in the Text and Theology of the Book of Lamentations (STL 21) Lund 1963; J.-D.Barthélemy, Les devanciers d'Aquila (VT.S 10) Leiden 1963; S.Bergler, Threni V - nur ein alphabetisierendes Lied? Versuch einer neuen Deutung: VT 27,1977,304-320; R.Brandscheidt, Gotteszorn und Menschenleid. Die Gerichtsklage des leidenden Gerechten in Klgl 3 (TThS 41) Trier 1983; G.Brunet, Les Lamentations contre Jérémie. Réinterprétation des quatre premières Lamentations, Paris 1968; ders., La cinquième Lamentation: VT 33,1983,149-170; F.M.Cross, Studies in the Structure of Hebrew Verse. The Prosody of Lamentations 1: 1-22, in: FS D.Freedman, Winona Lake 1983,129-155; M.Dahood, New Readings in Lamentations: Bib. 57,1976,174-197; M.Emmendörffer, Der ferne Gott (FAT) Tübingen 1998; E.S.Gerstenberger, Der klagende Mensch, in: FS G.von Rad, München 1971,64-72; I.G.P.Gous, The Origin of Lamentations, Pretoria 1988,130-143; W.C.Gwaltney, The Biblical Book of Lamentations in the Context of Near Eastern Lament Literature, in: W.W.Hallo/ J.C.Moyer/L.G.Perdue (Hg.), Scripture in Context II, Winona Lake 1983,191-211; B.Johnson, Form and Message in Lamentations: ZAW 97,1985,58-73; B.Kaiser, Poet as »female Impersonator«. The Image of daughter Zion as Speaker in biblical Poems of Suffering: JR 67,1987,164-183; E.Levine, The Aramaic Version of Lamentations, New York 1976; P.Michalowski, The Lamentation over the Distruction of Sumer and Ur (Mesopotamian Civilizations 1) Winona Lake 1989; J.Renkema, The Literary Structure of Lamentations (JSOT.S 74) Sheffield 1988,294-396; W.H.Ph. Römer, Klagelieder in sumerischer Sprache, in: TUAT 2,1986/91,691-712; W.H.Shea, The qinah Structure of the Book of Lamentations: Bib. 60,1979,103-107; C.Westermann, Die Klagelieder: Forschungsgeschichte und Auslegung, Neukirchen-Vluyn 1990.

1. Aufbau

Alle fünf Gedichte, die eindeutig abzugrenzen sind und darum mit der geläufigen Kapitel-Einteilung übereinstimmen, haben formmäßig mit dem Alphabet zu tun. Klgl 1 und 2 bringen 22 dreizeilige und Klgl 4 zweizeilige Strophen, die jeweils mit dem nächstfolgenden Buchstaben des Alphabets beginnen; Klgl 3 läßt gar alle drei Zeilen jeder Strophe mit demselben Buchstaben anfangen; Klgl 5 begnügt sich damit, die Buchstabengesamtzahl des ABC in 22 Versen abzubilden (vgl. im Psalmenbuch Ps 33; 38; 50; 103). Sog. Akrosticha sind schon akkadisch (dort entsprechend dem Schrifttyp syllabisch und nicht alphabetisch) belegt und in der Bibel im Psalter (Ps 9f; 25; 34; 37; 111f; 119), im Buch der Sprichwörter (Spr 31,10-31) und fragmentarisch u.a. in Nah 1,2-8 zu finden. Ob die so ausgedrückte Ganzheit magischen oder mnemotechnischen Sinn hat oder ursprünglich gehabt haben kann, ist unklar. Die Abfolge ist wohl eher beim Lesen als beim Hören wahrzunehmen und auf jeden Fall ein Rahmen, der den Verfasser vor Uferlosigkeit bewahrt.

Eine Besonderheit sei noch erwähnt: die Abweichung der Buchstaben- und damit Strophenfolge in den Liedern 2, 3 und 4 darf vielleicht als Indiz für eine Mehrzahl von Verfassern ausgewertet werden. Zu den Eigentümlichkeiten der literarischen Gestalt gehört vor allem in den ersten vier Kapiteln ein auffällig häufiges Ungleichgewicht der beiden Zeilenhälften, wie dies *K.Budde* 1882 erstmals beschrieb. Weil das vermutete Metrum 3+2 hauptsächlich in Klagegedichten zu finden ist, nennt man es Qina-Metrum (qināh = Klage). Daß die Klgl poetische Texte sind, zeigt sich ferner an der Häufigkeit parallel strukturierter Zeilen und Halbzeilen und an Wortfolgen, die - wohl dem Rhythmus zuliebe - von der üblichen Prosa-Anordnung abweichen.

2. Entstehung

Klagen über eine zerstörte Stadt (oder über zerstörte Tempel) sind über Ur, Nippur, Eridu und Uruk seit der Isin-Larsa-Periode (1950-1700 v.Chr.) belegt (vgl. ANET 6,11-19). Es geht dabei um theologische Bewältigung (in Klage, Anklage, Vertrauensbekenntnis, Schuldbekenntnis, Bitte) des unerforschliches Zorns (vgl. auch hier exponierte Position der Warum-Frage!) einer Gottheit, die durch ihr Wort ihre Stadt der Vernichtung durch Feinde preisgegeben hat. Über die mit dem Thema gegebene gemeinsame Topik hinaus wird ein Einfluss der zeitlich entfernten Parallele denkbar, wenn beachtet wird, daß die sumerischen Tempelklagen die babylonische balag-Klage maßgeblich geprägt haben, ihre Elemente Verbindungen mit anderen Gattungen eingegangen sind und die Texte offenbar von speziellen Priesterklassen in Schreiberschulen bis in die seleukidische Zeit hinunter kopiert und redigiert wurden.

Die Tradition, die in Jeremia den Verfasser der Klagelieder sah, war bis ins 19.Jh. unbestritten. In der griechischen Textüberlieferung ist sie ausdrücklich in einer Art Vorbemerkung formuliert: »Es begab sich, nachdem Israel in Gefangenschaft geführt und Jerusalem zerstört worden war, daß sich Jeremia weinend setzte und dieses Klagelied über Jerusalem klagte und sprach«. Eine Stütze fand diese Sicht in einer Bemerkung zu Joschijas Tod (2 Chr 35,25): »Jeremia aber hielt Klage über Joschija, und alle Sänger und Sängerinnen singen auf ihn Klagelieder bis zum heutigen Tag. Es wurde dies zu einem festen Brauch in Israel. Sie sind aufgezeichnet in den Klageliedern«. Nun beklagt das überlieferte biblische Buch mit dem Titel Klagelieder den Untergang von Stadt und Tempel, aber nur gerade in einem einzigen Vers das Schicksal eines Königs, und zwar nicht seinen Tod, sondern seine Deportation. Klgl 4,20: »Unser Lebensatem, der Gesalbte JHWHs, ist gefangen in ihren Gruben. Wir aber hatten gedacht: In seinem Schatten werden wir leben unter den Völkern«. Der Satz trifft - für sich genommen - ebensogut auf Joahas/Schallum (vgl. 2 Kön 23,33 und Jer 22,10-12), auf Jojachin (2 Kön 24,8-17 und Jer 22,24-30), wie auf Zidkija (2 Kön 24,18-25.7 und Jer 39,4-10; 52,1-11) zu. Ein Zusammenhang mit einer Zerstörung der Stadt ist aber nur beim Letztgenannten gegeben. 597 ist Jerusalem nicht in Trümmer gelegt worden, wie sich aus 2 Kön 24,8-17 klar ergibt und durch die neubabylonische Chronik von unverdächtiger Seite bestätigt wird.

Die historisch-kritischen Bedenken gegen eine jeremianische Autorschaft kann man so resümieren: 2 Chr 35,25 muß ein anderes, verschollenes Buch meinen. Daß Jeremia Joschijas Tod beklagt hat, ist nach der Art, wie er dessen mißratenem Sohn und Thronfolger Jojakim (Jer 22,15) das Bild des Vaters als Kontrastexempel vorhält, plausibel. Daß er aber nach Klgl 4,20 von Zidkija nach all seinen Erfahrungen mit ihm (21,1-10; 24,1-10; 32,1-5; 34,1-7.21; 37,1-10.17-21; 38,16.14-28) sagen soll: »Unser Lebensatem, der Gesalbte JHWHs, ist gefangen in ihren Gruben. Wir aber hatten gedacht: In seinem Schatten werden wir leben unter den Völkern« - das mutet Jeremia zuviel Königsideologie zu. Wenig wahrscheinlich ist darüber hinaus, daß er, der dem Jerusalemer Tempel ein Schicksal wie Schilo angesagt hatte (7,14; 26,6), nun klagen soll: »Der Bedränger streckte die Hand aus nach all ihren Schätzen. Zusehen mußte sie, wie Heiden in ihr Heiligtum drangen; ihnen hattest du doch verboten, sich dir zu nahen in der Gemeinde« (Klgl 1,10). Und ein Jeremia, der einst scharf die Hoffnungen auf außenpolitische Hilfe verurteilt hatte (Jer 2,18: »Was nützt es dir jetzt, nach Ägypten zu laufen, um Nilwasser zu trinken, oder nach Assur zu laufen, um Eufratwasser zu trinken?«), kann nachträglich, da er recht bekommen hat, kaum voller Enttäuschung sagen: »Als wir uns noch die Augen nach Hilfe ausschauten, war es umsonst. Auf unserer Warte spähten wir nach einem Volk, das dann doch keine Hilfe brachte« (Klgl 4, 17; doch wie läßt sich bei der biblischen Zitationspraxis ausschließen, daß Jeremia hier eine fremde Stimme anführt?). Ein Sündenbekenntnis aus dem Mund des unbeirrten Kritikers seiner Zeitgenossen und ihrer Eliten hätte schließlich kaum gelautet: »Unsere Väter haben gesündigt; sie sind nicht mehr. Wir müssen ihre Sünden tragen« (5,7; doch soll auch hier relativierend erinnert werden, daß im selben Lied dieselben Sprecher V.16b sagen: »Weh uns, wir haben gesündigt!«). Diese inhaltliche Argumentation trägt nur bedingt. Die aufgezeigten Widersprüche zu Jeremia sprengen nicht den Rahmen dessen, was innerhalb des Jeremiabuches auch Platz fand. Gerade deshalb bleibt auffällig, daß die Klagelieder nicht in den hebräischen Prophetenkanon, sondern unter die »Schriften« eingereiht wurden, entweder in der Reihenfolge der angenommenen Entstehung (nach dem Hohenlied, das man Salomo zuschrieb und vor dem exilisch datierten Daniel) oder in der Reihenfolge der liturgischen Feste, an denen an Pesach das Hohelied, am Wochenfest Rut, am 9. Ab (Gedenktag der Zerstörung des Tempels) Klagelieder, am Laubhüttenfest Kohelet und an Purim Ester als die fünf Megillot gelesen werden. Diese gottesdienstliche Lesetradition läßt sich für die Klagelieder aber erst seit dem 6.Jh. n.Chr. belegen. So bleibt als plausibelste Vermutung: Als der Prophetenkanon abgeschlossen wurde, galten die Klagelieder noch nicht als jeremianisch, wohl aber zur Zeit der Übersetzung ins Griechische und dann für Flavius Josephus im 1.Jh. n.Chr. (Contra Apionem 1.8).
Löst man sich von der Vorstellung jeremianischer Autorschaft, sind die Frage der

ursprünglichen Zusammengehörigkeit und allenfalls die Indizien für eine Datierung der einzelnen Kapitel gesondert zu untersuchen.

- Im *ersten Lied* redet zunächst ein Sprecher/eine Sprecherin über das Schicksal Jerusalems (V.1-11); V.5b wird dieses *theologisch gedeutet;* jeweils in den letzten Zeilen der abschließenden drei Strophen (V.9c.10c.11c) wird Jerusalem zitiert mit direkten oder indirekten Bittrufen an JHWH. Ab V.12 führt Jerusalem selbst das Wort, deutet seine Widerfahrnisse theologisch, gibt JHWH recht (V.18) und spricht ihn in den letzten drei Strophen bittend direkt an und ersucht ihn, die Feinde ihrem Tun gemäß zu bestrafen. Der Text setzt Jerusalems Zerstörung von 586 voraus (Aufhören der Wallfahrt V.4, Entweihung des Tempels V.10); ob ein solcher Text nach Deuterojesaja, nach dem Wiederaufbau des Tempels und nach der Rückkehrerlaubnis für die Versprengten noch geschrieben werden konnte, muß offen bleiben.

- Im *zweiten Lied* klagt ein Sprecher/eine Sprecherin V.1-9 über den zum Feind gewordenen, wütenden JHWH, V.10-12 über Zustände in Jerusalem; ab V.13 wendet er/sie sich an die Stadt, die er/sie in V.18f zu Schreien, Klagen, Bitten aufruft; V.20-22 klagen JHWH an - als Worte des Sprechers/der Sprecherin oder als Schreie, die Jerusalem in den Mund gelegt werden. Was die Entstehungszeit anbelangt: V.2 geht von Zerstörungen aus, die erst nach 586 bezeugt sind (eingerissene Bollwerke), die Klage über den unter Heidenvölkern festgehaltenen König V.9 wird vor der Perserzeit formuliert worden sein.

- Das *dritte,* längste und durch seine Zentralstellung herausgehobene *Lied* mit dem männlichen Sprecher, der hier das Wort führt, ließ sich in herkömmlicher Sicht besonders gut zu Jeremia in Beziehung setzen (vgl. etwa V.14 mit Jer 20,7). Es beginnt mit einer Kaskade bitterböser Vorwürfe gegen »ihn« (der erst nach dem ersten Drittel in V.22 als JHWH identifiziert wird!); nach einer Halbzeile mit Anrede V.17a wendet sich der Sprecher der eigenen Person zu, fordert sich zu Vertrauensbeteuerungen auf, spricht sich selbst weisheitliche Empfehlungen zu (V.22-30); dabei nutzt der Verfasser die Formzwänge des Akrostichons zweimal zu eindrucksvollem Staccato (gut ... gut ... gut ... V.25-27, und ja ... ja ... ja ... V.31-33). Der Verfasser setzt dann an zu einer rhetorisch aufwendigen Theodizee (V.31-38), die in eine Aufforderung zu (kollektiver!) Selbstprüfung übergeht (V.40-42a); doch bekommt der Verfasser mit seinen Einsichten und seiner Theologie seine Erfahrungen nicht in den Griff«; er kann weder beschönigen noch verstummen; sein Alphabet ist noch nicht zu Ende. Er kehrt zur Klage zurück: »du hast nicht vergeben« (V.42bff). Dabei verharrt er in der Anrede JHWHs; das kollektive Ergehen bleibt im Vordergrund bis V.51, wo sich der Blick wieder der persönlichen Verfolgungssituation zuwendet und im Stil des individuellen Klageliedes Äußerungen von Rettungserfahrungen, Vertrauen, Feindklagen, Bitten schließlich zur Zuversicht führen, daß Gott den Feinden vergelten wird (V.64-66). Hinweise auf äußere Umstände der Entstehungszeit fehlen hier völlig. Eine Datierung kann nur im Rahmen der exilisch-nachexilischen Theologiegeschichte versucht werden. Klgl 3 gehört ins Umfeld von Rollen- oder Problemträger-Dichtungen wie die sog. Konfessionen Jeremias, Ijob oder die Texte vom leidenden Gerechten im Psalter.

- Das *vierte Lied* kennt einen singularischen Sprecher/eine Sprecherin, der/die in den V.1-16 mit Kontrastbildern vom glanzvollen Einst und der bedrückenden Gegenwart (wie sie sich vornehmlich in Leichenliedern finden) Jerusalems Grauen und Greuel in schaurigen Szenen beschreibt und V.11 und 16 theologisch begründet. Es folgen in V.17-20 klagende Stimmen Betroffener, bevor in V.21f nach einem sarkastischen Freudenaufruf an Edom zwischen zwei Gerichtsansagen an die Tochter Edom der Tochter Zion zugesagt wird, ihre Schuld sei zu Ende, »er« führe nicht mehr in Verbannung. Die erschreckende Drastik verbietet verharmlosende Berufung auf Topik von Leichenliedern und Katastrophenszenarien. Doch kann man dem Interpretationskonflikt nicht ausweichen: wird hier aus unmittelbarer Anschauung geredet, klingt die Zusage der Wende nach, als wir sonst wissen, verfrüht. So wird man das Aufgebot an grellsten Farben als Legitimationshintergrund verstehen müssen für die massive Attacke auf Edom, dessen Rolle als heimtückischer Profiteur bei der Katastrophe 586 lebendige Erinnerung blieb (vgl. Ps 137,7 »Herr, vergiß den Söhnen Edoms nicht den Tag von Jerusalem; sie sagten: ›Reißt nieder, bis auf den Grund reißt es nieder!‹«. Zur konfliktreichen Geschichte mit Edom vgl. Gen 25,27-34; 32,2-22; Num 20,14-21; 24,18; 2 Sam 8,14; 1 Kön 11,14-22; 2 Kön 8,20-22; 14,7; 16,6; Ps 60,10f; 83,7; 108,10f; Jes 34,1-17; 63,1-6; Jer 49,7-22; Ez 25,12-14; 35,1-15; Am 1,11f; 9,12; Joël 4,19; Obd 8-15; Mal 1,2-5).

- Das abschließende *fünfte Lied* läßt durchgängig im Stil des Volksklageliedes eine Mehrzahl sprechen. Es hebt an mit Aufmerksamkeitsrufen an JHWH, führt ihm in den V.2-18 quasi die detaillierte Negativfolie einer intakten Wirtschafts- und Sozialordnung vor, wobei V.7 die Sünden der Väter und V.16 die eigenen Sünden anerkannt werden. Die Darstellung des Elends endet mit dem Blick auf den verwüsteten Zion. Diesen Interventionsmotiven, die JHWH vorgehalten werden, folgt ein Bekenntnis zu seiner ewigen Herrschaft (V.19), sowie die anklagende Frage nach der Dauer seiner Abwendung (V.20) und die Bitte, daß er umkehre und so selbst Umkehr und Wende der Klagenden bewirke (V.21). Probleme wirft der letzte Vers auf: »Es sei denn, du hast uns völlig verworfen, zürnst über das Maß«. Diese eine Zeile mit ihrer rhetorischen Mehrdeutigkeit reicht nicht aus zu weitreichenden Spekulationen, daß hier erste Zweifel an der (spät-)deuteronomistischen Umkehrtheologie ausgedrückt würden, weshalb eine späte Datierung angenommen werden müsse. V.18 setzt einen desolaten Zustand des Zion voraus, der spätestens mit dem Bau des neuen Tempels endet. Darf man aus V.7: »Unsere Väter haben gesündigt, sie sind nicht mehr« einen Abstand von einer Generation = 40 Jahren ab 586 berechnen? Vom Aussterben einer ganzen Generation ist nicht die Rede. Auch die Deportierten sind »nicht mehr da«. Daß die letzten Angehörigen der Generation, welche die Zerstörung erlebt hat, ›an Altersschwäche gestorben seien‹ steht nirgends. Noch nicht einmal die Annahme, daß die sündigen Väter eben jener Generation angehört haben müssen, ist zwingend. So bleibt eine zeitliche Nähe auch dieses Liedes zu den Ereignissen von 586 am wahrscheinlichsten.

3. Theologische Schwerpunkte und Relevanz

Die Klagelieder bilden 5 eigenständige Antworten auf die Situation nach der Katastrophe von 586. Ästheten mögen streiten, ob die gewählte Form des alphabetischen Akrostichons eher künstlich oder kunstvoll wirkt. Es sind wohl Lesetexte, eher fürs Auge als fürs Ohr bestimmt. Für gottesdienstlichen Gebrauch sind sie von der Entstehung her kaum vorgesehen, aber sie werden nun schon seit Jahrhunderten im Rahmen der jüdischen Liturgie am Gedenktag der Tempelzerstörung und in der katholischen Karwochenliturgie verwendet.

Die Traumata von 586 sind nie völlig vernarbt, vielmehr von immer neuen Generationen von Juden und bis in unsere Tage von immer weiteren Teilen der Menschheit erlitten worden. Was ein nordwestsemitisches Randvolk im Rahmen der kurzlebigen Expansion des neubabylonischen Reiches vor zweieinhalb Jahrtausenden erfuhr, verdient in der Weltgeschichte der Sieger und Erfolgreichen gewiß nicht mehr als eine Fußnote. Katastrophentouristen und Elendsvoyeure kennen lohnendere Ziele und Objekte. Entscheidend ist, wie das, was damals zerbrochen ist, seither in Deuteversuchen biblischer Zeugen notdürftig, aber exemplarisch zusammengehalten wird. Religion - nicht mehr als gegenseitige Bestätigung einer Gottheit und menschlicher VerehrerInnen, vielmehr: als Klage, was wenig mit Larmoyanz und Selbstmitleid zu tun hat, sondern mit penetrantem Appell an Gott, sich diesen Jammer anzuschauen, den er mit seiner Abwesenheit in seiner Schöpfung anrichtet, den Jammer mit dem Heiligtum, den Jammer mit den Herrschenden und den geistlichen Eliten. Und dies alles, weil er den Schemel seiner Füße hat verkommen lassen, weil er in seinem Garten herumtrampelt, seine Feste vergessen hat. Innerhalb dieses Klagens passiert dann nach Ausweis unseres Buches Erstaunliches: Schuld wird eingestanden. »Gestehen können« hat offensichtlich mit »stehen können« zu tun. Und unter dem Druck des Leidens und der Klage gerinnen Einsichten wie etwa jene von 3,25-30, Sentenzen, die nicht klingen wie Lebensweisheiten aus der Ratgeberspalte, wie ja auch Diamanten nicht unter Daunendecken, sondern unter gewaltigen Preßlasten Gestalt gewinnen. Und

Theologie wird versucht, Theodizee: ER sei gerecht. Man versucht, IHM Zeit zu lassen (3,31f: »Denn nicht für immer verwirft JHWH. Hat er betrübt, erbarmt er sich auch wieder nach seiner großen Huld«). Man beurteilt seinen Geschmack (3,33: »Denn nicht freudigen Herzens plagt und betrübt er die Menschen«). Und man attestiert IHM Leidenschaft für die Gerechtigkeit. Das steht zwar auch in Schulbüchern, aber es bekommt anderes Gewicht im Mund des Klagenden. Es kommt aus Vertrautheit mit IHM und führt dazu, daß man von IHM gerechten Ausgleich, Vergeltung, einfordert. Die Einsichten allerdings stehen nicht am Ende dieser Klagelieder, so daß man sie schließlich von einer obsolet gewordenen Vorgeschichte abnabeln könnte. Sie stehen mitten drin und können jederzeit kippen. In wieder aufgenommene Klage.

V.   Das Buch Baruch und der Brief des Jeremia
(*Ivo Meyer*)

Text: Jeremias, Baruch, Threni, Epistula Jeremiae, hg. J.Ziegler (Septuaginta: Vetus Testamentum Graecum XV) Göttingen [2]1976.

Kommentare: F.Asensio, Lamentaciones, Baruk, Carta de Jeremias (BAC 312) 1970; A.H.J.Gunneweg (JSHRZ III/2) 1980; J.Schreiner (NEB) 1986; O.H.Steck/R.G.Kratz/I.Kottsieper (ATD) 1998.

Einzelstudien: L.Alonso Schökel, Jerusalén inocente intercede. Baruc 4,9-19, in: Gedenkschrift A.Diez Macho, Madrid 1986,39-51; P.-M.Bogaert, Le personnage de Baruch et l'histoire du livre de Jérémie. Aux origines du livre deutérocanonique de Baruch, in: E.A.Livingstone (Hg.), Studia Evangelica, vol. 7, Berlin 1982,73-81; J.J.Battistone, An Examination of the Literary and Theological Background of the Wisdom passage in the Book of Baruch, Diss. Duke University 1968; W.Brueggemann, The ›Baruch Connection‹: Reflections on Jer 43, 1-7: JBL 133,1994,405-420; D.G.Burke, The Poetry of Baruch. A Reconstruction and Analysis of the Original Hebrew Text of Baruch 3:9-5:9 (SBL Septuagint and Cognate Studies 11) Chicago 1982; J.A.Goldstein, The Apocryphal Book of 1 Baruch, in: S.W.Baron/I.E.Barzilay (Hg.), Proceedings of the American Academy for Jewish Research. Jubilee Volume, New York-London 1980,179-199; W.Harrelson, Wisdom Hidden and Revealed According to Baruch (Baruch 3.9 - 4.4), in: E.Ulrich u.a. (Hg.), Priests, Prophets and Scribes (JSOT.S 149) Sheffield 1992,158-171; A.Kabasele Mukenge, La supplique collective de Ba 1,15 - 3,8. Traditions et réécriture. Diss. Louvain-la-Neuve 1992; ders., La structure littéraire de Ba 1,15 - 3,8: Le Muséon 106,1993,211-236; ders., Les citations internes en Ba 1,15 - 3,8. Un procédé rédactionnel et actualisant: Le Muséon 108,1995,211-237; ders., L'unité littéraire du livre de Baruch (Etudes bibliques NS 38) Paris 1998; D.Kellermann, Apokryphes Obst. Bemerkungen zur Epistola Jeremiae (Baruch K. 6): ZDMG 129,1979,23-42; R.G.Kratz, Die Rezeption von Jer 10 und 29 im pseudepigraphen Brief des Jeremia: JSJ 26,1995,1-31; C.A.Moore, Toward the Dating of the Book of Baruch: CBQ 36,1974,312-320; W.Naumann, Untersuchungen über den apokryphen Jeremiasbrief (BZAW 25) Gießen 1913; H.D.Preuß, Verspottung fremder Religionen im Alten Testament (BWANT 92) Stuttgart 1971; O.H.Steck, Das apokryphe Baruchbuch. Studien zu Rezeption und Konzentration »kanonischer« Überlieferung (FRLANT 160) Göttingen 1993; ders., Zur Rezeption des Psalters im apokryphen Baruchbuch, in: K.Seybold/E.Zenger (Hg.), Neue Wege der Psalmenforschung (HBS 1) Freiburg 1994,361-380; ders., Israels Gott statt anderer Götter - Israels Gesetz statt fremder Weisheit. Beobachtungen zur Rezeption von Hi 28 in Bar 3,9-4,4, in: FS O.Kaiser, Göttingen 1994,457-471; E.Tov, The Septuagint Translation of Jeremiah and Baruch (HSM 8) Missoula 1976; ders., The Book of Baruch, Missoula 1975; B.N.Wambacq, L'unité du livre de Baruch: Bib. 47,1966,574-576.

0. Textüberlieferung

Die Originalsprache des Buches Baruch bleibt umstritten; die ältesten erhaltenen Textzeugen sind allesamt griechisch; zahlreiche (als Übersetzungsfehler zu deutende) eigenwillige Ausdrücke machen eine ursprüngliche hebräischen Fassung, von der älteste syrische Texte Spuren bewahrt haben könnten, wahrscheinlich. Auch der zweite, poetische Buchteil (3,9-5,9) mit seinem idiomatisch etwas homogeneren Griechisch ist wohl in hebräischer Sprache entstanden (auch hier finden sich Übersetzungsfehler) und verdankt vielleicht seine sprachliche Überlegenheit einem besseren Übersetzer oder Teilrevisor (vgl. *D.G.Burke* und *E.Tov*).

Der in manchen Bibelausgaben als 6. Kapitel des Baruchbuches geführte sog. *Brief des Jeremia* ist ein ursprünglich selbständiger, nur griechisch überlieferter Text.

1. Das Buch Baruch

1.1 Aufbau

Das sogenannte Baruchbuch setzt sich aus vier Teilen zusammen:

1,1-15aα	Einleitender Prosabericht über die Abfassung eines Buches oder Briefes und dessen doppelten öffentlichen Vortrag in Babylon und Jerusalem.
1,15aβ-3,8	Kollektives, in Prosa formuliertes Bußgebet, das die Jerusalemer Gemeinde im Auftrag der Exilierten sprechen soll.
3,9-4,4	Belehrung in parallel gebauten Versen über den einzigen Zugang zur Weisheit: das dem erwählten Volk geschenkte Buch des Gesetzes.
4,5-5,9	Ermutigungszuspruch einer prophetischen Stimme und des personifizierten Jerusalem an die Adresse der Exilierten einerseits und Jerusalem andererseits.

Den Zusammenhang der thematisch und formal unterschiedlichen Abschnitte kann man sich am ehesten durch die Annahme einer liturgischen Agenda als Hintergrund erklären.

Der einleitende Abschnitt 1,1-15aα ist ein Bericht mit thematischer Ringstruktur:

> A Datierter Vortrag eines Buches vor der Versammlung der Exilierten am Fluß Sud (1,1-4)
>   B Gottesdienst der Exilierten (1,5)
>   C Kollekte für Jerusalem (1,6f)
>   D Rückgabe von Tempelgeräten (1,8f)
>   C' Bezugnahme auf die Kollekte (1,10a)
>   B' Gottesdienst in Jerusalem (1,10b-13)
> A' Datierter Vortrag eines Buches vor der Versammlung der Jerusalemer im Tempel (1,14)

Die Szenen und Notizen entwerfen eine durchdachte historische Konzeption und sind voller Anspielungen auf biblische Vergleichstexte:
A berichtet von der Abfassung eines Buches (oder Briefes), datiert auf das 5. Jahr (offenbar des Untergangs Jerusalems, also 581) und den 7. Tag des Monats mit dem wiederkehrenden Termin der Zerstörung; als Verfasser wird der aus dem Jeremiabuch (und inzwischen auch inschriftlich mit Vatername und dem offiziellen Titel »Schreiber«) bekannte Baruch genannt. Ihm hatte seinerzeit Jeremia die Urkunden des Ackerkaufs Kap.32 zur Verwahrung übergeben; nach Kap.36 diktierte er ihm

im Jahre 605 seine bisherigen Worte und beauftragte ihn mit der öffentlichen Verlesung im Tempel, ließ ihn eine erweiterte, zweite Rolle schreiben und übermittelte ihm zur selben Zeit nach Kap.45 eine göttliche Verheißung, ihm bleibe sein Leben »als Beutestück *überall, wohin du auch gehst*«; mit ihm zusammen wurde Jeremia nach 43,6 von Johanan ben Kareach und seinen Leuten nach Ägypten »mitgenommen«. Wer davon ausging, das Prophetenwort von Jer 43,8-13 müsse sich erfüllt haben (was historisch nicht der Fall war), mußte annehmen, Nebukadnezzar habe Ägypten erobert und das Land »abgelaust wie ein Hirt sein Gewand ablaust«; dabei könnte er Baruch nach Babel gebracht haben. Baruchs Stammbaum wird 1,1 über den Jer 32,12 belegten Großvater hinaus um weitere, biblisch vertraute, Namen auf eine respektgebietende Länge (vgl. Esra 7,1-5) ergänzt.

Offen muß bleiben, ob mit der einleitend genannten Schrift der ab 1,15aβ folgende Text (oder Teile davon) oder eine Fassung des Jeremiabuches bezeichnet werden soll.

Zum Vortrag des Buches durch Baruch (vgl. Jer 36) erscheint die Exulantenschar um König Jojachin mit sämtlichen Würdenträgern und dem gesamten Volk am Fluß »Sud«- vermutlich eine hebräisch leicht mögliche Verschreibung für »Sur«. Der in Qumran belegte Name kann an Deuterojesajas Aufbruchskommando an die Exilierten in Jes 52,11 erinnern: *sūrū sūrū* = geht fort, geht fort! - (es geht auch hier wie im Kontext des einleitenden Berichts von Bar um das Überbringen heiliger Geräte, und auffälligerweise wird gerade Jes 52,11f zur Formulierung des Buchschlusses von Bar verwendet). Die Szene ist einerseits als Prototyp der Versammlung einer aufbrechenden Heimkehrerschar wie Esra 8 (auch sie an einem Fluß, mit Fasten und Übergabe einer Kollekte für Jerusalem!), andererseits als Lesegottesdienst wie vergleichsweise beim Bundesschluß unter Joschija (2 Kön 23,1-3) und später bei Esras Gesetzesvortrag (Neh 8) gestaltet.

B Der Buß-Gottesdienst besteht aus den typischen Elementen Weinen-Fasten-Gebet.

C Jerusalem soll wohl nicht nur das gesammelte Geld (Silber), sondern auch das Buch samt anschließendem Bußgebet, Belehrung und Zuspruch gesandt werden. (Zu Botschaften in der Gegenrichtung vgl. die Korrespondenz Jer 29).

D Die zentral positionierte Geräterückgabe präludiert offenbar Esr 1 und soll die Wiederaufnahme des Kultes ermöglichen. Silberne Kultgeräte, die Zidkija als Ersatz für die 598 abtransportierten goldenen Geräte (vgl. Jer 27,16-22) hergestellt haben soll, sind sonst nicht bekannt. Ein (Hoher)Priester Jojakim wird mit einem legitimierenden Stammbaum »Jojakim, Sohn Hilkijas, des Sohnes Schallums« ausgestattet (vgl. 1 Chron 5,27-41 und Jdt 4,6.8.14; 15,8).

C' Die Begleitbotschaft nimmt zunächst auf die Kollekte und ihren liturgischen Zweck Bezug.

B' Die erbetene Gottesdienstfeier soll umfassen: Opferdarbringungen, Gebete (wie Esr 6,10) für den König und seinen Sohn (»Nebukadnezzar und sein Sohn Belschazzar« - historisch endete Nebukadnezzars Dynastie mit Ewil-Merodach, vgl. 2 Kön 25,27; der Sohn des nachfolgenden Usurpators Nabonid, Belschazzar, war vermutlich dessen Korregent. Dan 5 macht ihn allerdings zum Sohn Nebukadnezzars!), sowie Fürbitte für die Exilierten.

A' Daran anschließen soll sich die Verlesung des ›Baruchbuches‹ und der in der Folge wörtlich wiedergegebenen Texte im Tempel. (vgl. Ex 24,3-8; Dtn 31,9-13; Jos 8,32-35; 2 Kön 23,1-3∥2Chr 34,29-31; Neh 8).

Daß Jerusalem eine solche Botschaft empfangen soll, ist nach dem Jeremiabuch nicht selbstverständlich. Kap.24 hatte ja ausdrücklich die Exulanten in Babel zum Adressaten göttlicher Zuwendung erklärt, die Jerusalemer aber als völlig ›ungenießbare Feigen‹ disqualifiziert. Allerdings hat Jer 30f Heilsverheißungen bereits auf ganz Israel und Juda bezogen und Jer 32,36 markiert gar einen (kalendarisch allerdings nicht fixierbaren) Wendetermin: »Jetzt aber ...«. Das Baruchbuch entwirft also eine Konzeption dergestalt, daß die Deportierten in Babel und Jerusalem noch zu Zeiten Nebukadnezzars - 5 Jahre nach der Zerstörung - zu den beiden Brennpunkten einer Ellipse werden, innerhalb derer einerseits neues Heil anfängt, andererseits aber auch für beide »Noch-Exil-Status« gilt.

Das Bußgebet 1,15aβ-3,8

Das Bußgebet 1,15aβ-3,8, das im Namen der Exilierten in Jerusalem gebetet werden soll, besteht deutlich aus zwei - wiederum als Palindromie gestalteten - Teilen:

A Eine *Schuldanerkennung* 1,15aβ – 2,10, mit der Gehorsamsverweigerung gegenüber den Propheten (1,21f) im Zentrum, dem Verweis auf Mose und sein Gesetz als innerem (1,19f, bzw. 2,1-5) und Gerichtsdoxologie im äußeren Rahmen (1,15aβ-18 bzw. 2,6-10).

B Ein durch gattungstypisches »Jetzt aber« eingeleitetes *Bittgebet* (2,11-3,8); um den einge-standenen spezifischen Schuldtatbestand der Gehorsamsverweigerung gegen den prophetischen (jeremianischen!) Aufruf zur Unterwerfung unter den König von Babylon herum (2,24-26) gruppieren sich Anreden an den Herrn mit Zitaten von prophetischen Geboten (2,19-23) und von den Mose gegebenen Verheißungen göttlicher Milde (2,27-35) sowie ein- und ausleitend begründete Bitten (2,11-18 bzw. 3,1-8).

Das Bußgebet gibt sich als erweiterte relecture der Parallele Dan 9,4b-19 (oder seiner liturgischen) Vorlage zu erkennen; es ist voller wörtlicher oder sachlicher Anspielungen auf ältere biblische Texte, hauptsächlich aus dem Jeremiabuch, die aber gezielt und geschickt konzeptionell verarbeitet wurden.

Die weisheitliche Belehrung 3,9-4,4

Mit 3,9 nimmt unvermittelt ein anonymer Einzelsprecher (Baruch?) das - nunmehr poetisch gestaltete - Wort, stellt sich in einer thematisch geschlossenen Rede Israel gegenüber und schließt sich erst im abschließenden Makarismus in den Adressatenkreis mit ein. Der Horizont weitet sich lokal über Israel-Babylon hinaus auf das »Haus Gottes« (3,24), das Kanaan, Teman, Midian... (und zeitlich die vorsint-flutlichen Riesen 4,26 und die Gründung der Erde, wie ihre Ausstattung mit Tieren 4,32) umfaßt. Das Vokabular wird weisheitlich (Stichworte wie: Weg und Pfade der Weisheit, Einsicht, Erkenntnis, Wissen, Torheit...). Rhetorische Appelle an Israel/Jakob zu Beginn und am Ende (3,9-14 und 4,2f) verweisen auf die gestaltende Absicht; anthologische Anleihen bei älteren biblischen Texten (auch und gerade wieder Jeremia) sind weniger direkt sichtbar, doch bei genauerer Analyse erkennbar. Die Argumentation ist erst negativ: ironisch-polemisch wird abgerechnet mit den Herren der Völker (3,16-21), den klassischen Koryphäen der Weisheit und des Besitzes (3,22f) und den sagenhaften Riesen der Urzeit, die alle den Zugang zur Weisheit nicht fanden (als Kontrast zu Dtn 30,11-14 formuliert). 3,32-4,1 wird anschließend positiv der allein Allwissende (3,32) identifiziert: »unser Gott« (3,36); das Medium, in dem er die Weisheit einzig ›Jakob‹ verliehen hat, heißt: »das Buch der Gebote Gottes« (4,1).

Die Nähe des Gedichtes zu Ijob 28 ist bis in die Abfolge der Argumente hinein zu verfolgen. Neu sind allerdings die Identifikation der Weisheit mit dem Buch der Gebote Gottes, die Sir 24 nachgestaltet scheint, und die israelitische Perspektive mit der offenbar akuten Gefahr im Hintergrund, das Volk könnte das Privileg seines Besitzes preisgeben.

Der Ermutigungszuspruch 4,5-5,9

In der Ermutigungsrede mit Ankündigung unmittelbar bevorstehender Heilswende (geprägt von An-spielungen auf Deutero- und Tritojesaja!), mit gehäuften Appellen an die Exilierten einerseits (4,5-29) und an das als der Kinder beraubte Witwe vorgestellte Jerusalem andererseits (4,30-5,9), kommt das zunächst klagende (4,9b-20) und anschließend zur Zuversicht aufrufende Jerusalem (4,21-29) schon im ersten Teil mit einem ausführlichen Zitat zu Wort. Beide Teile entsprechen sich zum Teil bis in den Wortlaut hinein. Im Gegensatz zur erzählenden Einleitung und zum Bußgebet werden die Akteure der Deportation als *Feinde* qualifiziert (schon 3,10 sprach von Feinden!). Die Metapher vom Verkauf Israels an die Völker ist schon Dtn 28,68; 32,30 sowie Est 7,4 belegt, wobei im Gegensatz zur letztge-nannten Stelle pointiert formuliert wird: »nicht zur Vernichtung«! (4,6). Es häufen sich die Gottesprädi-kationen: Schöpfer 4,7, Ernährer 4,8, Ewiger 4,10.14.22.24.35; 5,2, Heiland/Retter 4,22, Heiliger 4,37; 5,5. In origineller Weise wird Gott mit väterlichen, Jerusalem mit mütterlichen Zügen dargestellt. Bar 4,5-5,9 dürfte seinerseits für die Entstehung des 11. Kapitels der sog. Psalmen Salomos Pate gestanden haben.

1.2 Entstehung

Das Baruchbuch ist eine pseudepigraphische Schrift. Der historische Schreiber Jeremias namens Baruch hätte gewiß nicht den Sprößling des letzten neubabylonischen Königs Nabonid, Belschazzar, für Nebukadnezzars Sohn gehalten. Literarische Abhängigkeiten ergeben eine sehr grobe Eingrenzung der Entstehungszeit: Bar muß jünger sein als Sir 24 und Dan 9, jedoch älter als PsSal 11. Ende des 2.Jh. n.Chr. finden sich die ältesten Zitate aus Baruch bei christlichen Autoren. Zur näheren Eingrenzung, die mit theologiegeschichtlichen Überlegungen versucht werden muß, vgl. *O.H.Steck* und *A.Kabasele Mukenge*. Das im griechischen Kanon zwischen Jeremia und den Klageliedern eingereihte Baruchbuch dürfte älter sein als die zahlreichen apokryphen Schriften, die diesem Verfasser zugeschrieben wurden (syr. und griech. Baruchapokalypse, Paralipomena Jeremiae, sowie weitere Werke, die nur äth., lat. oder slaw. erhalten sind).

1.3 Zur theologischen Konzeption

Gegen das in der Forschung vorherrschende Bild einer mehrstufigen Entstehungsgeschichte haben nun *O.H.Steck* und *A.Kabasele Mukenge* beeindruckende Gründe zusammengetragen, welche das gesamte Buch als einheitlich konzipiert und strukturiert verstehen lassen. Ein erster oberflächlicher Eindruck, daß hier ein Mosaik von anderswoher bekannten Steinen vorliege, täuscht. Die Unebenheiten des Endtextes zeugen nicht für Plankorrekturen mehrerer Architekten, die dem Bau schließlich das Gesicht gaben, sondern für die Absicht eines Autors, dem Neben- und Ineinander von inzwischen zu einem Kanon verschränkten Traditionen gerecht zu werden. Kein Satz im Buch ist originell. Originalität ist nicht das Ziel. Keiner Aussage des Buches fehlt die Rückbindung an die kanonische Überlieferung. Zusammenschau von Tora, Nebiim und Ketubim in ihrer Sacheinheit und ihre vermutlich liturgische »Neuinszenierung« sind die geistige Leistung, die hier erbracht wird. Schriftgelehrsamkeit hat die Feder geführt. Ihr Beitrag gehört in den zeitgenössischen geistigen Kontext. Der Text will vorgelesen werden, vor allem in Jerusalem. Er präsentiert keine apokalyptische Geheimoffenbarung. Er entwirft kein Szenario eines Weltgerichts, er arrangiert sich auch nicht mit den Mächtigen; er hofft auf die Bestrafung der fremden Herren, in deren Herrschaft er den noch andauernden Zorn Gottes sieht. Er vertritt keine qumranischen Sonderlehren. Er steht loyal zum Tempel, zu Priesterschaft und Opfer (ohne von Sühne und Vergebung zu reden). Noch ist Exil die Signatur des Gottesvolkes in der Diaspora und in und um Jerusalem, die Wende aber steht bevor und erfordert das vorgängige Bekenntnis der Schuld.

2. Der Brief des Jeremia

Als selbständige Ergänzung zum Jeremiabuch konzipiert, ist EpJer erst durch die lateinische Zusammenstellung jeremianischer Literatur an Baruch angereiht worden. Mit dem Buch Baruch hat der Brief weder thematische noch formale Verbindungen. Der nur griechisch (und in davon abhängigen Übersetzungen) erhaltene, aber ursprünglich wohl hebräisch geschriebene Traktat ist der Form nach kein

Brief, sucht aber durch diese Bezeichnung in der Überschrift pseudepigraphisch Anschluß an die überlieferte Korrespondenz, die Jeremia (Kap.29) mit Deportierten in Babel geführt hat. Die Schrift gibt sich als Instruktion der zur Wegführung Bestimmten und will sie warnen vor der Verführung durch den glanzvollen babylonischen Kult. In Weiterführung von Jer 10,1-16 und Jes 44,9-20; 46,5-7 (vgl. auch Ps 115,4-8; 135,15-18) polemisiert er mit einem gehörigen Maß an Rationalismus sowie massiven Sarkasmen gegen die Götterbilder, ihre Hersteller, ihr Kultpersonal und ihre Verehrer.

Der »Brief« entfaltet nach einer Überschrift und einer Einleitung (V.1-6) seine Thematik in zehn kurzen Abschnitten (V.7-14.15-22.23-28.29-39.40-51.5256a.56b-62.63-64.65-68.69-72). Als Struktursignale fungieren jeweils Schlußfolgerungen, die aus der vorangehenden Darlegung gezogen werden: »daß sie keine Götter sind« (V.14.22.28.51.64); »Fürchtet sie also nicht!« (V.14,22.28.64.68); »Wie kann einer da glauben und behaupten, sie seien Götter?« (V.39.44.56); »So ist uns auf gar keine Weise sichtbar, daß sie Götter sind.« (V.68); »Besser ist also ein gerechter Mann, der keine Götterbilder hat, denn er ist sicher vor dem Gespött« (V.72).

7Q2 ist ein Papyrusfragment, das die Existenz der Schrift im 1.Jh. v.Chr. in griechischer Fassung belegt. Die Kenntnis babylonischer Verhältnisse und die Tatsache, daß einleitend die Dauer des Exils von 70 Jahren auf sieben Generationen ausgedehnt wird, könnte auf einen Verfasser im frühhellenistischen Babel mit seiner kulturellen Renaissance hindeuten. 2 Makk 2,2 und Weish 13-15 scheinen seine Götzenpolemik ebenso zu kennen wie eine Reihe frühjüdischer (Aristeasbrief, Jubiläenbuch) und neutestamentlicher (Röm 1-3; 1 Thess 1,9; 1 Jo 5,21; Apg 14,15) Schriften.

VI. Das Buch Ezechiel
(*Frank-Lothar Hossfeld*)

Kommentare: G.Fohrer/K.Galling (HAT) 1955; W.Eichrodt (ATD) I ⁴1977; II ²1969; W.Zimmerli (BK I/II) ²1979; J.W.Wevers (NCeB) 1969; R.Mosis (GSL.AT) 1978; M.Greenberg (AncB) I 1983; II (Kap. 21-37) 1997; H.F.Fuhs (NEB) I 1984; II 1988; W.H.Brownlee (WBC) I 1986; L.C.Allen (WBC) II (Kap.20-48) 1990; I (Kap.1-19) 1994; J. Blenkinsopp, Ezekiel, 1990; B. Vawter/L.J. Hoppe (ITC) 1991; R.E. Clements (Westminster Bible Companion) 1996; K.F. Pohlmann (ATD 22) I 1996; D.I. Block (NICOT) I (Kap.1-24) 1997; II (Kap.25-48) 1998.
Forschungsberichte: W.Zimmerli, Vorwort zur 2. Auflage (BK 13/1) ²1979, IX-XVIII; B.Lang, Ezechiel. Der Prophet und das Buch (EdF 153) 1981; J.Lust (Hg.), Ezekiel and His Book (BEThL 74) Leuven 1986; K.Pfisterer Darr, Ezekiel among the Critics, CR: BS 2,1994,9-24; F.-L.Hossfeld, Ezechiel und die deuteronomisch-deuteronomistische Bewegung, in: W.Groß (Hg.), Jeremia und die deuteronomistische Bewegung (BBB 98) Frankfurt 1995,271-295; H.McKeating, Ezekiel, Old Testament Guides, Sheffield ²1995; U.Feist, Ezechiel. Das literarische Problem des Buches forschungsgeschichtlich betrachtet (BWANT 138), Stuttgart 1995.

Einzelstudien: D.Baltzer, Ezechiel und Deuterojesaja (BZAW 121) Berlin 1971; J.Becker, Erwägungen zur ezechielischen Frage, in: FS J.Schreiner, Würzburg 1982,137-149; D.I.Block, Gog in Prophetic Tradition: a New Look at Ez 38,17: VT 42,1992,154-172; G.Bodendorfer, Das Drama des Bundes. Ez 16 in rabbinischer Perspektive (HBS 11) 1997; M.Dijkstra, Ezechiel I: Tekst en toelichting, Kampen 1986; D.Dörfel, Engel in der apokalyptischen Literatur und ihre theologische Relevanz. Am Beispiel von Ezechiel, Sacharja und Erstem Henoch. Theologische Studien o.O. 1998; F.Fechter, Bewältigung der Katastrophe. Untersuchungen zu ausgewählten Fremdvölkersprüchen im Ezechielbuch (BZAW 208) Berlin 1992; J.Galambush, Jerusalem in the Book of Ezekiel. The City as Yahweh's Wife (SBL Diss. Series 130), Atlanta 1992; J.Garscha, Studien zum Ezechielbuch, Frankfurt a.M. 1974; B.Gosse, Ezéchiel 35-36,15 et Ezéchiel 6: La désolation de la montagne de Séir et le renouveau des montagnes d'Israël: RB 96,1989,511-517; F.-L.Hossfeld, Untersuchungen zu Komposition und Theologie des Ezechielbuches (fzb 20) Würzburg 1977.²1983; ders., Probleme einer ganzheitlichen Lektüre der Schrift. Dargestellt am Beispiel Ez 9-10: ThQ 167,1987,266-277; A.Hurvitz, A Linguistic Study of the Relationship between the Priestly Source and the Book of Ezekiel, Paris 1982; P.Joyce, Divine Initiative and Human Response in Ezekiel, Sheffield 1989; H.W.Jüngling, Eid und Bund in Ez 16-17, in: E.Zenger (Hg.), Der Neue Bund im Alten (QD 146) Freiburg 1993,113-148; R.W.Klein, Ezekiel, The Prophet and his Message, Columbia 1988; K.Koenen, Heil den Gerechten - Unheil den Sündern! Ein Beitrag zur Theologie der Prophetenbücher (BZAW 229) Berlin 1994; Th.Krüger, Geschichtskonzepte im Ezechielbuch (BZAW 180) Berlin 1989; E.Kutsch, Die chronologischen Daten des Ezechielbuches (OBO 62) Fribourg/Göttingen 1985; B.Lang, Kein Aufstand in Jerusalem (SBB 7) Stuttgart 1978.²1981; Ch.Levin, Die Verheißung des neuen Bundes in ihrem theologiegeschichtlichen Zusammenhang ausgelegt (FRLANT 137) Göttingen 1985; R.Liwak, Überlieferungsgeschichtliche Probleme des Ezechielbuches, Diss. Bochum 1976; L.J.McGregor, The Greek Text of Ezekiel, Atlanta 1985; M.Mulder, Ezekiel. The Old Testament in Syriac according to the Peshitta Version, Leiden 1993; M.Nobile, Ez 38-39 ed Ez 40-48: I due aspetti complementari del culmine di uno schema cultuale di fondazione: Anton. 62,1987,141-171; S.Ohnesorge, Jahwe gestaltet sein Volk neu. Zur Sicht der Zukunft Israels nach Ez 11,14-21; 20,1-44; 36,16-38; 37,1-14.15-28 (fzb 64) Würzburg 1991; H.V.D.Parunak, Structural Studies in Ezekiel, Ph.D.Diss., Harvard 1978; K.F.Pohlmann, Ezechielstudien (BZAW 202) Berlin 1992; H.Schweizer, Der Sturz des Weltenbaumes (Ez 31) - literarkritisch betrachtet: ThQ,1985,197-213; M.F.Rooker, Biblical Hebrew in Transition. The Language of the Book of Ezekiel (JSOTS 90) Sheffield 1990; H.Schüngel-Straumann, Ruah und Gender-Frage am Beispiel der Visionen beim Propheten Ezechiel, in: B.Becking/M.Dijkstra (Hg.), On Reading Prophetic Texts. Gender-Specific and Related Studies in Memory of Fokkelien van Dijk-Hemmes, Leiden 1996,201-216; F.Sedlmeier, Studien zur Komposition und Theologie von Ez 20 (SBB 21) Stuttgart 1990; H.Simian, Die theologische Nachgeschichte der Prophetie Ezechiels (fzb 14) Würzburg 1974; K.R.Stevenson, A Vision of Transformation. The territorial Rhetoric of Ezekiel 40-48 (SBL Diss. Series 154) 1996; S.S.Tuell, The Law of the Temple in Ezekiel 40-48 (HSM 49) 1992; Ch.Uehlinger, »Zeichne eine Stadt ... und belagere sie! Bild und Wort in einer Zeichenhandlung Ezechiels gegen Jerusalem (Ez 4f): NTOA 6,1987,111-200; F.van Dijks-Hemmes, The metaphorization of woman in prohetic speech: an analysis of Ez 23: VT 43,1993,162-170; D.Vieweger, Die literarischen Beziehungen zwischen den Büchern Jeremia und Ezechiel, Frankfurt a.M. 1993; E.Vogt, Untersuchungen zum Buch Ezechiel (AnBib 95) 1981; B.Willmes, Die sog. Hirtenallegorie Ez 34, Frankfurt a.M. 1984; W.Zimmerli, Deutero-Ezechiel?: ZAW 84,1972,501-516; ders., Das Phänomen der Fortschreibung im Buche Ezechiel, in: FS G.Fohrer (BZAW 140) Berlin 1980,174-191.

0. Textüberlieferung

Ähnlich wie beim Jeremiabuch sind auch beim Ezechielbuch erhebliche Unterschiede zwischen der masoretischen (MT) und der griechischen Textüberlieferung (LXX) vorhanden, was sowohl den Text selbst als auch die Anordnung von Textabschnitten betrifft. Besonders neuralgische Punkte sind z.B. die Kap.7; 28,11-19; 32,17-32; 36; 40-42.

Die derzeitige Textkritik zum Ezechielbuch geht von folgenden Prinzipien aus: Sie favorisiert MT und versucht zuerst, ihm einen Sinn abzugewinnen. In vielen Fällen enthält MT die *lectio difficilior*. Die Entstehung und Eigenart von LXX werden separat für sich erhoben und dann zur Rekonstruktion des Urtextes ausgewertet. Text-, Literar- und Redaktionskritik werden in ihrer Interdependenz schärfer voneinander getrennt und zugleich miteinander erwogen. *Sh.Talmon* hat in OLoP 27,1996,29-49, Fragmente einer Ezechielrolle von Massada veröffentlicht, die aus der 2. Hälfte des 1.Jhs. v.Chr. stammt und erstaunliche Übereinstimmung mit dem masoretischen Text von Ez 35,11-38,14 zeigt.

1. Aufbau

1.1 Gesamteindruck

Das Ezechielbuch ist schon immer durch seinen einheitlichen Stil aufgefallen, der für den geschlossenen Gesamteindruck sorgt. Mehrere Faktoren sind dafür maßgebend:

(1) Das ganze Buch ist ein lückenloser *Ich-Bericht* des Propheten mit zwei kleinen Ausnahmen (1,3 und 24,24). Fremdberichte, wie sie in anderen Prophetenbüchern da und dort auftauchen, fehlen völlig. Obwohl das ganze Buch Selbstbericht ist, bleibt der Prophet hinter der alles beherrschenden JHWH-Rede verborgen. JHWH spricht und handelt ununterbrochen. Sogar Ereignisse, in die der Prophet unmittelbar verwickelt ist, wie Diskussionen und an ihn gerichtete Rückfragen, werden ihm selbst auf dem Umweg über JHWH mitgeteilt (vgl. 11,15; 12,9 u.a.). Diese kompromißlose Ich-Rede mit dem Schwerpunkt auf JHWH als dem redenden Ich ist in der prophetischen Literatur typisch für Berufungs- und Visionsberichte - beides Textsorten, die im Ezechielbuch eine tragende Rolle spielen (Ez 1-3; 8-11; 37,1-14; 40-48 und 33,7-9).

(2) Der prophetische Ich-Bericht wird geprägt durch 14 *Datierungen* (1,1f; [3,16]; 8,1; 20,1; 24,1; 26,1; 29,1.17; 30,20; 31,1; 32,1.17; 33,21; 40,1). Sowohl die gegenüber anderen Prophetenbüchern auffallende Häufigkeit als auch die Sukzession der Datumsangaben verleihen dem prophetischen Ich-Bericht den Charakter einer Biographie, unterstreichen die Zeitgebundenheit der Prophetie und zeigen ein chronologisches Anordnungsprinzip der Abschnitte an.

(3) Maßgebend für den geschlossenen Eindruck der durchgängigen Ich-Rede (des Propheten wie JHWHs) ist das hohe Ausmaß an Typisierung der Sprache durch *Redeformeln*, die inhaltlich Gewicht haben und textpragmatisch eine Rolle spielen: An erster Stelle steht die Wortereignisformel (»das Wort JHWHs erging an mich«). Sie hebt auf die Initiative und Wirkmächtigkeit des redenden Gottes ab; textpragmatisch ist sie das beherrschende (52x) Anfangssyntagma des gesamten Buches. Die Botenformel (»so spricht der Herr JHWH«) drückt die aktuelle Vermittlung durch den Propheten aus und kann Unterabschnitte der Rede anzeigen. Die Gottesspruchformel (»Spruch des Herrn JHWH«), wahrscheinlich aus dem alten Seherspruch stammend, markiert im Ezechielbuch überwiegend das Ende von Redeeinheiten. Die Wortbekräftigungsformeln (»denn ich habe gesprochen, [denn] ich, JHWH, habe gesprochen«) sind ein Spezifikum des Ezechielbuches und heben am Ende einer JHWH-Rede das redende Ich hervor. Die charakteristische Erkenntnisformel (»erkennen, daß ich JHWH bin«) zielt auf die Durchsetzungskraft der Begegnung mit JHWH und ist deswegen auch zu Recht Erfahrungsformel genannt worden; sie vermag Redeeinheiten zu unterteilen oder zu beenden und kann selbst durch zusammenfassende Aussagen erweitert werden. Die Herausforderungsformel (»siehe, ich bin gegen dich«) leitet häufig Unheilsansagen ein; sie scheint ein Spezifikum der Prophetie des frühen 6.Jh. zu sein (vgl. Jer, Neh). Ebenso findet

sich die Hinwendungsformel (»wende dein Angesicht hin zu/gegen«) in der Einleitung von Unheilsaussagen und deutet (wegen der weiten Entfernung) einen optischen Kontakt zwischen Redendem und Adressaten nur mehr an.

Von den Redeformeln her fällt auch Licht auf den Gebrauch der *Gottesbezeichnungen* und der konstanten Anrede an den Propheten durch Gott. Das Buch konzentriert sich auf den Gebrauch des Eigennamens JHWH sowohl in der Wortereignis- wie in der Erkenntnis- bzw. Erfahrungsformel. Er ist der einzige Gott, von dem namentlich geredet wird. Insofern drückt das Ezechielbuch indirekt einen Monotheismus aus. Andere Götter werden als Götzen, genauer »Scheißgötter« und »Scheusale«, disqualifiziert.

Im Falle der Botenformel, der Gottesspruchformel und des gelegentlichen klagenden Anrufs an JHWH (»Ach, Herr JHWH«) tritt regelmäßig der Titel »Herr« auf, um die Mächtigkeit und Transzendenz JHWHs zu unterstreichen. In Korrespondenz dazu wird der Prophet mit der Niedrigkeitsaussage »Mensch« angeredet (93x), die die Hinfälligkeit und Sterblichkeit im Gegenüber zum mächtigen JHWH betont.

1.2 Das Ezechielbuch als Exilsliteratur

Mehrere Indizien zeigen an, daß die Texte des Ezechielbuches überwiegend im babylonischen Exil entstanden sind:

(1) Das Wirken des Propheten kennt zwei *geographische Schwerpunkte*: Babylon bzw. Tell Abib am Kebarkanal bei Nippur, wo er leibhaftig anwesend ist (1,1.3; 3,10-15; 3,22f; 37,1), und Jerusalem bzw. die Heimat, wohin er gelegentlich entführt wird (vgl. 8,3 in Verbindung mit 11,24f; 40,1f) oder von wo er »den Flüchtling« mit der Nachricht vom Fall der Stadt erwartet (vgl. 24,26f in Verbindung mit 33,21).

(2) Die »biographischen« Datierungen sind *auf das Jahr 597 v.Chr. geeicht*, das Jahr, in dem der König Jojachin zusammen mit Teilen der Oberschicht (darunter auch Ezechiel) von Nebukadnezzar nach Babylonien deportiert wurde.

Drei markante Daten rufen das in Erinnerung: Das Ausgangsdatum 1,2, das Wendedatum 33,21 und das Enddatum der letzten Verkündigung 40,1.

(3) Obwohl der Prophet zum gesamten Israel gesandt ist (vgl. die bevorzugten Verbindungen mit Israel wie Söhne Israels, Haus Israel, Land Israel, Berge Israels, Älteste Israels, Propheten und Hirten Israels), kann sich gelegentlich und in gewisser Weise durchgehend der Adressat ausdifferenzieren in die *ferne Heimat* und die nahen Verschleppten, die *Gola*. In sechs Fällen werden ausgleichend bestimmte Worte nebeneinandergestellt: Sendung an das Haus Israel (3,4-9) neben der Sendung an die Gola (3,10-11); Disputation mit den Jerusalemern (11,2-12) neben der Disputation mit der Gola (11,14-21); Zeichenhandlung vor der Gola (12,1-16) neben Zeichenhandlung für die Jerusalemer (12,17-20); Disputation über ein Sprichwort im Land Israel (12,21-25) neben Disputation über ein Sprichwort des Hauses Israel (12,26-28); Gleichnis gegen den Wald im Südland (21,1-10) neben der Zeichenhandlung für die Gola (21,11-12); Disputation mit den Trümmerbewohnern im Land Israel (33,23-29) neben einer Mitteilung über das Reden und Verhalten der Verbannten (33,30-33).

(4) Gelegentlich kann in ein- und derselben Redesituation die *spezifische Situation des Exilspropheten* angezeigt werden. Die nahe Gola wird angeredet, während von der fernen Heimat in dritter Person gesprochen wird (vgl. z.B. 11,16f; 12,11).

(5) In gewisser Weise ist die im Vergleich mit anderen Prophetenbüchern mangelnde Ausdifferenzierung der angeredeten sozialen Gruppen ein Hinweis auf die spezifische soziale Zusammensetzung der Gola. Ezechiel redet innerhalb Israels nur wenige Gruppen an, z.B. die Ältesten Judas (8,1), die Ältesten Israels (14,1; 20,1); die Könige Israels (17.19 vgl. 15); die Propheten und Prophetinnen Israels (13); die Hirten Israels (34).

1.3 Bevorzugte Textsorten

Das Ezechielbuch fällt durch die Bevorzugung bestimmter Textsorten auf, die gelegentlich zu Großkompositionen und barocken Textcollagen ausgebaut werden können.

(1) An erster Stelle stehen die vier *Visionsberichte* (s.o. 1.1). Sie stechen ins Auge durch das Ausmaß dessen, was der Prophet sieht. Drei der Visionen überschreiben das mit »Gottesgesichten« (1,1; 8,3 und 11,24; 40,2), und in der Tat wird der Prophet des Privilegs gewürdigt, Gottes unmittelbar ansichtig zu werden bzw. die »Herrlichkeit JHWHs« zu schauen. Das Ausmaß der Anteilnahme des Propheten am Visionsgeschehen wird gesteigert: Mit ihm geschieht etwas, er wird geführt, er greift fürbittend ein (9,8; 11,13) und er prophezeit (11,4; 37,4ff). In allen Visionen legt sich die Hand JHWHs auf den Propheten und zeigt die persönliche Ergriffenheit an (1,3; 3,14; [3,22]; 8,1.[3]; 37,1; 40,1). Daneben tritt als zweite Wirkmacht der lebende Geist auf (2,2; 3,12.14.24; 8,3; 11,1.5.24; 37,1; 43,5). Neben der kleinen Zwischenvision (3,16a.22-24), die zur Dreizeichenkomposition (Ez 4f) überleitet, tanzt die Vision von der Auferweckung der Totengebeine aus der Reihe: Sie besitzt kein auszeichnendes Datum und verzichtet auf die Erscheinung der Herrlichkeit JHWHs. Damit zusammenhängend wird sie auch nicht in ein Netz von Rückverweisen eingebunden, was für die drei bzw. vier anderen Visionen typisch ist (vgl. 3,23 mit Rückbezug auf Kap.1; 8,2-3a.4 mit Rückbezug auf 1,26b-27 und 3,23; 43,3 mit Rückbezug auf Kap.1 und 8-11).

(2) Neben die Visionen treten im Ezechielbuch sowohl in bezug auf die Komposition als auch in bezug auf das Gewicht der Aussagen die *Zeichenhandlungen*. Dreimal folgen im Ezechielbuch Zeichenhandlungen bzw. eine Zusammenstellung von mehreren Zeichenhandlungen auf Visionsberichte (4f nach 1-3; 12,1-20 nach 8-11; 37,15-28 nach 37,1-14). Im übrigen ist das Ezechielbuch das Prophetenbuch mit den meisten (sieben) Zeichenhandlungen. Die Form der Berichte über die Zeichenhandlungen kann stark variieren. Konstitutiv bleibt eine göttliche Aufforderung an den Propheten zu besonderen Aktionen mit Verkündigungswert, wobei diese auffälligen Aktionen auch immer gedeutet werden. Strukturell kann man zweiteilige Berichte (Befehl mit Deutung: 4f; 12,17-20; 21,11f; 21,23-28) von dreiteiligen unterscheiden (Befehl, Rückfrage des Volkes, Deutung: 12,1-16; 24,15-24; 37,15-19). Die Zeichenhandlungen knüpfen an das für Ezechiel typische starke körperliche Erleben an (vgl. das Phänomen der Stummheit s.u.; die Begleithandlungen in 6,11; 21,17ff; 22,13) sowie an die schon erwähnten ekstatischen Phänomene. Von daher auf krankhafte Zustände zu schließen, verfehlt die Intention und die besondere Situation des prophetischen Verhaltens. Die Zeichenhandlungen haben drei Funktionen: Sie konkretisieren die Gerichts- und Heilsansage. Sie wollen die Öffentlichkeit mobilisieren und zur umkehrenden Einsicht bringen, weswegen man sie mit Straßentheater bzw. Happenings verglichen hat. Sie wollen schließlich das Zukünftige im voraus abbilden und unterstreichen damit eine Eigentümlichkeit der Verkündigung des Propheten, die Zukunft detailliert vorauszusagen.

(3) Wie die Zeichenhandlungen das Publikum in die Zukunftsaussage hineingezogen haben, so lassen sich auf andere Weise die neuen *Disputationsworte* auf Meinungen des Volkes ein. Seien die Disputationsworte zweiteilig (Zitat des Volkssprichwortes und göttliche Antwort, vgl. 12,26-28; 18,1-4; 20,32-38; 33,10f; 37,11-14) oder dreiteilig (Zitat des Volkssprichwortes, göttliche Zurückweisung und neue Ansage, vgl. 11,2-12.14-21; 12,21-25; 33,23-29), Ausgangspunkt ist immer die aufschlußreiche Theologie des Volkes, die sich in den knappen Verdichtungen von Sprichworten niederschlägt und von seiten JHWHs regelrecht abgearbeitet wird. Gerade die Disputationsworte, die gelegentlich zu größeren Abhandlungen ausgebaut werden können (18 und 33,1-20), zeigen, wie das Ezechielbuch unterwegs ist zur systematisierenden Theologie.

(4) Die für das Ezechielbuch *typischen Bildreden* (15; 16; 17; 19; 21,1-10; 22,17-22; 23; 24,1-14; 26,15-21; 27; 28,11-19; 31; 32) können sich von kurzen Gleichnissen ausfalten zu umfangreichen Allegorien. Dabei können sich verschiedene Bilder ineinanderschieben, und die Bildrede kann fließend in die Deutung übergehen. Sowohl stilistisch als auch inhaltlich fallen darunter die Totenklagen (19; 26,15-21; 27; 28,11-19; 32,1-15.17-32) auf. Die Bildreden 16 und 23 sind für sich zu nehmen, weil sie anspielungsreiche Geschichtsrückblicke darstellen, die vom verdorbenen Anfang (16,3-5; 23,3) bis zur Gegenwart des Sprechers (16,29; 23,16f) reichen. Darin kommen die Bildreden überein mit dem unbildlichen datierten Geschichtsrückblick, der ebenso vom Anfang (20,5-8) bis zur Gegenwart (20,23) und darüber hinaus zum neuen Exodus (20,32ff) und zum neuen Kult in Jerusalem (20,39ff) reicht.

Was sich punktuell bei 1.3 andeutete, gilt es, abschließend hervorzuheben: Das Ezechielbuch hat einen Hang zur systematisierenden Abhandlung. Verschiedene Teiltexte können durch Aneinanderreihung zu

Großkompositionen zusammengestellt werden. Bestimmte Textsorten wachsen sich zu ganzen Traktaten aus. Andere Gattungen, wie u.a. die Geschichtsrückblicke, tendieren zur vollständigen Darstellung von Vergangenheit, Gegenwart und Zukunft.

1.4 Übergreifende Strukturierungen des Buches

Das Ezechielbuch unterscheidet *zwei Phasen der Verkündigung des Propheten*, die Phase der Unheilsverkündigung und die der Heilsverkündigung. Der Text setzt dafür mehrere Signale:
(1) Die einzige autobiographische Erzählung des Buches ohne JHWH-Rede markiert die Wende (33,21f). Ein Flüchtling kommt in der Gola an und meldet den Fall der Stadt. Damit bezeugt er die Vollstreckung der Unheilsverkündigung, die der Prophet seit seiner Berufung auf sich genommen hat. Der Synchronismus von 40,1 (im 14. Jahr nach dem Fall der Stadt) bestätigt das Ereignis der Wende (vgl. den mit dem Leitwort schlagen/erschlagen gebildeten Bogen von 5,2; 7,9; 9,5.7f am Anfang zur Wende 33,21 und zum Ende 40,1). Die Berufungsvision hat die Unheilsverkündigung von 593 bis 586 mit der Buchrolle verdeutlicht, die mit »Klage, Seufzen und Wehe« beschrieben ist und die Ezechiel essen muß (2,8-3,3).
(2) Die Zweiphasigkeit der Verkündigung wird durch eine Reihe gezielter *Entsprechungen* bestätigt: die Berufungsvision 1-3 macht Ezechiel zum Gerichtspropheten für ganz Israel, insbesondere Jerusalem. Ihr entspricht in der zweiten Phase die Ernennung zum Umkehrrufer und Wächterpropheten vor allem gegenüber den Verschleppten (33,1-20), die bewußt vor den Wendebericht (33,21f) gesetzt wurde. Die Vorwegnahme dieser Zweitberufung in 3,16-21 verankert aus programmatischen Gründen die spätere zweite Phase im entscheidenden Anfang der Erstberufung. Das Wort gegen die Berge Israels aus 6 wird in 35 umgeleitet auf die Berge Seirs/Edoms, damit im anschließenden Heilswort an die Berge Israels (36,1-15) deren Erneuerung angesagt werden kann. Dem Gerichtswort vom »Tag JHWHs« in 7 entspricht die Prophetie vom Gerichtstag über Gog aus Magog 38f. Die erste Tempelvision (8-11; die Herrlichkeit JHWHs verläßt den Tempel und gibt ihn wie die Stadt zum Verbrennen frei) hat ihr Gegenstück in der zweiten Tempelvision (40-48; Rückkehr der Herrlichkeit JHWHs in den neuen Tempel). Der Geschichtsrückblick in 20,5-26 findet in gewisser Weise seine Fortsetzung in 36,16-23 (vgl. die Verunreinigung durch die Götzen in 20,7 und 36,18; das Ausgießen des Zorns in 20,8.13.21 und 36,18; die Zerstreuung unter die Völker in 20,23 und 36,19; die Entweihung des Namens JHWHs in 20,9.14.22 und 36,20-23). Das Gericht über Israel, angedeutet im Schicksal ihrer Knochen (6,5; 24,4f.10), schlägt um zur Auferstehung der vielen ausgetrockneten Knochen Israels in 37,1-4.
(3) In die Zwei-Phasen-Struktur von Unheils- und Heilsverkündigung trägt das Ezechielbuch eine *Dreiteilung* ein (vgl. Jes I, Jer LXX und Zef):

I	1-24	Gericht über Israel (Jerusalem und Juda)
II	25-32	Gericht über die Fremdvölker
III	33-39.40-48	Heil für Israel

1.5 Der Aufbau im Einzelnen

1.5.1 Die *Gerichtsverkündigung über Israel*, insbesondere Jerusalem und Juda, in *1-24* kann in Blöcke bzw. Abschnitte unterteilt werden.

(1) Berufungsvision und häusliche Zeichenhandlungen in *1-5*:

Text	Strukturmerkmale	Inhaltliche Merkmale
1,1-1,28	1,1-3 Visionseinleitung mit Überschrift (Einschub V.2-3a); 1,28 identifizierende Unterschrift	Vision der Herrlichkeit JHWHs als Kombination von Gewitter- und Throntheophanie am Ort der Gola
2,1-3,11	Audition mit Sendung (2,1-5), Ermutigung (2,6f), symbolischem Wortempfang (2,8-3,3); zweifache Aussendung an Israel (3,4-9) und an die Gola (3,10f)	Variation und Ausbau des Berufungsschemas mit Auftrag und integriertem Einwand, die Widerspenstigkeit und Hörunwilligkeit Israels, Zusicherung des Beistands und Zeichen (Essen der Buchrolle)
3,12-15	Beendigung der Entrückung und Rückkehr zur Gola (vgl. 1,3b und 3,14)	Einwirken von Geist und Hand JHWHs mit priesterlicher Inkubationszeit von 7 Tagen (vgl. Lev 8,33ff)
3,16b-21	Eingeschobene Ernennung zum Wächter im kasuistischen Stil	Programmatische Zusammenfassung von Passagen aus den Kap. 13.14.18. 33
3,16a.22-27	Überleitungsvision mit relativer Datierung und neuen Befehlen	Vision der Herrlichkeit JHWHs mit Anweisung zum Einschließen ins Haus, zur Fesselung u. zur Stummheit
4,1-5,17	Kombination von mehreren Befehlsketten zu Zeichenhandlungen, voneinander abgetrennt durch die Anrede (4,1.4.9; 5,1), mit anschließender Deutung (5,5-17)	Dreizeichenkomposition zur Darstellung der Belagerung Jerusalems. Belagerung eines Lehmziegels mit Stadtplan v. Jerusalem (4,1-3); Rationierung von Brot und Wasser (4,9-11); Vernichtung der Bevölkerung (5,1-4) mit Gerichtsrede über Jerusalem in der Mitte der Völker und Länder - eingeschoben weitere Zeichenhandlungen: Tragen der Schuld (4,4-8); Backen von Brot und Verstöße gegen die Reinheit (4,12-17) mit integrierter Deutung.

(2) Gerichtsworte über die Berge und das Land Israels in *6-7*:

Text	Strukturmerkmale	Inhaltliche Merkmale
6,1-14	Gerichtsworte, die durch Botenformel und Erkenntnisformel abgegrenzt sind 6,2-7.(8-10).11-14	Gericht über Berge und Täler Israels wegen kultischer Vergehen; Zerstörung der Kultstätten und Kultdiener
7,1-27	Gerichtsworte, die durch Botenformel und Erkenntnisformel abgegrenzt sind 7,2-4.5-9.(10-27).	Gericht über das Land Israel durch Ankündigung des Gerichtstages und Endes. Das Weltende bricht über das Land Israel herein (7,2-4); Gerichtstag und Ende wegen der Vergehen (7,5-9); Schilderung der Gerichtsvorgänge mit Andeutung der primär sozialen Vergehen (7,10-27)

(3) Komposition der ersten Tempelvision in 8-11:

Text	Strukturmerkmale	Inhaltliche Merkmale
8,1-18	8,1-4 vorderer Rahmen mit Anlaß (V. 1), Einführung des »Angelus interpres« (VV.2-3a), Entrückung (V.3b) und rückverweisender Überschrift (vgl. 3,22f) 8,5-18 Bewegung des Propheten in vier Etappen von Norden auf den Tempel zu (8,5-6.7-13.14-15.16-18)	Begründung und Darstellung des Gerichts über Stadt u. Tempel; vier sich steigernde Kultgreuel: Verstoß gegen das 1. Gebot durch Altar und Eifersuchtsbild außerhalb des Tempels, ägyptische Bilderverehrung, Tammuz-Kult, Sonnenkult der Priester und Abfall von JHWH
9,1-10,7	9,1 Ankündigung des Gerichts; sechs Männer erschlagen die Bevölkerung (9,2-8), der siebte Mann, ein Priester, nimmt Glühkohlen aus dem Kohlebekken und verbrennt die Stadt (10,2-7) - Umdeutung des Priesters zum Schreiber mit der Aufgabe der Zeichnung der zu Verschonenden (9,2-11)	Begründetes Totalgericht über Jerusalem (9,6-8); nachträglich gemildert zum Teilgericht, gleichzeitiger Auszug der Herrlichkeit JHWHs aus dem Allerheiligsten von West nach Ost in vier Etappen (10,1-4 beschreibt zwei Etappen)
10,8-22	Erweiterungen mit visionären Beschreibungen, vermischt mit Erzählung	10,8-17 Beschreibung des Kerubenwagens (vgl. Kap.1); 10,18f 3. Etappe des Auszugs; 10,20-22 Beschreibung der Keruben (vgl. Kap.1)

Text	Strukturmerkmale	Inhaltliche Merkmale
11,1-25	Drei Einheiten: Eingeschobenes Disputationswort mit den führenden Männern Jerusalems (11,2-12), das durch 11,1.13 in das visionäre Gericht eingebunden ist; eingeschobenes Disputationswort über die Gola (11,14-21); Abschluß der Vision (11,22f) mit hinterem Rahmen (11,24f)	Auseinandersetzung mit der Hybris und den sozialen Vergehen der Oberschicht, Umkehrung ihrer Selbstsicherheit (11,3) ins Gericht (11,7), anfanghafter Gerichtsvollzug (11,13); Disputation zum Schicksal der Gola mit Ansage des neuen Exodus und der inneren Restitution Israels; Erzählung der 4. Etappe mit spiegelbildlichem Aufbau der Vision.

(4) Zusammenstellung von Gerichtsansagen über Israel und vornehmlich Jerusalem, gerahmt durch Zeichenhandlungen zum Schicksal Jerusalems in *12-24*. Die rahmenden Zeichenhandlungen lassen sich schematisch wie folgt darstellen:

Text	Strukturmerkmale	Inhaltliche Merkmale
12,1-16	Rahmende Zeichenhandlung aus drei bzw. vier Teilen (Befehle, Ausführung, Frage des Volkes und Deutung); kultische Zeiteinteilung (Tag, Abend, nächster Morgen); der Prophet als Vorzeichen (12,6.11) und Betonung der Analogie, thematische Verbindung zum vorhergehenden Kontext: Das Herausgehen der Herrlichkeit JHWHs (10,18f) und das Herausgehen des Propheten (12,4)	Zeichenhandlung »Exulantengepäck« mit Vorwegnahme der Deportation der Jerusalemer; Ergänzungen im Bereich von 2,5-7.10-17 zum Vorgang (Legen von Breschen in die Stadtmauer) und zum Schicksal Zidkijas
12,17-20	Zweiteilige Zeichenhandlung für die Jerusalemer (12,19)	Das Essen und Trinken mit Zittern bildet das Schicksal von Stadt und Land voraus.

Text	Strukturmerkmale	Inhaltliche Merkmale
24,15-24	Rahmende Zeichenhandlung (vgl. 12,1-16) aus vier Teilen (Befehle, Ausführung, Frage des Volkes und Deutung); kultische Zeiteinteilung (Morgen, Abend, nächster Morgen); der Prophet als Vorzeichen (24,24) und Betonung der Analogie	Der Tod von Ezechiels Frau und die befohlene Reaktion des Witwers ist Vorzeichen der Reaktion der Gola auf den Fall Jerusalems.
24,25-27	Ansage des zukünftigen Tages (des Falles Jerusalems vgl. 24,25 mit 24,28 und 24,2; des Eintreffens der Nachricht vgl. 24,26 mit 33,21; der Aufhebung der Stummheit vgl. 24,27 mit 33,22)	Angehängte Verkündigung mit der Absicht, Kap.24 mit 33,21f zu verbinden

1.5.2 Die Sammlung von Worten gegen sieben Fremdvölker (Ammon, Moab, Edom, Philistäa, Tyrus, Sidon, Ägypten) in *25-32:*

25	Gerichtsworte gegen Ammon (2x), Moab, Edom, Philistäa
26-28	Sammlung von Gerichtsworten gegen Tyrus
29-32	Sammlung von Gerichtsworten gegen Ägypten

1.5.3 Die Heilsankündigung in *33-39:*

Text	Strukturmerkmale	Inhaltliche Merkmale
33,1-20	Im Kern der JHWH-Rede stecken eine private Ernennung zum Wächter (VV.7-9) und ein Disputationswort (VV.10-11), die durch das Thema »Umkehr« (VV.9.11) verklammert sind. Der Kern ist durch kasuistische Erläuterungen in VV.1-6.12-20 ummantelt worden (der Prophet spricht jetzt die Gola »Söhne deines Volkes« an und redet wie das Medium Mose im Heiligkeitsgesetz ohne Botenformel)	Programmatische Zweitberufung zur Einleitung der folgenden Heilsverkündigung; der Prophet ist Wächter für das Volk in der Warnung jedes Einzelnen und Rufer zur Umkehr
33,21f	Singulärer datierter autobiographischer Bericht	Erzählung vom Ereignis der biographischen Wende: Die Nachricht vom Fall der Stadt trifft ein, und eine zeitweilige Stummheit löst sich
33,23-29	Disputationswort an die Adresse der Trümmerbewohner im Lande	Kampf gegen die Selbstsicherheit der Überlebenden
33,30-33	Göttliche Mitteilung über das Verhalten der Verbannten	Kampf gegen das folgenlose Zuhören der Verbannten
34	Gerichts- und Wehewort über die bösen Hirten mit Heilsverkündigung des guten Hirten JHWH. Möglicher Kern ist die gerichtsansagende und Heil andeutende Rede (VV.1-10.11-15.16); es folgen die Ansage des gerechten Hirtenamtes JHWHs in VV.17-22; die Ansage der Restauration des davidischen Königtums (VV.23-24) und die Verkündigung des Friedensbundes (VV.25-30.31)	Querschnitt durch das Wachstum der Verkündigung vom Gericht zum Heil bezogen auf das Thema der Hirten Israels. Die Ansagen der Restitution in VV. 23f.25ff haben Verbindung zu 37,24a.24b.28
35-36,15	Gerichtsansage gegen die Berge Seirs/Edoms als Folie für die Heilsverkündigung an die Berge Israels 36,1-15; Vorherrschen der zweiteiligen Gerichtsrede (weil ... darum ...); Verarbeitung von Kap.6	Verurteilung Edoms wegen des Verhaltens beim Fall Jerusalems und wegen der Ansprüche auf das Land, Sicherung des Landes für Israel

Text	Strukturmerkmale	Inhaltliche Merkmale
36,16-38	Knapper Geschichtsrückblick mit Begründung der Wende (VV.16-23) und anschließenden Restitutionsansagen (VV.23-32.33-36.37f); Verbindung zu Kap.20; 11,14ff	Kurzgeschichte der begründeten Vertreibung, Sorge um den JHWH-Namen als Motiv der Wende, Restitution Israels (neuer Exodus aus der Gola, innere Erneuerung mit neuem Herz und Geist), Restitution des Landes, Restitution der Bevölkerungszahl
37,1-14	Visionsbericht (VV.1-11a) mit makkabäischen Ergänzungen im Bereich der VV.7-10a und Disputationswort an die Gola (VV.11b-13a) mit Ergänzung in VV.13b-14	Wiederbelebung der toten Knochen Israels unter Mitwirkung des Propheten verbunden mit der Ansage der äußeren und inneren Erneuerung Israels aus der Gola heraus
37,15-28	Dreiteilige Zeichenhandlung (VV.15-19) mit nachträglichen Erweiterungen in VV.20-23.24a.24b-28 (Berührungen mit Kap.34)	Vereinigung der beiden Hölzer »Juda« und »Josef« als Wiedervereinigung von Nord- und Südreich mit Restitutionsaussagen zu Exodus und Reinigung Israels, Errichtung des davidischen Königtums und zum dauernden Friedensbund
38-39	Textcollage zum endzeitlichen Ansturm einer Volkskoalition aus dem Norden (vgl. Jes 10.17; Jer 4-6) unter Führung von Gog aus Magog mit deren endgültiger Vernichtung auf den Bergen Israels und Sicherung des Landes Israel (Kap.39 Vernichtung Gogs). Modelle der Interpretation: a) (im Buch sekundäres?) Schlachtengemälde mit selbständigen Einzelmotiven in einem feststehenden Rahmen b) authentischer Kern von umstrittenem Umfang (vgl. Fremdvölkerorakel) mit vielen Erweiterungen Konsens: Epilog in 39,23-29	Besonderheiten: Gog aus Magog als historisch-mythische Größe; enge Verbindung des Schicksals von Fremdvölkern mit dem Israels; Dramaturgie für eine ferne Zukunft (38,8): Angriff auf das restituierte Israel; Bewußtsein vom Einlösen früherer Prophetien in 38,17; 39,8.22; der Epilog bindet die Gog-Kapitel in die übrige Heilsverkündigung ein

1.5.4 Die Vision vom neuen Tempel (der sog. Verfassungsentwurf) in 40-48:

Die Vision vollzieht insgesamt die detaillierte Neuordnung nach dem Programm von 37,24b-28 (der davidische Fürst, das Wohnen im angestammten Land, der Friedensbund, die Wohnung JHWHs in seinem Heiligtum mitten unter den Israeliten, die Erkenntnis der Völker und die Heiligung Israels). Als Entrückungs- und Führungsvision mit der Erscheinung der Herrlichkeit JHWHs entspricht sie der ersten Tempelvision (vgl. die Rückverweise in 43,3, der »Angelus interpres« 8,2f; 40,3f; Beginn der Führung beim Osttor 40,6 und Ende am Osttor 42,15; 43,1, wo bei der 1. Tempelvision die Herrlichkeit den Tempelbereich verlassen hatte 10,19, hier auch Einzug der Herrlichkeit JHWHs 43,2ff).

Text	Strukturmerkmale	Inhaltliche Merkmale
40-42	40,1-4: Visionseinleitung (synchronistische Datierung, Kommen der Hand JHWHs, Entrückung, Einführung des »Angelus interpres«, Übermittlung des Meßvorgangs. 40,5-42,20: Führung durch das Tempelareal vom Osttor zum Osttor (40,6; 42,15)	Mitteilung der Grundmaße des Heiligtums
43,1-12	Ende der Führung 43,1, Rückkehr der Herrlichkeit JHWHs, abschließende Unterschrift 43,12	Rückkehr als Einweihung des neuen Tempels und Verkündigung der bleibenden Präsenz 43,5ff
43,13-46	Fortsetzung der Führung und Promulgation diverser Vorschriften	Ausstattung des eingeweihten Heiligtums und Angaben zu Riten, Altar, Leviten, Priestern, Fürsten, Opfern
47,1-12	Die Tempelquelle	Die Tempelquelle wird zum Paradiesstrom, der die Wüste Juda und das Tote Meer heilt und zum üppigen Lebensraum macht
47,13-48,35	Verteilung des Landes nebst Anhang über die heilige Stadt (48,30-35)	Neue Landgabe an die zwölf Stämme durch JHWH mit Beschränkung auf das Westjordanland

2. Entstehung

Gerade das Entlanggehen am geschlossenen Gesamteindruck und das Durchlaufen des Aufbaus fördert eine Reihe von Beobachtungen zutage, die ein diachrones Wachstum zum Endtext des vorliegenden Ezechielbuches nahelegen. Dabei bleiben hier detailliertere Einzeltextbeobachtungen außer Betracht.

2.1 Die abgrenzbaren Texte werden im Unheilsteil der Kap.1-24 anders zusammengeordnet als im Heilsteil der Kap.33-48. Im Unheilsteil dominieren kleinere Einheiten, die durch Assoziation, Stichwortverbindung und thematische Verwandtschaft verbunden sind, wohingegen im Heilsteil die Einheiten größer werden und die Tendenz zur thematischen Vollständigkeit zunimmt. Der Unheilsteil zentriert sich u.a. auf Jerusalem, während der Heilsteil überwiegend die Perspektive auf ganz Israel durchhält.

2.2 Die Trennung von Unheils- und Heilsverkündigung wird mehrfach durchbrochen:
(1) Die Kap.1-24 kennen Heilsverkündigung in 11,14-21; 14,11; 16,59-63; 17,22-24; 20,32-44, wohingegen die Heilsverkündigung der Kap.33ff noch Gerichtsworte überliefert wie in 33,23-29; 34,1-10.
(2) Die Unheilsverkündigung vermittelt durchgehend den Eindruck eines kompromißlosen, totalen Gerichts (vgl. 5,11ff; 9,5ff; 11,13; 15; 21,3.6ff; 22; 24).

Daneben existiert aber ein roter Faden der Verschonung im Totalgericht (vgl. 5,3-4a; 6,8-10; der priesterliche Schreiber in 9,2ff; 12,15b-16; 14,22f; 15,7). Die Gola, die sich schon im Gericht/Exil befindet, wird milder beurteilt (vgl. 3,10f; 33,30-33) und wird zum Samen des neuen, restituierten Israel (vgl. 11,14ff; 20,32ff; 37,11ff). Zugleich kann die Gerichtsverkündigung bei bestimmten Gruppen und Teilen Israels differenzieren: Gericht für die Übeltäter, Heil für deren Opfer und die Gerechten (vgl. 13,9.20ff; 14,6; 14,12-20; 18; 20,38; 33,1-20; 34,10).

Diese Unterscheidungen bezeugen in bestimmten Texten konkurrierende Interessen.

2.3 Bei zwei Phänomenen drängt sich der Eindruck auf, daß sie von ihrem ursprünglichen Ort nach vorne getragen und dabei ausgeweitet bzw. vergrundsätzlicht wurden:

(1) Die in sich komplexe Zweitberufung zum Wächterpropheten 33,1-20 ist redaktionell zusammengefaßt und in die Berufungsvision nach vorne eingetragen worden (3,16b-21). Die Entwicklung des Propheten vom Gerichtsverkünder an Gesamtisrael zum Wächterpropheten in Einzelpastoral wird am Anfang der Berufung grundgelegt.

(2) Die schwierige Erscheinung der Stummheit des Propheten wird von ihrem Ursprungsort 33,21f sukzessive nach vorne versetzt und dabei zeitlich ausgedehnt. In 33,21f reicht die Stummheit vom Abend bis zum Morgen, an dem die Nachricht vom Fall der Stadt eintrifft. In 24,25-27 hat sie sich auf die Periode vom historischen Fall der Stadt bis zum Datum von 33,21 ausgedehnt und umgreift damit die Tätigkeit der Fremdvölkerverkündigung (vgl. den älteren Abschluß der Fremdvölkersprüche in 29,21). In 3,16a.22-27 stigmatisiert sie den gesamten Zeitraum der Unheilsverkündigung von der Berufung (593 v.Chr.) bis zum Eintreffen der Nachricht vom Fall der Stadt (585 v.Chr.) und ist nur als intermittierende Stummheit und Unheilszeichen zu verstehen.

2.4 Die das Buch prägenden Datierungen lassen sich grob in zwei unterschiedliche Systeme einordnen:

(1) Das erste System (1,1f; [3,16a]; 8,1; 20,1; 24,1; 33,21; 40,1) gestaltet die einzelnen Daten syntaktisch jeweils individuell, hält sich streng an eine chronologische Abfolge (1,2: 5. Jahr; 8,1: 6. Jahr; 20,1: 7. Jahr; 24,1: 9. Jahr; 33,21: 12. Jahr; 40,1: 25. Jahr) und bezieht die Datierung auf israelrelevante Mitteilungen. Nach einer alten (*Origenes*) und neuen (*J.E.Miller*) Vermutung ist das auffallende Datum von 1,1 (30. Jahr) biographisch zu deuten: Der vorliegende Text legt eine Identifizierung der beiden Daten 1,1f nahe. Das 30. Jahr bezieht sich auf das Lebensalter des Propheten zum Zeitpunkt seiner Berufung im 5. Jahr des obigen Systems. Ezechiel hat seinen Prophetendienst in dem Alter angetreten, in dem er - unter normalen Umständen - seinen Dienst als Priester hätte beginnen können (vgl. Num 4,3.23.30).

(2) Das zweite System (26,1; 29,1.17; 30,20; 31,1; 32,1.17) weist eine einheitliche syntaktische Gestaltung auf, macht aus der chronologischen Abfolge kein

Prinzip (die Daten 26,1; 29,17 und 32,1 tanzen aus der Reihe) und bezieht die Datierung durchweg auf Fremdvölkerorakel.

2.5 Die Fremdvölkerverkündigung der Kap.25-32 (s.o. 1.5.2) steht unter dem Verdacht, weitgehend sekundär zu sein (vgl. *F.Fechter*). Neben Argumenten aus der Analyse der jeweiligen Einheiten sprechen dafür die folgenden Indizien:

(1) Es gibt Fremdvölkerworte außerhalb der Sammlung, wie 21,33-37; 35; 38f, die teilweise vom Kontext, teilweise vom Inhalt her stärker mit Israels Schicksal verbunden sind als die Fremdvölkerworte der Sammlung.

(2) Die Fremdvölkerworte der Sammlung haben ein eigenes System der Datierung (s.o. 2.4).

(3) Ezechiel wird exklusiv zum Haus Israel gesandt und nicht zu einem Volk mit fremder Sprache und unverständlicher »Rede« (3,4-6). Das Phänomen der Stummheit zeigt im Aufriß des Buches an, daß Ezechiel nicht der Sprecher der Fremdvölkerworte der Sammlung sein kann (vgl. 24,25-27 im Verbund mit 29,21 und 33,21f).

(4) Die Sammlung der Fremdvölkerworte zeigt selbst Wachstumsspuren in den verschiedenen Abschlüssen an (28,24.25f; 29,21). Die Gogkapitel 38f sprengen den Zusammenhang von Kap.37 mit 40-48. Im Unterschied zum Kontext beschäftigen sie sich mit der »nachnächsten Zukunft« und müssen vom Epilog 39,23-29 eigens in den Kontext zurückgebunden werden.

2.6 Aufgrund der obigen Darlegungen nimmt das Ezechielbuch in der *neueren Forschung* einen Sonderrang ein. Es ist paradigmatischer Austragungsort unterschiedlicher exegetischer Zugänge zur Prophetenexegese: Es beschäftigt die Textkritik (*M.Greenberg, J.Lust, L.J.McGregor, L.C.Allen*). Seine konsequente Redestruktur hat zur Integration der modernen Textlinguistik eingeladen (*W.Zimmerli, H.Simian, F.-L.Hossfeld, B.Willmes, H.Schweizer, F.Fechter*). Die für das Ezechielbuch typischen Textketten (Textkerne bzw. Grundtexte mit sukzessiven Erweiterungen und weiteren Einheiten ausgehend vom Thema des Grundtextes) haben zur Entdeckung des Phänomens der »Fortschreibung« (*W.Zimmerli*) und dessen weiterer Präzisierung (*F.-L.Hossfeld*) geführt. Die Fortschreibung rechnet mit schriftlicher Kommentierung und Aktualisierung eines möglicherweise authentischen Grundtextes über einen längeren Zeitraum. Ihre Heuristik ist mittlerweile auf andere Prophetenbücher und den Pentateuch ausgedehnt worden. Im Gegenzug hat der geschlossene Gesamteindruck und die ablesbare Systematisierung jene Versuche stimuliert, die der Literar- und Redaktionskritik widerstehen und das Ezechielbuch als pseudepigraphisches »Prophetenbuch aus der Retorte« (*J.Becker*) sehen oder mit überwiegend authentischem Material und nur einigen Glossen rechnen (*B.Lang*) oder das Prophetenbuch »holistisch« lesen und darin den Autor, Arrangeur und Editor Ezechiel am Werke sehen (*B.S.Childs, M.Greenberg, R.Rendtorff, H.V.D.Parunak*).

Die derzeitige Ezechielexegese steht - vereinfachend gesprochen - vor *zwei Basismodellen*:

(1) Eine ganzheitliche, vom Endtext bestimmte Exegese, die strukturalistisch auf die rhetorisch-literarischen Qualitäten der großen Textkompositionen achtet und vornehmlich die Signale der Verknüpfung und der thematischen Durchführung notiert (vgl. als herausragendes Beispiel den zweibändigen Kommentar von *M.Greenberg*, der das ganze Buch auf den Propheten Ezechiel zurückführt. Diametral gegenüber, aber in der Auffassung des Buches übereinstimmend stehen die Vertreter der Pseudepigraphie *J.Becker* und *U.Feist*).

(2) Die diachron orientierte Exegese nach dem Modell der Fortschreibung, die im Ezechielkommentar von *W.Zimmerli* ihren Parameter hat (vgl. auch *G.Fohrer*). Sie wird mit unterschiedlichen Akzentsetzungen durchgeführt: Redaktionsgeschichtlich orientiert (*J.Garscha, K.F.Pohlmann*, in gewisser Weise *Th.Krüger*) - mit Anwendung des Methodenkanons der Literar-, Redaktions- und Kompositionskritik (*F.-L.Hossfeld, B.Willmes, H.F.Fuhs, F.Sedlmeier, S.Ohnesorge, F.Fechter*).

Die jüngsten Kommentare übernehmen jeweils die Basismodelle: Sowohl der Kurzkommentar von *B.Vawter/L.J.Hoppe* als auch der forschungs- und religionsgeschichtlich materialreiche Kommentar von *D.I.Block* folgen den Spuren *Greenbergs.* Der erste Band des Kommentars von *K.F.Pohlmann* tritt für eine diachron orientierte Exegese ein.

Bei solcher Ausgangslage wird man in der Ezechielexegese den »goldenen Mittelweg« versuchen, wie ihn der Kommentar von *L.C.Allen* andeutet. Man wird vom abgegrenzten Endtext ausgehen und zu ihm auch wieder zurückkehren, nicht ohne das individuelle Profil des Textes mit seinen Spuren diachronen Wachstums abgetastet zu haben.

Im gewachsenen Endtext des Ezechielbuches hat sich das Wirken und die Arbeit folgender Autoren bzw. Autorengruppen niedergeschlagen: Die Verkündigung des exilischen Priesterpropheten Ezechiel und die Nacharbeit seiner Schüler. Innerhalb der zeitlichen Staffelung der Nacharbeit lassen sich Texte ausmachen, die der sog. »deuteronomisch-deuteronomistischen« Literatur (im Deuteronomium, im dtr Geschichtswerk und im Jeremiabuch) besonders nahestehen - wie 11,18-20; 20,27-29.41f; 28,25f; 34,23-24; 36,23-28.31f; 37,13b-14.20-23.24a; 38,17. Ihnen folgen mit gewissem zeitlichen Abstand Texte, die intensive Verbindungen zur Priestergrundschrift, dem Heiligkeitsgesetz und priesterlichen Gesetzen haben, wie z.B. 16,59-63; die Sabbatnotizen aus Ez 20; 34,25-30; 37,24b-28 und Texte aus dem Verfassungsentwurf. Gelegentlich hat man den Eindruck, daß sich die Bearbeitungen des Ezechielbuches nach dem 6.Jh. v.Chr. fortsetzen bis in die Textgeschichte hinein, wie z.B. bei der Bearbeitung der Visionen Kap.1 und 10 oder wie im Falle der makkabäischen Bearbeitung in 37,7-10. Analoges ist für den Verfassungsentwurf zu vermuten und wahrscheinlich auch für Kap.7.

3. Geschichtlicher Kontext

Auf dem Hintergrund der oben unter 2.6 angedeuteten »gemäßigten Fortschreibung« kann das Profil des Propheten Ezechiel und seiner Verkündigung in seinem zeitgeschichtlichen Kontext folgendermaßen zusammengefaßt werden:

3.1 Der Prophet und seine Epoche

Trotz der spröden Diktion und der fast intellektuellen Distanz zur eigenen Person gewinnt das persönliche Profil des Propheten dank der Andeutungen seines Buches Konturen. Sein Name heißt übersetzt »Gott möge stark/kräftig machen«. Der Geburtsname - für ein Kind verständlich - erhält seine spezifische Note in der Interpretation der Berufungsvision 3,7-9 (hartes Gesicht, harte Stirn, wie Diamant, härter als Kieselstein). Als Sohn des Priesters Busi (1,3) entstammte er einer zadokidischen Jerusalemer Priesterfamilie. 593 wurde er mit »den oberen Zehntausend« und *seinem* König Jojachin nach Babylonien verschleppt und siedelte am Kebarkanal bei Nippur. Im priesterlichen Dienstantrittsalter von 30 Jahren wurde er 593 in der Gola zum Propheten berufen. Seine Verkündigung konzentrierte sich zuerst auf die unerbittliche Gerichtsansage an das Haus Israel, Juda, Jerusalem und die Gola. Der Fall der Stadt im Jahre 586 war für ihn eine Zäsur und eine Wende (Kap.24.33). Danach hat er die Gola sowie die Überlebenden in der Heimat weiterhin kritisch begleitet, zunehmend aber auch Heil verkündet. Sein letztes Orakel für das Haus Israel stammt aus dem Jahre 573/72 (40,1); d.h. im priesterlichen Pensionsalter von 50 Jahren hat er seine Tätigkeit eingestellt. Ezechiel war verheiratet (24,15ff) und besaß ein Haus (12,1ff). Die öffentlichen Sitzungen der Ältesten vor ihm (im oder am Haus) wie in 8,1; 14,1; 20,1 und die Indizien aus 33,30ff (der Prophet ist Ortsgespräch, das Volk läuft bei ihm zusammen) weisen auf seine überragende Rolle in der Gola hin.

Sein Leben reicht von der relativen Hoch-Zeit der joschijanischen Reform 622 v.Chr. über die letzten Tage des Südreiches bis hin zur Verzweiflung einer länger dauernden Verbannung. Die Stimmungen seiner unmittelbaren Umgebung wie die der Heimat spiegeln sich in den Sprichworten der Disputationsworte wider (von der Auflehnung, keckem Sebstbewußtsein bis hin zu Resignation und Verzweiflung). In seiner Verkündigung werden die Könige Joahas (609), Jojachin (597) und vor allem Zidkija (597-586) angesprochen. Ezechiel unterscheidet die zeitgenössischen Weltmächte Ägypten und Babylonien mit ihren Königen von den abhängigen Kleinkönigen und »Fürsten Israels«. Obwohl prodavidisch eingestellt, verlautet bei ihm von einer Wiedereinführung des davidischen Königtums nichts. Er hofft auf die Rückführung eines gereinigten Israels aus der Gola heraus (11,14-17; 20,32-38; 37,11b-13a); er schaut die Auferstehung Israels (37,1-11a*) und die Rückkehr der Herrlichkeit JHWHs in den neuen Tempel (40-43*); aus seiner Deutung des auferstandenen Israel als »großes Heer« in 37,10 wie aus seiner Zeichenhandlung 37,15-19 zur Wiedervereinigung der beiden Reiche ist ein Interesse an der staatlichen Verfaßtheit des wiedererstehenden Israel zu erschließen.

3.2 *Die Schüler des Propheten* haben seine Anstöße aufgegriffen, in seinem Sinne prophetisch gewirkt und seine Hinweise ausgebaut. In ihrer Arbeit schlagen sich die Metamorphosen einer exilisch-nachexilischen Theologie vornehmlich des 6.Jh. nieder. Die neuere Exegese arbeitet an einer Aufhellung des priesterlichen Hintergrundes der ezechielischen Verkündigung und an einer genaueren Verortung der Arbeit der Ezechielschule im Verhältnis zur dtr Literatur, zur Priesterschrift und mit ihr verbundenen Ergänzungen sowie zur Verkündigung Deuterojesajas und zu den Psalmen.

4. Schwerpunkte der Theologie

4.1 Ezechiel erweitert das *Selbstverständnis der Prophetie*.

In Redeformen und Inhalt tritt er das Erbe seiner prophetischen Vorgänger von Amos bis Jeremia an (Gerichtsprediger, Heilsverkünder, Visionär, Fürbitter, Öffentlichkeitsarbeiter, scharfer Beobachter seiner Zeit, sprachbegabter Dichter usw.).

In singulärer Weise revitalisiert er Wirkweisen und Inhalte der Vorschriftprophetie Elijas und Elischas: Er knüpft an deren ekstatische Erfahrungen an (vgl. das Kommen der Hand JHWHs, die Entrückungen). Er verleiht dem Prophezeien direkte Einwirkung (vgl. auch die Begleithandlungen). Er redet wieder sowohl prophetisch als auch anthropologisch vom Wirken des Geistes, der seinen Vorgängern suspekt geworden war. Er erfährt die gesellschaftliche Akzeptanz seiner Prophetie, indem man ihr positiv wie negativ eine enorme Rolle zubilligt. Er verstärkt wieder die Überzeugung von der Wirkkraft des prophetischen Wortes. Mehr als bei jedem anderen Propheten wird dieses bei ihm zum Weissager und Vorausverkünder (vgl. die Zeichenhandlungen, die Disputationsworte 12,11-28, der Angriff auf die Falschpropheten wegen nichtiger Schauung und lügnerischer Orakel 13,3ff, die Überzeugung von der Durchsetzungskraft seiner Prophetie 2,5; 33,33). Damit wird die Prophetie an das Zeitgeschehen angebunden (vgl. die Datierungen) und zugleich von ihm abhängig. Seine Schüler haben das in ihren Fremdvölkerworten ausgekostet, so daß sie wie im Falle der Tyrus- und Ägyptenworte die Ansagen im Sinne ihres Meisters an den Gang der Ereignisse anpassen mußten. In analoger Weise behandelt auch die Gogverkündigung 38f dieses Problem.

Aus seinem Wirken in der Gola heraus entwickelt er mit typischer Gründlichkeit das Prophetenverständnis eines Umkehrpredigers und Wächters für den Einzelnen (14,6; 33,7-9.10-11), der in Solidarität mit den Anbefohlenen in die Bresche springt (13,5), die abgelehnte Möglichkeit der Intercessio wahrnimmt (14,12ff) und sogar die Schuld trägt (vgl. 4,4ff).

4.2 Vom Impetus zur Systematisierung und von den antreibenden Faktoren seiner Verkündigung her ist Ezechiel *herausragender Theologe*.

Ezechiel vertritt indirekt einen reflexen Monotheismus. JHWH ist allein der Herr, die Götter sind nur Götzen und Scheusale. Alles geht vom Wort JHWHs aus (vgl. die Bedeutung der Wortereignisformel), und alles zukünftige Geschehen mündet in die Begegnung mit JHWH (vgl. die Rolle der Erkenntnisformel). JHWH ist der Schöpfer (vgl. 37,1ff) und Lenker einer universalen Geschichte (16.20.23). Der Sache nach spielen das 1. und 2. Gebot in den Gerichtsbegründungen eine tragende Rolle (6; 8; 14,1ff; 16; 20,5ff.32ff; 23). JHWH ist König (20,33) und Hirte (34).

4.3 Die verpflichtenden *Maximen des Gotteswillens* werden in seltener Akribie und theologischer Reflexion dargelegt.

Aus dem Sakralrecht (Tempeltora) werden die Notae des Gerechten bzw. die Inhalte von Recht und Gerechtigkeit angeführt (18,1-20). Die sozialen und kultischen Vergehen werden aufgelistet (6.8.22.34). Die historische Bedeutung von Satzungen und Rechtsentscheiden JHWHs wird erwogen und der Gerichtsgedanke bis zum Paradox der unguten göttlichen Gesetze, die das Leben verunmöglichen, zugespitzt (vgl. 20,10ff.25f).

4.4 Wie kaum ein anderer bedenkt Ezechiel die *Wirkung und den Konnex menschlicher Schuld*.

Das Ausmaß des gegenwärtigen Gerichts zwingt zum Bedenken der Schuld vom Anfang, vom Ursprung her (16.20.23). Aber die gegenwärtige Generation ist nicht schuldloser Erbe, sie hat sich an den Vergehen beteiligt (18,1-20; 20,30f). Ob sie sich dagegen auflehnt (18,2) oder darein schickt (18,19), es zählt nur das Tun von Recht und Gerechtigkeit. Innerhalb jeder Generation steht jeder Einzelne für sich; einzelne Gerechte vermögen ihn nicht zu entlasten (14,12-20). Und innerhalb des eigenen Lebens wirbt JHWH mit dem Angebot der Umkehr (14,6; 33,7-9.10-11), weil er kein Gefallen am Tod des Schuldigen hat, sondern möchte, daß er umkehre und lebe.

4.5 Ezechiel ist der *Vater der priesterlichen Theologie*.

Das betrifft Darstellungsweisen (Datierungen, Integration des Sakralrechts, Geschichtsinteresse, Heranziehen mythischer Stoffe) und einzelne Argumentationen (vgl. z.B. den Zusammenhang der Beschreibung Gottes in 1,26 »eine Gestalt, die wie ein Mensch aussah« mit der Gottebenbildlichkeitsaussage Gen 1,26). Das Interesse am Tempel und seinen Einrichtungen rückt mehr und mehr ins Zentrum; kultische Überlieferungen treten ans Tageslicht. Vornehmlich ist es die Vorstellung der Heiligkeit, die beherrschend in den Vordergrund tritt. Priesterliche Sorge um die eigene Reinheit meldet sich zu Wort (4,14); Unreinheit wird zum roten Faden der Anklagen (z.B. 22; 24,1ff); die Erscheinungen der Herrlichkeit JHWHs meiden in der Gola die Nähe zu menschlicher Behausung (3,12-15.22f); die Herrlichkeit JHWHs verläßt den unrein gewordenen heiligen Bereich (8-11) und kehrt erst in den neuen Tempel wieder ein (40-43) mit ausdrücklicher Trennung des Heiligen von sündigen Anwohnern (43,7ff). Zentrales Motiv des göttlichen Handelns war und ist die Heiligung des göttlichen Namens (20,5ff; 36,16ff). Die bei Ezechiel grundgelegten Verbindungslinien sind in der späteren Nacharbeit systematisch verstärkt worden.

5. Relevanz

Nachgewirkt hat Ezechiel vor allem durch seine Visionen. Das beginnt schon innerbiblisch in 1 Chr 28,18 und Sir 49,8 und setzt sich in den Qumranschriften fort (Einfluß der Thronwagenvision auf die Sabbatlieder, Wirkung der zweiten Tempelvision auf die Tempelrolle).

Die jüdische Tradition entwickelt Reserven gerade gegenüber den Visionen. Beim Verfassungsentwurf wird der Widerspruch zur Tora empfunden (vgl. im babylonischen Talmud Schab 13b; Men 45a). Die theosophischen Spekulationen im Anschluß an die Kap.1 und 10 werden als gefährlich erachtet (Chag 13a). Bei Kap.37 hat man den Argwohn, daß Sekten die Vision tendenziös ausnützen würden. Darüber hinaus wird Kap.16 als Beleidigung Jerusalems empfunden (Meg 4,10). Ferner fürchtet man, daß die harten Anklagen an die Adresse Israels antijüdisch verwertet werden können. Trotzdem hat Ezechiel immer wieder Verteidiger gefunden, und für die Märkaba-Mystik (Thronwagen-Mystik nach Ez 1) ist er unverzichtbar geworden. - In der christlichen Tradition ergibt sich ein analoges Bild: Man ist fasziniert von den Visionen und überträgt z.B. in der Väterexegese die Schilderung der vier Lebewesen 1,5-12; 10,14 auf die vier Evangelien- und Evangelistensymbole. Zugleich hat man Schwierigkeiten mit der Gottesbeschreibung in 1 und 10, die man für die Zweinaturenlehre der Person Christi nutzbar machen kann.

Die Gogkapitel 38f haben in der Apokalyptik Spuren hinterlassen (vgl. Mk 13; 2 Thess 2; Offb 20,2f). Die Vision vom neuen Jerusalem ist inspirierend. Die jüdische wie die christliche Kunstgeschichte bestätigen den Rang der Visionen (vgl. z.B. die Malereien in Dura-Europos und in Schwarzrheindorf bei Bonn).

Solche Rezeption ist ebenso großartig wie einseitig. Sie beeinträchtigt die Aufmerksamkeit für das ganze Buch in seinem Reichtum. Als weiterer Hemmschuh hat sich bis heute die drastische sexuelle Bildersprache insbesondere der Kap.16 und 23 ausgewirkt. Hier hat die christliche Rezeption aus unterschiedlichen Motiven mehr Hemmungen entwickelt als der Priesterprophet Ezechiel. Die feministische Exegese diskutiert heute mit Blick auf das Bild der Frau die Zuträglichkeit solcher drastischen Bildreden. Heute erfahren der Prophet und sein Buch eine stärkere Würdigung ihrer theologischen Absichten. Der priesterlich-kultische Hintergrund fordert mehr Aufhellung. Die Fülle an Fabeln und mythischen Stoffen genießt mehr und mehr Aufmerksamkeit. Die Integration von Recht und Gesetz in die Prophetie in bezug auf Rechtsmaterie und Reflexion auf deren Stellenwert gewinnt an Relevanz gerade auch für die Tora des Pentateuch. Darin sind der Prophet und sein Buch nicht mehr Widerpart, sondern Stimulans.

VII. Das Buch Daniel

(Herbert Niehr)

1. Das Buch Daniel 1-12

Kommentare: J.A.Montgomery (ICC) 1926.[3]1964; A.Bentzen (HAT) [2]1952; N.W.Porteous (ATD) 1962.[3]1978; O.Plöger (KAT) 1965; L.F.Hartmann/A.A.Di Lella (AncB) 1978; J.J.Collins (FOTL) 1984; J.-C.Lebram (ZBK) 1984; K.Koch (BK) 1986ff; E.Haag (NEB) 1993.

Einzelstudien: J.J.Collins, The Apocalyptic Vision of the Book of Daniel (HSM 16) Missoula 1977; P.R.Davies, Daniel, Sheffield 1985; J.Day, The Daniel of Ugarit and Ezekiel and the Hero of the Book of Daniel: VT 30,1980,174-184; D.N.Fewell, Circle of Sovereignty: A Story of Stories in Dan 1-6 (JSOT.S 72) Sheffield 1988; H.Gese, Die dreieinhalb Jahre des Danielbuches, in: FS K.Koch, Neukirchen-Vluyn 1991,399-421; ders., Das medische Reich im Geschichtsbild des Danielbuches - eine hermeneutische Frage, in: FS H.-D.Preuß, Stuttgart 1992,309-320; E.Haag, Die drei Männer im Feuerofen nach Dan 3,1-30: TrThZ 96,1987,21-50; ders., Die Errettung Daniels aus der Löwengrube (SBS 110) Stuttgart 1983; ders., Daniel: NBL 1,1988-91,383f; ders., Art. Daniel (Buch): NBL 1,1988-91,384-387; D.Hellholm (Hg.), Apocalypticism in the Mediterranean World and the Near East, Tübingen 1983; M.Hengel, Judentum und Hellenismus (WUNT 10) Tübingen 1969.[3]1988; K.Koch, Is Daniel also among the Prophets?, in: J.L.Mays/P.J.Achtemeier (Hg.), Interpreting the Prophets, Philadelphia 1987,237-248, ders., Weltgeschehen und Gottesreich im Danielbuch und die iranischen Parallelen, in: FS S.Herrmann, Stuttgart 1991,189-205; ders. u.a., Das Buch Daniel (EdF 144) Darmstadt 1980; R.G.Kratz, Translatio imperii (WMANT 63) Neukirchen-Vluyn 1991; H.S.Kvanvig, Roots of Apocalyptic (WMANT 61) Neukirchen-Vluyn 1988; A.Lacoque, Daniel et son temps, Genf 1983; J.C. Lebram, Apokalyptik/Apokalypsen II. Altes Testament: TRE 3,1978,192-202; ders., Apokalyptik und Hellenismus im Buche Daniel: VT 20,1970,503-524; ders., Art. Daniel/Danielbuch: TRE 8,1981,325-349; K.Müller, Studien zur frühjüdischen Apokalyptik (SBAB 11) Stuttgart 1991; H.-P.Müller, Magisch-mantische Weisheit und die Gestalt Daniels: UF 1,1969,79-94; J.Schreiner, »...wird der Gott des Himmels ein Reich errichten, das in Ewigkeit nicht untergeht« (Dan 2,44). Gestalt und Botschaft apokalyptischen Redens von Gott am Beispiel von Daniel 2, in: H.Merklein/E.Zenger (Hg.), »Ich will euer Gott werden« (SBS 100) Stuttgart 1981,123-149; U.Staub, Das Tier mit den Hörnern: FZPhTh 25,1978,351-397; A.S.van der Woude (Hg.), The Book of Daniel in the Light of New Findings (BEThL 106) Leuven 1993.

Das Buch Daniel ist das einzige *apokalyptische Buch* des AT. In die Gattung der atl Apokalypsen gehören auch die in Jes 24-27 vorliegende Jesaja-Apokalypse und die sog. kleine Apokalypse in Jes 33. Aus diesem Grund gehört das Buch Daniel eigentlich nicht in den Prophetenkanon. In der Hebräischen Bibel ist das Danielbuch hinter dem Esterbuch und vor den Büchern Esra/Nehemia und Chronik eingeordnet. Demnach steht es im letzten Teil der dreigeteilten Hebräischen Bibel, in den Schriften, die auch zuletzt abgeschlossen wurden und kanonischen Rang erhielten. Warum dem so ist, läßt sich nicht mehr klären: War der Prophetenkanon bereits abgeschlossen, konnte das Danielbuch als apokalyptisches Buch in bestimmten Kreisen nur allmählich kanonische Anerkennung gewinnen, oder steht es aufgrund der Sprachmischung von Hebräisch und Aramäisch vor dem Esrabuch, das dieselbe Mischung aufweist?

Nach dem Kanon der griechischsprachigen Diaspora von Alexandrien tritt das Danielbuch hinter Ezechiel und vor dem Dodekapropheton auf. Somit wird in diesem Kanon Daniel unter die großen Propheten gerechnet, womit ihm auch ein höheres kanonisches Ansehen zuteil wird. Die Einordnung des Danielbuches hinter Ezechiel hängt wohl damit zusammen, daß der Prophet Ezechiel im Exil wirkte und auch die Danielerzählungen in dieser Zeit spielen.

1.0 Textüberlieferung

R.Albertz, Der Gott des Daniel (SBS 131) Stuttgart 1988; A.Geissen, Der Septuaginta-Text des Buches Daniel Kap.5-12, zusammen mit Susanna, Bel et Draco sowie Esther 1,1-2,15 nach dem Kölner Teil des Papyrus 967 (PTA 5) Bonn 1968; S.P.Jeansonne, The Old Greek Tradition of Daniel 7-12, Washington 1988; K.Koch, Die Herkunft der Proto-Theodotion-Übersetzung des Danielbuches: VT

23,1973,362-365; ders., Deuterokanonische Zusätze zum Danielbuch (AOAT 38) Kevelaer/Neukirchen-- Vluyn 1987; O.Plöger, Zusätze zu Daniel (JSHRZ I/1) Göttingen 1973,63-87; A.Schmitt, Die griechi- schen Danieltexte (»ϑ'« und o') und das Theodotionproblem: BZ 36,1992,1-29; J.Schüpphaus, Das Verhältnis von LXX- und Theodotion-Text in den apokryphen Zusätzen zum Danielbuch: ZAW 83,1971,49-72.

Dan 1-12 liegt in 1,1-2,4a und 8,1-12,13 in hebräischer und in 2,4b-7,28 in aramäischer Sprache vor. Dazu treten in der LXX als Zusätze das Gebet des Asarja (3,24-45), eine kurze Überleitung (3,46-50) und der Lobgesang der drei Männer im Feuerofen (3,51-90). In Kap.4-6 weicht der LXX-Text derart stark vom aramäischen Text ab, daß dieser kaum als Vorlage für den LXX-Text gedient haben kann. Umstritten ist, ob der in der LXX bewahrte Text eine überlieferungs- geschichtliche Vorstufe zum aramäischen Danielbuch Kap.2-7 bildet. Bemerkens- wert ist die Geschichte des LXX-Textes, der im 3.Jh. n.Chr. zugunsten einer dem aramäischen Danielbuch nahestehenden Vorform des Theodotion aufgegeben wurde und deshalb weitgehend in Vergessenheit geriet.

1.1 Aufbau

Dan 1-12 weist eine deutliche Dreiteilung auf. Die hebräisch verfaßte Einleitung Dan 1 führt in die Zeit und das Leben des Daniel und seiner Gefährten ein und verortet damit den Hauptteil der in 2-7 vorliegenden aramäischen Danielerzählun- gen während der Exilszeit am Königshof von Babylon. Der dritte, wieder hebrä- isch verfaßte Teil, bringt weitere Visionen, die an der Gestalt des Daniel festge- macht werden.

Einleitung (hebräisch) 1,1-2,4a	Hauptteil (aramäisch) 2,4b-7,28	Erweiterungen (hebräisch) 8,1-12,13

Die hebräische Einleitung des Danielbuches (1,1-2,4a) stellt Daniel als einen Angehörigen des judäischen Königshauses vor, den die Ereignisse von 586 an den Hof des Nebukadnezzar nach Babylon verschlagen haben. Daniel und seine Gefährten durchlaufen hier eine Ausbildung in Sprache und Schrift der Babylonier. Mittels dieser den aramäischen Danielerzählungen (2,4b-7,28) vorgeschalteten Einleitung wurde die Gestalt des Daniel in die Geschichte Judas integriert und seine traumdeuterischen Fähigkeiten mit der Ausbildung am Königshof erklärt. Darüber hinaus werden auch die in Dan 3 auftretenden Gefährten des Daniel vorgestellt. Da Daniel selbst in 3 nicht begegnet, wird er in der Einleitung mit den Personen von 3 als Gefährten umgeben, und somit wird 3 in die Danielerzählung integriert.
Den Hauptteil des Danielbuches bilden die in 2-7 vorliegenden aramäischen Danielerzählungen. Diese sind streng konzentrisch angeordnet. Daniel und die Könige Nebukadnezzar und Belschazzar stehen im Mittelpunkt der Handlungen. Die Könige Nebukadnezzar und Belschazzar sind als Typ und Antityp aufgebaut. Im Unterschied zu Belschazzar kommt Nebukadnezzar zur Anerkennung des einzigen Gottes und seiner Herrschaft. Damit ist das thematische Zentrum der

aramäischen Danielerzählungen genannt: Es geht um die Aufrichtung der Königsherrschaft Gottes angesichts der einander ablösenden Weltherrschaften menschlicher Machthaber. Als Weltherrschaften treten nach Dan 2 und 7 die Reiche der
Babylonier, Meder, Perser und Griechen auf. Alle diese Reiche haben keinen
dauerhaften Bestand. Den Schlußpunkt der Danielerzählungen bildet die Vision
vom Menschensohn (7,9-14), dem eine ewigdauernde Herrschaft vom höchsten
Gott übergeben wird.

Text	Strukturmerkmale	Inhaltliche Merkmale
2	Traumdeutung	Untergang der Weltreiche; Errichtung der Herrschaft Gottes
3,1-30	Erzählung	Leiden der Gerechten
3,31-33	Doxologie	Anerkennung der Herrschaft Gottes
4,1-30	Traum und Deutung	Hybris des Königs und ihre Vernichtung
4,31-32	Doxologie	Anerkennung der Herrschaft Gottes
5,1-28	Erscheinung und Deutung	Hybris des Königs und ihre Vernichtung
5,29-30	keine Doxologie	keine Anerkennung der Herrschaft Gottes
6,1-25	Erzählung	Leiden des Gottesfürchtigen
6,26-28	Doxologie	Anerkennung der Herrschaft Gottes
7	Vision und Deutung	Untergang der Weltreiche; Errichtung der Herrschaft Gottes

Die griechischen Zusätze zu Daniel 3 erweitern das stumme Leiden der Freunde
um ein Sündenbekenntnis (3,24-45) und einen Lobgesang (3,51-90) und unterstreichen somit den Glauben der drei.
Die wieder hebräisch abgefaßten Kap.8-12 des dritten Teils lassen eine den
aramäischen Danielerzählungen vergleichbare Ordnung nicht erkennen. Der Text
wird in 8 mit einer Tiervision eröffnet, die die Zerstörung menschlicher Herrschaft
aufzeigt. In 9 folgt ein Schuldbekenntnis Daniels und Israels, und in einer Vision
werden Angaben über die 70 Jahrwochen gemacht. In 10-12 werden in mehreren
Visionen Daniel die Ereignisse der Endzeit geoffenbart.

Text	Strukturmerkmale	Inhaltliche Merkmale
8	Selbstbericht (Ich-Stil) Vision Daniels	Vision über die Ablösung der Weltreiche
9,1-19	Selbstbericht (Ich-Stil)	Bekenntnis der Sünden Israels
9,20-27	Selbstbericht (Ich-Stil) Vision Daniels	Erscheinung des Gabriel; Daniel wird über die Dauer der Endzeit informiert
10,1-12,4	Selbstbericht (Ich-Stil) Vision Daniels	Erscheinung eines Völkerengels; Deutung der Welt- reiche, der Geschehnisse der Endzeit; Auferstehung der Toten
12,5-13	Selbstbericht (Ich-Stil) Vision Daniels	Erneuter Hinweis auf das Ende und die Auferste- hung des Daniel.

1.2 Entstehung

Mehrere Indizien weisen nachdrücklich darauf hin, daß das Danielbuch nicht aus einem Guß ist, sondern seine heutige Gestalt einem längeren Entstehungsprozeß verdankt.

(1) Das Buch ist in drei Sprachen abgefaßt: Hebräisch (1,1-2,4a; 8,1-12,13), Aramäisch (2,4b-7,28) und Griechisch (3,24-50.51-90; 13,1-14,42).

(2) Es gibt mehrere Brüche in den Danielerzählungen Dan 1-7: So soll Daniel nach 1,5 drei Jahre am Königshof ausgebildet werden, er tritt nach 2,1.25 aber schon im zweiten Jahr des Nebukadnezzar vor den König. Ebenso ist Daniel nach 1,19 dem König bereits bekannt, muß aber nach 2,25 dem König vorgestellt werden. Kap.7 bezieht sich auf die Herrschaft des Belschazzar, obwohl nach 6,29 Kyrus bereits an der Herrschaft ist.

(3) Ein weiteres Kriterium der Uneinheitlichkeit stellen die Umbenennungen des Daniel und seiner Freunde (1,7) dar, die es ermöglichen, Kap.3, in dem Daniel nicht auftritt, bruchlos in die Danielerzählungen zu integrieren.

(4) Der Wechsel der Erzählperspektive von der 1. Pers. (7,2-12,13) zur 3. Pers. (1,1-7,1; 13-14) weist gleichfalls auf Brüche innerhalb des Danielbuches hin.

Verschiedene Theorien versuchen dieser Problemlage gerecht zu werden:

Nachdem sowohl die Fragmentenhypothese, die das Werden des Danielbuches aus ursprünglich selbständigen Einzelvorlagen erklären wollte, als auch die Einheitshypothese, die im Danielbuch die planvoll angelegte Einheit eines makkabäischen Verfassers erblickte, als zu extrem und einseitig überwunden worden waren, wurde eine Aufstockungshypothese entwickelt.

Diese versucht die richtigen Einsichten der Fragmenten- und Einheitshypothese aufzugreifen, ihre jeweilige Verabsolutierung aber zu vermeiden. Dazu soll ein Modell verhelfen, welches die Genese des Danielbuches mit einem sukzessiven Anwachsen des Buchbestandes erklärt. Die meisten neueren Hypothesen zur Entstehung des Danielbuches beruhen auf der Aufstockungshypothese. Eine Ausnahme bildet der von *R.Albertz* vorgelegte Erklärungsversuch.

Derzeit werden in der Forschung u.a. folgende Thesen vertreten:

(1) Den ältesten Bestand des Buches bilden die Erzählungen in 1-6. Diese wurden um einen Visionsteil in 7.8-12 erweitert. 1 wurde aus dem Aramäischen ins Hebräische übersetzt, 7 als Bindeglied in Aramäisch belassen. 1-6 stammen aus der östlichen Diaspora, die Vision 7.8-12 aus der Jerusalemer Oberschicht (*J.J.Collins*).

(2) Aus Dan 3-6 lassen sich zwei weisheitliche Lehrerzählungen ermitteln, die im 5./4.Jh. eine selbständige literarische Einheit darstellten. Diese Erzählung handelt vom weisen und gerechten Daniel (4,1-24.31-34* und 6,1-29*). Hinzu treten zwei Geschichtsdarstellungen vom Untergang der Weltherrschaft Babels (4,25-30* und 5,1-30*). Diese beiden Elemente wurden gegen Ende des 3.Jh. zur Grundschicht des Danielbuches in 4-6* vereinigt. Diese Grundschicht wurde weiter ausgebaut durch die Hinzufügung einer paränetischen Einleitung (1-3*) und eines visionären Ausblicks (7-8*). Diese Texte wurden um der Kanonizität des Buches willen auf Hebräisch verfaßt. Nach den Ereignissen von 167 v.Chr. wurde das Buch neu bearbeitet und um 9-12* ergänzt. Seine endgültige Gestalt erhielt das protokanonische Danielbuch durch eine nachmakkabäische Bearbeitung (*E.Haag*).

(3) In Dan 2-7 liegt eine aramäische Apokalypse mit symmetrischem Aufbau vor. Diese hat den Verfassern des hebräischen Danielbuches, die in zwei Redaktionen (Red. I: 1.8*; Red. II: 8,8.11.12a.13.14.16.18.19.24-26a.27b.9,1-12,13) den aramäischen Kern ausweiten, bereits vorgelegen. Redaktion I verschafft durch die Verwendung des Hebräischen dem Buch Eingang in Jerusalemer Priesterkreise. Daniel wird in 1 zum Mitglied des judäischen Königshauses. 8 bezieht sich auf Antiochus III. Redaktion II ist provoziert durch den Überfall von Antiochus IV. auf Jerusalem und insofern nach 168 einzuordnen. Sie arbeitet 8 im Hinblick auf Antiochus IV. um und fügt einen Anhang an das Buch von Redaktion I an (*J.-C.Lebram*).

(4) Dan 4-6^LXX stellt die überlieferungsgeschichtliche Vorstufe zum aramäischen Dan 2-7 dar. Der Text enthält drei Einzelerzählungen, die auf hebräische und aramäische Vorlagen des 4./3.Jh. zurückgehen und von einem Übersetzer aus dem ägyptischen Judentum in hellenistischer Zeit in eine griechische Sammlung überführt wurden. Der aramäische Text fügt zu Kap.4-6 noch Kap.3 als Leidenserzählung und rahmt diesen Duktus durch Kap.2 und 7. Ein späterer Ausbau liegt mit 1.8-12 vor (*R.Albertz*).

(5) Es sind drei Schichten bei der Entstehung des Danielbuches nachzuweisen, deren früheste nach 539 v.Chr. anzusetzen ist (1,1-2,4a* in Aramäisch; 2,4b-49*; 3-6), die zweite seit dem 3.Jh. (2,1aα.28aβγ. b.39*.40.41aβγ.bα.42a*.44; 7,1-28*) und die dritte (2,41aα.bβγ.42*.43; 7,1b.7bβ8.11a.20-22.24f.28a.bβ; 8-12) zwischen 168 und 163 (*R.G.Kratz*).

Beim derzeitigen Forschungsstand ist es zu früh, ein Fazit aus den laufenden Diskussionen zur Entstehung des Danielbuches zu ziehen.

1.3 Geschichtlicher Kontext

Die traditionsgeschichtlichen Wurzeln des atl Daniel sind greifbar in der spätbronzezeitlichen Mythologie Ugarits mit der Gestalt des Königs Danᵓilu (KTU 1.17-19). Danᵓilu (= »Gott hat Recht verschafft«) wird dargestellt als gerechter Richter und Inhaber magischer und mantischer Fähigkeiten. Diese beiden Züge finden sich wieder in der Rezeption seiner Gestalt in Ez 14,13f.19f und 28,3. Der Daniel des Danielbuches steht als Gerechter, Traumdeuter und Abkömmling des Königshauses von Juda ebenfalls in der Traditionslinie des ugaritischen Danᵓilu. Dabei ist nicht zu übersehen, daß das Danielbuch eine apokalyptische Schrift darstellt, zu deren Typica die Pseudonymität gehört. Die Hauptfigur des Danielbuches stellt keine historische Person, sondern eine Idealfigur dar.
Diese Figur erfährt in den Teilen des Danielbuches eine unterschiedliche Ausgestaltung.
Nach Ausweis des aramäischen Buchteils 2-7 ist Daniel ein unbekannter Jude unter den aus Juda Verschleppten (2,25). Damit konkurriert eine zweite Angabe, derzufolge Daniel unter die Weisen Babylons (2,13) zählt. Als Belohnung für seine weise Traumdeutung wird Daniel mit einem hohen Amt am Königshof ausgestattet (2,48). Dadurch gehört er zum Typ des höfischen Weisen, womit er an andere erfolgreiche Diasporajuden wie Josef, Nehemia, Tobit und Mordechai erinnert. Der Zug des weisen Daniel wird durch die vom ihm vorgelegte Traumdeutung in 4 weiter ausgezogen. Einen neuen Aspekt steuert 7 bei, wo Daniel als Visionär endzeitlicher Geheimnisse verstanden wird.
Der hebräische Rahmen in 1 und 8 ordnet Daniel stärker in die jüdische Tradition ein. Daniel entstammt dem Jerusalemer Königshaus (1,3.6) und genießt nach seiner Deportation eine Ausbildung am babylonischen Königshof. Damit wird der bereits im aramäischen Danielbuch grundgelegte Aspekt von Daniel als höfischem Weisen durch Daniels Herkunft und Ausbildung erklärt. 8 nimmt den in 7 eingeschlagenen Weg der Zeichnung Daniels als Visionär endzeitlicher Geheimnisse auf. Die Visionen von 8 machen Daniel krank und er versteht sie nicht (8,27). Damit ist das Ideal des weisen babylonischen Traumdeuters verlassen in Richtung auf die Darstellung Daniels als apokalyptischer Gestalt.
9-12 führen Züge der Danielfigur aus 7 und 8 fort. Daniel erhält Einblick in die Pläne JHWHs, da er ein Geliebter Gottes ist (9,23; 10,11.19). Nach 12,8 versteht er seine Gesichte nicht. Des weiteren wird Daniel in 9 als Schriftgelehrter und Fürbitter konzipiert. 12 endet mit der Verheißung der Auferstehung an Daniel. Damit ist trotz aller Not in seiner Lebenszeit über den Tod hinaus ein gutes Ende für den Protagonisten des Buches gefunden.

Die entscheidende Zeit für die Herausbildung des Danielbuches stellt die erste Hälfte des 2.Jh. v.Chr. dar. Diese Zeit ist gekennzeichnet durch die Hellenisierung Vorderasiens und damit auch Palästinas, welches zur seleukidischen Machtsphäre gehörte. Von dieser Hellenisierung blieb auch die jüdische Religion nicht unberührt, wogegen sich der Widerstand toratreuer Juden regte. Als auf Bestreben einer reformfreudigen jüdischen Partei der Brandopferaltar des Jerusalemer Tempels mit einer Massebe versehen wurde und der Kult sich nunmehr an JHWH unter dem Namen »Gott des Himmels« richtete, wurde diese binnenjüdische Reform von den toratreuen Kreisen (Makkabäer) als Aufgabe des jüdischen JHWH-Glaubens gewertet. Im hebräischen Teil des Danielbuches 8-12 wird deshalb mehrfach gegen die Verehrung JHWHs als »Gott des Himmels« polemisiert (11,31; 12,11; vgl. 8,13; 9,27; 1 Makk 1,54).

1.4 Schwerpunkte der Theologie

Grundsätzlich ist zu sehen, daß das Danielbuch ein apokalyptisches Buch ist und insofern dem AT sonst fremde theologische Anliegen vertritt:

(1) Geschichtstheologie

Die Apokalyptik beansprucht, den der Geschichte innewohnenden Plan Gottes im Hinblick auf seine Vollendung in Gericht und Heil offenlegen zu können. Für das Danielbuch bedeutet dies: Nach dem Untergang Judas ist der weitere Ablauf der Weltgeschichte bestimmt durch die Sukzession mehrerer Weltreiche: Babylonier, Meder, Perser, Griechen (2 und 7). Alle diese Weltreiche gehen zugrunde, und danach errichtet der »Gott des Himmels« ein unvergängliches Reich, in dem seine Verehrer die Herrschaft ausüben (2,44; 7,14.18.22.27).

(2) Der »Gott des Himmels«

Das Danielbuch meidet den Gottesnamen JHWH (nur in 9,2.4.13f belegt). Dafür findet sich die Benennung »Gott/Herr/König des Himmels« (2,18.19.37.44; 4,34; 5,23). Mit dieser Bezeichnung, die innerhalb des AT vor allem in den nachexilischen Büchern Esra, Neh, Jud und Tob sowie in der Korrespondenz der Juden von Elephantine belegt ist, überschreitet JHWH seine Beschränkung auf die israelitisch-judäische Religion und wird zum universalen Gott, dessen Herrschaft die Weltreiche aller irdischen Machthaber ablöst.

(3) Völkerengel und Menschensohn

Im Zuge des Aufstiegs JHWHs zu einer universalen Gottheit in exilisch-nachexilischer Zeit konnte er nicht länger als »Nationalgott« Israels oder Judas gelten. Hatte nach Dtn 32,8-9 JHWH Israel als sein Erbteil genommen, als er die anderen Völker anderen Göttern zuwies, so ändert sich nun diese Sicht im Danielbuch. Aufgrund des hierin ausgeprägten Monotheismus und der Universalität JHWHs wird ein anderes Modell der Weltherrschaft entworfen, demzufolge alle Völker von JHWH unterstellten Fürsten bzw. Engeln regiert werden. Israel steht unter der Herrschaft des Michael (12,1; vgl. 10,13). Als einer dieser Völkerengel ist auch der in Dan 7 auftretende »Menschensohn« zu verstehen, dem JHWH die Herrschaft auf ewig übergibt.

(4) Die Heiligen (des) Höchsten

Hierunter sind zunächst die Mitglieder des himmlischen Thronrates Gottes zu verstehen. Sekundär wurde der Begriff ausgeweitet und als »Heilige des Höchsten« verstanden. Damit ist die Vereinigung der Mitglieder des himmlischen Thronrats und der JHWH-treuen Juden gemeint, denen nach 7 zusammen mit dem Menschensohn die Herrschaft übergeben werden soll.

(5) Auferstehung von den Toten

Das Danielbuch stellt neben den Makkabäerbüchern (2 Makk 7,9.11.14.23.29.36; 12,44f) das einzige atl Zeugnis für eine Auferstehung von den Toten dar. Nach 12,1-4.13 werden die JHWH-treuen Israeliten nach ihrem Tod zu einem ewigen Leben auferstehen, während allen anderen die ewige Schande angedroht wird.

1.5 Relevanz

An erster Stelle ist die Vorstellung vom Menschensohn als dem irdischen Sachwalter Gottes (7) zu nennen, die sich vor allem in der Theologie der Logienquelle Q und in den synoptischen Evangelien des NT ausgewirkt hat. Ebenso ist die im Danielbuch erstmals belegte Vorstellung von der Auferstehung der Toten (12) zur Grundlage der christlichen Theologie geworden. Des weiteren ist auf die radikale Kritik des Danielbuches an allen menschlichen Herrschaftsverhältnissen hinzuweisen. Seit dem Mittelalter hat das Danielbuch chiliastischen Erwartungen Auftrieb gegeben. Alle irdischen und von Menschen etablierten Weltreiche stehen letztlich auf tönernen Füßen, nur JHWH verleiht eine Herrschaft auf Dauer. Somit wird menschliche Herrschaft nicht mehr unter Berufung auf göttliche Legitimierung als unantastbar und unveränderbar dahingestellt.

2. Die Susanna-Erzählung Daniel 13

2.0 Textüberlieferung

H.Engel, Die Susanna-Erzählung (OBO 61) Fribourg/Göttingen 1985; A.Geissen, Der Septuaginta-Text des Buches Daniel Kap.5-12, zusammen mit Susanna, Bel et Draco sowie Esther Kap.1,1-2,15 nach dem Kölner Teil des Papyrus 967 (PTA 5) Bonn 1968; O.Plöger, Zusätze zu Daniel (JSHRZ I/1) Göttingen 1973,63-87; J.Ziegler (Hg), Susanna, Daniel, Bel et Draco (Septuaginta. Vetus Testamentum Graecum XVI/2) Göttingen 1954.

Die Erzählung bildet einen Zusatz zum Danielbuch, der in einer älteren Version in der LXX und in einer jüngeren in Theodotion erhalten ist. Obwohl eine enge sprachliche Beziehung beider Texte festzustellen ist, weichen sie in erzählerischer Hinsicht voneinander ab. In den Bibelübersetzungen wird der Theodotiontext zugrundegelegt.

2.1 Aufbau

Die im babylonischen Exil lebende Jüdin Susanna wird von zwei das Richteramt bekleidenden Ältesten fälschlicherweise des Ehebruchs angeklagt, da sie den Verkehr mit ihnen verweigert hatte. Auf dem Weg zu ihrer Hinrichtung erhebt ein Jüngling namens Daniel aufgrund göttlicher Weisung Einspruch gegen das ungerechte Urteil. Es gelingt Daniel, die beiden Ältesten des Meineids zu überführen. Susanna wird freigelassen, die beiden Ältesten dafür getötet, und das Ansehen Daniels steigt.

2.2 Entstehung

Die schon in der LXX festzustellende Verbindung der Geschichte mit Daniel hängt wohl weniger mit der atl Subsumierung Daniels unter die Gerechten (Ez 14,13f.19f) als vielmehr mit dem Personennamen selbst (»Gott hat Recht verschafft«) zusammen. Über die Gestalt des Daniel wurde auch die Anbindung der Erzählung an das Danielbuch bewerkstelligt. Hierin mag sich ein traditionsgeschichtlich älterer Zug der Danielgestalt als Richter (vgl. Danʾilu in Ugarit) widerspiegeln (*K.Koch*).

Die erzählerische Anbindung der Susanna-Erzählung an das Danielbuch wird in den griechischen Versionen unterschiedlich durchgeführt. Im Theodotion-Text wird die Susanna-Erzählung an den Anfang des Danielbuches gerückt oder z.T. auch als eigenes Buch gewertet. Dies tun auch LXX und S. Die Vg setzt die Susanna-Erzählung als Abschluß an das Ende des Danielbuches.

2.3 Geschichtlicher Kontext

Die LXX-Fassung der Susanna-Erzählung wendet sich schon in der Einleitung gegen die Ältesten als Richter und läßt damit eine bestimmte Sozialkritik erkennen. Hierin hat man eine Ablehnung der Hasmonäerherrschaft wegen ihrer Vergewaltigung Israels, personifiziert in der Gestalt der Susanna, sehen wollen (*H.Engel*). Aufgrund des Endes im LXX-Text hat man auch auf die Kollaboration der jüdischen Führungsschicht mit den Seleukiden und auf die Hervorhebung der integren Jugend aufmerksam gemacht (*E.Haag*). Dagegen verlegt die jüngere Theodotion-Fassung den Vorgang nach Babylon, nennt in der Einleitung bereits die Tora-Frömmigkeit der Susanna und ihrer Eltern und unterstreicht Daniels Rolle als Richter. Die Erzählung wird zu einer erbaulichen Lehrerzählung verändert, so daß der historische Horizont verwischt wird.

2.4 Schwerpunkte der Theologie

In der Susanna-Erzählung zeigt sich, wie Gott als Richter einer unschuldig Angeklagten ihr Recht verschafft. In scheinbar aussichtsloser Lage erfährt die gottesfürchtige Susanna ihre Rettung durch Gottes Eingreifen. Die Rechtshilfe Gottes wird vermittelt durch Daniel, dessen Name das theologische Programm der Susanna-Erzählung beinhaltet.

3. Die Erzählung über Bel und den Drachen Daniel 14

3.0 Textüberlieferung

A.Geissen, Der Septuaginta-Text des Buches Daniel Kap.5-12, zusammen mit Susanna, Bel et Draco sowie Esther Kap.1,1-2,15 nach dem Kölner Teil des Papyrus 967 (PTA 5) Bonn 1968; K.Koch, Deuterokanonische Zusätze zum Danielbuch (AOAT 38) Kevelaer/Neukirchen-Vluyn 1987; O.Plöger, Zusätze zu Daniel (JSHRZ I/1) Göttingen 1973,63-87; A.Wysny, Die Erzählungen von Bel und dem Drachen (SBB 33) Stuttgart 1996; J.Ziegler (Hg.), Susanna, Daniel, Bel et Draco (Septuaginta. Vetus Testamentum Graecum XVI/2) Göttingen 1954.

Dan 14 enthält zwei Erzählungen (14,1-22; 14,23-42). Die Erzählungen liegen wie die Susanna-Erzählung in der LXX und Theodotion vor. Für die LXX wird als Vorlage ein hebräisches Original angenommen. Theodotion geht auf die LXX zurück, ändert aber auch hier wieder die Erzählung durch Straffung und Konzentrierung ab.

3.1 Aufbau

Die beiden in Dan 14 überlieferten Erzählungen haben ursprünglich nichts miteinander zu tun und wurden separat tradiert. Erzählerisches Bindeglied ist der Gott Bel, von dem in der ersten Erzählung ein Kultgerät (Götterbild) und in der zweiten ein Kulttier (Drache) im Vordergrund steht. Der Protagonist beider Erzählungen ist Daniel.

Die Geschichte vom Kultbild des Gottes Bel (= Marduk) in 14,1-22 erzählt, wie

Daniel dem König Kyrus nachweist, daß das Kultbild des Gottes Bel nur einen toten Gegenstand darstellt und keinen Gott repräsentiert. Die ihm dargebotenen Opfer kann es nicht konsumieren, sie verschwinden vielmehr durch Betrug der Priester. Der König läßt nach Aufdeckung dieses Betrugs die Bel-Priester töten. Daniel erhält die Vollmacht, das Kultbild des Bel und sein Heiligtum zu zerstören. Die in 14,23-42 enthaltene Erzählung vom Drachen ist deshalb zu Recht mit der vorangehenden Erzählung verbunden, weil der Drache das Symboltier des Bel (= Marduk) ist. Auf die Aufforderung des Königs, den Drachen als Gott anzubeten, reagiert Daniel mit dem erfolgreichen Versuch, diesen zu töten. Auf Drängen der Bel-Verehrer muß der König allerdings Daniel in die Löwengrube werfen. Daniel überlebt dies und an seiner Stelle werden die, die auf seinen Tod gedrängt haben, den Löwen vorgeworfen.

3.2 Entstehung

K.Koch hat versucht, das Vorliegen einer älteren Danieltradition, die nur in griechischer Sprache vorliegt, aber an Alter den aramäischen Danielerzählungen gleichkommt, nachzuweisen. Die Drachengeschichte setzt die Geschichte vom Kultbild des Bel voraus und stellt eine Ausweitung zu ihr dar. Das Motiv von Daniel in der Löwengrube entnimmt sie den aramäischen Danielerzählungen aus 6 unter Anreicherung um einen Habakuk-Midrasch. Es wurde allerdings auch die Vermutung geäußert, daß 6 jünger sei als 14 (*K.Koch*).
Nach *A.Wysny* liegt in Dan 14 eine Lehrerzählung ohne semitisches Original vor, deren LXX-Text für die jüdische Oberschicht aus Alexandria zwischen 145 und 88 v.Chr. bestimmt war. Die Lehrerzählung richtet sich gegen Assimilationstendenzen und fordert zum Verharren im JHWH-Glauben auf. Der LXX-Text wurde zwischen 50 v.Chr. und 50 n.Chr. in Palästina überarbeitet. In diesem Theodotion-Text wird die LXX enthistorisiert, vom Kult der Ptolemäerherrscher auf jeglichen Götzendienst abgehoben und die Lebendigkeit JHWHs betont.

3.3 Geschichtlicher Kontext

Dieser ist mit der Ptolemäerzeit in Ägypten gegeben, insbesondere mit der wachsenden Judenfeindlichkeit in Alexandrien nach 150 v.Chr. Diese speiste sich aus dem Vorwurf der Götterfeindlichkeit, der Verweigerung der Bilder- und Tierverehrung und der distanzierten Einstellung dem Staatskult gegenüber, die zu einer sozialen Abgrenzung der Juden führten (*A.Wysny*).

3.4 Schwerpunkte der Theologie

Die Geschichte vom Kultbild des Gottes Bel steht in der Tendenzlinie der im AT seit exilisch-nachexilischer Zeit geübten Kritik an Götterbildern (Jes 40,18-20; 41,6f; 42,17; 44,9-20; 46,5-7; Ps 135,15-18; Weish 13-15). Gegen altorientalische Theologien der Kultbilder werden diese nicht als Ort der Realpräsenz der Götter akzeptiert und müssen deshalb, da ihre Verehrung auf Priesterbetrug beruht, zerstört werden.
Beide Erzählungen unterstreichen den jüdischen Monotheismus. Heidnische

Gottheiten haben keine Macht und ihre Symbole (Kultbilder, Tempel, heilige Tiere) sind zu vernichten. Wer dies unternimmt, untersteht dem Schutz JHWHs. Daß die Geschichten mit der Person des Daniel verbunden werden, hängt mit dessen Eintreten für die Verehrung des einzigen Gottes am Königshof von Babylon, wie sie aus den aramäischen Danielerzählungen in 2-7 bekannt ist, zusammen.

VIII. Das Zwölfprophetenbuch
(Erich Zenger)

0. Das Zwölfprophetenbuch als Ganzes

Literatur: E.Bosshard, Beobachtungen zum Zwölfprophetenbuch: BN 40,1987,30-62; ders. [E.Bosshard-Nepustil], Rezeptionen von Jesaja 1-39 im Zwölfprophetenbuch (OBO 154) Fribourg/Göttingen 1997; ders./R.G.Kratz, Maleachi im Zwölfprophetenbuch: BN 52,1990,27-46; P.R.House, The Unity of the Twelve (JSOT.S 97) Sheffield 1990; J.D.Nogalski, Literary Precursors to the Book of the Twelve (BZAW 217) Berlin 1993; ders., Redactional Processes in the Book of the Twelve (BZAW 218) Berlin 1993; A.Schart, Die Entstehung des Zwölfprophetenbuchs. Neubearbeitungen von Amos im Rahmen schriftenübergreifender Redaktionsprozesse (BZAW 260) Berlin 1998; O.H.Steck, Der Abschluß der Prophetie im Alten Testament (BThS 17) Neukirchen-Vluyn 1991.

0.1 Der Aufbau

Den frühesten ausdrücklichen Hinweis darauf, daß die Prophetenschriften von Hosea bis Maleachi als *ein* Prophetenbuch verstanden wurden, gibt um 180 v.Chr. das Buch Jesus Sirach. Im »Lobpreis der Väter« (Sir 44,1-50,24) werden - entsprechend der Abfolge im Aufbau der Hebräischen Bibel nach Jesaja (48,22), Jeremia (49,7) und Ezechiel (49,8) »die Zwölf Propheten« (49,10) genannt, offenkundig als eine zusammengehörende Größe. Dabei wird die Zwölfzahl subtil mit dem aus den zwölf Söhnen Jakobs entstandenen Volk Israel in Verbindung gebracht, wenn das Wirken der Zwölf folgendermaßen gepriesen wird: »Sie brachten Heilung für *Jakobs* Volk und halfen ihm durch zuverlässige Hoffnung« (49,10; *Heilung* und *Hoffnung* drücken auch die beiden Aspekte der Prophetie aus: Ankündigung des Gerichts und der Rettung bzw. Kritik und Vision; s.o. F.I.). Die LXX betont durch ihre Bezeichnung Δωδεκαπρόφητον (Dodekapropheton = das Zwölfprophetenbuch), daß es sich um *ein* Werk handelt. Die Vg gibt dem Buch die Überschrift »*Prophetae minores*«, was zu der im Deutschen üblichen Benennung »Die kleinen Propheten« geführt hat (»*minores*« bzw. »klein«: wegen des im Vergleich zu Jes, Jer, Ez geringeren Umfangs der *einzelnen* Schriften des Zwölfprophetenbuchs, das als Ganzes ungefähr dem Umfang von Jes entspricht). Auch die jüdische und die christliche Überlieferung hat »die Zwölf« als *ein* Buch betrachtet und zitiert (vgl. im Traktat Baba Batra 14b/15a des Babylonischen Talmud und das Vorwort des Hieronymus in der Vg, wo er ausdrücklich vermerkt: »*unum librum esse duodecim prophetarum*«). Die kritische Bibelwissenschaft der letzten zwei Jahrhunderte hat diesem Aspekt keine Aufmerksamkeit geschenkt. Erst in jüngster Zeit gibt es Ansätze, das Zwölfprophetenbuch als Ganzes zu untersuchen *und* auszulegen. Dabei ist sowohl die synchrone (einzelschriftenüber-greifende Kompositionsstrukturen und Stichwortverkettungen) als auch die diachrone (Wachstums- und Redaktionsgeschichte) Fragestellung zu beachten. Die *Anordnung* der zwölf Bücher folgt dem zeitgeschichtlichen Rahmen, den die Überschriften der einzelnen Bücher selbst angeben und/oder wie er im Buchinnern explizit oder implizit vorausgesetzt wird. Wie die folgende Tabelle zeigt, ergibt sich dabei eine epochale Einteilung: die ersten sechs Propheten werden in das 8.Jh., die nächsten drei in das ausgehende 7.Jh. und die letzten drei in das ausge-hende 6.Jh. eingeordnet.

Das Überschriftensystem des Zwölfprophetenbuchs		
Hosea	8.Jh	*Das Wort JHWHs, das erging an* Hosea, Sohn Beeris, in den Tagen des Usija, Jotam, Ahas, Hiskija, der Könige von Juda und in den Tagen des Jerobeam, Sohnes des Joasch, des Königs von Israel
Joël		*Das Wort JHWHs, das erging an* Joël, Sohn Petuëls
Amos		*Die Worte* des Amos,... *die er schaute über* Israel in den Tagen des Usija, des Königs von Juda und in den Tagen des Jerobeam, Sohnes des Joasch, des Königs von Israel
Obadja		*Schauung* des Obadja
Jona		Und es *erging das Wort JHWHs an* Jona, Sohn Amittais
Micha		*Das Wort JHWHs, das erging an* Micha... in den Tagen des Jotam, Ahas, Hiskija, der Könige von Juda, *das er schaute über* Samaria und Jerusalem
Nahum	7.Jh.	*Ausspruch über* Ninive. Buch der *Schauung* des Nahum
Habakuk		Der *Ausspruch*, den der Prophet Habakuk *schaute*
Zefanja		*Das Wort JHWHs, das erging an* Zefanja, Sohn Kuschis..., in den Tagen des Joschija, Sohnes des Amon, des Königs von Juda
Haggai	6.Jh.	Im 2. Jahr des Königs Darius, am 1. Tag des 6. Monats, *erging das Wort JHWHs durch* den Propheten Haggai...
Sacharja		Im 2. Jahr des Darius, im 8. Monat, *erging das Wort JHWHs an* den Propheten Sacharja, Sohn Berechjas
Maleachi		*Ausspruch. Wort JHWHs an* Israel *durch Maleachi*

Diese chronologische *Reihenfolge* entspricht de facto nicht bei allen Büchern deren *tatsächlicher* chronologischer Einordnung bzw. Entstehungszeit, die wir aus heu-tiger historischer Erkenntnis annehmen. Dies gilt insbesondere für die Bücher Joël, Obadja, Jona und Maleachi. Diese »Bücher« sind nicht der Niederschlag eines »historischen« Propheten, sondern im engen Sinn »Schriftprophetie« bzw. »literarische Prophetie« (s.o. F.I.1), die allesamt jünger sind als in der »biblischen« Chronologie des Zwölfprophetenbuchs vorausgesetzt ist. Die Einordnung des Buches *Jona* im 8.Jh. hängt mit der Erwähnung des Propheten Jona, Sohn Amittais, in 2 Kön 14,25 zusammen, wo dieser mit der Zeit Jerobeams II. (vgl. die Überschrift Hos 1,1; Am 1,1) in Verbindung gebracht wird; auf diesen Jona spielt das (im 4.Jh. entstandene, s.u. F.VIII.5) Buch Jona an. Die Einordnung der Bücher Joël, Obadja und Maleachi erfolgte aus inhaltlichen Gründen: *Joël* liest sich wie ein Kommentar zu seinen beiden Nachbarbüchern Hos und Am; *Obd* berührt sich in seiner Edom-Polemik mit dem vorangehenden Buch Amos; *Maleachi* kann man geradezu als Fortschreibung von Sach lesen.

Wie die Tabelle S. 478 weiter zeigt, entspricht die formale *Gestaltung der Überschriften* weitgehend der chronologischen Anordnung. Zugleich werden zwei »Typen« von Prophetie herausgestellt; einerseits wird der Vorgang des Wortempfangs (Wortereignisformel: »das Wort JHWHs erging...«), andererseits der visionäre Aspekt (Schauung bzw. schauen) betont.

Zwischen den jeweils aufeinanderfolgenden Büchern gibt es vor allem an den Rändern eine ganze Reihe von Stichwort- und Motivverkettungen (zur gleichen Technik der *concatenatio* im Psalmenbuch s.o. E.III.), die als eine Art Leseanweisung den fortlaufenden Zusammenhang herstellen.

Die Bücher *Hosea und Maleachi* haben durch ihre *Anfangs- bzw. Schlußposition* eine herausgehobene strukturelle und hermeneutische Funktion. Hos ist das am stärksten geschichtstheologisch imprägnierte Prophetenbuch; mit seinem intensiven Rückgriff auf die Anfänge Israels (Jakob; Exodus, Wüstenwanderung und Landnahme) entwirft es den theologischen Horizont für die im Zwölfprophetenbuch folgende Unheils- und Heilsankündigung. Vor allem stellt es die unendliche Liebe JHWHs zu seinem Volk Israel als das Fundament seines Zorns und seiner letztendlich rettenden Zuwendung heraus (vgl. Hos 11 als Abschluß des Mittelteils und Hos 14 als Ende des Schlußteils des Hoseabuchs; s.u. F.VIII.1). Der letzte Vers des Buchs (14,10) faßt schließlich die ganze Geschichte JHWHs mit seinem Volk und der Völkerwelt als ein Scheidungsgericht zwischen Gerechten und Treulosen zusammen. Genau diese beiden Perspektiven (JHWHs Liebe zu Israel sowie die Geschichte als Trennung der Gerechten und der Gottlosen) werden im Buch Maleachi aufgegriffen. Dessen Anfang, Mal 1,2f, verkündet programmatisch (im Rückgriff auf Hos 11,1; 14,5 sowie auf die Edom-Passagen in Joël, Am, Obd): »Ich habe euch geliebt... Habe ich nicht Jakob geliebt und Esau [= Edom] gehaßt?« Und 3,13-21, der letzte Abschnitt von Mal (s.u. F.VIII.12) deutet das Kommen des Tages JHWHs (eines der Hauptthemen des Zwölfprophetenbuchs) als Vernichtung der Frevler und als Rettung der Gerechten. Schließlich charakterisiert das in Hos 14 und Mal 3 entfaltete Thema der Umkehr als Weg zum Heil das ganze durch Hos und Mal gerahmte Dodekapropheton als Aufruf zur Umkehr (das Motiv begegnet gehäuft auch im »Innenbereich« von Am bis Sach).

Mal 3,22-24 ist Abschluß nicht nur des Zwölfprophetenbuchs, sondern des Prophetenkorpus überhaupt (Tanach: Jos - Mal = Nebiim, s.o. A.II.; Erstes Testament: Jes - Mal = Bücher der Prophetie; s.o. A.III.).

0.2 Entstehung und Schwerpunkte der Theologie des Zwölfprophetenbuchs

Die Erforschung der Entstehung des Zwölfprophetenbuchs steht erst am Anfang. Methodisch sind dabei zwei Fragestellungen leitend: (1) Läßt sich erkennen, daß Schichtungen, die in den einzelnen Prophetenbüchern erkennbar sind, auf gemeinsame, einzelbuchübergreifende Bearbeitungen/Redaktionen zurückgehen? (2) Gibt es Indizien, die darauf hindeuten, daß einzelne Bücher (insbesondere an ihrem Anfang und an ihrem Ende) gezielt in der Absicht bearbeitet wurden, damit ein größeres Textkorpus entsteht?

Die im einzelnen divergierenden Forschungsergebnisse lassen sich in folgende (heuristische) Thesen bündeln:

(1) Spätestens in der Exilszeit werden die Bücher Hos, Am, Mi, Zef zu einem »Mehrprophetenbuch I« zusammengearbeitet (Auseinandersetzung mit der Katastrophenerfahrung des Untergangs des Staates Juda und der Exilsepoche).

(2) In der frühnachexilischen Zeit werden die Bücher Hag und Sach 1-8 (s.u. F.VIII.10 und 11) als »Mehrprophetenbuch II« zusammengefaßt (Deutung des Wiederaufbaus des Tempels sowie Auseinandersetzung mit den gesellschaftlichen und religiösen Verhältnissen der »Bürger-Tempel-Gemeinde«).

(3) Vereinigung der beiden Kompositionen Mehrprophetenbuch I und II sowie (sukzessive?) Einfügung von Joël, Obd, Jona, Nah, Hab, sowie Fortschreibung von Sach 1-8 durch Sach 9-11.12-14 (sukzessiv) und schließlich Abschluß durch Mal im 4. und 3.Jh. (besondere Schwerpunkte sind nun das Verhältnis Israels zur Völkerwelt und die Eschatologisierung der Geschichte).

Den *Abschluß der Formation* des Zwölfprophetenbuchs kann man vor allem wegen der in Sach 14 und Mal *letztendlich friedlichen* Perspektive des Verhältnisses Israel - Völker mit *O.H.Steck* in die Zeit zwischen 240 und 220 v.Chr. ansetzen, da diese Epoche am ehesten die vorausgesetzte friedliche Konstellation plausibel macht: »Wir schlagen vor, in dem Friedensschluß zwischen Ptolemaios III. und Seleukos II., wie er nach dem dritten syrischen Krieg um 240 v.Chr. erfolgte, und der Lage in den Folgejahren vor dem Wiederaufflammen der Machtkämpfe der Ptolemäer und Seleukiden um Palästina (ab 221 v.Chr.) diese Konstellation zu sehen. Dürfte man der Nachricht des Josephus trauen, daß Ptolemaios III. anläßlich seines Sieges sogar selbst Jerusalem besucht und dort geopfert habe, wäre eine höchst signifikante zeitgeschichtliche Erfahrung gegeben, die ins Eschatologische transponierte Erwartungen wie Sach 14,9.16, aber angesichts des partiellen Ereignisses auch die eigentümliche Berücksichtigung des Falls, daß unter den Überlebenden wieder Ungehorsame sein könnten, sehr wohl verständlich machte« (*O.H.Steck*, Der Abschluß der Prophetie 102f).

Die Endkomposition des Zwölfprophetenbuchs hat auffallend starke strukturelle und thematische *Entsprechungen zur Endkomposition des Jesajabuchs* (vgl. dazu *O.H.Steck*, Der Abschluß der Prophetie sowie *E.Bosshard*, Beobachtungen zum Zwölfprophetenbuch). Höchstwahrscheinlich gehen beide Endkompositionen (»Makroredaktionen«) auf gleiche Jerusalemer Kreise zurück, die damit zugleich eine chiastische Struktur des Prophetenblocks Jes - Mal schaffen wollten:

Das Jesajabuch und das Zwölfprophetenbuch sind beide stark zion-orientiert und schließen mit einer universalistischen Endzeitvision. Die in der Endkomposition der beiden Bücher, insbesondere in den Rahmenkapiteln des Jesajabuchs und in Sach - Mal als den Endbüchern des Dodekapropheton, zum Ausdruck kommende prophetische *Grundperspektive* läßt sich folgendermaßen beschreiben: »Jerusalem und Juda sind Schlägen und Gefährdungen durch Jahwe ausgesetzt (Jes 1,5-9.21-25; 5,1-24 / 56,9-59,20 / 63,7-64,11 / Sach 12,1-3 nach 11,4-17 / 14,1-2), die im Frevel von Führungsschichten und Volk begründet sind (Jes 1,2-4; 5,1-24 / 56,9-59,15a / 63,7-64,11; 65,1-7 / Sach 11,4-17 / Mal I [1,6-2,9; 3,6-12]); wer aber jetzt vom Bösen der Kult- und Sozialfrevel absteht (Jes 1,16-20.27 / 57,14; 58,1-12; 59,9-15a.20 / Aussagen über die Frommen in 65f / [Sach 12,10-13,9] Mal 3,5 und Aussagen über die Frommen in 3,13-21), wird an Jahwes Heilswende für Jerusalem und das Land (Juda) teilhaben (Jes 1,26f / 57,13b; 59,20; 60-62 / 65,17-19; 66,7-12 / Sach 12,10 - 13,9 und Aussagen über die Frommen in Jes 65f / Sach 14,6-11 und in Mal 3,13-21), während die unbußfertigen Frevler aus dem Gottesvolk (Jes 1,28.30f [Stellung] / 57,20f; 59,18 / Aussagen über die Frevler in Jes 65f / [Sach 11,4-13,9] Mal 3,5.17f und 3,19-21) zusammen mit den Völkern oder einem Teil derselben (Jes 5,26 [MT].30 / 59,18.19b; 63,1-6 / 66,14.15-18 / Sach 12,2-9 / 14,3ff.12-15) den Untergang im Endgericht bei Jahwes Kommen zu gewärtigen haben; ein anderer Teil der Völker wird oder kann positiv in den Heilszustand am Ende einbezogen sein (Jes 2,2-4 / 56,1-8; 66,19-23, vgl. 19,18-25 / Sach 14,16-21)... Wer sich im Judäa des 3.Jhdt.s vom Corpus propheticum leiten läßt, bekommt mit der Grundperspektive, die für das Gottesvolk in Jerusalem und Juda eine Standortbestimmung in der Gegenwart und einen Vorblick auf das Gottesvolk und Völkerwelt letztlich Bevorstehende aus göttlich-prophetischer Sicht vorweist, auch orientierende *Grenzen* gesetzt. Jahwes endzeitliche Wende ist schon im Gange (zeitgeschichtliche Anspielungen in Sach 9,1ff; 10,3ff; 11,4ff vor 12,1ff; Jes 59,15bff [Präterita]; 66,6; Endzeitsystematik in Sach 14 + Mal II); insofern ist realpolitisch oder gar theologisch begründetes Paktieren mit den aktuellen Machthabern im Süden oder im Norden ausgeschlossen. Macht wird von Jahwe entmachtet, und aktuelle Mächte überdauern als Mächte keinesfalls. Das allein steht bevor, und das gilt auch von den kollaborierenden, heimischen Führungskreisen... Im ganzen ist das Corpus propheticum somit in dieser Zeit darauf aus, den Menschen in Jerusalem und Judäa die Angst vor der Macht, wie sie real entgegentritt, zu nehmen und diese Menschen anzuleiten, in ihrem Verhalten die angestammte Eigenart, wie sie neben Tora und Zeugnissen der späten Psalmenfrömmigkeit vor allem die Überlieferung im Corpus selbst vorweist, zu wahren und sich dafür vom Wissen um das Gericht nach den Taten (Jes 59,18), die alle vermerkt sind (Mal

3,5a.16), schrecken und vom Wissen um das kommende Heil für Zion und Land locken zu lassen« (*O.H.Steck*, Der Abschluß der Prophetie 123-125).

1. Das Buch Hosea

Kommentare: K.Marti (KHC) 1904; Th.H.Robinson (HAT) ³1964; H.W.Wolff (BK) 1961ff; W.Rudolph (KAT) 1966-76; J.L.Mays (OTL) 1969; F.I.Andersen/D.N.Freedman (AncB) 1980; A.Deissler (NEB) 1981; J.Jeremias (ATD) 1983; D.Stuart (WBC) 1987; G.I.Davies (NCB) 1992; E.Bons (NSK) 1996. *Einzelstudien:* M.J.Buss, The Prophetic Word of Hosea (BZAW 111) Berlin 1969; D.R.Daniels, Hosea and Salvation History. The Early Traditions of Israel in the Prophecy of Hosea (BZAW 191) Berlin 1990; Th.Naumann, Hoseas Erben. Strukturen der Nachinterpretation im Buch Hosea (BWANT 131) Stuttgart 1991; M.Nissinen, Prophetie, Redaktion und Fortschreibung im Hoseabuch (AOAT 231) Kevelaer/Neukirchen-Vluyn 1991; J.Pixley, Hosea: Ein neuer Lesevorschlag aus Mittelamerika: EvTh 51,1991,60-81; Ch.Schäfer-Lichtenberger, JHWH, Hosea und die drei Frauen im Hoseabuch: EvTh 55,1995,114-140; M.-Th.Wacker, Figurationen des Weiblichen im Hoseabuch. Literarische, entstehungsgeschichtliche und religionsgeschichtliche Studien, unter besonderer Berücksichtigung von Hos 1-3 (HBS 8) Freiburg 1996; I.Willi-Plein, Vorformen der Schriftexegese innerhalb des Alten Testaments (BZAW 123) Berlin 1971; G.A.Yee, Composition and Tradition in the Book of Hosea (SBL.DS 102) Atlanta 1987; E.Zenger, »Durch Menschen zog ich sie...« (Hos 11,4). Beobachtungen zum Verständnis des prophetischen Amtes im Hoseabuch, in: FS J.Schreiner, Würzburg 1982,183-201.

1.1 Aufbau

Zwar fehlen im Hoseabuch die üblichen Ein- und Ausleitungsformeln prophetischer Rede fast ganz (die Botenformel kommt überhaupt nicht vor; auch die »klassischen« Grundformen prophetischer Rede begegnen nicht), doch läßt sich bei Beachtung der vielfältigen Struktursignale zumindest auf der Ebene des Endtextes ein planvoller Aufbau erkennen.

In seiner Endgestalt ist das Buch in die *drei Teile 1-3; 4-11; 12-14* gegliedert, um die sich als deutender Rahmen die Überschrift 1,1 (sie kennzeichnet mit ihrer singularischen Formulierung »Das Wort, das...« die vielen Einzelworte als *ein* Wort JHWHs) und das Nachwort 14,10 (es charakterisiert das Buch als weisheitliche Geschichts- und Lebenslehre) legen.

1,1	1. Teil: 1,2-3,5	2. Teil: 4,1-11,11	3. Teil: 12,1-14,9	14,10
	Rahmung: 1,2 »denn das Land hurt weg von JHWH« 3,5 »sie werden umkehren... zu JHWH«	Rahmung: 4,1 »Hört das Wort JHWHs« 11,11 »Spruch/ Wort JHWHs«	Rahmung: 12,1 ↔ 12,15 13,1 ↔ 14,1 14,2 ↔ 14,9	
	Leitmotive/-wörter: 2,4 »Rechtsstreit« (*rīb*) 3,5 »umkehren« (*šūb*)	Leitmotive/-wörter: 4,1.4 »Rechtsstreit« (*rīb*) 11,11 »umkehren lassen« (*šūb*)	Leitmotive/-wörter: 12,3 »Rechtsstreit« (*rīb*) 14,2.3.8 »umkehren (lassen)« *(šūb)*	
	3,5 »suchen«		14,9 »finden«	

472

Die drei im einzelnen unterschiedlich strukturierten Teile sind als »Rechtsstreit« *(rīb)*, Prozeß JHWHs mit Israel (und Juda) gestaltet, wobei JHWH sowohl die Rolle des Anklägers wie des Richters übernimmt. Gemeinsam ist allen drei »Prozeßabläufen«, daß sie schlußendlich, wider Erwarten und in freier Entscheidung des »Richters« JHWH, für das schuldige Israel (und Juda) heilvoll enden. In den drei Teilen werden dabei sowohl die Schuldverstrickung Israels als auch die (dennoch bleibende) Zuwendung JHWHs immer tiefgründiger und theologisch dichter entfaltet. Auch von daher besitzt das Buch eine hohe thematisch-metaphorische Einheitlichkeit.

Der *erste Teil (1-3)* deutet in drei konzentrischen Abschnitten (Modell: ABA') die Beziehung JHWH - Israel durch Aufnahme der Ehemetaphorik, wobei in den beiden äußeren Abschnitten die Ehe Hoseas als Figuration (Zeichenhandlung) der im mittleren Abschnitt explizit thematisierten »Ehe« JHWHs mit Israel erzählt wird. Die drei Abschnitte wollen als thematischer und geschehensmäßiger Zusammenhang gelesen werden: (1) Ehe mit der »hurerischen« Frau → (2) Anklage und Verstoßung der Frau → (3) Erneute Liebe zur ehebrecherischen Frau.

Text	Strukturmerkmale	Inhaltliche Merkmale
1,2-2,3 (A)	Fremdbericht (Er-Stil) JHWH-Auftrag zu einer Zeichenhandlung (Schema: Auftrag-Ausführung-Deutung) 1,2-9: Gerichtsperspektive 2,1-3: Heilsperspektive (Neueinsatz 2,1 »Es wird aber sein...«)	Ehe des Hosea mit der »Hure« Gomer, Geburt dreier Kinder (Abfolge: Sohn, Tochter, Sohn) mit den theologischen Programmnamen »Jesreel«, »Kein Erbarmen«, »Nicht-mein-Volk« 2,1-3: Die drei Namen werden heilseschatologisch in ihr Gegenteil gewendet.
2,4-25 (B)	Zweiteilige Gottesrede 2,4-17: JHWH als Ankläger (V.4 Eröffnung mit Imperativ) und Richter (V.8 Eröffnung der Urteilsverkündung mit »darum«) 2,18-25: Heilsankündigung (Neueinsatz »an jenem Tage«)	2,4-7 Schuldaufweis: Israel verwechselt JHWH mit Baal 2,8-17 Angedrohte Strafe: Verwüstung des Landes; Absicht: Weckung der Sehnsucht nach Israels »erstem« Ehemann JHWH 2,18-25 Neuanfang in der »Wüste« (2,25 wie in 2,1-3 Umdeutung der drei Kindernamen)
3,1-5 (A')	Selbstbericht (Ich-Stil) JHWH-Auftrag zu einer erneuten Zeichenhandlung (Schema: Auftrag-Ausführung-Deutung) 3,1-4: Gerichtsperspektive 3,5: Heilsperspektive	Ehe des Hosea mit der ehebrecherischen Frau, verbunden mit deren »Quarantäne«; Bedeutung: JHWH wird sich Israel entziehen (Gericht) 3,5: Das Gericht wird Israel zur Rückkehr zu JHWH und seinem »messianischen« König bewegen.

Der *zweite Teil (4-11)* bietet eine collagenartige Zusammenstellung von rhythmisch geformten Einzelworten, deren (literarische) Sprecher JHWH oder der Prophet sind. Vorangestellt ist in 4,1-3 ein »Deutehorizont« *(J.Jeremias)*, der den Teil als

»Prozeß« JHWHs mit dem Land Israel und seinen Bewohnern deklariert und die »Anklagepunkte« vorweg zusammenfaßt: Es fehlt an Solidarität im Zusammenleben *(hæsæd)* und an Gotteswissen *(daʿat ᵉˡlohīm)* - so sehr, daß die Erde insgesamt aufhört, ein »Lebenshaus« zu sein (4,2-3). Der Hauptteil ist dann in zwei Abschnitte gegliedert: 4,4-9,9 setzt sich mit den beiden »Hauptsünden« Israels auseinander; 9,10-11,11 deckt in Geschichtsrückblicken die Wurzeln dieser »Hauptsünden« auf und kontrastiert die Schuldgeschichte Israels mit der mütterlich/väterlichen Liebe JHWHs, die letztendlich in einem »Herzensumsturz« *(J.Jeremias)* über den berechtigten Zorn JHWHs siegen wird. So sehr der zweite Teil thematisch den ersten Teil fortführt, sind doch neue Dimensionen nicht zu übersehen: (1) Die Ehemetaphorik tritt zurück; die Ehe des Propheten spielt überhaupt keine Rolle. (2) Die Anklage wird differenzierter und adressatenspezifisch entfaltet. (3) Israels Schuld und JHWHs dennoch bleibende Liebe werden geschichtstheologisch erläutert.

Text	Strukturmerkmale	Inhaltliche Merkmale
4,1-3	Imperativische Eröffnung mit Nennung der Adressaten (vgl. 3,5) Zusammenfassende Anklage (die Schuld und ihre zerstörerischen Wirkungen)	»Deutehorizont« des Prozesses 4-11 Hauptstichworte der Theologie des Buches (Treue, Güte, Gotteserkenntnis) Fünffacher Schuldvorwurf (Reihung: Schlußstellung »ehebrechen«)
4,4-9,9 (5 Abschnitte)	4,4 Neueinsatz mit »gewiß, doch« und Aufnahme des Themaworts »prozessieren« *(rīb)* Weitere Untergliederung durch imperativische Aufrufe (5,1.8; 8,1; 9.1) in 5 Abschnitte: 4,4-19; 5,1-7; 5,8-7,16; 8,1-14; 9,1-9 (Bauschema 1+2/3+4/5)	Die beiden Hauptsünden Israels: Gottvergessenheit im Kult (Abschnitte 1+2) und in der Politik (Abschnitte 3+4); Abschnitt 5: Ablehnung der Prophetie durch Israel, Schuldverstrickung »wie in den Tagen Gibeas«
9,10-11,11 (5 Abschnitte)	4 Geschichtsrückblicke (jeweils Schema Anklage-Strafankündigung) 9,10-17; 10,1-8 (jeweils eröffnet mit Weinstock-Metaphorik); 10,9-15; 11,1-7 (jeweils mit Ackerbau-Metaphorik) sowie »Urteilsverkündung« (11,8-11: feierliche Erklärung des Strafverzichts) als Schluß des Prozeßverfahrens 4-11 (Bauschema: 1+2/3+4/5)	Geschichtstheologische Rückblicke (Kontrast JHWHs liebendes Handeln an Israel - Israels unbegreifliche Abkehr von JHWH) Höhepunkt 11,8-11: JHWH ermöglicht in mütterlicher Liebe einen neuen »Exodus« - freilich durch das Gericht hindurch.

Der *dritte Teil (12-14)* konfrontiert Israel abermals in einem Prozeß mit seiner Schuldgeschichte, deren unaufhaltsame Todesmacht drastisch geschildert wird (vgl. besonders die Todesbilder in 13,8; 14,1). In 12,1-15 und 13,1-14,1 wird an der Figur des Jakob, der ja im Gebiet des Nordreichs »beheimatet« war, und an der Figur des Stammes Efraim, dessen traditionelles Stammesgebiet das Israel der Zeit des Hosea weitgehend ausmachte, aufgezeigt, daß und wie das Gottesverhältnis Israels »von Anfang an« gestört war. 14,2-9 entfaltet, daß das letzte Wort JHWHs seine grenzenlose Liebe ist (14,5-9 ist nochmals Steigerung im Vergleich zu 11,11).

Text	Strukturmerkmale	Inhaltliche Merkmale
12,1-15	Rahmung: 12,1.3 ↔ 12,15 (Efraims Gotteskränkung; »heimzahlen, vergelten«) Themawort: 12,10 »JHWH, dein Gott von Ägypten her« Gerichtsperspektive	Jakob-Israel war von seinem Wesen her »Betrüger«, »Gottesrebell«, »Gottesflüchtling«, »hurerischer Gotteshüter«
13,1-14,1	Rahmung: 13,1 ↔ 14,1 (Tod, Schuld) Themawort: 13,4 »JHWH, dein Gott von Ägypten her« Gerichtsperspektive	Efraim-Israel setzte die »Gottesempörung« und »Gottesverwerfung« fort - in Kult und Politik
14,2-9	Rahmung: 14,2 ↔ 14,8f (Anrede im Singular; »umkehren« *šūb*) Themawort: 14,2 »JHWH, dein Gott« Neueinsatz: Imperativ »Kehre um!« Heilsperspektive	14,2-4: Die Katastrophe ist da; Israel soll »zurückkehren« durch Bitte um Vergebung und Abkehr von den »Götzen« 14,5-9: Zusage der Heilung Israels und Verheißung des »neuen« Heils

1.2 Entstehung

Daß sich Hos einem komplexen Entstehungsprozeß verdankt, legen mehrere Beobachtungen nahe.

(1) Hos weist einen ungewöhnlichen »Misch-Stil« auf. Einerseits: vielfach überraschender Wechsel von Poesie und Prosa; Numeruswechsel in der Anrede (du / ihr); collagenartiges Nebeneinander kleiner Sprucheinheiten. Andererseits: größere Zusammenhänge konstituierende Kompositionsstrukturen.

(2) Die drei Teile 1-3.4-11.12-14 haben bei aller motivlich-theologischen Verwandtschaft unterschiedliche Kompositionstechniken und »ruhen« in gewisser Weise in sich selbst.

(3) Obwohl Hosea im Nordreich Israel gewirkt hat und das Buch sich vehement und ausführlich mit dessen politischer und kultischer Situation auseinandersetzt, ist das Buch zugleich von einer judäischen Perspektive durchzogen (Verweise auf Juda; Ausweitung von Nordreichkritik auf Juda u.ä.). Die Judaperspektive ist meist punktuell und »angehängt« (z.B. 5,5; 6,11; 10,11).

(4) Über das ganze Buch verstreut gibt es Formulierungen, die charakteristisch sind für exilische/nachexilische Theologie, wie sie insbesondere in Jer und in der dtr Geschichtstheologie belegt ist (z.B. 4,3; 8,1b.6a; 11,5b; 13,2b; 14,4). Nach manchen Autoren ist die gesamte Rechtsstreit-Konzeption *(rîb)* dtr.

(5) Die Heilsverheißungen 2,1-3.18-25; 3,5 und 14,5-9 stehen nicht nur in Kontrast zu ihrem Kontext, sondern setzen ihn sprachlich und motivlich voraus (z.B. 2,1-3.25 wenden die drei Kindernamen von 1,2-9 in ihr Gegenteil; 14,5-9 ist steigernde Variation über 11,8-9.11).

(6) Mehrere literarkritisch »sperrige« Stellen verweisen auf die Nachbarbücher Joël und Amos und gehen auf die übergreifende »Großkommentierung« innerhalb des Zwölfprophetenbuchs zurück (s.o. F.VIII.0).

Die (wichtigsten) Theorien über die Entstehung von Hos lassen sich auf vier Grundmodelle reduzieren:

(1) Das Buch geht zum Großteil auf schriftliche Fixierung durch Hosea selbst zurück *(A.Deissler)* oder auf »Auftrittsskizzen«, die Schüler Hoseas gleich nach dessen »Auftritten« angefertigt hätten, wobei sie nur die Worte Hoseas, nicht aber die Szenerie oder die Einwände der Hörer notiert hätten *(H.W.Wolff)*.

(2) Der Grundbestand von Hos ist die von »Schülern« Hoseas nach dem Untergang des Nordreichs geschaffene literarische Komposition 4-14; diese Komposition hat dann mehrere kleine, eher punktuelle Erweiterungen (»judäische« Redaktion, dtr Bearbeitung, Glossierungen) erfahren. Die drei Kapitel 1-3 haben je für sich ihre eigene Wachstumsgeschichte gehabt, ehe sie frühestens in exilischer Zeit zusammen- und Hos 4-14 vorangestellt wurden *(J.Jeremias)*.

(3) Als eigentlicher »Autor« von Hos hat eine nachexilische dtr Redaktion zu gelten, auf die ca. 50% des Buchs zurückgehen. Dieser dtr Redaktion war eine frühdtr (Zeit Joschijas) Sammlung von Hoseaworten vorgegeben. Auf Hosea selbst können nur einige Logien zurückgeführt werden *(G.A.Yee)*.

(4) Das Buch ist das Endresultat eines mehrstufigen Fortschreibungsprozesses (»Schneeballeffekt« bzw. Modell des »rolling corpus«: am Anfang steht ein Textkorpus, das sukzessiv angereichert wird, teils durch punktuelle Fortschreibungen, teils durch übergreifende Redaktionen *[M.Nissinen, I.Willi-Plein]*).

Am wahrscheinlichsten ist das »Modell« von *J.Jeremias*, wobei der Anteil der späteren Redaktionen größer sein dürfte, als *J.Jeremias* annimmt. Die Voranstellung von 1-3 dürfte mit der sukzessiven Entstehung des Zwölfprophetenbuches zusammenhängen (s.o. F.VIII.0). Dabei ist auch für Hos 1-3 ein analoges Wachstum anzunehmen (vgl. dazu *M.-Th.Wacker*, Figurationen des Weiblichen). Eine klare Trennung von authentischen Hoseaworten und Anteil der frühen »Hoseaschule« ist schwierig bzw. weithin unmöglich.

1.3 Geschichtlicher Kontext

Über Hosea selbst wissen wir fast nichts. Die (späte) Überschrift 1,1 nennt außer seinem eigenen Namen *Hōšeaᶜ* (= »Er [= Gott] hat geholfen«, Kurzform des in Langform mehrfach belegten Namens *Hōšaᶜjāh* = »JHWH hat geholfen«) den Namen seines Vaters (Beeri = »mein Brunnen«) und die Zeit seines prophetischen Wirkens, die mit Verweis auf die Regierungszeit der vier judäischen Könige Usija (767-739), Jotam (739-734), Ahas (734-728), Hiskija (728-699) und des israelitischen Königs Jerobeam II. (782-747) angegeben wird. Durch zeitgeschichtliche Bezüge von Einzelworten im Buch, die auf Hosea selbst zurückgeführt werden können, läßt sich der Zeitraum seines Wirkens auf 750-722 v.Chr. eingrenzen. Gegenüber der lange Zeit üblichen biographischen Auswertung der Zeichenhandlungen 1,2-9 und 3,1-4 insistiert *M.-Th.Wacker* zu Recht auf deren metaphorischer Funktion; überdies sind die Texte frühestens exilisch.

Hosea war vermutlich Mitglied einer »prophetisch-levitischen Oppositionsgemeinschaft« *(H.W.Wolff)* bzw. sogar deren führender Kopf; so ist auch am ehesten die Sammlung seiner Worte zu erklären. Vor allem 12,14 könnte als Zeugnis für das prophetische Selbstverständnis gewertet werden, wonach Hosea sich selbst, wie schon vor ihm Elija, als Inhaber eines »Exodus-Amtes« sah, das sich von Mose herleitete *(E.Zenger)*. Zwar begegnet einige Male auch »Juda« in hoseanischen Einzelworten, doch dürfte Hosea nur im Gebiet des Nordreichs aufgetreten sein, vornehmlich in der Hauptstadt Samaria (außenpolitische Stellungnahmen) und im Reichsheiligtum in Bet-El (Polemik gegen das »Staatskalb« von Bet-Awen = »Haus des Frevels«), aber auch im Umfeld der »ländlichen« Höhenheiligtümer (kultkritische Worte gegen die »Gottesverwechslung« bei den orgiastischen Opferfesten).

Die Epoche der formativen Phase in der Entstehung des Hoseabuchs war in außenpolitischer Hinsicht durch die Expansion des assyrischen Weltreichs bestimmt. Diese führte auch in Israel zu starken innenpolitischen Erschütterungen (vier Königsmorde innerhalb von 20 Jahren!) und zu einer zunehmenden Brutalisierung der Gesellschaft (vgl. auch Am). Nach der Eroberung von Samaria 722 v.Chr. wurde das Nordreich von den Assyrern ihrem Weltreich einverleibt.

In religionsgeschichtlicher Hinsicht war das 8.Jh. eine der dezisiven Phasen in der Geschichte der JHWH-Religion, insofern sich die Wende von der unpolemisch-inklusiven zur polemisch-exklusiven JHWH-Monolatrie vollzog. In Hos spiegelt sich dieser Vorgang als Kampf Hoseas bzw. JHWHs gegen »Baal«, »die Baalim« und eine namentlich nicht genannte Göttin (vgl. Hos 4,18; 14,9) sowie gegen die mit »Baal« und der Göttin verbundenen Kultpraktiken. Ob in Hos »Baal« bzw. »die Baalim« ein Gattungsbegriff für mehrere von Israel verehrte Gottheiten ist, ob damit der seit dem 9. Jh. in Israel eingedrungene Kult des phönizisch-tyrischen Baal bzw. Baʿalšamem (»Himmelsherr«) als Geber des Regens, oder ob damit der damals mehr und mehr die Züge Baals annehmende JHWH selbst, dem man im 9. und 8.Jh. sogar eine Göttin als Paredros (Aschera) zuordnete, gemeint ist, ist in der Forschung umstritten; für die zuletzt genannte Alternative scheinen derzeit die Gründe zu überwiegen.

Während das Nordreich 722 v.Chr. dem assyrischen Druck zum Opfer fiel, überlebte das Südreich. Dies führte dort zu einer theologischen Grundlagenbesinnung, wobei die aus dem Norden in den Süden geflohenen (prophetischen) Gruppen die Erinnerungen an das Wirken des Hosea (und des Amos) einbrachten. So entstand zunächst die Komposition Hos 4-11 als »Erstfassung« des Hoseabuchs, die sukzessiv erweitert und »fortgeschrieben« wurde. Die religions- und kultkritische Perspektive bestimmt auch die exilischen und nachexilischen Bearbeitungen von Hos, die in Hos 1-3 greifbar werden *(M.-Th. Wacker)*.

1.4 Schwerpunkte der Theologie

a) Kritik an Politik, Gesellschaft und Kult

Das Buch Hosea übt radikale System- und Institutionskritik. Das, was in den beiden zentralen Bereichen des öffentlichen Lebens, Politik und Kult, geschieht, ist für Hos gleichbedeutend mit »Weglaufen von JHWH«, »Hurerei« und »Ehebruch«. Hos macht dafür vor allem das Königtum mit den Beamten sowie die Priesterschaft verantwortlich. Beide Institutionen sind nicht Führer, sondern Verführer des Volkes. Ihr Tun ist »Hurerei«, weil es der Selbstsucht entspringt und der Selbstbefriedigung dient.

b) Geschichtstheologie

Angesichts der weitgehenden »Baalisierung« von Politik und Kult reklamiert das Buch Hosea Israels geschichtliche Erfahrungen mit seinem Gott. Die Geschichte wird reduziert auf Basisereignisse, in denen positive (Exodus und Wüstenwanderung als Beginn der Liebeszuwendung des Gottes JHWH zu Israel) und negative (Landnahme als beginnender Abfall zu »Baal«, Staatwerdung als Abkehr von der Würde, »Volk JHWHs« zu sein) Grundbedingungen von Israels Existenz sichtbar werden, mit denen das Buch Hosea seine Adressaten konfrontiert, um ihnen ihre tiefe »Gottvergessenheit« vorzuhalten.

c) Botschaft vom Gott der mütterlichen Liebe

Besonders in den Metaphern von JHWH als dem geduldig liebenden Ehemann Israels und als dem/der seinem/ihrem Sohn Israel vergebenden und ihn heilenden Vater/Mutter gelingt es Hos, die personale und geschichtliche Komplexität des Gottgeheimnisses JHWH anzudeuten. Die Spannung von berechtigtem Zorn und noch größerer Liebe, die den Zorn besiegt und Israel im Strafgericht einen Neu-anfang schenken will (11,8-11), läßt die Alternative »Gott der Rache« - »Gott der Liebe« hinter sich und macht zugleich deutlich, daß die im Exodus begründete Gotteserfahrung Israels ein Widerfahrnis ist, das nicht nur Israel, sondern auch diesen Gott selbst zutiefst gebunden hat (vgl. auch die »späten« Texte 2,1-3.18-25; 3,1-5).

d) Theologiegeschichtliche Anstöße

Durch die Theologie Hoseas, die von Elija herkommt, wurde vor allem die deu-teronomische Theologie (s.o. C.IV.) inspiriert. Das Buch Jeremia liest sich teilwei-se wie eine Fortschreibung des Hoseabuchs bzw. wie ein Kommentar zu ihm (s.o. F.III.)

1.5 Relevanz

Die nachbiblische Wirkungs- und Auslegungsgeschichte hat sich (übermäßig) stark auf Hos 1-3 konzentriert, vor allem auf die moralisierende Frage nach der Bedeu-tung der anstößigen Ehegeschichte. Die insgesamt zentrale theologisch-politische Botschaft des ganzen Buchs wurde dabei weitgehend vergessen; auf ihre Relevanz kommt es an. Dabei ist die Erkenntnis, daß nicht die Ehe, sondern die »Hurerei« die übergreifende Metapher für Israels/Judas Schuld ist, insofern bedeutsam, als damit die (auch von feministisch-theologischer Seite kritisch angemahnte) vor-schnelle Rollenzuteilung JHWH = Eheherr bzw. Israel = ehebrecherische Frau »aufgebrochen« wird (der Vorwurf der »Hurerei« gilt im übrigen in Hos 4-11 besonders den Regierenden und den Priestern). Vor allem leitet Hos 4-11 als hermeneutische Mitte der Komposition dazu an, das Hoseabuch als prophetisches Drama der unzerstörbaren väterlichen/mütterlichen Liebe JHWHs zum «verlorenen Sohn« Israel zu lesen. *In der Sache* ist dies die Botschaft vom »neuen« als dem »erneuerten« Bund; diese Dimension kommt besonders in Hos 1-3 und Hos 12-14 als hermeneutischem Rahmen von Hos 4-11 zur Sprache. Daß Israel und die Kirche gemeinsam, aber in verschiedener Weise aus der Gnade dieser unbegreifli-chen Liebe JHWHs leben und an JHWH allein als ihrem immergrünen Lebens-baum reiche Frucht finden können (vgl. 14,9), ist die theologische »Weisheit« (vgl. 14,10), die das Hoseabuch nahebringen will.

2. Das Buch Joël

Kommentare: K.Marti (KHC) 1904; Th.H.Robinson (HAT) ²1954.³1964; C.A.Keller (CAT) 1965; H.W.Wolff (BK) 1969.³1985; W.Rudolph (KAT) 1971; A.Deissler (NEB) 1981.²1985; D.Stuart (WBC) 1987.

Einzelstudien: S.Bergler, Joel als Schriftinterpret (BEATAJ 16) Frankfurt a.M. 1988; J.Bourke, Le jour de Jahvé dans Joël: RB 66,1959,5-31.191-212; B.Duhm, Anmerkungen zu den zwölf Propheten: ZAW 31,1911,184-188; J.Jeremias, Art. Joel/Joelbuch: TRE 17,1988,91-97; ders., »Denn auf dem Berg Zion wird Rettung sein« (Joel 3,5). Zur Heilserwartung des Joelbuchs, in: FS L.Klein (BBB 90) Bodenheim 1993,35-45; O.Loretz, Regenritual und Jahwetag im Joelbuch (UBL 4) Altenberge 1986; H.-P.Müller, Prophetie und Apokalyptik bei Joel: ThViat 10,1965/66,231-252; J.Nogalski, Redactional Processes in the Book of the Twelve (BZAW 218) Berlin 1993,3-57; W.S.Prinsloo, The Theology of the Book of Joel (BZAW 163) Berlin 1985; ders., The Unity of the Book of Joel: ZAW 104,1992,66-81; G.Widmer, Die Kommentare von Raschi, Ibn Esra, Radaq zu Joel, Basel 1945.

2.1 Aufbau

Daß sich das Buch in zwei Teile gliedert, ist Konsens der Forschung. Kontrovers ist, wo die Zäsur der beiden Teile liegt.

Meist (z.B. auch in der EÜ), vor allem in der älteren Forschung, werden die beiden Teile mit Joël 1-2 und Joël 3-4 angegeben und so beschrieben: »Der erste [Teil], Kap.1f., handelt von dem denkwürdigen Vorgang (1,2-4) einer offenbar wiederholten furchtbaren Heuschreckenplage (in Kap.1 auch Dürre?), die als Vorzeichen des ›Tages Jahwes‹ angesehen wird (1,15; 2,1b.2a.11b). Zu ihrer Abwendung erging in mehreren Redegängen, mit bilderreichen Schilderungen der Not begründet, der Aufruf zu Fasten, Klage und Gebet im Rahmen eines großen Bußgottesdienstes, bei dem freilich von der Sünde nicht die Rede ist (1,5-2,17). Am Ende wird Jahwes rettendes Eingreifen konstatiert (2,18) und ein göttliches Heilsorakel mitgeteilt (2,19-27); eingelegt in ein hymnenartigen Aufruf (21-24). Der zweite Teil, Kap.3f., gilt ganz der Zukunft. Er verheißt die allg. Ausgießung des Geistes, wunderbare Erscheinungen am Himmel, die Rettung aller, die Jahwes Namen anrufen (3), das Gericht über die anderen Völker im Tal Joschafat und dagegen das paradiesische Heil, das Juda und Jerusalem erwartet (4)« (*R.Smend*, Die Entstehung des Alten Testaments, Stuttgart ⁴1989,171f).

Diese Zweiteilung, die vorwiegend aus *inhaltlichen* Gründen geschieht, berücksichtigt zu wenig die *formalen* Eigenheiten des Buchs, die eine Zäsur zwischen 2,17 und 2,18 nahelegen:

(1) Die Komposition des *ganzen* Buchs inspiriert sich am zweiteiligen Ablauf der Klageliturgie eines Fasttages (*ṣōm*), bei der nach der Klage der Gemeinde/des Volkes, die auch durch den »Kultpropheten« im Namen des Volkes gesprochen werden kann (1. Akt), die Antwort Gottes, vermittelt durch den Propheten, ergeht (2. Akt). Dieses Schema (vgl. die Strukturparallele in Jer 14) verlangt die Zäsur zwischen 2,17 und 2,18, da auch Joël 3-4 wie Joël 2,19-27 als Antwort Gottes in Ich-Rede gestaltet ist - und zwar als Antwort auf die Klage 2,1-11; die in Joël 3-4 als Rettung Jerusalems angekündigte Vernichtung des feindlichen Heeres vor Jerusalem (im Tal Joschafat) ist geradezu als Kontrastbild zu 2,1-11 entworfen (vgl. besonders die wörtlichen bzw. motivlichen Entsprechungen zwischen 2,10f und 3,4; 4,15f sowie die Tag-JHWH-Motive in 2,1f.11 und 3,4f; 4,14).
(2) Die Zweiteilung 1,2-2,17; 2,18-4,18 (zu 4,19-21 s.u.) ist auch durch die jeweils als Einleitung fungierenden »berichtenden« Abschnitte 1,2-4 und 2,18.19aα angezeigt. Die Aussage »Da erwachte in JHWH die Leidenschaft für sein Land und er hatte Erbarmen mit seinem Volk und er antwortete...« (2,18.19aα) bezieht sich *auch* auf Kap.3-4, zumal 2,18-4,17 in formaler Hinsicht einen Zusammenhang bildet (vgl. den engen Anschluß in 3,1 sowie die den Teil 2,18-4,17 zusammenbindende Erkenntnisformel 2,27; 4,17).
(3) Das Schema »Klage über die Not - Ankündigung der Notwende« wird in den beiden Teilen 1,2-2,17; 2,18-4,17 jeweils in zweigestufter Steigerung entfaltet (1,5-20: Aufruf zu Klage und Fasten wegen Hungersnot infolge von Heuschreckeneinfall und Dürre; 2,1-17: Aufruf zu Klage, Fasten und Umkehr

angesichts eines gegen Jerusalem heranrückenden Heeres [»Völkersturms«], das von JHWH selbst angeführt wird; 2,18 [bzw. 19]-27: Ankündigung des Endes der ökologischen und ökonomischen Katastrophe durch Regen und reiche Ernten; 3,1-4,17: Ankündigung der Verschonung Jerusalems am Tag JHWHs, dessen vernichtende Gewalt nur die heranrückenden feindlichen Völker treffen wird). Die zwei Unterabschnitte der beiden Teile sind jeweils durch Stichwortaufnahmen miteinander verbunden (vgl. 1,14 = 2,15f; 2,27 = 4,17).

(4) Sieht man in 2,18 die Mitte der Gesamtkomposition, »ist eine nahezu vollendete *Symmetrie* der beiden Teile zu erkennen. Der Klage über die vorläufige Lebensmittelnot in 1,4-20 entspricht die Zusage der Wende dieser Not in 2,21-27, der Ankündigung der eschatologischen Katastrophe in 2,1-11 entspricht die Zusage ihrer Wende in 4,1-3.9-17, der Aufforderung zur Umkehr zu Jahwe als dem vorläufig Notwendigen in 2,12-17 entsprechen Geistausschüttung und Rettung auf Zion als das eschatologisch Notwendige in Kap.3« (*H.W.Wolff*, Kommentar 6f). Die Entsprechungen sind als kunstvolle Kontrastbilder gestaltet (vgl. in 1,5-20 und 2,19-27 die Kontraste Hunger - Sättigung, Dürre - Regen; verkarstete Felder - grünende, fruchtbare Äcker, Mangel - Überfluß, Aufruf zur Klage - Aufruf zur Freude; vgl. ebenso den Kontrast »Eroberung Jerusalems durch die hochgerüsteten feindlichen Völker« - »Niederlage bzw. Selbstvernichtung der hochgerüsteten feindlichen Völker vor Jerusalem« in 2,1-11 bzw. 4,1-17).

(5) 4,18-21 faßt beide Aspekte der Heilsankündigung für Jerusalem und Juda zusammen (paradiesische Fruchtbarkeit des Landes und Vernichtung der Feinde [Ägypten und Edom als Typen]). Die Schlußfunktion von 4,18-21 wird durch zahlreiche Stichwortaufnahmen aus dem ganzen Buch angezeigt.

Der skizzierte Gesamtaufbau läßt sich folgendermaßen darstellen:

1,1	Buchüberschrift	
1,2-4	Eröffnung	
1,5-20	Prophetischer Aufruf zu Klage sowie Durchführung der Klage wegen Heuschreckeneinfall und Dürre	Schlußelement: Gebet 1,19f
2,1-17	Prophetischer Aufruf zur Klage und Umkehr sowie Durchführung der Klage wegen der gegen Jerusalem heranrückenden feindlichen Völker	Schlußelement: Gebet 2,17
2,18-19aα	Eröffnung (mit Rückbezug auf die vorangehende Klage)	
2,19aβ-27	Gottesrede als Erhörungswort auf die Klage: Ankündigung von Regen und reicher Ernte; Aufforderung zum Jubel	Schlußelement: Erweisformel 2,27
3,1-4,17	Gottesrede als Erhörungswort auf die Klage: Ankündigung der Verschonung Jerusalems und Vernichtung der feindlichen Völker	Schlußelement: Erweisformel 4,17
4,18-21	Zusammenfassung der beiden Gottesreden	

2.2 Entstehung und geschichtlicher Kontext

Bis zum Ende des 19.Jh. wurde das ganze Buch als Zukunftsankündigung und damit als einheitliches Werk verstanden. Dies änderte sich, als man erkannte, daß Joël 1 auf eine bereits erlittene Not zurückblickt (Verbformen der Vergangenheit!), und als man außerdem Joël 2 als Konkretion der schon in Joël 1 als Symbol für die feindlichen Völker genannten Heuschrecken verstand. Diese neue Sicht, die Joël 1-2 als »geschichtlich« und Joël 3-4 als »eschatologisch« qualifizierte und für die beiden Teile ein sehr unterschiedliches Wirklichkeitsverständnis annahm (vgl. *H.-P.Müller*, Prophetie), führte zu der literarkritischen These, die beiden Teile gingen auch auf verschiedene Verfasser zurück. Diese Zweistufigkeit der Entstehung schien sich für manche Exegeten auch durch die Beobachtung zu bestätigen, daß Joël 3-4 viel stärker als Joël 1-2 andere Prophetenbücher zitierend oder anspielend (insbesondere in der Tag-JHWH-Theologie) aufnimmt. Eine Modifizierung fand diese literarkritische These (vor allem angestoßen durch *B.Duhm*, der seinerseits sogar 2,18-27 für sekundär hielt, so daß das ursprüngliche Buch 1,1-2,17 nur Klage über gegenwärtige Not gewesen sei), als man auch die in Joël 1-2 gegebenen Hinweise auf den »Tag JHWHs« als eschatologisierende Bearbeitung deutete, die bei der Anfügung von Joël 3-4 hinzukam.

Gegen die literarkritische These, Joël 1-2 sei als Klage über *erfahrene* Not der Grundbestand des Buches, muß betont werden, daß bereits 2,1-11 die feindliche Bedrohung Jerusalems als zukünftiges Geschehen (Verbformen: yiqtol = Zukunft) darstellt; schon gar nicht lassen sich die Tag-JHWH-Notizen in 2,1-11 als Bearbeitung herauslösen. Die beiden Notschilderungen in Joël 1-2 sind »terminologisch bewußt aufeinander bezogen, so daß das anstürmende Heer mit Farben des Heuschreckeneinfalls gemalt wird. Das geschieht aber, um die schon erfahrene Demütigung für die kommende Katastrophe des ›Tages Jahwes‹ mit ihrem endgültigen Charakter transparent zu machen. Wenn *in neuerer Zeit* im Unterschied zur literarkritischen Lösung überwiegend die *Einheitlichkeit (mit geringfügigen Ergänzungen)* vertreten wird, so beruht diese Einschätzung wesentlich auf der Einsicht, daß die Zweistufigkeit der beklagten Not und zugleich der heilvollen Gottesantwort gerade das eigentliche Anliegen des Buches darstellt. Die von Vertretern der literarkritischen Lösung hervorgehobene Beobachtung, daß die Abhängigkeit Joëls von älterer Prophetie stärker in den ›eschatologischen‹ Passagen zu Buch schlägt als bei der Beschreibung der Heuschreckenplage, liegt demgegenüber in der Natur der Sache. Es geht dem Buch Joël entscheidend darum, die gegenwärtig erfahrene Not als Anbruch der von früheren Propheten verkündeten Endzeit zu deuten. Die vielfältigen internen Wortbezüge zwischen Joël 1-2 und 3-4... sind mit dieser Absicht gesetzt« (*J.Jeremias*, Joël/Joëlbuch 93f).

Die außergewöhnlich intensive Aufnahme (Zitation, Variation, Anspielung, Kontexteinspielung) anderer Prophetenbücher machen deutlich, daß das Buch Joël als *literarische Prophetie* und als *prophetische Prophetenauslegung* in eschatologischer Perspektive entstanden ist und verstanden werden muß. Wegen der starken Bezüge zum vorangehenden Buch Hosea und zum nachfolgenden Buch Amos bzw. zu den anderen Schriften des Zwölfprophetenbuchs ist es wahrscheinlich, daß Joël sogar für seinen jetzigen Zusammenhang im (noch nicht vollständigen) Zwölfprophetenbuch geschrieben wurde.

Die wichtigsten *intertextuellen Bezüge* des Buches Joël lassen sich tabellarisch so zusammenfassen:

1,15	2,1f	2,3	2,6	2,10
Jes 13,6 Ez 30,2	*Zef 1,14f* Ex 10,14	Ez 36,35	Nah 2,11	Jes 13,10.13

2,11	2,12	2,13b	2,14a	2,17
Mal 3,2.23	Hos 14,2f Jer 3,14.22 Sach 1,3f Mal 3,7	*Jona 4,2* *Ex 34,6* *Ex 32,14*	Am 5,15 Jona 3,9 Zef 2,3	Jer 24,9 Ez 20,17 Ez 36,15 Ps 42,4.11

2,20	2,27	3,1	3,4b	3,5
Jer 1,14 Ez 38,6.15 Ez 39,2	Jes 45,5f.17 Ez 6,7.13 Zef 3,15	Ez 39,29	*Mal 3,23*	Obd 17

4,1	4,10	4,16	4,17	4,18
Jer 33,15 *Jer 50,4.20* Jer 29,14 Ez 39,25	Jes 2,4 Mi 4,3	*Am 1,2*	Jes 8,18	Am 9,13 Ez 47,1

Legende: Kursive Zahlenangaben sind wörtliche Zitate.

Schon allein diese literarische Auslegungstechnik spricht gegen die von *O.Loretz* (vgl. *ders.*, Regen-ritual) vorgelegte komplizierte Mehrstufenhypothese; problematisch ist auch die von ihm praktizierte Methode der kolometrischen Literarkritik.

In thematischer Hinsicht aktualisiert das Buch Joël vor allem die prophetische Tag-JHWH-Theologie von Jes 13 und 34; Ez 30 und 38; Jer 4-6; Am 5,18-20; Obd 15a.16-18; Zef 1,14-18; Mal 3, wobei zugleich die in Nah 3,15-17; Hab 1,5-11 (vgl. besonders 1,9) gegebene Polysemie (Vielsinnigkeit) der Heuschreckenme-tapher zur Beschreibung der feindlichen Invasion *und* ihrer tödlichen Folgen integriert wird. Daneben baut das Buch durch Anspielungen auf die Exodus-Plagen Ex 10 (Heuschrecke, Finsternis) und durch Anspielungen auf das Buch Obadja (s.u. F.VIII.4) eine Ägypten- und Edomtypologie auf (vgl. dazu *S.Bergler*, Joël 247-333), die einerseits die gegenwärtige und die künftige Not als potenzierte Ägyptenplagen- und Edombedrohung darstellt und die andererseits, im Falle der Umkehr, einen neuen endzeitlichen Exodus der Rettung vor dem (pharaonischen) Fremdvölkersturm und die Zerstörung allen Kriegsmaterials (vgl. Joël 4,10 als ironische Umformulierung von Mi 4,3) verheißt. Insgesamt ist das Buch eine prophetische Aktualisierung der prophetischen und psalmistischen Zionstheologie (vgl. die Zusammenfassung 4,18-21).

Für die *Datierung* des Buches in die 1. Hälfte des 4.Jh. lassen sich folgende Beobachtungen und Überlegungen anführen:

(1) Indirekte Hinweise auf nachexilische Entstehungszeit gibt die in Joël 4 vorausgesetzte Situation: Besetzung des Landes und gewaltsame Deportation (4,2f), Erfahrungen mit ausländischen Machthabern in Jerusalem (4,17), Wiedererrichtung der Mauern um Jerusalem (2,9). Die das Buch durchziehende Androhung eines »Völkersturms« gegen Jerusalem könnte die im 4.Jh. einsetzenden Erschütterungen des Perserreichs widerspiegeln.

(2) Der in 4,4-8 beklagte Sklavenhandel der Städte Tyrus und Sidon und der Philistäa, die Judäer und Jerusalemer an die Jawaniter (= Jonier, Griechen) verkauften, ist zeitgeschichtlich am ehesten im 4.Jh. v.Chr. plausibel; die hier vorausgesetzte phönizisch-philistäische Aktionsgemeinschaft wurde spätestens durch die Zerstörung Sidons (343 durch die Perser) sowie Gazas und Tyrus' (332 durch Alexander) beendigt. Der Abschnitt 4,4-8 ist literarkritisch sekundär (Prosa, nicht Poesie wie der Kontext; unterbricht den engen Zusammenhang 4,1-3.9-17; hängt sich thematisch an 4,3 an) und könnte ein Reflex auf die Zerstörung sein (*vaticinium ex eventu,* d.h. Prophetie im Rückblick), oder eine »prophetische« Auseinandersetzung mit der von den Jerusalemern als gottwidrig empfundenen Situation.
(3) Das im Buch gezeichnete Gemeindeleben (Leitung durch Priester und Ältestenkollegium, Tempelliturgie mit »Speiseopfer und Trankopfer«) verweist in die nachexilische Zeit.
(4) Die oben skizzierte breite intertextuelle Abhängigkeit des Joëlbuchs ist vor dem 4.Jh. kaum denkbar.
Als Anlaß der »prophetischen Prophetenauslegung« durch Joël ist eine katastrophische Erfahrung anzunehmen, deren Konkretion freilich angesichts der Vieldeutigkeit der verwendeten Metaphern (Trockenheit, Heuschreckeneinfall, Kriegsgefahr) offenbleiben muß. Da der Gesamtaufbau des Buchs nicht eine liturgische Agende ist, sondern sich nur an einer solchen inspiriert, kann man Joël kaum als »Kultpropheten« verstehen. Sein Name Joël (= »JHWH ist [der wahre, alleinige] Gott«) faßt bündig das Anliegen des Buches zusammen.

2.3 Schwerpunkte der Theologie und Relevanz

(1) »Das Joëlbuch kreist von Beginn bis Ende um ein einziges Thema, das seit dem Beginn der klassischen Prophetie geläufig war: den ›*Tag Jahwes*‹. Joël setzt die Geschichte der prophetischen Verkündigung von Amos und Jesaja über Zephanja und Ez 30 hin zu Obadja, Mal 3, Jes 13 und 34 zum ›Tag Jahwes‹ bei seinen Lesern schon voraus. Er will ihnen zeigen, wie jene bislang noch unerfüllte Prophetie in ihren Tagen zur Realisation und Vollendung gelangt. Zweierlei ist neu und analogielos an seiner eigenen Botschaft von diesem Tag. Zum einen nimmt er ihm die reine Zukunftsperspektive und läßt ihn schon in gegenwärtiger Erfahrung anbrechen; zum anderen gibt er ihm inhaltlich ein Doppelgesicht: Er kann für Israel grundsätzlich sowohl Vernichtung als auch endgültiges Heil bedeuten« (*J.Jeremias*, Joël/Joëlbuch 94).
(2) Angesichts der eschatologischen Dialektik von Unheil und Heil zeichnet Joël ein ebenfalls dialektisches Gottesbild, wenn er den auf dem Zion wohnenden Gott (4,17.21) selbst an der Spitze der den Zion bedrohenden feindlichen Völker ziehen läßt (*A.Deissler*: Paradoxie Gottes). Diese doppelte Dialektik soll Israel (und die Kirche) zur »Herzensumkehr« (2,13) zu JHWH bewegen, dessen tiefster Lebensvollzug Güte und barmherzige Selbstbeschränkung (»Reue«, »Mitleid«) ist, wie 2,13 mit Kombinationszitat aus Ex 34,6 und Ex 32,12.14 verkündet (vgl. Jona 4,2). Das in 2,14 formulierte »Vielleicht« der Rettung (vgl. ähnlich Am 5,15; Jona 3,9; Zef 2,3) beläßt JHWH die Freiheit, *aus Güte* zu retten.

(3) Die Umkehr *und* die Rettung vollziehen sich durch bzw. in der eschatologischen Geistausgießung auf *alle,* die den Mitgliedern des Gottesvolkes in gleicher Weise das Charisma der Gottunmittelbarkeit gibt (vgl. Jer 31,34; Ez 36,26f). Die Petruspredigt Apg 2,17-21 weitet die in Joël nur Israel verheißene Gottunmittelbarkeit auf *alle Völker* aus. Im Horizont dieser prophetischen Verheißung von der Aufhebung aller Unterschiede im Gottesvolk, die auch Paulus in Gal 3,28 als Kennzeichen der Kirche Jesu Christi verkündet, und des prophetischen Aufrufs, die »Zeichen der Zeit« als Umkehrbotschaft wahrzunehmen, stehen Judentum und Kirche unter dem Zeitdruck des angebrochenen Tages JHWHs. »Freilich ist der Horizont sowohl von Joël 3,1f wie von Gal 3,28 ›eschatologisch‹. Erst die Endzeit wird die Voll-Erfüllung bringen. Doch enthebt dies das neutestamentliche Gottesvolk nicht der Anstrengung, ein Vorausbild dieser ›Geistkirche‹ zu werden« (*A.Deissler*, Kommentar 82).

3.   Das Buch Amos

Kommentare: K.Marti (KHC) 1904; Th.H.Robinson (HAT) [2]1954.[4]1963; S.Amsler (CAT) 1965; H.W.Wolff (BK) 1969.[3]1985; W.Rudolph (KAT) 1971; J.L.Mays (OTL) 1969; A.Deissler (NEB) 1981.[2]1985; D.Stuart (WBC) 1987; F.I.Anderson/D.N.Freedman (AncB) 1989; Sh.M.Paul (Hermeneia) 1991; J.Jeremias (ATD) 1995.

Bibliographie: A.van der Wal, Amos. A Classified Bibliography, Amsterdam [3]1986.

Einzelstudien: W.Beyerlin, Bleilot, Brecheisen oder was sonst? Revision einer Amos-Vision (OBO 81) Fribourg/Göttingen 1988; R.Bohlen, Zur Sozialkritik des Amos: TrThZ 95,1986,282-301; G.Fleischer, Von Menschenverkäufern, Baschankühen und Rechtsverkehrern. Die Sozialkritik des Amosbuches in historisch-kritischer, sozialgeschichtlicher und archäologischer Perspektive (BBB 74) Frankfurt a.M. 1989; V.Fritz, Die Fremdvölkersprüche des Amos: VT 37,1987,26-38; ders., Amosbuch, Amos-Schule und historischer Amos, in: FS O.Kaiser (BZAW 185) Berlin 1989,29-43; H.Gese, Komposition bei Amos, in: J.A.Emerton u.a. (Hg.), Congress Volume Vienna 1980 (VT.S 32) Leiden 1981,74-95; ders., Das Problem von Am 9,7, in: FS E.Würthwein, Göttingen 1979,33-38; J.Jeremias, Hosea und Amos. Studien zu den Anfängen des Dodekapropheton (FAT 13) Tübingen 1996; R.Kessler, Frühkapitalismus, Rentenkapitalismus, Tributarismus, antike Klassengesellschaft. Theorien zur Gesellschaft des alten Israel: EvTh 54,1994,413-427; Ph.J.King, Amos, Hosea, Micah - An Archaeological Commentary, Philadelphia 1988; K.Koch, Die Rolle der hymnischen Abschnitte in der Komposition des Amos-Buches: ZAW 86,1974,504-537; ders. u.a., Amos. Untersucht mit den Methoden einer strukturalen Formgeschichte (AOAT 30) Neukirchen-Vluyn 1976; B.Lang, Sklaven und Unfreie im Buch Amos (II 6; VIII 6): VT 31,1981,482-488; O.Loretz, Die prophetische Kritik des Rentenkapitalismus: UF 7,1975,271-278; J.Nogalski, Literary Precursors in the Book of Twelve (BZAW 217) Berlin 1993,74-122; H.Reimer, Richtet auf das Recht! Studien zur Botschaft des Amos (SBS 149) Stuttgart 1992; A.Schart, Die Entstehung des Zwölfprophetenbuchs. Neubearbeitungen von Amos im Rahmen schriftenübergreifender Redaktionsprozesse (BZAW 260) Berlin 1998; W.H.Schmidt, Die deuteronomistische Redaktion des Amosbuches: ZAW 77,1965,168-193; W.Schottroff, Der Prophet Amos, in: ders./ W.Stegemann (Hg.), Der Gott der kleinen Leute, München/Gelnhausen [2]1979,39-66; R.Smend, Das Nein des Amos: EvTh 23,1963,404-423; N.J.Tromp, Am V 1-17. Toward a Stylistic and Rhetorical Analysis: OTS 23,1984,56-84; Ch.Uehlinger, Der Herr auf der Zinnmauer. Zur Dritten Amos-Vision (Am VII 7-8): BN 48,1989,89-104; E.-J.Waschke, Die fünfte Vision des Amosbuches (9,1-4) - Eine Nachinterpretation: ZAW 106,1994,434-445; P.Weimar, Der Schluß des Amos-Buches. Ein Beitrag zur Redaktionsgeschichte des Amos-Buches: BN 16,1981,60-100; H.Weippert, Amos. Seine Bilder und ihr Milieu, in: dies. u.a., Beiträge zur prophetischen Bildsprache in Israel und Assyrien (OBO 64) Fribourg/Göttingen 1985,1-29; E.Zenger, Die eigentliche Botschaft des Amos, in: FS J.B.Metz, Mainz 1988,394-406.

3.1 Aufbau

Das Amosbuch besteht - nach der Überschrift 1,1 - aus *vier Teilen*. Die hier unterschiedenen Teile 3 und 4 lassen sich mit guten Gründen auch als *ein* Teil begreifen.

1. Teil: 1,2-2,16	2. Teil: 3,1-6,14	3. Teil: 7,1-9,6	4. Teil: 9,7-15
Völkerspruchzyklus	Unheilsworte gegen (das Nordreich) Israel	Visionenzyklus	Heilsworte für ganz Israel
Schlußformel 2,16: »Spruch JHWHs«	Schlußformel 6,14: »Spruch JHWHs, des Gottes der Heerscharen«	Schlußformel 9,6: »JHWH ist sein Name«	Schlußformel 9,15: »hat gesprochen JHWH, dein Gott«

(1) Der Völkerspruchzyklus 1,2-2,16

Der *erste Teil 1,2-2,16* ist ein durch den Mottosatz 1,2 eingeleitetes 8-Strophengedicht gegen sechs Nachbarvölker, gegen Juda und gegen (das Nordreich) Israel. Es kündigt in ähnlich gestalteten, paarweise angeordneten Sprüchen an, daß JHWH die von Aram (Syrien) und vom Philisterreich, von Tyrus und Edom, von Ammon und Moab sowie *in* Juda und Israel begangenen Menschenrechtsverbrechen nicht hinnehmen werde:

	1,2	Mottosatz: JHWH als brüllender Löwe vom Zion aus			
I	1,3-5 (lang)	Aram	Opfer: Gilead	Strafankündigung: Feuer; Städteliste, Ausrottung der Herrschenden, Deportation	Verbrechen: Verwüstung des Landes
II	1,6-8 (lang)	Philister	Nutznießer: Edom	Strafankündigung: Feuer; Städteliste, Ausrottung der Herrschenden, Deportation	Verbrechen: Entvölkerung durch Verschleppung
III	1,9-10 (kurz)	Tyrus		Strafankündigung: Feuer	Verbrechen: Verstoß gegen den Bruder-Bund
IV	1,11-12 (kurz)	Edom		Strafankündigung: Feuer	Verbrechen: Verstoß gegen die Brüderlichkeit
V	1,13-15 (lang)	Ammon	Opfer: Gilead	Strafankündigung: Feuer; Dezimierung im Kampf, Bestrafung der höfischen Kreise	Verbrechen: Mord an Schwangeren
VI	2,1-3 (lang)	Moab	Opfer: Edom	Strafankündigung: Feuer; Dezimierung im Kampf, Bestrafung der höfischen Kreise	Verbrechen: Vernichtung von Totengebeinen
VII	2,4-5 (kurz)	Juda		Strafankündigung: Feuer	Verbrechen: Gegen JHWHs Tora und gegen JHWH
VIII	2,6-16 (lang)	Israel		Strafankündigung: Gerichtsbilder der Ernte und des Gottesschreckens	Verbrechen: Gegen die Armen

Das achtstrophige Völkergedicht, das seine Endgestalt erst einem Bearbeitungsvorgang verdankt (s.u. 3.2) ist nach dem Schema 7+1 klimaktisch auf die Israel-

Strophe hin ausgerichtet. Wie die vorangehenden Strophen beginnt auch sie mit der Botenspruchformel und mit der im gestaffelten Zahlenspruch gestalteten Unwiderruflichkeitserklärung, doch hebt sie sich dann durch den breit ausgeführten Schuldaufweis ab (4 Vergehen gegen die Armen in Israel: Verkauf von Schuldsklaven in die Sklaverei, Rechtsbeugung, sexueller Mißbrauch Abhängiger, Mißbrauch von Pfändungen). Keine Entsprechung in den anderen Strophen hat der auf den Schuldaufweis folgende Geschichtsrückblick 2,9-12, der kontrastierend angeschlossen ist (»doch ich...«: 2,9 bzw. 2,10). Auch die Strafankündigung ist formal und motivlich anders gestaltet. Statt des Feuermotivs werden die Gerichtsbilder vom krachenden Erntewagen und vom Gottesschrecken im JHWH-Krieg verwendet. Statt der Botenspruchformel (»hat JHWH gesprochen«: Strophen I II V VI) steht am Schluß der Strophe die Gottesspruchformel (»Spruch JHWHs«).

Ob sich diese Komposition am ägyptischen Ritual der Ächtung feindlicher Fürsten und Könige (weniger wahrscheinlich) oder an der israelitischen Orakelverkündigung der Hof- und Tempelpropheten gegen feindliche Völker (s.o. F.I.1) inspiriert, es geht beide Male um ein im Namen von Göttern gesprochenes Gericht gegen feindliche Nachbarvölker, das zum Heil des eigenen Volkes gereichen soll. Am 1-2 greift dieses Schema auf, kehrt es aber am Ende in sein Gegenteil um: JHWHs Gericht kulminiert im Gericht gegen sein eigenes Volk.

(2) Die Unheilsworte gegen Israel 3,1-6,14

Der *zweite Teil 3,1-6,14* ist eine Zusammenstellung von Worten der Anklage und der Gerichtsankündigung gegen verschiedene Gruppen in Israel. Die Gliederung dieses Teils in die zwei Abschnitte 3,1-4,13 und 5,1-6,14 wird durch die beiden Höraufrufe 3,1 und 5,1 angezeigt. Zwar begegnet auch noch in 4,1 ein Höraufruf, doch unterscheidet sich dieser von den beiden in 3,1 und 5,1 (in 4,1 steht kein Relativsatz; die angesprochenen Adressaten sind nur eine Gruppe). Daß 3-4 und 5-6 als zwei Abschnitte der Einheit 3-6 gelesen sein wollen, wird durch mehrere Beobachtungen unterstrichen:

Die in 3,1 stehende Anrede »Söhne Israels« begegnet ausschließlich in 3-4 (3,1.12; 4,5); die in 5,1 stehende Anrede »Haus Israel« wird ausschließlich in 5-6 verwendet (5,1.3.4.25; 6,1.14). Von der Überschrift 3,1 her ist JHWH der Sprecher von 3-4, während von 5,1 her als Sprecher von 5-6 der Prophet zu denken ist: Am 3-4 ist Unheilswort Gottes, das den Tod ankündigt; Am 5-6 ist Totenklage des Propheten, mit der dieser auf das Unheilswort reagiert. An dieser Abfolge wird erkennbar, daß eine programmatische Komposition vorliegt, deren Teile nicht umkehrbar sind.

Sowohl 3-4 als auch 5-6 bestehen jeweils aus drei Teilen:

3,1-8	Programmatische Ankündigung des Eingreifens JHWHs (*pāqad*)
3,9-4,3	Worte gegen die Hauptstadt Samaria (Konkretion von 3,2)
4,4-13	Worte gegen den Kult, mit abschließender Aufforderung zur Gottesbegegnung (4,12) und Gottesprädikation (4,13)

5,1-17	Totenklage mit Gottesprädikation 5,8 als Zentrum
5,18-27	Weherufe: Worte gegen den Kult
6,1-14	Weherufe: Worte gegen die Hauptstadt

Der Komplex 5-6 ist kunstvoll komponiert (*J.Jeremias*): 5,1-17 ist eine Ringkomposition. 5,18-27 und 6,1-14 sind parallel aufgebaut und strukturell dem Abschnitt 5,1-17 untergeordnet; sie bilden gewissermaßen dessen Explikation. Dies ist daran erkennbar, daß sie mit ihren eröffnenden Totenklageschreien »Wehe« (*hōj*) die beiden »Wehe«-Schreie, mit denen 5,1-17 endet (vgl. 5,16), aufnehmen und entfalten.

Die Ringkomposition 5,1-17		
A	5,1-3	Totenklage
B	5,4-6	Mahnung zum Suchen JHWHs
C	5,7	Schuldaufweis (kein »Weheruf«, wie EÜ u.a.)
D	5,8-9	Hymnische Gottesprädikation
C'	5,10-12.13	Schuldaufweis
B'	5,14-15	Mahnung zum Suchen JHWHs
A'	5,16-17	Totenklage (2 Weherufe)

Die Parallelkompositionen 5,18-27⏐6,1-14			
A	5,18-20	6,1-7	Weherufe (= Totenklage)
B	5,21-24	6,8-11	Begründung der Totenklage in der Form direkter Gottesrede (»ich hasse, ich verabscheue«)
C	5,25	6,12	Didaktische Frage, die auf Einsicht der Leser zielt
D	5,26-27	6,13-14	JHWH als (künftiger) Vollstrecker des tödlichen Gerichts (Rückbezug auf 5,1)

Die drei Unterabschnitte 5,1-17; 5,18-27; 6,1-14 beklagen die Perversion, ja das Fehlen von »Recht und Gerechtigkeit« im Haus Israel. Die politisch und wirtschaftlich Mächtigen nutzen die bestehende Rechtsordnung oder verändern die Rechtsordnung so, daß dies ausschließlich der Mehrung ihrer Macht, ihres Besitzes und ihres Luxus dient. Weil das *Tor*, der *Tempel* und der *Königspalast* (also die drei »Gewalten«) als »Haus des Rechts« versagen, ja zu einem Haus des Unrechts geworden sind, ist das Haus Israel zu einem Haus des Todes geworden, über das der Prophet die Leichenklage anstimmen muß.

Die drei Abschnitte rufen auf der Ebene der Komposition zur Anerkennung der Gottesherrschaft des Gottes Israels und damit zur Umkehr »in letzter Minute« auf. Dies ist kompositionell dadurch angezeigt, daß die in der Mitte von 5,1-17 stehende Gottesprädikation 5,8 jeweils am Ende der beiden Abschnitte 5,18-27 und 6,1-14 wiederkehrt. Diese Linie der Gottesprädikationen muß ihrerseits im Horizont von 4,13f, des Abschlusses von Am 3-4, gelesen werden: »Mach dich bereit, deinem Gott zu begegnen...: JHWH, Gott der Heere ist sein Name«, d.h. setz dich diesem Gott aus, der ein Gott von Recht und Gerechtigkeit ist. Als solcher will er dich bewegen, Recht und Gerechtigkeit zu wirken. Aber zugleich sollst du wissen: Er fordert Recht und Gerechtigkeit ein, wo sie verweigert werden - nicht aus Rache, sondern aus Recht!

(3) Der Visionenzyklus 7,1-9,6

Der *dritte Teil 7,1-9,6* ist (analog dem Völkerspruchzyklus 1-2) eine strophisch gegliederte Komposition von fünf Visionsschilderungen. Die ersten vier bilden jeweils ein Paar (1+2; 3+4). Die fünfte Vision, die formal von den vorangehenden abweicht, ist die Klimax: Sie zeigt den *auf dem* Altar (nicht wie EÜ: *beim* Altar) stehenden Adonaj, der das Gottesgericht ankündigt bzw. selbst in Gang setzt (Text ist unklar). In den beiden Paaren dieses Zyklus wird die Dialektik der Gottesbotschaft des Amos sichtbar: Im ersten Visionenpaar bewegt Amos durch seine Fürbitte und den Hinweis auf den »kleinen Jakob« JHWH dazu, sich das Unheil »leid sein zu lassen« (*niham* wie Hos 11,8). Im zweiten Visionenpaar (dessen »Bildelemente« von EÜ kaum richtig wiedergegeben sein dürften: in der 3. Vision schaut Amos JHWH, der auf einer Zinnmauer = Stadtmauer steht und »Zinn« in der Hand hält = Drohbild, daß JHWH die Stadt kriegerisch vernichten will; in der 4. Vision schaut er nicht »einen Korb mit reifem Obst«, sondern einen leeren Erntekorb, in den JHWH hineinfüllen will, wer aus Israel »reif« ist, um gegessen zu werden) kommt das unausweichliche Gottesgericht zum Ausdruck, auf dessen Ankündigung der Visionenzyklus in der fünften Vision zuläuft.

Die Visionen 3-5 sind durch kommentierende »Anhänge« (7,10-17; 8,4-14; 9,5-6) fortgeführt, die aus der jeweils vorangehenden Vision Stichworte aufgreifen und der Vision eine theologische Vertiefung geben:

1. Vision: 7,1-3 (Heuschreckenschwarm)	2. Vision: 7,4-6 (Feuerregen)

3. Vision: 7,7-9 (JHWH mit dem Zinnschwert)	4. Vision: 8,1-3 (der leere Korb für die Ernte)
7,10-17 (Konflikt Amazja - Amos)	8,4-14 (Begründung des Ernte-Gerichts)

5. Vision: 9,1-4 (Zerschlagung des Heiligtums)
9,5-6 (Gottesprädikation)

Der Abschnitt 7,10-17 liefert die Begründung für die in 7,9 angekündigte Vernichtung der Heiligtümer: weil diese nicht nur JHWHs Wort nicht weitergeben, sondern es sogar verhindern wollen. Der Abschnitt 8,4-14 greift das der Vision 8,1-3 zugrundeliegende Motiv vom Ernte-Gericht auf (8,4-6: Anklage; 8,11: Gerichtsbild) und entfaltet das in 8,3 anklingende Thema der Totenklage. Der Abschnitt 9,5-6 ist eine in hymnischem Partizipialstil gestaltete Gottesprädikation, die die in 9,1-4 angesprochene universale Gottesherrschaft JHWHs vertieft.

(4) Die Heilsworte für Gesamt-Israel 9,7-15

Der *vierte Teil 9,7-15*, der als direkte Gottesrede gestaltet ist, ist das heilseschatologische Finale des Buchs. Es sind vier durch Struktursignale abgegrenzte Abschnitte (9,7-8: Rahmung durch die Gottesspruchformel; 9,9-10: Einführung durch deiktisches *kī* = »ja« und Abschluß durch fiktives Zitat; 9,11-12: Einführung durch Zeitangabe, Abschluß durch die erweiterte Gottesspruchformel; 9,13-15: Einführung durch Zeitangabe und Gottesspruchformel, Abschluß durch Botenspruchformel). Die vier Abschnitte sind paarweise zusammengeordnet. Das erste Paar (9,7-8.9-10) deutet das im Visionenzyklus bzw. in Am 1,2-9,6 angekündigte »Ende« als ein Läuterungsgericht, das keinesfalls »das Haus Israel« gänzlich vernichten will. Das zweite Paar (9,11-12.13-15) entwirft in gezieltem Kontrast zu den vorher im Buch stehenden Gerichtsbildern eine vielgestaltige Heilsutopie (Wiederherstellung des davidischen Königtums, paradiesische Fruchtbarkeit des Landes und dauerhaftes Wohlergehen Israels):

9,7-8 9,9-10	Läuterungsgericht für Königtum und Volk
9,11-12 9,13-15	Heilszusagen für Königtum und Volk

3.2 Entstehung

Gegenüber früheren Forschungspositionen, die meinten, im Amosbuch einen hohen Anteil an authentischen Worten des historischen Amos herausarbeiten zu können, ist heute eine deutliche Skepsis zu konstatieren. Die in 3.1 skizzierte Komposition spricht ohnedies für gezielte literarische Arbeit, die das Wirken des Amos systematisiert und in ein theologisches Programm bringt. So wird es kaum noch möglich sein, Einzelworte des Propheten im Detail zu rekonstruieren.

Meist wird angenommen, daß die beiden strophisch gestalteten *Zyklen 1-2 und 7-9 in ihrem Grundbestand* auf den gleichen Verfasserkreis zurückgehen und sich gegenseitig auslegen sollen. Dabei wird sogar erwogen (z.B. von *J. Jeremias*), daß auf dieser Ebene der Entstehung des Amosbuchs der Visionenzyklus mit seiner radikalen Gerichtsbotschaft vorangestellt war und der Völkerspruchzyklus als Begründung folgte. Nach Meinung vieler Amos-Interpreten begegnen wir im Visionenzyklus am ehesten dem historischen und biographischen Proprium des Propheten Amos. Er dokumentierte gewissermaßen das Berufungserlebnis, durch das Amos die schmerzliche Gewißheit gegeben wurde, daß JHWH zur Rettung der Armen für das Königreich Israel das Ende bestimmt habe und daß es seine Aufgabe sei, dieses unausweichliche Ende als Tat Gottes öffentlich anzusagen *und* zu begründen.

Daß die *Sammlung 3-6* (Unheilsworte gegen Israel) auf einen anderen Verfasserkreis zurückgeht, wird vor allem mit drei Beobachtungen begründet: (1) Das in den beiden Zyklen so wichtige Bild von der Ernte als Gericht fehlt in Am 3-6. (2) Die in Am 3-6 starke Konzentration auf die Schuld Samarias ist in den beiden

Zyklen nicht erkennbar. (3) Am 3-6 zeigt eine gegenüber Am 1-2 und Am 7-9 andere Technik der literarischen Komposition. Während *H.W.Wolff* in der Sammlung 3-6 den ältesten Bestand des Amosbuchs sieht, um den dann erst die beiden Zyklen gelegt worden seien, kehrt *J.Jeremias* den Wachstumsprozeß um; dafür spricht auch die Beobachtung, daß die Gesellschafts- und Kultkritik von Am 3-6 und Hos 4-11, bei aller Differenz im Detail, sich in ihrer Systematik so stark annähern, daß man beide Kompositionen auf den gleichen Verfasserkreis zurückführen könnte.

Wann die Teilkompositionen 1-2.7-9 (Grundbestand) und 3-6 entstanden und wann sie verbunden wurden, ist schwer zu begründen. Die Kombination 1-2.3-6.7-9 (Grundbestand) dürfte erst im Südreich, nach dem Untergang des Nordreichs, erfolgt sein. Die Kompositionen 1-2.7-9 könnten noch vor 722 literarisch fixiert worden sein.

Daß der *4. Teil* 9,7-15 erst aus *exilischer bzw. nachexilischer* Zeit stammt, ist weitgehender Konsens der Forschung. Zumindest die abschließenden Heilszusagen 9,11-15, die sich nur schwer mit der vorexilischen Geschichte verbinden lassen (»zerfallene Hütte Davids«, »Rest Edoms«, »verwüstete Städte«, Exilierung), entsprechen der auch in den übrigen Prophetenbüchern gegebenen heilseschatologischen Fortschreibungstechnik, die festhält, daß JHWH der heilswillige Gott ist, der nicht den Tod, sondern das Leben will. Höchstwahrscheinlich sind die in literarkritischer Hinsicht in ihrem Kontext auffälligen Sätze 9,12a.13b das späteste Element, das auf die Zusammenstellung der Nachbarbücher Joël und Obadja mit dem Amosbuch (s.o. F.VIII.0) zurückgeht (zu 9,12a vgl. Obd 17-19; zu 9,13a vgl. Joël 4,18a).

Für die Existenz *einer exilischen Redaktion des Amosbuchs 1,1-9,6* lassen sich u.a. folgende Beobachtungen anführen:

(1) Am 1,2; 4,13; 5,8-9; 9,5-6 ist makrostruktureller Rahmen des exilischen Amosbuchs 1,1-9,6.

Den drei Texten 4,13; 5,8-9; 9,5-6 ist gemeinsam, daß sie Gottesprädikationen im Partizipialstil bieten, wie er für Hymnen (sowohl Israels wie der Umwelt Israels) charakteristisch ist, und daß es sich dabei vorwiegend um schöpfungstheologische Aussagen handelt; außerdem steht in ihnen die Bekenntnisformel »JHWH ist sein Name« jeweils als Unterschrift unter den vorangehenden partizipialen Aussagen. Die drei Texte stehen einerseits isoliert in ihrem Kontext, sie sind andererseits motivlich aufeinander hingeordnet (5,8f und 9,5f sind teilweise wörtlich identisch). So drängt sich die Hypothese auf, daß die drei Texte auf eine redaktionelle Bearbeitung des Amosbuchs zurückgehen. *H.W.Wolff* sieht in ihr eine liturgische Aktualisierung des 7.Jh. anläßlich der durch den König Joschija durchgeführten feierlichen Zerstörung des Heiligtums von Bet-El (Projekt der joschijanischen Kultzentralisation). *K.Koch* deutet sie als apokalyptisierende Interpretation. Die Hymnenstücke hätten demnach den »Zweck, auf die göttliche Zukunft als einen großen endgültigen Vernichtungsschlag zu verweisen, der den gesamten Erdkreis betrifft« (*K.Koch*, Die Rolle der hymnischen Abschnitte 536). Versteht man die hymnischen Abschnitte schöpfungstheologisch positiv (der Text ist leider nicht eindeutig) und berücksichtigt, daß sich ähnliche Theophaniemotive wie in 9,5f auch in 1,2 finden, wird hier eine das ganze Buch übergreifende Gliederung sichtbar, deren Eigenheiten folgendermaßen zusammengefaßt werden können:

(a) Die Abschnitte stehen an strukturell herausragender Stelle: 1,2 eröffnet das Buch bzw. den Völkerspruchzyklus; 4,13 beschließt die Komposition Am 3-4; 5,8 ist das Zentrum der Komposition 5,1-17; 9,5f beschließt den Visionenzyklus bzw. das Buch 1,1-9,6.

(b) Die hymnischen Abschnitte blicken nicht nur auf den Untergang des Nordreichs, sondern ebenso auf die Zerstörung Jerusalems zurück. Diese Katastrophen werden durch die Doxologien als Gerichtstheophanien gedeutet und angenommen.

(c) Insofern die hymnischen Abschnitte als partizipiale »Wesensaussagen« gestaltet sind, machen sie das Amosbuch zur bleibenden Gerichtsdrohung als Parteinahme JHWHs für die Armen und Unterdrückten.

(d) Daß angesichts der katastrophischen Erfahrungen des Exils diese Redaktion schöpfungstheologisch argumentiert, teilt sie u.a. mit Deuterojesaja, Jeremia und mit der Priesterschrift. Als Weltenschöpfer und Weltenkönig hält JHWH an seiner Schöpfung und an Israels Auftrag für diese Schöpfung fest (vgl. Jes 54,1-10; Jer 31,35f).

(e) Liest man 1,2; 4,13; 5,8; 9,5f als eine durchlaufende theologische Linie, wird eine *insgesamt* hoffnungsvolle Botschaft erkennbar. Dem Gerichtsbild von den trauernden Auen und dem vertrocknenden Karmelgipfel (1,2) setzen die hymnischen Abschnitte das Bild vom Schöpfergott entgegen, der die Erde bewässert und die verdörrte Erde in ein fruchtbares Paradies verwandeln kann. Diese Dialektik wird in den (nachexilischen) Fortschreibungen 9,7-10 und 9,11-15 weiter entfaltet.

(2) Im Völkerspruchzyklus gehen die kürzeren Strophen III IV VII sowie der Geschichtsrückblick 2,9-12 der Strophe VIII erst auf eine exilische Bearbeitung zurück.

Für diese These sprechen u.a. folgende Beobachtungen:
(a) Die Strophen III, IV und V stimmen einerseits in ihrem Aufbauschema überein, andererseits unterscheiden sie sich dabei von dem fünfgliedrigen Aufbauschema der Strophen I II V VI.

b) Die Strophen III und IV verwenden Formulierungen, die als Nachahmung aus den »langen« Strophen zu beurteilen sind.

(c) Liegt bei den langen Strophen der Akzent auf der Ankündigung des Gerichts, so bei den kurzen Strophen auf dem Schuldaufweis. Die Schuld von Tyrus (III) und von Edom (IV) wird als Verbrechen gegen den Bruder-Bund bzw. gegen die Brüderlichkeit diagnostiziert, die Schuld von Juda (VII) als Verbrechen gegen JHWH und seine Tora. Beides spricht für exilische Herkunft.

(d) Der Geschichtsrückblick 2,9-12 in der Israel-Strophe (VIII) unterbricht den engen Zusammenhang zwischen dem Schuldaufweis 2,6b-8 und der Strafankündigung 2,13-16. Der Geschichtsrückblick atmet dtr Geist (starke Betonung des Exodus als Urdatum der Geschichte Israels; Schuld Israels als Undank gegenüber dem Heilshandeln JHWHs; das in 2,11f zum Ausdruck kommende Verständnis der Propheten und Nasiräer).

(e) Die ursprüngliche Völkerspruchkomposition bildete eine Komposition von 5 Strophen nach dem Schema 2+2+1. Diese Fünfer-Struktur entspricht der Struktur des Visionenzyklus nach Abzug der im Visionenzyklus sekundär eingefügten Abschnitte 7,10-17; 8,4-14.

(3) Im Visionenzyklus 7,1-9,4 sind die Abschnitte 7,10-17; 8,4-14 spätere Einschübe, vermutlich ebenfalls aus der Exilszeit.

Kontrovers sind die Meinungen der Forschung darüber, ob alle 5 Visionenberichte zum ältesten Visionenzyklus gehören. Nach manchen Autoren ist die 5. Vision erst eine aktualisierende Nachinterpretation der Exilszeit, die die Zerstörung des Jerusalemer Tempels reflektiert (*E.Waschke*). Wieder andere Autoren halten bereits die Visionen 3-4 für gegenüber den Visionen 1-2 sekundär; dabei werden die Visionen 1-2 dem Propheten Amos selbst zugeschrieben, während die anderen Visionen den 722 geschehenen Untergang des Nordreichs als »vaticinia ex eventu« formulieren, um dadurch der Gerichtsbotschaft des Amos Autorität zu geben (*V.Fritz*).

(4) Über weitere redaktionelle Fortschreibungen/Zusätze aus der exilischen/frühnachexilischen Epoche (z.B. 3,7; 5,25f; 6,5) gehen die Forschungsmeinungen auseinander.

3.3 Der Prophet Amos und seine Zeit

Amos ist der früheste Vertreter der Schriftprophetie. Von der in der Buchüberschrift gegebenen zeitlichen Einordnung her trat der aus Tekoa (ca. 17 km südlich von Jerusalem) stammende Amos um

760 v.Chr. im Nordreich, insbesondere in der Hauptstadt Samaria und wahrscheinlich auch am Reichsheiligtum in Bet-El, als »Gerichtsprophet« auf.

Die in 1,1 und 7,12-15 über Amos gemachten Angaben lassen sich folgendermaßen auswerten: Die Aussage in 7,15a (»JHWH nahm mich hinter den Schafen weg«) kann nicht als Berufsangabe (»Hirte«) verstanden werden; mit ihr wird Amos von der Redaktion in Anspielung auf Mose und David, die ebenfalls »von der Herde weggeholt wurden«, als Retter und Befreier *des Volkes* Israel gedeutet (Am 7,15a ist Anspielung auf 2 Sam 7,8). Ebenso ist die in Am 1,1 genannte Titulierung »Schafzüchter« eine archaische Ehrenbezeichnung, die ursprünglich einem »Scheich« galt. So verbleiben »Rinderzüchter« und »Sykomorenbesitzer« (genauer: »Sykomorenritzer« als *pars pro toto*-Bezeichnung; die noch unreifen Früchte des Maulbeerfeigenbaums wurden mit einem scharfen Instrument geritzt, damit ein Teil des bitteren Saftes abfloß und der in der Frucht verbleibende Saft in Zuckergärung überging, so daß die Frucht süß wurde) als Beruf des Amos, was einen gewissen Wohlstand voraussetzt. Als Bauer mit eigener Rinder- und Maulbeerfeigenzucht besaß Amos die Unabhängigkeit und das Selbstbewußtsein, die nach der Tradition des nach ihm benannten Buches, das offensichtlich seine bäuerliche Sprach- und Bildwelt gut bewahrt hat, sein öffentliches Auftreten kennzeichneten. Wenn die (exilische) Redaktion ihn in Am 7,14 sagen läßt »Ich bin kein (Tempel- und Hof-)Prophet und kein Prophetenjünger (Mitglied eines Prophetenkonvents)«, ist genau dies gemeint: In und durch Amos spricht »der brüllende Löwe JHWH« selbst. In Amos kämpft nicht eine Gruppe für ihre Interessen, sondern der Gott Israels für »sein Volk« (= seine Familie) *und* für seinen Traum von einer gerechten und menschenfreundlichen Gesellschaft, als deren sozialer Parameter die Lebensumstände der Kleinbauern und der Armen zu gelten haben. Deren Lebensumstände haben sich offensichtlich zur Zeit des Amos so drastisch verschlechtert, daß nun die Epoche der Schriftpropheten und ihrer unerbittlich scharfen Staats-, Gesellschafts- und Kultkritik beginnt.

Die Gründe für diese gesellschaftlichen Veränderungen in Israel sind vielschichtig. Ein wichtiger Faktor war der Ausbau Israels zu einem monumentalen Staat, der sich auch in der Baugeschichte der Städte, insbesondere im Wandel der Stadtpläne ablesen läßt. Zu diesem Ausbau war einerseits ein aufwendiger und teurer Verwaltungsapparat notwendig, der sukzessiv Lebensbedürfnisse des internationalen Standards entwickelte, wodurch ein starkes soziales Gefälle von der Hauptstadt und den städtischen Verwaltungszentren hin zu den Landstädten und Dörfern entstand. Andererseits war dieser Ausbau nur mit einem hohen Maß an Abgaben und an staatlichem Arbeitsdienst der Bauern zu bewältigen, was diese stark belastete und im Falle von Dürrekatastrophen, Zerstörung der Ernte durch Unwetter, Viehseuchen oder familiäre Unglücksfälle in so große Nöte stürzte, daß sie oft nur mit Kredit oder eben mit Schuldknechtschaft überleben konnten. Eine offene Frage ist, ob auch die gemeinorientalischen Systeme des sog. Rentenkapitalismus (*O.Loretz, B.Lang*) und des sog. Tributarismus (*C.A.Dreher*) in Israel übernommen wurden, bei dem der Großteil der Bauern nur als Pächter in totaler Abhängigkeit von den in den Städten lebenden Aristokraten und Großgrundbesitzern arbeitete. Möglicherweise war auch die vom 8.Jh. an den Raum Griechenland, Syrien, Iran erfassende wirtschaftliche und gesellschaftliche Transformation zur »antiken Gesellschaft« (*H.G.Kippenberg, R.Kessler*) ein weiterer Faktor, der die gesellschaftliche Zerklüftung beschleunigte. Schließlich wird zur Veränderung der Gesellschaftsstruktur gegenüber der vorstaatlichen und der frühstaatlichen Zeit auch das Bevölkerungswachstum beigetragen haben, während gleichzeitig das bebaubare Ackerland nicht mehr gesteigert werden konnte (*G.Fleischer*). Während anfangs die den Sippen zur Verfügung stehenden Acker- und Weidegebiete ausreichend groß waren, wurden sie nun im Laufe der Entwicklung, insbesondere auf Grund der Erbteilung immer kleiner, aber auch ungleicher, weil etwa bei geringerer Kinderzahl sich in manchen Händen der Besitz zu konzentrieren begann oder aber weil manche Bauern bei unrentabel gewordenem Besitz aufgaben und so der Akkumulierung von Boden und Macht Vorschub leisteten. Die Wohlhabenden werden auch ihrerseits viele Wege gefunden haben, scheinbar völlig legal die Schere zwischen Arm und Reich zu ihren Gunsten zu vergrößern.

Die gesellschaftliche Entwicklung von einer egalitären zu einer sozial zerklüfteten Gesellschaft hat es nicht nur in Israel gegeben. Derartige Verdrängungsprozesse gab es im gesamten antiken Vorderen Orient. Wir wüßten von diesem Prozeß in Israel kaum etwas und würden historisch über ihn hinweggehen - wenn es nicht Propheten wie Amos gegeben hätte, die ihn im Namen ihres Gottes und in der Beschwörung der idealen Anfänge bekämpften.

3.4 Schwerpunkte der Theologie und Relevanz

Das theologisch-politische Programm des Amosbuchs läßt sich an der Korrelation seiner vier Teile ablesen: (1) Die Teile 1 und 3 bilden einen Rahmen um Teil 2. (2) Teil 4 faßt die in den Teilen 1-3 enthaltene Gottesbotschaft zusammen und gibt ihr die bleibende Aktualität.

Völkerspruchzyklus (Teil 1) und Visionenzyklus (Teil 3) haben in der Komposition die Funktion, die Schwere der in Israel begangenen Verbrechen und das unausweichliche Eingreifen JHWHs angesichts dieser Verbrechen zu betonen: In Israel wird Krieg geführt gegen die Armen (Völkerspruchzyklus); als Antwort darauf wird JHWH Krieg führen gegen die, die die Armen bekriegen und vernichten (Visionenzyklus).

Der zwischen diesen beiden Teilen stehende Teil 2 bietet die detaillierte Begründung für das in den Teilen 1 und 3 verkündete Gottesgericht. Zugleich ist dieser mittlere Teil ein Ruf zur Umkehr, der die Armen *und* ihre Unterdrücker retten will. Der Schluß des ersten Abschnitts des zweiten Teils formuliert die dialektische Vision von der Begegnung mit JHWH: »Mach dich bereit, deinem Gott zu begegnen, Israel« (4,12). Zu dieser Begegnung will die biblische Prophetie bewegen und fähig machen. Die Prophetie des Amosbuchs ist von daher die Botschaft vom kommenden Gott, der die von ihm »gegründete« Gesellschaft retten will - durch Umkehr oder durch Gericht!

Teil 4 wiederholt und konkretisiert diese Gottesbotschaft im Rückblick auf das im Untergang des Nordreichs Israel (722 v.Chr) und in der Zerstörung Jerusalems (586 v.Chr.) erlittene Gericht. Er deutet im Gespräch mit den Teilen 1-3 diese Katastrophen als Läuterungsprozeß, der nicht die Vernichtung, sondern die Rettung der »Gottesidee« Israels zum Ziel hatte. Dieser Teil verkündet das spannungsreiche Gottesbild Israels: JHWH ist nicht neutral gegenüber dem Bösen in der Gesellschaft. Er nimmt das Böse nicht als naturnotwendiges, schöpfungsgegebenes (mythisches) Übel hin, sondern bekämpft es als gott- und menschenwidrig - um seine »Gottesträume« von einer Gesellschaft, in der er sich selbst in seiner Güte und Treue »widerspiegelt«, zu retten. Der vierte Teil faßt zusammen, worum es dem Gott Israels in der Geschichte Israels letztlich geht: Daß die Menschen die Gaben der Erde und den Ertrag ihrer Arbeit in messianischem Frieden gemeinsam genießen können.

Diese an der Kompositionsstruktur des Amosbuchs ablesbare Theologie ist auch heute ein theologisch-politisches Programm:

(1) Die »Wahrheit« des biblischen Gottes entscheidet sich an der »Wahrheit« des gesellschaftlichen Zusammenlebens, d.h. die Praxis von gesellschaftlicher Solidarität insbesondere mit den Schwachen ist der biblische »Offenbarungserweis« Gottes par excellence.

(2) Das Amosbuch hält in Kritik *und* Vision die Utopie der biblisch bezeugten Anfänge Israels fest: »Was du mit deiner Hand mühevoll erarbeitet hast, das sollst du selbst essen« (Ps 128,2).

(3) Die Verwirklichung von Recht und Gerechtigkeit, um die das Amosbuch kämpft, ist gelebter Gottesbund, wie die das Amosbuch abschließende Anspielung auf die sog. Bundesformel unterstreicht (Am 9,14f: »mein Volk Israel« - »JHWH, dein Gott«).

4. Das Buch Obadja

Kommentare: K.Marti (KHC) 1904; Th.H.Robinson (HAT) 1936.[3]1964; C.-A.Keller (CAT) 1965; W.Rudolph (KAT) 1971; H.W.Wolff (BK) 1977; A.Deissler (NEB) 1984.[2]1986; D.Stuart (WBC) 1987. U.Struppe (NSK) 1996.

Einzelstudien: E.Bosshard, Beobachtungen zum Zwölfprophetenbuch: BN 40,1987,30-62; W.Dietrich, Art. Obadja/Obadjabuch: TRE 24,1994,715-720; G.Fohrer, Die Sprüche Obadjas, in: FS Th.C.Vriezen, Wageningen 1966,81-93 (= ders., Studien zu alttestamentlichen Texten und Themen [BZAW 155] Berlin 1981,69-80); B.Hartberger, »An den Wassern von Babylon...« Psalm 137 auf dem Hintergrund von Jeremia 51, der biblischen Edom-Traditionen und babylonischer Originalquellen (BBB 63) Frankfurt a.M./Bonn 1986; U.Kellermann, Israel und Edom. Studien zum Edomhaß Israels im 6.-4. Jahrhundert v.Chr., Habil. Münster 1975; J.Nogalski, Redactional Processes in the Book of the Twelve (BZAW 218) Berlin 1993; O.H.Steck, Der Abschluß der Prophetie im Alten Testament (BThSt 17) Neukirchen-Vluyn 1991; J.Wehrle, Prophetie und Textanalyse. Die Komposition Obadja 1-21 interpretiert auf der Basis textlinguistischer und semiotischer Konzeptionen (ATS 28) St. Ottilien 1987; P.Weimar, Obadja. Eine redaktionskritische Analyse: BN 27,1985,35-99; M.Weippert, Edom. Studien und Materialien zur Geschichte der Edomiter auf Grund schriftlicher und archäologischer Quellen, Diss. Tübingen 1971.

Das mit seinen 21 Versen kürzeste Buch der Hebräischen Bibel steckt voller exegetischer Probleme. Sie beginnen bei dem schwierigen hebräischen Text, der zu manchen Konjekturen und Umstellungen verführt (vgl. auch EÜ), und reichen bis zum Streit über die Relevanz für christliche Theologie (vgl. *J.A.Soggin*: »... is of little theological interest«). Schon der Kirchenvater Hieronymus seufzte deshalb: »*Quanto brevius est, tanto difficilius*«.

4.1 Aufbau

Das Büchlein läßt sich - nach der komplexen Überschrift V.1 - in thematischer und formaler Hinsicht in die *zwei Teile VV.2-15* (Gerichtsankündigung gegen Edom) und *VV.16-21* (Heilsankündigung für Zion und Gesamt-Israel) gliedern.

Die wichtigsten Unterschiede, die den Teilen ihr spezifisches Profil geben, sind:
(1) In VV.2-15 geht es ausschließlich um Strafe und Schuld Edoms, wobei sich JHWH zu seinem Strafgericht anderer Völker bedient; von Heil für Zion/Israel ist nicht die Rede; die Jerusalem-Perspektive ist durch die Erläuterung der Schuld Edoms im Zusammenhang mit der Katastrophe Jerusalems 586 v.Chr. gegeben. In VV.16-21 ergeht das Gericht an alle Völker, Edom eingeschlossen, dessen Schicksal zum Exempel des universalen, eschatologischen Völkergerichts wird; Werkzeuge des Gerichts an Edom sind nun gemeinsam das »Haus Jakob« (= Südreich) und das »Haus Josef« (= Nordreich), also Gesamt-Israel. Das Völkergericht ist freilich nur die Voraussetzung für die in VV.16-21 entfaltete Heilsperspektive für Zion und Gesamt-Israel: Wiederherstellung des Zion und des Gottesvolks, erneute Landnahme in den »alten« Grenzen des davidischen Reichs, mit dem Ziel des Weltkönigtums JHWHs (nicht: Israels!).
(2) VV.2-15 ist stark geprägt von der direkten Anrede JHWHs an Edom (meist in 2.Pers.Sg: ich - du). Diese Redesituation fehlt in VV.16-21; der Teil setzt mit JHWHs pluralischer Anrede »ihr« ein, die sich an die Judäer richtet, die die Katastrophe von 586 v.Chr. überlebt haben.

Der *erste Teil (VV.2-15)* ist eine begründete Gerichtsankündigung (VV.2-9: Strafankündigung; VV.10-14: anklagender Schuldaufweis; V.15: Zusammenfassung: Gerichtsansage und Vergeltungsspruch). Er ist eine Komposition kleinerer Texteinheiten:

2-4	Kampfansage JHWHs an Edom: »*Ich* stürze dich von deiner Hybris hinab«
5-7	Schilderung der Bestrafung Edoms durch menschliche Akteure; in der Form eines ironischen Leichenliedes
8-9	Vernichtungsansage JHWHs an Edom: »*Ich* vernichte...«

10-11	Anklage gegen Edom: Mord und Gewalt an Bruder Jakob sowie Mitwirkung bei der Zerstörung Jerusalems 586 v.Chr.
12-14	Indirekte Anklage gegen Edom in der Form von acht Warnsprüchen/Verboten (mit achtmaliger Angabe »am Tage...«)
15	Zusammenfassung/Klimax: Strafansage (»Tag JHWHs«) und Ansage der Vergeltung nach dem *ius talionis*

Der *zweite Teil (VV.16-21)*, der mit seiner Ihr-Anrede an die Jerusalemer den Neueinsatz markiert, ist gleich zu Anfang durch die Aufnahme des *ius talionis*-Prinzips (V.16: »wie ihr... so«; vgl. 15b: »was/wie du...: so«) sowie durch das Stichwort »alle Völker« (V.16; vgl. V.15a) mit dem Schluß des ersten Teils verzahnt. Auch er ist eine Komposition kleinerer Einheiten:

16-17	Kriegsansage JHWHs an alle Völker: Sie müssen den Zornbecher JHWHs trinken wie Israel. Umkehrung der Machtverhältnisse: Zion als Ort der Rettung und als Metropole der Völker
18	Vernichtung Edoms durch Gesamt-Israel
19-20	Konkretisierung der in V.17 gegebenen Heilsverheißung für Israel (Stichwortaufnahme: *jāraš* »in Besitz nehmen«): Erneute Landnahme
21	Zusammenfassung/Klimax: JHWHs Weltkönigtum vom Zion aus (Rettung des Zion/Gericht über Edom)

4.2 Entstehung und zeitgeschichtlicher Kontext

Zwar ist das Verhältnis Israel - Edom im Kontext der Völkerwelt das Thema, das dem Büchlein eine einheitliche Perspektive gibt, doch sprechen schon allein die oben angeführten Unterschiede der beiden Teile gegen die Annahme *eines* Verfasserkreises. Das in der derzeitigen Forschung am meisten vertretene Entstehungsmodell nimmt mindestens drei Wachstumsstufen an, die als sukzessiver Fortschreibungsprozeß gedeutet werden:

Als *erste Phase* kann die Zusammenstellung der Sprüche VV.2-14.15b zu der begründeten Gerichtsankündigung gegen Edom (s.o.) gelten. Da vor allem in den Warnsprüchen VV.12-14, aber auch in V.11 konkrete Details (Eroberung Jerusalems durch »Fremde« = Barbaren, Werfen des Loses zur Bestimmung der Deportierten, Verrat der Fluchtwege an die landesunkundigen Babylonier, Abfangen der Flüchtlinge durch die Edomiter) mit geradezu miterlebbarer Erregung, Enttäuschung und Empörung aufgeführt werden, wird vielfach (freilich nicht unwidersprochen) angenommen, daß diese Komposition Zeitnähe und Zeitzeugenschaft hat, also zwischen 586 und 550 entstanden ist. Da sich innerhalb der Komposition der Abschnitt VV.2-4 als Einzelorakel heraushebt (Abschluß durch »Gottesspruchformel«), wird u.a. von *H.W.Wolff* (Kommentar) VV.2-4 als das in der Überschrift V.1 »Wir haben *eine Kunde* gehört von JHWH« gemeinte ursprüngliche »Gotteswort« verstanden, das dann in VV.5-14.15b ausgelegt wird. VV.2-4 wäre dann der Kristallisationskern der Obadja-Überlieferung überhaupt. Ein *möglicher* »Sitz im Leben«, für den VV.2-14.15b verfaßt wurde, läßt sich mit *H.W.Wolff* (Kommentar 3) so bestimmen: »Wir wissen aus Sach 7,3.5; 8,19, daß in Jerusalem nach 587 jährliche Klagegottesdienste an den Tagen der Eroberung der Stadt und des Tempelbrandes stattfanden. Das Buch Klgl bietet uns vor allem Klagegebete, die bei dieser Gelegenheit in den Trümmern des Jerusalemer Heiligtums angestimmt wurden... Es zeigt uns zugleich, daß die Klagen nicht ohne Antwort blieben, ja daß solche Antworten speziell auch das Gericht über Edom ankündigten, wie Klgl 4,21f zeigt... In Obadja können wir einen solchen Kultpropheten erkennen, der der zerschlagenen Notgemeinde auf dem Zion den Erhörungszuspruch zukommen ließ, vor allem in der Form der Gerichtsdrohung an ihre Feinde«.

Als *zweite Phase* kann die Fortschreibung VV.15a.16-18 (mit der abschließenden »Wortbekräftigungsformel« in V.18) gelten. Das Schicksal Edoms (das in VV.2-9 angedrohte Gericht ist inzwischen geschichtliche Wirklichkeit) ist nun ein Gerichtsexempel für die ganze Völkerwelt und ein Heilszeichen für Zion/Israel. Die veränderte Perspektive zeigt sich in der Ankündigung des »nahen Tages JHWHs«, an dem JHWH Israel als Werkzeug seines Weltgerichts gebraucht.

In kompositioneller Hinsicht ist VV.16-17 eine Gerichtsankündigung, die das Zerschellen des Völkersturms am Zion, der selbst gerettet und zum Ort der Rettung für Israel wird, ansagt. Um diesen Doppelspruch legt sich der Rahmen VV.15a.18, der mit dem Bild vom Tag JHWHs als »Feuer-Tag« gestaltet ist. Diese Fortschreibung dürfte gegen Ende des 5.Jh. anzusetzen sein.

Als *dritte Phase* ist die in Prosa verfaßte Fortschreibung VV.19-21 anzusehen, die mit ihrer Vorstellung von der Restituierung Gesamt-Israels einschließlich der Gola eine nochmals spätere zeitgeschichtliche Situation (4./3.Jh.?) widerspiegelt.

Möglicherweise ist die skizzierte mehrstufige Entstehungsgeschichte auch in der *komplexen Überschrift* V.1 abzulesen. Die Botenspruchformel V.1bα könnte das vorgegebene Edom-Orakel eingeleitet haben. Die Auditionsformel »Eine Kunde/Audition von JHWH her« ist gut als Überschrift der Komposition VV.2-14a.15b denkbar. Die Überschrift »Vision/Weissagung Obadjas« paßt gut für die durch VV.16-18 bzw. 19-21 ausgeweitete Zukunftsperspektive.

Die sukzessive Entstehungsgeschichte von Obd spiegelt sich auch in den unterschiedlichen *Beziehungen* wider, die die einzelnen Wachstumsschichten *zu anderen prophetischen Büchern* haben.

Das als Kristallisationskern der Obadja-Überlieferung vorausgesetzte Edom-Orakel V.2-4 ist beinahe wörtlich identisch mit Jer 49,14-16. Der (synoptische) Vergleich beider Texte spricht dafür, daß der Jer-Text eine gezielte Neufassung des Obd-Textes ist (*A.Deissler, B.Hartberger, W.Rudolph, P.Weimar*); andere Autoren (z.B. *H.W.Wolff*) rechnen damit, daß der Obd-Text *und* der Jer-Text vom gleichen mündlich verkündigten und »umlaufenden« Orakel abhängen. Sollte freilich jene Forschungsposition recht haben, die VV.2-4 bzw. VV.2-7 erst als Echo auf den Untergang Edoms in der 1. Hälfte des 5.Jh. datiert (*M.Weippert*), müßte diese Frage sowie die Entstehungsgeschichte von Obd überhaupt anders diskutiert werden.

Die zwischen VV.5-9 bestehenden Gemeinsamkeiten mit Jer 49,9-10.22 sind nicht so eng. Für die Entstehungsgeschichte von Obd ist freilich relevant, daß vergleichbare Ähnlichkeiten mit Jer-Texten sich *nicht* in den beiden Wachstumsschichten VV.15a.16-18 und VV.19-21 finden; diese sind von Sprache und Bildwelt der nachexilischen prophetischen Literatur (Scheitern des Völkersturms am Zion, Wiedervereinigung der ehemaligen Teilstaaten Juda und Israel, Rückkehr aus der Gola, universales Weltkönigtum JHWHs vom Zion aus) geprägt.

Für die (früh)exilische Herkunft von VV.2-14.15b spricht auch die sachliche und teilweise sprachliche Verwandtschaft von VV.10-14 mit den exilischen Texten Am 1,11f; Ps 137,7-9, während VV.17.19-20 in den Horizont der in dem nachexilischen Text Am 9,11f entworfenen heilstheologischen Umkehrung des spannungsreichen Verhältnisses Israel - Edom gehört.

Die in den letzten Jahren begonnene redaktionsgeschichtliche Diskussion über die Wachstumsgeschichte des Zwölfprophetenbuchs (vgl. *E.Bosshard, J.Nogalski, O.H.Steck, P.Weimar*) hat noch zu keinem Konsens geführt. Immerhin deutet sich die Möglichkeit an, das Büchlein (analog Joël und Mal) weitgehend als Werk einer sukzessiv aktualisierenden literarischen Schriftprophetie zu begreifen.

4.3 Schwerpunkte der Theologie und Relevanz

Der Schlußsatz V.21 faßt die Problematik zusammen, von der das Büchlein umgetrieben wird: Wie steht es um die Königsherrschaft des Gottes Israels angesichts der Leidensgeschichte Israels, als deren Tiefpunkte die Katastrophe von 586 v.Chr. und die von da ab Israel bedrängende Fremdherrschaft erlitten werden? Das schwierige Verhältnis »Israel und die Völker« wird in Obd paradigmatisch am Bruderkonflikt Israel - Edom reflektiert, der sich ähnlich in den Jakob-Esau-Erzählungen der Genesis, aber auch in zahlreichen Anti-Edom-Texten der Prophetenbücher (vgl. u.a. Jes 34; 63,1-6; Jer 49; Ez 35; Am 1,11f; 9,11f) widerspiegelt.

Gegen diese leidvollen Erfahrungen und gegen die These von der Ohnmacht des Gottes Israels hält Obd daran fest, »daß das göttliche Gericht nicht nur Israel, sondern auch die anderen Völker treffe, wenn ihre Schuld ein Gott herausforderndes Maß erreicht hat. Gottes Heiligkeit wird dann zur strafenden Gerechtigkeit. Sie waltet hier über Edom, dem in Hybris und Selbstsucht alle menschlichen Bande zerstörenden Brudervolk Israels. Am ebenfalls im Strafgericht geschlagenen Gottesvolk wird jedoch auch offenbar, daß Jahwes Bundeswille sich am Ende als größer erweist als sein Gerichtswille. Dies gilt, wie andere Propheten verkünden, prinzipiell auch für Jahwes Gerichtswalten an den Völkern. Denn seine endzeitliche Königsherrschaft, die Obd 21 in den Horizont aller Geschichte stellt, schließt in der prophetischen Gesamtbotschaft ein universales, die ganze Menschheit umfassendes Reich der Gerechtigkeit und des Friedens ein« (*A.Deissler*, Kommentar 139).

Innerhalb dieser Gesamtbotschaft bleibt Obd freilich ein provozierendes und leicht mißverstandenes Dokument der Sonderrolle Israels in der Geschichte Gottes mit der Menschheit. »Wo Gott herausgreift, müssen alle anderen, auch ›Esau‹, zurückstehen; was Gott verheißen und gegeben hat, darf niemand, auch ›Esau‹ nicht, wegnehmen. Der hier lauernden chauvinistischen Versuchung hat Israel, aufs ganze gesehen, widerstanden..., wogegen die Christenheit als gewissermaßen jüngerer Bruder Jakobs der antijudaistischen Versuchung oft und gründlich erlegen ist... Das Obadjabuch ist konkret-historisch - und doch nicht nur als Dokument eines zeitgebundenen Nationalismus zu lesen. Es will grundsätzlich-paradigmatisch verstanden werden - und muß doch als anstößig-parteiliches Zeugnis israelitischer Erwählungsgewißheit *wahr*genommen werden« (*W.Dietrich*, Obadja 719).

5. Das Buch Jona

Kommentare: K.Marti (KHC) 1904; Th.H.Robinson (HAT) [1]1964; C.A.Keller (CAT) [2]1982; W.Rudolph (KAT) 1971; H.W.Wolff (BK) 1977; A.Deissler (1984); D.Stuart (WBC) 1984; J.M.Sasson (AncB) 1990; F.W.Golka (Calwer Bibelkommentare) 1991; U.Struppe (NSK) 1996.
Einzelstudien: G.C.Cohn, Das Buch Jona im Lichte der biblischen Erzählkunst (SSN 12) Assen 1969; J.Ebach, Kassandra und Jona. Über den Umgang mit dem Schicksal, Frankfurt 1987; O.Kaiser, Wirklichkeit, Möglichkeit und Vorurteil. Ein Beitrag zum Verständnis des Buches Jona, in: ders., Der Mensch unter dem Schicksal (BZAW 161) Berlin 1985,41-53; Th.Krüger, Literarisches Wachstum und theologische

Diskussion im Jona-Buch: BN 59,1991,57-88; R.Lux, Jona. Prophet zwischen »Verweigerung« und »Gehorsam«. Eine erzählanalytische Studie (FRLANT 162) Göttingen 1994; J.Magonet, Form and Meaning. Studies in Literary Techniques in the Book of Jonah, Sheffield [2]1983; J.Marböck, Der Bezeugte und sein Zeuge im Büchlein Jona, in: FS E.J.Korherr, Graz 1988,21-30; J.A.Miles, Laughing at the Bible. Jonah as Parody: JQR 65,1974/75,168-181; L.Schmidt, »De Deo«. Studien zur Literarkritik und Theologie des Buches Jona, des Gesprächs zwischen Abraham und Jahwe in Gn 18,22ff. und von Hi 1 (BZAW 143) Berlin 1976; U.Simon, Jona. Ein jüdischer Kommentar (SBS 157) Stuttgart 1994; U.Steffen, Die Jona-Geschichte. Ihre Auslegung und Darstellung im Judentum, Christentum und Islam, Neukirchen-Vluyn 1994; G.Vanoni, Das Buch Jona. Literar- und formkritische Untersuchungen (ATS 7) St. Ottilien 1978; P.Weimar, Literarische Kritik und Literarkritik. Unzeitgemäße Beobachtung zu Jon 1,4-16, in: FS J.Schreiner, Würzburg 1982,217-235; ders., Jon 4,5. Beobachtungen zur Entstehung der Jonaerzählung: BN 18,1982, 86-109; ders., Jonapsalm und Jonaerzählung: BZ 28,1984,43-68; H.H.Witzenrath, Das Buch Jona. Eine literaturwissenschaftliche Untersuchung (ATS 6) St. Ottilien 1978; H.W.Wolff, Studien zum Jonabuch (BSt 47) Neukirchen-Vluyn [2]1975.

5.1 Literarische und theologische Eigenart

Das Buch Jona unterscheidet sich von allen anderen Büchern der Prophetie. Abgesehen von dem kurzen Wort »Noch vierzig Tage, und Ninive ist zerstört« (3,4) bietet es nicht die Botschaft eines Propheten, sondern eine Erzählung *über* einen Propheten - bzw. über die Belehrung dieses Propheten durch JHWH. Als Prophetenerzählung ist sie mit den Prophetengeschichten über Elija und Elischa (vgl. 1 Kön 17 - 2 Kön 9) vergleichbar. Mit diesen Geschichten teilt die Jona-Erzählung auch den Charakter der märchenhaften, wundervollen Welt. Da fällt unerwartet ein gewaltiger Sturm über das Meer herein. Da kommt ein großer Fisch, verschlingt Jona, und Jona überlebt drei Tage und Nächte in den Eingeweiden des Fisches, ehe dieser ihn auf das Festland ausspeit - offensichtlich just dorthin, wo die Geschichte in 1,1 begonnen hatte. Da geht Jona schnurstracks nach Ninive, predigt dort und die Leute verstehen ihn, obwohl er eine ihnen fremde Sprache spricht. Mehr noch: obwohl er nur einen Tag gepredigt und dabei nur ein Drittel der Stadt durchwandert hat, bekehren sich alle Lebewesen von Ninive, groß und klein, Mensch und Tier, zum Guten - allesamt an einem Tag. Und am Schluß wächst in einer Nacht ein mächtiger Rizinusstrauch, der dann am nächsten Tag beim Aufgang der Morgenröte urplötzlich vertrocknet. All dieses wird nun aber gerade nicht als Wunder wie in den Elija- und Elischageschichten erzählt - weder als spektakuläres Wunder Gottes noch als Wunder des Propheten, das die Leser in Erstaunen über die *Mächtigkeit* Gottes oder seines Propheten versetzen soll. Die märchenhafte, wundervolle Einfärbung, die der Geschichte bei aller Dramatik eine heitere, faszinierende Gestimmtheit gibt, hängt mit der theologischen Lehre zusammen, die in dieser »Perle der israelitisch-jüdischen Literatur« (*L.Schmidt*, De Deo 7) dem Propheten und den Lesern des Buches vermittelt werden soll: Daß die starke und liebende Hand Gottes *alle* seine Geschöpfe zu sich führen will, auch den Propheten, der vom Angesicht JHWHs wegläuft. Zu dieser Erkenntnis führt JHWH, der von Anfang bis Ende der eigentliche Akteur des Geschehens ist, seinen widerspenstigen Propheten, der die strafende Gerechtigkeit als unaufgebbares Grundaxiom der Weltordnung verteidigt, mit einer Mischung von Ironie und Überraschungen, die den Propheten schließlich verstummen und aufgeben lassen - wie Ijob!
Von den Elija- und Elischaerzählungen, aber auch von den anderen Büchern der Prophetie unterscheidet sich das Buch Jona noch dadurch, daß der Erzählung jegliche Einbindung in die Geschichte Israels fehlt. Die handelnden Figuren und die gezeichneten Schauplätze haben kein historisch-individuelles, sondern typisches und fiktiv-literarisches Profil. »Name, Nationalität und Gott des ›Königs von Ninive‹ werden nicht genannt, so daß die Erzählung dementsprechend auch nicht in einer bestimmten Zeit verankert ist. Es fehlen sowohl die politische Dimension als auch religiöse Details. Auch der Oberste der Matrosen und seine Leute, von denen jeder seinen Gott anruft, haben keinerlei Identität oder besondere Eigentümlichkeiten. Jona selbst wird zwar mit einer bekannten historischen Persönlichkeit identifiziert [der Heilsprophet Jona ben Amittai des 8. Jh.s: vgl. 2 Kön 14,25]. Damit soll er aber offensichtlich nicht historisch eingeordnet, sondern nur zusätzlich charakterisiert werden... Das gleiche gilt von Ninive. Es wird nicht als Hauptstadt der assyrischen Weltmacht beschrieben, sondern ist eine Metropole des Unrechts irgendwo im Osten... Die Erzählung endet mit einer rhetorischen Frage Gottes, ohne daß irgendetwas über die Rückkehr des Propheten und die weiteren Ereignisse gesagt würde... Im Buch Jona wird... die historisch-reale Seite verdeckt, um die theologische Seite - das direkte und offenbare Eingreifen Gottes -

hervorzuheben« (*U.Simon*, Jona 31). Insofern ist diese theologische Prophetenerzählung eben doch »Prophetie«: als literarische Prophetie verkündet sie jenes Gotteswort, auf das die ganze Erzählung in 4,10f zuläuft und das die »altüberlieferte« Gottesrede Ex 34,6, die in 4,2 zitiert wird, »prophetisch« auslegt - und zwar in literarisch kunstvoller Form, wie der Aufbau der Erzählung belegt (hier gilt unbestreitbar: The medium is the message).

5.2 Der Aufbau

Die Erzählung ist in mehrfacher Hinsicht in die zwei Teile Kap.1-2 und Kap.3-4 gegliedert:
(1) Die zweifach gesetzte prophetische Wortereignisformel 1,1 und 3,1, löst beidemal wortgleich eingeleitete, in der Sache zunächst entgegengesetzte und letztlich doch zum gemeinsamen Ziel führende Handlungen aus:

1,1-3	3,1-3a

Und das Wort JHWHs erging an Jona ben Amittai folgendermaßen:
     Steh auf, geh nach Ninive, der großen
     Stadt,
     und rufe über sie aus...
 Und Jona stand auf, um nach Tarschisch zu fliehen... weg von dem Angesicht JHWHs.
	Und das Wort JHWHs erging an Jona zum zweiten Mal folgendermaßen:
	     Steh auf, geh nach Ninive, der großen
	     Stadt,
	     und rufe ihr zu...
	 Und Jona stand auf, und er ging nach Ninive, gemäß dem Wort JHWHs.

Beiden Szenen ist gemeinsam, daß sie keinen festgelegten »Ort« der Handlung haben, ganz im Unterschied zur übrigen Erzählung.
(2) Ort der Handlung der Kap.1-2 ist (ab 1,4) das Meer bzw. das Schiff auf dem Meer und der Fisch im Meer; Ort der Handlung der Kap.3-4 ist (ab 3,3b) Ninive, sei es inmitten der Stadt (3,3b-4,5) oder der Blick auf die Stadt, östlich von ihr (4,6-11).
(3) Die handelnden Figuren in Kap.1-2 sind JHWH und Jona sowie die Seeleute und ihr Kapitän; die handelnden Figuren in Kap.3-4 sind JHWH und Jona sowie die Bewohner von Ninive und ihr König.
(4) Die beiden Teile bestehen jeweils aus drei Szenen, die in ihrem Geschehensablauf und in ihrer formalen Komposition eine symmetrische Parallel-Struktur aufweisen:

1-2: Die äußere Flucht	3-4: Die innere Flucht
1,1-3 Der Befehl und seine Übertretung	3,1-3a Der Befehl und seine scheinbare Ausführung
1,4-16 Auf dem Meer im Schiff: Die Gottesfurcht der Seeleute und Jonas Widerstand (Gebetsverweigerung und Todeswunsch)	3,3b-4,5 In der Stadt Ninive: Die Umkehr der Sünder und Jonas Widerstand (Einklagen der strafenden Gerechtigkeit und Todeswunsch)
2,1-11 Im Meer, in den Eingeweiden des Fisches: Die Unterwerfung des Jona	4,6-11 In Ninive, vor den Toren der Stadt: Die Ergebung des Jona

(5) Die Szenen 2 und 3 der beiden Teile haben jeweils eine analoge Geschehensstruktur (vgl. *U.Simon*, Jona 49):

Teil 1	2. Szene: 1,4-16		3. Szene: 2,1-11
	Seeleute	Jona	Jona
gottgesandte Notlage	»Das Schiff drohte auseinanderzubrechen.«	Gott verfolgt seinen Propheten.	Der Fisch, der Jona gerettet hat, wird ihm zum Gefängnis.
Gebet (und Handlung)	Die Seeleute beten zu Gott (und werfen Jona ins Meer).	Jona weigert sich, zu Gott zu beten (und flieht ins Meer in den Tod).	Der gedemütigte Prophet bittet um Errettung.
Gottes Antwort	»Das Meer stand still von seinem Zorn.«		»Und JHWH sprach zu dem Fisch. Und er spie Jona aus.«

Teil 2	2. Szene: 3,3b-4,5		3. Szene: 4,6-11
	Die Bewohner Ninives	Jona	Jona
gottgesandte Notlage	»Noch vierzig Tage und die Stadt ist umgestürzt.«	Gottes Erbarmen ärgert Jona.	Der Rizinusstrauch, der Jona von seinem Ärger errettet, verdorrt, und die Sonne sticht auf seinen Kopf.
Gebet (und Handlung)	Gebet zu Gott (und Rückgabe gestohlenen Eigentums).	Protestgebet: »Nimm doch meine Seele von mir« (und fortgesetzter Protest: Verlassen der Stadt nach Osten).	Der protestierende Prophet ist verzweifelt: er will sterben, weigert sich aber zu beten.
Gottes Antwort	»da gereute Gott das Böse...«		Gottes Antwort an Jona erklärt ihm seine Wege und versöhnt ihn wieder.

Die einzelnen Szenen weisen also einen jeweils gleichen Geschehensbogen auf: »Am Anfang steht eine große Notlage (wirklich oder eingebildet), die durch Gott verursacht wird. Danach folgt in der Mitte eine Hinwendung zu Gott in Wort oder Tat (oder auch in einer demonstrativen Passivität), und am Ende ein Antworten Gottes (das selbstverständlich fehlt, wenn keine Hinwendung zu Gott vorausgegangen ist)... Anhand dieses Grundschemas werden Verbindungen und Gegensätze zwischen den Reaktionen der Seeleute und Bewohner Ninives, die ihrer Notlage durchaus angemessen sind, und den problematischen Reaktionen des rebellierenden Propheten hergestellt. Daneben werden auch die unterschiedlichen Reaktionen des Propheten selbst miteinander verbunden oder einander gegenübergestellt. Im zweiten Teil wird alles viel intensiver ausgestaltet: Die Umkehr der Bewohner Ninives steht dann dem Gehorsam der Seeleute gegenüber, die Jona ins Wasser werfen müssen. Jonas verzweifelter Protest gegen Gottes Güte findet sein Gegenstück in seinem Schweigen auf dem Schiff. Seine wiederholte Weigerung zu beten, nachdem der Rizinusstrauch verdorrt war, steht dem erzwungenen Gebet aus den Eingeweiden des Fisches gegenüber. Gott erhört alle Gebete um Errettung vor dem Tode, sei es das der Seeleute, das der Sünder Ninives oder das des Propheten aus den Eingeweiden des Fisches, aber er weist Jonas beständiges Streben zu sterben zurück und vereitelt es. Erst am Ende der Erzählung erhält Jona von Gott eine ausdrückliche und ausführliche Antwort, mit der er ihm seine Wege erklärt« (*U.Simon*, Jona 50).

5.3 Entstehung und zeitgeschichtlicher Kontext

In der Forschung haben vor allem vier Problemfelder zu unterschiedlichen Theorien über die Entstehung des Buches geführt:
(1) Die oben herausgearbeiteten beiden Teile sind motivgeschichtlich sehr verschieden und bilden jeweils einen in sich geschlossenen Erzählbogen, so daß man an zwei Erzählungen (Stillung eines Seesturms durch ein Menschenopfer bzw. »Gegengeschichte« dazu: Ablehnung der Notwendigkeit von Menschenopfern, um Gott zu besänftigen o.ä.; Bekehrung einer sündigen Stadt) dachte, die hier zusammengearbeitet wurden. - Gegen diese These spricht die symmetrische Struktur der beiden Teile. Daß der Verfasserkreis unterschiedliche Stoffe aufgenommen und kunstvoll kombiniert hat, ist offensichtlich; aber daß sich deren Gestalt rekonstruieren läßt, ist höchst unwahrscheinlich.
(2) Auffallend ist der Wechsel von JHWH und Elohim (Gott) in der Erzählung: In 1,1-3,4 findet sich JHWH, in 3,5-10 Elohim, in 4,1-5 JHWH, in 4,6 JHWH Elohim, in 4,10-11 JHWH. Die von dieser Beobachtung ausgehenden Versuche, eine Elohim-Grundschicht zu rekonstruieren, die dann durch eine JHWH-Schicht bearbeitet worden wäre (*E.Nielsen, L.Schmidt*), hat wenig Zustimmung gefunden.
(3) Ausgehend von der literarkritisch als Dublette interpretierten Abfolge 4,5b‖4,6a (doppelter Schatten für Jona: das Laubdach bzw. der Rizinusstrauch mit seinen riesigen Blättern) wurde, unter Beiziehung weiterer literarkritischer Annahmen, eine mehrstufige Wachstumsgeschichte vermutet (z.B. *P.Weimar*: Grundschicht und zwei redaktionelle Bearbeitungen). Diese »Dublette« läßt sich entweder als literarische Technik der »Nachholung« (vgl. *H.W.Wolff*, Kommentar) oder interpretatorisch (Rizinusstrauch: Schatten gegen die Morgensonne!) lösen.
(4) Das am meisten diskutierte Problem ist die Frage, ob der sog. Jonapsalm 2,3-10 zur ursprünglichen Erzählung gehört oder erst nachträglich eingefügt wurde. Daß der Dank-Psalm mit seinem Tempelbezug erst später hinzukam, begründet z.B. *H.W.Wolff* so: »1. Die Situation des Psalms paßt nicht zum Kontext... 2. Die Sprache des Psalms ist eine andere als die der Erzählung... 3. Der Jona des Psalms ist ein anderer als der der Erzählung. Darum sprach *G.von Rad* von der ›psychologischen Unglaubwürdigkeit‹: ›Diese frommen und dankergebenen Worte passen doch gar nicht zu dem störrischen Jona, der sich nachher nur noch unglaublicher benimmt als vorher‹« (*H.W.Wolff*, Kommentar 104f). Diese Gründe veranlassen *H.W.Wolff* »zu der Annahme, daß 2,3-10 nachgetragen ist und daß auch 2,2 zu diesem Nachtrag gehört. Er führt dem Leser einen vorbildlich bekehrten Jona vor, wie wir ihn am Ende der alten Prosaerzählung noch nicht finden. Der Ergänzer hat den neuen Beter Jona in jene Fischszene hineingestellt, die auch die spätere Auslegung und die Kunstgeschichte am stärksten gefesselt hat« (*H.W.Wolff*, Kommentar 57). Demgegenüber halten neuere Arbeiten mit guten Gründen daran fest, daß der Psalm zur ursprünglichen und insgesamt einheitlichen Erzählung gehört; dabei kann der Psalm vom Erzähler selbst geschaffen oder als vorgegebener Psalm integriert worden sein; denkbar ist auch, daß 2,3-10 teilweise vorlag und teilweise vom Erzähler stammt.

Die derzeitige Forschung tendiert mehrheitlich dazu, das Buch Jona als ein einheitliches Werk zu betrachten, das in der 2. Hälfte des 4.Jh. oder zu Beginn des 3.Jh. entstanden ist (in Jerusalem oder in der ägyptischen Diaspora?). Für diese Datierung sprechen vor allem folgende Gründe:

(1) Das Buch ist als »literarische Prophetie« (s.o.) mit seinen vielfältigen Anspielungen auf andere biblische Bücher, durch seine dtr Umkehrtheologie und insbesondere durch die gezielten Bezüge zum Jeremiabuch (Kap.3 liest sich wie eine Illustration zu Jer 18,7f und wie ein Gegentext zu Jer 36) erst in nachexilischer Zeit denkbar.

(2) Die Aufnahme der griechisch-mythologischen Stoffe (Verschlingung eines

sagenhaften Helden durch einen großen Fisch; Ausspeiung des Jason in der Argonautensage) ist am ehesten in der frühhellenistischen Epoche vorstellbar.

(3) Die wörtlichen intertextuellen Gemeinsamkeiten zwischen Joël und Jona (Joël 2,13b = Jona 4,2b; Joël 2,14a = Jona 3,9b) sind als Abhängigkeit Jonas von Joël wahrscheinlicher als umgekehrt (s.o. F.VIII.2).

5.4 Schwerpunkte der Theologie und Relevanz

Das Buch Jona gehört zu den beliebtesten Büchern der Bibel. Es fasziniert als literarisches Kunstwerk - und gibt doch seine theologische Botschaft nicht so leicht preis, wie die christliche *und* jüdische Auslegungsgeschichte zeigen. Die vielfältigen Interpretationen lassen sich »auf vier Grundauffassungen reduzieren, von denen jede ihre eigene Antwort auf folgende Fragen vorschlägt: Was ist der Grund für Jonas Widerstand gegen den Auftrag, Prophet über Ninive zu sein? Und was lehrt Gott seinen Propheten durch den Sturm, den Fisch und den Rizinusstrauch?« (*U.Simon*, Jona 13). Die *vier Positionen* lassen sich thesenhaft so zusammenfassen und beurteilen:

(1) Gegen die in Jonas Widerstand zum Ausdruck kommende Auffassung, daß Sünde einzig und allein durch Strafe gesühnt werden könne, wird in der Erzählung die sühnende und rettende Kraft der Umkehr demonstriert. Dieses Verständnis liegt offensichtlich auch der gemäß dem babylonischen Talmud (Megilla 31a) gültigen jüdischen Praxis zugrunde, das ganze Buch Jona beim Nachmittagsgebet am Jom Kippur (Versöhnungstag) als Schlußabschnitt zu verlesen.

In der christlichen Auslegungsgeschichte führte dieser Verständnistyp nicht selten dazu, daß der Prophet Jona als Repräsentant des unbußfertigen Judentums und die Heiden im Jonabuch als die »besseren Juden« nach Röm 2,17ff gedeutet wurden. Mit Verweis auf Mt 12,41; Lk 11,32 wurde bzw. wird dieser Jona = Judentum zum Typos der »ungläubigen« Juden, die sich weigern, Jesus als das an sie ergangene Gotteswort und als Messias anzunehmen.

Das Thema Umkehr ist allerdings nicht das Hauptthema der Erzählung. Es ist nur in Kap.3 prägend. Vor allem gibt die Schlußszene 4,6-11 ein anderes Motiv für die Rettung Ninives an: die Liebe des Schöpfers zu seinen Geschöpfen (vgl. 4,11: die Kinder und das Vieh - die weder sündigen noch umkehren können!).

(2) Das Buch kritisiert nationalistische, partikularistische und fremdenfeindliche Tendenzen im nachexilischen Judentum und schärft ein, daß Israels Erwählung durch JHWH darauf abziele, den Völkern die Botschaft vom wahren Gott zu bringen.

In der christlichen Auslegungsgeschichte sah man nicht selten den Propheten als »typischen« Repräsentanten des Judentums, das sich weigere, das Heil mit den Völkern zu teilen. Dieser Auslegungstyp hat zu schrecklichen und folgenschweren Antijudaismen geführt (teilweise bis heute).

Das Verhältnis Israel - Völker (bzw. Juden - Heiden) ist keinesfalls das Hauptthema des Buchs. Die Schiffsbesatzung und die Niniviten gehören zum erzählerischen Inventar (sie sind »Rollen«), um die Bedingungslosigkeit und Universalität der Liebe des Schöpfergottes zu erzählen, aus der *auch* der Prophet lebt - wie alle Geschöpfe.

(3) Das Buch ist eine Lehrerzählung über die Dramatik einer prophetischen Berufung und/oder über die Bedeutung der Gerichts- und Unheilsprophetie. Jona hält daran

fest, daß sich ein einmal ergangenes Wort erfüllen muß, andernfalls würden er und vor allem der ihn sendende Gott als »Lügner« desavouiert. Freilich spielt diese Perspektive in der Schlußszene 4,6-11 überhaupt keine Rolle mehr. Welch' ein Prophetenbild wäre hier entfaltet, wenn der Prophet um seiner Ehre willen lieber den Untergang einer ganzen Stadt als ihre Umkehr und Errettung sehen möchte! (4) Das Buch ist eine theologische Prophetenerzählung, die ihre LeserInnen (Juden *und* Christen) dazu einlädt, sich mit Jona zusammen zu jener Gottes-Wahrheit hinführen zu lassen, mit der das Buch endet: daß der Gott Israels als der Schöpfergott ein Gott der Gnade ist, der als Gott des Rechts zur Umkehr bewegt und sich darin als Gott der Vergebung *und* des Strafverzichts erweist - weil er ein Gott der grenzenlosen Liebe zu allem Lebendigen ist. Von *dieser* Liebe allein lebt *auch* der Prophet. In diese Einsicht ergibt Jona sich am Ende des Buchs, indem er schweigt (vgl. 4,11). »Wie das Buch Ijob endet auch das Buch Jona mit der Ergebung dessen, der gegen seinen Gott rebelliert hatte. Während dort aber das Zugeständnis, daß Gott recht hatte, ausdrücklich gegeben wird (›darum verwerfe ich, und es gereut mich in dem Staub und der Asche‹, Ijob 42,6), ist es hier stillschweigend. In völligem Gegensatz zu Ijob ist Jona kein Mann der Worte. Seine Flucht war von beredtem Schweigen begleitet, und so drückt sich auch seine Antwort an Gott in demütigem Schweigen aus, das darauf verzichtet, die Zustimmung auszusprechen, wie es der Psalm sagt: ›Dir ist Schweigen Lobpreis‹ (Ps 65,2)« (*U.Simon*, Jona 141). Die offene Frage 4,11 ist zugleich eine Frage an die LeserInnen der Erzählung.

6. Das Buch Micha

Kommentare: K.Marti (KHC) 1904; Th.H.Robinson (HAT) [3]1964; R.Vuilleumier (CAT) 1971; W.Rudolph (KAT) 1975; J.L.Mays (OTL) 1976.[3]1985; H.W.Wolff (BK) 1982; D.R.Hillers (Hermeneia) 1984; A.Deissler (NEB) 1984; R.L.Smith (WBC) 1984; R.Oberforcher (NSK) 1995.
Bibliographie: A.van der Wal, Micah. A Classified Bibliography, Amsterdam 1990.
Einzelstudien: K.H.Cuffey, The Coherence of Micah. A Review of the Proposals and a New Interpretation, Diss. Drew University 1987; V.Fritz, Das Wort gegen Samaria Mi 1,2-7: ZAW 86,1974,316-331; J.Jeremias, Die Deutung der Gerichtsworte Michas im der Exilszeit: ZAW 83,1971,330-354; ders., Tau und Löwe (Mi 5,6f), in: FS H.W.Wolff, München 1992,221-227; Ph.J.King, Amos, Hosea, Micah. An Archaeological Commentary, Philadelphia 1988; Th.Lescow, Micha 6,6-8. Studien zu Sprache, Form und Auslegung (AzTh I/25) Stuttgart 1966; ders., Redaktionsgeschichtliche Analyse von Micha 1-5: ZAW 84,1972,46-85; ders., Redaktionsgeschichtliche Analyse von Micha 6-7: ZAW 84,1972,182-212; J.L.Mays, The Theological Purpose of the Book of Micah, in: FS W.Zimmerli, Göttingen 1977,276-287; E.Otto, Art. Micha/Michabuch: TRE 22,1992,695-704; B.Renaud, Structure et attaches littéraires de Michée IV-V (CRB 2) Paris 1964; ders., La formation du livre de Michée. Tradition et actualisation (EtB) Paris 1977; L.Schwienhorst-Schönberger, Zion - Ort der Tora. Überlegungen zu Mi 4,1-5, in: FS L.Klein (BBB 90) Bodenheim 1993, 107-125; B.Stade, Bemerkungen über das Buch Micha: ZAW 1,1881,161-172; ders., Streiflichter auf die Entstehung der jetzigen Gestalt der alttestamentlichen Prophetenschriften: ZAW 23,1903,153-171; J.Wellhausen, Ergänzungen zu Friedrich Bleek, Einleitung in das Alte Testament, Berlin [4]1878; I.Willi-Plein, Vorformen der Schriftexegese innerhalb des Alten Testaments. Untersuchungen zum literarischen Werden der auf Amos, Hosea und Micha zurückgehenden Bücher im hebräischen Zwölfprophetenbuch (BZAW 123) Berlin 1971; J.T.Willis, The Structure, Setting and Interrelationship of the Pericopes in the Book of Micah, Diss. Vanderbild University 1966; H.W.Wolff, Wie verstand Micha von Moreschet sein prophetisches Amt?: VTS 29,1978,403-417; B.M.Zapff, Redaktionsgeschichtliche Studien zum Michabuch im Kontext des Dodekapropheton (BZAW 256) Berlin 1997.

6.1 Aufbau

Die Beschreibung der Makrostruktur des Buchs orientiert sich an der Abfolge von Unheils- und Heilsworten. Sie wird freilich in der Forschung unterschiedlich durchgeführt.

Die Berücksichtigung der Abfolge Unheil (1,2-2,11) - Heil (2,12f) - Unheil (3,1-12) - Heil (4,1-5,14) - Unheil (6,1-7,7) - Heil (7,8-20) ergibt die *Dreiteilung* 1-2; 3-5; 6-7 (*W.Rudolph; J.T.Willis*), zumal diese Abfolge dem alternierenden Schema lang - kurz - kurz - lang - lang - kurz entspricht und durch die eröffnenden Imperative »hört« 1,2; 3,1; 6,1 nahegelegt wird. Freilich ist der Abschnitt 2,12f auffallend kurz und der den Abschnitt 3,1-12 eröffnende Imperativ »hört« begegnet wortgleich (»Hört doch ihr Häupter Jakobs/des Hauses Jakob«) nochmals in 3,9; er ist nur ein Struktursignal für die Komposition 3,1-12 (und der Höraufruf in 6,9 ist nur ein Struktursignal 2. Ordnung).

Die *Vierteilung* 1,2-2,13; 3,1-4,8; 4,9-5,14; 6,1-7,20, die sich an den vier Heilsverheißungen für den (heiligen) »Rest« Israels (2,12f; 4,6f; 5,6f; 7,18) orientiert (*K.H.Cuffey*) hat ihren Schwachpunkt darin, daß 4,9 in makrostruktureller Hinsicht nicht als Neueinsatz markiert ist; auch ist fraglich, ob man 4,9ff als Unheilsworte charakterisieren kann.

Die Berücksichtigung möglichst vieler Gesichtspunkte führt zu einer Gliederung in die *vier Teile* 1,2-3,12 (Unheil) - 4,1-5,14 (Heil) - 6,1-7,7 (Unheil) - 7,8-20 (Heil). Die vier Teile haben jeweils ihr besonderes sprachliches und theologisches Profil. Sie sind durch die Abfolge Unheil - Heil sowie durch Stichwort- und Motivverbindungen paarweise aufeinanderbezogen, so daß sich insgesamt die *zweiteilige Makrostruktur* 1,2-5,14; 6,1-7,20 ergibt. Diese Zweiteilung ist durch entsprechende Struktursignale angezeigt. Die Komposition 1,2-5,14 wird in 1,2 mit dem Aufruf »hört alle ihre Völker« eröffnet und schließt in 5,14 mit der Ankündigung *des Zorns* für die Völker, die nicht gehört haben (EÜ übersetzt hier nicht konsequent!). Mit einem erneuten Höraufruf setzt dann die Komposition 6,1-7,20 ein; der Imperativ »hört« richtet sich nun an die Berge und Hügel der Erde. Sie schließt mit der Ankündigung, daß Gott nicht für immer festhält an seinem *Zorn* (7,18). Beide Höraufrufe (1,2; 6,1) sind Aufrufe zur Teilnahme an einem »Rechtsstreit« zwischen JHWH und seinem Volk (vgl. ähnlich die drei Teile Hos 1-3; 4-11; 12-14); auch dies bestätigt die Zäsur zwischen 5,14 und 6,1. Darüberhinaus ist das Buch durch die aufeinanderbezogenen Rahmenabschnitte 1,2-7 und 7,17-20 als eine theozentrische Gesamtkomposition ausgewiesen: 1,2-7 kündigt, nach dem Höraufruf 1,2, das Kommen JHWHs (Theophaniebilder: 1,3f) zum Gericht über die Schuld Israels/Samarias und Judas/Jerusalems (1,5-7) an; 7,18-20 greift die Stichworte »Schuld« und »Sünde« (7,18f) auf und proklamiert die Einzigartigkeit (7,18: »Wer ist ein Gott [El] wie du: Schuld vergebend?«: Anspielung auf Ex 34,6!) dieses Gerichts, das darin gipfelt, daß JHWH die Sünden ins Meer wirft - wie vormals beim Exodus die Israel verfolgende ägyptische Streitmacht (vgl. 7,19), denn er ist ein Gott der Güte und der Treue (abermals Anspielung auf Ex 34,6; vgl. auch das vorangehende Buch Jona 3,9; 4,2).

Die folgenden Tabellen (S. 505f) zeigen den Aufbau des Buchs und das Profil der einzelnen Teile. Teil 1 und Teil 2 bilden die erste makrostrukturelle Einheit des Buchs (1,2-5,14).

1. Teil: Unheilsankündigung (1,2-3,12)		
1,2-7	Unheilsankündigung gegen Israel/Samaria und Juda/Jerusalem: Generelle Anklage und Strafandrohung	1,2 Eröffnung: Höraufruf an die Völker zur Teilnahme am »Rechtsstreit« gegen Israel und Juda
1,8-16	Prophetische Klage wegen des angedrohten Unheils	
2,1-5	Unheilsankündigung gegen die wirtschaftlich Mächtigen (eingeleitet mit Weheruf): Spezifische Anklage und Strafandrohung	Fehlen der Perspektive Israel - Völker im ganzen Teil
2,6-11	Prophetisches Streitgespräch mit den wirtschaftlich Mächtigen	Rhetorische Bewegung: Von Samaria nach Jerusalem/Zion
2,12-13	Heilsankündigung für Israel *und* Juda (»Rest-Theologie«)	Schuldaufweis: Machtmißbrauch, Perversion der Justiz, wirtschaftlicher Ruin der Kleinbauern, Versagen der Amtsträger
3,1-4	Unheilsankündigung gegen die Amtsträger (eingeleitet mit Höraufruf): Spezifische Anklage und Strafandrohung	
3,5-8	Unheilsankündigung gegen die Heilspropheten (eingeleitet mit Botenspruchformel): Spezifische Anklage und Strafandrohung	
3,9-12	Unheilsankündigung gegen die Amtsträger (eingeleitet mit Höraufruf): Spezifische Anklage und Strafandrohung gegen Zion/Jerusalem	Schlußbild: Zion und Tempelberg als Trümmerfelder

2. Teil: Heilsankündigung (4,1-5,14)		
A 4,1-5	Wallfahrt der Völker zum Zion und Beseitigung der Waffen	Anfangsbild: Zion und Tempelberg als Orte von Schalom und Ziel der Völkerwallfahrt
B 4,6-8	Heil für den Rest	Ringkomposition: die Wirkungen der messianischen Zeit (Zentrum: 4,14-5,3!)
C 4,9-13	Befreiung von »Babel«	Durchlaufende Perspektive: Israel/Zion und die Völker
D 4,14-5,3	Ankündigung der messianischen Zeit	Starker Rückgriff auf (frühnachexilische) Texte des Jesajabuchs (Jes 2,16ff; 7,9; 11)
C' 5,4-5	Errettung vor »Assur«	Schlußsatz: Zorngericht an den Völkern, die nicht gehört haben
B' 5,6-8	Der gerettete »Rest« und die Völker	
A' 5,9-14	Beseitigung aller Waffen und Götzenbilder	

Die Teile 3 und 4 bilden die zweite makrostrukturelle Einheit des Buchs (6,1-7,20). Wie zu erläutern sein wird, ist diese makrostrukturelle Aufteilung auch in diachroner Hinsicht relevant.

3. Teil: Unheilsankündigung (6,1-7,7)	
6,1-8 Lehrrede (Geschichtsrückblick und Tora-Liturgie) 6,9-16 Unheilsankündigung gegen die Stadt Jerusalems (eingeleitet mit Höraufruf): Spezifische Anklage und Strafandrohung 7,1-7 Prophetenklage und Warnung (Streitrede)	6,1-2 Eröffnung: Höraufruf an die Berge und Hügel zur Teilnahme am »Rechtsstreit« gegen »mein Volk« Geschichtsrückblick: Exodus und Landnahme Schuldaufweis: Machtmißbrauch, Wirtschaftskriminalität, Lug und Betrug Fehlen der Völkerperspektive (nur in 6,16); keine namentliche Erwähnung Zions/Jerusalems (nur: »die Stadt«)

4. Teil: Heilsankündigung (7,8-20)	
7,8-10 Vertrauenslied Jerusalems 7,11-13 Heilsankündigung für die Stadt Jerusalem 7,14-17 Klagelied Jerusalems 7,18-20 Loblied Jerusalems	Imitation einer Liturgie Geschichtsrückblick: Exodus Durchlaufende Perspektive: Israel und die Völker; keine namentliche Erwähnung Zions/ Jerusalems Schluß: Rückbezug von 7,18-20 nach 1,3-7

6.2 Entstehung und geschichtlicher Kontext

Die Überschrift 1,1 führt das Buch zurück auf Micha aus Moreschet Gat, einer 35 km südwestlich von Jerusalem in der Schefela gelegenen Kleinstadt, wo er Sippen- oder Ortsältester (»Bürgermeister«) war, was ihn von Amts wegen zu Kontakten mit der Hauptstadt Jerusalem führte. Man nennt Micha auch den »Amos des Südreichs«. Mit Amos teilt er die Sensibilität für die gesellschaftlichen Zerklüftungen und die Einsicht in deren strukturelle Ursachen. Wie Amos dürfte er eine kräftige, bildreiche Sprache verwendet haben; auch wenn wir Einzelsprüche nicht mehr rekonstruieren können (s.u.), hat zumindest Mi 1-3 ein unverwechselbares Sprachprofil, das Erinnerungen an den historischen Micha festgehalten hat.

Nach der Überschrift 1,1 wirkte Micha in der Zeit der judäischen Könige Jotam (739-734), Ahas (734-728) und Hiskija (728-699). Daß er seine Unheilsankündigungen gegen Jerusalem und insbesondere gegen den Jerusalemer Tempel (vgl. 3,12) unter der Regierung des Hiskija vorgetragen habe, sogar mit dem Erfolg, daß er dadurch zur Umkehr in Jerusalem bewegte, sagt immerhin Jer 26,17-19. Ob man diese Notiz jedoch historisch auswerten kann, ist umstritten. Manche Autoren sind der Meinung, die in Mi 1,6 angedrohte Verwüstung Samarias müsse vor 722 v.Chr. verkündet worden sein, da Samaria nach der Eroberung durch die Assyrer de facto nicht zerstört wurde. Ähnlich wird argumentiert, das Drohwort gegen die judäischen Städte in 1,8-16 müsse in seiner Substanz vor 712 formuliert worden sein, da die in 1,10 genannte Stadt Gat ab 712 nicht mehr zu Juda gehörte.

Seit den diesbezüglich grundlegenden Erkenntnissen von *J.Wellhausen* (1878) und *B.Stade* (1881; 1903) ist es weitgehender Konsens, daß höchstens Mi 1-3 auf Micha zurückgeht, während die anderen Teile aus spätvorexilischer (*B.Stade*: 6,1-7,6), exilischer (*J.Wellhausen*: 7,7-20) und nachexilischer Zeit (*B.Stade*: 4-5) stammen.

Die im derzeit »klassischen« deutschsprachigen Micha-Kommentar von *H.W.Wolff* präsentierte Position stellt sich die Entstehungsgeschichte folgendermaßen vor: »Am Anfang stehen die drei Auftrittsskizzen Michas selbst in 1,6.7b-13a.14-16; 2,1-4.6-11; 3,1-12... Sie finden ihre ersten deuteronomistischen Kommentare in 1,5.7a.13b sowie in den Zusätzen und Änderungen in 2,3-5.10b; 3,4.5.8; 1,1 und in der Aufnahme des liturgischen Introitus zur gottesdienstlichen Lesung in 1,3f. (Theophanie-Hymnus).

Ab 587 bis in die frühnachexilische Zeit wächst in Kap.4-5 eine Sammlung von heilsprophetischen Worten. Sie beginnt in frühexilischer Zeit mit den Rettungszusprüchen in 4,9-5,1.3.4a.5b. In spätexilischer Zeit treten Heimkehrverheißungen für die Gola sowohl in 2,12.13 als auch in 4,6-7a hinzu. Es folgen Sprüche, die das Verhältnis von Rest-Israel zu den Fremdvölkern behandeln (5,6-14), und andere, die von der Zukunft Jerusalems sprechen (4,1-8). Dabei werden zuvor bekannte Heilsworte redigiert, wie 4,6-7a durch 7b und 5,9-12 durch 5,8 und (13cj.) 14, ferner 5,1.3 durch 5,2 einerseits und durch 4,8 andererseits. Der Abschluß der Sammlung Kap.4-5 ist nicht vor der Tempelweihe im Jahre 515 denkbar. Mit ihm verbunden ist die redaktionelle Einbeziehung von Kap.1-3 durch den Aufruf zum Hören an alle Völker in 1,2 (vgl. 5,14).

Diese nachexilische Redaktion von Kap.1-5 stellt das Ergebnis einer literarischen Bewegung dar, die seit frühexilischer Zeit im Zusammenhang mit den Klagefeiern zum Untergang Jerusalems gewachsen ist. Hier traten einerseits Heils- und Fremdvölkerpropheten auf, andererseits respondierte die hörende Gemeinde (4,5; 5,8).

Um die Redaktionsgeschichte des Michabuches zu verstehen, haben wir für die frühpersische Zeit mit einer hohen Schule heilsprophetisch-universalistischer Tradition in Jerusalem zu rechnen. Sie tradierte nicht nur das inzwischen erfüllte Prophetenwort Michas mitsamt seiner deuteronomistischen Kommentierung, sondern führte es auch produktiv weiter. Dabei war ihr eigenes Hauptthema die Zukunft Rest-Israels, Jerusalems und der Völkerwelt. Daneben muß innerhalb der Tradentenschule eine Gruppe bestanden haben, die im losen Anschluß an Michas Anklagen sozialkritisch orientiert und damit ganz gegenwärtigen (frühnachexilischen) Mißständen zugewandt war, wie wir es in den Texten 6,2-7,7 finden. Diese Textgruppe wurde von der Schulredaktion (nach 5,14; 6,1) mit in die schon in 1,1-5,14 vorliegenden Micha-Überlieferungen hineingenommen.

Ein letzter Arbeitszweig der Tradentenschule richtete die Verkündigung Michas (Kap.1-3), die der neuen Heilspropheten (Kap.4-5) und auch die Nachträge aus den Kreisen der Sozialkritiker (6,2-7,7) liturgisch für die gottesdienstliche Lesung her und fügte als Antwort der Gemeinde drei Psalmentexte hinzu (7,8-10.14-17.18-20).

Einige (vermutlich rein literarische) Zutaten bleiben redaktionsgeschichtlich schwer einzuordnen, so 5,4b-5a und 7,4b.11f.13; sie sind vermutlich nicht vor dem 5.Jh. anzusetzen« (*H.W.Wolff*, Kommentar XXXVIf).

Dieses Modell, das ähnlich von *A.Deissler* und mit höherer Komplexität von *E.Otto* vertreten wird, rechnet mit der methodischen Möglichkeit, Worte der mündlichen Prophetie des historischen Micha zu rekonstruieren (»Auftrittsskizzen«) und will das Wachstum des Buchs als evolutive Kontinuität zwischen den mündlichen Traditionen und dem jetzt vorliegenden Prophetenbuch erklären. Dies ist nach den neuesten Arbeiten zur Entstehung der Prophetenbücher wenig plausibel. Die oben skizzierte Kompositionsstruktur des Buches Micha, die an ähnliche Bauprinzipien der Bücher Hosea und Amos erinnert, sowie die motivliche und strukturelle Nähe zum Jesajabuch (Zionstheologie; messianische Perspektive; psalmodischer Schluß: vgl. Jes 12 als Schlußelement in Jes 1-12) sind nur durch von Anfang an gezielt kompositorische Gestaltung erklärbar. Schon der im einzelnen wie immer bestimmte Grundbestand Mi 1-3 ist nicht (mehr) als bloße Kompilation von authentischen Micha-Worten erklärbar, sondern als »Tradenten-Prophetie« bzw. als »literarische Prophetie« entstanden. Entsprechendes gilt für die Komposition der anderen drei Teile des Buches. Im Sinne eines heuristischen Entstehungsmodells ist anzunehmen, daß die in vorexilischer Zeit entstandene Komposition 1-3* in frühnachexilischer Zeit durch die Komposition 4-5* erweitert wurde und daß dann die in manchem parallel gestaltete Komposition 6-7, deren Sozialkritik die Zustände des 5.Jh. widerspiegelt (vgl. dazu

Jes 56,10-57,2; 59,4-8; Jer 9,1-8; Am 8,4-7; Ps 14; Neh 5), in nachexilischer Zeit angefügt wurde. Daß bei dieser *kompositionellen* Erweiterung einige Verklammerungen geschaffen wurden (z.B. 2,12f innerhalb von 1,2-3,12), ist naheliegend. Einige Ergänzungen hängen auch mit der Kompositionsgeschichte des Zwölfprophetenbuchs zusammen (vgl. zu 1,3f: Am 4,13; zu 1,7: Hos 1-3; zu 7,18f: Jona 3,9; 4,2; s.o. F.VIII.0).

6.3 Schwerpunkte der Theologie und Relevanz

(1) Die Unheilsworte in Mi 1-3 und 6,1-7,7 sind massive Staats- und Gesellschaftskritik, die sich schonungslos mit der für die Kleinbauern ruinösen Wirtschaftsordnung der mittleren Königszeit und der frühnachexilischen Zeit auseinandersetzt. Dabei geht es in Mi 2 vor allem um das sog. Bauernlegen durch das rücksichtslose Ausnutzen des antiken Schuldenwesens; dies führt ab dem 8.Jh. (vgl. ähnlich die Kritik in Jes und Am) zur Zerstörung der egalitären Gesellschaftsordnung (»ein Mann - ein Feld - ein Haus«) und zur Etablierung einer Klassengesellschaft, die von den reichen Großgrundbesitzern konsequent betrieben wird. Mi 3 protestiert vor allem gegen die Blutopfer, die der von der staatlichen Administration brutal organisierte Frondienst der Kleinbauern bei staatlichen Großbauprojekten forderte. Mi 6,9-12 kritisiert den Betrug der »in der Stadt« (= Jerusalem) lebenden reichen Darlehengeber und Händler, während 7,1-6 die totale soziale Zerrüttung und Desolidarisierung beklagt. Angesichts dieser Schuld ruft das Buch Micha nicht zur Umkehr auf, sondern kündigt das Gericht JHWHs an, der dadurch offenbar macht, daß *seine* Rechtsordnung (*mišpaṭ*) mächtiger ist als die durch die Interessen des Staates und der Reichen durchgesetzten Wirtschafts- und Gesellschaftsordnungen. Dies anzusagen, ist nach Mi 3,8 Aufgabe des »wahren« JHWH-Propheten. Die Achtung der Menschenwürde und das Einhalten der Menschenrechte sind die Grundlage und der Maßstab der JHWH-Verehrung. Die nachexilische »Lehrrede« 6,1-8 hat *diese* Hierarchie und Interdependenz von Menschenliebe und Gottesliebe bündig formuliert.

(2) Die Heilsankündigungen kreisen um die Erneuerung des Zion als Ort umfassender Gerechtigkeit, was die Völkerwelt fasziniert und entweder zur freiwilligen Umwandlung der Kriegswaffen (4,4: »Schwerter zu Pflugscharen und Lanzen zu Winzermessern«) oder zur gewaltsamen Vernichtung aller Kriegsmaterialien und Götzen führen wird. Als Kontrast zu dem beklagten Versagen der politischen Amtsträger entwirft Mi 4-5 die Vision von einem messianischen Neuanfang, der nicht in Jerusalem, sondern in Betlehem, der Geburtsstadt Davids, mit der Geburt eines »Friedensherrschers« (Aktualisierung von Jes 7,14-17; 9,1-6; 11,1-9) kommen wird. Mt 1-2; Lk 1-2 (vgl. besonders Mt 2,5f und Lk 2,14) haben auf Mi 4-5 zurückgegriffen, um im Lichte dieser Verheißung Jesus als messianischen Bringer von Gerechtigkeit und Frieden zu proklamieren. Im Schlußbild 7,18-20 vom Zerbrechen der Schuld und der Versenkung der Sünden im Abgrund des Meeres - aus Treue zu Jakob und aus Liebe zu Abraham - »geschieht ein großer Vorgriff auf die zentrale ntl Botschaft vom Vergebungswillen und von der Vergebungsmacht des Vaters Jesu Christi, wie sie schon Lk 1,76ff ankündigt« (*A.Deissler*, Kommentar 201).

7. Das Buch Nahum

Kommentare: K.Marti (KHC) 1904; Th.H.Robinson (HAT) [3]1964; C.A.Keller (CAT) 1971; W.Rudolph (KAT) 1975; A.Deissler (NEB) 1984; R.L.Smith (WBC) 1984; B.Renaud (SBi) 1987; K.Seybold (ZBK) 1991.

Einzelstudien: J.Jeremias, Kultprophetie und Gerichtsverkündigung in der späten Königszeit Israels (WMANT 35) Neukirchen-Vluyn 1970,11-55; C.A.Keller, Die theologische Bewältigung der geschichtlichen Wirklichkeit in der Prophetie Nahums: VT 22,1972,399-419; B.Renaud, La composition du livre de Nahum: ZAW 99,1987,198-219; H.Schulz, Das Buch Nahum. Eine redaktionskritische Untersuchung (BZAW 129) Berlin 1973; K.Seybold, Profane Prophetie. Studien zum Buch Nahum (SBS 135) Stuttgart 1988; M.A.Sweeney, Concerning the Structure and Generic Character of the Book of Nahum: ZAW 104,1992,364-376; A.S.van der Woude, The Book of Nahum. A Written Letter in Exile: OTS 20,1977,108-126.

7.1 Aufbau

Das Buch gliedert sich, im Anschluß an eine doppelte Überschrift (s.u.), in drei von ihrer Form her klar unterschiedene und ihrem Umfang nach ungleich lange Teile: (1) Der alphabetische (Buchstaben *Alef* bis *Kaf* = 11 Buchstaben = erste Hälfte des Alphabets) *Hymnus 1,2-8* gibt mit einer poetischen Theophanieschilderung das Thema an: JHWH erweist sich an seinen Feinden als Gott des strafenden Gerichts und als rettende Burg für die, die bei ihm ihre Zuflucht suchen.

(2) Die prophetische *Disputationsrede 1,9-2,3*, die mit der die Israeliten und (sehr wahrscheinlich) Ninive als Repräsentantin der feindlichen Völkerwelt anredenden Streitfrage »Was macht ihr euch für (falsche) Gedanken über JHWH« eröffnet wird, führt mit dem Doppelzitat von JHWH-Worten an Juda (1,12f) und an den König von Assur (1,14) den Nachweis für die Wahrheit des Hymnus, dessen Kernaussage in 1,9 durch Stichwortaufnahme (vgl. 1,7f) wiederholt wird und in 2,3 als Heilsvision für Israel zusammengefaßt wird.

(3) Das dreiteilige *Gerichtswort gegen Ninive 2,4-3,19* ist Entfaltung der Gerichtsaussage des Hymnus und des Gottesworts 1,14. Es besteht aus den drei Abschnitten 2,4-14; 3,1-7; 3,8-19, die in kräftigen poetischen Bildern die Eroberung und Zerstörung Ninives ankündigen. 2,4-14 setzt mit der Schilderung eines unheimlichen, zunächst nicht näher bezeichneten Feindes ein, der mit seinem Heer die Stadt erobert und plündert; der Abschnitt kulminiert dann in einer direkten JHWH-Rede, in der offenbar wird, wer der unheimliche Feind Ninives ist: JHWH selbst. 3,1-7 beginnt mit einem Weheruf über die mörderische »Blutstadt« Ninive, die nun selbst zur Leiche wird; analog zu 2,4-14 wird dann in einer direkten JHWH-Rede (mit der freilich aus heutiger Sicht höchst problematischen Metapher von der öffentlichen Entehrung der »Hure« Ninive) klar gemacht, daß JHWH selbst es ist, der die Stadt Ninive entmachtet. 3,8-19 verstärkt die Vernichtungsschilderung durch den Hinweis auf die Einnahme und Niederbrennung von No-Amon (= Theben) durch den assyrischen (!) König Assurbanipal im Jahre 664; wie Theben weder durch seine wegen der Lage am Nil geradezu sprichwörtlichen Uneinnehmbarkeit noch durch seinen gewaltigen Herrschaftsbereich vor dem Untergang bewahrt wurde, so wird auch Ninive dem Ansturm nicht widerstehen können, der unaufhaltsam von den Grenzfestungen aus (3,12) wie ein Feuerbrand die Hauptstadt erreicht und auffrißt (3,15). Die drei Abschnitte laufen jeweils auf ein Spottlied zu (2,12f; 3,7; 3,18f). Die Abschnitte

2,4-14 und 3,1-7 sind durch die wortgleich beginnenden JHWH-Reden (2,14; 3,5) miteinander verbunden; die Abschnitte 3,1-7 und 3,8-19 schildern in ihrem jeweils abschließenden Spottlied die Reaktion über den Untergang Ninives mit analogen Bildern (3,7: »jeder, der dich sieht...«; 3,19: »jeder der hört, was man von dir erzählt...«).
Der skizzierte Aufbau läßt sich so zusammenfassen:

1,2-8	Hymnische Theophanieschilderung	Konzentrische Struktur: 2-3a Aussagen über JHWH: 3b-6 Gerichts- theophanie; 7-8 Aussagen über JHWH
1,9-2,3	Prophetische Disputationsrede ge- gen Juda und Assur/Ninive	Wechselnde Adressaten: Juda und Ninive (1,9f) - Juda (1,11-13) - Assur (1,14) - Juda (2,1) - Ninive (2,2) - Juda (2,3)
2,4-3,19	Dreifaches Gerichtswort gegen Ninive	Kräftige poetische Bilder, deren Bildwelt sich von 1,2-2,3 abhebt; jeder Unterabschnitt nennt einmal Ninive/Assur (2,9; 3,7; 3,18); die Unterabschnitte sind motivlich und struk- turell miteinander verbunden.
2,4-14	Vernichtungsschilderung - Spottlied - Gottesspruch	
3,1-7	Leichenklage - Gottesspruch - Spottlied	
3,8-19	Ironischer Vergleich - Vernich- tungsschilderung - Spottklage	

7.2 Entstehung und zeitgeschichtlicher Kontext

Schon die zweiteilige Überschrift 1,1 (Ausspruch über/gegen Ninive; Buch/Rolle der Schauungen Nahums) weist darauf hin, daß das Buch als Komposition von Texteinheiten unterschiedlicher Herkunft entstanden ist; dieser Prozeß wird in der Forschung verschieden erklärt.
(1) Die dreiteilige Gerichtsrede gegen Ninive 2,4-3,19 hebt sich durch ihre poetische Bildsprache und ihre konkreten politischen Bezüge (Zerstörung von No-Amon = Theben im Jahre 664; Fall Ninives im Jahre 612) deutlich von 1,2-2,3 ab. Meist wird angenommen, daß dieser Teil weitgehend die »politische Prophetie« des historischen Nahum wiedergibt, die dann nach dem Fall Ninives theologisch bearbeitet wurde. Die genauere zeitgeschichtliche Einordnung hängt dann davon ab, wie eng die Verbindung der Gerichtsworte mit den in ihnen jeweils angesprochenen Ereignissen gesehen wird und ob man die drei Teile der Gerichtspredigt entstehungsgeschichtlich noch einmal unterschiedlich zuordnet.

Eine derart sukzessive Wachstumsgeschichte des Buchs hat in jüngster Zeit mehrfach *K.Seybold* vertreten: »Eine Rekonstruktion der Entstehung des Buches ergibt, daß das Werk sozusagen von hinten nach vorne gewachsen ist. Das Gedicht (3,8-19a) ist der älteste Teil der Überlieferung - entstanden nach der Eroberung des ägyptischen Theben durch die Assyrer im Jahre 664. Etwas jünger scheinen die anderen Dichtungen zu sein, das Wehewort (3,1.4a) und das Gedicht (3,2; 2,2-13), beide mit dem Untergang Ninives befaßt, darum vor 612 anzusetzen - wohl noch in zeitlicher Nähe zu dem ältesten Gedicht aus Kap. 3, d.h. in den 50er Jahren. Nur diese drei Texte sind mit Sicherheit auf den Propheten Nahum zurückzuführen. Auf sie würde die erste Überschrift ›Ausspruch über Ninive‹ (1,1a) passen. Offenbar bilden sie die älteste Sammlung von Nahum-Überlieferungen, zusammengestellt von eigener Hand oder aus dem Nachlaß des fast völlig unbekannten Propheten. Ein erster Vorbau zu dieser Sammlung (mit Bearbeitungen verbunden

510

in 2,14ff.), ein zweiter bestehend aus Heilsworten an Juda in 1,12ff. (1,12.13; 2,1[3]) kam wohl nach dem Untergang Ninives (612), wahrscheinlich nach der Zerstörung Jerusalems (587) im Exil dazu und machte aus dem Büchlein eine Dokumentation der Heilstaten JHWHs in der Vergangenheit und eine Verheißung für die Zukunft. So lautet offenbar der Titel dieser sukzessiv erweiterten Schrift: ›Buch der Schau Nahums des Elqoschiten‹ (1,1b) - ein Werk wohl der Exilszeit. Der dritte Vorbau in 1,2ff. - ergänzt durch die Füllung entstandener Lücken in 1,10ff. - wurde zum machtvollen Introitus für das Nahum-Buch. Er brachte die offenbar vermißten theologischen Prinzipien in die ›Schau‹ und deutete hymnisch das Gesagte als Teil der Interventionen des richtenden Gottes: Die Weltgeschichte ist das Weltgericht. Diese letzte größere Bearbeitung setzte die kombinierte Überschrift an den Anfang. Sie schuf das kanonische Prophetenbuch, wie es jetzt überliefert ist. Mehr als ein ungefähres Datum: nachexilisch, ca. 4.Jh. v.Chr., läßt sich dafür nicht finden« (Kommentar 11f).

(2) Ausgehend von den Beobachtungen, daß im Buch Nahum Gerichtsworte gegen Juda/Israel fehlen und daß die Heilsperspektive in Nah 2,1 von Jes 52,7 inspiriert sei, rekonstruiert *J.Jeremias* einen mehrphasigen Entstehungsprozeß. Grundlage des Buchs seien Worte gegen Assur/Ninive (2,4-14; 3,12-19) und Gerichtsworte *gegen Israel* (1,11.14; 2,2f; 3,1-5.8-11); die Worte gegen Israel seien nachträglich zu Worten *gegen Ninive* uminterpretiert und zugleich, nach dem Fall Babylons im Jahre 538, im Sinne der deuterojesajanischen Heilsverheißungen neu bearbeitet worden.

(3) Die Einheit der Komposition wird von jenen Autoren betont, die das Buch im wesentlichen auf einen einzigen Entstehungsvorgang zurückführen.

Eine heute kaum noch akzeptierte Position erklärte das Buch als eine prophetische Liturgie (»Kantate«) beim Jerusalemer Herbstfest des Jahres 612, wo man den Untergang Ninives als Machterweis JHWHs gefeiert habe. Gegen diese These spricht nicht nur, daß sich Nah kaum als liturgisches »Libretto« lesen läßt, sondern auch, daß die für ein solches Fest zu erwartende Prädikationen von JHWHs Königtum und JHWH-anredende Passagen fehlen.

Als literarische Prophetie, die als Reaktion auf den eben erfolgten Untergang Ninives diesen zum Ausgangspunkt der rhetorischen Demonstration der Macht JHWHs nimmt, hat *M.Sweeney* die Entstehung des Buchs erklärt, die er um 612 ansetzt.

(4) Wann die Endkomposition des Buchs vorlag, entscheidet sich an der Datierung und Funktion des Theophaniehymnus 1,2-8. Daß dieser Teil eines Hymnus vorgegeben war und für den jetzigen Zusammenhang bearbeitet wurde, zeigen die Zeilen 1,2b-3a. Sie sind einerseits als Einschub in die alphabetische Abfolge der Zeilen 2a.4-9 erkennbar. Andererseits ist 1,3a ein Zitat aus Ex 34,6f, jenem Text, der gerade im Zwölfprophetenbuch vielfach zitiert und variiert wird. Das ist ein Hinweis darauf, daß diese Bearbeitung des Hymnus-Fragments mit der Kompositionsgeschichte des Zwölfprophetenbuchs in Zusammenhang zu bringen ist (vgl. auch die analoge Eröffnung von Am und Mi mit dem Theophaniemotiv). Da 1,9 die wichtigen Stichworte aus dem Hymnus 1,8 bezieht, dürfte die Zusammenstellung von 1,2-8 und 1,9-2,3 auf die gleiche Hand zurückgehen (vgl. auch das Stichwort »seine Feinde« in 1,2 und 1,8 als Rahmen des Hymnus).

Diese Beobachtungen sprechen für eine zweistufige Kompositionsgeschichte des Buchs, die sich auch in der zweifachen Überschrift niedergeschlagen hat: Vorgegeben ist zunächst eine Komposition von Gerichtsworten gegen Ninive (2,4-3,19), die entweder die Vernichtung der imperialen Macht Assurs ankündigt (vor 612) oder diese nachträglich als Strafgericht JHWHs deutet (*vaticinium ex eventu* = Prophezeiung im Rückblick). Dieser »Ausspruch über Ninive« (1,1a) wurde dann (im 5. oder 4.Jh.) in das Mehrprophetenbuch eingegliedert und erhielt dabei durch die Vorschaltung von 1,2-2,3 einen größeren geschichtstheologischen Horizont: die Vernichtung Ninives und die dadurch bewirkte Rettung Judas wurden nun zum Paradigma der Rettung des Gottesvolks aus der Übermacht des Bösen.

7.3 Schwerpunkte der Theologie und Relevanz

(1) Die Gerichtsworte und die Spottlieder über Ninive als Hauptstadt der imperialen Macht Assurs, die zwischen 750 und 612 mit kriegerischer Gewalt ein Weltreich aufbaute und die unterworfenen Kleinstaaten als Provinzen (wie das Nordreich Israel ab 722, nach der Eroberung Samarias) oder als Vasallen ausbeutete, sind als Dokumente des Widerstands entstanden *und* überliefert worden.

(2) Von dem in 1,2-2,3 entworfenen Horizont her ist die Prophetie des Buchs ein »Lehrstück zum Thema ›Gott und die Weltmacht‹. An ihr kann erkannt werden, wie sich der Schöpfer der Welt zu den Weltmächten und ihren Kapitalen verhält, wie der Gott Israels zu Judas und Jerusalems Einbeziehung in das imperiale System steht und wie er die politischen Verhältnisse seinerseits im Griff behält. Man kann erkennen, daß er entgegen dem Augenschein auf lange Sicht und mit langem Atem (1,3) plant... Man kann und soll erkennen, wie die großen Ereignisse auf der Weltbühne sich zwar nach ihrer eigenen Logik zu entwickeln scheinen und doch nach einem vorgeschriebenen Textbuch ablaufen. Es ist Nahums visionäres Rollendrama, das sie spielen... Nahums Prophetie dient so als Illustration für die Art und Weise des Umgangs Gottes mit den Weltmächten oder - wie man gesagt hat - des Handelns Gottes in der Geschichte. Der Fall Ninive wird zum Exempel, seine Geschichte (der ›Schlag, der es getroffen‹, heißt es im letzten Vers des Büchleins) zum Paradigma göttlichen Gerichts (*B.Renaud*)... So ist das Kerygma des Nahum-Büchleins das Zeugnis von der Geschichtsmächtigkeit Gottes. Sie erweist sich in der souveränen Verfügungsgewalt über die Potentaten und Potentiale der Völkerwelt« (*K.Seybold*, Kommentar 15f). So gelesen ist das Buch ein Dokument der Hoffnung, daß Gott das letzte Wort der Geschichte spricht: »Die Mächtigen stürzt er vom Throne und erhöht die Niedrigen« (Lk 1,52).

(3) Das Welt-Gericht Gottes gilt der Auf-Richtung des Rechts und der Wiederherstellung der gottgewollten Rechtsordnung in der Völkerwelt. Sowohl die in 1,2-8 genannte »Rache« wie der »Zorn« sind Rechtskategorien und keineswegs Ausdruck eines irrationalen, rachgierigen Gottesbildes. Zugleich ist die in 1,2-8 programmatisch verkündete Dialektik wichtig: JHWH ist ein Gott »der Rache« für seine Feinde, aber ein rettender Gott *für alle*, die seine Gemeinschaft suchen. Diese Dialektik des biblischen Gottesbildes bestimmt auch die Predigt Jesu (vgl. Mt 25,31-46) und insbesondere die apokalyptische Vision der Offenbarung des Johannes, die sich in ihrer Bildwelt mehrfach am Buch Nahum inspiriert.

(4) Die Qumran-Gemeinde hat im 1.Jh. v.Chr. das Buch als Kampfschrift aktualisiert. »Sie sah in ›Ninive‹ eine Chiffre für ihre Gegner und erkannte darin die Partei der Pharisäer, ›No-Ammon‹ hingegen war für sie Symbol für die Partei der Sadduzäer. Aus der Ankündigung bzw. Schilderung ihrer Vernichtung schöpfte sie Mut für die Zukunft. Man wird fragen müssen, ob das Vor-Bild solche Identifikation zuläßt. Aber man wird sagen können, daß sie den ›Trost‹ des Büchleins, wie er im 1. Kap. im Blick auf Gottes Souveränität notifiziert ist, gefunden hat« (*K.Seybold*, Kommentar 16).

8.   Das Buch Habakuk

Kommentare: K.Marti (KHC) 1904; F.Horst (HAT) ³1964; C.A.Keller (CAT) 1971; W.Rudolph (KAT) 1975; A.Deissler (NEB); R.L.Smith (WBC) 1984; K.Seybold (ZBK) 1991.
Einzelstudien: A.Deissler, Art. Habakuk (Buch): NBL II,1991,1ff; W.Dietrich, Habakuk - ein Jesajaschüler: Nachdenken über Israel, Bibel und Theologie, in: FS K.D.Schunck (BEATAJ 37) Frankfurt a.M. 1994, 197-215; B.Duhm, Die Zwölf Propheten, Tübingen 1910; A.H.J.Gunneweg, Habakuk und das Problem des leidenden *ṣdjq*: ZAW 98,1986,400-415; R.D.Haak, Habakkuk (VT.S 44) Leiden 1992; J.Jeremias, Kultprophetie und Gerichtsverkündigung in der späten Königszeit Israels (WMANT 35) Neukirchen-Vluyn 1970,55-110; P.Jöcken, Das Buch Habakuk. Darstellung seiner kritischen Erforschung mit einer Beurteilung (BBB 48) Bonn 1977; E.Otto, Die Stellung der Wehe-Worte in der Verkündigung des Propheten Habakuk: ZAW 89,1977,73-107; ders., Die Theologie des Buches Habakuk: VT 35,1985,274-295; M.A.Sweeney, Structure, Genre and Intent in the Book of Habakkuk: VT 41,1991,63-83.

8.1 Aufbau

(1) Von seinem *Überschriftensystem* her ist das Buch in *zwei Teile* gegliedert. Die Überschrift 1,1 »Ausspruch und Schauung« bezieht sich auf die Kap.1-2 und deutet deren beide Aussageebenen an: Aussprüche vorwiegend gegen fremde Völker (vgl. das Wort »Ausspruch« als Struktursignal vor allem im »Fremdvölkerteil« Jes 13-23) sowie Vision des hereinbrechenden Völkersturms. Die Überschrift 3,1 »Gebet des Propheten Habakuk, nach der Melodie von Schigjonot (bzw. im Klageton)« und die aus dem Psalmenbuch bekannte Unterschrift »Dem Chormeister. Zum Saitenspiel« grenzt die hymnische Theophanieschilderung Kap.3 als in sich geschlossene Texteinheit ab.

(2) Von der *Kompositionsstruktur* her legt sich eine klimaktische (auf einen Höhepunkt hinzielende) *Dreiteilung* nahe: 1,2-2,5; 2,6-20; 3,1-19.

1,2-4	Klage des Propheten über Gewalt und Unterdrückung in Juda
1,5-11	Antwort JHWHs: Ankündigung der Sendung der Chaldäer als Strafwerkzeug (»Reitersturm«)
1,12-17	Vorhaltungsklage des Propheten über die Gewalt des gottgesandten Strafwerkzeugs
2,1-5	Antwort JHWHs mit Befehl zur Niederschrift auf den Tafeln: »Wer nicht rechtschaffen ist, schwindet dahin; der Gerechte aber bleibt wegen seiner Treue (zu JHWH) am Leben.«

2,6-20	Weherufe (Leichenklage), auf der Ebene des Endtextes gegen den Gewaltherrscher von Babylon; sie sind den von den Babyloniern unterdrückten Völkern in den Mund gelegt; sie richten sich gegen die Raff- und Machtgier (2,6-8), gegen die Brutalität bei der Durchführung riesiger Bauprojekte (2,9-14), gegen die schrankenlose Gewalt an Mensch und Natur (2,15-17) und gegen den Götzendienst (2,18-20).

3,1-19	Theophaniepsalm	
	2	Bitte des Propheten um die Verwirklichung des in 2,2-5 gegebenen JHWH-Wortes
	3-15	Vision des zum Weltgericht kommenden JHWH
	16-19	Reaktion des Propheten auf die Vision: Erschrecken und Gelassenheit, Vertrauensgewißheit

(3) Die drei Teile, die durch Stichwort- und Motivbezüge aufeinander aufbauen, lassen sich als dramatischer *Geschehenszusammenhang* lesen. Auf die leidenschaftliche Klage des Propheten gegen die Gewalt und den Rechtsbruch sowohl in Juda als auch durch die über Juda und die anderen Kleinstaaten herfallenden Babylonier ergeht im *1. Teil* die Zusage JHWHs, daß er *alle* Gewalttätigen und Hochmütigen vernichtet und daß die Gerechten am Leben bleiben. Daraufhin konkretisiert der *2. Teil* in fünf Wehesprüchen den Rechtsbruch und die Bosheit, die allüberall herrschen; der Teil kulminiert im Bild von JHWH, der in seinem »heiligen Palast« (Tempel? Himmel? - Zitat Ps 11,4a) als Weltenrichter thront. Das Kommen dieses Weltenrichters erbittet und schaut dann der als *3. Teil* angeschlossene Theophaniepsalm.

8.2 Entstehung und zeitgeschichtlicher Kontext

Die skizzierte Buchkomposition ist von mehreren Autoren in eine entstehungsgeschichtliche Hypothese umgesetzt worden, wonach das Buch eine von Habakuk als Kultprophet verfaßte prophetische Liturgie (mit der Abfolge: Klage - Gottesorakel - Weherufreihe - abschließendes Gebet) sei. Für dieses kultprophetische Verständnis spreche nicht nur die gedoppelte Klage-Orakel-Struktur in 1,2-2,5, sondern auch die insgesamt kultisch und psalmistisch geprägte Sprache und Bildwelt des Buches. Zeitlich wären der Prophet bzw. das Buch wegen der intensiven Erwartung eines durch die Chaldäer = Neubabylonier bewirkten Strafgerichts und wegen der in 1,2-4 beklagten massiven sozialen Mißstände in Jerusalem am ehesten in die Regierungszeit des Nebukadnezar (ab 605 v.Chr.) und des judäischen Königs Jojakim (ab 609 v.Chr.), also um 600 v.Chr., einzuordnen.

Gegen die These einer weitgehenden literarischen Einheitlichkeit, die mit unterschiedlicher Datierung auch von anderen Autoren ohne Rückgriff auf die kultprophetische Hypothese vertreten wird (z.B. *A.Deissler*: die Zusammenstellung geht auf Habakuk selbst zurück, nur 2,18-20; 3,1b.c und 3,17-19 sind spätere Zusätze; *B.Duhm*: das Buch ist Reflex auf den Eroberungszug Alexanders des Großen zwischen 333 und 331 v.Chr.), wurden unterschiedliche Gründe und Beobachtungen geltend gemacht, die für ein sukzessives Wachstum sprechen:

(1) Einerseits bietet das Buch detaillierte gesellschaftliche und staatliche Kritik. Andererseits sind die Adressaten dieser Kritik nicht präzise benannt. Zwar ist in 1,6 von den Chaldäern = Neubabyloniern die Rede, auf die nach dem Verständnis des Endtextes zumindest die nach 1,6 begegnenden Anklagen bezogen werden können. Doch gibt es eine Reihe von Formulierungen, insbesondere in den Weherufen, die viel eher zu den Verhältnissen in Juda bzw. Jerusalem passen und sogar präzise auf König Jojakim zielen könnten.

(2) Zwar fügt sich der Hymnus Hab 3 in die Gesamtkomposition ein, insofern er die Gerichtsperspektive von Hab 1-2 fortführt, aber Hab 3 zieht diese Perspektive weit über den aktuellen politischen Kontext Babylon - Jojakim hinaus (Endzeitperspektive).

(3) Im Buch überlagern bzw. mischen sich drei Sprachebenen: prophetische, klagende und hymnische Sprache. Nach mehreren Autoren besteht das entstehungsgeschichtliche Hauptproblem gerade im Verhältnis dieser drei Größen zueinander (Prophetie: 1,1.5-11,14-17; 2,1-3.5-19; Hymnen: 3,1.3.7.15.8-13a [Rahmen: 3,2.16]; Klagepsalm: 1,2-4.12-13; 2,1*.4.20; 3,7*.8*.13b.14.17-19a).

Ausgehend von diesen Beobachtungen werden unterschiedliche Entstehungsmodelle vorgeschlagen (wobei das als erstes genannte am plausibelsten ist):

(1) Grundschicht des Buches war die Verkündigung des historischen Habakuk. Diese war einerseits eine nur gegen die Oberschicht und das Königtum in Juda/Jerusalem gerichtete Sozialkritik und andererseits die Ankündigung der neubabylonischen Invasion als JHWHs Strafgericht wegen der gesellschaftlichen Verwerfungen. Erst durch eine exilische Bearbeitung wurde angesichts der Brutalität der babylonischen Besatzungs-

macht die ursprünglich innerjudäische Kritik zu einer Gerichtsankündigung gegen Babylon umgestaltet. In nachexilischer Zeit wurde die gegen Babylon adressierte Gerichtsankündigung durch die Hinzufügung des Theophaniepsalms Kap.3 universalisiert und eschatologisiert (*J.Jeremias, E.Otto*; mit jeweils unterschiedlichen Nuancierungen).

(2) Grundschicht des Buches waren eine weisheitliche Klage über das Schicksal der Gerechten inmitten einer von Gottlosigkeit bedrängten Welt und die in der Zwiesprache mit JHWH gefundene Gewißheit, daß JHWH die Gottlosen vernichtet und den Gerechten rettet. Diese weisheitlich-psalmistische Theodizeedichtung wurde sodann durch die Einzeichnung der geschichtlich-gesellschaftlichen Verhältnisse des beginnenden 6.Jh. zum jetzigen Prophetenbuch (*A.H.J.Gunneweg*).

(3) Ein kompliziertes Entstehungsmodell hat 1988 *K.Seybold* vorgelegt. Ausgangspunkt der Überlieferung waren nach ihm die in 2,2-3 erwähnten Tafeln. »Was auf ihnen stand, kann nur vermutet werden. Doch wäre es im Blick auf den Öffentlichkeitscharakter der Weissagung am ehesten verständlich, wenn es knappe und plakative Worte gewesen wären, die man ›geläufig lesen‹ [sic!] oder ›ausrufen‹ konnte (2,2), weshalb die 5(6) ursprünglich doppelzeiligen Weherufe neben der Reitervision (1,6ff) in Frage kommen. Diese richteten sich auch sehr wahrscheinlich zunächst an innerjudäische soziale Verhältnisse und betrafen die Lesenden und Hörenden wohl selbst« (Kommentar 45). Sowohl die Schärfe der Sozialkritik wie die Vision des Reitersturms, welche durch die im 7.Jh. erstmals auftretenden skythischen Reitervölker inspiriert war, sprechen für eine Datierung des Auftretens des Habakuk um 630 v.Chr.; auch die Verwandtschaft dieser »Tafelprophetie« mit Jer 2-6 macht diese zeitliche Ansetzung plausibel. Zu einem »Buch« (Buchrolle) wurde die Prophetie des Habakuk, als durch Tradenten in der Mitte des Exils die Reitervision auf die Babylonier umgedeutet und mit hymnischen Theophanietexten, die bereits in vorexilischer Zeit gedichtet waren (nicht von Habakuk!), kombiniert wurden. Als späteste Schicht wurde im 4.Jh. ein vorgegebenes Psalmgedicht (Gebet eines unschuldig Angeklagten) als deutender Rahmen über das im Exil entstandene Habakuk-Trostbüchlein gelegt. Vielleicht versteht man die Absicht dieser Endredaktoren am besten, »wenn man sich vorstellt, sie hätten den Text der Trostschrift für ihre Zeit durch den Klagepsalm illustrieren wollen, d.h. sie hätten gleichsam dem Buch bildhafte Teile beigegeben. Diese wären - wie bei Illustrationen üblich - eben aus ihrer Zeit mit ihrem eigenen Stil gestaltet, so daß Habakuk durchaus in neuem Gewand für eine neue Zeit dargestellt worden wäre... die ›Bild‹beigaben profilieren auf ihre Art das Bild jenes Propheten, der auf Gerechtigkeit drang. In dem Dialog-Charakter der Letztfassung ist es begründet, weshalb man gelegentlich das Buch mit einer Klageliturgie vergleichen konnte. Ob es als solche gottesdienstliche Verwendung fand, muß offen bleiben« (Kommentar 49).

8.3 Schwerpunkte der Theologie und Relevanz

(1) »Wie Jeremia litt Habakuk unter der in Jerusalem zur Herrschaft gelangten Ungerechtigkeit und deutete die Babylonier als Strafwerkzeuge. Doch je länger je mehr quälte ihn die Frage, wie ein so ungerecht vorgehendes Imperium Gottes Gerichtsinstrument sein könne. In einem visionären Widerfahrnis erhielt Habakuk die Antwort Jahwes, daß das Strafwerkzeug Babylon aufgrund seiner maßlosen Untaten dem Gerichte verfalle (vgl. Jes 10,5-34). Letzte Richtschnur des göttlichen Geschichtswaltens ist und bleibt nach 2,4: ›Wer nicht rechtschaffen ist, schwindet dahin, der Gerechte aber bleibt wegen seiner Treue am Leben!‹ Dies gilt, wie der Kontext bezeugt, auch auf der Ebene der Völkerwelt. So bleibt Jahwe trotz allem Gewoge der Geschichte der Herr des Weltregiments, auf den der Psalm in 3 hin- und ausblickt« (*A.Deissler*, Art. Habakuk 2).

(2) Der um 50 v.Chr. in Qumran entstandene Pescher (= Kommentar) Habakuk bietet Hab 1-2 und legt den Text abschnittweise als eschatologische Weissagung auf die Auseinandersetzungen der Qumranleute mit ihren Gegnern aus.

(3) Im Neuen Testament wird Hab 2,4 zum *locus classicus* der paulinischen

Rechtfertigungslehre (vgl. Röm 1,17; Gal 3,10-13). Hebr 10,37 zitiert 2,3f nach der Fassung der LXX, um damit den Appell zu standhaftem Festhalten an der Erwartung der Parusie Christi »schriftgemäß« zu unterstützen.

(4) Als prophetische Theodizeedichtung erhebt das Buch heilsamen Einspruch gegen alle zu glatten Theorien über Gottes Wirken in der Geschichte und hält zugleich die Hoffnung offen, daß der Gott der Gerechtigkeit das letzte Wort über die Geschichte spricht - freilich erst an deren Ende.

9. Das Buch Zefanja

Kommentare: K.Marti (KHC) 1904; F.Horst (HAT) [3]1964; C.A.Keller (CAT) 1971; W.Rudolph (KAT) 1975; R.L.Smith (WBC) 1984; B.Renaud (SBi) 1987; A.Deissler (NEB) 1988; K.Seybold (ZBK) 1991. *Einzelstudien*: E.Ben Zvi, A Historical-Critical Study of the Book of Zephaniah (BZAW 198) Berlin 1991; D.L.Christensen, Zephaniah 2,4-15. A Theological Basis for Josiah's Program of Political Expansion: CBQ 46,1984,669-682; W.Dietrich/M.Schwantes (Hg.), Der Tag wird kommen. Ein interkontextuelles Gespräch über das Buch des Propheten Zefanja (SBS 170) Stuttgart 1996; H.Donner, Die Schwellenhüpfer. Beobachtungen zu Zephanja 1,8f: JSS 15,1970,42-55; H.Irsigler, Gottesgericht und Jahwetag. Die Komposition Zef 1,1-2,3 untersucht auf der Grundlage der Literarkritik des Zefanjabuches (ATS 3) St. Ottilien 1977; N.Lohfink, Zefanja und das Israel der Armen: BiKi 39,1984,100-108; M.Oeming, Gericht Gottes und Geschichte der Völker nach Zef 3,1-13. Exegetische und systematische Erwägungen zur Frage: In welchem Sinne ist der kanonische Endtext normativ?: ThQ 167,1987,289-300; B.Renaud, Le livre de Sophonie. Le Jour de YHWH thème structurant de la synthèse rédactionnelle: RScR 60,1986,1-33; J.Scharbert, Zefanja und die Reform des Joschija, in: FS J.Schreiner, Würzburg 1982,237-253; K.Seybold, Satirische Prophetie. Studien zum Buch Zefanja (SBS 120) Stuttgart 1985; H.Spieckermann, Dies irae: Der alttestamentliche Befund und seine Vorgeschichte: VT 39,1989, 194-208; M.A.Sweeney, A Form-Critical Reassessment of the Book of Zephaniah: CBQ 53,1991,388-408; M.Weigl, Zefanja und das »Israel der Armen«. Eine Untersuchung zur Theologie des Buches Zefanja (ÖBS 13) Klosterneuburg 1994.

9.1 Aufbau

Häufig wird das Buch folgendermaßen gegliedert und charakterisiert: »Es hat einen dreiteiligen Aufbau. Auf Unheilssprüche gegen Jerusalem (Kap.1) folgen Völkersprüche (Kap.2) und dann wieder Sprüche an Jerusalem, vorwiegend Heilsworte (Kap.3). Es hat eine Überschrift mit Daten zu Person und Zeit Zephanjas (1,1) und eine Eröffnung durch eine Art Motto (1,2) und es hat ein Schlußwort in Gestalt des lapidaren Satzes: ›JHWH hat es gesagt‹ (3,20), welches auf die Eingangsformel der Überschrift: ›Das Wort JHWHs, welches erging...‹ (1,1) zurückweist. Es hat vor allem ein einheitliches Thema in der Verkündigung des ›Tages JHWHs‹, auf welches schlagwortartig und formelhaft (›und es wird geschehen an jenem Tage/in jener Zeit‹) immer wieder hingewiesen wird« (*K.Seybold*, Kommentar 85).

Auch wenn die drei Kapitel in der Tat um diese drei Themen kreisen, so fügen sich doch mehrere Unterabschnitte kaum in dieses dreigliedrige Aufbauschema: 1,2-4; 1,17-18 sind nicht Worte an Israel, sondern an die ganze Erde; 2,1-3 ist weder ein Unheilswort gegen Jerusalem noch paßt es in den Komplex Unheilsansage gegen die Völker; 2,11 ist eher eine Heilsutopie über die Völkerwelt; 3,1-5 ist ein Gerichtswort gegen Jerusalem. Das einfache Dreierschema verdeckt auch die Funktion, die das den Völkern angedrohte Gericht für Juda/Jerusalem haben soll.

Angesichts dieser Unzulänglichkeit des Dreierschemas »Unheil für Israel - Unheil für die Völker - Heil für Israel« empfiehlt sich, im Anschluß an *N.Lohfink* und *M.Weigl*, eine *andere Dreiteilung*, die sich enger an der Textstruktur und der Gesamtthematik des Buchs orientiert. Die drei Teile 1,2-18; 2,1-3,5 und 3,6-20 sind jeweils eine Ringkomposition, die durch Stichwort- und Motivwiederholungen miteinander verschränkt sind und die zugleich einen heilsdramatischen Geschehensbogen bilden.

Der *1. Teil 1,2-18* läßt sich so strukturieren:

A	1,2-3	Vernichtung weltweit	Ich (JHWH)
B$_1$	1,4-6	JHWHs Abrechnung mit den Götzendienern von Juda und Jerusalem	Ich (JHWH)
B$_2$	1,7	Der »Tag JHWHs« ist nahe	3. Person (Beobachter)
C$_1$	1,8-9	JHWHs Abrechnung am Hof zu Jerusalem	Ich (JHWH)
C$_2$	1,10-11	Der »Tag JHWHs« in Jerusalem	3. Person (Beobachter)
B'$_1$	1,12-13	JHWHs Abrechnung mit den Reichen von Jerusalem	Ich (JHWH)
B'$_2$	1,14-16	Der »Tag JHWHs« ist nahe	3. Person (Beobachter)
A'	1,17-18	Vernichtung weltweit	Ich (JHWH)

N.Lohfink charakterisiert die Komposition, deren Mitte 1,8-11 zum einen die erschreckende Konzentration kultischer und sozialer Verirrungen am Hof von Jerusalem und zum anderen in einer Detailaufnahme die katastrophische Dimension der am »Tag JHWHs« hereinbrechenden Vernichtung schildert, folgendermaßen: »Zwei Stimmen lösen einander ab: die Stimme Jahwes, die sein Eingreifen in der Welt, in Juda, ganz besonders aber in Jerusalem immer neu konkret ankündigt, und die Stimme eines Beobachters, wenn man will, der das kommende Unheil (›Tag Jahwes‹) erschrocken beschreibt. In den Jahweworten wird zugleich der Grund des göttlichen Eingreifens aufgedeckt: die Sünden Judas und Jerusalems. Niemand wird angeredet, niemand zu etwas aufgefordert. Es wird einfach im Theater der Weltgeschichte für einen Augenblick der sonst herabgelassene und undurchsichtige Vorhang vor der Bühne der Zukunft aufgezogen. Der ›Tag Jahwes‹ bereitet sich auf ihr vor. Warum enthüllt Jahwe durch seinen Propheten dieses Bild? Wir erfahren es aus dem Anfang des zweiten Teils des Buches, der nun endlich anredet: Angesichts des Herankommenden gälte es, Jahwe zu suchen und so vielleicht dem Zorn zu entrinnen« (*N.Lohfink*, Zefanja 103f).

Auch der *2. Teil 2,1-3,5* bildet eine Ringkomposition:

A	2,1-3	Die Armen des Landes: Aufruf zur Gottsuche als Weg der Rettung	Kontrastbild zu 3,1-5 Imperative
B$_1$	2,4-7	Gericht über Philistäa	Nachbarn West
B$_2$	2,8-10	Gericht über Moab und Ammon	Nachbarn Ost
C	2,11	Bekehrung und Rettung der »Inseln der Völker«	Vernichtung der Götter
B'$_1$	2,12	Gericht über Kusch	Nachbarn Süd
B'$_2$	2,13-15	Gericht über Assur und Ninive	Nachbarn Nord
A'	3,1-5	Die Oberschicht der Stadt: Keine Bekehrung und Rettung mehr möglich	Weheruf (Leichenklage)

517

Dieser Teil beginnt mit der Aufforderung an die »Armen auf dem Lande«, die die Opfer der gewaltbe-
sessenen Jerusalemer Oberschicht sind, angesichts der hereinbrechenden Katastrophe alle ihre Kraft auf
ein Leben in Gerechtigkeit und Selbstbescheidung zu setzen, um so »vielleicht« (theologischer
Vorbehalt!) gerettet zu werden (2,1-3). Dieser Weg ist der Oberschicht und den Amtsträgern in der
gewalttätigen Stadt nicht mehr möglich, denn sie sind bereits voll vom Tod (»Weheruf« als Leichenklage) infiziert (3,1-5).

Welche Dynamik das zwischen 2,1-3 und 3,1-5 angekündigte Geschehen des »Tages JHWHs« hat, läßt
sich mit *N.Lohfink* so beschreiben: »Die vier Regionen, denen Gericht Jahwes angekündigt wird, sind
natürlich beispielhaft ausgewählt. Hinzukommt die Spannung zwischen diesen vier nahen Regionen und
dem im Zentrum erscheinenden ›Inseln‹-Symbol der allerfernsten Völker am Rande des Erdkreises.
Zweifellos ist hier die Gesamtheit der Völker gemeint. Während sich an den nahen das Gericht
vollziehen wird, wird in der äußersten Ferne schon der Effekt des Gerichts sichtbar: Jahwe wird ihnen
sichtbar als der Furchterregende, ihre Götter sind am Ende, sie beginnen dort in der Ferne Jahwe
anzubeten. Die Aussage steht hier noch völlig erratisch. Sie ist unerwartet und überrascht. Sie ist ganz
kurz, und sofort läuft alles wieder in die Gerichtsansage für die Nachbarvölker zurück. Doch sie steht
im Zentrum und gibt schon durch kurzes Aufblitzen an, was im dritten Teil des Buches kommen
könnte. Doch zunächst folgt im Rücklauf der Komposition wieder Gericht. Die Gerichtsschilderung
wird besonders breit an ihrem Ende, wenn es um Assur, damals [d.h. zur Zeit des Zefanja] noch der
Oberherr Jerusalems und Judas, unmittelbar im Norden angrenzend, geht. Das Gericht über Assur wird
deutlich gemacht am Bild ihrer zerstörten und zur Wüste gewordenen Hauptstadt Ninive. Von hier aus
kann dann, sogar ohne daß der Name genannt wird, hinüberassoziiert werden zu Jerusalem, der
›rebellischen, schmutzigen, gewalttätigen Stadt‹ (3,1), die ›auf die Warnung nicht hört, keine
Erziehung (durch das Geschehen in der Völkerwelt) annimmt‹ (3,2). Beamte und Richter, Propheten
und Priester, die ganze Führungselite der Stadt ist verderbt (3,3-4), obwohl doch Jahwe als die Sonne
der Gerechtigkeit in ihrer Mitte weilt (3,5)« (*N.Lohfink*, Zefanja 104).

Der *3. Teil 3,6-20* setzt mit einem Rückblick in die Vergangenheit ein (das in Teil 1 und 2 angekündigte Geschehen wird als inzwischen eintretend vorausgesetzt) und malt die dadurch ausgelöste überraschende Zukunft aus: Das in Teil 2 angekündigte Gericht über die Völker löst eine Völkerwallfahrt
nach Jerusalem aus, mit dem JHWH seine Geschichte nach der Vernichtung der verbrecherischen
Oberschicht neu beginnt - mit den Armen und Unterdrückten, die als »Rest Israels« gerettet wurden.
Sie sind der Kern des »neuen« Gottesvolks in Jerusalem, zu dem die Völker kommen, um bei ihnen
die Gerechtigkeit und den wahren Gottesdienst zu lernen. Um der Armen willen hat JHWH den Tag
JHWHs kommen lassen - um sie aus der Gewalt zu retten und um mit ihnen sein Programm einer
menschenfreundlichen Gesellschaft zu verwirklichen: das Israel der Armen soll zum Paradigma für die
Völker werden. Die Struktur des 3. Teils läßt sich folgendermaßen darstellen:

A	3,6-8	Die Völker als Gerichtswerk-zeuge gegen Jerusalem	JHWHs Rechtsanspruch
B	3,9-10	Völkerbekehrung und Völker-wallfahrt	Anrufung des Namens JHWHs
C	3,11	Reinigungsgericht über Jeru-salem	Beseitigung der Schande durch Beseiti-gung der Oberschicht
B'	3,12-13	Die geretteten »Armen« als Rest Israels	Zuflucht beim Namen JHWHs
A'	3,14-20	Jerusalems und Israels Ehre bei allen Völkern der Erde	JHWHs Rechtsverzicht und umfassende Erneuerung

9.2 Entstehung und zeitgeschichtlicher Kontext

Die Überschrift 1,1 datiert das Wirken des Propheten Zefanja (= »JHWH hat geborgen«) in die Regierungszeit des Joschija (641-609). Die genauere zeitliche Eingrenzung ist allerdings kontrovers. Da der Spruch 1,8f gegen den Jerusalemer Hof nur die Beamten und die Prinzen und nicht den König nennt, nehmen viele Autoren (z.B. *A.Deissler*) an, daß Zefanja während der ersten Regierungsjahre des Joschija auftrat, der bereits mit 8 Jahren offiziell zum König proklamiert wurde. Zu dieser Datierung würde auch die Götzendienstkritik passen, die dann *vor* der joschijanischen Reform von 622 v.Chr. verständlich wäre. Auch der Spruch gegen Assur und Ninive (2,13-15) hätte dann angesichts der um 630 noch ungebrochenen Macht des assyrischen Reichs seinen plausiblen Sitz im Leben. Andere Autoren, wie z.B. *K.Seybold*, datieren später: »Wir denken aufgrund der Völkersprüche und der Mißachtung der josianischen Kultreform eher an die spätassyrische bzw. spätjosianische Zeit, als Jerusalems Leben sich nach der assyrischen Besetzung zunehmend normalisiert hatte und die Reformen von 622 längst ihre Wirkung verloren hatten oder in einer restaurativen Politik aufgegangen waren. Man könnte sich die Jahre um 615 vorstellen« (*K.Seybold*, Kommentar 88). Diese Positionen setzen voraus, daß im Zefanjabuch viele authentische Worte des Propheten Zefanja in ihrer ursprünglichen Gestalt gesammelt sind. Nicht wenige Autoren sind der Meinung, daß die allermeisten als selbständige Einzelsprüche erkennbaren Abschnitte (etwa 15 mehr oder weniger in sich geschlossene Einzelsprüche) vom historischen Zefanja stammen. Sogar die von uns oben skizzierte Buchkomposition wird - mit Ausnahme der allgemein als nachexilische Erweiterung qualifizierten VV. 3,16-20 - von verschiedenen Autoren auf den Propheten selbst zurückgeführt. Vertreter dieser »Maximalposition« ist z.B. *N.Lohfink*, der seine Position (die dann von *M.Weigl* aufgenommen und detailliert begründet wurde) folgendermaßen beschreibt: Das vom Propheten selbst komponierte Zefanjabuch »umfaßte, etwas vergröbert, folgenden Textbestand: Zef 1,1-18; 2,1-6.8-9a.11-15; 3,1-10a.bß-15. In nachexilischer Zeit ist das Buch noch einmal erweitert worden, wohl im Blick auf das zukünftige Geschick der jüdischen Diaspora. Vor allem jeweils am Ende einzelner Teile wurden deutende Zusätze hinzugefügt: 2,7; 2,9b.10; 3,10bα; 3,16-20. Noch später kamen kleinere Ergänzungen hinzu, die sich in der ältesten Übersetzung, der Septuaginta, noch gar nicht spiegeln: vor allem in 1,3.4.5; 2,6.9; 3,5 (stets nur einzelne oder wenige Wörter)« (*N.Lohfink*, Zefanja 102).

Ob man die Ringkomposition des 3. Teils (auch nach Abzug der sicher nachexilischen Fortschreibung 3,16-20) bereits spätvorexilisch ansetzen kann, erscheint hinsichtlich der Abschnitte 3,9-10 (Völkerbekehrung und Völkerwallfahrt) und 3,12-13 (die geretteten »Armen« als Rest Israels) fraglich; ebenso diskutierbar ist die spätvorexilische Ansetzung von 3,14-15 (Nähe zu Mi 4,6-8; Sach 9,9-10). Vieles spricht dafür, daß die Hauptredaktion des Buchs erst in exilischer oder frühnachexilischer Zeit erfolgte, und zwar als prophetisch legitimierter Aufweis der Schuld der Oberschicht am Untergang Jerusalems. Zu dieser »Erstausgabe«, die vermutlich mit 3,13 geendet hatte, werden die heilsuniversalistischen Abschnitte 2,11 und 3,9-10 noch nicht gehört haben. Ihre Einfügung in der mittleren nachexilischen Zeit gab dem Buch seine bleibende hochtheologische Relevanz gerade für seine christliche Lektüre.

9.3 Schwerpunkte der Theologie und Relevanz

»Um den inneren Duktus des Zefanjabuches zu erfassen, muß man zwei für Zefanja und seine Zeitgenossen offenbar selbstverständliche Voraussetzungen machen.
Einmal, daß Jahwe, der Gott Israels, zugleich der Gott der ganzen Weltgeschichte ist. Er will ein Werk an allen Völkern wirken. Aber er wirkt dieses Werk nicht an der ganzen Menschheit auf einmal. Er nimmt seinen Weg über eine besondere Gruppe, eine Art Voraustrupp, ein ›Gottesvolk‹, eben: Israel. Liegen die anderen Völker in tiefer Nacht, dann hat Jahwe begonnen, durch Israel sein Licht in diese Nacht zu bringen.

Die andere Voraussetzung ist, daß die Völker der Welt in der Tat in tiefer Nacht liegen. Es steht mit ihnen nicht zum besten. Sie haben nichts anderes zu erwarten, als daß sie in den Untergang laufen. Das Ende der in ihren Wurzeln korrupten Welt ist zusammengefaßt im uralten Bild vom ›Tag Jahwes‹. An diesem ›Tag‹ kommt Gott selbst über die Völker, ja über alles. Er macht allem Bösen ein Ende. Dann - so sagte die Tradition - wird Gottes eigenes Volk strahlend überleben und der Welt Zukunft geben. Seit Amos allerdings... haben die Propheten diese alte Gesamtvorstellung umgedreht und gegen Israel selbst gewendet. Denn sie stellen ja gerade fest, daß das Böse auch in Israel eingedrungen ist. So hat nun auch Israel selbst mit dem ›Tag Jahwes‹ zu rechnen... Doch hier [d.h. im Zefanjabuch] ist eine neue Erkenntnis: Dem Propheten wird klar, daß der ›Tag Jahwes‹, der Völker wie Israel zugleich bedroht, nicht Untergang, sondern neues, durch göttliches Wunder gewirktes Heil sein wird... In Jerusalem werden die Träger des Heils gerade diejenigen sein, die bisher die Opfer derer waren, die Jerusalem herunterkommen ließen. Jerusalem, und damit die eschatologische Gemeinde Jahwes, wird aus den ›Armen Jahwes‹ bestehen« (*N.Lohfink*, Zefanja 106).

Die Essentials dieser neuen Israel-Theologie lassen sich in folgenden Punkten bündeln:

(1) Zef bietet radikale Staats- und Machtkritik: »von oben« ist nie »Heil« zu erwarten. Die Machthaber und die Reichen sind grundsätzlich unfähig, an JHWHs Gerechtigkeits-Projekt mitzuwirken.

(2) JHWH läßt Jerusalem nur um der Armen willen überleben. Sie, die schon Opfer der Reichen und Mächtigen sind, sollen nicht noch einmal Opfer des Zorngerichts sein, das JHWH über die Ausbeuter und Gewalttäter bringt. Zugleich rettet JHWH die Armen, weil er nur mit ihnen sein Welt-Vorhaben verwirklichen kann.

(3) Die Rettung Israels und der Völker ist nur möglich, wenn »die Armen« als Lehrer von Recht und Gerechtigkeit akzeptiert werden. Die Völkerwallfahrt dient auch diesem Ziel.

(4) Entgegen der verbreiteten Tendenz, »die Armen« des Zefanjabuchs als primär religiöse Kategorie (»Armenfrömmigkeit«: die sich arm und demütig vor Gott *fühlen*) zu interpretieren, ist festzuhalten, daß hier die ökonomisch und gesellschaftlich Armen gemeint sind. Das Zefanjabuch nimmt mit seiner Vision von den Armen als den »Lebens- und Tora-Lehrern« eine machtpolitische Umkehrung ersten Ranges vor.

(5) »Das Zefanjabuch ist der Anfang aller Rede von der ›Kirche der Armen‹ und von der ›armen Kirche‹... Gott will nicht das Elend als das Ende seiner Wege mit seinem Volk, sondern Reichtum und Segen. Aber dieser Reichtum ist alles andere als jener Reichtum, der aus der Ausbeutung der Armen entstand und immer weiter entsteht. Es ist ein Reichtum, wie er eigentlich nur entstehen kann, wenn Arme in ihn hineingeführt werden und dabei nicht aufhören, Gerechtigkeit zu suchen, ein Leben der Offenheit zu führen und friedlich miteinander umzugehen« (*N.Lohfink*, Zefanja 108).

10. Das Buch Haggai

Kommentare: K.Marti (KHC) 1904; F.Horst (HAT) [3]1964; W.Rudolph (KAT) 1976; R.Mason (CBC) 1977; S.Amsler (CAT) 1981; R.L.Smith (WBC) 1984; H.W.Wolff (BK) 1986; C.L.Meyers/E.M.Meyers (AncB) 1987; A.Deissler (NEB) 1988; H.G.Reventlow (ATD) 1993.

Einzelstudien: W.A.M.Beuken, Haggai - Sacharja 1-8. Studien zur Überlieferungsgeschichte der frühnachexilischen Prophetie (SSN 10) Assen 1967; K.-M.Beyse, Serubbabel und die Königserwartungen der Propheten Haggai und Sacharja. Eine historische und traditionsgeschichtliche Untersuchung (AzTh I/48) Stuttgart 1972; K.Koch, Haggais unreines Volk: ZAW 79,1967,52-66; R.A.Mason, The Purpose of the ›Editorial Framework‹ of the Book of Haggai: VT 27,1977,413-421; O.H.Steck, Zu Haggai 1,2-11: ZAW 83,1971,355-379; T.Unger, Noch einmal: Haggais unreines Volk: ZAW 103, 1991,210-225.

10.1 Aufbau

Das Buch, das sich in seiner Endgestalt als Erzählung über das Wirken des Propheten Haggai beim Beginn des Wiederaufbaus des Tempels im Jahre 520 v.Chr. präsentiert, wird durch ein Rahmenwerk in die *vier Abschnitte 1,1-15a; 1,15b-2,9; 2,10-19; 2,20-23* gegliedert. Das Rahmenwerk besteht jeweils aus einer Zeitangabe (bezogen auf die Regierungszeit des persischen Königs Darius II.), Wortereignisformel und Name des Haggai sowie der Bezeichnung »Prophet«. Dabei werden die Abschnitte 1 und 2 sowie 3 und 4 durch ihren Rahmen paarweise als kompositionelle Einheit zusammengebunden. Zugleich gibt es, wie die folgende Graphik zeigt, sprachliche Entsprechungen im Redeteil zwischen Abschnitt 1 und 3 sowie Abschnitt 2 und 4.

1,1-2 (Datierung: 29. August 520)	2,10-11 (Datierung: 18. Dezember 520)
Im 2. Jahr des Königs Darius im 6. Monat am 1. Tag (= 29.8.520), erging das Wort JHWHs *durch* den Propheten Haggai... also: *So hat JHWH der Heerscharen gesprochen:*	Im 2. Jahr des Königs Darius im 9. Monat am 24. Tag (= 18.12.520), erging das Wort JHWHs *an* den Propheten Haggai also: *So hat JHWH der Heerscharen gesprochen:*
1,15b-2,2 (Datierung: 17. Oktober 520)	2,20-21 (Datierung: 18. Dezember 520)
Im 2. Jahr des Königs Darius im 7. Monat am 21. Tag (= 17.10.520) erging das Wort JHWHs *durch* den Propheten Haggai also: *Sprich zu Serubbabel, dem Statthalter von Juda...*	Am 24. Tag des Monats (= 18.12.520), erging das Wort JHWHs *an* Haggai ein zweites Mal also: *Sprich zu Serubbabel, dem Statthalter von Juda...*

Die vier Abschnitte der Erzählung, die eine Kette von prophetischen Gottessprüchen (ungewöhnliche Häufung der Gottesspruchformel und der Botenspruchformel) darbietet, bilden einen dramatischen Geschehenszusammenhang mit Klimax im vierten Abschnitt. Die Abschnitte sind in inhaltlicher Hinsicht paarweise zusammengeordnet. Die Abschnitte 1 und 2 setzen sich mit Widerständen gegen den Tempelbau auseinander; die Abschnitte 3 und 4 deuten die Grundsteinlegung in heilseschatologischer Perspektive (so mit *O.H.Steck*, Zu Haggai 1,2-11).

Der *erste Abschnitt 1,1-15a* setzt sich mit einem zweifachen Widerstand gegen den Tempelbau (1,4-8.9-11) auseinander, berichtet über die positive Wirkung der Worte Haggais auf den Statthalter Serubbabel, den Hohenpriester Jeschua sowie auf das Volk (1,12) und konstatiert den Beginn der Aufräumungs- und

Vorbereitungsarbeiten zum Tempelbau am 24.6. des 2. Regierungsjahrs des Darius (= 21. September 520). Der zweifache Widerstand kommt höchstwahrscheinlich aus unterschiedlichen Kreisen. Der in 1,4-8 erkennbare Widerstand kommt aus Kreisen der nichtdeportierten »Altjudäer«, die Haggai entgegenhalten: »Es ist noch nicht der Zeitpunkt für das Haus JHWHs da, daß es gebaut werde« (1,4). Für sie wäre der Tempelbau der eigenmächtige Versuch, dem Strafgericht Gottes ein Ende zu setzen. Der in 1,9-11 sich artikulierende Einwand kommt aus den Kreisen der zurückgekehrten Exulanten. Sie hatten andere Sorgen als den Tempelbau; sie wollten zuerst ihre eigenen Häuser bauen und erst danach ein Haus für ihren Gott.

Der *zweite Abschnitt 1,15b-2,9* setzt sich mit der schon knapp einen Monat nach Beginn der Arbeiten einsetzenden Unlust und Enttäuschung angesichts der begrenzten Möglichkeiten und der Kümmerlichkeit des Bauprojekts im Vergleich mit dem (586 von den Babyloniern zerstörten) salomonischen Tempel auseinander, den eine ganze Reihe von Zeitgenossen noch selbst gesehen hatte. Ein prophetisch übermitteltes JHWH-Wort spricht den Resignierenden nicht nur Mut zu, sondern entwirft in der Erinnerung an den unerschütterlichen Gottesbund und an die bleibende Zusage des Gottesgeistes eine universale, eschatologische Heilsperspektive für diesen *neuen* Tempel, der darin seinen Vorgänger sogar überbieten wird.

Der *dritte Abschnitt 2,10-19*, der in der Forschung kontrovers ausgelegt wird (s.u.), deutet die erfolgte Grundsteinlegung zum Tempel als Ende der »Unreinheit« des Volkes und als Tag beginnenden Heils (»von heute an spende ich Segen«). Im Zusammenhang einer prophetischen Zeichenhandlung (zweimalige Einholung einer priesterlichen Tora zur Frage der Übertragung kultischer Reinheit bzw. Unreinheit) wird durch den Propheten festgestellt, »daß ›dieses Volk und diese Leute‹ in den Augen Jahwes ›unrein‹, d.h. nicht wirklich kultfähig seien, auch nicht bei Opfermahlzeiten, die sie am Altar - ohne Tempel! - feiern. Darum ist die zuerst vorgetragene Deutung, 2,14 beziehe sich auf die Samaritaner bzw. die mit den Samaritanern Zusammenarbeitenden, und Haggai sei so ›Vater des (orthodoxen) Judentums‹ fragwürdig. Es liegt vielmehr nahe, daß der Prophet hier den Auftrag bekam, noch einmal herauszustellen, daß ›in den Augen Jahwes‹ die Gemeinde ohne einen Tempelneubau keine göttlich voll anerkannte Kultgemeinde sei (trotz der Opfer am wiedererrichteten Altar!). Diese Interpretation wird auch durch 2,15-19 gestützt. Danach wird die jetzt erfolgte Grundsteinlegung ein Wendepunkt von der bisher von Jahwe verhängten Dürre zu einer fruchtbaren Segenszeit sein« (*A.Deissler*, Kommentar 262f).

Der *vierte Abschnitt 2,20-23* steigert die Bedeutung der Grundsteinlegung durch eine latent messianische Verheißung an den politischen Hauptakteur des Geschehens. Serubbabel (er wird nun »mein Knecht« genannt: Vorzugstitel für David) wird designiert zum »Siegelring JHWHs« (so wird in Jer 22,24 Jojachin, der königliche Großvater des Serubbabel, bezeichnet). Er ist als Heilskönig »erwählt«, bis zu dessen Amtsantritt die imperialen und kriegerischen Weltmächte sich gegenseitig vernichtet haben werden, angestachelt durch eine Intervention JHWHs, für dessen weltköniglichen »Hausbau« Haggai gekämpft hat.

Die paarweise zusammengeordneten Abschnitte sind durch Motiv- und Wortaufnahme spiegelbildlich aufeinanderbezogen, wie die folgende Graphik anzeigt:

1. Abschnitt: 1,1-15a Erntebilder	3. Abschnitt: 2,10-19 Erntebilder
2. Abschnitt: 1,15b-2,9 Erbeben von Himmel und Erde Geschehen in der Völkerwelt	4. Abschnitt: 2,20-23 Erbeben von Himmel und Erde Geschehen in der Völkerwelt

10.2 Entstehung und zeitgeschichtlicher Kontext

Über das im Buch erzählte Wirken Haggais berichtet auch Esra 5-6. Daß Haggai zusammen mit Sacharja, der in Esra 5,1; 6,14 mit ihm genannt wird, maßgeblich den Wiederaufbau des Tempels initiiert und inspiriert hat, wird in der Forschung

nicht bezweifelt. Ob Haggai selbst im Exil gewesen war und zu den mit Serubbabel und Jeschua zurückgekehrten Gruppen gehörte oder ob er ein nichtdeportierter
»Altjudäer« war, ist schwer zu entscheiden. Manche Autoren weisen darauf hin,
daß Haggai nicht in der Heimkehrerliste Esra 2/Neh 7 aufgeführt ist und daß die
Abschnitte 1,1-15a; 2,10-19 stark von bäuerlicher Perspektive geprägt ist, und sie
nehmen deshalb an, daß Haggai der daheimgebliebenen Landbevölkerung angehört
habe. Die verschiedentlich geäußerte These, Haggai sei Kultprophet gewesen, ist
wenig wahrscheinlich.

Auch wenn das so kunstvoll komponierte Buch, in dem Berichte Haggais fehlen,
kaum auf Haggai zurückgehen kann, nehmen viele Autoren an, daß das Buch im
wesentlichen seine Endgestalt zeitlich nicht allzu entfernt vom Auftreten des
Haggai im Jahre 520 erhalten hat. Repräsentativ ist *A.Deisslers* Position: »Der
Grundbestand des Büchleins ist wohl vor der Einweihung des Tempels im Jahre
515 v.Chr. - weder Haggai noch Serubbabel sind daran beteiligt - fixiert gewesen«
(*A.Deissler*, Kommentar 255).

Daß das Buch in seiner Endgestalt nicht auf den Propheten Haggai selbst zurückgehen kann und daß mindestens zwei Entstehungsphasen anzunehmen sind, ergibt
sich vor allem aus zwei Beobachtungen:

(1) Der um die Gottessprüche gelegte erzählerische Rahmen (1,1-3.12-15; 2,1-2.20-21a) unterscheidet
sich sprachlich und teilweise auch inhaltlich so stark von den Gottessprüchen, daß beide Textebenen
nicht auf die gleiche Hand zurückgehen können. Während der Rahmen als Adressaten der Gottessprüche »den Statthalter Serubbabel«, den »Hohenpriester Jeschua« und den »*Rest* des Volkes« (= die
aus der Gola Heimgekehrten) herausstellt, gibt es daneben im Buch eine Aussagelinie, die vom »Volk«
bzw. von »allem Volk des Landes« redet. Diese Spannung wird besonders in der Abfolge 1,12-14
sichtbar, wo 1,12b-13 »das Volk« im Blick hat (und wo Haggai nicht wie im Rahmen »der Prophet«,
sondern »Bote JHWHs« heißt), während 1,12a.14 Serubbabel, Jeschua und »*den Rest* des Volkes«
nennt. Eine ähnliche Spannung besteht auch zwischen 2,21a (Rahmen) und 2,23 (Gottesspruch), wenn
Serubbabel in 2,23 anders als in 2,21 nicht den Titel »Statthalter« hat.
(2) Ein vergleichbarer erzählerischer Rahmen mit Datierungen, die sich auf die Regierungszeit des
Darius beziehen, findet sich auch in Sach 1-8 (vgl. Sach 1,1.7; 7,1).

Beide Beobachtungen führen zu der fast allgemein akzeptierten These, daß der
Rahmen auf einen »Chronisten« zurückgeht, der die Worte des Haggai zusam-
mengestellt und teilweise neu bearbeitet hat. Gegenüber dem Propheten rückt der
»Haggai-Chronist« die Rolle Serubbabels und des »Restes«, d.h. der Heimkeh-
rergemeinde (der er wahrscheinlich selbst angehörte) beim Wiederaufbau des
Tempels in den Vordergrund.

Mehrere Autoren (z.B. *H.W.Wolff*) gehen davon aus, daß dem »Haggai-Chronisten« schon eine
literarisch fixierte Sammlung der Haggai-Worte vorlag, und zwar als Niederschrift von fünf Auftritten
des Propheten. Dieses Korpus der ursprünglichen Verkündigung des Haggai wäre nach *H.W.Wolff* »vermutlich einem Schüler zu verdanken (vgl. Jes 8,16; Jer 36), der in *Auftrittsskizzen...* nicht nur die
prophetischen Worte festhielt, sondern dazu deren Wirkungsgeschichte (1,12b-13) oder der Vorgeschichte (2,11-13) und auch den Widerspruch der Hörer (1,2)« (Kommentar 4). Diese Komposition
der Auftrittsskizzen habe die Haggai-Worte in einer gegenüber dem jetzigen Buch anderen Reihenfolge
geboten: 1,4-11; 2,15-19[*]; 2,3-9; 2,14; 2,21b-23; der »Haggai-Chronist« hätte diese Reihenfolge im
Interesse seiner Aussageintention (Abwehr der Samaritaner u.ä.) geändert. Diese Umstellungs-Hypo-
these hängt eng mit dem anti-samaritanischen Verständnis von 2,10-14 zusammen, das nicht unproblematisch ist (s.o.).
Der in der Tat inhaltlich schwierige Abschnitt 2,10-14 *und* die ebenso auffällige Datierung in 1,15a,
die nicht wie die anderen Datierungen des Buchs am Beginn, sondern am Ende des Abschnitts 1,1-15a

steht, haben zu unterschiedlichen entstehungsgeschichtlichen Hypothesen geführt. Neben der bereits genannten These einer nachträglichen Umstellung durch den Haggai-Chronisten (s.o.) ist besonders auf die (freilich wenig plausible) These von *T.Unger* hinzuweisen, wonach 2,10-14 ein spät eingefügter Text sei, der sich ablehnend mit der Tempelgründung (der Samaritaner) auf dem Garizim in der Alexanderzeit auseinandersetzt. Erst bei dieser Einfügung sei die ursprüngliche und viel organischere Textfolge 1,2-11*; 1,15b+2,15-18; 2,1-9*; 2,20-23 zur jetzigen Abfolge verändert worden.

10.3 Schwerpunkte der Theologie und Relevanz

Eine meisterhafte Zusammenfassung der Theologie des Buchs Haggai, die eine auffallende Nähe zur Theologie der Priestergrundschrift (s.o. C.V.) aufweist, bietet *G.von Rad,* einer der bedeutendsten Alttestamentler des 20.Jh., in seiner »Theologie des Alten Testaments«: »Die Prophetie Haggais... gipfelt in der Verkündigung des nahen Kommens Jahwes und der unmittelbar bevorstehenden Aufrichtung seines Reiches; aber die Botschaft - große Verlegenheit vieler Ausleger! - ist aufs engste verknüpft mit dem Wiederaufbau des von den Babyloniern zerstörten Tempels in Jerusalem, dergestalt, daß für diese Propheten der Wiederaufbau des Tempels geradezu als die notwendige Voraussetzung des Kommens Jahwes und seines Reiches gilt. Es ist richtig: mit einem Jesaja oder Jeremia kann eine solche Vorstellung nicht in Verbindung gebracht werden. Der Unterschied erklärt sich zunächst einfach aus der völlig verschiedenen inneren Verfassung derer, zu denen die Propheten gesandt waren... Jetzt, angesichts einer in ›resignierter Sicherheit‹ dahinlebenden und nur auf ein wirtschaftliches Vegetieren bedachten Bevölkerung war die Frage des Tempelbaus zum status confessionis geworden. Der Tempel war doch der Ort, an dem Jahwe zu Israel sprach, an dem er ihm seine Sünde vergab und an dem er für Israel gegenwärtig war. In der Einstellung zum Tempel entschied sich also die Einstellung für oder gegen Jahwe. Die Leute aber waren an diesem Ort ziemlich desinteressiert; sie schoben angesichts der wirtschaftlichen Misere den Bau des Tempels noch hinaus, weil dafür ›jetzt nicht die Zeit‹ sei (Hag. 1,2). Haggai stellt diese Rangordnung der Pflichten auf den Kopf: Israel ist nicht mehr Israel, wenn es nicht am ersten nach dem Reiche Gottes trachtet; das andere, der Segen Jahwes, werde ihm dann auch zufallen (Hag. 1,2-11; 2,14-19)... Haggai konnte das freilich nur sagen, weil er der Überzeugung war, daß das eschatologische Israel eine sakrale Mitte und nur von dieser Mitte her seinen Bestand haben werde. Es ist sehr fraglich, ob Jesaja dem widersprochen hätte. Liegt es nicht näher, eben darin die Echtheit der Prophetie Haggais zu sehen, daß er gerade in der Kärglichkeit der Verhältnisse Jahwe ein Neues anbahnen sah und seine Zeitgenossen beschwor, sich dem, was Jahwe inmitten Israels werden ließ, zu öffnen und zur Verfügung zu halten, daß er also gegen allen Augenschein die Zeit als eine Heilszeit deutete?... Haggai hat damit, daß er Israel neu an den Tempel band, nicht Israels Welt verengt; er hat sie vielmehr, wie mit Recht gesagt worden ist, geweitet, indem er seinen Zeitgenossen ein Bekenntnis zu dem eschatologischen Werk Jahwes abrang« (*G.von Rad*, Theologie des Alten Testaments II, München [2]1961,294f).

11. Das Buch Sacharja

Kommentare: K.Marti (KHC) 1904; F.Horst (HAT) [3]1964; W.Rudolph (KAT) 1976; R.Mason (CBC) 1977; S.Amsler/A.Lacocque (CAT) 1981; R.L.Smith (WBC) 1984; C.L.Meyers/ E.M.Meyers (AncB) 1987; A.Deissler (NEB) 1988; R.Hanhart (BK) 1990ff; H.G.Reventlow (ATD) 1993.
Einzelstudien: L.Bauer, Zeit des Zweiten Tempels - Zeit der Gerechtigkeit. Zur sozio-ökonomischen Konzeption im Haggai-Sacharja-Maleachi-Korpus (BEATAJ 31) Frankfurt a.M. 1992; W.A.M.Beuken, Haggai - Sacharja 1-8. Studien zur Überlieferungsgeschichte der frühnachexilischen Prophetie (SSN 10) Assen 1967; H.Gese, Anfang und Ende der Apokalyptik, dargestellt am Sacharjabuch: ZThK 70,1973,20-49 (= ders., Vom Sinai zum Zion, BEvTh 64, München 1974.[3]1990,202-230); A.Kunz, Ablehnung des Krieges. Untersuchungen zu Sacharja 9 und 10 (HBS 17) Freiburg 1998; H.-M.Lutz, Jahwe, Jerusalem und die Völker. Zur Vorgeschichte von Sach 12,1-8 und 14,1-5 (WMANT 27) Neukirchen-Vluyn 1968; B.Otzen, Studien über Deuterosacharja (AThD VI) Kopenhagen 1964; M.Sæbø, Sacharja 9-14. Untersuchungen von Text und Form (WMANT 34) Neukirchen-Vluyn 1969; K.Seybold, Bilder zum Tempelbau. Die Visionen des Propheten Sacharja (SBS 70) Stuttgart 1974; O.H.Steck, Der Abschluß der Prophetie im Alten Testament. Ein Versuch zur Frage der Vorgeschichte des Kanons (BThSt 17) Neukirchen-Vluyn 1991; Ch.Uehlinger, Die Frau im Efa (Sach 5,5-11). Eine Programmvision von der Abschiebung der Göttin: BiKi 49,1994,93-103; I.Willi-Plein, Prophetie am Ende. Untersuchungen zu Sach 9-14 (BBB 42) Köln 1974.

11.1 Aufbau

Hauptthema im Buch Sacharja ist - wie im vorangehenden Buch Haggai (s.o.) - der (neue) Tempel in seiner Bedeutung für ein erneuertes Jerusalem als Mitte einer paradiesischen Schöpfung und der befriedeten Völkerwelt: »An jenem Tag wird aus Jerusalem lebendiges Wasser fließen, eine Hälfte zum Meer im Osten und eine Hälfte zum Meer im Westen; im Sommer und im Winter wird es fließen. Dann wird JHWH König sein über die ganze Erde. An jenem Tag wird JHWH der einzige sein und sein Name der einzige« (Sach 14,8f). Dieses Thema wird in drei Variationen entfaltet, die durch ein Überschriftensystem deutlich voneinander abgesetzt sind. Der *erste Teil (Kap.1-8)* ist durch die auch Hag strukturierende Überschriftentechnik (1,1; 1,7; 7,1: Datierung bezogen auf die Regierungszeit des Perserkönigs Darius I. + Wortereignisformel) als Einheit ausgewiesen. Der *zweite Teil (Kap.9-11)* und der *dritte Teil (Kap.12-14)* sind durch die Überschrift »Ausspruch« in 9,1 und 12,1, die auch über dem nachfolgenden Buch Maleachi steht (s.u.) und die sonst in Prophetenbüchern über Abschnitte gesetzt ist, die sich auf die (Fremd-)Völker beziehen (vgl. besonders Jes 13-23), als Texteinheiten abgegrenzt. Für die drei Teile 1-8.9-11.12-14 (die auch eine je unterschiedliche Entstehungsgeschichte haben) werden in der Forschung (in Analogie zum Jesajabuch) bisweilen die Bezeichnungen Proto- (Erster), Deutero- (Zweiter) und Trito- (Dritter) Sacharja gebraucht.

(1) Der *erste Teil (Kap.1-8)* wird durch die drei Überschriften 1,1; 1,7; 7,1 in die drei ungleich langen Teile 1,1-6; 1,7-6,15; 7,1-8,23 untergliedert. Die beiden äußeren Abschnitte sind durch Thema und Stichworte aufeinander bezogen. Sie legen sich wie ein Rahmen um den Mittelabschnitt, der seinerseits konzentrisch (palindromisch) aufgebaut ist.

1,1-6 Wortverkündigung	Datierung: Okt./Nov. 520 + Wortereignisformel	Thema: »Kehrt um zu mir, dann kehre ich um zu euch« (1,3). Stichworte: eure Väter, die früheren Propheten, Zorn Gottes
1,7-6,15 Visionenzyklus (»Nachtgesichte«)	Datierung: 15. Febr. 519 + Wortereignisformel	
7,1-8,23 Wortverkündigung	Datierung: 7. Dez. 518 + Wortereignisformel	Thema: »So kehre ich jetzt um und plane, Jerusalem Gutes zu tun« (8,15). Stichworte: eure Väter, die früheren Propheten, Zorn Gottes

Das Schwergewicht dieses Teils liegt auf dem umfangreichen, kunstvoll gestalteten Visionenzyklus 1,7-6,15:

1,7-17: Vision I Reiter und Pferde	Auskundschaftung der ganzen Welt und Entscheidung Gottes (Zorn gegen die Völker und Liebe für Jerusalem)	+ Heilsworte für Jerusalem (VV.16f)
2,1-4: Vision II Hörner und Schmiede	Entmachtung der imperialen Mächte und Völker	
2,5-17: Vision III Mann mit Meßschnur	Errichtung des neuen Jerusalem als einer offenen Stadt	+ Aufforderung zur und Ankündigung der Rückkehr aus dem Exil (VV.10-17)
3,1-10: Vision IV A Jeschua vor dem Himmelsgericht	Einsetzung (»Reinigung«) des Hohepriestertums	+ Heilsworte für Jeschua (VV.8-10)
4,1-14: Vision IV B Leuchter zwischen zwei Bäumen	JHWH als leuchtende Mitte und seine beiden »Gesalbten« (König und Priester)	+ Heilsworte für Serubbabel (VV.6-10a)
5,1-4: Vision V Fliegende Schriftrolle	Bekämpfung der Verbrecher (Diebe und Meineidige)	
5,5-11: Vision VI Frau im Efa (Hohlmaß)	Entfernung von Götzendienst und Gottlosigkeit	
6,1-15: Vision VII Wagen und Pferde	Aussendung in die ganze Welt: Eingreifen Gottes ($\bar{r}u^a h$/»Geist«)	+ Zeichenhandlung: Kompetenzaufteilung zwischen den zwei Gesalbten (VV.9-15)

Der siebenteilige Visionenzyklus, der sich als teppichartige Darstellung eines siebenarmigen Leuchters lesen läßt, ist eine stufenartige, auf die Vision IV als seine Mitte zulaufende Komposition, in der sich die jeweiligen Visionen spiegel-bildlich entsprechen:

	»Die Augen Gottes	IV	und die zwei Ölsöhne«		
	Befreiung von	III	V	Befreiung von	
	äußerer Bedrohung	II		VI	innerer Bedrohung
Gottes Weltregiment	I			VII	Gottes Weltregiment
(Abend)		(Mitternacht)		(Morgen)	

Die sieben Visionen, die den ihnen allen gemeinsamen Bauplan (4 Elemente: Eröffnung, Visionsbeschreibung, Visionserzählung, Deutegespräch; zur Doppelung IV A und IV B und zum abweichenden Bauplan von IV A s.u.) kunstvoll variie-ren, bieten eine Geschehensfolge, deren Dynamik in I (Anfang) und VII (Schluß) und deren vorantreibende Kraft in IV (Mitte) geschaut und gedeutet werden.

Die in der *ersten* Vision geschaute »totale Auskundschaftung der Ökumene führt zu dem Ergebnis, daß die Erde sich nicht rührt: alles bleibt im Grunde, wie es war, Unterdrückung und Herrschaft, und Gottes Heilswille wird nicht befolgt. Die menschliche Geschichte ist ohnmächtig, das Heil zu bringen. Gott allein kann durch transzendenten Eingriff in diese Geschichte das Heil bewirken, und die Bitte des Engels führt zur Heilsansage Gottes: Es ist an der Zeit, der eifernde Liebeswille Gottes gilt Jerusalem, aber der Zorn den Völkern, die nur zum Unheil geholfen haben... Die *letzte* Vision hat Ähnlichkeit mit der ersten, auch hier geht es um Pferde, diesmal aber nicht um Reitpferde, sondern um Wagenpferde; diesmal kommen sie nicht aus der Welt..., sondern gehen... in die Welt hinaus... Sie bringen Gottes Hand, *rū*ᵃ*h*, Gottes Geist in die Welt, und mit diesem pfingstlichen Ereignis beginnt der neue Äon. Die gesamte Menschheit der Ökumene wird von diesem in alle vier Himmelsrichtungen ausgesandten Geist ergriffen, besonders aber die Hauptmasse der jüdischen Exulanten in Babel; denn der hier am Ende besonders erwähnte, nach Norden gehende Wind zieht nach Babel, das für Sacharja im Norden liegt« (*H.Gese*, Anfang und Ende der Apokalyptik 26f.31.33). Die *vierte* Vision (durch mehrere Eigenheiten herausgehoben) in der Mitte zeigt den *deus praesens* (vgl. schon die Ankündigung in 2,10). Der Leuchter mit den 49 (7x7) Flammen zwischen den zwei Bäumen ist das Bild der neu ausstrahlenden Fülle des Lichts. »Der kultische Leuchter ist das zeichenhafte Sein der göttlichen Epiphanie. Und daß die Deutung dann geheimnisvoll von den sehenden Augen Gottes spricht, ist verständlich: Gott sieht man nicht, sondern man wird von ihm gesehen, waren doch auch schon für Ezechiel die göttlichen Wesen voller Augen. Licht ist das Medium des Sehens, im Zeichen des kultischen Lichts wird Gott angesichtig, und die beiden Gesalbten repräsentieren die neue Kultgemeinde, den Priester und den davidischen Tempelbauer, den neuen Kultus, durch den Gott seine doxa in die Welt ausstrahlt« (*H.Gese*, Anfang und Ende der Apokalyptik 29).

(2) Der *zweite Teil (Kap.9-11)* schildert in einer neuen, weniger systematisch komponierten Bilderfolge die Wiederherstellung Jerusalems und des Gottesvolks sowie deren Indienstnahme für die eschatologische Niederwerfung aller Feind-mächte. Durch 9,1b (»Denn JHWH hat *ein Auge*, das auf die Menschen sieht«) und 9,8b (»Denn jetzt sehe ich *mit meinen Augen*«) greift der Anfang dieses Teils auf die Vision IV des vorangehenden Teils zurück und präsentiert sich als dessen Aktualisierung. Der Teil setzt in *9,1-8* mit einem Unheilsorakel gegen die Jerusa-

lem/Juda bedrohenden Nachbarvölker ein. Das Orakel inspiriert sich als »Prophetie im Rückblick« (*vaticinium ex eventu*) am Siegeszug Alexanders des Großen durch Syro-Palästina und deutet diese weltpolitische Erschütterung als Anbruch einer »neuen Zeit«, die schließlich mit dem in Jerusalem einziehenden Friedenskönig zur messianischen Heilsszeit führen wird, wie der Abschnitt *9,9-17* entfaltet; dieser Abschnitt gibt mit seinem Rahmen 9,9-10 und 9,16-17 das Ziel des in 9,11-15 angesagten eschatologischen Krieges an. Ehe die messianische Zeit (vgl. besonders 9,9f) anbricht, müssen die bösen Hirten entmachtet werden, wie die beiden Abschnitte *10,1-11,3* (Kampf gegen die Hirten und Leithammel der Völkerwelt) und *11,4-17* (sog. Hirtenallegorie: prophetische Zeichenhandlung gegen die bösen Hirten im Gottesvolk selbst = Hohepriester; nach anderen ist der böse Hirte von 11,15-17 Figur für die Ptolemäerherrschaft) zeigen.

(3) Der *dritte Teil (Kap.12-14)* entwirft ein apokalyptisch eingefärbtes Endzeitgeschehen, das in und um Jerusalem spielt; auch hier stellt das Motiv des »Auges JHWHs«, das JHWH über dem Haus Juda offen hält, den Rückbezug zur Vision IV des ersten Teils (s.o.) her. Diesmal findet vor Jerusalem, gegen das sich alle Völker zum schwer bewaffneten »Völkersturm« zusammenrotten, die eschatologische Entscheidungsschlacht statt, bei der es zuerst auf seiten Jerusalems Leid und Todesopfer gibt, ehe JHWH das Gericht an den Völkern vollzieht, das zur Rettung Jerusalems *und* zur Bekehrung des aus den Völkern geretteten Restes zu JHWH führt. »An jenem Tag« wird Jerusalem zum Zentrum aller friedliebenden Menschen werden, die dort in Überwindung aller bis dahin geltenden Abgrenzungen *gemeinsame* JHWH-Feste feiern. Die Lebensfülle JHWHs wird so intensiv und bedingungslos in Jerusalem anwesend sein, daß selbst die bis dahin als götzendienerisch verurteilten Dinge (Pferdeschellen) ebenso wie alltäglichste Gegenstände (Kochtöpfe) als kultisch rein gelten (vgl. 14,20f). Bei der Schilderung dieses endzeitlichen Kampfes um Jerusalem spielt die Gestalt eines »Durchbohrten«, auf den alle schauen, um den große Klage gehalten wird (vgl. 12,10-13) und dessen Tod für das Haus David und für die Einwohner Jerusalems Reinigung von Sünde bewirkt (vgl. 13,1), eine wichtige Rolle. Die Deutung dieser Gestalt ist schwierig und kontrovers: Man kann sie entweder als Personifikation der im Kampf um Jerusalem gefallenen jüdischen Martyrer der Endzeit deuten (*H.Gese*) oder in ihr »den messianischen Heilbringer der Zukunft« sehen, der »in naher Beziehung zum Gottesknecht von Jes 53« (*A.Deissler*) steht.

11.2 Entstehung und zeitgeschichtlicher Kontext

Daß 1-8.9-11.12-14 aus jeweils unterschiedlichen Epochen stammen, ist weitgehender Konsens der Forschung.

(1) Dafür, daß 9-14 nicht von der gleichen Hand verfaßt sein kann wie 1-8, lassen sich folgende Beobachtungen anführen: »Nicht nur die Daten, sondern auch die Erwähnung konkreter Umstände wie des Tempelbaus oder von Personen wie Serubbabel, Josua, Darius fehlen im zweiten Teil des Buches. Die Überschrift 9,1 (vgl. 12,1; Mal 1,1) nennt keinen namentlich bekannten Propheten als Urheber; offenbar ist diese Prophetie anonym. Andererseits gibt es zwischen beiden Teilen des Sacharja-Buches auch Verbindungslinien: In beiden Teilen spielt die Zionstradition eine zentrale Rolle, wird ein allein von Gott beschütztes neues Jerusalem erwartet (2,5; 9,8; 14,11), dessen Heraufkommen mit paradiesischer Fruchtbarkeit verbunden sein wird (8,12; 14,6.8). Die Exilierten sollen heimkommen (8,7; 10,9f.),

die Fremdvölker gestraft (1,18-21; 14,12) und/oder zu Jahwe bekehrt werden (2,11; 8,20.22; 14,16). Jahwe will seinen Geist ausgießen (4,6; 12,10) und einen Messias senden (3,8; 9,9f.). So wird man die Zuordnung von Sacharja 9-14 zu Sacharja 1-8 nicht als einen Zufall ansehen können, sondern im zweiten Teil des Buchs eine Sacharja-Schule sehen können, die in einer veränderten Situation die Botschaft des Propheten fortführte« (*H.G.Reventlow*, Kommentar 86). Diese Fortschreibung hängt höchstwahrscheinlich mit der Integration von Sach 1-8 in das entstehende Dodekapropheton zusammen.

(2) Daß entstehungsgeschichtlich zwischen 9-11 und 12-14 (bzw. gegebenenfalls nochmals zwischen 12-13 und 14) unterschieden werden muß, legt sich aus sprachlichen (9-11 ist fast durchweg in gebundener Rede verfaßt) und inhaltlichen (12-14 ist stärker eschatologisch/apokalyptisch eingefärbt und kreist viel deutlicher um Jerusalem; die Gestalt des messianischen Friedenskönigs von Sach 9,9f und die Hirtenthematik, die 9-11 bestimmen, fehlen in Sach 12-14; sollte »der Durchbohrte« von Sach 12,10f eine messianische Figur sein, wäre die Differenz zu 9,9f offensichtlich) Gründen nahe.

(3) Auch Sach 1-8 ist keine ursprüngliche Einheit. Nach allgemeinem Konsens ist die Vision IV A = 3,1-10 (s.o.) eine spätere Erweiterung aus priesterlichem Interesse: »Gegenüber den anderen Visionen fallen folgende Differenzen auf: a) Der Deute-Engel fehlt. b) Der ›Engel Jahwes‹ ist ganz Stellvertreter und ›Mund Jahwes‹ und hat keine eigene Kontur. c) Der Visionär ist passiver Zuschauer und Zuhörer. d) Das abschließende Gotteswort richtet sich an Jeschua, nicht an den Propheten. Dieses ›Gesicht‹ fällt so sehr aus dem ›Rahmen‹ der anderen Visionen, daß es gewiß nicht zum ursprünglichen Visionszyklus gehört; es ist eingefügt« (*A.Deissler*, Kommentar 277). Ebenfalls sekundär dürften im Visionszyklus 1,7-6,15 alle kommentierenden Passagen sein, die die Visionen I III IV B und VII aktualisieren (s.o. die Graphik S. 429) bzw. den Visionszyklus in den größeren Textzusammenhang Sach 1-8 einbinden.

(4) Die Überschriften 1,1.7; 7,1 bringen Sacharja (Bedeutung des Namens: »JHWH hat sich erinnert«) mit den ersten beiden Jahren des Tempelneubaus (520-518) in Verbindung. Er wird so mit Haggai parallelisiert (s.o.), mit dem er auch in Esra 5,1; 6,14 in diesem Sachzusammenhang genannt wird. Ob Sacharja die Einweihung des Tempels, für den er sich so programmatisch einsetzte, noch erlebt hat, geht aus dem nach ihm benannten Buch nicht hervor. Spuren seiner mündlichen Verkündigung finden sich höchstens in Sach 1-8; möglicherweise geht der siebenteilige Visionenzyklus in seiner Grundschicht auf ihn selbst zurück.

(5) Die beiden Fortschreibungen 9-11 und 12-14 dürften wegen ihrer zeitgeschichtlichen Transparenz auf die beginnende hellenistische Epoche hin (9,1-8: Bezugnahme auf den zurückliegenden Siegeszug Alexanders des Großen) und die Erschütterungen der ptolemäischen Epoche erst im ausgehenden 4.Jh. (9-11) bzw. im 3.Jh. (12-14) entstanden sein.

(6) Ein sehr komplexes Wachstum von Sach 9-14 im Zusammenhang der Entstehungsgeschichte des Zwölfprophetenbuchs nehmen *E.Bosshard/R.G.Kratz/O.H.Steck* an: 9,1-10,2 (zwischen 332 und 323 v.Chr.); 10,3-11,3 (zwischen 320 und 315 v.Chr.); 11,4-13,9 (zwischen 311 und 302/1 v.Chr.), 14 (zwischen 240 und 220 v.Chr.); 12,1 (zwischen 220 und 201 oder zwischen 198 und 190 v.Chr., im Zusammenhang mit der Abtrennung von Mal als eigener Prophetenschrift).

11.3 Schwerpunkte der Theologie und Relevanz

(1) Wie für Haggai ist auch für Sacharja »der Wiederaufbau des Tempels (vgl. 1,16; 4,6-10, vorab 2,14) ein großes Anliegen, aber sein prophetischer Blick reicht weiter und erreicht so das ›neue Jerusalem‹ als ganzes, das nicht nur ein durch Jahwes Geschichtswalten äußerlich erneuertes und gesichertes Zentrum der Jahweverehrung inmitten der Völkerwelt (2,14f) wird, sondern auch eine nach innen geläuterte und von Sünde und Schuld gereinigte ›Stätte Jahwes‹. Diese innere Läuterung muß nach Sacharja ansetzen bei der Realisierung der Weisungen der früheren Propheten (vgl. 7,7.12; 8,16f), wobei die Anliegen der ›zweiten mosaischen Tafel‹ des Dekalogs sogar im Vordergrund stehen.

(2) Auch gegenüber den ›Völkern‹ hat Sacharja eine offenere Einstellung als Haggai, der vorab auf die Schätze blickt, die der Tempel einheimsen wird (2,7-9). Für Sacharja ist Zion zwar der ›Augapfel Jahwes‹ (2,12), den niemand antasten

darf, aber viele Völker werden sich seiner Botschaft gemäß Israel anschließen und werden mit ihm zusammen das ›Bundesvolk Jahwes‹ bilden (2,15, vgl. auch 6,8 und 8,20-22)« (*A.Deissler*, Kommentar 265). Die Fortschreibungen Sach 9-11 und 12-14 ziehen diese universalistische Linie noch aus: Jerusalem wird zur Quelle weltweiten Friedens und zum Ort, an dem alle Völker zusammen mit Israel JHWH als einzigen Gott anbeten werden.

(3) Alle drei Teile des Buchs entwerfen eine spezifische messianische Utopie. Während 4,1-14[*] von einer messianischen Ämterverteilung träumt, zeichnet 9,9f das Bild von einem »armen, ohnmächtigen« Messias, der *als solcher* der Gewaltherrschaft ein Ende setzt; ob »der Durchbohrte« von 12,10-13,1 kollektiv oder individuell gedeutet wird, in beiden Deutungen leuchtet die Perspektive einer messianischen Gemeinschaft oder einer messianischen Einzelgestalt auf, die dem Gottesvolk (*und* der Völkerwelt: vgl. das Bild von der Quelle in 13,1 *und* in 14,8!) Reinigung von Sünde und von Unreinheit bringen wird.

(4) Die Kirche kann sich als jene Menschengruppe aus der Völkerwelt verstehen, die sich von der Bundesgeschichte JHWHs mit Israel faszinieren läßt und zu Israel sagt: »Wir wollen mit euch gehen; denn wir haben gehört: Gott ist mit euch« (Sach 8,23). Durch Jesus den Christus, den die Kirche als den messianischen Friedenskönig von Sach 9,9f und als den Durchbohrten von Sach 12,10f begreift, bleibt sie an Israel gebunden. Sie kann diese Utopie von Sach 9-14 nur (inklusiv, nicht exklusiv!) auf sich beziehen, wenn sie sich unter die Predigt von Sach 1,3 stellt: »Kehrt um zu mir, dann kehre ich um zu euch« - zumal dies auch die Quintessenz der Predigt Jesu war (vgl. Mk 1,15).

12.   Das Buch Maleachi

Kommentare: K.Marti (KHC) 1904; F.Horst (HAT) [3]1964; W.Rudolph (KAT) 1976; R.Mason (CBC) 1977; R.Vuilleumier (CAT) 1981; R.L.Smith (WBC) 1988; A.Deissler (NEB) 1988; H.G.Reventlow (ATD) 1993.

Einzelstudien: H.J.Boecker, Bemerkungen zur formgeschichtlichen Terminologie des Buches Maleachi: ZAW 78,1966,78-80; E.Bosshard/R.G.Kratz, Maleachi im Zwölfprophetenbuch: BN 52,1990,27-46; M.Krieg, Mutmaßungen über Maleachi (AThANT 80) Zürich 1993; Th.Lescow, Das Buch Maleachi. Texttheorie - Auslegung - Kanontheorie (AzTh 75) Stuttgart 1993; A.Meinhold, Die theologischen Vorsprüche in den Diskussionsworten des Maleachibuches, in: FS H.J.Boecker, Neukirchen-Vluyn 1993,197-209; E.Pfeiffer, Die Disputationsworte im Buche Maleachi: EvTh 19,1959,546-568; A.Renker, Die Tora bei Maleachi (FThSt 112) Freiburg 1979; O.H.Steck, Der Abschluß der Prophetie im Alten Testament. Ein Versuch zur Frage der Vorgeschichte des Kanons (BThSt 17) Neukirchen-Vluyn 1991; H.Utzschneider, Künder oder Schreiber? Eine These zum Problem der »Schriftprophetie« auf Grund von Maleachi 1,6-2,9 (BEATAJ 19) Frankfurt a.M. 1989; G.Wallis, Wesen und Struktur der Botschaft Maleachis, in: FS L.Rost (BZAW 105) Berlin 1967,229-237.

12.1 Aufbau

Das unverwechselbare Proprium des Buches Maleachi ist seine dialogische Struktur, durch die sein Hauptteil in *sechs Redeeinheiten* gegliedert wird, die als »Disputationsworte« (*E.Pfeiffer*) oder als »*Diskussionsworte*« (*H.J.Boecker*) bezeichnet werden. Sie bestehen aus vier Bauelementen: I. Feststellung; II. Widerspruch der

Angeredeten; III. Entfaltung der Feststellung; IV. Folgerung(en). In den Diskussionsworten 2, 3 und 5 geht der Feststellung noch jeweils eine Gottesaussage voraus (2 und 3: Vaterschaft Gottes; 5: Unwandelbarkeit/Treue Gottes). Das Buch hat folgenden chiastischen *Bauplan*:

1,1	Überschrift (vgl. Sach 9,1;12,1)	
1,2-5 A	1. Diskussionswort	JHWHs Liebe zu Israel im Kontrast zum Gericht JHWHs über Edom
1,6-2,9 B$_1$	2. Diskussionswort	Anklage (1,6-14) und Gerichtsankündigung gegen die Priester (Nachlässigkeit im Opferwesen und in der Erteilung von Tora)
2,10-16 B$_2$	3. Diskussionswort	Anklage gegen die Gemeinde und abschließendes Mahnwort (Heirat mit ausländischen Frauen und Treulosigkeit)
2,17-3,5 B'$_2$	4. Diskussionswort	Anklage und Gerichtsankündigung (Schwerpunkt: Sozialkonflikte, Ausbeutung der Kleinbauern und Armen)
3,6-12 B'$_1$	5. Diskussionswort	Aufforderung zur Umkehr und Heilsankündigung (Konflikt: Tempelpersonal - Laienschaft; Ablieferung des Zehnten)
3,13-21 A'	6. Diskussionswort	Ankündigung des eschatologischen Gerichts (Tag JHWHs): Rettung der Gerechten und Vernichtung der Frevler
3,22	1. Epilog (Rückbezug nach Jos 1,7.13 sowie Dtn 5,1; 11,32; 12,1; 26,12)	
3,23-24	2. Epilog (Rückbezug nach 1 Kön 19 sowie Jes 66)	

12.2 Entstehung und zeitgeschichtlicher Kontext

Das Buch setzt sich mit den sozialen und religiösen Konflikten der nachexilischen Gemeinde ab dem 5.Jh. auseinander. In das 5.Jh. weisen zunächst die im 2. und 3. Disputationswort erörterten religiösen Konflikte. Die Nachlässigkeiten im Opferwesen (1,6-2,9) setzen nicht nur den Wiederaufbau des Tempels (Einweihung 515 v.Chr.) voraus, sondern auch eine gewisse zeitliche Distanz von der Wiederaufnahme des Kultbetriebs, wodurch diese offensichtlich breiter um sich greifende Nachlässigkeit leichter erklärbar ist. Die Auseinandersetzung mit der Mischehenproblematik (2,10-16) ist noch nicht von der rigorosen Lösung des Esra bestimmt, der um 400 v.Chr. die Scheidung von nichtisraelitischen Ehefrauen forderte (vgl. Esra 10,1-17). Die im 4. und 5. Disputationswort angesprochenen Sozialkonflikte sind die typischen Grundkonflikte der Provinz Juda (Jehud) zur Zeit des Nehemia (vgl. Neh 5 und 13). Damit dürfte der Grundbestand des Maleachi in das 5.Jh. anzusetzen sein; ob man »Maleachi« (Bedeutung des Eigennamens unklar: »mein Bote« oder »der Bote JHWHs« oder »mein schützender Bote/Engel ist JHWH«) für eine historische Gestalt halten kann, ist fraglich. Wahrscheinlicher ist »Maleachi« ein Programmname für das von Anfang an als literarische Prophetie entstandene Buch (s.u. zu *Th.Lescow*; *E.Bosshard/R.G.Kratz* und *O.H.Steck*; ähnlich *H.Utzschneider*).

Auf die mündliche Verkündigung eines (priesterlichen ?) Propheten Maleachi führen u.a. die jüngsten beiden deutschsprachigen Kommentare zu Mal von *A.Deissler* und *H.G.Reventlow* das Buch zurück: »Die Einzeltexte sind der schriftliche Niederschlag mündlicher Redegänge, doch sind sie gewiß vom Propheten bzw. seinen Jüngern literarisch bearbeitet, um die Substanz der mündlich ausgerichteten Botschaft auch für spätere Generationen festzuhalten... Daß sie nach der Chronologie geordnet sind, ist für das Ganze des Büchleins nicht erweisbar. Mit Sicherheit kann man nur sagen, daß das Diskussionswort 3,13-21 später als 2,17-3,5 datiert werden muß... Im vierten Diskussionswort, näherhin in 3,1b-4 kommt ein späterer Schriftgelehrter, dem wie Maleachi eine JHWHs würdige Priesterschaft am Herzen liegt, zu Wort. Charakteristisch für ihn jedoch ist, daß er von einem Läuterungsgericht am Levi-Stamm spricht (nicht von einem schlimmen Strafgericht wie in 2,3.9) und dies zugleich dem Endgericht vorschaltet (vgl. 3,22-24). Auch in 3,22... ist eine Schriftgelehrtenhand am Werk. Hier ist P schon in Sicht, aber anscheinend noch nicht in prägender Weise wirksam. Das Datum dürfte kurz vor Esra liegen (398 v.Chr.). Der Anhang 3,23-24 - gewiß am spätesten zu datieren - sieht im Boten von 3,1 (und damit wohl auch in der Rolle des ›Bundesengels‹ von 3,1b) den wiederkommenden Propheten Elija tätig. Auch hier geht das Wirken des ›Boten‹ an Israel dem Endgericht voraus« (*A.Deissler*, Kommentar 316f).

Als eine von Anfang an »literarische Prophetie« bzw. »Tradenten-Prophetie« (s.o. F.I.1.2) erklären - im einzelnen unterschiedlich - *Th.Lescow*, *E.Bosshard/R.G. Kratz/O.H.Steck* und *H.Utzschneider* die Entstehung des Buches.

Nach *Th.Lescow* ist das Buch »vermutlich in drei Phasen entstanden: 1. eine aus 6 Torot bestehende, konzeptionell geordnete Grundschrift. 2. Umwandlung der Grundschrift in eine Sammlung von 6 Themapredigten durch Prosaisierung und Erweiterung. 3. Fortschreibung der Themapredigten durch Kommentierung und Glossierungen« (*Th.Lescow*, Das Buch Maleachi 12). Die um 480 v.Chr. verfaßte Grundschrift des Buches Maleachi »ist von vornherein literarisch konzipiert und sie ist *anonym* verfaßt. Das unterscheidet sie prinzipiell von der vorexilischen Prophetie, die auf *mündlicher* Kommunikation eines *namentlich bekannten* Propheten mit seiner Zuhörerschaft beruhte. Zu dieser neuen Form *literarischer Kommunikation* hat *H.Utzschneider* bemerkt: ›Auch ein geschriebener Text muß in einen Kommunikationsprozeß eingehen, um wirksam zu sein... er muß als geschriebener Text (vor-) gelesen werden, als gelesener Text besprochen und diskutiert werden!... Wir haben hier... einen *neuen Typus von Prophetie* vor uns, der sich unter den Bedingungen der nachexilischen Tempelgemeinde entwickelt hat: seine Verkündigungsform ist *Tora*, und ihre Aneignung erfolgt durch *Dialog*... Um 480 wurde Jerusalem zumindest teilweise erneut zerstört... Nähere Umstände sind nicht bekannt. Sollte dieses Ereignis der unmittelbare *politische* Anlaß für die Grundschrift gewesen sein, dann wäre noch einmal um so nachdrücklicher auf das gegenüber der herkömmlichen Prophetie völlig veränderte theologische Grundmuster hinzuweisen: der Mut wird nicht in prophetischer Inspiration aus dem Ereignis selbst gewonnen, sondern durch schriftgelehrte Auslegung der Tradition« (*Th.Lescow*, Das Buch Maleachi 148.157f). Die Umwandlung der Grundschrift zu »Predigtvorlagen« datiert *Lescow* in das ausgehende 5.Jh. (ca. 410 v.Chr.); die Kommentierung und Glossierung erfolgte ca. 100 Jahre später, also in frühhellenistischer Zeit.

Nach *E.Bosshard, R.G.Kratz, O.H.Steck* ist Maleachi überhaupt nicht als eigenständiges Werk entstanden, sondern erst durch die Schlußredaktion des Zwölfprophetenbuchs vom Buch Sacharja abgegrenzt worden, als dessen mehrstufige Fortschreibung Mal 1-3 entstanden ist. Diese Autoren unterscheiden in Mal drei Wachstumsphasen: (1) Grundschicht = Mal I (1,2-5; 1,6-2,9 [ohne 1,14a; mit 2,13-16?]; 3,6-12; Datierung: Perserzeit); (2) erste Überarbeitungsschicht = Mal II (2,17-3,5; 3,13-21; Datierung: zwischen 240 und 220 v.Chr.); (3) zweite Überarbeitungsschicht = Mal III (1,1; 2,10-12; 3,22-24; Datierung: zwischen 220 und 201 v.Chr. oder zwischen 198 und 190 v.Chr.).

Als Hauptargument für diese Position werden die vielfältigen sprachlichen Bezüge von Mal zu den anderen Büchern des Dodekapropheton und zum Jesajabuch, sowie zu Dtn, Jos und 1 Kön herangezogen: »Die Bedeutung der Bezüge liegt darin, daß sie durchweg vom Maleachi-Text ausgehen, literarischer Natur sind und eine buchstrukturierende Funktion erfüllen. Von daher legt sich der Schluß nahe, daß das letzte Buch im Dodekapropheton nicht immer ein Buch für sich war, sondern bis zu seiner Letztgestalt ein auf verschiedenen Ebenen und im Blick auf unterschiedliche Horizonte gewachsener, redaktioneller Fortschreibungstext ist. So stellt sich die Grundschicht (Mal I) als unmittelbare literarische Fortsetzung von Sach 1-8 dar; eine erste Überarbeitungsschicht (Mal II) ergänzt die dazwischenplazierte Einschreibung Sach 9-14 mit Blick auf Jes 66, beide Schichten als Abschluß eines Zwölfprophetenbuches; eine zweite Überarbeitungsschicht (Mal III) schließlich greift noch weiter aus und beschließt das Zwölfprophetenbuch im Rahmen des Kanonteils Nebjim mit Rückverweis auf Jos 1« (*E.Bosshard/ R.G.Kratz*, Maleachi im Zwölfprophetenbuch 46).

Gegenüber den zu starken literarkritischen Differenzierungen der Positionen von *Th.Lescow* und *O.H.Steck* einerseits und gegenüber den zu wenig differenzierenden Positionen von *A.Deissler* und *H.G.Reventlow* andererseits wird man von einer *Grundschrift 1,2-3,12* ausgehen können, die *durch 3,13-21 fortgeschrieben* (vgl. die unterschiedlichen Konzepte des Tages JHWHs in der Einheit 2,17-3,5 und in 3,13-21) und durch den in zwei Phasen hinzugesetzten Epilog (3,22 und 3,23-24) als Abschluß des gesamten Prophetencorpus Jes - Mal qualifiziert und mit der inzwischen kanonisierten Tora des Mose in Beziehung gesetzt wurde (s.o. A.II.). Es ist davon auszugehen, daß im Zusammenhang mit der Fortschreibung durch 3,13-21 auch in 1,6-2,9 sowie in 2,17-3,5 kleinere bearbeitende Einfügungen vorgenommen wurden.

12.3 Schwerpunkte der Theologie und Relevanz

(1) »Zu Unrecht wird die Botschaft Maleachis oft wegen ihrer kultischen Orientierung geringgeschätzt oder wenig beachtet. In der vollmächtigen Verkündigung des Gotteswortes gegenüber seinen Zeitgenossen steht er seinen Vorgängern in nichts nach. Er hat es mit Hörern zu tun, die in einer Zeit politischer und wirtschaftlicher Bedrückung teils kleinmütig geworden sind, teils ihre Pflichten gegen Gott nicht mehr ernstnehmen. Sie sucht er zu ermutigen und zum Gehorsam gegen Gottes Gebote zurückzurufen. Auffallend ist das große Gewicht, das er auf die Nichteinhaltung der Opfervorschriften (1,6-14) und der für den Tempel bestimmten Abgaben (3,8-10) legt. Doch zeigt sich für ihn gerade darin die Mißachtung Jahwes durch seine Hörer. 2,13 vgl. 3,3b-4, macht deutlich, daß der Wille Gottes unteilbar ist und die Annahme auch korrekter Opfergaben davon abhängt, ob die Darbringenden die ethischen Gebote ebenso erfüllen. Damit hängt auch zusammen, daß die Aufgabe der Priester nicht zuletzt in wahrhaftiger Weisung (Tora) besteht (2,6-8). Damit sind sie für die ethische Haltung des gesamten Volkes verantwortlich. Das unrechte Tun der Gottlosen besteht einmal in Verstößen gegen die traditionellen Gebote einschließlich der Unterdrückung der paradigmatisch sozial Schwachen (3,5), zum andern in den Ehen mit ausländischen Frauen (2,10-16). Diese sind teils verwerflich, weil sie zum Dienst des ›fremden Gottes‹, d.h. zum Abfall von Jahwe verleiten, teils, weil sie zur Treulosigkeit gegenüber der ›Frau der Jugend‹ führen, der früh geheirateten israelitischen ersten Ehefrau. Auch hier sind religiöse und ethische Aspekte miteinander verbunden« (*H.G.Reventlow*, Kommentar 132).

(2) Das Buch führt seinen prophetischen Kampf *gegen* die religiösen und sozialen Verwerfungen sowie *für* umfassende Gerechtigkeit mit der Verkündigung eines dialektischen Gottesbildes in der Spannung von bedingungsloser Liebe JHWHs für Israel (vgl. ł,2; 3,23f) bzw. für alle, die JHWH fürchten und seinen Namen achten (vgl. 3,16.20), *und* strafender Gerechtigkeit für Edom (vgl. 1,2b-5) bzw. für alle Frevler (vgl. 3,19.21). Von daher ist Mal eine prophetische Theodizee in eschatologischer Perspektive.

(3) Mit den beiden in 3,22-24 unauflösbar miteinander verschränkten Brennpunkten der Geschichte JHWHs mit Israel, nämlich Tora (Mose) und Prophetie (Elija), die zugleich im Neuen Testament den Deute-Horizont für die Sendung Jesu bilden (vgl. besonders Mk 9,2-10 par), ist Mal ein Buch, das Juden und Christen zu einem Leben aus Tora *und* Prophetie verpflichtet - freilich in der Dynamik ihrer je eigenen und unterschiedlichen Glaubensgeschichte, aber zugleich in der ihnen gemeinsam in Mal 3,20 geschenkten Verheißung:

> »Euch, die ihr *meinen* Namen fürchtet,
> wird die Sonne der Gerechtigkeit aufgehen:
> ihre Flügel bringen Heilung.«

Anhang 1: Epochen der Geschichte des biblischen Israel
(Erich Zenger)

Das Erste Testament ist ein theologisches Buch. Es ist nicht seine Absicht, die Zeit-, Religions-, Sozial-
und Kulturgeschichte Israels und seiner Nachbarvölker zu schreiben. Deshalb kann es auch nicht als
Primärquelle einer Darstellung der Geschichte Israels dienen. Vor allem ist das biblische Geschichtsbild
über die Ursprünge Israels (Patriarchenzeit - Exodus - kriegerische Landnahme) sowie über die
glanzvolle Epoche des Großstaates Davids/Salomos und den danach einsetzenden kontinuierlichen
Niedergang der auf Salomo folgenden Teilstaaten Juda und Israels als geschichtstheologische Deutung
in historischer Hinsicht zu relativieren. Auch das im Bereich christlicher Exegeten verbreitete Urteil,
die nachexilische Epoche sei eine »dunkle«, dekadente Zeit (problematische Unterscheidung: Israel -
Judentum) gewesen, ist historisch unhaltbar. Primärquellen einer historischen Rekonstruktion der
Geschichte Israels sind die archäologischen, epigraphischen und ikonographischen Funde - freilich in
Korrelation mit den biblischen Texten. Hier hat die Forschung der letzten Jahrzehnte Erstaunliches
geleistet. Das dabei entstandene Bild läßt sich tabellarisch wie folgt zusammenfassen:

Archäologische Epochen der Geschichte Israels		
Epoche	Datierung	Charakteristika und dominante Faktoren
Spätbronzezeit	1550-1150	Kanaan unter ägyptischer Dominanz; Blüte und Niedergang der kanaanäischen Stadtkönigtümer
Eisenzeit I	1250-1000	Rückgang der kanaanäischen Stadtkultur (Deurbanisation); Entstehung einer neuen (israelitischen) Dorfkultur im Landesinneren sowie der philistäischen Stadtkultur an der Küste
Eisenzeit II A Eisenzeit II B Eisenzeit II C	1000-900 900-700 700-600	Monumentaler Ausbau der Haupt-, Grenz- und Garnisonstädte der neuen Nationalstaaten Aram, Ammon, Israel, Juda, Moab; zunehmender assyrischer Einfluß auf Architektur und Kleinkunst
Eisenzeit III	600-500	Fehlen monumentaler Neubauten; kulturelle Stagnation
Perserzeit	520-332	Regionalisierung (Provinzen Jehud und Samaria); zunehmender phönikischer Einfluß; achämenidische Verwaltungsstrukturen
Hellenistische Zeit	332-30	Neue (hellenistische) Stadtanlagen (Verlagerung vom »Tell« in die Ebene); zunehmender griechischer Einfluß (Architektur, Grabwesen, Malerei, griechische Importe: Keramik, Koroplastik u.ä.).
Römische Zeit	30 v.Chr.- 324 n.Chr.	Herodianische Architektur (Paläste, Stadtanlagen, Tempel) und Dekor (Friese, Fresken, Mosaiken); frühe Synagogen; römische Städte (z.B. Caesarea, Skythopolis, Gerasa) und Skulpturen; römische Militäranlagen (Lager, Straßen)

Die auf der folgenden Seite abgedruckte Tabelle will eine kleine Hilfe dazu sein, die in unserer
»Einleitung« beschriebenen biblischen Bücher zeitgeschichtlich einzuordnen. Sie berücksichtigt in der
Regel die Endgestalt der Bücher; bei den Büchern der Prophetie ordnet sie die »historischen« Gestalten
ein.

Zeit- und literaturgeschichtliche Epochen des biblischen Israel		
Epochen	Ereignisse	Tanach/Erstes Testament
1200-1000 **Israel als Stämmegesellschaft**	Ende der ägyptischen Vorherr-schaft; Ankunft der Seevölker; Entstehung der Stämmegesell-schaft »Israel«	Stammes-, Helden-, Heilig-tums- und Ortssagen; Lieder; Sprüche; Rechtssätze
1000-586 **Eigenstaatliche Epoche** 1000-931 Stammeskönigtum Davids und Salomos 931-722 Nordreich Israel 931-586 Südreich Juda	Saul - David - Salomo 931 sog. Reichsteilung 850-800 Druck des Aramäer-reichs auf Israel ab 750 Expansion des assy-rischen Weltreichs 722 Eroberung Samarias u. Eingliederung des Nordreichs in das assyrische Reich 733-622 Juda assyrischer Va-sallenstaat · 622 Joschijanische Reform 605-586 Juda babylonischer Vasalenstaat 597 u. 586 Erste u. Zweite Eroberung Jerusalems 586 Zerstörung v. Tempel u. Stadt	Erzählkränze über die »Ur-sprünge Israels« Privilegrecht Ex 34* und Bun-desbuch (um 900) Elija-Erzählungen (9.Jh.) Amos u. Hosea (Mitte 8.Jh.) Jesaja u. Micha (Ende 8.Jh.) Jerusalemer Geschichtswerk (= Jehovistisches Geschichts-buch) (um 690) (Joschijanisches) Deuterono-mium (622) Zefanja, Nahum u. Habakuk (Ende 7.Jh.) Ezechiel u. Jeremia (Anfang 6.Jh.)
586 v.Chr. - 324 n.Chr. **Unter fremdstaatlicher** **Herrschaft** 586-538 Babylonische Herrschaft 538-332 Persische Herrschaft 332-301 Griechische Herrschaft 301-198 Ptolemäische Herrschaft 198-129 Seleukidische Herrschaft **129-63** **Herrschaft der Hasmonäer** 63 v.Chr.-324 n.Chr. Römische Herrschaft 40 v.Chr.-100 n.Chr. Klientelkönigtum der Herodianer	586-538 Juda babylonische Provinz 538 Eroberung Babylons durch Kyrus von Persien 520-515 Wiederaufbau des Jerusalemer Tempels 445 Nehemia (Statthalterschaft; Wiederaufbau der Mauern Jerusalems) 398 Esra (Promulgation der Tora in Jerusalem) 332 Alexander der Große in Israel u. Ägypten 167-164 Befreiungskampf der Makkabäer (Hasmonäer) 164 Wiedereinweihung (»Reinigung«) des Tempels 7/6 v.Chr. Geburt Jesu 66-70 n.Chr. Jüdischer Krieg gegen die Römerherrschaft 70 Zerstörung Jerusalems 132-135 Aufstand gegen die Römer unter Bar Kochba	Deuteronomistisches Ge-schichtswerk (Mitte 6.Jh.) Jesaja II (Mitte 6.Jh.) Priesterschrift, Haggai u. Sa-charja (520-518) Rut (5.Jh.) Abschluß der Tora (um 400) Ijob (4.Jh.) Chronik, Esra, Nehemia, Tobit, Ester, Sprüche, Kohelet, Ho-heslied (3./2.Jh.) Zwölfprophetenbuch (um 240) Psalter (um 200) Jesus Sirach (um 175) Daniel (um 150), Judit (150-100), 1/2 Makkabäer (um 100) Weisheit Salomos (um 30) Schließung des jüdischen Kanons (um 100 n.Chr.)

Anhang 2: Landkarten zur Geschichte Israels

Karte 1: Die Siedlungsgebiete der Stämme Israels und der Seevölker
Aus: Erich Zenger, Der Gott der Bibel
© Verlag Katholisches Bibelwerk, Stuttgart ³1986

Karte 2: Die Staaten Juda und Israel in der Königszeit
Aus: Herbert Donner, Geschichte des Volkes Israel und seiner Nachbarn
in Grundzügen, Teil 2, Karte 4
© Vandenhoeck & Ruprecht: 2., durchgesehene und ergänzte Auflage,
Göttingen 1995

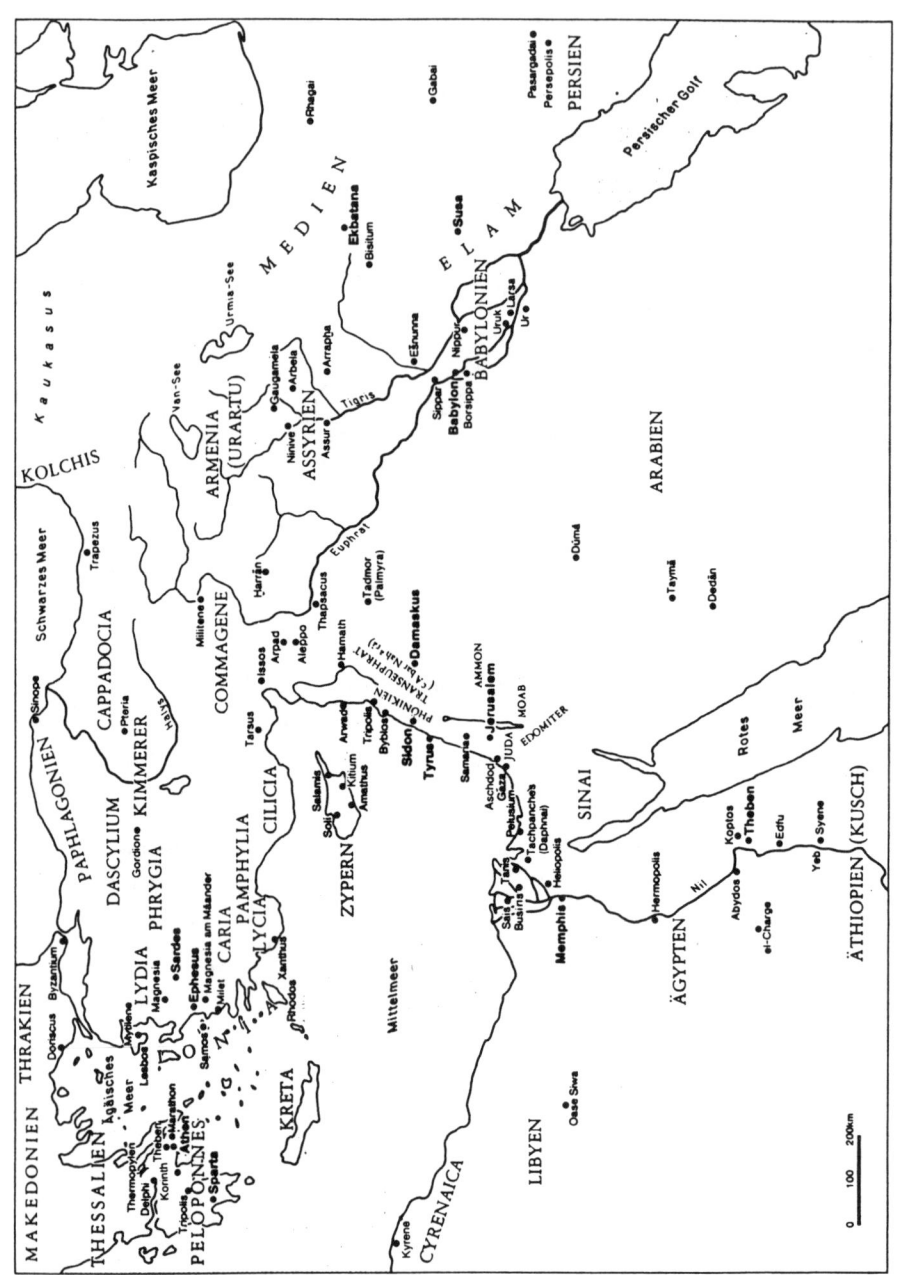

Karte 3: Das persische Weltreich
Aus: Herbert Donner, Geschichte des Volkes Israel und seiner Nachbarn
in Grundzügen, Teil 2, Karte 6
© Vandenhoeck & Ruprecht: 2., durchgesehene und ergänzte Auflage,
Göttingen 1995

Anhang 3: Erklärung bibelwissenschaftlicher Fachbegriffe
(*Erich Zenger*)

Das nachstehende kleine Glossar will und kann kein Lexikon sein; solche stehen derzeit hinreichend zur Verfügung. Es will vielmehr jene Fachbegriffe erläutern, die in dieser »Einleitung« selbst vorkommen, ohne daß sie jedes Mal erklärt werden können. Sie haben insbesondere Studierende in der Eingangsphase ihres Studiums im Blick. Die Auswahl ist aus der Erfahrung bei Lehrveranstaltungen und Prüfungen erwachsen. Eine verborgene Hermeneutik liegt nicht zugrunde. Gleichwohl ist zu hoffen, daß dieses Glossar bei der Benutzung des Buches nützlich ist.

Für eine Erstinformation über bibelwissenschaftliche Fachbegriffe ist neben den Bibellexika (nun besonders das im Erscheinen begriffene, von *M.Görg/B.Lang* herausgegebene »Neue Bibel-Lexikon«) vor allem: *P.-G.Müller*, Lexikon exegetischer Fachbegriffe, Stuttgart/Kevelaer 1985 zu empfehlen.

Ab, 9 Fast- und Trauertag am 9. des Monats Ab (im August) zur Erinnerung an die Zerstörung des Jerusalemer Tempels; im Synagogengottesdienst u.a. Verlesung der »Klagelieder des Jeremia« (s.o. F.IV.).

Akrostichon (griech. Versspitze) Gedicht, bei dem die Anfangsbuchstaben der Zeilen (→ Kola, Stichen) oder Strophen zusammengelesen einen Sinn (Wort, Name, Satz) ergeben. Im Tanach mehrfach belegt ist als Spezialform das alphabetische (Zeilenanfänge nach der Abfolge der 22 Buchstaben des hebr. Alphabets: z.B. Ps 25 und 111) oder alphabetisierende (22 Zeilen/Parallelismen: z.B. Ps 33) Akrostichon.

Allegorie (griech. bildliche Rede, Sinnbild) Figurative oder metaphorische Bildrede zur Verdeutlichung oder Deutung eines Sachverhalts oder eines Geschehens.

Amphiktyonie (griech. Nachbarschaft) Früher übliche Bezeichnung für den sakralen Zwölfstämmebund des vorstaatlichen Israel (Zentralheiligtum); heute kaum noch vertretene Hypothese.

Anthologie (griech. Blütenlese) Zusammenstellung von Texten eines Autors, einer Epoche oder zu einem bestimmten Thema. Nach Meinung mancher Bibelwissenschaftler sind zahlreiche junge Texte des Ersten Testaments anthologische Texte (z.B. die jungen Psalmen 144 und 145).

Antitypos (griech. Gegenbild) Gegenpart zu → Typos; eine Gestalt oder ein Geschehen, die einer früheren Gestalt oder Geschichte »entgegensteht« und diese überhöht oder deutet (z.B. der erste und der zweite Exodus; Adam - Christus).

Apodosis (griech. Nachgabe) Meist der auf einen Bedingungssatz (→ Protasis) folgende (Schluß-)Satz.

Apokryphen (griech. verborgen, geheim) Schriften des Judentums und des frühen Christentums, die zur Zeit ihrer Entstehung in bestimmten Kreisen und »im Volk« hohes Ansehen hatten und dennoch nicht in den Kanon aufgenommen wurden. Im Sprachgebrauch der reformatorischen Kirchen werden mißverständlicherweise die → deuterokanonischen Bücher »Apokryphen« genannt.

Aquila Schüler von Rabbi Akiba, der um 130 n.Chr. eine neue, streng wörtliche Übersetzung des Tanach ins Griechische anfertigte.

Asyndese (griech. ohne Verbindung) Aufeinanderfolge von Wörtern oder Sätzen ohne konjunktionale Verbindung (ohne »und«).

Chanukka-Fest Fest von acht Tagen (November/Dezember) zur Erinnerung an die Wiedereinweihung des Tempels durch Judas Makkabäus 164 v.Chr., nach der Entweihung durch die Seleukiden.

Chiasmus (griech. nach der Gestalt des Buchstabens Chi = X: Überkreuzstellung) Stilfigur; Abfolge von Wörtern, Abschnitten nach dem Schema ABB'A'.

Deuterokanonische Bücher (griech. kanonisch zweiten Ranges) Bezeichnung jener Schriften/Bücher, die im Kanon der röm.-kath. und der östlichen Kirchen, aber weder in der Jüdischen Bibel noch im Kanon der reformatorischen Kirchen stehen; sie werden mißverständlicherweise manchmal → Apokryphen genannt (s.o. A.III.).

Deuteronomistisch Bezeichnung für jene Textschichten/Redaktionen, die im Geiste und in der Sprachimitation des joschijanischen Deuteronomium gestaltet sind (s.o. C.IV. und D.II.); zur Unterscheidung dtn/dtr vgl. S.187.

Dittographie (griech. Doppelschreibung) Versehentliches doppeltes Abschreiben von Buchstaben, Wörtern oder Sätzen beim Kopieren von Handschriften (z.B. Ijob 40,3 s.o. S.304).

Doxologie (griech.) Lobpreis der doxa = Herrlichkeit Gottes, meist am Anfang oder Ende eines Gebetes oder eines Textabschnitts (z.B. Am 4,13; 5,8-9; 9,5-6 s.o. S.490f). Das Psalmenbuch wird durch Doxologien in 5 Bücher gegliedert (s.o. S.315f).

Epitome (griech.) Kurzfassung, Auszug aus einem größeren Schriftwerk; der Verfasser einer Epitome heißt Epitomator (s.o. S.283-290: Das Zweite Makkabäerbuch).

Gemara (aram. Vollendung, erlernte Tradition) Bezeichnung für die überlieferten Diskussionen und Erklärungen der Rabbinen über die →Mischna; Mischna und Gemara bilden zusammen den → Talmud.

Glosse (griech. Zunge, Sprache) Bezeichnung für die Erläuterung eines unverständlichen/schwierigen Wortes in einem Text; sie wurde entweder an den Rand (Marginal-Glosse) einer Handschrift oder zwischen die Zeilen (Interlinear-Glosse) geschrieben und später in den Text selbst aufgenommen. Aufgabe der Text- bzw. Literarkritik ist es u.a., solche Glossen zu entdecken.

Haggada, haggadisch (hebr. Erzählung) Der erbauliche (nicht religionsgesetzliche) Teil der rabbinischen Tradition.

Halacha, halachisch (hebr. das Gehen, Wandeln) Religiöses Gesetz oder auch die Gesamtheit dieser Gesetze, wie sie vor allem in der → Mischna niedergelegt, aber auch im → Talmud und in → midraschischen Schriften, durch Auslegung von Mischna und Bibel weiterentwickelt wurden.

Hapaxlegomenon (griech. einmal gesagt) Ein Wort, das nur ein einziges Mal im Text der Bibel vorkommt.

Haplographie (griech. Einfachschreibung) Versehentliches Auslassen eines Buchstabens, Wortes oder Satzes beim Kopieren eines Textes (Gegensatz zu → Dittographie).

Hexapla (griech. die Sechsfache) Von Origenes geschaffene Nebeneinanderstellung von sechs Textformen des Tanach/Ersten Testaments: 1. hebr. Text in hebr. Schrift; 2. hebr. Text in griechischer Umschrift; 3. → Aquila; 4. → Symmachus; 5. → Septuaginta; 6. → Theodotion.

Hexateuch Bezeichnung für die fünf Bücher der Tora/des Pentateuch *und* das anschließende Buch Josua; in der Forschung früher von jenen Autoren verwendet, die der Auffassung waren, daß die »Quellen« des Pentateuch bis ins Buch Josua reichen.

K͑tīb (aram. das Geschriebene) Der überlieferte Konsonantenbestand eines Wortes der Hebräischen Bibel, das jedoch anders zu lesen ist, worauf in den Bibelausgaben durch besondere Zeichen aufmerksam gemacht wird (→ *Qerē͗*).

Kodex (lat. Baumstamm) Seit dem 2.Jh. in Ägypten an Stelle der Papyrus/Leder-Buchrolle gebrauchte »Buchform« zusammengehefteter Holztäfelchen oder Pergamentblätter; allgemein üblich gewordene Bezeichnung der alten Bibelhandschriften (Codex Alexandrinus, Sinaiticus, Vaticanus; Codex Leningradensis, Codex von Aleppo).

Kolon, Kola (Plural) (griech. Körperglied) Kleinste poetische Sinneinheit der Poesie (Zeile eines Gedichts/Psalms); zwei/drei Kola bilden zusammen ein Bikolon/Trikolon. Nach anderer Terminologie ist Stichos = Kolon bzw. Stichen = Kola.

Kolophon (griech. Gipfel) Schlußvermerk am Ende eines Textes (z.B. Ps 72,20).

Konjektur (lat. Vermutung) Exegetischer Vorschlag einer Änderung des überlieferten Wortlautes eines biblischen Textes, um den Text verständlich(er) zu machen (in der EÜ meist angegeben mit dem Hinweis in einer Anmerkung: »Text korr.«); gegenüber der früheren Praxis, schwierige Texte durch Konjekturen »verständlich« zu machen, ist heute die Tendenz zu diesbezüglich großer Zurückhaltung festzustellen - zu Recht!

Majuskel (lat. maius = größer) Schreibweise von griech. oder lat. Texten in Großbuchstaben; bis ins 8.Jh. für literarische und religiöse Texte vorherrschend; die großen biblischen Codices (→ Kodex) sind Majuskeln; sie werden auch Unzialen (von lat. uncia = Zoll: 1 Zoll hohe Buchstaben) genannt.

Masoretischer Text/Masoreten (aram. m͑sar = überliefern) Bezeichnung für die überlieferte kanonische *Textgestalt* bzw. für die Gelehrten, die diese zwischen 700 und 1000 n.Chr. schufen; die »masoretische« Textgestalt wird mit MT/TM/M abgekürzt (s.o. B.I.). Der MT liegt den heute verwendeten Druckausgaben der Hebräischen Bibel zugrunde.

Midrasch/Midraschim (Plural) (abgeleitet von hebr. *dāraš* = suchen, erforschen) Rabbinische Auslegung zu einem Buch der Bibel (»Kommentar«).

Minuskel (lat. minus = kleiner) Schreibweise in Kleinbuchstaben, oft in fort-laufender Kursivschrift; ab dem 9.Jh. lösen die Minuskeln die → Majuskeln ab.

Mischna (hebr./aram. Wiederholung, Lehre) Die erste autoritative, um 200 n.Chr. redigierte Sammlung religiöser Gesetze; »mündliche Tora« als Pendant zur »schriftlichen Tora« des Tanach; sie wird von der → Gemara kommentiert und bildet mit dieser zusammen den → Talmud.

Onkelos Übertragung der Hebräischen Bibel ins Aramäische (2.Jh. n.Chr.), gewöhnlich als »Targum

Onkelos« bezeichnet.

Ostrakon, Ostraka (Plural)   (griech. Tonscherbe) Bezeichnung für Tongefäßscherben, die als Schreibmaterial verwendet wurden; die Israel-Archäologie der letzten Jahrzehnte hat zahlreiche Ostraka gefunden, die für die Religions- und Sozialgeschichte Israels hochbedeutsam sind.

Palindromie (griech. Vor- und Rücklauf) Wortfolge, die vorwärts und rückwärts gelesen den gleichen Sinn ergibt (z.B. »Die Liebe ist Sieger - Rege ist sie bei Leid«); palindromische (oder konzentrische) Struktur: spiegelbildliche Anordnung von Textelementen nach dem (palindromischen) Schema ABCB'A' (s.o. zu Kohelet S.337).

Parallelismus (membrorum)   Das grundlegende Bauprinzip der semitischen Poesie, besonders der Psalmen: zwei aufeinanderfolgende Zeilen (→ Kola, Stichen) bilden so zusammen einen Gedanken- oder Bildreim, daß sie das Gleiche mit jeweils anderen Worten bzw. Bildern sagen. Beide Zeilen wollen dabei als eine Aussage genommen werden. Jede Zeile nähert sich der gemeinten Sache in einer etwas veränderten Perspektive; das gibt der Aussage eine produktive Unschärfe und Offenheit. Es gibt zwei Grundformen des Parallelismus: (1) Im synonymen P. wiederholt die zweite Zeile leicht abgewandelt die Aussage der ersten Zeile (z.B. Ps. 8,5). (2) Im antithetischen P. formulieren die beiden Zeilen gegensätzliche Aussagen, die als spannungsreiche Gesamtaussage mit vielen Ober- und Untertönen gehört werden sollen (z.B. Ps 1,6).

Parasche (hebr./aram. Abschnitt) Einer der 54 Abschnitte der Tora, wie sie im Sabbat-Gottesdienst gemäß dem einjährigen, in der babylonischen Diaspora der nachbiblischen Zeit entstandenen Lese-Zyklus vorgetragen werden.

Pescher (hebr./aram. Erklärung) Kommentarähnliche Auslegung eines biblischen Textes/Buches in/aus Qumran; z.B. der Pescher zu Hab 1-2 und zu Ps 37.

Peschitta (syr. die allgemeine) alte christliche Übersetzung der Hebräischen Bibel ins Syrische (entstanden zwischen dem 2. und dem 5.Jh.).

Polyglotte (griech. vielsprachig) Bibelausgabe, die den biblischen Text in mehreren Sprachen, in der Regel nebeneinandergestellt, wiedergibt.

Protasis (griech. Vorspann) Vordersatz eines zweigliedrigen Bedingungssatzgefüges (→ Apodosis).

Pseudepigraphie (griech. pseudos = falsch, lügenhaft; graphein = schreiben) Fiktive Zuschreibung einer Schrift/eines Buches an einen berühmten Autor (von dem das Werk nicht stammt), um dem Werk Autorität zu geben. - In einem mißverständlichen Sprachgebrauch werden die → Apokryphen bisweilen »Pseudepigraphen« genannt; dieser Sprachgebrauch sollte endlich aufgegeben werden.

Qerē' (hebr./aram. zu lesen) Die von den → Masoreten an den Rand der Manuskripte geschriebene Lesart, die an Stelle der im Text selbst geschriebenen Lesart (→ Ketib) zu lesen ist.

Qinā (hebr. Klage) Klageliedversmaß.

Rezension (lat. Beurteilung) In der Textkritik Bezeichnung für die durch eine Handschriftenfamilie bezeugte Textform (z.B. die LXX-Rezension des Märtyrers Lukian von Antiochia, gest. 312, und die des Hesychius).

Samaritanus Die von den Samaritanern überlieferte Textform der Tora/des Pentateuch; hat etwa 6000 Abweichungen gegenüber dem → Masoretischen Text.

Septuaginta (lat. siebzig = LXX) Älteste Übersetzung der Tora ins Griechische, unter Ptolemaios II. Philadelphos (282-246 v.Chr.) angefertigt. Im Anschluß daran wurden sukzessiv auch die übrigen Bücher der Hebräischen Bibel ins Griechische übersetzt. Daß es einen besonderen *jüdischen* »Septua-ginta-Kanon« gegeben habe, wie bislang angenommen wurde, ist unwahrscheinlich (s.o. S.28f).

Symmachus Jüdisch-hellenistischer Bibelübersetzer, der um 170 n.Chr. eine nach ihm benannte Übersetzung der Hebräischen Bibel ins Griechische anfertigte, die »besseres« Griechisch als die LXX bieten wollte.

Talmud (hebr./aram. Studium, Lehre; eigentlich *talmūd tōrāh* »die von der Tora ausgehende Belehrung«) Im technischen Sinne die aus → Mischna und → Gemara bestehende halachische Traditionsliteratur des Judentums. Es gibt zwei Formen des Talmud: den umfangreicheren »Babylonischen Talmud« und den kürzeren »Jerusalemer Talmud«.

Targum (aram. Übersetzung, Interpretation) Paraphrasierende und z.T. aktualisierende Übertragung der Tora und der Prophetenbücher ins Aramäische für den bzw. beim synagogalen Gottesdienst.

Tetragramm (griech. vier u. Buchstabe) Bezeichnung für den aus vier Konsonantenbuchstaben bestehenden Gottesnamen JHWH; wird im Judentum aus Ehrfurcht vor dem Gott-Geheimnis nicht ausgesprochen; man liest »der Name« oder »Adonaj«; man könnte auch »der Lebendige« lesen; in

Solidarität mit dem Judentum sollten auch Christen den Gottesnamen nicht aussprechen.

Theodotion   Jüdisch-hellenistischer Bibelübersetzer, der Ende des 2.Jh. n.Chr. die LXX nach dem hebräischen Urtext revidierte; der Theodotiontext wurde in der christlichen Tradition vor allem für das Buch Daniel wichtig; daß die EÜ dabei Theodotion gegenüber LXX vorzieht, ist nicht unproblematisch (s.o. F.VIII.).

Typos   (griech. Abbild, Vorherbild) Biblische Gestalten und Ereignisse werden als (schattenhafte) Voraus-Darstellung eines sich später in *voller* Wirklichkeit ereignenden Geschehens verstanden oder gedeutet (→ Antitypos). Dieses typologische Verständnis ist bereits eine inner-ersttestamentliche Sichtweise (z.B. erster und zweiter Exodus) und wird besonders im hellenistischen Judentum (auch im NT) praktiziert. Insofern »der Typos« nicht durch den Antitypos in seiner Eigenbedeutung relativiert bzw. disqualifiziert wird, ist die typologische Betrachtungsweise durchaus legitim; faktisch wurde sie freilich seit der Kirchenväterexegese dadurch desavouiert, daß den ersttestamentlichen Bildern/ Gestalten/ Erzählungen ihre Eigenbedeutung genommen wurde.

Unziale   s.o. zu Majuskel.

Vetus Latina   (lat. die alte lateinische, scil. Übersetzung) Sammelbezeichnung für die unterschiedlichen lateinischen Bibelübersetzungen der altkirchlichen Zeit, die vor und neben der → Vulgata im Umlauf waren.

Vulgata   (lat. die allgemeine, scil. Übersetzung) Von Hieronymus um 390 n.Chr. im Auftrag des Papstes Damasus angefertigte Bibelübersetzung, wobei Hieronymus (gegen den Widerstand des Augustinus) nicht die LXX, sondern den hebräischen Urtext zugrunde legte.

Anhang 4: Grundlegende Werke zur Einführung

Einleitungswerke: R.Alter/F.Kermode (Hg.), The Literary Guide to the Bible, London 1987; N.K.Gottwald, The Hebrew Bible. A socio-literary introduction, Philadelphia 1985; O.Kaiser, Einleitung in das Alte Testament. Ihre Ergebnisse und Probleme, Gütersloh ⁵1984; ders., Grundriß der Einleitung in die kanonischen und die deuterokanonischen Schriften des Alten Testaments I-III, Gütersloh 1992/1994; D.A.Knight/G.M.Tucker (Hg.), The Hebrew Bible and Its Modern Interpreters, Philadelphia/Chico 1985; R.Rendtorff, Das Alte Testament. Eine Einführung, Neukirchen-Vluyn ⁴1992; W.H.Schmidt, Einführung in das Alte Testament, Berlin ⁵1995; R.Smend, Die Entstehung des Alten Testaments, Stuttgart ⁴1989; L.Schottroff/S.Schroer/M.-Th.Wacker, Feministische Exegese. Forschungserträge zur Bibel aus der Perspektive von Frauen, Darmstadt 1995.; Th.Staubli, Begleiter durch das Erste Testament, Düsseldorf 1997.

Darstellungen der Geschichte Israels: H.Donner, Geschichte des Volkes Israel und seiner Nachbarn in Grundzügen I und II (ATD.Erg 4/1.2) Göttingen 1984/1986; M.Metzger, Grundriß der Geschichte Israels, Neukirchen-Vluyn ⁸1990; M.Noth, Geschichte Israels, Göttingen ⁷1969.

Darstellungen der Religionsgeschichte Israels: R.Albertz, Religionsgeschichte Israels in alttestamentlicher Zeit I und II (ATD.Erg 8/1.2) Göttingen 1992; O.Keel/Ch.Uehlinger, Göttinnen, Götter und Gottessymbole. Neue Erkenntnisse zur Religionsgeschichte Kanaans und Israels aufgrund bislang unerschlossener ikonographischer Quellen (QD 134) Freiburg 1992.

Darstellungen der Theologie des Alten Testaments: B.S.Childs, Die Theologie der *einen* Bibel I und II, Freiburg 1994/1995; O.Kaiser, Der Gott des Alten Testaments. Theologie des AT 1 (UTB 1747) Göttingen 1993; Theologie des AT 2 (UTB 2024), Göttingen 1998; H.D.Preuß, Theologie des Alten Testaments I und II, Stuttgart 1991/1992; G.von Rad, Theologie des Alten Testaments I und II, München ⁹1987; R.Rendtorff, Theologie des Alten Testaments. Ein kanonischer Entwurf. Band 1, Neukirchen 1998; Band 2, Neukirchen 1999; J.Schreiner, Theologie des Alten Testaments (NEB.Erg 1) Würzburg 1995; W.Zimmerli, Grundriß der alttestamentlichen Theologie, Stuttgart ⁶1989.

Archäologie und Landeskunde Israels: H.Donner, Einführung in die biblische Landes- und Altertumskunde, Darmstadt ²1988; V.Fritz, Einführung in die biblische Archäologie, Darmstadt 1985; H.-P.Kuhnen (mit Beiträgen von L.Mildenberg und R.Wenning), Palästina in griechisch-römischer Zeit (Handbuch der Archäologie. Vorderasien II/2) München 1990; H.Weippert (mit einem Beitrag von

L.Mildenberg), Palästina in vorhellenistischer Zeit (Handbuch der Archäologie. Vorderasien II/1) München 1988.

Textsammlungen zur/aus der Umwelt des Alten Testaments: W.Beyerlin, Religionsgeschichtliches Textbuch zum Alten Testament (ATD.Erg 1) Göttingen [2]1985; K.Galling, Textbuch zur Geschichte Israels, Tübingen [2]1968; O.Kaiser (Hg.), Texte aus der Umwelt des Alten Testaments (TUAT) Gütersloh 1982ff; J.Renz, Die althebräischen Inschriften I und II (Handbuch der althebräischen Epigraphik I und II/1) Darmstadt 1995.

Anhang 5: Bibelstellenregister (Auswahl)

Verweise auf Stellen von Büchern in den diese behandelnden Abschnitten sind in der Regel nicht aufgenommen; vgl. dazu das Inhaltsverzeichnis.

544

Anhang 6: Sachregister

Verweise auf Abschnitte, in denen das betreffende Stichwort in Überschriften erscheint, sind in der Regel nicht aufgenommen; vgl. dazu das Inhaltsverzeichnis.